Économie internationale

8e édition

Paul Krugman, université de Princeton
Maurice Obstfeld, université de Californie, Berkeley
Gunther Capelle-Blancard, université Paris 1 Panthéon-Sorbonne
Matthieu Crozet, université Reims Champagne-Ardenne

PEARSON
Education

Le présent ouvrage est la traduction-adaptation de *International Economics : Theory and Policy, 8th edition*, de Paul Krugman et Maurice Obstfeld, publié par Pearson Education Inc. sous la marque Addison-Wesley.

Authorized translation from the English language edition, entitled INTERNATIONAL ECONOMICS : THEORY AND POLICY, 8th edition by KRUGMAN, PAUL R. ; OBSTFELD, MAURICE, published by Pearson Education Inc., publishing as Addison-Wesley, Copyright © 2009.

Publié par Pearson Education France
47 bis, rue des Vinaigriers
75010 Paris
Tél. : 01 72 74 90 00

Mise en pages : TyPAO

ISBN : 978-2-7440-7327-4

Titre original : *International Economics*

ISBN original : 9780321493040

Table des matières

Table des encadrés

Préface à l'édition américaine

Les questions que soulève l'évolution récente de l'économie mondiale sont au cœur des préoccupations des économistes internationaux depuis plus de deux siècles. Ces questions portent notamment sur la nature des mécanismes d'ajustement entre les économies ouvertes et les mérites respectifs des politiques de libre-échange et de protection commerciale. Mais en ce début de XXIe siècle, les questions d'économie internationale constituent un sujet de controverse plus important que jamais. Pour s'en rendre compte, il suffit de regarder les bouleversements qui ont marqué l'économie mondiale durant la dernière décennie : les pays d'Asie de l'Est et d'Amérique latine ont été profondément ébranlés par une crise financière majeure ; douze pays de l'Union européenne ont abandonné leur monnaie nationale en faveur de l'euro ; l'essor considérable des relations commerciales et financières entre les pays industrialisés et ceux en développement a généré un profond mouvement de contestation contre la mondialisation, accusée, ça et là, d'aggraver tous les maux de la planète, de la pauvreté à la dégradation de l'environnement.

Comme toujours dans notre discipline, l'interaction des événements et des idées amène à renouveler constamment les méthodes d'analyse. Trois exemples notables témoignent de cette perpétuelle évolution : l'approche financière des taux de change ; les nouvelles théories du commerce fondées sur les rendements croissants et les imperfections de marché plutôt que sur les avantages comparatifs ; et l'analyse intertemporelle des flux internationaux de capitaux, qui a permis de renouveler la façon d'appréhender le concept de « balance extérieure » et d'étudier les comportements d'endettement et le risque de défaut des pays en développement.

Ce manuel s'inspire de notre expérience d'enseignement de l'économie internationale aux étudiants de premier et de deuxième cycles en économie et en gestion depuis la fin des années 1970. Nous avons identifié deux défis majeurs pour les enseignants. Il s'agit tout d'abord de transmettre aux étudiants les avancées intellectuelles particulièrement stimulantes qui marquent cette discipline. Il faut ensuite montrer comment les développements théoriques de l'économie internationale s'inspirent toujours de la nécessité de comprendre les évolutions majeures du monde et d'analyser les questions concrètes de politique économique internationale.

Il nous est rapidement apparu que les manuels disponibles n'apportaient pas de réponse satisfaisante à ces deux défis. Trop souvent, les manuels d'économie internationale placent les étudiants devant un ensemble déroutant d'hypothèses et de modèles théoriques très spécifiques, dont il est difficile de tirer quelques principes essentiels. De surcroît, dans la mesure où beaucoup de ces modèles très pointus sont passés de mode, ils ne permettent pas aux étudiants de disposer des clés nécessaires pour en évaluer la pertinence et en comprendre les implications concrètes. Beaucoup de manuels laissent ainsi se creuser un gouffre entre le contenu quelque peu désuet des enseignements et les questions bien plus stimulantes qui animent la recherche récente et les débats publics.

Cet ouvrage vise donc à proposer un cadre d'analyse, moderne et compréhensible, capable d'apporter un éclairage précis sur les événements contemporains et de faire partager aux étudiants le dynamisme de la recherche en économie internationale. En étudiant à la fois les aspects réels et monétaires du sujet, notre approche a consisté à échafauder, pas à pas, un cadre d'analyse simple et cohérent qui permet de présenter à la fois les grands principes traditionnels et les développements les plus récents. Afin d'aider les étudiants à saisir la logique profonde des mécanismes de l'économie internationale, nous illustrons systématiquement les développements théoriques par des données statistiques ou des questions concrètes de politique économique.

1 La place de l'ouvrage dans les cursus d'économie

Les étudiants assimilent bien mieux les principes de l'économie internationale lorsqu'ils sont présentés comme une méthode d'analyse intimement liée aux événements marquants de l'économie mondiale plutôt qu'un ensemble de théorèmes abstraits tirés de modèles tout aussi abstraits. Dès lors, notre objectif est de mettre l'accent sur les concepts essentiels et les applications réelles plutôt que sur le formalisme théorique. La lecture de ce manuel n'exige donc pas de disposer de connaissances poussées en économie. L'ouvrage est accessible aux étudiants qui ont suivi un cours d'introduction à l'économie, mais il apporte aussi bon nombre d'informations supplémentaires à ceux qui ont un cursus plus complet en macroéconomie et en microéconomie. Les annexes des différents chapitres proposent aussi des développements sur des points spécifiques, utiles aux étudiants les plus avancés.

Nous avons adopté le découpage traditionnel en deux parties : la première portant sur le commerce international, l'autre, sur les questions monétaires. Le plus souvent, ces deux thèmes sont traités de façon distincte (même lorsqu'ils sont présentés dans un même ouvrage), alors qu'un certain nombre de notions et de méthodes sont communes. Par exemple, le principe des gains à l'échange est indispensable pour comprendre les effets du libre-échange de biens et de services, mais aussi celui des actifs financiers. De même, pour appréhender le processus qui conduit un pays à échanger une consommation présente contre une consommation future, il est nécessaire de faire appel au principe des avantages comparatifs (qui est présenté dans la première partie du livre), mais les conséquences de ces échanges permettent d'éclairer les problèmes macroéconomiques des pays en développement comme des pays industrialisés. Nous avons donc veillé à mettre systématiquement en évidence les connexions entre les questions commerciales et monétaires.

Dans le même temps, nous avons fait en sorte que les deux parties du manuel puissent être lues de façon indépendante. Ainsi, un cours semestriel de commerce international pourra s'appuyer intégralement sur les chapitres 2 à 11, alors que les chapitres 12 à 22 fournissent un support complet à un cours semestriel d'économie monétaire internationale. Mais en se référant au même ouvrage, les étudiants pourront mettre en relation ces deux enseignements sans se demander pourquoi les principes présentés en cours de commerce ne sont pas repris dans l'autre cours d'économie internationale.

2 Caractéristiques spécifiques à l'économie internationale : théories et politiques économiques

Ce livre couvre les principaux développements récents en économie internationale sans pour autant faire l'impasse sur les points qui ont marqué l'histoire de la pensée et fondé le cœur de la discipline. Nous avons réalisé cette synthèse en mettant l'accent sur la façon dont les bouleversements de l'économie mondiale ont conduit à reconsidérer progressivement les approches traditionnelles, jusqu'à faire émerger les théories les plus récentes. La part de l'ouvrage consacrée au commerce international (chapitres 2 à 11), tout comme celle portant sur les questions monétaires (chapitres 12 à 22), est divisée en plusieurs ensembles de chapitres qui alternent les présentations théoriques et les applications aux questions concrètes, récentes ou plus anciennes.

Le chapitre 1 décrit en détail l'approche mise en œuvre dans cet ouvrage pour traiter des principaux thèmes de l'économie internationale. Dans ce chapitre, nous passons rapidement en revue quelques apports originaux, développés dans le reste de l'ouvrage, et qui bien souvent ne sont pas traités de façon systématique par d'autres auteurs.

2.1 L'approche des taux de change par les marchés d'actifs

Dans le cadre de notre analyse des taux de change, nous mettons en particulier l'accent sur le rôle des taux d'intérêt et des anticipations. Le principal ingrédient de notre modèle macroéconomique est la parité des taux d'intérêt (à laquelle on ajoute éventuellement la prime de risque). Ce modèle nous permet notamment d'analyser les phénomènes de surréaction des taux de change, le comportement des taux de change réels, les crises de balance de paiements en changes fixes et les effets des interventions des banques centrales sur le marché des changes.

2.2 Les rendements croissants et les structures de marché

Avant même de discuter du rôle des avantages comparatifs dans le développement du commerce international et des gains à l'échange qui lui sont associés, nous présentons quelques résultats de la recherche théorique et empirique récente issus de l'application au commerce des modèles de gravité. Nous nous approchons encore de la frontière de la recherche au chapitre 6, en expliquant comment les rendements croissants et la différenciation des produits déterminent les flux de commerce et l'évolution du bien-être. Les modèles explorés dans ce chapitre permettent de rendre compte de certains aspects de la réalité, tels que le commerce intrabranche et les bouleversements des flux de commerce liés aux rendements d'échelle dynamiques. Ces modèles montrent par ailleurs que les avantages comparatifs ne sont pas l'unique explication à l'émergence d'un commerce international mutuellement bénéfique.

2.3 Les politiques commerciales et les théories du protectionnisme

Dès le chapitre 4, nous mettons en avant l'idée selon laquelle les effets du commerce sur la distribution au sein de chaque pays constituent un enjeu politique essentiel qui est à l'origine des politiques publiques protectionnistes. Cela permet de comprendre pourquoi l'approche traditionnelle des politiques commerciales, qui met l'accent sur la maximisation du bien-être, ne gouverne généralement pas les choix publics en matière de politique commerciale. Le chapitre 11 est ainsi consacré à l'analyse des politiques commerciales qui visent avant tout à apporter un soutien aux secteurs cruciaux de l'économie nationale. Ce chapitre comporte aussi une analyse théorique de ces politiques commerciales, fondée sur la théorie des jeux.

2.4 La coordination internationale des politiques macroéconomiques

Notre discussion des problèmes monétaires internationaux (chapitres 18, 19, 20 et 22) insiste sur le fait que chaque régime de change pose des problèmes différents en termes de coordination des politiques macroéconomiques. Les dévaluations compétitives de l'entre-deux-guerres montrent à quel point des politiques économiques strictement orientées vers des objectifs nationaux, au détriment des autres pays, peuvent être dommageables pour tous. De même, l'expérience des changes flottants nous enseigne combien les économies sont interdépendantes et nous rappelle la nécessité d'une véritable coopération internationale.

2.5 Le marché international des capitaux et les problèmes des pays en développement

Le chapitre 21 présente de façon très générale le marché international des capitaux, en particulier les avantages de la diversification internationale de portefeuilles et les problèmes de supervision prudentielle. Le chapitre 22 traite des perspectives de croissance à long terme et des politiques de stabilisation des pays en développement ou nouvellement industrialisés. Ce chapitre analyse également les crises financières qui ont émaillé ces dernières années et offre une perspective historique des interactions économiques entre les pays du nord et ceux du sud. Il porte aussi sur le rôle joué par les organismes internationaux, tels que le Fonds monétaire international. Enfin, ce chapitre examine les théories récentes qui étudient les facteurs pouvant expliquer la persistance de la pauvreté dans les pays du tiers-monde.

2.6 Les mouvements internationaux des facteurs

Au chapitre 7, nous mettons en avant le fait que le commerce international peut être un substitut aux mouvements internationaux de facteurs de production. La représentation des prêts et emprunts internationaux comme un échange intertemporel de biens et de services est un élément important de ce chapitre. Cette analyse est reprise dans la seconde partie de l'ouvrage pour mettre en lumière les implications macroéconomiques des déséquilibres de la balance courante.

3 Outils pédagogiques

Ce manuel fait appel à un ensemble d'outils pédagogiques qui permettent de faciliter la lecture et la maîtrise des connaissances.

3.1 Les encadrés

Les analyses théoriques sont souvent accompagnées d'encadrés qui présentent des études de cas ou des développements, illustratifs et utiles, mais de moindre importance. À travers des exemples historiques ou récents, ces encadrés ont pour but de prolonger l'analyse et de montrer à quel point les théories sont en prise avec les problèmes économiques réels.

3.2 Les figures expliquées

Plus de 200 figures sont réparties sur l'ensemble de l'ouvrage. Chacune est accompagnée d'une légende complète, qui reprend et complète la discussion menée dans le corps du texte, et qui permet d'avoir un aperçu rapide des principaux points étudiés.

3.3 Les objectifs pédagogiques

Une liste de concepts essentiels ouvre chacun des chapitres. Ils définissent des objectifs pédagogiques qui doivent aider les étudiants à s'assurer qu'ils maîtrisent effectivement les points importants du cours.

3.4 Les résumés

Chaque chapitre finit par un résumé. Ils reprennent les points essentiels développés dans le corps du texte.

3.5 Les activités

Chaque chapitre est suivi d'un certain nombre d'activités visant à tester et à consolider les connaissances acquises. Ce sont aussi bien de simples exercices de calcul que des questions plus générales qui peuvent faire l'objet de discussions en cours. Souvent, elles proposent aux étudiants d'appliquer leurs connaissances à des données concrètes ou à des débats réels de politique économique.

3.6 Les références

Un grand nombre de références sont distillées en notes de bas de page tout au long de l'ouvrage. Elles doivent permettre aux étudiants d'approfondir leurs connaissances. Elles renvoient aussi bien à des articles de recherche fondateurs qu'à des développements récents ou encore à des manuels spécialisés offrant un complément utile aux enseignements que nous proposons.

4 Remerciements

Nos premiers remerciements vont à Sylvia Mallory et Roxanne Hoch, les éditrices en charge du projet. Leurs indications et leurs encouragements (sans parler du travail considérable qu'elles ont fourni) ont constitué un apport essentiel. Elisa Adams, notre *development editor*, a fait un certain nombre de suggestions qui ont contribué à la qualité de l'ouvrage. Les efforts de Heather Johnson, en tant que *project editor*, et de Katy Watson, chargée de superviser la production, ont été particulièrement appréciables. Nous remercions les autres éditeurs pour leur excellent travail sur les six éditions précédentes. Nous sommes aussi redevables à Miguel Fuentes et José Rodrigez-Lopez qui ont apporté un soin particulier à l'actualisation des données, et à Lanwei Yang, qui a contribué à la relecture des épreuves. Annie Wai-Kuen Shun, comme d'habitude, nous a fourni une assistance sans faille. Pour leurs critiques constructives, nous remercions Renzo Castillo, Liang-Shing Fan, Elaine Kwok Yee Wah et Ralph Setzer. Nous remercions aussi les nombreux relecteurs pour leurs recommandations et remarques : Jaleel Ahmad, *Concordia University*, Myrvin Anthony, *University of Strathclyde, U.K.*, Michael Arghyrou, *Brunel University*, Richard Ault, *Auburn University*, George H. Borts, *Brown University*, Francisco Carrada-Bravo, *Thunderbird, The Garvin School of International Management*, Debajyoti Chakrabarty, *Rutgers University*, Adhip Chaudhuri, *Georgetown University*, Jay Pil Choi, *Michigan State University*, Jaiho Chung, *National University of Singapore*, Brian Copeland, *University of British Columbia*, Barbara Craig, *Oberlin College*, Susan Dadres, *Southern Methodist University*, Ann Davis, *Marist College*, Gopal C. Dorai, *William Paterson University*, Robert Driskill, *Vanderbilt University*, Gerald Epstein, *University of Massachusetts at Amherst*, JoAnne Feeney, *University of Colorado, Boulder*, Robert Foster, *American Graduate School of International Management*, Diana Fuguitt, *Eckerd College*, Byron Gangnes, *University of Hawaii at Manoa*, Ranjeeta Ghiara, *California State University, San Marcos*, Neil Gilfedder, *Stanford University*, Patrick Gormely, *Kansas State University*, Bodil Olai Hansen, *Copenhagen Business School*, Michael Hoffman, *U.S. Government Accountability Office*, Henk Jager, *University of Amsterdam*, Arvind Jaggi, *Franklin & Marshall College*, Mark Jelavich, *Northwest Missouri State University*, Patrice Franko Jones, *Colby College*, Philip R. Jones, *University of Bath and University of Bristol, U.K.*, Hugh Kelley, *Indiana University*, Michael Kevane, *Santa Clara University*, Maureen Kilkenny, *Pennsylvania State University*, Faik Koray, *Louisiana State University*, Corinne Krupp, *Duke University*, Bun Song Lee, *University of Nebraska, Omaha*, Daniel Lee, *Shippensburg University*, Francis A. Lees, *St. Johns University*, Rodney Ludema, *Georgetown University*, Marc Melitz, *Harvard University*, Marcel Mérette, *University of Ottawa*, Shannon Mitchell, *Virginia Commonwealth University*, Kaz Miyagiwa, *Emory University*, Shannon Mudd, *Thunderbird, The Garvin School of International Management*, Marc-Andreas Muendler, *University of California, San Diego*, Ton M. Mulder, *Erasmus University, Rotterdam*, Robert Murphy, *Boston College*, E. Wayne Nafziger, *Kansas State University*, Steen Nielsen, *Copenhagen Business School*, Terutomo Ozawa, *Colorado State University*, Arvind Panagariya, *University of Maryland*, Nina Pavcnik, *Dartmouth College*, Iordanis Petsas, *University of Scranton*, Michael Ryan, *Western Michigan University*, Donald Schilling, *University of Missouri, Columbia*, Ronald M. Schramm, *Columbia University*, Craig Schulman, *University of Arkansas*, Yochanan Shachmurove, *University of Pennsylvania*, Margaret Simpson, *The College of William and Mary*, Robert Staiger, *University of Wisconsin*, Jeffrey Steagall, *University of North Florida*, Robert M. Stern, *University of Michigan*, Abdulhamid Sukar, *Cameron University*, Rebecca Taylor, *University of Portsmouth, U.K.*, Scott Taylor, *University of British Columbia*, Aileen Thompson, *Carleton University*, Sarah Tinkler, *Weber State University*, Arja H. Turunen-Red, *University of New Orleans*, Dick vander Wal. *Free University of Amsterdam*, Rossitza Wooster, *California State University, Sacramento*, Bruce Wydick, *University of San Francisco*, Kevin H. Zhang, *Illinois State University.*

Bien que nous n'ayons pas pu intégrer l'ensemble de leurs suggestions, leurs observations nous ont permis d'apporter des corrections extrêmement utiles à l'ouvrage. Il va de soi que nous restons pleinement responsables de ses imperfections.

Paul Krugman
Maurice Obstfeld

Préface à l'édition française

Depuis quelques années maintenant Pearson Education s'appuie sur son fonds d'ouvrages anglo-saxons pour développer une collection de manuels universitaires destinée au public francophone. L'idée qui sous-tend cette collection est de ne pas se limiter à traduire les manuels en français mais de proposer de réelles adaptations. Tout en conservant les atouts qui font la force de ces manuels de référence, il s'agit de mettre en avant des exemples et des illustrations pour apporter des éclairages sur les débats spécifiques au monde francophone et européen.

Lorsque la directrice éditoriale, Pascale Pernet, nous a proposé de nous charger de la 7e édition de *International Economics*, deux arguments essentiels nous ont rapidement conduits à accepter : la qualité de l'ouvrage original et la liberté qui nous a été donnée de mener une adaptation profonde du manuel, sur le mode des expériences particulièrement réussies des ouvrages déjà publiés dans la collection.

1 Une adaptation dans une perspective européenne

Dans la mesure où le manuel de Paul Krugman et de Maurice Obstfeld présente un regard plutôt centré sur les États-Unis, une traduction exacte n'aurait pas permis de proposer aux lecteurs francophones ce qui fait la force de l'édition américaine : le lien entre les développements académiques et les débats d'actualité. Bien plus qu'une traduction, une adaptation complète du manuel était donc nécessaire pour recentrer l'ouvrage. Nous avons donc veillé à réintroduire des références explicites au monde francophone : la France, la Belgique et la Suisse, bien sûr, mais aussi les pays du Maghreb et d'Afrique subsaharienne qui sont quasiment absents de l'ouvrage original. C'est ainsi, par exemple, que la version française inclut des encadrés originaux sur les politiques commerciales menées par l'Île Maurice ou sur la « zone franc ».

Pour autant, il nous est apparu d'emblée que la perspective majeure dans laquelle il fallait placer ce manuel ne pouvait être qu'européenne. Au-delà de la volonté de satisfaire la curiosité du public visé, ce recentrage sur une perspective européenne se justifie pleinement pour deux raisons.

Tout d'abord, il est bien évidemment impossible de montrer aux étudiants francophones comment les développements récents de la recherche académique permettent de comprendre les problèmes contemporains d'économie internationale sans multiplier les références aux questions européennes. C'est un choix qui s'impose non seulement par l'intensité des relations commerciales et financières entretenues par l'UE, mais aussi parce que les avancées de l'intégration européenne ont marqué profondément l'économie internationale de la dernière décennie. En influant à la fois sur les questions monétaires (avec la mise en place de la monnaie unique) et commerciales (avec l'élargissement de l'Union aux pays d'Europe centrale et orientale), la construction européenne adhère d'ailleurs très exactement à l'ambition de ce manuel qui vise à présenter conjointement ces deux champs de l'économie internationale.

Par ailleurs, la construction européenne est un événement unique dans l'histoire économique moderne. L'UE est une « expérience naturelle » qui constitue un cadre d'analyse idéal des avantages et des difficultés de l'ouverture aux échanges financiers et commerciaux entre les nations. La mise en place du Marché unique puis de l'euro vient d'ailleurs pousser l'intégration économique si loin qu'elle donne une nouvelle dimension à l'économie internationale. En effet, l'intégration européenne vient effacer très largement la pertinence des frontières nationales et fait alors ressortir l'idée selon laquelle l'économie internationale n'est, par bien des côtés, qu'une façon de comprendre les enjeux économiques des relations dans l'espace géographique. Ce rapprochement entre l'économie internationale et l'économie géographique (que l'on retrouve dans les analyses du commerce et des spécialisations comme dans les réflexions autour des zones monétaires optimales) est un élément essentiel des recherches académiques très récentes. Orienter ce manuel d'économie internationale sur les questions européennes permet ainsi d'ouvrir davantage les discussions sur les débats académiques actuels.

Cette volonté de placer l'édition française dans une perspective européenne se retrouve tout au long de l'ouvrage. Les exemples et les données statistiques disséminées dans l'ensemble du livre ont bien sûr été adaptés. Mais il nous a fallu aussi introduire un certain nombre d'apports plus spécifiques, qui n'apparaissent pas dans l'édition originale : des éclairages sur le commerce intraeuropéen (chapitres 2 et 6), sur la question du dumping social entre les pays de l'Union (chapitre 3), sur la politique européenne de la concurrence (chapitre 6), sur la balance commerciale de la zone euro (chapitre 12), sur les politiques régionales communautaires (chapitre 20), etc.

Le choix de l'Europe comme fil conducteur nous a aussi amenés à faire certains choix de traduction. C'est ainsi, par exemple, que nous avons parfois décidé d'adopter le terme « domestique » comme traduction de l'anglais « home ». Cette traduction, étymologiquement moins correcte que le terme « national », s'est en effet imposée naturellement à nous : lorsque les modèles théoriques font référence à deux économies (notés « home » et « foreign » dans l'ouvrage original), il nous a semblé impossible d'adopter la traduction « national » et « étranger », tout en conservant l'Union européenne (constituée de plusieurs nations) comme référence principale.

2 Remerciements

Cette édition française doit beaucoup à l'équipe de Pearson Education France. Leurs conseils et leurs relectures attentives nous ont été utiles, et leur excellent travail de correction et d'édition doit être particulièrement salué.

Par ailleurs, ce travail d'adaptation a été mené très rapidement, et il ne nous aurait pas été possible de tenir les délais sans le concours des nombreux traducteurs qui ont proposé les premières versions de chaque chapitre : Nicolas Berman, Antoine Berthou, Vincent Bouvatier,

Anne-Célia Disdier, Gautier Duflos, Jérôme Héricourt, Pamina Koenig, Caroline Monjon, Céline Poilly, Julien Vauday et Vincent Vicard.

Enfin, la qualité du travail d'adaptation doit aussi grandement aux remarques et aux commentaires des relecteurs des différents chapitres : Christian Bordes (université Paris 1 Panthéon-Sorbonne), Michel-Henry Bouchet (CERAM Sophia Antipolis), Nicolas Couderc (université Paris 1 Panthéon-Sorbonne), Jezabel Couppey-Soubeyran (université Paris 1 Panthéon-Sorbonne), Gérard Duchêne (université Paris XII Val-de-Marne), Jean-Charles Jacquemin (Facultés universitaires Notre-Dame de la Paix, Namur), Dominique Lacoue-Labarthe (université Montesquieu-Bordeaux IV), Johanna Melka (Ixis-Cib), Patrick Messerlin (Institut d'études politiques Paris), Stéphanie Monjon (ADEME), Hélène Raymond (université Paris X Nanterre) et Vincent Vicard (université Paris 1 Panthéon-Sorbonne). Nous restons évidemment les seuls responsables des insuffisances et des erreurs qui pourraient subsister.

Gunther Capelle-Blancard
Matthieu Crozet

Les auteurs

Paul Krugman est professeur à l'université de Princeton depuis 2000. Il a obtenu son doctorat au MIT en 1977, puis a enseigné à l'université de Yale, au MIT, à Berkeley, à la London School of Economics et à l'université de Stanford. Il est l'auteur de plus de 200 articles de recherche (*American Economic Review, Journal of Economic Perspectives, Quarterly Journal of Economics*…). Il est l'un des fondateurs des « nouvelles théories du commerce international » et il a grandement contribué au renouveau de la théorie des crises de change. Ces travaux lui ont valu en 1991 la prestigieuse médaille John Bates Clark, un prix remis tous les deux ans par l'Association américaine d'économie au meilleur économiste de moins de quarante ans. Il est chercheur associé au *National Bureau of Economic Research* et au *Centre for Economic Policy Research*. Il a par ailleurs travaillé à la Maison-Blanche sous l'Administration Reagan, de 1982 à 1983, où il faisait partie du *Council of Economic Advisers*, le comité des conseillers économiques. Paul Krugman est non seulement un économiste influant dans le milieu académique, mais il s'est aussi fait connaître du grand public en tant qu'éditorialiste pour les magazines *Fortune, Foreign Policy, The Economist* et surtout *The New York Times*. Il a également écrit vingt ouvrages, dont certains à destination des non-spécialistes (*La mondialisation n'est pas coupable : vertus et limites du libre-échange*…). Enfin, bien sûr, il a reçu en 2008, le Prix Nobel de sciences économiques.

Maurice Obstfeld est professeur à l'université de Californie à Berkeley depuis 1989 où il dirige le *Centre for International and Development Economics Research*. Après une thèse de doctorat au MIT soutenue en 1979, il a enseigné à l'université de Columbia et à l'université de Pennsylvanie. Il est, par ailleurs, conseiller à la Banque du Japon et a travaillé pour le FMI. Ses thèmes de recherche portent sur la macroéconomie ouverte, les problèmes monétaires et les crises de change. Il a écrit près d'une centaine d'articles dans les revues académiques les plus prestigieuses (*American Economic Review, Econometrica, Journal of Monetary Economics, Journal of Political Economy, Quarterly Journal of Economics*…) et sept ouvrages. Il est chercheur associé au *National Bureau of Economic Research* et au *Centre for Economic Policy Research*. Il occupe également des fonctions éditoriales dans de nombreuses revues académiques internationales.

Gunther Capelle-Blancard est professeur des universités, en poste à l'université Paris 1 Panthéon-Sorbonne. Sa thèse de doctorat soutenue en 2001 lui a valu le prix de thèse de la Chancellerie des universités et celui décerné par Euronext Paris et l'Association française de finance. Il a enseigné dans les universités Paris X Nanterre, Lille 2, Aix-Marseille II, à l'Edhec, à Science Po Paris et au Collège d'Europe à Bruges.

Ses travaux de recherche portent sur l'organisation des marchés de capitaux, l'analyse comparée des systèmes financiers et la finance internationale. Il est l'auteur de plusieurs articles académiques (*Annales d'économie et statistiques*, *European Journal of Finance*, *Journal of Multinational Financial Management*, *Revue française d'économie*…) et du manuel *Finance d'entreprise* (adapté du Berk et De Marzo, Pearson Education France, 2008).

Matthieu Crozet est professeur des universités, en poste à l'université de Reims Champagne-Ardenne, et conseiller scientifique au CEPII. Docteur en économie, il a été maître de conférence à l'université Paris 1 Panthéon-Sorbonne de 2001 à 2006. Il a aussi enseigné à l'université Paris-Sud, l'université Paris IX Dauphine et à l'École supérieure de commerce de Paris (ESCP). Il a également été chargé de recherche à la Direction de la prévision et au Commissariat général du Plan. Ses travaux de recherche portent sur le commerce international, l'économie géographique et les firmes multinationales. Il a publié plusieurs articles dans des revues françaises et internationales (*Journal of International Economics*, *Journal of Comparative Economics*, *Journal of Economic Geography*, *Review of International Economics*, *Revue économique*…).

Chapitre 1

Introduction

Objectifs pédagogiques :

- **Être capable de différencier les enjeux et les problèmes en économie ouverte et en économie fermée.**
- **Saisir l'importance des sept principaux thèmes en économie internationale.**
- **Savoir distinguer les aspects commerciaux et monétaires des débats sur la mondialisation.**

L'analyse des relations économiques internationales est souvent présentée comme le point de départ de la science économique moderne. Les historiens de la pensée économique décrivent l'essai du philosophe écossais David Hume, *Of the Balance of Trade*, comme le premier exposé d'un véritable modèle économique. Sa publication date de 1758, précédant d'environ vingt ans celle de *La Richesse des Nations*, d'Adam Smith. Par la suite, les débats portant sur la politique commerciale britannique, qui ont animé le début du XIXe siècle, ont largement contribué à transformer l'analyse économique : d'abord essentiellement discursive, l'économie est progressivement devenue la discipline orientée vers la modélisation et l'analyse empirique que l'on connaît aujourd'hui.

Bien que riche d'une histoire ancienne, l'étude des mécanismes et des enjeux de l'économie internationale revêt de nos jours une importance toute particulière. Bien sûr, de la moitié du XIXe siècle au début de la Première Guerre mondiale, l'industrialisation de l'Occident a été marquée par une très large ouverture internationale. Mais l'essor du commerce, des flux monétaires et des investissements transfrontaliers lie aujourd'hui les nations, plus étroitement qu'elles ne l'ont jamais été. De ces interactions multiples résulte une économie mondiale secouée régulièrement par de fortes turbulences : dans chaque pays, les décideurs politiques comme les dirigeants du secteur privé doivent composer avec les inflexions et les soubresauts qui affectent les économies lointaines.

Un coup d'œil rapide sur quelques statistiques du commerce international permet de se rendre compte de l'importance grandissante des relations économiques transfrontalières. La figure 1.1 indique les évolutions du poids des échanges commerciaux dans le PIB, pour les États-Unis, la Chine et la zone euro (Allemagne, Autriche, Belgique,

Chypre, Espagne, Finlande, France, Grèce, Irlande, Italie, Luxembourg, Malte, Pays-Bas, Portugal, Slovénie, Slovaquie)[1]. De 1967 à 2006, le poids du commerce international dans l'économie européenne a presque doublé, si bien que le commerce total (c'est-à-dire les importations plus les exportations) représente aujourd'hui près de 65 % du PIB de la zone euro. De leur côté, les États-Unis présentent un degré d'ouverture commerciale plus faible, mais la progression des échanges extérieurs n'en est pas moins étonnante : le poids des importations et des exportations dans le PIB a triplé au cours de la période. Le cas de la Chine est encore plus saisissant. D'une situation de quasi-fermeture aux échanges internationaux, ce pays est devenu en l'espace de quelques décennies l'une des toutes premières puissances commerciales du monde.

Un autre fait saillant ressort de la figure 1.1 : depuis le début des années 1990, la Chine enregistre davantage d'exportations que d'importations, alors que, de leur côté, les États-Unis importent davantage qu'ils n'exportent. Que fait la Chine des revenus tirés de ces excédents commerciaux, et comment les États-Unis payent-ils ces importations, non couvertes par les exportations ? L'examen des flux de capitaux est à même de fournir une réponse. Les États-Unis attirent d'importants investissements étrangers, alors que la Chine place son épargne dans d'autres pays. L'écart persistant entre les importations et les exportations est donc révélateur d'un autre aspect de la mondialisation : l'interdépendance des marchés financiers.

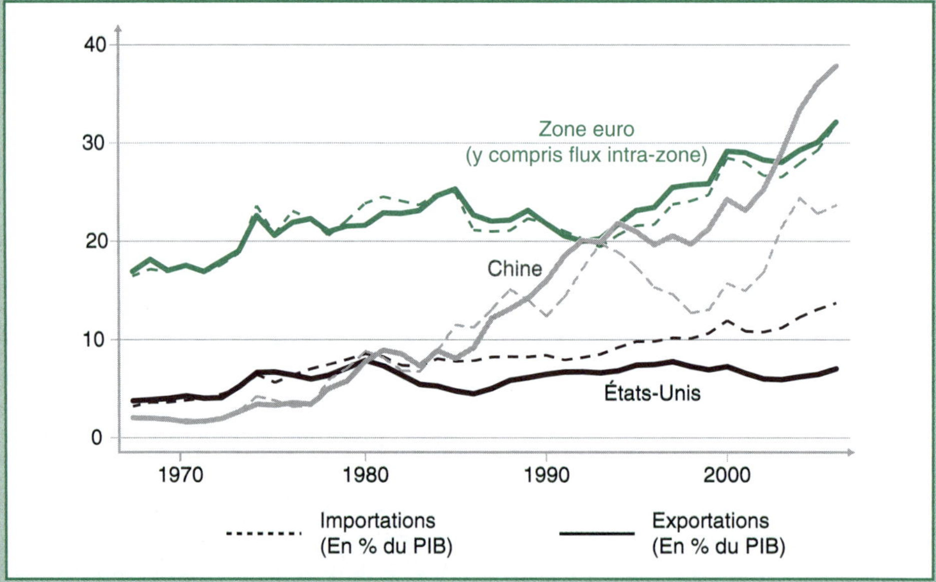

Figure 1.1 • Importations et exportations (en pourcentage du PIB) : 1967-2006.

Source : d'après les données CEPII – CHELEM.

1. Ces données incluent les flux de commerce entre les pays de la zone euro. Le poids du commerce extra-zone dans le PIB de l'Union atteint un peu plus de 16 % en 2006 pour les exportations, et presque autant pour les importations.

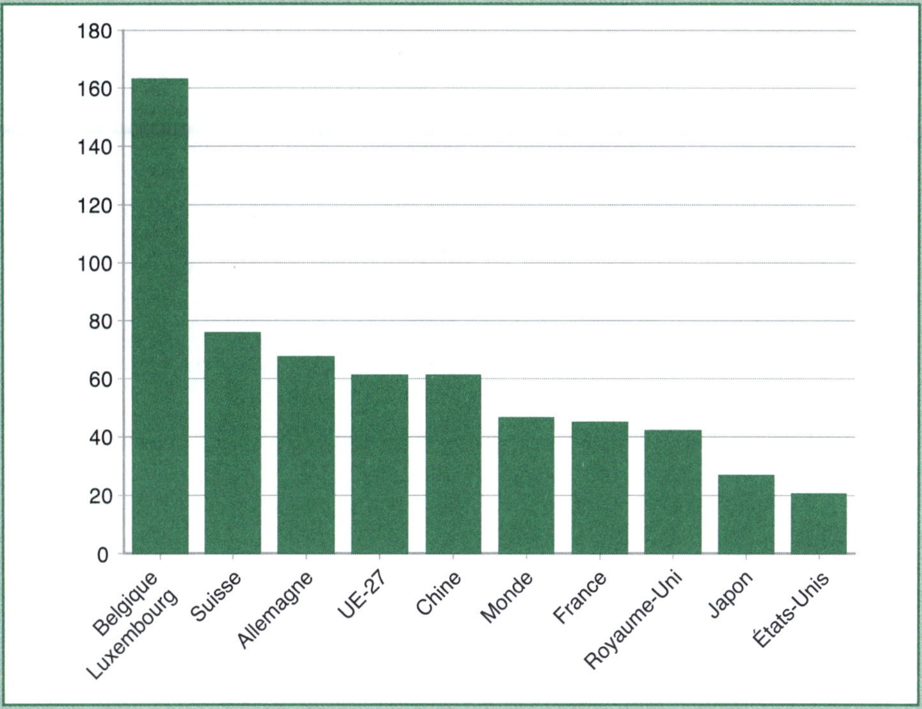

Figure 1.2 • Taux d'ouverture (importations plus exportations en pourcentage du PIB) en 2006. Le poids du commerce dans l'économie varie beaucoup d'un pays à l'autre. En règle générale, il est bien plus important pour les petits pays que pour les grands, qui disposent d'une plus grande diversité de ressources.

Source : d'après les données CEPII – CHELEM.

Cet ouvrage présente les principes essentiels de l'économie internationale, illustrés par des exemples concrets. Il propose ainsi les outils nécessaires à l'appréhension de nombreux débats contemporains. Une partie importante du livre est consacrée à l'exposé d'idées anciennes, mais qui conservent encore aujourd'hui toute leur pertinence : la théorie du commerce international de Ricardo, datant pourtant du XIXe siècle, et l'analyse monétaire internationale que Hume proposa encore plus tôt restent utiles pour comprendre l'économie moderne. Bien sûr, ces dernières années, l'économie mondiale a dû faire face à de nouveaux défis : la crise des crédits immobiliers américains, qui a profondément ébranlé le système financier mondial en 2008, la série des crises financières des pays émergents, qui a marqué les années 1980 et 1990, l'essor étonnamment rapide de l'économie chinoise, ou encore la montée des mouvements altermondialistes qui imposent aux gouvernements de s'interroger plus avant sur les conséquences de l'ouverture internationale. Ces évolutions appellent aussi à repenser l'analyse économique ; nous avons donc veillé ici à réunir les idées importantes qui ont été développées dans les travaux de recherche récents.

1 Qu'est-ce que l'économie internationale ?

Dans la mesure où les motivations et les comportements des individus sont *a priori* les mêmes dans les transactions intérieures que sur les marchés mondiaux, l'économie internationale utilise généralement les mêmes méthodes d'analyse que les autres branches de l'économie. Dans une économie ouverte, la décision d'avoir recours à une importation peut sembler, dans bien des cas, un choix insignifiant : les entrepreneurs lillois ont sans doute plus de facilité à trouver des fournisseurs belges que de faire venir des produits de Brest ou de Bayonne. De même, le choix, pour une famille allemande, d'aller voir un film français, allemand ou américain dépend bien plus de ses goûts et de la qualité du spectacle que de la volonté de participer à la mondialisation. Pour l'essentiel, la dimension internationale ne modifie pas les modes de décision économique mais, dès lors que les échanges engagent plusieurs pays, il faut prendre en considération des déterminants spécifiques, comme l'évolution des taux de change ou la politique commerciale.

La spécificité de l'économie internationale réside donc dans l'étude des interactions économiques entre les États souverains. On peut dégager sept thèmes importants : les gains à l'échange, les structures du commerce international, le protectionnisme, la balance des paiements, la détermination des taux de change, la coordination internationale des politiques économiques et le marché mondial des capitaux.

1.1 Les gains à l'échange

Tout le monde s'accorde volontiers pour reconnaître qu'une certaine dose de commerce international est bénéfique. Par exemple, personne ne pense sérieusement qu'il serait plus avantageux pour la Norvège de faire pousser ses propres oranges que de les importer. Pour autant, l'idée selon laquelle un pays peut tirer profit de l'importation de catégories de biens qu'il serait capable de produire engendre bien souvent un certain scepticisme. Après tout, compte tenu de la situation sur le marché du travail, ne serait-il pas raisonnable que chaque Français achète des produits français chaque fois que cela est possible ? L'une des conclusions essentielles de toutes les théories des échanges internationaux est qu'il existe au contraire des gains au commerce – c'est-à-dire que l'échange de biens et services entre deux pays est le plus souvent bénéfique aux deux parties.

Les conditions à réunir pour que ces gains prennent forme sont beaucoup moins contraignantes que beaucoup ne l'imaginent. Par exemple, de nombreuses personnes redoutent l'ouverture au commerce avec des pays trop différents en termes de productivité ou de salaires. D'un côté, les hommes d'affaires et les responsables politiques des pays en développement s'inquiètent souvent de ne pas disposer d'une technologie suffisante pour supporter la concurrence exercée par les entreprises, très efficaces, des pays développés. Mais à l'inverse, les chefs d'entreprise, les salariés et les responsables politiques des pays industrialisés redoutent aussi la pression concurrentielle des pays à bas salaire. Pourtant, le premier modèle de commerce international présenté ici (voir chapitre 3) montre que deux pays peuvent tirer un bénéfice mutuel des échanges commerciaux, même si l'un d'entre eux est capable de produire *tous* les biens de façon plus efficace et que les firmes de l'autre pays profitent de salaires relativement faibles. Nous verrons également que le commerce est bénéfique car il permet aux pays d'exporter des biens dont la production nécessite beaucoup de ressources localement abondantes, et d'importer des biens utilisant de manière intensive des ressources relativement rares chez eux (voir chapitre 4). Le commerce international permet également aux pays de se spécialiser dans des productions plus ciblées et de gagner ainsi en efficacité, en tirant parti des économies d'échelle (voir chapitre 6).

Les avantages des relations économiques internationales ne se limitent pas au commerce de biens. La migration et l'emprunt international sont également des formes d'échanges mutuellement profitables (voir chapitre 7). Enfin, les échanges internationaux d'actifs risqués, comme les actions ou les obligations, peuvent être bénéfiques car ils permettent aux pays de diversifier leurs portefeuilles et de réduire ainsi la variabilité de leur revenu (voir chapitre 21). Ces flux internationaux immatériels engendrent des gains tout aussi réels que ceux qui résultent de la vente sur les marchés parisiens de fruits frais importés en hiver d'Afrique du Sud.

Si les pays gagnent généralement à l'échange, il est toutefois possible que ces gains ne soient pas équitablement répartis, et même que l'ouverture ait des effets négatifs sur certains groupes d'individus *à l'intérieur* des pays. En d'autres termes, les échanges internationaux influent fortement sur la distribution des revenus :

- Le commerce international peut ainsi nuire aux détenteurs des ressources « spécifiques » aux secteurs concurrents des importations, et qui ne peuvent donc pas trouver d'emplois alternatifs dans d'autres domaines de l'économie.
- Le commerce peut également affecter la répartition des richesses entre les groupes sociaux plus larges, comme les travailleurs ou les détenteurs de capital.

Ces réflexions théoriques font l'objet de discussions dans les salles de cours et les amphithéâtres ; elles animent aussi les débats politiques. En France, comme dans la plupart des pays développés, la situation des travailleurs non qualifiés s'est progressivement dégradée depuis le milieu des années 1970. Malgré la croissance continue des économies dont ils dépendent, ces travailleurs ont vu leur salaire réel se réduire, ou leur accès au marché du travail se restreindre. Un certain nombre d'observateurs ont fait état du rôle du commerce international dans ces évolutions, et plus particulièrement de l'influence des importations de biens manufacturés en provenance des pays à bas salaires. Les chapitres 4 et 5 tenteront de présenter des éléments de réflexion théorique et des preuves empiriques à même d'alimenter ce débat.

1.2 La structure des échanges

Il est impossible pour les économistes de discuter des impacts du commerce international ou de recommander des changements de politique sans s'appuyer sur un corpus théorique solide, capable de décrire avec précision la structure du commerce international effectivement observée dans les faits.

L'Union européenne commerce avec la quasi-totalité des pays du monde (figure 1.3). Certains aspects de ces échanges commerciaux sont faciles à comprendre. Le climat et les ressources naturelles suffisent à expliquer pourquoi le Brésil exporte généralement du café et l'Arabie Saoudite, du pétrole. La plupart des déterminants du commerce mondial sont cependant plus subtils. En effet, plus de la moitié du commerce des pays de l'UE-27 se fait au sein même de l'Union. Pourquoi l'Allemagne exporte-t-elle des biens électroménagers et la France, des avions ? Plusieurs ensembles théoriques proposent des explications à ce type de spécialisation commerciale. Les théories fondées sur les avantages comparatifs présentées aux chapitres 3 et 4 mettent l'accent sur les différences de productivité selon les pays ou de dotations nationales en facteurs de production (comme le capital ou le travail). Les différentes tentatives de validation empirique montrent toutefois que ces théories, si elles ne sont pas dénuées de pertinence, ne suffisent pas à rendre compte de l'ensemble des flux effectivement observés. Des théories plus récentes, qui font appel à la concurrence imparfaite, ont permis de compléter le corpus et de fournir ainsi des explications du commerce entre pays qui ne présentent pas d'avantages comparatifs très marqués. Ces théories sont présentées au chapitre 6.

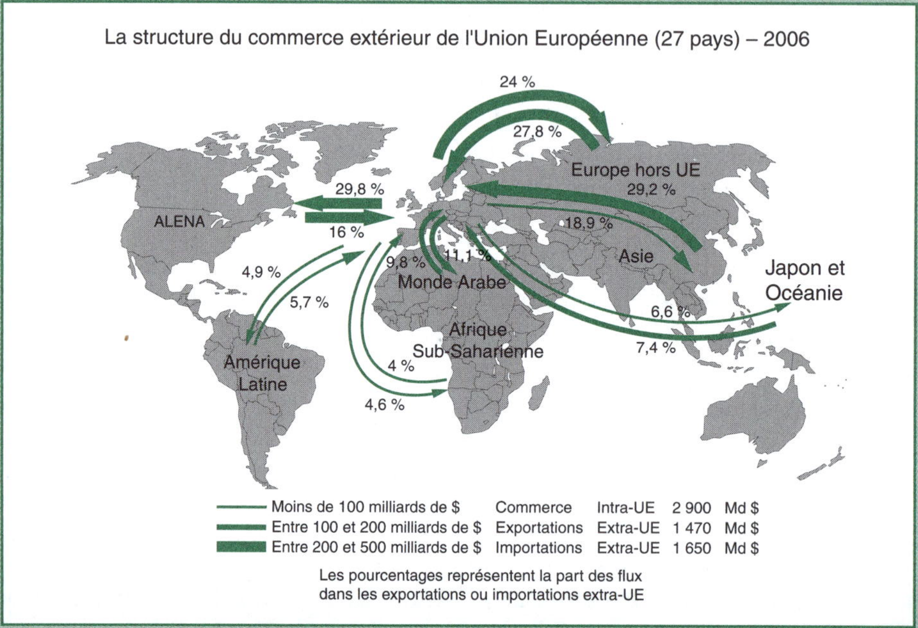

Figure 1.3 • La structure du commerce des pays de l'Union européenne.

Les pays de l'Union européenne commercent avec presque tous les pays du monde et, sur chaque zone géographique, les flux d'importation et d'exportation sont à peu près équilibrés. Mais surtout, plus de 66 % du commerce des pays de l'UE-27 se fait au sein même de l'Union.

Source : d'après les données CEPII-CHELEM et Philcarto.

1.3 Protectionnisme ou libre-échange ?

La mise en évidence de gains mutuels au commerce est l'un des résultats théoriques les plus importants de l'économie internationale. C'est un résultat ancien… au moins aussi ancien que l'éternel débat politique sur le degré d'ouverture commerciale qu'il est bon d'autoriser. Depuis l'émergence, au XVIe siècle, des États-nations modernes, les gouvernements se sont préoccupés des effets de la concurrence internationale sur la prospérité des activités locales ; ils ont tenté de protéger certains secteurs en limitant les importations, ou de les soutenir en instaurant des subventions à l'exportation. L'une des missions les plus concrètes de l'économie internationale a été d'analyser les effets de ces politiques protectionnistes ; de fait, ces analyses ont conduit, le plus souvent, à souligner les conséquences négatives de la protection et les avantages du libre-échange.

Depuis la Seconde Guerre mondiale, les économies industrialisées ont fait des efforts importants pour supprimer les barrières au commerce. Ces politiques reposent sur l'intuition selon laquelle le libre-échange est une force pour la prospérité économique des nations, mais aussi pour la promotion de la paix[1]. Les années 1990 ont ainsi été marquées par une progression profonde de l'intégration commerciale avec la ratification, en 1994, de l'accord multilatéral de l'Uruguay Round et la création de l'Organisation mondiale du commerce (OMC). L'ouverture des économie a aussi été portée par divers accords régionaux : la mise en place, le 1er janvier 1993, du Marché unique européen, qui a ouvert la voie à l'instauration de l'euro ; l'élargissement, en 1995, de l'Union européenne de 12 à 15 pays, puis à 25 États en 2004, et à 27 en 2007 ; l'instauration, en 1994, de l'Accord de libre-échange nord-américain entre les États-Unis, le Mexique et le Canada. Il faut aussi souligner l'expérience des pays d'Europe centrale et orientale, qui ont connu à cette période une transition rapide vers le libre-échange.

Mais, depuis les manifestations massives organisées lors de la conférence de l'OMC de Seattle en 1999, le mouvement altermondialiste a gagné de nombreux adhérents. Réunissant un très grand nombre d'organisations hostiles à la mondialisation, ce mouvement international a surpris par son ampleur. Il a conduit les avocats du libre-échange à mieux présenter leur point de vue, et les institutions en charge des négociations commerciales à ajuster quelque peu leurs positions (notamment en considérant avec plus de justesse les questions environnementales et la situation des pays en développement).

L'importance des politiques commerciales est à la mesure des efforts réalisés par les États lors des négociations internationales et de la défiance profonde qu'inspire le libre-échange. Une large part – environ le quart – de ce manuel est par conséquent consacrée à l'analyse de ces choix politiques. Progressivement, les économistes ont développé un cadre analytique robuste pour évaluer les effets de ces politiques publiques. Ce cadre théorique permet non seulement de prédire les effets des politiques commerciales, mais il autorise aussi une analyse coûts-bénéfices du protectionnisme, et conduit à définir les critères qui doivent être remplis pour que la protection puisse être favorable à l'économie. Les chapitres 8 et 9 sont consacrés à la présentation de ces théories et à la discussion d'un certain nombre de cas concrets.

La théorie économique peut donc contribuer à donner un sens aux politiques commerciales, en expliquant qui gagne et qui perd à la suite d'une politique de libéralisation ou, au contraire, de protection commerciale. Mais il faut bien reconnaître que, dans la réalité, les États ne respectent pas nécessairement les orientations préconisées par l'analyse économique. Les conflits d'intérêts *à l'intérieur* des pays ont en général un poids plus important que les conflits internationaux sur les décisions publiques.

---

1. Les analyses empiriques montrent que cette intuition n'est pas fausse… mais pas totalement vraie non plus (voir Philippe Martin, Thierry Mayer et Mathias Thoenig, « Make Trade not War ? », *Review of Economic Studies*, 75(3): 865-900, 2008).

Le chapitre 4 montre que le commerce a en général d'importants effets sur la distribution du revenu à l'intérieur des pays, et les chapitres 9, 10 et 11 mettent l'accent sur l'influence que peuvent avoir certains groupes d'intérêt sur la conduite des politiques commerciales.

1.4 La balance des paiements

En 1998, les balances commerciales chinoise et sud-coréenne étaient largement excédentaires. Dans le cas chinois, ce surplus résultait d'un développement de la politique d'ouverture et des capacités d'exportation – provoquant d'ailleurs de nombreuses plaintes de la part des pays partenaires, dont les États-Unis et l'Union européenne, qui accusèrent la Chine de ne pas se plier aux règles du commerce international. L'exemple chinois laisse entendre que le fait d'entretenir un important excédent commercial serait une bonne chose. Ce n'est cependant pas l'avis des Sud-Coréens : dans leur cas, l'excédent résulte de la crise financière qui a lourdement affecté le pays et qu'ils auraient sans aucun doute préféré éviter.

Cette comparaison souligne le fait que l'analyse de la structure des échanges extérieurs d'une économie, enregistrés dans sa *balance des paiements*, nécessite un cadre théorique cohérent. Les conclusions à tirer de l'observation d'un déséquilibre d'une partie de la balance des paiements dépendent en effet du contexte dans lequel évoluent les pays. Les conclusions ont alors trait à la nature des mouvements internationaux de capitaux (voir chapitre 7), aux liens existants entre les transactions internationales et la comptabilité du revenu national (voir chapitre 12), ou encore à la discussion autour des différents aspects de la politique monétaire internationale (voir chapitres 16 à 22).

1.5 La détermination du taux de change

Lors de son introduction, le 1er janvier 1999, l'euro valait environ 1,18 dollar. En octobre 2002, il était descendu en dessous de 0,83 dollar. Il s'est ensuite apprécié vigoureusement pour atteindre 1,60 dollar en juillet 2008 avant de retomber à 1,25 dollar fin 2008. La question des taux de change est l'un des éléments qui fait la spécificité de l'économie internationale, qu'il s'agisse de comprendre les causes et les conséquences des variations de la valeur d'une monnaie par rapport à une autre ou bien d'expliquer le fait que plusieurs pays puissent décider, comme l'ont fait les quinze pays de la zone euro, de partager la même monnaie.

La question de la détermination du taux de change a pris progressivement une part grandissante dans les analyses de l'économie internationale. De nos jours, la valeur des monnaies les plus importantes connaît des fluctuations continues, et le rôle des variations de change est au centre d'un grand nombre de problèmes économiques (les chapitres 13 à 16 présentent les théories modernes des taux de change flottants). Cependant, durant la plus grande partie du XXe siècle, les taux de change étaient simplement déterminés par les pouvoirs publiques et non définis sur un marché ouvert : jusqu'aux années 1970, les systèmes de changes fixes ont en effet prévalus, centrés d'abord sur un étalon-or, puis, après la Seconde Guerre mondiale, sur le dollar américain. Les chapitres 17 et 18 analysent le fonctionnement de ce type de système, et le chapitre 19 compare les systèmes de changes fixes et de changes flottants. Enfin, le chapitre 20 s'intéresse aux unions monétaires et présente en détail le cas de la zone euro.

1.6 La coordination des politiques économiques

Chaque pays qui participe à l'économie mondiale est libre de choisir ses objectifs et ses instruments de politique économique. Mais, bien évidement, dans un monde ouvert aux échanges des biens et des capitaux, les choix de chacun peuvent avoir des conséquences importantes sur les autres économies. Par exemple, lorsqu'en 1990 la banque centrale allemande (la Bundesbank) a décidé d'augmenter ses taux d'intérêt, avec l'objectif de réduire les pressions inflationnistes résultant de la réunification, cette décision a contribué à précipiter les pays d'Europe de l'Ouest dans la récession. Dès lors, il est bien clair qu'en suivant leurs objectifs propres, les États peuvent engendrer des conflits d'intérêts sur la scène internationale. Et même dans le cas où les différents pays s'accordent sur les objectifs à atteindre, il faut que leurs interventions soient suffisamment coordonnées pour qu'aucun ne soit pénalisé. L'un des problèmes fondamentaux de la régulation de l'économie mondiale est de parvenir à créer un degré d'harmonie suffisant sur les questions relatives au commerce et aux politiques monétaires, en l'absence d'un gouvernement mondial qui pourrait dicter la conduite à suivre.

Durant les soixante dernières années, les politiques commerciales ont été gouvernées par un traité international : le GATT (*General Agreement on Tariffs and Trade*). Cet accord international a fait place en 1995 à l'OMC, qui a pour mission d'organiser les négociations commerciales, mais qui dispose aussi du pouvoir de faire respecter ces accords en dénonçant et condamnant les pratiques protectionnistes irrégulières. Au chapitre 9, nous présentons le fonctionnement de cette institution et tentons de nous interroger sur son avenir.

En parallèle à la régulation du commerce international encadrée par l'OMC, la coordination des politiques macroéconomiques est un domaine autrement plus incertain. Même s'il est de plus en plus fréquent de voir des pays faire des efforts pour accorder leurs politiques macroéconomiques, la science économique n'a formulé de manière précise les conditions indispensables à cette coordination que depuis quelques années. Les chapitres 18 et 19 passent donc en revue ces développements théoriques et ces expériences de coordination internationale.

1.7 Le marché international des capitaux

Au cours des années 1970, les banques des pays industrialisés ont prêté d'importantes sommes aux entreprises et aux États des économies en développement (particulièrement en Amérique latine). En 1982, le Mexique, avant d'être suivi par d'autres pays, s'est trouvé dans l'incapacité d'assurer le remboursement de ses emprunts. La « crise de la dette » qui en a résulté a duré près d'une dizaine d'années. De nouveau, à partir du début des années 1990, les « économies émergentes » d'Amérique latine et du Sud-Est asiatique ont attiré les investisseurs étrangers. Ces afflux d'investissements ont une fois de plus rapidement posé problème : le Mexique a connu une nouvelle crise financière à la fin de l'année 1994, de même que la plupart des pays asiatiques à partir de l'été 1997, et l'Argentine en 2002. Et les crises n'ont pas épargné les pays développés. On pense évidemment à la crise financière qui a débuté en 2007 aux États-Unis (crise dite des *subprimes*) et qui s'est rapidement propagée au monde entier. Pourquoi de telles crises à répétition ? Quels sont les facteurs de contagion ?

Le développement du commerce international, depuis les années 1960, s'est accompagné d'une libéralisation financière et d'un essor des marchés internationaux de capitaux. Quel bilan tirer de la mutation financière ?

Les opérations sur ces marchés internationaux présentent des risques importants, liés notamment aux fluctuations des taux de change : si, par exemple, la valeur de l'euro chute par rapport au dollar, les investisseurs américains qui détiennent des obligations en euros subiront une perte. Les investisseurs doivent aussi faire face aux risques de défaut sur les dettes souveraines. En effet, un État qui connaît des difficultés économiques importantes peut tout simplement refuser de rembourser ses dettes ; en l'absence d'instance chargée de régler les faillites des États, il n'existe pas de réel moyen pour les créditeurs de recouvrer intégralement ou en partie les sommes prêtées.

L'importance croissante des marchés internationaux de capitaux et les problèmes qu'ils engendrent requièrent aujourd'hui une attention plus grande que jamais. Ce livre consacre deux chapitres à ces questions, le premier portant sur le fonctionnement du marché international des capitaux (chapitre 21), le second sur les pays en développement (chapitre 22).

2 L'économie internationale : commerce et monnaie

La recherche en économie internationale investit deux champs distincts : l'analyse du commerce international et l'étude des relations financières internationales. Le premier s'intéresse aux transactions *réelles* qui ont lieu sur les marchés internationaux, c'est-à-dire aux transactions qui impliquent un mouvement physique de biens ou, dans le cas d'échanges de services, un engagement concret de ressources économiques. Le second analyse les aspects *monétaires* de l'économie internationale, c'est-à-dire les transactions financières. Les conflits entre les États-Unis et l'Union européenne portant sur les subventions accordées aux producteurs aéronautiques ou sur les aides à l'agriculture sont des exemples de problèmes traités spécifiquement par les analyses du commerce international. La question de la valeur de l'euro, ou celle de savoir si cette monnaie doit flotter librement ou être contrôlée plus strictement par les autorités monétaires, relève de la finance internationale.

Il est bien sûr difficile de séparer strictement les questions réelles et monétaires : les flux de commerce internationaux engendrent des transactions monétaires et, à l'inverse, les chocs financiers peuvent avoir d'importantes conséquences sur les spécialisations industrielles et la structure des échanges de biens et services. Il est cependant nécessaire, pour bien comprendre les mécanismes en jeu et les implications des politiques publiques, de distinguer ces deux domaines. La première moitié de ce livre est donc consacrée à la présentation des analyses du commerce international : la première partie (voir chapitres 2 à 7) développe les théories du commerce, et la deuxième partie (voir chapitres 8 à 11) applique ces théories à l'analyse des politiques commerciales. La seconde moitié du livre couvre les différents aspects de la finance internationale : la troisième partie (voir chapitres 12 à 17) s'intéresse aux théories monétaires, et la quatrième partie (voir chapitres 18 à 22) les applique aux problèmes de politique monétaire internationale.

PARTIE I

Les théories du commerce international

Chapitre 2

Un aperçu du commerce mondial

Objectifs pédagogiques :

- **Étudier l'influence de la taille des économies, de la distance géographique et des frontières sur le commerce bilatéral : le modèle de gravité.**
- **Présenter l'évolution du commerce mondial et mettre en évidence une première vague de mondialisation au XIXe siècle.**
- **Comparer les deux vagues de mondialisation (des XIXe et XXe siècles), et notamment l'évolution de la nature des biens échangés sur les marchés mondiaux.**

En 2007, le montant de la production mondiale de biens et services a atteint 50 000 milliards de dollars à prix courants. De son côté, la valeur totale du commerce mondial de biens et services a dépassé les 16 000 milliards de dollars ; plus de 30 % de la production mondiale sont donc vendus hors des frontières nationales.

Dans les chapitres qui suivent, nous analyserons pourquoi les pays vendent une si grande partie de ce qu'ils produisent à l'étranger et consacrent une aussi large part de leurs revenus à la consommation de biens importés. Nous examinerons aussi les gains et les coûts du commerce international, ainsi que les motivations et les conséquences des politiques publiques visant soit à restreindre, soit à favoriser les échanges internationaux. Mais avant cela, il n'est pas inutile de décrire brièvement les caractéristiques essentielles des échanges internationaux de biens et services. En effet, la structure du commerce mondial a radicalement changé au cours des dernières décennies.

Qui commerce avec qui ? Nous aborderons cette question en nous appuyant sur le *modèle de gravité*. Il s'agit d'une relation empirique qui permet d'évaluer la valeur du commerce entre deux pays donnés, en tenant compte des barrières aux échanges. Ces dernières, même dans notre économie mondialisée, limitent encore aujourd'hui le développement du commerce international.

Comment le commerce mondial s'est-il transformé ? Nous verrons que quelques évolutions saillantes ont marqué les récentes décennies : une très nette croissance de la part de la production mondiale vendue sur les marchés internationaux, un glissement du centre de gravité de l'économie mondiale vers l'Asie et une transformation profonde de la nature des produits échangés sur les marchés mondiaux.

1 Qui commerce avec qui ?

La figure 2.1 indique la valeur totale des échanges de biens (importations et exportations) de la France et de l'UE-27 avec quelques-uns de leurs principaux partenaires commerciaux.

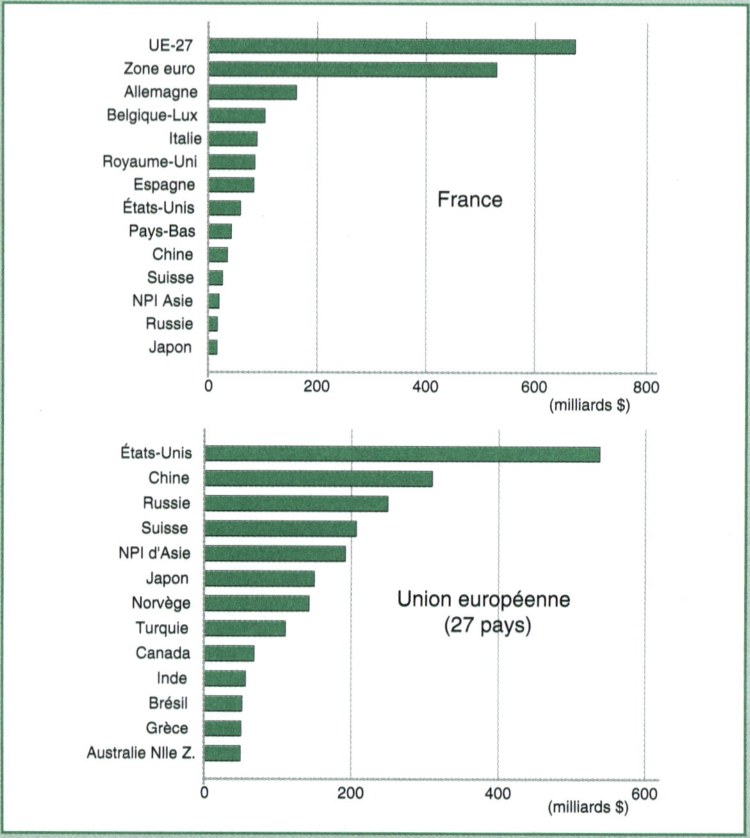

Figure 2.1 • Le commerce de la France et de l'Union européenne avec leurs principaux partenaires, en 2006.

Le commerce international de la France, mesuré par la somme de ses importations et de ses exportations, se fait essentiellement au sein de l'Union européenne qui, de son côté, commerce essentiellement avec d'autres économies européennes et quelques grands pays.

Source : d'après les données CEPII - CHELEM (le groupe des NPI d'Asie comprend la Corée du Sud, Hong Kong, Taïwan et Singapour).

Pour l'essentiel, la France commerce avec les autres pays européens : en 2006, les 26 pays qui, avec la France, constituent aujourd'hui l'Union européenne ont reçu près de 65 % des exportations françaises, et produit près de 67 % des biens importés par les résidents français. La zone euro, à elle seule, représente plus de la moitié des échanges extérieurs français. Ces chiffres semblent particulièrement élevés, mais on retrouve cependant des niveaux comparables pour les autres pays européens : les 27 pays de l'Union européenne réalisent en moyenne plus de 66 % de leurs échanges commerciaux avec d'autres pays de l'Union. Par rapport à ces échanges entre voisins, le commerce de longue distance semble relativement réduit. En 2006, les trois plus grandes puissances économiques non européennes (c'est-à-dire les États-Unis, le Japon et la Chine) représentaient près de 42 % du PIB mondial ; mais les échanges commerciaux avec ces pays ne dépassait à peine 11 % du commerce total des 27 pays de l'Union européenne (on obtient un chiffre comparable pour la France).

Pour bien comprendre les raisons d'une telle concentration géographique des flux de commerce, nous devons mener notre réflexion peu plus loin et étudier les principaux déterminants de la structure des échanges mondiaux.

1.1 Taille et distance : le modèle de gravité

Les cinq principaux partenaires commerciaux de la France sont tous des pays européens : l'Allemagne, la Belgique, l'Italie, l'Espagne et le Royaume-Uni. Pourquoi ces pays plutôt que d'autres ? La réponse est assez intuitive : premièrement, ils sont tous géographiquement proches de la France, et par ailleurs, pour la majorité, ils représentent des économies de grande taille. En effet, à part la Belgique, tous ces pays affichent des produits intérieurs bruts[1] qui comptent parmi les dix plus élevés du monde. Il semble donc bien exister une relation empirique forte entre la *taille économique* d'un pays et le volume de ses importations et de ses exportations. En outre, le Japon et la Chine, en dépit de la très grande taille de leurs économies, commercent à peu près autant avec les pays de l'Union européenne que la Suisse. En règle générale, il apparaît donc clairement que la *distance géographique* influe aussi sur le commerce : les échanges commerciaux sont relativement plus intenses entre pays proches.

Les figures 2.2a et 2.2b illustrent le premier des deux points considérés en indiquant la correspondance entre la taille des différentes économies européennes et leur niveau de commerce avec la France. L'axe horizontal représente le PIB de chaque pays, exprimé en pourcentage du PIB total de l'Union européenne ; l'axe vertical précise la part de chaque pays dans le commerce de la France avec l'ensemble de l'Union européenne. Les dix nouveaux pays membres, qui ont fait leur entrée dans l'Union à la suite des élargissement de mai 2004 et janvier 2007[2], sont des économies de taille relativement modeste. Pour plus de clarté, nous avons donc reporté les données les concernant sur une figure distincte (voir figure 2.2b).

Comme nous pouvons le voir, quel que soit le groupe de pays, toutes les observations sont rassemblées le long de la diagonale à 45 degrés. En clair, cela signifie que le poids des pays européens dans le commerce total de la France avec l'Union européenne est à peu près proportionnel au poids de ces pays dans le PIB européen. L'Allemagne, par exemple, représente 20 % du PIB de l'UE-27, mais c'est aussi le premier partenaire commercial de la France, avec 24 % du commerce total. À l'opposé, l'économie tchèque, qui est beaucoup plus petite, ne représente que 1 % du PIB de l'Union et ne pèse que pour 0,85 % des échanges extérieurs de la France.

1. Le PIB mesure la valeur totale des biens et services produits dans une économie.
2. Pologne, République tchèque, Hongrie, Estonie, Slovénie, Chypre, Lettonie, Lituanie, Malte, Slovaquie, Bulgarie et Roumanie.

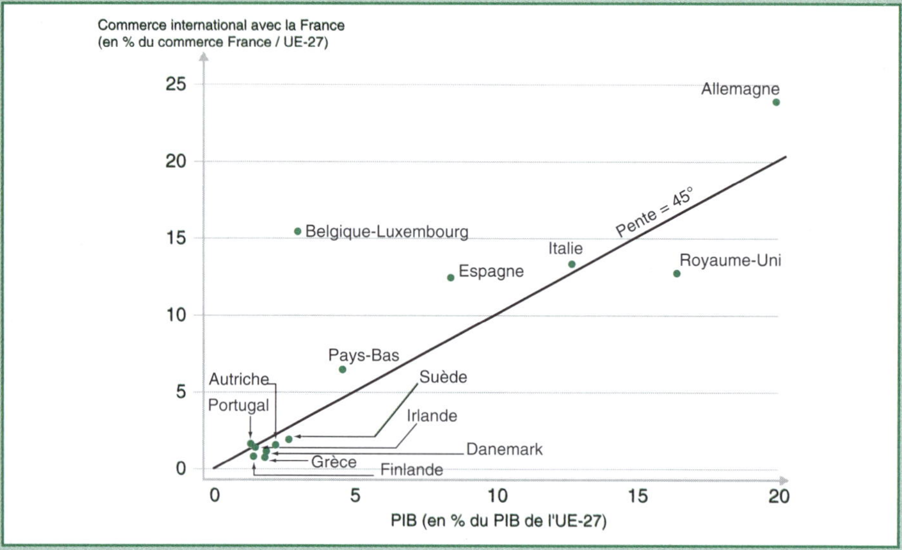

Figure 2.2a • Le commerce de la France avec les pays de l'UE-15 (2006).

La taille des pays européens est quasiment proportionnelle à l'importance de leur commerce total (importations plus exportations) avec la France.

Source : d'après les données CEPII - CHELEM.

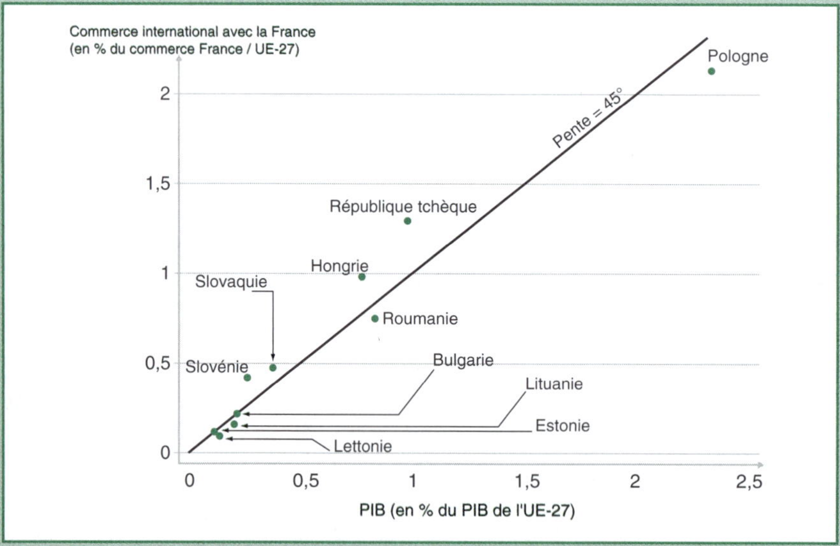

Figure 2.2b • Le commerce de la France avec 10 pays de l'élargissement (2006).

La taille des pays européens est quasiment proportionnelle à l'importance de leur commerce total (importations plus exportations) avec la France.

Source : d'après les données CEPII - CHELEM.

En étudiant plus en détail le commerce mondial, les économistes ont montré que l'équation (2.1) pouvait prédire assez précisément le volume des échanges de biens entre deux pays, *i* et *j*, donnés :

$$T_{ij} = A \times Y_i \times Y_j / D_{ij} \qquad (2.1),$$

où A est une constante, T_{ij} est la valeur du commerce entre le pays *i* et le pays *j*, Y_i est le PIB du pays *i*, Y_j le PIB du pays *j*, et D_{ij} la distance géographique qui sépare les deux économies. La valeur du commerce entre deux pays est donc proportionnelle, toutes choses étant égales par ailleurs, au produit des PIB des deux économies partenaires, et diminue avec la distance entre les deux pays.

Par analogie avec la loi énoncée par Newton[1], l'équation (2.1) est connue sous le nom de *modèle de gravité*. Cette équation est cependant très restrictive. Le plus souvent, les études économétriques considèrent une forme plus générale de ce modèle :

$$T_{ij} = A \times Y^a{}_i \times Y^b{}_j / D^c{}_{ij} \qquad (2.2)$$

L'analyse économétrique permet d'estimer la valeur des coefficients a, b et c. Dans la majorité des cas, ces trois coefficients sont positifs. Le plus souvent ils sont proches de 1, si bien que l'équation (2.1) est une bonne approximation de la structure réelle du commerce entre deux pays.

1.2 Le commerce international : une question de taille

Le modèle de gravité est un outil d'analyse très largement utilisé dans les études du commerce international. C'est en effet une relation extrêmement performante : en dépit de sa simplicité, elle explique très bien la structure réelle des flux de commerce. Comment expliquer cela ?

Que le PIB du pays importateur influe positivement sur le flux de commerce entre deux pays n'a rien d'étonnant : par définition, la demande exprimée par un grand pays est importante et, à moins de suivre une politique protectionniste stricte, la valeur de ses importations est forcément élevée. Par ailleurs, une grande économie produit une large variété de biens, et a donc tendance à attirer une grande part des dépenses mondiales. Il est alors bien naturel que le PIB du pays exportateur agisse positivement sur le commerce bilatéral.

Si la structure de la demande de tous les consommateurs du monde était partout identique, alors les flux de commerce bilatéraux seraient effectivement très exactement proportionnels au produit des deux PIB. Par exemple, en 2007, le PIB de l'UE-25 représentait un peu plus de 30 % du PIB mondial. Logiquement, chaque pays du monde devrait alors consacrer 30 % de sa dépense à l'achat de produits européens. Mais, de toute évidence, les consommateurs consacrent en réalité toujours une plus grande part de leurs revenus en biens produits dans leur propre pays[2], et, plus généralement, leur

---

1. La loi universelle de la gravitation, utilisée pour la première fois en 1687 par le physicien anglais Isaac Newton, s'énonce ainsi : deux corps de masse *M1* et *M2* s'attirent mutuellement avec une force proportionnelle à chacune des masses et inversement proportionnelle au carré de la distance qui les sépare.
2. Nous analyserons au chapitre 5 une conséquence de ces préférences des consommateurs pour les produits nationaux.

consommation n'est pas uniformément répartie sur l'ensemble des pays. Pour expliquer correctement la structure des échanges mondiaux, il faut alors considérer les facteurs qui limitent le commerce international. En effet, la principale utilisation concrète que l'on fait du modèle de gravité est d'identifier et de quantifier les « anomalies » commerciales, c'est-à-dire les couples de pays qui entretiennent des relations commerciales particulièrement intenses et ceux qui, au contraire, commercent très peu.

1.3 Distances, frontières et barrières aux échanges

Si la figure 2.2a indique que les échanges commerciaux de la France augmentent de façon presque proportionnelle avec le PIB du pays partenaire, cette relation n'est pourtant pas parfaite. Les pays situés au-dessus de la diagonale (c'est-à-dire la Belgique, l'Espagne, les Pays-Bas, l'Italie et l'Allemagne) partagent tous une frontière terrestre avec la France ou en sont très proches. La proximité géographique et la faiblesse des coûts de transport expliquent alors sans doute le fait qu'ils commercent beaucoup avec elle. De même, la proximité culturelle et linguistique entre la France et la Belgique justifie vraisemblablement que le point correspondant à ce pays soit situé aussi loin de la bissectrice.

La figure 2.3 permet d'aller un peu plus loin. Même si son apparence est bien différente, elle est presque identique à la figure 2.2. Elle représente toujours le commerce international de la France avec plusieurs pays en fonction de leur PIB (en pourcentage du PIB de l'Union européenne). On y retrouve tous les pays de l'Union, mais quelques points correspondant à d'autres économies ont été ajoutés : la Suisse, le Mexique, le Canada, l'Afrique du Nord, la Chine, le Japon, les États-Unis… On le voit, le point correspondant à la Suisse est très proche de la diagonale et même, comme pour tous les pays frontaliers de la France, situé un peu au-dessus de celle-ci. En revanche, le commerce des pays plus lointains, par rapport à la taille économique de ces pays, est nettement plus faible. Le Japon a un PIB qui vaut 30 % du PIB de l'Union, mais la valeur de ses échanges commerciaux avec la France ne dépasse pas 3 % des échanges de la France avec le reste de l'Union. De même, malgré un PIB comparable à celui de l'Union européenne, les États-Unis commercent moins avec la France que ne le font d'autres pays, pourtant bien plus petits, comme le Royaume-Uni ou l'Espagne.

L'éloignement géographique décourage les Français de développer des échanges commerciaux avec les nations lointaines. La France n'a bien évidement rien d'un cas particulier : les estimations de modèles de gravité montrent systématiquement une très nette influence négative de la distance sur le commerce international. Toutes ces estimations sont différentes, mais de façon générale, elles indiquent qu'une augmentation de 1 % de la distance entre deux pays est associée à une diminution de l'ordre de 0,7 à 1 % du commerce bilatéral. Pour l'essentiel, cette baisse reflète l'effet des coûts de transport, mais d'autres facteurs, nettement moins tangibles, jouent aussi un rôle important. Deux pays commercent bien davantage lorsque leurs populations ont des contacts fréquents, lorsqu'ils partagent une langue commune ou une proximité culturelle qui rapproche les modes de consommation et la façon de traiter les affaires commerciales. Bien sûr, cette proximité tend le plus souvent à diminuer avec l'accroissement de la distance géographique. Une histoire commune (notamment d'anciens liens coloniaux) et d'importants flux migratoires peuvent néanmoins faciliter les échanges bilatéraux de biens et services.

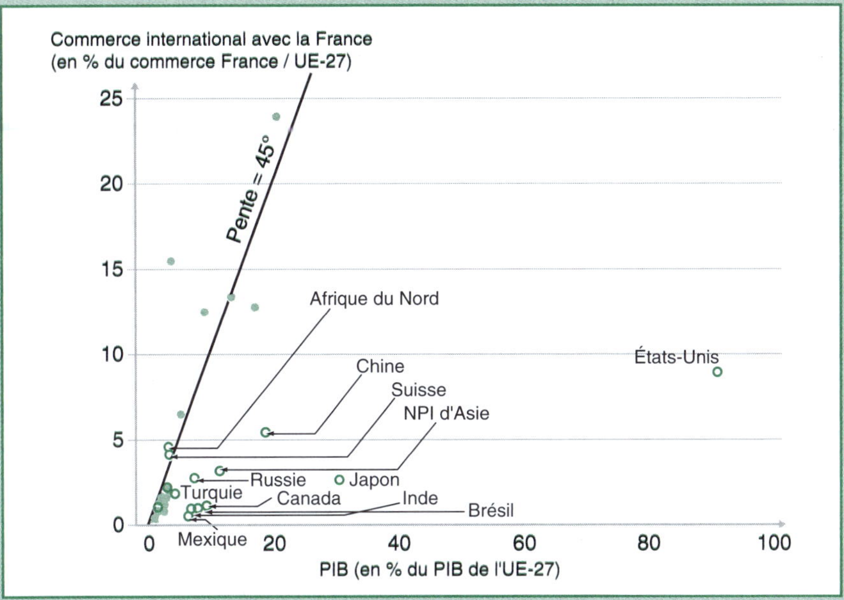

Figure 2.3 • La taille économique et le commerce avec la France.
La France commerce davantage avec ses voisins qu'avec les économies non européennes de taille équivalente.

Source : d'après les données CEPII – CHELEM.

Outre le fait d'être des voisins, les pays européens participent à un accord de libre-échange particulièrement poussé. La participation à l'Union européenne assure en effet qu'aucun bien échangé entre ces pays ne puisse être l'objet de droits de douane ou d'autre barrière au commerce international[1]. Nous analyserons les effets des barrières au commerce au chapitre 8 et le rôle des accords commerciaux au chapitre 9. Pour l'instant, notons simplement qu'une des manières d'utiliser le modèle de gravité est d'évaluer l'impact de ces accords sur les flux de biens et services : si l'accord commercial a une efficacité réelle, il devrait augmenter de manière significative les échanges entre les différents signataires, par rapport aux flux que l'on pourrait prédire entre ces pays, étant donné leurs PIB et la distance qui les sépare.

Ces accords commerciaux abolissent généralement toutes les barrières formelles au commerce entre les pays, mais ils effacent rarement l'ensemble des entraves aux échanges. Des recherches académiques récentes ont montré que, même dans les pays largement ouverts au libre-échange, les flux de biens et services entre deux régions d'un *même pays* sont nettement plus importants qu'entre deux régions situées à même distance mais dans *deux pays différents*. On parle alors *d'effet frontière*. Par exemple, des chercheurs ont étudié le commerce entre les provinces canadiennes et les États américains[2].

1. De son côté, la Suisse (mais aussi l'Islande, le Liechtenstein et la Norvège) participe également a un accord de libre-échange avec les pays de l'Union européenne : l'*Association européenne de libre-échange* (AELE).
2. Voir notamment John McCallum, « National Borders Matters : Canada-US Regional Trade Patterns », *American Economic Review*, vol. 85, n° 3, 1995, p. 615-623.

Les États-Unis et le Canada participent à un accord de libre-échange[1]. La plupart des Canadiens parlent anglais et les habitants des deux pays peuvent circuler avec un minimum de formalités de part et d'autre de la frontière. Ils partagent en outre une culture relativement similaire. En dépit de ces caractéristiques particulièrement favorables au commerce, ces études montrent, à l'aide d'un modèle de gravité, qu'à distance égale, il existe beaucoup plus de commerce entre deux provinces canadiennes qu'entre des provinces canadiennes et des États américains[2]. La traversée de la frontière entre le Canada et les États-Unis (pourtant l'une des plus ouvertes du monde) réduit le commerce d'un montant comparable à celui que l'on observerait si les deux pays étaient distants de 2 000 à 3 000 km.

En appliquant une méthode similaire, des études empiriques ont mis en évidence des effets frontières tout aussi importants entre les pays européens. Keith Head et Thierry Mayer[3] ont ainsi décortiqué les échanges commerciaux, de 1976 à 1995, entre les douze pays qui formaient l'Union européenne jusqu'à l'élargissement de 1995. Leurs mesures des effets frontières sont reportées à la figure 2.4. Au milieu des années 1970, les flux internes à chaque pays européen étaient en moyenne trente fois plus importants que les flux transnationaux.

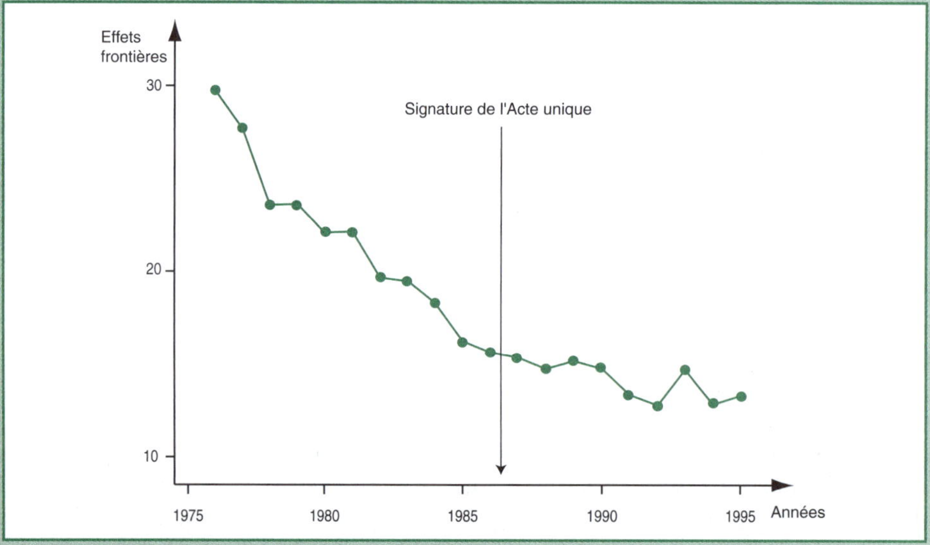

Figure 2.4 • Les effets frontières de l'Union européenne (UE-12).
Même à la fin des années 1990, chaque pays européen commerçait encore environ quinze fois plus « avec lui-même » qu'avec un autre pays de l'Union.

Source : d'après Head et Mayer, 2000.

---

1. Dès 1988, ces deux pays ont signé un accord de libre-échange, étendu au Mexique en 1994 pour devenir l'*Accord de libre-échange nord-américain* (ALENA).
2. Par exemple, la Colombie-Britannique est a peu près aussi éloignée de Québec que de l'État américain de New York, mais le commerce entre les deux provinces canadiennes, en proportion de leur PIB, est environ quatorze fois plus important qu'entre la Colombie-Britannique et l'État de New York.
3. Keith Head et Thierry Mayer, « Non-Europe : The Magnitude and Causes of Market Fragmentation in Europe », *Weltwirtschaftliches Archiv*, 136(2), 2000, p. 285-314. Voir aussi Keith Head et Thierry Mayer, « Effet frontière, intégration économique et forteresse Europe », *Économie et prévision*, 152-153, 2002, p. 71-92.

Les effets frontières ont cependant diminué régulièrement jusqu'aux années 1990. Malgré ce long processus d'ouverture commerciale, l'intégration des marchés européens reste toutefois inachevée : dans les années 1990, chaque pays commerçait encore quinze fois plus « avec lui-même » qu'avec n'importe lequel de ses partenaires européens.

2 L'évolution de la structure du commerce mondial

Le commerce mondial est en constante évolution ; sa structure (c'est-à-dire les principaux partenaires et la nature des biens échangés) est très différente aujourd'hui de ce qu'elle était il y a une ou deux générations. Pour autant, la mondialisation n'est pas un phénomène totalement nouveau : on observe encore certaines similitudes entre l'économie mondiale d'aujourd'hui et celle de la fin du XIXe siècle.

2.1 Le monde est-il devenu plus petit ?

Beaucoup de débats relatifs à l'évolution du commerce mondial laissent entendre que les techniques de transport modernes. Plus encore, les nouveaux moyens de communication ont fortement réduit l'impact de la distance géographique sur les relations économiques. Le monde serait en quelque sorte devenu plus petit[1]. Il y a certainement une part de vérité dans cette assertion : Internet permet de communiquer instantanément et presque gratuitement d'un continent à l'autre ; l'essor du transport aérien donne a chacun la possibilité d'atteindre rapidement chaque partie du globe…

Même si les modèles de gravité confirment toujours que la distance continue d'exercer une influence forte sur le commerce international, il est vrai que le progrès technologique a facilité les échanges sur longue distance. L'histoire nous montre cependant que les choix politiques en faveur du libre-échange peuvent l'emporter sur les effets de la technologie. En effet, la mondialisation de l'économie n'est pas une invention de la seconde moitié du XXe siècle. En réalité, il y a eu deux vagues de mondialisation ; la première s'appuyait non pas sur Internet et les lignes aériennes internationales, mais sur les chemins de fer, les bateaux à vapeur et la télégraphie. En 1919, l'économiste anglais John Maynard Keynes a décrit les conséquences de cette rapide croissance des échanges internationaux :

> *« Quel épisode extraordinaire dans le progrès économique de l'homme qu'a été cette époque, qui a pris fin en août 1914 ! … Un habitant de Londres pouvait commander par téléphone, tout en buvant son thé matinal au lit, de nombreux produits du monde entier, en diverses quantités, en s'attendant à une livraison rapide au pas de sa porte. »*

Keynes, notons-le bien, signale que cette période a pris fin en 1914. En réalité, les deux guerres mondiales, mais aussi la grande dépression des années 1930 et un renouveau soudain des politiques protectionnistes, ont contribué conjointement à l'affaiblissement du commerce mondial entre 1914 et les années 1950. La figure 2.5 indique, pour quelques pays développés, le commerce total (importations plus exportations) en pourcentage du

1. Frances Cairncross, *The Death of Distance*, Londres, Orion, 1997.

PIB entre 1870 et 1995[1]. Même si le commerce international n'a pas pris son essor en tous lieux simultanément, tous ces pays ont connu un recul majeur durant la première partie du XXe siècle. Aujourd'hui, le commerce en pourcentage du PIB dépasse clairement le niveau qu'il atteignait avant le début de la Première Guerre mondiale, mais il n'a, dans la plupart des cas, retrouvé ce niveau que très tardivement, dans les années 1970 à 1980.

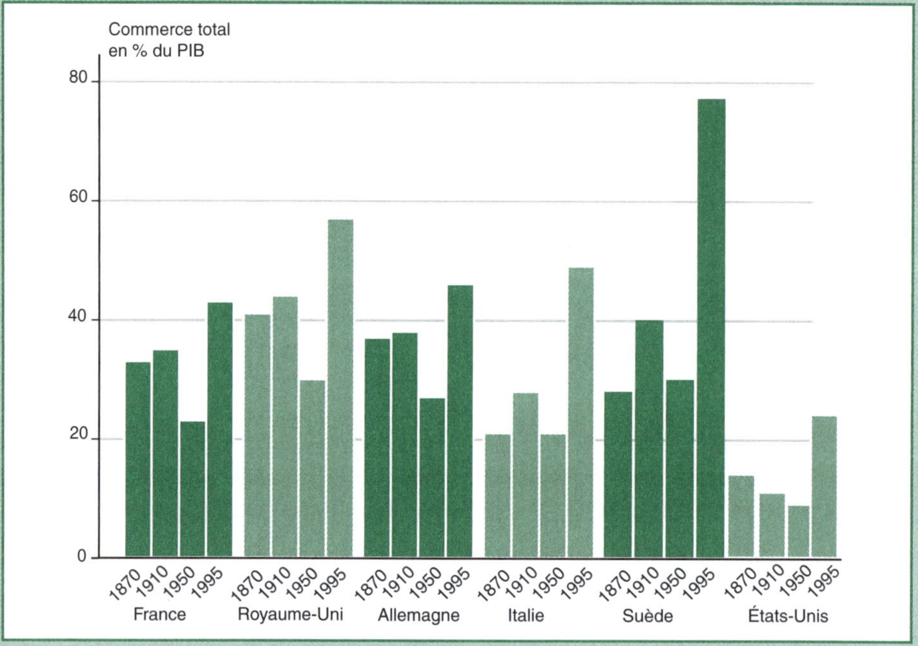

Figure 2.5 • Essor, déclin… et nouvel essor du commerce international depuis 1870.

Source : d'après Baldwin et Martin, 1999.

2.2 Qu'échangeons-nous ?

Quels types de biens sont échangés sur les marchés mondiaux ? La figure 2.6 présente la répartition par catégorie des exportations mondiales en 2005. Les produits manufacturés se taillent la part du lion. Les échanges de produits d'extraction restent cependant relativement importants, mais il faut rappeler que l'essentiel de ces échanges correspond à des exportations de pétrole et d'autres carburants. Quant au commerce international de produits agricoles, même s'il est crucial pour l'approvisionnement de nombreux pays, il ne représente aujourd'hui qu'une part très modeste du commerce mondial.

1. Ces chiffres sont compilés par Richard Baldwin et Philippe Martin dans « Two Waves of Globalisation : Superficial Similarities, Fundamental Differences », *NBER Working Paper*, 6904, 1999. Dans son histoire des faits économiques, Paul Bairoch consacre aussi de longs passages à l'évolution des flux de commerce : Paul Bairoch, *Victoires et déboires : histoire économique et sociale du monde du XVIe siècle à nos jours*, Gallimard, 1997.

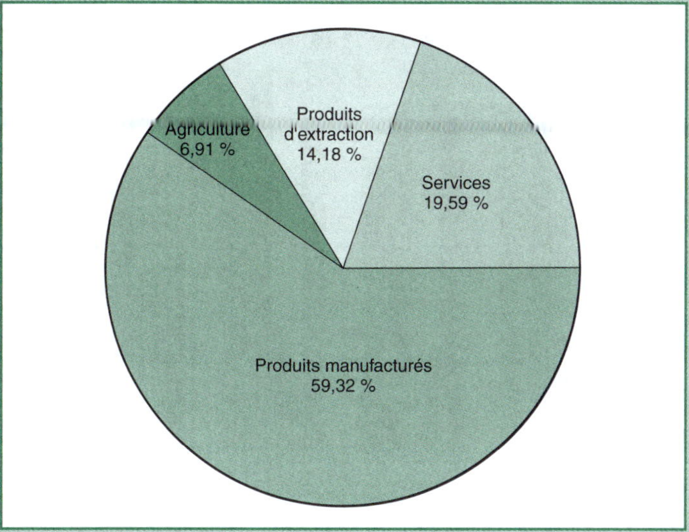

Figure 2.6 • La composition du commerce mondial, 2005.
L'essentiel du commerce mondial concerne les échanges de biens manufacturés, mais les transactions de minéraux et de pétrole restent importantes.

Source : Organisation mondiale du commerce.

Enfin, les exportations de services de toutes sortes jouent d'ores et déjà un rôle important, et leur part dans le commerce total devrait croître encore dans les années à venir. Il s'agit pour l'essentiel de services de transport internationaux (aériens et maritimes notamment), d'assurances pour les marchandises exportées et de prestations auprès des touristes étrangers. Mais depuis peu, les moyens de télécommunication modernes ont rendu possible l'essor de nouveaux types d'échanges internationaux de services, qui ont attiré l'attention des médias. L'exemple le plus connu est celui des centres d'appels téléphoniques : si un client d'un pays développé appelle un numéro vert ou une hotline afin d'obtenir une information ou une assistance technique, il y a de fortes chances pour que son interlocuteur se trouve dans un pays lointain (par exemple, en Inde pour les services anglophones ; au Maroc, en Tunisie, au Sénégal ou encore à l'Île Maurice pour des opérateurs francophones). Pour l'instant, ces nouvelles formes de commerce ne représentent qu'une part relativement réduite des échanges totaux, mais il est très probable que leur volume augmente dans les années à venir.

La situation actuelle, où les échanges de biens manufacturés dominent le commerce mondial, est relativement nouvelle. Dans le passé, les produits primaires – c'est-à-dire les produits agricoles et miniers – jouaient un rôle beaucoup plus important. La figure 2.7 indique la part des biens manufacturés dans les exportations et les importations de plusieurs pays développés, en 1910 et en 2006. Au début du XXe siècle, ces pays exportaient en majorité des biens manufacturés et importaient principalement des produits primaires. Aujourd'hui, les biens manufacturés occupent clairement une part dominante à la fois des exportations et des importations.

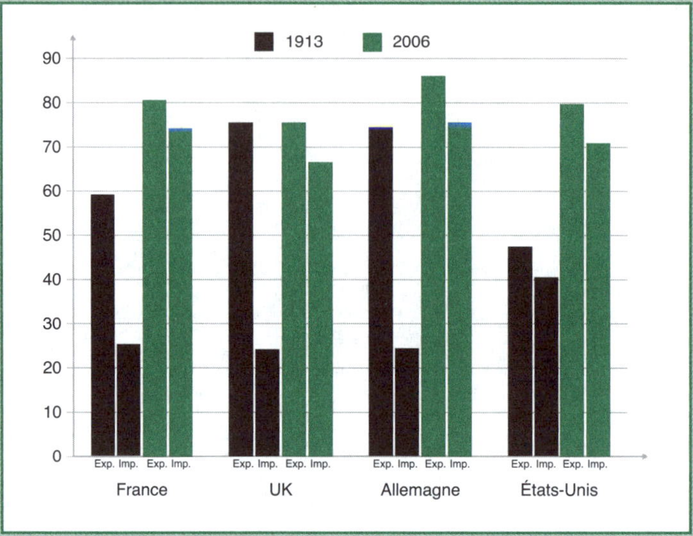

Figure 2.7 • Les biens manufacturés en pourcentage du commerce de marchandises.

Source : d'après Baldwin et Martin, 1999 et CEPII-CHELEM.

La structure du commerce des pays en développement a aussi beaucoup changé au cours des dernières années. La figure 2.8 indique les parts des produits primaires (agricoles et miniers)

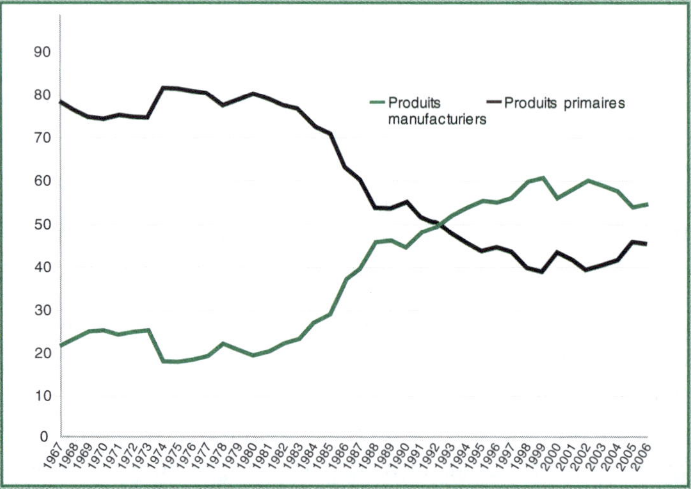

Figure 2.8 • L'évolution de la composition des exportations des pays en développement. Durant les quarante dernières années, la part des produits manufacturés dans les exportations des pays en développement a nettement augmenté.

Source : CEPII-CHELEM.

et des produits manufacturés dans les exportations des pays en développement depuis 1960. Dans les années 1960 et 1970, ces pays étaient avant tout exportateurs de produits primaires, mais, en l'espace d'une vingtaine d'année, la structure de leur commerce s'est inversée : les produits manufacturés constituent aujourd'hui l'essentiel de leurs exportations. Ainsi, ce type de produits représente aujourd'hui plus de 90 % des exportations de la Chine, la plus grande économie en développement et une puissance montante du commerce mondial.

2.3 Les échanges de services

La production de services occupe une part prépondérante dans le PIB mondial, et plus encore dans celui des pays développés. Pourtant, les échanges de services ne représentent environ qu'un cinquième du commerce mondial. Cela s'explique avant tout par le fait que la plupart d'entre eux sont difficilement échangeables. C'est une évidence : il est impossible de délocaliser à l'étranger le travail des caissières de supermarché, et les infirmières qui prodiguent des soins doivent être aux côtés de leurs patients. Toutefois, ce n'est pas le cas de tous les services. On a déjà évoqué plus haut les centres d'appels téléphoniques, mais les technologies modernes de télécommunication permettent de multiplier les exemples : si les caissières ou les infirmières doivent rester à proximité du client, la comptabilité du supermarché peut être établie par un cabinet implanté dans un autre pays, et les hôpitaux peuvent faire appel à des radiologues étrangers pour interpréter les clichés qu'on leur envoie par e-mail. On parle souvent d'outsourcing (ou d'offshoring) de services pour évoquer ces cas où on fait appel à des prestataires étrangers.

Il est difficile de mesurer avec précision l'ampleur des échanges internationaux de services, mais les données reportées dans les balances de paiements en donnent un bon aperçu. La figure 2.9 montre que la part des services dans le commerce mondial n'a guère augmenté depuis la fin des années 1960. Mais cette stagnation masque un changement profond dans la nature des relations internationales. Dans les années 1970, près de la moitié des échanges transfrontaliers de services était imputable au secteur des transports et était donc étroitement associée au commerce de marchandises. Avec la baisse progressive des coûts de transport, ce type d'échange a perdu de son importance au profit des « autres services », qui incluent notamment les services culturels, commerciaux, informatiques, financiers et juridiques, ainsi que les services associés aux activités de recherche et développement.

Le monde moderne échange donc de plus en plus de services complexes, à forte valeur ajoutée, et qui, en plus d'être destinés au consommateur final, sont aussi nécessaires à la production industrielle. La progression de ce type de commerce est assurément un élément essentiel de la mondialisation du XXIe siècle. C'est d'ailleurs un enjeu central des négociations qui ont cours, aussi bien au sein de l'Union européenne que de l'Organisation mondiale du commerce. L'essor du marché mondial des services est aussi un élément essentiel des stratégies mises en place par les entreprises multinationales, qui cherchent à utiliser au mieux les conditions de production et de demande des différents pays du monde (le chapitre 7 présente une analyse plus rigoureuse des questions relatives aux firmes multinationales).

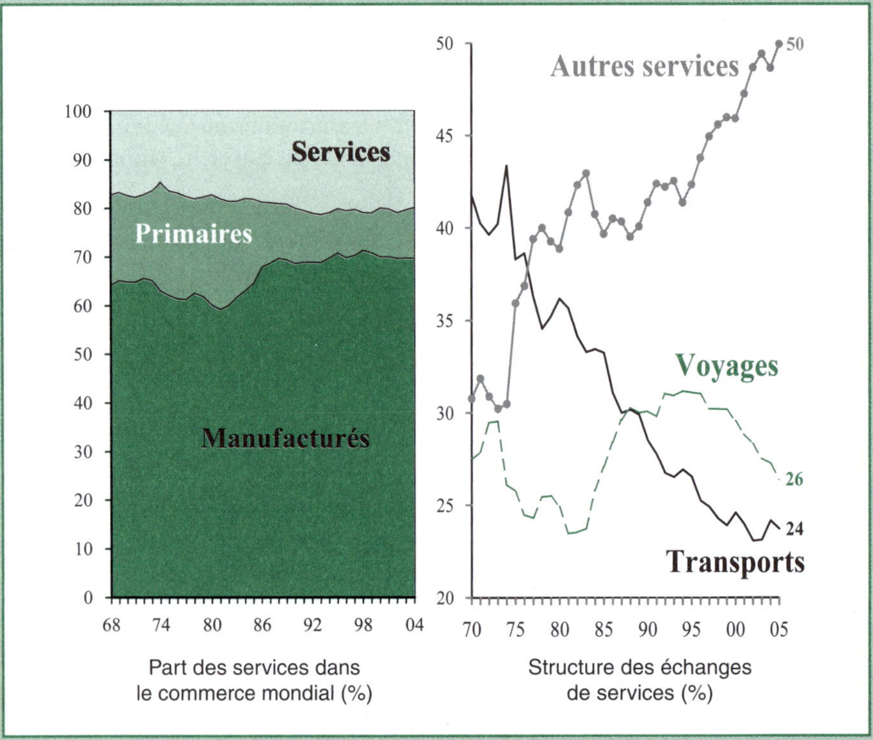

Figure 2.9 • Évolution des échanges de services dans l'économie mondiale (1964-2005).

Source : I. Bensidoun et D. Ünal-Kesenci (2007), « Mondialisation des services : de la mesure à l'analyse », *Document de travail du CEPII*, 2007-14.

2.4 Les anciennes règles s'appliquent-elles encore ?

Comme nous le verrons au chapitre suivant, les analyses théoriques des déterminants du commerce mondial sont assez anciennes : le chapitre 3 présente en effet un modèle développé au début du XIXe siècle par David Ricardo. La science économique moderne faisait alors ses premiers pas, et il est légitime de se demander si les principes établis à cette époque conservent aujourd'hui leur pertinence. En dépit des bouleversements qui ont affecté le commerce mondial, la réponse est clairement oui.

Il est vrai que le commerce mondial est aujourd'hui plus difficile à décrire à l'aide de principes théoriques simples. Il y a un siècle, les exportations de chaque pays étaient bien plus largement déterminées par le climat et les ressources naturelles. Les pays d'Afrique, d'Amérique latine ou d'Asie exportaient des produits tropicaux comme le café ou le coton. Les pays fortement dotés en terres cultivables, comme les États-Unis ou l'Australie, exportaient aussi des produits agricoles vers les pays européens, à la densité de population relativement élevée. Les conflits commerciaux entre les nations étaient alors faciles à expliquer. Les désaccords politiques traditionnels entre les partisans du libre-échange et ceux du protectionnisme impliquaient la constitution de groupes bien définis : dans l'Angleterre de David Ricardo, par exemple, les propriétaires terriens réclamaient des protections contre les importations de produits agricoles à bas prix, alors que les industriels, qui exportaient la majorité de leur production, souhaitaient l'ouverture des frontières.

Les déterminants du commerce moderne sont plus subtils. Le capital humain et les ressources créées et accumulées par les hommes (c'est-à-dire le capital industriel) jouent un rôle plus important que les ressources naturelles. En outre, on l'a vu, la plupart des pays importent et exportent simultanément des biens manufacturés. Dans les pays développés, les débats politiques autour de la mondialisation portent le plus souvent sur le sort des travailleurs peu qualifiés qui, dans beaucoup de secteurs d'activité, sont plus vulnérables face aux importations en provenance des pays à bas salaires. Mais, comme nous le verrons dans les derniers chapitres, les principes fondamentaux du commerce international restent les mêmes. Les modèles économiques développés longtemps avant l'invention d'Internet ou le développement des lignes aériennes sont toujours une clé essentielle pour décrypter les enjeux de la mondialisation au XXIe siècle.

Résumé

Le modèle de gravité relie le commerce entre deux pays à la taille de leurs économies. Son utilisation permet de révéler l'effet négatif, toujours très important, de la distance géographique et des frontières internationales sur les échanges de biens et services.

Depuis les années 1980, le commerce international, rapporté à la taille de l'économie mondiale, atteint des niveaux records, grâce notamment aux diminutions des coûts de transport et de communication. Toutefois, le commerce n'a pas augmenté de manière linéaire : l'économie planétaire était déjà très intégrée dans les décennies précédant la Première Guerre mondiale, mais les conflits armés, la grande crise des années 1930 et le retour du protectionnisme ont mis fin à cette première mondialisation.

Si, dans le passé, les produits primaires constituaient l'essentiel des échanges internationaux, ils ont aujourd'hui cédé le pas aux biens manufacturés, qui dominent très largement le commerce mondial. Ces dernières années, on observe une croissance rapide du commerce de services complexes.

Activités

1. Le Canada et l'Australie sont (principalement) des pays anglophones avec des tailles de population comparables (le Canada est cependant plus peuplé de 60 %). Toutefois, le commerce du Canada est deux fois plus important, en proportion du PIB, que le commerce de l'Australie. Comment expliquez-vous cela ?
2. Le Mexique et le Brésil ont des structures de commerce très différentes. Le premier commerce principalement avec les États-Unis, alors que le second commerce à parts égales avec les États-Unis et l'Union européenne. Enfin, le poids du commerce international dans le PIB mexicain est beaucoup plus élevé. Expliquez ces différences en vous appuyant sur le modèle de gravité.
3. L'équation (2.1) stipule que le commerce entre deux pays est proportionnel au produit de leurs PIB. Cela veut-il dire que si le PIB de tous les pays du monde doublait, le commerce mondial quadruplerait ?
4. Durant les dernières décennies, le poids des économies de l'Asie de l'Est dans le PIB mondial a nettement augmenté. De manière similaire, les échanges commerciaux entre les pays de cette région ont augmenté en pourcentage du commerce mondial, et ces pays commercent de plus en plus entre eux. Expliquez ces évolutions en vous appuyant sur le modèle de gravité.
5. Il y a un siècle, une grande partie des importations françaises provenait de régions éloignées : l'Amérique, l'Asie ou l'Afrique. Aujourd'hui, l'essentiel des importations françaises vient de ses voisins européens. Comment expliquez-vous ce fait, et quel rapport entretient-il avec l'évolution de la nature des biens échangés au niveau mondial ?

Chapitre 3

La productivité du travail et les avantages comparatifs : le modèle ricardien

Objectifs pédagogiques :

- **Définir le principe des avantages comparatifs et le fonctionnement du modèle de Ricardo.**
- **Décrire la nature des gains à l'échange international.**
- **Analyser comment le principe des avantages comparatifs permet de montrer que certaines idées reçues sur les conséquences de la mondialisation, et notamment sur le commerce avec les pays à bas salaires, sont infondées.**

Deux arguments essentiels permettent d'expliquer pourquoi les pays participent au commerce international. Le premier tient au fait que les économies nationales ont des capacités différentes : tout comme les individus, les pays peuvent tirer parti de leurs spécificités en se spécialisant dans les tâches pour lesquelles ils sont relativement plus efficaces. Le second est lié aux économies d'échelle : en s'ouvrant au commerce, les pays peuvent se cantonner dans la production d'un nombre limité de biens, les produire à plus grande échelle et in fine améliorer leur productivité. En pratique, le commerce mondial résulte de la conjugaison de ces deux raisons. Il est toutefois plus simple de les examiner séparément, afin de mieux comprendre les causes et les effets du libre-échange. Les chapitres 3 à 5 présentent plusieurs outils théoriques, fondés sur les avantages comparatifs. Le rôle des économies d'échelle est, quant à lui, abordé au chapitre 6.

Le principe des avantages comparatifs n'est pas très compliqué. Paul Samuelson[1] a cependant souligné qu'il était loin d'être trivial, comme l'attestent « les milliers d'hommes éminents qui n'ont jamais été capables de le comprendre eux-mêmes ou de l'accepter après qu'on le leur a eu expliqué[2] ». Ce chapitre expose donc un modèle très simple, qui permet de présenter les fondements théoriques de l'avantage comparatif et ses principales implications.

1. Lauréat du Prix Nobel d'économie en 1970. Ses travaux ont largement contribué au développement des modèles du commerce international (voir chapitres 4 et 5).
2. Paul Samuelson, *L'Avenir des relations économiques internationales*, Calmann-Lévy, 1971.

1 Le principe des avantages comparatifs

En 2005, quelques jours avant le référendum français sur la constitution européenne, le président Jacques Chirac est intervenu pour affirmer que les importations de textile chinois « risquent de mettre à mort l'activité d'un nombre important de travailleurs [européens] », et réclamer ainsi un renforcement des protections commerciales. Il est vrai que depuis le 1er janvier 2005 et la fin des *accords multifibres* qui limitaient les échanges internationaux dans ce secteur, les importations en provenance de Chine ont subitement augmenté. Cette hausse de la concurrence constitue une menace pour toutes les entreprises textiles des pays développés[1]. Mais faut-il vraiment redouter l'afflux de textile chinois sur le marché européen ?

La production de vêtements, même de faible qualité, nécessite un atelier et du personnel. Il faut également recourir aux services de designers, de logisticiens, de comptables et de commerciaux. Ces travailleurs, tout comme le capital investi dans le secteur textile, pourraient être mobilisés dans la fabrication d'autres produits. En effet, toute production se fait implicitement aux dépens d'une autre et résulte inévitablement d'un arbitrage. Celui-ci peut se traduire par un **coût d'opportunité** : par exemple, le coût d'opportunité des chemises en termes d'automobiles correspond au nombre de voitures qui pourraient être fabriquées avec les ressources utilisées dans la production d'une quantité donnée de chemises.

Supposons que l'Union européenne produise 10 millions de chemises bas de gamme et que les ressources employées pour cette activité pourraient permettre de fabriquer 10 000 voitures. Dès lors, le coût d'opportunité de ces chemises en termes d'automobiles est de 10 000. Elles pourraient être cousues et façonnées dans les pays asiatiques, où ce coût est plus faible qu'en Europe. En effet, ces pays ont un meilleur accès aux matières premières (la Chine, l'Inde et le Pakistan comptent parmi les principaux producteurs mondiaux de coton) et les travailleurs sont relativement moins efficaces que leurs collègues européens pour la fabrication de biens sophistiqués comme les automobiles. Supposons que l'arbitrage en Chine soit de l'ordre de 10 millions de chemises contre seulement 3 000 voitures. Cette différence de coûts d'opportunité rend alors possible une réorganisation mutuellement bénéfique de la production mondiale. Imaginons que l'Union européenne abandonne la fabrication de chemises bas de gamme et consacre les ressources ainsi libérées à la production automobile (voir tableau 3.1). La spécialisation de l'UE dans l'automobile, et de la Chine dans le prêt-à-porter, permet d'augmenter la production mondiale : pour la même quantité de chemises, l'économie mondiale peut maintenant produire 7 000 voitures supplémentaires. Cette hausse doit permettre *a priori* d'élever le niveau de vie dans chacun des pays.

Tableau 3.1 : Les effets d'une spécialisation de l'UE dans le secteur automobile

	Millions de chemises	Milliers de voitures
Union européenne	–10	+10
Chine	+10	–3
Total	0	+7

1. En fait, l'accroissement des importations de textile chinois s'est fait largement au détriment de celles en provenance d'autres pays en développement. Bien plus encore que les producteurs français, italiens ou américains (plutôt spécialisés dans le textile haut de gamme), les producteurs du Maghreb, d'Afrique subsaharienne et d'Amérique latine subissent frontalement la concurrence chinoise.

Les différences de coûts d'opportunité sont au cœur du principe des avantages comparatifs. On dit qu'un pays possède un **avantage comparatif** dans la production d'un bien si son coût d'opportunité est inférieur à celui des autres pays. Dans notre exemple, la Chine possède un avantage comparatif dans la production de chemises, et l'UE dans celle d'automobiles. On voit apparaître alors un résultat essentiel de l'économie internationale : *le commerce entre deux pays peut être mutuellement bénéfique si chacun d'eux exporte les biens pour lesquels il détient un avantage comparatif.*

Cet exemple a le mérite d'être simple, mais il n'a pas de valeur générale. En pratique, il n'existe pas d'autorité centrale qui décide de la spécialisation de chaque économie, et personne ne redistribue les chemises et les voitures entre les différents consommateurs. Il faut donc comprendre comment les mécanismes de marché permettent à chaque pays de se spécialiser dans les secteurs où ils bénéficient d'un avantage comparatif, et comment le commerce international s'organise pour faire émerger un gain mutuel. Nous présentons ici un modèle, dont les principes essentiels ont été exposés au XIXe siècle par David Ricardo[1]. Ce modèle ricardien est très simple, puisque le commerce international ne résulte que des différences en termes de productivité du travail.

2 Économie à un facteur

Afin d'introduire le rôle de l'avantage comparatif comme déterminant du commerce international, imaginons qu'une économie domestique ne produise que deux biens : le vin et le fromage. Supposons qu'elle ne dispose que d'un seul facteur de production, le travail, qu'elle possède en quantité L. Dès lors, les technologies dans chacun des secteurs sont entièrement définies par les productivités de la main-d'œuvre. Celles-ci sont exprimées en termes de **quantité unitaire de travail**, c'est-à-dire en nombre d'heures requises pour produire une unité de bien : a_{LV} pour un litre de vin et a_{LF} pour un kilo de fromage.

2.1 Les possibilités de production

L'offre de travail, qui constitue l'unique ressource de cette économie, n'est pas infinie. Il existe donc des limites à ce qui peut être produit, et il faut faire des choix : pour accroître la production d'un bien, l'économie doit restreindre celle d'un autre bien. Ces arbitrages sont représentés graphiquement par la frontière des possibilités de production (voir figure 3.1). Elle représente l'ensemble des paniers de biens que le pays peut produire en utilisant l'ensemble de ses ressources.

Lorsqu'il n'existe qu'un seul facteur de production (comme dans notre modèle), cette frontière est une droite. Supposons que l'économie produise initialement une quantité Q_V de vin, et Q_F de fromage. La quantité de travail utilisée dans le secteur viticole est alors $a_{LV}Q_V$, et $a_{LF}Q_F$, celle employée dans l'industrie du fromage. Quelles que soient Q_V et Q_F, l'emploi dans ces deux secteurs ne peut pas dépasser la quantité de travail disponible dans l'économie (L). La frontière des possibilités de production est donc définie par :

$$a_{LV}Q_V + a_{LF}Q_F \leq L \tag{3.1}$$

1. David Ricardo, *The Principles of Political Economy and Taxation*, 1817.

On voit que le coût d'opportunité d'un kilo de fromage en termes de vin est constant. En effet, pour produire un kilo de fromage supplémentaire, il faut employer a_{LF} unités de travail de plus dans ce secteur. Or, chacune de ces unités pourrait être utilisée pour produire $1/a_{LV}$ litres de vin. Dès lors, le coût d'opportunité du fromage en termes de vin est égal à a_{LF}/a_{LV}, quelles que soient les quantités produites de chaque bien. Ce coût est égal, en valeur absolue, à la pente de la frontière des possibilités de production (voir figure 3.1).

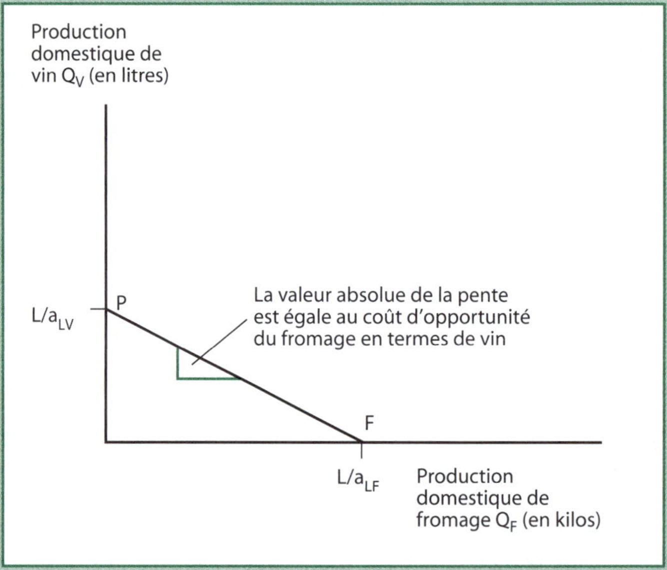

Figure 3.1 • La frontière des possibilités de production du pays domestique.
La droite FP indique, pour chaque niveau de production de fromage, la quantité de vin qui peut être produite.

2.2 Les prix relatifs et l'offre de biens

L'économie peut donc produire n'importe quel panier de biens correspondant à un point de la droite représentée à la figure 3.1. À l'équilibre, lequel de ces points choisira-t-elle ? Pour le savoir, il faut connaître le prix relatif de ces deux biens, c'est-à-dire le prix de l'un exprimé en fonction du prix de l'autre.

Soient P_F et P_V, les prix respectifs du fromage et du vin. En concurrence parfaite, la totalité des recettes tirées de la vente des produits sert à rémunérer les facteurs de production. Le salaire horaire sera alors égal à la valeur de ce qu'un travailleur peut produire en une heure, c'est-à-dire P_F/a_{LF} dans l'industrie du fromage, et P_V/a_{LV} dans le secteur viticole. Si les travailleurs ne subissent pas de contraintes leur interdisant de changer d'activité, ils chercheront toujours à être employés dans les secteurs qui offrent les salaires les plus élevés. Si l'industrie du fromage verse des salaires plus attractifs, c'est-à-dire si $P_F/P_V > a_{LF}/a_{LV}$, alors personne ne voudra travailler dans le secteur vinicole. L'économie se spécialisera donc dans la production de fromage. À l'inverse, si $P_F/P_V < a_{LF}/a_{LV}$, alors elle ne produira que du vin. Elle produira simultanément ces deux biens uniquement si P_F/P_V est égal à a_{LF}/a_{LV}, c'est-à-dire si le prix relatif du fromage est égal à son coût d'opportunité. Il existe ainsi une relation fondamentale entre le prix des biens et les productions relatives : l'économie se spécialise dans la production de fromage si le prix relatif de ce bien est supérieur à son coût d'opportunité ; inversement, elle se spécialise dans la production de vin si le prix relatif du fromage est inférieur à son coût d'opportunité.

En l'absence de commerce international, tout ce qui est consommé dans un pays doit être produit sur place. L'économie doit donc produire ces deux biens, ce qui impose que le prix relatif du fromage soit égal à son coût d'opportunité. La définition des prix est alors régie par un principe simple : *en autarcie, le prix relatif des biens est égal au ratio des quantités de travail unitaires nécessaires à leur production* ($P_F/P_V = a_{LF}/a_{LV}$).

3 Le commerce international dans un monde à un facteur

Supposons maintenant que l'économie mondiale soit composée de deux pays : l'un domestique et l'autre étranger. Pour le reste, les hypothèses sont les mêmes que précédemment : chaque pays dispose d'un seul facteur de production, le travail, et peut produire deux biens, du vin et du fromage. On note d'un astérisque les variables relatives à l'économie étrangère. Ainsi, les quantités de travail disponibles dans le pays domestique et à l'étranger sont respectivement L et L^* et les quantités unitaires de travail dans chaque secteur sont respectivement a_{LV} et a_{LF}, et a^*_{LV} et a^*_{LF}. Celles-ci peuvent *a priori* prendre n'importe quelle valeur, mais supposons pour l'instant que le pays domestique soit relativement plus productif dans la fabrication du fromage que dans celle du vin :

$$a_{LF}/a_{LV} < a^*_{LF}/a^*_{LV} \tag{3.2}$$

ou bien, de façon équivalente :

$$a_{LF}/a^*_{LF} < a_{LV}/a^*_{LV} \tag{3.3}$$

En d'autres termes, nous supposons que le coût d'opportunité du fromage est plus élevé à l'étranger : le pays domestique possède alors un avantage comparatif dans la production de fromage, et l'étranger dans celle de vin.

Il faut noter ici un point important. L'intuition première peut laisser penser qu'il suffit de comparer les productivités des deux pays dans chaque secteur pour déterminer leur spécialisation. Mais la définition des avantages comparatifs implique simultanément les quatre quantités unitaires de travail. Si l'un des deux pays peut produire un bien en utilisant moins de travail que son voisin (c'est-à-dire si $a_{LF} < a^*_{LF}$, par exemple), les travailleurs seront alors plus productifs que ceux du pays étranger dans ce secteur. Cette situation correspond à un **avantage absolu**. Nous verrons plus loin dans ce chapitre qu'il est impossible de déterminer la structure des échanges à partir des seuls avantages absolus. La confusion entre avantage comparatif et absolu constitue l'une des sources d'erreurs les plus fréquentes dans les débats sur les déterminants et les conséquences du commerce international.

Tout comme nous avons défini la frontière des possibilités de production du pays domestique (voir figure 3.1), nous pouvons tracer celle de l'économie étrangère : il s'agit de la droite F^*P^* (voir figure 3.2). Comme la pente de la frontière des possibilités de production est égale au coût d'opportunité du fromage en termes de vin, F^*P^* est plus pentue que FP.

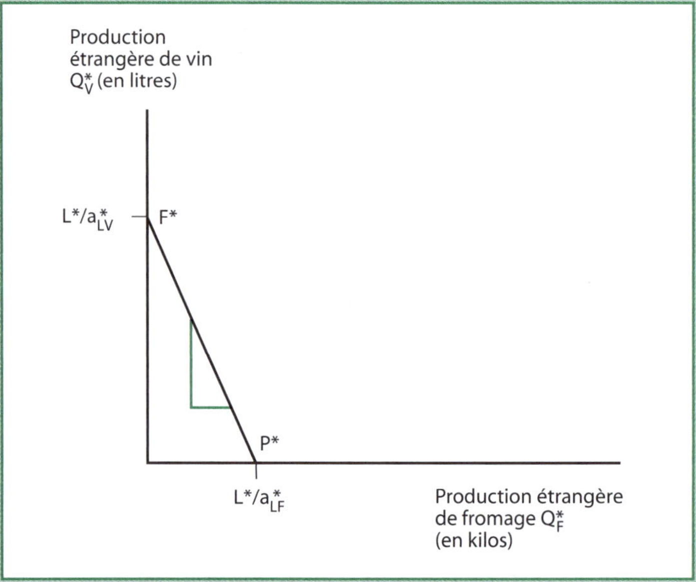

Figure 3.2 • Frontière des possibilités de production du pays étranger.
Le rapport des quantités unitaires de travail dans la production de fromage et de vin est plus élevé dans le pays étranger que dans l'économie domestique. La frontière des possibilités de production du pays étranger est alors plus pentue.

En l'absence de commerce international, les prix relatifs du fromage et du vin seront déterminés par les quantités relatives de travail unitaires dans chaque pays. Le prix relatif d'autarcie du fromage est donc respectivement a_{LF}/a_{LV} et a^*_{LF}/a^*_{LV}. En revanche, en présence de commerce international, les prix ne sont plus définis uniquement par des déterminants internes à chaque pays. Si le prix relatif du fromage est plus élevé à l'étranger que dans le pays domestique, les producteurs domestiques gagneront à exporter leur fromage et à importer du vin. En effet, sur leur propre marché, ils échangent un kilo de fromage contre a_{LF}/a_{LV} litres de vin. À l'étranger, ils peuvent obtenir a^*_{LF}/a^*_{LV} litres de vin en échange d'un kilo de fromage. Si $a_{LF}/a_{LV} < a^*_{LF}/a^*_{LV}$, il est effectivement profitable pour le pays domestique d'exporter du fromage et d'importer du vin. Ces échanges se poursuivent tant qu'il existe une différence de prix d'un marché à l'autre, c'est-à-dire jusqu'à ce que le pays domestique exporte suffisamment de fromage et l'étranger suffisamment de vin pour permettre une égalisation du prix relatif. Mais à quel niveau s'établit ce prix relatif mondial ?

3.1 La détermination du prix relatif de libre-échange

Les prix des biens échangés sur le marché mondial sont déterminés par l'offre et la demande. Dans la mesure où les exportations de fromage du pays domestique sont indissociables de ses importations de vin, il faut tenir compte des interactions entre les marchés. Une approche possible consiste à se concentrer, non pas sur les quantités de fromage et de vin offertes et demandées, mais sur l'offre et la demande relatives, c'est-à-dire sur le nombre de kilos de fromage divisé par le nombre de litres de vin offerts ou demandés.

La figure 3.3 indique, en fonction du prix du fromage par rapport à celui du vin, l'offre et la demande mondiales de fromage relatives à celles de vin. *DR* correspond à la **courbe de demande relative** et *OR* à la **courbe d'offre relative.** L'équilibre mondial est atteint lorsque l'offre et la demande relatives s'égalisent. L'intersection de *DR* et de *OR* définit donc le prix relatif d'équilibre.

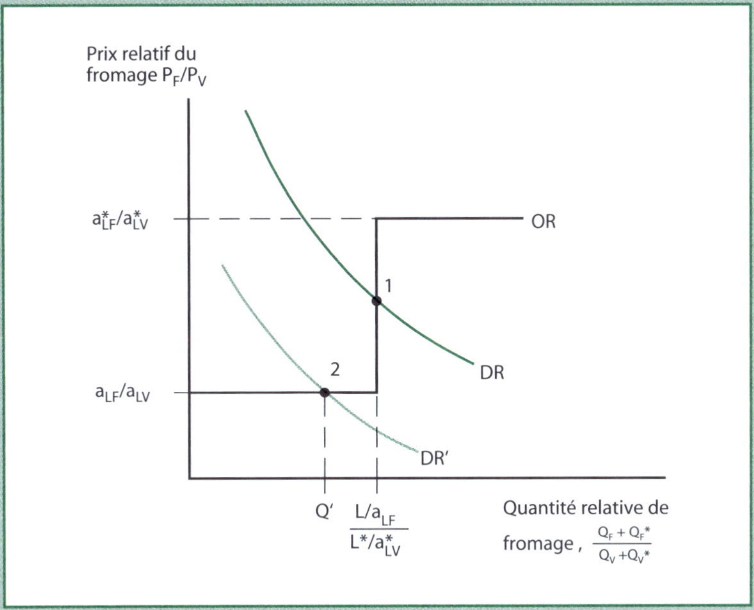

Figure 3.3 • Offres et demandes relatives mondiales.
Les demandes relatives de fromage (*DR* et *DR'*) représentent les quantités relatives de fromage et de vin demandées sur le marché mondial. Elles sont une fonction décroissante du prix relatif du fromage. À l'inverse, lorsque le prix relatif du fromage augmente, l'offre relative de fromage (*OR*) s'accroît.

La forme de la courbe *OR* peut sembler étrange. Il est cependant essentiel de bien la comprendre. Nous avons vu précédemment que le pays domestique doit se spécialiser dans la production de vin si $P_F/P_V < a_{LF}/a_{LV}$, tout comme le pays étranger si $P_F/P_V < a^*_{LF}/a^*_{LV}$. Notre hypothèse étant que $a_{LF}/a_{LV} < a^*_{LF}/a^*_{LV}$ [voir équation (3.2)], les deux pays voudront produire uniquement du vin dès lors que le prix relatif du fromage sera inférieur à a_{LF}/a_{LV}. Dans ce cas, la production mondiale de fromage sera nulle. À l'inverse, si $P_F/P_V > a^*_{LF}/a^*_{LV}$, aucun d'eux ne souhaitera produire du vin. Par ailleurs, si le prix relatif du fromage, P_F/P_V, est égal à a_{LF}/a_{LV}, nous savons que les travailleurs domestiques accepteront de travailler dans l'un ou l'autre des deux secteurs. Ce pays sera donc en mesure de produire n'importe quelle quantité relative des deux biens, ce qui correspond effectivement à la partie plate (de gauche) sur la courbe *OR*[1]. On obtient évidemment un résultat symétrique si $P_F/P_V = a^*_{LF}/a^*_{LV}$: dans ce cas, le pays domestique ne produit que du fromage et le pays étranger peut fabriquer n'importe quelle quantité relative des deux biens, ce qui correspond à la partie horizontale de droite de la courbe OR. Maintenant, si P_F/P_V est strictement compris entre a_{LF}/a_{LV} et a^*_{LF}/a^*_{LV}, tous les travailleurs domestiques souhaiteront s'engager dans l'industrie du fromage, alors que le pays étranger se spécialisera dans la production viticole. Dans ce cas, la production mondiale de fromage sera de L/a_{LF} kilos et celle de vin atteindra L^*/a^*_{LV}. Pour tout prix relatif du fromage compris entre a_{LF}/a_{LV} et a^*_{LF}/a^*_{LV}, l'offre relative sera :

$$(L/a_{LF})/(L^*/a^*_{LV}) \tag{3.4}$$

La courbe de demande relative *DR* est plus simple. Sa pente décroissante traduit simplement un effet de substitution : plus le prix relatif du fromage est élevé, moins les consommateurs demandent ce bien et plus ils reportent leur consommation sur le vin.

À la figure 3.3, la demande relative *DR* coupe la courbe *OR* au point 1. Le prix relatif du fromage est alors compris entre les deux prix relatifs d'autarcie. Dans ce cas, chaque pays se spécialise dans la production du bien pour lequel il détient un avantage comparatif : le pays domestique ne produit que du fromage et l'étranger uniquement du vin.

Le point 1 n'est cependant pas le seul équilibre possible. Imaginons que la courbe de demande relative soit maintenant *DR'*. Dans ce cas, l'intersection entre l'offre et la demande relatives se situe sur l'une des parties horizontales de la droite *OR*. Au point 2, le prix relatif d'équilibre sur le marché mondial est a_{LF}/a_{LV}. Dans ces conditions, les travailleurs domestiques peuvent travailler dans l'un ou l'autre secteur. Au point 2, le pays domestique produit simultanément les deux biens, alors que l'étranger demeure spécialisé dans la production viticole. Même si l'économie domestique reste diversifiée, elle continue d'exporter du fromage, et l'étranger exporte toujours du vin, conformément au principe des avantages comparatifs.

3.2 Les gains à l'échange

Les pays qui disposent de productivités relatives différentes sont amenés à se spécialiser et à commercer. Mais quel intérêt ont-ils à bouleverser ainsi leur économie ?

Une façon de mettre en évidence l'existence de **gains à l'échange**, dont profitent les deux pays, consiste à se représenter la spécialisation et le commerce comme une « production implicite ». En effet, le pays domestique peut choisir de produire lui-même le vin qu'il désire consommer ou bien produire du fromage et l'échanger contre du vin sur le marché mondial. Dans le premier cas, il devra sacrifier une heure de travail pour produire $1/a_{LV}$ litres de vin. Dans le second cas, cette même heure de travail servira à produire $1/a_{LF}$ kilos de fromage, qu'il pourra ensuite échanger contre $(1/a_{LF})(P_F/P_V)$ litres de vin. Tant que $P_F/P_V > a_{LF}/a_{LV}$, cette seconde solution sera avantageuse puisque :

$$(1/a_{LF})(P_F/P_V) > 1/a_{LV} \tag{3.5}$$

1. On obtient évidemment un résultat symétrique si $P_F/P_V = a^*_{LF}/a^*_{LV}$.

Une autre méthode consiste à examiner l'impact du commerce sur les possibilités de consommation dans chaque pays. En autarcie, ces dernières sont identiques aux possibilités de production : il s'agit des droites FP et F*P* (voir figure 3.4). En situation de libre-échange, dans le cas général où le prix relatif des biens se situe entre les prix relatifs d'autarcie, chaque pays se spécialise dans le secteur où il bénéficie d'un avantage comparatif : à la figure 3.4, l'économie domestique ne produit que du fromage et se place donc au point F. Elle peut alors choisir de dépenser tout son revenu en fromage et consommer cette quantité F. Elle peut aussi choisir d'échanger avec le pays étranger et consommer n'importe quel panier de biens d'une valeur équivalente, situé sur sa droite de budget (TP), dont la pente traduit le prix relatif des deux biens (de la même façon, F*T* représente les possibilités de consommation du pays étranger). Le commerce élargit ainsi les possibilités de consommation et par conséquent, le bien-être des résidents de chaque pays.

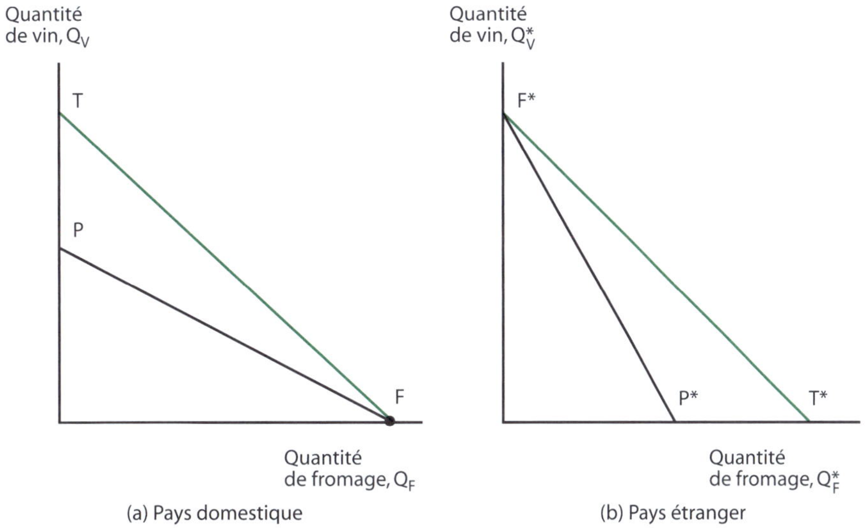

Figure 3.4 • Le commerce élargit les possibilités de consommation.
Le commerce international permet aux deux pays de consommer n'importe quelle quantité située respectivement sous les droites TF et T*F*. Cette quantité peut se situer au-delà de la frontière des possibilités de production de chacun des deux pays.

3.3 Les salaires relatifs

Comment les entreprises européennes peuvent-elles résister à la concurrence des produits exportés par la Chine, alors que les salaires y sont vingt fois moins élevés que dans les pays développés ? De même, l'élargissement de l'Union européenne aux pays d'Europe centrale condamne-t-il la France à baisser ses salaires ? Ces questions, qui animent les débats publics sur les conséquences de la mondialisation, reflètent des craintes légitimes qui méritent réflexion. Le plus simple à ce stade est de nous appuyer sur notre modèle théorique, en considérant un exemple numérique.

Supposons que les pays domestique et étranger produisent du vin et du fromage en utilisant les quantités unitaires de travail présentées au tableau 3.2. Le coût d'opportunité de la production de fromage est de 1/2 dans l'économie domestique, et de 6/3 = 2 dans le pays étranger. Bien que la première soit plus efficace dans *tous* les secteurs d'activité, elle possède un avantage comparatif dans la production de fromage. Elle doit donc s'y spécialiser. En situation de libre-échange, le prix relatif du fromage s'établit entre 1/2 et 2, et l'économie domestique doit exporter du fromage contre du vin. La valeur d'équilibre du prix relatif dépend des préférences des consommateurs (c'est-à-dire de la position de la courbe *DR* à la figure 3.3). Imaginons que sur le marché mondial, un kilo de fromage s'échange contre un litre de vin : $P_F/P_V = 1$.

Tableau 3.2 : Quantités unitaires de travail

	Fromage	Vin
Pays domestique	a_{LF} = 1 heure par kilo	a_{LV} = 2 heures par litre
Pays étranger	a^*_{LF} = 6 heures par kilo	a^*_{LV} = 3 heures par litre

Dans cet exemple, dès lors que les pays s'ouvrent au libre-échange, tous les travailleurs domestiques sont employés à la production de fromage. Ils gagnent alors l'équivalent d'une livre de fromage par heure travaillée. De même, ceux du pays étranger gagnent l'équivalent d'un tiers de litre de vin par heure de travail. Pour comparer les salaires horaires, il serait plus commode de les exprimer en euros. Ils dépendront alors directement des prix du fromage et du vin. Or, il faut bien comprendre qu'ici, seul le prix relatif des biens a une importance : quel que soit le prix des biens, il faut juste que, le prix relatif soit égal à un. On peut donc imposer n'importe quelle valeur au prix du kilo de fromage, sans modifier le raisonnement. Supposons, par exemple, que le prix d'un kilo de fromage (et donc d'un litre de vin) soit de 12 €. Dans ce cas, les travailleurs domestiques seront payés 12 € de l'heure, tandis que ceux du pays étranger recevront 12/3 = 4 € de l'heure.

Les travailleurs domestiques sont donc mieux rémunérés que les étrangers. Par rapport à ces derniers, leur **salaire relatif** est égal 12/4 = 3. En fait, seuls comptent les niveaux de productivité et le prix relatif des biens dans la détermination de ce salaire : que l'on ait fixé le prix du kilo de fromage à 12 €, plutôt qu'à toute autre valeur, n'a aucune influence sur les écarts de salaires entre les deux pays. L'économie domestique est six fois plus productive que le pays étranger dans la fabrication de fromage, et « seulement » une fois et demie plus productive dans le secteur viticole. Mais au final, chaque travailleur domestique bénéficie d'un salaire horaire trois fois plus élevé que celui en vigueur dans le pays étranger.

Ainsi, à l'équilibre, le salaire relatif se situe entre les productivités relatives des deux pays, si bien que chacun d'eux peut faire valoir un avantage en termes de *coût* dans l'un des deux secteurs. La productivité des travailleurs étrangers dans le secteur viticole est en effet inférieure à celle des travailleurs domestiques, mais comme le salaire étranger est plus faible, ce pays peut compenser son manque d'efficacité et produire du vin à un prix compétitif. De façon symétrique, c'est parce que le pays domestique bénéficie d'une très forte productivité dans le secteur du fromage qu'il peut verser des salaires relativement élevés à ses travailleurs.

Encadré 3.1

Le coût de l'autarcie

Dans une étude récente, Douglas Irwin* a montré qu'au début du XIXe siècle, l'économie américaine a vécu une expérience assez rare dans l'histoire économique. Les Etats-Unis sont en effet passés rapidement du libre-échange à une situation quasi autarcique. Cet épisode rare constitue un cas d'école bien adapté à l'évaluation des gains au commerce.

À cette époque, les guerres napoléoniennes engageaient les armées françaises et britanniques, mais elles se jouaient aussi sur le plan économique : le Royaume-Uni imposait un blocus à la France qui, de son côté, tentait d'empêcher les autres pays européens de commercer avec les Anglais. Malgré leur neutralité dans ce conflit, les États-Unis en subissaient les conséquences : la marine britannique saisissait de nombreux navires marchands américains et tentait parfois de recruter de force leurs marins. Ces pratiques ont poussé le président américain Thomas Jefferson à décider l'arrêt complet des échanges maritimes. Cet embargo devait priver à la fois les États-Unis et la Grande-Bretagne des gains au commerce, mais Jefferson espérait que la Grande-Bretagne en souffrirait davantage.

Quelques échanges clandestins ont bien sûr perduré, mais l'étude d'Irwin montre que cette décision a conduit à la disparition quasi totale du commerce entre les États-Unis et le reste du monde. Selon Irwin, la rupture subite des échanges internationaux a porté un coup sévère à l'économie américaine : le revenu réel des États-Unis a chuté d'environ 8 %. Ce chiffre est important en soi, mais il faut aussi garder à l'esprit le fait qu'au début du XIXe siècle, seule une fraction limitée de la production pouvait être échangée, en raison des coûts de transport encore très élevés. L'impact mesuré ici, ramené au poids qu'avait à l'époque le commerce international dans l'économie américaine, représente donc une perte de revenu substantielle.

Malheureusement pour Jefferson, la Grande-Bretagne a supporté les conséquences de cet embargo et maintenu sa pression sur la marine américaine. Quatorze mois après son imposition, l'embargo a donc été levé. Trois ans plus tard, les deux pays sont entrés en guerre.

* Douglas Irwin, « The Welfare Cost of Autarky : Evidence from the Jeffersonian Trade Embargo, 1807-1809 », *Review of Interational Economics*, n° 13(4), p. 631-645, 2005.

4 Trois idées reçues sur l'avantage comparatif

Les idées reçues ne manquent pas en économie. Les responsables politiques, les hommes d'affaires, les syndicalistes, les journalistes et les économistes eux-mêmes font fréquemment des déclarations qui ne résistent pas à une analyse économique rigoureuse. c'est particulièrement vrai dans le domaine du commerce international, où trois idées reçues ont la vie dure. Et pourtant notre modèle très simple d'avantage comparatif suffit à montrer qu'elles sont erronées.

4.1 Le lien entre productivité et compétitivité

Première idée reçue : l'ouverture au libre-échange ne peut profiter à une économie qu'à condition qu'elle soit suffisamment efficace pour affronter la concurrence étrangère.

Comment un pays qui est incapable de produire un bien plus efficacement que les économies étrangères peut-il se risquer à réduire ses barrières commerciales ? Beaucoup de gens pensent que préférer l'autarcie au libre-échange n'est dans ce cas qu'une simple question de bon sens. En effet, il est toujours tentant de supposer que la capacité à exporter un bien est déterminée par la présence d'un avantage absolu en termes de productivité. Cette idée est pourtant en parfaite contradiction avec le principe essentiel du modèle de Ricardo : les gains au commerce dépendent de l'avantage *comparatif* et non de l'avantage *absolu*. Disposer d'un avantage absolu n'est une condition ni nécessaire ni suffisante pour bénéficier d'un avantage comparatif dans un secteur. En effet, *la capacité à exporter un bien dépend non pas des différences internationales de productivité dans ce secteur d'activité, mais des différences internationales de coût d'opportunité de ce bien.* Or, la différence de coût d'opportunité d'un bien, qui définit l'avantage comparatif dans ce secteur, dépend des productivités dans *tous* les secteurs de l'économie.

4.2 L'argument du dumping social

Deuxième idée reçue : la concurrence des pays à bas salaires est injuste et pénalise les pays développés.

Dans la plupart des pays développés, des hommes politiques de tous bords dénoncent régulièrement le *dumping social*. Ils dénoncent les pratiques des pays en développement qui s'appuient sur un faible coût du travail pour pouvoir exporter. Certains utilisent cet argument pour réclamer des baisses de salaires ou un démantèlement de la protection sociale, et d'autres le mettent en avant pour justifier une politique protectionniste ou demander une harmonisation internationale des normes sociales (voir chapitre 11). Quelle que soit la conclusion qui en est tirée, cette idée n'est pas nouvelle. Dès la fin du XIXe siècle, le célèbre diplomate et parlementaire français, Paul d'Estournelles de Constant, s'alarmait de la puissance commerciale de la Chine, en des termes guerriers qui n'étonneraient pas les citoyens du début du XXIe siècle : « *[…]Aussitôt outillée [la Chine] utilisera la plus incomparable et la plus avantageuse des mains-d'œuvre ; elle emploiera l'ouvrier chinois ; elle le payera cinq sous, tandis que nous payons les nôtres, en Europe et en Amérique, jusqu'à cinq francs et davantage. Mais elle ne se contentera pas d'écarter nos produits. Elle nous vendra les siens. De la défensive, elle passera promptement à l'offensive […].* »[1]

L'exemple présenté plus haut (voir tableau 3.2) montre que cette idée reçue ne résiste pas à un examen approfondi. Le fait que le pays étranger ait un coût de production du vin suffisamment faible pour l'exporter s'explique effectivement par la présence d'un taux de salaire relativement bas.

Mais cela n'a pas de conséquence pour le pays domestique : son taux de salaire ne fait que refléter sa propre productivité. D'ailleurs, en l'incitant à se spécialiser dans la production de fromage, l'ouverture au commerce lui permet d'employer sa main-d'œuvre de façon

1. On retrouvera cette citation dans le rapport d'information du Sénat, *Délocalisations : pour un néo-colbertisme européen*, rapport n° 374, 2004.

plus efficace, c'est-à-dire dans le secteur d'activité où la productivité est relativement forte et qui permet de verser les salaires les plus élevés.

Encadré 3.2

Les salaires reflètent-ils la productivité ?

L'élargissement de l'Union européenne, en 2004, à certains pays d'Europe centrale a provoqué des débats importants dans les pays les plus riches de l'Union. Beaucoup de citoyens et d'hommes politiques se sont inquiétés des conséquences de cette ouverture commerciale sur l'évolution du chômage et des salaires. Ce débat s'est aussi nourri des propositions de libéralisation commerciale dans le domaine des services, énoncées par la fameuse directive Bolkestein*. En France, lors de la campagne référendaire du printemps 2005 sur le projet de constitution européenne, le député européen conservateur Philippe de Villiers s'est élevé contre la concurrence des pays les moins riches de l'UE : « *La directive Bolkestein permet à un plombier polonais ou à un architecte estonien de proposer ses services en France, au salaire et avec les règles de protection sociale de leur pays d'origine [...]. Il s'agit d'un démantèlement de notre modèle économique et social.* » Cette référence au *plombier polonais* a fait florès. Les inquiétudes liées aux différences de salaires et à l'insuffisance de l'harmonisation de la protection sociale ont sans aucun doute contribué au rejet du projet de constitution en France, comme dans d'autres pays européens.

Les questions soulevées par ce type de débat sont complexes et appellent des réponses nuancées. Toutefois, le modèle ricardien permet de rappeler une évidence simple : les différences de salaires (salaires relatifs) correspondent aux différences de productivités (productivités relatives). En effet, de nombreuses études empiriques ont montré la relation étroite entre les niveaux de salaires et de productivités. Naturellement, les pays européens n'échappent pas à la règle : la figure 3.5 montre, pour un certain nombre d'entre eux, les coûts horaires du travail (qui incluent les charges sociales) en 2003, en fonction de la productivité horaire du travail pour cette même année. Tous les points sont alignés de façon presque parfaite le long de la diagonale : les salaires moyens versés dans chaque pays sont donc quasiment proportionnels à la productivité. Hormis la Slovénie, tous les pays d'Europe centrale représentés ici accusent un retard important : leurs niveaux de salaires, tout comme leur productivité, ne dépasse pas 50 % desniveaux moyens observés au sein de la zone euro. La situation des pays du sud de l'Europe (Portugal, Grèce, Malte et Espagne), qui occupent une situation intermédiaire au sein de l'Union, laisse entendre que les nouveaux pays membres vont

☞

* Le projet de directive européenne, présentée par le commissaire européen en charge du marché intérieur, Frits Bolkestein, visait à libéraliser les échanges de services au sein de l'Union. Dans sa version originelle, il proposait de permettre à chaque entreprise européenne d'exercer une activité de service dans un autre pays membre, en continuant à appliquer le droit du travail du pays d'origine. Après un débat houleux, le principe du pays d'origine a finalement été abandonné. Pour une analyse économique synthétique des enjeux du débat, voir la présentation de Cyrille Schwellnus, « La directive services : une analyse économique », *Lettre du CEPII*, n° 252, 2006. Pour une analyse plus détaillée, voir Gille Saint-Paul, « Making Sense of Bolkestein-Bashing : Trade Liberalization Under Segmented Labour Markets », *Journal of International Economics*, n° 73(1), p. 152-174, 2007.

Encadré 3.2

Les salaires reflètent-ils la productivité ? (suite)

suivre une évolution comparable : en rattrapant progressivement leur retard de productivité, ces économies devraient aussi voir leurs salaires s'accroître.

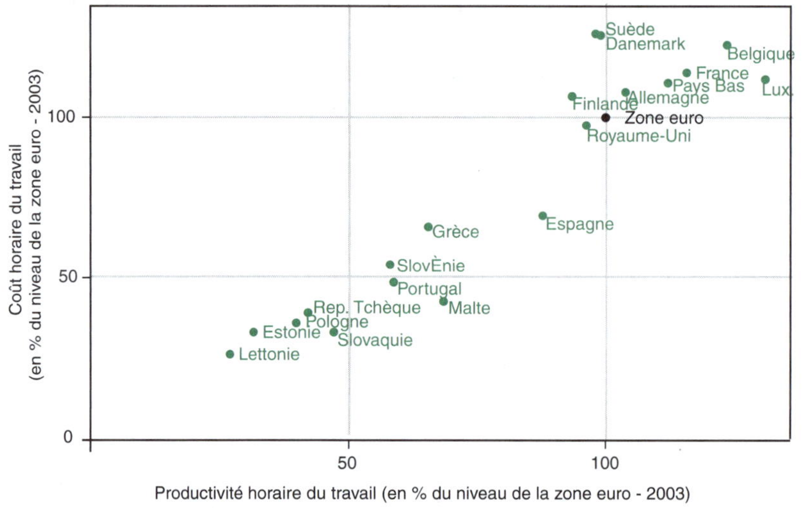

Figure 3.5 • Coûts horaires du travail en Europe.

Source : d'après les données d'Eurostat, 2003.

4.3 L'exploitation des pays en développement

Troisième idée reçue : le commerce international permet aux entreprises et aux consommateurs des pays développés d'exploiter les travailleurs du Tiers-Monde en y maintenant de faibles salaires.

Les médias comparent souvent les salaires perçus par les dirigeants des grandes entreprises multinationales à ceux des employés de leurs filiales implantées dans les pays en développement. Ces écarts de revenus sont tellement gigantesques qu'il est bien difficile de les justifier. Cependant, si l'on s'interroge sur l'intérêt du libre-échange, la question n'est pas de savoir si les travailleurs des pays en développement qui produisent des biens d'exportation méritent d'être mieux rémunérés, mais de savoir quelle situation est la pire pour eux : exporter vers les pays développés ou refuser de participer au commerce mondial ? Dans l'exemple cité plus haut (voir tableau 3.2), les travailleurs étrangers sont moins payés que ceux du pays domestique. On peut alors facilement imaginer un journaliste dénoncer avec virulence l'exploitation des travailleurs étrangers, au profit des consommateurs domestiques. Mais cet argument souffre d'une limite sérieuse.

Notre exemple montre en effet que si le pays étranger refuse tout commerce avec l'économie domestique, les salaires réels y seront encore plus faibles : le pouvoir d'achat d'une heure de travail passerait de 1/3 à 1/6 de kilos de fromage.

5 L'avantage comparatif avec plusieurs biens

Le modèle de commerce international utilisé jusqu'à présent est très simple : seuls deux biens sont produits et consommés. Considérons maintenant un cas plus proche de la réalité, où les économies peuvent échanger un grand nombre de biens.

Supposons que chaque pays (domestique et étranger) utilise sa dotation en travail pour produire plusieurs biens différents, indexés de 1 à N. La quantité unitaire de travail nécessaire à leur production suffit à décrire les technologies disponibles dans chaque pays. Pour un bien i, les quantités unitaires de travail dans l'économie domestique et à l'étranger sont respectivement a_{Li} et a^*_{Li}. On peut alors calculer, pour chaque bien i, le ratio a_{Li}/a^*_{Li}, et définir les indices de sorte que les plus petits indices correspondent aux biens pour lesquels ces ratios sont les plus faibles. On obtient donc :

$$a_{L1}/a^*_{L1} < a_{L2}/a^*_{L2} < a_{L3}/a^*_{L3} < \ldots < a_{LN}/a^*_{LN} \qquad (3.6)$$

5.1 Les salaires relatifs et la structure des spécialisations

La structure des échanges va dépendre essentiellement du ratio des salaires, w/w^*. En effet, les biens seront toujours fabriqués dans le pays où leur production est la moins coûteuse. Or, le coût de production du bien i est égal à la quantité unitaire de travail nécessaire à sa production, multipliée par le taux de salaire. Ainsi, ce coût sera de wa_{Li} dans le pays domestique et de $w^*a^*_{Li}$ à l'étranger. Il sera donc moins coûteux de produire ce bien dans le pays domestique si :

$$wa_{Li} < w^*a^*_{Li}, \quad \text{c'est-à-dire, si} \quad a^*_{Li}/a_{Li} > w/w^*$$

Dès lors, tout bien pour lequel $a^*_{Li}/a_{Li} > w/w^*$ sera produit dans le pays domestique. À l'inverse, le pays étranger produira tous les biens pour lesquels $a^*_{Li}/a_{Li} < w/w^*$.

Le tableau 3.3 propose un exemple dans lequel les deux pays peuvent consommer et produire cinq biens : des pommes, des bananes, du caviar, des dattes et des enchiladas. Le pays domestique peut produire à plus faible coût les biens pour lesquels sa productivité relative

Tableau 3.3 : Quantités unitaires de travail dans le pays domestique et à l'étranger

Bien	Quantités de travail unitaires dans le pays domestique (a_{Li})	Quantités de travail unitaires dans le pays étranger (a^*_{Li})	Différence relative de productivité
(a^*_{Li}/a_{Li})			
Pommes	1	10	10
Bananes	5	40	8
Caviar	3	12	4
Dattes	6	12	2
Enchiladas	12	9	0,75

est supérieure à son salaire relatif. Si par exemple ce salaire est cinq fois plus élevé qu'à l'étranger, les pommes et les bananes seront produites par le pays domestique, tandis que le caviar, les dattes et les enchiladas le seront à l'étranger.

5.2 La détermination du salaire relatif dans un modèle à plusieurs biens

Le salaire relatif joue donc un rôle central dans la détermination de la structure des spécialisations et du commerce international. Elle est relativement simple dans un modèle à deux biens, mais dès lors que l'on considère l'existence de plusieurs biens, les choses sont un peu plus complexes. Une solution consiste à étudier la **demande dérivée** de travail, c'est-à-dire la demande relative de travail induite par la demande relative des biens.

Lorsque le salaire domestique augmente par rapport à celui du pays étranger, la demande dérivée relative pour le travail domestique diminue. En effet, si ce dernier devient relativement plus onéreux, les prix des biens qu'il produit seront également plus élevés. La demande mondiale pour ces biens va diminuer (éventuellement au point que le pays domestique cesse de les produire), ce qui réduira par conséquent la demande de travail domestique.

Reprenons l'exemple du tableau 3.3. Imaginons que le salaire relatif du pays domestique soit de 3. Ce pays produit des pommes, des bananes et du caviar. Si ce salaire augmente progressivement jusqu'à atteindre un niveau légèrement inférieur à 4, alors les spécialisations ne changent pas, mais la demande mondiale pour ces biens va peu à peu diminuer, ce qui fera chuter progressivement la demande induite de travail domestique. Si le salaire augmente jusqu'à atteindre un niveau supérieur à 4, alors la demande relative de travail domestique baissera brutalement : la production domestique de caviar disparaîtra, et ce bien sera produit et exporté par le pays étranger. Cette évolution en escalier de la demande relative continue à mesure que le salaire relatif s'accroît. La figure 3.6 retrace l'évolution de la demande relative de travail (*DR*) en fonction du salaire relatif domestique.

Figure 3.6 • Détermination des salaires relatifs.
Dans un modèle ricardien à plusieurs biens, les salaires relatifs sont déterminés par l'intersection entre la courbe de demande dérivée relative de travail (*DR*) et l'offre relative de travail (*OR*).

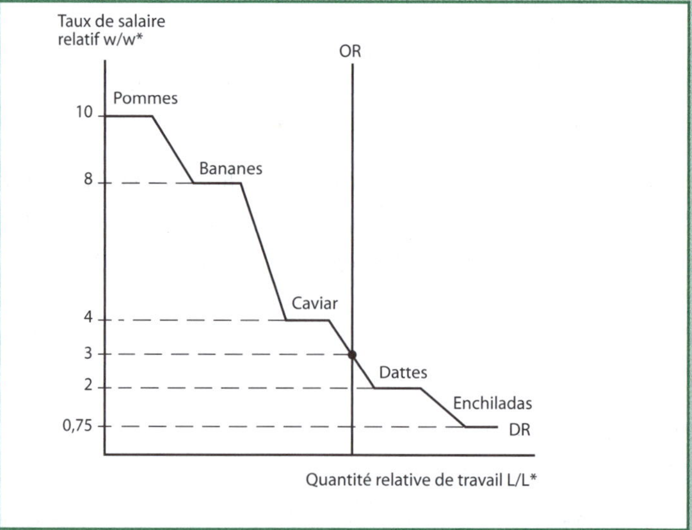

De son côté, l'offre relative de travail domestique est entièrement déterminée par les dotations en travail des deux pays (L/L^*). Elle est donc constante : il s'agit de la droite *OR*. Au final, le salaire relatif d'équilibre correspond à l'intersection de *DR* et *OR*. À ce point d'équilibre, ce salaire permet alors de définir la structure des spécialisations et du commerce international.

6 Introduction des coûts de transport et des biens non échangeables

L'économie mondiale décrite par le modèle ricardien se caractérise par une spécialisation internationale extrême. Un seul bien est produit simultanément par les deux pays, et tous les autres secteurs sont entièrement localisés dans une seule économie. En réalité, cette spécialisation n'est pas aussi marquée, et ce pour trois raisons principales :

- L'existence de plusieurs facteurs de production limite les possibilités de spécialisation extrême des économies nationales (voir chapitres 4 et 5).
- Les pays élèvent parfois des barrières commerciales afin de protéger leur économie de la concurrence étrangère (voir chapitres 8 à 11).
- Les coûts de transport des biens et des services constituent des entraves sérieuses aux échanges et à la spécialisation.

Reprenons l'exemple présenté au tableau 3.3. Dans le pays domestique, il faut 6 heures de travail pour produire une unité de dattes. À l'étranger, il en faut deux fois plus, mais le salaire y est plus faible. Avec un salaire relatif de 3, une unité de dattes importée par le pays domestique a une valeur équivalente à 12/3 = 4 heures de travail. Il est donc plus avantageux pour lui d'abandonner au pays étranger la production des dattes et d'importer ce bien. Mais qu'en est-il si l'on tient compte du coût de transport des dattes ? Par exemple, si ce dernier s'élève à 100 % du coût de production, leur importation coûterait l'équivalent de 8 heures de travail domestique. Il serait alors plus avantageux pour les consommateurs de tous les pays de consommer des dattes produites sur place, plutôt que de les importer. De même, avec un tel coût de transport, il revient moins cher au pays étranger de produire son propre caviar plutôt que de l'importer. Au final, le pays domestique continue d'exporter des pommes et des bananes, et d'importer des enchiladas, mais le caviar et les dattes deviennent de fait des biens non échangeables.

Dans cet exemple, nous avons supposé que le coût de transport était le même pour les dattes et le caviar. Mais dans les faits, il varie selon les secteurs. Dans certains cas, le transport international est *a priori* impossible : les services, comme les coupes de cheveux ou les réparations d'automobiles, ne peuvent pas être exportés (sauf dans le cas particulier des zones transfrontalières, comme Annecy et Genève, ou Valencienne et Mons). Le commerce international de biens rapidement périssables ou très pondéreux (comme le ciment) est aussi limité. Pour ces produits, les coûts de transport dépassent souvent les différences internationales de coûts de production. Ces biens non échangeables représentent au final une large part des dépenses de consommation.

7 Validation empirique du modèle ricardien

Du fait de sa grande simplicité, le modèle ricardien conduit à des conclusions assez peu nuancées : la structure des spécialisations est extrême, puisque aucun pays n'exporte et n'importe simultanément le même bien. Par ailleurs, ce modèle ne tient pas compte de l'influence des dotations en capital et en ressources primaires sur le commerce international. Enfin, il suppose que les marchés sont en situation de concurrence parfaite. Il néglige donc le rôle potentiel des économies d'échelle et des comportements stratégiques des entreprises (voir chapitre 6). Par conséquent, ce cadre théorique très sommaire est incapable de rendre compte à lui seul de l'ensemble des déterminants et des conséquences du commerce mondial. Est-il pour autant dénué d'intérêt ? Ce serait peut-être le cas si ses principales conclusions n'étaient pas étayées par des observations empiriques. Or, la prédiction principale du modèle ricardien (les pays exportent les biens pour lesquels leur productivité est relativement élevée) a été clairement confirmée par un grand nombre d'études.

Les premiers tests du modèle ricardien (et les plus célèbres) ont été réalisés dans les années 1950 et 1960, à partir de données comparant les productivités sectorielles et la structure du commerce entre les États-Unis et le Royaume-Uni[1]. À la fin de la Seconde Guerre mondiale, la productivité des travailleurs britanniques était en moyenne deux fois plus faible que celle des Américains. De fait, ces derniers disposaient d'un *avantage absolu* dans presque tous les secteurs industriels. Mais comme les salaires y étaient deux fois plus élevés, le Royaume-Uni avait des coûts de production plus faibles dans les secteurs où la productivité relative des Américains n'atteignait pas le double de celle des Britanniques. Les analyses empiriques ont clairement montré que le Royaume-Uni était un exportateur net dans ces secteurs et importateur net dans les autres. Le commerce entre ces deux pays correspondait donc à leurs *avantages comparatifs*.

Les résultats des analyses empiriques récentes sont moins tranchés. Cela s'explique en partie par le développement rapide du commerce mondial et une plus grande spécialisation des pays. De nos jours, le degré d'ouverture au commerce est tel qu'il est rare que les pays produisent des biens pour lesquels ils possèdent un désavantage comparatif. Il est donc impossible de mesurer leur productivité dans ces secteurs. Par exemple, de nombreux pays ne produisent pas d'avions, et il n'existe pas de données sur les quantités de travail unitaires nécessaires à cette production. Toutefois, dans la plupart des cas, les différences en termes de productivité du travail continuent de jouer un rôle important dans la détermination de la structure des échanges. On le voit notamment avec l'essor soudain des capacités d'exportation de la Chine. Bien qu'en augmentation rapide, la productivité des travailleurs chinois reste encore très inférieure à celle des grandes économies développées, et notamment des pays européens. Mais dans certains secteurs d'activité, la Chine accuse un retard de productivité plus faible que dans d'autres, et c'est bien dans ces secteurs que la Chine s'est spécialisée. C'est ce que montre le tableau 3.4. Il compare la productivité et le niveau de production de la Chine et

1. G. D. A. MacDougall, « British and American Exports : A Study Suggested by the Theory of Comparative Costs », *Economic Journal*, 61, décembre 1951, p. 697-724. Une autre étude célèbre est celle de Bela Balassa, « An Empirical Demonstration of Classical Comparative Cost Theory », *Review of Economics and Statistics*, 45, août 1963, p. 231-238.

de l'Allemagne, deux pays qui comptent parmi les tout premiers exportateurs mondiaux. En 1995, la productivité de la Chine dans l'ensemble de l'industrie ne représentait que 5,2 % de celle de l'Allemagne, et sa production totale était presque 30 % plus faible. Dans le secteur de l'habillement, l'Allemagne conservait toujours un avantage absolu très net. Néanmoins, l'écart de productivité entre les deux pays était clairement plus réduit, si bien que la Chine disposait d'un avantage comparatif dans ce secteur ; celui-ci lui a permis de développer une spécialisation forte et d'avoir une production de biens d'habillement huit fois plus importante que celle de l'Allemagne.

Au final, même si le modèle ricardien ne suffit pas à expliquer toutes les causes et les conséquences de la mondialisation, ses deux principales prédictions restent pleinement valides : les différences de productivité jouent un rôle essentiel dans la structuration des échanges mondiaux, et ce sont bien les avantages comparatifs qui comptent, et non les avantages absolus.

Tableau 3.4 : Productivité et production – la Chine face à l'Allemagne (1995)

	Productivité relative (production par travailleur chinois, en % du niveau allemand)	**Production relative (production de la Chine, en % de la production allemande)**
Tous secteurs manufacturiers	5,2	71,6
Secteur de l'habillement	19,7	802,2

Source : Ruoen et Manying, « China's Manufacturing Industry in an International Perspective : a China-Germany Comparison », *Économie internationale*, n° 92(4), p. 103-130, 2002.

Résumé

Le *modèle ricardien* est un modèle très simple qui montre comment les différences entre les pays donnent lieu à des échanges internationaux. Il permet de mettre en évidence l'existence d'un gain à l'échange, mutuellement partagé. Dans ce modèle, le travail est le seul facteur de production et les pays ne diffèrent que par leur productivité du travail. Ils exportent alors les biens qu'ils produisent de manière relativement efficace et importent les autres. En d'autres termes, la structure de production d'un pays est déterminée par ses *avantages comparatifs*.

L'existence d'un gain mutuel à l'échange peut être démontrée de deux façons différentes. Tout d'abord, le commerce peut être vu comme une méthode indirecte de production. Au lieu de produire lui-même un bien, un pays peut fabriquer un autre bien et l'échanger contre ce qu'il désire. Selon le modèle de Ricardo, chaque fois qu'un bien est importé, sa « production » indirecte nécessite moins de travail que sa production directe. Par ailleurs, le commerce international permet un élargissement des possibilités de consommation d'un pays. La répartition de ces gains entre les deux pays dépend des prix relatifs d'équilibre. La détermination des prix relatifs est définie par la confrontation *des offres et demandes relatives mondiales*. Ce prix implique également un *taux de salaire relatif*.

La proposition, selon laquelle le commerce est profitable à tous les pays, ne repose pas sur l'hypothèse que tous les pays sont « compétitifs ». En particulier, nous pouvons montrer que trois idées reçues sur les conséquences du commerce international sont erronées. Tout d'abord, un pays gagne à s'ouvrir au commerce, même si sa productivité est plus faible que celle de son partenaire dans tous les secteurs d'activité. Ensuite, l'échange est bénéfique pour tous les pays, même dans le cas où la compétitivité de l'industrie étrangère repose uniquement sur les bas salaires. Enfin, le commerce est préférable à l'autarcie, même pour des pays en développement dont les capacités d'exportation reposent sur une main-d'œuvre bon marché.

L'extension du modèle à un monde comprenant de nombreux biens ne modifie pas ses principales conclusions. En revanche, elle permet de voir comment les coûts de transport peuvent conduire à une situation où certains biens sont, de fait, non échangeables.

Bien que certaines conclusions du modèle ricardien soient trop simplistes pour être réalistes, ses prédictions essentielles sont confirmées par de nombreuses études : la structure des échanges commerciaux est clairement influencée par les différences relatives de productivité.

Activités

1. Supposons que le pays domestique dispose de 1 200 unités de travail. Il peut produire deux biens : des pommes et des bananes. La quantité de travail unitaire nécessaire à la production de pommes est de 3, et celle nécessaire à la production de bananes est de 2.

   a. Représentez graphiquement la frontière des possibilités de production du pays domestique.

   b. Quel est le coût d'opportunité des pommes en termes de bananes ?

   c. En l'absence de commerce, quel serait le prix des pommes exprimé en termes de bananes ? Pourquoi ?

2. Les caractéristiques du pays domestique sont décrites à la question 1. Considérons maintenant un pays étranger qui dispose d'une force de travail de 800 unités. La quantité de travail unitaire nécessaire à la production de pommes y est de 5, et celle nécessaire à la production de bananes est de 1.

   a. Représentez graphiquement la frontière des possibilités de production du pays étranger.

   b. Construisez la courbe d'offre relative mondiale.

3. Imaginons que la demande relative mondiale prenne la forme suivante : demande de pommes / demande de bananes = prix des bananes / prix des pommes.

   a. Représentez graphiquement les courbes de demande et d'offre relatives mondiales

   b. Quel est le prix relatif d'équilibre des pommes sur le marché mondial ?

   c. Quelle est la structure des échanges ?

   d. Montrez que les deux pays gagnent à l'échange.

4. Supposons qu'au lieu de 1 200 travailleurs, le pays domestique en accueille 2 400. Quel est le prix relatif d'équilibre sur le marché mondial ? Comment se répartissent dans ce cas les gains à l'échange entre les deux pays ?

5. Considérons toujours que le pays domestique dispose de 2 400 travailleurs, mais que leur productivité soit divisée par deux dans chaque secteur. Construisez la courbe d'offre relative mondiale et déterminez le prix relatif d'équilibre. Comparez les gains à l'échange avec ceux obtenus à la question 4.

6. D'après des données récentes, le salaire annuel d'un travailleur chinois s'élève environ à 21 000 yuans, soit un peu plus de 2 400 euros au taux de change officiel. En France, le revenu salarial moyen d'un travailleur à temps plein est de l'ordre de 20 000 euros par an. Ce constat amène de nombreux commentateurs à affirmer que l'ouverture au commerce avec la Chine doit contraindre les Français à accepter des réductions de salaires et une révision à la baisse du système de protection sociale. Qu'en pensez-vous ?

7. La productivité du travail au Japon est à peu près identique à celle des États-Unis dans le secteur manufacturier. Ces derniers sont en revanche nettement plus productifs dans le secteur des services qui, pour la plupart, ne sont pas échangeables. Selon certains analystes, cela pose un problème aux États-Unis, car leur avantage comparatif se situe dans des biens qui ne peuvent pas être vendus sur le marché mondial. Pourquoi ce raisonnement est-il erroné ?
8. En quoi l'existence de biens non échangeables affecte-t-il l'étendue des gains potentiels à l'échange ?

Chapitre 4

Les dotations en facteurs, les avantages comparatifs et la distribution des revenus

Objectifs pédagogiques :

- **Étudier comment les différences de dotations en facteurs peuvent être à l'origine du commerce international.**
- **Montrer qu'il existe, au sein de chaque pays, des gagnants et des perdants à l'ouverture commerciale.**
- **Préciser la définition des gains au commerce dès lors que le libre-échange pénalise une partie de la population.**

Si, comme dans le modèle ricardien, le travail était le seul facteur de production, les avantages comparatifs ne pourraient avoir pour origine que des différences de productivité de la main-d'?uvre. Si cette explication n'est *a priori* pas sans fondement, le commerce mondial reflète aussi, sans doute, d'autres différences internationales. Par exemple, la France, l'Italie et l'Espagne sont les trois premiers exportateurs mondiaux de vin. Même si les vignerons de ces pays méditerranéens ont probablement une productivité assez élevée, il est plus raisonnable d'expliquer ces performances à l'exportation par la nature du climat et la qualité des sols. Une explication réaliste du commerce international doit donc prendre en considération non seulement la productivité du travail, mais aussi les différences de disponibilité des autres facteurs de production, comme la terre, le capital et les ressources naturelles.

Dans ce chapitre, nous élargissons le cadre théorique présenté au chapitre 3 en étudiant un modèle dans lequel les différences de dotations (c'est-à-dire d'offre) en facteurs de production sont la source *unique* des échanges. Il permet de montrer que les avantages comparatifs sont déterminés par l'interaction des dotations nationales (l'**abondance** relative des facteurs de production) et de la technologie de production (qui détermine l'**intensité** relative en facteurs de production des différents biens).

Ce modèle, qui constitue l'une des théories les plus importantes de l'économie internationale, porte le nom des deux économistes suédois qui en sont à l'origine : Eli Heckscher et Bertil Ohlin (Ohlin a reçu le Prix Nobel d'économie en 1977). Comme ce **modèle Heckscher-Ohlin** met l'accent sur l'interaction entre les proportions dans lesquelles les facteurs sont disponibles dans chaque pays et celles dans lesquelles ils sont utilisés pour la production des biens, il parfois appelé **théorie des proportions de facteurs**, ou encore **modèle factoriel**[1].

1 Un modèle à deux facteurs

Dans ce chapitre, nous nous intéressons à la version la plus simple du modèle Heckscher-Ohlin. Il s'agit d'un modèle « 2 × 2 × 2 » : il décrit deux pays (domestique et étranger), deux biens (disons, les vêtements et la nourriture) et deux facteurs de production (par exemple, la terre et le travail).

1.1 Prix et production

Quand il existe plus d'un facteur de production, la *frontière des possibilités de production* (FPP) (voir chapitre 3) n'est plus une ligne droite. Pour mieux comprendre, commençons par définir quelques expressions utiles :

- a_{TV} = hectares de terre utilisés pour produire un vêtement ;
- a_{LV} = heures de travail utilisées pour produire un vêtement ;
- a_{TN} = hectares de terre utilisés pour produire un kilo de nourriture ;
- a_{LN} = heures de travail utilisées pour produire un kilo de nourriture ;
- L = offre de travail de l'économie ;
- T = offre de terre de l'économie.

Contrairement au chapitre 3, nous parlons ici des quantités de terre et de travail *utilisées* pour produire un volume donné de biens, plutôt que des quantités *nécessaires*. Ce changement de terminologie s'explique par le fait que la multiplicité des facteurs donne aux entreprises un degré de liberté dans le choix des modes de production : il est toujours possible de réaliser le même niveau de production en utilisant beaucoup de terre et peu de travail, ou bien d'économiser la terre en ayant recours à davantage de travail. Mais avant d'aborder les implications de ces choix, voyons d'abord le cas particulier où il n'existe qu'une seule façon de produire chaque bien. Cela revient à dire que la production d'un vêtement ou d'un kilo de nourriture requiert une quantité fixe de chacun des deux facteurs, sans qu'il soit possible de substituer l'un à l'autre.

Supposons que le ratio des quantités utilisées de travail et de terre soit plus élevé dans le secteur textile que dans la production de nourriture :

$$a_{LV} / a_{TV} > a_{LN} / a_{TN} \tag{4.1}$$

Cette équation peut se réécrire de la façon suivante :

$$a_{LV} / a_{LN} > a_{TV} / a_{TN} \tag{4.2}$$

Comme dans le modèle ricardien, la frontière des possibilités de production est définie par les contraintes de dotations en facteurs. La quantité de terre utilisée dans la production des deux biens ne peut pas excéder l'offre totale de ce facteur :

$$Q_N \times a_{TN} + Q_V \times a_{TV} \leq T \tag{4.3}$$

1. Paul Samuelson a aussi largement contribué à formaliser les intuitions développées par Heckscher et Ohlin, si bien que ce cadre théorique est également appelé *modèle HOS*, du nom de ces trois auteurs.

où Q_N est la production de nourriture et Q_V celle de vêtements. De même, la quantité de travail nécessaire à la production ne peut pas dépasser l'offre totale de travail :

$$Q_N \times a_{LN} + Q_V \times a_{LN} \leq L \tag{4.4}$$

À la figure 4.1, chaque contrainte de ressource est tracée de la même manière que la droite des possibilités de production à la figure 3.1. Mais ici, l'économie doit produire en respectant simultanément les deux contraintes données par les équations (4.3) et (4.4). La frontière des possibilités de production est donc représentée par la droite coudée. Le coût d'opportunité des vêtements en termes de nourriture[1] n'est pas constant. Il est faible quand l'économie produit peu de vêtements et beaucoup de nourriture, et il est élevé dans le cas contraire.

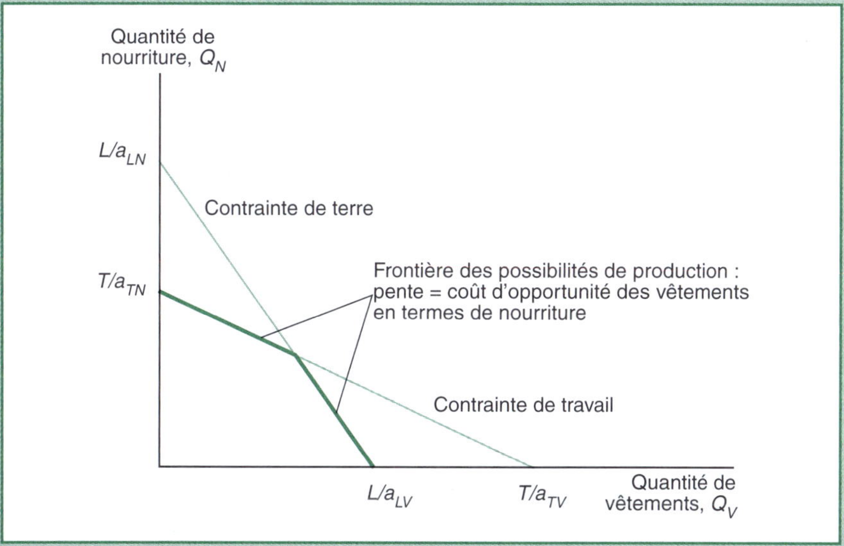

Figure 4.1 • La frontière des possibilités de production lorsque les facteurs de production ne sont pas substituables.
Si la terre et le travail ne sont pas substituables, la frontière des possibilités de production se définit par les deux contraintes de ressource correspondant à chacun des deux facteurs de production. Sa caractéristique importante est que le coût d'opportunité des vêtements en terme de nourriture n'est pas constant : plus la production de vêtements prend une part importante dans l'économie, plus son coût d'opportunité est grand.

Si les facteurs de production sont substituables, comme c'est vraisemblablement le cas dans la réalité, la frontière des possibilités de production n'est plus coudée : elle prend une forme arquée (voir figure 4.2). Mais, là encore, cette frontière traduit un coût d'opportunité qui varie en fonction de la production relative des biens : plus l'économie consacre une part importante de ses ressources à produire des vêtements, plus le coût d'opportunité de ce bien est élevé.

1. C'est-à-dire la quantité de nourriture à laquelle il faut renoncer pour produire un vêtement supplémentaire.

Le point de la frontière des possibilités de production, qui correspond à la situation de l'économie à l'équilibre, dépend du prix des deux biens. En effet, l'équilibre va se situer au point qui maximise la valeur de la production, Y :

$$Y = P_V \times Q_V + P_N \times Q_N$$

P_V et P_N sont respectivement les prix des vêtements et de la nourriture. Cette équation correspond à une droite d'isovaleur : il s'agit, pour un prix des biens donné, de l'ensemble des paniers de production correspondant à une valeur totale constante (Y). La maximisation de la valeur créée par l'économie revient alors à choisir le point Q, où la frontière des possibilités de production est tangente à la droite d'isovaleur la plus haute possible. À ce point, la pente de la frontière est égale à celle de la droite d'isovaleur : $-P_V/P_N$. Le coût d'opportunité (en termes de nourriture) de la production d'une unité supplémentaire de vêtements est donc égal au prix relatif des vêtements.

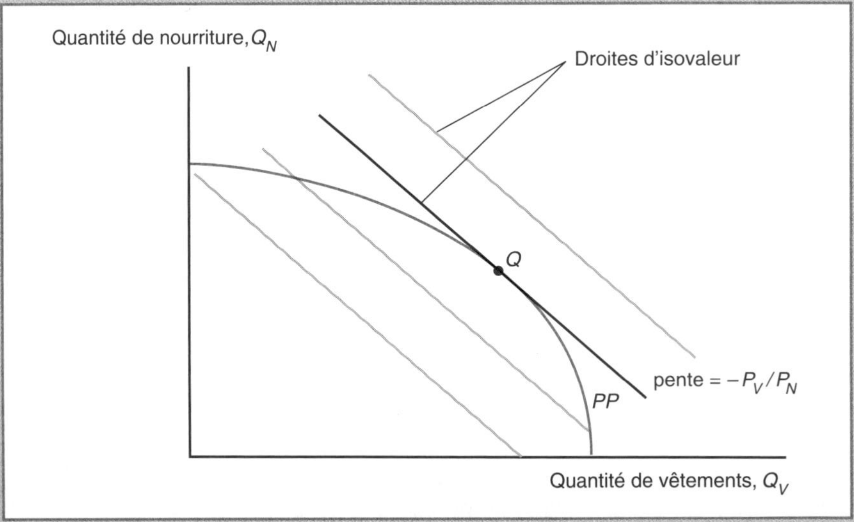

Figure 4.2 • Prix et production.

Si la terre et le travail sont substituables, la frontière des possibilités de production est une courbe concave : plus la part de la production de vêtements augmente, plus le coût d'opportunité des vêtements en terme de nourriture est élevé. L'économie produit au point qui maximise la valeur de la production, pour les prix qui lui sont donnés. À ce point, le coût d'opportunité des vêtements en terme de nourriture est égal au prix relatif des vêtements, P_V/P_N.

1.2 Le choix de la combinaison de facteurs de production

Avec plusieurs facteurs substituables, les entreprises doivent non seulement décider des quantités produites, mais aussi du mode de production. Par exemple, une entreprise agricole peut accroître sa production en augmentant les surfaces cultivées. Mais elle peut aussi produire davantage sans utiliser plus de terre, si elle emploie un plus grand nombre de travailleurs pour préparer le sol et éliminer les mauvaises herbes.

La courbe *II* (voir figure 4.3) montre l'ensemble des combinaisons de facteurs qui permettent de produire un kilo de nourriture[1].

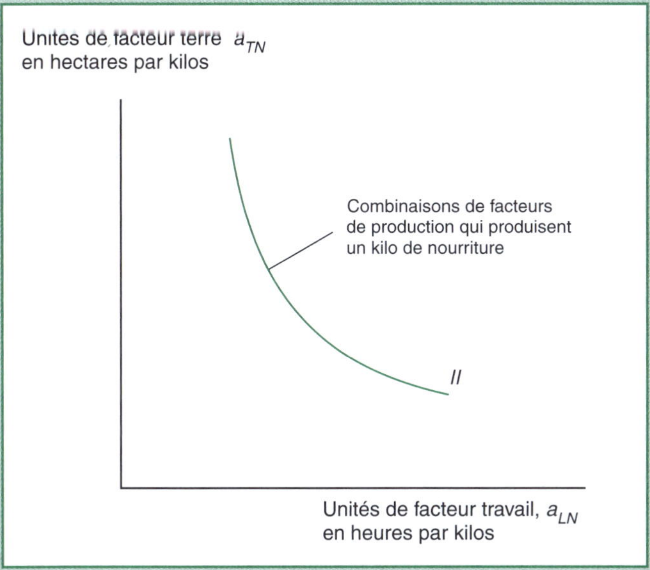

Figure 4.3 • Possibilités de combinaisons de facteurs de production dans le secteur agricole. Une entreprise agricole peut produire une quantité donnée de nourriture avec beaucoup de terre et peu d'employés, ou bien utiliser davantage de travail et moins de terre.

Si la rémunération de la terre est élevée et les salaires faibles, les entreprises agricoles préfèreront produire en utilisant peu de terre et beaucoup de travail. À l'inverse, elles choisiront de limiter le nombre d'employés si les salaires sont élevés. Le choix de la combinaison de facteurs de production dépend alors du **prix relatif des facteurs**, soit w/r, si w représente le salaire par heure de travail et r le coût de l'utilisation d'un hectare de terre[2].

La figure 4.4 illustre la relation entre le prix relatif des facteurs et les quantités relatives de terre et de travail choisies par les producteurs de vêtements et de nourriture. La courbe *VV* correspond au secteur des vêtements, et la courbe *NN* aux firmes produisant de la nourriture. Dans cet exemple, la courbe *VV* est située à gauche de *NN* : quels que soient les prix des facteurs, la production de nourriture utilise alors toujours plus de terre par rapport au travail que la production de vêtements. Dans ce cas, on dit que les deux secteurs ont des intensités factorielles différentes : la production de nourriture est relativement *intensive en terre*, alors que celle de vêtements est relativement *intensive en travail*.

1. Les courbes qui montrent l'ensemble des combinaisons de facteurs donnant un même niveau de production sont appelées des isoquantes. L'isoquante correspondant à une unité de bien est l'isoquante unitaire.
2. Le choix optimal du ratio terre/travail est étudié en détail à l'annexe A de ce chapitre.

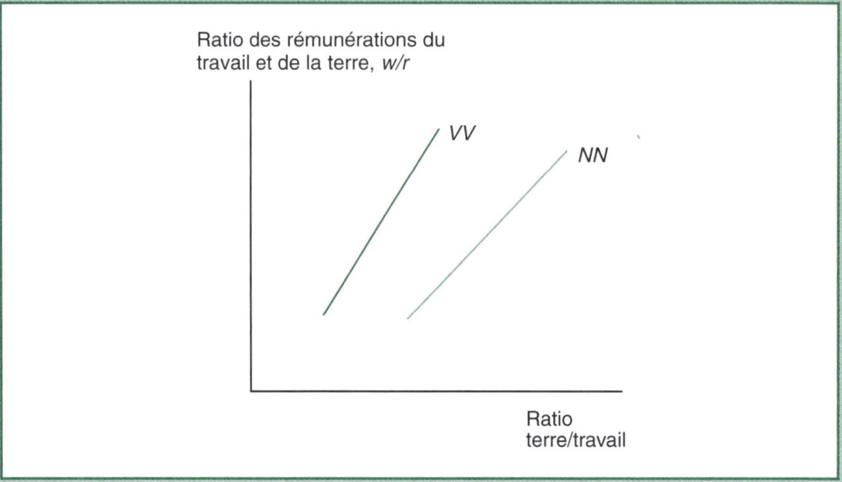

Figure 4.4 • L'intensité factorielle dans les deux secteurs.
Dans chaque secteur, le ratio terre/travail que les producteurs choisissent dépend du coût relatif du travail par rapport à celui de la terre, *w/r*. La courbe *NN* montre le choix du ratio terre/travail pour la production de nourriture ; la courbe *VV* correspond au secteur des vêtements. Quel que soit le prix des facteurs, la production de nourriture utilise un ratio terre/travail relativement plus élevé. Cela signifie qu'elle est relativement *intensive en terre*, alors que la production de vêtements est relativement *intensive en travail.*

1.3 Prix des facteurs et prix des biens

Supposons que notre économie produise simultanément les deux biens. Dans chaque secteur, la libre concurrence entre les producteurs garantit que le prix de chaque bien est égal à son coût de production. Ce dernier dépend naturellement du prix des facteurs. Si, par exemple, la rémunération de la terre augmente, alors, toutes choses égales par ailleurs, les prix de tous les biens qui utilisent ce facteur doivent augmenter aussi. Mais l'impact de la hausse du prix de la terre sur le prix de chaque bien dépend de la quantité de terre nécessaire à la production. Comme la production de nourriture est relativement intensive en terre, une hausse de r aura un effet plus important sur le prix de ce bien que sur le prix des vêtements. Il existe alors une relation unique entre le prix relatif des facteurs (w/r) et celui des biens (P_V/P_N). Cette relation est illustrée par la courbe *SS* à la figure 4.5[1].

À ce point de notre exploration du modèle, nous disposons de deux relations importantes. La première associe le prix relatif des facteurs aux quantités relatives de facteurs utilisées dans chaque secteur (voir figure 4.4). La seconde relie le prix relatif des facteurs au prix relatif des biens (voir figure 4.5). La figure 4.6 rapproche ces deux éléments : la partie de droite reprend la figure 4.4, et celle de gauche la figure 4.5 (avec la courbe *SS*), qui est ici tournée à 90 degrés dans le sens inverse des aiguilles d'une montre.

1. La relation entre le prix des biens et le prix des facteurs a été clarifiée par Wolfgang Stolper et Paul Samuelson : « Protection and Real Wages », *Review of Economic Studies*, 9, 1941, p. 58-73. Cette relation est donc connue sous le nom d'*effet Stolper-Samuelson*.

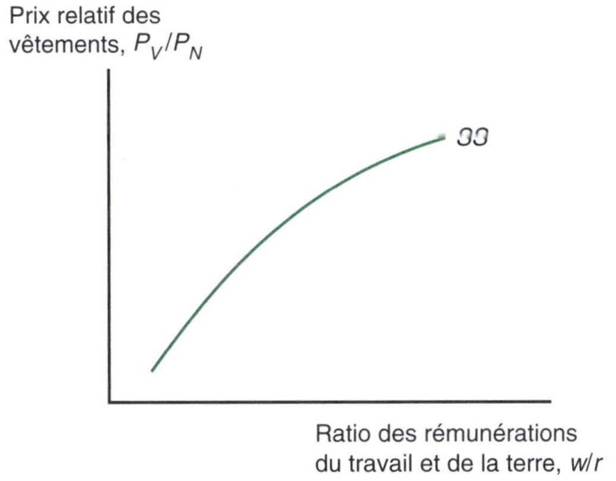

Figure 4.5 • Prix des facteurs et prix des biens.
Il existe une relation unique entre le prix relatif des facteurs, *w/r*, et le prix relatif des vêtements, P_V/P_N. Comme la production de vêtements (comparée à la production de nourriture) est relativement intensive en travail, le prix relatif des vêtements est une fonction croissante du prix relatif du travail. Cette relation est représentée par la courbe *SS*.

Rassembler ces deux diagrammes nous permet de mettre en évidence une relation, *a priori* surprenante, entre le prix des biens et le ratio des quantités de facteurs utilisées dans chaque secteur. Supposons que le prix relatif des vêtements soit $(P_V/P_N)^1$ (à gauche de la figure 4.6). Si l'économie produit les deux biens, alors le prix relatif du travail (par rapport à celui de la terre) doit être égal à $(w/r)^1$. Ce prix relatif conduit les firmes des deux secteurs à choisir des ratios d'utilisation du travail par rapport à la terre (à droite de la figure 4.6), qui correspondent respectivement à $(T_V/L_V)^1$ et $(T_N/L_N)^1$. Supposons maintenant que le prix relatif des vêtements augmente pour atteindre $(P_V/P_N)^2$. La rémunération relative du travail doit alors passer à $(w/r)^2$. Puisque la terre est maintenant relativement moins chère, les firmes des deux secteurs utiliseront davantage ce facteur et moins de travail. Les combinaisons de facteurs de production augmentent alors pour se fixer à $(T_V/L_V)^2$ et $(T_N/L_N)^2$.

Un autre résultat important se dégage de ce diagramme. La partie de gauche nous indique qu'une augmentation du prix relatif des vêtements vient au final accroître le salaire des travailleurs par rapport à la rémunération des propriétaires terriens. En fait, une analyse plus détaillée permet de montrer qu'au-delà des variations des salaires relatifs, ce sont bien les **revenus réels** (c'est-à-dire le pouvoir d'achat) des deux groupes de population qui sont touchés par les variations des prix des biens.

Ce résultat peut s'expliquer simplement. Lorsque P_V/P_N augmente, le ratio terre/travail augmente aussi bien dans la production de vêtements que dans celle de nourriture. Mais dans une économie concurrentielle, les facteurs de production sont payés à leur productivité marginale. Le salaire des travailleurs, rapporté au prix des vêtements, est donc égal à la productivité marginale du travail dans le secteur textile. Il en va de même pour chaque facteur, quel que soit le secteur concerné.

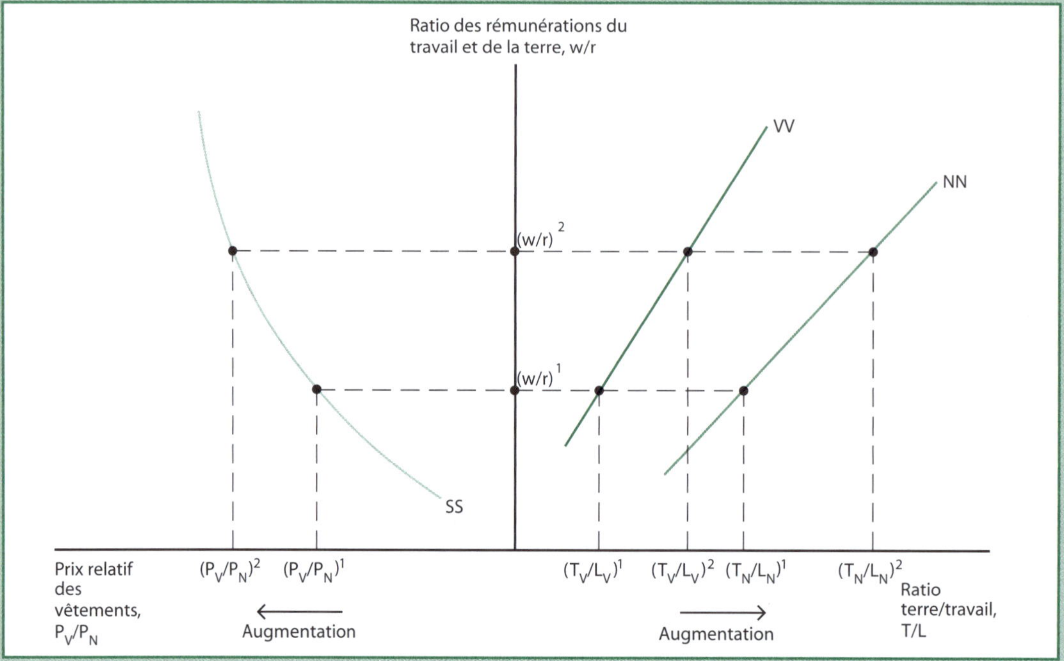

Figure 4.6 • Du prix relatif des biens au choix des combinaisons de facteurs de production. Pour un prix relatif des vêtements donné, $(P_V/P_N)^1$, le prix relatif du travail est égal à $(w/r)^1$. La combinaison de facteurs de production correspondant à ce prix relatif des facteurs est $(T_V/L_V)^1$ dans le secteur textile, et $(T_N/L_N)^1$ dans le secteur agricole. Si le prix relatif des vêtements augmente jusqu'à $(P_V/P_N)^2$, le prix relatif du travail augmente aussi pour atteindre $(w/r)^2$. Cela entraîne la hausse du ratio terre/travail utilisé dans la production des deux biens.

Or, quand les firmes des deux secteurs choisissent d'utiliser relativement plus de terre, et donc d'économiser du travail, la productivité marginale de ce dernier augmente dans ces deux secteurs (en effet, chaque employé utilise pour travailler une plus grande surface de terre ; il peut donc produire davantage de biens). Dans ce cas, les travailleurs bénéficient d'une augmentation de leur salaire réel par rapport aux deux biens. À l'inverse, la productivité marginale de la terre diminue dans les deux secteurs, et les propriétaires terriens voient leurs revenus réels diminuer par rapport aux deux biens.

Dans ce modèle, les changements de prix relatifs ont donc un impact important sur la distribution des revenus. Les détenteurs du facteur de production qui est utilisé de façon intensive dans la production du bien dont le prix relatif augmente voient leur rémunération réelle s'accroître. Cette augmentation se fait au détriment des individus qui détiennent l'autre facteur de production : ceux-là voient leurs revenus réels diminuer.

1.4 Dotations en facteurs et production

Pour achever la description de notre économie à deux facteurs, il nous faut étudier la relation entre le prix des biens, les dotations en facteurs de production et la production.

Supposons que le prix relatif des vêtements (P_V/P_N) soit donné. Nous savons que cela détermine le ratio des rémunérations des facteurs w/r, et par conséquent le ratio terre/

travail utilisé dans chaque secteur. L'économie doit également utiliser la totalité du travail et de la terre dont elle dispose. Cette condition permet de déterminer l'allocation des ressources entre les deux secteurs et donc la structure de la production de l'économie.

La figure 4.7 représente une boîte d'Edgeworth, qui est un outil particulièrement commode pour analyser les questions d'allocations des ressources. La largeur de la boîte représente l'offre totale de travail de l'économie et sa hauteur correspond à l'offre totale de terre. L'allocation des ressources entre les deux secteurs est représentée par un point unique à l'intérieur de la boîte. La quantité de travail utilisée dans le secteur des vêtements se mesure le long de l'axe horizontal, par la distance entre l'abscisse de ce point et O_V. De la même façon, la quantité de terre utilisée dans le secteur des vêtements se mesure en ordonnée. Par exemple, au point 1, O_VL_V est la quantité de travail utilisée pour produire des vêtements ; O_VT_V est la quantité de terre nécessaire à cette production. L'utilisation des facteurs dans le secteur de la nourriture se mesure à partir du coin opposé : O_NL_N et O_NT_N sont respectivement les quantités de travail et de terre utilisées dans le secteur agricole.

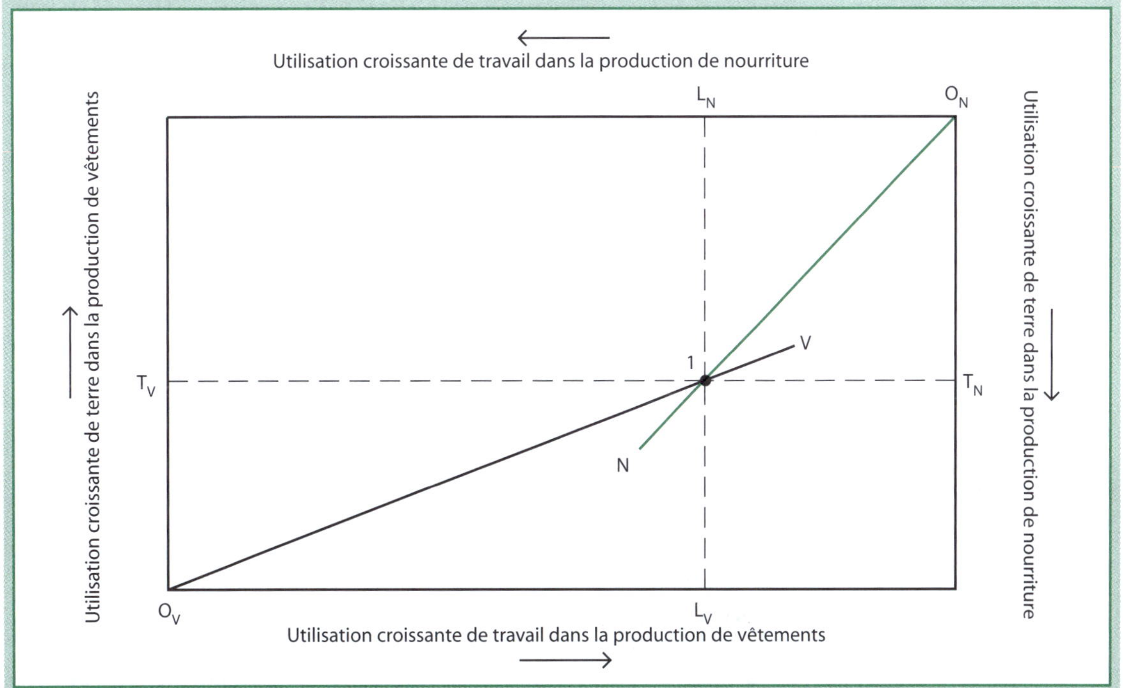

Figure 4.7 • L'allocation des ressources.
Les côtés de la boîte représentent l'offre totale de travail (axe horizontal) et de terre (axe vertical). L'allocation des facteurs de production dans le secteur des vêtements se mesure à partir du coin en bas à gauche (O_V). Les quantités de facteurs utilisées dans le secteur de la nourriture sont mesurées à partir du coin en haut à droite (O_N). Le point correspondant aux quantités de facteurs utilisées dans le secteur des vêtements doit se trouver sur la droite O_VV, qui passe par l'origine et dont la pente est T_V/L_V. De la même manière, le point correspondant aux quantités de facteurs utilisées dans la production de nourriture doit se trouver sur la droite O_NN.
À l'équilibre, l'allocation des ressources est donnée par l'intersection de ces deux droites : c'est le point 1.

N'importe quel point situé à l'intérieur du rectangle correspond à une répartition de la totalité des facteurs disponibles entre les deux secteurs. Mais quel est le point d'équilibre ? Nous savons que pour un prix relatif des biens donné, il correspond à un unique ratio terre/travail dans chaque secteur (voir figure 4.6). Le point qui correspond à la répartition optimale des facteurs doit respecter la double contrainte imposée par ces ratios terre/travail. Il doit donc se situer à l'intersection des deux droites qui passent respectivement par O_V et O_N, et dont la pente est égale au ratio terre/travail de chacun des secteurs (T_V/L_V et T_N/L_N respectivement)[1].

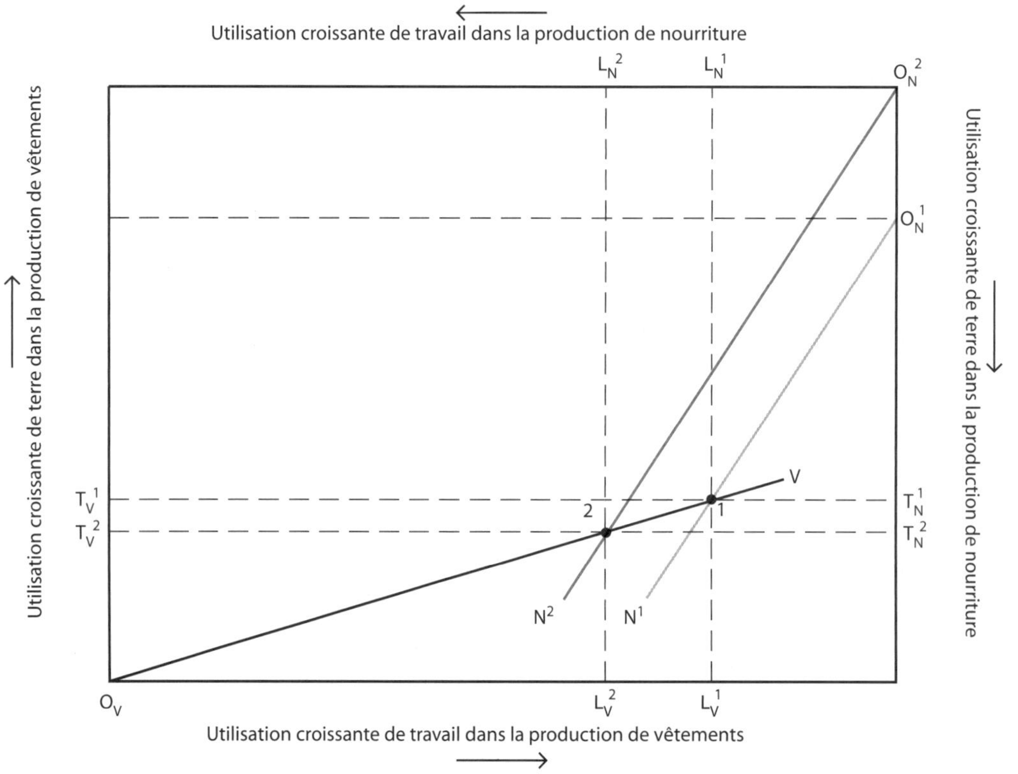

Figure 4.8 • L'effet d'une augmentation de la dotation en terre.
Une hausse de l'offre de terre élargit la boîte d'Edgeworth représentant l'économie. Les facteurs alloués à la production de nourriture doivent dorénavant être mesurés à partir de O_N^2. Si le prix des biens reste inchangé – et donc si le ratio terre/travail reste identique –, le point d'allocation des ressources glisse du point 1 au point 2. La production de nourriture augmente plus que proportionnellement à la hausse de la dotation en terre ; une quantité plus importante de terre et de travail est employée dans ce secteur.

1. Les amateurs de géométrie auront remarqué que $O_V V$ et $O_N N$ peuvent très bien ne pas se couper à l'intérieur de la boîte. Dans ce cas, l'économie se spécialise dans la production d'un seul bien et utilise dans ce secteur l'ensemble de ses dotations en travail et en terre. Il convient cependant de rappeler que la relation entre le prix relatif des biens et celui des facteurs (voir figures 4.5 et 4.6) repose sur l'hypothèse que l'économie produit les deux biens.

Étant donné le prix relatif des vêtements, et les dotations en terre et en travail, il est donc possible de déterminer l'allocation intersectorielle des facteurs de production. On connaît ainsi la structure de la production nationale. La question suivante est alors de savoir dans quelle mesure un bouleversement des dotations factorielles influe sur les quantités produites de chacun des biens.

La réponse nous est donnée à la figure 4.8. Elle montre l'effet d'un accroissement de la dotation nationale en terre, en supposant que les prix des biens et l'offre de travail restent inchangés. Avec l'augmentation de l'offre de terre, la boîte devient plus grande : les quantités de facteurs utilisées dans la production de nourriture sont maintenant mesurées à partir de O_N^2. La droite d'intensité factorielle passe alors de $O_N^1N^1$ à $O_N^2N^2$[1]. Dès lors, l'allocation des dotations en facteurs entre les deux secteurs glisse du point 1 au point 2.

Un point peut sembler surprenant ici : la croissance de la dotation en terre entraîne une baisse des quantités de travail et de terre utilisées dans la production de vêtements (de L_V^1 et T_V^1 à L_V^2 et T_V^2). À prix constants, cette croissance conduit donc à réduire la production du bien intensif en travail, ce qui libère des facteurs de production qui sont dorénavant utilisés dans le secteur agricole. En effet, la production de nourriture augmente plus que proportionnellement à la hausse de l'offre de terre.

Une autre façon d'analyser ce résultat consiste à revenir aux frontières des possibilités de production. À la figure 4.9, la courbe PP^1 représente les possibilités de production de l'économie avant l'augmentation de la dotation en terre. La production se situe au point 1, où la pente de la frontière des possibilités de production est égale à l'opposé du prix relatif des vêtements, $-P_V/P_N$. L'économie produit alors les quantités Q_V^1 de vêtements et Q_N^1 de nourriture. L'accroissement de l'offre de terre déplace la frontière des possibilités de production en PP^2, où l'économie peut produire une quantité plus grande des deux biens. L'élévation de cette frontière n'est cependant pas uniforme : elle est plus marquée pour le secteur agricole. Il y a donc une **croissance biaisée des possibilités de production** : l'accroissement de la dotation en terre profite davantage à la production de nourriture qu'à celle de vêtements. Dans notre cas, la croissance est tellement biaisée en faveur du secteur agricole, qu'à prix relatifs inchangés, on observe une baisse de la production de vêtements.

Le fait que l'augmentation des dotations en facteurs puisse biaiser les possibilités de production est un élément-clé pour comprendre comment les différences de dotations peuvent être à l'origine du commerce international[2]. Il permet de comprendre, par exemple, pourquoi une économie qui dispose d'une quantité relativement importante de terre cultivable par rapport à sa dotation en travail gagnera plus à produire de la nourriture que celle qui a un faible ratio terre/travail. *En règle générale, une économie sera relativement efficace dans la production des biens qui utilisent de façon relativement intensive les facteurs de production dont elle est relativement bien dotée.*

---

1. Comme les prix des biens restent inchangés, le ratio terre/travail et donc les pentes des deux droites n'ont pas de raison de changer.
2. L'effet de la croissance des dotations factorielles sur la structure de la production a été mis en lumière par l'économiste polonais T.M. Rybczynski, « Factor Endowments and Relative Commodity Prices », *Economica*, 22, 1955, p. 336-341. Le mécanisme décrit ici est donc connu sous le nom d'*effet Rybczynski*.

Figure 4.9 • Dotations et possibilités de production. Une augmentation de l'offre de terre déplace la frontière des possibilités de production vers le haut (de PP^1 à PP^2), mais la croissance est plus marquée pour la production de nourriture. À prix relatif des vêtements inchangé (indiqué par la pente $-P_V/P_N$), la production de vêtements diminue de Q_V^1 à Q_V^2.

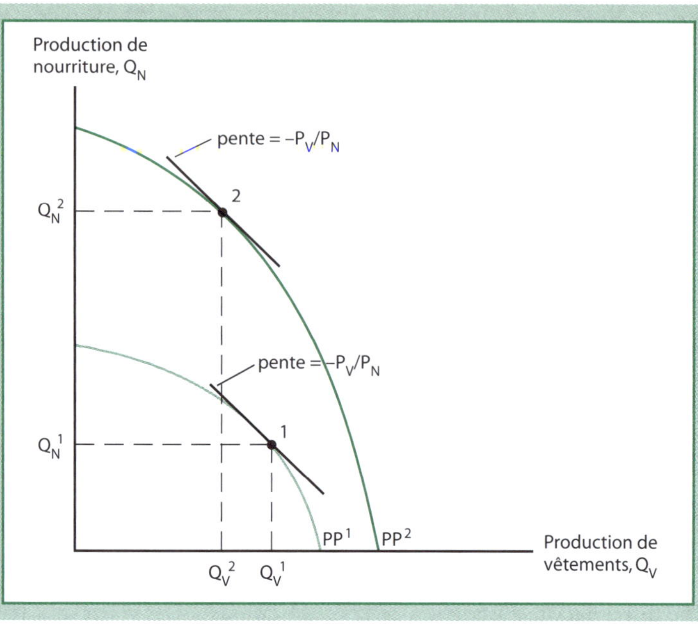

2 Le commerce international entre deux économies à deux facteurs

Afin de mieux cerner les mécanismes de ce modèle à deux facteurs et les conséquences d'une libéralisation commerciale, nous considérons que la seule différence entre l'économie domestique et l'économie étrangère réside dans leurs dotations relatives en facteurs : le pays domestique dispose d'une quantité de travail par unité de terre plus importante que l'étranger. On dit alors que le premier est relativement *abondant en travail* et le second relativement *abondant en terre*. Il faut bien noter que l'« abondance » est toujours définie en termes *relatifs* : on compare les ratios des dotations en un facteur par rapport à un autre (rapports terre/travail) dans chaque pays, de telle manière qu'aucun pays ne peut être relativement abondant dans tous les facteurs.

Pour le reste, les deux économies sont similaires en tous points. Les consommateurs y ont les mêmes goûts : lorsqu'ils sont confrontés aux mêmes prix relatifs des biens, les demandes relatives de nourriture et de vêtements sont identiques dans les deux pays. Toutes les entreprises ont aussi accès à la même technologie : une quantité donnée de terre et de travail produira partout la même quantité de vêtements ou de nourriture.

2.1 Les prix relatifs et la structure du commerce

Puisque les vêtements sont les biens intensifs en travail, la frontière des possibilités de production du pays domestique, par rapport à celle de l'étranger, est biaisée en faveur des vêtements. Par ailleurs, l'ouverture au libre-échange crée un vaste marché mondial où s'affiche un prix unique pour chaque bien. Le prix relatif des vêtements en termes de nourriture est donc le même dans les deux pays. Mais, quel que soit ce prix relatif, les différences de dotations relatives en facteurs impliquent que le pays domestique produit relativement plus de vêtements que l'étranger[1]. Cette *offre relative* de vêtements plus élevée se traduit graphiquement par une courbe d'offre placée à droite de celle du pays étranger.

La figure 4.10 illustre les offres relatives des pays domestique (*OR*) et étranger (*OR**). La courbe de demande relative, qui traduit les préférences des consommateurs, est la

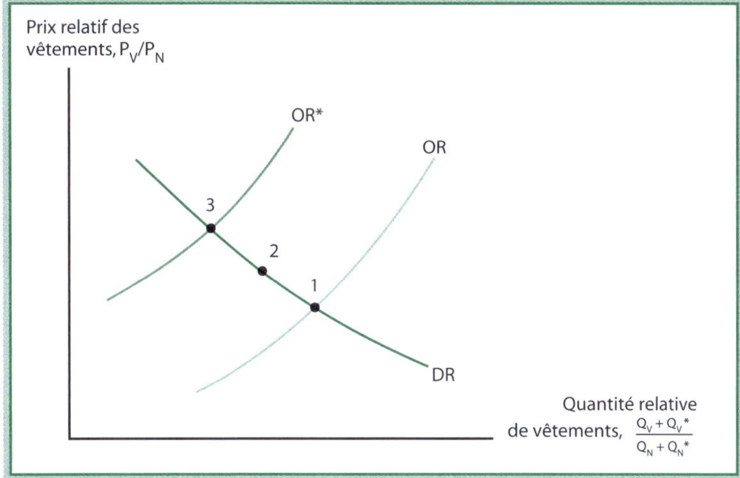

Figure 4.10 • Le commerce entraîne une convergence des prix relatifs. En autarcie, l'équilibre du pays domestique se situe au point 1, où l'offre relative domestique (*OR*) coupe la courbe de demande relative *DR*. De la même manière, l'équilibre d'autarcie du pays étranger se situe au point 3. L'ouverture au commerce conduit à un prix relatif mondial d'équilibre unique, qui se trouve entre les deux prix relatifs d'autarcie, par exemple au point 2.

même pour les deux pays. Il s'agit de la courbe *DR*. En l'absence de commerce international, l'équilibre du pays domestique se trouve au point 1, et celui de l'étranger au point 3. Dans ce cas, le prix relatif des vêtements est plus faible dans l'économie domestique qu'à l'étranger. Lorsque les deux pays s'ouvrent à l'échange, les prix relatifs convergent pour s'établir quelque part entre les deux prix d'autarcie (au point 2, par exemple). Quelle est alors la structure des échanges internationaux ?

Dans une économie en autarcie, la quantité produite d'un bien doit être égale à la quantité consommée. Si D_V est la consommation de vêtements, et D_N celle de nourriture, alors $D_V = Q_V$ et $D_N = Q_N$. L'ouverture au commerce international permet à la consommation des deux biens d'être différente des quantités produites localement. Cependant, un pays ne peut pas consommer plus qu'il ne gagne. La valeur de sa consommation doit ainsi être égale à la valeur de sa production :

$$P_V \times D_V + P_N \times D_N = P_V \times Q_V + P_N \times Q_N \qquad (4.5)$$

Cette équation peut se réécrire de la façon suivante :

$$D_N - Q_N = (P_V/P_N) \times (Q_V - D_V) \qquad (4.6)$$

Le terme $(D_N - Q_N)$ représente *les importations* de nourriture du pays. La partie droite de l'équation est le produit du prix relatif des vêtements et des *exportations* de vêtements. L'équation (4.6) est donc une **contrainte de budget** qui rappelle que la balance commerciale

1. La quantité de vêtements produite par l'économie domestique par rapport à celle de nourriture est plus élevée que le rapport des quantités de vêtements et de nourriture produites à l'étranger.

doit être à l'équilibre[1]. Cette contrainte de budget a une pente égale au prix relatif des vêtements $(-P_V/P_N)$ et doit être tangente à la frontière des possibilités de production, au point qui correspond au choix de production du pays (c'est le point 1 de la figure 4.11). Cette condition géométrique assure en effet que l'économie a toujours les moyens de consommer ce qu'elle produit.

Figure 4.11 • La contrainte budgétaire dans une économie ouverte au commerce.
Le point 1 représente la production de l'économie pour un prix relatif des vêtement donné. La consommation de l'économie doit se situer sur la droite de budget qui passe par le point 1 et dont la pente (en valeur absolue) est égale au prix relatif des vêtements.

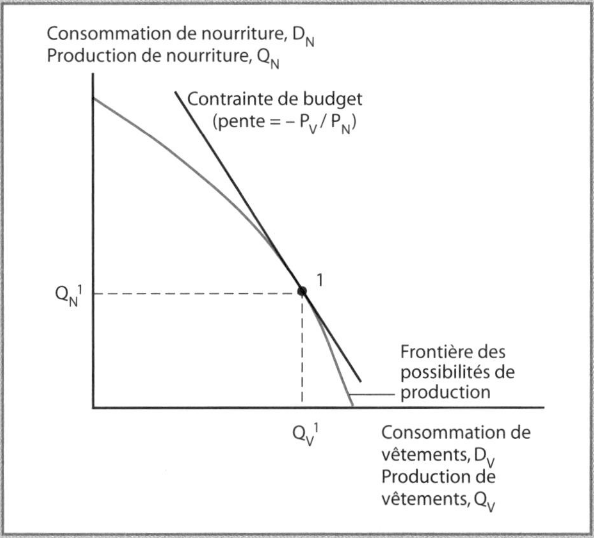

En situation de libre-échange, les quantités importées et exportées sont fournies par la confrontation des contraintes de budget des deux pays. La figure 4.12 montre les niveaux de productions, les contraintes budgétaires et les choix de consommation des deux économies, au prix d'équilibre. Dans le pays domestique, l'ouverture au commerce se traduit par une augmentation du prix relatif des vêtements. Celle-ci entraîne une élévation de la consommation de nourriture par rapport aux vêtements, et une chute de la production relative de nourriture. À l'équilibre, l'économie domestique produit Q_N unités de nourriture, mais elle n'en consomme que D_N. Elle est donc exportatrice de vêtements et importatrice de nourriture. Dans le pays étranger, l'ouverture commerciale induit une chute du prix relatif des vêtements. Celle-ci entraîne une hausse de la demande relative de vêtements, et une baisse de la production relative de vêtements. L'étranger exporte donc des produits alimentaires et importe des vêtements. À l'équilibre, les exportations de chaque pays sont égales aux importations de son partenaire. À la figure 4.12, les deux triangles colorés qui représentent les volumes échangés par chaque pays sont donc identiques.

Au final, les deux pays se spécialisent dans les productions qui utilisent intensément les facteurs dont ils sont abondamment dotés. Ils exportent ces biens et importent les autres.

1. Un pays peut avoir un déficit commercial s'il emprunte auprès des autres pays. À l'inverse, sa balance commerciale peut être excédentaire s'il prête une part de son revenu à des agents étrangers. Nous supposons pour l'instant que ces transactions financières ne sont pas possibles. La contrainte de budget [(voir équation (4.6)] est alors parfaitement respectée. Au chapitre 7, nous verrons que les emprunts et les prêts internationaux permettent, à court terme, de desserrer cette contrainte.

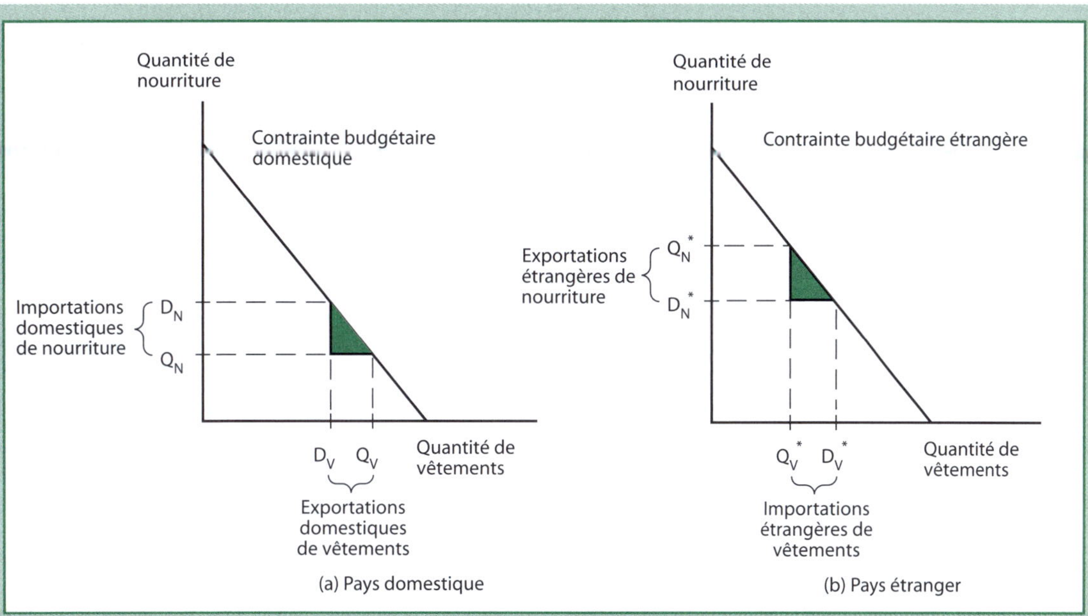

Figure 4.12 • L'équilibre de libre-échange.
Les importations domestiques de nourriture sont égales aux exportations étrangères, et les importations étrangères de vêtements sont égales aux exportations domestiques.

2.2 L'effet de l'ouverture au commerce sur la distribution des revenus

Le commerce entraîne une convergence des prix relatifs des biens, qui engendre à son tour un bouleversement des revenus relatifs du travail et de la terre. Dans le pays domestique, où le prix relatif des vêtements (bien intensif en travail) augmente lors du passage au libre-échange, les travailleurs voient leur rémunération réelle s'accroître, alors que celle des propriétaires terriens se réduit. À l'étranger, où ce prix diminue, on observe une évolution symétrique : le commerce ne profite qu'aux propriétaires terriens.

Ainsi, dans chaque pays, les détenteurs du facteur relativement abondant gagnent à l'ouverture au commerce, mais les détenteurs du facteur relativement rare y perdent.

2.3 L'égalisation des prix des facteurs

Lorsque deux pays s'ouvrent au commerce international, les prix relatifs des biens convergent. Cette convergence entraîne nécessairement celle des prix relatifs des facteurs de production. Dans un monde ouvert aux échanges, il existe donc clairement une tendance à l'**égalisation des prix des facteurs**.

Dans le modèle théorique exposé dans ce chapitre, cette tendance à l'égalisation internationale des rémunérations doit aller jusqu'à son terme : à l'équilibre de libre-échange, les salaires et les rémunérations de la terre sont identiques dans les deux pays. Pour cerner la logique de ce mécanisme, il faut bien comprendre qu'au-delà d'un simple commerce de biens, la théorie des proportions de facteurs décrit en fait un échange implicite de facteurs de production.

Le pays étranger, qui souffre d'une dotation en travail relativement faible, peut en effet profiter de la main-d'œuvre abondante du pays domestique, non pas en favorisant l'immigration, mais en important des biens intensif en travail. En quelque sorte, l'économie domestique exporte donc les *services* de son travail, *contenus* dans les biens intensifs en travail. De son côté, l'économie étrangère exporte en retour les services de son facteur abondant, contenus dans les biens intensifs en terre. Vu sous l'angle d'un échange implicite de *services de facteurs*, on comprend mieux pourquoi le libre-échange entraîne l'égalisation internationale des prix des facteurs : l'ouverture au commerce a des effets comparables à une libéralisation des flux internationaux de facteurs.

Cette conception du commerce est séduisante, mais elle pose un problème de taille : même si, dans de nombreux pays, la libéralisation commerciale est bien avancée, des différences importantes de prix des facteurs persistent (voir figure 4.13). Ces écarts de salaires reflètent en partie les différences de qualification de la main-d'œuvre, mais ils semblent bien trop élevés pour constituer la seule explication.

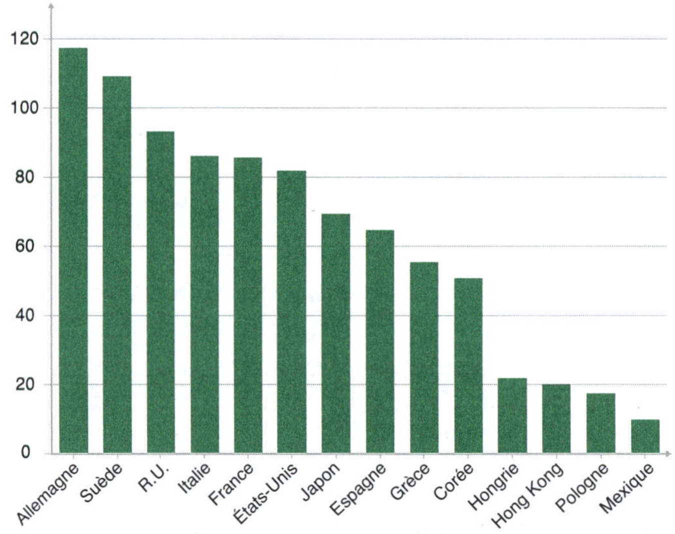

Figure 4.13 • Comparaison internationale des salaires en 2006 (zone euro = 100).

Source : Bureau of Labor Statistics.

Afin de comprendre pourquoi ce modèle donne une vision tronquée de la réalité, revenons aux hypothèses qu'il avance. Quatre d'entre elles, pourtant cruciales pour justifier l'égalisation des prix des facteurs, sont néanmoins fausses :

- *Les deux pays produisent simultanément les deux biens.* À la figure 4.5, qui décrit la relation entre le prix relatif des biens et des facteurs, nous supposons qu'aucune des deux économies n'est entièrement spécialisée. C'est le cas uniquement si les différences de dotations relatives ne sont pas trop marquées. L'égalisation du prix des facteurs n'intervient donc que pour des pays suffisamment similaires en termes de dotations factorielles (voir annexe A).

- *Les technologies sont partout les mêmes.* En effet, un pays qui dispose d'une certaine avance technologique a une productivité plus forte, et donc une rémunération plus élevée de tous ses facteurs de production.
- *Le commerce égalise les prix des biens dans tous les pays.* Dans la réalité, le libre-échange est rarement parfait : les coûts de transport et les protections commerciales entretiennent des différences entre les prix des biens au niveau international.
- *Les facteurs peuvent se déplacer librement d'un secteur à l'autre.* En supposant une mobilité intersectorielle parfaite des facteurs de production, ce modèle théorique considère que les marchés de facteurs (c'est-à-dire le marché du travail et de la terre) sont parfaitement intégrés, si bien qu'un prix unique de chacun des facteurs s'impose à tous les secteurs. En vérité, changer de secteur d'activité est toujours plus ou moins difficile. Ce n'est qu'à long terme, lorsque les ressources sont réallouées entre les secteurs, que les rémunérations sont à nouveau égalisées. À court terme, il est plus raisonnable de considérer que chaque économie fait face à des **facteurs spécifiques**, c'est-à-dire affectés à un seul secteur d'activité. Dans notre modèle, si le commerce entraîne une baisse du prix relatif des vêtements, cette situation sera à long terme bénéfique aux propriétaires terriens et défavorable aux travailleurs. Mais à court terme, les détenteurs de la terre utilisée dans la production de vêtements pourraient en pâtir, tandis que la main-d'œuvre produisant de la nourriture pourrait y gagner.

Encadré 4.1

Le commerce Nord-Sud et les inégalités de revenus

Depuis le début des années 1980, la quasi-totalité des pays industrialisés sont de plus en plus inégalitaires. Aux États-Unis, par exemple, entre 1979 et 2001, les salaires réels des travailleurs du 95e percentile (c'est-à-dire ceux qui touchent un salaire supérieur à celui de 95 % de la population active) ont augmenté de 29 %, contre seulement 0,2 % pour ceux du 10e percentile. Ces inégalités reposent en partie sur des différences de niveau d'éducation. En 1979, les Américains détenant un diplôme universitaire gagnaient 21 % de plus par heure travaillée que ceux qui n'avaient pas dépassé le niveau d'enseignement secondaire. En 2002, cette prime liée au diplôme était de 44 %. En Europe, l'évolution des inégalités est moins nette. La Grande-Bretagne a connu cette même hausse des inégalités de salaires entre qualifiés et non-qualifiés, contrairement à d'autres pays, comme l'Allemagne, l'Italie, la France ou la Belgique. Toutefois, dans ces pays, les inégalités se sont reportées sur les chances d'accès à l'emploi : le chômage a beaucoup augmenté depuis la fin des années 1970 et pénalise avant tout les travailleurs non qualifiés. Ainsi, 15 % des actifs français sans diplôme étaient au chômage en 2004, soit au moins deux fois plus que les diplômés du supérieur.

Nombre d'observateurs imputent cette progression des inégalités à l'essor du commerce international, et plus particulièrement au développement des échanges Nord-Sud. À partir des années 1970, les pays en développement ont commencé à exporter de plus en plus de biens manufacturés vers les pays développés, abandonnant ainsi leur spécialisation initiale dans les matières premières (voir chapitre 2). La structure des échanges Nord-Sud reflète les avantages comparatifs des deux groupes : le Sud exporte en majorité des biens intensifs en travail non qualifié (textile, chaussures, etc.), alors que les exportations des pays du Nord sont surtout intensives

☞

Encadré 4.1 (suite)

Le commerce Nord-Sud et les inégalités de revenus (suite)

en capital et en travail qualifié (produits chimiques, aéronautique, etc.). Pour de nombreux observateurs, il semble alors évident que l'accroissement des inégalités au Nord est le résultat du mouvement d'égalisation des prix des facteurs prédit par le modèle Heckscher-Ohlin. Trois arguments permettent cependant de relativiser cette conclusion :

- D'abord, d'après le modèle factoriel, le commerce international n'a d'impact sur la distribution des revenus qu'au travers d'un changement des prix relatifs des biens. Or, l'analyse des données de prix ne fournit pas de preuves claires que les prix relatifs des biens intensifs en travail qualifié ont fortement augmenté depuis les années 1970.
- Ensuite, si le commerce international accroît la rémunération relative du facteur abondant dans les pays développés, il doit aussi avoir des effets symétriques dans les pays en développement. Les forces qui creusent les inégalités au Nord doivent contribuer à les réduire au Sud, où le travail non qualifié est relativement abondant. Malheureusement, ce n'est généralement pas le cas.
- Enfin, bien que le commerce Nord-Sud ait augmenté rapidement, il ne représente qu'un faible pourcentage des dépenses totales des pays riches. Ainsi, en 2006, les importations de produits manufacturés en provenance des pays qui n'appartiennent pas à l'OCDE représentent 5 % du PIB français et un peu plus de 7 % du PIB de la zone euro. Les estimations du contenu en facteur de ces échanges (c'est-à-dire, les quantités de travail nécessaires à la production des biens échangés) ne représentent qu'une faible part de l'offre totale de travail, qualifié ou non. Dans ces conditions, les flux de commerce ne peuvent avoir qu'un impact relativement limité sur les marchés du travail des pays développés.

La plupart des études empiriques conviennent qu'environ 20 % du creusement des inégalités observé dans les pays développés est directement imputable au commerce Nord-Sud*. L'influence de la mondialisation n'est donc pas négligeable, mais d'autres facteurs entrent aussi en ligne de compte : les dérégulations progressives des marchés du travail, et le progrès technologique qui favorise l'emploi de travailleurs qualifiés, et qui tend à dévaluer le travail non qualifié. Notons cependant que ces bouleversements ne sont pas sans lien avec la mondialisation : en intensifiant la concurrence internationale, l'ouverture des marchés a poussé les gouvernements et les entreprises à rechercher davantage de compétitivité en économisant sur les coûts de la main-d'œuvre non qualifiée**. Mais c'est alors tout autant le commerce entre pays développés que le commerce Nord-Sud qui est responsable de ces évolutions.

* Adrian Woods, *North-South Trade, Employment, and Income Inequality*, Clarendon, Oxford, 1994 ; Robert Lawrence, *Single World, Divided Nations: Globalization and OECD Labor Markets*, OECD, 1995 ; Olivier Cortes et Sébastien Jean, « Quel est l'impact du commerce extérieur sur la productivité et l'emploi ? Une analyse comparée des cas de la France, de l'Allemagne et des États-Unis », *Document de travail du CEPII*, 1997.

** On verra, par exemple, l'article de Mathias Thoenig et Thierry Verdier, « Une théorie de l'innovation défensive biaisée vers le travail qualifié », *Économie et Statistiques*, n' 363-364-365, 2003, p. 19-32.

3 L'économie politique du commerce : un premier aperçu

Le modèle ricardien (voir chapitre 3) dresse un tableau quelque peu idyllique de la mondialisation, où l'essor du commerce international améliore le sort de chacun. Le modèle Heckscher-Ohlin est moins naïf : à court terme, les facteurs spécifiques aux secteurs qui doivent faire face à la concurrence des importations souffrent de l'ouverture au commerce ; à long terme, les facteurs relativement rares de l'économie (c'est-à-dire, ceux dont la dotation relative est relativement faible) voient leur rémunération diminuer. Il existe donc des gagnants et des perdants à l'ouverture commerciale, si bien que les analyses des conséquences du libre-échange sur le bien-être, et des choix politiques qui en découlent, doivent être approfondies.

3.1 Retour sur l'analyse des gains à l'échange

Nous savons que certaines catégories d'agents perdent au commerce. Dès lors, la première question est de savoir si les gains qui résultent de l'ouverture permettent de compenser les pertes. Une façon simple d'y répondre consiste à additionner les gains et les pertes de revenus de l'ensemble de la population, et à vérifier que le solde est positif. Le problème de cette méthode est qu'elle revient à supposer que la variation du revenu a le même impact sur le bien-être de tous les agents. Supposons maintenant que les gagnants offrent une compensation aux perdants. Si, après avoir compensé les pertes de revenus des autres, les gagnants conservent un bien-être supérieur à celui qu'ils avaient en autarcie, alors le commerce offre effectivement une source de gain *potentielle* pour chacun.

Considérons la figure 4.14. En autarcie, l'économie ne peut consommer que ce qu'elle produit. Le panier de consommation se situe donc à la fois sur la contrainte de budget et sur la frontière des possibilités de production. Il s'agit par exemple du point 2. L'ouverture au commerce permet de dissocier la structure de la consommation de celle de la production. La contrainte budgétaire à la figure 4.14 représente alors toutes les combinaisons possibles de nourriture et de vêtements que le pays peut consommer, pour un prix relatif des vêtements donné. Une partie de cette droite (celle située dans la région colorée) représente des situations où l'économie peut, lors du passage au libre-échange, accroître simultanément sa consommation des deux biens. Ce résultat ne dépend pas de l'hypothèse concernant la position du point 2 : mis à part le cas particulier où les points *1* et *2* se confondent (qui correspond à une situation où le commerce n'a aucun effet sur l'économie), il existe toujours une part de la contrainte de budget qui permet au pays de consommer plus des deux biens. Le commerce international permet donc d'*élargir les possibilités de consommation*. Enfin, si l'économie, dans son ensemble, consomme plus des deux biens, il est alors en principe possible de définir une règle de redistribution des revenus, qui conduit à donner à chaque individu plus de chacun des deux biens. Cette règle permet de s'assurer que tout le monde est gagnant[1].

Le fait que chaque individu puisse profiter de l'ouverture au commerce ne signifie pas pour autant que tout le monde y gagne. Sans une redistribution des revenus, certains y perdent. C'est l'une des raisons pour lesquelles les gouvernements choisissent de maintenir certaines protections commerciales (voir chapitre 9).

1. Pour une discussion complète des gains à l'échange dans ce modèle, voir Paul Samuelson, « The Gains from International Trade, Once Again », *Economic Journal*, 72, 1962, p. 820-829.

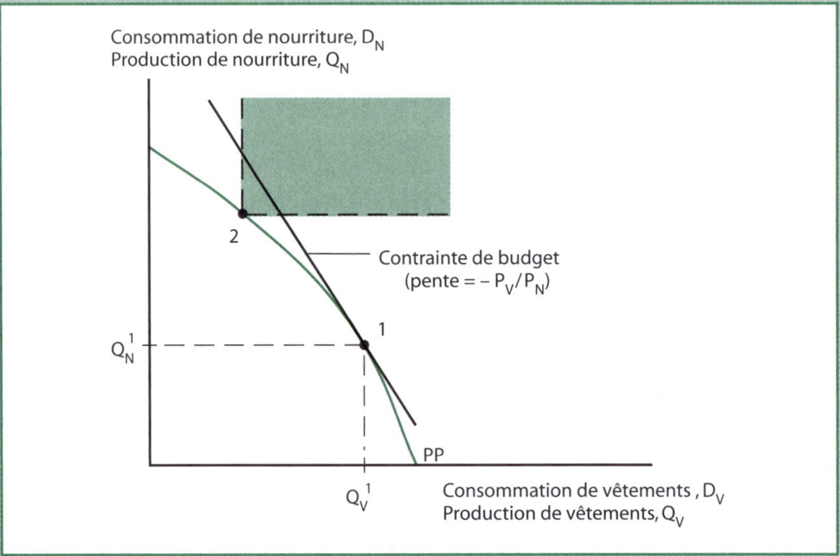

Figure 4.14 • L'ouverture au commerce permet d'élargir les possibilités de consommation. En situation d'autarcie, les points de production et de consommation sont confondus (point 2). En situation de libre-échange, l'économie produit au point 1 et peut consommer n'importe quel panier de bien situé sur la droite de budget. La portion de la contrainte de budget située dans la partie colorée correspond donc à des paniers de biens, accessibles en libre-échange, où la consommation de chacun des deux biens est plus importante qu'en situation d'autarcie.

3.2 La politique commerciale optimale

Un gouvernement a toujours le choix entre maintenir son économie en autarcie et l'ouvrir plus ou moins largement à l'échange international. Le libre-échange est assurément un choix politique qui permet d'accroître le revenu global. Mais si, comme dans notre exemple, les responsables politiques du pays domestique sont davantage préoccupés par le bien-être des propriétaires terriens que par celui des travailleurs, ils seront tentés de renoncer à l'ouverture afin d'éviter une baisse de la rémunération de la terre.

Il n'est pas nécessairement illogique ou injuste de privilégier la défense des intérêts spécifiques de certains groupes d'individus, aux dépens de l'accroissement du revenu moyen. Au chapitre 3, nous avons par exemple évoqué les pressions exercées au cours de l'été 2005 par les autorités américaines et européennes pour le rétablissement des quotas d'importation dans le secteur textile. Ces protections commerciales conduisent à maintenir des prix relativement élevés, qui portent préjudice à l'ensemble des consommateurs. Mais d'un autre côté, elles permettent d'obtenir le soutien de l'opinion publique, dans la mesure où elles protègent les travailleurs et les familles peu favorisés ainsi que les entreprises implantées dans des régions largement touchées par le chômage.

Faut-il pour autant en conclure que le libre-échange ne doit être instauré que s'il ne défavorise pas les travailleurs les plus pauvres ? Peu de spécialistes de l'économie internationale répondraient par l'affirmative : malgré l'importance réelle des questions de distribution des revenus, plusieurs arguments les amènent généralement à conclure en faveur du libre-échange :

- La question des inégalités sociales n'est pas spécifique au commerce international. Tous les bouleversements qui touchent l'économie nationale (y compris le progrès technique ou la découverte de nouvelles ressources naturelles) influent aussi sur la distribution des revenus. Si, au nom du progrès économique, certaines politiques intérieures sont adoptées en dépit de leurs conséquences négatives sur les inégalités sociales, il n'y a aucune raison que la politique commerciale fasse exception.
- Il est toujours préférable de s'ouvrir au commerce et d'offrir ensuite une compensation aux perdants, plutôt que de renoncer aux gains à l'échange. Toutes les économies industrielles modernes disposent, sous une forme ou sous une autre, d'un système de protection sociale qui permet d'amortir les pertes de certains groupes défavorisés liées aux chocs économiques. Pour beaucoup d'économistes, la réponse adéquate aux conséquences négatives de la mondialisation consiste plutôt à renforcer ces systèmes de solidarité nationale qu'à réduire le commerce.[1]
- Les pertes associées au libre-échange sont généralement très ciblées sur certains secteurs, ce qui facilite la mobilisation des lobbies protectionnistes. À l'inverse, les gains à l'échange passent notamment par des baisses de prix et sont répartis sur l'ensemble des consommateurs. Il existe donc un risque que certains groupes de pression prennent le pas sur les débats publics aux dépens de la majorité des citoyens. Le rôle des économistes consiste alors à exercer un contrepoids aux intérêts particuliers, en soulignant les gains globaux du commerce.

4 Vérifications empiriques du modèle Heckscher-Ohlin

Pendant près de soixante ans, le modèle Heckscher-Ohlin a occupé une place centrale dans la théorie du commerce international. Il a donc fait l'objet de nombreux travaux empiriques[2].

4.1 Les tests du modèle Heckscher-Ohlin

Le contenu en facteur du commerce américain : le paradoxe de Leontief. Dans un célèbre article publié en 1953, Wassily Leontief (Prix Nobel d'économie en 1973) a étudié la structure du commerce américain. Il a montré que les exportations des États-Unis étaient moins intensives en capital que ses importations[3]. Ce résultat est surprenant puisque ce pays était, à la fin de la Seconde Guerre mondiale (ce qui est encore le cas aujourd'hui) une économie prospère et visiblement bien dotée en capital. Cette étude,

1. Comme le notent Bernard Lassudrie-Duchêne et Deniz Ünal-Kesenci, on a là « un paradoxe du libre-échange : le libéralisme externe conduit à des mesures internes de compensation des préjudices subis et de redistribution des revenus ». Voir Bernard Lassudrie-Duchêne et Deniz Ünal-Kesenci, « L'avantage comparatif, notion fondamentale et controversée », *L'Économie mondiale 2002*, CEPII, Repères, La Découverte, 2002.
2. Pour une revue de la littérature sur le sujet, voir Donald Davis et David Weinstein, « An Account of Global Factor Trade », *National Bureau of Economic Research Working Paper*, n° 6785, 1998 ; Alan Deardoff, « Testing Trade Theories and Predicting Trade Flows », dans Ronald Jones et Peter Kenen (eds), *Handbooks of International Economics*, vol. 1, North-Holland, Amsterdam, 1984.
3. Wassily Leontief, « Factor Proportions and the Structure of American Trade : Further Theoretical and Empirical Analysis », *The Review of Economics and Statistics*, 38(4), p. 386-407.

connue sous le nom de **paradoxe de Leontief**, est donc une remise en cause empirique profonde de la théorie des proportions de facteurs.

Comment expliquer ce paradoxe ? S'il existait une réponse définitive à cette question, il n'y aurait plus de paradoxe. Nous devons donc nous contenter de dégager quelques hypothèses.

Une explication plausible serait que les États-Unis, au-delà de leur dotation relative en capital, disposent d'un avantage particulier dans la production de biens nouveaux ou novateurs sur le plan technologique. Ces produits sont relativement moins intensifs en capital que ceux dont la technologie est plus mature, et qui sont devenus des biens de consommation de masse. Les États-Unis exporteraient donc des biens nécessitant du travail qualifié et un esprit d'entreprise innovant, et importeraient des biens d'équipement (par exemple, des automobiles ou des navires), intensifs en capital.

De nombreux économistes ont confirmé cette hypothèse. Ils se sont lancés, à la suite de Leontief, dans l'analyse empirique du contenu en facteur du commerce américain. Le tableau 4.1 montre les résultats obtenus par Robert Baldwin, qui s'est appuyé sur des statistiques de 1962. Il compare les quantités de facteurs utilisées pour produire 1 million de dollars de biens d'exportation et 1 million de dollars de biens d'importation. Comme le montrent les deux premières lignes du tableau, le paradoxe de Leontief était toujours présent en 1962, puisque la proportion de capital par rapport au travail des exportations était inférieure à celle des importations. Toutefois, le reste du tableau permet de relativiser ce résultat. Dès lors que l'on introduit une distinction entre le travail qualifié et non qualifié, les exportations américaines sont plus intensives en main-d'œuvre qualifiée et en savoir technologique que ses importations. Ces conclusions ne sont en rien paradoxales : elles correspondent bien à l'idée que l'on se fait des avantages comparatifs des États-Unis[1].

Tableau 4.1 : Contenu en facteur des exportations et des importations américaines en 1962

	Importations	Exportations
Capital ($) par million de dollars	2 132 000 $	1 876 000 $
Travail (personne/années) par million de dollars	119	131
Ratio capital/travail (dollars par travailleur)	17 916 $	14 231 $
Nombre moyen d'années d'éducation par travailleur	9,9	10,1
Proportion d'ingénieurs et de scientifiques dans la main-d'œuvre	0,0189	0,0255

Source : Robert Baldwin, « Determinants of the Commodity Structure of US Trade », *American Economic Review*, 61, mars 1971, p. 126-145.

Les analyses plus générales du modèle Heckscher-Ohlin. L'étude empirique, réalisée par Harry Bowen, Edward Leamer et Leo Sveikauskas[2], propose un test plus général du modèle Heckscher-Ohlin. Le principe repose sur l'idée que le commerce international

1. Les études plus récentes ont souligné la disparition progressive du paradoxe de Leontief à partir du début des années 1970. Voir par exemple Robert Stern et Keith Maskus, « Determinants of the Structure of US Foreign Trade, 1958-76 », *Journal of International Economics*, 11, mai 1981, p. 207-224. Ces études montrent cependant que le capital humain reste un déterminant important des exportations américaines.

n'est finalement qu'un échange implicite de services de facteurs de production. Ainsi, si l'on calcule le contenu en facteur des exportations et des importations de chaque pays, on s'attend à ce qu'ils soient exportateurs nets des facteurs dont ils sont relativement bien dotés, et importateurs nets de ceux dont ils sont faiblement dotés.

Le tableau 4.2 montre l'un des tests-clés de Bowen *et al.* Pour un échantillon de 27 pays et de 12 facteurs de production, les auteurs calculent la part de chaque pays dans la dotation mondiale de chacun des facteurs. Ils comparent ensuite ces ratios avec la part de chaque pays dans le revenu mondial. Si les conclusions du modèle Heckscher-Ohlin sont exactes, alors un pays devrait toujours exporter les services des facteurs dont la part excède sa part des revenus mondiaux (c'est-à-dire ceux pour lesquels sa dotation relative est plus que proportionnelle à la taille de son économie), et importer ceux dont la part est inférieure. Les résultats sont assez décevants : pour la plupart des facteurs (les deux tiers), le contenu en facteur du commerce ne correspond aux dotations relatives que dans moins de 70 % des cas[1].

Tableau 4.2 : Un test du modèle Heckscher-Ohlin

Facteurs de production	Pouvoir de prédiction*
Capital	0,52
Travail	0,67
Travailleurs spécialisés	0,78
Cadres	0,22
Employés de bureau	0,59
Commerciaux	0,67
Employés de service	0,67
Employés agricoles	0,63
Employés de production	0,70
Terre arable	0,70
Pâturages	0,52
Forêts	0,70

* Proportion de pays pour lesquels les exportations nettes de facteurs vont dans la bonne direction.

Source : Bowen, Leamer et Sveikauskas, « Multicountry, Multifactor Tests of the Factor Abundance Theory », *American Economic Review*, 77, décembre 1987, p. 791-809.

L'étude menée par Bowen *et al.* confirme donc le résultat de Leontief : le modèle factoriel peine à expliquer efficacement la structure globale du commerce international. Cependant, lorsqu'on se concentre sur le commerce Nord-Sud de biens manufacturés, il apparaît clairement que les biens exportés de part et d'autre sont d'une nature différente. Le tableau 4.3 montre, à titre d'exemple, quelques données sur les échanges

2. Bowen, Leamer et Sveikauskas, « Multicountry, Multifactor Tests of the Factor Abundance Theory », *American Economic Review*, 77, décembre 1987, p. 791-809.
1. C'est peu, en effet : le hasard parfait aurait donné, en moyenne, 50 % de bonnes réponses.

entre la Chine et les pays de la triade (États-Unis, Japon et Union européenne). À l'évidence, les biens exportés par la triade sont plus sophistiqués et intensifs en travail qualifié, alors que les exportations chinoises sont encore largement constituées de produits plus simples, intensifs en main-d'œuvre peu qualifiée. Le modèle Heckscher-Ohlin semble donc s'appliquer à la question du commerce Nord-Sud, comme le confirment d'ailleurs la plupart des études empiriques plus rigoureuses[1].

Il faut cependant noter que si ce modèle explique correctement les échanges entre les pays riches et ceux en développement, il ne parvient pas à décrire avec précision le commerce mondial : le commerce Nord-Sud de produits manufacturés ne représente, en effet, qu'environ 10 % du commerce total.

Tableau 4.3 : Le commerce entre la Chine et la triade en 2003 (milliards de dollars)

Types de produits	Exportations chinoises vers la triade	Importations chinoises en provenance de la triade
Produits chimiques	8,57	20,08
Machines non électriques	9,00	31,81
Vêtements	25,36	0,32
Autres biens de consommation	46,80	14,58

Source : Organisation mondiale du commerce.

Le modèle factoriel et le commerce Nord-Sud. Les deux études évoquées ci-dessus semblent montrer que le modèle Heckscher-Ohlin, dans sa forme la plus simple, ne parvient pas à décrire correctement la structure de tous les échanges mondiaux. Mais ce modèle explique le commerce par l'existence de différences entre les pays ; et si l'on se focalise sur les échanges entre pays qui ont des dotations relatives nettement différentes, le pouvoir explicatif du modèle Heckscher-Ohlin est bien meilleur.

C'est ce que montre la figure 4.15, extraite des travaux de John Romalis. Cette figure compare la structure des importations américaines en provenance du Bangladesh, où le niveau d'éducation des travailleurs est particulièrement faible, avec celle de l'Allemagne, qui dispose au contraire d'une main-d'œuvre très qualifiée. Tous les produits exportés sont classés, de gauche à droite, selon leur intensité relative en travail qualifié, et le poids de ces biens dans le commerce des deux pays est reporté sur les axes verticaux. Conformément aux prédictions théoriques, il apparaît que le Bangladesh contribue très largement aux importations américaines de biens faiblement intensifs en travail qualifié (comme le textile), mais beaucoup moins en ce qui concerne les biens plus complexes, qui requièrent davantage de travailleurs éduqués. Logiquement, la structure des exportations allemandes suit une hiérarchie presque parfaitement symétrique.

Les spécialisations des pays qui ont connu un bouleversement rapide de leurs dotations relatives correspondent aussi aux prédictions du modèle Heckscher-Ohlin. La figure 4.16 montre l'évolution des importations américaines en provenance des pays d'Europe occidentale, du Japon et des quatre nouveaux pays industrialisés d'Asie

---

1. Adrian Woods, « Give Heckscher and Ohlin a Chance ! », *Weltwirtschaftliches Archiv*, 130, janvier 1994, p. 20-49.

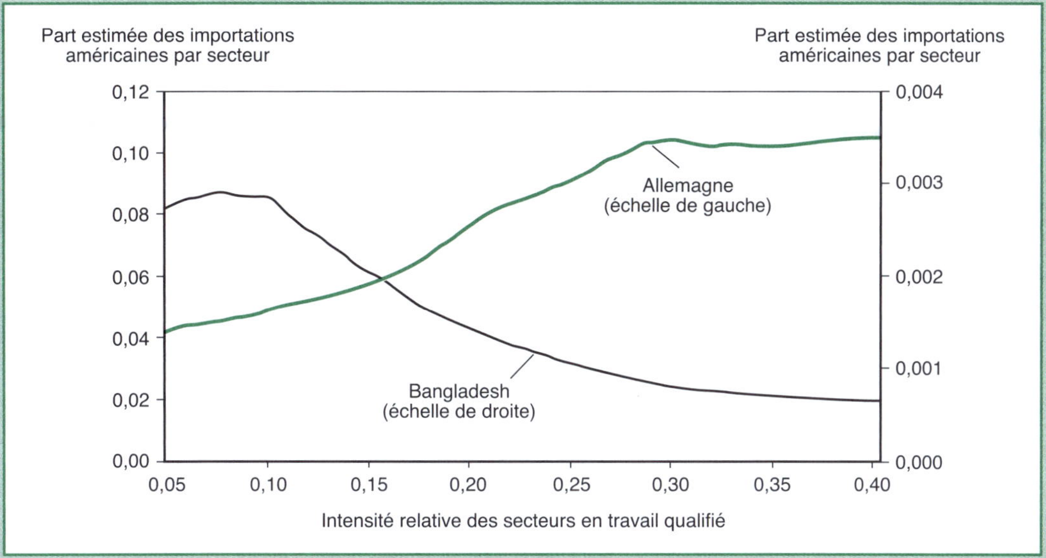

Figure 4.15 • Intensité relative en travail qualifié et la structure des importations américaines en provenance d'Allemagne et du Bangladesh.

Source : John Romalis, « Factor Proportions and the Structure of Commodity Trade », *American Economic Review*, nº 94(1), p. 67-97, 2004.

(Corée du Sud, Taïwan, Hong Kong et Singapour). En 1960, les quatre petits « dragons » asiatiques accusaient encore un retard de développement très net, ce qui se retrouvait dans la structure de leur commerce extérieur : ces pays étaient fortement spécialisés dans les secteurs intensifs en main-d'œuvre non qualifiée, au contraire des pays européens et, dans une moindre mesure, du Japon. Dans les années qui ont suivi, les pays asiatiques ont réussi à accroître rapidement le niveau de qualification de leur main-d'œuvre, et leurs spécialisations sont le reflet de cette progression. Le Japon a totalement comblé son retard de développement et, en 1998, la structure de ses exportations est parfaitement comparable à celle des puissances européennes. De la même façon, la hausse du niveau d'éducation dans les nouveaux pays industrialisés d'Asie a fait que la spécialisation de ces pays ressemble, à la fin du XXe siècle, à celle qu'avait le Japon trente ans auparavant.

Le mystère du commerce manquant. Dans un article particulièrement remarquable, Daniel Trefler[1] a mis en lumière un problème ignoré jusqu'alors des analyses empiriques du modèle Heckscher-Ohlin. Il part du fait que si l'on considère le commerce de biens comme un moyen indirect d'échanger des services de facteurs, cela implique des prédictions non seulement en termes de direction, mais aussi de volume des échanges. Or, son étude empirique montre que le commerce de services de facteurs est en réalité beaucoup plus faible que ce que prédit le modèle Heckscher-Ohlin. Autrement dit, il manque dans les statistiques une partie du commerce mondial prédit par la théorie.

1. Daniel Trefler, « The Case of the Missing Trade and Other Mysteries », *American Economic Review*, 85, décembre 1995, p. 1029-1046.

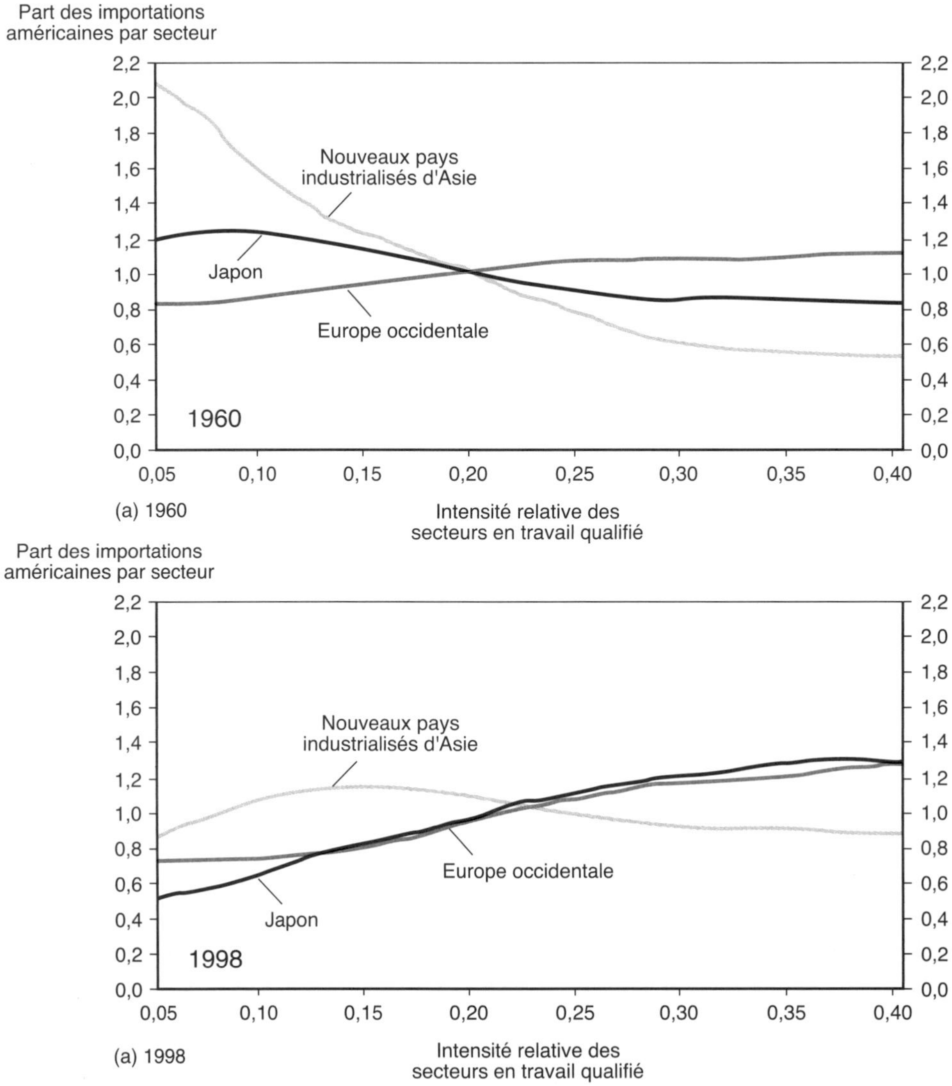

Figure 4.16 • Développement économique et évolution des avantages comparatifs.

Une des raisons principales de ce commerce manquant provient du fait que la théorie prédit des flux particulièrement importants de services travail entre les pays riches et les pays pauvres. En effet, l'Union européenne, par exemple, représente près de 30 % du PIB mondial, mais à peine plus de 7 % de la population de la planète. Selon le modèle Heckscher-Ohlin, les importations européennes de services travail, contenus dans les biens importés, devraient compenser exactement le déficit de l'Union en ce facteur.

Cela correspond à des volumes d'importation gigantesques, dont la production nécessiterait d'employer quatre fois plus de travailleurs que n'en compte la population active européenne.

Daniel Trefler ne rejette pas pour autant le modèle Heckscher-Ohlin. Il montre que le mystère du commerce manquant peut simplement s'expliquer par l'hypothèse d'identité internationale des technologies. L'idée sous-jacente est la suivante : si les travailleurs des pays développés sont beaucoup plus efficaces que ceux du Sud, alors l'offre *effective* de travail est en fait beaucoup plus importante dans les pays du Nord qu'elle n'y paraît. Si la technologie dont disposent les économies du Nord permet à leurs travailleurs d'avoir une productivité 2, 10 ou même 30 fois supérieure à celle des travailleurs du Sud, alors la dotation en travail sur laquelle peut effectivement s'appuyer la production au Nord doit être multipliée par 2, 10 ou 30. En supposant que les différences de technologies entre les pays prennent une forme multiplicative simple[1], Trefler calcule l'efficacité relative de la production dans différents pays à partir des flux de commerce observés. Le tableau 4.4, qui montre les résultats qu'il obtient pour un échantillon de pays, suggère que ces différences sont effectivement très prononcées.

Tableau 4.4 : Efficacité technologique estimée en 1983 (États-Unis = 1)

Pays	Niveau d'efficacité technologique par rapport aux États-Unis (δ)
Bangladesh	0,03
Thaïlande	0,17
Hong Kong	0,40
Belgique	0,65
Japon	0,70
France	0,74
Ex-RFA	0,78

Source : Trefler, *American Economic Review*, décembre 1995, p. 1037.

4.2 Les implications de ces analyses empiriques

Les résultats des analyses empiriques du modèle Heckscher-Ohlin sont pour le moins mitigés, ce qui place les économistes internationaux dans une position difficile. Les prédictions centrales du modèle ricardien sont globalement validées par les études empiriques (voir chapitre 3). Cependant, par de nombreux aspects, ce modèle est trop simple et limité pour constituer une base théorique solide sur laquelle s'appuyer afin d'expliquer l'ensemble des questions relatives au commerce international. À l'inverse, le modèle Heckscher-Ohlin a longtemps occupé une place centrale dans la théorie du commerce, parce qu'il permet d'aborder en même temps les questions des spécialisations, de l'échange et de la distribution des revenus. Mais les conclusions élémentaires de ce modèle théorique, plus complexe et nuancé, sont partiellement rejetées par les analyses empiriques.

1. C'est-à-dire qu'une quantité donnée de facteurs de production ne permet de produire, dans un pays du Sud, que δ fois ce que pourraient produire ces mêmes facteurs aux États-Unis ($0< \delta <1$).

Cependant, si le modèle Heckscher-Ohlin a eu moins de succès pour expliquer la structure réelle des échanges internationaux, il reste indispensable à la compréhension des conséquences du libre-échange, et notamment l'impact du commerce Nord-Sud sur la distribution des revenus. Enfin, les succès et les échecs de ces modèles théoriques suggèrent que la réalité ne peut pas être cernée par un outil théorique unique. La complexité des mécanismes qui guident le développement du commerce mondial répond sans doute à une multitude de déterminants. Les économistes doivent par conséquent s'appuyer simultanément sur les différents modèles théoriques. C'est d'ailleurs le sens du résultat empirique avancé par Daniel Trefler : le modèle Heckscher-Ohlin ne parvient à expliquer correctement la structure du commerce, qu'à condition d'emprunter au modèle ricardien l'hypothèse des différences internationales de productivité.

Résumé

Ce chapitre développe un modèle qui permet de comprendre le rôle des dotations factorielles dans le commerce international. Il présente deux biens, qui diffèrent de par leur *intensité factorielle* : pour un niveau donné de rémunération relative des facteurs, un secteur utilisera toujours relativement plus l'un des deux facteurs.

Tant qu'un pays produit ces deux biens, il existe une relation unique entre les prix relatifs des *biens* et ceux des *facteurs de production*. Une augmentation du prix relatif du bien intensif en travail se traduit par une hausse relative de la rémunération du travail. Cette réaction est suffisamment forte pour que le salaire réel augmente, alors que la rémunération réelle des propriétaires terriens diminue.

Une augmentation de l'offre d'un seul facteur de production accroît les possibilités de production, mais de façon *biaisée*. À prix relatifs des biens inchangés, la production du bien intensif dans ce facteur augmente, tandis que celle de l'autre bien diminue.

Un pays qui possède l'un de ces deux facteurs en quantité relativement importante est *abondant* dans ce facteur. Chaque pays tend à produire relativement plus de biens qui utilisent intensément leur facteur abondant. Ce résultat constitue la base du modèle Heckscher-Ohlin.

Comme les changements dans les prix relatifs des biens ont des effets importants sur les rémunérations relatives des facteurs de production, et que les échanges modifient les prix relatifs, le commerce international influe fortement sur la distribution des revenus. Dans chaque pays, les détenteurs du facteur abondant gagnent à l'ouverture au commerce, alors que les détenteurs du facteur rare y perdent. Au final, le libre-échange tend à égaliser les rémunérations de chaque facteur entre les différents pays.

Bien qu'il existe des gagnants et des perdants au commerce, ce dernier génère un gain positif dans le sens où les premiers peuvent offrir des compensations aux seconds, tout en conservant un bien-être plus élevé qu'en autarcie.

Les résultats empiriques du modèle Heckscher-Ohlin sont mitigés. Au final, ils ne permettent pas de conclure que les différences de dotations peuvent expliquer à elles seules la structure du commerce mondial. Il faut également tenir compte des différences technologiques sur le plan international pour que cette théorie des proportions de facteurs ait un pouvoir explicatif substantiel.

Activités

1. En France, la terre est relativement bon marché. Le ratio terre/travail utilisé dans la production de lait y est supérieur à celui utilisé dans la culture du blé. Mais dans certains pays, comme les Pays-Bas, où la terre est relativement chère, on produit du lait en utilisant un ratio terre/travail plus faible que celui que adopté par les producteurs français de blé. Peut-on dire que la production laitière est relativement intensive en terre par rapport à la culture du blé ? Pourquoi ?

2. On suppose qu'aux prix des facteurs actuels, la production de vêtements requiert 20 heures de travail par hectare de terre, contre seulement 5 heures pour celle de nourriture.

   a. On suppose que les ressources totales de l'économie s'élèvent à 600 heures de travail et 60 hectares de terre. Déterminez l'allocation des ressources à l'aide d'un diagramme.

   b. Supposons maintenant que l'offre de travail augmente et passe progressivement à 800, puis à 1 000 et enfin à 1 200 heures. En utilisant un diagramme comme celui de la figure 4.9, tracez les effets de ces changements successifs d'allocation des ressources.

   c.Que se passerait-il si l'offre de travail augmentait encore ?

3. En France, comme dans beaucoup de pays européens, le taux de syndicalisation des cadres, et plus généralement des travailleurs hautement qualifiés, reste faible. Les syndicats représentent donc avant tout les travailleurs faiblement qualifiés. Ils défendent souvent des positions en faveur de la limitation des importations en provenance des pays à bas salaires. Cette inclinaison est-elle rationnelle, aux vues des intérêts des travailleurs syndiqués ?

4. Certains pays émergents, comme l'Inde, ont connu récemment un essor de leur industrie informatique. Cette évolution a conduit à une dégradation de la situation des informaticiens dans les pays développés.

   a. Comment cela est-il possible alors que dans les pays développés, le taux de chômage est nettement plus faible pour les travailleurs qualifiés que pour ceux non qualifiés ?

   b. Si les informaticiens des pays développés sont durement touchés par le chômage, faut-il limiter les importations de logiciels produits dans les pays émergents ?

5. Pourquoi le paradoxe de Leontief et les résultats plus récents de Bowen, Leamer et Sveikauskas contredisent la théorie des proportions de facteurs ? Faut-il rejeter pour autant ce cadre théorique ?

Annexes du chapitre 4

Annexe A : Prix des facteurs, prix des biens et choix des facteurs de production

La figure 4.4 montre que le ratio de terre/travail utilisé dans chaque secteur dépend du ratio des rémunérations, w/r. La figure 4.5 présente, quant à elle, une relation unique entre le prix relatif des biens, P_V/P_N, et le ratio des rémunérations des facteurs, w/r. Cette annexe démontre brièvement les deux propositions.

Le choix des techniques de production

La figure 4A.1 illustre de nouveau l'arbitrage entre les quantités de travail et de terre nécessaires à la production d'une unité de nourriture. L'isoquante unitaire, qui représente l'ensemble des paniers de facteurs qu'il est possible d'utiliser pour produire une unité de nourriture, est représentée par la courbe *II*. Afin de produire cette unité de nourriture, il faut utiliser a_{LN} unités de travail et a_{TN} unités de terre. Le coût total de cette production, K, s'écrit donc :

$$K = w\, a_{LN} + r\, a_{TN}, \qquad \text{soit : } a_{TN} = (K/r) - (w/r)\, a_{LN}$$

Cette équation définit une droite d'isocoût (l'ensemble des paniers de facteurs correspondant au même coût total). Il s'agit bien d'une droite de pente $-w/r$.

Figure 4A.1 • Le choix du ratio terre/travail optimal. Pour minimiser le coût de la production d'une unité de bien, un producteur doit se situer sur la droite d'isocoût la plus basse possible. Cela revient à choisir le point sur l'isoquante unitaire (la courbe II) où la pente est égale, en valeur absolue, au ratio des rémunérations de facteurs, *w/r*.

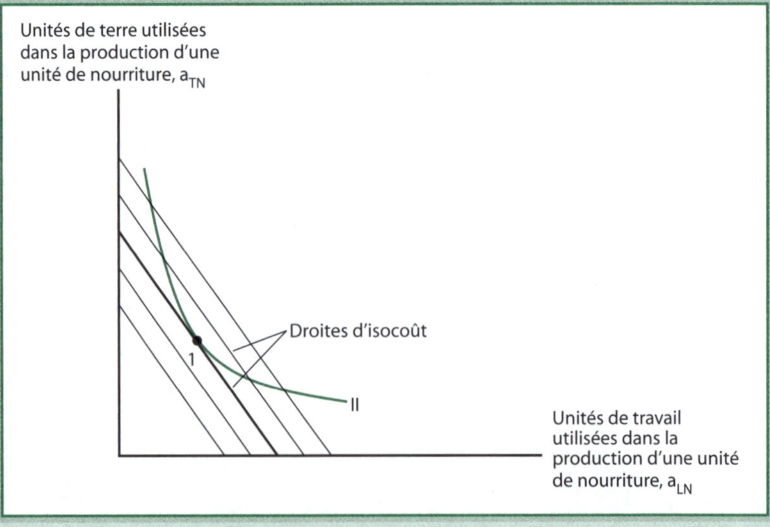

La figure 4A.1 présente une famille de droites d'isocoût. Les plus éloignées de l'origine sont celles qui correspondent aux coûts totaux les plus élevés. La minimisation des coûts de production (étant donné la technologie représentée par la courbe *II*) conduit les producteurs à choisir de produire au point 1, où *II* est tangente à la droite d'isocoût et où la pente de *II* est égale à w/r.

Comment les producteurs réagissent-ils aux variations des prix relatifs des facteurs ? À la figure 4A.2, on voit qu'un prix relatif du travail plus faible, $(w/r)^1$, amène logiquement à choisir un ratio terre/travail plus faible.

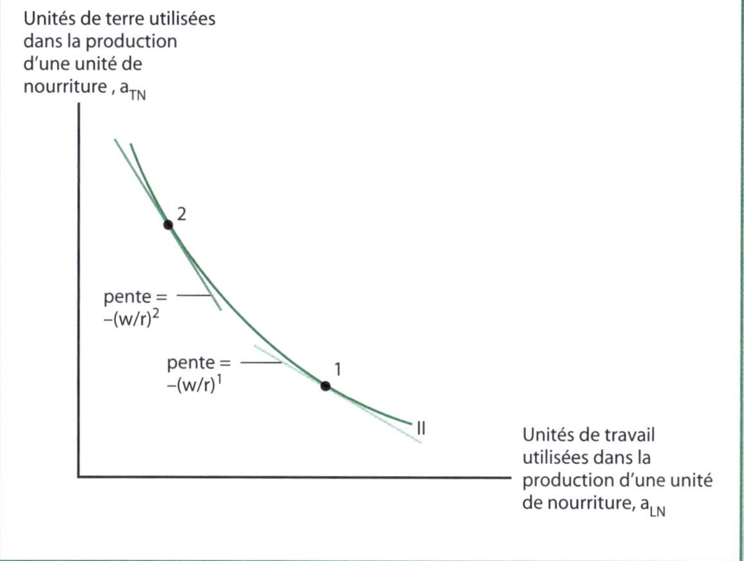

Figure 4A.2 • Changement des rémunérations relatives des facteurs.
Une augmentation de *w/r* déplace la combinaison de facteurs de production optimale du point 1 au point 2. Cela amène à choisir un ratio terre/travail plus élevé.

Prix des biens et prix des facteurs

Observons maintenant la relation entre les prix des biens et des facteurs[1].

La figure 4A.3 montre l'utilisation des facteurs travail et terre dans la production de vêtements et de nourriture. Contrairement aux figures précédentes, qui représentaient les facteurs nécessaires à la production d'une unité de bien, celle-ci illustre les facteurs qui permettent de produire un euro de bien. Ainsi, l'isoquante unitaire *VV* montre toutes les combinaisons de facteurs nécessaires à la production de $1/P_V$ unités de vêtements, tandis que *NN* montre celles qui permettent de produire $1/P_N$ unités de nourriture. La production de nourriture est intensive en terre : pour n'importe quel ratio w/r, le

1. Nous suivons ici l'analyse développée par Abba Lerner dans les années 1930.

nombre d'unités de terre par unité de travail est plus élevé dans ce secteur que dans celui des vêtements.

Figure 4A.3 • La détermination du ratio des rémunérations de facteurs, w/r.
Les deux isoquantes *VV* et *NN* montrent respectivement les facteurs de production nécessaires à la production d'un euro de vêtements et de nourriture. À l'équilibre, la valeur de la production est tout juste égale à son coût. Cela signifie que le ratio des rémunérations de facteurs, *w/r*, doit être égal à la valeur absolue de la pente d'une droite tangente aux deux isoquantes.

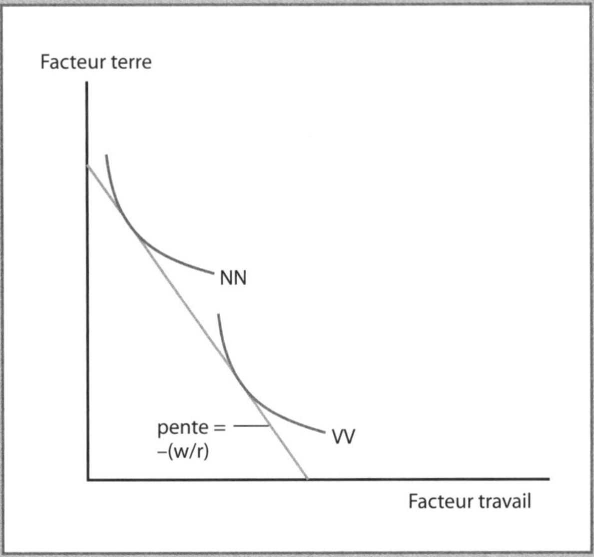

Figure 4A.4 • L'effet de l'augmentation du prix des vêtements.
Si le prix des vêtements augmente, un euro de vêtement correspond à une quantité plus faible de produit. L'isoquante unitaire passe donc de VV^1 à VV^2. Cela implique que le ratio des rémunérations des facteurs augmente de $(w/r)^1$ à $(w/r)^2$.

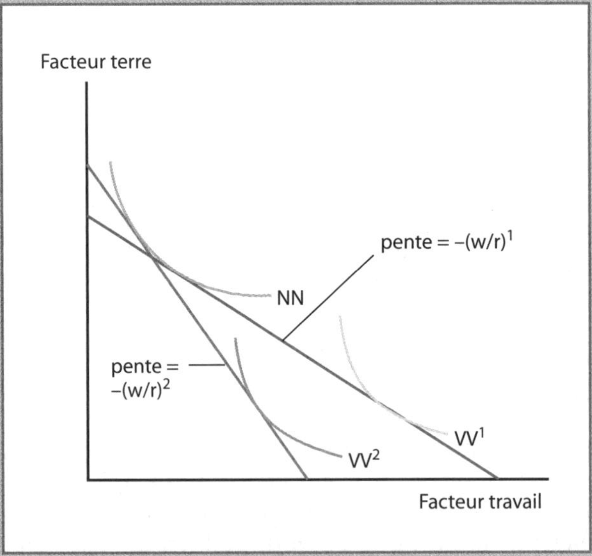

À l'équilibre, si l'économie produit les deux biens, le coût de production de chaque bien doit être égal à un euro. Pour chaque secteur, la pente de la droite d'isocoût unitaire, qui est tangente aux deux isoquantes, doit être égale à l'opposé du ratio des rémunérations des facteurs : $-w/r$.

Enfin, si le prix des vêtements augmente, il faut produire moins d'unités de vêtements pour obtenir une valeur de la production équivalente à un euro. Dès lors, l'isoquante unitaire pour les vêtements se déplace vers le bas : à la figure 4A.4, elle glisse de VV^1 à VV^2. Puisque la pente de la droite d'isocoût augmente, le nouveau ratio des rémunérations est par conséquent plus élevé que précédemment. Un prix relatif des vêtements plus élevé implique donc aussi un ratio de rémunération du travail par rapport à la terre plus élevé.

Annexe B : Le modèle Heckscher-Ohlin

Dans cette annexe, nous présentons un traitement mathématique formel de la théorie des proportions de facteurs.

Prix des facteurs et coûts

Considérons la production d'un bien donné. Cette activité nécessite d'employer du capital et du travail. Sachant que le bien est produit avec des rendements d'échelle constants, la technologie de production peut être illustrée par *l'isoquante unitaire* (voir *II* à la figure 4B.1). Cette courbe représente toutes les combinaisons de capital et de travail qui permettent de produire une unité de bien. Elle montre qu'il existe un arbitrage entre les quantités de capital (a_K) et de travail (a_L) utilisées pour produire chaque unité. Cette isoquante est convexe, ce qui signifie que plus le ratio capital/travail augmente, plus il est difficile de substituer du capital au travail.

Dans une économie de marché concurrentielle, les producteurs choisissent la combinaison de capital et de travail qui minimise leurs coûts. Ce choix est illustré par le point *E* à la figure 4B.1. À ce point, l'isoquante unitaire *II* est tangente à une droite dont la pente est égale, en valeur absolue, au ratio des rémunérations de facteurs, w/r.

Le coût de production est alors égal à :

$$C = a_K r + a_L w \qquad (4B.1)$$

où les coefficients des facteurs de production, a_K et a_L, ont été choisis pour minimiser C.

En partant du point qui minimise les coûts de production, un faible changement du ratio capital/travail ne doit pas avoir d'effet sur les coûts. En notant da_K et da_L des petites variations autour du choix optimal des quantités de facteurs, on obtient :

$$rda_k + wda_L = 0 \qquad (4B.2)$$

Voyons maintenant ce qui se passe lorsque les prix des facteurs r et w évoluent. Cela doit avoir deux effets : sur le choix de a_K et a_L, ainsi que sur le coût de production.

En effet, le ratio capital/travail qui minimise le coût de production dépend du ratio du prix du travail par rapport à celui du capital :

$$a_K/a_L = \phi(w/r) \qquad (4B.3)$$

De plus, pour de petites variations des prix des facteurs, le changement du coût de production est :

$$dC = a_K dr + a_L dw + r da_k + w da_L \qquad (4B.4)$$

Cependant, l'équation (4B.2) indique que la somme des deux derniers termes de l'équation (4B.4) est nulle. L'effet des prix des facteurs sur le coût peut donc se réécrire de la façon suivante :

$$dC = a_K dr + a_L dw \qquad (4B.4')$$

Si l'on divise et multiplie certains éléments de l'équation (4B.4′), on obtient l'équation suivante :

$$dC/C = (a_K r/C)(dr/r) + (a_L w/C)(dw/w) \qquad (4B.5)$$

Le terme dC/C peut être interprété comme le changement en pourcentage de C. Pour plus de commodité, on pose $dC/C = \hat{C}$, $dr/r = \hat{r}$ et $dw/w = \hat{w}$. Le terme $a_K r/C$ correspond à *la part du capital dans les coûts de production totaux*. On pose $a_K r/C = \theta_K$. L'équation (4B.5) s'écrit alors :

$$\hat{C} = \theta_K \hat{r} + \theta_L \hat{w} \qquad (4B.5')$$

où

$$\theta_K + \theta_L = 1.$$

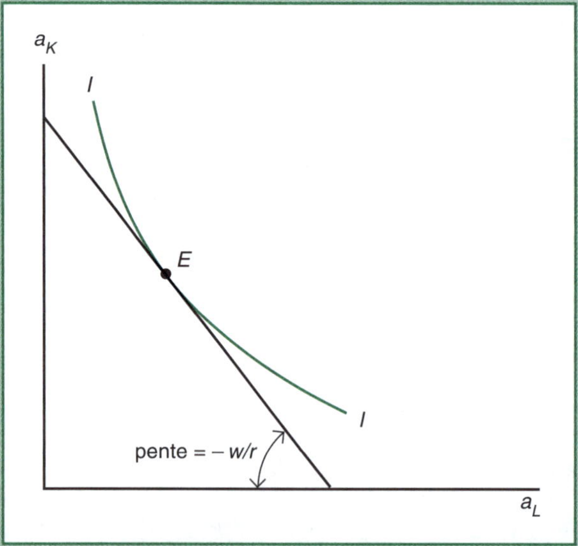

Figure 4B.1 • La production efficiente.
Le ratio capital/travail qui minimise les coûts dépend des prix des facteurs.

Les équations de base du modèle à proportion de facteurs

Supposons maintenant qu'un pays produise deux biens, X et Y, en utilisant deux facteurs de production, la terre et le travail. Supposons que X soit intensif en terre. Le prix de chaque bien doit être égal à ses coûts de production :

$$P_x = a_{TX}r + a_{LX}w \tag{4B.6}$$

$$P_y = a_{TY}r + a_{LY}w \tag{4B.7}$$

où a_{TX}, a_{LX}, a_{TY} et a_{LY} sont les quantités de facteurs de production utilisées qui minimisent les coûts pour des prix du travail et de la terre donnés. D'autre part, le plein emploi de tous les facteurs doit être assuré :

$$a_{TX}Q_X + a_{TY}Q_y = T \tag{4B.8}$$

$$a_{LX}Q_X + a_{LY}Q_Y = L \tag{4B.9}$$

où T et L sont les offres totales de terre et de travail.

Les équations (4B.6) et (4B.7) impliquent :

$$\hat{P}_X = \theta_{TX}\hat{r} + \theta_{LX}\hat{w} \tag{4B.10}$$

$$\hat{P}_X = \theta_{TY}\hat{r} + \theta_{LY}\hat{w} \tag{4B.11}$$

où θ_{TX} est la part de la terre dans le coût total de production du bien X, etc. Puisque X est plus intensif en terre que Y, on obtient $\theta_{TX} > \theta_{TY}$ et $\theta_{LX} < \theta_{LY}$.

Les équations (4B.8) et (4B.9) doivent être considérées avec précaution. Les facteurs de production unitaires peuvent changer si les prix des facteurs changent. Cependant, si les prix des biens sont constants, ceux des facteurs ne varieront pas. Ainsi, pour des prix des biens X et Y donnés, il est aussi possible d'écrire :

$$\alpha_{TX}\hat{Q}_X + \alpha_{TY}\hat{Q}_r = \hat{T} \tag{4B.12}$$

$$\alpha_{LX}\hat{Q}_X + \alpha_{LY}\hat{Q}_y = \hat{L} \tag{4B.13}$$

où α_{TX} est la part de l'offre totale de terre de l'économie qui est utilisée dans la production de X, etc. On a : $\alpha_{TX} > \alpha_{LX}$ et $\alpha_{TY} < \alpha_{LY}$.

Prix des biens et prix des facteurs

Les équations de prix des facteurs (4B.10) et (4B.11) peuvent être résolues conjointement afin d'exprimer les prix des facteurs en fonction des prix des biens. Elles utilisent le fait que $\theta_{LX} = 1 - \theta_{TX}$ et $\theta_{Ly} = 1 - \theta_{Ty}$) :

$$\hat{r} = (1/D)\,[(1 - \theta_{TY})\hat{P}_X - \theta_{LX}\hat{P}_Y] \tag{4B.14}$$

$$\hat{w} = (1/D)[\theta_{TX}\hat{P}_{TY} - \theta_{TY}\hat{P}_X] \tag{4B.15}$$

où $D = \theta_{TX} - \theta_{TY}$ (ce qui implique que $D > 0$). Ces équations peuvent se réécrire de la façon suivante :

$$\hat{r} = \hat{P}_X + (\theta_{LX}/D)(\hat{P}_X - \hat{P}_Y) \tag{4B.14}$$

$$\hat{w} = \hat{P}_Y + (\theta_{TY}/D)(\hat{P}_X - \hat{P}_Y) \tag{4B.15}$$

Supposons que le prix relatif de X augmente de sorte que $\hat{P}_X > \hat{P}_Y$. Il en découle donc :

$$\hat{r} > \hat{P}_X > \hat{P}_Y > \hat{w} \quad (4B.16)$$

Cela revient à dire que le prix réel de la terre augmente pour les deux biens, tandis que celui du travail baisse. Par exemple, si le prix de X augmente alors que celui de Y reste constant, le salaire diminue.

Offres de facteurs et productions

Tant que les prix des biens sont considérés comme donnés, on peut résoudre les équations (4B.12) et (4B.13) en utilisant le fait que $\alpha_{TY} = 1 - \alpha_{TX}$ et $\alpha_{LY} = 1 - \alpha_{LX}$, afin d'exprimer le changement dans la production de chaque bien comme la résultante des changements d'offre des facteurs :

$$\hat{Q}_X = (1/\Delta)[\alpha_{LY}\hat{T} - \alpha_{TY}\hat{L}] \quad (4B.17)$$

$$\hat{Q}_Y = (1/\Delta)[-\alpha_{LX}\hat{T} + \alpha_{TX}\hat{L}] \quad (4B.18)$$

$$\text{où } \Delta = \alpha_{TX} - \alpha_{LX}, \quad \Delta > 0$$

Ces équations peuvent se réécrire de la façon suivante :

$$\hat{Q}_X = \hat{T} + (\alpha_{TY}/\Delta)(\hat{T} - \hat{L}) \quad (4B.17')$$

$$\hat{Q}_Y = \hat{L} - (\alpha_{LX}/\Delta)(\hat{T} - \hat{L}) \quad (4B\text{-}18')$$

Supposons que P_X et P_Y restent constants, alors que l'offre de terre augmente par rapport à celle de travail, soit $\hat{T} > \hat{L}$. Il apparaît dans ce cas que :

$$\hat{Q}_X > \hat{T} > \hat{L} > \hat{Q}_Y \quad (4B.19)$$

En particulier, si T augmente alors que L reste constant, la production de X s'accroît plus que proportionnellement, et celle de Y diminue.

Chapitre 5

Le modèle standard et les termes de l'échange

Objectifs pédagogiques :

- **Déterminer la structure du commerce international, en fonction des caractéristiques de l'offre et de la demande des différents pays (c'est-à-dire des frontières des possibilités de production, des droites d'isovaleur et des courbes d'indifférence).**
- **Définir l'impact des variations des termes de l'échange, de la croissance économique et des transferts entre les nations sur le bien-être des économies ouvertes.**
- **Étudier les effets des droits de douane et des subventions sur la structure du commerce international, le bien-être des économies et la distribution des revenus à l'intérieur des pays.**

Pour faire ressortir clairement des déterminants fondamentaux du commerce international, les modèles ricardien (voir chapitre 3) et HOS (voir chapitre 4) faisaient appel à des hypothèses différentes et très simplificatrices. La réalité est bien évidemment plus complexe et, pour analyser des problèmes concrets, il est généralement nécessaire de s'appuyer sur des cadres théoriques plus généraux, qui mélangent plusieurs modèles. Ainsi, au cours des années 1990, le développement massif des exportations des nouveaux pays industrialisés (NPI) a fortement marqué le commerce mondial. Comment rendre compte de ce phénomène ? Dans la mesure où ce développement est dû à une forte augmentation de la productivité du travail dans ces pays, on pense au modèle ricardien. Mais en même temps, le développement des exportations des NPI a bouleversé les revenus de divers groupes sociaux dans les pays développés et, de ce point de vue, c'est le modèle HOS qui apparaît le plus pertinent.

Il nous faut donc produire un outil de réflexion théorique plus général qui s'appuie sur les bases communes à nos deux modèles :

1. La capacité de production d'une économie est représentée par sa frontière des possibilités de production, les différences de pente entre les frontières respectives constituant la motivation des échanges internationaux.
2. Les possibilités de production déterminent la courbe d'offre relative d'un pays. L'agrégation des offres relatives de l'ensemble des pays définit l'offre relative mondiale.
3. L'équilibre mondial est déterminé par la confrontation de la demande et de l'offre relatives mondiales.

Le présent chapitre expose ce modèle standard de commerce mondial et l'applique à différentes questions d'économie internationale qui ne dépendent pas spécifiquement des conditions de l'offre dans chacun des pays : l'effet de la croissance dans une économie ouverte, l'impact des transferts de revenus et les conséquences de l'imposition d'un droit de douane ou d'une subvention d'exportation.

Nous verrons que les conséquences de ces bouleversements sur le bien-être des pays dépendent essentiellement de leurs effets sur les prix relatifs des biens exportés. Dans le modèle standard de commerce international, les **termes de l'échange**, définis comme le prix des exportations d'un pays divisé par le prix de ses importations, conditionnent en effet l'ampleur des gains à l'échange. Tout événement ou politique économique qui tend à accroître les termes de l'échange d'un pays lui sera bénéfique. Inversement, une dégradation des termes de l'échange s'accompagnera d'une perte de bien-être.

1 Le modèle standard d'économie ouverte

Le **modèle standard de commerce** est construit autours de quatre relations clés : 1) la relation entre la frontière des possibilités de production et la courbe d'offre relative ; 2) la relation entre les prix relatifs et la demande relative ; 3) l'effet des termes de l'échange (c'est-à-dire le prix des exportations d'un pays divisé par le prix de ses importations) sur le bien-être d'une nation ; 4) la détermination de l'équilibre mondial à l'aide des offres et des demandes relatives.

1.1 Frontière des possibilités de production, droites d'isovaleur et offre relative

On supposera, en raison des objectifs du modèle présenté ici, que chaque pays produit deux biens, la nourriture *N* et les vêtements *V*, et que la frontière des possibilités de production de chaque pays est représentée par une courbe continue, ici *PP* à la figure 5.1.

Figure 5.1 • Les prix relatifs déterminent la production de l'économie.
Une économie dont la frontière des possibilités de production est *PP* produira au point *Q*, sur la droite d'isovaleur la plus élevée que l'économie peut atteindre, compte tenu du prix relatif des biens.

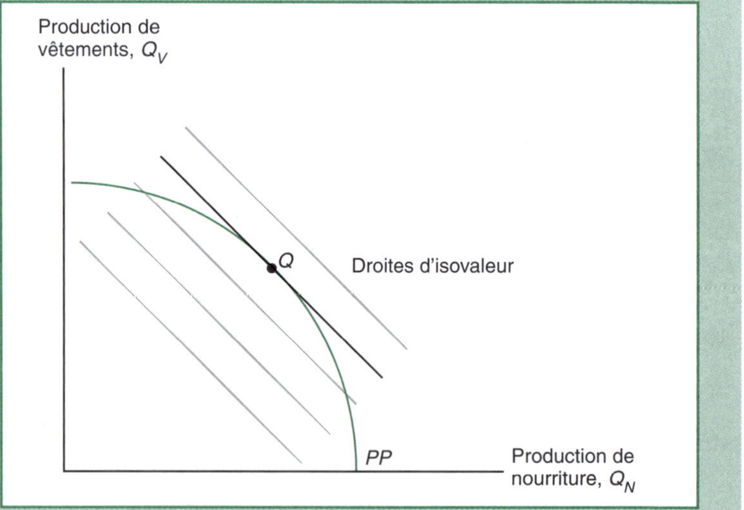

Dans une économie de marché, les choix des producteurs conduisent à maximiser la valeur de la production *Y*, en fonction du prix relatif des vêtements par rapport à la nourriture (P_V / P_N).

La valeur de la production peut être représentée en traçant une série de droites parallèles qu'on appelle **droites d'isovaleur** – c'est-à-dire des droites le long desquelles la valeur de la production Y reste fixe. Chacune de ces droites parallèles est alors définie par une valeur donnée de Y et une équation de la forme : $Y = P_V Q_V + P_N Q_N$. En arrangeant un peu les termes, cette équation devient : $Q_N = Y/P_N - (P_V/P_N)Q_V$. Plus une droite d'isovaleur est éloignée de l'origine, plus le niveau de production est élevé. La pente des droites d'isovaleur, en valeur absolue, est égale au prix relatif des vêtements (P_V/P_N). L'économie produira au point où la valeur de sa production est maximale, c'est-à-dire au point Q, point de tangence entre la frontière des possibilités de production PP et la droite d'isovaleur la plus élevée possible.

Supposons à présent que P_V/P_N augmente. Les droites d'isovaleur sont alors plus inclinées. À la figure 5.2, la droite d'isovaleur la plus élevée que l'économie peut atteindre avant le changement de prix relatifs P_V/P_N est représentée par YY^1. Après ce changement de prix, la droite d'isovaleur la plus élevée que l'économie peut atteindre est YY^2. Le point de production de l'économie passe ainsi de Q^1 à Q^2. Il apparaît alors logiquement qu'une augmentation du prix relatif des vêtements entraîne une augmentation de leur production et une diminution de celle de nourriture.

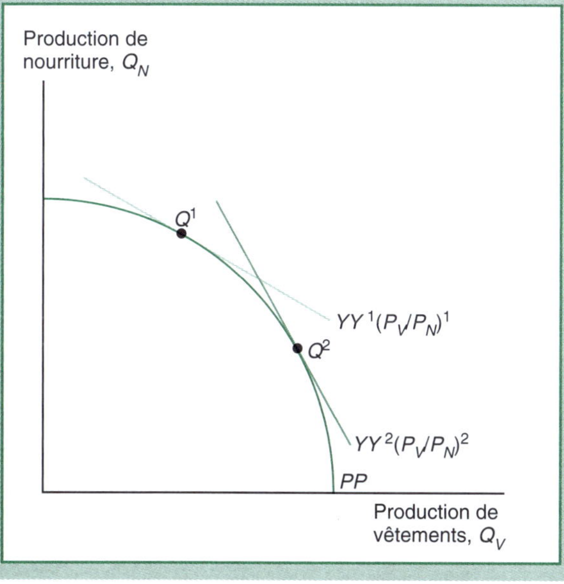

Figure 5.2 • Augmentation du prix relatif des vêtements et offre relative.

La pente de la droite d'isovaleur augmente lorsque le prix relatif des vêtements augmente de $(P_V/P_N)^1$ à $(P_V/P_N)^2$ (passage de la droite YY^1 à la droite YY^2). De ce fait, l'équilibre de production passe de Q^1 à Q^2 : l'économie produit plus de vêtements et moins de nourriture.

1.2 Prix relatifs et demande relative

La figure 5.3 représente la relation entre la production, la consommation et le commerce dans le modèle standard. La valeur de la consommation d'une économie doit être égale à la valeur de sa production (voir chapitre 4) :

$$Y = P_V Q_V + P_N Q_N = P_V D_V + P_N D_N,$$

où D_V et D_N représentent respectivement les consommations de vêtements et de nourriture. L'équation ci-dessus signifie que la production et la consommation doivent se situer sur la même droite d'isovaleur. À l'équilibre, les préférences des consommateurs permettent de définir un point de la droite d'isovaleur qui correspond au panier de biens désiré par l'ensemble de l'économie.

Nous faisons ici l'hypothèse – simplificatrice mais utile – que les décisions d'un individu représentatif suffisent à décrire les choix de consommation de l'ensemble de l'économie. On peut alors représenter graphiquement les préférences des consommateurs par une série de **courbes d'indifférence**. Les courbes d'indifférence représentent chacune l'ensemble des combinaisons de consommation de vêtements *V* et de nourriture *N* qui procurent le même niveau de satisfaction (d'utilité). Elles ont trois propriétés :

1. Elles sont décroissantes : si on offre moins de bien *N* à un individu, il faudra, pour qu'il conserve le même niveau d'utilité, lui donner plus de *V*.
2. Les courbes d'indifférence les plus élevées correspondent à des niveaux de bien-être supérieurs : les consommateurs préfèrent toujours avoir plus des deux biens que moins.
3. Chaque courbe d'indifférence s'aplatit lorsque l'on va vers la droite. Si un individu dispose déjà de beaucoup de bien *V* et de peu de *N*, il aura tendance à valoriser davantage chaque unité marginale de *N*. Il lui faudra un plus grand nombre d'unités supplémentaires de bien *V* pour accepter, sans perte de bien-être, une nouvelle réduction de sa consommation de *N*.

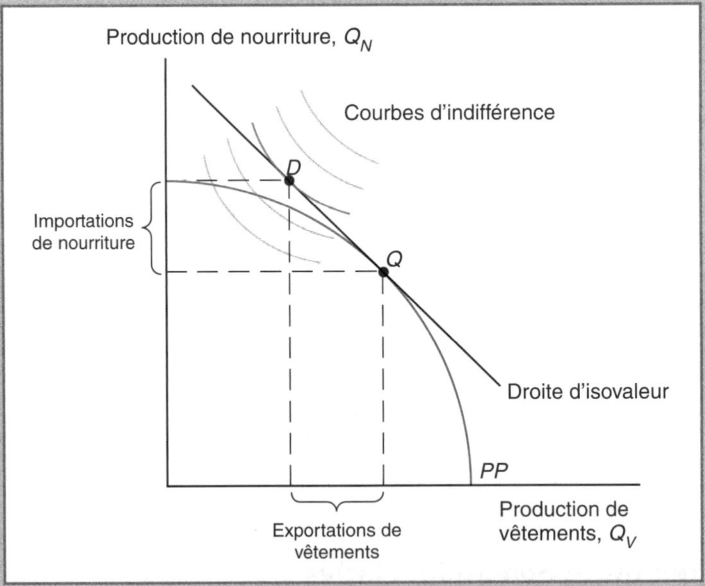

Figure 5.3 • Production, consommation et commerce dans le modèle standard.
L'économie produit au point *Q*, où la frontière des possibilités de production est tangente à la droite d'isovaleur la plus élevée. Elle consomme au point *D*, où la droite d'isovaleur est tangente à la courbe d'indifférence la plus élevée possible. Si l'économie produit plus de vêtements qu'elle n'en consomme, elle les exporte. Inversement, si elle consomme plus de nourriture qu'elle n'en produit, elle doit importer ce bien.

La figure 5.3 représente un ensemble de courbes d'indifférence qui ont ces trois propriétés. L'économie choisira de consommer au point de la droite d'isovaleur qui permet d'atteindre le niveau de bien-être le plus élevé possible. Ce point est celui où la droite d'isovaleur est tangente à la courbe d'indifférence la plus haute : c'est le point *D*. À ce point, la production de vêtements surpasse la demande domestique et l'économie exporte donc des vêtements. À l'inverse, elle importe de la nourriture (si cela ne vous paraît pas évident, vous pouvez vous reporter à la partie du chapitre 4 consacrée à la structure des échanges).

Quel est alors l'effet d'une augmentation de P_V/P_N ? On voit, à l'aide de la figure 5.4, qu'avec ce nouveau système de prix, la production passe de Q^1 à Q^2 : l'économie produit plus de *V* et moins de *N*. L'évolution des prix et des quantités offertes modifie la droite d'isovaleur sur laquelle le point de consommation doit se trouver : cette droite passe de YY^1 à YY^2, et la demande se déplace de D^1 à D^2. La modification des prix relatifs engendre donc un glissement le long des courbes d'indifférence et la structure de la demande évolue : lorsque le prix relatif des vêtements augmente, les agents consomment relativement plus de nourriture et relativement moins de vêtements.

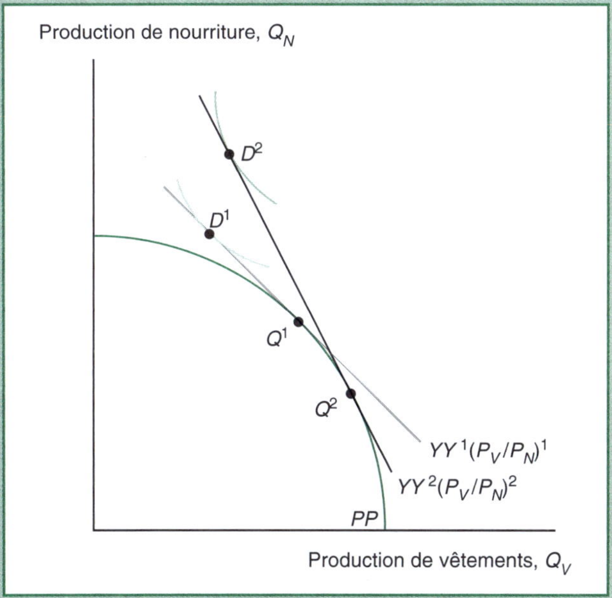

Figure 5.4 • Les effets d'une augmentation du prix relatif des vêtements.
La pente de la droite d'isovaleur est égale, en valeur absolue, au prix relatif des vêtements P_V/P_N. Lorsque le prix relatif augmente, les droites d'isovaleur deviennent plus inclinées et, par conséquent, la droite se déplace de YY^1 à YY^2. La consommation se déplace alors de D^1 à D^2.

1.3 L'effet d'une modification des termes de l'échange sur le bien-être

Le passage de D^1 à D^2, représenté à la figure 5.4, reflète deux effets distincts de l'augmentation de P_V/P_N.

Tout d'abord, on l'a vu, la structure de la consommation évolue en faveur de la nourriture, par un *effet de substitution*. Par ailleurs, l'économie passe à une courbe d'indifférence plus élevée, qui traduit un bien-être supérieur. Cette progression est due au fait que le pays considéré est exportateur de vêtements : lorsque le prix des vêtements augmente, l'économie peut importer plus de nourriture, quel que soit le niveau de ses exportations. On a là un *effet revenu*[1].

Pour un pays donné, l'effet revenu dépend de la structure du commerce international. Lorsque P_V/P_N augmente, un pays qui exporte initialement des vêtements voit son bien-être augmenter (c'est le cas illustré par la figure 5.4). Bien sûr, une baisse de P_V/P_N entraînera en retour une perte de bien-être. Si, au contraire, le pays est initialement exportateur de nourriture et non de vêtements, l'effet se produira dans le sens opposé : une augmentation de P_V/P_N (donc une baisse de P_N/P_V) détériore le bien-être, alors qu'une chute de P_V/P_N est favorable au pays. En définissant les **termes de l'échange** comme le ratio des prix du bien qu'un pays exporte sur celui du bien qu'il importe, il est possible d'énoncer un principe général : *une augmentation des termes de l'échange augmente le bien-être d'un pays, alors qu'une diminution des termes de l'échange le réduit.*

1.4 La détermination des prix relatifs

Les raisonnements développés ci-dessus ne se rapportaient qu'à un seul pays. Considérons maintenant une économie mondiale constituée de deux pays, et supposons que le pays domestique exporte des vêtements et le pays étranger, de la nourriture. Les termes de l'échange du pays domestique sont mesurés par P_V/P_N, et ceux du pays étranger par P_N/P_V. Q_V et Q_N sont les quantités de vêtements et de nourriture produites par l'économie domestique, Q^*_V *et* Q^*_N, celles produites par l'économie étrangère.

Figure 5.5 • Offre et demande relatives mondiales.
Plus P_V/P_N est élevé, plus l'offre relative mondiale de vêtements *OR* est élevée, et plus la demande mondiale *DR* est faible. Le prix relatif d'équilibre – ici $(P_V/P_N)^1$ – est déterminé par l'intersection entre l'offre et la demande relatives mondiales.

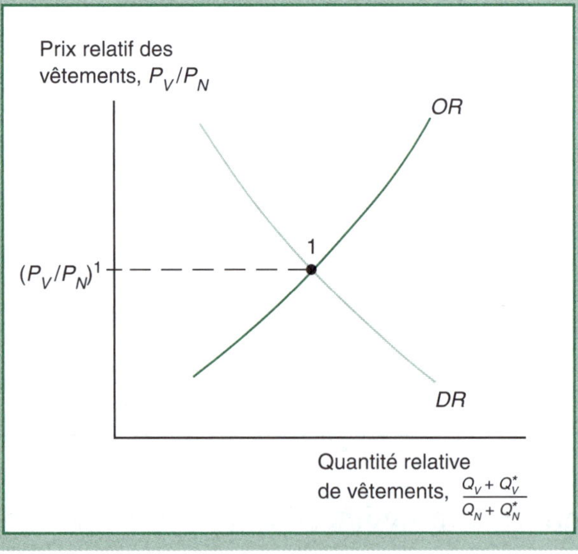

À l'équilibre, P_V/P_N est déterminé par l'intersection de l'offre et de la demande relatives mondiales de vêtements. La courbe d'offre relative mondiale (*OR* à la figure 5.5) est

1. Pour une présentation détaillée de ces principes de microéconomie voir, par exemple, le manuel de Robert Pindyck, Daniel Rubinfeld et Michel Sollogoub, *Microéconomie*, 7e édition, Pearson Education France, 2008.

croissante, une augmentation de P_V/P_N entraînant une augmentation de la production de vêtements et une diminution de la production de nourriture dans les deux pays. La courbe de demande relative *DR* est décroissante, car une augmentation de P_V/P_N amène les consommateurs des deux pays à modifier leurs comportements de façon à favoriser la demande de nourriture. L'intersection des deux courbes (point 1) détermine le prix relatif d'équilibre $(P_V/P_N)^1$.

2 La croissance économique : un déplacement de la courbe OR

Les effets de la croissance économique au sein d'une économie mondiale ouverte sont depuis toujours source de controverses. Le débat tourne autour de deux questions principales. D'une part, la croissance économique des pays étrangers a-t-elle des effets positifs ou négatifs sur la croissance nationale ? D'autre part, le fait de participer aux échanges internationaux permet-il de démultiplier les effets bénéfiques qu'un pays peut d'attendre de la croissance économique ?

La première des deux questions appelle d'emblée à formuler des arguments de bon sens, et pourtant contradictoires. D'un côté, lorsque le reste du monde connaît une croissance forte, l'économie nationale profite naturellement d'une expansion des marchés d'exportation. D'un autre côté, cette même croissance suppose également une concurrence accrue pour les exportateurs nationaux. On retrouve des contradictions comparables lorsqu'on s'interroge sur les effets de la croissance de l'économie nationale. La croissance de la capacité de production d'une économie doit lui être pleinement bénéfique si elle lui permet de vendre une plus grande partie de cette production sur les marchés internationaux. Mais une telle croissance peut également profiter aux économies étrangères, sous la forme d'une réduction du prix des biens exportés.

Ces contradictions apparentes sont problématiques, mais le modèle standard de commerce international doit fournir un cadre théorique permettant de les clarifier.

2.1 Déplacement de la frontière des possibilités de production

La croissance d'une économie (qu'elle provienne d'une accumulation de facteurs de production ou de gains de productivité) implique une extension de ses possibilités de production. Les effets internationaux de la croissance dépendent essentiellement du caractère plus ou moins biaisé de cette extension. On dit qu'on observe une **croissance biaisée** lorsque la frontière des possibilités de production s'étend davantage dans une direction que dans une autre. Le déplacement de la frontière des possibilités de production de PP^1 à PP^2 illustre, à la figure 5.6a, une croissance biaisée en faveur des vêtements. La figure 5.6b représente, quant à elle, une croissance biaisée vers le secteur agroalimentaire.

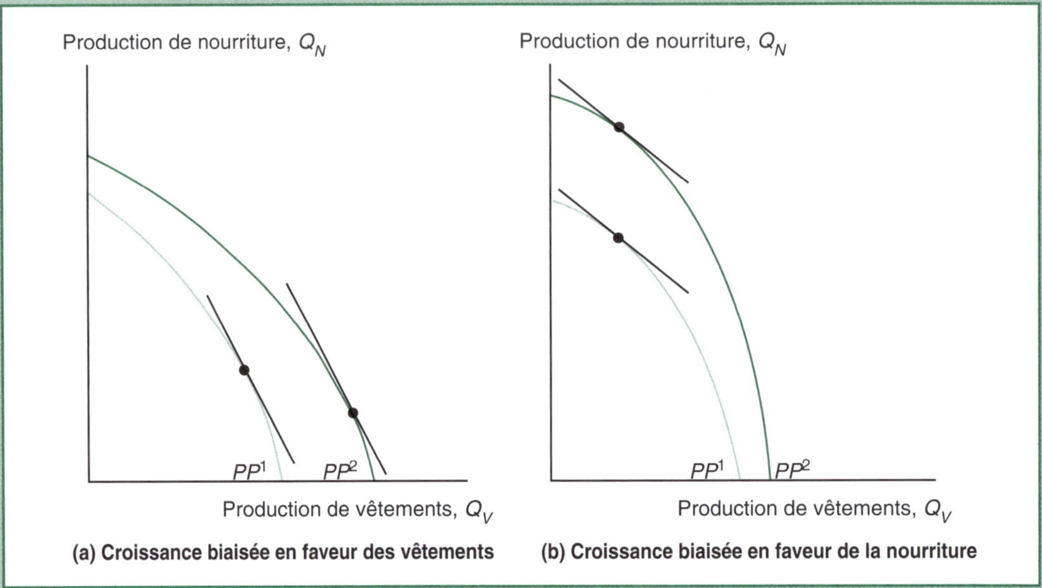

Figure 5.6 • Croissance biaisée.
La croissance est biaisée lorsque l'augmentation des capacités de production est plus marquée pour un bien que pour un autre. Dans les deux cas, la frontière des possibilités de production passe de PP^1 à PP^2. Dans la figure 5.6a, le changement est en faveur des vêtements ; dans la figure 5.6b,il est en faveur de la nourriture.

Deux principales raisons peuvent expliquer cette croissance biaisée :

- Le modèle ricardien (voir chapitre 3) permet de montrer qu'un progrès technique dans un des deux secteurs de l'économie engendre un élargissement des capacités de production plus marqué pour ce secteur que pour l'autre.
- Dans le cadre du modèle factoriel, une augmentation de l'offre d'un facteur de production engendre aussi une expansion biaisée des possibilités de production. C'est l'effet Rybcynski (voir chapitre 4).

Dans les deux cas l'économie est en mesure d'accroître sa production des deux biens. L'effet sur chacun des secteurs n'est cependant pas le même. Une croissance biaisée en faveur d'un secteur doit conduire, *quel que soit le prix relatif des vêtements*, à une augmentation de cette production, *relativement* à la production de l'autre secteur (les figures 5.6a et 5.6b présentent un cas extrême où le biais est tellement marqué qu'on observe une baisse de la production du secteur qui ne bénéficie pas du biais).

2.2 Offre relative et termes de l'échange

Supposons à présent que le pays domestique connaisse une croissance fortement biaisée vers le secteur de l'habillement, de telle manière que sa production de vêtements, à prix relatif donné, augmente tandis que sa production de nourriture diminue. De ce fait, la production relative mondiale de vêtements augmente : la courbe d'offre relative mondiale passe de OR^1 à OR^2 (voir figure 5.7a). Ce changement entraîne une diminution du prix relatif des vêtements de $(P_V/P_N)^1$ à $(P_V/P_N)^2$, c'est-à-dire une détérioration des termes de l'échange du pays domestique et une amélioration de ceux de l'étranger.

La question essentielle ici n'est pas de savoir quelle économie voit ses capacités de production se développer, mais la manière dont cette croissance est biaisée. Si l'étranger avait connu une croissance biaisée en faveur des vêtements, l'effet sur la courbe d'offre relative, et par conséquent sur les termes de l'échange, aurait été le même. En revanche, si le pays domestique ou le pays étranger avaient connu une croissance biaisée en faveur de la nourriture (voir figure 5.7b), cela aurait entraîné un glissement de la courbe *OR* vers la gauche (de OR^1 à OR^2) et, de ce fait, une augmentation du prix relatif des vêtements de $(P_V/P_N)^1$ à $(P_V/P_N)^2$.

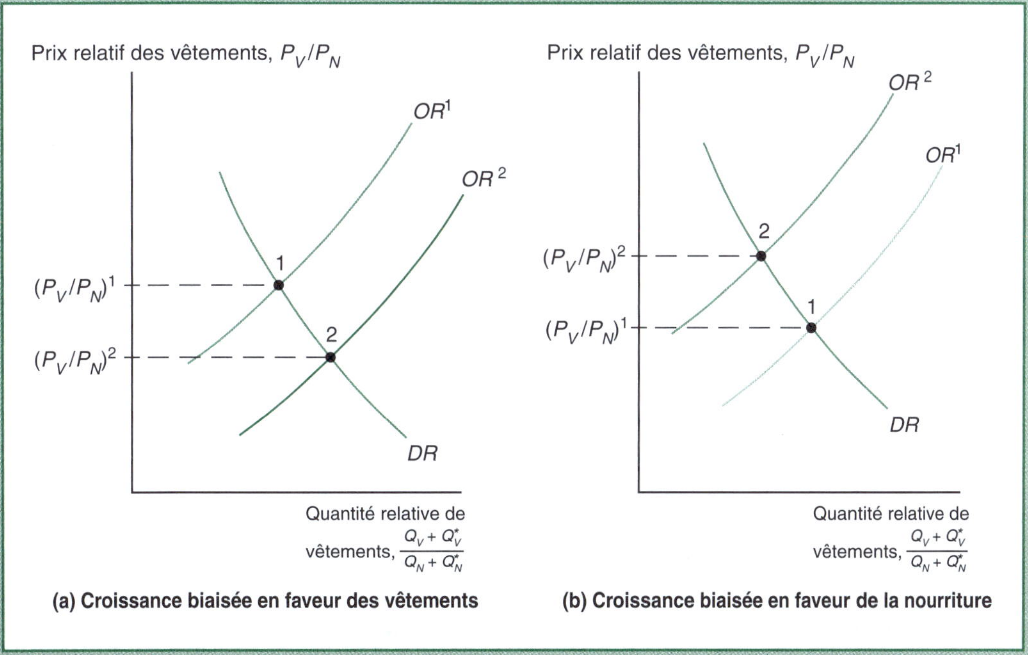

Figure 5.7 • Croissance et offre relative.
Une croissance biaisée en faveur des vêtements déplace la courbe *OR* vers la droite (figure 5.7a), alors qu'une croissance biaisée en faveur de la nourriture la déplace vers la gauche (figure 5.7b).

Une croissance qui étend de façon non homothétique la frontière des possibilités de production d'un pays en faveur du bien exporté (ici, les vêtements dans le pays domestique et la nourriture dans le pays étranger) est appelée **croissance biaisée à l'exportation**. De la même manière, une croissance favorable au bien importé par le pays est appelée **croissance biaisée à l'importation**. L'analyse formulée conduit donc à énoncer le principe suivant : *une croissance biaisée à l'exportation tend à détériorer les termes* *de l'échange de la nation, au bénéfice du reste du monde ; une croissance biaisée à l'importation tend à améliorer ses termes de l'échange, au détriment du reste du monde*[1].

2.3 Les effets internationaux de la croissance

Le principe énoncé ci-dessus nous permet d'appréhender les questions relatives aux effets internationaux de la croissance économique : une économie nationale doit-elle craindre le développement du reste du monde ou au contraire s'en réjouir ? De la même façon, avoir fait le choix du libre-échange permet-il d'augmenter ou de diminuer les bénéfices d'une croissance nationale ? À l'évidence, la réponse à chacune de ces questions dépend du caractère plus ou moins biaisé de la croissance et du secteur qui profite le plus de l'expansion des possibilités de production. Une croissance biaisée à l'exportation dans le reste du monde est bénéfique pour l'économie nationale puisqu'elle améliore ses termes de l'échange. Inversement, une croissance biaisée à l'exportation dans un pays détériore ses termes de l'échange et réduit ainsi les bénéfices directs de la croissance.

Dans les années 1950, un certain nombre d'économistes pensaient que les pays en développement, qui exportaient principalement des produits primaires, étaient voués à connaître une détérioration continue de leurs termes de l'échange. En effet, ils prévoyaient que la croissance dans les pays développés s'accompagnerait d'une réduction progressive de la demande relative de biens primaires, alors que le développement des nations les plus pauvres se ferait par une expansion de leurs secteurs traditionnels d'exportation, plutôt que par un véritable essor de leur industrie. La croissance des pays industrialisés aurait donc été biaisée à l'importation, alors que celle des pays en développement l'aurait été à l'exportation. Selon certains analystes, le biais à l'export aurait été tel dans les pays les plus pauvres que la croissance aurait détérioré leurs termes de l'échange au point que, *in fine*, leur situation empire. Ce problème est connu des économistes sous le nom de **croissance appauvrissante**.

Dans un article célèbre publié en 1958, Jagdish Bhagwati, a montré que, sous certaines hypothèses, la croissance économique pouvait avoir des effets pervers[2]. Les conditions requises pour qu'un développement des capacités de production entraîne une réduction du bien-être sont toutefois extrêmes : il faut combiner à la fois une croissance très fortement biaisée à l'exportation et des pentes très élevées des courbes *OR* et *DR*, de telle sorte que la dégradation des termes de l'échange soit suffisamment prononcée pour compenser les effets positifs directs de l'expansion des capacités de production. Dès lors, la plupart des économistes considèrent aujourd'hui la croissance appauvrissante comme un cas purement théorique, qu'il est peu probable de rencontrer dans le monde réel.

1. Johnson est le premier à avoir introduit la distinction cruciale entre croissance biaisée à l'exportation et croissance biaisée à l'importation. Harry Johnson. « Economic Expansion and International Trade », *Manchester School of Social and Economic Studies,* 23, 1955, p. 95-112.
2. Jagdish Bhagwati, « Immiserizing Growth : a Geometrical Note », *Review of Economic Studies,* 25, juin 1958, p. 201-205.

Encadré 5.1

L'essor des nouveaux pays industrialisés est-il un handicap pour les économies développées ?

Nous avons vu au chapitre précédent que le commerce Nord-Sud peut avoir des répercussions sur les marchés du travail des pays développés et creuser davantage les écarts de revenus entre travailleurs qualifiés et non qualifiés. Depuis le début des années 1990, un certain nombre d'observateurs font des prévisions encore plus alarmistes : la croissance des nouveaux pays industrialisés pèserait non seulement sur les inégalités dans les pays du Nord, mais aussi, de façon plus générale, sur leur niveau global de bien-être. Par exemple, en 1993, la Commission européenne exprimait ces craintes en des termes très clairs : « D'autres pays sont en train de s'industrialiser et de nous concurrencer – y compris sur nos propres marchés – à des niveaux de coûts auxquels nous ne pouvons pas faire face*. » Plus récemment, en 2004, Paul Samuelson, l'un des fondateurs des théories du commerce international, a publié un article qui a apporté un crédit non négligeable à ces thèses alarmistes. Samuelson, en utilisant un modèle de commerce ricardien, offre un exemple de la manière dont le progrès technique des pays en développement peut nuire aux pays industrialisés**. Son analyse n'est en fait qu'un cas particulier des mécanismes que nous venons de décrire : la croissance du reste du monde peut être nuisible à un pays si elle a lieu dans des secteurs qui concurrencent ses exportations. Samuelson dresse alors une conclusion logique : si la Chine devient suffisamment efficace dans la production des biens qu'elle importe aujourd'hui, les avantages comparatifs tendront à s'effacer, et les États-Unis, tout comme l'Union européenne, verront leurs gains au commerce se réduire.

La presse grand public s'est emparée de cette mise en garde et l'a présentée comme un coup sérieux porté à l'encontre des avantages comparatifs et des thèses libre-échangistes. La proposition selon laquelle la croissance étrangère peut être néfaste à une économie n'est pourtant pas une idée nouvelle, et surtout elle ne dit rien sur la supériorité ou l'infériorité du libre-échange par rapport à la protection commerciale : le fait que le gain au commerce puisse diminuer ne signifie pas que le retour à l'autarcie soit une meilleure solution. Qui plus est, il est important de garder à l'esprit que le modèle standard nous rappelle que le mécanisme selon lequel la croissance étrangère peut nuire à un pays passe par les termes de l'échange. Par conséquent, si la conclusion de Samuelson est vraie, on devrait assister à une forte dégradation des termes de l'échange des pays développés. Savoir si la croissance chinoise a, oui ou non, des effets néfastes pour les pays développés est donc avant tout une question empirique.

☞

* Commission européenne, « Croissance, compétitivité, emploi. Les défis et les pistes pour entrer dans le XXIe siècle », *Livre blanc*, décembre 1993.

** Paul Samuelson, « Where Ricardo and Mill Rebut and Confirm Arguments of Mainstream Economists Supporting Globalization », *Journal of Economic Perspectives*, été 2004. Une traduction de cet article est publiée par *Problèmes économiques*, n° 2877, juin 2005.

Encadré 5.1 (suite)

L'essor des nouveaux pays industrialisés est-il un handicap pour les économies développées ? (suite)

Or les faits ne vont pas dans le sens de Samuelson. Nous montrons dans l'annexe de ce chapitre que l'effet (en pourcentage) d'une variation des termes de l'échange sur le revenu réel est à peu près égal au pourcentage de variation des termes de l'échange, multiplié par la part des importations dans le revenu. Les pays industrialisés, dans leur ensemble, dépensant environ 25 % de leur revenu en importations, une diminution de 1 % des termes de l'échange devrait donc réduire le revenu réel d'environ 0,25 %. Il faut donc une chute très importante des termes de l'échange des pays développés pour observer une contraction significative de leur croissance économique.

Par ailleurs, la figure 5.8 indique que les termes de l'échange des pays en développement se sont en fait détériorés entre 1980 et 2004 (mécaniquement, les termes de l'échange des pays développés se sont donc améliorés). Pour le groupe des pays d'Asie du Sud et de l'Est (dont font partie l'Inde et la Chine), la baisse s'est même accélérée au cours des dernières années.

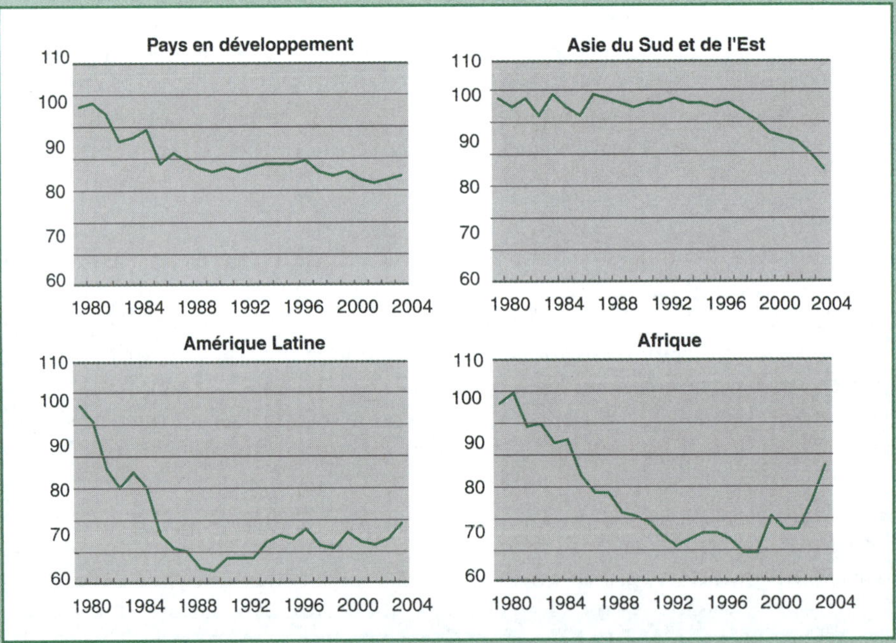

Figure 5.8 • Termes de l'échange des pays en développement (base 100 = 1980).

Source : d'après *Trade and Development Report*, UNCTAD, 2005.

Un dernier point pour finir : dans l'exemple développé par Samuelson, le progrès technologique chinois, qui risque de nuire aux pays développés, est biaisé en faveur des importations et doit donc réduire les échanges commerciaux ! Or, dans les faits, le commerce entre les pays occidentaux et la Chine connaît une expansion rapide et régulière depuis plusieurs années.

3 Les transferts internationaux de revenu : un déplacement de la courbe DR

Nous avons jusqu'ici étudié des modifications des termes de l'échange provenant de chocs de l'offre. Tournons-nous à présent du côté de la demande. La demande relative mondiale de biens peut varier pour de multiples raisons. Les préférences des agents peuvent changer, l'apparition de nouvelles technologies peut rendre certains bien obsolètes… En économie internationale, la source de variations de la demande la plus étudiée (et la plus controversée) provient toutefois des **transferts internationaux de revenu**[1].

Par le passé, les transferts de revenu les plus importants découlaient des conflits armés : soit les vaincus se trouvaient contraints de payer d'importantes réparations aux vainqueurs (c'est le cas de l'Allemagne à l'issue de la Première Guerre mondiale), soit le pays victorieux s'engageait à soutenir les efforts de reconstruction (c'est ainsi que les États-Unis ont largement aidé le Japon et l'Allemagne au lendemain de la Seconde Guerre mondiale). Depuis les années 1950, l'aide au développement et surtout les prêts internationaux constituent l'essentiel des transferts internationaux. Bien évidemment, les montants d'aides restent très limités, et les prêts internationaux, qui devront être remboursés, ne sont pas des transferts définitifs. Pour autant, à court terme, les effets d'un don ou d'un prêt à une nation ont des effets similaires. Une analyse détaillée de l'effet des transferts internationaux peut donc apporter des éléments de réponse pertinents aux interrogations actuelles sur les conséquences de l'aide au développement et de l'endettement des pays pauvres.

3.1 Le problème du transfert

La question de l'effet des transferts internationaux sur les termes de l'échange a été l'objet d'un débat fameux entre Bertil Ohlin (l'un des instigateurs du modèle factoriel de commerce international) et John Maynard Keynes. Le débat portait à l'époque sur les réparations demandées à l'Allemagne à la suite de la Première Guerre mondiale et sur l'effet négatif qu'elles pourraient exercer sur l'économie allemande[2]. Pour Keynes, qui considérait que les conditions imposées par les alliés étaient excessives, les sommes demandées ne permettaient pas de se rendre compte du réel fardeau que cela représentait pour l'Allemagne. Afin de payer ces réparations, l'Allemagne allait en effet devoir exporter plus et importer moins. Pour ce faire, le pays, toujours selon Keynes, aurait à accepter une réduction du prix des exportations. Cette détérioration des termes de l'échange augmenterait alors le poids économique des réparations. La position de Ohlin était tout autre. Selon lui, si l'Allemagne augmentait ses taxes pour payer ses réparations, la consommation et donc la demande allemande d'importation diminueraient automatiquement, alors qu'en contrepartie l'afflux de revenu dans les pays victorieux viendrait accroître la demande pour les produits allemands. L'Allemagne serait donc en mesure de réduire ses importations et d'augmenter ses exportations sans pour autant subir une dégradation de ses termes de l'échange.

1. La question du transfert, comme beaucoup d'autres questions d'économie internationale, a été formalisée par Paul Samuelson (voir Paul Samuelson, « The Transfer Problem and Transport Costs », *Economic Journal*, 62, 1952, p. 278-304 (partie 1) et 64, 1954, p. 264-289.
2. Voir John Keynes, « The German Transfer Problem », et Bertil Ohlin, « The German Transfer Problem : a Discussion », tous deux dans *Economic Journal*, 39, 1929, p. 1-7 et p. 172-182 respectivement.

Il est impossible aujourd'hui de savoir lequel des deux économistes avait raison puisque l'Allemagne n'a finalement payé qu'une faible partie des réparations dues. En revanche, ce débat a permis de s'interroger sur les effets des transferts sur les termes de l'échange et de poser les bases d'une réflexion qui est toujours d'actualité.

3.2 Les effets d'un transfert sur les termes de l'échange

Si le pays domestique transfère une partie de son revenu au pays étranger, ses dépenses diminueront alors que, de son côté, le pays étranger pourra consommer davantage. Le transfert ne modifie pas les capacités de production des pays ; il n'affecte donc pas la courbe *OR* et ne peut que déplacer la courbe *DR*. Et encore, ce déplacement n'est pas nécessairement observé. Si le pays étranger alloue son revenu supplémentaire à chacun des biens dans les mêmes proportions que le pays domestique réduit ses dépenses, alors la dépense mondiale des deux biens ne sera pas modifiée ; la courbe *DR* ne bougera pas, et il n'y aura pas d'effet sur les termes de l'échange (c'est l'argument de Ohlin). En revanche, si les deux pays n'ont pas la même structure de consommation, il y aura bien un effet sur les termes de l'échange.

Supposons que le pays domestique ait une plus grande propension marginale à consommer des vêtements que le pays étranger. À prix relatif donné, le transfert du pays domestique vers l'étranger réduit donc la demande de vêtements et augmente la demande de nourriture. À la figure 5.9, la courbe *DR* glisse vers la gauche (de DR^1 à DR^2) et l'équilibre

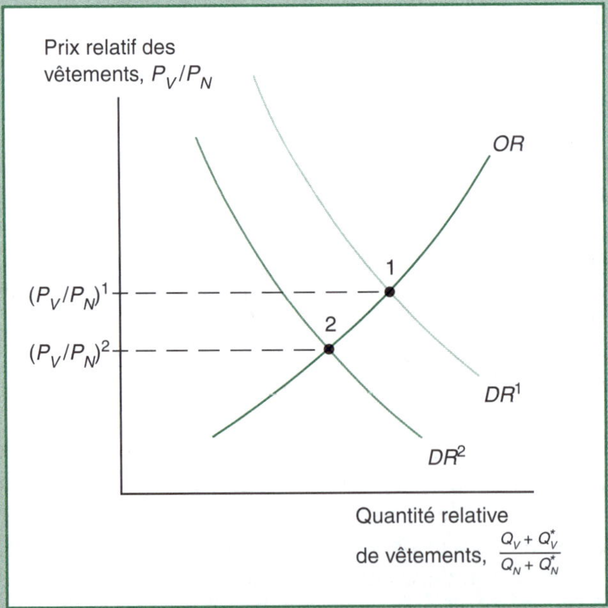

Figure 5.9 • Effet d'un transfert sur les termes de l'échange.
Si le pays domestique a une propension marginale à consommer des vêtements plus élevée que le pays étranger, un transfert de revenu du pays domestique vers l'étranger fera glisser la courbe *DR* vers la gauche, de DR^1 à DR^2, ce qui réduira le prix d'équilibre relatif des vêtements.

passe du point 1 au point 2. Le bouleversement de la demande relative mondiale diminue le prix relatif des vêtements de $(P_V/P_N)^1$ à $(P_V/P_N)^2$: les termes de l'échange du pays domestique (qui exporte des vêtements) se détériorent. On retrouve ici le cas décrit par Keynes. Bien évidemment si, à l'inverse, le pays domestique a une propension marginale à consommer des vêtements plus faible, le même transfert provoquera une amélioration de ses termes de l'échange, et cet effet indirect viendra annuler en partie l'effet négatif du transfert[1].

3.3 Peut-on prédire l'effet des transferts sur les termes de l'échange ?

Si les différences de propension à consommer provenaient uniquement des différences de goûts relatifs des consommateurs pour tel ou tel produit, il serait bien difficile de prédire l'impact final d'un transfert sur les termes de l'échange. Il existe cependant un déterminant important de la répartition de la consommation, que l'on observe dans chaque pays : les consommateurs, en règle générale, expriment une préférence nettement plus marquée pour les biens produits dans leur propre pays. On parle alors de *biais domestique*. En effet, les coûts de transport, les droits de douane et les quotas sont autant d'éléments qui conduisent les résidents des différents pays à acheter une plus grande variété de biens et services produits localement. Par exemple, la France réalise moins de 5 % du PIB mondial. Si les consommateurs français répartissaient équitablement leur consommation, ils dépenseraient au plus 5 % de leur revenu en France et 95 % dans le reste du monde. En réalité, les importations de la France ne représentent que 22 % du PIB, si bien que les consommateurs français consacrent en définitive 78 % de leur revenu en produits domestiques[2].

L'existence de ces biais domestiques, et plus généralement de biens non échangeables (voir chapitre 3), modifie sensiblement l'effet que l'on doit attendre d'un transfert international[3]. Si la France, par exemple, devait transférer une partie de son revenu au reste du monde, la demande relative pour les biens français diminuerait sensiblement et ses termes de l'échange se détérioreraient. Il semble donc bien, en pratique, que Keynes avait raison.

1. Il est donc théoriquement possible qu'un transfert réduise les termes de l'échange du receveur au point que le don vienne *in fine* réduire son bien-être. Les conditions nécessaires à l'apparition d'un tel paradoxe sont toutefois encore plus contraignantes que celles nécessaires à l'existence d'une croissance appauvrissante (voir Jagdish Baghwati, Richard Brecher et Talsuo Hatta, « The Generalized Theory of Transfers and Welfare », *American Economic Review,* 73, 1983, p. 606-618).
2. Assez logiquement, les zones économiques plus petites semblent davantage ouvertes. Pour un grand pays comme les États-Unis, le biais en faveur des produits domestiques paraît encore plus important : les États-Unis produisent près de 30 % des richesses mondiales, alors que leurs importations ne dépassent pas les 15 % de leur PIB.
3. Voir Rudiger Dornbusch, Stanley Fischer et Paul Samuelson, « Comparative Advantage, Trade, and Payments in a Ricardian Model with a Continuum of Goods », *American Economic Review,* 67, 1977.

Encadré 5.2

Crise asiatique et problème du transfert

En 1997 et 1998, un certain nombre de pays asiatiques (dont la Thaïlande, l'Indonésie, la Malaisie et la Corée du Sud) ont connu un retournement brutal des flux internationaux de capitaux. Ces pays avaient, durant les années précédentes, attiré de nombreux capitaux étrangers qui leur avaient permis d'entretenir un important déficit commercial. La confiance dans la solidité de ces économies s'effondra en 1997 : les banques étrangères, qui avaient massivement prêté aux entreprises asiatiques, réclamèrent le remboursement des emprunts, et les investisseurs revendirent leurs actions.

Nous ne nous intéressons pas ici aux raisons de ces revirements (les causes de la crise et sa gestion seront étudiées au chapitre 22). L'important, pour l'instant, est de noter que ce retournement soudain a fait passer les différents pays impliqués d'une situation où ils recevaient d'importants transferts à une situation de flux sortants. Si l'intuition de Keynes est juste, cette évolution aurait dû entraîner une détérioration des termes de l'échange de ces pays émergents, qui aurait accentué l'effondrement de leurs économies. C'est la situation décrite à la figure 5.9.

Toutefois, dans le cas des pays d'Asie frappés par la crise de la fin des années 1990, la réaction des termes de l'échange n'a heureusement pas été aussi négative qu'on aurait pu le craindre : les prix à l'exportation ont effectivement diminué brusquement, mais cette baisse a été compensée par une contraction des prix à l'importation. Il semble en effet que les pays asiatiques ont échappé à un problème grave de transfert grâce à une conjonction d'événements indépendants. Tout d'abord, le prix du pétrole a diminué soudainement, ce qui a bénéficié à tous ces pays (hormis l'Indonésie qui était, à l'époque, exportateur net de pétrole). Ensuite, la chute du yen par rapport au dollar américain a réduit les prix des exportations du Japon, principal partenaire commercial des pays de l'Asie du Sud-Est.

4 Les droits de douane et les subventions à l'exportation : mouvements simultanés des courbes OR et DR

Les **droits de douane** (taxes sur les importations) ou les **subventions à l'exportation** (dotations publiques versées aux producteurs domestiques qui vendent leurs produits à l'étranger) sont généralement mis en place par les pouvoirs publics dans le but d'influer sur la répartition des revenus ou de protéger des secteurs que l'on juge importants pour l'économie (ces différentes motivations sont examinées en détail aux chapitres 9, 10 et 11). Mais quels que soient leurs objectifs premiers, ces politiques ont une influence sur les termes de l'échange qui peut être étudiée à l'aide du modèle standard.

Les droits de douane et les subventions créent une différence entre le prix auquel le bien est échangé sur le marché mondial (le prix externe) et celui auquel on l'achète à l'intérieur du pays (le prix interne). L'effet direct d'un droit de douane est de rendre les biens importés plus chers à l'intérieur du pays qu'en dehors. De la même façon, une subvention à l'exportation permet aux producteurs domestiques de vendre leurs produits plus cher à l'intérieur des frontières que sur le marché mondial. Les droits de douane et les subventions à l'exportation contribuent donc tous deux à renchérir les prix intérieurs par rapport aux prix mondiaux ; mais on verra ci-après que leurs effets sur les termes de l'échange sont opposés.

4.1 Les effets d'un droit de douane sur l'offre et la demande relatives

Supposons, dans le cadre des hypothèses du modèle standard exposé plus haut, qu'un pays impose un droit de douane égal à 20 % de la valeur de ses importations de nourriture. Alors, le prix interne des biens alimentaires, relativement aux vêtements, sera supérieur de 20 % au prix externe, en vigueur sur le marché mondial. Ainsi, pour un prix mondial des vêtements donné, les producteurs domestiques feront face à un prix plus faible. Le pays produira moins de vêtements et davantage de nourriture. En parallèle, les consommateurs domestiques achèteront plus de vêtements et moins de nourriture. L'offre relative mondiale de vêtement diminuera de OR^1 à OR^2 (voir figure 5.10), et la demande relative mondiale grimpera de DR^1 à DR^2. Les termes de l'échange du pays domestique vont donc s'élever, de $(P_V/P_N)^1$ à $(P_V/P_N)^2$, au détriment de ceux du pays étranger.

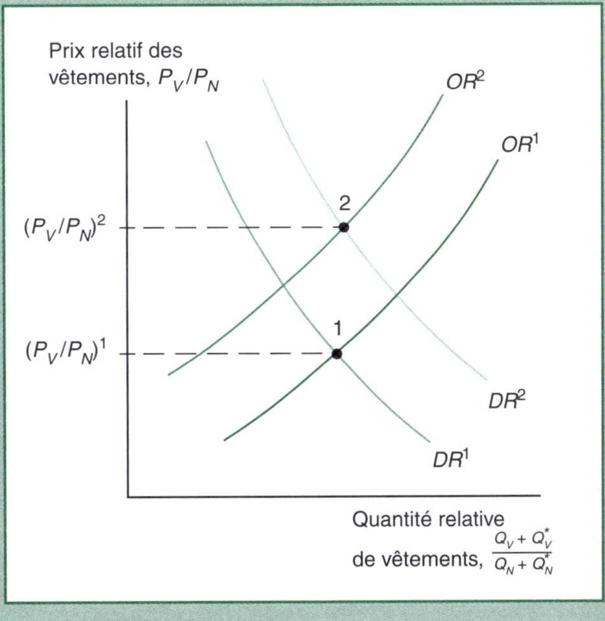

Figure 5.10 • Effet de l'imposition d'un droit de douane sur les termes de l'échange.
Un droit imposé par le pays domestique réduit l'offre relative de vêtements (de OR^1 à OR^2) et augmente la demande relative (de DR^1 à DR^2). Le prix relatif des vêtements augmente donc.

L'ampleur de l'influence de la politique protectionniste sur les termes de l'échange dépend de la taille du pays : si son poids dans l'économie mondiale est limité, elle n'aura pas d'effet important sur l'offre et la demande relatives mondiales, et, par conséquent, sur les prix relatifs. En revanche, certaines estimations montrent que si un pays de grande taille, comme les États-Unis, imposait un droit de douane de 20 %, il pourrait s'attendre à une progression de ses termes de l'échange de l'ordre de 15 %. On voit d'emblée ici un avantage à la constitution d'unions douanières, comme dans le cas de l'Union européenne : aux débuts de celle-ci, dans les années 1960, la mise en place du tarif extérieur commun permet d'influencer les termes de l'échange de tous les États membres, alors que l'adoption de barrières douanières autonomes par chaque pays peut difficilement avoir d'impact significatif sur les prix mondiaux.

4.2 Les effets d'une subvention à l'exportation

Les droits de douane et les subventions à l'exportation sont souvent considérés comme des politiques similaires, puisqu'ils apportent un soutien aux producteurs domestiques. Ils ont en réalité des effets opposés sur les termes de l'échange. Supposons que le pays domestique offre, pour chaque vêtement exporté, une subvention égale à 20 % de sa valeur. À prix mondial donné, cette subvention augmentera de 20 % le prix interne des vêtements (relativement à la nourriture) dans le pays domestique. Comme l'indique la figure 5.11, les consommateurs vont substituer des produits alimentaires aux vêtements et les producteurs vont proposer plus de vêtements et moins de nourriture. La subvention se traduira donc par une augmentation de l'offre relative de vêtements (de OR^1 à OR^2) et par une baisse concomitante de la demande relative (de DR^1 à DR^2). Le point d'équilibre passera donc de *1* à *2*, c'est-à-dire à une situation où les termes de l'échange sont moins favorables.

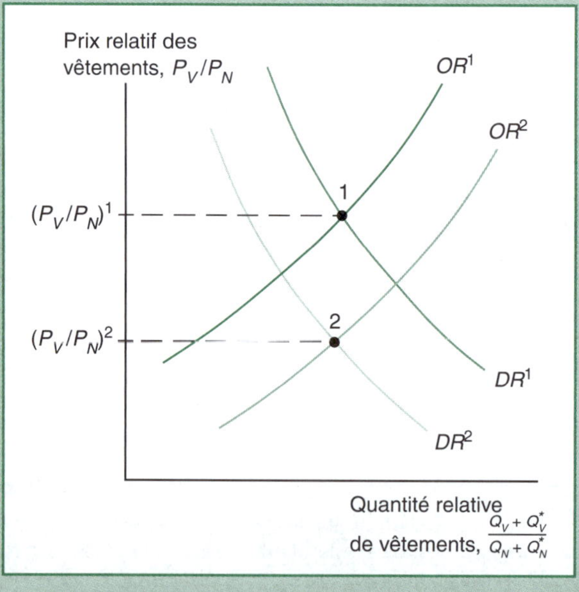

Figure 5.11 • Effet de l'imposition d'une subvention à l'exportation sur les termes de l'échange. La mise en place d'une subvention à l'exportation a l'effet inverse d'un droit de douane : l'offre relative de vêtements augmente, la demande diminue, et les termes de l'échange du pays domestique baissent.

4.3 Les implications des politiques protectionnistes sur les termes de l'échange : qui gagne, qui perd ?

Deux dimensions doivent être étudiées ici : les effets de répartition des gains au commerce entre les pays et la répartition des gains au sein de chaque pays.

La répartition du revenu entre les pays. L'imposition d'un droit de douane par le pays domestique améliore ses termes de l'échange au détriment du pays étranger. Le droit de douane pénalise donc, sans ambiguïté, le reste du monde.

Quant au pays domestique, l'impact d'un droit de douane n'est pas clairement établi. L'amélioration des termes de l'échange est un gain pour l'économie, mais le droit de douane engendre aussi des coûts liés à une distorsion des incitations à consommer et à produire (voir chapitre 8). Nous verrons plus loin comment il est possible de définir un droit de douane optimal, qui maximise le bénéfice net dans le cas des grands pays (pour les petits pays, qui ont une influence limitée sur leurs termes de l'échange, la protection optimale est pratiquement nulle).

Les effets d'une subvention à l'exportation sont plus clairs. L'amélioration des termes de l'échange du pays étranger lui sera profitable. Le pays qui instaure la subvention perd quant à lui sur les deux tableaux : il voit ses termes de l'échange se dégrader et il subit les effets distorsifs de sa politique. La mise en place de subventions à l'exportation serait-elle alors un non-sens ? Disons que, dans la mesure où il est difficile en effet de trouver une situation où une telle politique sert l'intérêt national, les raisons de sa mise en œuvre doivent provenir de considérations politiques, plutôt que d'une pure logique économique.

Vu de l'autre côté, les droits de douane fixés par un pays voisin sont-ils toujours néfastes, et les subventions à l'exportation consenties par un gouvernement étranger sont-elles toujours bénéfiques ? Pas nécessairement. Le modèle très simple présenté dans ce chapitre considère un monde à deux pays, où les exportations de l'un sont fatalement les importations de l'autre. Dans le monde réel, plusieurs pays peuvent exporter simultanément le même bien et être en concurrence sur un marché tiers. Dans ce cas, si un gouvernement étranger instaure une subvention à l'exportation dans un secteur qui se trouve être aussi un secteur exportateur du pays domestique, celui-ci subira une détérioration de ses termes de l'échange. L'exemple des subventions aux exportations agricoles mises en place par l'Union européenne et les États-Unis illustre bien ce phénomène (voir chapitre 8) : en subventionnant certaines productions agricoles, les grandes puissances commerciales dépriment les cours mondiaux et portent un préjudice sérieux aux pays plus pauvres, qui sont eux aussi exportateurs des mêmes produits.

La répartition du revenu à l'intérieur des pays. Nous avons vu comment les droits de douane et les subventions à l'exportation affectent les termes de l'échange. Il peut découler de ces effets un résultat paradoxal. Un droit de douane peut améliorer les termes de l'échange d'un pays à tel point que, même après l'ajout du taux de taxe, le prix relatif interne du bien importé diminue. De la même manière, une subvention à l'exportation peut détériorer les termes de l'échange du pays de telle sorte qu'à la fin le prix relatif interne du bien exporté diminue. Ces effets, contraires à ceux *a priori* attendus, sont connus sous l'expression de **paradoxe de Metzler**[1]. Ce paradoxe, comme l'idée de la croissance

1. Voir Lloyd Metzler, « Tariffs, the Terms of Trade, and the Distribution of National Income », *Journal of Political Economy*, 57, 1949, p. 1-29.

appauvrissante ou celle selon laquelle un transfert peut diminuer le bien-être du receveur, est possible en théorie, mais peu réaliste d'un point de vue pratique. Quoi qu'il en soit, un droit de douane aidera toujours le secteur d'importation et pénalisera toujours le secteur d'exportation ; et une subvention à l'export aura l'effet inverse. Or, toute politique publique qui est favorable à un secteur plutôt qu'à un autre peut avoir une influence significative sur la distribution des revenus au sein de l'économie nationale. Ce sera notamment le cas s'il existe des différences intersectorielles d'intensité factorielle, ou encore si les facteurs de production ne sont pas parfaitement mobiles d'un secteur à l'autre.

Le plus souvent, c'est bien l'objectif de répartition *interne* des revenus qui guide le choix d'instaurer un droit de douane ou une subvention. Il s'agit davantage de modifier la répartition des revenus au sein de l'économie, en favorisant tel ou tel secteur, que d'influer sur les termes de l'échange.

Résumé

Le modèle standard montre l'interaction de l'offre relative mondiale, construite à partir des possibilités de production et de la demande relative mondiale, dérivée des préférences des consommateurs. L'intersection des courbes d'offre et de demande relatives mondiales définit les termes de l'échange (c'est-à-dire le prix des exportations rapporté à celui des importations). Toutes choses étant égales par ailleurs, un pays voit son bien-être s'accroître lorsque ses termes de l'échange s'améliorent, et diminuer lorsqu'ils se détériorent.

Lorsque la croissance économique est plus favorable à la production d'un bien qu'à un autre (on parle alors de croissance biaisée), l'offre relative mondiale de ce bien s'accroît, ce qui agit sur les termes de l'échange. Si, dans un pays, la croissance est biaisée en direction du bien exporté, ses termes de l'échange se détériorent et l'effet bénéfique de la croissance économique s'en trouve réduit. À l'inverse, si la croissance est biaisée à l'import, les termes de l'échange s'améliorent, ce qui renforce encore l'élévation du bien-être. De la même façon, une croissance biaisée à l'import dans un pays étranger peut être nuisible pour l'économie nationale.

Les transferts internationaux de revenu, tels que les réparations de guerre ou l'aide au développement, mais aussi les investissements internationaux, peuvent avoir un impact sur les termes de l'échange d'un pays. Si, par rapport au pays donateur, le pays qui reçoit le transfert dépense une proportion plus élevée de son revenu en biens exportés, alors le transfert augmentera la demande relative mondiale de ces biens et améliorera les termes de l'échange du receveur. Cette amélioration renforcera l'effet positif initial du transfert.

En pratique, la plupart des pays dépensent une part plus importante de leur revenu en biens produits localement qu'en biens importés. De ce fait, les transferts ont un impact positif sur les termes de l'échange du receveur.

Un droit de douane incite le pays qui l'instaure à accroître son offre relative de biens importés et à réduire sa demande relative. Cet instrument améliore donc, à coup sûr, les termes de l'échange du pays qui le met en œuvre, aux dépens du reste du monde. La subvention a l'effet opposé, détériorant les termes de l'échange du pays qui choisit cette politique. Les effets d'une subvention à l'exportation sur les termes de l'échange pénalisent donc le pays qui met en place la subvention et profitent au reste du monde, alors que la mise en place du droit de douane a l'effet inverse.

Activités

1. Considérons deux pays. La Suède exporte des automobiles vers la Norvège qui, de son côté, exporte des saumons. Illustrez les gains à l'échange entre les deux pays en utilisant le modèle standard. On supposera que les préférences sont les mêmes dans les deux pays, mais que les frontières des possibilités de production diffèrent : la Norvège est relativement plus efficace dans l'élevage et la capture de poissons (en raison de ses longues côtes le long de l'Atlantique Nord), et la Suède est relativement plus productive dans la fabrication de voitures (en raison d'une dotation plus importante en capital).

2. Supposons maintenant qu'après plusieurs années de surexploitation des ressources maritimes la Norvège se voie contrainte de réduire ses captures de saumons. Ce changement engendre une réduction de la quantité potentielle de poissons pouvant être produits en Norvège, et, par conséquent, une hausse du prix mondial relatif des saumons, P_s/P_a.

   a. Montrez comment le problème de surexploitation peut entraîner une *diminution* du bien-être de la Norvège.

   b. Montrez de quelle manière le problème de la surexploitation peut aussi entraîner une *augmentation* du bien-être de la Norvège.

3. Considérons une économie où les facteurs de production sont complètement immobiles entre les secteurs. L'offre relative ne peut pas répondre aux changements de prix et la frontière des possibilités de production est à angle droit. Dans ce cas, est-il toujours vrai qu'une amélioration des termes de l'échange augmente le bien-être ? Faites-en l'analyse graphiquement.

4. La contrepartie de l'immobilité des facteurs de production du côté de l'offre peut être, du côté de la demande, le manque de substitution. Imaginons donc une économie dans laquelle les consommateurs achètent toujours des biens dans les mêmes proportions, quel que soit le prix relatif de ces biens. Montrez qu'une amélioration des termes de l'échange bénéficie également à ce type d'économie.

5. Considérons une économie comme le Japon, qui exporte des biens manufacturés et importe des matières premières et des produits agricoles. Analysez l'impact des événements suivants sur les termes de l'échange du Japon :

   a. Une guerre au Moyen-Orient qui réduit l'offre de pétrole.

   b. L'économie sud-coréenne se développe et accroît sa capacité à produire des voitures, qu'elle exporte vers l'Europe et l'Amérique du Nord.

   c. Les pays européens mettent en place une politique énergétique fondée sur le développement du nucléaire, et remplacent progressivement leurs anciennes centrales fonctionnant au pétrole.

   d. Un accident climatique réduit les récoltes de blé en Russie.

   e. Une baisse des droits de douane japonais sur les importations de bœuf.

6. L'apparition d'Internet a favorisé l'essor du commerce de services. Cette évolution a notamment permis à un pays comme l'Inde de devenir exportateur de services de programmation informatique et de concurrencer ainsi l'Europe et les États-Unis. Créez un modèle standard de commerce de biens manufacturés et de services entre les États-Unis et l'Inde qui montre comment la diminution du prix relatif mondial des services peut réduire le bien-être des Américains et profiter aux Indiens.

7. Considérons deux pays A et B, dotés de deux facteurs de production, le capital et le travail, avec lesquels ils produisent deux biens, X et Y. La technologie est la même dans les deux pays. Le bien X est intensif en capital, et le pays A est richement doté en capital. Analysez l'effet des chocs suivants sur les termes de l'échange et le bien-être des deux pays :

   a. Une augmentation du stock de capital de A.

   b. Une augmentation de l'offre de travail de A.

   c. Une augmentation du stock de capital de B.

   d. Une augmentation de l'offre de travail de B.

8. D'un point de vue économique, l'Inde et la Chine présentent certaines similarités : ce sont deux très grands pays à bas salaires. Ils disposent probablement d'une structure d'avantages comparatifs assez semblable. La Chine a été le premier des deux pays à s'ouvrir au commerce, et l'Inde ne s'ouvre progressivement que depuis quelques années. Quel devrait être l'effet de l'ouverture actuelle de l'Inde sur le bien-être de la Chine ? Et sur celui de l'Union européenne ?

9. On reproche souvent à l'aide au développement d'être « conditionnelle » : un certain nombre de restrictions accompagne l'attribution de l'aide, obligeant notamment le pays qui la reçoit à dépenser ces ressources en consommation de biens produits par le pays donateur. Par exemple, la France peut financer un projet d'irrigation en Afrique à la condition que les pompes, les canalisations et les équipements de construction soient achetés en France. Comment ce type d'aide peut-il modifier l'analyse du problème du transfert ? Est-ce que la conditionnalité de l'aide a du sens si l'on se place du point de vue du pays donateur ? Pouvez-vous imaginer un scénario dans lequel l'aide détériore la situation du receveur ?

10. Supposons qu'un pays mette en place une subvention à l'exportation et qu'un autre pays impose en retour un droit de douane qui annule ces effets, de telle sorte que le prix relatif dans le second pays reste inchangé. Quel effet cela aura-t-il sur les termes de l'échange ? Sur le bien-être dans le second pays ? Supposons, au contraire, que le second pays exerce des représailles en mettant également en place une subvention et non un droit de douane. Quelles seront les conséquences de cette politique ?

Annexes du chapitre 5

Annexe A : Représentation de l'équilibre international à l'aide des courbes d'offre

L'analyse de l'équilibre international en termes d'offre et de demande relatives est bien souvent la méthode la plus simple et la plus efficace pour traiter un problème d'économie internationale. Pour autant, il est parfois utile d'étudier le commerce à l'aide d'un diagramme qui montre explicitement les niveaux d'exportation de chaque pays, pour chaque bien. C'est ce qu'on appelle un diagramme de *courbes d'offre*.

Dériver la courbe d'offre d'un pays

La figure 5.3 montre comment on détermine la production et la consommation d'un pays pour un prix relatif donné P_V/ P_N. Le commerce correspond alors simplement à la différence entre la production et la consommation. Dans un diagramme de courbes d'offre de commerce, on montre directement les flux commerciaux qui correspondent à n'importe quel prix relatif. La figure 5A.1 représente en abscisse les exportations du pays $(Q_V - D_V)$ et en ordonnée ses importations $(D_N - Q_N)$[1]. Le point T correspond à la situation de la figure 5.3 (production au point Q, consommation au point D). Comme :

$$(D_N - Q_N) = (Q_V - D_V)\ (P_V/P_N) \qquad (5A.1)$$

La pente de la droite passant par l'origine et par T est égale à (P_V /P_N). T est l'offre de commerce du pays domestique et dépend de la valeur du prix relatif. En calculant cette offre pour différents prix relatifs, on peut tracer la courbe d'offre OC (voir figure 5A.2). On constate à la figure 5.4 que lorsque (P_V/P_N) augmente, les quantités désirées $(Q_V - D_V)$ et $(D_N - Q_N)$ tendent à augmenter toutes les deux.

La courbe d'offre de commerce du pays étranger OF peut être tracée de la même manière (voir figure 5A.3). On le voit, plus P_V /P_N est faible, plus le pays étranger voudra exporter de nourriture.

L'équilibre international

À l'équilibre, l'offre et la demande sont égales pour chacun des deux biens : $(D^{\star}_V - Q^{\star}_V) = (Q_V - D_V)$ et $(Q^{\star}_N - D^{\star}_N) = (D_N - Q_N)$. Cet équilibre correspond au point où les deux courbes d'offre se croisent (voir figure 5A.4). Cette représentation de l'équilibre international nous montre qu'on a bien un équilibre *général*, dans lequel l'offre et la demande s'égalisent simultanément sur chacun des marchés.

---

1. On considère ici un pays qui exporte des vêtements et importe de la nourriture.

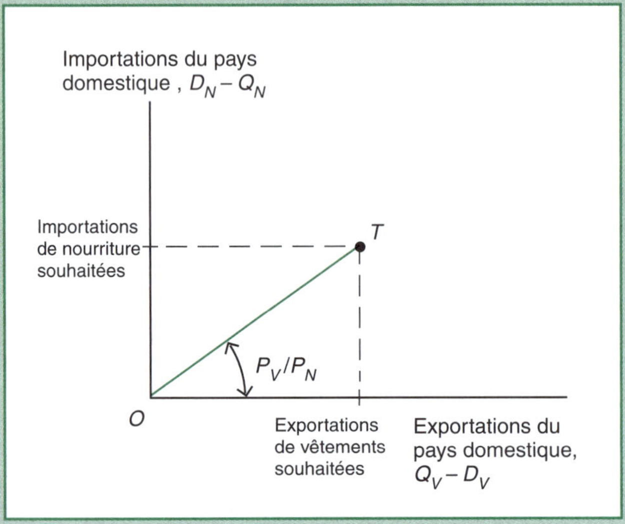

Figure 5A.1 • Commerce souhaité par le pays domestique à prix relatif donné.
La droite qui passe par l'origine a pour pente le prix relatif. Le pays domestique propose d'échanger *($Q_V - D_V$)* unités de vêtements contre *($D_N - Q_N$)* unités de nourriture.

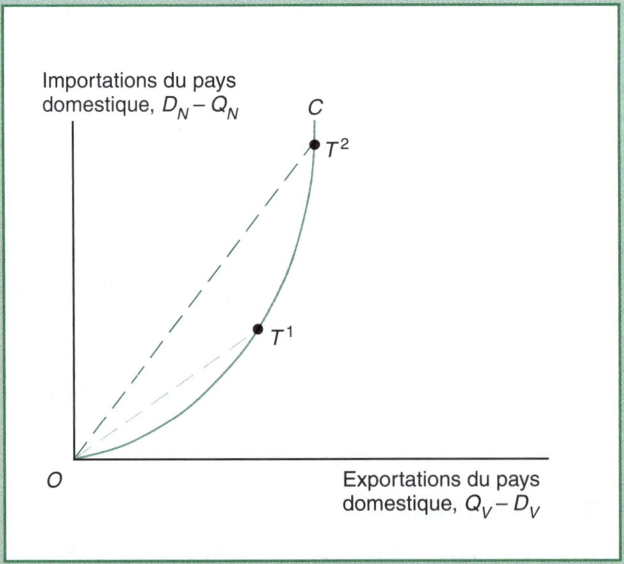

Figure 5A.2 • Courbe d'offre domestique.
On obtient la courbe d'offre domestique en traçant les variations de l'offre de commerce domestique consécutives à une variation du prix relatif des vêtements.

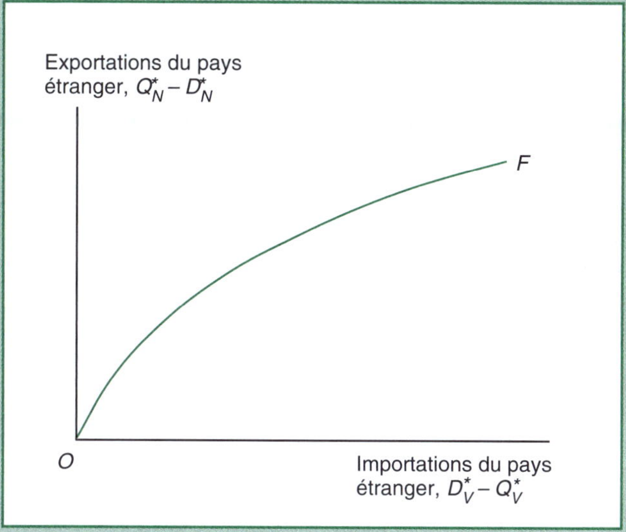

Figure 5A.3 • Courbe d'offre étrangère.
On obtient la courbe d'offre étrangère en traçant les variations de l'offre de commerce étrangère consécutives à une variation du prix relatif des vêtements.

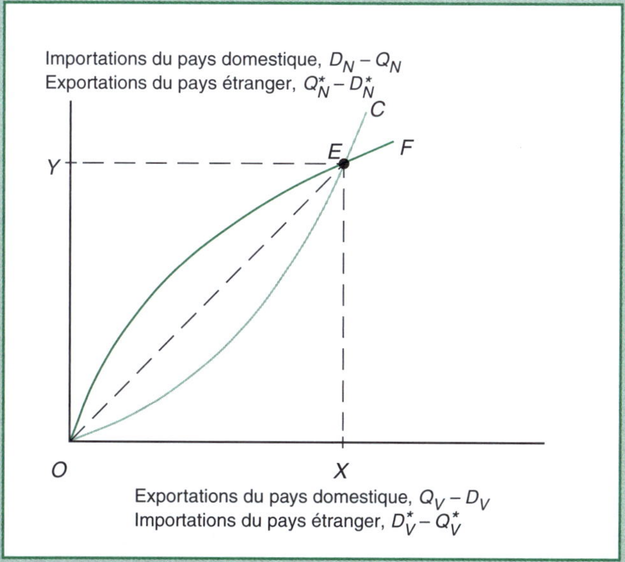

Figure 5A.4 • Courbes d'offre d'équilibre.
L'équilibre mondial est représenté par le point d'intersection des courbes d'offres domestique et étrangère.

Annexe B : Le commerce dans l'économie mondiale

Offre, demande et équilibre mondial

Équilibre mondial

Graphiquement, il est commode de représenter l'équilibre mondial comme une égalité entre la demande et l'offre relatives mondiales. Mais, pour une exploration mathématique du modèle standard, il est préférable de se concentrer sur les conditions d'équilibre entre l'offre et la demande de l'un ou l'autre des deux biens.

Notons respectivement Q_V et Q^*_V la production domestique et étrangère de vêtements. De la même façon, D_V et D^*_V désignent les demandes de vêtements dans les deux pays. Les variables relatives au secteur de la nourriture sont notées par un indice N. Le prix relatif des vêtements est noté p.

Dans tous les cas, les dépenses mondiales sont toujours égales à la valeur de la production mondiale :

$$p(Q_V + Q^*_V) + Q_N + Q^*_N = p(D_V + D^*_V) + D_F + D^*_F \tag{5B.1}$$

Supposons maintenant que le marché mondial des vêtements soit en équilibre, c'est-à-dire :

$$Q_V + Q^*_V = D_V + D^*_V \tag{5B.2}$$

Dans ce cas, l'équation (5B.1) implique que le marché de la nourriture est aussi en équilibre :

$$Q_N + Q^*_N = D_N + D^*_N \tag{5B.3}$$

Il suffit donc de se concentrer sur le marché des vêtements pour déterminer le prix relatif d'équilibre.

Production et revenus

Chaque pays a une frontière des possibilités de production qui décrit les arbitrages possibles entre la production de vêtements et de nourriture. Pour un prix relatif des biens donné, l'économie choisit le point de cette frontière qui maximise la valeur totale Y de la production. Cette valeur s'écrit :

$$Y = pQ_V + Q_N \tag{5B.4}$$

Comme dans les cas de minimisation de coûts décrits précédemment, le fait que la répartition de la production maximise la valeur de la production implique qu'un léger glissement le long de la frontière n'a pas d'effet sur cette valeur :

$$pdQ_V + dQ_N = 0 \tag{5B.5}$$

Un changement du prix relatif des vêtements doit entraîner à la fois une évolution de la répartition de la production et de la valeur totale de celle-ci. Le changement de la valeur de la production est :

$$dY = Q_V\, dp + p dQ_V + dQ_N \tag{5B.6}$$

Cependant, comme l'équation (5B.5) impose que la somme des deux derniers termes est nulle, on a :

$$dY = Q_V\, dp \tag{5B.7}$$

De la même façon, on obtient pour le pays étranger :

$$dY^* = Q^*{}_V\, dp \tag{5B.7'}$$

Revenus, prix et utilité

Les comportements des consommateurs sont agrégés, si bien que l'on peut considérer chaque pays comme un individu unique. La fonction d'utilité qui traduit les préférences d'un pays dépend des quantités consommées de vêtements et de nourriture :

$$U = U(D_V, D_N) \tag{5B.8}$$

Supposons qu'un pays ait un revenu I en termes de nourriture. Sa dépense totale doit être égale à ce revenu :

$$pD_V + D_N = \mathrm{I} \tag{5B.9}$$

Si on note respectivement Um_V et Um_N l'utilité marginale de la consommation de vêtements et de nourriture, alors la variation de l'utilité qui doit résulter d'une évolution des quantités consommées s'écrit :

$$dU = Um_V\, dD_V + Um_N\, dD_N \tag{5B.10}$$

La maximisation de l'utilité en fonction de la contrainte budgétaire (5B.9) implique, à l'optimum, l'égalité du rapport des utilités marginales et du prix relatif des biens :

$$Um_V / Um_N = p \tag{5B.11}$$

Considérons maintenant l'effet d'un changement du prix relatif des vêtements et du revenu. En différenciant l'équation (5B.9), on obtient :

$$pdD_V + dD_N = dI - D_V dp \tag{5B.12}$$

Mais il ressort des équations (5B.10) et (5B.11) que :

$$dU = Um_N\,[pdD_V + dD_N] \tag{5B.13}$$

Dès lors :

$$dU = Um_N\,[dI - D_V\, dp] \tag{5B.14}$$

Il est maintenant nécessaire d'introduire une nouvelle définition : la variation de l'utilité, divisée par l'utilité marginale de la nourriture (qui est le bien servant d'unité de compte pour évaluer le revenu), peut être définie comme une variation de *revenu réel*, notée dy :

$$dy = dU/Um_N = dI - D_V dp \tag{5B.15}$$

Pour l'ensemble de l'économie, le revenu est simplement égal à la valeur de la production : $I = Y$. Ainsi, l'effet d'une variation du prix relatif des vêtements sur le revenu réel de l'économie est :

$$dy = [Q_V - D_V]\, dp \tag{5B.16}$$

La quantité $Q_V - D_V$ correspond aux exportations de vêtements de l'économie. Une hausse du prix relatif des vêtements doit donc profiter au pays qui exporte des vêtements. Cette économie profite en effet d'une amélioration de ses termes de l'échange. En réaménageant un peu les termes de l'équation (5B.16), on obtient :

$$dy = [p(Q_V - D_V)]dp/p \tag{5B.17}$$

Le terme entre crochets correspond à la valeur des exportations. Le terme dp/p est la variation, en pourcentage, des termes de l'échange. Écrite sous cette forme, l'équation (5B.17) indique que la variation du revenu réel, qui résulte d'une évolution donnée des termes de l'échange, est exactement égale à la variation en pourcentage des termes de l'échange, multipliée par la valeur initiale des exportations. Ainsi, par exemple, un pays dont les exportations s'élèvent à 100 milliards d'euros verrait son revenu réel augmenter de 10 millions d'euros si ses termes de l'échange s'appréciaient de 10 %.

Offre, demande et stabilité de l'équilibre

Sur le marché des vêtements, un changement des prix relatifs doit influer à la fois sur la production et sur la demande.

Du côté de l'offre, une hausse de p doit inciter les économies domestique et étrangère à produire davantage de vêtements. Notons s et s^* les réponses de l'offre dans les deux économies :

$$dQ_V = s\, dp \tag{5B.18}$$

$$dQ^*_V = s^*\, dp \tag{5B.19}$$

Du côté de la demande, les choses sont un peu plus complexes. Un changement de prix relatif engendre à la fois un effet revenu et un effet substitution. La figure 5B.1 permet d'illustrer ces deux effets. Elle représente une économie qui fait face à un prix relatif initial correspondant à la pente de la droite YY^0. Compte tenu de ce prix, l'économie choisit de produire au point Q^0 et de consommer au point D^0. Supposons maintenant que le prix relatif des vêtements augmente jusqu'à atteindre la pente de la droite YY^2. S'il n'y avait pas d'augmentation d'utilité, la consommation devrait glisser vers D^1, ce qui impliquerait, sans ambiguïté possible, une réduction de la demande de vêtements. Mais le changement de prix affecte aussi le revenu réel de l'économie : dans cet exemple, puisque le pays est exportateur net de vêtements, le revenu réel augmente. Cette évolution amène alors l'économie à consommer au point D^2 plutôt qu'au point D^1 ; cette hausse de revenu tend ainsi à accroître la consommation de vêtements.

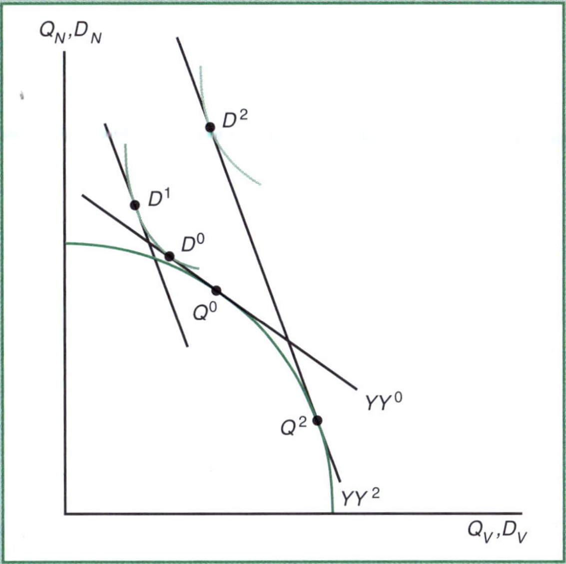

Figure 5B.1 • Les effets d'un changement de prix sur la consommation.
Un changement des prix relatifs induit à la fois un effet revenu et un effet substitution.

Notons $-e\,dp$ l'effet de substitution ; il est toujours négatif. L'effet revenu est noté $n\,dy$. Si les vêtements sont des biens « normaux », pour lesquels la demande augmente avec le revenu réel, l'effet revenu est positif sur le pays exportateur net de vêtements, et négatif dans le cas contraire[1]. Ainsi, l'effet total d'un changement de prix relatif sur la demande domestique de vêtements est :

$$\begin{aligned} dD_V &= -e\,dp + n\,dy \\ &= [-e + n(Q_V - D_V)]dp \end{aligned} \tag{5B.20}$$

De la même manière, on a pour le pays étranger :

$$dD^{*}_V = [-e^{*} + n^{*}(Q^{*}_V - D^{*}_V)]dp \tag{5B.21}$$

Puisque le pays étranger est importateur net de vêtements $(Q^{*}_V - D^{*}_V < 0)$, l'effet revenu y est négatif.

En rapprochant les effets de demande et d'offre, on obtient finalement l'effet total d'une variation de p sur le marché des vêtements. L'*offre excédentaire* de vêtements est la différence entre la production et la consommation souhaitées par l'économie mondiale :

$$OE_V = Q_V + Q^{*}_V - D_V - D^{*}_V \tag{5B.22}$$

1. Si la nourriture est aussi un bien normal, n doit être plus petit que $1/p$. En effet, si le revenu I augmentait de dI sans que p ne change, la dépense totale consacrée aux vêtements devrait augmenter de $np\,dI$. Si on avait $n > 1/p$, la hausse de la dépense en vêtements représenterait plus de 100 % de la hausse du revenu.

L'effet d'une évolution de p sur cette offre excédentaire est :

$$dOE_V = [s + s^* + e + e^* - n(Q_V - D_V) - n^*(Q^*_V - D^*_V)]dp \qquad (5B.23)$$

Si le marché est à l'équilibre, les exportations domestiques sont forcément égales aux importations étrangères : $Q^*_V - D^*_V = -\ (Q_V - D_V)$. L'effet d'une variation de p s'écrit alors :

$$dOE_V = [s + s^* + e + e^* - (n - n^*)(Q_V - D_V)]dp \qquad (5B.23')$$

Supposons qu'initialement le prix relatif des vêtements soit un peu plus élevé que le prix d'équilibre. Il y a alors une offre excédentaire de vêtements et les forces de marché poussent le prix des vêtements à la baisse jusqu'à rétablir l'équilibre. D'un autre côté, si un prix relatif des vêtements un peu trop élevé entraîne une demande excédentaire de vêtements, alors les prix ont tendance à augmenter encore. L'équilibre du marché ne peut donc être *stable* qu'à la condition qu'une petite augmentation du prix relatif des vêtements entraîne une offre excédentaire, c'est-à-dire si :

$$dOE_V/dp > 0 \qquad (5B.24)$$

L'inspection de l'équation (5B.23′) rend possible l'identification des facteurs permettant d'assurer la stabilité de l'équilibre. L'effet de substitution et l'effet d'offre jouent tous deux en faveur de la stabilité. Seul l'effet revenu peut constituer une source d'instabilité. L'effet revenu net a effectivement un signe ambigu : tout dépend si n est supérieur à n^* ou non, c'est-à-dire si l'économie domestique a une plus grande propension marginale à consommer des vêtements quand son revenu augmente que l'étranger. Si $n > n^*$, alors l'effet revenu joue en faveur de l'instabilité, alors que dans le cas où $n < n^*$, il vient soutenir les force de stabilité.

On suppose, à partir de maintenant, que la condition définie par l'équation (5B.24) est vérifiée, c'est-à-dire que l'équilibre mondial est stable.

Effets des chocs d'offre et de demande

Méthode de la statique comparative

Pour évaluer les effets des bouleversements qui affectent l'économie mondiale, on a recours à la méthode de la *statique comparative*. Dans chacun des cas considérés ici, l'économie mondiale est soumise à certains chocs qui modifient le prix relatif mondial des vêtements. La première étape du raisonnement consiste à calculer l'effet d'un changement de prix sur l'offre excédentaire mondiale de vêtements, *au niveau initial de p*. Cet effet est noté $dOE|_p$. La variation du prix relatif nécessaire pour restaurer l'équilibre est alors :

$$dp = -\, dOE|_p/(dOE/dp) \qquad (5B.25)$$

où dOE/dp reflète l'ensemble des effets d'offre, de revenu et de substitution décrits ci-dessus.

Les conséquences d'un choc donné sur le bien-être national peuvent alors être calculées en deux étapes. Tout d'abord, il faut calculer l'effet direct sur le revenu réel, noté $dy|_p$; puis il faut prendre en compte l'effet indirect résultant de l'évolution des termes de l'échange, qui peut être évalué à partir de l'équation (5B.16). Ainsi, l'effet total sur le bien-être s'écrit :

$$dy = dy|_p + (Q_V - D_V)dp \qquad (5B.26)$$

Effet de la croissance économique

On dispose maintenant de tous les outils nécessaires pour étudier l'effet d'une croissance de l'économie domestique. Cette croissance se traduit par une extension de la frontière des possibilités de production. Au prix relatif initial p, cela va forcément modifier la production de vêtements et de nourriture. On note dQ_V et dQ_N ces changements. Si la croissance est fortement biaisée, l'un ou l'autre de ces termes peut être négatif, mais même dans ce cas la valeur totale de la production, au prix relatif initial p, doit augmenter :

$$dY = p\, dQ_V + dQ_N = dy|_p > 0 \qquad (5B.27)$$

Si le prix relatif ne change pas, la production de vêtements doit augmenter d'une quantité dQ_V. La demande doit croître aussi, de $n\, dy|_p$. L'effet net sur l'offre excédentaire mondiale de vêtements sera alors :

$$dOE|_p = dQ_V - n(pdQ_V + dQ_N) \qquad (5B.28)$$

Le signe de cette expression est indéterminé. Supposons pour l'instant que la croissance soit biaisée en faveur de la production de vêtements, de sorte que $dQ_V > 0$ et $dQ_N \leq 0$. La demande de vêtements doit aussi augmenter :

$$dD_V = n(p\, dQ_V + dQ_N) \leq np\, dQ_V > dQ_V$$

Ainsi, l'effet total sur l'offre excédentaire est :

$$dOE|_p = dQ_V - dD_V > 0$$

Il en résulte que $dp = -\, dOE|_p/(dOE/dp) < 0$: les termes de l'échange du pays domestique se dégradent.

À l'inverse, si l'on suppose que la croissance est fortement biaisée en faveur de la production de nourriture, de sorte que $dQ_V \leq 0$ et $dQ_N > 0$, alors, au prix initial p, la croissance a un effet négatif sur l'offre de vêtements, mais toujours un effet positif sur la demande. Il s'ensuit que $dOE|_p = dQ_V - dD_V < 0$, et donc $dp > 0$: les termes de l'échange s'améliorent.

Enfin, une croissance biaisée de façon moins marquée peut modifier p aussi bien à la hausse qu'à la baisse, selon l'importance du biais et les effets marginaux du revenu sur la consommation.

Examinons maintenant les effets sur le bien-être. L'effet de la croissance domestique sur le bien-être de l'économie étrangère transite entièrement par la variation des termes de l'échange. Le cas de l'économie domestique est cependant plus complexe. L'évolution du bien-être dépend bien sûr de la variation des termes de l'échange, mais aussi de la progression du revenu, comme l'indique l'équation (5B.26).

Si la croissance vient dégrader les termes de l'échange de l'économie domestique, les conséquences de la croissance sur le bien-être seront plus limitées. Mais est-il possible qu'une telle dégradation soit si importante que la croissance finisse par appauvrir l'économie ? Pour le montrer, considérons tout d'abord le cas d'une économie qui connaît une évolution de la structure de sa production, qui accroît Q_V et réduit Q_N, mais laisse inchangée la valeur totale de la production au prix relatif initial. Dans ces conditions, si les prix relatifs ne changent pas, la demande pour chacun des deux biens ne devrait pas évoluer alors que la production de vêtements augmente. Pour réaliser l'équilibre, les prix doivent donc s'ajuster : p diminue. L'évolution du revenu réel est $dy|_p - (Q_V - D_V)$; cependant, on est, par construction, dans un cas où $dy|_p = 0$, donc dy est certainement négatif.

Dans cet exemple, l'économie domestique ne croît pas puisque la valeur de la production aux prix initiaux est constante. Mais, en permettant à la production de l'un ou l'autre des deux biens d'augmenter un peu plus, nous aurions un cas de véritable croissance. Si cette élévation supplémentaire de la production est trop faible, elle ne suffira pas à compenser la perte de bien-être résultant de la baisse de p. Dès lors, une croissance fortement biaisée peut effectivement avoir un impact négatif sur le bien-être.

Effet d'un transfert

Supposons que l'économie nationale transfère une partie de son revenu à l'étranger, sous la forme par exemple d'une aide au développement. On note da ce transfert, mesuré en termes de nourriture. Quelles sont les conséquences de ce changement ?

Si les prix relatifs restent constants, le transfert n'a pas d'effet sur la production et n'agit que sur la demande. Le revenu domestique est amputé de da, alors que le revenu étranger augmente en contrepartie du même montant. Cet ajustement amène à une réduction de D_V de $-\,n\,da$, et une hausse de D_V^* de n^*da. Dès lors :

$$dOE|_p = (n - n^*)da \tag{5B.29}$$

L'effet sur les termes de l'échange est :

$$dp = -da\,(n - n^*)/(dOE/dp) \tag{5B.30}$$

Les termes de l'échange domestiques se dégradent si $n > n^*$, ce qui correspond au cas le plus probable. Cependant, si $n < n^*$, alors les termes de l'échange s'améliorent.

L'effet du transfert sur l'économie domestique combine donc un effet direct (négatif) sur le revenu, et un effet indirect qui transite par les termes de l'échange. Est-il possible, si ce second effet est positif, qu'il compense l'impact négatif sur le revenu ? Dans ce modèle, la réponse est non.

Pour le comprendre, notons que :

$$\begin{aligned} dy &= dy|_n + (Q_V - D_V)dp \\ &= -da + (Q_V - D_V)dp \\ &= -da[1 + (n - n^*)(Q_V - D_V)/[s + s^* + e + e^* - (n - n^*)(Q_V - D_V)] \\ &= -da\,(s + s^* + e + e^*)\,/\,[s + s^* + e + e^* - (n - n^*)(Q_V - D_V)] < 0 \end{aligned} \tag{5B.31}$$

De la même manière, il est possible de montrer que le transfert ne pourrait pas dégrader le bien-être de l'économie étrangère.

On peut proposer une explication intuitive de ce résultat. Supposons que p augmente suffisamment pour laisser inchangé le bien-être domestique et pour compenser exactement l'effet positif du transfert sur l'économie étrangère. Dans ces conditions, il n'y aurait pas d'effet revenu sur la demande mondiale. Mais l'élévation du prix devrait à la fois augmenter la production de vêtements et inciter les consommateurs à substituer une demande de nourriture à la demande de vêtements. Il en résulterait une offre excédentaire de vêtements qui pousserait le prix relatif à la baisse. Ainsi, seul un prix relatif supérieur au prix d'équilibre serait suffisamment élevé pour compenser les effets directs du transfert sur le bien-être.

Effet d'un droit de douane

Supposons maintenant que le pays domestique impose un droit de douane d'un montant t. Ainsi, pour un prix relatif mondial des vêtements p, les producteurs et les consommateurs domestiques font face à un prix relatif intérieur $\bar{p} = p/(1+t)$. Si le droit de douane est suffisamment faible, celui-ci est approximativement égal à :

$$\bar{p} = p - pt \tag{5B.32}$$

En plus d'avoir une incidence sur le prix relatif p, le droit de douane va générer un revenu. On suppose que celui-ci est entièrement redistribué à l'ensemble de l'économie domestique.

Si les termes de l'échange n'évoluent pas, le droit de douane va influer sur l'offre excédentaire de vêtements de deux façons distinctes. Tout d'abord, la réduction du prix relatif intérieur des vêtements va réduire la production domestique de vêtements et inciter les consommateurs domestiques à substituer une partie de leur demande de nourriture en faveur de la demande de vêtements. Par ailleurs, le droit de douane peut avoir des répercussions sur le revenu réel domestique, et modifier ainsi la demande. Si, à partir d'une situation de libre-échange, l'économie domestique impose un droit de douane assez faible, le problème est cependant plus simple dans la mesure où cette politique n'aura qu'un effet négligeable sur le revenu réel. En effet, souvenons-nous que :

$$dy = p\, dD_V + dD_N$$

Aux prix mondiaux, la valeur de la production doit toujours être égale à la valeur de la consommation :

$$p\, dD_V + dD_N = p\, dQ_V + dQ_N$$

Mais comme l'économie domestique maximisait la valeur de la production avant l'imposition du droit de douane, on a aux termes de l'échange initiaux :

$$p\, dQ_V + dQ_N = 0$$

Puisqu'il n'y a pas d'effet revenu, la baisse du prix intérieur $\bar{p}$ n'induit qu'un effet de substitution, avec une baisse de la production et une hausse de la consommation de vêtements :

$$dQ_V = -\, sp\, dt \tag{5B.33}$$

$$dD_V = ep\, dt \tag{5B.34}$$

où dt représente l'augmentation du droit de douane. Dès lors :

$$dOE|_p = -(s + e)p\, dt < 0 \tag{5B.35}$$

Cela implique que :

$$\begin{aligned} dp &= -\, dOE|_p / (dOE/dp) \\ &= pdt(s + e)/[s + s^* + e + e^* - (n - n^*)(Q_V - D_V)] > 0 \end{aligned} \tag{5B.36}$$

Cette expression montre clairement qu'un droit de douane améliore les termes de l'échange du pays qui le met en place. Cet effet sur le prix relatif mondial peut-il être suffisamment important pour que le prix relatif interne du bien importé diminue et le prix relatif interne du prix exporté augmente ? L'effet sur $\bar{p}$ est :

$$d\bar{p} = dp - pdt \tag{5B.37}$$

On peut donc observer une baisse du prix relatif interne des exportation si $dp > p\, dt$.

L'équation (5B.36) nous indique que ce résultat (le fameux paradoxe de Metzler) est en effet possible si $s^* + e^* - (n - n^*)(Q_V - D_V) < 0$. Cette situation n'est pas incompatible avec la condition de stabilité de l'équilibre, puisque celle-ci fait aussi appel aux termes s et e qui permettent d'obtenir un dénominateur positif.

Chapitre 6

Les économies d'échelle, la concurrence imparfaite et le commerce international

Objectifs pédagogiques :

- **Étudier le rôle des rendements d'échelle croissants et de la concurrence imparfaite dans la détermination du commerce international.**
- **Analyser l'origine du commerce intrabranche et ses différences avec le commerce interbranche.**
- **Établir la notion de dumping et sa relation avec la discrimination par les prix.**
- **Définir le principe du « dumping réciproque ».**
- **Examiner l'influence des économies d'échelle externes sur les avantages comparatifs et la structure du commerce international.**

Jusqu'ici, nous avons expliqué l'existence du commerce international par la volonté des nations de profiter de leurs différences mutuelles : différences relatives de dotations factorielles ou de technologies. Pour autant, une très grande part des flux internationaux de biens et services se fait entre des économies assez semblables, qui n'affichent pas d'avantages comparatifs marqués. Ce chapitre revient donc en détail sur une autre motivation des échanges, rapidement évoquée au chapitre 3 : les économies d'échelle.

Introduire des économies d'échelle dans un raisonnement théorique ne va cependant pas sans difficulté. Lorsque les rendements d'échelle sont croissants, les grandes firmes disposent d'un avantage sur les entreprises plus petites et tendent finalement à dominer leur marché. On aboutit alors à une situation de concurrence imparfaite. Ce chapitre débute donc par un aperçu rapide du principe des rendements croissants et des imperfections de marché. Nous verrons ensuite deux modèles de commerce international en concurrence imparfaite qui se distinguent par leur structure de marché : le modèle de concurrence monopolistique et le modèle de « dumping réciproque ». Puis, nous verrons le rôle que peuvent avoir les économies d'échelle externes sur les spécialisations. Enfin, nous montrerons dans quelle mesure les rendements d'échelle croissants peuvent constituer de puissantes forces d'agglomération spatiale, à même de bouleverser profondément la géographie économique.

1 Économies d'échelle et commerce international : vue d'ensemble

Les modèles en concurrence parfaite développés aux chapitres précédents reposaient sur l'hypothèse de rendements d'échelle constants : si, dans chaque secteur, la quantité de facteurs de production est doublée, alors la quantité produite sera également multipliée par deux.

Mais dans les faits, de nombreux secteurs d'activité sont caractérisés par la présence d'économies d'échelle (ou rendements croissants) : la production y est d'autant plus efficiente que la quantité produite est importante. Dans ces secteurs, le doublement de la quantité d'intrants entraîne une croissance de plus du double de la production.

À eux seuls, ces rendements d'échelle croissants peuvent expliquer l'existence du commerce international. Imaginons en effet un monde constitué de deux économies : les États-Unis et l'Union européenne. Supposons qu'il n'y ait aucun avantage comparatif (les technologies et les dotations relatives en facteurs de production sont semblables), que ces économies soient de taille identique et que les consommateurs aient partout les mêmes préférences. En autarcie, la production de chaque bien se répartit uniformément entre les deux pays, et chacun doit donc consacrer la même quantité de facteurs à la production de chacun des biens. Imaginons donc qu'en autarcie les deux pays emploient une quantité L de facteurs dans un secteur à rendements croissants. Que se passe-t-il si la production mondiale de ce bien est maintenant entièrement assurée par l'Union européenne ? Dans ce cas, l'économie européenne peut exploiter pleinement les économies d'échelle et répondre à la demande mondiale en utilisant moins de $2L$ unités de facteurs ; l'économie mondiale gagne en efficience, et la production totale augmente. La concentration de la production du bien à rendements croissants dans une seule économie s'accompagne nécessairement d'un bouleversement de la répartition de la production mondiale des autres biens : l'activité dans les autres secteurs se développe aux États-Unis et diminue dans l'Union européenne. En présence d'économies d'échelle, et même s'il n'existe pas d'avantage comparatifs, chaque pays tend donc à se spécialiser dans la production d'un nombre limité de produits et à développer des flux de commerce.

2 Économies d'échelle et structure de marché

En présence d'économies d'échelle, la production d'un bien s'accroît de façon plus que proportionnelle à la quantité de facteurs employés dans ce secteur. Mais l'augmentation de la production dans un secteur peut prendre deux formes distinctes : chaque entreprise existante peut augmenter le volume de sa production ou bien de nouvelles entreprises peuvent entrer sur le marché. Tout dépend en fait de la nature des économies d'échelle[1]. On parle d'**économies d'échelle externes** lorsque le coût unitaire de production (c'est-à-dire le coût moyen) dépend de la taille du secteur d'activité, mais pas nécessairement de celle de chaque entreprise. À l'opposé, on a des **économies d'échelle internes** lorsque le coût par unité dépend de la taille de chaque entreprise, mais pas nécessairement de celle du secteur.

Les économies d'échelle externes et internes ont des implications différentes sur les structures de marché. Un secteur dans lequel les économies d'échelle sont uniquement externes comprendra une multitude de petites firmes et sera parfaitement concurrentiel. Les économies d'échelle internes, en revanche, confèrent un avantage aux grandes firmes. Celles-ci ont des coûts plus faibles et gagnent des parts de marché sur les petites entreprises, ce qui conduit forcément au développement d'une concurrence imparfaite.

---

1. Pour une description détaillée de la nature et des conséquences des économies d'échelle externes, voir par exemple le manuel de Robert Pindyck, Daniel Rubinfeld et Michel Sollogoub, *Microéconomie,* 7e édition, Pearson Education, 2009.

Rien n'empêche *a priori* que des économies d'échelle externes et internes influent conjointement sur un secteur, mais, dans la mesure où elles ont des implications différentes sur la structure de marché et le commerce international, il est difficile de les étudier simultanément. Nous examinerons tout d'abord les économies d'échelle internes.

3 La concurrence imparfaite : éléments théoriques

En concurrence parfaite, les agents sont preneurs de prix (*price takers*). Les vendeurs estiment que quelles que soient les quantités qu'ils proposent sur le marché, ils ne seront jamais en mesure d'agir sur le prix qu'ils reçoivent pour leurs produits. Les choses sont forcément différentes lorsque quelques firmes seulement se partagent le marché. Airbus et Boeing, par exemple, sont pratiquement les deux seuls fabricants d'avions civils gros porteurs. Les dirigeants d'Airbus – tout comme ceux de Boeing – savent que s'ils augmentent les capacités de production de leur entreprise, ils ne pourront vendre ces avions supplémentaires qu'en pratiquant un prix plus faible. Les producteurs sont ainsi conscients de posséder le pouvoir de modifier sensiblement l'équilibre de marché ; ils sont donc faiseurs de prix (*price setters*). Dans cette situation, l'analyse économique a besoin d'autres outils que ceux que nous avons utilisés aux chapitres précédents pour décrire la détermination des prix et des niveaux de production.

3.1 Le monopole : une présentation rapide

La figure 6.1 montre un cas particulièrement simple de concurrence imparfaite, celui d'une firme en situation de monopole. Elle fait face à une courbe de demande, la droite *D*. À cette courbe de demande correspond une courbe de **revenu marginal**. Ce revenu est la recette dégagée par la firme à la suite de la vente d'une unité additionnelle de bien. En situation de monopole, l'offre du producteur a un impact direct sur le prix et, afin de vendre une unité supplémentaire, la firme doit réduire le prix de vente. Ce prix ne s'applique pas seulement à la dernière unité vendue, mais à toutes. Le revenu marginal est donc ici inférieur au prix de vente, et la courbe *Rm* est toujours située sous la courbe de demande.

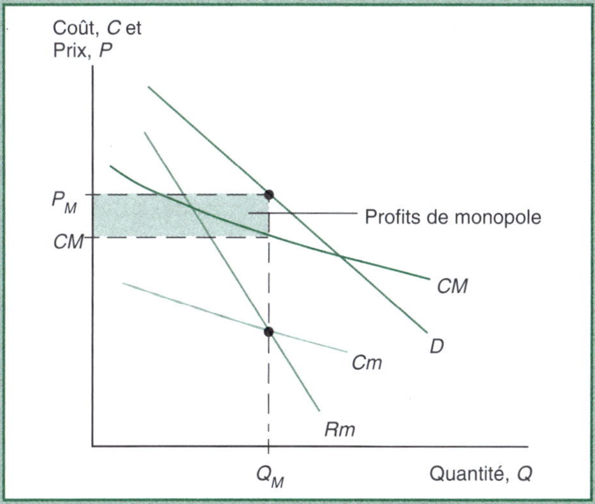

Figure 6.1 • Prix de monopole et niveau de production.

Une firme en monopole choisit le niveau de production de façon à maximiser son profit, c'est-à-dire à égaliser son revenu marginal *Rm* à son coût marginal *Cm*. Le prix associé à ce niveau de production Q_M est P_M. En situation de monopole, le revenu marginal est inférieur au prix (la courbe de revenu marginal est en dessous de la courbe de demande). Les profits sont alors égaux à la surface du rectangle coloré.

Revenu marginal et prix. Le revenu marginal est donc toujours inférieur au prix. Mais quelle est l'ampleur de cet écart ? Celui-ci dépend tout d'abord de la quantité mise en vente sur le marché : une baisse du prix aura d'autant moins d'effet sur le revenu de la firme que celle-ci a produit peu d'unités. D'autre part, la marge dépend de la pente de la courbe *D*, qui indique de combien la firme doit réduire son prix afin de vendre une unité supplémentaire. Plus la pente est faible (en valeur absolue), moins la réduction de prix que la firme doit consentir pour placer une unité additionnelle sera importante ; le revenu marginal est alors proche du prix de vente.

Supposons, pour simplifier, que la courbe de demande soit une droite :

$$Q = A - B \times P \qquad (6.1)$$

où Q est le nombre d'unités vendues, P le prix de chaque unité et A et B des constantes. Nous verrons dans l'annexe de ce chapitre, que le revenu marginal dans ce cas est égal à :

$$\text{Revenu marginal} = Rm = P - Q/B, \qquad (6.2)$$

ce qui implique :

$$P - Rm = Q/B$$

L'équation (6.2) confirme bien que l'écart entre le prix et le revenu marginal dépend des quantités mises en ventes Q et de la pente de la courbe de demande B. Cette équation est essentielle pour bien comprendre les analyses de la concurrence monopolistique développées plus loin dans ce chapitre.

Coût moyen et coût marginal. La courbe *CM* de la figure 6.1 représente le **coût moyen de production** de la firme, c'est-à-dire son coût total, divisé par la quantité produite. La pente décroissante de cette courbe reflète la présence d'économies d'échelle internes. *Cm* représente le **coût marginal** de la firme, c'est-à-dire le coût induit par la production d'une unité supplémentaire.

En présence d'économies d'échelle, le coût de production d'une unité supplémentaire est toujours plus faible que le coût de production des unités précédentes, et le coût marginal est donc toujours inférieur au coût moyen ; *Cm* se situe alors en dessous de *CM*. Supposons que les coûts *C* de la firme prennent la forme suivante :

$$C = F + c \times Q \qquad (6.3)$$

F est un coût fixe, indépendant de la quantité produite, c est le coût marginal et Q la quantité produite par l'entreprise. *Dans cette fonction de coût linéaire, le coût fixe est à l'origine des économies d'échelle : plus la quantité produite est importante, plus le coût fixe par unité produite est faible.* Plus précisément, le coût moyen de la firme est :

$$\text{Coût moyen} = CM = C/Q = F/Q + \text{c} \qquad (6.4)$$

Le coût moyen *CM* apparaît bien comme une fonction décroissante de la quantité Q (voir figure 6.2).

Le niveau de production qui maximise le profit de la firme en situation de monopole est tel que le revenu marginal soit égal au coût marginal ; c'est le point d'intersection des courbes *Cm* et *Rm*. La figure 6.1 montre que ce niveau de production conduit à définir un prix de monopole P_M, supérieur au coût moyen de production. La vente de chaque unité rapporte ainsi davantage à la firme que ce que cette production lui a coûté en moyenne ; sa situation de monopole lui permet alors de réaliser des profits[1].

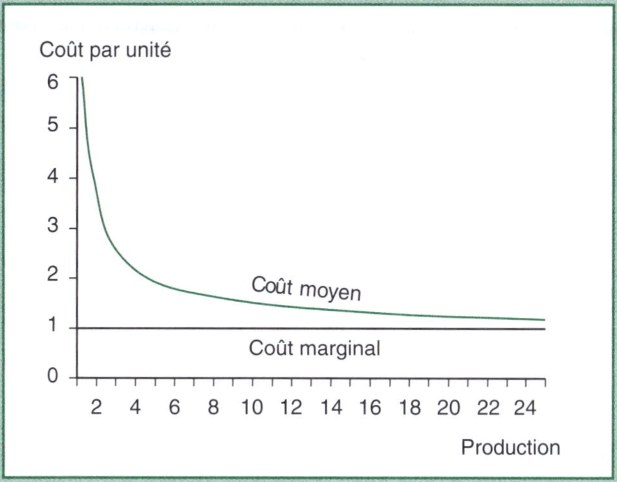

Figure 6.2 • Coût moyen et coût marginal.
Cette figure représente les coûts moyen et marginal pour une fonction de coût total de la forme $C = 5 + Q$. Le coût marginal est toujours égal à 1. Le coût moyen décroît au fur et à mesure que la quantité produite augmente.

3.2 La concurrence monopolistique

Une firme qui réalise des profits élevés attire généralement l'attention des concurrents, prêts à lui contester cette position avantageuse. Dans les faits, il est donc rare de rencontrer des situations de monopole pur. La structure de marché habituelle dans les secteurs caractérisés par des économies d'échelle internes est alors l'oligopole, où plusieurs firmes se partagent le marché et pèsent chacune sur le niveau des prix par leurs choix stratégiques. Dans un oligopole, les décisions des firmes sont donc interdépendantes : chacune doit anticiper les actions de ses concurrentes pour définir son propre comportement. Ces interactions forment un jeu complexe. Il existe néanmoins un cas particulier de l'oligopole, connu sous le nom de **concurrence monopolistique**, qui est relativement simple à analyser. Depuis 1980, cette approche a été largement utilisée pour étudier les questions liées au commerce international[2].

---

1. La théorie économique a une définition des profits qui diffère de celle utilisée habituellement. Généralement, et notamment en comptabilité, les profits correspondent au résultat disponible pour la rémunération des détenteurs du capital investi dans l'entreprise. Ici, les profits sont les revenus qui restent dans la firme après qu'elle a payé l'ensemble des coûts de production, c'est-à-dire notamment l'ensemble des facteurs, capital compris.
2. Le développement de ces modèles est dû en bonne partie à Paul Krugman. Voir notamment Paul Krugman, « Scale Economies, Product Differentiation, and the Pattern of Trade », *American Economic Review*, n° 70 (5), 1980, p. 950-959. Voir aussi Elhanan Helpman et Paul Krugman, *Market Structure and Foreign Trade*. Cambridge, MIT Press, 1985.

Les modèles de concurrence monopolistique reposent sur deux hypothèses centrales. Premièrement, les biens sont supposés être différenciés : les consommateurs perçoivent une différence significative entre les productions d'un même bien par deux firmes concurrentes. La *différenciation des produits* assure alors que chaque firme dispose d'un monopole sur sa variété (par exemple, beaucoup d'entreprises produisent des T-shirts mais, sauf contrefaçon, seule Adidas peut produire des T-shirts Adidas). Ce pouvoir de monopole protège donc partiellement chaque firme de la concurrence. D'autre part, chaque firme est supposée considérer les prix de ses concurrents comme donnés – c'est-à-dire qu'elle ignore l'impact de son propre prix sur les prix des autres variétés. Dès lors, le modèle de concurrence monopolistique suppose que chaque firme, tout en faisant face à un grand nombre de concurrents, se comporte au final comme si elle était en situation de monopole.

Les hypothèses du modèle. Nous présentons ici un modèle simplifié de concurrence monopolistique qui représente un secteur d'activité où un grand nombre de firmes proposent leur propre variété du bien. Sur ce marché, la demande perçue par une firme augmente en proportion de la dépense totale des consommateurs pour ce bien. Par ailleurs, les consommateurs doivent arbitrer entre les différentes variétés disponibles ; la demande adressée à une firme est ainsi d'autant plus forte que les prix des concurrents sont relativement plus élevés. À l'inverse, la demande perçue par chaque firme est d'autant plus faible que le nombre de firmes installées sur le marché est important. La fonction de demande adressée à une firme du secteur peut donc prendre la forme suivante :

$$Q = S \times [1/n - b \times (P - \bar{P})] \tag{6.5}$$

avec Q les ventes de l'entreprise, S les ventes totales dans le secteur, n le nombre de firmes du secteur, b un terme constant indiquant la réponse des ventes au prix, P le prix fixé par l'entreprise elle-même et $\bar{P}$ le prix moyen fixé par ses concurrents. L'équation (6.5) peut se justifier intuitivement de la façon suivante : si toutes les entreprises imposent le même prix, chacune aura la même part de marché que ses concurrentes : $1/n$. Si une firme choisit de pratiquer un prix plus faible que le prix pratiqué en moyenne par ses concurrentes, elle gagnera des parts de marché ; inversement, en fixant un prix plus élevé, elle perdra des parts de marché.

Pour simplifier la suite de l'exposé, nous supposerons que les ventes totales du secteur S, ne sont pas influencées par le prix moyen $\bar{P}$ fixé par les entreprises. Cette hypothèse – bien peu réaliste, mais très pratique – revient à supposer que les entreprises ne peuvent attirer de nouveaux clients qu'aux dépens des autres firmes.

L'équilibre du marché. Afin de modéliser le comportement des entreprises de ce secteur, nous supposons que toutes les firmes sont symétriques, c'est-à-dire que toutes sont soumises aux mêmes fonctions de demande et de coût. Les fonctions de coût total et de coût moyen sont données par les équations (6.3) et (6.4).

Comme toutes les firmes sont identiques, il nous suffit de déterminer le prix moyen sur le marché et le nombre total de firmes. Pour cela, procédons en trois étapes.

1. *Le nombre de firmes et le coût moyen.* Les firmes étant symétriques, elles auront les mêmes comportements et choisiront toutes le même prix. D'après l'équation (6.5), si $P = \bar{P}$, alors $Q = S/n$; la production de chaque firme vaut Q et représente une fraction égale à $1/n$ de la production totale S du secteur. Or, en présence d'économies d'échelle, le coût moyen d'une firme est d'autant plus élevé que sa production est limitée. En effet, en utilisant l'équation (6.4), on obtient :

$$CM = F/Q + c = n \times F/S + c \qquad (6.6)$$

L'équation (6.6) indique que, pour une taille de marché S donnée, *une augmentation du nombre de firmes sur le marché réduit la production de chacune et accroît ainsi son coût moyen.*

2. *Le nombre de firmes et le prix.* Le prix choisi par la firme représentative du secteur dépend également du nombre total de firmes. Intuitivement, plus leur nombre est élevé, plus la concurrence est forte et, par conséquent, plus le prix pratiqué par chacune est bas. Ce résultat est relativement long à démontrer dans un cadre général, mais en supposant que les firmes sont suffisamment nombreuses pour que chacune considère la taille du marché et les prix de ses concurrentes comme donnés, les calculs deviennent bien plus simples. En effet, nous pouvons réécrire l'équation (6.5) sous la forme :

$$Q = (S/n + S \times b \times \bar{P}) - S \times b \times P \qquad (6.7)$$

Si chaque firme considère $\bar{P}$, S et n comme des données exogènes, alors l'équation (6.7) apparaît bien comme une fonction de demande linéaire, comparable à l'équation (6.1)[1]. En remplaçant ces valeurs dans l'équation (6.2), on obtient l'équation du revenu marginal pour une firme représentative du secteur :

$$Rm = P - Q/(S \times b) \qquad (6.8)$$

Chaque firme cherche à maximiser son profit. Elle égalise donc son revenu marginal à son coût marginal :

$$Rm = P - Q/(S \times b) = c$$

Cette expression peut être arrangée et fournir l'équation définissant le prix fixé par l'entreprise représentative :

$$P = c + Q/(S \times b) \qquad (6.9)$$

Toutes les firmes ont les mêmes coûts et les mêmes comportements, si bien que l'équation (6.9) s'applique à chacune d'elles. Or, nous l'avons vu, si toutes les firmes choisissent le même prix, alors chacune vend une quantité $Q = S/n$. En introduisant cette expression dans l'équation (6.9), nous obtenons une relation entre le nombre d'entreprises et le prix de n'importe quelle variété :

$$P = c + 1/(b \times n) \qquad (6.10)$$

En somme, plus il y a de firmes dans le secteur, plus la concurrence est forte et incite les firmes à réduire leurs prix.

3. *Le nombre d'entreprises à l'équilibre.* La courbe décroissante *PP* à la figure 6.3 traduit la relation négative entre le prix de chaque variété et le nombre de firmes en concurrence sur le marché [équation (6.10)]. La courbe *CC* est le tracé de l'équation (6.6) qui traduit la relation positive entre le nombre de firmes et le coût moyen de chacune d'elle.

---

1. $(S/n + S \times b \times \bar{P})$ remplace simplement le terme constant A et $(S \times b)$ remplace le coefficient B qui traduit la sensibilité de la demande aux variations de prix.

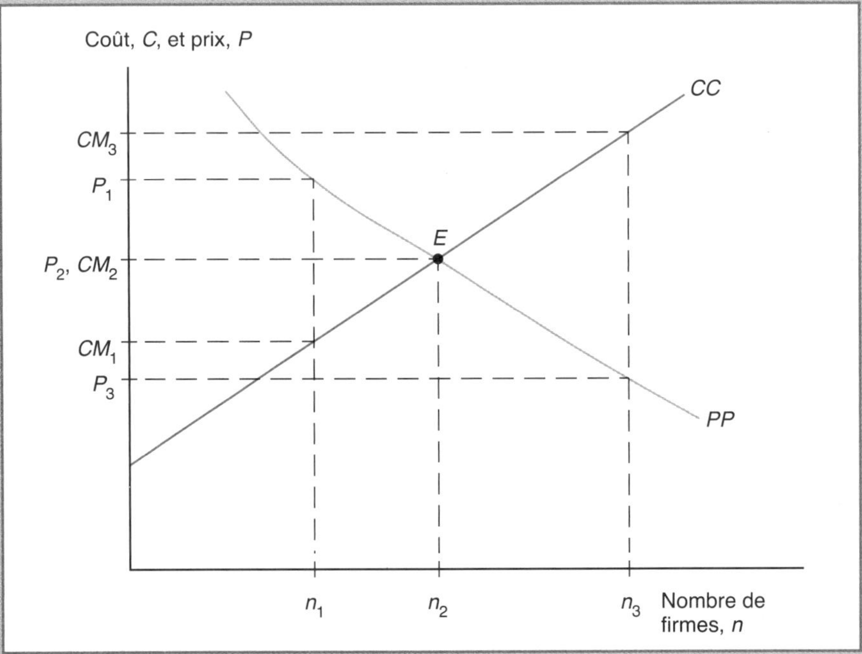

Figure 6.3 • Équilibre sur un marché en situation de concurrence monopolistique.
Le nombre de firmes présentes sur un marché en situation de concurrence monopolistique et les prix qu'elles pratiquent sont déterminés par deux relations. D'une part, plus il y a de firmes sur le marché, plus la pression concurrentielle est forte et plus les prix sont bas (courbe *PP*). D'autre part, plus le nombre de firmes est important, plus la quantité vendue par chacune est faible et, par conséquent, plus le coût moyen est élevé (courbe *CC*). Le prix d'équilibre et le nombre de firmes sont alors déterminés par l'égalisation du prix et du coût moyen, à l'intersection de *PP* et de *CC*.

Les deux courbes se croisent au point *E*. Il y a alors n_2 firmes dans le secteur et chacune réalise un profit nul. En effet, le prix qui maximise leur profit vaut dans ce cas P_2 et est précisément égal à leur coût moyen CM_2. Si le prix dépasse le coût moyen (c'est-à-dire lorsque la courbe *PP* est au-dessus de la courbe *CC*, comme avec un nombre de firmes n_1), les firmes du secteur font des profits et de nouvelles firmes entrent sur le marché ; *n* augmente et les prix baissent. Si, à l'inverse, il y a beaucoup de firmes (n_3 par exemple), si bien que le prix est inférieur au coût moyen, les firmes du secteur font alors des pertes, certaines font faillite et sortent du marché, et *n* diminue. Au final, le nombre de firmes dans le secteur converge donc vers n_2 et le point *E* est bien un équilibre de long terme.

4 Commerce international en concurrence monopolistique

Dans les secteurs caractérisés par des économies d'échelle, le nombre de firmes dans un pays (et donc de variétés disponibles) ainsi que les quantités produites par chacune sont contraintes par la taille du marché. En s'ouvrant au libre-échange, et en formant ainsi un marché mondial intégré plus vaste que chaque marché intérieur, les pays sont en mesure de desserrer ces contraintes. Pour chaque firme, l'ouverture commerciale se traduit par l'augmentation subite de la taille du marché, ce qui doit permettre d'exploiter plus largement les économies d'échelle. Pour les consommateurs, ce grand marché propose un plus grand choix de variété de chaque bien. Il est donc clair que le commerce offre la possibilité de gains mutuels, même si les pays sont parfaitement identiques en termes de ressources ou de technologies, et n'affichent donc aucun avantage comparatif.

4.1 Les effets de l'accroissement de la taille du marché

Étudions à nouveau la courbe *CC* de la figure 6.3 : elle indique que le coût moyen de chaque producteur croît avec le nombre de firmes dans le secteur :

$$CM = F/Q + c = n \times F/S + c$$

Cette équation montre aussi qu'un accroissement des ventes totales *S* réduit le coût moyen. En effet, pour un nombre de firmes *n* donné, si la taille du marché *S* s'accroît, les ventes de chaque firme augmentent et leur coût moyen se réduit. En revanche, l'importance de la demande n'intervient pas dans l'équation (6.10), qui associe le prix de chaque variété au nombre d'entreprises : $P = c + 1/(b \times n)$. Une élévation de *S* laisse donc la courbe *PP* inchangée.

La figure 6.4 représente l'effet d'une augmentation de la taille de marché sur les courbes *CC* et *PP*, et sur l'équilibre de long terme. Initialement, l'équilibre se situe au point 1, avec un prix P_1 et un nombre de firmes n_1. L'accroissement de la taille du marché entraîne un déplacement vers le bas de la courbe *CC*, de CC_1 vers CC_2.

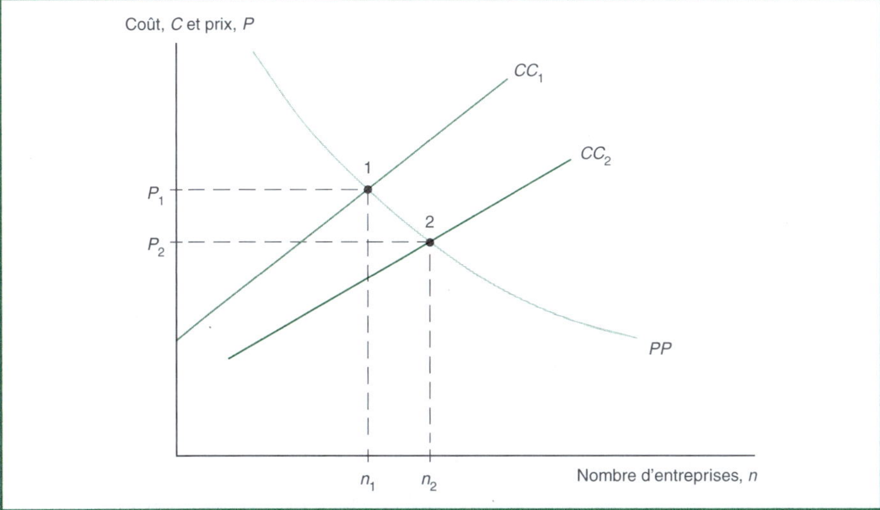

Figure 6.4 • Effets de la taille du marché.

Toutes choses étant égales par ailleurs, un accroissement de la taille du marché permet à chaque firme de produire davantage et donc de réduire son coût moyen. La courbe *CC* se déplace de CC_1 vers CC_2. Il en résulte simultanément une augmentation du nombre d'entreprises (et donc du nombre de variétés proposées à la consommation) et une baisse du prix de chacune d'entre elles.

Avec un marché plus grand, les firmes en place tendent à dégager des profits ; ces profits attirent de nouveaux concurrents et le nombre de firmes passe de n_1 à n_2. De la même façon, l'accroissement de la demande perçue par tous les producteurs permet à chacun d'augmenter son échelle de production et de descendre sur sa courbe de coût ; les firmes sont plus productives, ce qui permet de baisser les prix de P_1 à P_2. À l'évidence, les consommateurs préfèreront participer à un grand marché plutôt qu'à un petit.

4.2 Les gains associés à un marché intégré : un exemple numérique

Le commerce international permet donc d'accroître la taille du marché. Nous pouvons en illustrer les conséquences avec un exemple numérique.

Imaginons que l'industrie automobile soit en situation de concurrence monopolistique. La courbe de demande qui s'impose à tous les producteurs est décrite par l'équation (6.5). Pour simplifier les calculs, supposons que $b = 1/30\,000$[1] :

$$Q = S \times [1/n - (1/30\,000) \times (P - \bar{P})]$$

Supposons aussi que la fonction de coût soit donnée par l'équation (6.3). Toujours pour des raisons pratiques, admettons que le coût fixe F vaut 750 000 000 d'euros et le coût marginal c est de 5 000 euros par voiture produite. Le coût total est alors :

$$C = 750\,000\,000 + (5\,000 \times Q)$$

Le coût moyen s'écrit donc :

$$CM = (750\,000\,000/Q) + 5\,000$$

Nous supposons enfin qu'il y a deux pays : le pays domestique enregistre des ventes annuelles de 900 000 voitures, tandis que celles du pays étranger sont de 1,6 million. Hormis la taille de leur marché, ces deux pays ne diffèrent en rien : ils font face aux mêmes coûts de production et les consommateurs ont les mêmes préférences.

La figure 6.5a représente les courbes CC et PP pour l'industrie automobile domestique. En l'absence de commerce, ce pays compte six producteurs automobiles, et le prix de vente unitaire est de 10 000 euros. Pour s'assurer qu'il s'agit bien de l'équilibre de long terme, nous devons montrer que les firmes ne font pas de profit. Compte tenu des caractéristiques de notre secteur, l'équation (6.10), qui traduit la condition de maximisation du profit (c'est-à-dire l'égalisation du revenu marginal et du coût marginal), devient :

$$P = c + 1/(b \times n) = 5\,000 + 1/[(1/30000) \times 6] = 5\,000\text{ €} + 5\,000\text{ €} = 10\,000\text{ €},$$

Par ailleurs, chaque entreprise vend 900 000/6 = 150 000 unités. Son coût moyen est par conséquent :

$$CM = (750\,000\,000\text{ €}/150\,000) + 5\,000\text{ €} = 10\,000\text{ €}$$

1. Pour mémoire, rappelons que Q est le nombre d'automobiles vendues par une firme représentative, S les ventes totales du secteur, n le nombre d'entreprises, P le prix fixé par la firme représentative, et $\bar{P}$ le prix pratiqué, en moyenne, par les firmes concurrentes.

Le coût moyen est donc identique au prix. Les firmes ne font pas de profit : c'est bien l'équilibre de long terme du marché domestique.

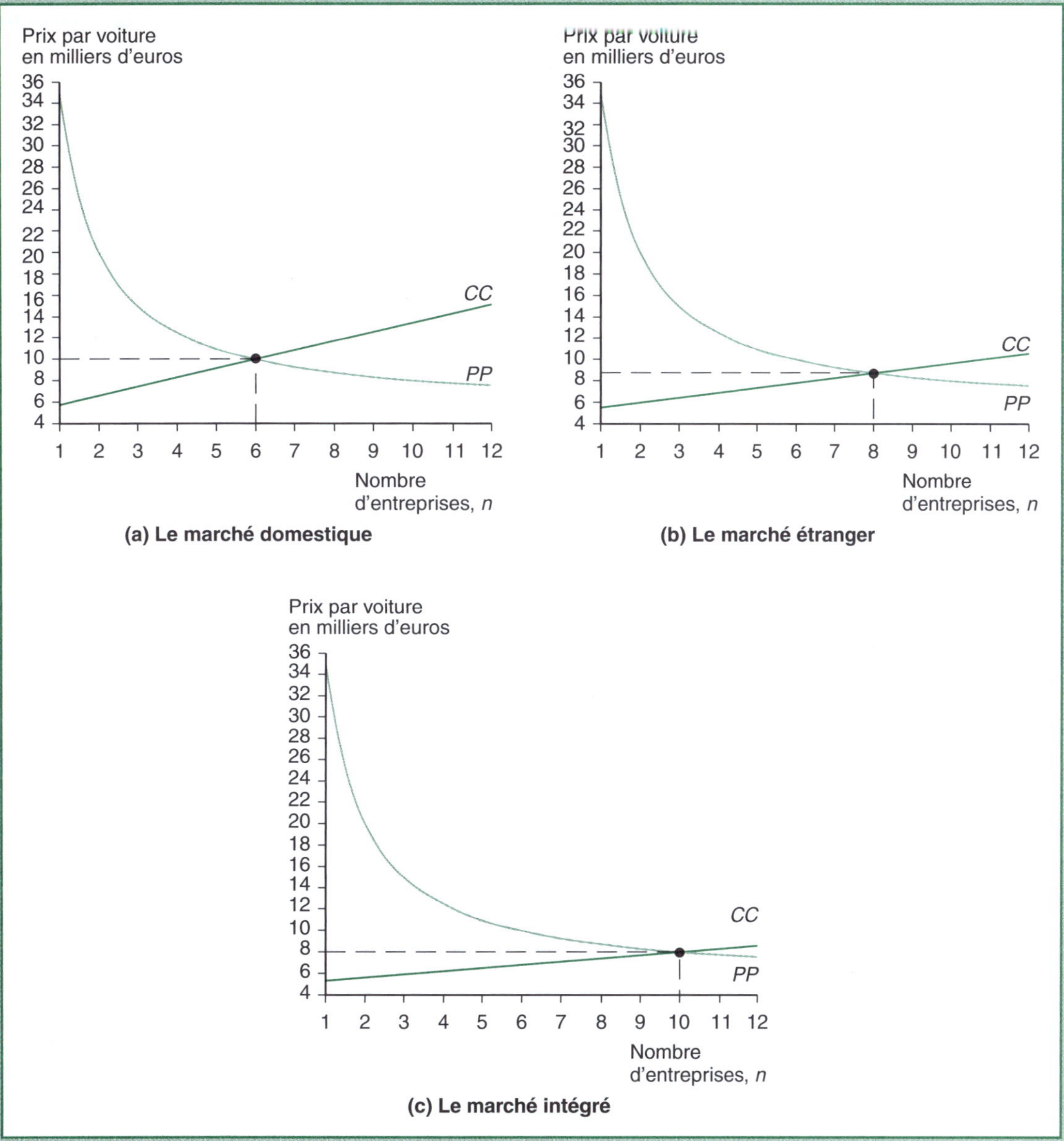

Figure 6.5 • Équilibre sur le marché automobile.

6.5a) Le marché domestique : avec un marché de 900 000 voitures, le pays domestique accueille six producteurs et les voitures sont vendues au prix de 10 000 euros. **6.5b)** Le marché étranger : huit producteurs se partagent un marché de 1,6 million de voitures, dont le prix unitaire est de 8 750 euros. **6.5c)** Le marché intégré : en libre-échange, l'économie mondiale représente un marché de 2,5 millions de voitures. Ce marché accueille dix producteurs et le prix d'une voiture est seulement de 8 000 euros.

Qu'en est-il du pays étranger ? Pour un marché de 1,6 million de voitures, les courbes PP et CC se croisent à $n = 8$ et $P = 8\ 750$ (voir figure 6.5b). En l'absence de commerce international, ces huit firmes étrangères produisent chacune 200 000 unités et les vendent 8 750 euros pièce. Nous pouvons à nouveau montrer que cette solution satisfait les conditions d'équilibre :

$$P = c + 1/(b \times n) = 5000 + 1/[(1/30\ 000) \times 8] = 5\ 000\ € + 3\ 750\ € = 8\ 750\ €,$$
$$\text{et } CM = (750\ 000\ 000/200\ 000) + 5\ 000 = 8\ 750\ €$$

Supposons maintenant que les deux pays s'ouvrent au libre-échange. Chaque firme fait alors face à une demande mondiale de 2,5 millions d'automobile. À la figure 6.5c, l'intersection des courbes *PP* et *CC* indique que ce marché intégré compte dix entreprises, produisant chacune 250 000 voitures, vendues au prix de 8 000 euros. Ces valeurs permettent en effet de satisfaire les conditions d'équilibre de long terme :

$$P = c + 1/(b \times n) = 5\ 000 + 1/[(1/30\ 000) \times 10] = 5\ 000\ € + 3\ 000\ € = 8\ 000\ €,$$
$$\text{et } CM = (750\ 000\ 000/250\ 000) + 5\ 000 = 8\ 000\ €$$

En définitive, ce marché intégré comprend donc plus de firmes que sur chaque marché d'autarcie, chacune produisant davantage et vendant à un prix plus faible. Il apparaît clairement que la situation de tous les agents s'améliore suite à l'intégration. Les consommateurs ont un choix plus large et chaque firme produit davantage, faisant par conséquent des gains d'échelle et pouvant vendre ses produits à moindre prix.

4.3 Économies d'échelle et avantages comparatifs

L'exemple développé ci-dessus ne nous permet pas de dire grand-chose sur la structure du commerce international induite par les économies d'échelle. Le modèle suppose que le coût de production est le même dans les deux pays et qu'il n'existe aucune barrière aux échanges (ni coûts de transport ni protections commerciales). Avec ces hypothèses, nous savons que le marché intégré comptera dix firmes, mais nous ne pouvons rien dire sur leur localisation, donc sur la structure des échanges internationaux. Afin d'analyser plus en détail la répartition des firmes entre les deux pays, nous devons dépasser le cadre d'une analyse en équilibre partiel. Il faut considérer l'ensemble de l'économie et étudier comment les économies d'échelle interagissent avec l'avantage comparatif pour déterminer la structure du commerce international.

Imaginons alors que chacun des deux pays dispose de deux facteurs de production, le capital et le travail, et que le pays domestique est relativement bien doté en capital. Supposons aussi qu'il y ait deux secteurs, le textile et l'agroalimentaire, et que le textile est le secteur relativement intensif en capital.

Si l'industrie textile était en concurrence parfaite, nous savons quelle serait la structure des échanges (voir chapitre 4) : compte tenu des avantages comparatifs des deux économies, le pays domestique se spécialiserait dans la production textile, exporterait ce bien et importerait de la nourriture. La figure 6.6 représente schématiquement la structure de ces échanges commerciaux déterminés exclusivement par les avantages comparatifs : les balances commerciales étant forcément à l'équilibre, les exportations de textile du pays domestique représentent un montant équivalent à celui de ses importations de nourriture.

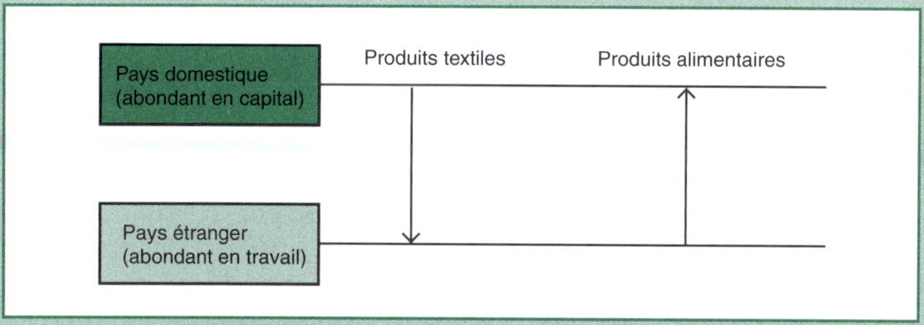

Figure 6.6 • Le commerce international dans un monde sans rendements croissants.
Dans un monde sans économies d'échelle, le commerce international se limite à un simple échange de biens textiles et de nourriture entre les deux pays.

Supposons maintenant que le secteur textile soit en situation de concurrence monopolistique. Le pays domestique a toujours un avantage relatif dans la production textile et un désavantage relatif dans le secteur des produits alimentaires. Il demeure donc exportateur net de vêtements et importateur net de nourriture. Mais comme les produits textiles sont différenciés, tous les consommateurs souhaitent consommer des vêtements importés, même s'ils sont plus chers. Le pays domestique, tout en disposant d'un excédent commercial dans le secteur textile, importe tout de même des vêtements. La structure du commerce mondial laisse alors apparaître des échanges croisés de produits textiles, comme l'indique la figure 6.7.

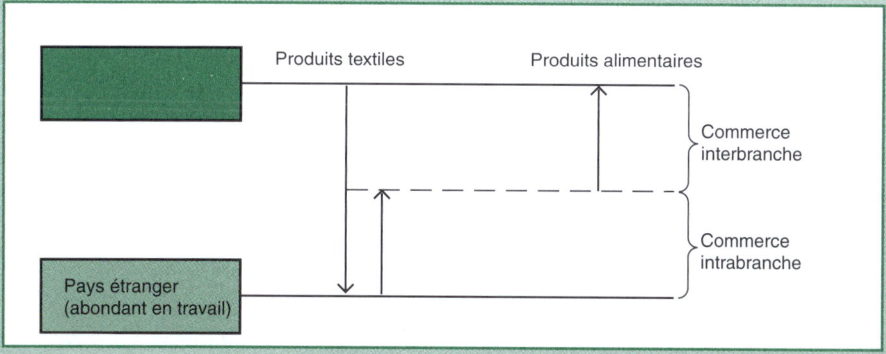

Figure 6.7 • Le commerce dans un monde avec rendements croissants et concurrence monopolistique.
Si l'industrie textile est en situation de concurrence monopolistique, tous les pays produisent des biens différenciés. Même si le pays domestique est exportateur net de produits textiles, il importe également ce type de biens, ce qui donne lieu à du commerce intrabranche.

Le commerce mondial, dans un modèle de concurrence monopolistique, peut se décomposer en deux parties. Une part des exportations nationales de textile est compensée par des importations de ce même bien. C'est ce qu'on appelle du **commerce intrabranche**.

Le reste du commerce, qui consiste en un échange de biens textiles contre de la nourriture, est appelé **commerce interbranche.** L'étude de la structure du commerce appelle trois remarques essentielles :

- *Le commerce interbranche* reflète l'avantage comparatif des pays.
- *Le commerce intrabranche* de produits textiles résulte de la différenciation des produits et des économies d'échelle. Même en l'absence d'avantages comparatifs, la demande des consommateurs pour une variété de biens conduirait à des échanges croisés de produits textiles.
- L'importance relative des échanges intrabranches et interbranches dépend du degré de similarité entre les pays. Le commerce entre deux économies très similaires (c'est-à-dire présentant des avantages comparatifs peu marqués) sera dominé par les échanges intrabranches. Ainsi, le commerce entre pays développés doit être essentiellement de type intrabranche, alors que le commerce Nord-Sud doit être davantage fondé sur les avantages comparatifs et donc de type interbranche.

Encadré 6.1

Le commerce intrabranche de l'Union européenne

La figure 6.8 montre le poids et l'évolution du commerce intrabranche entre les pays de l'UE-12*. En moyenne, sur l'ensemble des secteurs de l'économie, l'indicateur d'intrabranche est élevé : les flux croisés d'importations et d'exportations représentent environ 35 % du commerce total. Surtout, cet indicateur a régulièrement augmenté à partir du milieu des années 1980 et jusqu'au début des années 1990, c'est-à-dire pendant la période correspondant à la mise en place du Marché unique européen (l'Acte unique, ratifié en 1986, a relancé la construction européenne qui a abouti à la création, en 1992, du Marché unique – voir chapitre 9). L'approfondissement de l'intégration économique et sociale de l'UE-12 s'est donc accompagné d'un développement rapide du commerce intrabranche.

La figure montre aussi que l'importance du commerce intrabranche varie largement d'un secteur à l'autre. Il ne représente que 10 à 15 % des échanges intra-européens de produits agricoles, mais cette proportion atteint près de 45 % pour les produits industriels plus complexes comme les automobiles ou les machines électriques.

☞

* Pour chaque bien *k* et chaque pays *i*, le poids du commerce intrabranche dans les échanges de ce bien est donné par l'indicateur de Grubel et Lloyd :

$$GL_{i,k} = \left(1 - \frac{|Exportations_{i,k} - Importations_{i,k}|}{Exportations_{i,k} + Exportations_{i,k}}\right) \times 100$$

Cet indicateur varie entre 0 et 100. Si le commerce du bien *k* est totalement interbranche, alors le pays *i* n'importe pas, ou n'exporte pas, le bien *k* ; l'indicateur est alors nul. À l'inverse, si le commerce du bien *k* est parfaitement intrabranche, alors ($Exportations_{i,k}$ – $Importations_{i,k}$) = 0 et l'indicateur GL est donc égal à 100. Voir Herbert Grubel et Peter Lloyd, *Intra-industry Trade, the Theory and Measurement of International Trade in Differentiated Products*, Londres, MacMillan, 1975.

On a bien là un résultat conforme à la théorie, dans la mesure où les économies d'échelle et la différenciation des produits caractérisent généralement les secteurs produisant des biens manufacturés sophistiqués.

Il faut cependant tempérer ces conclusions. Les analyses plus détaillées du commerce intra-européen, soulignent en effet que la croissance du commerce intrabranche est avant tout portée par une *différenciation verticale* des produits. De plus en plus, les pays de l'Union européenne produisent et exportent les mêmes biens… mais les plus riches développent une spécialisation dans les produits de haut de gamme, laissant les autres pays produire les biens de qualité plus faible. On assiste alors à un mouvement de spécialisation des économies nationales, non pas entre les biens, mais au sein de chaque secteur, le long des échelles de qualité.

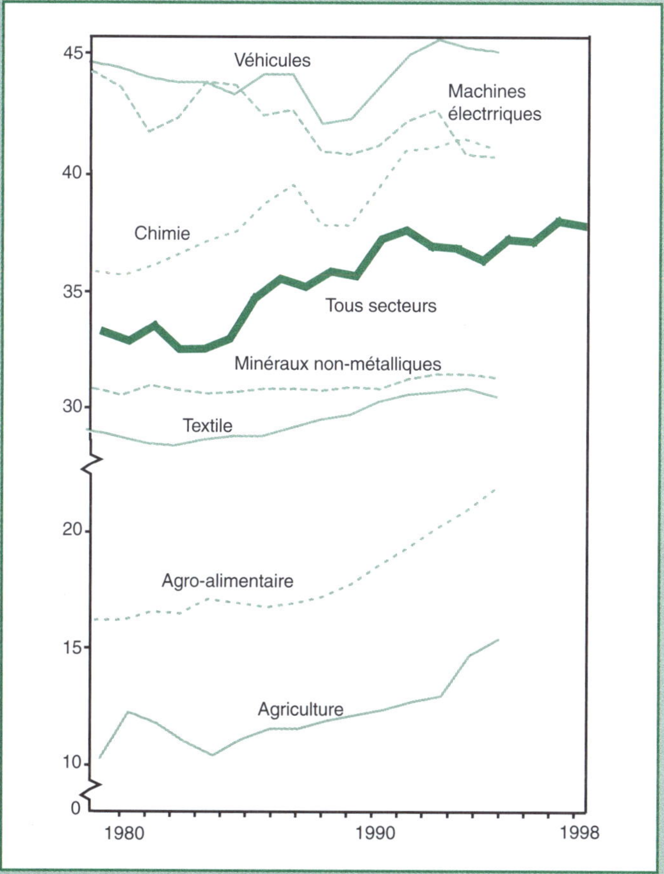

Figure 6.8 • Le commerce intrabranche au sein de l'UE-12 (1980-1998).

Source : d'après Lionel Fontagné, Michael Freudenberg et Guillaume Gaulier, « Disentangling Horizontal and Vertical Intra-Industry Trade », *Document de travail CEPII*, n° 2005-10, 2005, et L. Fontagné, M. Freudenberg et Nicolas Péridy, « Trade Patterns inside the Single Market », *Document de travail CEPII*, n° 97-07, 1997.

4.4 Les gains du commerce intrabranche

Environ un quart du commerce mondial est de nature intrabranche. Mais pour les pays industrialisés, qui réalisent l'essentiel du commerce mondial, ce type d'échanges prend une place encore plus importante. Nous avons vu aux chapitres précédents que, dans le cadre des théories fondées sur les avantages comparatifs, l'ouverture au libre-échange doit engendrer des gains au commerce. Le fait que les échanges des pays développés soient nettement marqués par l'intrabranche appelle cependant une révision des conclusions sur les conséquences de la libéralisation commerciale.

En premier lieu, le commerce intrabranche génère des gains qui viennent s'ajouter à ceux issus de l'avantage comparatif. Nous l'avons vu, un pays qui développe des échanges intrabranches peut simultanément réduire le nombre de biens qu'il produit *et* accroître la variété des biens disponibles pour ses consommateurs. En produisant un nombre restreint de variétés, ce pays peut produire chacune d'elles en plus grande quantité, et donc réduire ses coûts en exploitant davantage ses économies d'échelle.

Plus encore, le développement du commerce intrabranche génère *a priori* moins de bouleversement et d'inégalités que le commerce interbranche. L'intégration commerciale entre deux pays très différents (c'est-à-dire qui ont des avantages comparatifs très marqués) impose en effet une spécialisation profonde de la production et un bouleversement important des rémunérations de facteurs. Dès lors, même si le commerce est en mesure d'accroître les revenus de l'économie dans son ensemble, il est peu probable que tous les individus retirent personnellement profit de l'intégration commerciale. À l'ouverture, le secteur concurrent des importations va connaître une restructuration profonde, si bien qu'une partie des travailleurs et des entrepreneurs de ce secteur vont devoir changer d'activité, et les détenteurs du facteur relativement rare de l'économie verront leur rémunération baisser. Au contraire, lorsque l'ouverture au commerce international se traduit pour l'essentiel par un essor des échanges intrabranches[1], les conséquences sur la distribution des revenus sont bien plus limitées. Les gains d'échelle et de variétés profitent en effet à tous et ne sont pas associés à des bouleversements des rémunérations relatives. Surtout, si le développement du commerce intrabranche s'accompagne d'une intensification de la concurrence et de la faillite de certaines firmes, il n'impose pas de spécialisation des économies et ne bouleverse donc pas la structure des tissus industriels.

Cette conclusion est confirmée par l'expérience de l'après-guerre, notamment en Europe de l'Ouest. La signature du traité de Rome, en 1957, a engagé un processus d'ouverture commerciale approfondi. Durant les années 1960, le commerce au sein de la Communauté européenne a augmenté deux fois plus vite que le commerce mondial. Les théories traditionnelles du commerce international laissaient entendre que cette croissance rapide des échanges allait engendrer des divisions économiques profondes. Cependant, l'accroissement du commerce intracommunautaire a été en grande partie de type intrabranche, ce qui a limité la divergence des tissus industriels… et les dissensions politiques inhérentes à ces mutations de l'économie.

Dans le cadre de l'Union économique et monétaire, la question du caractère plus ou moins intrabranche des échanges commerciaux revêt un intérêt encore plus crucial. Le bon fonctionnement de la zone euro impose en effet que tous les pays qui la constituent

1. Ce sera le cas lorsque les pays ont des dotations relatives et des niveaux de développement technologique similaires et quand les économies d'échelle et la différenciation des produits sont très marquées.

partagent les mêmes objectifs économiques et les mêmes visées en termes de politique monétaire. Si les pays de la zone euro ont des spécialisations industrielles très marquées, alors la zone monétaire court le risque d'être atteinte par des chocs asymétriques importants. Par exemple, si un pays de la zone euro est fortement spécialisé dans la production textile, l'abaissement des barrières commerciales dans ce secteur déprimera sérieusement son économie. De leur côté, les autres pays membres bénéficieront de la baisse des prix du textile et verront leur croissance économique s'accélérer. En cas de forte spécialisation, le même choc aura donc des effets opposés selon les pays. En conséquence, le premier pays souhaitera la mise en place d'une politique monétaire plus souple (c'est-à-dire une réduction des taux d'intérêt pour réduire le coût de l'investissement, et donc faciliter la restructuration de son économie), alors que le reste de la zone euro ne verra aucun intérêt à la relance monétaire. Afin d'éviter les dissensions entre les gouvernements européens et tout blocage politique, il est alors préférable que les tissus industriels des pays membres ne soient pas trop différents. De ce point de vue, le fait d'observer en Europe une croissance du commerce intrabranche est donc un signe de stabilité politique et d'efficacité des outils de la politique macroéconomique[1].

5 Le dumping

Le modèle de concurrence monopolistique permet de traduire certains mécanismes liés à la présence d'économies d'échelle internes, et donc à la concurrence imparfaite. Mais dans la réalité, la structure de marché la plus commune est vraisemblablement l'oligopole, où quelques firmes se livrent une concurrence directe. Dans ce cas, et contrairement aux hypothèses de la concurrence monopolistique, les firmes sont tout à fait conscientes que leurs actions influent sur celles de leurs concurrentes, et elles prennent véritablement la mesure de cette interdépendance. Elles peuvent alors jouer sur cette dernière et adopter des comportements complexes. Par exemple, les firmes peuvent, si elles ne sont pas trop nombreuses, s'entendre avec leurs concurrentes pour maintenir les prix à un niveau supérieur à celui qui prévaudrait en situation de libre concurrence. Cette collusion entre les firmes permet ainsi d'augmenter leurs profits aux dépens des consommateurs (voir l'encadré ci-après). Sans aller jusque-là, le comportement stratégique des firmes a des conséquences significatives sur les échanges internationaux, la plus importante étant que les firmes ne fixent pas nécessairement le même prix pour les produits qu'elles exportent et ceux qu'elles vendent sur le marché domestique.

5.1 L'économie du dumping

Sur les marchés en situation de concurrence imparfaite, les firmes fixent parfois des prix différents pour un même produit, selon qu'il est exporté ou vendu sur le marché intérieur. C'est ce qu'on appelle la **discrimination par les prix**. La forme la plus commune de discrimination par les prix est le **dumping**, qui consiste, de la part d'une firme, à fixer pour un même bien un prix de vente plus faible à l'exportation que sur le marché intérieur. Le dumping est un sujet de controverse dans les relations internationales : il est souvent considéré comme une pratique injuste et il est sujet à des règles spécifiques et à des sanctions (ces questions sont abordées en détail au chapitre 9).

1. On se reportera au chapitre 20 pour une analyse détaillée des zones monétaires optimales et de l'intégration monétaire européenne.

D'un point de vue théorique, il ne peut y avoir dumping uniquement lorsque le secteur est en situation de concurrence imparfaite – de telle sorte que les entreprises ne sont pas preneuses de prix – ou quand les marchés sont *segmentés*, c'est-à-dire que les résidents de chaque pays ne doivent pas pouvoir accéder facilement aux biens destinés à l'exportation.

Un exemple simple peut aider à comprendre en quoi le dumping peut être une stratégie rationnelle pour une firme en oligopole. Imaginons qu'une firme vende 1 000 unités d'un bien sur le marché intérieur, mais seulement 100 à l'étranger. Alors que le prix de vente sur le marché intérieur est de 20 euros, à l'étranger, il n'est que de 15 euros. Supposons que sur l'un et l'autre des deux marchés, les préférences des consommateurs soient telles qu'il faille réduire le prix de 1 centime d'euro pour vendre une unité de bien supplémentaire. Sur le marché intérieur, la vente de cette unité supplémentaire rapportera directement 19,99 euros et réduira les revenus tirés de la vente des 1 000 premières unités de 10 euros. Le revenu marginal de cette unité supplémentaire ne sera donc que de 9,99 euros. Sur le marché étranger, la vente d'une unité additionnelle rapportera directement 14,99 euros. Ce revenu est à comparer avec les pertes indirectes induites par la baisse du prix des 100 premières unités, si bien que le revenu marginal sur ce marché sera de 13,99 euros. Même avec un prix de vente plus faible que sur le marché étranger, il est plus avantageux d'augmenter les exportations plutôt que les ventes sur le marché local.

Encadré 6.2

La politique de la concurrence : le cartel des vitamines

Nous l'avons vu, l'ouverture au commerce des marchés en concurrence imparfaite doit engendrer une intensification de la concurrence en vue de permettre la baisse des prix et de profiter ainsi aux consommateurs. Ce gain à l'ouverture commerciale passe à la fois par une exploitation plus poussée des économies d'échelle, des effets de rationalisation (c'est-à-dire une diminution du nombre total de firmes vendant sur le marché mondial) et une réduction du pouvoir de marché de toutes les firmes.

Afin de bénéficier de ces gains à l'échange résultant de l'intensification de la concurrence, il faut cependant s'assurer que les firmes n'adoptent pas des pratiques anticoncurrentielles. Si elles s'entendent sur les prix ou engagent un processus de fusions-acquisitions trop poussé, alors l'intégration commerciale permettra simplement aux firmes d'évincer des concurrents et d'exercer un pouvoir de marché plus fort sur un plus grand nombre de consommateurs. C'est pour ces raisons que la Commission européenne porte un intérêt tout particulier à la défense de la concurrence.

En France, le *Conseil de la concurrence* a vocation à expertiser le fonctionnement des marchés et à sanctionner les abus de position dominante et les autres pratiques anticoncurrentielles (ententes illicites, aides d'État illégales). Au sein de l'Union européenne, lorsque les litiges engagent des firmes ou des marchés de plusieurs pays européen, les dossiers sont traités directement par la Commission européenne, qui a compétence pour étudier les plaintes et sanctionner les comportements anticoncurrentiels.

☞

Encadré 6.2 *(suite)*

C'est ainsi qu'en novembre 2001 la Commission européenne a infligé une amende record à huit firmes pharmaceutiques produisant des vitamines : plus de 855 millions d'euros au total ! Selon les termes de Mario Monti, qui était à l'époque le commissaire en charge de la concurrence, ces amendes venaient sanctionner la mise en place d'une série d'ententes occultes, « la plus préjudiciable sur laquelle la Commission ait jamais enquêté [...]. Du fait de leur comportement collusoire, les sociétés en question ont pu appliquer des prix supérieurs à ce qu'ils auraient été si le jeu de la concurrence avait été respecté, ce qui a porté préjudice aux consommateurs et permis aux sociétés d'empocher des bénéfices illicites ». Notons que le « cartel des vitamines » n'impliquait pas uniquement des firmes de l'Union européenne. La société suisse Hoffman-La Roche, qui a joué le rôle d'instigatrice et participé à l'ensemble des ententes, a reçu l'amende la plus élevée, d'un montant total de 462 millions d'euros. De même, trois firmes japonaises ont écopé au total de près de 74 millions d'euros, des entreprises de l'Union européenne assumant le reste (soit près de 40 %) de l'amende.

Bien sûr, cet exemple peut être inversé : les firmes peuvent être amenées à pratiquer un prix plus faible sur le marché domestique que sur le marché étranger. La discrimination par les prix en faveur des exportations est toutefois plus habituelle. En effet, comme les marchés internationaux ne sont jamais parfaitement intégrés dans la mesure où persistent des coûts de transport, des barrières protectionnistes ou des biais de la demande (voir chapitre 5), les entreprises ont en général des parts de marché plus importantes dans leur propre pays que sur chaque marché d'exportation. Par conséquent, leurs exportations seront plus sensibles au prix que leurs ventes domestiques : une entreprise qui détient une part de marché de 20 % n'a pas besoin de réduire autant son prix pour doubler ses ventes qu'une entreprise qui détient une part de marché de 80 %. En d'autre terme, les firmes ont un pouvoir moindre sur leur marché d'exportation, et ont avantage à y pratiquer des prix plus faibles.

La figure 6.9 illustre une situation de dumping. Elle représente un secteur industriel comprenant une seule firme domestique en situation de monopole. Cette firme vend sur deux marchés : le marché domestique, où la courbe de demande est D_{DOM}, et le marché étranger. Supposons, pour simplifier, que la firme soit preneuse de prix sur le marché d'exportation : quelles que soient les quantités vendues, le prix est constant, égal à P_{ETR}. Nous supposons enfin que les marchés sont segmentés, de telle sorte que l'entreprise puisse fixer sur son marché domestique un prix supérieur à celui prévu à l'étranger. Cm est la courbe de coût marginal pour l'ensemble de la production. La maximisation du profit conduit à égaliser le revenu marginal au coût marginal sur *chaque* marché. Si la firme souhaite vendre sur le marché d'exportation, elle doit produire une quantité telle que le coût marginal égale le prix sur ce marché. Elle va donc produire $Q_{MONOPOLE}$, vendre Q_{DOM} sur le marché domestique et exporter $Q_{MONOPOLE} - Q_{DOM}$[1]. Le coût marginal sera alors égal à P_{ETR}. Sur le marché domestique, la firme vend la quantité Q_{DOM} au prix P_{DOM}, supérieur au prix d'exportation ; elle fait donc du dumping.

1. La situation où le coût marginal égalise la recette marginale sur le marché domestique (c'est-à-dire l'intersection entre Rm_{DOM} et Cm) ne correspond pas à un programme d'optimisation qui permet de vendre sur le marché étranger.

Dans notre exemple numérique, comme à la figure 6.9, le dumping résulte d'une différence d'élasticité-prix entre les marchés domestique et étranger. La figure 6.9 exprime notre hypothèse d'un cas extrême : les prix à l'étranger sont fixes et la firme ne peut accroître ses ventes en proposant un prix plus faible. Sur le marché domestique, en revanche, l'accroissement des quantités vendues s'accompagne nécessairement d'une réduction des prix. L'important ici est de noter que la discrimination par les prix provient de cette différence de sensibilité des ventes au prix, c'est-à-dire de l'élasticité-prix[1].

Figure 6.9 • Le dumping.
Sur le marché domestique, la firme fait face à une courbe de demande D_{DOM}. Sur le marché étranger, nous supposons un cas extrême où cette firme est preneuse de prix : elle peut vendre autant qu'elle le souhaite au prix P_{ETR}. Comme toute unité supplémentaire peut être vendue au prix P_{ETR}, la firme accroît sa production jusqu'à ce que son coût marginal soit égal à P_{ETR}. Ce niveau de production qui permet la maximisation du profit est $Q_{MONOPOLE}$. Sur le marché national, la firme offre une quantité Q_{DOM} au prix P_{DOM}, plus faible que P_{ETR}.

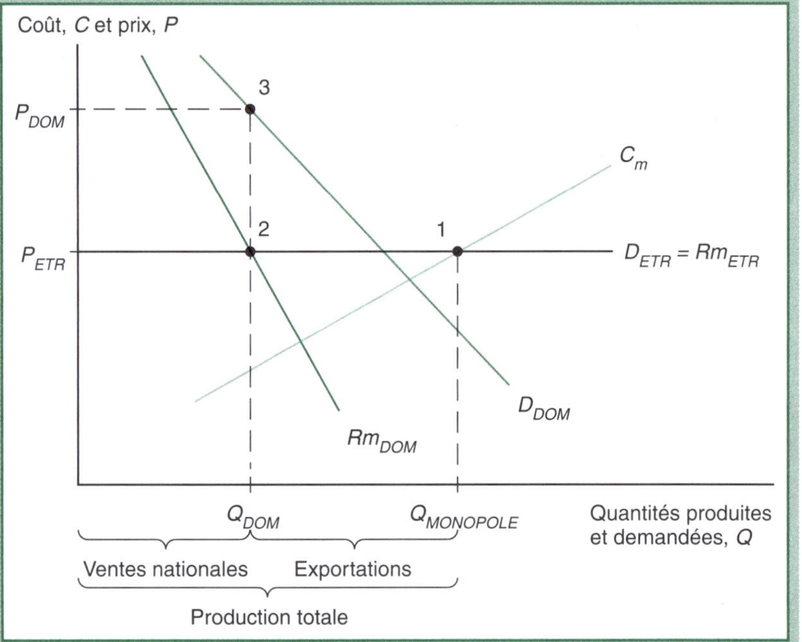

Encadré 6.3

Les mesures antidumping : simple défense ou protectionnisme déguisé ?

Beaucoup de pays considèrent le dumping comme une pratique anticoncurrentielle. Ainsi, dans l'Union européenne, toute entreprise, association d'entreprises ou État membre qui prétend être victime de producteurs étrangers vendant à bas prix sur le marché domestique peut déposer une plainte auprès de la Commission. La Direction générale du commerce extérieur mène alors une enquête visant à établir les faits. Pour que la plainte aboutisse à une sanction, il faut que la pratique de dumping soit non seulement avérée, mais aussi qu'elle soit à l'origine d'un préjudice réel et significatif.

☞

1. L'élasticité-prix représente la baisse des ventes (en pourcentage) suite à un accroissement de 1 % du prix. Formellement, s'il y a discrimination par les prix, s'est parce que les firmes fixent un prix plus faible sur les marchés où l'élasticité de la demande est plus élevée. Si elles perçoivent une élasticité plus élevée sur leurs exportations que sur leurs ventes domestiques, il y aura dumping.

Encadré 6.3 (suite)

Cette enquête n'est pas aisée. En effet, il faut distinguer le dumping d'une vente à bas prix qui résulterait simplement de faibles coûts de production. Il ne suffit donc pas de comparer le prix du bien exporté par la firme étrangère et le prix pratiqué par les firmes européennes. Il faut estimer la marge de dumping, c'est-à-dire le rapport entre le prix du produit exporté et sa « valeur normale ». On l'imagine aisément, la définition de ce que doit être cette « valeur normale » est une source infinie de discussions, notamment lorsque le pays exportateur n'est pas une véritable économie de marché (comme la Chine notamment). Si l'enquête conclue néanmoins à une pratique de dumping, il faut encore mesurer le préjudice subi par les firmes domestiques, pour justifier la mise en place d'un instruments de défense commerciale et pour calibrer le niveau raisonnable de la réplique. Ensuite, la commission peut décider de fixer un droit de douane compensatoire visant à relever le prix de la firme ou du pays accusé de dumping. Ce droit ne doit pas dépasser la marge de dumping.

Les économistes n'ont jamais véritablement approuvé l'idée que le dumping est une pratique condamnable. D'une part, la discrimination par les prix entre les marchés peut être une stratégie commerciale parfaitement légitime – au même titre que celle des compagnies aériennes qui proposent des tarifs préférentiels aux voyageurs réguliers ou à ceux qui voyagent sur les périodes de faible affluence. D'autre part, la définition légale du dumping diffère sensiblement de sa définition économique, comme le montrent les analyses présentées dans ce chapitre. Pour autant, des plaintes formelles contre des pratiques de dumping n'ont cessé d'être déposées depuis les années 1970, et à une fréquence de plus en plus élevée, si bien que beaucoup considèrent que les droits de douane antidumping sont souvent utilisés non pour rétablir l'équité, mais pour contourner les accords de libre-échange.

De fait, depuis 1998, six plaintes visant l'Union européenne ont été déposées devant l'organe de règlement des différends de l'OMC pour pratique antidumping abusive. Les plaignants sont systématiquement des pays émergents : l'Inde (produits laminés en fer ou acier, coton), la Thaïlande (poulets congelés), le Brésil (poulets congelés et tuyauterie). À titre de comparaison, les États-Unis ont fait l'objet, depuis 1996, de vingt-cinq plaintes différentes pour usage abusif de droits antidumping.

Dans la majorité des cas, il est prouvé que ces mesures tarifaires n'étaient pas pleinement justifiées, et les litiges ont débouché soit sur un accord à l'amiable, soit sur un abandon des droits antidumping. Ces procédures de règlement des différends à l'OMC n'empêchent cependant pas les pays de faire un usage excessif des droits antidumping. En effet, il est souvent difficile pour le pays qui subit la protection d'en prouver le caractère abusif. Et même s'il y parvient, l'OMC n'a pas le pouvoir d'imposer au pays fautif des sanctions dissuasives. Au pire, celui-ci se voit contraint de renoncer aux mesures antidumping, mais ses firmes domestiques auront pu alors profiter d'une protection commerciale illégitime durant tout le temps de la procédure (de un à trois ans)*.

* Tous les litiges traités par l'OMC sont consultables en ligne : **www.wto.org**.

5.2 Le dumping réciproque

Une analyse approfondie du dumping permet de montrer que la discrimination par les prix est en soi une motivation du commerce international.

Considérons par exemple un marché mondial composé de deux pays et deux firmes, implantées chacune sur un des marchés. Ces deux producteurs offrent exactement le même bien. Afin de simplifier l'analyse, supposons que ces deux firmes aient le même coût marginal et que les coûts de transport entre les deux marchés sont identiques. Si les firmes ne discriminent pas en prix, c'est-à-dire qu'elles fixent le même prix de vente à l'export et sur leur propre marché, alors, compte tenu des coûts de transport, il ne pourra pas y avoir de commerce international : quel consommateur accepterait de payer un coût de transport pour un bien proposé au même prix par un producteur local ?

Cependant, le modèle exposé ci-dessus montre que chaque firme aura tendance à restreindre les quantités vendues sur son propre marché afin de limiter la baisse des prix, alors que sur le marché d'exportation, tant qu'elle ne détiendra pas une part de marché importante, elle sera moins réticente à développer ses ventes. Tant que le prix à l'étranger est supérieur à son coût marginal, chaque firme est incitée à pénétrer ce marché d'exportation, en vendant quelques unités à un prix (net des coûts de transport) inférieur à celui qu'elle impose sur son marché d'origine.

Si les deux firmes adoptent ce comportement, cela conduira à l'émergence du commerce international de biens strictement similaires, entre pays en tous points identiques. Ce commerce est parfaitement intrabranche et résulte d'une pratique simultanée de dumping. On parle alors de **dumping réciproque**[1].

Ce type d'échanges est-il socialement souhaitable ? La réponse est ambiguë. Il est évidemment inutile d'échanger le même bien ou des substituts proches lorsque le transport est coûteux. Toutefois, l'émergence du dumping réciproque permet, dans notre exemple, l'élimination des deux monopoles purs et introduit une certaine concurrence entre les entreprises. Cette concurrence représente un gain pour l'économie qui peut compenser la perte de ressources induite par le transport.

6 Les économies d'échelle externes

Le modèle de concurrence monopolistique fait l'hypothèse que les économies d'échelle donnant lieu au commerce international se situent au niveau de chaque firme. Pour autant, il est possible d'envisager que des économies d'échelle puissent aussi prendre forme au-delà des limites de la firme, au niveau d'un secteur d'activité, voire d'une économie dans son ensemble. En effet, pour différentes raisons, la concentration de la production d'un secteur sur quelques pôles industriels peut permettre de réduire les coûts de production de chaque firme, même si chacune conserve une taille modeste. On parle alors d'*économies d'échelle externes*.

1. James Brander fut le premier à mettre en avant le principe du dumping réciproque. Voir James Bander, « Intraindustry Trade in Indentical Commodities », *Journal of International Economics*, 11, 1981, p. 1-14.

L'analyse des économies externes est ancienne. Dès 1920, l'économiste britannique Alfred Marshall a été frappé par l'étonnante concentration géographique de certains secteurs[1], formant ainsi ce qu'il appelle des « districts industriels ». À l'époque de Marshall, les exemples anglais les plus connus étaient le pôle de Sheffield, spécialisé dans la coutellerie, et celui de Northampton, qui accueillait des entreprises de bonneterie. Aujourd'hui, ces pôles spécialisés sont toujours d'actualité. Le succès de la Silicon Valley (le pôle californien qui accueille un grand nombre de producteurs de semi-conducteurs et de logiciels) est bien évidemment dans tous les esprits, de même que la concentration de l'industrie cinématographique à Hollywood ou des activités financières à la City de Londres. La France possède aussi quelques districts industriels bien définis : en juillet 2005, le gouvernement français a créé soixante-sept « pôles de compétitivité », spécialisés chacun dans un secteur précis et disséminés sur l'ensemble du territoire[2]. Ces pôles doivent être un levier important de la politique industrielle française, puisque l'État apportera un soutien aux firmes qui y participent, en subventionnant la coopération internationale, les infrastructures et la recherche et développement. L'idée est bien sûr de favoriser le développement des économies d'échelle externes.

Marshall avance trois raisons principales pour expliquer ces concentrations d'entreprises, c'est-à-dire, *in fine*, trois sources possibles d'économies d'échelle externes :

1. La garantie pour chaque firme d'être à proximité d'un grand nombre de fournisseurs spécialisés. Dans la plupart des secteurs, la production de biens et services nécessite l'utilisation de biens intermédiaires, d'équipements ou de services spécialisés (maintenance, logistique, services financiers…). Le regroupement sur un même territoire d'une forte densité de firmes qui partagent les mêmes besoins peut permettre l'émergence d'un marché local suffisamment important pour attirer un grand nombre de fournisseurs spécialisés. Cette concentration des fournisseurs permet d'améliorer l'efficacité du secteur : les entreprises clientes ont accès à un choix plus vaste de biens et services intermédiaires, la proximité géographique facilite les relations clients-fournisseurs et les clients font l'économie des coûts du transport.

2. L'assurance de bénéficier d'un bassin de main-d'œuvre important. De la même façon que pour les fournisseurs, la concentration des firmes permet d'attirer des travailleurs qualifiés, formés aux activités spécifiques du district. La constitution d'un marché du travail plus vaste est avantageuse pour les producteurs comme pour les travailleurs : les premiers seront moins confrontés au risque de pénurie de main-d'œuvre et les seconds, au risque de chômage. Par ailleurs, l'assurance de débouchés importants peut permettre le développement, à proximité du district, d'écoles ou de filières spécialisées formant des étudiants selon les besoins spécifiques des firmes locales.

3. L'opportunité de profiter d'externalités de connaissances. C'est aujourd'hui un cliché de dire que les connaissances sont un facteur de production au moins aussi important que le travail, le capital ou les matières premières. Une particularité des connaissances technologiques est qu'elles sont en partie inappropriables. Bien sûr, il est toujours possible de breveter une innovation et de s'assurer ainsi un monopole sur

1. Alfred Marshall, *Principles of Economics*, MacMillan, 1920.
2. Pour plus de détail, voir : **http://www.competitivite.gouv.fr/**.

son exploitation. Mais avant d'aboutir à une connaissance brevetable, une longue période peut s'écouler, durant laquelle des échanges informels d'informations et d'idées peuvent profiter aux firmes concurrentes. Et encore, c'est sans compter avec le fait que certains savoirs ne sont pas brevetables, notamment lorsqu'ils concernent des principes généraux (comme les tendances de la mode vestimentaire) ou des méthodes de gestion et d'organisation de la production. Assez logiquement, ces diffusions informelles des connaissances sont facilitées par la concentration géographique des firmes d'un même secteur. Comme l'écrit Marshall, dans un pôle très spécialisé « les mystères du commerce cessent d'en être et se diffusent [...], les inventions et les améliorations dans l'équipement, dans les processus de production et dans l'organisation générale sont rapidement discutées. Si un individu a une nouvelle idée, elle est reprise par d'autres, combinée avec d'autres suggestions et engendre d'autres idées nouvelles ».

Quelle que soit l'origine des économies d'échelle externes, celles-ci vont donner lieu à des rendements croissants, pour chaque pays, *au niveau sectoriel.* En d'autres termes, cela signifie que chaque secteur aura une **courbe d'offre décroissante** : plus sa production sera importante, plus le prix auquel il sera prêt à vendre ses produits sera faible.

6.1 Économies d'échelle externes et commerce international

Tout comme les économies d'échelle internes, les économies externes jouent un rôle important dans le commerce international. Leurs effets sont cependant assez différents. En particulier, les économies externes peuvent conduire les pays à « s'enfermer » dans des structures de spécialisation indésirables, et peuvent même conduire à une situation sous-optimale pour l'économie mondiale.

Dans un secteur qui bénéficie d'économies d'échelle externes, un pays avec une production élevée aura, toutes choses étant égales par ailleurs, des coûts de production plus avantageux, ce qui conduit à un processus circulaire : le pays qui produit une grande quantité d'un bien est plus efficace dans cette production, il peut donc baisser ses prix et gagner des parts de marché, c'est-à-dire produire davantage, et gagner encore en efficacité... De fortes économies externes conduisent alors à renforcer les spécialisations industrielles et, *in fine*, à générer du commerce interbranche.

La figure 6.10 présente un exemple simple pour le secteur des montres. Nous supposons que ce secteur bénéficie de rendements d'échelle croissants de sorte que le coût de production moyen diminue avec le nombre de montres produites en une année. Si les économies d'échelle dans ce secteur sont totalement externes aux firmes, alors on pourra voir dans chaque pays une multitude de petits producteurs de montres. La libre entrée dans le secteur viendra, à terme, annuler les profits. Les firmes fixent donc le prix des montres au niveau de leur coût moyen.

Deux pays sont représentés ici : la Suisse, où le coût moyen est CM_{Suisse}, et la Thaïlande, qui fait face à un coût moyen égal à $CM_{Thaï}$. Nous supposons aussi que la courbe de coût en Thaïlande se situe au-dessous de celle de la Suisse, notamment parce que les salaires y sont plus faibles. Dans ces conditions, il semble donc logique de penser que la Thaïlande servira la demande mondiale (représentée par la courbe D). Ce n'est pourtant pas le cas. Imaginons que, pour des raisons historiques, la production de montres se soit d'abord développée en Suisse. Initialement, l'équilibre mondial se situe donc au point 1. En produisant la quantité Q_1, l'industrie suisse répond à l'ensemble de la demande mondiale et le prix

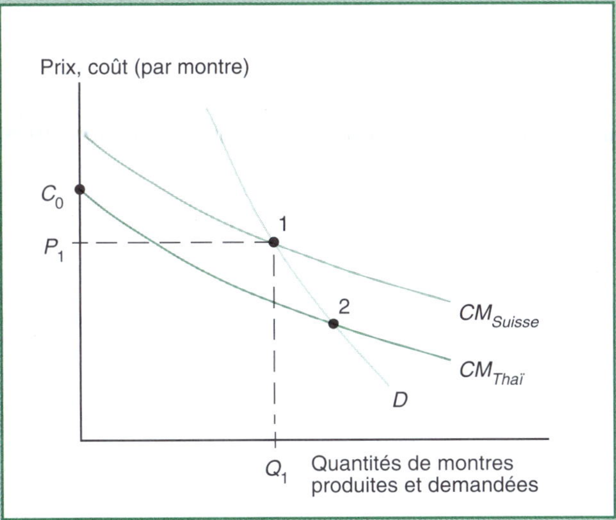

Figure 6.10 • Économies externes et spécialisation.
La courbe de coût moyen de production en Thaïlande $CM_{Thaï}$ se situe en dessous de celle de la Suisse CM_{Suisse}. De fait, la Thaïlande pourrait fournir le marché mondial à un coût inférieur à la Suisse. Toutefois, si l'industrie suisse s'est développée en premier, elle est en mesure de vendre les montres à un prix P_1 inférieur au coût C_0 que subiront les entreprises thaïlandaises lors du lancement de leur production.

s'établit à P_1. Si, à partir de cette situation initiale, la Thaïlande pouvait s'emparer du marché mondial, l'équilibre se déplacerait au point 2. Mais, concrètement, la Thaïlande n'a pas d'autre façon de faire que d'augmenter progressivement sa production de montres. Les toutes premières firmes thaïes qui souhaitent entrer sur le marché ne bénéficient cependant pas d'économies d'échelle importantes et font donc face à un coût de production élevé : C_0. Dans notre exemple, ce coût est supérieur au prix pratiqué en Suisse ; les économies d'échelle dégagées par l'industrie suisse interdisent donc l'entrée des firmes thaïes sur le marché mondial. Au final, cet exemple montre que, du fait des économies externes, les *accidents historiques* peuvent jouer un rôle important dans la détermination du lieu de production des biens, et donc du commerce. Il souligne aussi que ces économies d'échelle externes peuvent favoriser le maintien de certaines structures de spécialisation acquises dans le passé, même si elles ne sont plus conformes à l'avantage comparatif.

6.2 Les conséquences de l'ouverture sur le bien-être en présence d'économies externes

Les échanges basés sur les économies externes ont des effets sur le bien-être national plus ambigus que ceux issus des spécialisations, fondés sur des avantages comparatifs. Bien sûr, la concentration de la production des secteurs à rendements croissants dans un petit nombre de pays permet d'exploiter les effets d'échelle, ce qui constitue un gain pour l'économie mondiale. Toutefois, rien ne garantit que tous les pays profitent effectivement de ce gain, ni même que les échanges basés sur les économies externes ne viennent pas dégrader la situation de certaines économies.

La figure 6.11 reprend l'exemple précédent pour illustrer un cas de perte à l'ouverture. D représente la demande mondiale de montres ; en développant en premier la production de montre, la Suisse dispose d'un avantage qui lui permet de demeurer le seul producteur du secteur, car le démarrage de la production en Thaïlande ne pourrait se faire qu'à un coût trop élevé pour être rentable ($C_0 > P_1$). L'équilibre se situe au point 1. Pour autant, en l'absence de commerce, la Thaïlande serait obligée de produire l'ensemble des montres qu'elle consomme. Or, si la demande nationale, représentée par $D_{Thaï}$, est suffisamment importante, l'équilibre d'autarcie sur le marché thaï se situera au point 2, soit à un niveau de prix P_2, inférieur à P_1. Dans ce cas, l'autarcie semble effectivement préférable au libre-échange pour les consommateurs et les producteurs thaïs ; le gouvernement a donc clairement intérêt à imposer des barrières commerciales pour permettre l'émergence de l'industrie horlogère dans son pays. Il convient cependant de noter que, dans les faits, la mise en évidence de ce type de situation n'est pas une chose aisée. Comme nous le verrons aux chapitres 10 et 11, la difficulté d'identifier les secteurs soumis à l'influence des économies d'échelle externes est en effet l'un des principaux arguments à l'encontre des politiques protectionnistes.

Figure 6.11 • Économies externes et pertes liées au commerce.

En présence d'économies externes, les échanges peuvent entraîner une dégradation de la situation économique des pays. Dans notre exemple, la Thaïlande importe des montres de la Suisse, cette dernière fournissant la demande mondiale D à un prix P_1. Ce prix est suffisamment faible pour empêcher l'entrée de producteurs thaïlandais qui doivent supporter initialement un coût de production égal à C_0. Cependant, si la Thaïlande se fermait complètement aux échanges de montres, elle serait capable de fournir son marché national $D_{Thaï}$ à un prix P_2, inférieur à P_1.

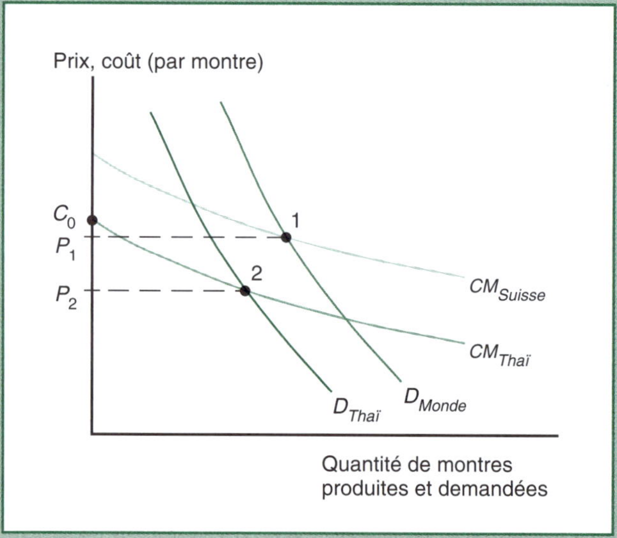

6.3 Les rendements croissants dynamiques

Comme nous l'avons noté plus haut, certaines des économies externes les plus importantes proviennent de l'accumulation progressive des connaissances et des savoir-faire. Si une firme améliore ses produits ou ses techniques de production, d'autres entreprises pourront l'imiter et réduire elles aussi leurs coûts de production.

De quoi dépend, dans un pays et un secteur donnés, cette accumulation de savoir ? Elle est bien sûr fonctions du nombre de firmes dans le secteur (donc du volume annuel de la production), mais aussi de l'expérience acquise au fil du temps par chaque firme, et donc de la production *cumulée* depuis l'émergence de ce secteur dans le pays. Les **courbes d'apprentissage**, représentées à la figure 6.12, retracent ce type de relation : elles associent le coût unitaire, non plus à la production du secteur mais à la production cumulée au cours du temps. La pente négative traduit alors ce qu'il est convenu d'appeler des **rendements croissants dynamiques**.

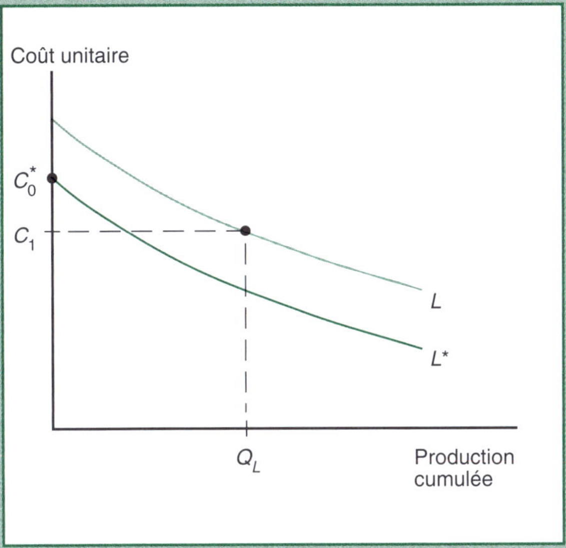

Figure 6.12 • La courbe d'apprentissage.

La courbe d'apprentissage indique que le coût unitaire est d'autant plus faible que la production cumulée dans un secteur à une date donnée est importante.

Comme les économies d'échelle externes ordinaires, les économies d'échelle dynamiques peuvent renforcer l'avantage initial lié au démarrage anticipé d'une activité industrielle. À la figure 6.12, *L* représente la courbe d'apprentissage d'un pays qui a démarré en premier la production, et *L** celle d'un pays suiveur. Nous supposons que ce dernier a des coûts relativement avantageux (en raison par exemple d'un niveau de salaires plus bas). Il est cependant pénalisé par son manque d'expérience. Si l'avantage temporel du premier pays est suffisamment important, il aura un niveau de production cumulé important (Q_L), et l'expérience qu'il en aura tiré lui permettra d'atteindre un coût unitaire relativement faible (C_1), qui interdit de fait à l'autre pays de faire valoir son avantage comparatif et de développer à son tour une production. À long terme, le pays en retard pourrait accroître son bien-être en encourageant par des politiques appropriées la fabrication du bien : soit par une subvention, soit en se protégeant de la concurrence étrangère jusqu'à ce que l'industrie devienne compétitive. Cette justification de la protection temporaire d'une industrie, connue sous le nom d'**argument de l'industrie naissante**, a joué un rôle important lors des débats sur le rôle des politiques commerciales dans les processus de développement économique. Là encore, il est difficile d'identifier des cas concrets susceptibles de correspondre à l'exemple de la figure 6.12. Les conditions d'application de l'argument de l'industrie naissante sont alors limitées. Nous en discuterons plus longuement au chapitre 10.

7 Économies d'échelle internes et externes : l'économie géographique

C'est après avoir constaté que certains secteurs industriels avaient tendance à former des agglomérations spatiales qu'Alfred Marshall a développé, au début du XXe siècle, ses réflexions sur les économies d'échelle externes. Ce constat est encore d'actualité de nos jours et, plus généralement, l'inégale répartition des activités économiques s'observe partout et à toutes les échelles spatiales. Au sein de chaque pays, les grandes métropoles attirent à elles un très grand nombre d'entreprises et concentrent une large part des richesses nationales. L'Île-de-France, par exemple, qui représente moins de 2 % de la superficie du territoire français, accueillait, en 2005, 18 % de la population et réalisait 28 % du PIB national. Au sein des grandes zones développées, comme l'Union européenne, les inégalités entre les régions sont aussi très fortes : le PIB par habitant était en 2005 près de trois fois plus élevé dans le bassin londonien qu'en Andalousie ou dans la région du Péloponnèse. Quant à l'écart de revenus entre les pays développés et le monde en développement, elles sont bien sûr criantes : dans les années 2000, la Suisse disposait par exemple d'un revenu par tête d'environ 400 fois supérieur à celui du Mozambique.

De telles inégalités spatiales n'ont pas toujours existé ; elles se sont très largement creusées avec l'essor de l'industrie moderne, à partir de la fin du XVIIIe siècle. D'après les données répertoriées par Paul Bairoch[1], il n'existait pas, jusqu'en 1800, de différence sensible de niveau de vie entre les pays développés et le tiers-monde actuel. Mais l'écart a ensuite augmenté rapidement, pour passer de 1 à 2 en 1860, puis de 1 à 5 en 1950, pour finalement dépasser un facteur 10 dès les années 1990. Au sein même des pays développés, la révolution industrielle s'est aussi accompagnée d'un puissant mouvement de concentration spatiale. Ces vastes mouvements d'agglomération, nés de l'industrialisation et de la baisse des coûts de transport, ont bouleversé profondément la structure des échanges commerciaux entre les nations et, au sein de chaque pays, entre les régions.

Dans les années 1990, de nombreuses analyses ont tenté d'expliquer les processus d'agglomération spatiale et les échanges commerciaux qui en résultent. Cet ensemble théorique, qui combine les économies d'échelle internes et externes, constitue ce qu'il est convenu d'appeler la **nouvelle économie géographique**[2].

7.1 Les dynamiques d'agglomération

Les théories du commerce présentées aux chapitres 3 et 4 fournissent une première explication à la formation des inégalités spatiales. Les avantages comparatifs conduisent les pays à se spécialiser dans un petit nombre de secteurs et à importer les biens dont ils ont abandonné la production. De fait, l'ouverture commerciale conduit alors à une divergence des tissus industriels et à la concentration de certaines activités en certains lieux. Mais, aussi puissant soit-il pour expliquer les échanges, le principe des avantages comparatifs ne permet pas à lui seul de comprendre la formation des mégapoles accueillant une

1. Bairoch P. (1997), *Victoires et Déboires. Histoire économique et sociale du monde du XVIe siècle à nos jours*, Folio Histoire, n° 79.
2. Voir Krugman (1991), *Geography and Trade*, MIT Press, et Combes, Mayer et Thisse (2006), *Économie géographique*, Economica.

grande variété d'industries, ni la concentration de certains secteurs dans des lieux qui ne présentaient pas *a priori* d'avantages particuliers. Après tout, pourquoi une bonne part de l'industrie automobile américaine s'est-elle concentrée autour de Détroit, plutôt qu'en Floride ou en Californie ? La réponse est sans doute à rechercher dans l'analyse des mécanismes fondamentaux du choix de localisation des entreprises, plutôt que dans les caractéristiques spécifiques du Michigan. La nouvelle économie géographique propose ainsi une explication qui repose sur la conjonction de deux forces.

D'une part, si les entreprises bénéficient de rendements d'échelle internes, et qu'il existe des coûts de transport, elles ont intérêt à rechercher la proximité des grands marchés. Considérons, en effet, un monde composé de deux pays de taille inégale et un secteur gouverné par la concurrence monopolistique. Les firmes implantées dans le grand pays, où s'exprime une demande relativement importante, peuvent réaliser de fortes ventes sur leur marché domestique. Celles implantées dans le petit pays ont un accès privilégié à la demande locale – relativement restreinte – et peuvent exporter vers le grand pays. Mais, dès lors qu'il existe des coûts de transport pesant sur le commerce international, leur compétitivité est limitée sur ce grand marché d'exportation, et leurs ventes y sont assez faibles. Au final, les entreprises du grand pays ont tendance à produire davantage que celles du petit pays. Compte tenu des économies d'échelle internes, ces dernières font des profits relativement faibles et auront tendance, si elles le peuvent, à se délocaliser vers le grand marché.

D'autre part, si plusieurs entreprises viennent s'implanter dans une même région, elles vont générer des économies d'échelle externes qui rendent cette localisation plus attractive. Notamment, chaque création d'établissement dans une région y génère une nouvelle demande de travail. Si les ménages ont la possibilité de migrer d'une région à l'autre, alors cette demande va attirer de nouveaux travailleurs. Dans la mesure où ces individus sont aussi des consommateurs, cet afflux vient augmenter la demande de biens exprimée dans cette région… ce qui accroît les profits des firmes locales et attire à nouveau d'autres producteurs. En somme, dès lors que les travailleurs veulent être là où sont les entreprises et que ces dernières recherchent la proximité des consommateurs, on voit se dessiner un processus cumulatif d'agglomération spatiale. Les relations de sous-traitance, qui sont une autre source d'économie d'échelle externe identifiée par Marshall, mènent au même type de mécanisme : l'arrivée d'entreprises dans une région accroît la demande de biens intermédiaires, ce qui attire de nouveaux fournisseurs qui, en retour, rendent la région plus attractive pour les firmes du secteur de bien final.

Ce processus cumulatif d'agglomération, né de la conjonction des économies d'échelle internes et externes, conduit donc à la concentration d'activités à rendements croissants dans un petit nombre de lieux. Ainsi, les pays (ou les régions au sein des pays) qui bénéficient d'un avantage en termes de taille du marché vont se spécialiser dans les secteurs produisant des biens industriels à rendements croissants. Les régions périphériques vont voir partir leur industrie et se spécialiser dans les productions à rendements constants. Ce mouvement d'agglomération aboutira naturellement à de nouveaux flux d'échanges commerciaux.

Cependant, la dynamique d'agglomération n'est pas toute-puissante. Elle fait face à un certain nombre de forces centrifuges, qui permettent d'expliquer pourquoi toutes les activités à rendements croissants ne se concentrent pas systématiquement dans un lieu unique : les contraintes pesant sur la mobilité des travailleurs, les effets de congestion pesant sur les facteurs strictement immobiles (le prix de la terre et les loyers augmentent au fur et à mesure que les activités économiques s'agglomèrent), et surtout la concurrence qui tend à être bien plus intense dans les territoires où la densité d'entreprises est forte.

Du modèle théorique d'économie géographique développé par Paul Krugman[1] sur les principes présentés précédemment émerge une conclusion originale : en partant d'une situation où les secteurs industriels bénéficiant de rendements croissants sont équitablement répartis entre les pays, la baisse des barrières aux échanges internationaux renforce la probabilité de voir s'enclencher un processus cumulatif d'agglomération. Ainsi, l'ouverture commerciale et la baisse des coûts de transport peuvent générer de puissants mouvements de spécialisation et conduire certains pays ou régions à perdre une grande part de leur industrie et de leur PIB. L'intuition derrière ce mécanisme est relativement simple. Imaginons un instant que les barrières aux échanges soient tellement élevées que le commerce entre les pays est quasiment nul. Dans ce cas, les économies vivent en quasi-autarcie et les entreprises qui souhaitent répondre à la demande exprimée dans un pays n'ont pas d'autre solution que de s'y implanter. Conformément à ce que nous avons vu à la section 4, le plus petit des deux pays accueillera alors moins d'entreprises que le grand, mais aucune ne sera incitée à rejoindre le grand pays. Mais, si les barrières aux échanges diminuent, les firmes du grand pays vont pouvoir venir concurrencer celles du petit pays sur leur propre marché. Ces dernières seront moins protégées de la concurrence étrangère, sans pour autant bénéficier pleinement des avantages d'un accès direct au grand marché. L'intérêt à se localiser dans le petit pays diminuant, elles auront tendance à préférer se relocaliser sur le grand marché.

7.2 Les politiques européennes face aux défis de la géographie économique

Les conclusions avancées par la « nouvelle économie géographique » ont d'importantes conséquences sur la conduite des politiques économiques. Elles suggèrent notamment que la situation géographique des pays et des régions pèse fortement sur leurs chances de développement dans une économie mondialisée. Ainsi, les pays situés au plus près des grands bassins de la demande mondiale, comme la Belgique, les Pays-Bas, ou les États du nord-est des États-Unis, ont davantage de capacité à attirer et conserver sur leur territoire des secteurs économiques à rendements croissants. En revanche, les pays périphériques, situés en marge des grands marchés, ont peu de chance de pouvoir développer des pôles industriels dynamiques.

L'économie géographique revêt aussi une importante toute particulière pour l'Union européenne. En effet, le projet de construction européenne vise à créer un vaste marché unique où les biens, mais aussi les entreprises et les travailleurs peuvent circuler librement. Les modèles théoriques développés dans les années 1990 suggèrent que ce mouvement d'intégration risque de renforcer les dynamiques d'agglomération spatiale. Cela se traduirait par un creusement des inégalités entre les régions les plus pauvres,

1. Krugman P. (1991), « Increasing Returns and Economic Geography », *Journal of Political Economy, n° 99*, 483-499.

situées en périphérie de l'Union, et les régions centrales (la fameuse « banane bleue » qui regroupe les zones les plus riches d'Europe, depuis le bassin londonien jusqu'à l'Italie du Nord). En venant hypothéquer les chances des pays et des régions les plus pauvres de rattraper rapidement leur retard, l'intégration économique risque alors de mettre à mal la stabilité politique de l'Union.

Pour faciliter la convergence des niveaux de vie en Europe, les instances communautaires se sont, dès la fin des années 1950, dotées d'une politique régionale ambitieuse. Celle-ci vise à financer des projets d'infrastructure, d'éducation et de restructuration industrielle dans les régions périphériques, espérant ainsi tirer la croissance de l'ensemble de l'Union tout en garantissant sa cohésion territoriale. Mais, là encore, l'économie géographique vient alimenter des doutes sur la pertinence de cette politique. En effet, de nombreux modèles théoriques suggèrent que la concentration spatiale, dans la mesure où elle permet de renforcer les économies d'échelle externes et internes, permet d'atteindre des niveaux de croissance élevée. Dès lors, les politiques visant à contrebalancer les mécaniques de l'agglomération auraient un coût qui se compterait en termes de perte de croissance pour l'ensemble de l'Union. En somme, ces modèles suggèrent qu'il existe un arbitrage entre l'efficacité économique (la croissance européenne) et l'équité spatiale (le maintien d'un haut niveau de cohésion entre les régions et les États membres). Depuis le début des années 2000, ce dilemme est au cœur des débats sur les politiques budgétaires de l'Union.

Résumé

Le commerce ne résulte pas uniquement de l'avantage comparatif. Il peut également provenir des rendements croissants (c'est-à-dire des économies d'échelle). En effet, en présence d'économies d'échelle, internes (liées à la taille de la firme) ou externes (liées à la taille du secteur), les activités économiques ont tendance à se concentrer sur un petit nombre de localisations. Les pays sont alors enclins à se spécialiser et donc à commercer entre eux.

Les économies d'échelle internes peuvent engendrer des imperfections de la concurrence. Deux principaux modèles de concurrence imparfaite permettent d'étudier les questions relatives au commerce international : le modèle en concurrence monopolistique et le modèle de dumping.

En concurrence monopolistique, les firmes produisent des biens différenciés et se comportent comme si elles étaient en situation de monopole. Toutefois, de nouveaux concurrents peuvent librement entrer sur le marché, ce qui conduit à l'annulation des profits. Du fait des économies d'échelle, une économie de grande taille comptera davantage de firmes qui produiront chacune une plus grande quantité de bien, à coût moyen plus faible. Le commerce international rend alors possible la création d'un grand marché intégré qui permet d'offrir simultanément aux consommateurs une plus grande variété de biens et des prix plus faibles.

Dès lors que l'on considère plusieurs secteurs d'activité, la concurrence monopolistique dans un ou plusieurs d'entre eux conduit à décomposer le commerce international en deux parties : le commerce intrabranche de produits différenciés (issu de la concurrence imparfaite) et les échanges interbranches de biens différents.

On parle de dumping lorsqu'une firme bénéficiant d'un pouvoir de marché impose un prix plus faible pour ses exportations que celui qu'elle fixe pour ses ventes sur le marché domestique. Ce comportement correspond simplement à une stratégie de maximisation du profit, dans une situation où les exportations sont plus sensibles aux variations de prix que les ventes domestiques, et lorsque les entreprises peuvent segmenter les marchés. Le dumping réciproque a lieu lorsque deux firmes appartenant à deux pays distincts pratiquent le dumping pour exporter simultanément vers le marché du concurrent.

Les économies d'échelle externes confèrent un rôle important aux accidents historiques dans la détermination de la structure du commerce international. Lorsque ces économies d'échelle sont importantes, un pays qui dispose initialement d'une industrie de grande taille peut maintenir cet avantage, même si un pays voisin pourrait produire les mêmes biens à moindre coût. Dans ces conditions, certains pays peuvent préférer une situation d'autarcie au libre-échange.

L'effet conjugué des économies d'échelle externes et internes peut donner corps à un processus autoentretenu d'agglomération spatiale. Sous certaines hypothèses, la réduction des barrières aux échanges conduit à une concentration des activités à rendements croissants dans les pays ou les régions dont la géographie économique est la plus favorable. Ces processus d'agglomération profitent aux régions centrales mais compromettent les chances de développement des territoires éloignés des zones les plus riches.

Activités

1. Pour chacun des exemples suivants, expliquez si l'on a affaire à une économie d'échelle interne ou externe :

   a. Le quartier du Sentier, à Paris, accueille environ 5 000 entreprises du textile et de l'habillement. Ces petites entreprises emploient directement ou indirectement plus de 45 000 personnes et produisent près de 25 % de la production textile en France.

   b. Toutes les Honda vendues aux États-Unis sont soit importées, soit produites dans l'État américain de l'Ohio.

   c. Tous les avions d'Airbus, seul producteur européen de gros porteurs, sont assemblés à Toulouse, en France, ou à Hambourg, en Allemagne.

   d. La plupart des mutuelles d'assurance françaises ont établi leur siège social à Niort, dans les Deux-Sèvres.

2. En concurrence parfaite, les entreprises fixent un prix égal à leur coût marginal. Pourquoi n'est-ce pas possible en présence d'économies d'échelle internes ?

3. Il est souvent avancé que l'existence de rendements croissants est une source de conflits entre les pays, car chaque pays a intérêt à augmenter sa production dans ces secteurs. Évaluez ce point de vue en vous basant à la fois sur les modèles de concurrence monopolistique et d'économies d'échelle externes.

4. Supposons que les coûts fixes pour une entreprise de l'industrie automobile (coûts d'installation, équipements, etc.) soient de 5 milliards d'euros et que les coûts variables sont de 17 000 euros par voiture produite. L'accroissement du nombre de firmes présentes sur le marché renforce la concurrence et entraîne une diminution des prix. Plus précisément, considérons que $P = 8\,000 + (150/n)$, avec n le nombre de firmes. Supposons enfin que les marchés automobiles américain et européen comptent initialement 300 millions et 533 millions de consommateurs respectivement.

   a. Calculez le nombre de firmes à l'équilibre sur les marchés américain et européen en l'absence d'échanges internationaux. Quel est le prix sur chacun de ces marchés ?

   b. Supposons maintenant que les deux pays décident de s'ouvrir au commerce international. Combien de producteurs automobiles y aura-t-il alors au total aux États-Unis et en Europe ? Quel sera le nouveau prix d'équilibre ?

   c. Pourquoi l'accord de libre-échange influe-t-il sur le prix des biens ? Comment le bien-être des consommateurs évolue-t-il ?

5. Évaluez l'importance relative des économies d'échelle et de l'avantage comparatif dans l'émergence des situations suivantes :

   a. La plus grande partie de l'aluminium mondial est fondue en Norvège ou au Canada.

b. Une très large part de la production cinématographique mondiale se fait à Hollywood, en Californie.

c. La France est le premier producteur de vin au monde.

d. L'Australie connaît, depuis quelques années, une croissance exceptionnelle de sa production de vin : elle a été multipliée par plus de trois entre 1990 et 2005.

6. On trouve en Tunisie des manuels d'économie édités en France ou en Belgique, moins chers qu'en Europe. Comment est-ce possible ?

7. Considérons une situation similaire à celle décrite à la figure 6.10, où des pays, producteurs potentiels d'un bien, sont soumis à des courbes d'offre décroissantes. Supposons que ces deux pays aient les mêmes coûts de production : leurs courbes d'offre sont donc identiques.

a. Quelle sera la structure de la spécialisation et du commerce international ?

b. Quels sont les *gains* associés au commerce international ? Reviennent-ils seulement au pays qui se spécialise dans la production du bien à rendements croissants ?

8. Lesquels des biens ou des services suivants sont les plus susceptibles d'être sujets (1) à des économies d'échelle externes et (2) à des rendements croissants dynamiques ? Justifiez vos réponses.

a. Les services de support technique pour les logiciels.

b. La production de béton.

c. Les films cinématographiques.

d. La recherche sur le cancer.

e. Les services financiers.

Annexes du chapitre 6

Annexe A : La détermination du revenu marginal

Dans notre présentation du monopole et la concurrence monopolistique, nous avons vu que si la courbe de demande est de la forme suivante :

$$Q = A - B \times P \tag{6A.1}$$

alors le revenu marginal est :

$$Rm = P - (1/B) \times Q \tag{6A.2}$$

Dans cette annexe, nous montrons comment obtenir cette expression.

Notons tout d'abord que l'équation de la courbe de demande peut être arrangée afin d'exprimer le prix en fonction des ventes de l'entreprise. En utilisant (6A.1), nous obtenons :

$$P = (A/B) - (1/B) \times Q \tag{6A.3}$$

Le revenu de l'entreprise est simplement le prix unitaire multiplié par le nombre d'unités vendues. En notant R le revenu de l'entreprise, nous avons :

$$R = P \times Q = [(A/B) - (1/B) \times Q] \times Q \tag{6A.4}$$

Observons maintenant comment le revenu d'une entreprise varie avec ses ventes. Supposons que l'entreprise décide d'augmenter ses ventes d'un montant infime dX, de telle sorte que le niveau des ventes devienne $Q' = Q + dQ$. Le revenu R' de l'entreprise, suite à cet accroissement des ventes, sera :

$$\begin{aligned} R' = P' \times Q' &= [(A/B) - (1/B) \times (Q + dQ)] \times (Q + dQ) \\ &= [(A/B) - (1/B) \times Q] \times Q + [(A/B) - (1/B) \times Q] \times dQ \\ &\quad - (1/B) \times Q \times dQ - (1/B) \times (dQ)^2 \end{aligned} \tag{6A.5}$$

L'équation (6A.5) peut être simplifiée en opérant des substitutions à partir des équations (6A.1) et (6A.4) :

$$R' = R + P \times dQ - (1/B) \times Q \times dQ - (1/B) \times (dQ)^2 \tag{6A.6}$$

Toutefois, lorsque la variation dans les ventes dQ est petite, son carré $(dQ)^2$ est très faible. Ainsi, pour une faible variation de Q, le dernier terme de l'équation (6A.6) est négligeable. La variation du revenu de l'entreprise, suite à un faible accroissement de ses ventes, est donc :

$$R' - R = [P - (1/B) \times Q] \times dQ \tag{6A.7}$$

Ainsi, l'augmentation du revenu par unité supplémentaire vendue (ce qui correspond à la définition du revenu marginal) est :

$$MR = (R' - R)/dQ = P - (1/B) \times Q$$

Cette expression est bien identique à l'équation (6A.2).

Annexe B : Le modèle de concurrence monopolistique

Dans un secteur en concurrence monopolistique, quel est l'effet d'une évolution de la taille de marché ? Pour chacune des firmes, le coût total de production d'une quantité X est :

$$C = F + cX \tag{6B.1}$$

F est le coût fixe, c est le coût marginal et X est la quantité produite par la firme. Le coût moyen s'écrit donc :

$$CM = C/X = F/X + c \tag{6B.2}$$

En notant S les ventes totales du secteur (qu'on suppose exogène), n le nombre de firmes et $\bar{P}$ le prix pratiqué en moyenne par les firmes concurrentes (qu'on suppose aussi exogène), la courbe de demande à laquelle fait face chaque firme est de la forme :

$$X = S[1/n - b(P - \bar{P})] \tag{6B.3}$$

Toutes les firmes définissent leur prix de sorte à maximiser leur profit. Le profit d'une firme représentative est :

$$\pi = PX - C = PS[1/n - b(P - \bar{P})] - F - cS[1/n - b(P - \bar{P})] \tag{6B.4}$$

Les conditions de premier ordre imposent que $d\pi/dP = 0$. On a donc :

$$X - SbP + Sbc = 0 \tag{6B.5}$$

Dès lors que toutes les firmes sont symétriques, elles pratiquent des prix identiques, si bien que $P = \bar{P}$ et $X = S/n$.

Ainsi, l'équation (6B.5) implique :

$$P = 1/bn + c \tag{6B.6}$$

Cette expression est bien celle qui est présentée dans le corps du chapitre.

Puisque $X = S/n$, le coût moyen est une fonction de S et n.

$$CM = Fn/S + c \tag{6B.7}$$

À long terme, la libre entrée des firmes dans le secteur vient annuler les profits. Les prix pratiqués par chaque firme doivent égaliser le coût moyen. On doit donc avoir :

$$1/bn + c = Fn/S + c \tag{6B.8}$$

Cela implique alors :

$$n = \sqrt{S/bF} \tag{6B.9}$$

Cette équation montre qu'une augmentation de la taille du marché S tend à augmenter le nombre de firmes n, mais de façon non proportionnelle : en doublant par exemple la taille du marché, le nombre de firmes augmente à peu près d'un facteur de 1,4 seulement.

Le prix de chaque variété est :

$$P = 1/bn + c = c + \sqrt{F/Sb} \qquad (6B.10)$$

Les prix sont donc d'autant plus faibles que la taille du marché est grande. Enfin, la quantité produite par chaque firme est :

$$X = S/n = \sqrt{SbF} \qquad (6B.11)$$

La taille des firmes augmente donc avec la taille du marché.

Chapitre 7

Les mouvements internationaux de facteurs

Objectifs pédagogiques :

- **Établir quels sont les déterminants des migrations internationales et évaluer leurs conséquences sur les économies d'accueil et d'origine.**
- **Définir le concept d'avantage comparatif intertemporel et expliquer comment il est associé aux flux de capitaux, aux prêts et aux investissements internationaux.**
- **Examiner les théories expliquant l'existence des firmes multinationales et les déterminants des investissements directs étrangers.**

Le chapitre 4 a mis en évidence une idée originale. Dans une certaine mesure, le commerce international résulte d'une volonté implicite d'échanger des services de facteurs de production : les pays en développement, par exemple, compensent l'insuffisance de leur dotation en capital et en travail qualifié en important des biens produits dans les pays développés. Ces derniers importent des biens intensifs en travail non qualifié, qui est le facteur qui leur fait défaut. Il n'y a alors rien d'étonnant à ce que l'ouverture au commerce et la libéralisation des **mouvements internationaux de facteurs**, qui constituent les deux facettes de l'intégration économique, soient intimement liées. Nous poursuivons ici dans cette voie par l'étude explicite des flux de facteurs dans une économie mondiale. Ce chapitre porte en effet sur les causes et les implications des migrations de travailleurs et des flux internationaux de capitaux. L'analyse des firmes multinationales y est l'objet d'une attention toute particulière.

Dans la mesure où les principes qui régissent ces mouvements de facteurs ne diffèrent pas fondamentalement de ceux qui guident le commerce international[1], les migrations et les flux de capitaux peuvent être simplement appréhendés à l'aide des outils présentés aux chapitres 3 à 5. De la même façon, certains concepts exposés au chapitre 6 nous permettront d'étudier les comportements des firmes multinationales et leur rôle dans l'économie mondiale.

Bien entendu, les similitudes entre le commerce de biens et les flux de facteurs ne doivent pas faire oublier certaines différences profondes : si ces deux types d'échanges ont des conséquences comparables d'un point de vue strictement économique, ils apparaissent radicalement dif-

1. Voir notamment Robert Mundell, « International Trade and Factor Mobility », *American Economic Review,* 47, 1957, p. 321-335.

férentes aux yeux des opinions publiques. Prenons en effet l'exemple d'un pays développé, relativement bien doté en capital. Il peut importer des biens intensifs en travail, mais il peut aussi accueillir un plus grand nombre d'immigrés pour compenser l'insuffisance relative de sa main-d'œuvre. De même, un pays qui a un marché intérieur trop petit pour permettre, dans les secteurs à rendements croissants, à ses firmes d'atteindre une taille critique, pourra importer des biens produits par les grandes entreprises étrangères. Mais il peut aussi tenter de développer une production locale en subventionnant l'implantation de filiales d'entreprises multinationales.

Les conséquences politiques de ces deux types d'échanges sont alors clairement différentes. Généralement, les mouvements internationaux de facteurs engendrent encore plus d'hostilité que le commerce international, et dans ce domaine le protectionnisme est bien souvent la règle. La quasi-totalité des pays imposent en effet un contrôle strict de l'immigration. En outre, jusqu'au début des années 1980, alors qu'ils faisaient des efforts importants pour abaisser leurs barrières commerciales, beaucoup de pays européens (et notamment la France) ont maintenu des restrictions sur les flux de capitaux. Enfin, les firmes multinationales suscitent souvent la suspicion, et aujourd'hui encore les implantations de filiales sont fermement réglementées dans la plupart des pays. Malgré ces restrictions, les mouvements internationaux de facteurs jouent un rôle important dans la mondialisation, justifiant ainsi que nous leur consacrions un chapitre entier.

Ce chapitre est divisé en trois parties : après avoir développé un modèle simple de migrations internationales, nous nous livrerons à l'analyse des prêts et des emprunts internationaux ; puis, nous verrons que ces derniers peuvent être interprétés comme un échange commercial *différé*, intertemporel ; enfin, nous examinerons les firmes multinationales.

1 La mobilité internationale du travail

La plupart des pays maintiennent des contraintes légales strictes sur les flux migratoires. La mobilité du travail est donc, en pratique, plus limitée que ne le sont les mouvements de capitaux. Les migrations restent néanmoins un phénomène économique important, ne serait-ce que parce qu'elles constituent, dans de nombreux pays, un thème récurrent des débats politiques.

1.1 Un modèle à un bien, sans mobilité des facteurs

Comme pour le commerce international, le meilleur moyen de bien comprendre la mobilité des facteurs est de commencer par étudier une situation d'autarcie, puis d'examiner les conséquences d'une ouverture des frontières. Supposons donc que nous ayons, comme aux chapitres précédents, un monde à deux pays : le pays domestique et le pays étranger. Chacun est doté de deux facteurs de production : la terre et le travail. Enfin, la représentation du monde que nous adoptons ici est encore plus simple que celle vue au chapitre 4, puisque chaque pays ne produit qu'*un seul* bien.

Avant d'introduire les mouvements de facteurs, analysons les déterminants du niveau de production de chaque pays. Toutes choses étant égales par ailleurs, elle dépendra de la quantité disponible de terre T et de travail L. La fonction de production, qui associe l'offre de facteurs à la quantité produite, est notée $Q(T,L)$.

La pente de cette fonction correspond à l'augmentation de la production engendrée par l'utilisation d'une quantité supplémentaire de travail : c'est le *produit marginal du travail*[1]. Celui-ci est censé diminuer lorsque le rapport travail/terre augmente (voir figure 7.1). En effet, plus un pays emploie un grand nombre de travailleurs pour une quantité donnée de terre, plus il lui est difficile de substituer encore de la terre au travail.

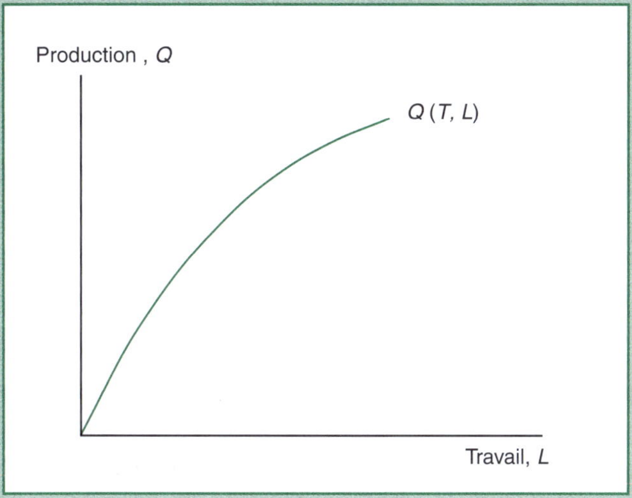

Figure 7.1 • La fonction de production d'une économie.

La fonction *Q(T,L)* donne, pour une dotation en terre *T* donnée, la quantité de bien produite en fonction du travail employé. Plus la quantité de travail est importante, plus la production est élevée ; cependant, tant que la quantité de terre n'augmente pas, le produit marginal du travail diminue progressivement avec l'augmentation du nombre travailleurs.

La figure 7.2 utilise les mêmes informations que la figure 7.1, mais les présente de manière différente. Elle montre directement l'évolution du produit marginal en fonction de la quantité de travail employée. Cette relation est importante puisque, en concurrence parfaite, le salaire réel versé aux travailleurs est égal au produit marginal[2] ; il diminue donc au fur et à mesure que la production du bien utilise un ratio travail/terre élevé.

Comme nous le montrons dans l'annexe de ce chapitre, la production totale de l'économie peut être mesurée par l'aire qui se situe en dessous de la courbe de produit marginal. La masse salariale, c'est-à-dire les salaires perçus par l'ensemble des travailleurs, correspond au taux de salaire multiplié par le nombre d'employés. Elle est représentée à la figure 7.2 par le rectangle en couleur. Le reste de la valeur produite revient alors aux propriétaires terriens.

1. L'utilisation du terme « produit marginal » dans cette discussion peut prêter à confusion. Souvent, les analyses microéconomiques mettent plutôt en avant la *productivité marginale du travail* qui correspond, elle, à la variation de la *valeur* de la production qui résulte d'une augmentation marginale de l'emploi. En concurrence parfaite, les firmes sont preneuses de prix, si bien que la productivité marginale est simplement égale au produit marginal multiplié par le prix du bien.
2. Autrement dit, le salaire nominal est égal à la productivité marginale.

Figure 7.2 • Le produit marginal du travail.

Pour un niveau d'emploi donné, la surface située en dessous du produit marginal correspond à la production totale. L'ensemble de la richesse sert à rémunérer les deux facteurs de production. Le salaire réel étant égal au produit marginal du travail, le revenu total qui revient aux travailleurs est égal à la surface du rectangle bleu. Ce qui reste correspond aux rentes versées aux propriétaires terriens.

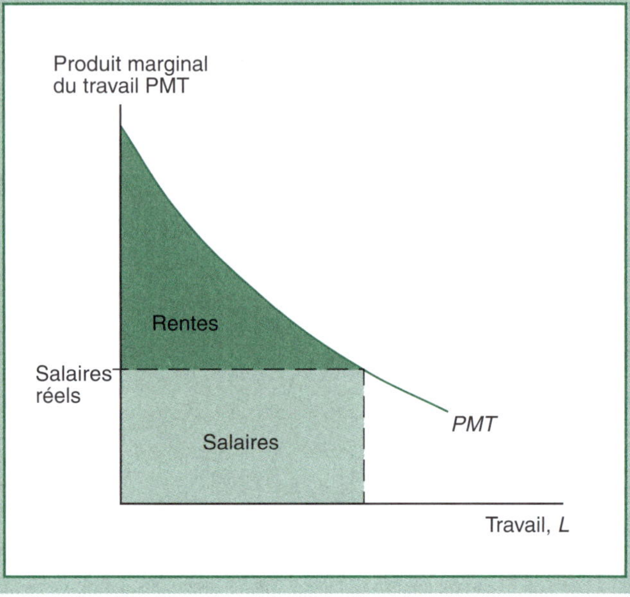

1.2 Les migrations internationales de travailleurs

Dans une économie mondiale, les implications de cette relation qui associe le nombre de travailleurs et le salaire réel sont très intuitives. Supposons, en effet, que les deux pays utilisent la même technologie, mais qu'ils disposent des facteurs terre et travail dans des proportions différentes. Si le pays domestique est relativement bien doté en travail, le salaire y sera plus faible qu'à l'étranger, et la rémunération de la terre y sera plus élevée. Cela incite bien évidemment les facteurs de production à se déplacer : la terre ne peut pas bouger, mais les travailleurs domestiques voudront migrer pour trouver un emploi à l'étranger.

Le flux migratoire viendra réduire l'offre de travail dans l'économie domestique et augmentera par conséquent le salaire réel dans ce pays. Dans le pays étranger, on observera les effets opposés. S'il n'y a aucun d'obstacle qui limite les migrations, ce processus doit continuer jusqu'à égaliser le produit marginal du travail dans les deux pays.

La figure 7.3 illustre les causes et les conséquences de la mobilité internationale du travail. L'axe horizontal représente la main-d'œuvre disponible dans l'ensemble du monde : les travailleurs du pays domestique sont représentés à gauche de l'axe, et ceux du pays étranger sont sur la droite. Pour chaque pays, le niveau du produit marginal du travail est reporté sur un axe vertical : celui de gauche pour le pays domestique, celui de droite pour l'étranger. Nous supposons qu'il y a initialement OL^1 travailleurs dans le pays domestique et L^1O^* à l'étranger. Dans ces conditions, le salaire réel est plus faible dans le pays domestique (point C) que dans le pays étranger (point B). Si les travailleurs peuvent se déplacer librement vers le pays qui offre le salaire réel le plus élevé, ils migreront du pays domestique vers l'étranger jusqu'à ce que les salaires réels s'égalisent. En fin de compte, il y aura alors OL^2 travailleurs employés dans le pays domestique, et L^2O^* travailleurs dans le pays étranger (point A).

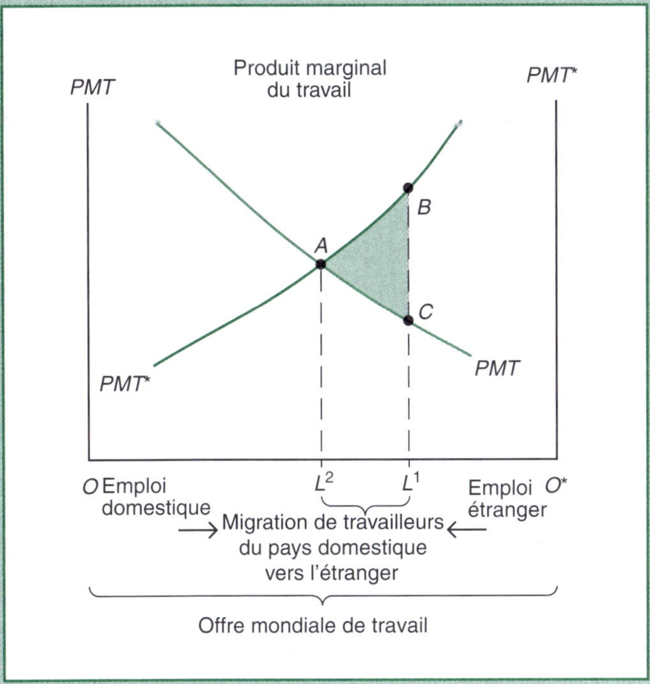

Figure 7.3 • Causes et conséquences de la mobilité internationale du travail.

Initialement, OL^1 travailleurs sont employés dans le pays domestique, et L^1O^* dans le pays étranger. Les travailleurs migrent du pays domestique vers l'étranger jusqu'à l'égalisation des salaires réels.

Cette redistribution de la main-d'œuvre mondiale a trois conséquences majeures :

1. Elle entraîne une convergence des salaires réels. Ceux-ci diminuent dans le pays étranger (où ils étaient élevés) et sont en hausse dans le pays domestique.
2. Elle augmente la production mondiale. L'afflux de travailleurs accroît en effet la production étrangère, qui augmente de la surface qui se trouve entre L^1 et L^2 et qui est en dessous de la courbe du produit marginal étranger PMT^*. Dans le même temps, la production domestique est amputée d'une quantité égale à l'aire qui se situe sous sa courbe de produit marginal PMT et entre L^1 et L^2. Cette surface est plus petite que celle qui représente l'accroissement de la production étrangère, si bien que, pour finir, l'augmentation de la production correspond à l'aire colorée ABC.
3. Comme le commerce international, la mobilité internationale du travail accroît le bien-être global, mais elle fait des gagnants et des perdants. Les travailleurs du pays domestique (qu'ils aient migré ou non) reçoivent finalement un salaire plus élevé, cependant les travailleurs étrangers voient leur salaire réel diminuer. De même, les propriétaires terriens du pays étranger bénéficient d'un afflux de travailleurs, alors ceux du pays domestique voient leur rémunération diminuer.

1.3 Vers un modèle à deux biens

Le modèle que nous venons d'exposer est très simple. Pour le rendre un peu plus réaliste, il faut notamment considérer que les pays peuvent produire plusieurs biens. Supposons donc qu'ils en produisent deux, dont l'un est plus intensif en travail que l'autre.

Nous savons, depuis le chapitre 4, que dans ce cas le pays domestique peut exporter les services du facteur travail et importer les services de la terre. Pour cela, il lui suffit simplement d'exporter le bien relativement intensif en travail et d'importer le bien relativement intensif en terre. Le commerce offre ainsi une alternative à la mobilité des facteurs de production. En principe, ces flux de commerce doivent permettre l'égalisation des prix des facteurs. Si c'est le cas, les migrations n'ont alors plus lieu d'être.

En pratique, le commerce n'est toutefois qu'un substitut imparfait aux mouvements internationaux de facteurs. Comme nous l'avons vu au chapitre 4, de profonds écarts de rémunération persistent, notamment en raison de trop grandes différences de dotation relatives (qui conduisent les pays à abandonner totalement certaines productions), de l'existence de barrières au commerce (naturelles ou politiques), ou encore des différences internationales de technologie.

Parallèlement, l'analyse théorique suggère que les migrations – et plus généralement tous les mouvements de facteurs – peuvent se substituer au commerce international. Mais, là encore, ce n'est vraisemblablement pas le cas en réalité, puisque des mesures administratives strictes encadrent généralement les migrations, les flux de capitaux ou de toute autre ressource potentiellement mobile. Par ailleurs, au-delà de ces entraves politiques, la mobilité de certains facteurs est naturellement limitée : de nombreuses ressources, comme les coteaux du Bordelais ou le soleil des Antilles, ne peuvent pas être déplacées.

Ainsi, l'extension du modèle simple à un cas où les pays produisent plusieurs biens ne bouleverse pas le message fondamental qu'il véhicule. Dans toutes les circonstances, le point essentiel est que l'échange de facteurs a des causes, mais aussi des effets sur l'économie, très proches de ceux du commerce des biens.

Encadré 7.1

La convergence des salaires au temps des grandes migrations

Entre la fin du XIXe siècle et le début du XXe, l'immigration était la principale source de la croissance de la population dans un certain nombre de pays, et la cause majeure de son déclin dans d'autres. Au sein d'une économie mondiale qui connaissait depuis peu les chemins de fer, les bateaux à vapeur ou encore le télégraphe, et dans laquelle les restrictions légales à la migration que nous connaissons aujourd'hui n'avaient pas encore cours, des dizaines de millions de personnes se déplaçaient sur de longues distances à la recherche d'une vie meilleure : les Chinois vers le Sud-Est asiatique ou la Californie, les Indiens vers l'Afrique et les Caraïbes, un grand nombre de Japonais vers le Brésil… De manière plus importante encore, les habitants de la périphérie de l'Europe (c'est-à-dire de Scandinavie, d'Irlande, d'Italie ou de pays d'Europe centrale) ont émigré vers des pays où les terres étaient abondantes et les salaires élevés comme les États-Unis, le Canada, l'Argentine ou l'Australie.

☞

Encadré 7.1 (suite)

Ce processus a-t-il engendré le type de convergence des salaires que le modèle prédit ? Il semble bien que la réponse soit positive. Le tableau ci-dessous indique, pour huit pays parmi les principales terres d'immigration et d'émigration, le niveau des salaires réels en 1870 et leur évolution jusqu'à la Première Guerre mondiale. Au départ, les salaires étaient largement plus élevés dans les pays de destination. Durant les quatre décennies suivantes, les salaires réels ont augmenté dans tous les pays, mais beaucoup plus rapidement dans ceux qui ont connu de fort taux d'émigration (à l'exception du Canada où les salaires réels affichent une hausse surprenante).

Pour différentes raisons, (notamment le renforcement des contrôles de l'immigration dans de nombreux pays d'accueil, le déclin du commerce international, et les effets directs des deux guerres mondiales), la convergence des salaires a ensuite été stoppée, et s'est même inversée durant plusieurs décennies.

	Salaire réel, 1870 (États-Unis = 100)	**Variation du salaire réel (%), 1870-1913**
Pays de destination		
Argentine	53	51
Australie	110	1
Canada	86	121
États-Unis	100	47
Pays d'origine		
Irlande	43	84
Italie	23	112
Norvège	24	193
Suède	24	250

Source : Jeffrey Williamson, « The Evolution of Global Labor Markets since 1830 : Background Evidence and Hypotheses », *Explorations in Economic History,* 32,1995, p. 141-196*.

* Voir aussi Charles Kindleberger, *Europe's Postwar Growth : The Role of Labor Supply*, Cambridge, Harvard University Press, 1967, et Paul Bairoch, *Victoires et déboires, histoire économique du monde du XVIe siècle à nos jours*, Gallimard, 1997.

2 Les prêts et emprunts internationaux

L'importance des flux internationaux de capitaux constitue l'une des principales caractéristiques de l'économie internationale actuelle. Il serait tentant d'analyser ces flux en appliquant la même méthodologie que celle que nous avons utilisée pour décrire les migrations de travailleurs. Même si cela peut se révéler pertinent dans certain cas, les différences fondamentales qui existent entre ces deux types d'échanges justifient cependant l'utilisation de méthodes d'analyse distinctes.

Par bien des aspects, les échanges internationaux de capitaux sont en effet plus complexes que les migrations. Un flux de capitaux de la France vers le Maroc, par exemple, ne signifie pas que des machines françaises sont empaquetées et envoyées de l'autre côté de la Méditerranée. Il s'agit plutôt d'une transaction *financière* : soit d'une banque française qui accorde un prêt à une firme marocaine, soit de résidents français qui achètent des actions émises par une firme marocaine, soit d'une firme française qui investit au Maroc *via* une filiale implantée dans ce pays. Nous nous focaliserons ici sur les prêts internationaux, c'est-à-dire les situations où des résidents d'un pays procurent aux résidents étrangers le droit de dépenser aujourd'hui plus qu'ils ne gagnent, en échange de la promesse d'un remboursement futur. Ces transactions financières (qui seront traitées plus en détail dans la seconde partie de l'ouvrage) conduisent aussi à une transaction internationale réelle ; simplement, il ne s'agit plus d'échanger un bien contre un autre à un moment donné, mais des biens aujourd'hui contre d'autres demain. Les flux de capitaux génèrent alors un **commerce intertemporel**.

2.1 Les possibilités de production intertemporelles et la structure du commerce

Toute économie doit faire face – même en l'absence de mouvements de capitaux internationaux – à un arbitrage entre une consommation présente et une consommation future. Les économies ne consomment en général pas toute leur production courante ; une partie de celle-ci prend la forme d'un investissement en machines, en bâtiments ou toute autre forme de capital productif. Plus une économie investit à un moment donné, plus elle sera capable de produire et de consommer dans le futur. Pour investir davantage, elle devra cependant libérer des ressources en limitant sa consommation.

Imaginons alors une économie qui ne consomme qu'un bien unique et qui connaît deux périodes : le présent et le futur. La **frontière intertemporelle des possibilités de production** (voir figure 7.4) résume l'arbitrage entre les consommations présentes et futures[1]. Elle ressemble très précisément à la frontière des possibilités de production qui décrit l'arbitrage entre deux biens à un moment donné : si l'économie souhaite consommer une grande quantité de biens aujourd'hui, elle doit limiter son investissement et sacrifier ainsi une part de sa consommation future.

1. Pour aller plus loin, on pourra se reporter à l'article de Jeffrey Sachs, « The Current Account and Macroeconomic Adjustment in the 1970s », *Brookings Papers on Economic Activity*, 1981, mais aussi à l'ouvrage de Irving Fisher, *The Theory of Interest*, New York, MacMillan, 1930.

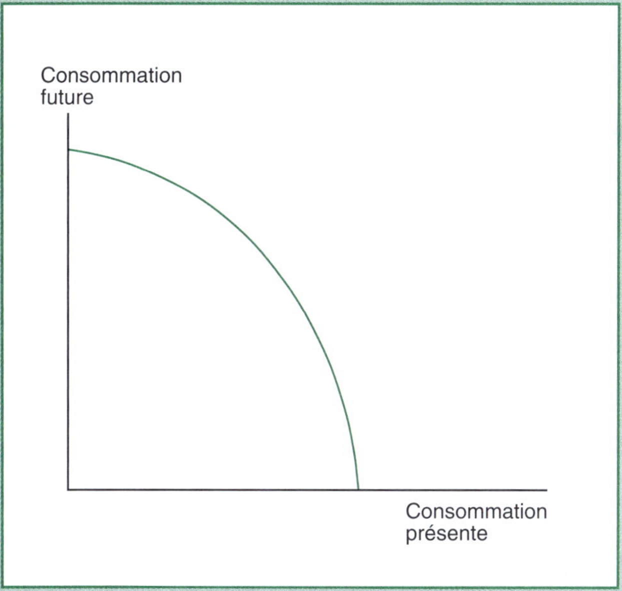

Figure 7.4 • La frontière intertemporelle des possibilités de production.
Un pays peut échanger une consommation présente contre une consommation future.

S'il existe deux pays, rien ne garantit *a priori* que la forme de cette frontière soit la même pour chacun. Celle du pays domestique, par exemple, peut être biaisée en faveur de la consommation présente, alors que celle du pays étranger sera plus favorable à la consommation future (nous verrons un peu plus loin à quoi peuvent être dues ces différences).

En raisonnant par analogie avec le commerce de biens différents, nous savons déjà à quoi nous attendre. En l'absence d'emprunts et de prêts internationaux, le prix relatif de la consommation future sera plus élevé dans le pays domestique. Si l'on autorise en revanche le commerce intertemporel, le pays domestique va alors exporter une consommation présente et importer une consommation future.

2.2 Le taux d'intérêt réel

Tout cela est cependant un peu énigmatique : concrètement, à quoi peuvent bien correspondre le commerce intertemporel et le prix relatif de la consommation future ?

Comme n'importe quel individu, un pays peut commercer dans le temps en empruntant ou en prêtant. Par exemple, en empruntant, il peut consommer davantage aujourd'hui, mais il devra limiter sa consommation dans le futur afin de rembourser. Il échange ainsi de la consommation présente contre de la consommation future. Le prix auquel se fait cet échange intertemporel dépend clairement du taux d'intérêt. Comme nous le verrons dans la seconde moitié de l'ouvrage, les changements de prix d'une période à l'autre compliquent l'interprétation concrète des taux d'intérêt. Pour l'heure, nous laissons simplement ce problème de côté, en supposant que les contrats de prêts sont spécifiés en termes *réels* : lorsqu'un pays emprunte, il acquiert le droit d'acheter une certaine quantité de bien dans le présent en échange d'un remboursement d'une quantité $(1 + r)$ fois plus grande dans le futur ; r est alors le **taux d'intérêt réel** de l'emprunt. Dans ces conditions, le prix relatif de la consommation future est simplement $1/(1 + r)$.

Nous pouvons maintenant appliquer notre modèle standard de commerce à la question des échanges intertemporels. S'il est possible de contracter des prêts internationaux, l'offre et la demande relatives de consommation future doivent alors déterminer le taux d'intérêt mondial.

2.3 L'avantage comparatif intertemporel

Jusqu'ici, nous avons simplement supposé que les possibilités de production intertemporelles du pays domestique étaient biaisées en faveur de la consommation présente. Mais, d'une manière plus concrète, quels sont les déterminants de cette préférence relative pour le présent ou, dit autrement, de l'avantage comparatif intertemporel ?

Dans un pays qui a un avantage comparatif dans la production future du bien de consommation, le prix relatif de la consommation future est relativement faible tant qu'il n'est pas possible de réaliser des prêts ou des emprunts internationaux. En d'autres termes, le taux d'intérêt réel en vigueur dans cette économie est élevé, ce qui correspond à un rendement relativement important de l'investissement. Les pays qui empruntent sur les marchés internationaux sont donc ceux qui ont d'importantes opportunités d'investissements productifs ; les pays qui prêtent sont, à l'inverse, des économies où la production présente génère des revenus relativement élevés et où les opportunités d'investissement sont limitées.

Un simple regard sur la structure des emprunts et des prêts internationaux permet d'illustrer ce point. Le tableau 22.3 (voir chapitre 22) compare les prêts internationaux de trois groupes de pays depuis les années 1970 : les pays industriels, les pays en développement non exportateurs de pétrole et les principaux pays exportateurs de pétrole. De 1974 à 1981, les pays industriels ont emprunté 265 milliards de dollars. Surtout, les pays en développement, qui représentaient pourtant une part bien plus réduite du PIB mondial, ont emprunté encore davantage : 315 milliards de dollars. De leur côté, les pays pétroliers ont prêté à eux seuls 395 milliards de dollars. À la lumière de notre modèle, ces importants flux de capitaux n'ont rien de surprenant. En effet, durant les années 1970, la hausse spectaculaire du prix du baril a dopé les revenus courants des exportateurs de pétrole. Dans la mesure où ces pays n'ont pas connu une augmentation comparable de leurs opportunités d'investissement, ils ont dégagé à cette époque un avantage comparatif dans la consommation présente et leur réaction naturelle fut logiquement d'investir une large part de leurs revenus à l'étranger. À l'inverse, certains pays émergents, comme le Brésil ou la Corée du Sud, espéraient connaître une phase de décollage économique rapide : ces économies, qui offraient de nombreuses possibilités d'investissement, s'attendaient à bénéficier de revenus largement supérieurs dans le futur. En d'autres termes, ces pays avaient un avantage comparatif dans la consommation future. Durant cette période, de 1974 à 1981, les pays pétroliers ont ainsi exporté leur consommation courante en accordant des prêts aux pays en développement.

3 Les investissements directs étrangers et les firmes multinationales

Les mouvements de capitaux ne prennent pas toujours la forme de prêts et d'emprunts internationaux. Une part importante des flux résulte de décisions d'**investissements directs étrangers (IDE)**. Ces IDE désignent les flux de capitaux dont le but, pour la firme qui investit, est de créer ou d'agrandir une filiale dans un pays étranger. Ce type d'investissement n'est donc pas un simple flux d'actif financier : au-delà d'un transfert de ressources, l'investissement direct étranger permet d'acquérir un réel *pouvoir de contrôle*, puisque les filiales n'ont pas simplement des obligations financières vis-à-vis de la maison mère, mais font partie intégrante de la même structure organisationnelle, de la même **firme multinationale**.

Pour autant, toutes les prises de participation dans le capital d'une firme étrangère ne répondent pas à une volonté d'exercer un contrôle véritable de la gestion de cette firme. Le plus souvent, il s'agit simplement d'investissements de portefeuille, qui suivent une logique de diversification des placements et qui n'entraînent pas d'implication réelle dans la vie de l'entreprise. Il n'est bien sûr pas facile de distinguer clairement les deux types d'investissements ; les conventions internationales classent donc simplement comme des investissements directs étrangers tous les flux qui correspondent à l'achat d'au moins 10 % du capital de la firme étrangère[1].

Encadré 7.2

Les salariés des pays développés doivent-ils redouter les flux de capitaux vers les pays émergents ?

À plusieurs reprises dans ce livre, nous nous sommes préoccupés des conséquences de la croissance économique des nouveaux pays industrialisés (NPI) sur les économies développées.

Nous avons vu au chapitre 4 que l'essor du commerce avec ces pays pouvait avoir, à travers l'effet Stolper-Samuelson, des conséquences négatives sur les salaires réels des travailleurs des nations les plus avancées. Au chapitre 5, nous avons montré que la croissance des NPI risquait, dans certaines conditions, de détériorer les termes de l'échange des pays développés et de diminuer ainsi leur revenu réel.

Dans les années 1990, de nombreux commentateurs de la vie économique se sont aussi inquiétés de l'impact des flux de capitaux en directions des NPI sur les salaires des pays développés. Le raisonnement est le suivant : si les pays à hauts salaires financent l'investissement des pays à bas salaires, cela réduira l'épargne disponible dans les pays riches et donc leurs capacités d'investissement.

À terme, la croissance du stock de capital par travailleur doit ralentir dans les pays développés, et la progression du produit marginal du travail (et donc des salaires)

☞

1. Cette norme comptable considère donc que détenir 10 % du capital d'une entreprise suffit pour exercer un contrôle effectif. Ainsi, une entreprise dont au moins 10 % du capital est détenu par une firme étrangère est considérée comme une filiale de cette firme multinationale.

Encadré 7.2 (suite)

Les salariés des pays développés doivent-ils redouter les flux de capitaux vers les pays émergents ? (suite)

doit être de plus en plus limitée. Bien sûr, les agents qui ont investi dans les pays émergents reçoivent des revenus supplémentaires, mais la plupart de ces gains iront alors aux détenteurs de capital, laissant les travailleurs dans une situation délicate.

Cet effet négatif est effectivement envisageable d'un point de vue théorique, mais les données statistiques montrent qu'il est peu réaliste. Dans les années 1990, les pays en développement ont accueilli des flux de capitaux en provenance des pays développés (voir figure 7.5). Mais ces flux n'ont jamais représenté qu'une proportion très faible du PIB des pays du Nord (moins de 1 %), si bien qu'ils n'ont pas pu avoir d'impact important sur les marchés du travail des pays développés. De plus, la crise asiatique de 1997 a modifié sensiblement les comportements des investisseurs, et les flux Nord-Sud se sont rapidement taris. Au point que, dès 1999, le sens des flux de capitaux s'est inversé : les pays en développement sont devenus des investisseurs nets, et ce sont les pays développés qui reçoivent des capitaux en provenance du Sud. Ce retournement subit est largement dû aux échanges entre la Chine et les États-Unis. Pour maintenir le taux de change de sa monnaie, le yuan, la Chine a massivement investi en dollars, prêtant ainsi des fonds importants à l'économie américaine. Les raisons et les implications de ce comportement seront évoquées en détail dans la seconde partie de l'ouvrage, mais toujours est-il que, tout au long des années 2000, les capitaux ont eu tendance à fuir les pays à bas salaires pour rejoindre les pays à hauts salaires ce qui a profité, *a priori*, aux travailleurs des pays riches.

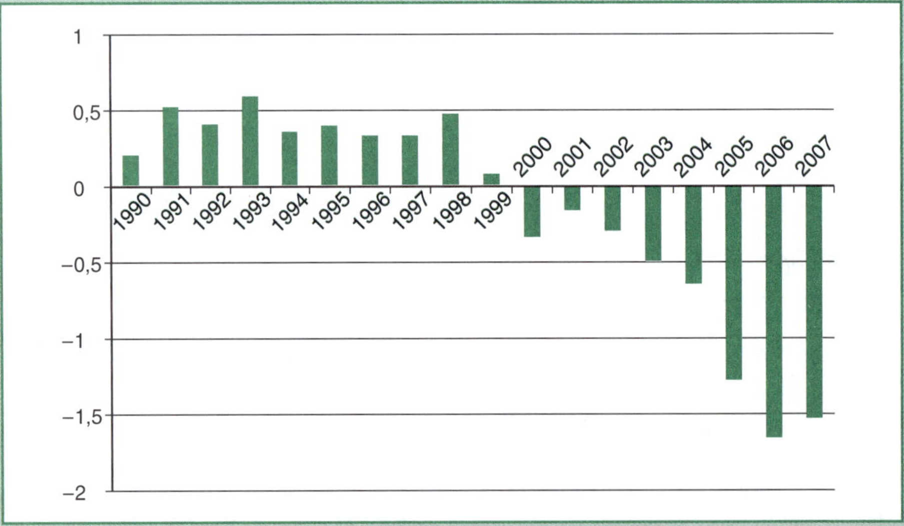

Figure 7.5 • Flux de capitaux vers les pays à bas salaires, en pourcentage du PIB des pays développés.

Les flux de capitaux vers les pays en développement n'ont jamais représenté qu'une proportion très faible du PIB des pays développés. Et, tout au long des années 2000, ces flux se sont même inversés, allant des pays à bas salaires vers les pays à hauts salaires.

Une part importante des prêts et des emprunts internationaux sont le fait des firmes multinationales : les maisons mères investissent dans leurs filiales, en attendant éventuellement un remboursement dans le futur. Si c'est le cas, l'investissement direct étranger peut être considéré comme une simple alternative aux prêts internationaux. Cela étant, les firmes multinationales font souvent bien plus que transférer des capitaux d'un pays l'autre : elles poursuivent le plus souvent des projets industriels précis, et les investissements directs sont le moyen de déployer leurs activités sur les marchés étrangers. C'est ainsi que l'on peut observer d'importants flux croisés d'investissements directs entre pays développés : des firmes européennes investissent par exemple aux États-Unis, alors que dans le même temps les firmes américaines étendent l'activité de leurs filiales en Europe. Les déterminants et les conséquences des investissements directs étrangers ne sont alors pas parfaitement confondus avec ceux des investissements de portefeuille.

3.1 La théorie de la firme multinationale

Les principes élémentaires qui gouvernent la mise en place d'une théorie de la firme multinationale sont assez simples à cerner. Prenons l'exemple de Toyota. Bien que cette firme soit japonaise, presque toutes les voitures qu'elle vend sur le marché européen sont produites dans l'une des usines qu'elle a implantées en Europe[1]. Pourtant, Toyota aurait pu adopter trois stratégies alternatives pour profiter du marché européen. Tout d'abord, elle aurait pu concentrer toute sa production au Japon et en exporter une partie vers l'Union européenne. D'un autre côté, si Toyota souhaitait simplement investir dans l'industrie automobile européenne, elle aurait pu se contenter de prêter des fonds aux producteurs européens, comme Renault ou Volkswagen, et laisser ces derniers servir leur propre marché. Enfin, si elle voulait absolument vendre ses propres modèles d'automobiles, elle aurait pu aussi bien le faire en laissant une firme européenne produire, sous licence, des voitures Toyota[2].

Ces alternatives fondent la théorie moderne de la firme multinationale[3]. En effet, celle-ci cherche tout d'abord à expliquer pourquoi un même bien peut être produit simultanément dans deux pays ou plus, au lieu d'un seul. Cette question est celle de la **localisation** de la production. Par ailleurs, cette théorie s'interroge sur les motivations qui poussent une entreprise à préférer réaliser elle-même l'ensemble de la production dans différents pays, plutôt que de laisser des firmes locales se charger de la production étrangère. Cette question est celle de **l'internalisation**.

La théorie de la localisation n'est pas très compliquée. En fait, elle se ramène simplement à la théorie du commerce international que nous avons étudiée aux chapitres 3 à 6.

---

1. En 2005, Toyota disposait de neuf sites de production européens, repartis entre la Grande-Bretagne, la France, le Portugal, la Pologne, la République tchèque et la Turquie.
2. Dans ce cas, la firme européenne devrait s'acquitter d'un droit de licence qui viendrait rémunérer l'utilisation de la marque Toyota, mais aussi les investissements de la firme japonaise dans le design de la carrosserie et des différentes pièces, dans le développement des éléments techniques, dans la mise au point des chaînes de montage… Notons que Toyota a d'ailleurs choisi cette solution pour produire les modèles Dyna et Hiace, au Portugal, en partenariat avec une entreprise locale.
3. Pour une analyse simple et détaillée des théories de la firme multinationale, on se reportera par exemple à l'ouvrage de Jean-Louis Mucchielli, *Multinationales et Mondialisation*, Point, Seuil, 1998, ou bien à celui de Wladimir Andreff, *Les Multinationales globales*, Repères, La Découverte, 2003. Pour une présentation plus complète et plus technique, voir Giorgio Barba Navaretti, Anthony Venables et Frank Barry, *Multinational Firms in the World Economy*, Princeton University Press, 2004.

En effet, la localisation de la production est bien souvent déterminée par les dotations en facteurs. Les mines d'aluminium seront ainsi localisées aux endroits où se trouve la bauxite, mais les hauts-fourneaux seront localisés à proximité des centres de production d'énergie. De même, les firmes produisant des ordinateurs portables implanteront leurs centres de recherche et développement dans des régions abondantes en travail qualifié, comme la Silicon Valley, et leurs usines d'assemblage dans des lieux relativement bien dotés en travail, comme Singapour ou l'Irlande. Les coûts de transport, et plus généralement toutes les barrières au commerce, peuvent également déterminer les choix de localisation. Si, en 2005, Toyota a ouvert deux usines en Pologne et une troisième en République tchèque, c'est bien sûr pour profiter des dotations factorielles de ces deux pays. Mais c'est aussi parce que leur situation géographique, et plus encore leur entrée au sein de l'Union européenne au printemps 2004 leur permet d'offrir un accès privilégié au marché européen.

La théorie de l'internalisation pose une question différente : pourquoi une entreprise choisit-elle d'investir pour *faire* elle-même, plutôt que de *faire faire* la production par une firme étrangère ? Une partie de la réponse tient au fait que les relations entre les différentes filiales d'une firme multinationale génèrent un très grand nombre de transactions : les filiales échangent en effet des biens (la production d'une filiale peut servir de bien intermédiaire pour la production d'une autre), des informations sur les spécificités de chaque marché étranger, des technologies, etc. Bien sûr, il est généralement possible de réaliser ces transactions à l'extérieur de la firme, en faisant appel à des sous-traitants, à des entreprises de conseil, et en achetant des brevets. Si ces solutions ne sont pas retenues, c'est uniquement parce qu'il est parfois plus profitable de mener à bien ces opérations à l'intérieur d'une même firme, c'est-à-dire de les « internaliser ». L'existence des firmes multinationales ne répond alors qu'à la nécessité d'assurer la coordination de toutes les filiales et de faciliter leurs transactions.

Deux arguments théoriques essentiels permettent d'expliquer cet avantage à l'internalisation des relations au sein d'une même firme. L'internalisation permet tout d'abord de contrôler les **transferts technologiques**. Pour produire un bien, une firme doit souvent innover ou, plus généralement, investir dans l'acquisition d'un savoir spécifique (pour une firme automobile, il s'agira notamment de concevoir et d'apprendre à fabriquer un moteur à explosion ou d'imaginer les courbes d'une carrosserie). Pour exploiter sur un marché étranger les technologies qu'elle a ainsi acquises, une entreprise peut tout simplement les vendre à une firme étrangère. Mais ce type d'échange ne va pas sans poser quelques problèmes. En effet, il est souvent difficile pour un acheteur potentiel d'estimer la valeur réelle d'une technologie ; cette asymétrie d'information peut alors dissuader les acheteurs d'acquérir ainsi des technologies et rendre par conséquent impossible l'échange de connaissances. Par ailleurs, les droits de propriété du savoir technologique sont difficiles à établir. Si, par exemple, une firme japonaise accorde une licence d'exploitation à une entreprise européenne, elle court le risque, en divulguant ses connaissances, de voir des concurrents imiter sa technologie. En fin de compte, en implantant une filiale à l'étranger pour réaliser elle-même la production, la multinationale limite les risques de transferts technologiques et s'assure de récupérer les rendements de son effort d'innovation.

Le second argument expliquant l'internalisation tient à la complexité des relations de sous-traitance. Imaginons que la production d'un bien puisse être scindée en deux partie : une firme *amont* fabrique un bien intermédiaire qui est utilisé par une firme *aval*, chargée de la production du bien final. Si ces deux firmes sont indépendantes, un certain nombre de conflits peuvent apparaître : l'une des deux firmes peut être en situation d'imposer un pouvoir de marché sur l'autre en fixant un prix qui lui est plus avantageux[1] ; les asymétries d'information peuvent engendrer des conflits sur la qualité ou le coût réel des produits échangés ; les deux firmes peuvent aussi rencontrer des problèmes de coordination, dès lors que l'offre et la demande sont incertaines. Un moyen de contourner ces difficultés est de faire le choix de l'**intégration verticale** de la production en internalisant les activités en amont et en aval. Si ces deux activités nécessitent des facteurs de productions différents, alors elles pourront être localisées dans des pays différents ; l'intégration verticale sera alors effectivement à l'origine de l'internationalisation des firmes.

3.2 Les multinationales en pratique

L'essor des firmes multinationales est assurément un des phénomènes majeurs qui ont marqué l'économie mondiale au cours des dernières décennies. Comme le montre le tableau 7.1, l'investissement direct étranger ne représentait, en 1970, que 2,3 % de l'investissement mondial. En 2006, ce chiffre atteignait 13,2 %. Dans la mesure où l'essentiel des IDE n'implique que des économies développées, cette progression est encore plus nette pour les pays de l'Union européenne : de 2,6 % de l'investissement des pays de l'UE en 1970, le poids des IDE entrants a rapidement augmenté, jusqu'à atteindre aujourd'hui près de 20 %.

Tableau 7.1 : Flux d'investissements directs étrangers.

		En milliards de dollars					En % de l'investissement domestique				
Flux d'IDE		1970	1980	1990	2000	2007	1970	1980	1990	2000	2006
Monde	Entrant	13,3	54,1	207,3	1 398,2	1 833,3	2,3	2,1	4,1	20,2	13,2
UE	Entrant	5,2	21,3	97,3	698,1	804,3	2,6	2,5	6	39,9	18,9
	Sortant	50,62	21,9	130,6	813,1	1142,2	2,7	2,7	8,1	46,4	21,5

Source : CNUCED.

D'après les analyses de la CNUCED[2], le stock mondial d'investissements étrangers s'élevait, en 2006, à 12 000 milliards de dollars, répartis entre les 78 000 firmes multinationales et leurs 780 000 filiales étrangères. Dès lors, il n'y a rien d'étonnant à ce que ces firmes multinationales jouent un rôle particulièrement déterminant dans l'évolution et la structure du commerce et des échanges financiers internationaux. À titre d'exemple, les enquêtes du ministère français de l'Industrie montrent qu'en 1999, plus de 40 % des exportations et 35 % des importation de la France correspondaient à des flux « intrafirmes », c'est-à-dire à des échanges commerciaux entre des filiales d'une même multinationale[3].

1. La firme amont peut être en situation de monopole et fixer un prix particulièrement élevé, et inversement la firme aval peut user d'un pouvoir de monopsone et imposer un prix très faible.
2. Voir *Rapport sur l'investissement dans le monde 2007*, CNUCED.
3. Une étude de l'OCDE donne des chiffres comparables pour le Japon et les États-Unis (voir OCDE, *Perspectives économiques de l'OCDE*, n° 71, chapitre 6, 2006).

Très rapidement, les firmes multinationales ont donc acquis une place importante au sein de chaque économie nationale. Elles subissent alors un certain nombre de critiques. En effet, partout dans le monde, ces grandes entreprises focalisent les regards et suscitent une certaine défiance de la part des opinions publiques et des décideurs politiques. Bien sûr, les firmes étrangères qui décident de s'implanter sur le territoire national sont souvent les bienvenues, dans la mesure où elles contribuent à la création d'emplois. Mais lorsque leur investissement prend la forme d'un rachat d'une entreprise existante, certains s'alarment des éventuels risques que pourrait faire courir cette implication étrangère dans l'économie nationale. Quant aux firmes nationales qui investissement à l'étranger, les opinions publiques sont généralement partagées entre deux sentiments contradictoires : dans certains cas, les commentateurs vont louer les capacités d'expansion de l'industrie nationale, mais, dans d'autres, ils regretteront que les emplois créés par cet investissement ne profitent pas aux travailleurs nationaux. Ces préoccupations sont sérieuses et se ramènent finalement à la question essentielle qui consiste à savoir en quoi les multinationales sont différentes des autres entreprises.

Encadré 7.3

Faut-il avoir peur des délocalisations ?

En France, comme dans la plupart des pays développés, les annonces de fermeture de sites industriels rythment l'actualité économique. Ces événements n'ont rien d'anecdotique. En effet, depuis les années 1970, la part de l'emploi industriel tend à se réduire progressivement dans l'ensemble des pays à haut niveau de salaire. En France, l'industrie, qui employait près de 30 % de la main-d'œuvre nationale à la fin des années 1970, ne représente plus aujourd'hui que 15 % des emplois. Ces dernières années, la multiplication des *délocalisations* retentissantes a encore renforcé l'inquiétude des travailleurs et a élargi l'audience des responsables politiques qui s'opposent à l'ouverture au commerce international et à la mobilité des capitaux.

En effet, de nombreuses firmes multinationales (comme Hoover, Flodor, St Microelectronics ou encore Daewoo) ont fait le choix ces dernières années de fermer une unité de production en France et, simultanément, d'en ouvrir une autre à l'étranger. Bien sûr, ces délocalisations d'activité ne sont en définitive qu'une forme particulière de l'intégration économique : il n'y a pas une grande différence entre le fait d'implanter une filiale à l'étranger pour réimporter une partie de la production et une simple importation de produits fabriqués par des firmes étrangères indépendantes.

Mais les délocalisations provoquent un émoi particulier parce qu'elles mettent brutalement en lumière la concurrence indirecte qui se joue, dans une économie mondiale ouverte aux échanges, entre les travailleurs des pays développés et ceux des pays à bas salaires. C'est ainsi que plusieurs analyses économiques ont tenté d'évaluer ce phénomène et ses conséquences sur les économies développées. Tout d'abord, ces études rappellent que tous les investissements directs étrangers sortants ne sont pas associés à des destructions directes d'emplois. Dans le cas de la France, les délocalisations industrielles en direction des pays en développement ne comptaient, au début des années 2000, que pour 4 % environ des IDE

☞

Encadré 7.3 (suite)

sortants français. Ce chiffre est d'ailleurs bien plus faible pour la France que pour d'autres pays développés : il est de 7 % pour les États-Unis et de 8 % en moyenne pour l'Union européenne*.

Par ailleurs, les délocalisations ne portent, le plus souvent, que sur une partie des activités que les firmes multinationales développent sur le territoire national. Ainsi, en délocalisant les segments les plus intensifs en travail non qualifié, les entreprises peuvent consolider leurs parts de marché et maintenir un certain nombre d'emplois en France. C'est ce qu'illustre l'exemple du groupe Lafuma. Après avoir délocalisé en 1986 une partie de son activité (en Tunisie, au Maroc, puis en Hongrie et en Chine) et licencié un quart de ses salariés français, l'entreprise a pu résister à la concurrence mondiale et maintenir une activité en France. Aujourd'hui, Lafuma emploie toujours un peu plus de 700 personnes dans le pays.

Enfin, les évaluations méticuleuses des réductions d'effectifs directement imputables aux délocalisations montrent que le phénomène reste encore limité. Notamment, une étude de l'INSEE** estime qu'environ 95 000 emplois industriels français ont été délocalisés de 1995 à 2001, soit une moyenne de 13 500 emplois par an. Ce chiffre n'est pas négligeable, mais il faut le relativiser car il ne représente qu'une infime partie des demandeurs d'emplois en France, et il semble surtout très faible au regard des milliers d'emplois que l'économie française détruit et recrée chaque jour.

Dans l'ensemble, les études économiques montrent donc que les délocalisations ne constituent pas un processus aussi destructeur que les médias ou les responsables politiques et syndicaux le laissent parfois entendre. Mais il faut cependant se garder de tirer des conclusions trop optimistes de ces travaux. En France, comme dans tous les pays développés, les délocalisations ne touchent pas pareillement toutes les populations de travailleurs : elles viennent en effet modifier la demande de travail aux dépens des travailleurs les moins qualifiés, en charge des tâches qui sont délocalisés. Les délocalisations imposent donc la mise en place de politiques d'accompagnement social et d'investissement dans l'éducation et la formation professionnelle.

* Voir Lionel Fontagné et Jean-Hervé Lorenzi, « Désindustrialisation, délocalisations », *Rapport du Conseil d'analyse économique*, n° 55, 2005 (**http://www.cae.gouv.fr/**).

** Patrick Aubert et Patrick Sillard, « Délocalisations et réductions d'effectifs dans l'industrie française » *Document de travail de l'INSEE*, 2005/03.

Les multinationales, parce qu'elles opèrent simultanément dans plusieurs pays, sont souvent considérées comme les instigatrices des flux de capitaux, qui vont des pays riches vers les pays où le capital est plus rare. De même, beaucoup les jugent responsables (*via* les délocalisations notamment) de l'essor des capacités d'exportations des pays à bas salaires dans les secteurs intensifs en travail non qualifiés, et donc des difficultés des travailleurs les moins qualifiés des pays développés. Pourtant, ces changements reflètent l'aspect « localisation » de notre théorie des multinationales et correspondent simplement aux prédictions de la théorie du commerce présentée aux chapitres 3, 4 et 5. Rien n'interdit donc de penser que ces évolutions auraient été observées en l'absence de firmes multinationales (bien que, peut-être, à un degré moindre). C'est pourquoi les économistes attribuent généralement moins d'importance aux firmes multinationales que la plupart des autres observateurs.

D'ailleurs, si les implications de l'émergence des firmes multinationales sont tout à fait comparables aux effets de l'intégration économique (c'est-à-dire à l'ouverture au commerce international et à la libre mobilité des facteurs), on devrait s'attendre à ce qu'elle produise les mêmes effets en termes de bien-être. Le développement des firmes multinationales doit alors générer des gains au niveau global (liés à la spécialisation des économies). Ceux-ci doivent, en théorie, être partagés *entre* tous les pays, mais aussi influer sur la distribution des revenus *à l'intérieur* de chaque économie, aux dépens de certaines catégories d'agents. Là encore, l'essentiel du débat se ramène donc à des questions de politique intérieure : plutôt que de chercher les moyens de limiter le développement des multinationales, il s'agit avant tout de savoir comment compenser les effets négatifs qu'a cette évolution sur une partie de la population.

Encadré 7.4

Les fusions-acquisitions transnationales : le cas Daimler-Chrysler

Même si les créations *ex nihilo* de filiales à l'étranger sont un mode d'internationalisation des entreprises qui retient davantage l'attention, un très grand nombre d'investissements directs étrangers prennent la forme de rachats ou de fusions d'entreprises existantes. Le montant total de ces *fusions-acquisitions* transnationales a atteint 1 637 milliards de dollars en 2007. La logique de ces opérations est assez particulière et, surtout, les gains attendus ne sont pas toujours au rendez-vous. C'est notamment ce que montre l'expérience du rapprochement entre Daimler et Chrysler, que le président de Daimler, Jürgen Schrempp, présentait pourtant comme « la première vraie fusion transcontinentale ».

En novembre 1998, la société allemande Daimler-Benz (qui produisait les automobiles Mercedes-Benz) a pris le contrôle de l'entreprise américaine Chrysler pour environ 40 milliards de dollars – soit 13 milliards de plus que la valeur de l'ensemble des actions Chrysler à cette date. Cette fusion a donné naissance à une nouvelle entreprise multinationale : Daimler-Chrysler.

A priori, ce genre d'opération n'a de sens que si la valeur de la nouvelle entreprise est supérieure à la somme de celles des deux entreprises d'origine. Dans le cas de Daimler-Chrysler, il fallait donc que la fusion crée, au minimum, une richesse de 13 milliards de dollars. D'où pouvait bien provenir un tel gain ?

À écouter les directeurs exécutifs des deux entreprises, l'essentiel du gain devait être assuré par la « synergie » entre les deux producteurs automobiles, c'est-à-dire par le partage des connaissances et des savoir-faire de chacune, mais aussi par la mise en commun de certaines activités. Un grand nombre d'analystes sont toutefois restés sceptiques. Daimler-Benz et Chrysler occupaient, en effet, des segments de marché très différents (des voitures de luxe pour la firme allemande, des minivans et des véhicules tout-terrain pour Chrysler) ; la fusion ne pouvait donc pas engendrer d'économies importantes, ni en termes de marketing, ni en termes de productivité.

☞

Encadré 7.4 (suite)

Il est rapidement apparu qu'au lieu de donner la possibilité d'exploiter des synergies, la fusion avait, en fait, créé de nouveaux problèmes, en particulier pour Chrysler. En somme, les différences culturelles des deux entreprises ont généré un certain nombre de mésententes et de rancœurs. L'opération devait au départ être une « fusion entre égaux », dans laquelle les partenaires se partagent équitablement les pouvoirs, mais on s'est vite aperçu que la compagnie allemande avait réellement pris le dessus. Un certain nombre de dirigeants de Chrysler ont alors démissionné et le fabricant américain, qui rapportait d'importants profits avant l'opération, s'est retrouvé, en l'espace de deux ans, dans une situation déficitaire.

Toutes ces difficultés ont d'ailleurs été parfaitement reflétées par les variations du prix de l'action de Daimler-Chrysler : au lieu d'avoir atteint – comme c'était le but – un niveau supérieur à celui des deux entreprises réunies, la valeur de Daimler-Chrysler, deux ans à peine après la fusion, était inférieure à celle qu'avait, en 1998, l'un ou l'autre des deux constructeurs automobiles. En 2007, Daimler a finalement cédé Chrysler à Cerberus Capital Management, une société spécialisée dans la restructuration des entreprises en difficulté. Mais cette transaction ne s'est pas faite sans mal : les dettes accumulées par Chrysler étaient telles que, au final, Daimler a dû payer Cerberus pour pouvoir se débarrasser de sa filiale.

Résumé

Les mouvements internationaux de facteurs peuvent parfois se substituer au commerce. Il n'est donc pas surprenant que les causes et les conséquences des migrations internationales ne soient pas sensiblement différentes de celles du commerce de biens et services. Le travail se déplace des pays où il est relativement abondant vers les pays où il est relativement rare. Cela engendre une augmentation de la production mondiale, mais pénalise certains groupes d'individus au sein de chaque économie.

Les emprunts et les prêts internationaux peuvent être considérés comme une forme de commerce international qui implique un échange de consommation présente contre une consommation future. Le prix relatif auquel se fait ce commerce intertemporel est égal au taux d'intérêt réel plus un.

Au-delà d'un simple mouvement de capital, les investissements directs étrangers permettent aux firmes multinationales d'étendre leurs activités dans plusieurs pays. La théorie économique permet de distinguer deux éléments essentiels à l'existence des firmes multinationales : le premier est liée au choix de localisation, qui pousse les firmes à s'implanter dans plusieurs pays, et le second correspond à la nécessité d'internaliser les différentes activités au sein d'une même firme.

Les déterminants des choix de localisation des firmes multinationales sont en partie les mêmes que ceux qui guident le commerce international. Les raisons de l'internalisation sont, pour l'essentiel, le besoin d'assurer le transfert des technologies et de profiter des avantages de l'intégration verticale.

Activités

1. Considérons deux pays (domestique et étranger), dotés chacun de deux facteurs de production, le travail et la terre. Les deux pays ne produisent qu'un seul bien, et l'offre de terre, tout comme les technologies, est partout la même. La relation entre le produit marginal du travail et le niveau d'emploi est donnée par le tableau suivant.

Nombre de travailleurs employés	Produit marginal du dernier travailleur employé
1	20
2	19
3	18
4	17
5	16
6	15
7	14
8	13
9	12
10	11
11	10

Initialement, onze travailleurs sont employés dans le pays domestique, et trois dans le pays étranger. Quels sont les effets d'une libéralisation des flux migratoires sur l'emploi, la production, les salaires réels et le revenu des propriétaires terriens dans chaque pays ?

2. Reprenons les données de l'exercice 1, mais en considérant maintenant que le pays étranger impose des restrictions à l'immigration, de sorte à n'accueillir que deux travailleurs en provenance du pays domestique. Calculez les conséquences de ce flux migratoire sur l'évolution des revenus des cinq groupes suivants :

a. les travailleurs originaires du pays étranger ;

b. les propriétaires terriens du pays étranger ;

c. les travailleurs restés dans le pays domestique ;

d. les propriétaires terriens du pays domestique ;

e. les migrants.

Les analyses économiques tendent à montrer que les principaux bénéficiaires de l'immigration sont les migrants eux-mêmes. Expliquez ce résultat à partir de l'exemple donné ici. Quelles seraient alors les conséquences d'une ouverture complète des frontières aux flux migratoires ?

3. Les investissements directs étrangers des quinze premiers pays membres de l'Union européenne vers les pays d'Europe centrale ont énormément augmenté au cours de la dernière décennie. Quel a pu être l'effet de ces investissements sur les flux migratoires entre les pays européens ?

4. Imaginons un pays relativement bien doté en travail et un autre abondant en terre. Tous deux bénéficient de la même technologie et produisent des biens intensifs en travail et des biens intensifs en terre. Compte tenu des développements présentés au chapitre 4, analysez les conditions nécessaires pour que le commerce entre les deux pays supprime totalement les incitations à la migration du travail.

5. Imaginons que le monde soit composé de deux pays, la France et l'Allemagne, qui partagent une frontière ouverte de telle sorte que le travail peut se déplacer librement d'une économie à l'autre. Le revenu total (PIB) de chaque pays est égal à la somme des salaires versés aux travailleurs et de la rémunération des détenteurs de capital (voir figure 7.2). À la suite d'un choc technologique, le produit marginal du travail augmente soudainement en Allemagne. Quels sont les conséquences de ce choc sur :

a. le nombre de travailleurs dans chaque pays ;

b. les salaires dans chaque pays ;

c. le PIB de chaque pays ;

d. les rémunérations du capital dans chaque pays ?

6. Expliquez l'analogie qui peut être faite entre le commerce international et les prêts et emprunts internationaux.

7. Parmi les pays suivants, distinguez ceux qui doivent avoir des possibilités de production intertemporelles biaisées en faveur des biens de consommation présents, et ceux qui ont des possibilités biaisés en faveur des biens futurs.

a. Un pays qui a récemment ouvert ses frontières et accueille d'importants flux d'immigrants, comme l'Argentine ou le Canada au début du siècle dernier.

b. Un pays, comme la Grande-Bretagne à la fin du XIXe siècle, qui dispose d'une certaine avance technologique, mais qui voit cette supériorité s'éroder avec l'émergence d'autres puissances économiques.

c. Un pays qui a découvert d'importantes réserves pétrolières susceptibles être exploitées avec peu d'investissements supplémentaires (comme l'Arabie Saoudite).

d. Un pays qui a découvert d'importantes réserves pétrolières, mais dont l'exploitation nécessite des investissements massifs (comme la Norvège).

e. Un pays comme la Slovénie, qui montre une certaine efficacité dans la production de biens industriels et qui rattrape rapidement son retard sur les pays industrialisés.

8. Parmi les opérations suivantes, lesquelles correspondent à un investissement direct étranger ?

a. Un homme d'affaire saoudien achète 50 000 euros d'actions Belgacom.

b. Le même homme d'affaire achète un immeuble à Genève.

c. Une firme française fusionne avec une firme américaine : les actionnaires de l'entreprise américaine échangent alors leurs actions contre des parts de la compagnie française.

d. Après un appel d'offres, une firme italienne obtient un contrat du gouvernement russe pour construire une usine en périphérie de Moscou et en assurer la gérance.

8. Pour quelles raisons une firme peut-elle préférer s'implanter et produire à l'étranger plutôt que de sous-traiter avec des entreprises locales ?

9. La firme Karma Computer a décidé d'ouvrir une filiale au Brésil. Les barrières au commerce imposées par le gouvernement brésilien l'ont en effet empêchée d'exporter vers ce marché. Par ailleurs, les dirigeants de Karma Computer n'ont pas voulu vendre le contenu technologique de l'entreprise à des firmes brésiliennes de peur que celles-ci imitent ses produits. Analysez la décision de Karma Computer à l'aide de la théorie de la firme multinationale.

Annexe du chapitre 7

La détermination de la production totale à partir de la courbe de productivité marginale

À la figure 7.1, nous avons représenté la production totale en fonction de la quantité de travail utilisée, pour un niveau de capital donné. Cela nous a permis d'observer que la pente de cette courbe est égale au produit marginal du travail. Il s'agit ici de démontrer que la production totale est mesurée par l'aire située sous la courbe de produit marginal représentée à la figure 7.2 (pour les amateurs de mathématiques, cette démonstration est évidente : le produit marginal étant égal à la dérivée de la production, cette dernière est par conséquent égale à l'intégrale du produit marginal).

Supposons que L personnes par heure soient employées. Comment pouvons-nous représenter la production totale ? Tentons de l'approximer en utilisant la courbe du produit marginal de la figure 7.2. Si on utilisait un peu moins de travailleurs pour une heure de production – disons dL travailleurs de moins –, la production sera alors amputée de la quantité :

$$dL \times PMT$$

La baisse de la production correspond à la diminution de la force de travail, multipliée par le produit marginal du travail au niveau initial d'emploi. Cette diminution de la production est représentée par l'aire du rectangle coloré à la figure 7A.1. De la même façon,

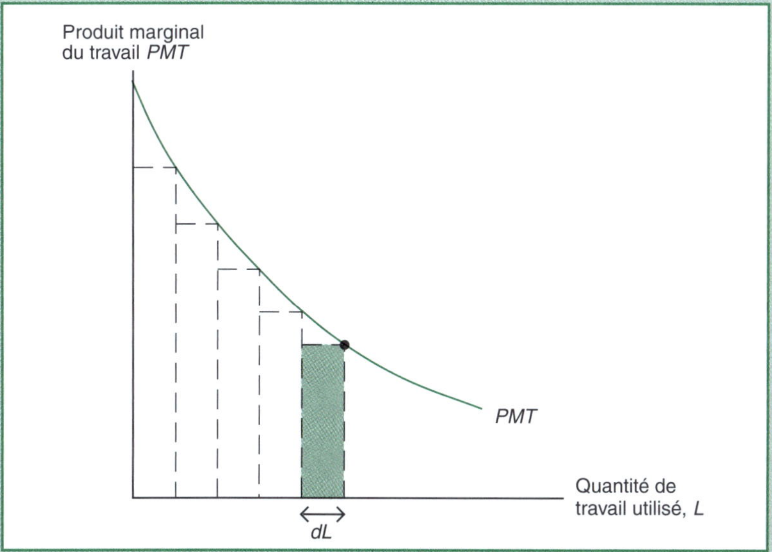

Figure 7A.1 • La production est égale à l'aire située sous la courbe de produit marginal.

En approximant la courbe de produit marginal par une série de rectangles, on peut montrer que la production totale est égale à l'aire située sous cette courbe.

une baisse supplémentaire du nombre de personnes employées entraîne une réduction de la production égale à l'aire d'un autre rectangle. Mais le rectangle sera cette fois plus long car le produit marginal du travail augmente lorsque la quantité de travail diminue. En répétant ce procédé jusqu'à ce qu'il n'y ait plus de travail, il apparaît bien que la production totale est égale à la somme des aires des rectangles situés sous la courbe de produit marginal.

PARTIE II

Les politiques commerciales

Chapitre 8

Les instruments de la politique commerciale

Objectifs pédagogiques :

- **Définir les coûts et les bénéfices des droits de douane et autres instruments de politique commerciale.**
- **Évaluer les effets de chaque instrument de protection commerciale sur le bien-être.**
- **Analyser la manière dont se répartissent les gains et les pertes liés à la mise en œuvre du protectionnisme.**
- **Étudier l'influence de la politique agricole commune (PAC) sur le commerce de biens agricoles.**

L'objectif des chapitres précédents était de répondre à une question simple : pourquoi les pays ont-il intérêt à s'engager dans les relations commerciales internationales ? Cette question est intéressante en elle-même, mais elle doit surtout permettre de comprendre et d'interpréter les choix de politiques commerciales. Par exemple, si l'Union européenne souhaite protéger son industrie automobile de la concurrence japonaise et sud-coréenne, doit-elle préférer la mise en place de droits de douane ou de quotas d'importation ? Qui seront les gagnants et les perdants de ces mesures protectionnistes ? Les bénéfices retirés de cette politique suffiront-ils à en compenser les coûts ? L'analyse économique doit permettre d'éclairer les débats publics en apportant des éléments de réponse à ce type de questions.

Ce chapitre étudie les conséquences des politiques commerciales mises en place par les gouvernements, sur leur économie nationale, ainsi que sur les économies étrangères. Dans ce domaine, les pouvoirs publics disposent d'une grande variété d'instruments de protection : taxes sur les produits échangés, subventions, ou limites légales aux volumes d'importation. Ce chapitre fournit un cadre théorique qui permet d'évaluer les effets propres à chacun de ces instruments.

1 Une analyse simple des droits de douane

Un droit de douane est un impôt sur les importations. On en distingue deux catégories : un **droit de douane spécifique** et un **droit de douane *ad valorem***. Le premier correspond au prélèvement d'un montant fixe par unité de bien importé (par exemple, 3 € par baril de pétrole). Le second est une taxe correspondant à une part de la valeur du bien importé (par exemple, une taxe de 25 % appliquée à la valeur de chaque camion importé). Dans les deux cas, cette mesure de protection tarifaire a pour conséquence d'augmenter le coût d'importation des biens.

L'imposition de droits de douane est la forme la plus ancienne de politique commerciale. Elle a longtemps été la principale ressource des budgets publics des états européens (jusqu'à l'introduction de l'impôt sur le revenu). Au-delà de l'aspect financier, les droits de douane avaient pour objet de protéger certains secteurs de l'économie nationale. Au début du XIXe siècle, le Royaume-Uni les utilisait pour protéger son agriculture contre l'importation de céréales étrangères (les fameuses *Corn Laws*). À la fin du XIXe siècle, l'Allemagne et les États-Unis ont protégé leur industrie, encore naissante, en taxant les importations de biens industriels[1]. Le rôle des droits de douane a cependant fortement diminué au cours du XXe siècle. De nos jours, les gouvernements ont davantage recours à différents types de **barrières non tarifaires**, comme les **quotas d'importation** (limitation légale des quantités importées) et les **restrictions volontaires aux exportations** (limitation des quantités exportées, souvent imposée à la demande du pays importateur). Néanmoins, la compréhension des effets des droits de douane est indispensable pour appréhender les autres politiques commerciales.

Dans la théorie du commerce international développée aux chapitres 3 à 7, nous avons utilisé une approche en *équilibre général*. Nous étions donc attentifs aux répercussions des chocs touchant un secteur donné sur le reste de l'économie. Ici, nous nous limiterons le plus souvent à l'étude d'un seul secteur (*équilibre partiel*). Nous nous référerons uniquement aux modèles d'*équilibre général* dans les cas où les effets sur l'ensemble de l'économie sont cruciaux.

1.1 Offre, demande et volume de commerce dans chaque secteur

Considérons un pays domestique et étranger. Chacun consomme et produit du blé. Supposons que ce bien soit transporté sans coût entre les deux pays. L'offre et la demande de blé sur chaque marché dépendront des prix, exprimés en monnaie locale.

Dans ces conditions, le commerce aura lieu si les prix d'autarcie sont différents. Imaginons qu'en l'absence d'échange, le prix du blé soit plus élevé dans le pays domestique qu'à l'étranger. Ce dernier aura tendance à exporter ce bien vers le marché domestique. Ce flux de commerce international aura pour conséquence d'égaliser le prix du blé dans les deux pays : il augmentera à l'étranger et baissera sur le marché domestique.

Afin de déterminer le prix mondial et les quantités échangées, il est nécessaire de définir deux nouveaux outils théoriques : la **courbe de demande d'importation domestique** et la **courbe d'offre d'exportation étrangère**. Elles sont obtenues à partir des courbes d'offre et de demande spécifiques à chaque pays. La première est égale à l'excès de demande des consommateurs domestiques par rapport à l'offre domestique. La seconde résulte du surplus d'offre étrangère par rapport à la demande des consommateurs étrangers.

La figure 8.1 illustre la méthode qui permet d'obtenir la courbe de demande d'importation domestique, *DM*. Au prix P^1, les consommateurs domestiques demandent D^1, alors que les producteurs n'offrent qu'une quantité O^1. La demande d'importation est alors $D^1 - O^1$.

---

1. Une présentation synthétique de l'histoire du protectionnisme, ainsi que des détails sur les conséquences des barrières commerciales, est proposée par Bernard Guillochon, *Le Protectionnisme*, Repères, La Découverte, 2001.

Si le prix augmente de P^1 à P^2, les consommateurs ne demandent plus que D^2, alors que les producteurs augmentent les quantités à O^2. La demande d'importation diminue donc jusqu'à $D^2 - O^2$. Ces combinaisons prix-quantités sont représentées par les points *1* et *2* à droite de la figure 8.1. La courbe a une pente négative, car une augmentation du prix entraîne une réduction de la quantité importée par le pays domestique. Au prix P_A, la demande et l'offre domestiques sont identiques : aucun échange n'a lieu. La courbe de demande d'importation domestique coupe donc l'axe des prix en P_A (cette demande est nulle pour un prix égal à P_A).

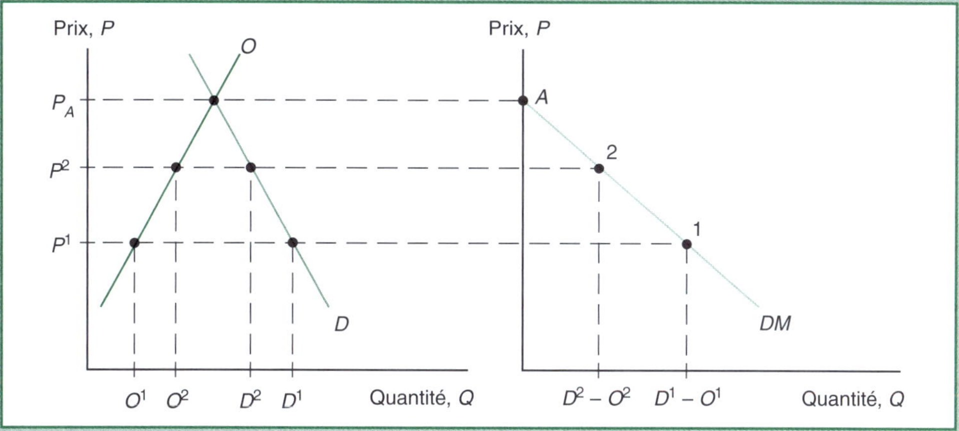

Figure 8.1 • Construction de la courbe de demande d'importation domestique.

Lorsque le prix du bien augmente, la demande exprimée par les consommateurs domestiques diminue, tandis que les quantités offertes par les producteurs augmentent. Cela entraîne une baisse de la demande d'importation.

De la même façon, la figure 8.2 représente la courbe d'offre d'exportation étrangère *OX*. Au prix P^1, les producteurs étrangers offrent O^{*1}, alors que les consommateurs ne demandent que D^{*1}. L'offre d'exportation est alors $O^{*1} - D^{*1}$. En P^2, les consommateurs ne demandent plus que D^{*2}, alors que les producteurs augmentent les quantités à O^{*2}. L'offre d'exportation s'élève donc à $O^{*2} - D^{*2}$. La pente de la courbe est positive, puisque l'offre de biens disponibles à l'exportation s'accroît lorsque le prix augmente. Au prix P_A^*, la demande et l'offre étrangères sont identiques. La courbe d'offre d'exportation étrangère coupe donc l'axe des prix en P_A^*.

L'équilibre mondial est atteint lorsque la demande d'importation domestique et l'offre d'exportation étrangère s'égalisent, c'est-à-dire lorsque le prix atteint P_w (voir figure 8.3). À ce point, on observe alors :

Demande domestique – Offre domestique = Offre étrangère – Demande étrangère

Cette équation peut se réécrire de la façon suivante :

Demande domestique + Demande étrangère = Offre domestique + Offre étrangère

ou encore :

Demande mondiale = Offre mondiale

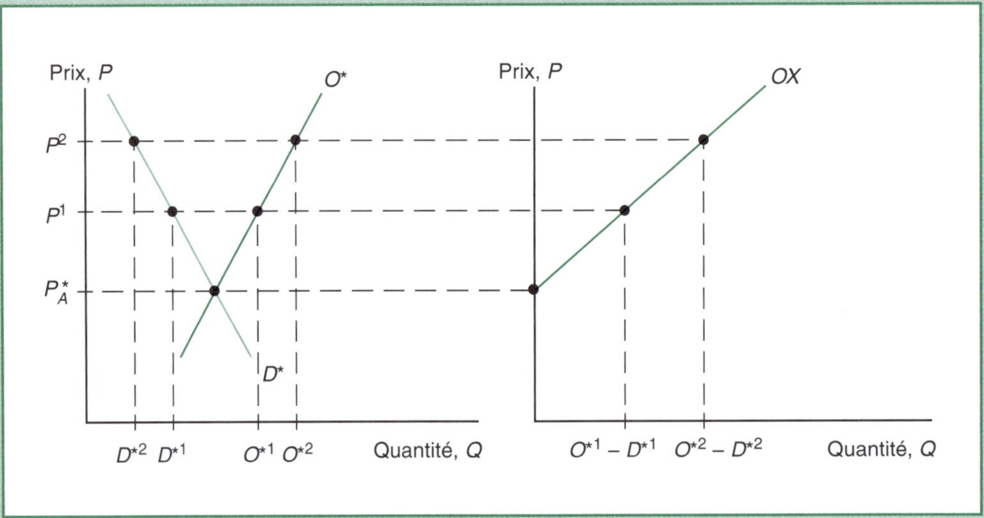

Figure 8.2 • Construction de la courbe d'offre d'exportation étrangère.
Lorsque le prix du bien augmente, la production étrangère augmente, tandis que la demande étrangère diminue. Cela entraîne une hausse des quantités de produit disponibles pour l'exportation.

Figure 8.3 • Équilibre mondial.
Le prix mondial d'équilibre permet d'égaliser la demande d'importation (courbe *DM*) et l'offre d'exportation (courbe *OX*).

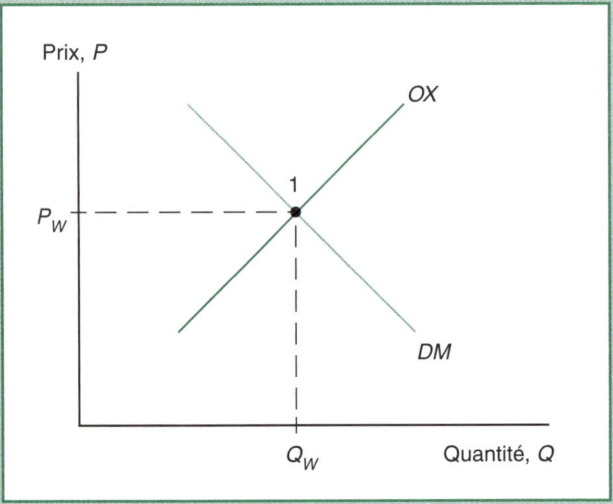

1.2 Les effets d'un droit de douane

Un droit de douane peut s'apparenter à un coût de transport. Si le pays domestique décide de prélever une taxe de 2 € sur chaque tonne de blé importée, l'exportation de ce bien ne devient intéressante que si la différence de prix entre les deux marchés est d'au moins 2 €, tout comme cela aurait été le cas pour un coût de transport équivalent.

La figure 8.4 montre l'effet de l'imposition d'un droit de douane de t € par unité de blé importée. En situation de libre-échange, le prix du blé est nécessairement égal au prix mondial sur chaque marché (le point 1 du graphique du milieu représente l'équilibre du marché mondial). Avec le droit de douane, le pays étranger ne pourra exporter son blé que si la différence entre le prix domestique et celui proposé par les exportateurs étrangers est supérieure à t €. Dans le cas contraire, on observe simultanément une demande excédentaire de blé sur le marché domestique et étranger. Ces déséquilibres engendrent une réduction du prix étranger et une hausse du prix domestique, jusqu'à ce que la différence entre les deux prix atteigne t €. Ainsi, le droit de douane a pour effet de faire monter le prix domestique jusqu'à P_T et baisser le prix sur le marché étranger à $P_T^* = P_T - t$. Dès lors, les producteurs domestiques augmentent leur offre de blé et, dans le même temps, les consommateurs réduisent leur demande. Au final, cela se traduit par une diminution de la demande d'importation (mécanisme illustré par le passage du point 1 au point 2 sur la courbe *DM*). À l'inverse, l'offre étrangère diminue et la demande augmente en réaction à la baisse de prix sur le marché étranger. L'offre d'exportation étrangère se contracte (on passe du point 1 au point 3 sur la courbe *OX*). L'imposition du droit de douane diminue donc le volume de blé échangé entre les pays. Le flux de commerce passe de Q_w à Q_T. Au final, ce volume d'échange vient égaliser la demande d'importation domestique et l'offre d'exportation étrangère, avec $P_T - P_T^* = t$.

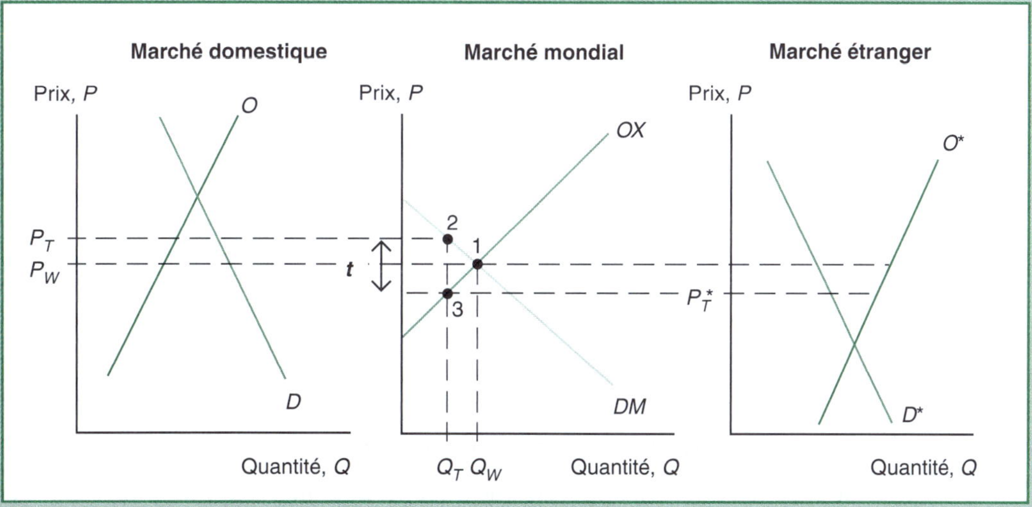

Figure 8.4 • Effet d'un droit de douane.

La mise en place d'un droit de douane augmente le prix sur le marché domestique, diminue le prix sur le marché étranger et réduit le volume du commerce international.

On peut noter que la hausse du prix domestique est inférieure au montant du droit de douane. En effet, ce dernier impose que $P_T + t = P_T^*$, mais comme une partie de son effet passe par une baisse du prix des exportations (P_T^*), il n'est pas entièrement supporté par les consommateurs domestiques. Mais en réalité, l'impact d'un droit de douane sur le prix fixé par les exportateurs est souvent très faible. En effet, pour un petit pays dont la demande ne représente qu'une part minime de la demande mondiale, la réduction des quantités importées n'a qu'un impact négligeable sur les prix mondiaux.

La figure 8.5 représente un droit de douane dans le cas d'un « petit pays ». La taxe est entièrement reportée sur le prix intérieur du bien importé, qui passe de P_W à $P_W + t$. Il s'ensuit une augmentation de la production du bien de O^1 à O^2 et une diminution de sa consommation de D^1 à D^2. L'instauration d'une barrière tarifaire par un petit pays diminue donc plus fortement ses importations.

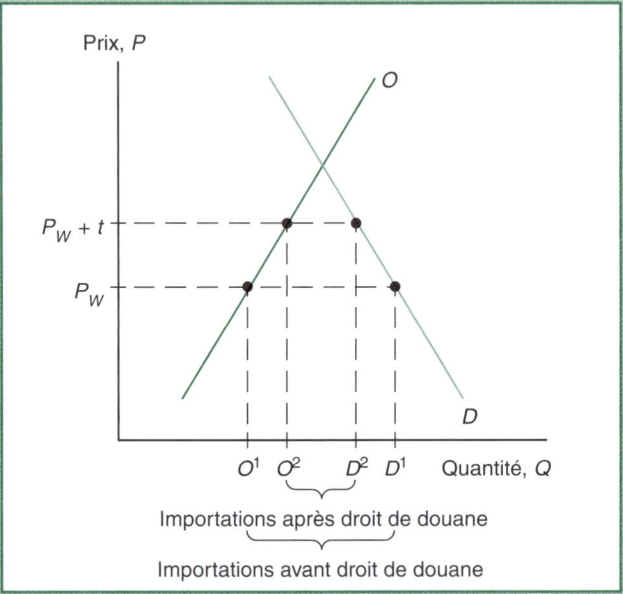

Figure 8.5 • Effet d'un droit de douane : le cas d'un petit pays.

Lorsqu'un pays est petit, le droit de douane qu'il impose ne peut pas réduire le prix mondial du bien qu'il importe. Le prix de ce bien sur le marché domestique augmente alors à $P_W + t$, et le volume d'importation se réduit de $D^1 - O^1$ à $D^2 - O^2$.

1.3 La mesure du niveau de protection

Un droit de douane sur les importations d'un produit augmente son prix domestique. Autrement dit, il protège les producteurs nationaux contre la concurrence étrangère et permet de maintenir un prix élevé sur le marché domestique. Cette protection est généralement le principal objectif visé par la barrière commerciale. Pourtant, l'évaluation du niveau de protection qu'elle procure est moins simple qu'il n'y paraît.

Ce niveau est souvent mesuré par la hausse du prix (en pourcentage) par rapport à celui qui prévaudrait en libre-échange. Dès lors, la mesure d'une protection associée à un droit de douane peut sembler évidente. S'il s'agit d'une taxe *ad valorem*, proportionnelle à la valeur des importations, son taux doit directement mesurer le degré de protection. Dans le cas d'un droit de douane spécifique, il suffit de diviser son montant par le prix du bien taxé, net du droit de douane, pour obtenir son équivalent *ad valorem*.

Cette approche pose néanmoins deux problèmes. D'abord, dans le cas d'un grand pays, le droit de douane se traduira en partie par une diminution du prix des exportations étrangères, plutôt que par une hausse des prix domestiques. Cet effet des politiques commerciales sur les prix mondiaux peut parfois se révéler non négligeable[1].

Ensuite, un droit de douane peut avoir un impact différent selon que le produit visé est un bien final ou intermédiaire. Ce dernier n'est pas directement consommé, mais destiné à être utilisé dans le processus de production d'un produit final, plus complexe. Supposons, par exemple, qu'une voiture ait un prix mondial de 8 000 € et que la valeur totale des différents composants nécessaires à sa construction s'élève à 6 000 €. Imaginons maintenant que pour soutenir ses constructeurs automobiles, un pays impose un droit de douane de 25 % sur les importations de voitures. Les producteurs domestiques peuvent ainsi vendre leurs véhicules à 10 000 €, au lieu de 8 000 €. Dans ce cas, il est inexact d'estimer le taux de protection dont bénéficient les assembleurs à seulement 25 %. En effet, avant l'instauration du droit de douane, les producteurs domestiques devaient assembler une voiture pour 2 000 € au maximum afin de rester compétitifs (soit la différence entre le prix de vente de la voiture, 8 000 €, et le prix de ses composants, 6 000 €). Grâce au droit de douane, ce coût maximal passe de 2 000 € à 4 000 € (soit la différence entre le nouveau prix d'une voiture sur le marché domestique, 10 000 €, et le prix de ses composants). Nous sommes donc en présence d'un **taux effectif de protection** de 100 %, bien supérieur aux 25 % calculés selon la méthode simple.

Supposons maintenant que le pays souhaite développer sa production de composants automobiles, et qu'il impose un droit de douane de 10 % sur les pièces détachées. Cette mesure tarifaire augmente le prix des pièces de 6 000 € à 6 600 €, pénalisant ainsi les constructeurs automobiles locaux. En effet, le droit de douane augmente le coût des biens intermédiaires, et seuls les constructeurs capables d'assembler une automobile à un coût inférieur à 1 400 € peuvent continuer leur activité. Au final, la protection commerciale du secteur des pièces détachées induit une protection effective *négative* du secteur de l'assemblage de –30 % (c'est-à-dire [1 400 – 2 000]/2 000).

En suivant cette démarche, les économistes ont développé des méthodes de calcul élaborées, afin de mesurer le degré effectif de protection dont bénéficient véritablement certains secteurs industriels. Ils montrent notamment que les politiques commerciales destinées à promouvoir le développement économique (voir chapitre 10) induisent souvent des taux effectifs de protection nettement supérieurs à ceux des droits de douane[2].

---

1. Notons qu'en théorie (bien plus qu'en pratique), un droit de douane peut aussi réduire le prix perçu par les producteurs domestiques (c'est le paradoxe de Metzler, présenté au chapitre 5).
2. Le taux effectif de protection d'un secteur se définit comme $(V_T - V_W)/V_W$, où V_W est la valeur ajoutée dans le secteur, au prix mondial, et V_T la valeur ajoutée en présence de politiques commerciales. En reprenant notre exemple, P_A est le prix mondial d'une voiture assemblée, P_C celui des pièces détachées, t_A le taux *ad valorem* de droit de douane sur les voitures importées, et t_C le taux *ad valorem* de droit de douane sur les pièces détachées. En l'absence d'effet des droits de douane sur le prix mondial, ceux-ci procurent aux assembleurs un taux de protection effective de :

$$\frac{V_T - V_W}{V_W} = t_A + P_C\left(\frac{t_A - t_C}{P_A - P_C}\right).$$

2 Coûts et bénéfices d'un droit de douane

Un droit de douane augmente le prix d'un bien dans le pays importateur, et le réduit dans le pays exportateur. Par conséquent, la situation des consommateurs du pays importateur se dégrade, alors que les consommateurs du pays exportateur voient leur pouvoir d'achat s'élever. À l'inverse, les producteurs du pays importateur y gagnent tandis que ceux du pays exportateur y perdent. Quant au gouvernement qui instaure ce droit de douane, il bénéficie de rentrées fiscales supplémentaires. Quel est alors l'effet total sur le bien-être de l'économie ? Pour répondre à cette question, il faut nous appuyer sur deux concepts communs à de nombreuses analyses microéconomiques : la mesure des surplus du consommateur et du producteur.

2.1 Les surplus du consommateur et du producteur

Le **surplus du consommateur** mesure le montant du gain qu'il retire d'un achat : il s'agit de la différence entre le prix qu'il paye effectivement et celui qu'il consentirait à payer pour ce bien. À titre d'exemple, un consommateur qui ne paye que 3 € un produit qu'il aurait accepté de payer 8 € réalise un surplus de 5 €.

Ce surplus se calcule à partir de la courbe de demande (voir figure 8.6). Supposons qu'un consommateur soit prêt à acheter 10 unités d'un bien pour un prix unitaire maximal de 10 €. La 10e unité achetée doit valoir 10 € aux yeux du consommateur. Si elle vaut moins, l'achat n'a pas lieu. Dans le cas contraire, le consommateur serait prêt à l'acheter à un prix plus élevé.

Figure 8.6 • Mesure du surplus du consommateur à partir de la courbe de demande.

Le surplus du consommateur sur chaque unité vendue est la différence entre le prix de vente effectif et le prix que le consommateur aurait été prêt à payer.

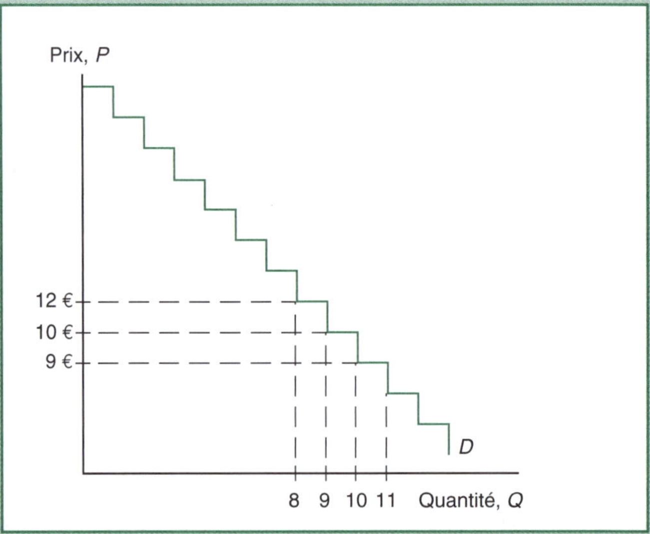

Supposons maintenant que le prix soit de 9 €. Le consommateur est alors prêt à acheter une 11e unité de bien. À ses yeux, cette unité a une valeur de 9 €. Il aurait néanmoins consenti à payer la 10e unité au prix de 10 €. Or, il ne paie désormais cette unité que 9 €.

Il retire donc un surplus de 1 €. S'il est prêt à payer 12 € l'unité précédente, il en retire alors un surplus de 3 €, etc.

De façon générale, si P est le prix d'un bien, et Q la quantité demandée correspondante, alors le surplus du consommateur se calcule en soustrayant $P \times Q$ de la surface comprise entre la courbe de demande, l'axe des abscisses, l'axe des ordonnées et Q (voir figure 8.7). Si le prix est P^1, et la quantité demandée Q^1, le surplus est égal à l'aire *a*. Si le prix descend à P^2, la quantité demandée s'élève à Q^2, et le surplus du consommateur augmente pour s'établir à $a + b$.

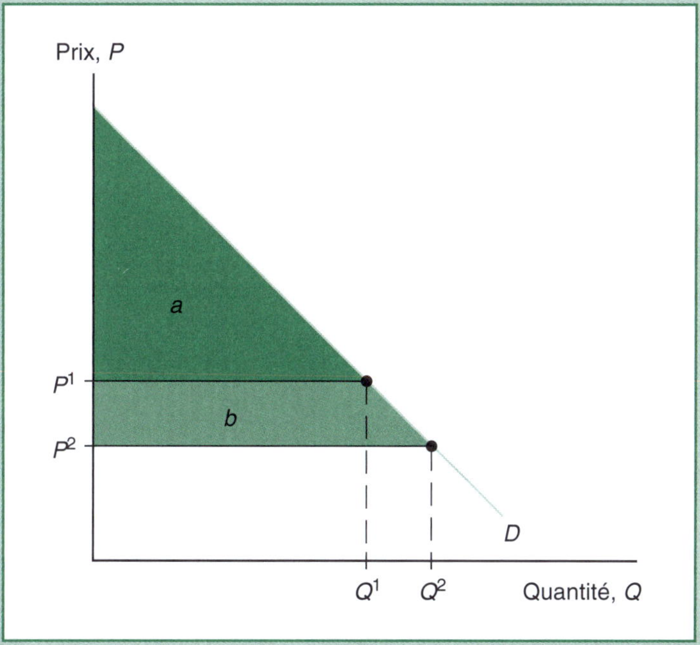

Figure 8.7 • Représentation géométrique du surplus du consommateur.
Le surplus du consommateur est égal à l'aire comprise entre la courbe de demande et la droite de prix P.

Le **surplus du producteur** s'obtient de façon symétrique : un producteur qui reçoit 5 € pour un bien qu'il serait prêt à vendre 2 €, réalise un surplus de 3 €. Ce surplus se calcule de la même façon que celui du consommateur, mais à partir de la courbe d'offre. Pour un prix P, auquel correspond la quantité offerte Q, le surplus du producteur est égal au produit de P par Q, moins l'aire située en dessous de la courbe d'offre et délimitée par Q (voir figure 8.8). Si le prix est P^1, et la quantité offerte Q^1, le surplus est égal à l'aire *c*. Si le prix et la quantité augmentent à P^2 et Q^2, le surplus du producteur s'élève pour s'établir à $c + d$.

L'analyse des surplus du consommateur et du producteur permet de mesurer les coûts et les bénéfices des politiques commerciales. Il arrive cependant que ces surplus ne parviennent pas à capter de façon adéquate l'ensemble des effets des barrières commerciales.

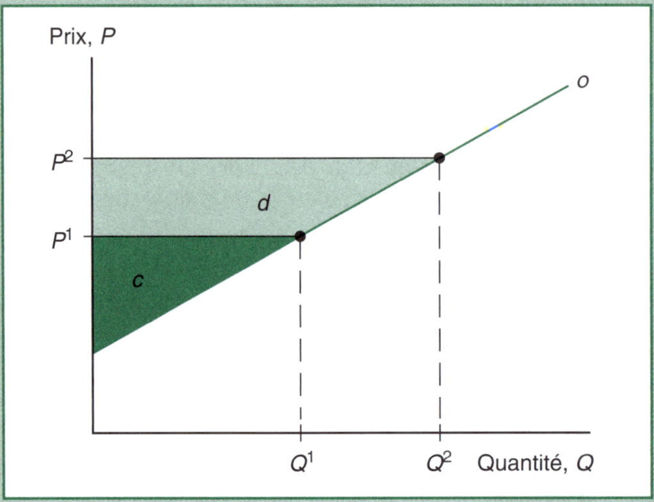

Figure 8.8 • Représentation géométrique du surplus du producteur.
Le surplus du producteur est égal à l'aire comprise entre la courbe d'offre et la droite de prix P.

La protection peut notamment engendrer un *bénéfice social*, qui constitue l'un des arguments-clés en faveur du protectionnisme (voir chapitre 9).

2.2 La mesure des coûts et des bénéfices

La figure 8.9 montre les coûts et les bénéfices qu'un pays importateur peut retirer de l'instauration d'un droit de douane dans un secteur donné. Cette pratique a pour effet d'augmenter le prix domestique de P_W à P_T et de réduire celui des exportations étrangères de P_W à P_T^* (voir figure 8.4). La production domestique augmente alors de O^1 à O^2, tandis que la consommation diminue de D^1 à D^2. Les coûts et les bénéfices des différents groupes d'agents sont représentés par les combinaisons des surfaces *a*, *b*, *c*, *d* et *e*.

Considérons d'abord le gain des producteurs domestiques. Le droit de douane leur permet de vendre à un prix plus élevé, ce qui accroît leur surplus. Ce dernier est égal à l'aire comprise entre le prix et la courbe d'offre (voir figure 8.8). Avant la mise en place du droit de douane, il est donc égal à l'aire située sous le prix P_W, et au-dessus de la courbe d'offre. Suite à la hausse de prix à P_T, ce surplus augmente d'une valeur égale à l'aire *a*.

Les consommateurs domestiques, quant à eux, pâtissent de la hausse du prix. Leur surplus est égal à l'aire comprise entre le prix et la courbe de demande (voir figure 8.7). En élevant le prix de P_W à P_T, le droit de douane vient donc amputer ce surplus de la valeur $a + b + c + d$.

Enfin, il existe un troisième type d'agent dans notre économie : l'État, qui perçoit les recettes fiscales générées par le droit de douane. Sur chaque unité importée, le montant de la taxe s'élève à $t = P_T - P_T^*$. Les recettes douanières sont donc mesurées par cette différence de prix, multipliée par le volume des importations, $Q_T = D^2 - S^2$. C'est la surface qui correspond à la somme des aires *c* et *e*.

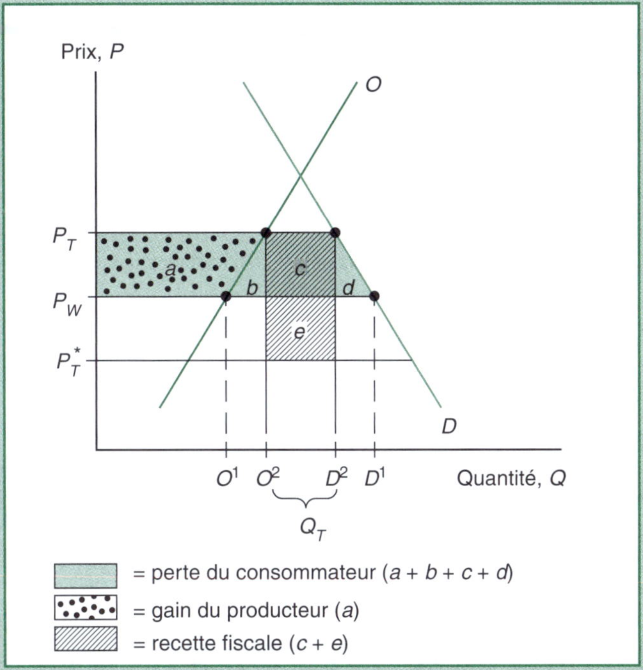

Figure 8.9 • Les coûts et les bénéfices liés à un droit de douane pour le pays importateur.
Les coûts et les bénéfices des différents groupes peuvent être représentés par les cinq aires *a, b, c, d* et *e*. Au final, les triangles *b* et *d* correspondent à la perte d'efficience alors que le rectangle e représente le gain de termes de l'échange.

Comme le droit de douane engendre des gains et des pertes différents selon les catégories d'agents, il n'est pas forcément simple d'évaluer son effet agrégé sur le bien-être de l'économie. Si l'on tient compte des inégalités sociales, comme les profits des entreprises sont généralement perçus par les ménages les plus riches, cet effet sera clairement négatif. Mais si le bien taxé est un produit de luxe fabriqué par des travailleurs peu qualifiés, alors la protection permettra de réduire les inégalités. Enfin, l'effet sur le bien-être dépend aussi de la façon dont les pouvoirs publics utilisent les recettes douanières.

En dépit de ces problèmes, nous prenons ici l'hypothèse la plus simple, qui est celle généralement admise dans ce type d'étude : nous supposons que le gain ou la perte d'un euro pour n'importe lequel de ces groupes a le même effet sur le bien-être de l'économie. Le coût net associé à un droit de douane est alors :

Perte du consommateur – Gain du producteur – Recettes gouvernementales (8.1)

ou, en remplaçant par les équivalents géométriques de la figure 8.9 :

$$(a+b+c+d) - a - (c+e) = b+d-e \qquad (8.2)$$

On obtient ainsi, côté perte, deux « triangles », *b* et *d*, et côté gain, un « rectangle », *e*. Les triangles représentent une **perte d'efficience,** due aux distorsions des incitations à produire (pour le triangle *b*) et à consommer (pour le triangle *d*) générées par le droit de douane. Le rectangle *e* représente le **gain de termes de l'échange** lié à la baisse du prix des exportations étrangères.

En augmentant le prix domestique au dessus du prix mondial, le droit de douane amène les consommateurs et les producteurs à agir comme si les importations étaient plus chères qu'elles ne le sont en réalité. Les consommateurs réduisent donc leur consommation jusqu'au point où la dernière unité consommée leur apporte un bien-être égal au prix domestique, droits de douane inclus. Au final, ils consomment trop peu, ce qui créé une **perte liée à la distorsion de la consommation** (triangle *d*). De la même façon, les producteurs augmentent leur production jusqu'à ce que le coût marginal soit égal au prix, droits de douane inclus. L'économie met donc en œuvre une production trop peu efficace. Elle produit trop d'unités du bien taxé, alors qu'elle pourrait l'acheter moins cher à l'étranger. Cela génère une **perte liée à la distorsion de la production** (triangle *b*).

Par ailleurs, le gain total dépend de la capacité du pays qui instaure le droit de douane à influer sur les prix mondiaux. Si, en fermant ses frontières, il n'est pas en mesure de réduire le prix de ses importations (c'est le cas d'un petit pays, illustré à la figure 8.5), alors la région *e* disparaît. Le droit de douane réduit alors à coup sûr le bien-être de la nation.

3 Les autres instruments de la politique commerciale

Les droits de douane sont les outils de protection commerciale les plus simples dont disposent les pouvoirs publics. Mais la plupart des politiques commerciales font aujourd'hui appel à des instruments plus complexes : subventions à l'exportation, quotas d'importation, restrictions volontaires aux exportations, règles de contenu local, etc. Fort heureusement, leur impact est relativement simple à appréhender, une fois que l'on a compris les effets des droits de douane.

3.1 Les subventions à l'exportation

Une **subvention à l'exportation** est une aide publique versée à une entreprise qui vend une part de sa production à l'étranger. À l'instar d'un droit de douane, elle peut être spécifique (somme allouée à chaque unité vendue) ou *ad valorem* (proportion de la valeur exportée).

Afin de comprendre les conséquences d'une subvention à l'exportation, il faut prendre conscience d'un mécanisme essentiel. Avec ce type de politique, les entreprises du secteur visé préféreront exporter leurs produits, plutôt que de les vendre sur le marché domestique, du moins jusqu'à ce que le prix domestique dépasse le prix mondial d'un montant égal à la subvention.

Ses effets sur les prix sont exactement opposés à ceux des droits de douane (voir figure 8.10). Le prix du pays exportateur augmente de P_W à P_S, mais en raison de la baisse du prix étranger de P_W à P_S^* , cette hausse est inférieure à la subvention. Dans le pays exportateur, les consommateurs voient leur situation se dégrader. Les producteurs y gagnent, et le gouvernement y perd car il doit consacrer une part de son budget au financement de la subvention. La perte du consommateur est égale à l'aire $a + b$, le gain du producteur à $a + b + c$, et la subvention versée par le gouvernement (le montant des exportations multiplié par le montant de la subvention) à $b + c + d + e + f + g$. La perte nette de bien-être est alors égale à la somme des aires $b + d + e + f + g$.

On retrouve donc b et d, qui représentent les distorsions induites sur la consommation et la production. En outre, la subvention à l'exportation dégrade les termes de l'échange, en réduisant le prix des exportations sur le marché étranger de P_W à P_S^* , ce qui contraste avec le cas du droit de douane. Cet effet se traduit par une perte supplémentaire de bien-être, $e + f + g$, qui est égale au produit de $(P_W - P_S^*)$ par la quantité exportée. Au total, la conséquence sur le bien-être de l'économie est sans ambiguïté : les coûts supportés par les consommateurs et les pouvoirs publics excèdent largement les gains des producteurs.

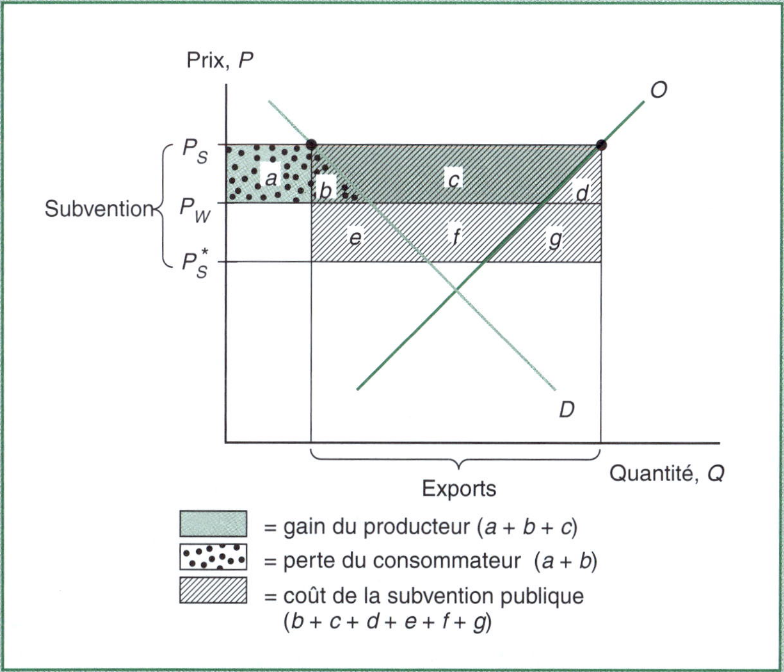

Figure 8.10 • L'effet d'une subvention à l'exportation.
Une subvention à l'exportation augmente les prix dans le pays exportateur, tandis qu'elle les réduit dans le pays importateur.

Encadré 8.1

La politique agricole commune

En 1957, six pays d'Europe de l'ouest (Allemagne, France, Italie, Belgique, Pays-Bas et Luxembourg) ont constitué la Communauté économique européenne, qui s'est ensuite élargie jusqu'à inclure la majeure partie des pays d'Europe. Désormais dénommée Union européenne (UE), deux de ses principales réalisations concernent le commerce international. Premièrement, les membres de l'UE ont intégralement supprimé les droits de douane au sein de la zone, en créant une union douanière (voir chapitre 9). Deuxièmement, la politique agricole européenne s'est développée autour d'un programme massif de subventions à l'exportation.

À ses débuts, la politique agricole commune (PAC) visait à garantir des prix élevés aux agriculteurs européens : les autorités européennes rachetaient des produits agricoles dès que les prix du marché tombaient sous un certain niveau. Afin d'éviter que cette politique ne génère trop d'importations, des droits de douane y ont été associés pour compenser la différence entre les prix agricoles mondiaux et ceux garantis sur le marché européen.

Toutefois, à partir des années 1970, ces prix étaient tellement élevés que l'Europe, qui, en situation de libre-échange, serait pourtant importatrice nette de produits agricoles, produisait plus que ce que les consommateurs n'étaient prêts à acheter. Par conséquent, les autorités européennes ont dû acheter et stocker des quantités faramineuses de produits alimentaires. Fin 1985, les stocks de bœufs européens s'élevaient à 780 000 tonnes, ceux de beurre à 1,2 millions de tonnes et ceux de blé à 12 millions de tonnes. Il a donc été décidé de subventionner les exportations, afin d'éviter la croissance illimitée des stocks et permettre à l'UE de se débarrasser des surplus de production.

La figure 8.11 illustre le fonctionnement de la PAC. Cela correspond évidemment au cas de la subvention à l'exportation de la figure 8.10, à la différence près que l'Europe serait, en situation de libre-échange, un importateur net. Afin d'exporter les surplus, une subvention à l'exportation est mise en place afin de compenser la différence entre le prix mondial et celui du marché européen. À leur tour, les exportations subventionnées ont tendance à réduire le prix mondial, augmentant par conséquent la subvention nécessaire. Une analyse coûts-bénéfices montrerait sans équivoque que les coûts supportés par les consommateurs et les contribuables européens excèdent largement les bénéfices des producteurs.

Malgré le coût net considérable de la PAC, le poids politique des agriculteurs européens a toujours rendu difficile toute réforme de ce système. Les États-Unis, ainsi que d'autres pays exportateurs de produits agricoles qui se plaignent de l'impact négatif des subventions européennes sur le prix de leurs exportations, exercent pourtant des pressions dans ce sens. Le poids de la PAC dans le budget européen a également fait l'objet de polémiques : en 2007, la PAC coûtait près de 52 milliards d'euros aux contribuables européens, sans tenir compte des coûts indirects pour les consommateurs. Les subventions publiques versées aux agriculteurs européens représentent environ 36 % de la valeur de la production agricole, soit deux fois plus qu'aux États-Unis.

☞

Encadré 8.1 (suite)

Les récentes réformes de la politique agricole en Europe visent à réduire les distorsions causées par le prix garanti, tout en maintenant une aide aux agriculteurs. Si les décideurs politiques poursuivent dans cette voie, les agriculteurs percevront de plus en plus d'aides directes, qui ne dépendent pas du niveau de leur production*, ce qui devrait réduire les prix agricoles et la production européenne.

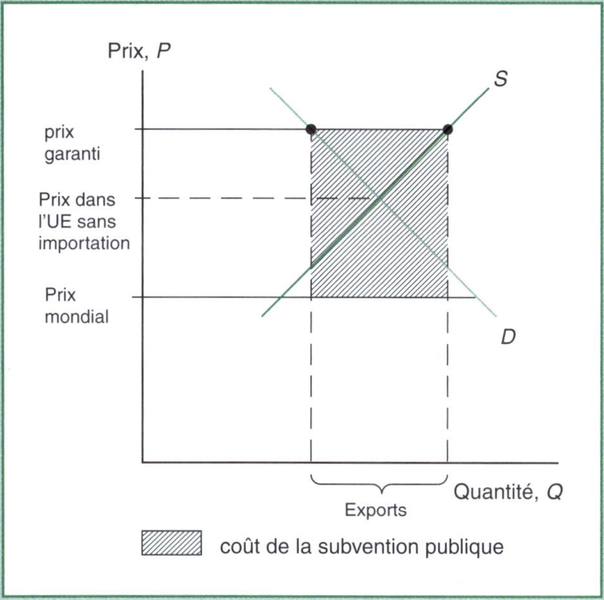

Figure 8.11 • La politique agricole commune européenne.

Les prix agricoles sont fixés à un niveau supérieur au prix mondial. Ce niveau est également supérieur au prix qui équilibre l'offre et la demande sur le marché européen. Une subvention à l'exportation permet d'écouler les surplus

* L'idée est de maintenir les revenus des exploitants agricoles, sans pour autant favoriser la surproduction et déprimer les cours mondiaux. Selon la terminologie de la Commission européenne, il s'agit donc de *découpler* les subventions agricoles.

3.2 Les quotas d'importation

Un quota d'importation est une limite légale des quantités importées. Cette barrière non tarifaire s'accompagne le plus souvent de l'octroi de licences à certains groupes d'individus ou d'entreprises. Par exemple, les États-Unis ont mis en place un quota sur les importations de fromage étranger. Seules quelques sociétés commerciales ont le droit d'importer chaque année un poids maximal de fromage. Cette quantité est fondée sur leurs importations de l'année précédente. Dans d'autres cas, comme celui des importations américaines de sucre ou de vêtements, le droit de vendre sur le marché domestique est directement attribué aux autorités publiques des pays exportateurs.

Ce n'est pas parce que les quotas d'importation sont une mesure non tarifaire qu'ils n'influent pas sur le prix des biens importés. Au contraire, *un quota d'importation augmente systématiquement le prix domestique dans le secteur protégé*. Lorsque les volumes d'importation sont restreints, la demande du bien au prix initial excède l'offre disponible sur le marché domestique (c'est-à-dire la production locale, plus les importations). Il s'en suit une hausse du prix jusqu'à ce que le marché s'équilibre à nouveau. *In fine*, l'instauration du quota augmente les prix domestiques, d'un montant équivalent à celui généré par l'imposition d'un droit de douane (sauf dans le cas particulier d'un monopole domestique, pour lequel un quota d'importation a un effet plus marqué sur le prix, voir annexe B).

La principale différence entre un droit de douane et un quota est qu'avec ce dernier, les pouvoirs publics ne perçoivent aucun revenu. Lorsqu'un pays remplace un droit de douane par un quota, le montant correspondant aux recettes fiscales est récupéré par les agents qui ont obtenu une licence d'importation. Ceux-ci ont le droit d'acheter des produits étrangers, puis de les revendre à un prix plus élevé sur le marché domestique. Les profits qu'ils perçoivent constituent ce qu'on appelle des **rentes de quota**. Afin d'estimer les coûts et les bénéfices liés à l'instauration d'un quota d'importation, il est indispensable de savoir clairement qui s'accapare ces rentes. Le plus souvent, les licences sont directement attribuées aux autorités des pays exportateurs. Ce transfert de rente vers l'étranger rend alors le coût d'un quota substantiellement plus important que celui d'un droit de douane équivalent.

Encadré 8.2

Le quota américain sur le sucre

À l'instar de la politique agricole commune, qui maintient des prix intérieurs élevés, le gouvernement fédéral américain garantit aux producteurs nationaux de sucre un prix national supérieur à celui du marché mondial. Mais en Europe, les prix garantis sont si élevés qu'ils permettent à l'UE d'être exportatrice nette de produits agricoles. La politique américaine est quant à elle plus raisonnable : les prix garantis ne conduisent pas à un excès d'offre, si bien que les États-Unis peuvent maintenir les prix intérieurs en utilisant simplement un quota d'importation sur le sucre.

Une particularité de ce quota réside dans le fait que les droits d'exporter du sucre vers le marché américain sont entièrement alloués aux autorités étrangères. Ces dernières les distribuent ensuite à leur guise entre leurs différents producteurs nationaux.

La figure 8.12 présente une estimation des effets de ce quota sur le marché américain du sucre en 2005*. Il limite les importations à 1,4 million de tonnes par an, ce qui entraîne une hausse de prix qui au final atteint plus du double du prix mondial. La construction de la figure s'appuie sur l'hypothèse (très simplificatrice) que les États-Unis sont un « petit pays » sur le marché du sucre : la suppression du quota ne doit pas modifier significativement le prix mondial. Dans ces conditions, en passant au libre-échange, les importations devraient plus que doubler pour atteindre 3,7 millions de tonnes.

☞

* US Interrnational Trade Commision, *The Economic Effect of Significant US Import Restraint*, Washington 2007.

L'effet du quota sur le bien-être est donné par les surfaces a, b, c et d. Les consommateurs américains subissent une perte de surplus de 1,674 milliards de dollars. Une partie de cette perte constitue de fait un transfert aux producteurs américains, qui bénéficient d'une augmentation de leur surplus (a) de 0,853 milliard de dollars. La perte liée aux distorsions de la production (b) atteint 0,188 milliard et celle résultant de la distorsion de la consommation (d) est de 0,281 milliard. La surface c correspond à la rente de quota, captée par les économies étrangères. Elle représente 0,364 milliard de dollars. Au final, la perte totale pour les États-Unis est égale à la somme des distorsions et des rentes de quota, soit 883 millions de dollars par an. Plus de la moitié est liée au fait que les rentes de quota profitent entièrement aux pays exportateurs.

Ce quota sur le sucre constitue un bon exemple des effets de redistribution des revenus engendrés par les politiques commerciales. En effet, la perte nette de 883 millions de dollars masque une perte colossale pour un très grand nombre de consommateurs, et des gains substantiels pour un petit nombre de producteurs. Le quota coûte près de 6 dollars par an à chaque consommateur, soit environ 20 dollars pour une famille standard. La dispersion des pertes sur une très large population explique en partie le maintien de cette politique défavorable au bien-être de la nation (voir chapitre 9). Mais du côté des producteurs, le quota est une question de vie ou de mort : sans cette protection, la plupart des entreprises seraient amenées à faire faillite. L'industrie du sucre emploie environ 38 000 salariés aux États-Unis. Le quota peut donc être vu comme une subvention implicite d'environ 20 000 dollars par an et par employé.

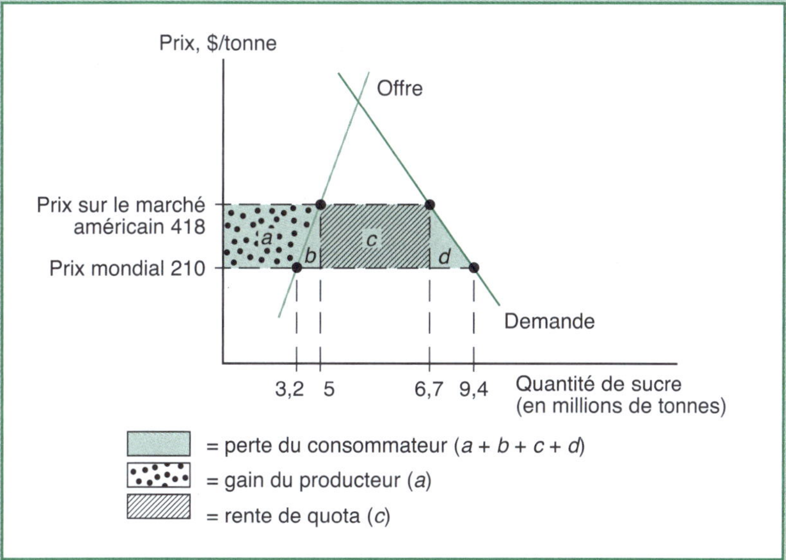

Figure 8.12 • Le quota sur le sucre.

Le quota limite les importations à un niveau correspondant environ à la moitié du volume qui prévaudrait en libre-échange. En conséquence, le prix du sucre atteint 418 dollars par tonne sur le marché américain contre 210 dollars sur le marché mondial.

3.3 Les restrictions volontaires aux exportations

Une alternative au quota d'importation est la **restriction volontaire aux exportations (RVE)**[1]. Il s'agit d'un quota sur le commerce imposé non pas par le pays importateur, mais par l'exportateur lui-même. L'exemple le plus emblématique est la limitation, dans les années 1980, des exportations d'automobiles japonaises vers les marchés américains et européens.

Bien souvent, les restrictions volontaires aux exportations sont imposées à la demande du pays importateur, et acceptées par l'exportateur afin de prévenir toute autre restriction plus défavorable. D'un point de vue économique, une RVE est identique à un quota d'importation, où les licences d'exportation sont distribuées aux autorités étrangères. Son coût est donc très important pour le pays importateur, et toujours plus élevé que celui d'un droit de douane équivalent.

Une analyse empirique a évalué les conséquences des RVE instaurées dans les années 1980 dans trois grands secteurs américains (textile et habillement, acier et automobile)[2].

Elle montre que les deux tiers du coût de cette politique (supporté par les consommateurs américains) correspondent à des rentes qui ont profité aux pays exportateurs. En d'autres termes, la majeure partie du coût correspond à un transfert de revenu (des États-Unis vers l'étranger), et non à une perte d'efficience.

Certains accords de restriction volontaire impliquent plusieurs pays. Les plus connus sont les accords multifibres, dont le but était de limiter, jusqu'au début de l'année 2005, les exportations de textile en provenance de 22 pays (voir chapitre 9).

3.4 Les règles de contenu local

Selon la **règle de contenu local**, une fraction donnée d'un bien final vendu dans un pays doit être produite sur le territoire national. Dans certains cas, elle est spécifiée en unités physiques mais, en général, elle est exprimée en valeur : cette règle requiert donc que la valeur ajoutée locale constitue une part minimale du prix d'un bien. Les pays en développement ont souvent recours à ce type de politique. Ils espèrent ainsi ne pas rester cloisonnés dans des activités d'assemblage, mais remonter la chaîne de valeur en faisant évoluer leur industrie vers la production de biens intermédiaires.

Du point de vue des producteurs domestiques, cette règle offre une protection comparable à celle d'un quota. En revanche, pour les entreprises contraintes d'acheter localement, cette réglementation a un effet sensiblement différent. Les règles de contenu local ne fixent pas de limites strictes aux niveaux d'importation : une société peut accroître ses importations dans la mesure où elle achète aussi davantage de biens locaux. Pour elle, le prix effectif des biens intermédiaires correspond donc à la moyenne des prix des biens importés et de ceux produits localement.

---

1. Dans le jargon de l'OMC, les expressions « arrangement d'autolimitation », « autolimitation des exportations » ou encore « arrangement de commercialisation ordonnée » sont aussi utilisées.
2. David Tarr, *A General Equilibrium Analysis of the Welfare and Employment Effects of U.S. Quotas in Textiles, Autos, and Steel*, Federal Trade Commission, Washington DC, 1989.

Encadré 8.3

Un exemple de restriction volontaire aux exportations : les voitures japonaises

Dans les années 1960 et 1970, les goûts des consommateurs américains en matière de voitures étaient tellement différents de ceux du reste du monde que l'industrie automobile américaine était largement à l'abri de la concurrence étrangère.

Pourtant, en 1979, la forte augmentation du prix du pétrole et les pénuries temporaires d'essence ont eu pour conséquence de modifier rapidement le secteur automobile américain : la part de marché des « grosses américaines », construites pour les grands espaces et très gourmandes en essence, s'est brusquement contractée au profit des voitures plus petites et plus économiques. Les constructeurs japonais, dont les coûts de production étaient particulièrement compétitifs, se sont précipités vers cette nouvelle demande. Les fabricants américains, qui constituent un puissant groupe de pression, se sont alors mobilisés pour demander une protection commerciale. Mais plutôt que d'agir de façon unilatérale, au risque de déclencher une guerre commerciale, le gouvernement américain a demandé aux Japonais de limiter leurs exportations. Par crainte d'éventuelles représailles, ces derniers ont accepté et signé un accord en 1981. Celui-ci autorisait l'exportation de 1,68 million d'automobiles japonaises vers les États-Unis. Ce chiffre a ensuite été porté à 1,85 million entre 1984 et 1985, avant d'être abandonné.

Il n'est pas simple d'estimer les effets de cette RVE : premièrement, parce que les voitures japonaises et américaines n'étaient pas des substituts parfaits ; deuxièmement, les constructeurs japonais ont répondu à ce quota en améliorant la qualité de leur production et en vendant des voitures plus grandes et équipées d'un plus grand nombre d'options ; enfin, la structure du marché automobile est bien loin de correspondre aux hypothèses de la concurrence parfaite. Néanmoins, les résultats observés ont été, dans l'ensemble, conformes à ceux prédits par la théorie économique : le prix des voitures japonaises a augmenté aux États-Unis, procurant ainsi une rente pour les entreprises nippones. Le gouvernement américain estime aujourd'hui que pour la seule année 1984, ces mesures ont coûté 3,2 milliards de dollars, constituées pour l'essentiel de transferts vers le Japon plutôt que de pertes d'efficience.

Reprenons l'exemple du secteur automobile utilisé précédemment. Le coût des pièces détachées importées s'élève à 6 000 €. Supposons maintenant que l'achat de leur équivalent national revienne à 10 000 €, mais que les constructeurs automobiles soient tenus d'utiliser 50 % de pièces détachées domestiques. Au final, le coût de ces pièces sera égal 8 000 € (0,5 × 6 000 € + 0,5 × 10 000 €). Cette majoration sera répercutée sur le prix de la voiture et *in fine* sur le bien-être des consommateurs.

Un point important est que les règles de contenu local ne génèrent ni de recettes gouvernementales, ni de rentes de quota. Au lieu de cela, la différence entre le prix des importations et celui des biens domestiques est reportée sur les consommateurs.

Dans certains pays, ces règles prennent une forme un peu différente. Les sociétés qui ne souhaitent pas acheter de biens intermédiaires locaux peuvent satisfaire la contrainte légale en exportant des biens produits localement. Par exemple, certaines entreprises automobiles américaines implantées au Mexique ont choisi d'exporter des composants produits sur le territoire mexicain vers les États-Unis. Même dans le cas où elles pourraient fabriquer ces biens intermédiaires à moindre coût dans leurs usines américaines, elles y gagnent : ces exportations leur ouvrent le droit d'utiliser une moindre proportion de pièces détachées mexicaines pour produire les automobiles destinées au marché local.

3.5 Les autres instruments de politique commerciale

Hormis les droits de douane, les subventions, les quotas, les RVE et les règles de contenu local, les pouvoirs publics ont d'autres moyens d'influer sur les échanges internationaux. En voici une liste non exhaustive :

- *Les crédits subventionnés aux exportations.* Il s'agit d'un outil très proche de la subvention à l'exportation, sauf qu'il s'agit ici non pas d'aider directement l'exportateur, mais de proposer de prêts bonifiés aux acheteurs étrangers. De nombreux pays se sont ainsi dotés d'une institution publique, dont le rôle est de proposer des prêts, plus ou moins subventionnés, afin de soutenir les exportations.
- *Les achats publics.* Pour satisfaire un certain nombre de besoins d'équipement ou de fourniture, l'État, les collectivités locales et les entreprises publiques peuvent décider de favoriser les produits nationaux, au détriment des importations. L'industrie européenne des télécommunications est un exemple fréquemment cité. Ses principaux clients sont des compagnies de téléphone. Dans de nombreux pays européens, celles-ci ont longtemps été des entreprises publiques. Pour des raisons politiques, elles se fournissaient en priorité auprès de producteurs nationaux, si bien que le commerce intra-européen d'équipement de télécommunications a longtemps été très faible.
- *Les barrières administratives.* Il arrive parfois qu'un gouvernement souhaite réduire les flux d'importations sans pour autant prendre de mesure formelle. Par chance (ou malchance !), il est relativement facile de modifier les règles de sécurité, les normes sanitaires ou les procédures douanières, de façon à ériger des obstacles informels au commerce. Un excellent exemple de ce type de protectionnisme (à peine) déguisé est le décret français, imposé en 1982 par le gouvernement Mauroy : il obligeait tous les magnétoscopes japonais à passer par la minuscule douane de Poitiers.

4 Récapitulatif des effets des politiques commerciales

Les conséquences des différentes politiques commerciales sont résumées au tableau 8.1. Il compare les effets des quatre principales mesures protectionnistes sur le bien-être des consommateurs, des producteurs, des pouvoirs publics et de la nation dans son ensemble.

À l'évidence, ce tableau n'est pas un plaidoyer en faveur de la protection commerciale. Chacun des quatre instruments de politique commerciale bénéficie aux producteurs, au détriment des consommateurs. Leur effet global sur l'économie est, au mieux, ambigu. Les droits de douane et les quotas d'importation profitent aux grands pays, capables d'influer sur une baisse des prix mondiaux. Les deux autres mesures sont, quant à elles, néfastes pour le bien-être de l'économie.

Tableau 8.1 : Les effets des différentes politiques commerciales

	Droit de douane	Subvention aux exportations	Quota d'importation	Restriction volontaire aux exportations
Surplus du producteur	Augmente	Augmente	Augmente	Augmente
Surplus du consommateur	Diminue	Diminue	Diminue	Diminue
Recettes publiques	Augmentent	Diminuent (les dépenses publiques augmentent)	Inchangées (rentes aux détenteurs de licences)	Inchangées (rentes aux étrangers)
Bien-être domestique	Ambigu (diminue pour les petits pays)	Diminue	Ambigu (diminue pour les petits pays)	Diminue

Résumé

Les chapitres précédents examinaient les conséquences de l'ouverture au commerce sur les interactions des différents marchés en équilibre général. Mais pour étudier l'impact des politiques commerciales, il est plus commode et généralement suffisant d'avoir une approche en équilibre partiel.

Un droit de douane crée un écart entre les prix domestiques et étrangers. Il accroît le prix sur le marché intérieur et, si le pays qui limite ses importations est suffisamment grand, il réduit le prix sur le marché mondial. Dans le cas d'un petit pays, les prix mondiaux ne changent pas et l'écart entre le prix domestique et celui du marché mondial est égal au droit de douane.

Les coûts et les bénéfices des différentes politiques commerciales peuvent être mesurés par les surplus des consommateurs et des producteurs. Normalement, les producteurs domestiques du bien protégé gagnent à l'instauration d'un droit de douane (car leur prix de vente augmente), alors que les consommateurs domestiques y perdent (pour la même raison). Enfin, le droit de douane génère des recettes fiscales qui alimentent le budget de l'État.

L'effet net d'un droit de douane sur le bien-être national peut être séparé en deux parties distinctes : d'un côté, on note une perte d'efficience qui résulte de la distorsion des incitations perçues par les consommateurs et les producteurs ; de l'autre, il peut exister un gain lié à l'amélioration des termes de l'échange. Dans le cas d'un petit pays, ce second effet disparaît et le droit de douane implique alors une perte nette pour l'économic.

L'analyse du droit de douane peut facilement être transposée aux autres instruments de politique commerciale, comme les subventions à l'exportation, les quotas d'importation ou encore les restrictions volontaires aux exportations. Le premier génère une perte d'efficience semblable à celle engendrée par le droit de douane, mais aggrave les pertes en détériorant les termes de l'échange. Les quotas d'importation et les restrictions volontaires aux exportations créent eux aussi plus de pertes qu'un droit de douane, puisqu'ils ne génèrent pas de recettes fiscales. À la place, le quota permet de dégager des rentes qui profitent aux détenteurs de licences d'exportation.

Activités

1. Supposons que la courbe de demande domestique pour le blé soit la suivante :

$$D = 100 - 20P$$

La courbe d'offre est :

$$S = 20 + 20P$$

Calculez et représentez graphiquement la courbe de demande d'importation domestique. Quel serait le prix du blé en autarcie ?

2. On ajoute un pays étranger, dont la courbe de demande est la suivante :

$$D^* = 80 - 20P$$

et la courbe d'offre :

$$S^* = 40 + 20P$$

a. Calculez, puis représentez sur un graphique la courbe d'offre d'exportation étrangère. Trouvez le prix du blé sur le marché étranger, si celui-ci était en autarcie.

b. Supposons maintenant que les pays domestique et étranger s'ouvrent au commerce international (et que les coûts de transport soient nuls). Déterminez, puis représentez graphiquement l'équilibre de libre-échange. Quel est le prix mondial ? Quel est le volume des échanges ?

3. Le pays domestique instaure un droit de douane spécifique de 0,5 sur les importations de blé.

a. Déterminez, puis représentez les effets du droit de douane sur le prix du blé dans chaque pays, la quantité de blé offerte et demandée dans chaque pays, ainsi que le volume des échanges.

b. Déterminez l'effet du droit de douane sur le bien-être des groupes suivants : les producteurs de blé, les consommateurs, ainsi que le gouvernement.

c. Montrez graphiquement, puis calculez les gains liés à l'amélioration des termes de l'échange, la perte d'efficience et l'effet total du droit de douane sur le bien-être.

4. Supposons maintenant que le pays étranger soit un pays beaucoup plus grand, avec les demandes et offres suivantes :

$$D^* = 800 - 200P, \; S^* = 400 + 200P$$

(Cela implique qu'en l'absence de commerce, le prix étranger du blé serait le même qu'à la question 2.)

Calculez l'équilibre de libre-échange et les effets d'un droit de douane spécifique instauré par le pays domestique. Comparez les résultats avec ceux obtenus précédemment.

5. Supposons que le prix mondial des bicyclettes soit de 200 €. Les pièces détachées (freins, dérailleurs, etc.) coûtent 100 €. Si le gouvernement chinois décide d'imposer

un droit de douane de 50 % sur les vélos, sans taxer les pièces détachées, quel serait alors le taux de protection effectif des bicyclettes ?

6. L'industrie aéronautique européenne reçoit des aides de plusieurs gouvernements. Selon certains, le montant de ces aides correspondrait environ à 20 % du prix d'achat d'un avion. Par exemple, un avion qui coûterait 60 millions d'euros à produire serait vendu 50 millions d'euros. Dans le même temps, la moitié du prix d'achat d'un avion « européen » correspond en fait à l'achat de composants importés (notamment des États-Unis). Si ces estimations sont justes, quel est le taux effectif de protection dont bénéficient les producteurs européens d'avions ?

7. Reprenons l'exemple de la question 2. La situation de départ est le libre-échange. Supposons maintenant que le pays étranger offre une subvention de 0,5 par unité exportée. Calculez, dans chaque pays, les effets de cette politique sur le prix, puis les variations de bien-être des différents groupes (consommateurs, producteurs, État) et de l'ensemble de l'économie.

8. Êtes-vous d'accord avec les affirmations suivantes ?

a. « Un excellent moyen de réduire le chômage est d'imposer des droits de douane sur les biens importés. »

b. « Les droits de douane ont des effets encore plus négatifs lorsqu'ils sont imposés par de grands pays. »

c. « Avec l'élargissement de l'Union européenne, le secteur automobile français perdra de plus en plus d'emplois au profit des pays d'Europe centrale, où les salaires sont beaucoup plus faibles. Il est donc nécessaire de revenir en arrière et d'imposer des droits de douane sur les voitures d'un montant équivalent à cette différence de salaires. »

9. Eporue est un « petit pays » (il ne peut pas influer sur les prix mondiaux). Il importe des cacahuètes au prix de 10 € le sac. La courbe de demande est la suivante :

$$D = 400 - 10P$$

et la courbe d'offre :

$$S = 50 + 5P$$

Déterminez l'équilibre de libre-échange. Calculez et représentez graphiquement les différents effets d'un quota visant à limiter les importations de cacahuètes à 50 sacs par an sur :

a. L'augmentation du prix domestique.

b. Les rentes générées par le quota.

c. La perte due à la distorsion de la consommation.

d. La perte due à la distorsion de la production.

10. Supposons que les travailleurs de l'industrie soient moins payés que les employés des autres secteurs. Quel serait alors l'effet d'un droit de douane protégeant le secteur industriel sur la *distribution* du revenu réel au sein de l'économie ?

Annexes du chapitre 8

Annexe A : L'analyse du droit de douane en équilibre général

Dans ce chapitre, nous avons analysé l'impact des différents instruments de politique commerciale en équilibre partiel, c'est-à-dire en étudiant un seul marché, sans tenir compte des conséquences sur les autres marchés. Cette approche a l'avantage de la simplicité. Cependant, il faut parfois se placer dans un cadre d'équilibre général. Cette annexe développe l'analyse des effets d'un droit de douane en équilibre général, brièvement abordée au chapitre 5. Nous analyserons d'abord le cas d'un petit pays (qui n'est pas en mesure d'influer sur les termes de l'échange), puis celui d'un grand pays.

Effet d'un droit de douane dans un petit pays

Imaginons un petit pays qui produit et consomme deux biens : un bien industriel et un bien agricole. Supposons qu'il exporte le premier au prix mondial (exogène) P_I^*, et qu'il importe le second au prix mondial P_A^*.

La figure 8A.1 présente la situation de ce pays en l'absence de droit de douane. L'économie produit au point (noté Q^1) de sa frontière des possibilités de production, qui est tangent à une droite de pente $-P_I^* / P_A^*$. Cette droite définit également la contrainte budgétaire de l'économie, à savoir tous les niveaux de consommation qu'elle a les moyens d'atteindre. L'économie choisit le point de sa contrainte budgétaire, qui est tangent à la courbe d'indifférence la plus élevée possible (D^1).

Supposons désormais que le gouvernement instaure un droit de douane *ad valorem* de taux t sur les biens agricoles. Le prix de ces biens, auquel sont confrontés les consommateurs et les producteurs domestiques, augmente alors à $P_A^* (1 + t)$, et la pente de la droite des prix relatifs s'aplatit. Elle baisse jusqu'à $-P_I^* / P_A^* (1 + t)$.

Cette chute du prix relatif du bien industriel a un effet direct sur sa production, qui baisse également. À l'inverse, la production du bien agricole augmente. Ainsi, le rapport des niveaux de production passe du point Q^1 (voir figure 8A.1) au point Q^2 (voir figure 8A.2).

Du point de vue de la consommation, les choses sont plus complexes. Le droit de douane génère des revenus supplémentaires, qui doivent forcément être dépensés d'une façon ou d'une autre. Voyons le cas de figure où le gouvernement redistribue intégralement les recettes générées aux consommateurs. La contrainte budgétaire des consommateurs n'est alors pas la droite de pente $-P_I^* / P_A^* (1 + t)$ qui passe par Q^2, car les recettes douanières augmentent le revenu disponible des consommateurs.

Comment déterminer la vraie contrainte budgétaire ? Pour cela, il faut rappeler que l'équilibre de la balance commerciale s'écrit :

$$P_I^* \times (Q_I - D_I) = P_A^* \times (D_A - Q_A)$$

où Q et D représentent respectivement les productions et les consommations des biens industriels et agricoles. La partie gauche de cette équation correspond donc à la valeur des exportations, au prix mondial. Cette équation peut se réécrire de la façon suivante, afin de faire ressortir le fait que la valeur de la consommation doit être égale à celle de la production :

$$P_I^* \times Q_I + P_A^* \times Q_A = P_I^* \times D_I + P_A^* \times D_A$$

Cette équation définit une droite qui passe par le point Q^2, dont la pente est $-P_I^* / P_A^*$. Le point représentant la consommation doit se trouver sur cette nouvelle contrainte budgétaire.

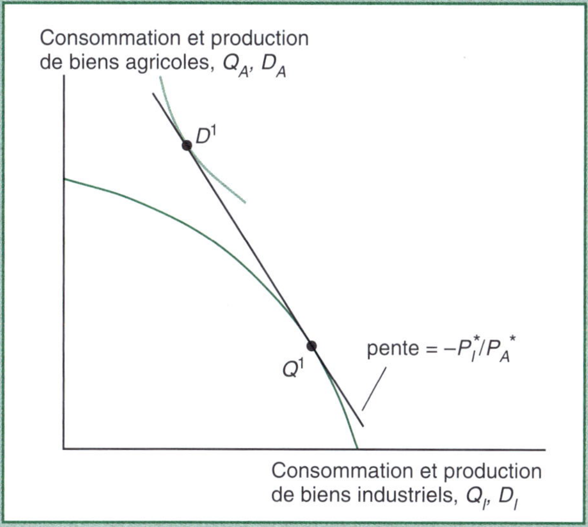

Figure 8A.1 • L'équilibre de libre-échange pour un petit pays.

La production du pays est située au point de tangence de sa frontière des possibilités de production et d'une droite de pente égale, en valeur absolue, au prix relatif. Sa consommation se situe au point de tangence de la contrainte budgétaire et de la courbe d'indifférence la plus élevée.

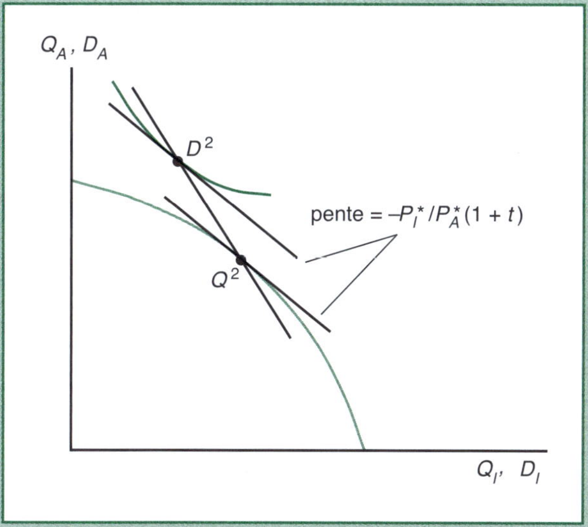

Figure 8A.2 • Droit de douane dans un petit pays.

Le pays produit moins du bien exporté et plus du bien importé. La consommation subit une distorsion, ce qui entraîne une diminution à la fois du bien-être et du volume de commerce.

Les consommateurs ne vont toutefois pas choisir le point de tangence entre la nouvelle contrainte budgétaire et une courbe d'indifférence. Le droit de douane les conduit en effet à consommer moins de biens agricoles et plus de biens industriels. La consommation qui résulte de l'instauration du droit de douane se trouve donc en D^2 (voir figure 8A.2). Il se situe sur la nouvelle contrainte budgétaire et sur une courbe d'indifférence tangente à une droite de pente $-P_I^* / P_A^* (1 + t)$.

Trois points importants ressortent de l'étude de la figure 8A.2, et de sa comparaison avec la figure 8A.1 :

1. Le droit de douane réduit le bien-être. En effet, D^2 se trouve sur une courbe d'indifférence plus basse que celle de D^1.
2. Cette diminution du bien-être s'explique par deux effets. Premièrement, la production de l'économie ne se trouve plus au point qui maximise la valeur du revenu aux prix mondiaux. La contrainte budgétaire qui passe par Q^2 se trouve en effet à l'intérieur de la contrainte qui passe par Q^1. Deuxièmement, les consommateurs n'optent pas pour le point de leur contrainte budgétaire qui maximiserait leur bien-être. Ils ne se positionnent pas sur une courbe d'indifférence tangente à la contrainte budgétaire réelle de l'économie. Ces deux effets résultent du fait que les consommateurs et les producteurs sont confrontés à des prix qui diffèrent des prix mondiaux. La perte de bien-être due à l'inefficience de la production de l'économie équivaut en équilibre général à la perte due à la distorsion de la production en équilibre partiel décrite dans le corps du chapitre. De même, la perte de bien-être due à l'inefficience de la consommation équivaut à la perte due à la distorsion de la consommation.
3. Le droit de douane a pour effet de réduire le commerce. Les exportations et les importations sont plus faibles lorsque l'économie protège son agriculture.

Effet d'un droit de douane dans un grand pays

Voyons maintenant le cas d'un grand pays. Pour cela, nous allons utiliser la technique de la courbe d'offre développée à l'annexe du chapitre 5. Considérons deux pays : le pays domestique qui exporte un bien industriel et importe des biens agricoles, et son partenaire étranger. À la figure 8A.3, la courbe d'offre étrangère est représentée par *OA*. La courbe d'offre domestique, en l'absence de droit de douane, est quant à elle représentée par OM^1. L'équilibre de libre-échange se trouve à l'intersection de *OA* et OM^1. Il s'agit du point 1. Le prix relatif du bien industriel sur le marché mondial est $(P_I^* / P_A^*)^1$.

Supposons à présent que le pays domestique impose un droit de douane. Comme nous l'avons vu dans le cas d'un petit pays, un droit de douane réduit à la fois les exportations et les importations. Si le prix mondial reste inchangé (égal à $(P_I^* / P_A^*)^1$), alors l'offre domestique passe du point 1 au point 2. De façon plus générale, si le pays domestique instaure un droit de douane, la courbe d'offre va glisser vers une courbe plus resserrée, qui passe par le point 2.

Mais cette modification de la courbe d'offre du pays domestique aura pour conséquence de changer les termes de l'échange d'équilibre. À la figure 8A.3, le nouveau point d'équilibre est le point 3, qui correspond à un prix relatif du bien industriel égal à $(P_I^* / P_A^*)^2 > (P_I^* / P_A^*)^1$. L'imposition du droit de douane se traduit donc par une amélioration des termes de l'échange du pays domestique.

Ainsi, dans le cas d'un grand pays, les effets du droit de douane sur le bien-être domestique sont ambigus. Lorsque les termes de l'échange ne s'améliorent pas, le bien-être diminue, dans le cas contraire, il s'améliore. L'impact global sur le bien-être peut donc être positif ou négatif, comme c'était déjà le cas dans l'analyse en équilibre partiel.

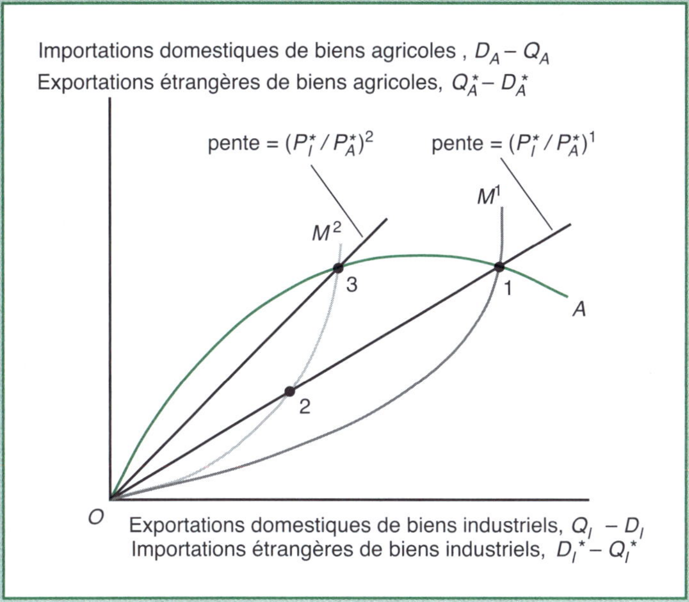

Figure 8A.3 • L'effet d'un droit de douane sur les termes de l'échange.

Le droit de douane entraîne une baisse des volumes de commerce et améliore les termes de l'échange du pays qui se protège. L'effet sur les termes de l'échange peut, dans certains cas, compenser les pertes engendrées par les distorsions de la production et de la consommation.

Annexe B : Les droits de douane et les quotas d'importation en situation de monopole

Dans ce chapitre, nous avons supposé des marchés en concurrence parfaite. Les firmes sont donc preneuses de prix. En situation de concurrence imparfaite, le commerce international permet d'intensifier la concurrence et donc de limiter le pouvoir de marché des firmes. Les politiques commerciales, en limitant les échanges, peuvent donc renforcer la capacité des firmes à fixer les prix afin de maximiser leurs profits.

Pour étudier cette relation entre politique commerciale et pouvoir de marché, prenons le cas simple d'un monopole : un pays importe un bien qui n'est produit localement que par *une seule* firme. Le pays est petit, ce qui implique qu'il ne peut pas influer sur le prix des importations. Nous allons analyser, puis comparer les effets du libre-échange, d'un droit de douane et d'un quota d'importation.

Modèle en situation de libre-échange

La figure 8B.1 présente un marché en situation de libre-échange, où un monopoleur domestique est concurrencé par des importations. D est la courbe de demande domestique pour le bien, et P_W son prix mondial. Les importations sont disponibles en quantités illimitées à ce prix. La courbe de coût marginal de la firme domestique est Cm.

Figure 8B.1 • Le cas d'un monopoleur national dans un pays en situation de libre-échange.

La concurrence potentielle des importations force le monopoleur à se comporter comme s'il évoluait dans un secteur parfaitement concurrentiel.

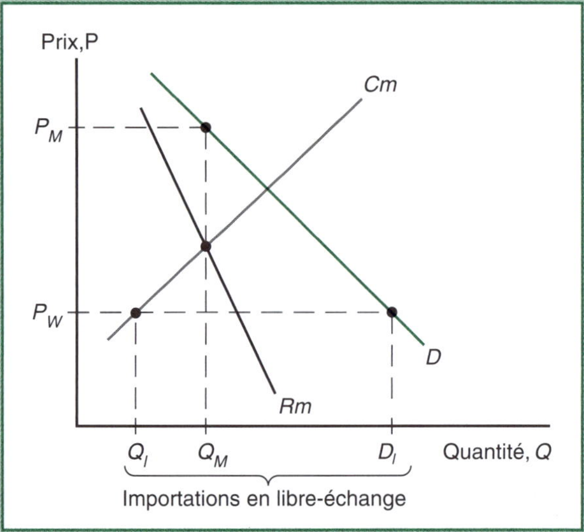

En l'absence de commerce, cette firme se comporterait comme un monopole. La courbe de revenu marginal correspondant à D est Rm, et les niveaux de production et de prix qui maximisent le profit de monopole sont Q_M et P_M.

Toutefois, ce comportement n'est pas possible en libre-échange. En effet, si la firme essayait de vendre à P_M ou tout autre prix supérieur à P_W, personne n'achèterait sa production, puisque les consommateurs se porteraient sur les biens importés, moins chers. Le commerce international impose donc un prix plafond (P_W) au monopoleur. Étant donné cette contrainte, la firme locale peut au mieux produire au point où le coût marginal est égal au prix mondial. Au prix P_W, la quantité produite est donc Q_l unités du bien et la demande des consommateurs domestiques D_l. Les importations sont alors égales à $D_l - Q_l$. Cette situation est semblable à celle observée en concurrence parfaite sur le marché domestique. Le fait que le marché domestique soit un monopole n'a donc aucune incidence sur l'équilibre de libre-échange.

Effet d'un droit de douane

Le droit de douane a pour effet d'augmenter le prix maximal que l'entreprise domestique peut proposer. Si les importations sont soumises à un droit de douane spécifique t, le producteur peut fixer son prix à $P_W + t$ (voir figure 8B.2). Par rapport à la situation de monopole, la capacité de l'entreprise locale à fixer le prix est toutefois limitée, puisque les consommateurs ont toujours la possibilité de se tourner vers les importations si le prix domestique dépasse le prix mondial, augmenté du droit de douane. Ainsi, le monopoleur peut au mieux produire au point où le coût marginal est égal au prix mondial plus t, soit Q_t. Le droit de douane augmente donc le prix et la production domestiques, mais entraîne une baisse de la demande interne à D_t et une diminution des importations. Mais, là encore, la firme locale produit autant en monopole qu'en concurrence parfaite.[1]

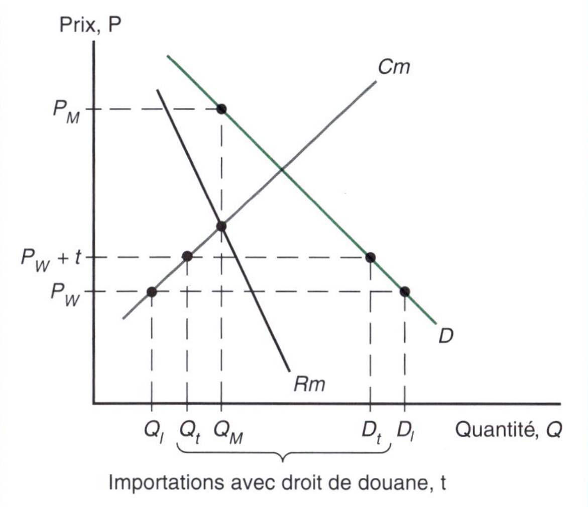

Figure 8B.2 • Le cas d'un monopoleur protégé par un droit de douane.

Le droit de douane permet au monopoleur d'augmenter son prix. Il reste toutefois contraint par la concurrence des firmes étrangères.

Effet d'un quota d'importation

Supposons maintenant que le gouvernement impose un quota afin de restreindre le volume des importations à $\bar{Q}$. Le monopoleur sait que s'il fixe un prix supérieur à P_W, il ne perdra pas l'ensemble de ses ventes. En réalité, il vendra l'équivalent de la demande au prix fixé, grevée de la quantité d'importation autorisée, $\bar{Q}$. La demande adressée au monopoleur est donc égale à la demande domestique, moins $\bar{Q}$. D_q est la courbe de demande après quota. Elle est parallèle à la courbe de demande domestique D mais elle est déplacée de $\bar{Q}$ unités vers la gauche (voir figure 8B.3).

Une nouvelle courbe de revenu marginal Rm_q correspond à D_q. La firme, protégée par un quota d'importation, maximise son profit en égalisant le coût marginal au niveau de ce nouveau revenu marginal. Elle produit donc Q_q et fixe le prix à P_q. La licence permettant d'exporter une unité du bien vers le marché domestique génère alors une rente de $P_q - P_W$.

1. Il existe un cas où le droit de douane aura un effet différent selon que le secteur est en monopole ou en concurrence parfaite. C'est celui où le droit de douane est tellement élevé que les importations sont entièrement évincées du marché domestique (un droit de douane prohibitif). Dans le cas d'un marché parfaitement concurrentiel, une fois que les importations ont disparu, toute augmentation supplémentaire du droit de douane n'aurait aucun effet. À l'inverse, un monopoleur serait contraint de limiter son prix à cause de la *menace* des importations.

Figure 8B.3 • Le cas d'un monopoleur protégé par un quota d'importation.

Le quota n'impose pas de contrainte stricte sur les prix. Le monopoleur peut donc augmenter son prix en tenant simplement compte du volume d'importation autorisé par le quota.

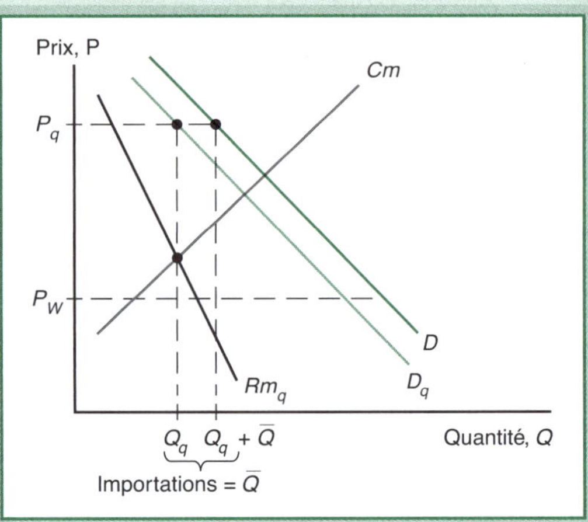

Comparaison des effets du droit de douane et du quota

Comparons maintenant un droit de douane et un quota qui ont le *même* effet sur le *volume des importations* : le niveau de droit de douane *t* réduit donc les importations à un volume $\overline{Q}$.

Les effets de ces deux instruments de politique commerciale sont clairement différents (voir figure 8B.4). Le droit de douane implique un niveau de production domestique Q_t et un prix $P_W + t$. Le quota, quant à lui, entraîne une production domestique plus faible, Q_q, et un prix plus élevé P_q. Cette différence tient au fait que le quota accorde plus de pouvoir au monopoleur que le droit de douane. Quand des firmes qui disposent *a priori* d'un pouvoir de marché sont protégées par un droit de douane, elles savent que si elles augmentent leur prix au-delà d'un certain niveau, la demande qui leur sera adressée sera nulle. À l'opposé, un quota d'importation procure une protection totale : quel que soit le prix domestique, les importations ne peuvent dépasser le volume défini par le quota.

À la lumière de cette comparaison, les gouvernements soucieux de limiter les comportements de monopole devraient donc privilégier l'usage du droit de douane dans leur politique commerciale.

Figure 8B.4 • Comparaison d'un droit de douane et d'un quota en concurrence imparfaite.

Un quota d'importation réduit la production et augmente le prix domestique plus fortement que dans le cas d'un droit de douane.

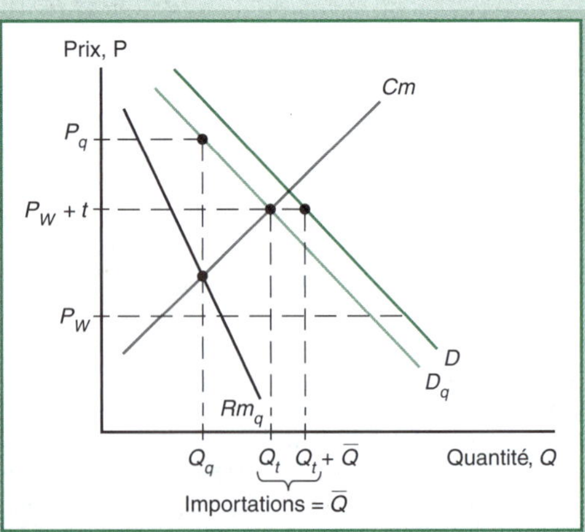

Chapitre 9

L'économie politique du protectionnisme

Objectifs pédagogiques :

- **Étudier les arguments en faveur du libre-échange, qui dépassent le cadre conventionnel des analyses coûts-bénéfices.**
- **Évaluer les arguments protectionnistes, qui visent à accroître le bien-être national.**
- **Décrire les analyses d'économie publique, qui permettent d'expliquer comment les gouvernements choisissent leurs politiques commerciales.**
- **Étudier la manière dont les négociations et les accords internationaux ont contribué au développement du commerce mondial.**
- **Définir pourquoi les accords préférentiels peuvent poser des problèmes particuliers.**

Les accords commerciaux signés en 1995 dans le cadre du GATT prévoyaient une libéralisation complète des échanges de produits textiles. Tous les pays membres de l'Organisation mondiale du commerce (OMC), États-Unis et Union européenne en tête, s'engageaient à démanteler progressivement les quotas limitant le commerce dans ce secteur ; toutes les protections devant être levées au 1er janvier 2005. Mais, arrivé à cette échéance, les pays développés ont vu subitement s'accroître leurs importations de produits textiles en provenance de Chine. Face à cet afflux massif, l'UE a rapidement réagi en signant avec la Chine un « mémorandum d'accord » visant à rétablir des limites à la progression des ventes d'un certain nombre de produits chinois sur le territoire européen : les t-shirts, les pull-overs, les pantalons, les chemises… Cet accord n'a pris fin qu'en 2008. Pourtant, les responsables de la politique commerciale européenne, qui sont conseillés par des équipes d'économistes sérieux et compétents, ne peuvent ignorer les conséquences du protectionnisme. Ils savent que ces politiques publiques occasionnent des coûts qui dépassent largement leurs bénéfices (voir chapitre 8). Alors pourquoi persister à les mettre en œuvre ? Sur quels fondements s'appuient ces choix ?

Ce chapitre présente un certain nombre de réponses, applicables à différents pays. L'étude des forces qui guident concrètement les politiques commerciales sera également l'objet des chapitres suivants, où nous étudierons plus en détail les problèmes caractéristiques des politiques commerciales dans les pays en développement (voir chapitre 10), puis dans les pays développés (voir chapitre 11).

Afin de comprendre comment les gouvernements choisissent leurs politiques commerciales, il convient tout d'abord de revenir sur les arguments en faveur du libre-échange. Nous analyserons ensuite ceux qui plaident en faveur de la protection commerciale et la façon dont les politiques commerciales sont négociées au sein de chaque pays, et entre les pays.

1 Les avantages du libre-échange

Peu de pays ont véritablement mis en place une politique de libre-échange. Hong Kong (qui est officiellement un territoire chinois, mais doté d'une politique économique autonome) est peut-être la seule économie moderne à n'avoir pas imposé de droits de douane ou de quotas d'importation. Pourtant, depuis Adam Smith, l'analyse économique présente le libre-échange comme un idéal, vers lequel les choix de politique commerciale devraient tendre. En fait, les économistes plébiscitent souvent le libre-échange pour deux raisons essentielles : d'une part, il permet d'éviter les pertes d'efficience engendrées par la protection, et d'autre part, il s'agit d'un choix simple et moins risqué pour les pouvoirs publics.

1.1 Efficience et libre-échange

L'analyse coûts-bénéfices de la protection commerciale (voir chapitre 8) montre qu'en s'écartant du libre-échange, les économies subissent des pertes d'efficience. Prenons l'exemple d'un petit pays, qui ne peut pas influer sur les prix mondiaux (voir figure 9.1). L'instauration d'un droit de douane introduit une distorsion des incitations économiques (pour les producteurs comme pour les consommateurs), ce qui engendre une perte nette pour l'économie. Celle-ci se mesure par la somme des aires des deux triangles. À l'inverse, le passage au libre-échange élimine ces distorsions et accroît le bien-être.

Figure 9.1 • Le gain d'efficience en libre-échange.
Un droit de douane engendre des distorsions de la production et de la consommation.

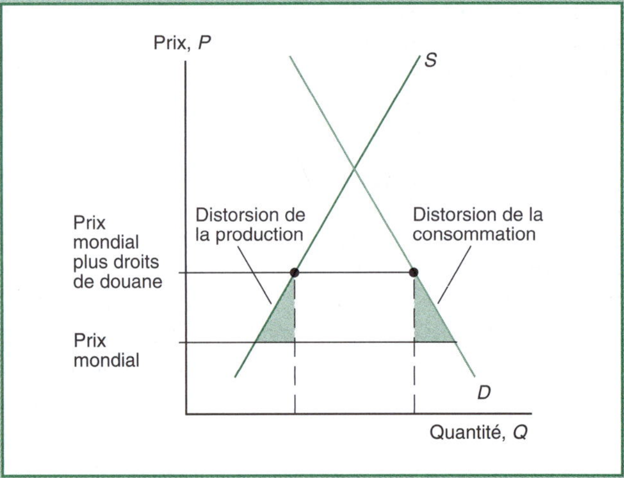

Dans le monde actuel, les droits de douane sont généralement assez faibles et les quotas d'importation plutôt rares[1]. Par conséquent, lorsqu'on essaie d'évaluer les coûts des distorsions qui leur sont imputables, on obtient des valeurs relativement modestes : une estimation récente des gains liés à l'élimination de ces barrières commerciales montre qu'ils sont généralement inférieurs à 1 % du PIB (voir tableau 9.1). Même modestes, ces chiffres représentant tout de même des gains non négligeables, notamment pour les pays en développement.

1. En revanche, dans quelques secteurs, comme l'agriculture ou le textile, un certain nombre d'entraves importantes au commerce persistent encore.

Tableau 9.1 : Gains attendus d'un passage au libre-échange mondial (% du PIB)

Union européenne	0,61
États-Unis	0,57
Japon	0,85
Pays en développement	1,4
Monde	0,93

Source : William Cline, *Trade Policy and Global Poverty*, Institute for International Economics, Washington DC, 2004, p. 180.

1.2 Les gains additionnels au libre-échange[1]

Les résultats présentés au tableau 9.1 révèlent des gains au libre-échange relativement limités, mais beaucoup d'économistes sont convaincus qu'ils ne représentent que la partie émergée de l'iceberg.

En effet, les mesures des distorsions de la production et de la consommation ne parviennent pas à capter certains avantages du libre-échange, comme ceux liés aux économies d'échelle. La protection des marchés permet non seulement de fragmenter la production au niveau international, mais aussi d'inciter un grand nombre d'entreprises à produire dans les secteurs protégés. La hausse du nombre d'entreprises sur des marchés intérieurs étroits réduit l'échelle de production de chacune. Ainsi, l'ouverture à la concurrence étrangère permet de rationaliser la production et d'augmenter au final la productivité. C'est ainsi par exemple que, dans les années 1960, en protégeant son secteur automobile, l'Argentine a compté jusqu'à treize producteurs nationaux, pour un volume total de production de 166 000 véhicules par an. On estimait à l'époque qu'une usine d'assemblage efficiente devait produire entre 80 000 et 200 000 voitures par an.

Un autre argument en faveur du libre-échange est qu'en incitant les entrepreneurs à chercher de nouveaux débouchés pour leurs exportations, ou bien à affronter la concurrence étrangère, il stimule efficacement l'innovation et les transferts de connaissances. Certains pays en développement ont ainsi découvert des opportunités d'exportations inattendues, en abandonnant leurs systèmes de droits de douane et de quotas d'importation au profit de politiques commerciales plus ouvertes (voir chapitre 10).

Très peu d'études empiriques permettent de quantifier ces effets dynamiques de l'ouverture commerciale. En 1985, les économistes canadiens Richard Harris et David Cox ont tenté d'évaluer, en tenant compte de la croissance des économies d'échelle, les gains générés au Canada par l'instauration du libre-échange avec les États-Unis. Leurs calculs montrent qu'une ouverture commerciale soudaine aurait, à terme, augmenté le revenu réel du Canada de 8,6 % – soit trois fois plus que le taux estimé lorsqu'on ne tient pas compte de ces gains dynamiques à l'ouverture[2].

---

1. Les gains additionnels au libre-échange, auxquels il est fait référence ici, sont parfois nommés gains « dynamiques », car les effets de l'intensification de la concurrence et des incitations à innover peuvent nécessiter plus de temps pour prendre forme, que l'élimination des distorsions de la consommation et de la production.
2. Harris et Cox, *Trade, Industrial Policy, and Canadian Manufacturing*, Ontario Economic Council, 1984 ; et des mêmes auteurs, « Trade Liberalization and Industrial Organization : Some Estimates for Canada », *Journal of Political Economy*, 93, février 1985, p. 115-145. Rappelons que le Canada et les États-Unis partagent un accord de libre-échange depuis 1988.

1.3 Les stratégies de capture des rentes

Nous avons vu au chapitre 8 que la mise en place d'un quota nécessite l'émission de licences d'exportation. Dans la mesure où les détenteurs de ces licences profitent d'une rente particulièrement confortable, les entreprises peuvent être tentées d'adopter des comportements inhabituels afin de tirer parti de cette aubaine. Ces stratégies de recherche de rente risquent d'engendrer des pertes supplémentaires qui n'apparaissent pas dans le cas où la protection prend la forme d'un droit de douane.

Un exemple de stratégie de capture de rentes nous vient des États-Unis. Le gouvernement américain impose une forme de protection particulière sur les importations de thon en boîte : une petite partie (4,8 % de la consommation américaine) est taxée d'un droit de douane limité à 6 %, mais, au-delà de ce seuil, les importations sont soumises à une protection tarifaire deux fois plus élevée. Dans ce cas précis de « quota tarifaire » (on parle aussi de « contingent tarifaire »), il n'y a pas de licences d'importation. Le système fonctionne sur le principe du « premier arrivé, premier servi » : chaque année, les premières entreprises à importer du thon profitent du taux réduit, et les suivantes doivent s'acquitter du taux élevé. La conséquence de ce système est une course absurde à l'importation de thon : en décembre, de nombreuses entreprises américaines achètent massivement du thon étranger et le stockent dans des entrepôts de douanes pour être prêtes à en déverser la plus grande quantité possible sur le marché américain dès le 1er janvier. Toutes ces opérations entraînent des dépenses inutiles (frais financiers, coûts du stockage, perturbation des chaînes d'approvisionnement…) qui viennent s'ajouter au coût direct de la protection.

1.4 Les arguments politiques en faveur du libre-échange

Il arrive parfois qu'en théorie, le libre-échange ne soit pas la politique idéale, mais qu'en pratique, il se révèle tout de même être une bonne idée. Au-delà des considérations purement économiques en faveur de la protection commerciale de certains secteurs, un gouvernement peut préférer imposer un libre-échange total pour des raisons politiques. En effet, si un gouvernement tente de suivre les recommandations des économistes en menant une politique commerciale sophistiquée, il risque d'être confronté à différents groupes de pression. Certains souhaiteront un retour au libre-échange, tandis que d'autres tenteront d'obtenir une protection commerciale qui les avantage. Pour couper court aux revendications partisanes, et ne pas donner prise à ceux qui souhaiteraient mettre en place des politiques contraires à l'intérêt général, le gouvernement peut choisir d'arbitrer en faveur d'un libre-échange généralisé.

Au final, trois types d'arguments plaident en faveur de la libéralisation commerciale :

- Les entorses au principe du libre-échange engendrent des coûts élevés.
- Les gains dynamiques du libre-échange viennent encore alourdir les coûts imputables aux politiques protectionnistes.
- La poursuite d'une politique protectionniste sophistiquée risque d'être corrompue par les enjeux politiques.

Néanmoins, certains arguments en faveur du protectionnisme ne doivent pas être rejetés *a priori*, et méritent d'être étudiés avec attention.

Encadré 9.1

Le marché unique européen

La signature de l'Acte unique européen, en 1986, constitue un moment important de l'histoire de la construction européenne. Ce traité, entré en vigueur en janvier 1987, a lancé un vaste chantier d'intégration économique. Son objectif était d'achever, avant la fin de l'année 1992, la construction d'un *marché intérieur*, c'est-à-dire « un espace sans frontières intérieures dans lequel la libre circulation des marchandises, des personnes, des services et des capitaux est assurée ». Au 1er janvier 1993, le *marché commun* issu du traité de Rome est devenu le *marché unique*

Les réformes engagées lors de ce processus d'intégration ont représenté un effort important de la part des États membres. En effet, la Communauté européenne était une union douanière. En 1986, il n'y avait déjà plus de droits de douane, ni de quotas d'importation sur le commerce intra-européen. L'effort de libéralisation commerciale a donc porté sur les multiples barrières implicites qui entravaient.

toujours les échanges. Il s'agissait, d'une part, de réduire les coûts du franchissement des frontières. Les formalités administratives, qui entraînaient souvent de longues attentes d'attente lors des passages en douane, pour les camions comme pour les hommes d'affaires, limitaient de fait les échanges commerciaux. D'autre part, l'Acte unique visait aussi à harmoniser les réglementations (techniques, sanitaires ou environnementales), qui empêchaient la commercialisation de certains produits sur les différents marchés européens.

L'élimination de ces entraves au commerce a été un processus particulièrement ardu sur le plan politique. L'harmonisation des normes impose en effet que les pays s'entendent sur des standards communs pour réglementer la production et la distribution des produits. Ainsi, la constitution du marché unique a nécessité de mener des négociations simultanées dans plusieurs centaines de domaines. Ces discussions ont souvent été âpres et disputées puisqu'elles touchaient non seulement aux intérêts économiques de chaque pays, mais aussi, parfois, à leurs spécificités culturelles.

Les enjeux agricoles ont été à l'origine d'un bon nombre des situations les plus tendues. Pour des raisons sanitaires évidentes, tous les pays développés réglementent la production agricole et agroalimentaire. Il s'agit d'éviter que des entreprises puissent vendre des produits dangereux pour la santé, et de garantir aux consommateurs des informations suffisantes sur la qualité des biens. Mais ces négociations ont aussi mis en évidence des disparités culturelles entre les pays européens, qui ont fait la joie des médias. Par exemple, les nouvelles réglementations des colorants artificiels proposées auraient remis en cause l'apparence de certains produits alimentaires très populaires en Grande-Bretagne : les saucisses roses (pour le petit déjeuner) seraient devenues blanches, les harengs dorés seraient devenus gris, et la purée de pois serait passée d'un joli vert vif à une couleur désespérément banale. Pour les habitants d'Europe continentale, ces réformes semblaient raisonnables : l'interdiction de certains colorants apportait

☞

Encadré 9.1 *(suite)*

Le marché unique européen (suite)

une garantie sanitaire, et ils imaginaient mal comment cela aurait pu rendre la gastronomie anglaise pire qu'elle ne l'était déjà ! Mais au Royaume-Uni, cette affaire a pris une toute autre tournure. L'identité nationale était en jeu, si bien qu'au final, les Britanniques ont fini par obtenir les exceptions nécessaires. Bien sûr, chaque pays a défendu ses spécificités nationales avec autant de ferveur que le Royaume-Uni. Mais chacun a dû faire des concessions : l'Allemagne a finalement accepté d'importer de la bière qui ne respectait pas ses règles de fabrication centenaires, l'Italie a vu arriver sur son marché des pâtes faites – horreur !– avec le mauvais blé, etc.

Pourquoi avoir engagé des négociations aussi complexes ? Quels étaient les gains potentiels du marché unique ? Toutes les tentatives d'estimation des gains directs ont suggéré qu'ils étaient plutôt modestes. Les coûts associés au franchissement des frontières ne représentent qu'un faible pourcentage de la valeur du bien transporté.

Leur suppression n'aurait donc pas permis d'augmenter le revenu réel de l'UE. Pourtant, les économistes de la Commission européenne ont défendu l'idée que les gains réels seraient bien plus importants. Leurs arguments reposaient en partie sur l'espoir que l'unification des marchés européens entraînerait une intensification de la concurrence et des économies d'échelle, à même de conduire à des gains d'efficience dynamiques. Finalement, l'objectif était de constituer un marché comparable à celui des États-Unis. La taille des économies américaine et européenne est en effet similaire, mais les États-Unis forment un marché totalement intégré, sans frontière. Le marché européen est, quant à lui, très segmenté : dans de nombreux secteurs, chaque marché national est dominé par des entreprises locales, de taille relativement modeste. La suppression de toutes les entraves au commerce devait alors entraîner, grâce à la concentration des producteurs, de substantiels gains de productivité. D'après les calculs de la Commission, ces gains devaient s'élever au final à 7 % du revenu européen*.

Peu d'économistes croyaient sincèrement en la fiabilité de cette estimation, mais beaucoup étaient tout de même convaincus que l'approfondissement de l'intégration européenne pourrait conduire à des gains significatifs. Les plus sceptiques ont néanmoins suggéré que la segmentation des marchés avait des fondements plus culturels que réglementaires. Par exemple, les Italiens, qui ont tendance à acheter peu de vêtements, mais de bonne qualité, préfèrent des machines à laver moins rapides mais plus soigneuses que celles généralement vendues dans les autres pays d'Europe**.

Dix après 1992, il était devenu évident que ni les partisans du marché unique, ni les sceptiques n'avaient totalement raison. Dans certains cas, on a effectivement

☞

* Michael Emerson, Michel Aujean, Michel Catinat, Philippe Goybet et Alexis Jacquemin, *The Economics of 1992 : The E.C. Commission's Assessment of the Economic Effects of Completing the Internal Market*, Oxford University Press, 1988.

** C'est notamment une des causes de la persistance des effets frontières en Europe (voir chapitre 2).

observé des concentrations d'entreprises, ce qui ne s'est d'ailleurs pas fait sans heurts : en France, par exemple, on se souvient de la décision du fabricant d'aspirateurs Hoover de fermer ses usines sur le continent, afin de regrouper l'ensemble de sa production en Grande Bretagne, sur un site unique. Dans d'autres, l'ancienne segmentation des marchés a effectivement éclaté, et parfois de façon surprenante : en France, par exemple, les consommateurs français ont progressivement accepté les assouplissants roses ou le pain de mie, très blanc, des Anglais. Mais globalement, les spécificités nationales ont perduré : les Allemands n'ont pas témoigné de goût prononcé pour la bière importée, et les Italiens dédaignent toujours les pâtes faites avec du blé léger.

Grâce au recul dont on dispose aujourd'hui, les estimations des gains tirés de la construction du marché unique sont bien plus crédibles. En 2003, la Commission européenne avançait un chiffre beaucoup plus modeste que les 7 % estimés dans un rapport rédigé en 1988 : le gain serait d'environ 1,8 % du PIB européen. Ce chiffre est sans doute un peu décevant pour ceux qui attendaient beaucoup de l'intégration européenne. Il n'est cependant pas négligeable, et il est loin de signer l'échec de l'Acte unique.

Encadré 9.1 (suite)

2 Le libre-échange contre le bien-être national

Les mesures de politique commerciale sont généralement instaurées en vue de protéger les revenus de groupes d'intérêt ciblés. Toutefois, les responsables politiques revendiquent souvent le fait que leurs décisions dans ce domaine sont prises dans l'intérêt de la nation. C'est parfois effectivement le cas. Bien que les économistes soutiennent régulièrement que toute entorse au libre-échange réduit le bien-être domestique, il existe certains arguments théoriques qui permettent de défendre les thèses protectionnistes.

2.1 L'argument des termes de l'échange

Un argument en faveur du protectionnisme provient directement de l'analyse coûts-bénéfices. Dans le cas d'un grand pays (qui, de par l'importance de son offre et de sa demande, est en mesure d'influer sur les prix mondiaux), la mise en place d'un droit de douane réduit le prix des importations et permet d'améliorer les termes de l'échange. Les bénéfices qu'en tire l'économie doivent être évidemment comparés aux coûts associés aux distorsions générées par le droit de douane.

Dans un grand pays, les gains liés à l'amélioration des termes de l'échange peuvent effectivement surpasser les coûts d'un droit de douane, tant que ce dernier n'est pas trop élevé (voir annexe). Cependant, plus le droit de douane est contraignant, plus ses coûts risquent de dépasser les effets positifs liés à l'amélioration des termes de l'échange. Pour s'en rendre compte, il suffit de considérer un droit de douane prohibitif (qui empêcherait tout échange) : à partir du niveau t_p, le pays se trouve en situation d'autarcie, si bien qu'il perd tous les gains tirés de l'échange international (voir la figure 9.2 qui découle de l'analyse présentée dans l'annexe).

Comme la relation entre le droit de douane et le bien-être est croissante, puis décroissante, il existe forcément un droit de douane optimal, qui maximise le bien-être : il s'agit de t_o, qui correspond au point 1 (voir figure 9.2). Dans le cas d'un grand pays, le

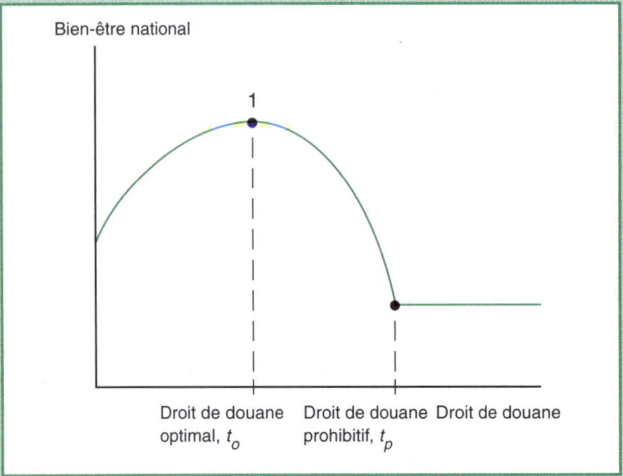

Figure 9.2 • Le droit de douane optimal.

Dans le cas d'un grand pays, il existe un droit de douane optimal t_o pour lequel le gain marginal lié à l'amélioration des termes de l'échange compense la perte marginale d'efficience qui résulte des distorsions de la production et de la consommation.

droit de douane optimal est toujours supérieur à zéro, mais inférieur au taux prohibitif (t_p) qui éliminerait l'ensemble des importations.

Si l'on suit l'argument des termes de l'échange, quelle politique doit-on préconiser pour les *secteurs exportateurs* ? En considérant qu'une subvention à l'exportation détériore les termes de l'échange et donc réduit le bien-être national, la politique optimale consiste à taxer les exportations (c'est-à-dire imposer une subvention négative). À l'instar du droit de douane optimal, l'impôt optimal sur les exportations est toujours positif pour un grand pays, mais il est inférieur à l'impôt prohibitif, qui éliminerait l'intégralité des exportations. C'est exactement la politique qu'ont suivi un certain nombre de pays exportateurs de pétrole : ils ont taxé leurs exportations dans le but d'augmenter les prix du pétrole sur le marché mondial.

Cet argument présente toutefois de sérieuses limites. D'abord, il ne concerne que les grands pays. Ces derniers peuvent user de leur pouvoir de monopole, afin de s'accaparer des gains aux dépens des économies étrangères. Les politiques de droit de douane optimal sont à la portée des États-Unis, de l'Union européenne et de quelques autres puissances économiques (au moins dans certains secteurs). Mais le fait d'y recourir reviendrait à adopter un comportement prédateur qui nuirait à leurs relations avec leurs partenaires commerciaux. Ils risqueraient alors de subir des représailles commerciales, qui finiraient par porter préjudice à tout le monde.

Ainsi, l'argument des termes de l'échange est intellectuellement sans faille, mais son utilité reste limitée. En réalité, les économistes le présentent généralement comme une proposition plus théorique que pratique.

2.2 L'argument des défaillances de marché

Un autre argument théorique en faveur de la protection commerciale repose sur le principe des défaillances de marché.

Certains dysfonctionnements des marchés du capital ou du travail peuvent en effet empêcher un transfert rapide des ressources vers les secteurs les plus rentables.

En raison de ces défaillances de marché (voir chapitres 10 et 11), l'analyse des surplus des producteurs et des consommateurs ne suffit pas à estimer correctement les coûts et les bénéfices d'une politique commerciale.

Supposons, par exemple, que la production d'un bien permette d'accumuler progressivement de l'expérience et du savoir-faire, qui contribueront à accroître la productivité dans l'ensemble de l'économie (on parle alors d'externalité). C'est par exemple le cas lorsque l'essor des industries innovantes permet la diffusion des nouvelles technologies dans les secteurs plus traditionels de l'économie. Si cet effet reste diffus, les firmes du secteur ne peuvent pas s'approprier pleinement ce bénéfice dont profite le reste de l'économie. Elles n'en tiennent donc pas compte lorsqu'elles déterminent leurs niveaux de production. Toute augmentation de la production dégage alors un *bénéfice social marginal*, qui n'est pas capturé par les surplus des producteurs : chacun d'eux, pris individuellement, ne gagne rien à fabriquer davantage de bien, mais les autorités nationales ont tout intérêt à stimuler la production, afin de multiplier les externalités et d'accroître ce bénéfice social. Dans certains cas, une protection commerciale peut permettre d'atteindre cet objectif.

La figure 9.3a représente l'analyse conventionnelle coûts-bénéfices dans le cas d'un droit de douane instauré par un petit pays. La figure 9.3b montre le bénéfice marginal généré par les firmes du secteur, mais qui n'est pas pris en compte dans l'évaluation de leur surplus. Celui-ci augmente avec la quantité produite par le secteur.

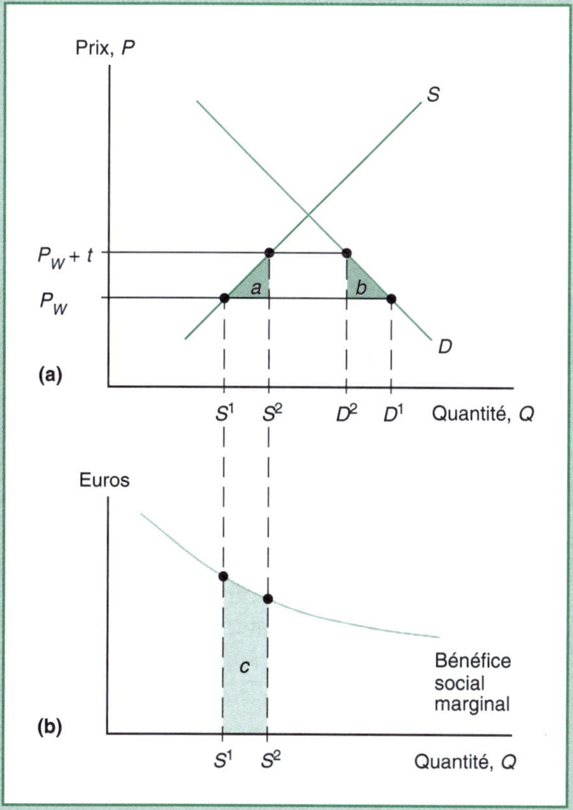

Figure 9.3 • L'argument des défaillances de marché.

Si la production d'un bien produit un bénéfice social supplémentaire (mesuré par l'aire *c*), qui n'est pas capturé par le surplus du producteur, un droit de douane peut alors accroître le bien-être.

Ainsi, si un droit de douane permet d'augmenter le prix de P_w à (P_w+ t) et d'engendrer une hausse de la production de S^1 à S^2, il accroît également le bénéfice social. Au final, il conduit aux distorsions habituelles (mesurées par les aires a et b), mais il génère un gain supplémentaire, qui correspond à l'aire c. Si le droit de douane est suffisamment petit, l'aire c sera plus grande que l'aire $a + b$. Là encore, il permet de maximiser le bien-être l'économie[1].

Cet argument des défaillances de marché est en fait un cas particulier de la théorie de l'optimum de second rang. Celle-ci stipule qu'une politique non interventionniste est souhaitable sur un marché, dès lors que tous les autres fonctionnent correctement. Dans le cas contraire, une intervention publique, dont le but est de déformer les incitations dans un secteur, pourrait améliorer le bien-être en compensant les défaillances de certains marchés. Imaginons, par exemple, que le marché du travail fonctionne mal et qu'il ne parvienne pas à assurer le plein emploi. Le gouvernement a tout intérêt à traiter directement le problème, en encourageant la mobilité des travailleurs, en facilitant les rencontres entres les entreprises et les demandeurs d'emplois, ou en introduisant une plus grande flexibilité des salaires. Mais s'il ne peut pas intervernir directement sur l'origine du problème, il peut éventuellement améliorer la situation en protégeant les secteurs intensifs en travail.

2.3 L'argument des défaillances de marché est-il vraiment convaincant ?

À première vue, l'argument des défaillances de marché porte un coup sévère aux thèses libre-échangistes. Après tout, qui oserait affirmer que les économies dans lesquelles nous vivons ne souffrent d'aucun dysfonctionnement ? Par exemple, la persistance du chômage et les différences de salaires entre les villes et les campagnes sont des réalités partagées par de nombreux pays en développement. Et dans les pays développés, l'incapacité des firmes innovantes à s'approprier l'intégralité des retombées de leurs investissements en recherche et développement peut justifier l'instauration d'une protection commerciale. Alors, pourquoi les partisans du libre-échange ne déposent-ils pas les armes ? En fait, leurs arguments suivent deux lignes de défense.

La première stipule que chaque défaillance de marché doit être traitée par des politiques internes spécifiques permettant de régler le problème à la source. Reprenons l'exemple de la figure 9.3. Il montre qu'un droit de douane permet d'accroître le bien-être du pays, en dépit des distorsions de production et de consommation qu'il induit. Mais la protection commerciale n'est pas le seul instrument dont disposent les autorités publiques pour inciter les entreprises à produire davantage. Elles peuvent aussi, par exemple, proposer une subvention à la production. Cette dernière permettrait d'augmenter la production, mais le prix proposé aux consommateurs resterait inchangé et la perte de consommation b serait évitée.

On retrouve là un principe général : il est toujours préférable de traiter directement les défaillances de marché, parce que les réponses politiques indirectes induisent des distorsions involontaires dans d'autres secteurs de l'économie. En d'autres termes, les politiques commerciales ne sont pas les solutions les plus efficaces. Elles n'amènent qu'à des optima de « second rang ».

1. Dans ce cas, on n'utilise pas le terme de « droit de douane optimal », que l'on réserve par convention au cas de l'argument des termes de l'échange.

Lorsqu'en 2005, les accords multifibres sont arrivés à leur terme, les industriels européens (tout comme leurs homologues américains) ont réclamé le rétablissement des quotas d'importation qui protégeaient le secteur textile. Ils souhaitaient ainsi préserver les emplois dans ce secteur, en arguant que les marchés du travail étaient trop rigides pour permettre aux salariés des entreprises concernées de retrouver rapidement du travail. Ce dernier point n'est sans doute pas faux. En effet, le faible niveau de qualification de ces employés ainsi que le temps passé à travailler dans ce secteur rendent difficile leur reconversion. De même, les entreprises textiles sont fortement concentrées dans quelques régions (comme le nord de la France ou le nord-est de l'Italie), si bien que leur fermeture risque de déstabiliser profondément les économies locales. Mais pourquoi réclamer des quotas, plutôt que d'accorder des subventions aux entreprises susceptibles d'embaucher des employés du secteur textile ? Tout simplement parce que cette proposition soulèverait une vive contestation. En effet, le reclassement des salariés licenciés nécessiterait un effort budgétaire important. Une partie des contribuables risquent de protester contre le coût de cette mesure. Et que dire des chômeurs issus des autres secteurs, qui sont à la recherche d'un travail depuis plusieurs mois et qui, eux, ne recevraient aucune aide spécifique ? Pour sa part, la protection commerciale est une solution qui engendre un coût nettement plus élevé, mais plus discret. Elle entraîne une augmentation des prix, partagée par le plus grand nombre (notamment, par tous les consommateurs de produit textiles), ce qui rend ce coût plus difficile à percevoir.

La seconde ligne de défense du libre-échange repose sur les difficultés à identifier les défaillances de marché. Supposons par exemple qu'un pays en développement souffre d'un taux élevé de chômage urbain. Quelle est dans ce cas la politique appropriée ? Une hypothèse serait d'imposer un droit de douane protégeant les secteurs industriels, qui sont pour l'essentiel localisés dans les villes (voir chapitre 10). Cette politique permettrait de créer des emplois et de générer des bénéfices sociaux, qui compenseraient les coûts de la protection commerciale. Mais d'un autre côté, elle encouragerait l'afflux de travailleurs ruraux vers les villes, entraînant ainsi une hausse du chômage. Il est difficile de savoir *a priori* laquelle de ces deux hypothèses prédominera. Il en va de même pour beaucoup d'autres problèmes : l'expertise économique peine à évaluer correctement l'importance et la forme des défaillances de marché.

Dans ces conditions, il est toujours difficile de définir une politique économique de second rang. Si le gouvernement se trompe et intervient à mauvais escient, il risque en effet de faire plus de mal que de bien. D'autre part, si les critères justifiant l'intervention publique ne sont pas établis avec certitude, si les spécialistes de l'analyse économique ne détectent pas avec précision les défaillances de marché, et s'ils ne sont pas d'accord sur les conséquences d'une politique commerciale, on pourrait être tenté d'oublier le bien-être domestique et ne retenir que les arguments en faveur de certains intérêts privés. Si les défaillances de marché ne sont pas trop marquées, il est alors peut-être plus raisonnable de tenir une position libre-échangiste, que d'ouvrir la boîte de Pandore des politiques commerciales qui font le bonheur des lobbies.

Cependant, ce dernier argument relève davantage de la science politique que de la science économique. Il convient donc de retenir que les arguments en faveur de la protection commerciale exposés ci-dessus conservent toute leur pertinence théorique : contrairement à l'idée généralement admise, la théorie économique n'offre pas une défense dogmatique du libre-échange.

3 Gagnants et perdants de la politique commerciale

Jusqu'ici, le critère essentiel utilisé pour comparer le libre-échange et le protectionnisme était l'impact sur le bien-être de l'économie. Cela semble logique, notamment parce que la distinction entre le bien-être domestique et celui de groupes spécifiques permet de clarifier les enjeux des politiques commerciales. En effet, les chantres des politiques commerciales ont souvent tendance à affirmer un peu vite que les mesures protectionnistes engendrent des bénéfices partagés par l'ensemble de l'économie. Mais le bien-être d'une économie est une notion un peu abstraite, qui ne pèse pas directement sur les décisions des pouvoirs publics : seuls comptent véritablement les désirs et les espérances individuels, plus ou moins bien traduits dans les objectifs des gouvernements.

Comment les préférences individuelles sont-elles alors agrégées pour conduire, au final, un gouvernement à définir sa politique commerciale ? Il n'existe évidemment pas de réponse unique, mais depuis quelques années, la science économique propose quelques pistes. Notamment, certains modèles montrent comment le désir de maximiser les succès électoraux influe sur le choix des politiques publiques.

3.1 La concurrence électorale

Les chercheurs en science politique ont depuis longtemps défini un cadre théorique simple, qui permet d'analyser la concurrence entre les partis politiques. Ce modèle montre comment les partis définissent leurs programmes électoraux – et au final leurs choix de politique publique – en fonction des préférences des électeurs[1]. Il suppose que seuls deux partis sont en concurrence. Pour simplifier, disons qu'aucun des deux n'est porteur d'une idéologie spécifique : leur unique objectif est d'arriver au pouvoir. Ils sont donc tout à fait disposés à promettre n'importe quelle mesure permettant de remporter l'élection[2]. Supposons ensuite que le débat politique ne porte que sur une question unique : le niveau du droit de douane. Enfin, admettons que les électeurs n'ont pas tous les mêmes préférences politiques. Imaginons, par exemple, le cas d'un pays développé qui exporte des biens intensifs en travail qualifié et qui importe des biens intensifs en travail peu qualifié. Dans ce cas, les électeurs hautement qualifiés seront favorables à une protection commerciale limitée ; les travailleurs peu qualifiés réclameront, quant à eux, un droit de douane élevé.

Cette composition de l'électorat est représentée à la figure 9.4. Tous les électeurs sont classés et alignés en fonction du niveau de droit de douane qu'ils souhaitent voir appliquer. Ceux qui sont favorables à un faible niveau de protection sont placés à gauche et les autres à droite (bien évidemment, ce choix est arbitraire et n'a rien à voir avec les orientations politiques réelles des partis de gauche et de droite). Quelles politiques vont alors proposer les deux partis ?

---

1. Anthony Downs, *An Economic Theory of Democracy*, Brookings Institution, Washington DC, 1957.
2. Cette hypothèse peut sembler réductrice et plutôt cynique. Dans le cadre de notre discussion, elle n'est pourtant pas totalement absurde. En effet, dans la plupart des pays, les partis qui composent le paysage électoral n'ont généralement pas de position claire et arrêtée sur les questions de politique commerciale. À droite comme à gauche, on trouve toujours des arguments en faveur de la protection de quelques secteurs de l'économie. Les positions fondées sur des idéologies portent, le plus souvent, sur d'autres sujets : la fiscalité, les dépenses de santé et d'éducation, la politique de l'immigration, le mariage homosexuel, etc.

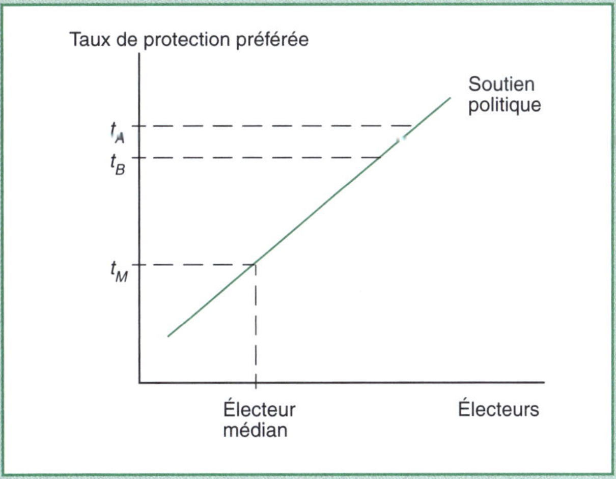

Figure 9.4 • La demande de protection commerciale de l'électeur médian.

Les électeurs sont classés selon le niveau de protection commerciale qu'ils souhaiteraient voir appliquer. Si un parti politique propose un droit de douane s'élevant, par exemple, à t_A, un parti concurrent peut obtenir la majorité des suffrages en proposant un droit de douane légèrement plus faible, t_B. La concurrence politique conduit les deux partis à proposer un droit de douane proche de t_M, ce qui correspond au niveau de protection commerciale souhaité par l'électeur médian.

Pour le comprendre, supposons que l'un d'eux propose d'appliquer un droit de douane t_A. Ce niveau de protection dépasse largement celui que souhaiterait l'électeur médian : t_M. Ce dernier coupe la population en deux parts égales : une moitié de l'électorat souhaite un niveau de protection plus faible, et l'autre un niveau plus élevé. Dans ces conditions, il suffit au parti adverse de proposer un droit de douane légèrement inférieur (t_B), pour que son programme recueille la majorité des suffrages. À l'inverse, si le premier parti avait défendu une position plus libre-échangiste, c'est-à-dire un niveau inférieur à t_M, alors la stratégie politique de son adversaire consisterait à proposer une politique plus protectionniste. S'il existe une véritable concurrence électorale, les deux partis finiront par converger vers une proposition commune, qui correspond à la politique souhaitée par l'électeur médian. En somme, ce modèle simple apporte un fondement théorique à l'adage selon lequel les élections se gagnent au centre.

Il va de soi que ce modèle ne correspond pas à la réalité. Les politologues insistent, par exemple, sur le rôle de la concurrence politique *au sein de chaque parti*. Les différents groupes militants qui composent les partis sont souvent plus emprunts d'idéologie que les simples citoyens. Ils constituent un contrepoids qui interdit à la direction du parti de faire des choix trop cyniques, en versant dans le populisme ou en affichant des propositions proches de celles des partis adverses. Néanmoins, le modèle de l'électeur médian propose une base théorique très utile : il permet de comprendre que les choix publics visent davantage à orienter la répartition des revenus qu'à maximiser le bien-être de l'économie.

Ce modèle permet-il pour autant d'expliquer les comportements protectionnistes ? Eh bien, pas du tout ! En fait, en matière de politique commerciale, les prédictions de ce modèle sont presque toujours erronées. En effet, il prédit qu'une décision qui pénalise une faible part de la population, mais qui profite à une large majorité d'électeurs, devrait logiquement être adoptée. À l'inverse, le système électoral devrait amener à rejeter les politiques qui profitent à un petit groupe, mais qui sont néfastes au plus grand nombre. Or, les mesures de protection commerciale sont plutôt du second type : non seulement elles détériorent le bien-être domestique, mais elles pénalisent également tous les consommateurs, et ne profitent qu'aux entreprises et salariés des secteurs protégés. Alors, pourquoi recueillent-elles l'approbation des gouvernements ?

3.2 L'action collective

Dans son livre désormais célèbre[1], l'économiste Mancur Olson défend l'idée que militer au nom d'un groupe de personnes ou d'entreprises qui partagent les mêmes intérêts s'apparente à la production d'un bien public. Les gains tirés de cette activité politique ne profitent pas qu'aux seuls militants, mais sont partagés par l'ensemble du groupe. Pour comprendre les conséquences de cette approche, reprenons le cas du quota américain sur le sucre (voir chapitre 8). En moyenne, cette politique coûte à chaque famille américaine environ 30 dollars par an. Cette perte devrait inciter les ménages à faire pression sur leurs élus jusqu'à obtenir l'abandon du quota. Mais ils devraient pour cela accabler les députés et les ministres de lettres de protestation, ou consacrer tous leurs samedis à manifester. Or, l'envoi d'une lettre ou la présence d'un manifestant supplémentaire n'aura probablement qu'un effet marginal sur la décision des pouvoirs publics. Le gain qu'un individu peut espérer retirer de son effort de protestation risque donc de ne pas dépasser son coût (le prix du timbre, le sacrifice d'un samedi de loisir, etc.)[2]. Pourtant, si un million d'électeurs écrivaient une lettre afin de demander la fin du quota, ce dernier serait probablement abandonné. Cela engendrerait alors un gain pour chaque consommateur, qui excèderait de loin le coût d'envoi des lettres. Pour reprendre l'expression d'Olson, cet exemple met en évidence un problème d'action collective : bien qu'il soit dans l'intérêt d'un groupe, pris dans son ensemble, de faire pression afin d'obtenir des politiques favorables, il n'est pas nécessairement dans l'intérêt de chaque individu d'en faire autant.

Le problème de l'action collective est plus facile à surmonter lorsque le groupe est de petite taille (ainsi, chaque participant récupère une part non négligeable des gains associés à une politique favorable) et/ou bien organisé (dans ce cas, la coordination de ses membres permet d'augmenter l'effet marginal des efforts de protestation). Si les producteurs de sucre forment un lobby, c'est-à-dire un groupe relativement petit, bien organisé et conscient des bénéfices que chacun tirera d'un quota, alors ils ont toutes les chances de sensibiliser efficacement les pouvoirs publics sur cette question. Quant aux consommateurs de sucre, ils représentent une population très importante qui ne se perçoit pas comme un groupe d'intérêt. Même s'ils représentent un électorat bien plus large, ils n'ont aucune chance de faire fléchir le gouvernement.

---

1. Mancur Olson, *The Logic of Collective Action*, Harvard University Press, Cambridge, 1965 ; édition française, *La Logique de l'action collective*, Presses Universitaires de France.
2. En fait, à moins d'être un professionnel de la question, cela ne vaut en général pas la peine de consacrer les efforts nécessaires pour se tenir au courant des choix du gouvernement en matière de politique commerciale, et apprendre à en évaluer les conséquences.

3.3 Les secteurs protégés : l'agriculture et le textile

Dans les années 1960 et 1970, de nombreux pays en développement ont protégé des pans entiers de leur industrie manufacturière de la concurrence étrangère (ce qui, dans une certaine mesure, est encore le cas aujourd'hui). Ces politiques d'industrialisation par la substitution des importations sont étudiées plus en détail au chapitre 10. Dans les pays développés, les mesures protectionnistes sont bien plus ciblées. Elles se concentrent principalement dans deux secteurs.

Encadré 9.2

Hommes politiques à vendre

Il est difficile de donner un sens aux décisions des gouvernements en faveur du protectionnisme si l'on suppose que leur unique objectif est de maximiser le bien-être de la nation. En revanche, on comprend mieux ces choix si des groupes de pression peuvent influencer directement les responsables politiques. Les théories du *choix public* appliquées à la protection commerciale* offrent une image peu flatteuse de l'action politique : les hommes politiques agissent en fonction de leur propre intérêt (qui consiste, en somme, à gagner les élections), plutôt que dans l'intérêt général. Mais, est-on vraiment sûr de cela ? Pour des raisons propres au fonctionnement de la démocratie américaine (notamment, la possibilité pour des entreprises privées de financer directement les partis politiques), un certain nombre d'études ont tenté de vérifier que les élus du Congrès étaient effectivement sensibles aux pressions sonnantes et trébuchantes des lobbies.

Une étude menée en 1998 par Robert Baldwin et Christopher Magee** porte sur deux votes cruciaux : le vote de 1993 entérinant l'accord de libre-échange nord-américain (ALENA), et le vote de 1994 ratifiant les accords du GATT, signés à Marrakech (voir plus loin dans ce chapitre). Ces deux votes ont fait l'objet d'un combat politique âprement disputé entre les députés, mais aussi entre les différents groupes de pression : pour schématiser, « des milieux d'affaires » soutenaient ces accords, alors que les syndicats y étaient fortement opposés. Au final, la position libre-échangiste, soutenue par les milieux d'affaires, a fini par l'emporter dans les deux cas. En ce qui concerne le vote sur l'ALENA, l'issue du scrutin est restée incertaine jusqu'à la dernière minute : l'accord de libre-échange n'a été adopté par la Chambre des représentants (c'est-à-dire la Chambre des députés) qu'avec une majorité de 34 voix.

Baldwin et Magee ont construit et estimé un modèle économétrique visant à expliquer les déterminants des votes du Congrès, en fonction des caractéristiques économiques des circonscriptions de chaque membre du parlement, et des contributions financières accordées à leur budget de campagne par les milieux d'affaires ou par les syndicats. Ils montrent ainsi que les financements accordés à chaque député ont un impact important sur la nature de son vote. Un moyen d'évaluer cet impact consiste à utiliser les résultats économétriques afin de recalculer ce qui pourrait arriver en l'absence de toute contribution accordée par les différents lobbies.

☞

* Voir notamment, Gene Grossman et Elhanan Helpman, « Protection for Sale », *American Economic Review*, 89, septembre 1994, p. 833-850.

** Robert Baldwin et Christopher Magee, « Is Trade Policy for Sale ? Congressional Voting on Recent Trade Bills », National Bureau of Economic Research Working Paper, n° 6376.

Encadré 9.2 (suite)

Hommes politiques à vendre (suite)

Les résultats sont reportés au tableau ci-après. La première ligne correspond au nombre de représentants qui ont effectivement voté en faveur de chacune des deux propositions de loi (aux États-Unis, pour qu'une loi soit entérinée, elle doit recueillir un minimum de 214 suffrages favorables). La deuxième ligne montre le nombre de votes prédits par Baldwin et Magee : leur modèle voit juste dans le cas de l'ALENA et surestime légèrement les votes positifs dans le cas du GATT. Les trois autres lignes donnent les simulations du modèle en lorsqu'on suppose l'absence totale ou d'une partie des contributions versées par les groupes de pression.

	Vote pour l'ALENA	vote pour le GATT
Votes effectivement observés	229	283
Prédiction du modèle économétrique	229	290
Sans contribution des syndicats	291	346
Sans contribution des milieux d'affaires	195	257
Sans contribution	256	323

Dans le cas de l'ALENA, les syndicats ont incité 62 élus, disposés *a priori* à soutenir le projet, à changer leur vote. Quant aux milieux d'affaires, ils ont fait basculer 34 représentants en faveur de l'ALENA. Sans ce soutien, l'ALENA n'aurait obtenu que 195 voix, et aurait finalement été rejeté. Mais comme ces contributions provenaient des deux côtés, leurs effets ont eu tendance à se neutraliser. Les estimations de Baldwin et Magee suggèrent qu'en l'absence totale de contribution, le Congrès américain aurait tout de même ratifié les deux traités.

Le secteur agricole. Le nombre d'agriculteurs est relativement faible dans les économies modernes. En France, qui est pourtant l'un des principaux producteurs agricoles de l'Union européenne, ce secteur n'emploie que 4 % de la population active (à titre de comparaison, ce chiffre est d'environ 2 % aux États-Unis). Toutefois, les agriculteurs sont habituellement bien organisés et constituent des groupes efficaces sur le plan politique, capables d'obtenir l'instauration de niveaux élevés de protection commerciale. La politique agricole commune (PAC) est étudiée en détail au chapitre 8. Rappelons néanmoins que les subventions agricoles (qui représentent une large part du budget européen) ont pour conséquence d'accroître fortement les prix au sein de l'UE : pour de nombreux produits alimentaires, les consommateurs européens payent jusqu'à deux ou trois fois le prix mondial.

De son côté, le gouvernement japonais limite strictement les importations de riz. Ses administrés payent donc chaque kilo environ cinq fois le prix mondial. Au milieu des années 1990, une succession de mauvaises récoltes a contraint le Japon à assouplir cette politique. Mais dès 1998, malgré la protestation des principaux pays exportateurs, le gouvernement est revenu à une politique très protectionniste, en instaurant un droit de douane de 1000 % sur les importations de riz.

Enfin, les États-Unis ne sont pas en reste. Bien que le gouvernement fédéral ait progressivement limité les aides versées aux exploitants agricoles, les subventions dans ce secteur restent très importantes : d'après les estimations de l'OCDE, elles représentaient, en 2003, environ 18 % du chiffre d'affaires des exploitations agricoles (à titre de comparaison, ce chiffre atteint 37 % dans l'UE et 74 % en Suisse).

Le secteur du textile et de l'habillement. L'industrie textile se compose de deux parties : le textile à proprement parler (la filature et le tissage des étoffes) et l'habillement (le façonnage des vêtements). Dans les pays développés, ces deux secteurs (mais surtout l'habillement) ont été protégés de la concurrence étrangère par des droits de douane et des quotas très élevés. Jusqu'en janvier 2005, cet arsenal de barrières commerciales était régulé par les *accords multifibres*. Depuis, les pays développés réduisent leurs protections commerciales sur ces produits. En 2011, les principales mesures protectionnistes devraient avoir définitivement disparu.

Compte tenu des coûts engendrés par la protection, ce mouvement de libéralisation du commerce des produits textiles et d'habillement devrait profiter aux consommateurs des pays développés. Les tableaux 9.2 et 9.3 illustrent les distorsions liées à la protection commerciale aux États-Unis et en Europe (UE-12) pour l'année 1990. En supposant que l'économie se trouve en situation de concurrence parfaite, leurs auteurs calculent les variations de surplus des consommateurs et des producteurs imputables

Tableau 9.2 : Le coût de la protection aux États-Unis (milliards de dollars)

	Habillement	Textile	21 secteurs
Coût supporté par les consommateurs (a = b + c + d + e)	21,1	3,3	32,3
Gain des producteurs (b)	9,9	1,8	15,8
Recettes douanières (c)	3,6	0,6	5,9
Rente de quota (d)	5,4	0,7	7,1
Perte d'efficience (e)	2,3	0,2	3,6
Perte globale de bien-être (= d + e)	7,7	0,9	10,4

Source : Gary Hufbauer et Kimberly Elliott, « Measuring the Costs of Protection in the United States », Washington DC, Institute for International Economics, 1994, p. 8-9.

Tableau 9.3 : Le coût de la protection en Europe (milliards d'euros)

	Habillement	Textile	22 secteurs
Coût supporté par les consommateurs (a = b + c + d + e)	7,1	7,1	51,6
Gain des producteurs (b)	1,7	2,7	12,7
Recettes douanières (c)	1,7	1,7	12,3
Rente de quota (d)	2,6	2,0	15,4
Perte d'efficience (e)	1,1	0,7	11,3
Perte globale de bien-être (= d + e)	3,7	2,7	26,7

Source : d'après Patrick Messerlin (voir P. Messerlin, « Niveau et coût du protectionnisme européen », *Économie Internationale*, n° 89-90).

aux barrières commerciales, ainsi que les recettes douanières et les rentes de quota. En somme, le coût de la protection supporté par les consommateurs (et reporté à la première ligne de chaque tableau) est égal à la somme des gains des producteurs, des recettes douanières, des rentes de quota et des pertes d'efficience. Si l'on suppose que ces rentes sont entièrement captées par les économies étrangères, alors la perte globale de bien-être (qui masque, rappelons-le, une perte bien plus grande pour les consommateurs) est égale à la perte d'efficience augmentée des rentes de quota.

Ces résultats montrent l'importance des coûts de la protection : pour l'Union européenne, Patrick Messerlin évalue le coût supporté par les consommateurs à 6 % du PNB européen. Il ressort aussi de ces calculs que la sauvegarde de quelques secteurs représente un sacrifice important pour l'ensemble de l'économie. Aux États-Unis, les secteurs du textile et de l'habillement représentaient, à eux seuls, plus des trois quarts des coûts supportés par les consommateurs américains, et plus des cinq sixièmes du coût total sur le bien-être. En Europe, le coût total de la protection est encore plus important qu'aux États-Unis, mais il est mieux réparti entre les secteurs : le textile-habillement ne représente qu'un quart des coûts de la protection, soit à peu près autant que l'agriculture.

4 Les négociations commerciales

L'économie politique du protectionnisme dresse un panorama assez désespérant des choix publics en matière de politique commerciale. Ces théories montrent à quel point il est difficile de résister aux intérêts individuels pour mettre en place des politiques favorables à la fois à l'économie dans son ensemble, et à la majorité des citoyens.

Pourtant, depuis la fin de la Seconde Guerre mondiale, la plupart des pays développés ont progressivement abaissé leurs barrières commerciales. Le tableau 9.4 représente les taux moyens de droits de douane instaurés dans plusieurs pays entre 1875 et 2007 : après une hausse soudaine dans la première moitié du XXe siècle, ils ont rapidement décliné[1]. Étant donné ce que nous avons pu dire dans les sections précédentes, comment cette baisse généralisée des droits de douane a-t-elle été possible ?

Tableau 9.4 : La protection tarifaire (1875 – 2007)

	Droit de douane moyen (%)					
	1875	1913	1925	1931	1950	2007*
Allemagne	4 – 6	13	20	21	26	5,2
Belgique		9	15	14	11	5,2

1. Les mesures des niveaux moyens de protection peuvent poser de sérieux problèmes, car la composition des importations varie dans le temps (notamment à cause des taux de droit de douane eux-mêmes). Imaginez, par exemple, qu'un pays protège un certain nombre de secteurs, avec des droits de douane si élevés qu'ils proscrivent de fait toute importation de ces biens. Dans ce cas, le taux moyen de protection, mesuré par le poids des taxes dans la valeur des importations, est tout simplement égal à zéro ! Par ailleurs, il faut aussi compter avec les barrières non tarifaires, dont l'impact réel sur le volume des importations est bien plus difficile à mesurer. Une présentation très complète de ces questions est proposée par Antoine Bouet, « La mesure des protections commerciales nationales », *Document de travail du CEPII*, n° 15, décembre 2000.

Tableau 9.4 : La protection tarifaire (1875 – 2007) ***(suite)***

	Droit de douane moyen (%)					
France	12 – 15	20	21	30	18	5,2
Italie		18	22	46	25	5,2
Royaume-Uni	0	0	5	n.a.	23	5,2
États-Unis	40 – 50	44	37	48	14	3,5

* Paul Bairoch, *Victoires et déboires : histoire économique et sociale du monde du XVIe siècle à nos jours*, Gallimard, 1997, et OMC (pour 2007).

La réponse réside en partie dans le rôle joué par les négociations internationales, lancées dès la fin des années 1940. Ces accords internationaux fonctionnent sur le mode du « donnant-donnant » : chaque pays accepte d'abaisser ses barrières commerciales en échange de l'ouverture des marchés des pays partenaires. En mettant en relation les concessions accordées par chacun, ces négociations permettent de surmonter certaines difficultés politiques qui, autrement, auraient empêché chaque pays de s'orienter seul vers des politiques plus favorables au libre-échange.

4.1 Les avantages de la négociation

Deux raisons au moins expliquent pourquoi il est plus facile de réduire les droits de douane dans le cadre d'accords mutuels que de manière unilatérale.

Premièrement, les négociations internationales permettent de multiplier, dans chaque pays, les soutiens en faveur du libre-échange. Si l'ouverture du marché domestique est liée à l'abaissement des protections commerciales des pays partenaires, alors les firmes du secteur exportateur ont tout intérêt à soutenir l'avancée des négociations. Comme on l'a vu, les producteurs peuvent constituer des groupes d'intérêt bien plus efficaces que les consommateurs. L'association (explicite ou non) des consommateurs et des entreprises exportatrices peut alors faire basculer les décisions publiques en leur faveur.

Deuxièmement, les négociations internationales permettent d'éviter les guerres commerciales. Imaginons un monde constitué de deux pays : les États-Unis et l'Union européenne. Ceux-ci n'ont que deux politiques à leur disposition, le libre-échange ou le protectionnisme. Supposons enfin que les gouvernements soient particulièrement clairvoyants : ils peuvent mesurer précisément les niveaux de bien-être correspondant à chacune des situations. Les valeurs particulières des gains (voir tableau 9.5) font référence à deux hypothèses.

Tout d'abord, considérons le cas (assez peu vraisemblable) où la protection commerciale est la solution systématiquement préférée par chaque pays. Autrement dit, les Européens et les Américains préfèreront limiter les importations, quelle que soit la politique choisie par le gouvernement étranger.

Imaginons aussi que les États-Unis et l'Union européenne aient plus à gagner à l'ouverture du marché étranger qu'ils n'ont à perdre en ouvrant le leur (voir tableau 9.5). Ainsi, en dépit du fait que chaque gouvernement pencherait en faveur du protectionnisme s'il agissait individuellement, les deux pays gagneraient mutuellement à s'accorder pour ouvrir leurs marchés respectifs.

Ce type de situation illustre le « dilemme du prisonnier », bien connu de la théorie des jeux[1]. Dans ce cas, si chaque pays suit la stratégie qui lui semble la meilleure, ils doivent tous deux opter pour le protectionnisme. Les résultats de cette guerre commerciale apparaissent en bas à droite du tableau 9.5 : –5 pour chacun. Pourtant, si les deux gouvernements avaient opté pour le libre-échange, ils auraient atteint un niveau de bien-être bien plus élevé (+10). Tant que les deux pays ne s'accordent pas pour définir ensemble la politique commerciale, ils n'ont aucune raison objective de choisir le libre-échange : en acceptant sans contrepartie d'ouvrir son marché domestique, chaque gouvernement risque en effet de se retrouver dans la pire des situations (c'est-à-dire –10). En revanche, les États-Unis et l'Union européenne ont tout intérêt à signer un accord pour modérer leur préférence pour le protectionnisme. Chaque gouvernement obtiendra au final de meilleurs résultats s'il limite sa liberté d'action, sachant que son partenaire en fera autant.

Tableau 9.5 : Le problème de la guerre commerciale

Union européenne \ États-Unis	*Libre-échange*	*Protection*
Libre-échange	10 10	20 –10
Protection	–10 20	–5 –5

Cet exemple est très simplifié. En réalité, les négociations internationales engagent généralement un grand nombre de pays, et les options qui s'ouvrent à chacun, entre l'autarcie et le libre-échange, sont bien plus nuancées. Néanmoins, il permet de mettre en évidence le fait que tous les pays ont besoin de coordonner leurs politiques commerciales, et donc de justifier la mise en place de négociations internationales.

4.2 Les accords commerciaux internationaux : bref rappel historique

Les négociations multinationales ont débuté juste après la fin de la Seconde Guerre mondiale. À l'origine, les diplomates des pays victorieux ont envisagé de construire une institution internationale chargée de conduire ces négociations : l'Organisation internationale du commerce (OIC) devait compléter l'ensemble formé par le Fonds monétaire international (FMI) et la Banque mondiale. En 1947, sans attendre la mise en place effective de l'OIC, 23 pays ont défini un ensemble de règles temporaires sur la base desquelles ils ont entamé des négociations : l'accord général sur les droits de douane et le commerce ou GATT (*General Agreement on Tariffs and Trade*). De son

1. Voir, par exemple, le manuel de Robert Pindyck, Daniel Rubinfeld et Michel Sollogoub, *Microéconomie*, 7e édition, Pearson éducation, 2009.

côté, la création de l'OIC a buté sur une opposition politique virulente (notamment aux États-Unis), si bien que cette institution n'a finalement jamais vu le jour. Seul l'accord provisoire a été adopté et c'est ainsi que pendant 48 ans, les négociations commerciales multilatérales ont été simplement régies par le GATT.

Officiellement, le GATT n'était donc qu'un accord international, et non une organisation. Les pays signataires n'étaient donc pas membres du GATT, mais simplement des « parties contractantes ». Plus concrètement, le GATT avait un secrétariat permanent à Genève, chargé d'organiser et de préparer les négociations commerciales, mais ce n'est qu'en 1995 que les pays signataires ont entériné la création officielle de l'institution internationale imaginée cinquante ans plus tôt : l'Organisation mondiale du commerce[1] (OMC). Cependant, les règles du GATT sont toujours en vigueur, et les principes fondateurs de l'OMC restent les mêmes.

L'approche des négociations commerciales défendue par le GATT et l'OMC est un peu celle d'une machine conçue pour déplacer graduellement une lourde charge (l'économie mondiale), le long d'une pente (le chemin vers le libre-échange) : elle met en place des « leviers » pour déplacer l'objet dans la bonne direction, et des « crans de sûreté » afin d'éviter qu'il ne recule.

Le principal cran de sûreté du système est le processus de consolidation tarifaire[2]. Dès lors qu'un droit est « consolidé », les pays participant à l'accord commercial s'engagent à ne pas le relever à l'avenir, sans qu'une compensation ne soit accordée aux économies étrangères lésées par cette mesure. Aujourd'hui, les trois quarts des droits de douane des pays en développement et la quasi-totalité de ceux des pays développés sont consolidés. Il reste toutefois une certaine marge de manœuvre. Un pays peut (s'il obtient l'accord de ses partenaires commerciaux) augmenter un droit de douane en l'échange de mesures compensatoires, c'est-à-dire s'il s'engage à abaisser sa protection dans un autre secteur d'activité. En pratique, la consolidation tarifaire a été d'une grande efficacité, puisque les politiques commerciales ont connu très peu de retours en arrière tout au long de la seconde moitié du XXe siècle.

En complément des droits de douane consolidés, le système du GATT et de l'OMC essaie généralement de limiter les protections non tarifaires. Les subventions aux exportations sont notamment prohibées, sauf dans un cas notable : lors des débuts du GATT, les États-Unis ont en effet fermement insisté pour obtenir le droit de subventionner les exportations de produits agricoles. Depuis, cette possibilité perdure et l'Union européenne l'a très largement exploitée.

Comme nous l'avons vu précédemment, l'essentiel du coût réel de la protection commerciale, aux États-Unis comme en Europe, provient des quotas d'importation. Le système du GATT et de l'OMC préserve certains des quotas existants, malgré des efforts continus (et souvent couronnés de succès) pour les supprimer, les réduire ou les convertir en droits de douane. L'introduction de nouveaux quotas d'importation est généralement interdite, à l'exception de certaines mesures temporaires (les mesures de sauvegarde), jugées nécessaires

---

1. Une présentation synthétique de l'histoire et du fonctionnement de l'OMC est proposée par Michel Rainelli, *L'Organisation mondiale du commerce*, Repères, La Découverte, 2002.
2. Le site Internet de l'OMC propose, entre autres documents utiles, un glossaire très complet de la terminologie utilisée lors des négociations commerciales (**http://www.wto.org/indexfr.htm**).

pour laisser un temps d'adaptation à un secteur d'activité soudainement menacé par l'arrivée massive d'importations.

Le levier utilisé par le GATT et l'OMC pour faire progresser la libéralisation commerciale repose sur l'organisation de négociations en cycles successifs. À chacun de ces **cycles de négociations** (*trade rounds*), tous les pays participants se rassemblent pour discuter d'un nouvel ensemble de réduction des protections commerciales. Huit cycles ont été achevés depuis 1947. Le dernier en date, l'« Uruguay Round », s'est achevé en 1994 par la création de l'OMC. Après une tentative avortée lors du sommet de Seattle en 1999 (voir chapitre 11), les pays membres de l'OMC ont inauguré un neuvième cycle en 2001, lors du sommet de Doha, au Qatar. La progression des négociations dans le cadre du cycle de Doha a été particulièrement difficile, et en 2009, soit huit ans après son lancement, aucun accord final n'était en vue.

Les cinq premiers cycles de négociations menés sous l'égide du GATT ont pris la forme de négociations bilatérales « parallèles » : chaque pays négociait de façon indépendante avec ses partenaires commerciaux. Par exemple, si l'Allemagne souhaitait proposer un abaissement des droits de douane dont profiteraient la France et l'Italie, elle pouvait demander directement à ces deux pays de faire en retour des concessions. En offrant l'occasion de nouer des accords très étendus, ces cycles ont permis de réduire de manière substantielle et rapide des protections commerciales.

Le sixième cycle de négociations, connu sous le nom de « Kennedy Round », s'est achevé en 1967. Cet accord, qui impliquait les principaux pays industrialisés, a permis de réduire en moyenne les droits de douane d'environ 35 %.

Le Tokyo Round, achevé en 1979, a permis une nouvelle réduction des droits de douane. En outre, il a établi de nouvelles mesures permettant de juguler la prolifération des barrières non tarifaires, comme les restrictions volontaires aux exportations.

Les grandes négociations commerciales internationales suivent un processus immuable : elles débutent toujours par une cérémonie dans un endroit exotique et se terminent par un cérémonial de signatures. Le huitième cycle du GATT n'a pas échappé à la règle. La décision d'ouvrir de nouvelles négociations a été prise en 1986, lors d'une conférence à Punta del Este, en Uruguay : il s'agira donc de l'**Uruguay Round**. Les pays participants se sont retrouvés ensuite à Genève, au siège du GATT, où ils ont engagé un long processus de négociation : pendant sept ans, ils ont enchaîné des milliers d'heures de réunions particulièrement complexes, techniques et difficiles, rythmées par les propositions, les contre-propositions et les menaces. Fin 1993, ils ont finalement proposé un accord : environ 22 000 pages décrivant l'accord général, et des annexes détaillant les engagements spécifiques des pays membres sur tous les produits qui font l'objet de mesures spécifiques. L'accord a finalement été adopté à Marrakech, au Maroc, en avril 1994, puis ratifié par les parlements des pays signataires – parfois après d'âpres débats, comme cela a été le cas aux États-Unis (voir l'encadré ci-dessus). Les principaux résultats de l'Uruguay Round portent sur deux points précis : la libéralisation commerciale et les réformes administratives.

4.3 Les avancées de l'Uruguay Round

À l'instar des précédentes négociations du GATT, l'Uruguay Round a entériné une nouvelle réduction globale des barrières tarifaires. Les droits de douane moyens imposés par les pays industrialisés sont passés de 6,3 à 3,9 %. Il s'agit d'une baisse de 40 %, mais qui concrètement n'a qu'un impact limité sur le commerce mondial. En revanche, les mesures qui visent les secteurs de l'agriculture et du textile constituent des avancées notables vers la libéralisation commerciale.

Face aux restrictions très fermes que le Japon imposait aux importations de produits agricoles, et aux subventions massives accordées à l'agriculture par l'Union européenne (voir chapitre 8 pour une analyse plus détaillée de la PAC), certains participants aux négociations de l'Uruguay Round (et notamment les États-Unis) affichaient un but ambitieux : atteindre le libre-échange des produits agricoles en 2000. Le résultat, bien que nettement plus modeste, reste significatif. Les pays signataires se sont engagés à réduire sensiblement, en l'espace de six ans, leurs subventions à l'exportation de produits agricole : de 36 % en valeur des exportations, et de 21 % en volume. Quant aux pays imposant des quotas d'importation, comme le Japon, ils devaient les remplacer par des droits de douane, destinés dans l'avenir à être progressivement réduits.

En ce qui concerne le secteur du textile et de l'habillement, l'Uruguay Round a imposé un démantèlement progressif des accords multifibres. Ces derniers limitaient le commerce de ces produits en permettant notamment aux pays développés d'imposer des quotas d'importation (voir chapitre 8). La suppression de ces quotas (et même si certains droits de douane, très élevés, restent en place) représente une avancée considérable vers le libre-échange : ces deux secteurs sont, en effet, à l'origine d'une large part des coûts liés à la protection commerciale que subissent les consommateurs américains et européens (voir tableaux 9.2 et 9.3). Néanmoins, il faut préciser que la signature de l'accord en 1994 revenait à allumer une bombe à retardement : en programmant la fin des quotas au 1er janvier 2005, l'accord de Marrakech a reporté l'essentiel de l'effort de libéralisation aux années 2003 et 2004. En théorie, cette option devait laisser le temps aux pays importateurs de se préparer au choc de l'ouverture commerciale. Mais de nombreux experts craignaient qu'au moment d'agir, ces gouvernements ne subissent des pressions politiques de la part de groupes d'intérêt militant en faveur d'une réintroduction des quotas.

Ces experts ont vu juste. La fin des accords multifibres a entraîné une arrivée massive de vêtements sur les marchés américains et européens, notamment en provenance de Chine. Cette croissance varie beaucoup d'un produit à l'autre mais, pour certains types de biens, elle est impressionnante : les importations européennes de T-shirts chinois, par exemple, ont fait un bond de 187 % au cours du premier semestre 2005. Cette concurrence (pourtant annoncée depuis plus de dix ans) a entraîné une opposition acharnée des producteurs textiles des pays développés. Le gouvernement américain, rapidement suivi par la Commission européenne, a finalement invoqué le droit d'imposer des mesures de sauvegarde afin de réintroduire certaines restrictions aux importations[1].

En ce qui concerne les réformes administratives, l'Uruguay Round a permis d'établir un nouvel ensemble de règles visant à encadrer le fonctionnement des marchés publics.

1. L'Union européenne a mis un peu plus de temps que les États-Unis pour réagir : en effet, la mise en place des mesures de sauvegarde a fait l'objet d'un débat houleux entre les pays producteurs de textile (comme la France ou l'Italie), favorables à la limitation des importations, et les autres pays membres de l'UE qui ont tout à gagner à la fin des accords multifibres. Au final, l'UE et la Chine sont parvenus à dégager un accord qui revient à limiter l'augmentation des importations européenne de textile chinois jusqu'à la fin de l'année 2008.

Traditionnellement, les achats de biens d'équipement et de fournitures par les administrations publiques sont fortement biaisés en faveur des biens domestiques. Ces pratiques s'apparentent bel et bien à une protection commerciale, puisqu'elles permettent d'offrir des marchés protégés aux producteurs nationaux[1]. Les nouvelles règles discutées dans le cadre de l'Uruguay Round imposent désormais d'ouvrir les appels d'offres publics aux entreprises étrangères.

4.4 Du GATT à l'OMC

La conclusion la plus médiatique de l'Uruguay Round est la création de l'Organisation mondiale du commerce. En 1995, cette nouvelle institution est venue remplacer le secrétariat qui administrait jusqu'alors le GATT. L'OMC est rapidement devenue une cible privilégiée des opposants à la mondialisation (voir chapitre 11). Elle a été accusée, aussi bien par les altermondialistes que les souverainistes, d'user d'un pouvoir supranational qui limite l'indépendance des nations.

Mais quelle est finalement la différence entre l'OMC et le GATT ? D'un point de vue juridique, le GATT était un accord temporaire, alors que l'OMC est une organisation internationale à part entière, même si la bureaucratie actuelle reste de taille plutôt modeste (l'OMC emploie un peu plus de 600 personnes, pour un budget annuel d'environ 120 millions d'euros). Les règles de l'OMC incluent une version mise à jour du texte original du GATT, sur laquelle elle s'appuye pour réguler le commerce des biens. Cependant, le GATT ne régissait pas le commerce mondial des services (comme les assurances, les activités de conseil, les opérations bancaires, etc.). Un grand nombre de pays ont donc pu adopter des réglementations des activités de services qui permettent d'écarter, explicitement ou non, les fournisseurs étrangers. Cette absence de référence aux services est devenue progressivement une lacune de plus en plus criante, car le poids des services dans les économies modernes n'a cessé d'augmenter au cours des dernières décennies. Ainsi, l'accord de l'OMC englobe un ensemble de réglementations des échanges internationaux de services (l'accord général sur le commerce des services, ou AGCS et GATS en anglais). Concrètement, ces règles n'ont pas encore d'impact réel sur les échanges. Leur objectif principal est de servir de base aux négociations qui auront lieu dans les cycles futurs.

En plus de la question des services, s'ajoute le fait que les pays industrialisés sont désormais beaucoup plus dépendants des connaissances technologiques. La défense de la « propriété industrielle », protégée par des brevets et des droits d'auteur, est aujourd'hui un enjeu majeur. L'OMC essaie d'intervenir dans ce domaine, en développant l'accord sur les droits de propriété intellectuelle liés au commerce (ADPIC, ou TRIPS en anglais). L'application de l'ADPIC dans l'industrie pharmaceutique a déclenché un débat houleux. La question essentielle portait sur la possibilité, pour les pays en développement, de produire et de commercialiser des médicaments génériques (moins chers car ils ne rémunèrent pas l'utilisation des brevets) contre le paludisme et le sida. De leur côté, les laboratoires pharmaceutiques craignent que la production de

1. Voir par exemple Matthieu Crozet et Federico Trionfetti, « Effets frontières entres les pays de l'Union européenne : le poids des politiques d'achats publiques », *Economie Internationale*, n° 89-90, 2002, p. 189-208.

Encadré 9.3

Régler un différend… et en créer un

La première application véritable de la nouvelle procédure de règlement des différends de l'OMC a également été l'une des plus controversées.

Le litige est venu de la décision du gouvernement américain d'introduire de nouvelles normes en matière de pollution atmosphérique (Clean Air Act). Elles définissaient des règles de composition chimique pour l'essence vendue aux États-Unis. Toutefois, les raffineries implantées sur le sol américain (ou celles vendant au moins 75 % de leur production dans ce pays) ne se sont pas vues imposer de règles uniformes, mais des contraintes spécifiques, qui dépendaient de leurs niveaux de pollution en 1990. De façon générale, cette disposition revenait à fixer des normes plus souples aux producteurs américains qu'aux entreprises étrangères.

Au début de l'année 1995, le Venezuela, qui est l'un des principaux exportateurs d'essence vers les États-Unis, a porté plainte auprès de l'OMC. Selon lui, ces nouvelles normes violaient le principe de « traitement national », qui stipule que les biens importés doivent être soumis à la même réglementation que les biens domestiques (de façon à éviter que les pays ne soient tentés d'utiliser les normes et les lois comme des instruments indirects de protection commerciale). Un an plus tard, l'organe de règlement des différends a rendu un avis favorable au Venezuela. Les États-Unis ont alors été contraints de négocier avec lui une nouvelle mouture des normes environnementales.

Cette affaire a permis de prouver l'efficacité du système de règlement des conflits introduit par l'OMC : face à une mesure injuste, un petit pays a réussi à faire plier la plus grande puissance économique du monde. Mais d'un autre côté, les défenseurs de l'environnement se sont – à juste titre – élevés contre cette décision : le jugement rendu par l'OMC revenait à interdire une mesure visant à améliorer la qualité de l'air. De surcroît, il semble que ces normes aient été imaginées de bonne foi par le gouvernement américain : leur but était réellement d'améliorer la qualité de l'air, et non de limiter les importations. Quoi qu'il en soit, la décision de l'OMC, en imposant un traitement égal des producteurs étrangers et américains, n'a pas facilité l'obtention d'un compromis politique entre les écologistes et les industriels américains.

Dans la mythologie du mouvement altermondialiste (voir chapitre 11), cette décision de l'OMC revêt un statut symbolique : ce cas est considéré par beaucoup comme un exemple éclairant de la manière dont l'organisation internationale prive les nations de leur souveraineté, et les empêche de suivre des politiques socialement et écologiquement responsables. La réalité est cependant limpide : si les États-Unis avaient imposé une réglementation aussi propre et transparente que la qualité de l'air qu'ils souhaitaient promouvoir, l'OMC n'aurait jamais reçu de plainte.

médicaments génériques ne vienne rogner leur part de marché, et limiter au final leurs capacités d'investissement dans la recherche de nouvelles molécules. Après un long débat, et face à l'urgence des problèmes sanitaires dans un certain nombre de pays en développement, l'OMC est parvenue à un accord, conclu en décembre 2005 à Hong Kong. Celui-ci autorise finalement – selon des règles très strictes – la production et le commerce Sud-Sud de médicaments génériques.

Enfin, au-delà de la multiplication des thèmes couverts par les négociations commerciales, l'aspect le plus novateur de l'OMC est sans doute la mise en place de la procédure de **règlement des différends** : elle permet d'étudier et de trancher les litiges commerciaux entre ses pays membres.

Imaginons que le Canada accuse les États-Unis de violer les accords internationaux en limitant ses importations de bois. Avant la création de l'OMC, le Canada pouvait solliciter les tribunaux internationaux pour faire valoir ses droits. Mais ce type de procédure était longue (elle pouvait durer des dizaines d'années), et quelle que soit la décision du tribunal, il n'existait aucun moyen de contraindre les États-Unis à respecter le jugement. Pour autant, le GATT n'était pas totalement dénué de pouvoir : le fait d'entretenir des négociations continues incite en effet chaque pays participant à soigner sa réputation, en affichant une volonté réelle de respecter les accords signés.

L'OMC est dotée d'une procédure plus concrète et efficace. Lorsqu'un pays membre estime qu'un de ses partenaires commerciaux ne respecte pas ses engagements, il peut saisir l'*organe de règlement des différends*. Celui-ci réunit alors un panel d'experts afin d'étudier la question et rend une décision finale en moins d'un an. Même si l'un des pays fait appel de la décision, la procédure n'excède pas quinze mois au total.

Dans de nombreux cas, la simple menace de porter plainte auprès de l'OMC doit permettre la conclusion d'un accord à l'amiable. Mais que se passe-t-il lorsque l'organe de règlement des différends est saisi et constate effectivement le non-respect des accords ? Si le pays fautif refuse de se mettre en conformité, l'OMC n'a pas le pouvoir de l'y obliger. En revanche, elle peut accorder au plaignant le droit de riposter, en imposant à son tour des restrictions aux exportations du pays fautif. Le but de ces « mesures compensatoires » est avant tout de faire plier le gouvernement étranger. Le plaignant s'en sert parfois pour défendre ses propres intérêts, mais bien souvent, il vise plutôt les intérêts des lobbies qui soutiennent le gouvernement étranger.

4.5 Les estimations de l'impact économique de l'Uruguay Round

L'impact économique de l'Uruguay Round est difficile à estimer. Il faut pour cela traduire le jargon juridique en jargon économique (tout aussi abscons), puis quantifier précisément les mesures adoptées, et enfin entrer le tout dans un ordinateur capable de simuler un modèle représentant l'économie mondiale. Cet exercice est d'autant plus complexe que la plupart des décisions ne sont pas mises en place dès la signature de l'accord. Leur programmation s'étale sur plusieurs années.

Les estimations les plus souvent citées sont celles du GATT lui-même, ou de l'OCDE[1]. Ces deux institutions évaluent les gains réalisés par l'économie mondiale à plus de 200 milliards de dollars par an, une fois l'accord intégralement mis en place, soit une augmentation de 1 % du revenu mondial réel. Comme toujours, d'autres organismes proposent des estimations sensiblement différentes. Certains économistes jugent que les gains annoncés sont surestimés, en particulier parce qu'ils supposent que les exportations et les importations vont réagir fortement aux mouvements de libéralisation. D'autres, moins nombreux, prétendent au contraire que ces estimations sont bien trop faibles, parce qu'elles négligent les effets « dynamiques » de l'ouverture, exposés plus haut dans ce chapitre.

Dans tous les cas, il est clair que la logique habituelle de la libéralisation commerciale sera respectée : les coûts de l'Uruguay Round seront ressentis par des groupes clairement identifiés (et généralement bien organisés), tandis que les bénéfices iront à une large part de la population, de façon plus diffuse. En Europe, au Japon et dans d'autres pays où les prix des biens agricoles dépassent largement les prix mondiaux, les progrès réalisés dans ce secteur pénaliseront directement les agriculteurs. Ces pertes seront probablement compensées par les gains des consommateurs et des contribuables de ces pays mais, comme ces bénéfices seront répartis entre un grand nombre d'agents, ils risquent de passer inaperçus. De la même façon, la libéralisation dans le secteur du textile et de l'habillement entraînera des difficultés réelles et importantes pour les employés et les entreprises du secteur. Ces effets seront compensés par des gains immenses, mais bien moins perceptibles.

Dans la mesure où, dans chaque pays, l'Uruguay Round joue un rôle dans la distribution des revenus entre les différents groupes de population, il est en réalité assez surprenant qu'un accord ait pu être trouvé. En effet, il était d'abord prévu de clore ce cycle en 1990, mais à cette date, les négociations patinaient et semblaient vouées à l'échec. Finalement, la diversité des thèmes abordés et des pays participants a permis de sauver les négociations. Cette diversité, en multipliant les pressions contradictoires, a donné un peu de marge de manœuvre aux négociateurs. Aux États-Unis, par exemple, les gains obtenus par les exportateurs de produits agricoles, et les bénéfices anticipés des exportateurs de services, a offert un contrepoids aux pressions des secteurs du textile et de l'habillement. À l'inverse, nombre de pays en développement ont aussi soutenu le cycle de négociations, en raison des nouvelles opportunités qu'il offrait à leurs exportateurs de produits textiles et agricoles. Par ailleurs, certaines « concessions », négociées dans le cadre de l'accord, ont en fait servi d'excuses à certains gouvernements qui avaient du mal à faire passer des réformes qu'ils jugeaient utiles, mais qui buttaient sur une farouche opposition des secteurs concernés. C'est sans doute le cas de la politique agricole commune. De nombreux pays membres de l'UE contestaient le coût exorbitant de cette politique, pour les consommateurs comme pour les finances publiques. Céder sur le dossier agricole, dans le cadre du GATT, a finalement permis de faire passer une réforme de la PAC souhaitée par beaucoup : d'une part, parce que cela a permis d'opposer les lobbies agricoles aux groupes de pression favorables à l'accord commercial (le secteur des services notamment) ; d'autre part, parce que les gouvernement ont ainsi pu se défausser de leur responsabilité, en mettant la réforme de la politique agricole sur le dos de l'Uruguay Round.

---

1. Organisation de coopération et de développement économiques (**http://www.oecd.org/**).

Encadré 9.4

L'OMC contre l'administration américaine : le bras de fer

En mars 2002, le gouvernement américain a décidé, de façon unilatérale, d'imposer des droits de douane de 30 % sur un certain nombre de produits à base d'acier. Officiellement, cette décision était motivée par la nécessité de laisser le temps à l'industrie américaine de se restructurer et de faire face aux importations massives dans ce secteur. Mais personne n'était dupe : le but réel de cette mesure était d'ordre politique. La plupart des aciéries américaines sont en effet concentrées en Virginie, en Ohio et en Pennsylvanie, trois États susceptibles de basculer pour l'un ou l'autre des deux grands partis américains. Or, le soutien de ces fameux « swing states » était crucial pour les élections présidentielles de 2004.

L'Union européenne, le Japon, la Chine et la Corée du Sud ont réagi immédiatement en portant l'affaire devant l'OMC. En juillet 2003, les experts nommés par l'OMC leur ont donné raison : les arguments économiques avancés par l'administration américaine pour justifier les droits de douane ont été jugés insuffisants. Les États-Unis ont donc été sommés de faire marche arrière.

Nombre d'observateurs ont attendu avec intérêt la réponse des États-Unis. Ils voyaient dans cette situation un test crucial de la crédibilité de l'OMC. L'administration américaine allait-elle se laisser dicter sa politique économique par une organisation internationale ? Allait-on entrer dans une guerre commerciale qui aurait des conséquences durables sur les échanges mondiaux ?

En fait, les États-Unis ont accepté de suivre ce jugement, en abandonnant ses droits de douane sur l'acier en décembre 2003*. Afin de justifier cette marche arrière, le gouvernement a affirmé qu'entre mars 2002 et décembre 2003, les droits de douane avaient eu le temps de remplir leur rôle. Là encore, cette explication n'a pas convaincu grand monde.

De nombreux spécialistes de la question ont plutôt estimé que le gouvernement américain avait reculé face à la menace brandie par le commissaire européen au commerce, Pascal Lamy**. En effet, l'Union européenne avait désormais l'aval de l'OMC pour prendre des mesures de rétorsion, et se tenait prête à imposer des droits de douane à hauteur de 2 milliards de dollars sur les exportations américaines. Le but essentiel de ces représailles était de faire céder les États-Unis. Elles visaient donc essentiellement des secteurs sensibles, concentrés eux aussi dans des « swing states ». Le jus d'orange, par exemple, était l'une des cibles principales : non pas parce qu'une protection dans ce secteur aurait apporté des avantages aux producteurs européens, mais parce que la production d'agrumes occupe une place essentielle dans l'économie de la Floride, un état particulièrement sensible lors des élections américaines de 2001.

* *L'Expansion*, 4 décembre 2003.

** Depuis décembre 2005, Pascal Lamy est le directeur général de l'OMC.

4.6 La déception de Doha

Le neuvième cycle de négociation multilatérale, et le premier à être lancé sous l'égide de l'OMC, a débuté en 2001 à Doha, au Qatar. Comme tous les cycles précédents, celui-ci a été marqué par des négociations âpres et difficiles. Mais pour la première fois depuis la création du GATT, aucun compromis ne semble en vue et, plus de huit ans après son lancement, le cycle de Doha semble définitivement dans l'impasse. L'échec apparent du cycle de Doha ne remet pas en cause toutes les avancées réalisées par les cycles précédents. Comme nous l'avons vu, les négociations multilatérales mobilisent à la fois des « leviers » qui permettent d'avancer vers la libéralisation des échanges (c'est-à-dire les cycles de négociations) et des « crans de sûreté » qui limitent les retours en arrière (notamment la consolidation tarifaire). La réunion de tous les membres de l'OMC qui s'est tenue à Genève en juillet 2008, et qui devait déboucher sur une conclusion du cycle de Doha, s'est soldée par un échec. Le « levier » de négociation est donc en panne, mais les « crans de sûreté » demeurent et les accords signés ces dernières années restent encore en place.

Surtout, les difficultés rencontrées par le neuvième cycle de négociation sont, en quelque sorte, la conséquence logique des progrès accomplis par le GATT et l'OMC depuis l'après-guerre. Par rapport aux cycles précédents, les discussions engagées depuis 2001 se font en effet dans un contexte très différent. D'une part, l'OMC ne compte pas moins de 153 pays membres en 2009, ce qui est beaucoup comparé aux 23 États participant au premier cycle de négociation de 1947 et aux 119 signataires des accords de Marrakech de 1994. Assurément, le nombre et la forte hétérogénéité des participants pèsent sur les chances de trouver un accord susceptible de satisfaire tout le monde. Lors des cycles précédents, l'essentiel des discussions portait sur les différends opposant les principales puissances économiques, les États-Unis et l'Union européenne. Mais ces derniers font maintenant face aux grands pays émergents, comme l'Inde, le Brésil et la Chine, qui se sont imposés sur la scène diplomatique et économique internationale. Les pays en voie de développement ont aussi plus de poids : leur grand nombre leur permet de constituer des coalitions importantes pour influer sur les négociations. D'autre part, les négociations précédentes ont conduit à une telle réduction des barrières commerciales qu'on ne peut attendre que des gains modestes d'un pas supplémentaire vers la libéralisation des échanges. Les barrières commerciales sur la plupart des biens manufacturés, hormis le secteur du textile, sont désormais extrêmement faibles ; les principaux gains à attendre d'une nouvelle avancée vers le libre-échange doivent alors venir d'une réduction des protections dans l'agriculture, un secteur qui est, dans beaucoup de pays, particulièrement sensible.

Le tableau 9.6 présente une estimation, proposée par la Banque mondiale, des gains associés à la réalisation d'un accord commercial dans le cadre du cycle de Doha. Selon le scénario le plus ambitieux (particulièrement difficile à atteindre), le PIB mondial n'augmenterait que de 0,18 %. Un scénario plus modéré, qui laisserait inchangée la protection des secteurs les plus « sensibles », conduirait quant à lui à un gain quasiment insignifiant. Pour les pays émergents et les pays en développement (qui sont largement majoritaires au sein de l'OMC), les gains à attendre du cycle de Doha sont encore plus faibles (la Chine pourrait même y perdre, puisque la fin des subventions agricoles américaines et européennes conduirait à un renchérissement des biens agro-alimentaires qu'elle importe – voir encadré 9.5). L'étude de la Banque mondiale souligne aussi que 63 % des gains potentiels associés à une libéralisation totale du commerce seraient imputables au seul secteur agricole.

Tableau 9.6 : Gains à attendre du cycle de Doha (en % du PIB)

	Scénario ambitieux	Scénario modéré
Pays développés	0,20	0,05
Pays émergents	0,10	0,00
Chine	–0,02	–0,05
Pays en développement	0,05	0,01
Monde	0,18	0,04

Source : Anderson K. et Martin W., *Agricultural Trade Reform and the Doha Agenda*, World Bank, 2005.

On comprend alors mieux les difficultés rencontrées par le cycle de Doha. Les pays émergents et en développement, n'ayant que très peu à gagner à l'accord qui leur est proposé, multiplient les demandes de concessions aux pays riches. De leur côté, les pays développés rechignent à payer le coût politique d'une libéralisation de leur agriculture, sans obtenir des contreparties plus significatives de la part des pays du Sud.

L'OMC est donc, en quelque sorte, victime de son succès, et le manque à gagner en cas d'échec définitif du cycle de Doha reste limité. Cependant, le véritable coût d'un enlisement du cycle risque de dépasser largement les chiffres reportés au tableau 9.6. En effet, l'incapacité de l'OMC à mener à bien de nouvelles négociations commerciales fragilise cette institution, et certains pays peuvent être tentés de s'affranchir des contraintes imposées par le système de négociation multilatérale.

Au cours des années 2000, on a vu ainsi se multiplier les accords commerciaux régionaux ou bilatéraux, signés en marge des négociations multilatérales de l'OMC (voir la section 4.7). Ces accords font certes avancer le libre-échange mais tendent à accroître la complexité du système mondial de protection commerciale, dans la mesure où ils viennent allonger la liste des cas particuliers. Surtout, ils laissent souvent des petites économies, au pouvoir de négociation limité, face aux grandes puissances commerciales. Enfin, le blocage des négociations de l'OMC peut inciter un certain nombre de pays à donner libre cours à leurs velléités protectionnistes. Pourquoi en effet continuer à multiplier les efforts de coopération si personne n'envisage plus de se lancer dans de nouvelles négociations multilatérales ? Par exemple, sans même quitter le cadre imposé par l'OMC, les pays peuvent élever leurs protections commerciales au niveau des droits consolidés qui ne sont, pour l'heure, que rarement atteints. Par rapport à un accord complet tel que défini par les objectifs du cycle de Doha, un tel retour aux droits consolidés reviendrait à doubler le niveau de protection mondiale. Cela engendrerait une perte de 7,7 % de commerce international (soit plus de 1 700 milliards de dollars) et une réduction du PIB mondial de 353 milliards de dollars[1]. Au final, l'échec de Doha, en cassant la dynamique des négociations multilatérales, peut déboucher sur des pertes de commerce et de bien-être nettement supérieures aux gains directs qui résulteraient d'un succès du cycle.

1. Bouët A. et Laborde D., « The Potential Cost of a Failed Doha Round », *IFPRI Issue Brief*, n° 56, 2008.

Encadré 9.5

Les pays du Sud payent-ils les conséquences des subventions aux agriculteurs du Nord ?

Dans le cadre des négociations du cycle de Doha, une des principales revendications des pays en développement porte sur les politiques agricoles des pays développés. L'Union européenne, comme les États-Unis, le Japon, ou encore la Suisse et la Norvège octroient en effet d'importantes subventions à la production et à l'exportation de produits agroalimentaires. Celles-ci ont pour conséquence de déprimer les cours mondiaux et donc de pénaliser les producteurs étrangers. C'est, par exemple, le cas des aides accordées par Washington aux producteurs américains de coton, qui sont vivement critiquées par nombre de pays du Sud, notamment d'Afrique de l'Ouest (Bénin, Tchad, Burkina Faso).

Mais les subventions agricoles n'ont pas que des conséquences négatives sur les pays du Sud. Nous avons vu au chapitre 8 que les subventions à l'exportation devaient avoir tendance à augmenter le bien-être des pays importateurs. C'est notamment le cas de la Chine : le tableau 9.6 montre que la réalisation d'un accord complet du cycle de Doha serait légèrement pénalisante pour Pékin. La raison en est simple. La fin des subventions européennes et américaines doit se traduire par une augmentation des prix mondiaux de produits agricoles. Dans la mesure où la Chine est un importateur net de produits agroalimentaires, l'arrêt des subventions engendrerait une baisse de ses termes de l'échange, et donc une réduction de son bien-être.

La Chine n'est d'ailleurs pas le seul pays dans ce cas. Tous les pays importateurs nets de produits agricoles profitent de fait des subventions versées aux agriculteurs des pays développés. Mais, même dans ce cas, les choses ne sont pas si simples. Tout d'abord parce que les politiques agricoles creusent certaines inégalités au Sud. Les populations urbaines, travaillant dans l'industrie et les services, profitent à coup sûr des subventions. Mais les campagnes subissent les conséquences des prix faibles (du moins dans les pays qui ne produisent pas essentiellement des biens agricoles différents de ceux exportés par le Nord, comme le café). Ensuite parce que l'agriculture revêt une importance toute particulière dans les pays en développement ; même dans les pays qui ne sont pas exportateurs nets de produits agricoles, une large proportion de la population dépend directement de l'agriculture, et la question de la sécurité alimentaire y est parfois un enjeu crucial.

4.7 Les accords préférentiels

Les accords commerciaux décrits jusqu'à présent établissent des mesures de libéralisation, qui s'appliquent à tous les pays. L'un des principes élémentaires du GATT est, en effet, d'éviter les discriminations. En effet, la clause de la « nation la plus favorisée » (NPF) garantit que chaque pays participant aux accords du GATT et de l'OMC pourra, *a priori*, réclamer qu'un partenaire commercial applique les mêmes niveaux de droits de douane que ceux qu'il impose à la nation qui bénéficie des taux les plus bas.

Néanmoins, il existe des cas importants où les pays nouent des accords commerciaux préférentiels, en vertu desquels les droits de douane qu'ils s'imposent les uns aux autres sont plus faibles que ceux appliqués aux autres pays exportateurs. De façon générale, le GATT interdit de tels accords, mais il autorise une exception assez surprenante : il est illégal qu'un pays A applique des droits de douane plus faibles sur les importations du pays B que sur ceux du pays C (règle de la NPF). Mais si les pays B et C s'engagent, de façon bilatérale, à supprimer toute barrière tarifaire sur certains biens, alors cela est conforme aux règles. Autrement dit, le GATT proscrit les accords commerciaux préférentiels en général, car ils violent le principe de la NPF, mais il les autorise si ceux-ci permettent la mise en place du libre-échange entre les pays contractants[1].

La mise en place du libre-échange entre plusieurs économies peut se faire de deux façons. Les pays partenaires peuvent créer une **zone de libre-échange**, dans laquelle tous les biens peuvent être exportés d'un pays à l'autre sans s'acquitter de droits de douane. Dans ce système, chaque pays conserve son indépendance en ce qui concerne la mise en œuvre de sa politique commerciale vis-à-vis des pays tiers. L'autre solution consiste à former une **union douanière**[2]. Dans ce cas, tous les pays participants doivent s'accorder à la fois sur les niveaux des barrières commerciales internes (entre eux) et externes (vis-à-vis des pays tiers). En 1994, l'accord de libre-échange nord-américain a créé une zone de libre-échange entre le Canada, les États-Unis et le Mexique. Par exemple, il n'oblige ni le Canada ni le Mexique à pratiquer le même niveau de protection sur le textile chinois.

D'un autre côté, l'Union européenne est une union douanière à part entière. Tous les pays membres doivent accepter d'imposer les mêmes droits de douane sur chaque bien importé. Chaque système compte des avantages et des inconvénients (voir encadré 9.6).

Comme nous l'avons vu précédemment, l'ouverture commerciale accroît l'efficience économique, sous certaines conditions. De prime abord, les accords commerciaux préférentiels peuvent également sembler une bonne chose. Bien sûr, cette politique est moins aboutie qu'une libéralisation multilatérale, mais c'est *a priori* mieux que rien. Après tout, n'est-il pas préférable d'avoir la moitié d'un gâteau que de ne pas pouvoir y goûter ?

Aussi surprenant que cela puisse paraître, cette conclusion est trop optimiste. Il se peut en effet qu'un pays qui rejoigne une union douanière voie son bien-être diminuer. La raison à cela peut être illustrée par un exemple hypothétique impliquant le Royaume-Uni, la France et les États-Unis. Ces derniers produisent du blé à un coût relativement faible (4 € le quintal), la France à un coût moyen (6 € le quintal) et le Royaume-Uni à un coût élevé (8 € le quintal). Les Français et les Britanniques maintiennent des droits de douane sur toutes les importations de blé. Si ces derniers venaient à former une union douanière avec la France, le droit de douane sur le blé français serait supprimé, mais les importations américaines seraient toujours taxées. Serait-ce une bonne ou une mauvaise chose pour le Royaume-Uni ? En fait, cela dépend des cas.

1. La logique semble ici être plus légale qu'économique. En effet, les nations sont autorisées à mettre en place le libre-échange sur leur propre territoire : personne ne s'étonne que le vin californien n'ait pas à s'acquitter du même droit de douane que le vin français lorsqu'il est vendu à New York. Le principe de la NPF ne s'applique donc pas aux unités politiques, aux « pays ». Mais qu'est-ce qu'un « pays » pour l'économie ? Le GATT évite cette question épineuse en autorisant n'importe quel ensemble d'économies à réaliser ce que font les nations pleinement reconnues comme telles, à savoir, l'établissement du libre-échange sur un territoire aux frontières bien définies.
2. Les questions relatives aux zones d'intégration régionales sont discutées plus en détail par Jean-Marc Siroën, *La Régionalisation de l'économie mondiale*, Repères, La Découverte, 2000.

Encadré 9.6

Zone de libre-échange ou union douanière ?

Les zones de libre-échange et les unions douanières ont des modes de fonctionnement différents. De façon un peu caricaturale, on peut dire que les zones de libre-échange ne posent pas de problème politique majeur, mais instaurent un véritable enfer administratif, alors que pour les unions douanières, c'est tout le contraire.

Considérons d'abord une union douanière, comme l'Union européenne. Une fois en place, l'administration des protections commerciales extérieures est relativement simple : les biens doivent s'acquitter de droits de douane lorsqu'ils franchissent les frontières de l'Union, mais ils peuvent ensuite être transportés librement entre les pays membres. Un navire qui décharge sa cargaison à Marseille ou à Rotterdam doit payer les mêmes taxes à l'arrivée au port. Les marchandises peuvent ensuite être acheminées n'importe où dans l'UE. Mais pour que cela fonctionne, il faut d'abord que les pays s'accordent sur le niveau des droits de douane : la taxe doit être identique, que le navire accoste à Marseille, Rotterdam ou Hambourg, car autrement les importateurs choisiraient systématiquement le point d'arrivée qui minimise leurs coûts d'entrée. Bien souvent, la mise en place d'un tel accord ne va pas de soi : tous les pays membres doivent renoncer, dans les faits, à une partie de leur souveraineté au profit d'une entité supranationale, en charge de la politique commerciale extérieure.

Cet effort d'intégration politique a été possible en Europe, notamment parce que les pays fondateurs avaient la conviction que l'unité économique permettrait de cimenter l'alliance d'après-guerre entre les démocraties européennes. Mais ces conditions ne sont pas réunies ailleurs dans le monde. Les trois nations qui forment l'ALENA sont d'accord pour progresser vers l'intégration commerciale, mais demeurent réticentes à l'idée de transférer le contrôle des droits de douane à un organe supranational (ce n'est d'ailleurs pas qu'une question d'orgueil national : il aurait été très compliqué de trouver un accord qui attribuerait le poids qu'ils méritent aux États-Unis, sans pour autant leur donner un pouvoir absolu sur la politique commerciale des deux autres pays membres).

Cependant, l'absence d'uniformisation de la politique commerciale vis-à-vis des pays tiers soulève d'autres problèmes. Dans le cadre de l'ALENA, une chemise produite au Mexique peut être librement transportée aux États-Unis. Mais supposons que ces derniers souhaitent maintenir des droits de douane élevés sur les chemises importées d'autres nations, alors que le Mexique préfère adopter une politique commerciale moins protectionniste. Dans ce cas, comment empêcher un importateur d'acheminer une chemise fabriquée au Bangladesh vers le Mexique, puis de la transporter par la route vers Chicago ou Montréal ?

La solution à ce type de problème impose le maintien de services douaniers minutieux. Les produits venant du Mexique doivent passer par la douane à leur entrée aux États-Unis ou au Canada. Si la marchandise provient d'un pays tiers, il faut alors recalculer les droits de douane.

☞

Encadré 9.6 (suite)

Zone de libre-échange ou union douanière ? (suite)

Cela implique une perte de temps lors du passage des frontières et l'emploi de personnes supplémentaires dans les services des douanes. Mais ce n'est que le début des problèmes. La zone de libre-échange amène en effet à se demander ce qu'est concrètement une chemise mexicaine. Si ce type de produit provient du Bangladesh, mais que les boutons sont cousus par des Mexicains, est-il mexicain et donc libre de droits de douane s'il est exporté vers les États-Unis ? Probablement pas. Mais si tout, excepté les boutons, est fabriqué au Mexique, il sera probablement considéré comme un produit mexicain. Contrairement à une union douanière, l'administration d'une zone de libre-échange nécessite donc à la fois que les pays continuent de contrôler les biens à leurs frontières, mais également qu'ils élaborent un ensemble de « règles d'origine », de façon à déterminer si un bien peut franchir les frontières sans s'acquitter d'un droit de douane. Par conséquent, les accords de libre-échange, à l'image de l'ALENA, drainent un flot immense de paperasserie qui constitue, de fait, un obstacle important aux échanges commerciaux.

En premier lieu, supposons qu'à l'origine le droit de douane du Royaume-Uni soit suffisamment élevé pour exclure à la fois les importations de blé français et américain. Par exemple, avec un droit de douane de 5 € le quintal, le blé importé des États-Unis coûterait 9 € et le français 11 € sur le marché londonien, soit bien plus que le blé anglais vendu 8 €. La création d'une union douanière avec la France permettrait au blé français de redevenir compétitif. Les importations en provenance de ce pays se substitueraient à la production britannique. Le Royaume-Uni en retirerait effectivement un bénéfice, puisque la production locale d'un quintal coûte 8 €, alors qu'il suffit de produire pour 6 € de biens exportés pour obtenir un quintal de blé français.

Supposons maintenant que le droit de douane britannique soit moins restrictif, en s'élevant, par exemple, à 3 € le quintal. Dans ces conditions, avant la création de l'union douanière, le Royaume-Uni achetait son blé aux États-Unis (vendu 7 € aux consommateurs). Après la signature de l'accord commercial avec la France, les consommateurs anglais préféreront le blé français, ce qui mettra un terme aux importations de blé en provenance des États-Unis. Cependant, ce dernier est réellement moins cher que le blé français. La taxe de 3 € que les consommateurs payent pour importer du blé américain constitue une recette fiscale qui profite au final à l'économie britannique. L'union douanière réduit le coût du blé pour les consommateurs, mais prive le gouvernement d'une part de ses recettes fiscales. Il se peut qu'au final, le solde de ces deux effets soit négatif pour le Royaume-Uni.

Cette perte éventuelle est un autre exemple de la théorie de l'optimum de second rang. Imaginons que l'Angleterre dispose de deux politiques qui modifient les comportements des producteurs et des consommateurs : un droit de douane sur le blé américain et un autre sur le blé français. Même si le second crée des distorsions, il permet de compenser celles qui résultent du premier, en encourageant la consommation du blé américain, qui est en réalité meilleur marché. Ainsi, la suppression du droit de douane sur le blé français peut détourner la consommation au profit d'un blé plus coûteux et finalement, réduire le bien-être.

Encadré 9.7

Le conflit de la banane

Les protections sur le commerce des bananes sont à l'origine d'une longue saga qui empoisonne, depuis plusieurs années, les relations commerciales de l'Union européenne. Une grande partie des exportations mondiales de bananes proviennent de quelques pays d'Amérique centrale (les fameuses « républiques bananières »). Cependant, certains pays européens se fournissaient traditionnellement auprès des territoires rattachés aux pays de l'UE (comme la Martinique et la Guadeloupe) ou ayant appartenu aux anciens empires coloniaux français et britanniques (comme la Côte d'Ivoire ou le Cameroun). Afin de protéger ces producteurs, la France et le Royaume-Uni ont imposé des quotas contre les « bananes dollars » d'Amérique centrale, qui sont environ 40 % moins chères. De son côté, l'Allemagne, qui n'a pas de lien historique particulier avec les pays producteurs, autorisait la libre entrée des bananes dollars.

Suite à la mise en place du marché unique européen en 1992, il est devenu impossible de maintenir le système en place : celui-ci permettait en effet d'importer les bananes dollars bon marché vers l'Allemagne, puis de les commercialiser dans n'importe quel pays de l'Union. Par conséquent, la Commission européenne a défini, dès 1993, un plan qui visait à imposer de nouveaux quotas (cette fois, commun à l'ensemble de l'UE) contre les bananes dollars. L'Allemagne a protesté énergiquement contre cette décision, en arguant que le traité de Rome, qui a établi la Communauté européenne en 1957, contenait une garantie explicite (le « protocole de la banane ») stipulant que l'Allemagne pourrait importer librement ce fruit de la discorde.

Cette réaction violente de l'Allemagne peut surprendre. Elle s'explique en partie par le fait qu'avant la réunification, les bananes étaient rares en RDA. En passant soudainement, dès la chute du mur de Berlin, du statut de produit de luxe à celui de bien de consommation courante, les bananes sont devenues un symbole de liberté sur lequel s'est focalisée l'attention des médias et du gouvernement allemand.

Finalement, l'Allemagne a dû céder à ses partenaires européens et accepter à contrecœur d'entrer dans le nouveau système de préférence commerciale des bananes. Toutefois, cela n'a pas mis fin à la controverse : en 1995, les États-Unis se sont engouffrés dans la brèche. Selon eux, les Européens ne portaient pas uniquement atteinte aux intérêts des nations d'Amérique centrale, mais également à ceux d'une entreprise américaine très puissante, la *Chiquita Banana Company*, dont le PDG avait généreusement contribué aux campagnes électorales des républicains et des démocrates.

En 1997, l'Organisation mondiale du commerce a jugé que les quotas d'importation européens sur les bananes ne respectaient pas les règles internationales du commerce. L'Europe a alors mis en place un régime un peu différent, mais sans réelle volonté de résoudre définitivement ce problème et d'éviter que le conflit de la banane ne flambe. Le résultat n'a pas tardé. Le différend avec les États-Unis s'est aggravé : ces derniers étaient prêts à riposter en imposant des droits de douane prohibitifs sur un certain nombre de produits européens, comme les sacs de haute couture, les chandails en cachemire et les fromages italiens (le pecorino).

☞

Encadré 9.7 *(suite)*

Le conflit de la banane (suite)

En 2001, l'UE et les États-Unis ont fini par s'accorder sur un plan d'élimination progressive des quotas d'importation, au grand dam des exportateurs de bananes qui bénéficiaient d'accords préférentiels avec l'Union européenne. Mais l'histoire n'est pas finie. L'insistance des pays producteurs d'Afrique et des Caraïbes a conduit l'UE à annoncer, en 2005, qu'elle allait supprimer les quotas sur ces produits, en échange d'un triplement des droits de douane sur les bananes ne provenant pas des pays de l'ACP (pays d'Afrique, Caraïbes et Pacifique, principalement d'anciennes colonies européennes, qui bénéficient d'aides particulières de la part de l'UE). Les producteurs latino-américains ont aussitôt contesté cette décision en déposant une plainte auprès de l'organe de règlement des différents de l'OMC. En décembre 2007, l'OMC a donné raison aux plaignants et, à l'heure actuelle, la saga de la banane continue.

Revenons à nos deux cas. Notons que le Royaume-Uni a tout intérêt à signer l'accord de libre-échange si la formation de l'union douanière permet de créer un nouveau flux de commerce (en l'occurrence, une importation de blé français qui remplace la production nationale). Mais le pays y perd, dès lors que le commerce engendré par l'accord commercial se substitue simplement à des flux d'échange avec des pays qui ne participent pas à l'union douanière. Dans l'analyse des accords commerciaux préférentiels, le premier cas correspond à une **création de commerce**, tandis que le second est un **détournement de commerce**. Une union douanière serait véritablement souhaitable si elle engendrait une création massive de commerce, plutôt qu'un détournement.

Encadré 9.8

Le détournement du commerce sud-américain

En 1991, quatre pays d'Amérique du Sud (Argentine, Brésil, Paraguay et Uruguay) ont décidé de former une zone de libre-échange : le Mercosur. Le pacte a eu un effet immédiat et spectaculaire sur le commerce : dans les quatre ans qui ont suivi la signature, la valeur du commerce entre ces pays a triplé. Les autorités politiques de la région ont affiché ce résultat avec fierté. C'était, selon eux, le signe de la réussite du Mercosur.

Il ne fait aucun doute que le Mercosur a parfaitement accompli sa mission, en développant le commerce intrarégional. Mais la théorie des accords préférentiels montre que ce n'est pas forcément une bonne chose : si le développement du commerce entre les pays du Mercosur se fait essentiellement aux dépens des échanges avec les pays tiers (c'est-à-dire si l'accord détourne davantage de commerce qu'il n'en crée), alors l'union douanière détériore le bien-être des pays participants. Et c'est ce qui s'est passé : une étude de la Banque mondiale, menée en 1996, a démontré que les effets nets sur les économies du Mercosur étaient négatifs.

Selon cette étude, la création du Mercosur a incité les consommateurs des pays membres à acheter des biens plus coûteux produits par les États voisins, au lieu de ceux, plus compétitifs mais plus fortement taxés, qui provenaient d'autres pays. Ainsi, l'industrie automobile brésilienne, très protégée et assez inefficiente, s'est

☞

Encadré 9.8 *(suite)*

accaparée un marché quasiment captif en Argentine. La première version du rapport rédigé par la Banque mondiale présentait même le Mercosur comme un cas d'école : une preuve convaincante que les accords régionaux peuvent avoir des effets pervers.

Mais le rapport final, qui a été effectivement publié, a un ton nettement plus modéré. La version initiale, ignorée par la presse, a soulevé une tempête de protestations de la part des gouvernements concernés, et tout particulièrement le Brésil. Sous la pression, la Banque mondiale a donc décidé de remanier ce rapport, dont la version définitive reste toutefois assez sévère : si le Mercosur n'a pas été totalement contre-productif, il a néanmoins généré un détournement de commerce important.

Résumé

Bien que peu de pays aient véritablement adopté cette solution, la plupart des économistes continuent de considérer le libre-échange comme une politique souhaitable. Ce parti pris repose sur trois arguments. Tout d'abord, l'ouverture aux échanges permet de réaliser des gains d'efficience (en somme, l'analyse coûts-bénéfices de la protection peut être inversée). Deuxièmement, le libre-échange engendre des gains dynamiques qui ne sont pas pris en compte par les analyses coûts-bénéfices. Enfin, même dans les cas où il n'apparaît pas comme la meilleure solution possible, il est toujours plus facile et moins risqué de choisir le libre-échange que de se lancer dans une politique visant à atteindre le niveau de protection idéal.

Il existe cependant des arguments tout à fait valables pour justifier une politique protectionniste. Par exemple, les pays peuvent améliorer leurs *termes de l'échange*, et accroître ainsi leur niveau de bien-être, en instaurant un droit de douane optimal. En pratique, cet argument a une portée limitée. Les petits pays ne peuvent pas avoir une influence significative sur les prix mondiaux des biens qu'ils exportent. Quant aux grands pays, ils peuvent certes influer sur les termes de l'échange, mais en imposant des droits de douane, ils courent le risque de rompre des accords commerciaux et donc de provoquer des mesures de rétorsion.

Un autre argument en faveur de la protection commerciale repose sur la notion de *défaillance de marché*. Si certains marchés nationaux (comme le marché du travail, par exemple) ne remplissent pas entièrement leurs rôles, alors dévier du libre-échange peut parfois permettre de limiter les conséquences de ce dysfonctionnement. La *théorie de l'optimum de second rang* stipule, en effet, qu'une intervention publique peut se justifier dès lors qu'un des marchés de l'économie ne fonctionne pas correctement. Un droit de douane peut augmenter le bien-être si la production d'un bien génère un *bénéfice social* qui n'est pas capté par les mesures de surplus des producteurs.

Bien que les défaillances de marché ne soient pas rares dans les économies modernes, il faut se garder d'abuser de cet argument pour justifier une politique commerciale. Premièrement, il est davantage dédié aux politiques intérieures qu'aux politiques commerciales. Les droits de douane engendrent systématiquement des distorsions inutiles, et il est toujours préférable de traiter les défaillances de marché en s'y attaquant de façon plus directe. Par ailleurs, il est difficile d'identifier avec précision les défaillances de marché, de façon à être certain de la recommandation politique appropriée.

En pratique, les arguments les plus à même de faire pencher les gouvernements en faveur d'une protection commerciale sont généralement liés à la répartition des revenus. Or, selon les politologues, les choix publics résultent du jeu de la concurrence entre les partis politiques. Dans le cas le plus simple, cela mène à l'adoption de la politique qui sert les intérêts de l'*électeur médian*. Bien que très utile pour envisager de nombreuses possibilités, cette approche entraîne des prédictions irréalistes en ce qui concerne la politique commerciale. En revanche, les analyses économiques des lobbies (de *l'action collective*) semblent plus utiles. Comme les individus ont peu d'intérêt à mener des combats politiques, ils peuvent se voir imposer les décisions des pouvoirs publics défendues par de petits groupes bien organisés.

Si les politiques commerciales étaient définies de façon autonome par chaque pays, les avancées vers le libre-échange seraient pratiquement impossibles. En réalité, les pays industriels sont parvenus à une réduction substantielle des droits de douane en s'appuyant sur des processus de *négociations internationales*. Celles-ci contribuent à réduire les barrières commerciales de deux façons : elles aident à élargir le camp des défenseurs du libre-échange en mettant directement en jeu les intérêts des exportateurs ; elles permettent aux gouvernements de coordonner leurs décisions afin d'éviter des *guerres commerciales*.

Depuis la fin de la Seconde Guerre mondiale, un certain nombre de pays organisent des négociations multilatérales sous l'auspice de *l'accord général sur les droits de douane et le commerce* (GATT). L'accord le plus récent du GATT a mis en place une nouvelle organisation, l'Organisation mondiale du commerce. Son objectif est d'organiser les négociations et de régler les conflits commerciaux entre les pays membres.

Au-delà des accords multilatéraux, certains pays ont négocié des *accords préférentiels*. Deux d'entre eux sont autorisés par le GATT : les *unions douanières*, où les membres de l'accord ont une politique commerciale commune vis-à-vis de l'extérieur ; et les *zones de libre-échange*, où ils ne s'imposent pas mutuellement de barrières aux échanges, mais conservent des politiques commerciales indépendantes vis-à-vis du reste du monde. Ces deux formes d'accords ont des effets ambigus sur le bien-être. Si le fait de rejoindre un tel accord engendre une substitution de la production nationale par des importations en provenance d'un autre pays membre (c'est-à-dire s'il y a une *création de commerce*), alors l'accord est bénéfique. En revanche, si cela entraîne la substitution d'importations bon marché provenant de l'extérieur de la zone par des produits moins compétitifs produits par un autre membre (c'est-à-dire s'il y a un *détournement de commerce*), l'accord régional génère des pertes.

Activités

1. « Dans le cas d'un petit pays comme la Tunisie, le passage au libre échange présenterait des avantages considérables. Cela permettrait aux consommateurs et aux producteurs faire leur choix en fonction des coûts réels des biens, et non des prix artificiels déterminés par les politiques publiques. Cela permettrait également de sortir d'un marché domestique confiné, d'ouvrir de nouveaux horizons aux entreprises et surtout, d'assainir les politiques nationales. » Distinguez et identifiez les différents arguments en faveur du libre-échange évoqués dans cette affirmation.

2. Parmi les arguments suivants, lesquels sont potentiellement recevables pour justifier un droit de douane ou une subvention aux exportations ?

   a. « Plus l'Union européenne importe de pétrole, plus le prix du pétrole augmente. »

   b. « Le fait d'importer davantage de fruits produits hors saison en Amérique du Sud contribue à faire baisser les prix de ces biens, considérés il y a encore quelques années comme des produits de luxe. »

   c. « La hausse des exportations européennes de biens agricoles n'induit pas seulement une augmentation des revenus des agriculteurs. Elle implique aussi des niveaux de revenus plus élevés pour quiconque produit des biens et des services nécessaires à l'activité des exploitations agricoles. »

   d. « Les semi-conducteurs sont essentiels au développement des industries du futur. Si nous ne produisons pas nos propres puces, notre économie risque de prendre un retard définitif dans les savoirs technologiques indispensables à tous les secteurs à fort potentiel de croissance. »

   e. « Le prix réel du bois a chuté de 40 %. Des milliers d'employés du secteur ont été contraints de chercher un nouvel emploi. »

3. Un petit pays peut importer un bien au prix mondial *P*. La courbe d'offre domestique de ce bien est la suivante :

$$O = 50 + 5\,P$$

   Et la courbe de demande :

$$D = 400 - 10\,P$$

   On suppose que $P = 10$. Par ailleurs, chaque unité de production génère un bénéfice social de 10.

   a. Calculez l'effet total sur le bien-être d'un droit de douane de 5 par unité importée.

   b. Calculez l'effet total d'une subvention à la production d'un montant de 5 par unité.

   c. Pourquoi la subvention à la production produit-elle un gain plus important que le droit de douane ?

   d. Quel serait le montant d'une subvention optimale à la production ?

4. Supposons que la demande et l'offre soient parfaitement identiques à celles de la question 3, mais qu'il n'y a plus de bénéfice social lié à la production. Toutefois, pour des raisons politiques, le gouvernement estime que le bien-être des producteurs compte plus que celui des consommateurs et des contribuables : un gain de 1 euro pour les producteurs équivaut à un gain de 2 euros pour les consommateurs ou pour le budget de l'État. Calculez les effets sur les objectifs du gouvernement d'un droit de douane de 5 par unité.

5. Supposons qu'avant d'entrer dans l'Union européenne, le coût de production d'une automobile en Pologne soit de 14 000 €, alors qu'il est de 20 000 € en Allemagne. Supposons que l'UE, qui est une union douanière, impose un droit de douane de X % sur les voitures et que les coûts de production soient de Y € au Japon. L'élargissement de l'Union européenne à la Pologne engendrera-t-il une *création* ou un *détournement* de commerce, si :

a. $X = 50$ % et $Y = 10\,000$ €.

b. $X = 100$ % et $Y = 10\,000$ €.

c. $X = 100$ % et $Y = 8\,000$ €.

6. Commentez la phrase suivante : « Les plaintes de l'Union européenne à l'encontre des politiques commerciales japonaises et américaines sont injustifiées. Chaque pays a le droit de faire tout ce qui sert au mieux ses intérêts. »

7. Expliquez de façon intuitive pourquoi un pays peut gagner à instaurer un droit de douane optimal.

8. Si les gouvernements suivent des politiques en fonction du bien-être national, est-ce que le problème de guerre commerciale peut toujours être représenté par un « dilemme du prisonnier » (voir figure 9.3) ?

Annexe du chapitre 9

Le droit de douane optimal

Un droit de douane améliore toujours les termes de l'échange d'un grand pays mais, dans le même temps, il crée des distorsions de la consommation et de la production. Cette annexe démontre que, pour un droit de douane suffisamment faible, le gain généré par l'amélioration des termes de l'échange est toujours supérieur aux pertes induites par les distorsions. Autrement dit, il existe toujours un droit de douane optimal positif.

Pour cela, nous nous focalisons sur un cas où toutes les courbes d'offre et de demande sont linéaires. Il s'agit donc de droites.

Offre et demande

Supposons que le pays domestique (importateur) ait une courbe de demande qui correspond à l'équation suivante :

$$D = a - b\tilde{P} \qquad (9A.1)$$

où $\tilde{P}$ est le prix du bien sur le marché domestique. L'équation de la courbe d'offre est :

$$Q = e + f\tilde{P} \qquad (9A.2)$$

La demande domestique d'importation est la différence entre l'offre et la demande domestiques :

$$D - Q = (a - e) - (b + f)\tilde{P} \qquad (9A.3)$$

La courbe d'offre étrangère est également une droite :

$$(Q^* - D^*) = g + hP_w \qquad (9A.4)$$

où P_w est le prix mondial. Quant au prix en vigueur sur le marché domestique, il est égal au prix mondial augmenté du droit de douane :

$$\tilde{P} = P_w + t \qquad (9A.5)$$

Droit de douane et prix

Le droit de douane crée un écart entre le prix intérieur et le prix mondial. Il tire le prix intérieur vers le haut et pousse le prix mondial vers le bas (voir figure 9A.1).

À l'équilibre mondial, la demande domestique d'importation doit être égale à l'offre étrangère d'exportations :

$$(a - e) - (b + f) \times (P_w + t) = g + hP_w \qquad (9A.6)$$

Soit P_F le prix mondial qui aurait été observé en l'absence de droit de douane. Dès lors, en taxant les importations au taux t, le prix intérieur va passer à :

$$\tilde{P} = P_F + th/(b+f+h) \quad (9A.7)$$

alors que le prix mondial diminue :

$$P_w = P_F - t(b+f)/(b+f+h) \quad (9A.8)$$

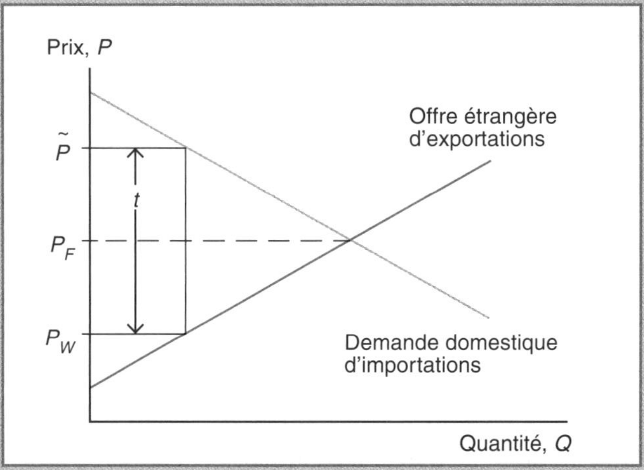

Figure 9A.1 • Effets d'un droit de douane sur les prix.
Dans un modèle linéaire, il est possible de calculer l'effet exact d'un droit de douane sur les prix.

Dans le cas d'un petit pays, l'offre étrangère est très élastique, c'est-à-dire que h est très grand. Dès lors, un droit de douane aura peu d'effets sur le prix mondial, tandis qu'il entraînera une hausse presque proportionnelle du prix domestique.

Droit de douane et bien-être domestique

Calculons maintenant les effets d'un droit de douane sur le bien-être domestique (voir figure 9A.2). Q^1 et D^1 représentent les niveaux de production et de consommation en situation de libre-échange. Le droit de douane accroît la production nationale (de Q^1 à Q^2) et contracte la demande (D^1 à D^2) :

$$Q^2 = Q^1 + tfh/(b+f+h) \quad (9A.9)$$

et

$$D^2 = D^1 - tbh/(b+f+h) \quad (9A.10)$$

Le gain pour l'économie qui résulte de la baisse du prix mondial est mesuré par l'aire du rectangle à la figure 9A.2. Il est égal à la baisse du prix, multipliée par la quantité importée :

$$\begin{aligned} \text{Gain} &= (D^2 - Q^2) \times t(B+f)/(b+f+h) \\ &= t \times (D^1 - Q^1) \times (b+f)/(b+f+h) - (t)^2 \times h(b+f)^2/(b+f+h)^2 \quad (9A.11) \end{aligned}$$

La perte liée à la distorsion de la consommation est la somme des aires des triangles à la figure 9A.2 :

$$\text{Perte} = (1/2) \times (Q^2 - Q^1) \times (\tilde{P} - P_F) + (1/2) \times (D^1 - D^2) \times (\tilde{P} - P_F)$$
$$= (t)^2 \times (b + f) \times (h)^2 / 2(b + f + h)^2 \quad (9A.12)$$

Au total, l'effet net sur le bien-être est le suivant :

$$\text{Gain} - \text{perte} = t \times U - (t)^2 \times V \qquad (9A.13)$$

où U et V sont des termes complexes, mais positifs et indépendants du droit de douane. Autrement dit, l'effet net sur le bien-être est la somme d'un terme positif multiplié par le droit de douane, et d'un terme négatif multiplié par le droit de douane au carré.

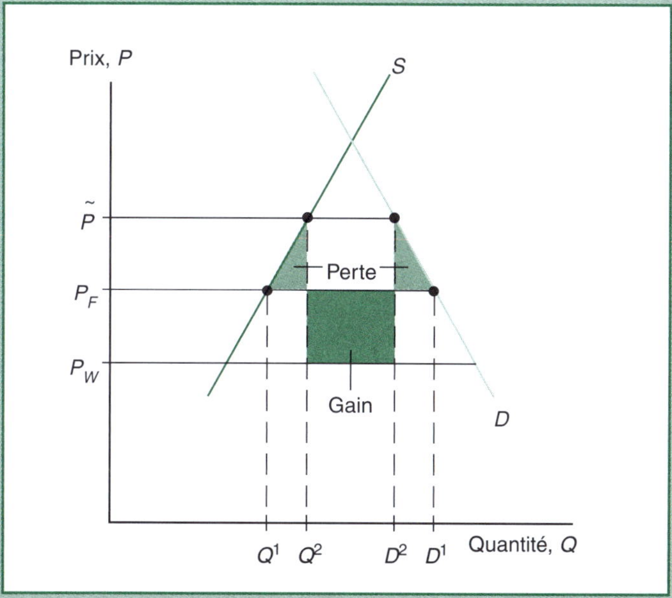

Figure 9A.2 • Effets d'un droit de douane sur le bien-être.

Le bénéfice net engendré par un droit de douane est égal à l'aire du rectangle, moins les surfaces des deux triangles.

Lorsque le droit de douane est nul, le gain est tout simplement nul. Par ailleurs, la dérivée de l'équation (9A.13) est égale à : $U - 2 \times t \times V$. Lorsque t est proche de 0, cette équation est positive, ce qui signifie qu'une petite augmentation du droit de douane doit d'abord augmenter le gain net de l'économie. Cependant, au fur et à mesure de l'augmentation de t, le terme $(t)^2 \times V$ finit par croître plus vite que le terme $t \times U$, si bien qu'au final, le gain net tend à diminuer, jusqu'à devenir négatif.

Chapitre 10

La politique commerciale dans les pays en développement

Objectifs pédagogiques :

- **Analyser les arguments du protectionnisme, tel qu'il a été appliqué dans les pays en développement (notamment les stratégies d'industrialisation par substitution aux importations et l'argument de l'industrie naissante).**
- **Présenter l'histoire économique récente des pays de l'Est asiatique et la relation entre leur croissance rapide et leur participation au commerce international.**

Jusqu'à maintenant, nous avons analysé les instruments de la politique commerciale sans véritablement nous préoccuper des spécificités des différents pays du monde. Or les choix publics en matière de politique commerciale reflètent assurément les histoires propres à chaque pays et les difficultés particulières qu'ils rencontrent. S'agissant de questions d'ordre économique, la caractéristique la plus à même de guider les décisions publiques est bien sûr le niveau de revenu. Comme l'indique la figure ci-après, les différences internationales de revenu par habitant sont énormes. D'un coté, on retrouve les pays développés (essentiellement l'Europe de l'Ouest, les États-Unis et le Japon) dont le revenu par habitant dépasse les 30 000 dollars par an. De l'autre côte, les **pays en développements**, avec des niveaux de revenus bien plus faibles, représentent pourtant la majorité de la population mondiale. Cet ensemble de pays recouvre toutefois un éventail de niveaux de revenu particulièrement large. Certains, comme la Corée, sont en passe de se voir reconnaître le statut de pays avancé. D'autres, comme le Burkina-Faso, restent désespérément pauvres. Néanmoins, pour à peu près tous ces pays, la politique économique a pour principale préoccupation de combler l'écart de revenu qui les sépare des pays les plus avancés.

La question de savoir pourquoi de telles inégalités internationales de revenus perdurent dépasse largement les limites de cet ouvrage[1]. En revanche, nous pouvons noter que les politiques économiques ont été fortement influencées par l'évolution des conceptions du développement économique. De la Seconde Guerre mondiale

1. On se reportera par exemple au manuel de Michael Todaro et Stephen Smith, *Economic Development*, Pearson Education/Addison-Wesley, 10e édition, 2009 ; ou encore à l'ouvrage synthétique d'Elsa Assidon, *Les théories économiques du développement*, Repères, La Découverte, 2002.

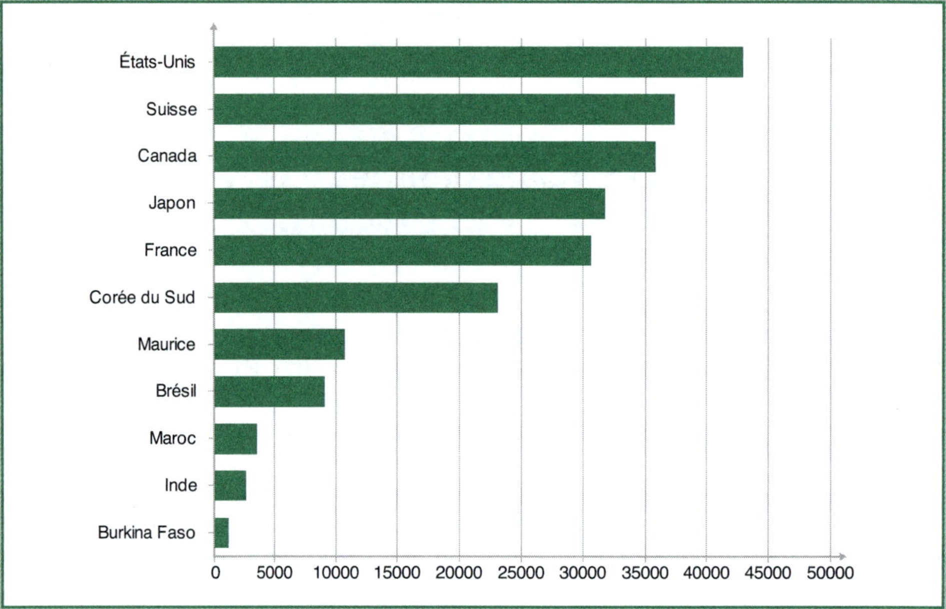

Figure 10.1 • Produit intérieur brut par habitant en 2007 pour quelques pays (en dollars PPA).

Source : d'après le FMI, *World Economic Outlook.*

aux années 1970, les politiques économiques ont été conditionnées par la croyance que la clé du développement résidait dans la constitution d'un secteur manufacturier puissant, et que le meilleur moyen de créer un tel secteur était de protéger les industriels locaux de la concurrence internationale. La première partie de ce chapitre décrit les arguments ayant conduit à cette stratégie d'industrialisation par substitution aux importations. Nous verrons aussi les critiques de ces arguments, qui se sont intensifiées après 1970 et qui ont conduit, à la fin des années 1980, à l'émergence d'un nouveau consensus autour des vertus du libre-échange. Dans la seconde partie du chapitre, nous verrons en détail le cas particulier du groupe des pays de l'Est asiatique, qui est parvenu à maintenir des taux de croissance exceptionnellement élevés depuis le milieu des années 1960. Les implications, en termes de politique commerciale, de ce « miracle est-asiatique » sont en effet très controversées et appellent une analyse spécifique.

1 L'industrialisation par substitution aux importations

Entre la Seconde Guerre mondiale et les années 1970, de nombreux pays en développement ont essayé de favoriser l'essor de leur industrie en limitant les importations de produits manufacturés pour conférer aux entreprises nationales un avantage sur leur propre marché. Bien que de nombreuses raisons (économiques, politiques ou idéologiques) aient pu contribuer au succès de ces politiques protectionnistes, le poids des arguments théoriques en faveur de la *substitution aux importations* a été déterminant. Parmi eux, l'argument de l'*industrie naissante* (évoqué au chapitre 6) a assurément joué un rôle important.

1.1 L'argument de l'industrie naissante

L'argument de l'industrie naissante repose sur l'idée qu'un pays en développement, qui aurait un avantage comparatif *potentiel* dans un secteur manufacturier, pourrait ne pas pouvoir faire face à la concurrence des industries, plus anciennes et bien implantées, des pays développés. Afin de permettre aux entreprises nationales de prendre pied sur leur marché, les gouvernements des pays en développement devraient donc élever des protections commerciales pour les aider temporairement, jusqu'à ce qu'elles soient suffisamment productives pour affronter la concurrence internationale. Ainsi, l'imposition temporaire de droits de douane ou de quotas d'importation doit amorcer le processus d'industrialisation. Historiquement, la plupart des économies développées ont d'ailleurs commencé leur industrialisation à l'abri de barrières douanières. Par exemple, au XIXe siècle, les États-Unis, et dans une moindre mesure l'Allemagne et la France, ont eu des droits de douane élevés sur les produits manufacturés. Le Japon a quant à lui largement usé du contrôle des importations jusqu'aux années 1970.

Les limites de l'argument de l'industrie naissante. L'argument de l'industrie naissante paraît plein de bon sens et, de fait, il a convaincu de nombreux gouvernement. En mettant en lumière ses faiblesses conceptuelles, les économistes ont toutefois suggéré que cet argument doit être manié avec prudence.

Tout d'abord, les politiques volontaristes qui visent à développer aujourd'hui les industries qui auront un avantage comparatif dans le futur ne sont pas toujours raisonnables. La Corée du Sud est par exemple devenue exportatrice d'automobiles dans les années 1980. L'essor de cette industrie résulte d'un processus continu d'accumulation qui a permis de dégager un avantage comparatif dans des activités relativement intensives en capital. Mais il aurait été vraisemblablement peu judicieux de vouloir développer l'industrie automobile coréenne dans les années 1960, alors que le capital et le travail qualifié étaient encore rares.

Ensuite, la protection du secteur manufacturier ne sera efficace que dans la mesure où elle permet, pour finir, de renforcer sa compétitivité. Des pays comme l'Inde ou la Tunisie ont longtemps protégé leur industrie et ils exportent aujourd'hui, de manière significative, des bien manufacturés. Mais les biens qu'ils exportent sont, pour l'essentiel, des produits de l'industrie légère comme le textile. La protection des secteurs industriels plus intensifs en capital (comme l'automobile ou l'électroménager) n'a donc pas suffi à permettre leur développement. D'ailleurs, on peut raisonnablement penser que les protections commerciales n'ont eu finalement aucune influence véritable sur les performances de ces pays dans les secteurs manufacturiers, relativement peu intensifs en capital. Certains économistes parlent dans ce cas d'industrie « pseudo-naissante » : certains secteurs protégés deviennent compétitifs pour des raisons qui n'ont rien à voir avec la protection, si bien que la politique protectionniste peut apparaître comme un succès, alors qu'elle n'est dans ce cas qu'une perte pour l'économie.

Plus généralement, le fait que l'émergence d'une industrie performante soit un processus long et coûteux n'est pas un argument suffisant pour justifier une intervention des pouvoirs publics, à moins d'être confronté à un dysfonctionnement du marché intérieur. Si une industrie est assez rentable pour pouvoir rémunérer le capital, le travail et les autres facteurs de production qui lui sont nécessaires, pourquoi les investisseurs privés auraient-il besoin d'aides publiques ? Pour certains, l'aide de l'État est nécessaire dans la mesure où les investisseurs privés ne fonderaient leurs choix que sur les bénéfices courants, sans tenir compte des perspectives de profits à long terme. Mais ces remarques ne correspondent pas aux théories de l'investissement, ni à la réalité : il existe de nombreux exemples, au moins dans les pays industrialisés, d'investisseurs qui soutiennent des projets de très long terme dont les bénéfices sont incertains (c'est notamment le cas des biotechnologies).

L'argument de l'industrie naissante en cas de défaillance de marché. Pour justifier l'argument de l'industrie naissante, il faut donc dépasser l'idée, plausible mais contestable, que les industries nouvelles doivent être systématiquement mises à l'abri de la concurrence étrangère. La nécessité de protéger un secteur industriel doit donc être reliée à une défaillance de marché qui empêche les mécanismes économiques d'assurer le développement des entreprises (voir chapitre 9). Plus particulièrement, les partisans de la protection des industries naissantes justifient ces politiques en mettant en avant deux types de défaillance.

L'imperfection des systèmes financiers. Si un pays en développement ne dispose pas d'institutions financières (c'est-à-dire de banques et de marchés financiers) solides et performantes, il aura des difficulté à drainer l'épargne nationale pour financer l'investissement dans les secteurs industriels émergents. Dans ce cas, les jeunes entreprises industrielles devront en grande partie s'autofinancer. Même si leur rendement à long terme est élevé, leur croissance sera effectivement restreinte par leurs difficultés à dégager des bénéfices courants. En toute logique, la politique optimale de premier rang serait d'améliorer le fonctionnement du système financier, mais c'est un processus long et coûteux, et la protection des industries nouvelles apparaît alors comme politique optimale de deuxième rang.

Les problèmes d'appropriabilité. Dans de nombreux cas, l'essor de nouveaux secteurs industriels génère des bénéfices sociaux pour lesquels les firmes du secteur émergent ne sont pas rémunérées. Par exemple, les premières firmes à développer une activité nouvelle dans un pays peuvent avoir à supporter des coûts de lancement liés à l'adaptation du produit ou des méthodes de production à l'environnement local : la formation du personnel, la créations d'infrastructures spécifiques, la mise en place de chaînes logistiques et de circuits de distribution, les campagnes de publicité visant à modifier les comportements des consommateurs… Par la suite, d'autres firmes peuvent entrer sur ce nouveau marché sans avoir à subir le coût de ces investissements fondamentaux. Les firmes pionnières ont donc créé, en parallèle à leur production, des bénéfices intangibles sur lesquels elles ne peuvent faire valoir aucun droit de propriété[1]. Si ces firmes pionnières ne peuvent pas s'approprier totalement l'usage de leur investissement, il se peut qu'on ne trouve aucun entrepreneur privé pour s'engager dans cette nouvelle production. L'État a alors intérêt à subventionner ces investissements intangibles ou, quand cela n'est pas possible, à utiliser la protection commerciale pour encourager des firmes pionnières.

Ces deux arguments en faveur de la protection des industries naissantes sont clairement des cas particuliers de *défaillance de marché* qui peuvent justifier de déroger au libre-échange. Mais en pratique, il est difficile de déterminer quels secteurs nécessitent réellement un soutien des pouvoirs publics. Le risque que ces politiques de développement soient récupérées par des intérêts particuliers est donc important. Beaucoup d'industries naissantes n'ont ainsi jamais grandi et restent dépendantes de la protection dont elles bénéficient.

---

1. Leur investissement génère donc des gains qui se font ressentir au-delà des limites de la firme. On parle alors d'*externalité*.

1.2 La protection commerciale comme politique de soutien à l'industrie

Malgré les doutes concernant l'argument de l'industrie naissante, de nombreux pays en développement y ont vu une bonne raison de soutenir leurs activités manufacturières. En principe, ce soutien peut prendre plusieurs formes. Les gouvernements peuvent par exemple accorder des subventions à l'ensemble des entreprises industrielles, ou bien cibler leurs efforts sur quelques secteurs spécifiques pour lesquels ils pensent pouvoir acquérir un avantage comparatif. La plupart des pays en développement ont cependant misé sur des politiques d'**industrialisation par substitution aux importations** qui visent, par l'instauration de barrières commerciales, à remplacer les importations par des productions locales. Notons que les deux stratégies de développement évoquées sont forcément opposées. En effet, les analyses en équilibre général présentées au chapitre 5 montrent qu'en protégeant les secteurs concurrents des importations, les pays réallouent des ressources au détriment des secteurs exportateurs (ou potentiellement exportateurs). Faire le choix d'encourager la substitution aux importations revient donc à faire celui de décourager les exportations

Une des raisons pour lesquelles la stratégie de substitution aux importations l'a emporté sur les interventions en faveur des exportations est simplement d'ordre politique : dans beaucoup de cas, le choix de la substitution aux importations a bénéficié directement aux puissants groupes d'intérêts établis, tandis que la promotion des exportations n'avait pas d'appui politique naturel. Ce n'est cependant pas la seule raison. Jusqu'aux années 1970, beaucoup de pays en développement doutaient en fait de leurs capacités à exporter des biens manufacturés (contredisant en cela l'argument de l'industrie naissante). Il est important de noter que certains partisans des politiques de substitution aux importations pensaient que les avantages des pays industrialisés étaient simplement trop importants pour être surmontés par les pays en développement, si bien que ces derniers ne pourraient jamais réussir à s'insérer dans l'économie mondiale.

Les années 1950 et 1960 ont constitué le point culminant des politiques de substitution aux importations. Dans un premier temps, les pays en développement ont commencé par protéger les productions de biens finals, comme l'agroalimentaire ou l'assemblage automobile. Dans les plus grands pays, ce processus s'est poursuivi jusqu'au remplacement presque complet des biens de consommation importés, et les politiques industrielles se sont alors tournées vers les biens intermédiaires comme les châssis automobiles, l'acier ou les produits pétrochimiques. Même si les pays en développement n'ont jamais pu substituer la totalité de leurs importations par des productions locales[1], certains sont tout de même parvenus à réduire leurs niveaux d'ouverture commerciale à des niveaux remarquablement bas. Le cas le plus extrême est celui de l'Inde, dont les importations – hors pétrole – ne dépassaient pas 3 % du PIB au début des années 1970.

Il serait injuste d'affirmer que les politiques d'industrialisation par substitution aux importations ont échoué. Elles ont en effet largement contribué au développement de l'industrie dans les pays du Sud. Dans les pays d'Amérique latine, la part de la production manufacturière par rapport à la production totale a pratiquement atteint un niveau comparable à celui des pays les plus avancés (cette part était moins importante pour

1. Ils sont restés dépendants des importations de produits industriels complexes comme les ordinateurs, les machines-outils, etc.

l'Inde, mais seulement parce que sa population, plus pauvre, a continué à consacrer une large proportion de son revenu aux produits agricoles). Le soutien à l'industrie n'était cependant pas l'objectif final poursuivi par ces pays : l'important était de rattraper leur retard économique et de lutter contre la pauvreté. La politique de substitution aux importations a-t-elle alors favorisé le développement économique ? On peut émettre sur ce point de sérieux doutes.

Encadré 10.1

Île Maurice : de la substitution aux importations à la promotion des exportations

L'Île Maurice est souvent considérée comme un exemple de réussite économique en Afrique. Bien évidemment, le niveaux de vie est encore aujourd'hui relativement bas, mais le rattrapage économique du pays n'en demeure pas moins étonnant : entre 1980 et 2007, le revenu par habitant à été multiplié environ par 5 et la différence de niveau de vie avec la France a été presque réduite de moitié (le PIB par tête représente aujourd'hui près de 40 % du niveau français)*.

Ce succès économique ne repose évidemment pas sur une cause unique, mais le choix de réformer les politiques commerciales a sans doute contribué à cette évolution en transformant profondément le tissu industriel.

Avant même son indépendance, acquise en 1968, l'Île Maurice a, comme beaucoup d'autres, misé sur des politiques protectionnistes pour amorcer son industrialisation. Cette politique de substitution aux importations a rapidement buté sur la faible dimension du marché mauricien, qui ne pouvait permettre aux entreprises industrielles d'atteindre une taille critique. Tout en conservant certaines protections commerciales très strictes dans quelques secteurs, le gouvernement de l'île se tourne alors progressivement vers des politiques de promotion des exportations, en ouvrant dès 1970 les premières *zones franches d'exportation*. Ces zones, inspirées de l'expérience taïwanaise, sont des parcs industriels où les firmes qui s'y implantent peuvent bénéficier de certaines dérogations au droit général (exemption d'impôts et de droits de douane, plus grande liberté des mouvements de capitaux…). À Maurice, ces zones ont permis d'attirer des investisseurs – notamment asiatiques – qui pouvaient profiter d'une main d'œuvre qualifiée peu onéreuse et d'un accès privilégié aux marchés européens. Pendant plus d'une décennie, ce mélange de promotion d'exportation et de substitution aux imports a régi la politique industrielle de l'île.

Les protections commerciales n'ont cependant pas suffi pour développer significativement l'industrie et générer les externalités attendues. Au tournant des années 1980, le pays a rencontré de sérieuses difficultés de balance des paiements (voir chapitre 12) et a dû se tourner résolument vers des politiques d'ouverture commerciale. À partir de 1983, les incitations en faveur de l'industrie, associées à

☞

* Les données proviennent des bases de la Banque mondiale et de Soludo, Ogbu et Chang, *The Politics of Trade and Industrial Policy in Africa*, Africa World Press, 2004.

Encadré 10.1 (suite)

la dépréciation du taux de change et au démantèlement des protections commerciales, ont permis d'améliorer la compétitivité des firmes industrielles. En outre, le niveau de vie a progressé, le chômage a diminué rapidement (de 19 % en 1982, il a chuté à moins de 4 % en 1990, pour remonter ensuite jusqu'à environ 9 % en 2008), et la production industrielle s'est développée (de 24,5 % en 1980, la part de l'emploi industriel dans l'emploi total est passée à 44,5 % en 1990).

Pour autant, l'Île Maurice n'est pas sortie d'affaire. En tant qu'ancienne colonie, le pays profite des *accords de Lomé,* qui offrent un accès privilégié aux marchés européens. L'ouverture progressive de l'Union européenne aux importations en provenance d'autres pays en développement constitue dès lors un nouveau défi pour les Mauriciens.

L'exemple de l'Île Maurice est marquant à plusieurs titres. Tout d'abord, il vient rappeler que le sous-développement n'est pas une fatalité indépassable en Afrique. Des politiques publiques appropriées, l'introduction de réformes progressives et mesurées visant à tirer le meilleur parti des échanges internationaux peuvent conduire certains pays sur le chemin de l'industrialisation et de la réduction de la pauvreté. Mais, au-delà des politiques commerciales, l'expérience de l'Île Maurice souligne encore l'importance fondamentale pour le développement économique de la stabilité politique, de la solidité des institutions économiques, juridiques et sociales, et des investissements durables dans l'éducation.

2 Les résultats des politiques de substitution aux importations

Les politiques d'industrialisation par substitution aux importations ont commencé à faire l'objet de critiques quand il s'est avéré que les pays les ayant appliquées ne montraient ni de signes évidents de rattrapage économique ni, bien souvent, de réduction des inégalités et du chômage[1]. En fait, la situation de certains pays s'est même aggravée : l'Inde, par exemple, était plus pauvre par rapport aux pays développés en 1980 qu'en 1950, l'année suivant son indépendance.

Il est bien sûr délicat de déterminer les causes exactes de ces échecs, mais il semble bien que le développement économique soit un processus plus complexe que ne le laisse entendre l'argument de l'industrie naissante. L'expérience montre en effet que l'origine du sous-développement est plus profonde qu'un simple retard de la production manufacturière. Les pays pauvres manquent de main-d'œuvre qualifiée et d'entrepreneurs compétents et expérimentés. Ils rencontrent en outre des problèmes d'organisation sociale, et ils disposent d'institutions moins performantes et plus instables qui rendent les relations économiques plus difficiles et incertaines. Ces problèmes peuvent

1. Sur la question des inégalités dans les pays en développement, voir le rapport de la Banque mondiale : « Équité et Développement », 2006.

sûrement être résolus par des politiques économiques appropriées, mais en aucun cas par les politiques commerciales.

À partir du moment où il est apparu que les politiques de substitution ne parviendraient pas, dans bon nombre de cas, à satisfaire les espoirs dont elles étaient porteuses, de plus en plus d'observateurs ont pointé du doigt les distorsions qu'elles ont pu engendrer. Une partie du problème vient du fait que les instruments utilisés pour soutenir les industries naissantes étaient excessivement complexes. Les pouvoirs publics ont en effet utilisé un ensemble élaboré, et souvent redondant, de quotas d'importation, de contrôles des changes et de règles de contenu local, plutôt que de simples droits de douane, si bien que la protection effective a parfois fini par atteindre des niveaux faramineux. Certains secteurs industriels en Amérique latine et en Asie du Sud étaient protégés par des mesures équivalentes à des taux avoisinant les 200 %[1]. Ces hauts niveaux de protection permettaient aux industries de subsister alors même que leurs coûts de production étaient trois à quatre fois supérieurs à ceux des importations qu'elles remplaçaient. Même pour les plus ardents défenseurs de ces politiques d'industrialisation, il semble difficile d'imaginer des défaillances de marché susceptibles de justifier de si hauts niveaux de protection.

Un autre effet pervers qui a reçu une attention particulière est la tendance des restrictions aux importations à favoriser la production à une échelle trop petite pour être efficace. Même pour des pays en développement de très grande taille, comme le Brésil ou l'Inde, le marché intérieur ne représente qu'une petite fraction de celui des États-Unis ou de l'Union européenne. Bien souvent, la taille de l'économie nationale ne permet pas de produire à une échelle suffisante pour atteindre un niveau de performance satisfaisant. La réponse que les petits pays doivent apporter à cette question d'échelle passe alors, comme on l'a vu au chapitre 6, par un renforcement des spécialisations dans la production et l'exportation d'un nombre limité de produits. La politique d'industrialisation par substitution aux importations élimine cette solution en concentrant au contraire la production industrielle sur le marché intérieur.

À la fin des années 1980, un consensus de plus en plus large s'est établi entre les économistes, les organisations internationales (comme la Banque mondiale) et les décideurs politiques des pays en développement pour reconnaître les limites des politiques de substitution aux importations. Plusieurs études statistiques suggèrent ainsi que les pays en développement qui ont appliqué des politiques relativement favorables au libre-échange ont connu, en moyenne, une croissance plus rapide que les pays plus protectionnistes[2]. Cette évolution intellectuelle a conduit à une révision profonde des stratégies de développement et à la remise en cause des politiques commerciales de nombreux pays en développement.

---

1. Par exemple, au cours des années 1960, le niveau de protection effective de l'industrie manufacturière a atteint 182 % au Chili et 113 % au Brésil (voir Bela Balassa, *The Structure of Protection in Developping Countries*, Johns Hopkins Press, 1971).
2. La question de l'impact de l'ouverture sur la croissance économique fait toutefois l'objet de débats récurrents et animés. Ainsi, les résultats empiriques soulignant une corrélation positive entre l'ouverture aux échanges et le développement ont été récemment remis en cause par Francisco Rodriguez et Dani Rodrik (Francisco Rodriguez et Dani Rodrik, « Trade Policy and Economic Growth : A Skeptic's Guide to the Cross-National Evidence », *in* Ben Bernanke et Kenneth S. Rogoff, dir., *NBER Macroeconomics Annual 2000,* Cambridge, Massachusetts, MIT Press for NBER, 2001). Il ressort de ces débats que l'ouverture au commerce peut être au mieux une condition nécessaire au développement, mais assurément pas une condition suffisante.

3 La libéralisation du commerce depuis 1985

Mis à part le Chili, qui a entamé un processus de libéralisation commerciale dès 1974 (après le coup d'État militaire)[1], les pays en développement n'ont en général infléchi leurs politiques commerciales qu'à partir du milieu des années 1980. En effet, à partir de la fin des années 1980, beaucoup de pays en développement ont, de façon plus ou moins drastique, réduit les droits de douane, supprimé les quotas et, plus généralement, ouvert leur économie à la concurrence des importations (voir figure 10.2).

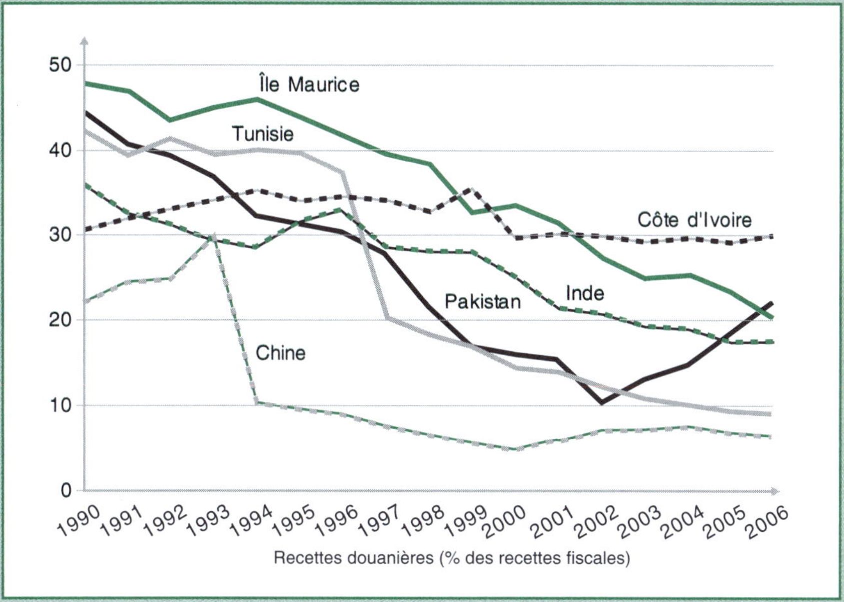

Figure 10.2 • La réduction des droits de douane dans quelques pays en développement.

Source : Banque mondiale.

La libéralisation du commerce dans les pays en développement a eu deux effets distincts. Le premier est une augmentation significative du volume des échanges. Comme le montre la figure 10.3, le commerce des pays en développement a progressé très lentement jusqu'aux années 1980. Mais il a entamé une croissance rapide après 1985, si bien qu'en une quinzaine d'années la part du commerce dans le PIB a doublé. Le second effet est l'évolution de la nature du commerce. Avant le changement d'orientation des politiques économiques, les pays en développement exportaient majoritairement des

1. Au Chili, de 1974 à 1979, le taux effectif moyen de protection du secteur manufacturier est passé de 151 % à 14 %. Après quelques années difficiles, le Chili a connu une période de forte croissance dès la fin des années 1970. À partir de la seconde moitié des années 1980, les performances économiques du pays sont devenues plutôt impressionnantes, en atteignant des taux de croissance proches de ceux des pays d'Asie de l'Est. Les militaires ont officiellement quitté le pouvoir en 1990, mais les orientations des politiques commerciales sont restées inchangées et, ces dernières années, le Chili a encore connu des taux de croissance supérieurs à 5 %, soit largement plus que le reste de l'Amérique latine.

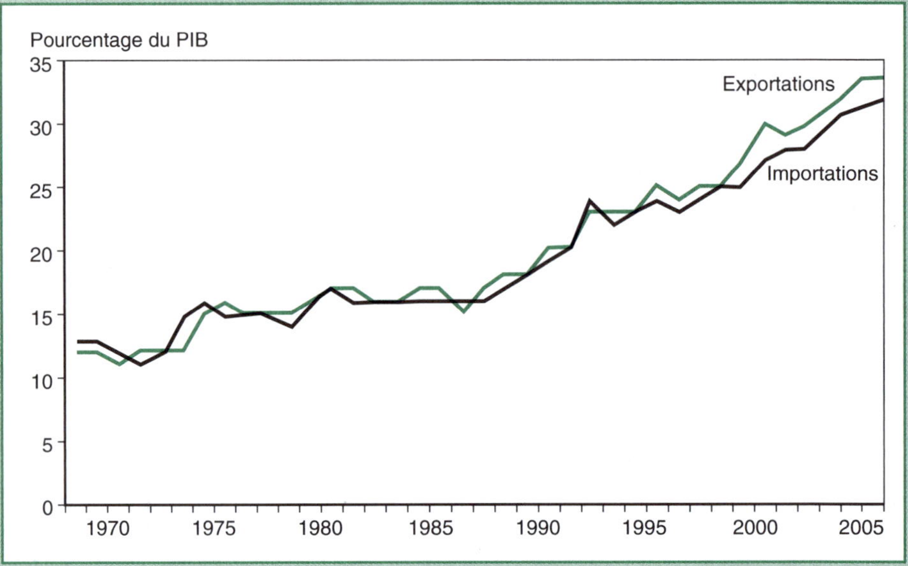

Figure 10.3 • La croissance du commerce des pays en développement.
La libéralisation du commerce après 1985 a conduit à une forte augmentation de la part des importations et des exportations dans le PIB des pays en développement.

Source : Banque mondiale.

produits agricoles et miniers. Comme nous l'avons vu au chapitre 2, la part des biens manufacturés dans leurs exportations a ensuite fortement augmenté à partir des années 1980, et ces produits représentent aujourd'hui la majorité des exportations pour un certain nombre de pays en développement. Mais il n'y a cependant rien d'étonnant à constater que les politiques de libéralisation ont modifié l'ampleur et la structure des échanges internationaux ; la question qui importe véritablement est de savoir si ces politiques ont tenu leurs promesses en favorisant le développement économique.

Les résultats sont plutôt mitigés. Les taux de croissance au Brésil et dans d'autres pays d'Amérique latine ont en fait été plus faibles après la libéralisation de la fin des années 1980 qu'auparavant. De son côté, l'Inde a connu une accélération impressionnante de sa croissance, mais certains économistes font valoir qu'elle semble avoir démarré avant la mise en place de l'essentiel des réformes. Par ailleurs, au moins en Amérique latine, l'abandon des politiques de substitution aux importations semble avoir été accompagné d'une aggravation des inégalités sociales.

4 L'industrialisation par les exportations : le miracle est-asiatique

Comme nous l'avons déjà évoqué plus haut, l'idée que la seule voie vers l'industrialisation passait par la substitution aux importations a longtemps prévalu. À partir du milieu des années 1960, la réussite de pays ayant privilégié l'industrialisation par les exportations de biens manufacturés, principalement à destination des pays développés, a remis en cause ce dogme. Les **économies asiatiques nouvellement industrialisées**[1] ont connu des taux de croissance spectaculaires, dépassant les 10 % par an dans certains cas. Même s'ils ont été durement touchés par la crise financière de 1997, ces pays d'Asie de l'Est ont, jusque-là, atteint un niveau de développement remarquable.

Mais, alors que leur succès ne fait aucun doute, les implications du « miracle est-asiatique » restent très controversées. Les analyses du rôle des politiques économiques, et en particulier des politiques commerciales, divergent fortement. Certains observateurs interprètent le succès des économies asiatiques comme un plaidoyer en faveur du libre-échange et des politiques publiques non interventionnistes, alors que pour d'autres c'est le signe de la réussite d'interventions publiques sophistiquées.

4.1 La croissance asiatique : quelques faits

Selon le moment où le « miracle » y a commencé, la Banque mondiale distingue trois groupes de pays parmi les économies dynamiques d'Asie de l'Est. Le premier est simplement constitué du Japon, dont la croissance rapide a commencé juste après la Seconde Guerre mondiale, et qui a aujourd'hui un niveau de richesse par habitant comparable à celui des États-Unis ou de l'Europe de l'Ouest. Nous reviendrons sur l'expérience japonaise au chapitre 11, qui traite des politiques commerciale et industrielle dans les pays développés. On trouve ensuite quatre pays plus petits qui ont connu une accélération de leur croissance dans les années 1960 ; ces « quatre tigres » sont Hong Kong, Taïwan, la Corée du Sud et Singapour[2]. Enfin, à la fin des années 1970 et dans la décennie suivante, la Malaisie, la Thaïlande, l'Indonésie et, de manière plus spectaculaire, la Chine ont amorcé leur décollage économique.

Chaque groupe de pays a connu de hauts niveaux de croissance. Les « tigres » ont vu leur PIB réel croître de 7 à 8 % en moyenne du milieu des années 1960 jusqu'à la crise asiatique de 1997 (en comparaison, les taux de croissance des pays anciennement industrialisés d'Amérique du Nord et d'Europe ont été de l'ordre de 2 ou 3 %). Aujourd'hui, les pays du dernier groupe connaissent des taux de croissance comparables, et la Chine présente même une croissance supérieure à 10 % (bien que la fiabilité des statistiques chinoises reste sujette à caution).

En plus de ces forts taux de croissance, les pays d'Asie de l'Est partagent aussi la particularité d'être fortement ouverts au commerce international. Leurs économies sont

1. La Banque mondiale les regroupe sous le terme de *high performance Asian economies* (HPAE). Pour une étude très utile de ces pays, voir World Bank, *The East Asian Miracle : Economic Growth and Public Policy*, Oxford, Oxford University Press, 1993. On verra aussi le rapport de la Banque mondiale publié en 2001 : « Rethinking the East Asian Miracle » (tous les rapports de la Banque mondiale sont disponibles en ligne sur le site **http://www.banquemondiale.org**).
2. La situation politique de deux de ces pays est confuse. Hong Kong était encore une colonie britannique durant son décollage économique, mais a été rétrocédée à la Chine en 1997. Le traité instituant le retour de Hong Kong dans le giron chinois stipule que la cité doit conserver ses institutions économiques et sociales. De son côté, Taïwan est un territoire historique de la Chine, qui constitue une nation *de facto* indépendante, mais qui évite de proclamer explicitement son indépendance pour ne pas provoquer son puissant voisin.

ainsi beaucoup plus orientées vers les exportations que les autres pays en développement, d'Amérique latine, d'Asie du sud et d'Afrique.

Encadré 10.2

Le réveil de la Chine

Bien qu'avec 1,3 milliard d'habitants elle soit de loin le pays le plus peuplé au monde, la Chine jouait, jusque récemment, un rôle mineur dans l'économie mondiale. De 1949 à 1978, le régime communiste a largement isolé l'économie chinoise du commerce international et les choix politiques ont bridé la croissance.

En 1978, la politique chinoise a cependant pris un virage inattendu. Devenu partisan du fait que « devenir riche est glorieux », le parti communiste a ouvert l'économie chinoise aux entreprises privées et au commerce extérieur. Depuis, le pays a connu des taux de croissance de presque 10 % en moyenne et, selon certaines estimations, elle est déjà devenue la seconde puissance économique du monde, après les États-Unis et devant le Japon.

Une première explication à cette croissance rapide revient à dire qu'elle n'a en partie jamais eu lieu, qu'elle n'est qu'une illusion statistique. Il existe en effet des preuves que les chiffres officiels sous-estiment l'inflation et surestiment donc la croissance réelle. Le véritable taux de croissance pourrait ainsi être plus faible d'au moins deux points de pourcentage. Mais, même avec une croissance annuelle de « seulement » 7 ou 8 % par an, les performances de l'économie chinoise restent véritablement impressionnantes.

Une deuxième réponse est que la Chine a un taux d'épargne élevé (à peu près 30 % du PIB), ce qui autorise un rythme d'investissement soutenu. En cela, la Chine suit la voie des autres pays d'Asie de l'Est, dont la croissance a largement reposé sur l'accumulation rapide de facteurs de production.

Enfin, beaucoup mettent en avant le rôle du dualisme de l'économie chinoise. Avant 1978, la migration rurale-urbaine des travailleurs chinois était en effet découragée, alors même que le secteur agricole accueillait une main-d'œuvre surabondante. L'assouplissement des contraintes pesant sur les populations a provoqué une sortie importante de travailleurs de l'agriculture qui, sans affecter sérieusement la production agricole, a rendu possible la hausse spectaculaire de l'industrie manufacturière.

Même si, à la surprise de nombreux observateurs, la Chine a traversé sans trop de dommages la crise asiatique de 1997-1998 et maintient, aujourd'hui encore, une croissance plus rapide que ses voisins, elle ne pourra probablement pas continuer à croître à une telle vitesse. Le secteur agricole commence à voir son excès de travail se résorber et les rendements des investissements industriels vont sans doute aller en diminuant. D'autre part, certaines difficultés se profilent à l'horizon, liées notamment à l'inefficacité du large secteur contrôlé par l'État ou à la corruption généralisée des fonctionnaires.

4.2 Les politiques commerciales des pays d'Asie de l'Est

Il est tentant d'attribuer le succès des pays d'Asie de l'Est à leur choix de mener des politiques commerciales moins protectionnistes que dans beaucoup de pays en développement.

Cependant, les études empiriques font apparaître un diagnostique plus complexe. En premier lieu, il n'est pas simple d'établir à quel point les ratios élevés de commerce observés dans les pays d'Asie de l'Est découlent de politiques économiques favorables au libre-échange. En fait, à l'exception de Hong Kong, ces pays n'ont pas adopté de politique véritablement libre-échangiste : en 1985, le taux moyen de protection était de l'ordre de 34 % pour les pays africains, 46 % pour l'Amérique du Sud... et 24 % pour les pays émergents d'Asie de l'Est[1]. Ces derniers ont donc été moins protectionnistes que les autres pays en développement, mais ils n'ont en aucun cas appliqué une politique de libre-échange.

En fait, la plupart des économistes ayant travaillé sur le sujet voient dans cette ouverture commerciale autant une conséquence qu'une cause du succès de ces pays. Par exemple, la Thaïlande a connu une augmentation de ses exportations et de ses importations dans les années 1990, au moment où le pays est devenu un site de production pour les entreprises multinationales. Celles-ci sont ainsi à l'origine d'une large part de la croissance des échanges commerciaux du pays. Le reste est lié à l'augmentation du revenu de la population thaïlandaise. La corrélation observée entre la croissance rapide des exportations et la croissance du PIB en général ne permet donc pas de conclure que les politiques de libéralisation commerciale sont la principale explication du « miracle » asiatique.

4.3 Les politiques industrielles dans les pays d'Asie de l'Est

L'autre argument souvent avancé pour expliquer le succès économique des pays de l'Est asiatique est celui des *politiques industrielles* actives mis en place par les gouvernements : l'utilisation de droits de douane, de restrictions aux importations, de subventions et de mesures plus complexes (comme les prêts bonifiés ou les soutiens à la recherche et au développement) ont pu permettre d'amorcer et de soutenir le processus d'industrialisation. Comme nous le verrons plus longuement au chapitre 11, l'évaluation des politiques industrielles est en général difficile. Nous évoquerons ici seulement trois raisons pour lesquelles la plupart des économistes spécialistes du sujet restent sceptiques sur leur efficacité dans le cas qui nous intéresse.

D'abord, les pays d'Asie de l'Est ont utilisé un large éventail de politiques, allant d'un encadrement strict de l'économie par le gouvernement de Singapour, à une politique proche du laisser-faire par celui de Hong Kong. De son côté, la Corée du Sud a favorisé la constitution de grands conglomérats industriels (les *chaebol*), alors que le tissu industriel taïwanais reste encore fortement marqué par les petites entreprises familiales.

1. Ces chiffres sont tirés du rapport de la Banque mondiale de 1993 (*The East Asian Miracle : Economic Growth and Public Policy, op. cit.*). La multiplicité et la complexité des instruments de la protection commerciale rendent cependant difficiles des comparaisons internationales des niveaux de protection. Pour une discussion technique, voir Antoine Bouet, « La mesure des protections commerciales nationales », *Document de travail du CEPII*, 2000 (disponible en ligne : **http://www.cepii.fr**).

Et pourtant, malgré ces différences profondes dans l'organisation et la conduite de leur industrie, toutes ces économies ont atteint des niveaux de croissance similaires.

Ensuite, il semble que l'impact réel des interventions publiques en faveur de l'industrie n'a pas été, *in fine*, aussi important que le laisse entendre la multitude de commentaires qu'elles ont suscité. C'est en tout cas une des conclusions de l'étude de la Banque mondiale sur le miracle asiatique.

Enfin, ces pays d'Asie ont aussi connu leur lot d'échecs notables et de politiques économiques inefficaces. Par exemple, entre 1973 et 1979, la Corée du Sud a mené une politique de promotion de l'industrie lourde (acier, automobile) et de la chimie. Cette politique, qui s'est révélée extrêmement coûteuse, a été jugée prématurée et a été rapidement abandonnée.

S'il est généralement admis que la politique industrielle n'a pas été un élément clé du décollage des économies d'Asie de l'Est, il faut souligner que ce débat n'est pas clos et que l'évaluation de l'impact de ces politiques reste un champ de recherche important.

4.4 Les autres facteurs de croissance

Si l'ouverture commerciale et les politiques industrielles ne suffisent pas à expliquer le miracle asiatique, quels en sont les autres déterminants ?

Il existe en effet une autre caractéristique majeure, commune à presque toutes ces économies : leur très fort taux d'épargne. Cette épargne élevée leur a permis de financer durablement de hauts niveaux d'investissement. De la même façon, au-delà de l'accumulation de capital physique, les ménages ont investi dans le capital humain, aidés en cela par des progrès importants dans l'éducation publique. Plusieurs estimations suggèrent que de hauts taux d'investissement, combinés à une amélioration sensible du niveau d'éducation, expliquent une large part, si ce n'est l'ensemble, de la croissance rapide de l'Asie de l'Est[1]. Si ces résultats sont exacts, l'accent mis sur la politique commerciale et le commerce international est déplacé.

Comme à peu près tout ce qui touche à l'explication de la croissance asiatique, cette interprétation est, elle aussi, controversée. Le débat sur les causes du miracle asiatique et la possibilité d'en tirer des leçons pour d'autres pays reste donc encore ouvert. En revanche, s'il est une chose de sûr en ce qui concerne l'expérience est-asiatique, c'est qu'elle a réfuté certaines hypothèses, largement acceptées jusque-là, sur le développement économique. Notamment, l'idée selon laquelle l'industrialisation et le développement passent nécessairement par une stratégie autocentrée de substitution aux importations est clairement erronée. Tous les exemples de succès en termes de développement sont au contraire caractérisés par une stratégie d'industrialisation tournée vers l'extérieur, même s'il semble clair que ces politiques d'ouverture ne constituent pas pour autant une assurance de succès. Par ailleurs, la vision d'un marché mondial fermé aux nouveaux entrants, et maintenant inexorablement les population du Sud dans la pauvreté, s'est révélée particulièrement fausse : à aucun autre moment de

1. Voir Alwyn Young « A Tale of Two Cities : Factor Accumulation and Technical Change in Hong Kong and Singapore », *in* O. J. Blanchard et S. Ficher, dir., *NBER Maroeconomics Annual*, 1992.

l'histoire humaine autant de personnes n'ont connu une amélioration plus rapide de leur niveau de vie qu'avec le miracle asiatique.

Résumé

Les politiques économiques dans les pays moins développés peuvent être analysées à l'aide des mêmes outils que pour les pays développés. Les problèmes spécifiques aux *pays en développement* sont néanmoins différents ; la politique économique dans ces pays a notamment pour objectif de favoriser l'industrialisation.

Les politiques gouvernementales d'industrialisation ont souvent été justifiées par l'argument de l'industrie naissante, qui stipule que les nouvelles industries ont besoin d'une protection temporaire contre les concurrents étrangers. Cet argument de l'industrie naissante n'est cependant valable que s'il existe des défaillances de marché, notamment des *imperfections des marchés de capitaux* et des difficultés *d'appropriabilité* des investissements et du savoir-faire acquis par les entreprises pionnières.

Beaucoup de pays en développement se sont fondés sur l'argument de l'industrie naissante pour mettre en place des politiques d'*industrialisation par substitutions aux importations*, qui permettent aux industries domestiques de se développer sous la protection de droits de douane ou de quotas d'importation. Si de telles politiques ont favorisé le développement de l'industrie, leurs résultats en termes de croissance et de bien-être sont beaucoup moins probants.

À partir de 1985, beaucoup de pays en développement, déçus des résultats des politiques de substitution aux importations, ont abaissé leurs protections commerciales, entraînant une élévation rapide de leurs exportations de biens manufacturés. Cette réorientation des politiques économiques a eu des résultats contrastés selon les pays.

L'idée que l'industrialisation et le développement passaient nécessairement par une stratégie autocentrée de substitution aux importations, ainsi que la vision d'un marché mondial fermé aux nouveaux entrants et donc défavorable aux pays pauvres, ont été réfutées par la croissance rapide de plusieurs pays d'Asie de l'Est. Les raisons du succès de ces pays restent cependant controversées.

Activités

1. Quels pays semblent avoir le plus bénéficié du commerce international durant les dernières décennies ? Quelles politiques ces pays ont-ils en commun ? Est-ce que leur expérience plaide en faveur de l'argument de l'industrie naissante, ou bien à son encontre ?
2. Un pays importe des voitures au prix de 8 000 euros chacune. Son gouvernement pense que les producteurs domestiques pourraient en fabriquer à terme pour seulement 6 000 euros, mais qu'il y aurait une période d'adaptation initiale durant laquelle chaque voiture coûterait 10 000 euros. Dans quelles circonstances l'existence de ces coûts initiaux justifie-t-elle la protection des industries naissantes ?
3. Pourquoi la politique d'industrialisation par substitution aux importations pourrait-elle être plus efficace dans les grands pays en développement, comme le Brésil, que dans les plus petits, comme le Bénin ?
4. Quelles ont été les principales raisons du déclin des stratégies d'industrialisation par substitution aux importations, au profit de politiques favorables au libre-échange ?

Chapitre 11

La contestation du libre-échange dans les pays développés

Objectifs pédagogiques :

- **Présenter les arguments les plus rigoureux en faveur des politiques commerciales interventionnistes, et notamment ceux liés aux externalités et aux économies d'échelle.**
- **Exposer les tenants et aboutissants des principales revendications portées par les mouvements altermondialistes.**
- **Expliciter le rôle de l'OMC dans le règlement des conflits commerciaux.**

Comme nous l'avons vu précédemment, les analyses théoriques des politiques commerciales, et plus largement celle du commerce international, reposent sur une tradition intellectuelle séculaire. Les économistes accueillent alors souvent les idées nouvelles dans ce domaine avec un certain scepticisme : ils ont généralement tendance à n'y voir qu'une remise au goût du jour d'intuitions déjà anciennes. Mais il arrive tout de même que des problématiques réellement nouvelles apparaissent. Ce chapitre en décrit deux, négligées jusque dans les années 1980 et 1990, mais qui ont suscité un vif intérêt ces dernières années.

Dans les années 1980, l'émergence des industries de haute technologie dans les pays développés (notamment l'essor rapide du secteur électronique), a conduit à définir de nouveaux arguments plaidant en faveur de l'intervention de l'État dans les échanges internationaux. Certains de ces arguments sont proches des analyses centrées sur les imperfections de marché, déjà abordées au chapitre 9. Mais cet ensemble théorique, qui définit les **politiques commerciales stratégiques**, est fondé sur des principes réellement originaux qui justifient qu'on y consacre une attention particulière.

Plus tard, dans les années 1990, un débat houleux a éclaté au sujet des conséquences du commerce international sur les marchés du travail et sur l'opportunité d'inclure dans les accords commerciaux des clauses sociales pour encadrer les conditions de travail dans les pays en développement. Très vite, cette controverse a rapidement dépassé la sphère académique pour s'inviter dans le débat public et s'étendre à la question, plus générale, des conséquences de la mondialisation.

1 Les arguments en faveur des politiques commerciales interventionnistes

Rien, dans le cadre analytique développé aux chapitres 8 et 9, ne permet de rejeter *a priori* le principe d'une intervention publique dans les échanges internationaux. Ce cadre montre seulement qu'une décision des pouvoirs publics doit s'appuyer sur une justification explicite : la politique interventionniste doit permettre de compenser une défaillance du marché intérieur.

Le problème est alors d'identifier les défaillances de marché lorsqu'elles existent. Les économistes en distinguent principalement deux types, à même de justifier une politique publique dans les pays développés. Le premier concerne les capacités des entreprises de haute technologie à s'approprier les bénéfices des leurs efforts de recherche et développement. Le second est lié à l'existence de surprofits (c'est-à-dire de rentes) dans les secteurs oligopolistiques.

1.1 Les externalités technologiques

La discussion du chapitre 10 sur l'argument de l'industrie naissante a permis de mettre en évidence le fait que certaines défaillances de marché peuvent limiter les capacités d'appropriation du savoir technologique.

Si toutes les firmes d'un secteur peuvent s'approprier, sans en payer le coût, une nouvelle technologie produite par l'une d'entre elles, les incitations à innover (c'est-à-dire inventer de nouvelles technologies) pourraient disparaître. En effet, la production supplémentaire qui résulte de la diffusion de la technologie vers l'ensemble des firmes (c'est-à-dire le bénéfice social marginal de cette connaissance) ne se traduira pas par un bénéfice supplémentaire pour la firme innovante qui a investi dans la recherche. Lorsque de telles **externalités**[1] se révèlent importantes dans un secteur, il peut être opportun de subventionner la production ou la recherche scientifique des firmes de cette branche de l'économie.

En théorie, cet argument s'applique de la même manière pour les pays développés et les pays en développement, et il peut ainsi – pour ces derniers – légitimer la protection des industries naissantes. Dans les pays industrialisés, la situation n'est cependant pas tout à fait la même, car ces pays développent des secteurs de haute technologie dont la fonction est justement de produire des nouvelles connaissances scientifiques. Dans ces secteurs, les firmes consacrent une grande part de leurs ressources à l'amélioration des technologies, soit en investissant directement dans la recherche et développement (R&D), soit en assumant des coûts fixes particulièrement élevés, correspondant à la mise en place de nouveaux produits et de nouveaux procédés de fabrication.

Toutes les firmes ne se comportent cependant pas de cette façon. Dans l'industrie électronique, par exemple, il est assez fréquent de voir des entreprises faire du « reverse engineering », c'est-à-dire de démonter les nouveaux produits de leurs concurrents pour en comprendre le fonctionnement et le mode de fabrication, dans le but évident de s'en inspirer. Dans ce cas, si les droits de propriété intellectuelle (et notamment les brevets) ne fournissent pas une protection suffisante aux innovateurs, il est raisonnable de penser que l'État doit intervenir pour compenser cette insuffisance et soutenir les secteurs innovants.

1. C'est-à-dire les gains tirés d'un investissement ou d'une action qui échoient à d'autres firmes que celles qui en ont supporté le coût.

Quel soutien public pour les secteurs de haute technologie ? Même s'il existe des arguments plutôt pertinents pour justifier les subventions publiques dans les secteurs de haute technologie, il faut manier ces politiques avec prudence. Il est en effet nécessaire de s'interroger tout d'abord sur la capacité des pouvoirs publics à cibler le bon objectif, puis à définir le niveau pertinent des subventions à accorder.

Bien sûr les firmes des secteurs de haute technologie apparaissent comme des candidats tout désignés. En consacrant des budgets importants à la recherche et au développement, elles génèrent forcément des externalités dont peut profiter l'ensemble de l'économie. Faut-il pour autant se lancer tête baissée et leur accorder des subventions, pour compenser le fait qu'une partie de leurs efforts d'investissement sert en quelque sorte de bien public ? Ce n'est pas si sûr. Tout d'abord, le rôle de ces entreprises ne se limite pas à la création de connaissances nouvelles. Elles produisent aussi des biens et des services marchands, et il n'y a, *a priori*, aucune raison particulière de subventionner cette facette de leur activité. Par ailleurs, la production de connaissances nouvelles n'est pas l'apanage des seuls secteurs de haute technologie. On le voit intuitivement, il n'est donc pas évident d'identifier précisément les secteurs caractérisés par des défaillances de marché, et encore moins les firmes réellement engagées dans la production de connaissances en partie non appropriables. Une définition trop large pourrait engendrer des abus de la part de certaines firmes, comme de gonfler artificiellement les budgets de leurs départements de recherche et développement, dans le but de revendiquer davantage de subventions. Elles pourraient y inclure, pourquoi pas, les voitures de fonction ou les achats de gommes et de crayons utilisés dans les autres services de l'entreprise. À l'inverse, une définition trop stricte risquerait de favoriser les très grandes unités de recherche et développement, au détriment des structures plus petites et plus réactives, considérées habituellement comme le creuset des idées originales.

Bien qu'il soit difficile de cibler avec justesse les situations qui justifient vraiment un soutien public, la plupart des pays développés subventionnent directement ou indirectement les activités de recherche et développement. Les entreprises innovantes bénéficient par exemple de crédits d'impôts ou de l'appui de la recherche scientifique publique. Au cours du conseil européen réuni à Lisbonne en 2002, l'Union européenne a d'ailleurs décidé de dynamiser ses investissements en recherche et développement pour faire face aux efforts importants consentis dans ce domaine par les États-Unis, le Japon et même, depuis quelques années, la Chine[1]. Cette *stratégie de Lisbonne* a pour objectif de coordonner la recherche européenne, de faciliter les associations entre la recherche publique et privée, mais aussi de renforcer la place des aides directes et indirectes à l'innovation dans le budget européen, comme dans ceux des États membres[2].

---

1. En 2006, la part des dépenses de recherche et développement dans le PIB de la zone euro atteignait tout juste 2 %. Ce chiffre masque d'importantes disparités : il varie, en effet, entre 3,4 % pour la Finlande et 0,5 % pour la Grèce. Quant à la France, elle dépasse à peine la moyenne européenne avec 2,1 %. À titre de comparaison, ces ratios atteignent 2,6 % aux États-Unis, 3,4 % au Japon et 1,4 % en Chine (soit davantage que l'Espagne ou l'Irlande par exemple).
2. Pour une synthèse des effets à attendre de ces types de politique volontariste, voir le rapport européen « The Economic Costs of Non-Lisbon », *Occasional Paper,* mars 2005. Voir aussi le rapport du Conseil d'analyse économique rédigé par Jean-Paul Betbèze, « Financer la R&D », 2005 (**http://www.cae.gouv.fr/**).

Quelle est l'importance des externalités ? Répondre à la question du niveau approprié de subvention aux activités de haute technologie nécessite d'abord de savoir quelle est l'ampleur des retombées technologiques auxquelles on doit s'attendre. Dans quelle mesure un euro investi en recherche et développement par une firme accroît-il la productivité ou les capacités d'innovation des autres firmes ? La vérité est que personne ne le sait réellement. Cela tient à la nature même des externalités qui, par définition, n'ont pas de prix de marché, et sont forcément difficiles à mesurer.

Et de toute façon, même au cas où elles identifieraient des secteurs générant des externalités significatives, les autorités publiques n'auraient pas nécessairement intérêt à leur apporter un soutien. Il se peut en effet que les retombées issues des connaissances scientifiques produites dans un pays profitent en grande partie aux firmes étrangères. Si une firme belge, par exemple, développe un nouveau procédé de fabrication de l'acier, la plupart des firmes susceptibles d'imiter ce procédé ne se trouveront probablement pas en Belgique, mais dans les autres pays européens, aux États-Unis, ou encore au Japon. Un gouvernement mondial aurait clairement intérêt à subventionner cette innovation, mais le gouvernement belge ne gagnerait pas grand-chose à subventionner la production d'une forme de bien public mondial. Cette question de l'appropriabilité des connaissances au niveau d'une économie nationale est d'ailleurs une des justifications de l'intégration européenne et de la stratégie de Lisbonne : en permettant une certaine coordination des politiques de recherche et développement des différents pays membres, l'Union européenne cherche à se donner les moyens de mener des politiques publiques efficaces dans ce domaine.

En dépit de ces limites, l'argument théorique des retombées technologiques est assurément la meilleure justification des politiques industrielles actives. En tout cas, comparé aux règles simplistes et fortement contestables généralement invoquées pour justifier des soutiens en faveur de tel ou tel secteur « sensible », il semble bien plus raisonnable pour les gouvernements des pays développés de cibler leurs interventions sur les secteurs de haute technologie ; en effet, la théorie économique ne rejette pas *a priori* ces interventions, et le faire ou pas est alors une question de conviction et d'orientation des choix publics.

1.2 La concurrence imparfaite et les politiques commerciales stratégiques

Dans les années 1980, les économistes Barbara Spencer et James Brander[1], de l'université canadienne de Colombie-Britannique, ont proposé un nouvel argument en faveur des soutiens publics à l'industrie. Selon eux, l'imperfection de la concurrence peut suffire à justifier l'intervention de l'État. Ils notent en effet que, dans certains secteurs, seules quelques firmes sont effectivement en concurrence. Le petit nombre d'entreprises sur le marché permet à chacune de disposer d'un *pouvoir de marché* sur les consommateurs et d'en tirer des surprofits, des **rentes** : chacune d'entre elles fait des bénéfices plus importants que n'importe quelle firme de taille comparable dans les autres secteurs de l'économie. Sur le marché mondial, chacune des firmes de ces secteurs oligopolistiques est en concurrence avec les autres pour s'accaparer les rentes les plus importantes.

Spencer et Brander soulignent que, dans cette situation, un gouvernement peut intervenir pour modifier un peu les règles du jeu, et transférer une partie des rentes détenues par des

1. James Brander et Barbara Spencer, « Export Subsidies and International Market Share Rivalry », *Journal of International Economics*, 16, 1985, p. 83-100.

entreprises étrangères vers les entreprises domestiques. Dans le cas le plus simple, en subventionnant les firmes domestiques, les autorités publiques peuvent décourager l'investissement et la production des firmes étrangères, et permettre ainsi aux firmes locales d'accroître leurs profits. Avec un peu de chance, cette rente captée par les firmes domestiques sera d'un montant supérieur à celui de la subvention. En mettant de côté les effets sur les consommateurs (ce qui est tout à fait raisonnable, par exemple, lorsque l'essentiel des ventes se fait sur un marché étranger), il devient évident que la subvention augmente le bien-être domestique au détriment de celui du pays étranger.

Une illustration de l'analyse de Brander-Spencer. Un exemple simple suffit à comprendre les principes essentiels de l'analyse de Brander-Spencer. Considérons le cas où deux firmes, basées chacune dans des pays différents, sont en concurrence sur le marché mondial. En gardant bien sûr à l'esprit que toute ressemblance avec des événements réels ou ayant existé est purement fortuite, nous appelons ces deux entreprises Boeing et Airbus, et les économies correspondantes États-Unis et Union européenne. Supposons enfin qu'il existe un nouveau produit que les deux firmes sont à même de fabriquer : un avion grand courrier pouvant accueillir plus de 650 passagers. Pour des raisons de simplicité, nous faisons l'hypothèse que chaque firme fait face à un choix binaire : produire cet avion ou pas.

Le tableau 11.1 résume la répartition des bénéfices des firmes selon leur décision (on retrouve ici la méthode d'analyse mise en œuvre au chapitre 9 pour étudier les interactions des politiques commerciales de différents pays). Chaque ligne (et respectivement chaque colonne) correspond à une décision de Boeing (et respectivement Airbus). Les bénéfices de Boeing sont reportés en bas à gauche de chaque case, et ceux d'Airbus sont en haut à droite.

Tableau 11.1 : Concurrence entre deux firmes

Boeing \ *Airbus*	*Produire*	*Ne pas produire*
Produire	−5 −5	0 100
Ne pas produire	100 0	0 0

Ce tableau reflète l'hypothèse suivante : si une seule des deux firmes produit ce nouvel avion, elle en tirerait des bénéfices importants ; mais si les deux le produisent, les recettes tirées des ventes seront insuffisantes pour compenser leur investissement initial, et les deux firmes feront des pertes. Dans ces conditions, la firme qui entrera la première sur le marché sera en fin de compte la seule à produire cet avion de 650 places. Supposons que Boeing ait un temps d'avance sur son concurrent : Airbus n'aura alors aucun intérêt à pénétrer le marché, et les gains de chaque entreprise correspondront à ceux reportés en haut à droite du tableau.

C'est à ce stade que l'on retrouve l'argument de Brander-Spencer : si le constructeur européen est en passe de perdre ce marché, l'Union européenne peut intervenir pour renverser la situation. Supposons que l'Europe s'engage à verser une subvention d'un montant de 25 à Airbus si la firme se lance dans la production du nouveau gros porteur. Les gains des deux firmes aéronautiques sont alors modifiés, comme l'illustre le tableau 11.2. Dans ces conditions, il est évident qu'Airbus aura toujours intérêt à produire le nouvel avion, quelle que soit la décision de Boeing.

Tableau 11.2 : Les effets d'une subvention à Airbus

Boeing \ Airbus	*Produire*	*Ne pas produire*
Produire	20 –5	0 100
Ne pas produire	125 0	0 0

De son côté, Boeing sait maintenant que, quoiqu'elle fasse, Airbus proposera son propre avion, et qu'elle subira donc des pertes si elle décide de se lancer aussi dans cette production. Tant que l'investissement que Boeing a déjà consacré à ce projet ne dépasse pas la valeur de 5, la firme américaine se retirera du marché (ce qui va d'ailleurs lui permettre de se recentrer sur d'autres créneaux du marché). La subvention accordée par les pays européens a ainsi supprimé l'avantage initial de Boeing, et l'a transféré à Airbus. En fin de compte, la situation d'équilibre passe de la case en haut à droite du tableau 11.1 à la case en bas à gauche du tableau 11.2. En se voyant accorder une subvention de seulement 25, Airbus voit son profit passer de 0 à 125. En dissuadant l'entrée de la firme concurrente, la subvention rapporte finalement plus à l'économie européenne qu'elle n'a coûté.

Les limites de l'analyse de Brander-Spencer. Cet exemple semble indiquer que les pouvoirs publics peuvent avoir intérêt à mener des politiques commerciales stratégiques. En effet, la subvention perturbe le jeu entre les deux firmes et permet de favoriser la firme européenne en pénalisant directement sa concurrente étrangère. En laissant de côté l'intérêt des consommateurs, cela augmente clairement le bien-être de l'Union européenne (et réduit celui des États-Unis)… à moins que le gouvernement américain n'ait lui-même l'idée de suivre une stratégie identique, en soutenant à son tour sa firme nationale.

En fait, cette justification stratégique de la politique commerciale, si elle a bien sûr suscité beaucoup d'intérêt, a aussi fait l'objet de nombreuses critiques. Il lui a été notamment reproché le fait qu'une application effective de cette théorie nécessite de disposer d'informations très détaillées (et particulièrement difficiles à rassembler) sur le marché visé par la politique publique. Par ailleurs, ce type d'intervention risque fort d'entraîner des représailles de la part du gouvernement étranger. En outre, de toute façon, les rapports de forces politiques qui peuvent amener un gouvernement à décider de mettre en place une politique commerciale ou industrielle ne s'embarrassent que très rarement d'arguments aussi subtils et difficiles à manier que ceux avancés par Brander et Spencer.

La question de la difficulté à rassembler les informations nécessaires à ce type de politique est capitale. En effet, même si les autorités publiques ne s'intéressaient qu'à un seul secteur, il leur serait difficile de remplir correctement les cases du tableau 11.1. Or, si en définitive il s'avère que le gouvernement s'est trompé, sa politique de subvention peut avoir des effets désastreux. Pour illustrer ce point, supposons que, contrairement à ce qui est représenté dans le tableau 11.1, la réalité corresponde en fait à la situation donnée par le tableau 11.3. Les chiffres ne varient pas tellement, mais la différence est cruciale. Dans le tableau 11.3, Boeing est censé avoir un avantage initial (lié par exemple à une meilleure technologie), de sorte que si Airbus entre sur le marché, Boeing aura tout de même intérêt à construire son propre avion de 650 places. De son côté, Airbus ne pourra pas faire de profit si Boeing est présent sur le marché.

Tableau 11.3 : Concurrence entre deux firmes : un cas alternatif

Boeing \ Airbus	Produire	Ne pas produire
Produire	–20 / 5	0 / 125
Ne pas produire	100 / 0	0 / 0

En l'absence de subvention, le résultat correspondra à la case en haut à droite du tableau 11.3, où Boeing produit l'avion, mais pas Airbus. Supposons, comme tout à l'heure, que l'Europe accorde une subvention de 25 à Airbus. Cette aide suffit à l'inciter à se lancer dans la production. L'équilibre du marché correspond alors au coin en haut à gauche du tableau 11.4. Dans ce cas, le bénéfice d'Airbus s'élève à 5, alors même que l'entreprise a engrangé une subvention de 25.

Tableau 11.4 : Les effets d'une subvention à Airbus

Boeing \ Airbus	Produire	Ne pas produire
Produire	5 / 5	0 / 125
Ne pas produire	125 / 0	0 / 0

Ces deux situations (décrites par les tableaux 11.1 et 11.2 d'une part, et 11.3 et 11.4 d'autre part) semblent *a priori* presque similaires, mais elles conduisent à des résultats opposés : dans le premier cas, subventionner la firme domestique est une stratégie efficace ; dans le second, c'est un fiasco. En effet, dans le premier cas, les deux firmes ont la même efficacité, une seule doit produire, et la subvention fait simplement pencher la balance d'un côté ; dans le second cas, seul Boeing devrait produire, mais la subvention impose un second producteur, affaiblissant ainsi la rentabilité de l'ensemble du secteur au détriment des deux concurrents. Une politique commerciale stratégique pertinente nécessite donc une lecture adéquate de la situation. Cela amène certains économistes à se demander si l'information disponible est réellement suffisante pour justifier qu'on prenne le risque de mener une politique aux effets aussi incertains.

Cette exigence d'information se complique du fait qu'il est concrètement impossible de considérer les différents secteurs de façon isolée. La subvention d'un secteur drainera des ressources (des matières premières, des travailleurs et des investissements) qui ne seront plus disponibles pour d'autres activités. Pour les autres secteurs de l'économie, la subvention engendrera alors une augmentation des coûts de production. Même si les pouvoirs publics pouvaient à coup sûr mener des politiques donnant un avantage stratégique à un secteur d'activité, ils devraient aussi, pour prendre une décision juste et efficace, évaluer ses effets pervers sur le reste de l'économie.

Enfin, si l'on arrivait à trouver une politique commerciale stratégique donnée qui répondrait à toutes ces critiques, elle devrait toujours faire face au problème des représailles étrangères. Cela nous rapproche du cas, vu au chapitre 9, où un grand pays peut souhaiter instaurer un droit de douane pour améliorer les termes de l'échange. En effet, les politiques commerciales stratégiques sont, elles aussi, des politiques qui n'apportent de bienfait à une économie qu'au détriment de ses voisins (les Anglo-saxons parlent alors de *beggar-thy-neighbor policies*). Elles risquent ainsi de déclencher une guerre commerciale, dont tout le monde pâtirait. En revanche, pour éviter ce risque, chaque gouvernement doit se tenir prêt à exercer des représailles, au cas où l'un de ses voisins se lancerait dans une politique commerciale agressive.

Encadré 11.1

La guerre des puces

À la fin des années 1980 et au début des années 1990, les arguments en faveur des politiques commerciales stratégiques étaient tout particulièrement en vogue aux États-Unis. Face aux succès industriels du Japon, beaucoup d'industriels et d'observateurs de la vie économique des États-Unis ont milité pour que le gouvernement américain intervienne en faveur du secteur des puces électroniques (c'est-à-dire des semi-conducteurs). Pour les partisans des politiques volontaristes, il s'agissait d'une mesure pleinement justifiée puisque, selon eux, les performances des entreprises japonaises reposaient en partie sur un soutien public délibéré à certains secteurs clés.

☞

Pourtant, dès la fin des années 1990, les arguments avancés au début de cette décennie avaient perdu beaucoup de leur pertinence. L'exemple des puces électroniques est donc tout à fait caractéristique de la difficulté à identifier les secteurs pour lesquels une intervention publique sera efficace à coup sûr, sans risque d'engendrer des effets pervers.

Une puce électronique est un petit morceau de silicium sur lequel sont gravés des circuits intégrés. Ce secteur s'est développé aux États-Unis en 1971, quand l'entreprise Intel a développé le premier microprocesseur. À partir de là, le secteur a connu des changements technologiques rapides, et cependant singulièrement prévisibles. En gros, le nombre de circuits pouvant être gravés sur une puce double environ tous les dix-huit mois (c'est ce qu'on appelle la loi de Moore). Ces progrès sont à la base d'une grande partie de la révolution des technologies de l'information qui a marqué les trois dernières décennies.

Le Japon s'est fait une place dans le secteur à la fin des années 1970. Cette activité était clairement ciblée par le gouvernement japonais, qui a soutenu activement les efforts de recherche et développement, même si ces subventions ne représentaient finalement que des sommes relativement faibles. Les Américains reprochaient avant tout au Japon son protectionnisme implicite : bien que les droits de douane et les autres barrières formelles aux importations ne fussent pas très élevés au Japon, les entreprises américaines s'étaient vite rendu compte qu'à partir du moment où l'industrie nippone était capable de produire un certain type de puces, leurs produits ne s'y vendaient plus. Les observateurs avançaient aussi que cette protection du marché japonais – si tant est qu'il y ait eu une véritable volonté protectionniste – favorisait indirectement les capacités d'exportation de puces japonaises. L'argumentation était la suivante : dans la mesure où la production de semi-conducteurs se caractérisait par une courbe d'apprentissage rapide (rappelez-vous la discussion sur les rendements croissants dynamiques au chapitre 6), le Japon, en s'assurant un accès privilégié à un vaste marché intérieur, permettait à ses producteurs nationaux de semi-conducteurs de réduire leurs coûts de production et donc d'investir dans de nouvelles usines, ce qui lui ouvrait le marché de l'exportation.

Savoir jusqu'à quel point ces politiques ont contribué au succès du Japon (qui s'est accaparé une grande partie du marché des semi-conducteurs) reste délicat. En effet, certaines caractéristiques propres au système industriel japonais – notamment une gestion efficace du contrôle de la qualité – expliquent certainement une bonne part de sa réussite. Quoi qu'il en soit, au milieu des années 1980, le Japon avait dépassé les États-Unis dans un type de puce essentiel pour le succès de l'industrie électronique : la mémoire vive (ou RAM pour *Random Access Memory* en anglais). La mémoire vive représentait le principal segment du marché des puces électroniques, et un certain nombre d'experts soutenaient que le savoir-faire acquis dans cette production était indispensable pour qu'un pays ait la capacité de suivre les progrès technologiques dans ce secteur. Il était donc largement accepté que la domination japonaise pour la mémoire vive allait générer des externalités telles que le pays pourrait étendre rapidement sa domination sur la totalité du secteur des semi-conducteurs, puis sur l'ensemble de l'industrie électronique.

☞

Encadré 11.1 (suite)

***La guerre des puces* (suite)**

Ajoutons enfin que le nombre de producteurs se réduisait sensiblement à chaque nouvelle génération de puce. Même si au début des années 1990 cette activité n'était pas très rentable, beaucoup pensaient que la rapide concentration dans ce secteur allait conduire à la domination de deux ou trois firmes seulement, qui profiteraient de rentes importantes.

Pour les partisans des politiques stratégiques, notamment aux États-Unis, toutes les conditions requises pour justifier une intervention publique dans ce secteur étaient réunies : les externalités technologiques et l'existence de rentes liées à l'imperfection de la concurrence. Et pourtant, il est apparu très rapidement, avant la fin des années 1990, qu'aucune de ces deux conditions n'était véritablement vérifiée.

D'un côté, la domination japonaise dans ce secteur ne s'est pas transformée en avantage pour les autres semi-conducteurs. Au contraire, les entreprises américaines dominent aujourd'hui le marché des microprocesseurs. De l'autre côté, au lieu de continuer à diminuer, le nombre de producteurs de mémoire vive a augmenté, avec de nouveaux entrants venant, par exemple, de Corée du Sud et de Taïwan. Au final, la spécificité de la production de la mémoire vive s'est rapidement estompée. Dès la fin des années 1990, beaucoup considéraient ce secteur comme une activité finalement assez banale, à la portée d'un très grand nombre de pays, et n'ayant rien de particulièrement stratégique.

2 La mondialisation face aux enjeux sociaux et politiques

On ne prend pas un grand risque en pariant que la plupart des vêtements que vous portez au moment de lire ces lignes ont été produits dans des pays en développement. L'augmentation des exportations de biens manufacturés en provenance des pays en développement est en effet l'une des principales mutations de l'économie mondiale au cours des trente dernières années (voir chapitre 2). Même un pays désespérément pauvre comme le Bangladesh, dont le PIB par habitant représente moins de 5 % de celui de la France, exporte plus de produits manufacturés que de produits primaires, agricoles et minéraux.

Dire que les travailleurs des pays en développement qui produisent les biens manufacturés destinés à l'exportation sont très peu payés, en regard des salaires versés dans les pays développés, revient malheureusement à énoncer une banalité. Ces travailleurs gagnent souvent moins de 1 euro par heure, voire moins de cinquante centimes. Et encore, dans bien des cas, les conditions de travail sont généralement très mauvaises.

Il n'y a assurément pas de quoi se réjouir de ces situations, mais doit-on pour autant voir là une conséquence fâcheuse de la mondialisation ? Beaucoup de gens le pensent. À partir du début des années 1990, les mouvements altermondialistes ont connu un succès grandissant, notamment auprès des étudiants. Même si d'autres sujets (discutés ci-après) captent aussi leur attention, une bonne part des revendications de ces organisations portent sur la question des salaires et des conditions de travail dans les secteurs exportateurs des pays en développement.

Il faut bien le reconnaître : dans un premier temps, une majorité d'économistes ont d'abord jugé que le point de vue de ces mouvements altermondialistes était largement infondé, et finalement peu sérieux. Ils ont simplement mis en avant l'analyse standard des avantages comparatifs (voir chapitres 3 et 4) pour balayer d'un revers de manche ces critiques du libre-échange. La théorie suggère, en effet, que le commerce est mutuellement bénéfique pour tous les pays participant aux échanges, mais aussi que le commerce Nord-Sud doit favoriser l'élévation des salaires dans les pays où la main-d'œuvre est relativement abondante. Cependant, le poids politique acquis aujourd'hui par les mouvements altermondialistes et l'affinement de leur argumentation imposent qu'on étudie les thèses qu'ils défendent avec plus d'attention.

2.1 Les mouvements altermondialistes

Avant 1995, la plupart des reproches adressés au commerce international par les citoyens des pays développés avaient pour objet son impact sur les populations des pays riches eux-mêmes. Au début des années 1980, la majorité des critiques du libre-échange visaient avant tout les menaces que représentait la concurrence de l'industrie japonaise sur les économies américaines et européennes. Au début des années 1990, le principal sujet de préoccupation en Europe, aussi bien qu'aux États-Unis, portait sur les effets de la concurrence des importations en provenance des pays à bas salaires sur les revenus des travailleurs les moins qualifiés du Nord

Dans la seconde moitié des années 1990, de plus en plus d'organisations non gouvernementales (ONG) et de groupes politiques et syndicaux ont développé une nouvelle thématique. Ils ont souligné les dommages que le commerce international était supposé faire subir aux travailleurs des pays en développement. Ces militants ont dénoncé les bas salaires et les conditions de travail dans les usines du tiers-monde, dont la production est destinée aux marchés occidentaux. Des campagnes ont été organisées, par exemple, contre les grandes marques qui dépensent des sommes colossales en publicité, mais font fabriquer leurs produits à bas coût, dans des pays en développement[1]. Les mouvements altermondialistes ont ainsi cristallisé l'attention des médias et du grand public sur quelques exemples marquants, comme les conditions de fabrication des ballons de football ou bien l'origine des produits vendus par Wal-Mart, le géant américain de la grande distribution.

Les mouvements altermondialistes ont ainsi fait les gros titres des journaux en novembre 1999, à l'occasion d'une importante réunion de l'Organisation mondiale du commerce (OMC) à Seattle, aux États-Unis. L'objectif de ce sommet était de lancer un nouveau cycle de négociation, après la clôture de l'*Uruguay Round* en 1994 (voir chapitre 9). Des milliers de militants ont convergé vers Seattle, motivés par l'idée que l'OMC voulait rogner les souverainetés nationales et imposer des principes libre-échangistes défavorables aux travailleurs. Malgré les nombreux avertissements, la police était mal préparée, et les manifestations ont réussi à perturber considérablement la réunion. De toute façon, les négociations étaient mal engagées : les pays membres de

1. On peut citer par exemple le réseau européen Clean Clothes Campaign (**http://www.cleanclothes.org/**), présent dans douze pays de l'Union.

l'OMC n'avaient pas réussi à s'accorder à l'avance sur un ordre du jour, et il est vite devenu évident qu'il ne serait pas possible de surmonter ces désaccords sur les orientations des négociations et de lancer un nouveau cycle.

Le sommet de Seattle s'est donc soldé par un échec. La plupart des experts des politiques commerciales considèrent que cette réunion aurait échoué de toute façon, mais beaucoup de commentateurs ont attribué cet échec aux manifestations. Quoi qu'il en soit, les mouvements altermondialistes ont fait preuve à cette occasion de leur pouvoir de contestation. Au cours des années suivantes, de nouvelles manifestations ont accompagné les réunions de la Banque mondiale et du FMI à Washington, ainsi que le sommet des pays les plus industrialisés à Gênes, durant lequel un policier italien a tué un militant.

2.2 La relation entre le commerce et les salaires

En quelques années, le mouvement altermondialiste est parvenu à s'imposer dans les débats sur la mondialisation. Il a focalisé l'attention des médias et des décideurs publics sur la question des effets du libre-échange sur les inégalités Nord-Sud, et plus précisément sur les salaires et les conditions de travail dans les secteurs d'exportation des pays en développement.

Par exemple, les altermondialistes américains ont insisté sur le cas des *maquiladoras* mexicaines. Les *maquiladoras* sont ces usines implantées à proximité de la frontière américaine, dont le nombre a rapidement augmenté avec l'*accord de libre-échange nord-américain* (ALENA). L'emploi dans ces entreprises a pratiquement doublé dans les cinq années qui ont suivi la mise en place de l'accord en 1994. Dans certains cas, les salaires y étaient inférieurs à 5 dollars par jour, et les conditions de travail largement en dessous des normes américaines. Aux États-Unis, les opposants à l'accord de libre-échange craignaient qu'en facilitant les importations de produits mexicains l'ALENA ne permette aux entreprises de remplacer des travailleurs américains par des travailleurs mexicains très peu payés ; des deux côtés de la frontière, l'ALENA serait alors préjudiciable aux travailleurs[1].

La réponse traditionnelle des économistes à ce type de critiques reprend notre présentation des idées reçues sur le commerce international, développée dans au chapitre 3.

Le tableau 11.5 récapitule brièvement cette analyse fondée sur le principe des avantages comparatifs. Nous considérons qu'il existe deux pays, les États-Unis et le Mexique, et deux secteurs, celui de la haute technologie et celui de la basse technologie. Nous supposons aussi que le travail est le seul facteur de production et que la productivité du travail, dans n'importe lequel des deux secteurs, est plus élevée aux États-Unis qu'au Mexique. Plus précisément, nous supposons qu'il faut une heure de travail pour produire n'importe lequel des deux biens aux États-Unis, alors qu'au Mexique il faut deux heures pour produire une unité de bien de basse technologie, et huit heures pour le bien de haute technologie. La partie *A* du tableau présente les salaires réels (en termes de chacun des biens) dans les deux pays. Ils sont simplement égaux à la quantité de chaque bien qu'un travailleur peut produire en une heure.

---

1. On retrouve, en Europe, le même type d'arguments dans les discours visant à dénoncer les conséquences de l'élargissement de l'Union européenne sur les délocalisations d'entreprises vers les pays d'Europe centrale et orientale.

Tableau 11.5 : Salaires réels

A. Avant l'ouverture au commerce		
	Biens de haute technologie/heure	**Biens de basse technologie/heure**
États-Unis	1	1
Mexique	1/8	1/2
B. Après l'ouverture au commerce		
	Biens de haute technologie/heure	**Biens de basse technologie/heure**
États-Unis	1	2
Mexique	1/4	1/2

Considérons maintenant la situation de libre-échange, présentée dans la partie *B* du même tableau : dans ce cas, ainsi que nous l'avons expliqué aux chapitres 3, 4 et 5, les prix relatifs des deux biens doivent s'égaliser dans les deux pays, c'est-à-dire que le prix des biens de basse technologie (importés du Mexique) va baisser aux États-Unis, alors que le prix des biens de haute technologie (exportés par les États-Unis) va baisser au Mexique. À l'équilibre, le salaire relatif des travailleurs américains et mexicains devrait se situer quelque part entre les productivités relatives des travailleurs des deux secteurs. Les salaires américains pourraient, par exemple, être quatre fois plus élevés que les salaires mexicains. Il serait alors avantageux de produire tous les biens de basse technologie au Mexique et de laisser les États-Unis fabriquer la totalité des biens de haute technologie.

Bien sûr, on pourrait conclure à la vue de ce résultat que le commerce va à l'encontre des intérêts des travailleurs. En effet, les emplois du secteur de basse technologie aux États-Unis sont remplacés par des emplois moins bien payés au Mexique. On pourrait aussi faire valoir que les Mexicains sont sous-payés : bien qu'ils ne soient que deux fois moins productifs que les travailleurs américains qu'ils remplacent, ils sont payés quatre fois moins.

Mais, comme le montre la partie *B* du tableau, l'ouverture au commerce a permis une augmentation du pouvoir d'achat des travailleurs dans les deux pays. Les salariés américains, qui travaillent maintenant dans le secteur de haute technologie, peuvent acheter plus de biens de basse technologie qu'avant (deux unités par heure de travail au lien d'une seule). En outre, les travailleurs mexicains, qui sont tous employés dans le secteur de basse technologie, peuvent acheter plus de biens de haute technologie avec une heure de travail (1/4 contre 1/8 précédemment).

Il va de soi que cet exemple n'offre pas une description précise de la réalité. En revanche, il montre que les faits, souvent présentés comme des preuves que la mondialisation est défavorable aux travailleurs des pays pauvres, n'offrent au final qu'une vision parcellaire des implications du principe des avantages comparatifs. Or, celui-ci amène à conclure que le commerce international est bénéfique aux travailleurs de tous les pays, du Sud comme du Nord.

Certains pourraient bien sûr considérer que ce modèle n'est pas pertinent, puisqu'il suppose que le travail est le seul facteur de production. C'est vrai. Si l'on passe d'un modèle ricardien à un modèle factoriel (voir chapitre 4), il apparaît que le développement des échanges avec les pays en développement peut pénaliser les travailleurs dans les pays développés. Mais cela ne va pas dans le sens de l'idée que le commerce est aussi défavorable aux travailleurs des pays en développement ; au contraire, les échanges favorisent dans chaque pays le facteur de production relativement abondant, et doivent donc bénéficier aux travailleurs du Sud.

Ainsi, le fait que les salaires sont beaucoup plus faibles dans les pays en développement que dans le reste du monde n'est pas une conséquence de la mondialisation, mais résulte simplement des caractéristiques propres à ces pays : la productivité y est relativement faible, et ces économies n'offrent donc pas suffisamment d'opportunités d'emplois bien rémunérés.

En général, les salaires et les conditions de travail dans les secteurs exportateurs des pays en développement (dans les *maquiladoras* comme ailleurs) peuvent paraître dramatiquement insuffisants, mais ils représentent bien souvent une amélioration par rapport à ce qui existe dans le reste de ces pays. En revanche, la mondialisation rend la situation de ces travailleurs plus visible et plus comparable. Elle suscite naturellement la culpabilité des consommateurs des pays développés, sans doute plus sensibles aux conditions de travail d'un ouvrier fabriquant les produits qu'ils vont utiliser quotidiennement, qu'à celles d'un paysan, plus pauvre, mais dont le sort leur est totalement étranger.

Ces arguments, fondés sur les théories du commerce international, ne convainquent pas tous le monde. Notamment, certains altermondialistes avancent que ces modèles ne correspondent pas à la réalité, puisque le capital est mobile internationalement alors que le travail ne l'est pas, et que cette mobilité donne aux capitalistes un avantage dans les négociations salariales. Il ne fait guère de doute que la mobilité du capital est parfois utilisée comme un moyen de pression des employeurs sur leurs salariés. Cependant, comme nous l'avons vu au chapitre 7, la mobilité internationale des facteurs a un effet similaire à celui du commerce.

2.3 Les clauses sociales

Le débat d'idées entre pro et antimondialisation sur les mérites (ou les méfaits) du libre-échange n'est pas qu'une discussion de salon. Des questions politiques très concrètes se posent aussi, comme de savoir si les accords commerciaux doivent inclure des clauses sociales destinées à améliorer les salaires et les conditions de travail dans les pays pauvres.

Les propositions les plus modestes viennent d'économistes, qui plaident pour un système qui surveille et contrôle l'évolution des conditions de travail et des salaires, et rend les résultats publics pour les consommateurs. Leurs arguments s'appuient sur une variante de l'analyse des imperfections de marché vue au chapitre 9. Si les consommateurs des pays développés préfèrent acheter des biens manufacturés qu'ils savent avoir été produits par des travailleurs payés décemment, et s'ils sont éventuellement prêts à en payer le prix, alors la solution est simple. Un système qui leur permet de s'assurer que les conditions de travail sont correctes, sans avoir à subir des coûts d'information trop élevés, dégagerait des gains mutuels. C'est ce système de certification qui fait le succès de l'association Max Havelaar[1], qui assure que les biens vendus dans les pays développés sous son label ont fait l'objet d'un « commerce équitable ».

Il est bien sûr probable qu'un tel système ne peut avoir qu'un impact réduit sur le niveau de vie des pays en développement. Il ne peut affecter les salaires que dans les secteurs d'exportation qui, même dans les économies très ouvertes aux échanges, ne représentent qu'une faible minorité des travailleurs. Pour autant, on voit mal comment ces initiatives pourraient faire plus de mal que de bien.

Une politique plus contraignante serait d'inclure explicitement des clauses sociales dans les accords de commerce internationaux. En clair, cela reviendrait à imposer une réglementation des conditions de travail auxquelles les industries exportatrices devraient se conformer. Cette position a été défendue par un certain nombre de responsables politiques des pays les plus avancés : Bill Clinton a plaidé en sa faveur lors du sommet de l'OMC de Seattle, et c'est un thème qui revient aussi régulièrement dans les débats politiques des pays les plus riches de l'Union européenne, qui craignent que les nouveaux pays membres de l'Union ne pratiquent un *dumping social* (voir chapitre 3).

La plupart des pays en développement s'opposent cependant fermement à l'imposition de ces clauses sociales, arguant qu'elles seraient inévitablement utilisées comme des instruments de protection commerciale par les pays développés. Ceux-ci pourraient en effet fixer des niveaux de normes que les pays en développement seraient dans l'impossibilité de remplir, les excluant de fait des marchés mondiaux. Ainsi, une des causes de l'échec du sommet de Seattle a été la crainte des pays pauvres de se voir imposer des règles pouvant être à l'origine de plaintes contre leurs entreprises, de la même façon que les lois antidumping sont utilisées par les entreprises privées pour harceler leurs concurrentes étrangères.

2.4 La diversité culturelle

Une question encore plus délicate que les différences de normes sociales est l'effet de la mondialisation sur les spécificités culturelles de chaque pays. Il semble *a priori* évident que l'intégration croissante des marchés a conduit à une certaine homogénéisation culturelle. De plus en plus, on trouve tout autour du globe des gens qui portent les mêmes vêtements, ingurgitent les mêmes aliments et les mêmes boissons, écoutent les mêmes musiques et regardent les mêmes films et séries télévisées.

Bien sûr, une bonne partie de cette uniformisation tient plutôt de l'américanisation. Mais pas seulement. Il est vrai qu'on peut trouver des restaurants MacDonald's et du Coca-Cola dans presque tous les pays du monde, et que les films d'action hollywoodiens dominent largement le paysage cinématographique mondial. Cependant, il est aussi possible de consommer des pizzas, des sushis ou de boire des vins français un peu n'importe où, et les scènes de combats stylisées dans les films américains à gros budget s'inspirent très largement des films d'arts martiaux réalisés à Hong Kong.

Il est difficile de nier que quelque chose se perd dans cette homogénéisation culturelle, sans compter qu'un film ou une œuvre musicale, au-delà du plaisir qu'ils procurent au public, génèrent aussi des externalités sur l'ensemble de la société (en favorisant, par exemple, l'essor de l'industrie touristique ou en dynamisant les activités industrielles liées à la mode ou au design). L'argument des défaillances de marché peut donc être invoqué pour justifier des politiques visant à protéger les spécificités culturelles nationales.

---

1. **http://www.maxhavelaarfrance.org**.

C'est sur la base de cet argument qu'en 1994 le gouvernement français a pesé de tout son poids, lors des négociations de *l'Uruguay Round*, pour obtenir que les industries culturelles soient en partie exclues des accords de libéralisation commerciale des services (voir chapitre 9). Il s'agissait avant tout de faire valoir « l'exception culturelle » pour maintenir le droit d'accorder des subventions publiques à la production audiovisuelle.

Mais si l'argument de l'exception culturelle peut se justifier pour défendre le patrimoine et les spécificités de chaque pays, il faut aussi prendre garde à ce qu'il n'entrave pas le droit des individus à profiter de l'immense diversité culturelle que nous offre la mondialisation.

2.5 L'OMC et la souveraineté nationale

Enfin, le mouvement altermondialiste développe aussi un thème récurrent, qu'il partage d'ailleurs avec les groupes nationalistes : la perte de souveraineté nationale résultant de la libéralisation du commerce et des flux de capitaux. Certains présentent d'ailleurs l'OMC comme une organisation supranationale qui dispose du pouvoir de dicter aux gouvernements les politiques qu'ils sont en droit de poursuivre. Quel crédit peut-on accorder à cette assertion ?

Pour répondre rapidement, l'OMC n'a rien d'un gouvernement mondial. Son autorité se limite strictement au maintien des accords commerciaux internationaux, auxquels les gouvernements des pays membres ont accepté de se conformer. La part de vérité dans l'idée que l'OMC est une autorité supranationale tient au fait que son mandat l'autorise à évaluer non seulement les instruments traditionnels de protection commerciale (droits de douane, subventions à l'exportation et restrictions quantitatives), mais aussi les politiques intérieures qui apparaissent comme des politiques commerciales *de facto*. Comme la ligne de démarcation entre une politique intérieure légitime et une politique protectionniste *de facto* est mince, il y a des cas où, aux yeux de certains observateurs, l'OMC semble s'ingérer directement dans les affaires intérieures des pays.

L'exemple décrit au chapitre 9 illustre bien l'ambiguïté de la question. Comme nous l'avons vu, l'amendement de la loi américaine sur la protection de l'air (Clean Air Act) imposait que l'essence importée de l'étranger ne soit pas plus polluante que la moyenne de celles produites par les raffineries américaines. L'OMC a jugé que cette mesure était contraire aux accords commerciaux existants et, pour les critiques de l'OMC, ce jugement illustre parfaitement comment elle peut empêcher un gouvernement démocratiquement élu d'œuvrer en faveur de l'environnement.

Mais, comme les défenseurs de l'organisation l'ont souligné, la décision de l'OMC était fondée sur le fait que les États-Unis appliquaient un traitement différent aux importations et à la production nationale : la nouvelle règle empêchait donc l'importation d'essence polluante vénézuélienne, mais n'interdisait pas la vente d'essence tout aussi polluante, du moment que celle-ci provenait d'une raffinerie américaine. S'il s'agissait simplement d'exclure l'essence de mauvaise qualité du marché américain, il aurait suffi au gouvernement d'appliquer la même règle aux producteurs nationaux et étrangers ; cela aurait été parfaitement acceptable aux yeux de l'OMC.

3 La mondialisation et les questions environnementales

Les critiques de la mondialisation ne s'arrêtent pas aux questions liées au travail, la diversité culturelle ou la souveraineté nationale. La pollution ne se préoccupant que rarement de respecter les frontières, les débats sur la protection de la nature ont bien souvent un caractère international et prennent logiquement une place grandissante dans les polémiques concernant le commerce mondial. Un certain nombre de voix s'élèvent pour dénoncer le fait que la multiplication des échanges internationaux serait la cause de dommages environnementaux sérieux. Il va de soi que les normes environnementales dans les secteurs exportateurs des pays en développement sont beaucoup moins contraignantes que dans les pays développés. Et il est vrai aussi que, dans certains cas, la production de biens exportés vers les pays riches s'accompagne de désastres écologiques substantiels. Le lourd tribut que paient les forêts d'Asie du Sud-Est, du Brésil ou d'Afrique équatoriale pour fournir les marchés japonais, européen ou américain en est un exemple notable.

En fait, le débat associant mondialisation et environnement a une double dimension. Il s'agit, tout d'abord, de savoir dans quelle mesure la libéralisation commerciale, en bouleversant la répartition géographique de l'industrie mondiale, compromettrait l'équilibre écologique de zones jusqu'alors protégées. En second lieu, les discussions portent sur la concordance entre les accords commerciaux signés entre les pays et les initiatives de chacun en faveur de l'environnement.

3.1 Globalisation, croissance et pollution

Toutes les activités économiques, de production comme de consommation, sont bien souvent des sources de pollution. Les usines émettent des fumées nocives et rejettent parfois des déchets dans les cours d'eau ; les agriculteurs utilisent des fertilisants et des pesticides qu'on retrouve dans les nappes phréatiques ; les consommateurs produisent des tonnes de déchets et leurs voitures rejettent des gaz à effets de serre… La croissance économique, en multipliant les volumes de production et de consommation, doit donc logiquement conduire à toujours plus de dommages environnementaux.

Mais, fort heureusement, ce n'est pas toujours le cas. Au fur et à mesure que leur niveau de développement augmente, les pays modifient la structure de leur tissu industriel et leurs modes de consommation : les pays riches produisent plus de services et moins de biens manufacturés et, en proportion de leur PIB, consomment moins d'énergie et de matières premières que les pays en développement. Sans compter que l'élévation des niveaux de vie s'accompagne souvent d'une montée en puissance des pressions des opinions publiques en faveur de la protection de l'environnement. Les pays riches adoptent alors des réglementations plus strictes pour limiter les émissions polluantes.

Au début des années 1990, les recherches de Gene Grossman et Alan Krueger (deux économistes de l'université de Princeton) ont mis en évidence une relation non linéaire entre le niveau de PIB par habitant et les émissions de dioxyde de soufre des pays. Dans un premier temps, la pollution augmente avec le développement économique mais, passé un certain stade, la croissance se fait plus propre. Cette relation en forme de U inversé, connue sous le nom de courbe de Kuznets environnementale, est représentée à la figure 11.1.

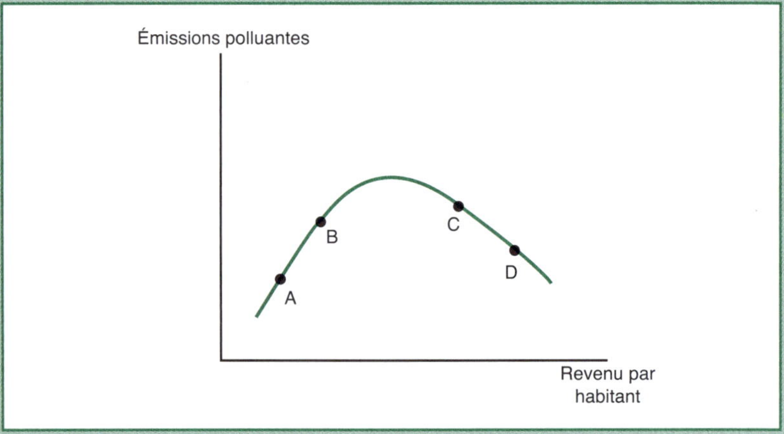

Figure 11.1 • La courbe de Kuznets environnementale.

Les analyses empiriques montrent que les niveaux de pollution commencent par augmenter avec le niveau de développement des pays, puis tendent à se réduire. Dans un pays émergent comme la Chine, la croissance génère de nombreux dégâts environnementaux (passage du point A au point B). En revanche, dans les pays plus riches, la croissance économique s'accompagne d'une réduction de la pollution (passage du point C au point D).

Dans la mesure où l'ouverture au commerce international doit permettre d'accélérer le développement économique, la mondialisation peut avoir des conséquences importantes sur l'environnement. Bien sûr, si l'on en croit la courbe de Kuznets environnementale, tout dépend de quel côté de la courbe se trouvent les pays lorsqu'ils s'ouvrent au libre-échange. L'objectif initial de Grossman et Krueger était d'estimer les conséquences de l'accord de libre-échange nord-américain sur l'environnement. Leur étude les a conduits à estimer que le Mexique (et donc, *a fortiori*, le Canada et les États-Unis) se trouvait vraisemblablement à droite de la courbe, sur sa partie descendante, si bien que l'ALENA devait être plutôt une bonne nouvelle pour l'état de la planète.

Malheureusement, cette conclusion optimiste ne vaut pas pour tous les pays et il est fort à parier que, dans bien des cas, l'ouverture au commerce se traduit par multiplication des atteintes sur l'environnement. En effet, l'un des principaux pays à bénéficier de la globalisation est la Chine, qui a connu une croissance exceptionnellement rapide depuis les années 1980, grâce à son industrie très largement tournée vers les marchés d'exportation. Mais le boom de l'économie chinoise s'est accompagné d'un record bien moins heureux : une croissance sans précédent de ses émissions de gaz à effets de serre. La figure 11.2 montre les émissions de dioxyde de carbone des États-Unis, de l'Europe et de la Chine, de 1980 à 2005. Alors que la Chine ne contribuait que très marginalement à la pollution mondiale en 1980, elle émettait en 2005 plus de dioxyde que l'Europe et elle fait maintenant jeu égal avec les États-Unis. Il faut néanmoins rappeler que c'est bien la croissance chinoise, et non la globalisation en tant que telle, qui est directement responsable de cette augmentation des rejets de gaz à effet de serre. Et, s'il est facile de critiquer la mondialisation, il est plus contestable d'affirmer que le développement de la Chine, qui a permis d'améliorer considérablement le sort de millions de personnes, n'est pas une bonne chose pour l'humanité.

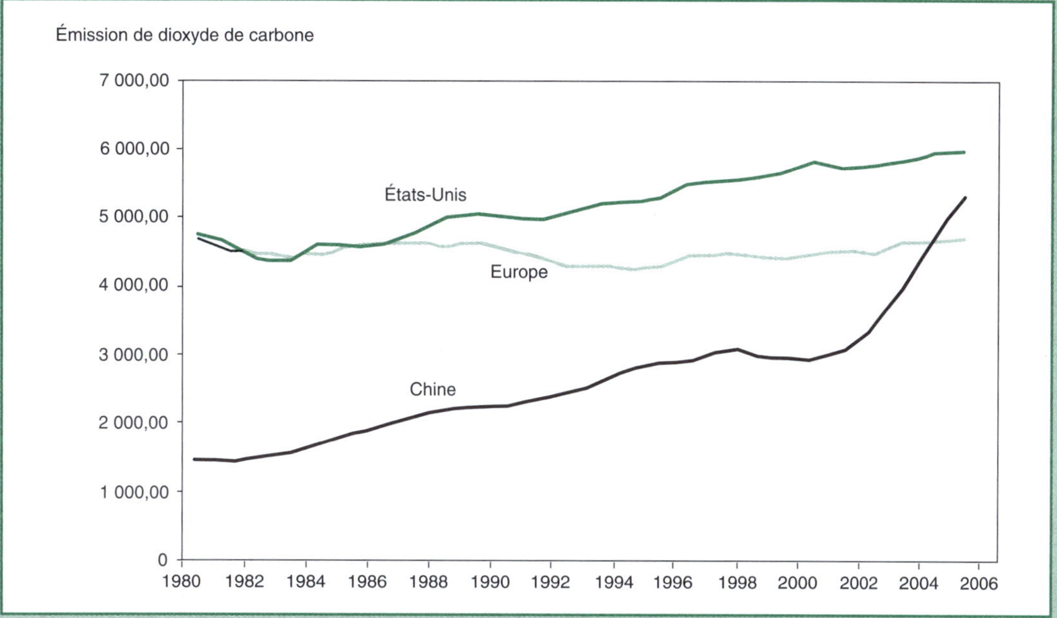

Figure 11.2 • Les émissions de dioxyde de carbone.

La croissance économique très forte de la Chine, depuis les années 1980, a accru considérablement ses émissions polluantes. Dès le milieu des années 2000, la Chine est devenue l'un des principaux responsables de la production de gaz à effet de serre.

3.2 Les « havres de pollution »

Encadré 11.2

Les tribulations du Clemenceau

Au début de l'année 2006, le gouvernement français pensait avoir trouvé une solution pour se débarrasser du porte-avions *Clemenceau*, désarmé quelques années auparavant. Il était prévu de remorquer la carcasse du bateau jusqu'en Inde, où une entreprise de la baie d'Alang se chargerait de la désosser pour en récupérer le métal et les autres composants utiles. Tout au long du périple en mer, de très nombreuses voix se sont élevées, en France, en Inde et ailleurs, pour dénoncer cette opération : la France chercherait à se débarrasser de ses déchets dans un pays en développement et à laisser des travailleurs très mal payés traiter sans protection sanitaire l'amiante encore contenu dans l'épave. Après plusieurs semaines de mer, émaillées de multiples rebondissements, la France a dû renoncer à son projet et rapatrier le *Clemenceau* à Brest. L'épave est ensuite restée plus de deux ans et demi à quai avant qu'un contrat soit signé, en juillet 2008, avec une entreprise britannique chargée de son démantèlement.

☞

Encadré 11.2 *(suite)*

Les tribulations du Clemenceau (suite)

Le *Clemenceau* a finalement accompli son dernier voyage, vers l'Angleterre, en février 2009.

La baie d'Alang se trouve sur la côte ouest de l'Inde. Sur une plage de quelque six kilomètres de long, les armateurs du monde entier viennent échouer leurs vieux bateaux pour que des entreprises locales en recyclent les carcasses. Moyennant des dépenses suffisantes, et avec l'équipement spécialisé adéquat, les travailleurs des pays développés pourraient très bien faire ce travail, proprement et en toute sécurité. Le coût d'une telle activité est cependant prohibitif, puisqu'il revient plus cher que la valeur des matériaux récupérés. En Inde, comme dans d'autres pays en développement, cette activité est particulièrement intensive en main-d'œuvre : des hommes, souvent équipés d'à peine plus que des chalumeaux, investissent les épaves, les découpent et entassent les morceaux plus loin.

Dès 1998, l'activité de désossement de bateaux de la baie d'Alang est devenue la cible de groupes de militants du monde entier, menés par l'organisation écologiste Greenpeace. Cette organisation s'est concentrée en priorité sur la question de la pollution, mais d'autres ont surtout dénoncé les conditions de travail déplorables. Un thème commun à toutes les protestations – et que l'on a aussi beaucoup entendu lors de l'affaire du *Clemenceau* – était que les pays développés devraient retraiter eux-mêmes leurs déchets, plutôt que de s'en décharger sur les pays pauvres.

Le démantèlement des bateaux est pourtant une activité de recyclage *a priori* favorable à l'environnement. Plutôt que de laisser un bateau à l'abandon ou de le couler en mer, les entreprises comme celles de la baie d'Alang en extraient les composants réutilisables. Cependant, l'activité en elle-même, lorsqu'elle n'est pas faite dans de bonnes conditions, peut causer des désastres écologiques. Beaucoup de matériaux dangereux extraits des bateaux nécessitent en effet des traitements complexes et minutieux et, bien que les petites entreprises qui vivent de ce travail essaient de récupérer le plus possible des carcasses, un tas considérable de déchets pollue inévitablement la plage et ses alentours. Le désossement des bateaux à Alang n'est donc pas la meilleure solution pour l'environnement, mais ce n'est pas non plus la pire. Le problème est d'ailleurs plus complexe, puisqu'il se peut qu'en militant contre l'arrivée du *Clemenceau*, les écologistes n'aient finalement retardé l'amélioration des techniques de recyclage des matériaux.

En effet, comme l'a affirmé à des journalistes un responsable de l'Association des entreprises de désossement d'Alang : « Si le *Clemenceau* était arrivé à Alang, son démantèlement aurait inévitablement été assorti de conditions extrêmement strictes, notamment sur la question de l'amiante […]. Cela aurait créé un précédent qui aurait pu être utilisé par les mouvements écologistes comme Greenpeace pour réclamer que tous les autres bateaux suivent ensuite les mêmes procédures contraignantes. »*

☞

*Source : RFI-AFP.

Encadré 11.2 *(suite)*

On retrouve ce même type de dilemme sur la question des conditions de travail. Les images des travailleurs de la baie d'Alang, s'attaquant sans aucune protection à des carcasses gigantesques, heurtent forcément la sensibilité des citoyens occidentaux. Et il est vrai que les ouvriers sont souvent victimes d'accidents et d'intoxications par des matières dangereuses (comme l'amiante), même lorsque les agents de maîtrise sont expérimentés et bien informés. Pourtant, les chantiers de la baie d'Alang font vivre de très nombreuses familles et fournissent à l'Inde des revenus extérieurs dont elle a désespérément besoin. Les ouvriers d'Alang gagnent des salaires très faibles et travaillent dans des conditions terribles selon les normes occidentales, mais, par rapport aux standards indiens, ils sont relativement bien rémunérés. D'ailleurs, à l'annonce du rapatriement en France du *Clemenceau*, certains mouvements ouvriers indiens ont vivement protesté : selon eux, ce chantier exceptionnel aurait créé plusieurs centaines d'emplois et attiré l'attention des médias internationaux pour, peut-être, améliorer au final les conditions de travail dans l'ensemble du port d'Alang.

Dans la mesure où tous les pays n'ont pas les mêmes niveaux d'exigence en termes de normes environnementales, il peut être tendant de localiser les activités les plus polluantes dans les pays les plus laxistes. La libéralisation du commerce permet aux pays en développement de se spécialiser dans les secteurs qui sont soumis à des réglementations environnementales très strictes dans les pays développés. Certaines parties du monde deviennent alors des havres de pollution où les industriels peuvent produire à moindre coût en limitant leurs efforts pour protéger la nature et la santé des populations. C'est notamment le cas d'Alang, en Inde, où de nombreuses entreprises démantèlent des bateaux venus du monde entier, sans grand respect pour l'environnement (voir encadré 11.2).

Une étude détaillée des havres de pollution amène à se poser deux types de questions. La première est de déterminer si, au-delà des exemples particulièrement honteux pointés du doigt par les organisations écologistes, ce phénomène est réellement significatif. La seconde est de savoir dans quelle mesure ce problème doit faire l'objet d'accords internationaux explicites.

Concernant la première question, les recherches actuelles viennent plutôt relativiser l'importance des havres de pollution. Les premières analyses qui ont été menées n'ont pas pu identifier de relation significative entre le niveau des normes environnementales imposées dans les différents pays et leurs exportations nettes de biens dont la production génère beaucoup de pollution. Par la suite, des études empiriques plus précises sont venues amender légèrement ce jugement : pour certains groupes de pays et pour quelques secteurs particuliers, on peut observer que les nations les plus riches tendent à importer davantage et exporter moins de biens dont la production génère beaucoup de pollution. Quoi qu'il en soit, cette tendance est encore très limitée et les différences de normes environnementales n'ont qu'un effet secondaire sur les spécialisations et le commerce[1]. Assurément, si les armateurs viennent démanteler leurs épaves à Alang, c'est bien davantage pour profiter des faibles niveaux de salaires que du laxisme des autorités indiennes en matière d'environnement.

Pour ce qui est de la seconde question, tout dépend en fait du type de pollution dont on parle. Les atteintes à l'environnement sont l'exemple parfait des externalités négatives qui justifient l'intervention des autorités publiques : dans la mesure où les pollueurs sont rarement les seuls à souffrir des conséquences de leurs actes, ils ont tendance à en sous-estimer les effets, et à faire très peu d'efforts pour se refréner. Mais le fait que les pouvoirs publics aient à intervenir dans ces cas ne signifie pas pour autant que ce problème doive systématiquement faire l'objet d'accords internationaux.

Dans beaucoup de cas, les pollutions industrielles sont purement locales. L'industrie de démantèlement des bateaux en Inde pollue gravement la plage d'Alang et nuit aux populations travaillant sur le site. C'est certainement un problème pour l'Inde, mais pas nécessairement pour le reste du monde. En revanche, les pollutions qui détruisent des patrimoines écologiques ou qui, comme les gaz à effet de serre, ont des conséquences qui ne s'arrêtent pas aux frontières politiques, doivent faire l'objet d'accords internationaux. Ceux-ci doivent viser à limiter les courses au « moins disant écologique » : c'est en effet en définissant des normes communes qu'on peut empêcher certains pays d'être tentés de proposer des législations toujours plus laxistes, dans le but d'attirer sur leur territoire des industries sales.

3.3 Les questions environnementales dans le cadre des négociations commerciales

Comme nous l'avons vu au chapitre 9, les accords commerciaux signés par les pays peuvent parfois entrer en conflit avec les politiques environnementales qu'elles souhaitent mettre en œuvre. L'encadré 9.3 présente l'exemple bien connu du Clean Air Act proposé par les autorités américaines au début des années 1990. Cette réglementation revenait de fait à exclure l'essence vénézuélienne du marché américain et, suite à une plainte déposée par le Venezuela, l'OMC a condamné les États-Unis en arguant du fait que cette réglementation était discriminante.

En fait, les accords commerciaux régis par l'OMC (et signés en connaissance de cause par les pays membres) sont très clairs : chaque pays est parfaitement libre de définir comme bon lui semble le niveau de ses normes environnementales… tant que celles-ci s'imposent sans discrimination à tous les produits, quelle que soit leur provenance.

C'est ainsi qu'en 2006, la France a proposé à l'Union européenne de mettre en place une taxe sur les biens importés en provenance de pays comme la Chine, le Brésil ou l'Inde, qui n'ont pas de programmes explicites visant à limiter leurs émissions de gaz à effet de serre.

L'UE participe au système de permis négociables d'émission de carbone, qui engendre un surcoût pour les industriels européens. Pour compenser cette perte de compétitivité et limiter la demande pour les biens fabriqués avec des technologies très polluantes, l'idée était de fixer une taxe proportionnelle à la quantité de carbone générée par la production des biens importés. Une telle taxe n'a rien de discriminatoire : elle revient

---

1. Pour une étude synthétique des conséquences du commerce international sur l'environnement, on verra notamment Jeffrey Frankel, « Environmental Effects of International Trade », *Report for the Swedish Globalisation Council*, janvier 2009.

à appliquer aux biens importés les mêmes niveaux d'imposition que ceux qui pèsent sur les productions européennes.

Naturellement, les pays visés par cette taxe ont vivement protesté, en affirmant qu'elle ne serait ni plus ni moins qu'un moyen de contourner les accords commerciaux qui limitent la mise en place de droits de douanes. En novembre 2007, la Commission européenne a décidé de faire marche arrière et de changer de stratégie : plutôt que d'imposer une taxe, elle essaie de trouver des accords avec les autres pays pour les convaincre d'encadrer de façon plus stricte leurs émissions de carbone. La taxe proposée par la France n'est donc plus à l'ordre du jour, mais elle demeure une menace crédible permettant d'avancer dans les négociations. Cet exemple est, sans aucun doute, le premier d'une longue série où les enjeux commerciaux et les questions liées au réchauffement climatique vont se retrouver intimement liés.

Une solution pour éviter que les initiatives nationales en faveur de l'environnement n'entrent en conflit avec les accords commerciaux est d'inclure explicitement des normes environnementales dans le cadre des négociations commerciales. Mais le problème est alors le même que pour les clauses sociales. D'un côté, les partisans des clauses environnementales soutiennent que l'écologie est l'affaire de tous et que les améliorations (mêmes modestes) que pourraient apporter ces normes sont toujours bonnes à prendre. Mais, de l'autre côté, beaucoup de voix se font entendre pour dénoncer des normes qui entraveraient le développement des secteurs exportateurs des pays pauvres, incapables de respecter les standards occidentaux.

Résumé

Dans les années 1980 et 1990, la critique du libre-échange a pris un tour nouveau. Au cours de la décennie 1980, la théorie des *politiques commerciales stratégiques* a donné des arguments en faveur des interventions publiques pour soutenir certains secteurs clés de l'économie. Dans les années 1990, un puissant mouvement de contestation de la mondialisation a fait son apparition, en mettant notamment l'accent sur ses effets néfastes pour les travailleurs des pays en développement.

Les arguments en faveur des politiques commerciales stratégiques reposent sur deux idées. La première est que les gouvernements devraient soutenir les secteurs qui génèrent des *externalités technologiques*. L'autre, qui s'éloigne de l'argument traditionnel de défaillance de marché, est donné par le modèle Brander-Spencer. Celui-ci suggère qu'une intervention stratégique peut permettre à un pays de capturer les *rentes* liées à l'imperfection de la concurrence. Théoriquement, ces arguments sont convaincants. Cependant, ils sont bien souvent trop subtils et nécessitent de rassembler trop d'informations pour être appliqués avec une efficacité certaine.

Avec l'augmentation des exportations de produits manufacturés en provenance des pays en développement, un nouveau mouvement d'opposition à la mondialisation a émergé. Son sujet de préoccupation majeur concerne les salaires faibles et les mauvaises conditions de travail dans les secteurs d'exportation des pays du Sud. La réponse apportée par la plupart des économistes est que les travailleurs des pays pauvres gagnent peu à l'aune des critères occidentaux, mais que leur situation aurait été pire encore en l'absence de commerce international.

Des études de cas permettent de montrer combien le débat autour de la mondialisation est délicat, en particulier lorsque l'on essaie de le considérer d'un point de vue moral. Les causes défendues avec vigueur par les militants altermondialistes, comme la mise en place de clauses sociales ou de normes environnementales, sont d'ailleurs souvent combattues par les pays en développement eux-mêmes, qui craignent qu'elles ne soient utilisées comme des instruments de protection commerciale.

Il est difficile d'appréhender l'impact écologique de la mondialisation. La *courbe de Kuznets environnementale* suggère que la croissance, dans les premiers stades du développement économique, détériore fortement l'environnement, mais qu'elle fait plus propre lorsque les niveaux de vie ont atteint un certain stade. Malheureusement, les pays émergents qui, durant les années 1990 et 2000, ont profité largement de la mondialisation, sont encore relativement pauvres ; leur croissance a alors un coût écologique important.

Beaucoup craignent de voir les industries polluantes se délocaliser vers des havres de pollution où les normes environnementales sont très laxistes. Les analyses empiriques montrent, cependant, que ce phénomène reste encore assez marginal et n'influence guère les spécialisations des pays et les flux de commerce international.

Activités

1. Pourquoi un gouvernement peut-il être réticent à l'idée de mettre en place une politique commerciale stratégique, même lorsqu'on peut montrer qu'elle entraînerait une augmentation du bien-être domestique ?
2. Supposons que la Commission européenne puisse déterminer quels seront les « secteurs de demain », c'est-à-dire ceux qui auront un taux de croissance rapide au cours des vingt prochaines années. Doit-elle nécessairement intervenir (ou inciter les pays membres à intervenir) pour soutenir ces secteurs ?
3. Si l'Europe en avait la possibilité, elle aurait intérêt à demander au Japon de dépenser plus en recherche fondamentale et moins en recherche industrielle appliquée. Expliquez pourquoi.
4. Les tableaux 11.1 et 11.2 présentent une situation où l'Europe est à même d'obtenir un avantage stratégique à l'aide d'une subvention, alors que les tableaux 11.3 et 11.4 présentent une situation où elle ne le peut pas. Quelle est la principale différence entre ces deux cas ? Plus largement, quelle règle générale détermine quand une subvention peut fonctionner ?
5. « Les nouveaux arguments en faveur de la politique commerciale stratégique démontrent la sagesse des politiques du type de celles menées en Corée du Sud, où les exportations sont subventionnées d'un bout à l'autre. La subvention donne à chaque secteur l'avantage stratégique nécessaire pour faire face à la concurrence mondiale. » Discutez ce point de vue.
6. Quels sont les avantages et les désavantages à imposer des clauses sociales aux pays en développement ?
7. En dépit de quelques avancées dans ce domaine, l'Union européenne ne dispose pas encore de véritable armée commune et les politiques d'armement des différents pays membres ne sont qu'insuffisamment coordonnées. Pour certains, cela pénalise l'économie européenne ; selon eux, le budget militaire américain permet, en effet, de renforcer la position stratégique des États-Unis dans les industries de haute technologie. Discutez cette opinion.
8. Supposez que la Commission européenne vous demande de faire une note sur l'opportunité de subventionner l'industrie du logiciel, en gardant à l'esprit qu'elle est aujourd'hui dominée par les entreprises américaines comme Microsoft. Quels arguments utiliseriez-vous ? Quelles sont les limites de ces arguments ?
9. Quelles sont les principales critiques à l'encontre de l'OMC en ce qui concerne la protection de l'environnement ? Comment l'OMC justifie-t-elle ses décisions dans les conflits commerciaux impliquant des questions environnementales ?
10. La France, en plus de ses tentatives occasionnelles de politique commerciale stratégique, applique une politique culturelle active, en soutenant notamment la création cinématographique et musicale, mais aussi le théâtre, la mode et la gastronomie. Cela pourrait être perçu en premier lieu comme une volonté de préserver l'identité natio-

nale dans un monde de plus en plus uniforme. Mais certains dirigeants français défendent aussi cette politique pour des raisons économiques. Dans quelle mesure certains dispositifs de ces politiques peuvent-ils être considérés comme une forme de protection commerciale ?

11. « Le problème fondamental avec les politiques visant à limiter les émissions de gaz à effet de serre est que les pays dont la croissance génère le plus de pollution sont aussi ceux qui ont le moins de capacité à payer le prix des politiques environnementales. » Discutez cette affirmation.

12. Dans quelle mesure la proposition française d'imposer une taxe carbone sur les produits importés est-elle liée à la question des havres de pollution ?

Partie III

Taux de change et macroéconomie ouverte

Chapitre 12

Les comptes nationaux et la balance des paiements

Objectifs pédagogiques :

- **Examiner l'équilibre comptable en économie ouverte.**
- **Comprendre l'interaction entre épargne, investissement et exportations nettes.**
- **Décrire la balance des paiements et la position extérieure.**
- **Analyser le lien entre le compte courant et l'évolution des avoirs étrangers nets.**

Entre 1998 et 2007, les États-Unis ont connu une croissance économique à faire pâlir d'envie tous les pays industrialisés. Sur la décennie, le taux de croissance annuel moyen y était en effet de 3,2 %, contre 2 % pour la zone euro (la France se situant dans la moyenne) et 1,3 % pour le Japon. Ces différences apparaissent toutefois presque insignifiantes, comparées à l'écart qui existe avec la croissance en Chine qui, sur la période, a atteint près de 10 % par an en moyenne.

En raison de la crise financière, 2008 et 2009 resteront des années noires pour l'économie mondiale. Mais les divergences ne devraient pas s'estomper : alors que les pays industrialisés se sont enfoncés dans la récession, la Chine affiche un taux de croissance, certes loin des taux à deux chiffres, mais encore nettement positif.

Comment expliquer ces divergences ? Alors que dans les chapitres précédents nous avons opté pour une optique **microéconomique**, les chapitres qui suivent privilégient une lecture **macroéconomique**. L'approche microéconomique se concentre sur le comportement économique des agents pris individuellement. L'analyse macroéconomique, quant à elle, considère l'économie dans son ensemble et permet de comprendre les déterminants de la consommation, de l'investissement, de la croissance, de l'emploi, du niveau général des prix, etc. La macroéconomie ouverte (ou macroéconomie internationale) permet, en outre, d'examiner de quelle façon les économies interagissent et, ce faisant, influent sur l'activité économique au niveau mondial.

Quatre grands thèmes sont récurrents dans l'analyse macroéconomique :

- *Le chômage.* La macroéconomie étudie les facteurs responsables du chômage et les moyens dont disposent les pouvoirs publics pour tenter d'y remédier.

On s'appliquera en particulier dans les chapitres qui suivent à comprendre les conséquences pour l'emploi de l'ouverture au commerce international.

- *L'épargne.* Dans les chapitres précédents, nous avons souvent supposé que les pays consomment le montant exact de leur revenu. Bien sûr, en réalité, les ménages ont la possibilité d'épargner une partie de leur revenu ou, au contraire, d'emprunter pour consommer plus qu'ils ne gagnent. Les comportements d'épargne ou d'emprunt de chaque pays influent sur l'emploi et la richesse future. Au niveau mondial, le taux d'épargne détermine la vitesse de croissance du stock total de capital productif.
- *Les déséquilibres commerciaux.* Nous avons vu, précédemment, que les importations d'un pays sont égales à ses exportations lorsque les dépenses sont égales aux revenus. Cet équilibre est, en réalité, rarement atteint. Les déséquilibres commerciaux entraînent une redistribution de la richesse entre les pays et peuvent être sources de tension lorsqu'ils atteignent durablement des niveaux importants.
- *La monnaie et le niveau des prix.* Jusque-là, nous avons présenté une théorie du commerce dans laquelle les biens étaient échangés directement contre d'autres, sur la base de leur prix relatif. En pratique, les prix sont exprimés en unités monétaires et la monnaie sert de moyen d'échange dans pratiquement toutes les transactions. Les fluctuations de l'offre ou de la demande de monnaie de chaque pays jouent sur la production, sur le niveau d'emploi ainsi que sur les déséquilibres commerciaux du pays et de ses partenaires commerciaux. La stabilité des prix est, dès lors, un enjeu majeur des politiques macroéconomiques internationales.

Ce premier chapitre consacré à la macroéconomie internationale présente les principaux concepts de comptabilité utilisés pour décrire le niveau de production d'un pays et ses transactions internationales. Nous présentons d'abord **les comptes nationaux**, qui enregistrent toutes les dépenses contribuant au revenu et à la production d'un pays. Nous examinons ensuite **la balance des paiements**, qui permet de suivre comment évoluent l'endettement d'un pays vis-à-vis du reste du monde et la santé de ses industries soumises à la concurrence internationale. La balance des paiements met aussi en lumière les liens entre les transactions étrangères et l'offre de monnaie.

1 Les comptes nationaux

Les comptes nationaux offrent une représentation globale et chiffrée de l'économie. C'est dans le cadre de la comptabilité nationale que sont définis et mesurés la plupart des concepts utilisés par les économistes et repris par les médias et les politiques. Comprendre ce cadre d'analyse (c'est-à-dire saisir son intérêt, sa logique et ses limites) est un préalable à l'étude des phénomènes macroéconomiques[1].

1.1 Qu'est-ce que l'économie nationale ?

Le concept d'économie nationale n'est pas évident à définir : doit-on considérer un critère juridique (la nationalité) ou géographique (les frontières) ? Le critère retenu

1. Nous ne prétendons pas ici présenter en détail les comptes nationaux, un chapitre n'y suffirait pas. Nous préférons nous concentrer sur quelques concepts-clés et sur les différents points relatifs aux relations entre pays. Pour une synthèse complète et accessible des comptes nationaux en France, voir Jean-Paul Piriou, La Comptabilité nationale, Repères, La Découverte, 2006, 14e édition.

par les comptables nationaux se situe en fait à mi-chemin puisqu'il s'agit de la *résidence*. L'économie nationale comprend l'ensemble des personnes physiques et morales résidentes, autrement dit toutes celles qui ont une activité économique depuis plus d'un an sur le *territoire économique*. Ce dernier diffère du *territoire géographique* dans la mesure où il inclut les enclaves situées à l'étranger (ambassades, consulats, bases militaires, etc.) et, réciproquement, exclut les enclaves présentes sur son territoire et possédées par les pays étrangers et les institutions internationales. Par ailleurs, dans le cas de la France, les territoires d'outre-mer (TOM) ne font pas partie du territoire économique contrairement aux départements d'outre-mer (DOM). Notons également que les économies ne recouvrent pas nécessairement les pays. On parle souvent, par exemple, de l'économie de la zone euro, de l'économie du Québec, de l'économie de Hong Kong. C'est d'ailleurs la raison pour laquelle on retiendra souvent le concept d'*économie intérieure* ou d'*économie domestique* plutôt que d'*économie nationale*.

1.2 Le produit intérieur brut (PIB)

Les macroéconomistes utilisent un certain nombre d'indicateurs synthétiques, qualifiés d'agrégats, pour décrire les performances économiques des pays. Le **produit intérieur brut (PIB)** est certainement le principal de ces agrégats. Le PIB représente le résultat final de l'activité de production de l'économie. Il est égal à la valeur de tous les biens de consommation et de tous les services finals produits par les unités économiques résidentes et vendus sur le marché sur une période donnée. Il inclut, par exemple, la valeur du pain vendu en boulangerie et des livres vendus en librairie, mais aussi la valeur des services fournis par les agents de change ou les plombiers. Les comptables nationaux calculent le PIB en additionnant les valeurs ajoutées (production moins consommations intermédiaires) exprimées aux prix perçus par les producteurs, plus les impôts sur produits (TVA, accises) moins les subventions sur produits. Les biens et les services finals sont ainsi comptabilisés dans le PIB aux prix du marché (ou prix d'acquisition), c'est-à-dire aux prix auxquels les consommateurs les payent.

Le PIB peut également se calculer comme la somme de la consommation (C), de l'investissement (I), des dépenses publiques (G) et du solde extérieur des biens et services ($EX - IM$).

La figure 12.1 présente le PIB de la France en 2007 et ses quatre composantes.

La **consommation** (C) peut se définir comme la part du PIB que les ménages résidents consacrent à la satisfaction de leurs besoins courants. Dans le système européen de comptabilité, deux agrégats sont calculés pour la consommation : la dépense de consommation, qui inclut tous les achats des ménages (comme le ticket de cinéma, la nourriture, le loyer) et la consommation effective, qui tient compte en plus des consommations financées par les administrations publiques (comme l'école, l'hôpital). Dans la plupart des pays industrialisés, les dépenses de consommation se situent autour de 60 % du PIB.

L'**investissement** (I) correspond aux dépenses effectuées par les entreprises en vue d'accroître leur stock de capital et, *in fine*, leur production future – en comptabilité, on parle de *formation brute de capital fixe* ou FBCF[1]. Par exemple, l'acier et les briques utilisés dans la construction des usines sont comptabilisés dans ce poste, au même titre que les services fournis par un technicien pour mettre au point le système informatique au sein d'une entreprise.

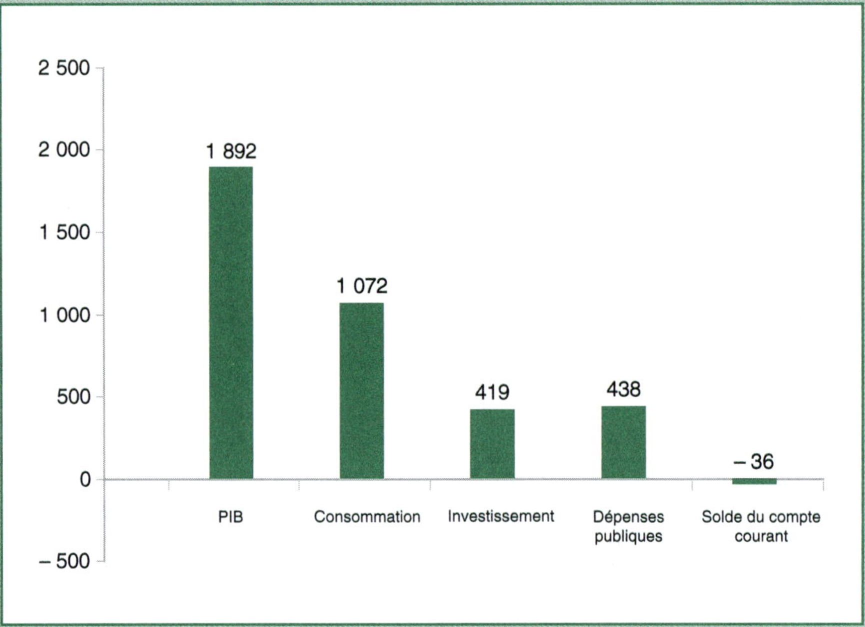

Figure 12.1 • Le PIB en France et ses composants en 2007 (en milliards d'euros courants).

Source : d'après les comptes nationaux, Base 2000, Insee.

Les stocks constitués par une entreprise représentent aussi des dépenses d'investissement dans la mesure où il s'agit, pour elle, de transférer dans le temps l'utilisation d'une partie de sa production (la FBCF plus les variations de stocks forment la *formation brute de capital*). L'investissement est souvent beaucoup plus fluctuant que la consommation (principe de l'accélérateur) et varie généralement entre 12 et 25 % du PIB.

Les **dépenses publiques** (*G*) représentent les dépenses des administrations publiques. Ce secteur institutionnel se compose des administrations publiques centrales (comme l'État, les universités), des administrations publiques locales (comme les communes, les départements, les régions) et des administrations de sécurité sociale (comme les régimes d'assurance sociale, les hôpitaux publics). Les dépenses publiques incluent par exemple les dépenses militaires, les subventions publiques à la recherche contre le cancer ou les budgets attribués à l'éducation ou à la réfection des routes. Les transferts sociaux tels que les indemnités de chômage n'exigent pas du bénéficiaire un quelconque bien ou service en retour et, pour cette raison, ne sont pas comptabilisées dans le poste dépenses publiques. Dans les pays industrialisés, les dépenses publiques représentent entre 20 % et 25 % du PIB. Cette part est relativement stable depuis les années 1960, mais rappelons qu'avant la crise de 1929 et la mise en place de l'État providence, elle ne s'élevait pas à plus de 10 %.

---

1. Le terme d'investissement est couramment utilisé pour qualifier l'achat d'actions, d'obligations ou de biens immobiliers. Il ne faut cependant pas confondre avec la définition de l'investissement comme composante du PIB. Lorsque vous achetez une action de l'entreprise Renault, par exemple, vous n'achetez ni un bien, ni un service et votre achat ne participe pas à l'accroissement du PIB.

Le **solde extérieur des biens et services** correspond aux exportations moins les importations.

Le PIB est un *indicateur d'activité*, un *indicateur de produits*, mais aussi un *indicateur de revenus* : chaque euro utilisé pour acheter des biens ou des services contribue automatiquement à augmenter le revenu d'un individu ou d'une entreprise. Le PIB peut ainsi se calculer en additionnant ce que gagnent les salariés (salaires, primes en espèces et en nature, prestations sociales…) et les entreprises (que l'on mesure en comptabilité nationale par l'excédent brut d'exploitation ou le revenu mixte brut), à quoi l'on ajoute les impôts sur la production et les importations, et l'on retranche les subventions. Quelques exemples permettront de mieux comprendre comment l'on peut parvenir à un même résultat en partant de trois optiques différentes (activité, produit, revenu).

Prenons le cas d'un rendez-vous chez le coiffeur : les 20 € que vous payez représentent la valeur de marché des services fournis. Votre visite a contribué à augmenter le PIB de 20 €. Dans le même temps, les 20 € que vous avez versés sont venus s'ajouter au revenu du coiffeur ; le revenu national a donc aussi augmenté de 20 €.

Prenons un autre exemple qui fait intervenir plusieurs facteurs de production. Lorsque vous achetez un livre neuf, sa valeur vient augmenter le produit intérieur. Le paiement entre aussi dans le revenu des facteurs de production qui ont contribué à la réalisation de ce livre. L'éditeur doit en effet payer les auteurs, les rédacteurs, les artistes et les compositeurs qui fournissent le travail nécessaire à la réalisation du livre. Sont également concernés les actionnaires de la société d'édition qui perçoivent des dividendes pour avoir financé l'acquisition du capital nécessaire à la production, ainsi que les fournisseurs de papier et d'encre qui procurent les biens intermédiaires utilisés pour produire le livre.

Le papier et l'encre achetés par la maison d'édition ne sont pas comptabilisés séparément et n'apparaissent pas directement dans le PIB. Leur contribution au produit intérieur est en effet déjà prise en compte dans le prix du livre. C'est pour éviter de compter plusieurs fois la production de biens et services intermédiaires que seuls les achats *finals* de biens et services sont retenus dans le PIB. Les achats de biens intermédiaires ne sont pas pris en compte. De plus, notre définition ne retient que les biens et services finals neufs, les biens d'occasion n'étant pas retenus puisqu'ils ont déjà contribué au PIB par le passé. Ainsi, la vente d'un livre d'occasion n'augmente pas le PIB et n'a pas non plus d'impact sur le revenu national, puisque cette vente ne génère aucun revenu pour les facteurs de production.

Du PIB au revenu national. Dans la section précédente, nous avons présenté le PIB comme un indicateur de revenu *versé* par les unités résidentes. Il peut être plus intéressant de connaître le revenu effectivement *reçu* par les résidents ; c'est ce que mesure le revenu national (RN). Plusieurs étapes sont nécessaires pour passer du PIB au RN.

La première étape dans le calcul du RN consiste à ajouter au PIB les revenus nets des facteurs de production résidents versés par le reste du monde (RDM). Ceux-ci correspondent aux rémunérations des salariés et aux revenus de la propriété reçus du RDM, moins les rémunérations des salariés et les revenus de la propriété versés au RDM. Il faut, en outre, soustraire les impôts sur la production versés au RDM et ajouter les subventions reçues du RDM. L'agrégat obtenu est souvent connu sous le nom de produit national brut (PNB) ; toutefois, ce terme n'est plus officiellement employé, et on lui préfère celui de *revenu national brut* (RNB)[1].

Contrairement au PIB, le RNB ne tient pas compte de la production réalisée grâce à des capitaux étrangers. Pour rendre cette différence plus concrète, prenons comme exemple les revenus issus de la production d'une usine située en France dont les actionnaires sont allemands et qui sont comptabilisés dans le PIB français, alors qu'ils font partie du RNB allemand. Les services offerts par les capitaux allemands à la France sont ici assimilables à une exportation de services allemands. C'est pourquoi il faut les ajouter au PIB allemand pour obtenir son RNB. Simultanément, pour obtenir le RNB français, il faut les soustraire du PIB français en tant qu'importation de services en provenance d'Allemagne.

Les fluctuations du PIB et du RNB ne sont pas, en pratique, très éloignées (en général, inférieures à ±1 % pour la France), sauf pour quelques pays. C'est le cas en Suisse, par exemple, qui dispose de nombreuses multinationales implantées à l'étranger, et dont le RNB est d'environ 5 % supérieur au PIB. C'est le cas également au Koweït, dont les revenus pétroliers sont placés à l'étranger, avec un écart qui peut dépasser 30 %. Les petites économies ouvertes, telles que la Belgique, sont dans une situation symétrique ; celle-ci accueille de nombreuses multinationales étrangères et leur PIB est supérieur au RNB d'environ 5 %.

La deuxième étape pour aboutir au RN consiste à tenir compte des *transferts courants* nets. Ces transferts courants correspondent, par exemple, au versement des retraites à des citoyens expatriés, au paiement de réparations ou à l'aide étrangère (les fonds destinés à des pays frappés par la sécheresse par exemple). Les transferts courants nets augmentent le revenu national, mais pas le produit. Pour calculer le revenu national, nous devons donc ajouter les transferts courants nets au RNB ; nous obtenons alors le revenu national brut disponible (RNBD).

La troisième étape concerne la *dépréciation* du capital. Les agrégats précédents sont des agrégats bruts qui ne prennent pas en compte la perte économique due à la dépréciation, c'est-à-dire à l'usure normale des machines et des installations lors de leur utilisation. Cette perte, que l'on désigne par consommation de capital fixe en comptabilité nationale, réduit pourtant le revenu des détenteurs du capital. Pour calculer le RN au cours d'une période donnée, nous devons donc soustraire au RNDB la dépréciation du capital durant cette période[2].

Les différentes étapes qui permettent de passer du PIB au RN, en passant par le RNB (ex-PNB), sont synthétisées ci-après.

---

1. Jusqu'en 1991, aux États-Unis, l'indicateur phare n'était pas le produit intérieur brut (GDP), mais le produit national brut (GNP). Depuis, la comptabilité nationale américaine a adopté les normes internationales, mais le GNP reste encore largement utilisé, notamment dans l'édition originale de cet ouvrage.
2. On peut directement soustraire du PIB la consommation de capital fixe pour obtenir ce que l'on appelle le produit national net (PIN). Cet indicateur a plus de sens économiquement, mais, la consommation de capital fixe étant difficile à mesurer, on lui préfère généralement le PIB.

Produit intérieur brut (PIB)
+ Rémunérations des salariés reçues du RDM – Rémunérations des salariés versées au RDM
+ Revenus de la propriété reçus du RDM – Revenus de la propriété versés au RDM
+ Subventions reçues du RDM – Impôts sur la production versés au RDM

Revenu national brut (RNB)
+ Transferts courants reçus du RDM – Transferts courants versés au RDM

Revenu national brut disponible (RNBD) – Consommation de capital fixe

---

Revenu national (RN)

La différence entre PIB et revenu national n'a aucune raison d'être quantitativement insignifiante, mais cela n'a que peu d'intérêt pour l'analyse macroéconomique. Pour faciliter la réflexion, et sauf indication contraire, nous utiliserons désormais les deux termes de façon interchangeable.

1.3 Équilibre comptable en économie ouverte

Dans cette section, nous présentons l'équilibre comptable d'une économie ouverte pour mettre en lumière le rôle fondamental du commerce international. La principale leçon que nous tirons de cette section est que l'épargne et l'investissement intérieurs n'ont pas nécessairement à être égaux pour une économie ouverte.

Le PIB et l'équilibre ressources-emplois en économie ouverte. Dans le cas d'une économie fermée, les biens finaux qui ne sont pas comptabilisés dans les dépenses de consommation, les dépenses d'investissement ou les dépenses publiques viennent grossir les stocks des entreprises (parfois malgré elles). Comme les variations de stocks sont comptabilisées dans le poste investissement, on en déduit que la production d'une économie fermée doit nécessairement être consommée, investie ou achetée par les administrations publiques. On peut écrire cela sous forme d'une identité fondamentale qui lie Y le PIB, C la consommation, I l'investissement et G les dépenses publiques :

$$Y = C + I + G$$

Dans le cas d'une économie ouverte, une partie des dépenses sert à acheter des biens et des services produits à l'étranger. La valeur des importations, notées IM, doit donc être soustraite au total des dépenses effectuées par les agents économiques résidents, $C + I + G$ (appelé aussi *absorption*), pour déterminer ce qui participe effectivement au PIB. De manière analogue, une fraction de la production est vendue à l'étranger. Les exportations, notées EX, doivent donc être ajoutées aux dépenses intérieures pour obtenir le PIB. L'identité prend, au final, la forme suivante pour une économie ouverte :

$$Y = C + I + G + EX - IM \tag{12.1}$$

Bien que très simple, cette identité comptable offre une grande richesse d'interprétations.

L'exemple d'Agriland, une économie ouverte fictive. Rendons plus concrète l'identité (12.1). Supposons l'existence d'une économie ouverte fictive, appelée Agriland, dont la seule production est le blé. Chaque citoyen d'Agriland est consommateur de blé, mais il est aussi fermier et, à ce titre, peur être considéré comme une entreprise. Le poste investissement est constitué de la part de la récolte que les fermiers mettent de côté en vue des semis à venir. L'État d'Agriland achète, par ailleurs, une partie du blé pour nourrir son armée. La récolte annuelle totale de blé est de 100 boisseaux. Agriland peut importer du lait en échange d'exportations de blé. Pour pouvoir appliquer l'identité (12.1), il faut connaître le prix relatif du lait en unité de boisseau de blé afin que chaque composante du PIB soit exprimée dans la même unité. Supposons qu'un litre de lait vaille 0,1 boisseau de blé. À ce prix, les habitants d'Agriland souhaitent en consommer 200 litres, ce qui correspond à 20 boisseaux de blé.

Dans le tableau 12.1, pour une production totale de 100 boisseaux de blé, la consommation annuelle intérieure est de 55 boisseaux plus 200 litres de lait. La valeur de la consommation est donc de 75 unités de blé (= 55 + 0,1 × 200).

Les 100 boisseaux de blé produits sont utilisés de la façon suivante : 55 sont consommés par les habitants, 25 sont investis pour la future récolte, 10 sont achetés par l'État et 10 sont exportés vers l'étranger. Nous pouvons donc, dans cet exemple, vérifier l'identité (12.1) : le revenu national ($Y = 100$) est égal aux dépenses intérieures ($C + I + G = 110$), plus les exportations ($EX = 10$), moins les importations ($IM = 20$).

Tableau 12.1 : Comptes nationaux d'Agriland (l'unité de mesure est le boisseau de blé)

PIB	=	Consommation + Investissement + Dépenses publiques + Exportations – Importations
100	=	75[a] + 25 + 10 + 10 – 20[b]

[a] 55 boisseaux de blé + (0,1 boisseau par litre × 200 litres de lait)

[b] 0,1 boisseau par litre × 200 litres de lait

Le compte courant et la dette extérieure. Il est rare, en pratique, que le commerce extérieur d'un pays soit équilibré. La différence entre les exportations et les importations de biens et services est appelée **la balance du compte courant**[1] (ou plus simplement le compte courant, ou encore, dans les documents officiels, le compte des transactions courantes), notée CC :

$$CC = EX - IM$$

Lorsque les importations sont supérieures aux exportations, le pays connaît un *déficit* de son compte courant. Dans le cas contraire, on parle d'*excédent* (ou de surplus) du compte courant. Notons, en se référant à l'identité comptable (12.1), que les fluctuations du compte courant sont liées aux fluctuations de la production et de l'emploi, d'où l'importance accordée aux déficits et aux surplus.

Nous avons défini le compte courant comme la différence entre les exportations et les importations. D'après l'équation (12.1), le compte courant est aussi égal à la différence entre le PIB et les dépenses intérieures ($C + I + G$), soit :

$$CC = Y - (C + I + G)$$

1. Cette définition de la balance du compte courant n'est pas tout à fait exacte. La balance du compte courant comprend notamment les transferts courants. Pour simplifier, nous ne tiendrons pas compte de ces derniers ici, mais nous les étudierons en détail dans la section consacrée à la balance des paiements.

Cette formulation fait clairement apparaître qu'un pays ne peut financer un déficit de son compte courant (c'est-à-dire consommer davantage qu'il ne produit) qu'en augmentant son endettement extérieur net[1]. Au chapitre 7, nous avons assimilé les prêts et les emprunts internationaux à du *commerce intertemporel*. Un pays présentant un déficit de son compte courant importe de la consommation présente et exporte de la consommation future.

Réciproquement, un pays qui consomme moins qu'il ne produit génère un excédent de son compte courant et peut financer les déficits de ses partenaires commerciaux en leur prêtant des fonds. Les avoirs extérieurs d'un tel pays vont alors augmenter, puisque ses partenaires devront émettre des reconnaissances de dette en règlement de la part de leurs importations non couverte par leurs exportations. Autrement dit, un pays présentant un excédent de son compte courant exporte de la consommation présente et importe de la consommation future. Le raisonnement précédent met en lumière que *le solde du compte courant d'un pays correspond aux variations de ses avoirs extérieurs nets*. Ce lien fondamental sera examiné rigoureusement dans la section consacrée à la balance des paiements.

Revenons à notre économie imaginaire, Agriland, présentée dans le tableau 12.1. La valeur totale de sa consommation, de ses investissements et des dépenses publiques atteint 110 boisseaux de blé, alors que sa production n'excède pas 100 boisseaux. Cette situation ne pourrait exister dans une économie fermée et Agriland devrait restreindre ses dépenses intérieures à la valeur de sa production. Cependant, il s'agit d'une économie ouverte et elle peut, à ce titre, importer plus (200 litres de lait équivalant à 20 boisseaux de blé) qu'elle n'exporte (10 boisseaux de blé). Il en résulte pour elle un déficit de son compte courant de 10 boisseaux de blé. Pour financer ce déficit, Agriland doit emprunter à l'étranger un montant qu'elle devra rembourser.

La figure 12.2 illustre très clairement comment une succession de déficits du compte courant peut conduire à une dette extérieure très importante. Elle présente le compte courant des États-Unis depuis la fin des années 1970, ainsi que l'évolution du stock des avoirs extérieurs nets de ce pays. Les États-Unis ont accumulé des avoirs extérieurs substantiels jusqu'au début des années 1980, date à partir de laquelle les déficits ont atteint des proportions inégalées au XXE siècle. En 1987, le pays est devenu débiteur net vis-à-vis de l'étranger, et ce pour la première fois depuis la Première Guerre mondiale. Cet endettement extérieur n'a cessé d'augmenter depuis, jusqu'à atteindre, aujourd'hui, 25 % du PIB.

L'épargne et le solde du compte courant. L'**épargne intérieure**, notée S, peut être définie comme la part du produit Y, qui n'est dévolue ni à la consommation des ménages C, ni aux dépenses publiques G[2] :

$$S = Y - C - G$$

Dans une économie fermée, l'épargne intérieure est toujours égale, *ex post*, à l'investissement. Cela signifie que la seule façon pour une économie fermée d'accroître son patrimoine

1. Pour financer le déficit de son compte courant, un pays n'est pas nécessairement amené à s'endetter ; il peut aussi utiliser les avoirs extérieurs éventuellement accumulés par le passé. Une diminution des avoirs nets vis-à-vis de l'étranger équivaut bien, en effet, à une augmentation du niveau d'endettement extérieur net.

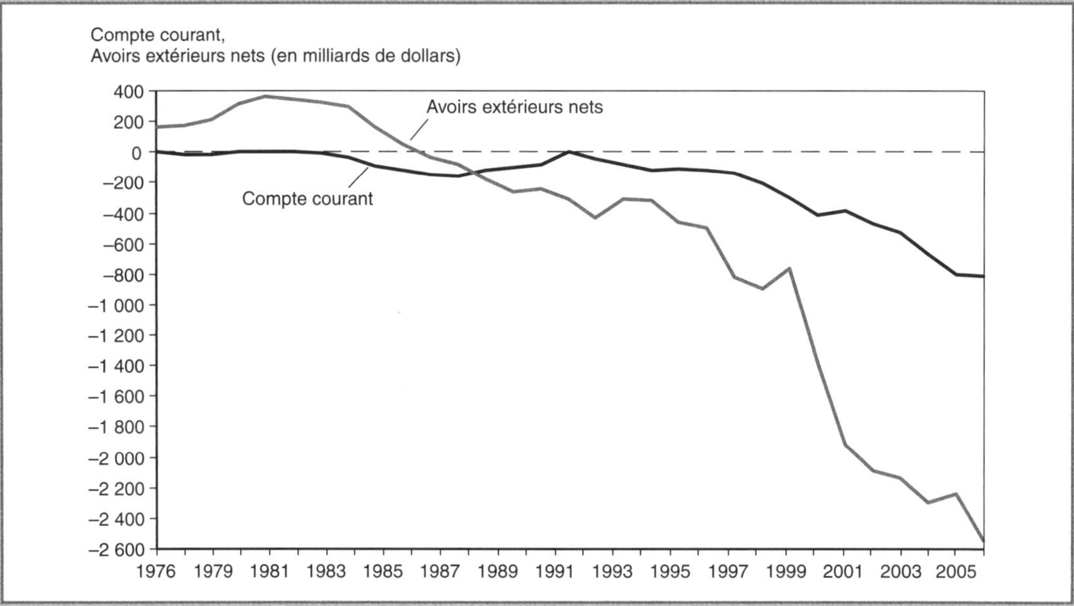

Figure 12.2 • Le compte courant des États-Unis et ses avoirs extérieurs nets entre 1976 et 2006.
Une série de déficits du compte courant, durant les années 1980, réduit le stock des avoirs extérieurs nets du pays jusqu'à engendrer au début du XXIe siècle un niveau record d'endettement des États-Unis vis-à-vis de l'étranger.

Source : U.S. Government Printing Office, *Economic Indicators*, juin 2007.

consiste à accumuler du nouveau capital. En économie fermée, l'identité $Y = C + I + G$ peut s'écrire sous la forme $I = Y - C - G$, et donc :

$$S = I$$

Il en va différemment dans une économie ouverte : l'épargne intérieure S est toujours égale à $Y - C - G$, mais, désormais $I = Y - C - G - CC$, soit :

$$S = I + CC$$

Il s'agit d'une différence fondamentale avec une économie fermée, puisqu'*une économie ouverte peut épargner en augmentant son stock de capital, mais aussi en acquérant du capital étranger*. Autrement dit, une économie ouverte, à la différence d'une économie fermée, n'est pas obligée d'augmenter son épargne pour saisir les opportunités d'investissements rentables. L'équation précédente montre qu'il lui est possible d'accroître son investissement et, simultanément, d'emprunter à l'étranger, ce qui laisse l'épargne intérieure inchangée.

---

2. La comptabilité nationale américaine fait l'hypothèse que les dépenses publiques n'ont pas pour objectif d'augmenter le stock de capital national. Nous allons suivre, ici, cette convention en soustrayant toutes les dépenses de l'État du produit intérieur pour obtenir l'épargne intérieure. Dans la plupart des pays, les comptables nationaux distinguent les dépenses publiques de l'investissement public (par exemple, les investissements des entreprises publiques). Ce dernier poste est pris en compte dans l'épargne intérieure (sauf les achats d'équipements à usage strictement militaire).

Supposons, par exemple, que la Hongrie décide de construire une nouvelle centrale hydroélectrique. Elle peut importer l'équipement dont elle a besoin de France et emprunter, dans le même temps, des fonds à la France pour payer ces importations. Ce faisant, la Hongrie accroît son niveau d'investissement puisque l'équipement importé permet d'augmenter son stock de capital. Elle accroît aussi le déficit de son compte courant d'un montant égal à son investissement. En revanche, l'épargne de la Hongrie ne varie pas. Pour que tout ceci soit possible, il faut que les ménages français acceptent d'épargner plus, afin de rendre disponible les ressources nécessaires à la construction de la centrale en Hongrie. Cette transaction présente un nouvel exemple de commerce intertemporel : la Hongrie importe de la consommation présente (lorsqu'elle emprunte à la France) et exporte de la consommation future (lorsqu'elle remboursera son emprunt).

Un pays peut donc emprunter auprès d'un autre pays pour accroître son stock de capital. C'est d'ailleurs la raison pour laquelle l'excédent du compte courant d'un pays est souvent appelé **l'investissement extérieur net** (le déficit, **l'endettement extérieur net**). Lorsqu'un pays prête à un autre pour financer l'investissement de ce dernier, il est naturel qu'une partie des revenus futurs engendrés par l'investissement serve à rembourser le prêteur. Nous pouvons donc en conclure qu'il existe deux façons pour un pays d'utiliser son épargne pour augmenter ses revenus futurs : il peut la consacrer à l'investissement intérieur, mais il peut aussi l'utiliser pour investir à l'étranger.

L'investissement privé et l'investissement public. Nous n'avons, jusque-là, pas tenu compte de la distinction entre l'épargne privée et l'épargne publique. Il y a pourtant une différence majeure dans la mesure où les décisions relatives à l'épargne publique ont souvent pour objectif d'influer sur la production et l'emploi, ce qui n'est évidemment pas le cas de l'épargne privée.

L'épargne privée, notée S^p, se définit comme la part du revenu privé disponible qui n'est pas consommée. Celui-ci correspond au PIB Y, moins les impôts et taxes nets T, prélevés par les administrations publiques auprès des ménages et des entreprises[1] :

$$S^p = Y - T - C.$$

L'épargne publique, notée S^g, se définit de façon similaire à l'épargne privée, avec les dépenses publiques qui tiennent lieu de consommation et les impôts et taxes qui tiennent lieu de revenu :

$$S^g = T - G.$$

La somme de ces deux composantes est égale à l'épargne intérieure totale :

$$S = Y - C - G = (Y - T - C) + (T - G) = S^p + S^g.$$

Utilisons maintenant les définitions des deux composantes de l'épargne totale pour réécrire l'identité du PIB. Nous savons que $S = S^p + S^g = I + CC$, donc :

$$S^p = I + CC - S^g = I + CC - (T - G) = I + CC + (G - T) \qquad (12.2)$$

L'équation (12.2) nous permet de relier l'épargne privée à l'investissement intérieur, le compte courant et l'épargne publique. Remarquons que l'épargne publique peut également

1. Les impôts et taxes nets correspondent à la fiscalité directe et indirecte prélevée par les administrations publiques, moins les subventions et les redistributions.

s'interpréter comme l'opposée du *déficit public*, c'est-à-dire $G - T$. On en déduit que l'épargne privée peut prendre trois formes : investissement privé I, achat d'actifs étrangers CC, achat de titres de dette nouvellement émis par l'État $(G - T)$. L'encadré suivant illustre bien cette situation.

Encadré 12.1

La réduction du déficit public n'entraîne pas systématiquement une augmentation du compte courant

Comprendre la relation qui lie le compte courant, l'investissement, l'épargne privée et l'épargne publique est absolument nécessaire. Mais, bien qu'incontournable, cette identité ne constitue qu'une première étape dans la compréhension des phénomènes macroéconomiques. Les identités comptables ne nous renseignent en rien sur le comportement des agents. Analyser ces comportements est toujours une tâche particulièrement délicate, car de nombreux facteurs entrent en jeu. Il est aussi toujours difficile de prévoir les conséquences de telle ou telle politique économique. Pour s'en convaincre, concentrons-nous sur les effets des déficits publics sur le compte courant.

Au début des années 1980, sous la présidence de Ronald Reagan, les États-Unis ont fait le choix de réduire fortement les impôts et d'augmenter simultanément certaines dépenses publiques. Cela a provoqué un important déficit public et une brusque augmentation du déficit du compte courant. Pour mieux comprendre, réécrivons l'équation (12.2) sous la forme suivante :

$$CC = S^p - I - (G - T)$$

D'après cette équation, si le déficit public augmente, alors que l'épargne privée et l'investissement restent approximativement constants, on doit observer une diminution du compte courant d'un montant quasi-identique à la hausse du déficit public. Aux États-Unis, entre 1981 et 1985, le déficit public a connu une hausse d'un peu plus de 2 % du revenu national, tandis que la différence entre l'épargne privée et l'investissement baissait d'environ 0,5 % du revenu national. Ceci a conduit le compte courant à se dégrader pour atteindre –3 % du revenu national.

Cet épisode a donné un certain crédit à la théorie selon laquelle le déficit public et le déficit du compte courant étaient des « déficits jumeaux ». Il ne faut pas pour autant en conclure qu'une réduction du déficit public entraîne systématiquement une augmentation du compte courant. Une telle conclusion est effectivement erronée lorsqu'on assiste à des changements importants dans le comportement d'épargne des ménages et dans le comportement d'investissement des entreprises.

Prenons l'exemple des pays de l'Union européenne avant le passage à l'euro en janvier 1999. Afin de satisfaire aux critères imposés par le traité de Maastricht (voir chapitre 20), les pays candidats à l'euro ont réalisé des efforts importants pour réduire leurs dépenses publiques et augmenter leurs impôts. Si l'on se réfère à la théorie des déficits jumeaux, on doit s'attendre à ce que le compte courant de l'Union européenne augmente brusquement.

☞

Encadré 12.1 (suite)

Comme le montre le tableau ci-dessous, rien de tel ne s'est pourtant produit. Le déficit public de l'Union a diminué d'environ 4,5 % du revenu national, alors que le compte courant est demeuré constant.

Année	*CC*	S^p	*I*	*G* – *T*
1995	0,6	25,9	19,9	–5,4
1996	1,0	24,6	19,3	–4,3
1997	1,5	23,4	19,4	–2,5
1998	1,0	22,6	20,0	–1,6
1999	0,2	21,8	20,8	–0,8

Source : OCDE, *Perspectives économiques*, 68, décembre 2000, tableaux 27, 30 et 52 en annexe (l'investissement est calculé comme un résidu).

Comment expliquer cette inertie du compte courant ? Sur la période, l'épargne privée a connu une baisse importante d'environ 4 % du revenu national qui a pratiquement compensé la hausse de l'épargne publique (l'investissement des entreprises ayant faiblement augmenté dans le même temps). Autrement dit, le comportement des ménages a tout simplement neutralisé les efforts de l'État pour augmenter l'épargne intérieure !

Il est difficile de savoir pourquoi les ménages ont agi de la sorte, mais il est possible d'avancer quelques explications. L'une d'entre elles est fondée sur le principe « d'équivalence ricardienne » des impôts et des déficits publics (en référence à David Ricardo, alors que lui-même n'y croyait pas...). Selon ce principe, lorsque l'État diminue les impôts et augmente son déficit, les ménages anticipent qu'ils devront faire face à des impôts plus élevés dans le futur pour rembourser la dette publique créée à l'occasion du déficit. Les ménages augmentent alors leur épargne privée pour compenser la baisse de l'épargne publique. Inversement, un gouvernement qui réduit le déficit public en augmentant les impôts – et, de fait, accroît l'épargne publique – incite le secteur privé à baisser son propre niveau d'épargne. C'est vraisemblablement ce qui s'est passé en Europe à la fin des années 1990.

Notons toutefois que la plupart des économistes n'attribuent pas plus de la moitié du déclin de l'épargne privée en Europe au principe de l'équivalence ricardienne. L'autre facteur tient à la forte appréciation des actifs financiers, à la fin des années 1990, qui a également conduit les ménages à diminuer leur épargne.

Nous ne pourrons jamais connaître les causes exactes des variations du compte courant en nous fondant uniquement sur l'identité (12.2), dans la mesure où l'épargne privée, l'investissement, le compte courant et le déficit public y sont déterminés conjointement. Cette identité présente néanmoins un cadre absolument essentiel à partir duquel on peut commencer à réfléchir.

2 La balance des paiements

La Banque de France et le ministère de l'Économie, des Finances et de l'Industrie définissent la balance des paiements comme « un document statistique présenté suivant les règles de la comptabilité en partie double qui rassemble et ordonne, dans un cadre défini, l'ensemble des opérations économiques et financières donnant lieu à transfert de propriété entre les résidents d'un pays – ou d'une zone économique – et les non-résidents au cours d'une période donnée ». La balance des paiements détaille ainsi la composition du compte courant et les transactions qui assurent son financement.

Les médias accordent une attention particulière aux chiffres de la balance des paiements, surtout lorsque celle-ci accuse un déficit. Mais doit-on s'alarmer d'un déficit de la balance des paiements ? Dans cette section, nous proposons une analyse en détail des différents postes de la balance des paiements de la zone euro[1].

La balance des paiements retrace l'ensemble des *flux* entre résidents et non-résidents durant une période donnée. Pour éviter de sombrer dans la complexité de la balance des paiements, il faut garder en mémoire la règle de la comptabilité en partie double. *Toute transaction internationale est automatiquement enregistrée deux fois dans la balance des paiements : une fois au crédit, une autre au débit.* Les flux entrants sont enregistrés au *débit* et se voient attribuer un signe négatif (–), tandis que les flux sortants sont enregistrés au *crédit* et se voient attribuer un signe positif (+). Par exemple, lorsqu'une entreprise de la zone euro importe pour 1 000 € de marchandises, le flux entrant de biens est inscrit au débit, le paiement de ces biens est inscrit au crédit.

Les flux économiques et financiers entre résidents et non-résidents sont répartis dans la balance des paiements en distinguant le compte courant, le compte de capital et le compte financier.

- Les transactions liées aux exportations ou aux importations de *biens et services* entrent directement dans le compte de transactions courantes, ou **compte courant**. C'est le cas, par exemple d'un consommateur américain qui importe du vin français. Cette transaction sera enregistrée dans la balance des paiements de la zone euro en crédit sur le compte courant.
- Les transactions issues de l'achat ou de la vente d'*actifs* (telles que des devises, des obligations, des actions, des terrains, etc.) sont comptabilisées dans le **compte financier** de la balance des paiements. Lorsqu'une entreprise belge rachète une société canadienne, la transaction s'inscrit en débit dans le compte financier de la balance des paiements de la zone euro. La différence entre les exportations (ventes) d'actifs financiers d'un pays et ses importations (achats) est appelée le solde du compte financier, ou plus simplement le compte financier.
- Les transactions qui conduisent à des *transferts de richesse* entre pays, mais non comptabilisées précédemment, sont enregistrées dans le **compte de capital**. Ces mouvements internationaux d'actifs – qui sont généralement de faible ampleur – ne sont pas assimilables à ceux qui sont enregistrés dans le compte financier. Ils résultent en grande partie d'activités non marchandes ou concernent l'acquisition ou la cession d'actifs non pro-

1. Pour une présentation approfondie, voir Marc Raffinot et Baptiste Venet, *La Balance des paiements*, Repères, La Découverte, 2003. S'agissant des recommandations du Fond monétaire international, voir « Balance of Payments Manual », 5e édition, Washington D.C.

duits, non financiers et parfois intangibles (comme les droits d'auteurs, les brevets ou les marques commerciales). Supposons, par exemple, que l'État français abandonne 1 milliard d'euros de dette que lui doit le Pakistan. Dans ce cas, la richesse de la France va diminuer d'un milliard d'euros et un débit d'un milliard va être enregistré dans le compte de capital de la zone euro. Prenons encore l'exemple d'un Suédois qui émigre aux Pays-Bas, emportant avec lui 100 000 € d'actifs de son pays. Dans ce cas, 100 000 € vont venir s'inscrire en crédit du compte de capital de la zone euro.

2.1 Quelques exemples de transactions inscrites dans la balance des paiements

Prenons quelques exemples pour mieux comprendre comment, en pratique, s'applique la règle de la comptabilité en partie double.

Imaginons que vous achetiez un téléphone portable à la société finlandaise Nokia. Vous payez votre achat par un chèque de 200 €. Le paiement permet l'achat d'un bien (le téléphone) à un non-résident et ce paiement entre donc au débit du compte courant de la zone euro avec un signe négatif. Quelle est alors la contrepartie créditrice dans la balance des paiements ? Le vendeur français de Nokia, à qui le téléphone a été acheté, a reçu un chèque de 200 €. Supposons qu'il le dépose sur le compte bancaire de Nokia à la Société Générale à Paris. Dans ce cas, Nokia a acheté à la Société Générale un actif français, c'est-à-dire un dépôt bancaire d'une valeur de 200 €. Cette transaction s'inscrit au crédit du compte financier de la zone euro. L'achat initial s'est donc traduit par l'enregistrement de deux lignes comptables qui s'équilibrent dans la balance des paiements de la zone euro :

	Crédit	Débit
Achat d'un téléphone (compte courant, importation de biens en France)		–200 €
Vente d'un actif français par la Société Générale (compte financier, exportation d'actifs par la France)	+200 €	

Prenons un autre exemple et supposons que pendant un voyage d'agrément en Russie, vous payiez 100 € pour un dîner dans un restaurant de Moscou. Comme vous manquez d'espèces, vous réglez avec votre carte bleue. Votre paiement, en tant que dépense touristique, est comptabilisé comme une importation de services par la France, et apparaît donc en débit du compte courant de la zone euro. Quelle contrepartie s'inscrit en crédit ? Votre signature sur le ticket de carte bleue autorise le restaurant à recevoir 100 € de la société émettrice de votre carte. Lorsque vous payez un repas à l'étranger avec votre carte bleue, vous vendez donc un actif à la Russie et cette opération engendre un crédit de 100 € dans le compte financier de la zone euro. Les deux lignes comptables sont dans ce cas :

	Crédit	Débit
Achat d'un repas (compte courant, importation d'un service en France)		–100 €
Vente d'un actif français (compte financier, exportation d'actifs par la France)	+100 €	

Imaginons maintenant que vous achetiez une action nouvellement émise par la multinationale anglaise, British Petroleum (BP), et que vous régliez avec un chèque de 95 € tiré sur votre compte. BP dépose le chèque de 95 € sur son compte bancaire français auprès de la BNP-Paribas. L'acquisition de cette action sera inscrite au débit du compte financier de la zone euro. En contrepartie, le dépôt bancaire du paiement de 95 € par BP va s'inscrire au crédit du compte financier de la zone euro, puisque BP a ainsi augmenté sa détention d'actifs français. Le double effet de la transaction apparaît, cette fois, au seul compte financier de la balance des paiements :

	Crédit	Débit
Achat d'une action BP (compte financier, importation d'un actif en France)		–95 €
Dépôt bancaire du paiement par BP à la BNP-Paribas (compte financier, exportation d'un actif par la France)	+95 €	

Pour finir, considérons comment l'abandon pur et simple par les banques françaises d'une dette de 5 000 €, contractée par un pays imaginaire appelé Bygonia, peut avoir un effet sur la balance des paiements de la zone. Cette décision équivaut, pour la France, à transférer un capital de 5 000 € à Bygonia. Elle sera enregistrée comme un débit de 5 000 € dans le compte de capital de la zone euro. En contrepartie, une réduction de 5 000 € des actifs français détenus à l'étranger apparaît au crédit du compte financer puisque cela équivaut à une exportation nette d'actifs :

	Crédit	Débit
Abandon de la dette par les banques françaises (compte de capital, transfert de fonds français)		–5 000 €
Réduction de la créance des banques sur Bygonia (compte financier, exportation d'actifs par la France)	+5 000 €	

2.2 L'identité fondamentale de la balance des paiements

Toute transaction internationale donne lieu automatiquement à l'enregistrement de deux écritures comptables compensatoires dans la balance des paiements. C'est pourquoi, la somme du compte courant, du compte financier et du compte de capital est nécessairement nulle :

$$\text{Compte courant} + \text{Compte financier} + \text{Compte de capital} = 0 \qquad (12.3)$$

De cette identité comptable, on déduit également que la somme du compte courant et du compte de capital (qui correspond à la variation totale des actifs nets étrangers d'un pays, y compris les transferts d'actifs non marchands) doit nécessairement être égale à la différence entre les importations et les exportations d'actifs, soit l'opposé du compte financier.

Nous allons maintenant préciser le contenu des différents postes de la balance des paiements, en nous appuyant sur l'exemple de la balance des paiements de la zone euro en 2007.

2.3 Le compte courant (ou compte des transactions courantes)

Au sein du compte courant on distingue quatre catégories. La première concerne le commerce international de biens, soit les exportations et les importations. La deuxième inclut les services (y compris les dépenses effectuées lors des voyages). La troisième couvre les revenus reçus des facteurs de production opérants à l'étranger. Il s'agit des salaires des résidents qui travaillent à l'étranger ainsi que des intérêts et dividendes perçus sur les entreprises qui opèrent à l'étranger. Si les revenus sont inclus dans le compte courant, c'est qu'ils représentent la contrepartie d'un service (voir aussi la discussion en début de chapitre sur la différence entre PIB et RNB). La quatrième concerne les transferts courants.

En 2007, les exportations de biens et services de la zone euro atteignent 1 995 milliards d'euros (1 506,7 + 488,3), alors que les importations se situent à 1 386,7 milliards d'euros (1 026,4 + 332,0). Depuis 1999, les importations et les exportations de la zone euro ont pratiquement doublé.

Tableau 12.2 : La balance des paiements simplifiée de la zone euro en 2007 (en milliards d'euros)

	Solde
1. Compte de transactions courantes	**37,8**
1.1 Biens	57,5
Exportations	1 506,7
Importations	1 449,2
1.2 Services	53,2
Exportations	488,3
Importations	435,1
Balance des biens et services (1.1 + 1.2)	110,7
1.3 Revenus	11,1
dontRevenus des salariés	7,1
Revenus des investissements	4,0
1.4 Transferts courants	–84,0
2. Compte de capital	**14,0**
Capacité/besoin de financement vis-à-vis du reste du monde (1 + 2)	51,8
3. Compte financier	**29,4**
3.1 Investissements directs	–90,4
De la zone euro à l'étranger	–455,3
De l'étranger dans la zone euro	364,9
3.2 Investissements de portefeuille	137,8
Avoirs	–440,6
Engagements	578,3
3.3 Produits financiers dérivés	–53,9
3.4 Autres investissements	41,1
3.5 Avoirs de réserve	–5,1
Balance de base (1 + 2 + 3.1 + 3.2 + 3.3)	**–92,5**
4. Erreurs et omissions nettes, calculées comme l'opposé de la somme de (1), (2) et (3)	**–81,3**

Source : *BCE.*

Le solde du commerce extérieur (c'est-à-dire le solde de la balance commerciale) est positif en 2007 et compense les revenus et les transferts courants qui présentent, traditionnellement, un solde déficitaire[1]. Le tableau 12.2 fait ainsi apparaître un excédent du compte courant pour la zone euro en 2007 de 37,8 milliards d'euros (soit environ 0,5 % du PIB)[2]. Cet excédent doit être compensé par un déficit du même montant dans les deux autres grands comptes de la balance des paiements.

2.4 Le compte de capital

En 2007, le compte de capital de la zone euro admet un solde positif d'un montant de 14 milliards d'euros. Notons que la somme du compte courant et du compte de capital représente **la capacité de financement de la nation** (ou le **besoin de financement** s'il est négatif).

2.5 Le compte financier

Tout comme le compte courant mesure les achats et les ventes de biens et services, le compte financier mesure les achats et les ventes d'actifs à des non-résidents. Lorsqu'un résident de la zone euro emprunte à l'étranger, il vend un actif à l'extérieur, c'est-à-dire la promesse d'un remboursement, augmenté des intérêts. Une telle transaction est enregistrée comme un crédit dans le compte financier (signe positif), parce que le prêt consiste en un paiement à la zone euro. Nous parlerons de *flux financier entrant* ou d'*entrée de capitaux*. *A contrario*, lorsqu'un résident de la zone euro prête à l'étranger, un paiement sort et le compte financier est débité (signe négatif). Cette transaction correspond à l'achat d'un actif étranger, la promesse du remboursement. Nous parlerons, alors, de *flux financier sortant* ou de *sortie de capitaux*[3].

Plusieurs postes, qui rendent compte de la variété des transactions financières internationales, composent le compte financier. On distingue d'abord les **investissements directs étrangers** (IDE) et les **investissements de portefeuille**. L'idée est de distinguer entre les investissements dont l'objectif est d'exercer, dans le cadre d'une relation durable, une influence significative sur la gestion de l'entreprise, et les investissements qui répondent à une logique de placements diversifiés, sans véritable implication dans la vie de l'entreprise. En pratique, différencier les deux constitue toujours un défi. On retient donc la définition suivante : les IDE sont des opérations destinées à contrôler plus de 10 % du capital social d'une entreprise (un solde positif signifie que le flux d'IDE vers la zone euro et supérieur au flux d'IDE vers l'étranger), alors que les investissements de portefeuille sont des achats de titres (titres du marché monétaire, obligations, actions dans la limite de 10 %).

---

1. Les transferts courants incluent notamment les transferts des administrations publiques aux institutions internationales telles que l'ONU.
2. Même si, pour la conduite de la politique monétaire comme pour l'analyse du taux de change de l'euro, c'est la balance de paiement de la zone euro qui est importante, la Banque de France continue de diffuser la balance des paiements française. En 2007, les exportations françaises de biens et services s'élèvent à 504,5 milliards d'euros, contre 533,3 milliards d'euros pour les importations. Le solde du commerce extérieur est donc négatif, comme depuis 2004. La balance des paiements en France accuse aussi un déficit du compte courant pour 2007 de 22,3 milliards d'euros.
3. Lorsque l'on s'intéresse plus particulièrement aux conséquences des transactions internationales sur la création monétaire, il convient de distinguer celles réalisées par les institutions financières et monétaires résidentes de celles réalisées par les agents non financiers. Ce découpage fait l'objet de « La présentation monétaire de la balance des paiements », publiée par la BCE et disponible en ligne sur son site.

On trouve par ailleurs, dans le compte financier, les *produits financiers dérivés* (contrats à terme, options), qui sont des instruments de gestion des risques, et les *autres investissements*, qui correspondent aux crédits commerciaux, aux autres prêts, etc. On trouve enfin les **avoirs de réserves**, qui sont détaillés un peu plus bas.

Selon le tableau 12.2, le compte financier a dégagé un solde positif de 29,4 milliards d'euros en 2007. Les investissements directs et de portefeuille cumulés ont enregistré des entrées nettes de 47,4 milliards en 2007. Les investissements directs à l'étranger des résidents de la zone euro s'élèvent à 455,3 milliards d'euros (précédés d'un signe négatif dans la balance des paiements car il s'agit d'une sortie de capitaux), tandis que les investissements directs des non-résidents dans la zone euro sont de 364,9 milliards d'euros. S'ajoutent à cela des investissements de portefeuille en titres étrangers par les résidents pour 440,6 milliards d'euros et des investissements de portefeuille en titres de la zone euro par des non-résidents à hauteur de 578,3 milliards d'euros[1].

Si on tient compte des autres postes du compte financier, on aboutit à un solde positif de 29,4 milliards d'euros. Or, d'après l'identité (12,3), le compte financier aurait dû présenter un solde compensatoire de –51,8 milliards d'euros. Comment cette différence s'explique-t-elle, si chaque entrée créditrice est effectivement compensée par une entrée débitrice ?

2.6 Erreurs et omissions nettes

La balance des paiements est un document comptable constitué à partir de nombreuses sources. En pratique, il y a toujours des approximations, des erreurs de mesures qui viennent fausser l'identité (12,3). Supposons que la France importe une cargaison de lecteurs DVD japonais. Cette importation va donner lieu à un débit dans le compte courant. Ce débit sera rapporté, par exemple, par un inspecteur des douanes. Le crédit compensatoire du compte financier correspond aux nombreux règlements (par chèques, en espèces) réalisés en paiement des lecteurs de DVD. On comprend aisément qu'il est pratiquement impossible que les deux sources convergent.

Les comptables nationaux rétablissent l'équilibre en introduisant un poste rectificatif, baptisé « **erreurs et omissions nettes** »[2]. En 2007, les transactions internationales non enregistrées, ou mal enregistrées, ont généré un déséquilibre comptable débiteur de 81,3 milliards d'euros pour la zone euro.

---

1. Le compte financier de la balance des paiements française a dégagé un solde de 22,2 milliards d'euros en 2007. Les investissements directs français à l'étranger et étrangers en France ont atteint, respectivement, 164,1 et 115,4 milliards d'euros. En outre, les résidents ont acheté en net pour 161,1 milliards de titres étrangers, tandis que les non-résidents ont acheté en net pour 29,2 milliards de titres français.
2. Si on considère le monde dans sa globalité, l'épargne mondiale doit être égale à l'investissement mondial et les dépenses mondiales à la production mondiale. Autrement dit, le monde, pris globalement, est une économie fermée. Aussi, comme les prêts d'un pays correspondent aux emprunts d'un autre pays, la somme de tous les déséquilibres courants doit nécessairement être égale à zéro. Pourtant, en réalité, si l'on fait la somme de toutes les balances courantes, on obtient un solde négatif. Ce déficit est substantiel et s'explique essentiellement par des différences d'enregistrement comptable entre les pays (notamment pour ce qui est des revenus d'intérêt et du fret maritime). Voir à ce sujet le rapport du FMI, « Final Report of the Working Party on the Statistical Discrepancy in World Current Account Balances », Washington D.C., septembre 1987.

Il est impossible de savoir comment répartir cette erreur statistique entre les trois comptes, autrement ce ne serait plus une erreur ! Les comptables nationaux considèrent les données sur le commerce de marchandises comme relativement fiables, mais il n'en est pas de même pour les services. Il est par ailleurs fort probable que le compte financier soit une source importante d'erreur, tant il s'avère difficile de suivre avec précision les transactions financières complexes entre pays.

2.7 Les avoirs de réserve

Dans la section consacrée au compte financier, nous avons volontairement ignoré les avoirs de réserve, afin de leur consacrer une section spécifique. D'ailleurs, au sein du compte financier, on distingue souvent deux sous-ensembles : le premier composé des IDE, des investissements de portefeuille, des autres investissements et des produits financiers dérivés ; le second uniquement des avoirs de réserve. Les avoirs de réserve correspondent aux **réserves officielles internationales** des banques centrales[1].

En 2007, les avoirs de réserve de la zone euro ont augmenté de 5,1 milliards d'euros (un signe positif signifie une baisse des réserves)[2].

Les **banques centrales** de tous les pays conservent des réserves officielles de change pour se prémunir contre les aléas de la conjoncture économique. Dans le passé, les réserves officielles étaient essentiellement constituées d'or. Aujourd'hui, les réserves des banques centrales comprennent une part substantielle d'actifs financiers étrangers. Ces réserves sont principalement des actifs en dollars (des bons du Trésor américains par exemple) et, dans une moindre mesure, en euros, qui sont les deux principales monnaies internationales de réserve[3]. Les banques centrales détiennent également des actifs libellés dans leur propre monnaie (ainsi la Réserve fédérale des États-Unis détient des actifs en dollars ; la BCE, des actifs en euros), mais dans ce cas on ne considère pas qu'il s'agit de réserves internationales.

Ces réserves permettent aux banques centrales d'acheter ou de vendre des actifs sur les marchés de capitaux, en contrepartie de quoi elles diminuent ou augmentent la monnaie en circulation. Ces transactions, que l'on qualifie d'**interventions officielles sur le marché des changes**, ont pour but d'infléchir la situation macroéconomique. Ce point sera étudié ultérieurement[4].

Lorsqu'une banque centrale achète ou vend des actifs étrangers, la transaction est enregistrée dans le compte financier de la même façon que si elle avait été menée par un

1. C'est le cas pour la plupart des pays. Mais pour ceux de la zone euro, depuis le 1er janvier 1999, cette rubrique exclut les transactions sur les avoirs entre résidents de la zone euro. Ces dernières sont comptabilisées dans les avoirs des autorités monétaires qui sont intégrés dans le poste « autres investissements ». Il y a, par conséquent, une différence entre les avoirs de réserve et les réserves officielles des banques centrales nationales qui, elles, incluent les avoirs vis-à-vis des résidents de la zone euro.
2. En 2004, les avoirs de réserve de la France ? qui sont, par définition, extra-zone euro ? ont augmenté de 0,5 milliard.
3. Outre les avoirs en or et en devises, les postes « avoirs en droits de tirage spéciaux » et « position nette de réserve au FMI » composent les avoirs de réserve.
4. Certaines institutions publiques, autres que les banques centrales, peuvent détenir des réserves en devises et intervenir sur le marché des changes. Mais, ces opérations n'ont en général pas d'impact visible sur l'offre de monnaie. C'est pourquoi, pour simplifier, nous supposerons dans cet ouvrage que seule la banque centrale détient des réserves étrangères et intervient sur le marché des changes.

particulier. La transaction suivante est un exemple de la façon dont la banque centrale japonaise (la Banque du Japon) peut être amenée à acheter des actifs en euros. Un concessionnaire français importe une Honda Accor du Japon et paie le constructeur automobile avec un chèque de 20 000 €. Honda ne souhaite pas conserver cette somme en euros et la Banque du Japon accepte d'échanger le chèque contre des yens japonais. Cette transaction augmente donc les réserves officielles de change de la Banque du Japon de 20 000 €. Comme ces réserves en euros font partie des avoirs totaux japonais sur la France, ces derniers augmentent de 20 000 €. Cette transaction a pour conséquence une écriture créditrice de 20 000 € du compte financier de la zone euro. Sa contrepartie débitrice de –20 000 € apparaît dans le compte courant de la zone euro, du fait de l'importation de la voiture !

2.8 La balance des règlements officiels

La contrepartie comptable des variations des avoirs de réserve est appelée la **balance des règlements officiels** (ou *balance de base*)[1]. Cette balance se calcule comme la somme du compte courant, du compte de capital, du compte financier hors avoirs de réserves, et erreurs et omissions nettes. Elle indique le déséquilibre de paiements que les transactions sur les réserves officielles doivent couvrir.

La balance de base a joué un rôle historiquement important comme mesure du déséquilibre des règlements internationaux et, pour de nombreux pays, elle continue de jouer ce rôle. Une balance de base déficitaire peut être le signe d'une crise à venir, signifiant que le pays réduit ses avoirs de réserve ou s'endette auprès des autorités monétaires étrangères. Un pays qui craint d'être privé soudainement de prêts en provenance de l'étranger aura à cœur de maintenir, de manière préventive, une « cagnotte de guerre » sous formes de réserves officielles. C'est le cas notamment des pays en développement (voir chapitre 22).

Comme toute mesure synthétique, la balance des règlements officiels doit être interprétée avec précaution. Revenons à notre exemple. La décision de la Banque du Japon d'augmenter de 20 000 € ses avoirs français alourdit le déficit de la balance des règlements officiels de la zone euro du même montant. Supposons qu'à la place elle décide de placer ces 20 000 € auprès de la banque Barclays à Londres, et que cette dernière fasse un dépôt d'un même montant auprès de la BNP-Paribas à Paris. Dans ce cas, le compte financier de la zone euro (hors avoirs de réserve) augmente de 20 000 €, et le déficit de la balance des règlements officiels n'augmente pas. Mais cette « amélioration » n'en est pas vraiment une d'un point de vue économique : en effet, il n'y a pas de réelle différence pour la France entre emprunter directement à la Banque du Japon ou indirectement auprès d'une banque londonienne.

2.9 La position extérieure

La position extérieure est un document comptable qui complète les informations de la balance des paiements, qui sont exprimés en *flux* (c'est-à-dire pour une période donnée), par des informations sur les *encours* (soit à une date donnée). Cette présentation

---

1. On parle aussi parfois, un peu abusivement, de la balance des paiements.

en encours est riche d'enseignements. Elle permet : de connaître le montant des réserves de change disponibles pour faire face à d'éventuels déficits ; d'apprécier si l'endettement extérieur est, ou non, excessif ; de déterminer le stock de capital que les non-résidents détiennent, et donc de mesurer l'impact de ces derniers sur la gestion des entreprises nationales, etc.[1].

Le tableau suivant représente la position extérieure de la zone euro pour 2007. Ainsi, ses résidents détiennent 3 542,2 milliards d'euros sous forme d'IDE et 4 653,3 milliards d'euros sous forme d'investissements de portefeuille. Les non-résidents détiennent, quant à eux, 3 084,5 milliards d'euros d'investissements directs et 6 339,5 milliards d'euros de titres de la zone euro. Globalement, la position extérieure de la zone euro est négative à 1 130,7 milliards d'euros.

Tableau 12.2 : État récapitulatif de la position extérieure de la zone euro en 2007 (en milliards d'euros, encours de fin de période)

	Avoirs	Engagements	Solde
Total	**13 773,8**	**14 904,4**	**–1 130,7**
Investissements directs	3 542,2	3 084,5	457,7
Investissements de portefeuille	4 653,3	6 339,5	–1 686,2
Produits financiers dérivés	–	–	–10,3
Autres investissements	5 241,2	5 480,5	–239,3
Avoirs de réserve	–	–	347,4

Source : *BCE.*

Mesurer la position extérieure suppose que l'on sache correctement estimer les encours. Or, le débat n'est pas tranché entre les estimations en valeur comptable et celles en valeur de marché. Et les différences peuvent être très importantes. Les estimations en valeur de marché sont, par ailleurs, très volatiles. À titre d'exemple, en 2008, la capitalisation boursière mondiale a été divisée par deux.

Encadré 12.2

L'actif et le passif du plus grand débiteur du monde

La dette extérieure nette des États-Unis s'élève, pour 2006, à 2 540 milliards de dollars en valeur de marché. Cette dette est considérable, au regard par exemple des dettes cumulées de tous les pays d'Europe centrale et orientale, soit 750 milliards de dollars en 2006. Il faut cependant noter que la dette extérieure nette des États-Unis ne représente que 25 % de son revenu national, alors que, par exemple, la dette des pays d'Amérique latine atteint 50 % de leurs revenus nationaux agrégés.

☞

1. Voir par exemple le débat concernant les normes de rentabilité imposées par les fonds de pension anglo-saxons aux dirigeants des entreprises du CAC 40.

Encadré 12.2 (suite)

Même si la dette extérieure américaine est relativement faible en comparaison de son revenu national, les variations des taux de change et du prix des actifs peuvent avoir un impact très fort sur la richesse nette du pays, compte tenu de l'ampleur actuelle des avoirs et des engagements bruts vis-à-vis du RDM. Ceux-ci s'élèvent à plus de 100 % du revenu national (contre 20 % environ à la fin des années 1970). Le phénomène de globalisation des marchés financiers démultiplie en effet les conséquences des variations des prix d'actifs et entraîne une redistribution de richesse entre les pays, à des niveaux jamais atteints jusque-là (voir chapitre 21).

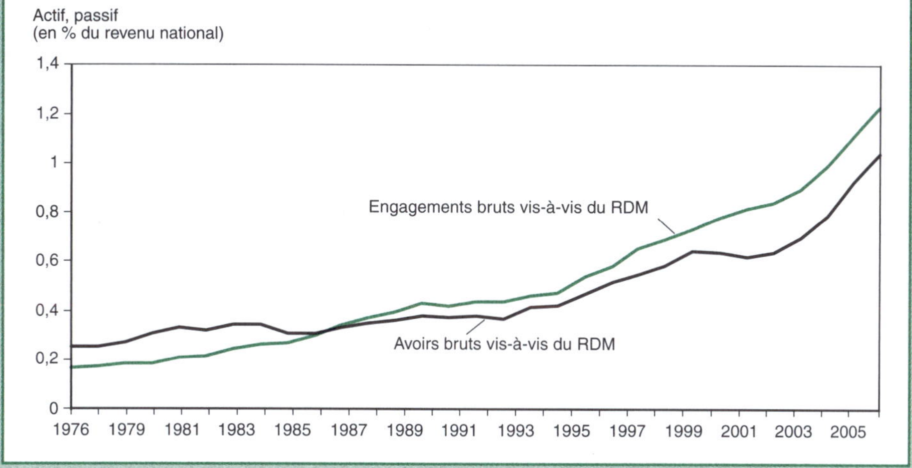

Figure 12.3 • Créances et engagements bruts des États-Unis, 1976-2006.

Depuis 1976, les avoirs et les engagements des États-Unis ont considérablement augmenté, mais les seconds plus vite que les premiers, ce qui se traduit aujourd'hui par une dette extérieure nette très importante.

Source : US Department Of Commerce, BEA, juin 2007.

Supposons que 70 % des actifs étrangers détenus par les États-Unis soient libellés en monnaie étrangère et que tous les engagements des États-Unis soient en dollars (ce qui est approximativement le cas). Comme le revenu national américain en 2006 est environ de 13 200 milliards de dollars, une dépréciation de 10 % ne modifie pas la valeur des engagements américains vis-à-vis du RDM, mais la valeur des actifs étrangers (évalués en dollars) détenus par les États-Unis augmente de près de 1 000 milliards ($0{,}1 \times 0{,}7 \times 1 = 7$ % du revenu national), ce qui est supérieur au déficit du compte courant américain en 2006 ! La redistribution de richesse entre le RDM et les États-Unis aurait été beaucoup plus faible au début des années 1980, lorsque les avoirs et les engagements vis-à-vis du RDM ne représentaient que 20 % du revenu national.

☞

Encadré 12.2 (suite)

***L'actif et le passif du plus grand débiteur du monde* (suite)**

On peut aussi prendre l'exemple du Japon pour bien comprendre comment les variations du prix des actifs ont une incidence sur la richesse extérieure nette d'un pays. Le marché boursier japonais a perdu les trois quarts de sa valeur dans les années 1990. Les détenteurs américains et européens d'actions japonaises ont vu la valeur de leurs créances sur le Japon s'effondrer, tandis que la richesse extérieure nette du Japon augmentait d'autant. Les fluctuations des cours boursiers ont ainsi un effet similaire aux variations des taux de change.

La forte influence du prix des actifs doit-elle inciter les autorités publiques à ignorer la gestion de leur compte courant et leur faire préférer les tentatives de manipulation des taux de change pour éviter que la valeur de leur dette extérieure nette ne s'envole ? Ce serait faire le choix d'une stratégie bien risquée. En effet, comme nous l'étudierons au chapitre suivant, les anticipations des taux de change futurs participent, de façon centrale, au comportement des agents sur le marché. Les tentatives systématiques d'un gouvernement pour réduire la richesse des investisseurs étrangers, par le canal des taux de change, aurait pour effet une chute brutale de la demande étrangère pour des actifs en monnaie nationale, ce qui diminuerait, voire éliminerait, toute augmentation de la richesse extérieure.

Résumé

La *comptabilité nationale* et la *balance des paiements* sont des outils essentiels pour la compréhension des phénomènes macroéconomiques. Ces documents reflètent en effet la structure des dépenses intérieures et leurs répercussions internationales.

Le *produit intérieur brut (PIB)* mesure le produit créé à l'intérieur du territoire économique. Il s'interprète comme un indicateur d'activité, de produits ou de revenus. Il peut se ventiler en fonction de la nature des dépenses qu'il génère : consommation, investissement, dépenses publiques et solde extérieur des biens et services.

Le *revenu national brut* (RNB, anciennement PNB) d'un pays est égal au revenu généré par ses facteurs de production. Il est égal au produit intérieur brut (PIB) plus les revenus nets des facteurs de production nationaux à l'étranger.

Dans une économie fermée aux transactions internationales, l'investissement est nécessairement financé par l'*épargne intérieure*, somme de l'épargne privée et publique. En revanche, en économie ouverte, les échanges avec le reste du monde n'ont pas besoin d'être équilibrés, et il est possible de prêter ou d'emprunter à l'étranger.

La différence entre les exportations et les importations d'un pays est appelée le *solde du compte courant*. Le solde du compte courant est égal à la différence entre le produit intérieur et l'ensemble des utilisations que les résidents font du produit.

Le solde du compte courant est aussi égal aux prêts nets accordés au reste du monde. Dans une économie ouverte, l'épargne peut servir à financier non seulement l'investissement intérieur, mais aussi l'investissement étranger. Dans une économie ouverte, l'épargne intérieure est donc égale à l'investissement intérieur plus le solde du compte courant.

La balance des paiements donne une image précise de la composition et du financement du compte courant. Toutes les transactions entre un pays et le reste du monde y sont enregistrées. Les enregistrements suivent la règle suivante : toute transaction entraînant un paiement à l'étranger se voit imputer un signe négatif, tandis que toute transaction entraînant un paiement de l'étranger se voit imputer un signe positif.

Les transactions faisant intervenir biens et services apparaissent dans le *compte des transactions courantes* (ou *compte courant*) de la balance des paiements. Les ventes ou achats internationaux d'actifs apparaissent dans le *compte financier*. Enfin, le *compte de capital* enregistre essentiellement les transferts d'actifs non marchands ; il est généralement d'un montant très faible. Tout déficit du compte courant doit être équilibré par un excédent des deux autres comptes de la balance des paiements et, réciproquement, tout excédent du compte courant doit être équilibré par un déficit. Cet équilibre de la balance des paiements reflète le fait que le solde entre les exportations et les importations doit être compensé par la promesse d'un remboursement, augmenté généralement des intérêts.

Les transactions sur les actifs internationaux réalisées par les banques centrales sont enregistrées dans le compte financier. Ces transactions sont qualifiées d'*interventions officielles sur le marché des changes*. Ces interventions sont importantes dans la mesure où elles permettent à la banque centrale d'influer sur le montant de monnaie en circulation. La *balance de base* est en déficit lorsque la banque centrale liquide ses *réserves officielles de change* ou emprunte auprès d'autres banques centrales ; elle est en surplus dans le cas contraire.

La *position extérieure* est un document comptable qui complète les informations de la balance des paiements, qui sont exprimés en flux (c'est-à-dire pour une période donnée), par des informations sur les encours (soit à une date donnée).

Activités

1. Nous avons précisé que le PIB ne prenait en compte que la valeur des biens et services finals, ce qui permettait d'éviter de comptabiliser plusieurs fois certains biens ou services. Doit-on, de la même façon, comptabiliser uniquement les importations et les exportations de biens et services finals ?

2. L'équation (12.2) nous enseigne que, pour réduire le déficit de son compte courant, un pays doit augmenter son épargne privée, réduire ses investissements ou son déficit public. Certains recommandent que les pays industrialisés restreignent leurs importations de Chine (ou d'ailleurs) pour réduire le déficit de leur compte courant. Comment des barrières plus élevées aux importations peuvent-elles influer sur l'épargne intérieure, les investissements et le déficit public ? Êtes-vous d'accord avec l'idée que les restrictions aux importations vont nécessairement permettre de réduire le déficit du compte courant ?

3. Expliquez comment chacune des actions suivantes donne lieu à deux écritures – un crédit et un débit ? dans la balance des paiements de la zone euro. Précisez pour chaque écriture dans quel compte elle sera enregistrée :

a. Un résident de la zone euro achète une action d'une entreprise américaine et paie avec un chèque libellé sur son compte auprès d'une banque française.

b. Un résident de la zone euro achète une action d'une entreprise américaine et paie avec un chèque libellé sur son compte auprès d'une banque suisse.

c. Les autorités monétaires coréennes effectuent une intervention officielle sur le marché des changes et utilisent des euros qu'elles détiennent dans une banque française pour acheter des wons (la monnaie coréenne).

d. Un viticulteur bordelais participe à une dégustation internationale de vin à Londres en y faisant goûter ses meilleurs crus.

e. Une usine détenue par des actionnaires français et située en Grande-Bretagne utilise ses bénéfices locaux pour acheter de nouvelles machines.

f. L'ambassade des États-Unis en France achète une voiture auprès d'un concessionnaire à Paris.

4. Imaginons un pays présentant un déficit de son compte courant de 1 milliard d'euros et un excédent de son compte financier (hors réserves officielles) de 500 millions d'euros :

a. Décrivez la balance des paiements. Qu'est-il arrivé aux avoirs étrangers nets du pays ?

b. Supposons que les banques centrales étrangères n'aient ni vendu ni acheté d'actifs du pays considéré. Comment les réserves étrangères de la banque centrale ont-elles évolué ? Comment cette intervention officielle a-t-elle été comptabilisée dans sa balance des paiements ?

c. Même question si vous apprenez que les banques centrales étrangères ont acheté pour 600 millions d'euros d'actifs du pays ? Comment ces achats officiels ont-ils été enregistrés dans les balances des paiements étrangères ?

d. Construisez la balance des paiements, sous l'hypothèse que l'événement décrivant le cas *c* s'est effectivement réalisé.

5. Précisez pour quelles raisons les pouvoirs publics doivent se sentir concernés par un déficit ou un excédent important du compte courant ? Pourquoi doivent-ils, de même, se sentir concernés par la balance des règlements officiels (c'est-à-dire la balance de base) ?

6. Est-ce que les éléments de la balance des paiements de la zone euro donnent un tableau précis de l'ampleur des transactions en euros (achats et ventes) des banques centrales étrangères sur le marché des changes ?

7. Est-il possible pour un pays de connaître un déficit de son compte courant et, dans le même temps, un excédent de sa balance de base ? Explicitez votre réponse en utilisant des chiffres hypothétiques pour le compte courant et le compte financier (hors réserves officielles). Assurez-vous d'intégrer à votre réponse les implications possibles pour les flux de réserves officielles de change.

8. Imaginons que la dette extérieure nette de la France soit égale à 25 % de son PIB et supposons un taux d'intérêt unique de 5 %. À combien s'élèvent, en pourcentage du PIB, les intérêts dus sur la dette extérieure nette ? S'agit-il d'un montant important ? Qu'en serait-il si la dette extérieure nette représentait 100 % du PIB ? À quel moment, pensez-vous qu'un pays doive s'inquiéter du niveau de sa dette extérieure nette ?

9. En 2003, les États-Unis ont reçu 291,3 milliards de dollars en revenu de capital sur leurs avoirs étrangers, alors qu'ils ont versé 252,6 milliards de dollars en règlement de leurs engagements vis-à-vis de l'étranger. Pourtant, les États-Unis présentent un endettement extérieur net substantiel. Comment expliquer qu'ils reçoivent des revenus du capital du reste du monde supérieurs à ceux qu'ils versent au reste du monde ?

10. Pourquoi, dans l'exemple concernant les avoirs de la Banque du Japon, assiste-t-on à un accroissement du compte courant japonais de 20 000 €, et, en contrepartie, à une baisse du même montant de son compte financier ?

11. Reprenez l'exemple qui illustre le dernier encadré et qui examine l'impact d'une dépréciation de 10 % du dollar, et calculez l'effet sur la richesse nette (en pourcentage du revenu national américain) du reste du monde exprimée en dollars.

Chapitre 13

Les taux de change et le marché des changes

Objectifs pédagogiques :

- **Associer les variations des taux de change et des prix relatifs des exportations entre pays.**
- **Décrire la structure et les fonctions du marché des changes.**
- **Utiliser les taux de change pour comparer des actifs exprimés en différentes monnaies.**
- **Appliquer la condition de parité des taux d'intérêt pour déterminer les taux de change d'équilibre.**
- **Comprendre l'effet des taux d'intérêt et des anticipations sur les taux de change.**

Au début des années 2000, les touristes américains ont afflué à Paris pour déguster la cuisine française et s'offrir des vêtements de couturiers, ainsi que d'autres produits de luxe. Les prix français exprimés en dollars étaient si bas que les économies réalisées par les touristes couvraient pratiquement le coût de leur voyage depuis New York ou Chicago. Depuis, les biens en France apparaissaient beaucoup plus coûteux aux Américains, tandis que les touristes français ont vu leur pouvoir d'achat aux États-Unis nettement augmenter. Quels sont les facteurs économiques qui provoquent de telles variations ? L'une des raisons principales tient à la forte fluctuation du taux de change euro contre dollar.

Le **taux de change** correspond au prix d'une monnaie exprimée dans une autre monnaie. Le 27 novembre 2008, il fallait payer 1,2895 dollar américain (USD) pour obtenir 1 euro (EUR)[1]. Le taux de change EUR/USD était donc égal à 1,2895. En raison de l'influence considérable qu'ils exercent sur le compte courant et sur la plupart des variables macroéconomiques, les taux de change constituent des variables fondamentales en économie ouverte.

Les taux de change sont des prix d'actifs. Nous avons déjà précisé qu'un actif pouvait être considéré comme un moyen de transférer du pouvoir d'achat dans le temps (voir chapitre 12). À ce titre, le prix d'un actif est fonction de ses revenus futurs anticipés. Les taux de change cotés à chaque instant sont donc fortement liés aux anticipations des agents sur leur niveau futur. Lorsque Rhône-Poulenc annonce de bonnes nouvelles sur ses perspectives, le

---

1. Les symboles monétaires $, £, ¥ ou € qui figurent sur les billets de banque sont bien connus du public. Mais sur le marché des changes, on utilise la norme internationale ISO 4217. Chaque monnaie est désignée par trois lettres : en général, les deux premières renvoient au pays et la troisième à la monnaie. Le dollar américain s'écrit par exemple USD, la livre sterling GBP, le yen JPY, le franc suisse CHF, l'euro EUR, etc.

cours de ses actions augmente immédiatement. De même, les taux de change s'ajustent aussitôt aux annonces concernant la valeur future des monnaies.

Nous cherchons dans ce chapitre à comprendre le rôle des taux de change dans le commerce international et les mécanismes par lesquels les taux de change sont déterminés. Nous étudions d'abord comment les taux de change permettent de comparer les prix des biens et des services de différents pays. Nous décrivons ensuite le marché international sur lequel les monnaies sont échangées. Nous montrons aussi comment les taux de change d'équilibre sont déterminés sur ce marché. Notre approche par le marché des actifs nous permet enfin de comprendre comment les taux de change réagissent aujourd'hui aux variations anticipées des taux de change futurs.

1 Taux de change et transactions internationales

Les taux de change jouent un rôle primordial dans le commerce international, puisqu'ils permettent de comparer les prix des biens et des services vendus dans différents pays. Si on hésite entre passer un week-end à Rome ou à Amsterdam, il suffit de comparer le prix du voyage et de l'hôtel en euros. Mais comment comparer si on hésite entre Rome et Londres, où le prix de l'hôtel est exprimé en livres sterling ? Pour cela, il faut connaître le prix relatif de l'euro par rapport à la livre sterling.

Les prix relatifs des monnaies sont présentés chaque jour dans les pages financières des journaux. Le tableau 13.1 présente les taux de change de l'euro par rapport aux principales monnaies étrangères, au 28 novembre 2008, tels qu'ils apparaissent dans le quotidien *Les Echos* du 1er décembre 2008.

Le taux de change étant le prix relatif entre deux monnaies, il peut être coté de deux façons : soit comme le prix en monnaie étrangère d'une unité monétaire domestique, soit comme le prix en monnaie domestique d'une unité monétaire étrangère. Dans le premier cas, on parle de *cotation au certain* (ou en termes indirects, ou encore à l'européenne), dans le second cas, de *cotation à l'incertain* (ou en termes directs, ou encore à l'américaine).

Avant l'avènement de l'euro, pratiquement tous les pays cotaient leur monnaie à l'incertain, à l'exception de la Grande-Bretagne et de certaines des anciennes colonies de l'Empire britannique. Depuis 1999, les pays de la zone euro cotent également au certain.

La partie gauche du tableau 13.1 indique les cotations au certain de l'euro contre les principales monnaies étrangères. La première colonne présente les taux de change de référence de la BCE. Ces taux de référence reposent sur une procédure de concertation quotidienne entre banques centrales (qui a normalement lieu à 14h15, heure de Francfort), au sein du Système européen de banques centrales (SEBC) et hors du SEBC. Le 28 novembre 2008, le taux de change de référence EUR/USD est de 1 euro pour 1,2727 dollar américain, le taux de change de référence EUR/GBP est de 1 euro pour 0,8299 livre sterling, etc.

Les sixième et septième colonnes du tableau 13.1 présentent les cours acheteurs et vendeurs du marché des changes. Le 28 novembre 2008, on pouvait ainsi acheter 1 euro contre 1,2754 dollar (au cours vendeur du marché) ou vendre 1 euro contre 1,2742 dollar (au cours acheteur du marché). Cette procédure de double cotation n'est pas propre au marché des changes : elle est pratiquée pour tous les actifs cotés sur des marchés qui fonctionnent en continu. On remarquera que le prix auquel on achète (l'*ask*) est toujours supérieur au prix auquel on vend (le *bid*). L'écart entre l'ask et le bid est appelé fourchette de prix (le *spread*). Cette fourchette sert à rémunérer l'intermédiaire financier pour le service qu'il offre. La fourchette est d'autant plus large que les actifs sont peu demandés : la fourchette de prix pour le dollar américain est ainsi plus étroite que celle qui concerne le dollar canadien.

Tableau 13.1 : Les cotations des taux de change

Changes : cours au comptant

28/11/2008 1 euro en devise	Cours BCE	Variation rap veille en %	Moyenne du mois précédent	Moyenne de l'année précédente	Cours de marché		Cours guichet	
					Achat	Vente	Achat	Vente
Dollar US	**1,2727**	-1,3411	1,3322	1,3705	**1,2742**	**1,2754**	**1,355**	**1,194**
Livre sterling	**0,8299**	-0,7059	0,7867	0,6843	**0,8291**	**0,8305**	**0,883**	**0,782**
Franc suisse	**1,5455**	+0,0324	1,5194	1,6427	**1,5441**	**1,5454**	**1,637**	**1,465**
Couronne danoise	**7,4517**	-0,0054	7,4545	7,4506	**7,4505**	**7,4520**	**8,046**	**6,854**
Couronne norv.	**8,9200**	+0,4505	8,5928	8,0165	**8,9198**	**8,9258**	**9,623**	**8,197**
Couronne suédoise	**10,3057**	+0,5013	9,8506	9,2501	**10,2975**	**10,3015**	**11,146**	**9,494**
Dollar canadien	**1,5775**	-1,0165	1,5646	1,4678	**1,5823**	**1,5838**	**1,709**	**1,455**
Yen	**121,4600**	-1,2841	133,5304	161,2526	**121,6295**	**121,6805**	**1,298**	**1,151**
Dollar australien	**1,9533**	-0,7923	1,9345	1,6348	**1,9501**	**1,9535**	**2,145**	**1,755**

Cours de changes croisés

28/11/2008	EUR	USD	GBP	CHF	SEK	DKK	JPY (100)	CAD
EUR	1,0000	1,2727	0,8299	1,5455	10,3057	7,4517	1,2146	1,5775
USD	0,7857	1,0000	0,6521	1,2143	8,0975	5,8550	0,9543	1,2395
GBP	1,2050	1,5336	1,0000	1,8623	12,4180	8,9790	1,4636	1,9008
CHF	0,6470	0,8235	0,5370	1,0000	6,6682	4,8215	0,7859	1,0207
SEK	0,0970	0,1235	0,0805	0,1500	1,0000	0,7231	0,1179	0,1531
DKK	0,1342	0,1708	0,1114	0,2074	1,3830	1,0000	0,1630	0,2117
JPY (100)	0,8233	1,0478	0,6833	1,2724	8,4849	6,1351	1,0000	1,2988
CAD	0,6339	0,8068	0,5261	0,9797	6,5329	4,7237	0,7700	1,0000

Cours à terme de l'euro contre les principales devises

28/11/2008 à 16h	USD	GBP	CHF	SEK	DKK	JPY	CAD
Comptant							
Achat	1,2742	0,8291	1,5441	10,2975	7,4505	121,63	1,5823
Vente	1,2754	0,8305	1,5454	10,3015	7,4520	121,681	1,5838
À 1 mois							
Achat	-0,0019	-0,0004	-0,0040	-0,0001	0,0124	-0,3080	-0,0015
Vente	-0,0012	0,0000	-0,0032	0,0044	0,0157	-0,2497	-0,0009
À 3 mois							
Achat	-0,0053	-0,0005	-0,0101	0,0031	0,0391	-0,8884	-0,0049
Vente	0,0000	0,0024	-0,0480	0,0383	0,0647	-0,4740	0,0005
À 6 mois							
Achat	-0,0087	0,0001	-0,0194	0,0087	0,0765	-1,7605	-0,0089
Vente	0,0000	0,0041	-0,0119	0,0589	0,1129	-1,1730	-0,0013
À 1 an							
Achat	-0,0154	-0,0003	-0,0351	0,0171	0,1503	-3,3783	-0,0154
Vente	-0,0004	0,0055	-0,0243	0,0895	0,2031	-2,5313	-0,0045

Les deux dernières colonnes représentent les cours tels qu'ils apparaissent aux guichets des banques, c'est-à-dire ceux qui sont disponibles pour les particuliers. Les taux de change sont beaucoup moins favorables : un Français qui part à New York en vacances n'obtient que 1,355 dollar pour chaque euro vendu ; un Français de retour de vacances en Floride revend ses dollars au taux de 1,194 dollar pour 1 euro.

Les taux de change présentés au tableau 13.1 sont cotés au certain. Mais on peut très facilement en déduire les cours à l'incertain : le taux de change à l'incertain se calcule en effet comme l'inverse du taux de change au certain. On a, par exemple :

$$USD/EUR = \frac{1}{EUR/USD}$$

Si le taux de change EUR/USD est de 1 euro contre 1,2727 dollar, alors le taux de change USD/EUR est de 1 dollar américain contre 1/1,2727 = 0,7857 euro.

Les économistes utilisent généralement la cotation à l'incertain dans leurs présentations formalisées. Nous adopterons cette convention dans la suite de l'ouvrage, sauf mention contraire : la lettre E utilisée pour désigner le taux de change s'exprime comme le nombre d'unités monétaires domestiques nécessaires pour acheter une unité monétaire étrangère.

1.1 Prix domestiques et étrangers

Il est possible de calculer le prix des exportations d'un pays, exprimé dans la monnaie d'un autre pays, à partir du taux de change entre deux monnaies. Combien, par exemple, coûte en euros une montre qui vaut à Genève 75 francs suisses ? Au taux de change de 1,5 franc suisse par euro, le prix de la montre est de 50 euros (75/1,5). Une variation du taux de change modifie le prix de cette montre en euros. Avec un taux de change par exemple de 1,25 franc suisse par euro, la montre coûte 60 euros (75/1,25).

Les fluctuations de taux de change ont aussi des répercussions sur le prix que les Suisses vont devoir payer pour les produits de la zone euro. Au taux de 1,5 franc suisse par euro, une chemise française d'une valeur de 45 euros coûte 67,5 francs suisses (45 × 1,5). Si le taux de change passe à 1,25 franc suisse par euro, les chemises françaises sont alors moins chères pour un Suisse puisque leur prix s'élève à 56,25 francs suisses (45 × 1,25).

Lorsque, comme dans le dernier exemple, le prix des euros en francs suisses diminue, on parle d'une **dépréciation** de l'euro par rapport au franc suisse. *Toutes choses égales par ailleurs, une dépréciation de la monnaie entraîne une diminution du prix de biens et des services pour les non-résidents.* Inversement, lorsque le prix d'un euro en francs suisses augmente, on parle d'une **appréciation** de l'euro par rapport au franc suisse. *Toutes choses égales par ailleurs, une appréciation de la monnaie entraîne un renchérissement du prix des biens et des services pour les non-résidents.*

Décrire les variations de taux de change en termes de dépréciation ou d'appréciation peut parfois être déroutant. En effet, lorsqu'une monnaie se déprécie par rapport à une autre, cette dernière s'apprécie par rapport à la première. Pour éviter toute confusion, nous devons toujours avoir à l'esprit laquelle des deux monnaies étudiées se déprécie ou s'apprécie par rapport à l'autre. En outre, une dépréciation de la monnaie domestique se manifeste par une diminution du taux de change au certain, mais par une augmentation du taux de change à l'incertain. Il faut donc être très attentif au mode de cotation des taux de change.

Lorsque la monnaie d'un pays se déprécie, les exportations sont meilleur marché pour le reste du monde et les importations sont plus chères pour les résidents. Lorsque la monnaie d'un pays s'apprécie, les effets sont inversés : le reste du monde paie plus cher pour les produits domestiques et les résidents paient moins cher pour les produits étrangers.

1.2 Taux de change et prix relatifs

La demande pour les importations et les exportations – comme la demande de tout bien ou service – dépend du niveau des prix relatifs. Dans notre exemple, on peut ainsi dire que la demande est fonction du prix d'une montre suisse exprimé en unités de chemises françaises. Si le taux de change est de 1,5 franc suisse par euro, un Français doit payer 50 euros une montre qui vaut 75 francs suisses à Genève. La chemise valant 45 euros, cela signifie que le prix relatif est de 1,11 chemise par montre (50 euros la montre:/45 euros la chemise). Naturellement, on peut raisonner en francs suisses, le prix relatif est le même : 1,11 chemise par montre (75 francs suisses la montre/67,5 francs suisses la chemise).

Le tableau 13.2 présente les prix relatifs des deux biens lorsque le taux de change euros contre francs suisses est égal à 1,25, 1,50 et 1,75, et sous l'hypothèse que le prix de la chemise en euros et le prix de la montre en francs suisses ne sont pas modifiés par les variations du taux de change. On constate que :

Les prix relatifs sont bien identiques pour un consommateur suisse ou français.

Une appréciation de l'euro par rapport au franc suisse (soit une dépréciation du franc suisse par rapport à l'euro) diminue le prix de la montre en unités de chemise, c'est-à-dire qu'une chemise permet d'acheter plus de montres.

Une dépréciation de l'euro par rapport au franc suisse (soit une appréciation du franc suisse par rapport à l'euro) augmente le prix de la montre en unités de chemise, c'est-à-dire qu'une chemise permet d'acheter moins de montres.

Tableau 13.2 : Taux de change EUR/CHF et prix relatifs d'une chemise française et d'une montre suisse

Taux de change (EUR/CHF)	1,25	1,50	1,75
Prix de la montre en francs suisses	75	75	75
Prix de la chemise en euros	45	45	45
Prix de la montre en euros	60	50	42,85
Prix de la chemise en francs suisses	56,25	67,5	78,75
Prix relatifs (chemise par montre)	1,33	1,11	0,95

Note : on suppose que les prix en monnaie domestique ne sont pas affectés par les variations de change.

Toutes choses égales par ailleurs, une appréciation de la monnaie d'un pays augmente le prix relatif de ses exportations et diminue le prix relatif de ses importations. Inversement, une dépréciation de la monnaie d'un pays diminue le prix relatif de ses exportations et augmente le prix relatif de ses importations.

Encadré 13.1

L'effet des évolutions du taux de change sur le commerce extérieur

Depuis la création de l'euro, le taux de change EUR/USD a connu de nombreux soubresauts. Le 4 janvier 1999, l'euro s'échangeait contre 1,18 dollar américain. L'euro s'est d'abord déprécié, pour atteindre un plancher à 0,82 dollar par euro fin octobre 2000. L'euro a ensuite amorcé sa remontée face au dollar en mai 2001 pour atteindre un premier pic fin décembre 2004 à 1,34 dollar par euro. Jusqu'en 2006, le taux de change EUR/USD est resté stable autour de 1,2. Mais, le dollar s'est ensuite fortement déprécié et l'euro a atteint 1,6 dollar en juillet 2008 avant de redescendre à 1,3 dollar fin 2008.

Les chapitres ultérieurs fourniront les moyens conceptuels pour comprendre ces variations du taux de change. Mais il est aisé d'en saisir déjà les effets. Lorsque l'euro s'est fortement déprécié, les entreprises exportatrices de la zone euro se sont réjouies de pouvoir vendre leurs produits à meilleur prix aux États-Unis. Au contraire, les entreprises importatrices (notamment celles qui achètent des matières premières libellées en dollars) ont vu d'un mauvais œil l'appréciation du dollar.

La situation est inverse durant les cycles d'appréciation de l'euro. Les entreprises de la zone euro qui exportent doivent faire face à une compétition plus rude à l'étranger tandis que celles qui importent bénéficient de meilleurs termes d'échange.

Durant les cycles d'appréciation, les exportateurs ne sont pas les seuls à souffrir, l'industrie du tourisme en pâtit aussi. Or, il s'agit d'un secteur important en France, en Italie ou en Espagne. L'appréciation de l'euro a un double effet négatif sur le tourisme de la zone euro : elle diminue les recettes des visiteurs étrangers et rend les voyages à l'étranger plus attractifs pour les résidents de la zone euro.

La figure 13.1 montre que les flux de visiteurs américains sont très sensibles aux mouvements du taux de change euro contre dollar. D'autres facteurs influent, bien sûr, sur la venue des touristes américains en Europe, notamment le climat politique international.

Le problème est encore plus grave lorsque les taux de change entre deux pays frontaliers varient fortement, comme c'était le cas des pays de la zone euro avant 1999, ou du Canada et des États-Unis encore aujourd'hui. Ainsi, par exemple, les restaurateurs canadiens et américains localisés près des chutes du Niagara voient chaque jour des milliers de personnes traverser la frontière pour aller déjeuner dans le restaurant le plus avantageux, en fonction du taux de change du moment !

☞

Encadré 13.1 (suite)

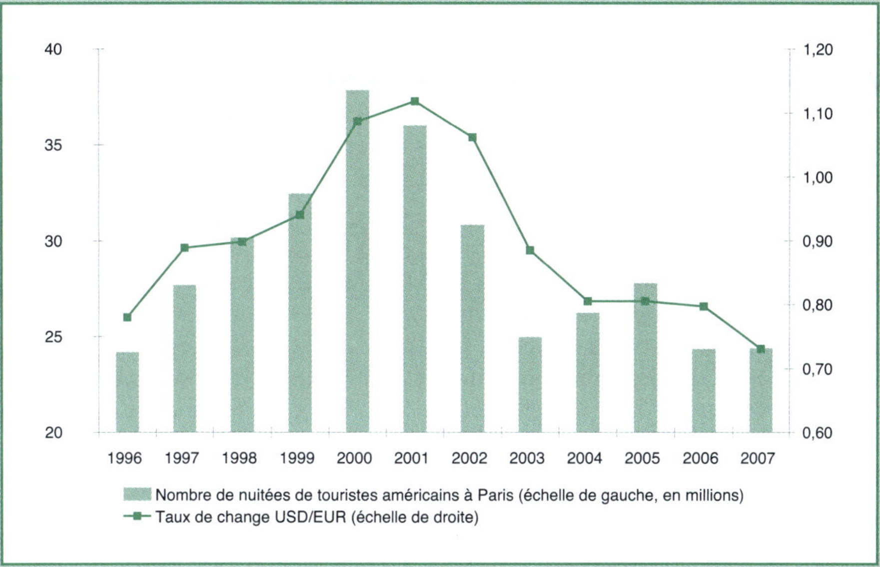

Figure 13.1 • L'effet du taux de change euro contre dollar sur la venue des touristes américains en France.

Lorsque le dollar s'apprécie, les touristes américains sont plus nombreux en France, et inversement – sauf en 2001 (les attentats du 11 Septembre ont eu un effet très négatif sur les voyages intercontinentaux) et en 2004 (le nombre de touristes américains en France est particulièrement faible en 2003, en raison de la guerre en Irak).

Source : St. Louis Fed Economic Data (FRED) et ministère délégué au Tourisme. Le taux de change est le taux de change moyen observé sur l'année. Pour 1996 à 1998, le taux de change est celui du franc français converti au taux de 6,55957 francs par euro. La méthode d'estimation des nuitées a changé en 2006.

2 Le marché des changes

Les prix des biens et des services sont déterminés par l'interaction des vendeurs et des acheteurs. De la même façon, les taux de change résultent de l'interaction des ménages, des entreprises et des institutions financières qui vendent et achètent des monnaies sur le **marché des changes** international.

2.1 Les acteurs du marché des changes

Les principaux acteurs du marché des changes sont les entreprises engagées dans le commerce international, les banques commerciales, les institutions financières non bancaires – comme les sociétés de gestion d'actifs et les sociétés d'assurance ? et les banques centrales. Les ménages participent aussi au marché des changes – par exemple lorsqu'un touriste achète des devises au guichet de son hôtel. Cependant, ces transactions en espèces représentent une fraction insignifiante de la totalité des échanges de monnaies.

Nous décrivons dans cette section les principaux acteurs présents sur le marché des changes et leur rôle respectif :

1. *Les banques commerciales.* Elles sont au cœur du marché des changes. En effet, presque toute transaction internationale d'une certaine taille implique le débit et le crédit de comptes ouverts auprès de banques commerciales sur différentes places financières. Ainsi, la majorité des transactions en monnaies étrangères entraîne l'échange de dépôts bancaires libellés dans des monnaies différentes.

   Prenons un exemple : supposons que la société l'Oréal doive 230 400 dollars à un fournisseur américain. Dans un premier temps, elle doit obtenir de sa banque, la Société Générale, une cotation du taux du change. Ensuite, elle lui demande de débiter son compte en euros et de verser 230 400 dollars sur le compte de son fournisseur auprès d'une banque commerciale américaine. Si l'Oréal obtient de sa banque un taux de change de 1,2 dollar par euro, sa banque débite de son compte 192 000 euros (230 400/1,2). Cette transaction conduit à l'échange d'un dépôt bancaire de 192 000 euros auprès de la Société Générale – dépôt qui appartient dorénavant à la banque américaine qui a fourni les dollars – contre un dépôt de 230 400 dollars que la banque utilise pour payer le fournisseur américain de l'Oréal.

   Comme l'illustre l'exemple précédent, les banques participent au marché des changes pour répondre aux besoins de leurs clients, principalement les entreprises. De plus, une banque fournit aussi à d'autres banques des cotations de taux de change, correspondant aux prix auxquels elle est prête à leur vendre ou à leur acheter des monnaies. Les échanges de monnaies entre banques se font sur le marché interbancaire. Ils représentent la majeure partie des activités du marché des changes. Les taux de change présentés dans le tableau 13.1 correspondent d'ailleurs à des taux interbancaires, c'est-à-dire aux taux que les banques s'appliquent mutuellement. Aucun montant inférieur à 1 million de dollars n'est échangé à ces taux. Les taux « au détail » accessibles aux entreprises sont en général moins favorables que les taux « de gros » interbancaires. Dans l'exemple précédent, la Société Générale regroupe, en fait, les demandes de dollars américains émanant de tous ses clients ; le taux de change obtenu par la Société Générale pour cet ensemble est légèrement plus avantageux que celui qui a été consenti par la banque à l'entreprise. La différence entre les taux correspond à la rémunération que reçoit la banque en compensation des services qu'elle rend.

   Il est en général difficile et trop coûteux pour une société française qui souhaite convertir 100 000 euros en couronnes suédoises de rechercher une contrepartie qui souhaite vendre pour 100 000 euros de couronnes suédoises. En revanche, les banques commerciales réalisent des économies d'échelle en servant plusieurs entreprises simultanément.

2. *Les entreprises.* Les sociétés qui opèrent dans plusieurs pays effectuent ou reçoivent des règlements dans toutes sortes de monnaies. Pour payer les salaires de ses ouvriers au Brésil, Renault a besoin de reals brésiliens. Si elle ne dispose que des euros obtenus par ses ventes d'automobiles en Europe, l'entreprise doit acquérir les reals nécessaires sur le marché des changes, en les échangeant contre des euros. En revanche, si Renault vend des voitures au Brésil, elle n'a besoin de faire appel au marché des changes interbancaire qu'au moment où elle rapatrie ses bénéfices qui doivent alors être convertis en euros.

3. *Les institutions financières non bancaires.* Depuis quelques années, la libéralisation des marchés a permis aux institutions financières non bancaires d'offrir à leurs clients une plus grande variété de services. Certains services sont, d'ailleurs, difficiles à différencier de ceux qui sont offerts par les banques. Les services liés aux transactions en devises en font partie. Les investisseurs institutionnels, comme les fonds de pension ou bien les fonds spéculatifs (*hedge funds*) sont aussi très actifs sur le marché des changes.
4. *Les banques centrales.* Au chapitre précédent, nous avons vu que les banques centrales intervenaient parfois sur le marché des changes. Bien que le volume de leurs transactions n'atteigne généralement pas des niveaux importants, l'effet de leurs interventions peut se révéler significatif. En effet, les acteurs qui interviennent sur le marché des changes observent attentivement les actions des banques centrales car ils cherchent à obtenir des indices sur les politiques macroéconomiques futures qui pourraient affecter les taux de change. Les administrations publiques autres que les banques centrales interviennent aussi, parfois, sur le marché des changes, mais dans ce cas l'objectif n'est d'influer ni sur les anticipations des acteurs, ni sur les taux de change.

2.2 Les caractéristiques du marché des changes

Les échanges de monnaies se font sur de nombreuses places financières. Londres, New York, Tokyo, Francfort et Singapour sont, dans l'ordre, les places qui accueillent les plus gros volumes d'échanges. Le volume mondial traité sur le marché des changes est énorme et augmente régulièrement. En avril 1989, la valeur totale des échanges est proche de 600 milliards de dollars en moyenne par jour, dont 184 milliards échangés à Londres, 115 aux États-Unis et 111 à Tokyo. Presque vingt ans plus tard, en avril 2007, les échanges atteignent 3 200 milliards de dollars par jour en moyenne, dont 1 359 milliards à Londres, 664 aux États-Unis, 238 à Tokyo et 120 à Paris.[1]

Grâce aux lignes téléphoniques, au fax et au réseau Internet, les principales places financières sont devenues chacune un maillon d'un marché mondial unique qui fonctionne 24 heures sur 24. Quelle que soit l'heure, les informations économiques sont transmises immédiatement partout dans le monde et peuvent ainsi déclencher une avalanche de réactions. Même après l'heure de fermeture de la place de New York, les banques et les entreprises new-yorkaises, qui ont des filiales implantées dans d'autres pays avec des fuseaux horaires différents, restent actives.[2]

L'intégration des places financières implique qu'il ne peut y avoir de différences significatives entre le taux de change EUR/USD coté à New York et ce même taux coté au même moment à Paris, Londres ou Singapour. Si l'euro s'échange contre 1,2 dollar à New York et contre

---

1. Les chiffres pour avril 1989 sont issus d'une enquête menée par les autorités monétaires en Australie, au Canada, aux États-Unis, en France, en Grande-Bretagne, à Hong Kong, en Italie, au Japon, aux Pays-Bas et à Singapour. L'enquête d'avril 2007 a été réalisée par 54 banques centrales. Elle est disponible sur Internet : « Triennal Central Bank Survey of Foreign Exchange and Derivatives Market Activity in April 2007. Banque des règlements internationaux. On trouve un résumé en français de cette enquête sur le site de la Banque de France. À titre de comparaison, les échanges quotidiens de monnaies atteignaient en moyenne aux États-Unis environ 18 milliards de dollars en 1980.
2. Pour une présentation détaillée du fonctionnement du marché des changes, voir Richard K. Lyons, *The Microstructure Approach to Exchange Rates*, Cambridge MIT Press, 2001.

1,3 dollar à Londres, il est possible de réaliser un **arbitrage**, c'est-à-dire un profit sans risque et sans mise de fonds initiale. L'arbitrage, dans ce cas, consiste à acheter l'euro bon marché à New York et à le revendre plus cher à Londres. Supposons, par exemple, qu'un *trader* puisse acheter 1 million d'euros à New York pour 1,2 million de dollars et, immédiatement, les revendre à Londres pour 1,3 million de dollars. Par cette opération, il réalisera un profit net de 100 000 dollars sans risque et sans aucun apport d'argent. Si tous les *traders* cherchent à profiter de la même opportunité, la demande d'euros à New York entraîne une hausse du prix de l'euro en dollars sur cette place et l'offre d'euros à Londres entraîne une baisse du prix de l'euro en dollars sur ce marché. Très rapidement, la différence entre les taux cotés à New York et à Londres disparaît. Les *traders* sont toujours très attentifs aux moindres opportunités d'arbitrage qu'ils peuvent repérer sur leurs écrans. C'est la raison pour laquelle, en général, celles-ci sont faibles et ne durent que très peu de temps.

En théorie, une transaction sur les taux de change peut concerner n'importe quel couple de monnaies. Dans la réalité, cependant, la plupart des transactions entre banques concernent des échanges de monnaies contre le dollar américain (86 % en 2007).[1]

Des achats ou des ventes de dollars interviennent même lorsqu'une banque souhaite échanger deux monnaies étrangères autres que le dollar ! Supposons qu'une banque souhaite vendre des francs suisses (CHF) et acheter des shekels israéliens (ISL). Dans la plupart des cas, elle vendra d'abord ses francs suisses contre des dollars, et utilisera ensuite les dollars pour acheter des shekels. On parle alors de taux de change croisés.[2] La partie en haut à droite du tableau 13.1 présente les taux de change croisés entre les principales monnaies.

Bien que cette procédure semble compliquée, elle est, dans les faits, moins coûteuse pour la banque que celle qui consisterait à trouver un détenteur de shekels souhaitant acheter des francs suisses. L'avantage de passer par le dollar tient au poids économique des États-Unis. Les volumes de transactions internationales impliquant le dollar atteignent de tels niveaux qu'il est aisé de trouver des contreparties prêtes à échanger des dollars contre des francs suisses ou des shekels. À l'inverse, il existe peu de transactions visant à échanger directement des francs suisses contre des shekels.

Comme le dollar joue un rôle pivot dans la majorité des transactions de change, on parle de **monnaie véhiculaire** ou de **monnaie internationale**. Cette monnaie véhiculaire est largement utilisée dans les contrats internationaux signés par des parties ne résidant pas dans le pays dont est issue cette monnaie. L'euro, introduit en 1999, est parfois pressenti comme future monnaie véhiculaire, au même titre que le dollar. En avril 2007, seuls 37 % des échanges mondiaux ont toutefois impliqué l'euro. La livre sterling, autrefois deuxième monnaie pivot après le dollar, a décliné en importance.[3]

---

1. Voir Paul R. Krugman, « The International Role of the Dollar : Theory and Prospect », dans John F. O. Gilson et Richard C. Marston, éds., *Exchange Rate Theory and Practice*, Chicago, University of Chicago Press, 1984, p. 261-278.
2. Le taux de change CHF/ISL peut se calculer en multipliant le taux de change CHF/USD par le taux de change USD/ISL. Si par exemple un franc suisse vaut 0,8 dollar américain (CHF/USD = 0,80) et un shekel vaut 0,20 dollar (USD/ISL = 5), alors un franc suisse vaudra 4 shekels (CHF/ISL = 0,8 × 5 = 4).
3. Pour plus de détails, voir Richard Portes et Hélène Rey, « The Emergence of the Euro as an International Currency », *Economic Policy*, 26, avril 1998, p. 307-343, et Harald Hau, William Killeen et Michaël Moore, « How Has the Euro Changed the Foreign Exchange Market ? », *Economic Policy*, 34, avril 2002, p. 149-191. Voir aussi Agnès Bénassy-Quéré et Benoît Coeuré, *Économie de l'euro*, Repères, n° 336, La Découverte, mars 2002.

2.3 Taux de change au comptant et taux de change à terme

Les transactions de change que nous avons prises en exemple jusque-là se déroulent sur le marché au comptant (ou marché *spot*) : les deux parties se mettent d'accord sur un échange de dépôts bancaires et effectuent la transaction immédiatement. On qualifie alors le taux de change de **taux de change au comptant.**[1]

Le règlement des transactions de change intervient parfois avec un certain délai : 30 jours, 90 jours, 180 jours, voire plusieurs années. Les taux de change associés à de telles opérations sont appelés **taux de change à terme**. Dans une transaction à terme de 30 jours, par exemple, les deux parties peuvent se mettre d'accord le 1er avril pour un taux au comptant de 100 000 livres sterling pour 155 000 euros le 1er mai suivant. Le taux de change à terme à 30 jours est en général différent du taux au comptant ou des autres taux à terme. Si une banque accepte de vendre des livres contre des euros à une date future et à un taux conclu aujourd'hui, on dit que cette banque « vend des livres à terme » et « achète des euros à terme ».

Le tableau 13.1 indique non seulement les taux de change au comptant, mais également les taux de change à terme de l'euro contre les monnaies les plus échangées sur le marché. Dans la partie en bas à droite figurent, en fait, les *déports* et les *report*s des taux de change. Dans les deux cas, il s'agit de la différence entre le taux à terme et le taux au comptant : pour une monnaie cotée à l'incertain, on parle de report lorsque la différence est négative et de déport dans le cas inverse. Pour une monnaie cotée au certain, on parle de report lorsque la différence est positive et de déport dans le cas inverse. Dans le tableau 13.1, l'euro est coté au certain. Le cours acheteur au comptant est égal à 1,2742 auquel il faut ajouter un déport de –0,0019 pour obtenir le taux à un mois. Ainsi, par exemple, le taux à terme acheteur à 1 mois EUR/USD est égal à 1,2742 + (–0,0019) = 1,2723 dollar par euro.

Les taux à terme et les taux au comptant, même s'ils ne sont pas nécessairement égaux, présentent des évolutions corrélées, comme le montrent les données mensuelles pour le taux de change EUR/USD de la figure 13.2. La façon dont les taux de change à terme se déterminent et la raison pour laquelle la corrélation entre les taux au comptant et à terme est forte sont expliquées en annexe.

L'exemple suivant permet de comprendre pourquoi il peut être intéressant de réaliser des transactions de change à terme. Supposons que la Fnac sache que, dans 30 jours, elle doit payer en yens un fournisseur japonais pour une cargaison de baladeurs MP3, livrés à cette même date. La Fnac vend chaque baladeur 100 € et règle 9 000 € par baladeur à son fournisseur. Son profit dépend du taux de change entre l'euro et le yen. Au taux de change au comptant EUR/JPY = 95,24, la Fnac doit payer 94,50 € par baladeur (9 000/95,24).

À ce taux, elle réalise donc un bénéfice de 5,50 € par baladeur. Mais supposons que la Fnac ne souhaite pas payer son fournisseur avant que les baladeurs n'arrivent en France et ne soient vendus. Si, durant les 30 jours suivants, l'euro se déprécie brusquement par rapport au yen et que le taux de change passe à 86,95 yens par euro, alors la Fnac devra payer 103,50 € par baladeur (9 000/86,95). Elle subira donc une perte de 3,50 € par article.

---

1. Il y a encore quelques années, il fallait au moins deux jours pour que les transactions de change au comptant soient effectivement exécutées. Ces délais ont progressivement été réduits et aujourd'hui, grâce au système de règlement à liaison continue (*continuous linked settlement*), les échanges s'effectuent le jour même de la conclusion de l'opération.

Pour couvrir ce risque, elle peut conclure une opération de change à 30 jours avec sa banque. Si cette dernière accepte de lui vendre des yens dans 30 jours à un taux de 93,46 yens par euro, la Fnac sera assurée de payer exactement 96,30 € par baladeur (9 000/93,46). En achetant des yens et en vendant des euros à terme, la Fnac s'assure un bénéfice de 3,70 € par baladeur. Elle prend ainsi une assurance contre la possibilité d'une variation brutale et imprévisible du taux de change, variation qui peut transformer une importation profitable en une perte.

Lorsque maintenant nous parlerons de taux de change, sans préciser s'il s'agit d'un taux au comptant ou à terme, nous ferons référence au taux au comptant.

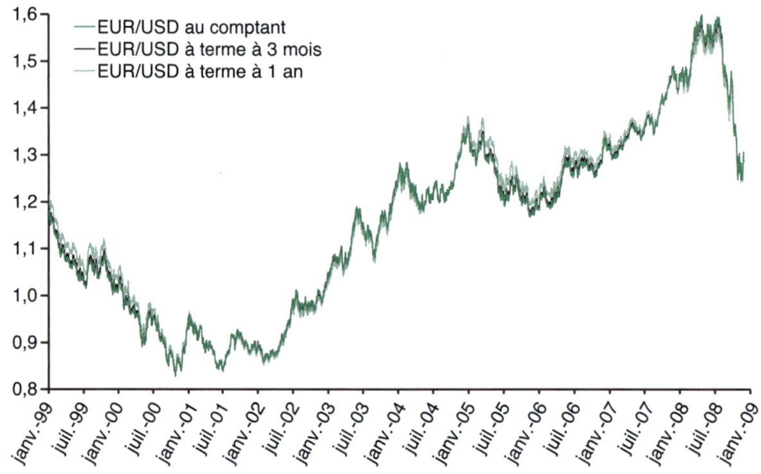

Figure 13.2 • Le taux de change EUR/USD au comptant et à terme, 1999-2008.

Les évolutions des taux au comptant et à terme sont fortement corrélés. Cette corrélation est, par ailleurs, d'autant plus forte que le terme est proche.

Source : Reuters.

2.4 Les swaps de change

Un *swap* de change correspond à la vente d'une monnaie au comptant, combinée avec son rachat à terme. Par exemple, supposons que le constructeur automobile japonais Toyota vienne juste de recevoir 1 million de dollars, résultat de ses ventes aux États-Unis. Par ailleurs, il sait qu'il va devoir verser 1 million de dollars dans trois mois à un fournisseur étranger. La direction financière de Toyota aimerait investir ce million de dollars dans des obligations libellées en euros, pendant cet intervalle de temps. Les coûts de transactions pour Toyota sont plus faibles s'il conclut un *swap* à trois mois dollars contre euros que s'il effectue deux transactions séparées : une vente de dollars contre euros au comptant, puis une vente d'euros contre dollars sur le marché à terme. Les contrats de *swaps* représentent une part importante des volumes sur le marché des changes.

2.5 Les contrats à terme et les options

Depuis le début des années 1970, on a assisté à un essor considérable des produits financiers qui permettent aux agents de se couvrir contre les variations des taux de change. On distingue principalement les contrats à terme et les options.

Lorsque vous achetez sur un marché organisé un contrat à terme sur devise (*future*), vous achetez la promesse qu'un montant donné d'une monnaie vous sera livré à une date donnée dans le futur. Il est possible d'obtenir le même montant à la même date en concluant un contrat à terme avec une contrepartie privée : on parle alors de contrat *forward*. Les *forwards* ont l'avantage sur les *futures* d'être élaborés « sur mesure », tandis que ces derniers ont des caractéristiques standard (en termes de durée, de montant, etc.). En revanche, les *forwards* ne peuvent être revendus, alors que les *futures*, échangés sur un marché organisé, peuvent l'être facilement. La revente permet de réaliser un profit ou une perte, sans attendre l'échéance du contrat, ce qui est appréciable lorsque les anticipations sur les taux au comptant changent.

Une *option* de change offre à son acheteur le droit de vendre ou d'acheter une certaine quantité de monnaie à un prix donné (le prix d'exercice) et à n'importe quel moment précédant la date d'échéance fixée par contrat. En contrepartie de ce droit, l'acheteur paie au vendeur une prime. L'acheteur décide ou non d'exercer son droit. En revanche, le vendeur de l'option se trouve dans l'obligation d'acheter ou de vendre le sous-jacent – ici la monnaie – à la demande de l'acheteur.

Imaginons une entreprise qui doit recevoir le règlement d'une facture libellée en monnaie étrangère le mois prochain mais qui ignore la date précise du règlement. Pour se protéger contre une dépréciation de la monnaie étrangère, il peut être intéressant d'acheter une option de vente (un *put*) qui donne le droit de vendre la monnaie étrangère à un taux de change fixé aujourd'hui et à n'importe quelle date durant ce mois. Si, au moment où l'entreprise reçoit le règlement en monnaie étrangère, le taux de change a évolué en sa défaveur, elle peut exercer son option et vendre la monnaie étrangère au taux plus avantageux fixé à la signature de l'option. Si le taux de change a évolué en sa faveur, elle n'a pas intérêt à exercer ce droit et perd le montant de la prime qu'elle a payée pour acquérir l'option.

Dans le cas opposé où l'entreprise doit régler une facture libellée en devise, il peut être intéressant d'acquérir une option d'achat (un *call*) qui donne le droit d'acheter la monnaie étrangère à un taux de change fixé aujourd'hui, à n'importe quelle date durant ce mois. Le mécanisme est symétrique au précédent.

Les options peuvent être souscrites sur de nombreux actifs sous-jacents (notamment des *futures* sur devise). Comme les *futures*, les options peuvent faire l'objet d'un marché organisé et peuvent donc être vendues ou achetées facilement[1].

---

1. Pour plus de détails sur les produits dérivés, voir l'ouvrage de John Hull, adapté en français sous la direction de Patrick Roger, *Options, futures et autres actifs dérivés*, 6e édition, Pearson Education, 2007.

3 La demande d'actifs en monnaie étrangère

Nous avons vu, précédemment, comment les entreprises et les institutions financières échangeaient des dépôts bancaires en monnaies sur le marché des changes international qui opère 24 heures sur 24. Afin de comprendre de quelle façon les taux de change sont déterminés sur ce marché, nous devons au préalable étudier la demande des principaux acteurs du marché.

La demande pour un dépôt bancaire en monnaie étrangère est influencée par les mêmes facteurs que pour n'importe quel actif. Un des facteurs principaux correspond à l'anticipation de la valeur future de ce dépôt bancaire en monnaie étrangère. Celle-ci dépend, à son tour, de deux éléments : le taux d'intérêt que le dépôt offre et la variation anticipée du taux de change.

3.1 La rentabilité des actifs

Il est possible de détenir de la richesse sous différentes formes – actions, obligations, liquidités, valeurs immobilières, vins rares, diamants, etc. L'acquisition de richesse, autrement dit l'épargne, a pour objectif d'opérer un transfert de pouvoir d'achat du présent vers le futur. Ce comportement peut s'expliquer par la volonté de pourvoir à sa retraite ou de transmettre un patrimoine à ses héritiers. Plus simplement encore, il peut traduire la volonté de constituer, en prévision de jours moins fastes, une épargne de précaution.

Définition de la rentabilité d'un actif. Puisque l'épargne a pour objectif de pourvoir à la consommation future, un actif est d'autant plus attractif qu'il offre une rentabilité élevée. La **rentabilité** correspond au taux de croissance de la valeur de l'actif sur une période donnée. Supposons, par exemple, qu'au début de l'année, le prix de l'action MMM soit égal à 100 €. Si l'action verse un dividende de 1 euro et si son prix est de 109 € à la fin de l'année, alors la rentabilité de l'action sera de 10 % pour l'année.[1] Le placement initial de 100 € a vu, en effet, sa valeur augmenter à 110 € (1 € de dividende + 109 €, la valeur de revente). Supposons maintenant que la valeur de l'action baisse pour atteindre 89 €, mais que l'action verse toujours un dividende de 1 €. La rentabilité de l'action sera alors de –10 %. Le placement initial de 100 € ne vaudra plus, par conséquent, que 90 € à la fin de l'année.

Il est souvent impossible de connaître avec certitude la rentabilité future d'un actif. Le dividende payé par l'action tout comme le prix de revente futur sont très difficiles à prévoir. La décision de l'investisseur sera donc fondée sur la rentabilité anticipée de l'actif. Pour calculer ce taux sur une période donnée, il faut établir la meilleure prévision possible de la valeur totale de l'actif à la fin de la période. Formellement, cela revient à calculer l'espérance mathématique de la valeur de l'actif. La différence, exprimée en pourcentage, entre la valeur future anticipée de l'actif et son prix d'achat courant est la rentabilité anticipée (ou espérée) sur la période retenue.

Mesurer la rentabilité d'un actif revient à calculer la variation de la valeur totale du placement entre deux dates. Dans l'exemple précédent, nous avons vu comment la valeur du placement avait changé de 100 € à 110 € durant l'année. Nous en avons conclu que la

1. Il convient, dans le cas des actions, de distinguer le taux de rendement et la rentabilité. Le taux de rendement correspond au rapport du dernier dividende versé sur le prix initial, tandis que la rentabilité correspond à la somme du taux de rendement et de la plus ou moins-value (le gain ou la perte en capital). En anglais, taux de rendement se traduit par *dividend yield* et la rentabilité par *return*.

Encadré 13.2

Les contrats forwards non délivrables

Dans le cas d'un contrat *forward* standard, les deux parties s'accordent pour échanger une certaine quantité d'actif sous-jacent, à une date et à un prix convenus à l'avance. En particulier, les *forwards* sur devises permettent de fixer aujourd'hui le taux de change futur entre deux monnaies. Ces instruments sont très utilisés par les opérateurs pour couvrir le risque de change. Mais, comment faire lorsque l'une des monnaies sous-jacentes n'est pas convertible, ce qui est le cas pour de nombreux pays en développement ?

Une monnaie inconvertible est une monnaie qui ne peut être échangée librement sur le marché des changes international. C'est le cas notamment de la monnaie chinoise, le renminbi (ou yuan), qui ne circule qu'à l'intérieur des frontières, les autorités ne permettant pas que des non-résidents détiennent des dépôts en renminbi. C'est le cas également du dollar taiwanais ou du roupie indien. Pour permettre aux opérateurs de se couvrir contre le risque de change associé à ces monnaies, se développe, depuis le milieu des années 1990, le marché des contrats *forwards* non délivrables.

Considérons un exemple simple. Début 2009, General Motors (GM) a vendu des pièces détachées automobiles à un concessionnaire chinois pour un montant de dix millions de yuans, payables dans trois mois. La Banque Populaire de Chine (BPC), la banque centrale, contrôle de près le taux de change en échangeant les dollars qu'elle détient (ou tout autre devise) contre des yuans auprès des résidents (voir chapitre 17). Le taux USD/CNY en vigueur début 2009 était de 1 dollar contre 6,84 yuans.

Ce taux est fixe en principe, mais la BPC l'ajuste régulièrement. GM voudrait s'assurer un taux de change de 6,7 yuans par dollar. Il suffirait normalement à GM de vendre à terme ses yuans à ce taux. Mais le renminbi étant inconvertible, comment faire ?

La stratégie de couverture consiste à réaliser des paris, payables en dollars, sur la valeur future du yuan. En l'occurrence, pour s'assurer un taux futur de 6,7 yuans par dollar, GM doit signer un contrat dont le profil de gain est fonction de la différence entre le taux à terme et le taux fixé aujourd'hui par la multinationale.

- Si, d'ici trois mois, la BPC décide de réévaluer sa monnaie en fixant le taux de change USD/CNY à 6,5 yuans (ce qui, en d'autres circonstances, serait une bonne nouvelle pour GM), GM devra payer $(1/6,5 - 1/6,7) \times 10\,000\,000$ CNY $= 45\,924$ dollars.
- À l'inverse, si, d'ici trois mois, la BPC décide de déprécier sa monnaie en fixant le taux de change USD/CNY à 7 yuans, GM recevra $(1/6,7 - 1/7) \times 10\,000\,000$ CNY $= 63\,965$ dollars.

Cet exemple montre que l'on peut très bien se couvrir en utilisant des contrats *forwards*, même si les monnaies sous-jacentes ne sont pas librement échangeables.

☞

Encadré 13.2 (suite)

La figure 13.3 représente le taux de change à terme des contrats *forwards* non délivrables pour des échéances égales à 1 mois, 1 an et 2 ans. Depuis 2006, la BPC laissait sa monnaie s'apprécier graduellement. Mais avec la crise financière, mi-2008, elle a mit un frein à cette politique, ce qui a suscité un retournement des anticipations. De manière générale, la politique monétaire menée par les autorités chinoise est l'objet de nombreuses controverses. Il s'agit là d'un thème clé pour comprendre les évolutions du système monétaire international. Nous y reviendrons dans les chapitres ultérieurs.

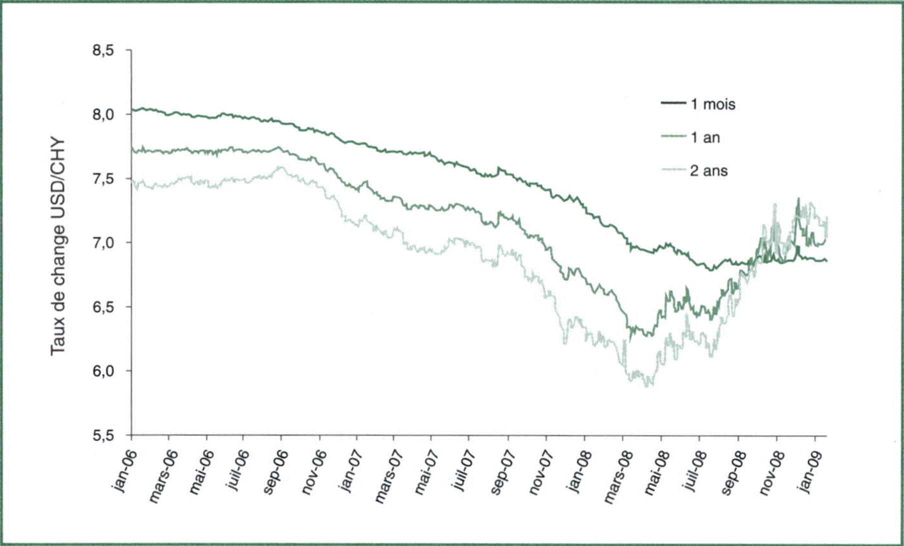

Figure 13.3 • Taux de change à terme des contrats *forwards* non délivrables USD/CHY.

Source : Reuters.

rentabilité de l'actif était de 10 % par an. Il s'agit d'une rentabilité en euros, puisque les deux valeurs sont exprimées en euros. Il est également possible de calculer d'autres rentabilités pour un même actif, en exprimant les deux valeurs en unités de monnaie étrangère, voire en retenant n'importe quelle unité de compte, l'or par exemple.

La rentabilité réelle. La rentabilité que les investisseurs retiennent pour choisir les actifs à détenir est la **rentabilité réelle**. Il s'agit du taux calculé à partir des valeurs de l'actif exprimées sous la forme d'un large panier de produits, représentatifs de ce que les épargnants achètent régulièrement. C'est la rentabilité réelle qui importe vraiment puisque l'objectif final de l'épargne est la consommation future : seule la rentabilité réelle mesure la quantité de biens et de services qu'un épargnant pourra acheter dans le futur, en renonçant à une partie de sa consommation présente – c'est-à-dire en épargnant.

Poursuivons notre exemple et supposons que la valeur en euros des actions MMM augmente de 10 % et que dans le même temps les prix en euros de tous les biens et services augmentent eux aussi de 10 %. Alors, en termes de production – c'est-à-dire en termes réels –, l'investissement ne vaudra pas plus en début d'année qu'en fin d'année. Avec une rentabilité réelle de zéro, l'action MMM ne représente pas un actif très attractif.

Bien que les investisseurs s'attachent surtout aux rentabilités réelles, les taux exprimés en monnaies (on parle aussi de *rentabilité nominale*) peuvent toujours être utilisés pour comparer différents actifs. Même si tous les prix en euros augmentent de 10 %, une bouteille de vin très rare, dont le prix augmente de 25 %, est un meilleur placement qu'une obligation, dont la valeur n'augmente que de 20 %. Le vin offre une rentabilité réelle d'environ 15 % (25 % – 10 %), alors que l'obligation offre un taux de rentabilité réel d'environ 10 % (20 % – 10 %). Notez que la différence entre les rentabilités en euros des deux actifs (25 % – 20 %) est la même que la différence entre leurs rentabilités réelles (15 % ? 10 %). Cela tient au fait que, étant donné la rentabilité en euros des deux actifs, toute variation du taux de croissance du prix des biens en euros modifie la rentabilité réelle de la même façon.

La distinction entre les rentabilités réels et nominales illustre un concept fondamental : la rentabilité de deux actifs ne peut être comparée que s'ils sont mesurés dans la même unité. Cela n'a par exemple aucun sens de comparer directement la rentabilité *réelle* d'une bouteille de vin (15 % dans notre exemple) avec la rentabilité *nominale* d'une obligation (20 %). De la même manière, cela n'a aucun sens de comparer la rentabilité *en dollars* de l'immobilier avec la rentabilité *en euros* de l'or. Ce n'est qu'après avoir exprimé la rentabilité de chaque actif dans la même unité – par exemple en euros – qu'il est possible de dire lequel constitue le meilleur placement.

3.2 Risque et liquidité

Toutes choses égales par ailleurs, les agents préfèrent détenir les actifs qui offrent la plus forte rentabilité réelle anticipée. Nous verrons ultérieurement, en abordant certains actifs spécifiques, que souvent les « choses ne sont pas égales par ailleurs ». Ainsi, certains actifs peuvent être valorisés pour des caractéristiques autres que la rentabilité réelle qu'ils offrent. Les investisseurs s'attachent, en plus de la rentabilité, à deux autres caractéristiques fondamentales d'un actif : son **risque** et sa **liquidité**, c'est-à-dire la facilité avec laquelle il peut être vendu ou échangé.

1. *Le risque.* La rentabilité réelle d'un actif est souvent impossible à prévoir et peut se révéler très différente de ce qu'a anticipé l'acheteur. Dans notre exemple précédent, les investisseurs ont déterminé la rentabilité réelle anticipée de l'obligation (10 %) en soustrayant du taux de croissance anticipé du placement en euros (20 %) le taux de croissance anticipé des prix en euros (10 %). Mais si les anticipations sont erronées et que la valeur en euros de l'obligation reste stable au lieu d'augmenter de 20 %, la rentabilité réelle de l'obligation devient négative à –10 % (0 % – 10 %). Les investisseurs n'aiment pas l'incertitude et sont réticents à détenir des actifs qui peuvent faire varier fortement leur richesse. Un actif qui offre une rentabilité anticipée très élevée peut se révéler peu attractif pour un investisseur si celle-ci est très fluctuante.
2. *La liquidité.* Il existe également des différences significatives concernant la facilité avec laquelle un investisseur peut revendre ses actifs. Une maison, par exemple, n'est pas un actif très liquide, parce que sa revente nécessite souvent du temps et les services coûteux d'agents immobiliers, de géomètres et de notaires. *A contrario*, les espèces

représentent l'actif le plus liquide : elles sont toujours acceptées à leur valeur faciale comme règlement pour des biens, des services ou d'autres actifs. En général, les épargnants préfèrent détenir des actifs liquides. Ils tiennent donc compte de la liquidité d'un actif, au même titre que sa rentabilité anticipée et son risque, dans leur décision de placement.

3.3 Les taux d'intérêt

Comme sur d'autres marchés d'actifs, les acteurs du marché des changes fondent leurs demandes de dépôts bancaires en monnaie étrangère sur la comparaison des rentabilités anticipées. Pour comparer la rentabilité de différents dépôts, les opérateurs doivent avoir accès à deux types d'informations. En premier lieu, ils doivent savoir comment les valeurs monétaires des dépôts vont évoluer. En second lieu, ils doivent savoir comment les taux de change vont évoluer, afin de pouvoir convertir dans une même unité les rentabilités exprimées dans différentes monnaies.

Pour calculer la rentabilité d'un dépôt bancaire dans une monnaie donnée, il faut connaître le taux d'intérêt. Il s'agit du montant que le prêt d'unes unité de cette monnaie rapporte en un an. Pour un taux d'intérêt de 10 % par an, un prêt de 1 € rapporte 1,10 € à la fin de l'année (0,10 € d'intérêt + 1 € de principal). En s'attachant à la contrepartie de la transaction, on peut aussi dire que le taux d'intérêt en euros correspond au montant qu'il faut verser pour emprunter 1 € pendant un an. Lorsque vous achetez un bon du Trésor français, votre rémunération sera le taux d'intérêt en euros, puisque vous prêtez des euros à l'État français.

Les taux d'intérêt jouent un rôle important sur le marché des changes. En effet, les énormes dépôts bancaires qui y sont échangés paient tous des intérêts dont les taux varient en fonction des monnaies dans lesquelles ils sont libellés. Par exemple, si le taux d'intérêt annuel en euros est de 10 %, un dépôt bancaire de 100 000 € vaudra 110 000 € après un an. S'il est de 5 % annuel, le même dépôt vaudra 105 000 € à terme. Les dépôts bancaires versent des intérêts parce qu'ils représentent de véritables prêts que les déposants effectuent auprès des banques.

Le taux d'intérêt en euros correspond donc simplement à la rentabilité d'un dépôt bancaire libellé en euros. De la même façon, le taux d'intérêt exprimé dans une monnaie étrangère mesure la rentabilité des dépôts effectués dans cette monnaie. La figure 13.4 montre l'évolution mensuelle des taux d'intérêt aux États-Unis, au Japon en France et en Allemagne entre 1979 et 2009. Ces taux dépendent de la situation économique de chaque pays et n'ont donc aucune raison d'être proches ou d'évoluer de façon semblable dans le temps[1].

1. Le chapitre 7 définit les taux d'intérêt réels, qui correspondent simplement à la rentabilité réelle des prêts. Il s'agit de taux d'intérêt exprimés en fonction d'un panier de consommation. Les taux d'intérêt exprimés en monnaies sont appelés taux d'intérêt nominaux. Le lien entre taux d'intérêt réel et nominal sera étudié en détail au chapitre 15.

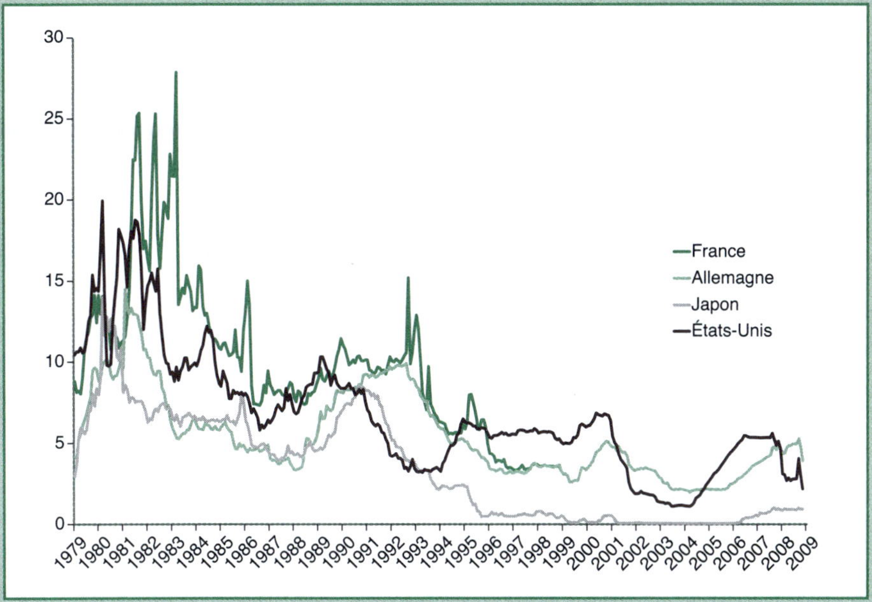

Figure 13.4 • Les taux d'intérêt aux États-Unis, au Japon et dans la zone euro, 1979-2009.

Les taux d'intérêt aux États-Unis, au Japon et dans la zone euro ne sont pas mesurés dans des termes comparables, ils peuvent évoluer de façon très différente au cours du temps. En revanche, on remarquera la convergence des taux d'intérêt en France et en Allemagne.

Source : d'après Datastream. Il s'agit de taux d'intérêt interbancaires à trois mois.

3.4 Taux de change et rentabilité des actifs

Pour comparer la rentabilité des deux dépôts, l'un en dollars, l'autre en euros, il est nécessaire de connaître le taux de change anticipé entre le dollar et l'euro.

Supposons que le taux de change au comptant soit de 1,22 dollar par euro et que le taux de change anticipé dans un an soit de 1,25 dollar par euro (car on prévoit, par exemple, une situation défavorable pour l'économie américaine). Par commodité, nous allons raisonner sur la base de taux de change cotés à l'incertain[1] : un dollar s'échange donc au comptant contre 0,82 euro et on anticipe un taux de 0,80 euro pour un dollar. Supposons, de plus, que le taux d'intérêt annuel en dollars soit de 6 %, contre 4 % pour celui en euros. Cela signifie qu'un dépôt de 1 $ vaudra 1,06 $ dans un an et qu'un dépôt de 1 € vaudra 1,04 € dans un an. Quel dépôt offre alors le meilleur taux de rentabilité ?

Pour répondre à cette question, procédons en cinq étapes :

1. Déterminons le prix en euros d'un dépôt bancaire en dollars, en utilisant le taux de change courant du dollar par rapport à l'euro. Si le taux de change au comptant est de 0,82 euro par dollar et si le dépôt bancaire est de 1 $, alors le dépôt vaut 0,82 € approximativement.

---

1. Dans la plupart des modèles en économie ouverte, les taux de change sont cotés à l'incertain. C'est la convention également adoptée dans cet ouvrage.

2. Déterminons aussi la valeur en dollars dans un an du placement d'un dollar aujourd'hui, en utilisant le taux d'intérêt annuel en dollars. Si le taux d'intérêt annuel en dollars est de 6 %, alors, à la fin de l'année, un dépôt de 1 $ vaudra 1,06 $.
3. Calculons ensuite la valeur anticipée en euros du montant en dollars déterminé à l'étape 2, en utilisant le taux de change anticipé. On anticipe que le dollar va se déprécier par rapport à l'euro, dans l'année qui vient, pour atteindre 0,80 euro par dollar dans un an. La valeur anticipée en euros du dépôt en dollars sera alors approximativement de 0,85 € (1,06 × 0,80).
4. Le prix courant en euros d'un dépôt d'un dollar est de 0,82 € et nous pouvons prévoir sa valeur en euros dans un an, soit 0,85 €. Il nous est donc possible de déterminer le taux de rentabilité annuel anticipé *en euros* d'un dépôt en dollars : environ 3,7 % [(0,85 – 0,82)/0,82].
5. Nous savons, par ailleurs, que la rentabilité annuelle d'un dépôt en euros (c'est-à-dire le taux d'intérêt en euros) est de 4 %. Nous pouvons donc en déduire que le placement en euros offre une meilleure rentabilité anticipée que le placement en dollars. Bien que le taux d'intérêt en dollars soit supérieur de 2 points au taux en euros (6 % contre 4 %), la dépréciation anticipée du dollar par rapport à l'euro offre à ceux qui détiennent des euros une perspective de gain en capital suffisamment importante pour compenser le différentiel de taux.

Généralisons et résumons ces différentes étapes en introduisant quelques notations :

- $R_\$$ = le taux d'intérêt au comptant sur les dépôts en dollars à un an.
- E = le taux de change au comptant (nombre d'euros par dollar, cotation à l'incertain).
- E^e = le taux de change anticipé dans un an du dollar (nombre d'euros par dollar, cotation à l'incertain). L'exposant ^{e} indique qu'il s'agit de la prévision du futur taux de change, fondée sur les informations disponibles aujourd'hui (c'est-à-dire l'espérance mathématique du taux de change, conditionnellement à l'information disponible aujourd'hui).

La rentabilité anticipée d'un dépôt en dollars, mesuré en euros, s'exprime alors de la manière suivante[1] :

$$(1 + R_\$)\ (E^e / E) - 1$$

3.5 Une règle simple

Une règle permet de simplifier les calculs précédents. Avant de l'énoncer, il convient de définir ce qu'on entend par **taux d'appréciation** et **taux de dépréciation** d'une monnaie. Dans les deux cas, il s'agit de la variation en pourcentage du taux de change, mesurée comme la différence entre le taux de change futur et le taux de change au comptant, rapportée au taux de change au comptant. En conservant les notations précédentes, le taux de dépréciation anticipé de l'euro par rapport au dollar s'écrit :

$$(E^e - E) / E$$

1. Si on considère des taux de change cotés au certain, notés E' et E'^e, alors comme $E' = 1/E$ et $E'^e = 1/E^e$, on a : $(1 + R_\$)\ (E'/E'^e) - 1$.

Lorsque ce taux de croissance est positif, cela signifie que les agents sur le marché des changes prévoient que le taux de change futur anticipé, E^e, sera supérieur au taux de change au comptant, E. Autrement dit, les taux de change étant cotés à l'incertain, un taux positif est bien le signe d'une dépréciation anticipée de la monnaie domestique. De manière symétrique, un taux de croissance négatif traduit une appréciation anticipée de la monnaie domestique. Et dans ce cas, on parle plus volontiers de taux d'appréciation.[1] Notons, par ailleurs, que le taux d'appréciation (respectivement le taux de dépréciation) de la monnaie domestique est aussi le taux de dépréciation (respectivement le taux d'appréciation) de la monnaie étrangère.

Prenons un exemple chiffré. Dans le cas précédent, si on considère le prix d'un dollar exprimé en euros, le taux de dépréciation se calcule de la manière suivante : (0,80 – 0,82)/0,82 = –2,4 %. On peut donc dire que le taux de dépréciation anticipé de l'euro par rapport au dollar est de –2,4 %. Mais on peut dire également que le taux d'appréciation anticipé de l'euro par rapport au dollar – ou, ce qui revient au même, le taux de dépréciation anticipé du dollar par rapport à l'euro – est de 2,4 %.

Compte tenu de ce qui précède, nous pouvons définir notre règle de la façon suivante : *la rentabilité en euros d'un dépôt en dollars est, approximativement, égal au taux d'intérêt en dollars plus le taux de dépréciation (ou moins le taux d'appréciation) de l'euro par rapport au dollar.* En d'autres termes, pour convertir en euros le taux de rentabilité d'un dépôt en dollars, il convient d'ajouter au taux d'intérêt en dollars le taux de croissance du prix en dollars de l'euro.

$$R_\$ + (E^e - E)/E$$

Dans notre exemple, la somme du taux d'intérêt en dollars (6 %) et du taux de dépréciation anticipé de l'euro par rapport au dollar (–2,4 %) donne un niveau approximatif de 3,6 %, ce qui est proche de la rentabilité anticipée en dollars d'un dépôt en euros calculé précédemment.

Cette rentabilité anticipée doit être comparée au taux d'intérêt des dépôts en euros à un an, $R_€$, pour savoir lequel des deux types de dépôts, en euros ou en dollars, propose la meilleure rentabilité anticipée. La différence entre la rentabilité anticipée des dépôts en dollars et en euros est alors égale à $R_€$ moins l'expression ci-dessus, ce qui donne :

$$R_€ - [R_\$ + (E^e - E)/E] = R_€ - R_\$ - (E^e - E)/E \qquad (13.1)$$

Lorsque la différence ci-dessus est positive, les dépôts en euros procurent une meilleure rentabilité anticipée. Lorsqu'elle est négative, ce sont les dépôts en dollars qui procurent une meilleure rentabilité anticipée.

1. Si on retient des taux de change cotés au certain, alors on parle de taux d'appréciation lorsque le taux de croissance est positif et de taux de dépréciation lorsqu'il est négatif. Notons en outre que le taux de dépréciation (ou d'appréciation) n'est pas tout à fait égal lorsqu'on considère des taux de change cotés au certain ou à l'incertain.

Dans le tableau 13.3, on compare la rentabilité des dépôts en euros et en dollars pour différentes valeurs des taux d'intérêt et du taux de change.

Tableau 13.3 : Comparaison de la rentabilité en euros des dépôts en euros et en dollars

Cas	Taux d'intérêt en euros $R_€$	Taux d'intérêt en dollars $R_\$$	Taux de dépréciation anticipé de l'euro par rapport au dollar $(E^e - E)/E$	Différence entre les taux de rentabilité des dépôts en dollars et en euros $R_€ - R_\$ - (E^e - E)/E$
1	0,04	0,06	0,00	–0,02
2	0,04	0,06	–0,02	0,00
3	0,04	0,06	–0,04	0,02
4	0,04	0,03	0,02	–0,01

Dans le cas n° 1, le différentiel de taux d'intérêt est favorable au dollar et atteint 2 % par an ($R_€ - R_\$ = 0{,}04 - 0{,}06 = -0{,}02$), et aucune variation des taux de change n'est prévue [$(E^e - E)/E = 0{,}00$]. Cela signifie que la rentabilité anticipée sur les dépôts en dollars est de 2 points supérieur au taux en euros. Cela explique pourquoi, toutes choses égales par ailleurs, un investisseur préférera détenir des dépôts en dollars plutôt que des dépôts en euros.

Dans le cas n° 2, le différentiel de taux d'intérêt est encore favorable au dollar (2 %), mais il est exactement compensé par une appréciation anticipée de 2 % de l'euro par rapport au dollar (une dépréciation de 2 % du dollar par rapport à l'euro). Les deux types d'actifs offrent donc la même rentabilité anticipée.

Dans le cas n° 3, le différentiel de taux d'intérêt est toujours favorable au dollar mais, cette fois, il est plus que compensé par une appréciation anticipée de 4 % de l'euro par rapport au dollar (une dépréciation de 4 % du dollar par rapport à l'euro). Les dépôts en euros vont donc offrir une meilleure rentabilité anticipée et seront préférés par les investisseurs.

Enfin, dans le cas n° 4, il existe un différentiel de taux d'intérêt de 1 % en faveur de l'euro, mais les investisseurs prévoient une dépréciation de 2 % de l'euro par rapport au dollar (une appréciation de 2 % du dollar par rapport à l'euro) au cours de l'année. La rentabilité anticipée des dépôts en dollars est de 1 point plus élevée que celui des dépôts en euros.

Nous avons jusque-là tout converti en euros. Les conclusions auraient toutefois été les mêmes si nous avions tout exprimé en dollars, ou dans une tierce monnaie. Supposons, par exemple, que nous mesurions la rentabilité en dollars d'un dépôt en euros. En suivant notre règle simple, il nous suffit d'ajouter au taux d'intérêt en euros le taux de dépréciation anticipé du dollar par rapport à l'euro. Mais ce dernier taux est égal – au signe près – au taux d'appréciation anticipé de l'euro par rapport au dollar. Cela signifie que la rentabilité d'un dépôt en euros, exprimée en dollars, vaut :

$$R_€ - (E^e - E)/E$$

La différence entre l'expression ci-dessus et $R_{\$}$ est identique à l'équation (13.1). Ainsi, il ne fait aucune différence d'exprimer les rentabilités en dollars ou en euros, à condition de tout formuler dans la même monnaie.

3.6 Rentabilité, risque et liquidité sur le marché des changes

Nous avons souligné précédemment que les investisseurs prenaient en compte le risque des actifs et leur liquidité, en plus de la rentabilité anticipée. De la même façon, la demande pour des actifs en monnaie étrangère dépend non seulement de leur rentabilité, mais aussi de leur risque et de leur liquidité. Même si la rentabilité anticipée en dollars des dépôts en euros est supérieure à celui des dépôts en dollars, certains investisseurs sont peu disposés à détenir des dépôts en euros si la rémunération de ces placements fluctue trop.

Aucun consensus n'existe entre les économistes quant à l'importance du risque sur le marché des changes. La définition même de l'expression « risque de change » prête à discussion. Nous allons, pour le moment, éviter d'aborder ces questions complexes en supposant que la rentabilité réelle de tous les dépôts bancaires est également risquée, quelle que soit la monnaie dans laquelle ils sont libellés. En d'autres termes, nous supposons que les différences de risque n'influent pas sur la demande d'actifs en monnaie étrangère. Nous discuterons, en détail, du rôle du risque de change aux chapitres 17 et 21.[1]

Certains intervenants sur le marché peuvent être influencés par la liquidité lorsqu'ils choisissent de détenir telle ou telle monnaie. C'est le cas en particulier des entreprises qui ont une activité internationale. Un importateur américain de vin français pourra, par exemple, préférer détenir des euros pour honorer ses paiements courants, même si la rentabilité anticipée en euros est inférieure au taux en dollars. Les paiements en monnaie étrangère liés au commerce international ne représentent toutefois qu'une petite portion de l'ensemble des transactions de change. C'est pourquoi nous ne tiendrons pas compte de la liquidité dans le choix de la monnaie à détenir.

Nous supposerons donc que les acteurs du marché des changes déterminent leur demande d'actifs en monnaie étrangère uniquement sur la base de la comparaison des rentabilités anticipées. Cette hypothèse simplifie notre analyse de la détermination des taux de change. De toute façon, les motivations liées au risque et à la liquidité dans le choix des actifs en monnaies étrangères se révèlent secondaires pour la plupart des questions de macroéconomie internationale que nous allons aborder.

---

1. Dans certains manuels, on distingue les agents qui spéculent et qui ne prendraient en compte que la rentabilité anticipée, et ceux qui se couvrent et dont l'objectif serait de se prémunir contre le risque. En fait cette distinction peut induire en erreur : une même personne peut à la fois spéculer et se couvrir et pourtant tenir compte de la rentabilité et du risque. Supposer que le risque n'est pas un facteur important dans la détermination de la demande d'actifs en monnaie étrangère signifie pour ces manuels que nous privilégions le motif spéculatif par rapport au motif de couverture.

4 L'équilibre sur le marché des changes

Nous allons maintenant utiliser ce que nous avons appris sur la demande d'actifs en monnaie étrangère pour étudier comment les taux de change sont déterminés. Nous allons montrer que le taux de change qui s'établit sur le marché correspond au taux auquel les intervenants sont désireux de détenir des dépôts dans différentes monnaies. Dans ce cas, nous dirons que le marché des changes est à l'équilibre.

Cette section ne constitue, en fait, qu'une première étape dans la détermination du taux de change. Une explication complète ne sera possible que lorsque nous aurons étudié comment les intervenants sur le marché des changes forment leurs anticipations sur les taux de change futurs. Les deux prochains chapitres étudient les facteurs qui influent sur la formation des anticipations concernant les taux de change futurs. En attendant, nous considérons dans ce chapitre que les taux de change futurs sont donnés.

4.1 La parité des taux d'intérêt : la condition de base de l'équilibre

Le marché des changes est à l'équilibre lorsque tous les dépôts bancaires libellés dans toutes les monnaies offrent la même rentabilité anticipée. Cette condition – qui veut que les rentabilités anticipées de deux dépôts quelconques, libellés dans des monnaies différentes, mais mesurés dans la même monnaie soient égales à l'équilibre – est appelée la condition de parité des taux d'intérêt (PTI). Elle suppose que les agents qui potentiellement détiennent des dépôts en monnaies étrangères ne prennent en compte que les rentabilités anticipées.

Pourquoi le marché des changes n'est-il à l'équilibre que si la PTI est respectée ? Supposons que le taux d'intérêt en dollars soit de 6 % et que le taux en euros soit de 4 %. Supposons aussi que le dollar soit susceptible de se déprécier par rapport à l'euro de 4 % sur l'année (c'est le cas n° 3 du tableau 13.3). Dans cet exemple, la rentabilité anticipée des dépôts en euros dépasse de 2 % le taux anticipé des dépôts en dollars. Nous avons supposé, à la fin de la section précédente, que les investisseurs préféraient toujours détenir les actifs offrant la plus forte rentabilité. Donc, dans notre cas, aucun investisseur ne voudra détenir des dépôts en dollars, et les détenteurs de ces dépôts chercheront à les vendre contre des dépôts en euros. Il y aura, ainsi, une offre excédentaire pour les dépôts en dollars et une demande excédentaire pour les dépôts en euros sur le marché des changes.

Supposons, maintenant, que le taux d'intérêt en euros soit toujours de 4 %, mais que le taux en dollars soit de 3 %. Supposons aussi que le dollar soit susceptible de s'apprécier par rapport à l'euro de 2 % au cours de l'année à venir (c'est le cas n° 4 du tableau 13.3). Dans cet exemple, la rentabilité anticipée des dépôts en dollars dépasse de 1 % celle des dépôts en euros. Personne ne voudra détenir des dépôts en euros. Il y aura donc une offre excédentaire pour les dépôts en euros et une demande excédentaire pour les dépôts en dollars.

Supposons, enfin, que le taux d'intérêt en dollars soit de 6 %, le taux en euros de 4 %, et que le dollar soit susceptible de se déprécier de 2 % par rapport à l'euro au cours de l'année (c'est le cas n° 2 du tableau 13.3). Dans ce cas, les dépôts en dollars et en euros offrent la même rentabilité anticipée. Les intervenants sur le marché des changes ne se soucient plus alors de détenir des dépôts en dollars ou en euros.

Lorsque les rentabilités anticipées des dépôts sont identiques – c'est-à-dire lorsque la parité des taux d'intérêt s'applique – et seulement dans ce cas-là, le marché ne présente aucun excès d'offres, ni aucun excès de demandes. Nous pouvons donc dire que le marché des changes est à l'équilibre si et seulement si la condition de parité des taux d'intérêt est satisfaite.

Pour traduire mathématiquement la PTI entre le dollar et l'euro, utilisons l'expression (13.1) qui présente la différence des taux de rentabilité anticipés, exprimés en dollars, des deux types de dépôts. Les deux taux anticipés sont égaux lorsque :

$$R_{€} = R_{\$} + (E^e - E)/E \qquad (13.2)$$

Le raisonnement qui permet de comprendre comment le marché peut passer d'une situation d'offre ou de demande excédentaire à une situation d'équilibre est assez intuitif. Si la rentabilité anticipée des dépôts en dollars est supérieure à celle des dépôts en euros, le dollar s'appréciera par rapport à l'euro. En effet, les investisseurs vont tous demander des dollars et offrir des euros. Inversement, le dollar se dépréciera par rapport à l'euro si les dépôts en euros offrent, au départ, une meilleure rentabilité. Pour comprendre complètement le processus en jeu, nous devons désormais étudier de près la façon dont ces variations de change permettent de maintenir l'équilibre sur le marché.

4.2 Comment les variations du taux de change courant influent-elles sur les rentabilités anticipées ?

Dans un premier temps, nous allons étudier comment les variations de change courant affectent les rentabilités anticipées des dépôts en monnaies étrangères lorsque les taux d'intérêt et les anticipations sur les taux de change futurs sont constants. Notre analyse nous permet de montrer que, toutes choses égales par ailleurs, la dépréciation aujourd'hui de la monnaie d'un pays entraîne une baisse de la rentabilité anticipée des dépôts en monnaies étrangères, exprimée dans cette monnaie. Inversement, l'appréciation aujourd'hui de la monnaie d'un pays entraîne une hausse de la rentabilité anticipée des dépôts en monnaies étrangères, exprimée dans cette monnaie.

Prenons un exemple : si le taux de change courant varie, toutes choses égales par ailleurs, comment la rentabilité anticipée des dépôts en dollars, mesurée en euros, est-elle affectée ? Supposons que le taux de change courant soit de 1,00 euro par dollar et que le taux de change anticipé à un an soit de 0,95 euro par dollar (voir tableau 13.4) ; le marché s'attend donc à une appréciation de l'euro. Le taux de dépréciation anticipé de l'euro par rapport au dollar est en effet de –5 % par an [(0,95 – 1,00)/1,00]. Cela signifie que le dépôt en dollars rapporte le taux d'intérêt $R_{\$}$ moins une « prime » de 5 %. Supposons que le taux de change courant entre les deux monnaies atteigne brusquement 0,97 euro par dollar, le taux de change futur anticipé restant, néanmoins, à 0,95 dollar par euro. Qu'advient-il de la « prime » précédente, résultat de la perte de valeur du dépôt en dollars mesuré en euros ? Le taux de dépréciation anticipé de l'euro par rapport au dollar est maintenant approximativement de –2 % par an [(0,95 – 0,97)/0,97] au lieu de –5 %. Comme $R_{\$}$ n'a pas varié, la rentabilité anticipée des dépôts en dollars exprimée en euros – la somme de $R_\$$ et du taux de dépréciation anticipé de l'euro – augmente de 3 points (5 % – 2 %) pour atteindre 4 %.

Le tableau 13.4 présente la rentabilité en euros des dépôts en dollars pour plusieurs niveaux du taux de change courant, *E*. Nous supposons que le taux de change anticipé est constant à 0,95 euro par dollar et que le taux d'intérêt annuel en dollars est constant à 6 %. Ce tableau montre qu'une appréciation de l'euro par rapport au dollar – c'est-à-dire une diminution du taux de change courant à l'incertain – diminue la rentabilité en euros des dépôts en dollars (comme dans notre exemple). Inversement, une dépréciation de l'euro par rapport au dollar ? c'est-à-dire une augmentation du taux de change courant à l'incertain – augmente cette rentabilité.

Tableau 13.4 : Le taux de rentabilité anticipé, en euros, des dépôts en dollars en fonction du taux de change courant euro contre dollar lorsque E^e = 0,95 euro par dollar

Taux de change de l'euro à l'incertain E	Taux d'intérêt sur les dépôts en dollars $R_\$$	Taux de dépréciation anticipé de l'euro par rapport au dollar $(0{,}95 - E) / E$	Rentabilité anticipée, en euros, des dépôts en dollars $R_\$ + (0{,}95 - E) / E$
1,00	0,06	–0,05	0,01
0,97	0,06	–0,02	0,04
0,95	0,06	0,00	0,06
0,93	0,06	0,02	0,08
0,90	0,06	0,06	0,12

Il peut sembler contre-intuitif de dire qu'une appréciation de l'euro (une dépréciation du dollar) rende les dépôts en dollars plus attractifs que les dépôts en euros – en augmentant la rentabilité anticipée en euros des dépôts en dollars – et qu'une dépréciation de l'euro (une appréciation du dollar) ait l'effet inverse. On est toutefois moins surpris si on se souvient que le taux de change anticipé ainsi que les taux d'intérêt sont supposés constants. Une appréciation de l'euro aujourd'hui signifie que l'euro connaîtra une appréciation moins importante dans le futur pour atteindre le taux de change anticipé. Si le taux de change futur anticipé ne varie pas lorsque l'euro s'apprécie aujourd'hui, cela signifie que l'appréciation future anticipée de l'euro par rapport au dollar sera plus faible (ou que la dépréciation future anticipée de l'euro par rapport au dollar sera plus forte). Puisque les taux d'intérêt restent eux aussi inchangés, l'appréciation de l'euro aujourd'hui rend les dépôts dans cette monnaie moins intéressants que les dépôts en dollars.

Exprimée différemment, une appréciation de l'euro aujourd'hui (une dépréciation du dollar), qui n'affecte ni le taux de change anticipé ni les taux d'intérêt, laisse inchangé le revenu anticipé en euros d'un dépôt en dollars, mais diminue le coût actuel du dépôt en dollars. Cette variation rend le dépôt en euros moins attractif que le dépôt en dollars.

Il peut aussi sembler étrange de considérer que le taux de change courant subit des variations qui n'affectent pas le taux de change futur anticipé. Nous étudierons d'ailleurs, dans la suite de cet ouvrage, des cas où les deux taux varient de concert. Dans notre présente analyse, nous maintenons cependant le taux anticipé constant parce que cela permet d'isoler l'effet de la variation du taux de change courant sur les rentabilités anticipées. Peut-être est-il plus simple de penser qu'il s'agit d'étudier les conséquences d'une variation temporaire du taux de change, variation si brève qu'elle n'influe pas sur les anticipations.

La figure 13.5 représente, sous forme graphique, les calculs du tableau 13.4. Cette représentation nous sera très utile dans notre analyse de la détermination du taux de change. L'axe des ordonnées mesure le taux de change courant euro contre dollar à l'incertain, et l'axe des abscisses, la rentabilité anticipée en euros des dépôts en dollars. Pour des valeurs constantes du taux de change futur anticipé et du taux d'intérêt en dollars, la relation entre le taux de change courant et la rentabilité anticipée en euros des dépôts en dollars est représentée par une fonction décroissante.

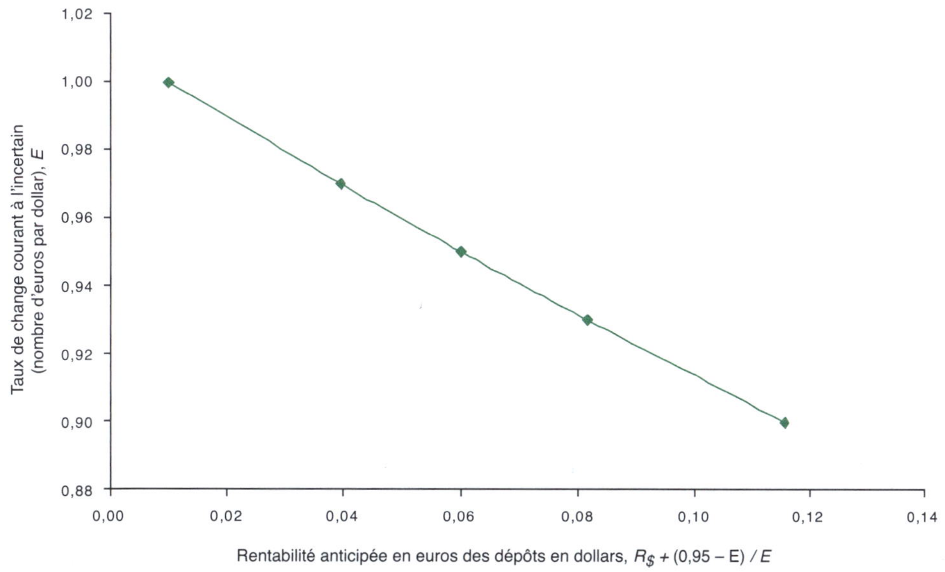

Figure 13.5 • La relation entre le taux de change courant euro contre dollar à l'incertain et la rentabilité anticipée en euros des dépôts en dollars.

Étant donné $E^e = 0{,}95$ et $R_\$ = 6\ \%$, une appréciation de l'euro par rapport au dollar augmente la rentabilité anticipée en euros des dépôts en dollars.

4.3 Le taux de change d'équilibre

Nous avons vu pourquoi la condition de parité des taux d'intérêt devait être remplie pour que le marché des changes soit à l'équilibre et comment le taux de change courant influe sur la rentabilité anticipée des dépôts en monnaies étrangères. Nous pouvons maintenant étudier de quelle manière les taux de change sont déterminés. Nous allons voir que les taux de change s'ajustent toujours pour maintenir la parité des taux d'intérêt. Nous maintenons l'hypothèse selon laquelle le taux d'intérêt en dollars $R_{\$}$, le taux d'intérêt en euros $R_{€}$, et le taux de change anticipé E^e sont constants.

La figure 13.6 illustre la façon dont le taux de change d'équilibre est déterminé sous cette hypothèse. La fonction verticale indique la rentabilité des dépôts en euros, exprimée en euros, $R_{€}$. La fonction décroissante montre comment la rentabilité anticipée des dépôts en dollars, exprimée en euros, dépend du taux de change courant. Cette deuxième fonction est déterminée de la même façon que la fonction de la figure 13.5.

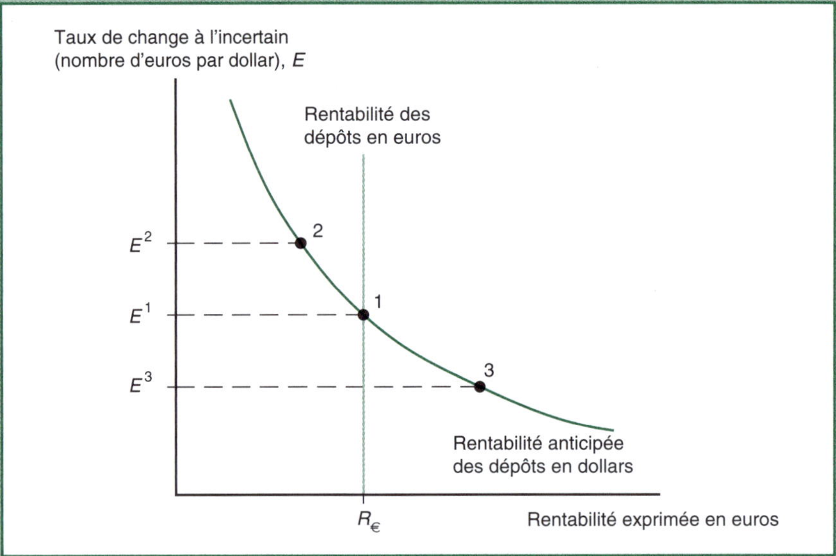

Figure 13.6 • La détermination du taux de change d'équilibre EUR/USD.
L'équilibre du marché des changes se situe au point 1, lorsque les rentabilités anticipées en dollars des dépôts en dollars et en euros s'égalisent.

Le taux de change d'équilibre, E^1, se situe à l'intersection des deux courbes au point 1. À ce taux, les dépôts en dollars et en euros offrent la même rentabilité, et la condition de parité des taux d'intérêt (13.2) est respectée :

$$R_{€} = R_{\$} + (E^e - E^1)/E^1$$

Essayons de comprendre pourquoi le taux de change converge vers le point 1 de la figure 13.6, s'il se situe initialement au point 2 ou au point 3. Supposons, tout d'abord, que le taux de change soit égal à E^2. Pour ce taux de change, E^2, la rentabilité, exprimée en euros, des dépôts en dollars est inférieure à celle des dépôts en euros, $R_{€}$. Dans ces conditions, tous les détenteurs de dépôts en dollars vont chercher à les échanger contre des dépôts en euros : le marché des changes n'est pas à l'équilibre.

Comment le taux de change s'ajuste-t-il ? Les détenteurs de dépôts en dollars ne sont pas satisfaits et vont donc tenter de les vendre contre des dépôts en euros. Mais comme la rentabilité des dépôts en euros est plus élevée que celle des dépôts en dollars au taux de change E^2, aucun détenteur de dépôts en euros n'accepte de vendre à ce taux de change. Il s'ensuit une pression à la baisse sur le taux de change jusqu'à ce qu'il atteigne E^1 – ce qui signifie que les euros deviennent plus chers exprimés en dollars. Une fois le taux de change égal à E^1, les dépôts en euros et en dollars vont offrir la même rentabilité. Les agents qui détiennent des dépôts en dollars ne sont alors plus incités à les échanger contre des dépôts en euros. Le marché des changes atteint donc un équilibre. Lorsque le taux de change diminue de E^2 à E^1, il égalise les rentabilités anticipées des deux types de dépôts en monnaies. En effet, en augmentant le taux de dépréciation anticipé de l'euro, il rend les dépôts en dollars plus attractifs.

Symétriquement, lorsque le marché se situe initialement au point 3, avec un taux de change E^3, la rentabilité, exprimée en euros, des dépôts en dollars est plus élevée que celle des dépôts en euros. Les détenteurs de dépôts en euros cherchent alors à acquérir des dollars en échange de leurs euros, ce qui entraîne une hausse du prix des dollars exprimé en euros, c'est-à-dire que l'euro se déprécie par rapport au dollar. Le taux de change entre les deux monnaies augmente donc jusqu'à atteindre E^1. À ce niveau, la rentabilité des dépôts est identique quelle que soit la monnaie retenue : le marché est à l'équilibre. La dépréciation de l'euro, qui correspond au passage de E^3 à E^1, rend les dépôts en dollars moins attractifs qu'ils ne l'étaient, comparés aux dépôts en euros, car elle réduit le taux de dépréciation anticipé de l'euro.

5 Taux d'intérêt, anticipations et équilibre

Nous avons étudié, dans la section précédente, comment les taux de change sont déterminés par la parité des taux d'intérêt lorsque les taux d'intérêt et les anticipations des agents sont constants. Étudions maintenant les répercussions sur les taux de change courants des variations de ces deux derniers facteurs. Nous verrons notamment que le taux de change – qui correspond, rappelons-le, au prix relatif de deux actifs – est influencé par les facteurs qui modifient la rentabilité anticipée de ces deux actifs.

5.1 Effet d'une variation des taux d'intérêt sur le taux de change courant

Il est fréquent de lire dans les journaux que le dollar, ou l'euro, est fort parce que les taux d'intérêt américains, ou européens, sont élevés, ou bien que le dollar, ou l'euro, se déprécie parce que les taux d'intérêt baissent. Pouvons-nous expliquer de telles affirmations ?

Sur la figure 13.7, la hausse du taux d'intérêt en euros, de $R^1_€$ à $R^2_€$, se traduit par un déplacement vers la droite de la fonction verticale. Au taux de change initial, E^1, et après la hausse du taux d'intérêt en euros, la rentabilité des dépôts en euros est supérieure à la rentabilité anticipée en euros des dépôts en dollars, d'un montant égal à la distance entre les points 1 et 1′. Par le mécanisme que nous avons décrit dans la section précédente, cette différence de rentabilité entraîne une appréciation de l'euro (une dépréciation du dollar) jusqu'au niveau E^2 (point 2). Étant donné que le taux d'intérêt en dollars et le taux de change anticipé n'ont pas varié, l'appréciation de l'euro aujourd'hui a pour effet d'accroître la rentabilité anticipée en euros des dépôts en dollars, en augmentant le taux de dépréciation anticipé de l'euro.

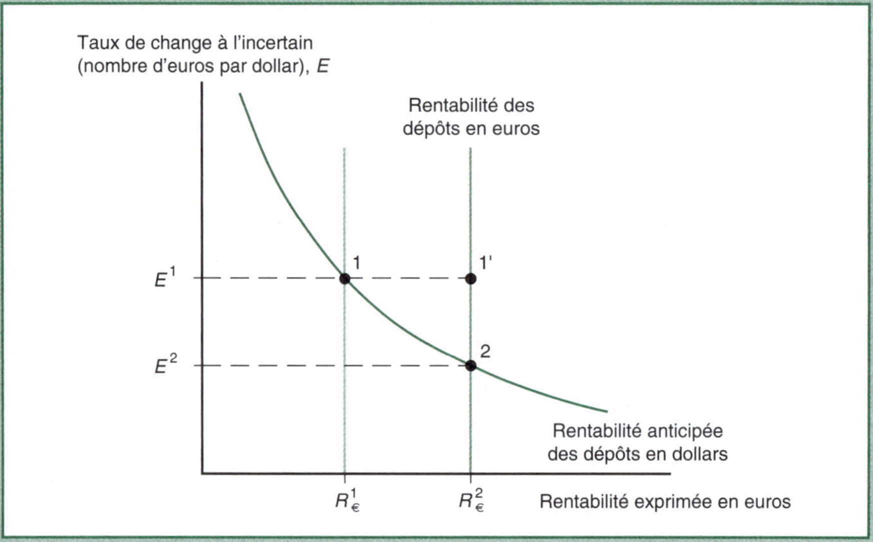

Figure 13.7 • L'effet d'une hausse du taux d'intérêt en euros.
Une hausse du taux d'intérêt des dépôts en euros, de $R^1_€$ à $R^2_€$, entraîne une appréciation de l'euro, le taux de change passant de E^1 (point 1) à E^2 (point 2).

La figure 13.8 décrit l'effet d'une hausse du taux d'intérêt en dollars, $R_\$$. Cette variation entraîne un déplacement vers la droite de la courbe décroissante, qui mesure la rentabilité anticipée en euros des dépôts en dollars. Au taux de change initial E^1, la rentabilité anticipée des dépôts en dollars est alors supérieure à celle des dépôts en euros. Le taux de change augmente donc (de E^1 à E^2) pour éliminer l'offre excédentaire d'actifs en euros au point 1 ; cela réduit le taux de dépréciation anticipé de l'euro par rapport au dollar et diminue la rentabilité anticipée en euros des dépôts en dollars. Ainsi, une hausse du taux d'intérêt en dollars conduit à une dépréciation de l'euro.

Notre analyse montre que, *toutes choses égales par ailleurs, un accroissement du taux d'intérêt offert par les dépôts dans une monnaie donnée provoque l'appréciation de cette monnaie.*

Avant de conclure que les affirmations précédentes des journaux sont exactes, il faut souligner que l'hypothèse d'un taux de change anticipé constant n'est pas très réaliste. Dans de nombreux cas, une variation des taux d'intérêt sera accompagnée par une variation des taux de change anticipés. Au chapitre 15, nous comparerons les différentes relations possibles entre les taux d'intérêt et les taux de change anticipés.

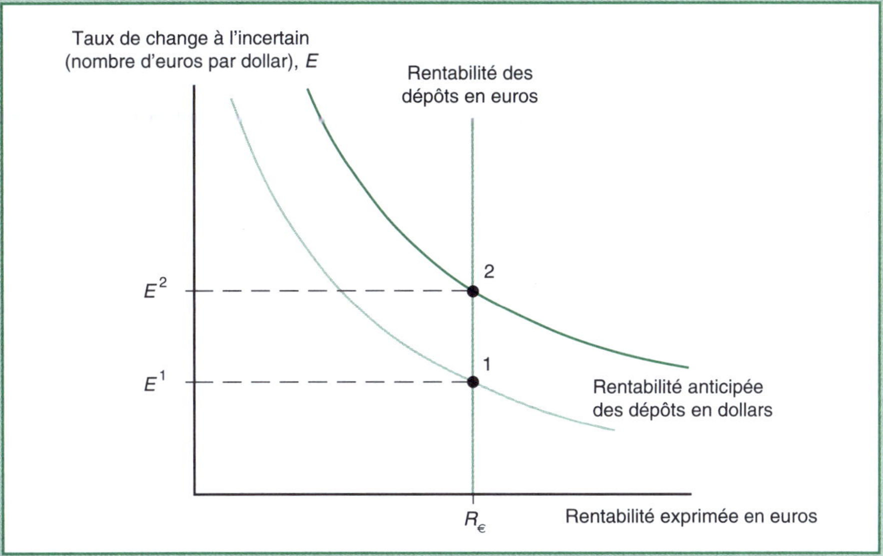

Figure 13.8 • L'effet d'une hausse du taux d'intérêt en dollars.

Une hausse du taux d'intérêt en dollars entraîne une dépréciation de l'euro, le taux de change passant de E^1 (point 1) à E^2 (point 2). Ce graphique montre aussi l'effet d'une baisse du taux de change anticipé.

5.2 Effet d'une modification des anticipations sur le taux de change courant

La figure 13.8 peut aussi nous permettre d'étudier l'effet sur le taux de change courant d'une augmentation du taux de dépréciation anticipé de l'euro, c'est-à-dire une hausse du taux de change anticipé à l'incertain, E^e. Avec, par exemple, un taux de change courant égal à 0,95 dollar par euro et un taux anticipé à un an égal à 0,98 dollar par euro, le taux de dépréciation anticipé de l'euro par rapport au dollar est de (0,98 – 0,95)/0,95 = 3 %. Si le taux de change anticipé augmente pour atteindre 1,00 dollar par euro, le taux de dépréciation anticipé augmente jusqu'à (1,00 – 0,95)/0,95 = 5 %.

Une augmentation du taux de dépréciation anticipé de l'euro a pour effet d'accroître la rentabilité anticipée en euros des dépôts en dollars. À la figure 13.8, la courbe décroissante se déplace donc vers la droite. Au taux initial de E^1, le marché présente une offre excédentaire pour les dépôts en euros : en effet, les dépôts en dollars offrent une rentabilité anticipée exprimée en euros plus élevée. L'euro se déprécie donc par rapport au dollar jusqu'à ce que le marché atteigne l'équilibre au point 2.

Nous pouvons conclure que, *toutes choses égales par ailleurs, une augmentation du taux de change anticipé entraîne une augmentation du taux de change courant.*

Résumé

Le *taux de change* représente le prix d'une monnaie exprimé dans une autre monnaie. Les taux de change sont dits cotés *au certain* lorsque la monnaie domestique est exprimée en unités de monnaies étrangères, et cotés *à l'incertain* lorsque les monnaies étrangères sont exprimées en unités de monnaies domestiques. Le taux de change EUR/USD, par exemple, représente le prix en dollars d'un euro.

Les taux de change jouent un rôle fondamental en économie internationale car ils permettent d'exprimer les prix pratiqués dans différentes monnaies en termes comparables. Toutes choses égales par ailleurs, la *dépréciation* de la monnaie d'un pays par rapport aux autres monnaies – c'est-à-dire une diminution du prix des monnaies étrangères en monnaie domestique ou une augmentation du prix en monnaie domestique des monnaies étrangères – rend les exportations de ce pays meilleur marché et ses importations plus coûteuses. Inversement, une *appréciation* de la monnaie d'un pays par rapport aux autres monnaies rend ses exportations plus coûteuses et ses importations meilleur marché.

Les taux de change sont déterminés sur *le marché des changes*. Les principaux opérateurs du marché sont les banques, les firmes multinationales, les institutions financières non bancaires et les banques centrales. Les banques jouent un rôle pivot sur ce marché, puisqu'elles facilitent les échanges de dépôts bancaires porteurs d'intérêts, qui représentent la plus grande part des échanges internationaux de monnaies. Bien que ces échanges se déroulent sur de nombreuses places financières à travers le monde, les technologies modernes permettent de relier ces places entre elles, ce qui crée un marché unique ouvert 24 heures sur 24. Les échanges au comptant (marché *spot*) s'effectuent quasi immédiatement. Mais une part importante des échanges porte sur des contrats à terme, pour lesquels les parties s'accordent sur un échange de monnaies à une date future et à un taux de change prédéterminé.

Le taux de change représente un prix relatif entre deux actifs. C'est la raison pour laquelle il est plus approprié de le concevoir comme étant lui-même le prix d'un actif. La valorisation des actifs s'appuie sur le principe de base selon lequel leur valeur actuelle dépend du pouvoir d'achat anticipé offert dans le futur. Lorsque les épargnants doivent choisir les actifs à détenir, ils s'intéressent essentiellement à la *rentabilité anticipée*, au *risque* et à la *liquidité*. La rentabilité anticipée d'un actif peut se calculer en utilisant différentes unités de mesure. Les épargnants s'intéressent en particulier à la *rentabilité réelle* anticipée, qui retient comme unité de mesure un panier représentatif de biens et de services.

Pour pouvoir comparer la rentabilité des actifs domestiques et étrangers, les valeurs doivent être exprimées dans la même monnaie. Toutes choses égales par ailleurs, les acteurs du marché des changes préfèrent détenir les actifs qui offrent la meilleure rentabilité anticipée.

La rentabilité des dépôts bancaires, échangés sur le marché des changes, dépend des taux d'intérêt et des taux de change anticipés. Pour comparer les rentabilités anticipées offertes par les dépôts en euros et en dollars, il faut pouvoir les exprimer dans une même monnaie. Une solution consiste à convertir en euros la rentabilité des dépôts en dollars. Il suffit pour cela d'ajouter au taux d'intérêt en dollars le taux de dépréciation anticipé de l'euro par rapport au dollar (ou taux d'appréciation anticipé du dollar par rapport à l'euro) pour la période correspondant à la détention du dépôt.

L'équilibre du marché des changes nécessite que la *parité des taux d'intérêt* soit satisfaite. Autrement dit, les dépôts en euros, en dollars, en yens, etc. doivent offrir la même rentabilité anticipée, une fois tous les dépôts exprimés dans la même monnaie.

Pour des taux d'intérêt et un taux de change futur anticipé constants, la condition de parité des taux d'intérêt permet de déterminer le *taux de change d'équilibre*. Lorsque la rentabilité anticipée en euros des dépôts en dollars est supérieure à celle des dépôts en euros, alors l'euro se déprécie par rapport au dollar. Toutes choses égales par ailleurs, une dépréciation de l'euro aujourd'hui entraîne une baisse de la rentabilité anticipée en euros des dépôts en dollars, en diminuant le taux de dépréciation anticipé futur de l'euro par rapport au dollar. Symétriquement, si la rentabilité anticipée en euros des dépôts en dollars est inférieure à celle des dépôts en euros, alors l'euro s'apprécie immédiatement par rapport au dollar. Toutes choses égales par ailleurs, une appréciation de l'euro aujourd'hui rend les dépôts en dollars plus attractifs, en augmentant le taux de dépréciation anticipé futur de l'euro par rapport au dollar.

Toutes choses égales par ailleurs, une augmentation du taux d'intérêt en euros provoque une appréciation de l'euro par rapport au dollar, tandis qu'une augmentation du taux d'intérêt en dollars provoque une dépréciation de l'euro par rapport au dollar. Le taux de change courant est également influencé par les variations de son niveau anticipé : si ce dernier varie à la hausse, par exemple, alors le taux de change courant augmente aussi.

Activités

1. Un jambon-beurre coûte 5 euros à Paris, tandis qu'un hot-dog coûte 4 dollars à Boston. Considérons un taux de change de 1,25 dollar par euro. Quel est le prix d'un jambon-beurre en termes de hot-dog ? Toutes choses égales par ailleurs, comment ce prix relatif change-t-il si le taux de change s'établit à 1,1 dollar par euro ? Le hot-dog est-il devenu plus cher ou moins cher que le jambon-beurre ?
2. Supposons que sur le marché des changes un dollar américain (USD) s'échange contre 8 couronnes norvégiennes (NOK) et contre 2 franc suisse (CHF). Quel est le taux de change NOK/CHF ?
3. À partir des données du tableau 13.1, calculez les taux de change croisés EUR/CAD et GBP/DKK.
4. Quel est le taux de change à terme EUR/USD à 6 mois ? EUR/SEK à 1 an ? CAD/EUR à 3 mois ? GBP/USD à 1 mois ?
5. Le prix du pétrole est généralement exprimé en dollars américains sur le marché mondial. Le groupe japonais *Nippon Steel Chemical Group* doit importer du pétrole pour fabriquer des plastiques et d'autres produits. Comment les profits du groupe sont-ils affectés lorsque le yen se déprécie par rapport au dollar ?
6. Juste après l'introduction de l'euro, le montant des transactions de changes impliquant l'euro était-il plus ou moins élevé que le montant des transactions, avant 1999, impliquant au moins une des 11 monnaies nationales d'origine ?
7. Calculez la rentabilité annuelle en euros des actifs suivants :
   a. Une toile de maître dont le prix est passé de 200 000 € à 250 000 € en un an.
   b. Une bouteille millésimée de Bourgogne dont le prix est passé de 225 € à 275 € en un an.
   c. Un dépôt de 10 000 £ dans une banque à Londres pendant un an, si le taux d'intérêt en livres est de 10 % et si le taux de change GBP/EUR passe de 1,50 à 1,38 euro par livre.
8. Quelle est la rentabilité réelle des actifs précédents si les variations de prix décrites s'accompagnent d'une hausse simultanée de 10 % de tous les prix en euros ?
9. Supposons que les taux d'intérêt annuels en euros et en livres soient identiques à 5 %. Quelle relation existe-t-il entre le taux de change d'équilibre GBP/EUR au comptant et son niveau futur anticipé ? Supposez que le taux de change anticipé GBP/EUR reste constant à 1,52 euro par livre, tandis que le taux d'intérêt annuel britannique augmente pour atteindre 10 %. Si le taux d'intérêt dans la zone euro reste constant, quel est le nouveau taux de change d'équilibre GBP/EUR ?
10. Supposons que le taux de change à un an EUR/USD soit de 1,26 dollar par euro et que le taux de change au comptant se situe à 1,2 dollar par euro. Quel est le taux de dépréciation de l'euro ? Quelle est la différence entre le taux d'intérêt des dépôts en dollars à un an et le taux d'intérêt des dépôts en euros à un an ?

11. Les opérateurs du marché des actifs apprennent soudainement que le taux d'intérêt en dollars va baisser dans un futur proche. On suppose que les taux d'intérêt des dépôts en dollars et en euros restent constants. En vous aidant d'une analyse graphique semblable à celle qui est présentée dans ce chapitre, déterminez les effets de cette annonce sur le taux de change courant.

12. Montrez formellement que le taux de dépréciation (ou d'appréciation) est différent selon qu'on retient un taux de change coté au certain ou à l'incertain.

13. Nous avons précisé, dans ce chapitre, qu'il était possible de développer l'analyse graphique de l'équilibre du marché des changes en adoptant une perspective américaine. Sur l'axe vertical, on trouve maintenant le taux de change EUR/USD. La fonction verticale au niveau $R_{\$}$ indique cette fois la rentabilité en dollars des dépôts en dollars. Montrez que la rentabilité en dollars des dépôts en euros est décroissante. Étudiez ensuite les effets des variations des taux d'intérêt et du taux de change anticipé futur. Vos résultats sont-ils compatibles avec ceux qui sont obtenus en adoptant une perspective européenne ?

14. Reprenez l'exercice précédent, mais cette fois en conservant la perspective européenne et en considérant des taux de change cotés au certain dans la zone euro. Autrement dit, l'axe vertical représente le taux de change EUR/USD et la fonction verticale au niveau $R€$ indique la rentabilité en euros des dépôts en euros. Montrez que la rentabilité en euros des dépôts en dollars est croissante.

15. L'article suivant est extrait du quotidien *Les Echos* du 9 janvier 2006 (« Cette fois-ci, le dollar baissera ») :

« *The Economist* revient cette semaine sur le dollar : "*Pour Bill Gates, Warren Buffett et nombre de moulineurs de chiffres à Wall Street, le dollar a offert l'une des plus méchantes surprises de l'année 2005. Les deux hommes les plus riches du monde et la plupart des observateurs des marchés financiers prévoyaient que le billet vert chuterait l'année dernière, plombé par le déficit colossal des comptes courants américains.*" Mais tous ces augures ont eu tort. En 2005, le dollar a gagné 14 % face à l'euro et au yen. Du coup, les prévisionnistes sont beaucoup plus prudents pour 2006. Ils voient le dollar à 1,25 euro à la fin de l'année. Car ils estiment que s'ils se sont trompés l'an dernier, c'est parce qu'ils n'avaient pas assez pris en compte l'écart des taux d'intérêt à court terme, qui s'est accru l'an dernier entre les États-Unis (4,25 % en décembre) et la zone euro (2,25 %). Et cet écart restera présent cette année, même s'il diminuera au second semestre. Oui, mais voilà, "*au vu des premiers jours de 2006, ces prévisions pourraient bien se révéler trop optimistes*", relève l'hebdomadaire londonien. Le dollar a sérieusement glissé. Les marchés financiers prévoient désormais un écart moins grand entre taux américains et européens. »

a. Dans quelle mesure le différentiel de taux d'intérêt entre les États-Unis et la zone euro explique-t-il l'appréciation du dollar ?

b. Quel facteur supplémentaire, intervenant dans la détermination du taux de change, peut aider à expliquer les variations du taux de change ?

16. Quels éléments pourraient laisser penser que les dépôts en dollars sont plus liquides que les dépôts dans d'autres monnaies ? Comment ces différences de liquidités influent-elles sur le différentiel d'intérêt entre les dépôts en dollars et en pesos mexicains, par exemple ? Qu'est-ce qui pourrait modifier le degré de liquidité des dépôts en euros ou en yens ?

17. En octobre 1979, la Réserve fédérale américaine a annoncé qu'elle interviendrait moins pour limiter les fluctuations des taux d'intérêt américains. Après la mise en œuvre de cette nouvelle politique, les taux de change du dollar par rapport aux autres monnaies sont devenus plus volatils. D'après l'analyse que nous avons faite du marché des changes, existe-t-il une relation entre ces deux événements ?

18. Imaginons que, partout dans le monde, chaque individu doive payer une taxe de τ% sur les intérêts et les plus-values dus aux variations des taux de change. Comment une telle taxe modifie-t-elle l'analyse de la condition de parité des taux d'intérêt ? Et si la taxe s'applique aux intérêts, mais pas aux plus-values ?

19. Les firmes multinationales possèdent souvent des usines dans de nombreux pays. Par conséquent, elles peuvent délocaliser leur production des zones les plus coûteuses vers les zones les moins coûteuses, en fonction des différents changements économiques. Lorsqu'une entreprise transfère une partie de sa production à l'étranger, il s'agit d'une délocalisation (*outsourcing*). Si l'euro se déprécie, quel sera le comportement des entreprises européennes en matière de délocalisation ? Détaillez votre réponse et donnez un exemple.

20. Dans ce chapitre, nous avons pris comme illustration le cas où la Fnac devait se couvrir contre la dépréciation de l'euro. En utilisant le résultat présenté en annexe, déterminez le taux à terme EUR/JPY qui respecte la PTIC.

Annexe du chapitre 13

Les taux de change à terme et la parité des taux d'intérêt couverte (PTIC)

Cette annexe explique comment les taux de change à terme sont déterminés. Sous l'hypothèse que la parité des taux d'intérêt est vérifiée, celui-ci est égal au taux de change au comptant anticipé pour le jour d'échéance du contrat à terme.

Dans un premier temps, nous allons mettre en évidence la relation étroite qui lie le taux de change à terme entre deux monnaies, le taux de change au comptant et les taux d'intérêt qu'offrent les dépôts bancaires libellés dans ces deux monnaies. Cette relation est explicitée par la condition de parité des taux d'intérêt couverte (PTIC). Celle-ci est semblable à la condition de parité (non couverte) des taux d'intérêt – qui permet de déterminer le taux de change d'équilibre –, mais elle retient le taux de change à terme plutôt que le taux de change au comptant anticipé.

Supposons qu'un investisseur souhaite réaliser un dépôt d'un an en dollars, mais qu'il veuille être certain de la valeur en euros de ce dépôt à la fin de l'année. Pour éviter tout risque de change, il peut réaliser un dépôt en dollars et, dans le même temps, vendre le montant de ce placement à terme. L'investisseur est dans ce cas couvert ; il ne craint pas une dépréciation non anticipée du dollar.

D'après la condition de parité des taux d'intérêt couverte, la rentabilité des dépôts en euros et des dépôts « couverts » en monnaies étrangères doit être la même. L'exemple suivant nous permet d'illustrer la signification de cette condition et de montrer pourquoi elle doit toujours être satisfaite. Soit F, le prix à un an d'un dollar en euros (c'est-à-dire le taux de change à l'incertain de l'euro contre le dollar). Supposons que $F = 0{,}90$ euro par dollar, que dans le même temps le taux de change au comptant $E = 0{,}93$ euro par dollar, et que $R_{\$} = 0{,}08$ et $R_{€} = 0{,}04$. Quelle est la rentabilité d'un dépôt en dollars couvert ?

Un dépôt de 1 \$ coûte 0,93 € aujourd'hui et vaudra 1,08 \$ dans un an. Si vous vendez aujourd'hui 1,08 \$ à terme au taux de change de 0,90 euro par dollar, alors, à la fin de l'année, votre placement atteindra une valeur en dollars de (0,90 € par \$) × (1,08 \$) = 0,972 €. La rentabilité de l'achat avec couverture d'un dépôt en dollars exprimé en euros est alors (0,972 – 0,93)/0,93 = 0,045. Ce taux annuel de 4,5 % est supérieur au taux de rentabilité de 4 % offert par les dépôts en euros. La parité des taux d'intérêt couverte n'est donc pas vérifiée. Dans ces circonstances, personne ne voudra détenir des dépôts en euros, préférant les dépôts en dollars couverts.

De façon formelle, nous pouvons exprimer la rentabilité couverte sur les dépôts en euros comme

$$[F \times (1 + R_{\$}) - E]/E \qquad (13A.1)$$

ce qui est approximativement égal à

$$R_{\$} + (F - E)/E \qquad (13A.2)$$

lorsque le produit $R_\$ \times (F - E)/E$ est petit. La condition de parité des taux d'intérêt couverte peut, dès lors, s'écrire

$$R_€ = R_\$ + (F - E)/E \tag{13A.3}$$

La quantité $(F - E) / E$ est appelée *taux de déport* (on parle aussi de prime à terme du dollar par rapport à l'euro ou d'escompte à terme de l'euro par rapport au dollar). La PTIC peut alors s'énoncer comme suit : le taux d'intérêt sur les dépôts en euros est égal au taux d'intérêt sur les dépôts en dollars, auquel s'ajoute le taux de déport.

Il existe des résultats empiriques solides qui confirment que la PTIC est vérifiée pour les dépôts libellés dans différentes monnaies lorsqu'ils sont émis sur une même place financière (en fait, les *traders* sur le marché des changes déterminent souvent leur cotation du taux de change à terme en prenant en compte les taux d'intérêt et les taux de change au comptant, et en appliquant la formule de parité des taux d'intérêt couverte).[1] Des déviations par rapport à la PTIC peuvent intervenir cependant lorsque les détenteurs d'actifs craignent que les autorités publiques ne restreignent la libre circulation des capitaux. Notre formulation de la PTIC suppose implicitement qu'il n'existe pas de risque politique de ce type.[2]

En comparant la parité des taux d'intérêt (non couverte),

$$R_€ = R_\$ + (E^e - E)/E$$

avec la parité des taux d'intérêt couverte, il apparaît que les deux conditions se vérifient simultanément si le taux de change euro contre dollar à un an, coté aujourd'hui, est égal au taux de change au comptant anticipé par le marché dans un an :

$$F = E^e \tag{13A.4}$$

Cette égalité semble évidente. Lorsque deux parties s'accordent pour échanger des monnaies à une date donnée dans le futur, le taux de change dont elles conviennent correspond au taux au comptant qui, selon leur anticipation, doit s'appliquer à cette date. Il est important cependant de garder à l'esprit la différence fondamentale qui existe entre les transactions couvertes et celles non couvertes : les premières sont exposées au risque de change, alors que les secondes ne le sont pas.[3]

La théorie de la parité des taux d'intérêt couverte nous permet de comprendre la forte corrélation qui existe entre les variations des taux de change au comptant et à terme illustrée par la figure 13.2. Cette corrélation se vérifie typiquement pour toutes les

1. Voir notamment Franck McCormick, « Covered Interest Arbitrage : Unexploited Profits ? Comment », *Journal of Political Economy*, 87, avril 1979, p. 411-417 ; Kevin Clinton, « Transactions Costs and Covered Interest Arbitrage : Theory and Evidence », *Journal of Political Economics*, 96, avril 1988 p. 358-370.
2. Pour une analyse du rôle du risque politique dans le marché des changes, voir Robert Z. Aliber, « The Interest Parity Theorem : A Reinterpretation », *Journal of Political Economy*, 81, novembre/décembre 1973, p. 1451-1459.
3. Nous avons indiqué que la parité des taux d'intérêt (non couverte), bien qu'elle représente une simplification très utile, ne se vérifiait pas toujours lorsque le risque de change influençait la demande sur le marché des changes. C'est pourquoi le taux à terme peut différer du taux au comptant futur anticipé d'un facteur risque, même si la parité des taux d'intérêt couverte se vérifie. Comme nous l'avons déjà mentionné, le rôle du risque dans la détermination des taux d'intérêt est étudié plus précisément aux chapitres 17 et 21.

principales monnaies. Les événements économiques non anticipés affectent la rentabilité anticipée des actifs. Mais ils ont souvent un effet relativement faible au niveau international sur les différences de taux d'intérêt entre les dépôts à maturité courte (par exemple à trois mois). Ainsi, pour que la PTIC soit respectée, les taux au comptant et à terme de même maturité doivent évoluer dans des proportions globalement identiques.

Nous allons conclure cette annexe en présentant une autre application de la PTIC. Pour illustrer le rôle des taux de change à terme, nous avons pris l'exemple de la Fnac qui souhaite importer des baladeurs MP3 japonais et s'interroge sur le taux de change euros contre yens auquel elle devra faire face dans trente jours lorsqu'elle devra payer son fournisseur. Dans notre exemple, la Fnac résolvait le problème en vendant à terme des euros contre des yens, le montant en euros correspondant au coût total des baladeurs MP3. Mais elle aurait pu aborder cette question d'une autre façon, un peu plus compliquée. La Fnac aurait pu :

1. Emprunter des euros auprès de sa banque.
2. Vendre immédiatement ces euros contre des yens au taux de change au comptant et placer ces yens à 30 jours sur un dépôt bancaire en yens.
3. Passé 30 jours, utiliser le montant de son dépôt arrivé à maturité pour régler son fournisseur japonais.
4. Utiliser une partie du revenu de la vente des baladeurs MP3 pour rembourser la dette initialement souscrite en euros.

Quel type d'opération est plus profitable pour la Fnac : l'achat de yens à terme ou la séquence de transactions décrite précédemment ? En fait, les deux stratégies sont équivalentes lorsque la parité des taux d'intérêt couverte est vérifiée.

Chapitre 14

Monnaie, taux d'intérêt et taux de change

Objectifs pédagogiques :

- **Décrire le fonctionnement du marché monétaire sur lequel les taux d'intérêt sont déterminés.**
- **Montrer comment la politique monétaire et les taux d'intérêt influent sur le marché des changes.**
- **Distinguer la position à long terme d'une économie et sa position à court terme, pour laquelle les prix et les salaires sont rigides.**
- **Expliquer comment le niveau général des prix et le taux de change répondent aux facteurs monétaires à long terme.**
- **Décrire la relation entre les effets à court terme et à long terme de la politique monétaire et expliquer le concept de surréaction du taux de change à court terme.**

Nous avons montré au chapitre 13 que le taux de change entre deux monnaies dépend de deux facteurs : les taux d'intérêt offerts sur les dépôts bancaires libellés dans ces monnaies et le taux de change futur anticipé. Cependant, pour comprendre dans le détail de quelle façon les taux de change sont déterminés, il est nécessaire d'examiner comment les taux d'intérêt sont eux-mêmes définis et comment se forment les anticipations sur les taux de change futurs. Dans les trois prochains chapitres, nous allons étudier ces différents problèmes en construisant un modèle économique qui lie le taux de change aux taux d'intérêt et à d'autres variables macroéconomiques fondamentales, comme le taux d'inflation et le produit intérieur.

Dans la première étape de construction du modèle, nous allons expliquer les effets de l'offre et de la demande de monnaie sur les taux d'intérêt et sur le taux de change. Étant donné que le taux de change représente les prix relatifs de deux monnaies, les éléments qui influent sur l'offre et la demande de monnaie correspondent aussi aux déterminants principaux du taux de change.

Les événements monétaires ont un double effet sur le taux de change : ils modifient les taux d'intérêt et les anticipations sur les taux de change futurs. Les anticipations de change sont étroitement liées aux anticipations sur les prix nominaux des biens et des services, qui dépendent à leur tour des variations de l'offre et de la demande de monnaie. Pour étudier les effets de la monnaie sur le taux de change, il est par conséquent indispensable d'examiner comment les facteurs monétaires influent sur les prix des biens ainsi que sur les taux d'intérêt. Les anticipations qui se forment sur les taux de change futurs ne dépendent évidemment pas que de facteurs monétaires.

Les facteurs non monétaires seront analysés plus précisément au chapitre suivant.

Après avoir exposé les théories et les déterminants de l'offre et de la demande de monnaie, nous les utiliserons pour étudier comment l'offre et la demande déterminent les taux d'intérêt d'équilibre. Ensuite, nous associerons la condition de parité des taux d'intérêt à notre modèle de détermination du taux d'intérêt. Cela nous permettra de voir en détail les effets des variations monétaires sur le taux de change, étant donné le le niveau génénéral des prix, le produit intérieur et les anticipations du marché. Enfin, nous évoquerons les effets à long terme des variations monétaires sur le niveau général des prix et sur les taux de change futurs.

1 Définition et fonctions de la monnaie

Nous sommes tellement habitués à utiliser la monnaie que nous n'avons même plus conscience du rôle essentiel qu'elle joue dans la plupart de nos transactions quotidiennes. En fait, la meilleure façon pour prendre conscience de l'utilité de la monnaie consiste à imaginer ce que la vie économique serait sans elle. Dans cette section, nous allons justement étudier une économie sans monnaie. Notre objectif est de distinguer la monnaie des autres actifs et de mettre en lumière les caractéristiques qui incitent les individus à en détenir. Ces caractéristiques sont la base de l'analyse de la demande de monnaie[1].

1.1 La monnaie comme moyen d'échange

La fonction principale de la monnaie est de servir de *moyen d'échange*. La monnaie est un mode de paiement largement reconnu et accepté par tous. Une telle fonction est primordiale. Pour s'en convaincre, il suffit d'imaginer une économie où le seul type de transaction possible serait le troc – c'est-à-dire l'échange direct de biens et de services contre d'autres biens et services. Quelle perte de temps il en résulterait pour les consommateurs : pour faire réparer sa voiture, par exemple, votre professeur devrait trouver un garagiste qui soit à la recherche de leçons d'économie !

La monnaie, parce qu'elle est universellement reconnue et acceptée, permet d'éliminer les coûts de recherche énormes engendrés par un système de troc. Elle permet à une personne qui produit des biens et des services de les vendre à une autre personne qui souhaite les consommer. Une économie moderne et complexe ne pourrait fonctionner correctement sans moyen de paiement standardisé et pratique à utiliser.

1.2 La monnaie comme unité de compte

La deuxième fonction importante de la monnaie est d'être une *unité de compte*, c'est-à-dire une mesure de valeur largement reconnue. C'est cette fonction que nous avons étudiée au chapitre 13 : les prix des biens, des services et des actifs y sont exprimés en termes monétaires. En particulier, les taux de change permettent de convertir les prix monétaires des différents pays en termes comparables.

---

1. Pour une analyse approfondie, voir Frederic Mishkin, Christian Bordes, Pierre-Cyrille Hautcœur et Dominique Lacoue-Labarthe, *Monnaie, banques et marchés financiers*, 8e édition, Pearson Education, 2007.

La convention qui consiste à exprimer les prix en termes monétaires permet de simplifier la comparaison des prix des différents biens. Au chapitre 13, nous avons procédé à des comparaisons internationales du prix des biens produits dans différents pays en utilisant les taux de change. Nous serions astreints au même genre de calculs plusieurs fois par jour si les prix des différents biens d'un même pays n'étaient pas exprimés dans une unité de compte standardisée. Calculer les prix relatifs de chaque bien et service en fonction de plusieurs autres biens et services, comme le prix d'une part de pizza en termes de bananes, serait fastidieux, voire impossible dans de nombreux cas. L'avantage d'utiliser la monnaie comme unité de compte est manifeste.

1.3 La monnaie comme réserve de valeur

La monnaie permet de transférer du pouvoir d'achat du présent vers le futur : il s'agit donc aussi d'un actif, d'*une réserve de valeur.* Cette fonction est essentielle pour tout moyen d'échange, parce que personne ne l'accepterait en paiement si sa valeur en termes de biens et services disparaissait trop rapidement.

L'utilité de la monnaie comme moyen d'échange en fait automatiquement l'actif le plus liquide qui puisse exister. Un actif est dit liquide lorsqu'il peut être transformé rapidement en biens et services sans coût de transaction élevé ; c'est le cas des frais de courtage (voir chapitre 13). Puisque la monnaie est facilement acceptée comme moyen de paiement, elle sert de référence pour la détermination du degré de liquidité des autres actifs.

1.4 Qu'est-ce que la monnaie ?

Les pièces et les billets, c'est-à-dire les espèces ou le numéraire, constituent la monnaie fiduciaire. Celle-ci ne représente qu'une petite part de la monnaie. Les dépôts bancaires, sur lesquels des chèques peuvent être tirés, font également partie de la monnaie : on parle de monnaie scripturale. Ils représentent des moyens de paiement largement acceptés qui peuvent être transférés à faible coût d'un individu à un autre. Les actifs, comme les biens immobiliers, ne sont pas considérés comme de la monnaie, car à l'inverse des espèces et des dépôts à vue ils ne remplissent pas le critère fondamental de la liquidité.

Dans cet ouvrage, lorsque nous parlons d'offre de monnaie, nous nous référons à l'agrégat monétaire que la banque centrale (dans l'Union européenne, la Banque centrale européenne, aux États-Unis, la Réserve fédérale) appelle l'agrégat monétaire M1. Il s'agit du montant total des espèces en circulation et des dépôts à vue détenus par les ménages et les entreprises. En septembre 2008, dans la zone euro, M1 atteint près de 3 900 milliards d'euros. Une mesure élargie de l'offre de monnaie, l'agrégat M2 (7 800 milliards d'euros), inclut, en plus de M1, les placements qui sont disponibles à tout moment mais qui doivent être convertis au préalable. Ces placements sont donc moins liquides que les actifs qui composent M1. Une mesure encore plus large de la monnaie, appelée M3 (9 200 milliards d'euros), est aussi prise en compte par la BCE et intègre, en plus de M2, les titres négociables émis par les institutions financières monétaires.

La frontière entre la monnaie et la quasi-monnaie est en général définie de façon relativement arbitraire, aussi fait-elle l'objet de nombreuses controverses.

Les agrégats monétaires de la zone euro	Valeur sept. 2008 (milliards d'euros)
M1	3 879
= monnaie fiduciaire (pièces et billets)	663
+ dépôts à vue	3 216
M2	7 856
= M1	3 879
+ dépôts à terme d'une durée ≤ 2 ans	2 455
+ dépôts remboursables avec un préavis ≤ à 3 mois	1 522
M3	9 224
= M2	7 856
+ pensions (*repos*)	344
+ titres d'OPCVM monétaire	732
+ titres de créances d'une durée ≤ 2 ans	291

Les dépôts bancaires d'un montant important, qui sont échangés par les acteurs du marché des changes, ne sont pas considérés comme faisant partie de l'offre de monnaie. Ils sont en effet moins liquides que la monnaie et ne servent pas à financer des transactions courantes.

1.5 Comment l'offre de monnaie est-elle déterminée ?

L'offre de monnaie est contrôlée par la banque centrale. Cette dernière réglemente directement le montant des espèces disponibles et possède un contrôle indirect sur le montant des dépôts à vue émis par les banques. Les procédures grâce auxquelles les banques centrales contrôlent l'offre de monnaie sont complexes. C'est pourquoi nous supposerons désormais que la banque centrale détermine simplement le niveau de l'offre de monnaie qu'elle souhaite. Nous aborderons cette question plus en détail aux chapitres 17 et 21.

2 La demande individuelle de monnaie

Tournons-nous à présent vers les facteurs qui déterminent le montant de monnaie que les personnes souhaitent détenir. Les déterminants de la demande individuelle de monnaie peuvent dériver de la théorie de la demande d'actifs que nous avons étudiée au chapitre précédent.

Nous avons vu que les particuliers fondaient leur demande sur trois caractéristiques de l'actif : i) sa rentabilité anticipée comparée aux rentabilités offertes par les autres actifs, ii) son risque, iii) sa liquidité.

La liquidité joue un faible rôle dans la détermination de la demande relative des actifs échangés sur le marché des changes. En revanche, les ménages et les entreprises ne détiennent de la monnaie que pour des raisons de liquidité. Pour comprendre comment ils choisissent le montant de monnaie à détenir, nous devons analyser la façon dont chacun des trois critères précédents influe sur la demande de monnaie.

2.1 La rentabilité anticipée

La monnaie ne porte pas intérêt. Les dépôts à vue offrent parfois des intérêts, mais les taux sont bien inférieurs à ceux offerts par les actifs moins liquides. Lorsqu'un agent détient de la monnaie, il renonce au taux d'intérêt plus élevé qu'il aurait pu obtenir en plaçant sa richesse dans une obligation d'Etat, un dépôt à terme ou tout autre actif relativement peu liquide, comme des timbres de collection ou de l'immobilier. Lorsque nous parlons « du » taux d'intérêt, nous faisons référence à ce taux d'intérêt auquel les individus renoncent. En effet, le taux d'intérêt sur les espèces est nul et le taux des dépôts à vue est relativement stable. Aussi, la différence de rentabilité entre la monnaie en général et les actifs alternatifs moins liquides se reflète-t-elle dans le taux d'intérêt du marché : plus le taux d'intérêt est élevé, plus grand est le sacrifice financier à détenir sa richesse sous forme de monnaie.[1]

Supposons, par exemple, que le taux d'intérêt sur un bon du Trésor français s'élève à 10 % par an. Si un agent prélève 10 000 € sur sa richesse pour acheter des bons du Trésor, l'État français lui versera 11 000 € à la fin de l'année de détention. Mais s'il choisit de garder ces 10 000 € en espèces dans un coffre à la banque, il renonce à ces 1 000 € d'intérêts qu'il aurait pu gagner en achetant les bons du Trésor. Il a ainsi sacrifié un taux d'intérêt de 10 % en choisissant de détenir 10 000 € sous forme de monnaie.

La théorie de la demande d'actifs, que nous avons développée au chapitre précédent, nous permet de comprendre comment les variations des taux d'intérêt influent sur la demande de monnaie. Par ailleurs, les individus préfèrent détenir les actifs offrant la meilleure rentabilité. Supposons que les taux d'intérêt augmentent. Nous savons qu'une hausse du taux d'intérêt correspond à une hausse de la rentabilité des actifs moins liquides que la monnaie. Les agents préfèrent donc détenir une plus grande part de leur richesse en actifs peu liquides, qui vont leur rapporter le taux d'intérêt du marché, et une moins grande part de leur richesse sous forme de monnaie. Nous pouvons ainsi conclure que, *toutes choses égales par ailleurs, une hausse des taux d'intérêt entraîne une baisse de la demande de monnaie.*

Nous pouvons aussi aborder l'influence du taux d'intérêt sur la demande de monnaie en introduisant le concept économique de coût d'opportunité. Il s'agit du revenu qui est sacrifié en choisissant un type d'action plutôt qu'un autre. Le taux d'intérêt mesure le coût d'opportunité associé au fait de détenir de la monnaie plutôt que des obligations portant intérêts. Une hausse du taux d'intérêt entraîne alors une augmentation du coût d'opportunité de la détention de monnaie. Elle réduit en conséquence la demande de monnaie.

1. De nombreux actifs peu liquides, parmi ceux que les particuliers peuvent choisir, offrent des revenus sous une autre forme que les intérêts. La rentabilité des actions, par exemple, est composée des dividendes versés et de la plus ou moins-value en capital. La rentabilité d'une maison de campagne est fonction, éventuellement, du gain en capital et du plaisir à y passer ses vacances. L'hypothèse qui sous-tend notre analyse de la demande de monnaie peut s'énoncer ainsi : une fois que le risque a été pris en compte, tous les actifs autres que la monnaie offrent une rentabilité anticipée (mesuré en termes monétaires) égale au taux d'intérêt. Cette hypothèse nous permet d'utiliser le taux d'intérêt pour représenter la rentabilité à laquelle un individu renonce lorsqu'il détient de la monnaie plutôt qu'un actif moins liquide.

2.2 Risque

Le risque ne représente pas un facteur important dans la demande de monnaie. Il est, bien entendu, risqué de détenir de la monnaie, puisqu'une hausse imprévisible du prix des biens et des services peut réduire la valeur de la monnaie en termes de pouvoir d'achat. Cependant, les actifs portant intérêts, comme les obligations d'État, présentent des valeurs nominales fixes en termes monétaires. La même hausse inattendue des prix diminue donc aussi la valeur réelle de ces actifs, et du même pourcentage que pour la monnaie. Puisque toute variation du risque de la monnaie entraîne une variation identique du risque des obligations, une augmentation de ce risque n'incite pas les individus à limiter leur demande de monnaie, ni à augmenter leur demande d'actifs portant intérêts.

2.3 Liquidité

Le principal avantage que présente la détention de monnaie réside dans la liquidité qu'elle procure. Les ménages et les entreprises en détiennent parce que c'est le meilleur moyen pour financer leurs achats courants. Certains achats de gros montant peuvent, certes, être financés grâce à la vente d'un actif de valeur non liquide. Par exemple, un collectionneur peut vendre une partie de ses œuvres d'art pour acheter une maison. Cependant, pour financer une série de petites dépenses, à des dates diverses et pour des montants variés, il est préférable de détenir un certain montant de monnaie.

Le besoin de liquidité d'un individu croît si la valeur moyenne de ses transactions courantes augmente. Nous pouvons en conclure qu'*une hausse de la valeur moyenne des transactions courantes effectuées par un ménage ou une entreprise entraîne une hausse de la demande de monnaie.*

3 La demande globale de monnaie

Nous avons vu comment les individus et les entreprises déterminent leur demande de monnaie. Nous pouvons maintenant en déduire les déterminants de la demande globale de monnaie. Il s'agit de la demande totale de monnaie émanant de tous les ménages et de toutes les entreprises de l'économie, soit la somme de toutes les demandes individuelles. Plus que la demande individuelle de monnaie, c'est la demande globale qui nous intéresse pour comprendre les déterminants et les effets des taux de change. Aussi, pour faire court, nous ferons souvent référence à **la demande de monnaie**, sans préciser qu'il s'agit de la demande globale de monnaie.

Trois facteurs principaux déterminent la demande de monnaie :

1. *Le taux d'intérêt.* Une hausse du taux d'intérêt incite chaque particulier à réduire sa demande de monnaie. Toutes choses égales par ailleurs, la demande de monnaie diminue lorsque les taux d'intérêt augmentent.
2. *Le niveau général des prix.* Il s'agit du prix d'un large panier de biens et de services de référence, exprimé en termes monétaires. Souvent, le panier de référence contient des éléments de consommation courante, comme la nourriture, les vêtements et le logement, mais aussi des éléments moins courants, comme les soins médicaux et les frais d'avocat. Si le niveau général des prix augmente, les ménages et les entreprises vont dépenser une plus grande quantité de monnaie pour acquérir leur panier habituel de

biens et de services. Pour s'assurer du même niveau de liquidité qu'avant la hausse des prix, ils devront détenir une plus grande quantité de monnaie.

3. *Le produit intérieur.* Lorsque le PIB réel augmente, un plus grand nombre de biens et de services sont vendus dans l'économie. Cette croissance de la valeur réelle des transactions entraîne une hausse de la demande de monnaie, le niveau général des prix étant donné.

Soit P le niveau général des prix, R le taux d'intérêt, et Y le PIB réel, la demande de monnaie, M^d, peut s'écrire :

$$M^d = P \times L(R,Y) \qquad (14.1)$$

où $L(R,Y)$ est une fonction décroissante de R et une fonction croissante de Y.[1] Pourquoi spécifier que la demande de monnaie est proportionnelle au niveau général des prix ? Pour le comprendre, il suffit d'imaginer que tous les prix de l'économie doublent, tandis que le taux d'intérêt et les revenus réels de chacun demeurent constants. La valeur monétaire des transactions courantes moyennes pour chaque individu va simplement doubler, et il en sera de même pour le montant de monnaie que chacun va souhaiter détenir.

L'équation (14.1) de la demande de monnaie est généralement écrite sous la forme équivalente suivante :

$$M^d/P = L(R,Y) \qquad (14.2)$$

où $L(R,Y)$ est appelée demande réelle de monnaie, ou demande d'encaisses réelles. Cette façon d'exprimer la demande de monnaie met en évidence que celle-ci ne correspond pas au besoin d'un certain nombre d'unités monétaires, mais bien d'un certain pouvoir d'achat réel sous une forme liquide. Le ratio M^d/P – c'est-à-dire la valeur des encaisses monétaires désirées, exprimée en fonction du panier de biens de référence – est égal au pouvoir d'achat réel que les individus souhaitent détenir sous forme liquide. Par exemple, si les agents souhaitent détenir 1 000 € en espèces pour un niveau de prix de 100 € pour le panier de biens, la détention réelle de monnaie sera équivalente à 1 000 € / (100 € par panier) = 10 paniers. Si le niveau général des prix double et atteint 200 € par panier, le pouvoir d'achat des 1 000 € en espèces sera diminué de moitié puisqu'il ne vaudra plus que 5 paniers.

La figure 14.1 illustre la variation de la demande réelle de monnaie en fonction du taux d'intérêt, pour un niveau donné de revenu réel, Y. La courbe de demande réelle $L(R,Y)$ est décroissante car une baisse des taux d'intérêt incite chaque ménage et chaque entreprise de l'économie à détenir une plus grande quantité réelle de monnaie.

Pour un niveau donné du PIB réel, les variations du taux d'intérêt entraînent un déplacement de la demande de monnaie le long de la courbe $L(R,Y)$. En revanche, une variation du PIB réel conduit à un déplacement de la courbe de demande dans sa totalité. La figure 14.2 illustre comment une hausse de Y^1 à Y^2 du PIB réel influe sur la position de la courbe de demande réelle de monnaie : la courbe $L(R,Y^2)$ se situe à droite et au-dessus de $L(R,Y^1)$, pour Y^2 supérieur à Y^1. En effet, un accroissement du PIB réel entraîne une hausse de la demande réelle de monnaie.

---

1. $L(R,Y)$ diminue lorsque R augmente, et croît lorsque Y croît. Bien sûr, $L(R,Y)$ croît lorsque R diminue, et décroît lorsque Y décroît.

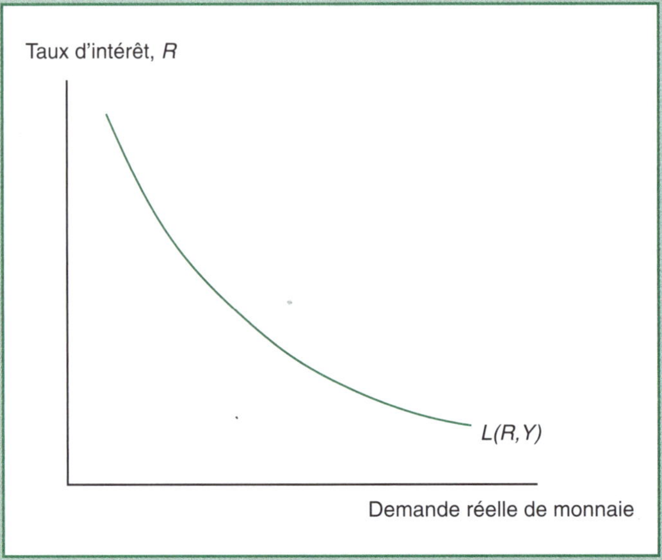

Figure 14.1 • La demande réelle de monnaie et le taux d'intérêt.
La demande réelle de monnaie suit une courbe décroissante en R, le taux d'intérêt : pour un niveau donné de revenu réel, Y, elle augmente lorsque le taux d'intérêt baisse.

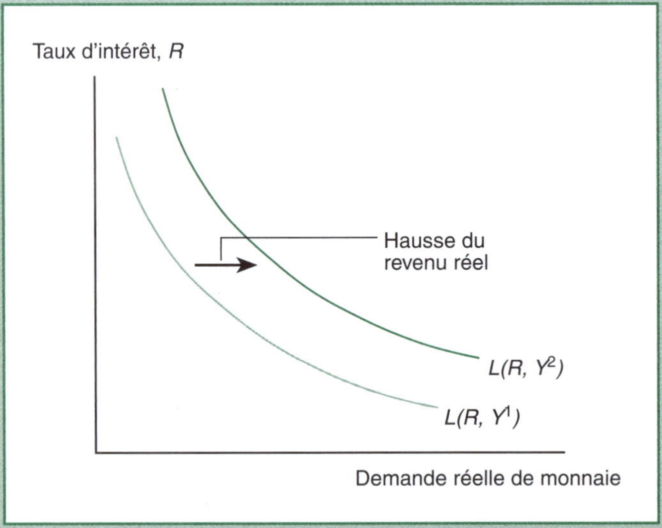

Figure 14.2 • L'effet d'une hausse du revenu réel sur la courbe de la demande de monnaie.
Une hausse du revenu réel de Y^1 à Y^2 accroît les niveaux d'équilibre de la demande réelle de monnaie pour tous les niveaux de taux d'intérêt ; cela entraîne un déplacement vers le haut de la courbe de demande.

4 Taux d'intérêt d'équilibre : l'interaction entre l'offre et la demande de monnaie

Le marché monétaire est à l'équilibre lorsque l'offre de monnaie de la banque centrale est égale à la demande de monnaie. Dans cette section, nous allons étudier comment le taux d'intérêt est déterminé par l'équilibre du marché monétaire, étant donné le niveau général des prix et le produit intérieur. Nous supposerons temporairement que ni le niveau général des prix ni le produit intérieur ne sont sensibles aux variations monétaires.

4.1 Équilibre du marché monétaire

Soit M^s l'offre de monnaie, la condition d'équilibre du marché monétaire s'écrit :

$$M^s = M^d \tag{14.3}$$

En divisant chaque membre de cette égalité par le niveau général des prix, nous pouvons exprimer la condition d'équilibre du marché monétaire en termes réels comme suit :

$$M^s/P = L(R, Y) \tag{14.4}$$

Étant donné le niveau général des prix, P, et le produit intérieur, Y, le taux d'intérêt d'équilibre correspond à celui pour lequel la demande réelle de monnaie égale l'offre réelle de monnaie.

À la figure 14.3, la courbe de demande réelle de monnaie croise la courbe d'offre réelle au point 1. Cela permet de déterminer le taux d'intérêt d'équilibre R^1. La courbe d'offre réelle est verticale en M^s/P, car M^s est le résultat d'une décision de la banque centrale, et P est donné et reste constant.

Essayons de comprendre pourquoi le taux d'intérêt converge vers son niveau d'équilibre : supposons que le marché se situe initialement au point 2, avec un taux d'intérêt R^2 supérieur à R^1.

Au point 2, la demande réelle de monnaie est inférieure à l'offre, d'un montant égal à $Q^1 - Q^2$. Il y a donc une offre excédentaire sur le marché. Si les individus détiennent plus de monnaie qu'ils ne le souhaitent – pour un taux d'intérêt égal à R^2 –, ils chercheront à réduire leurs liquidités : ils en utiliseront une partie pour acheter des actifs porteurs d'intérêts. En d'autres termes, ils se débarrasseront de l'excès de monnaie qu'ils détiennent en la prêtant à d'autres. Or, pour un niveau de taux d'intérêt égal à R^2, il existe une offre excédentaire de monnaie. Cela signifie que les personnes qui cherchent à prêter de la monnaie pour réduire leurs liquidités sont plus nombreuses que celles qui cherchent à en emprunter pour augmenter les leurs. Par conséquent, tous ne réussiront pas à réduire leurs liquidités. Ceux qui n'auront pas trouvé de contrepartie ne pourront attirer les emprunteurs qu'en diminuant le taux d'intérêt qu'ils exigent. Ce dernier va donc baisser en dessous du niveau de R^2, et la pression à la baisse sur le taux d'intérêt ne s'arrêtera que lorsque le taux sera égal à R^1. En effet, à ce taux, chaque prêteur potentiel aura trouvé une contrepartie (c'est-à-dire un emprunteur) et l'offre sera de nouveau égale à la demande. Lorsque le marché atteint le point 1, le taux d'intérêt n'a donc plus tendance à baisser.[1]

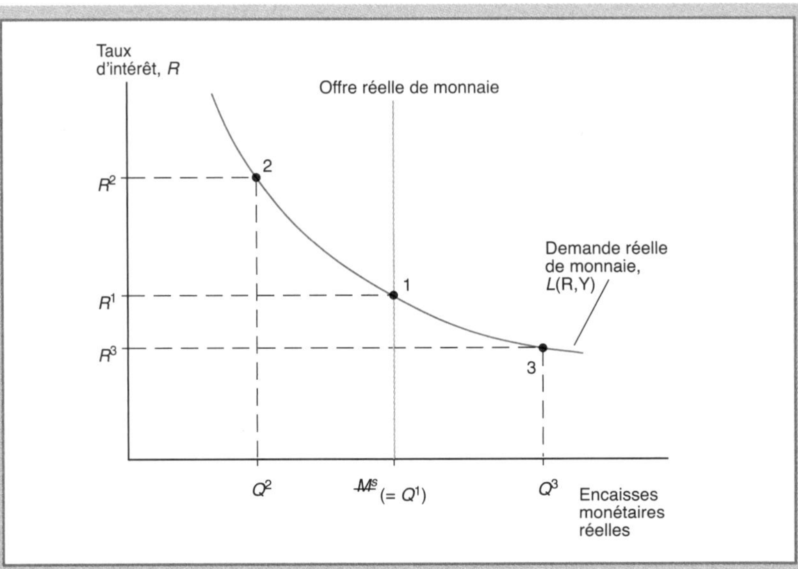

Figure 14.3 • La détermination du taux d'intérêt d'équilibre.

Lorsque P et Y sont donnés, l'équilibre du marché monétaire se situe au point 1 pour une offre réelle de monnaie égale à M^s / P. À ce point, la demande réelle de monnaie égale l'offre réelle, et le taux d'intérêt d'équilibre est R^1.

De la même façon, si le taux d'intérêt se situe initialement au niveau R^3, inférieur à R^1, il aura tendance à croître. Comme l'illustre la figure 14.3, il existe au point 3 une demande excédentaire de monnaie égale à $Q^3 - Q^1$. Les individus vont donc chercher à augmenter leurs disponibilités monétaires en vendant des actifs porteurs d'intérêts. En d'autres termes, ils vont vendre des obligations contre des espèces. Mais, au point 3, tous ne réussiront pas à vendre suffisamment d'actifs portant intérêts pour satisfaire leur demande de monnaie. Pour acquérir des liquidités, ils proposeront d'emprunter à des taux d'intérêt de plus en plus élevés, jusqu'à ce que tout le monde trouve une contrepartie. Le taux d'intérêt connaît donc une pression à la hausse jusqu'à atteindre R^1. La hausse du taux d'intérêt ne s'arrêtera que lorsque le marché aura atteint le point 1 où la demande ne sera plus excédentaire.

Nous pouvons résumer nos résultats de la façon suivante : *le marché converge toujours vers le taux d'intérêt pour lequel l'offre réelle de monnaie égale la demande réelle de monnaie. S'il existe au départ une offre excédentaire, le taux d'intérêt va baisser, et symétriquement, s'il existe au départ une demande excédentaire, le taux d'intérêt va croître.*

---

1. Il existe une autre façon d'aborder ce processus de convergence vers l'équilibre. Nous avons vu au chapitre précédent que la rentabilité d'un actif baisse quand sa valeur courante augmente, relativement à sa valeur future. Lorsqu'il existe une offre excédentaire de monnaie, les individus cherchent à réduire leur détention de monnaie, ce qui provoque une hausse de la valeur actuelle des actifs non liquides, porteurs d'intérêts. Cette hausse de la valeur actuelle des actifs non monétaires entraîne, à son tour, une diminution de leur rentabilité. Comme cette rentabilité est égael au taux d'intérêt (après ajustement du risque), ce dernier va donc lui aussi baisser.

4.2 Taux d'intérêt et offre de monnaie

La figure 14.4 illustre l'effet d'une augmentation de l'offre de monnaie sur le marché, pour un niveau de prix fixé. Au départ, le marché est à l'équilibre au point 1 et présente une offre, M^1, et un taux d'intérêt, R^1. Puisque P est maintenu constant, si l'offre de monnaie augmente de M^1 à M^2, alors l'offre réelle va aussi croître de M^1/P à M^2/P. Avec une offre réelle égale à M^2/P, le point 2 devient le nouvel équilibre du marché, et R^2 devient le nouveau taux d'intérêt d'équilibre. R^2 est inférieur à R^1. Ce nouveau taux d'intérêt incite les individus à détenir la nouvelle offre réelle de monnaie, supérieure à la précédente.

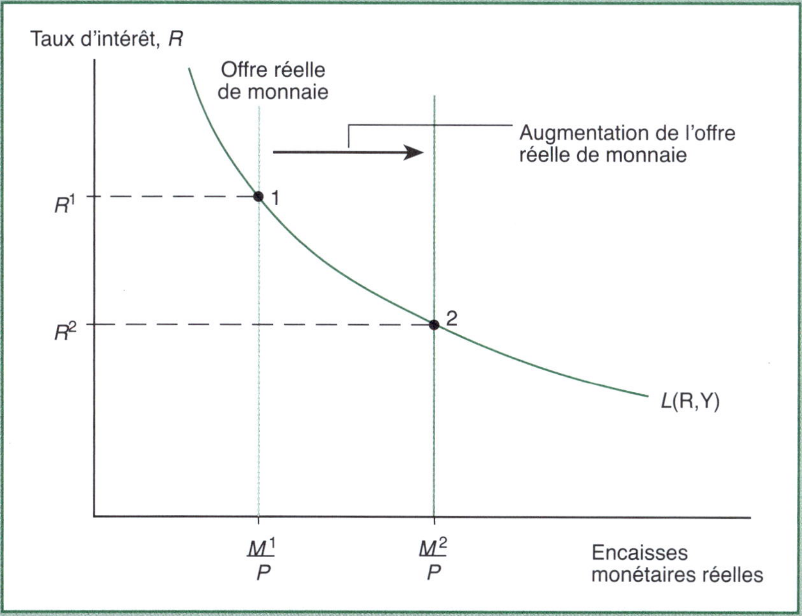

Figure 14.4 • L'effet d'une augmentation de l'offre de monnaie sur le taux d'intérêt.
Pour un niveau de prix donné, P, et un niveau de revenu réel donné, Y, une augmentation de l'offre de monnaie de M^1 à M^2 entraîne une baisse du taux d'intérêt de R^1 (point 1) à R^2 (point 2).

Le mécanisme par lequel le taux d'intérêt baisse nous est maintenant familier. Après que la banque centrale a augmenté M^s, le marché connaît d'abord une offre excédentaire réelle de monnaie, étant donné le taux d'intérêt initial R^1, pour lequel le marché était précédemment équilibré. Dans cette nouvelle situation, les individus détiennent plus de monnaie qu'ils n'en désirent. Ils utilisent donc leur excès de liquidités pour acquérir des actifs porteurs d'intérêts. L'économie, dans son ensemble, ne peut réduire le montant de monnaie en circulation. Il existe donc une pression à la baisse sur les taux d'intérêt, résultat de la compétition entre les détenteurs de monnaie qui veulent prêter leur excès de liquidités. Au point 2 de la figure 14.4, le taux d'intérêt a suffisamment diminué pour entraîner une hausse de la demande réelle de monnaie qui corresponde à la hausse de l'offre réelle.

Si nous inversons ce mécanisme, nous pouvons comprendre comment une diminution de l'offre de monnaie crée une pression à la hausse du taux d'intérêt. Une baisse de M^o entraîne une demande excédentaire de monnaie, pour un niveau de taux d'intérêt qui permettait auparavant d'équilibrer l'offre et la demande. Les individus tentent donc de vendre des actifs porteurs d'intérêts – c'est-à-dire qu'ils empruntent – pour accroître leur détention réelle de liquidités. Ils ne peuvent pas tous y parvenir, dans un contexte de demande excédentaire. Les taux d'intérêt vont donc connaître une pression à la hausse, jusqu'à ce que chacun accepte de détenir un niveau réel plus faible de liquidités.

Nous pouvons conclure que, *étant donné le niveau général des prix et le niveau du produit intérieur, une augmentation de l'offre de monnaie entraîne une baisse du taux d'intérêt et, symétriquement, une diminution de l'offre de monnaie entraîne une hausse du taux d'intérêt.*

4.3 Produit intérieur et taux d'intérêt

La figure 14.5 illustre la répercussion sur le taux d'intérêt d'une hausse du niveau du produit de Y^1 à Y^2, étant donné l'offre de monnaie et le niveau général des prix. Comme nous l'avons vu précédemment, une hausse du produit entraîne un déplacement vers la droite de la courbe de demande réelle. L'équilibre s'éloigne alors du point 1. Pour l'ancien taux d'intérêt d'équilibre, R^1, il existe maintenant une demande excédentaire de monnaie égale à $Q^2 - Q^1$ (point 1′). Puisque l'offre réelle de monnaie est fixée, les individus vont enchérir sur le taux d'intérêt jusqu'à ce qu'il atteigne le nouveau taux d'équilibre R^2 (point 2), plus élevé que R^1. Une baisse du produit entraîne

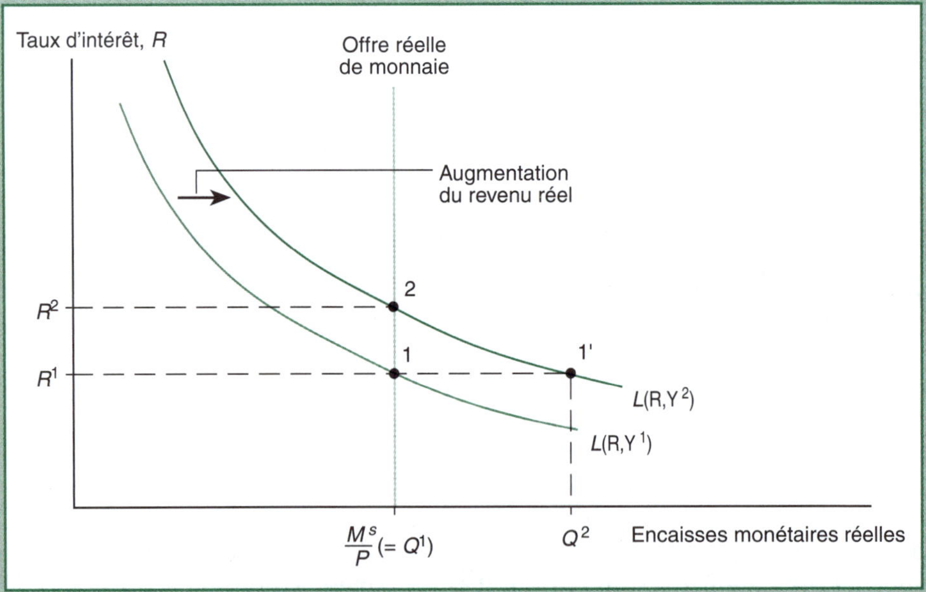

Figure 14.5 • L'effet d'une augmentation du revenu réel sur le taux d'intérêt.
Pour un niveau d'offre réelle de monnaie fixé, M^s/P $(= Q^1)$, une augmentation de l'offre de monnaie de Y^1 à Y^2 entraîne une hausse du taux d'intérêt de R^1 (point 1) à R^2 (point 2).

l'effet inverse : la courbe de demande réelle de monnaie va se déplacer vers la gauche, et par conséquent, le taux d'intérêt d'équilibre va baisser.

Nous pouvons conclure que, *étant donné le niveau général des prix et l'offre de monnaie, une hausse du produit réel entraîne une hausse du taux d'intérêt et, symétriquement, une baisse du produit réel entraîne une baisse du taux d'intérêt.*

5 Offre de monnaie et taux de change à court terme

Au chapitre 13, nous avons étudié la condition de parité des taux d'intérêt, qui permet de prédire l'effet des variations du taux d'intérêt sur le taux de change, pour des niveaux donnés du taux de change futur anticipé. Maintenant, nous savons aussi comment les variations de l'offre de monnaie d'un pays influent sur le taux d'intérêt de ses actifs non monétaires, libellés dans sa monnaie. Nous pouvons donc en déduire la conséquence directe des variations monétaires sur le taux de change. Nous verrons qu'une augmentation de l'offre de monnaie provoque une dépréciation de la monnaie sur le marché des changes, alors qu'une diminution de l'offre de monnaie provoque une appréciation de la même monnaie.

Dans cette section, nous maintenons l'hypothèse selon laquelle le niveau général des prix et le produit réel sont fixes. C'est pourquoi l'analyse suivante est qualifiée d'analyse à court terme. L'analyse d'un phénomène économique à long terme autorise, en effet, un ajustement complet des prix – ce qui peut prendre du temps – ainsi que le plein emploi de tous les facteurs de production. Plus loin dans ce chapitre, nous étudions les effets à long terme d'une variation de l'offre de monnaie sur le niveau général des prix, le taux de change et sur d'autres variables économiques. Cette analyse à long terme montre comment l'offre de monnaie peut influer sur les anticipations sur le taux de change que nous continuons, pour le moment, à présenter comme étant constantes.[1]

5.1 Liens entre monnaie, taux d'intérêt et taux de change

À la figure 14.6, deux graphiques – déjà étudiés séparément – ont été combinés afin d'analyser la relation qui existe à court terme entre la monnaie et le taux de change. On considère de nouveau le taux de change dollar contre euro coté à l'incertain, c'est-à-dire le prix du dollar exprimé en euros, noté E.

Nous avons vu au chapitre précédent que, par convention, les taux de change étaient cotés au certain dans la zone euro et à l'incertain aux États-Unis (rappelons que, dans les deux cas, le taux de change euro contre dollar s'écrit EUR/USD). Toutefois, dans la plupart des modèles économiques, les économistes raisonnent sur la base de taux de change à l'incertain et dans cet ouvrage, nous adoptons cet usage.

La partie haute de la figure 14.6 illustre l'équilibre du marché des changes (déjà présenté dans le chapitre 13), étant donné les taux d'intérêt et les anticipations de taux de

---

1. Voir aussi Ben S. Bernanke, Thomas Laubach, Frederic S. Mishkin et Adam S. Posen, *Inflation Targeting : Lessons from the International Experience*, Princeton, NJ, Princeton University Press, 1999. Cet ouvrage analyse des expériences récentes en matière de politiques monétaires ainsi que leurs conséquences sur l'inflation et sur d'autres variables macroéconomiques.

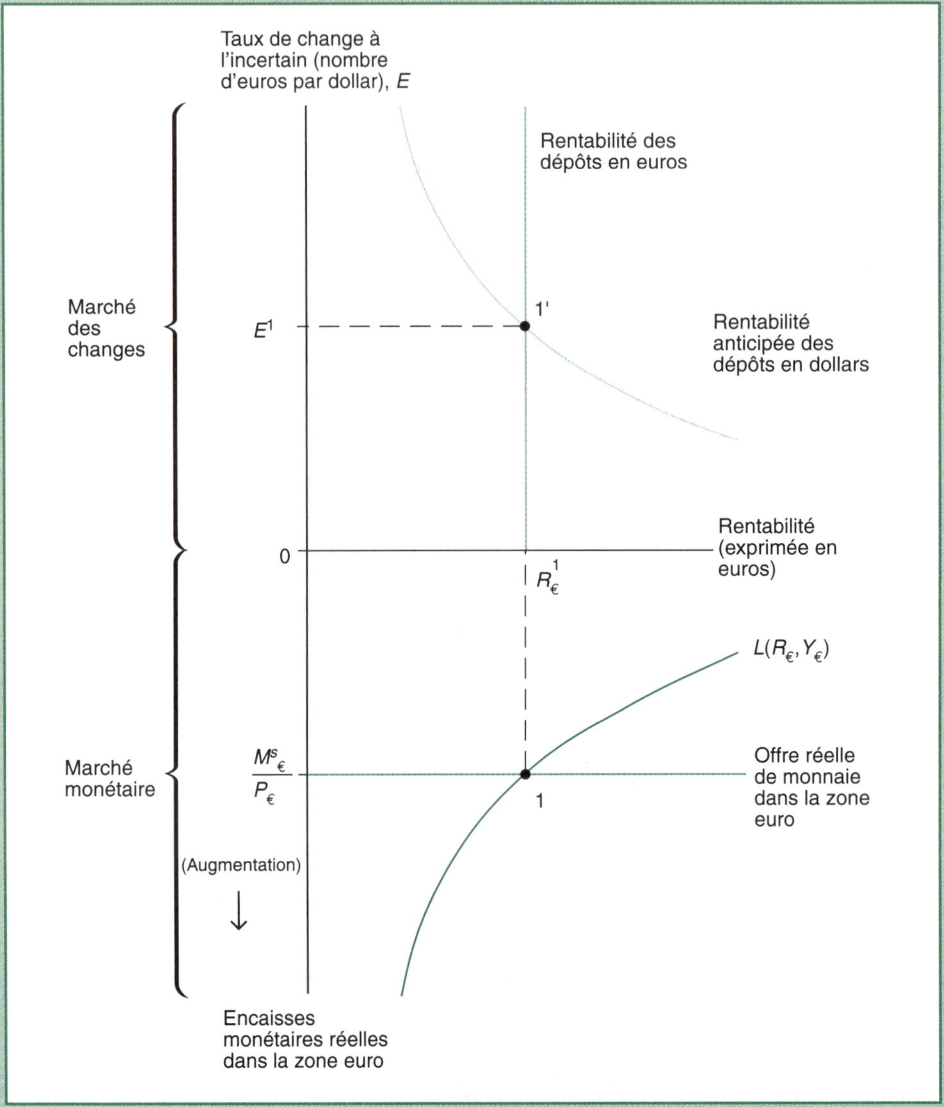

Figure 14.6 • L'équilibre simultané sur le marché monétaire de la zone euro et sur le marché des changes.
Les deux marchés d'actifs sont à l'équilibre pour le taux d'intérêt en euros R^1 et le taux de change E^1. Pour ces valeurs, l'offre de monnaie égale la demande de monnaie (point 1) et la parité des taux d'intérêt est vérifiée (point 1′).

change futur. Le taux d'intérêt en euros, $R^1_€$, est déterminé sur le marché monétaire et permet de tracer la fonction verticale.

La courbe décroissante de la rentabilité anticipée en euros traduit la rentabilité des dépôts en dollars, exprimés en euros (voir chapitre 13). La courbe est décroissante en raison de l'effet des variations du taux de change actuel sur les anticipations de dépréciation future : une appréciation de l'euro aujourd'hui (une baisse de E) relativement à son niveau anticipé futur – qui est fixé – rend les dépôts en dollars plus attractifs. En effet, les individus prévoient une dépréciation plus forte de l'euro dans le futur.

À l'intersection des deux courbes (point 1′), les rentabilités anticipées des dépôts en euros et en dollars sont égaux. La parité des taux d'intérêt est donc vérifiée. E^1 correspond au taux de change d'équilibre.

La partie basse de la figure 14.6 illustre comment le taux d'intérêt d'équilibre d'un pays est déterminé sur le marché monétaire. Cette figure est identique à la figure 14.3, à ceci près que nous lui avons fait subir une rotation de 90 degrés dans le sens des aiguilles d'une montre afin de faciliter la lecture. Le taux d'intérêt en euros est ainsi mesuré à partir de 0 sur l'axe horizontal, et l'offre réelle de monnaie à partir de 0 sur l'axe vertical descendant. L'équilibre du marché monétaire apparaît au point 1, là où le taux d'intérêt en euros, $R^1_€$, incite les résidents de la zone euro à présenter une demande réelle de monnaie égale à l'offre réelle, $M^s_€ / P_€$.

La figure 14.6 souligne le lien qui existe entre le marché monétaire (partie basse) et le marché des changes (partie haute) : le marché monétaire de la zone euro détermine le taux d'intérêt en euros, qui influe à son tour sur le taux de change pour lequel la parité des taux d'intérêt est vérifiée. Bien entendu, un lien analogue existe entre le marché monétaire américain et le marché des changes : il s'exprime par l'intermédiaire des variations du taux d'intérêt en dollars.

La figure 14.7 représente les liens qui existent entre les marchés monétaires dans la zone euro et aux États-Unis et le marché des changes. Le Système européen de banques

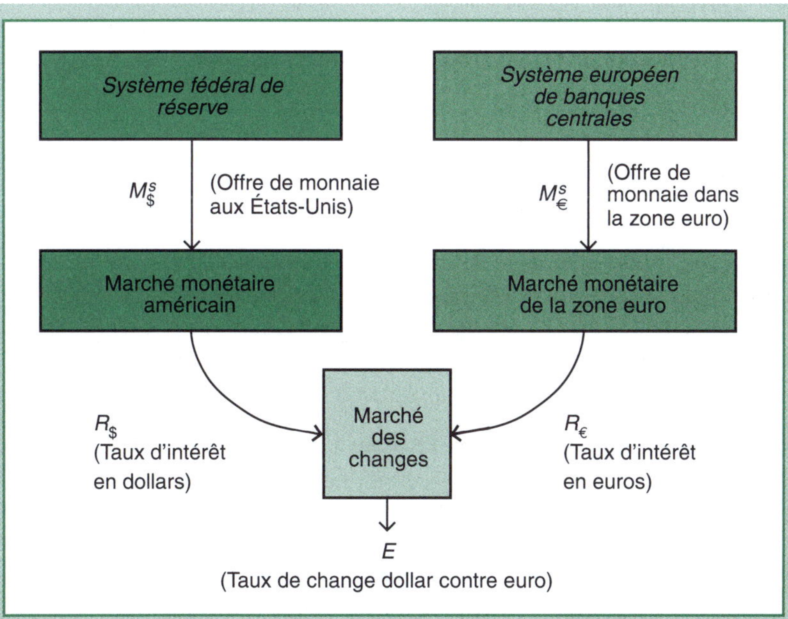

Figure 14.7 • Les liens entre le marché monétaire et le marché des changes.

La politique monétaire menée par le SEBC peut influer sur le taux d'intérêt en euros, ce qui modifie le taux de change dollar contre euro qui équilibre le marché des changes. La Fed peut aussi agir sur le taux de change en modifiant l'offre de monnaie américaine et le taux d'intérêt en dollars.

centrales (le SEBC) et le Système fédéral de réserve américain (la Fed) déterminent les niveaux d'offre de monnaie dans la zone euro et aux États-Unis, respectivement $M^s_€$ et $M^s_\$$. Étant donné le niveau général des prix et le niveau de la production intérieure dans la zone euro et aux États-Unis, l'équilibre sur les marchés monétaires détermine les taux d'intérêt en euros et en dollars, respectivement $R_€$ et $R_\$$. Ces taux d'intérêt s'appliquent alors sur le marché des changes, où le taux de change courant E est défini grâce à la condition de parité des taux d'intérêt, et ce étant donné les prévisions sur le taux de change futur anticipé.

5.2 Offre de monnaie dans la zone euro et taux de change dollar contre euro

Nous allons maintenant utiliser notre modèle sur le lien entre le marché monétaire et le marché des changes pour comprendre comment le taux de change dollar contre euro évolue lorsque le SEBC modifie le niveau de l'offre de monnaie dans la zone euro $M^s_€$. Les effets d'une telle variation sont synthétisés à la figure 14.8.

Pour le niveau initial d'offre de monnaie, $M^1_€$, le marché monétaire est à l'équilibre au point 1, et le taux d'intérêt vaut $R^1_€$. Étant donné le taux d'intérêt en dollars et le taux de change futur anticipé, si le taux d'intérêt en euros vaut $R^1_€$, l'équilibre du marché des changes va se réaliser au point 1′, et le taux de change entre les deux monnaies vaudra E^1.

Que va-t-il se passer si le SEBC – craignant sans doute un début de récession – augmente l'offre de monnaie de $M^1_€$ à $M^2_€$? Cet accroissement déclenche la séquence d'événements suivants :

1. Au taux d'intérêt initial $R^1_€$, le marché monétaire présente une offre excédentaire de monnaie. Le taux d'intérêt en euros baisse donc jusqu'au niveau $R^2_€$, tandis que le marché atteint son nouvel équilibre (point 2).

2. Étant donné le taux de change initial E^1 et le nouveau taux d'intérêt en euros $R^2_€$, plus faible que le précédent, les dépôts en dollars présentent une rentabilité anticipée supérieure à celle des dépôts en euros. Les détenteurs de dépôts en euros vont donc tenter de les vendre contre des dépôts en dollars qui se révèlent momentanément plus attractifs.

3. L'euro se déprécie jusqu'à atteindre le niveau E^2, puisque les détenteurs de dépôts en euros font monter les enchères pour obtenir des dépôts en dollars. Le marché des changes atteint un nouvel équilibre au point 2′. En effet, la hausse du taux de change jusqu'au niveau E^2 a permis une baisse suffisante du taux de dépréciation anticipé de l'euro, pour contrebalancer la baisse du taux d'intérêt en euros.

Nous pouvons donc conclure que l'augmentation de l'offre de monnaie entraîne une dépréciation de la monnaie sur le marché des changes. Si nous prenons la figure 14.8 à rebours, nous pouvons constater que la diminution de l'offre de monnaie entraîne une appréciation de la monnaie sur le marché des changes.

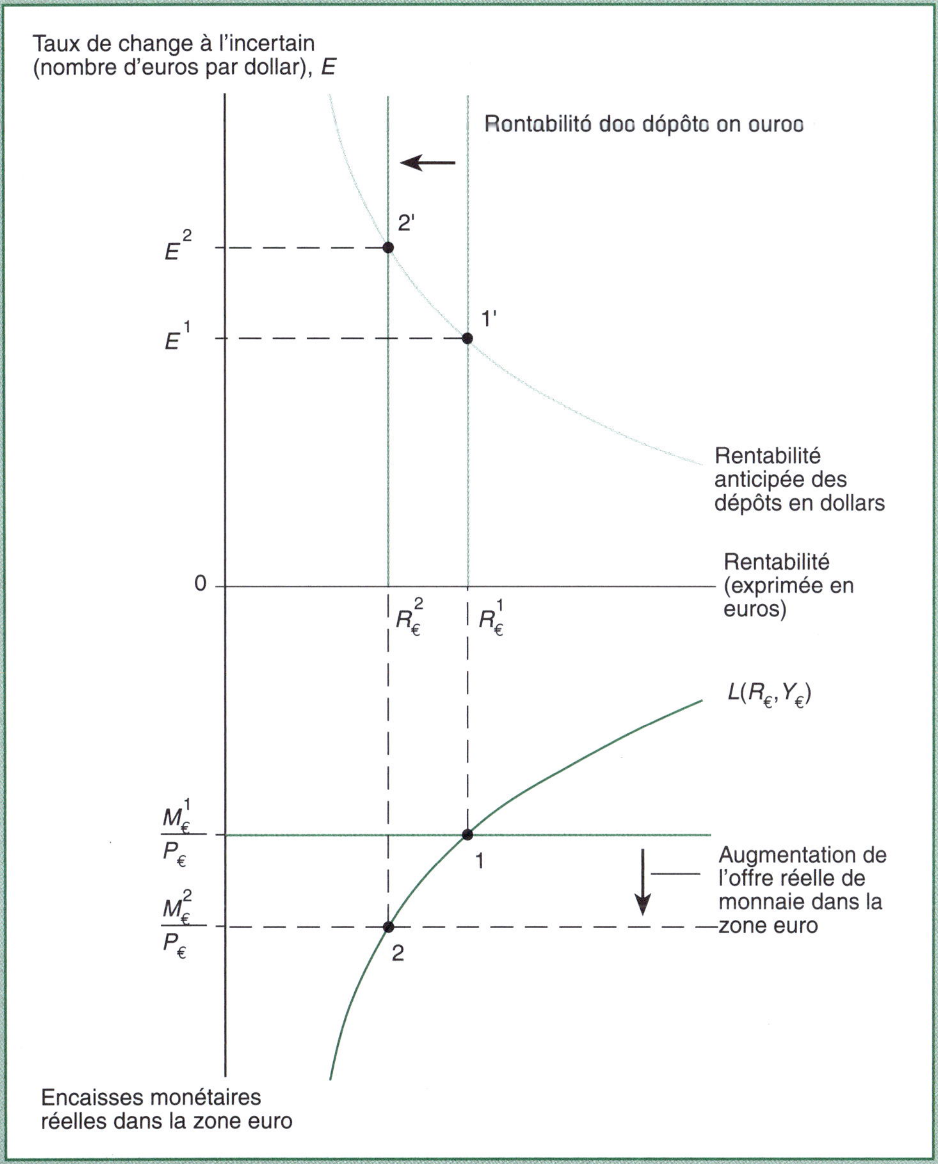

Figure 14.8 • L'effet d'une augmentation de l'offre de monnaie de la zone euro sur le taux de change dollar contre euro et le taux d'intérêt en euros.

Soit $P_€$ et $Y_€$ fixés. Lorsque l'offre de monnaie augmente de $M^1_€$ à M^2, le taux d'intérêt en euros baisse (le marché monétaire trouve un nouvel équilibre au point 2), et l'euro se déprécie par rapport au dollar (le marché des changes trouve un nouvel équilibre au point 2').

5.3 Offre de monnaie aux États-Unis et taux de change dollar contre euro

Les conclusions précédentes sont également valables lorsque la Fed modifie l'offre de monnaie américaine. Supposons que celle-ci craigne une récession aux États-Unis et qu'elle espère la contrecarrer grâce à une politique monétaire moins contraignante. Une augmentation de $M^s_\$$ entraîne une dépréciation du dollar (c'est-à-dire une baisse de E). À l'inverse, une diminution de $M^s_\$$ entraîne une appréciation du dollar (c'est-à-dire une hausse de E).

Le mécanisme qui lie le taux d'intérêt américain au taux de change est le même que celui que nous avons analysé dans la section précédente. Il peut être intéressant de vérifier une telle affirmation en représentant ce raisonnement de façon graphique, comme cela a été fait aux figures 14.6 et 14.8. Toutefois, dans cette section, nous allons utiliser une approche différente pour montrer comment l'offre de monnaie américaine influe sur le taux de change dollar contre euro. Nous avons vu au chapitre 13 qu'une baisse du taux d'intérêt en dollars, $R_\$$, entraîne un déplacement vers la gauche de la courbe décroissante, située ici dans la partie haute de la figure 14.6. Cela tient au fait que, pour tout niveau du taux de change, une baisse de $R_\$$ diminue la rentabilité anticipée des dépôts en dollars. Puisqu'une hausse de l'offre de monnaie américaine entraîne une baisse de $R_\$$, nous pouvons en analyser l'effet sur le taux de change en déplaçant vers la gauche la courbe de rentabilité anticipée des dépôts en dollars figurant sur la partie haute de la figure 14.6.

La figure 14.9 illustre les conséquences d'une hausse de l'offre de monnaie américaine. Initialement, le marché monétaire de la zone euro est à l'équilibre au point 1, et le marché des changes, au point 1′. Pour cet équilibre, le taux de change vaut E^1. Une augmentation de l'offre de monnaie américaine entraîne une baisse de $R_\$$. Cela induit donc un déplacement vers la gauche de la courbe qui relie la rentabilité anticipée en dollars et le taux de change. L'équilibre du marché des changes est restauré au point 2′. Pour cet équilibre, le taux de change vaut E^2. Nous voyons donc qu'une augmentation de la quantité de monnaie américaine entraîne une dépréciation du dollar par rapport à l'euro (c'est-à-dire une baisse du prix en euros des dollars). À l'inverse, une diminution de l'offre de monnaie américaine entraîne une appréciation du dollar par rapport à l'euro (E augmente). Les variations de l'offre de monnaie aux États-Unis ne perturbent pas l'équilibre du marché monétaire de la zone euro, qui demeure au point 1.[1]

1. Le marché monétaire de la zone euro reste à l'équilibre au point 1 car, après la hausse de l'offre de monnaie américaine, des ajustements de prix ont lieu pour équilibrer le marché monétaire américain et le marché des changes. Mais ces ajustements de prix n'influent ni sur l'offre de monnaie ni sur la demande de monnaie de la zone euro, étant donné $Y_€$ et $P_€$.

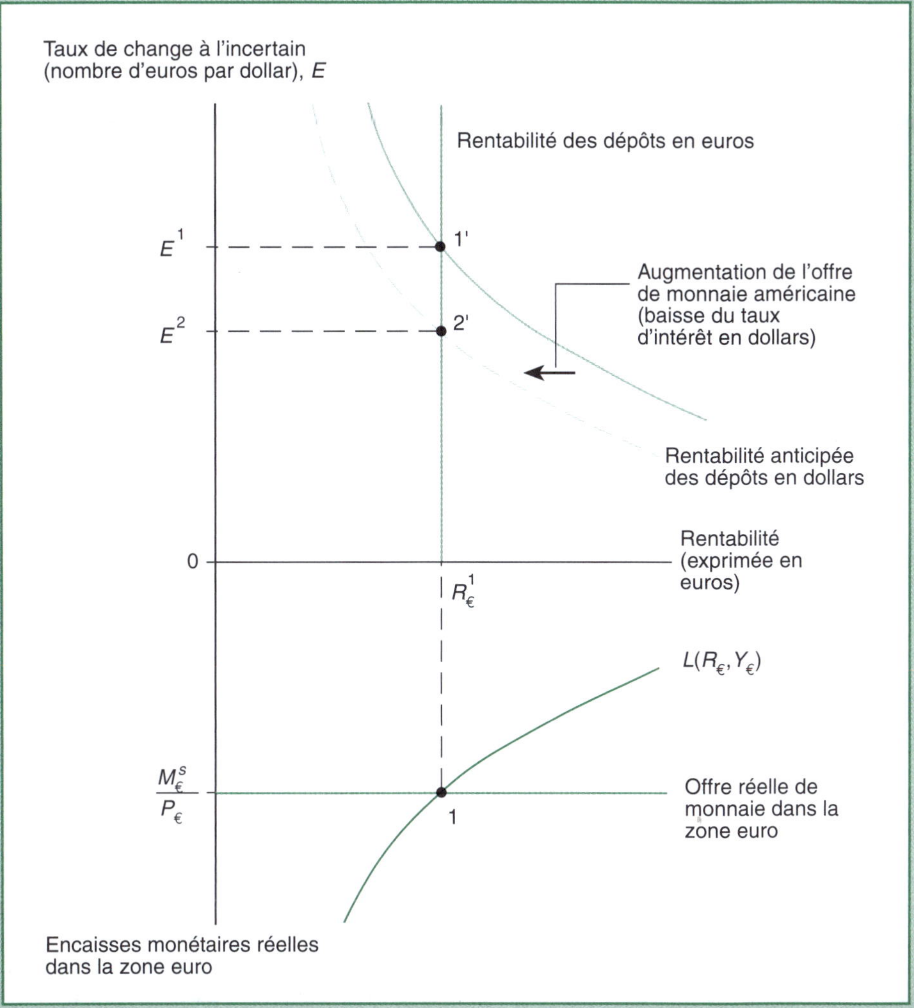

Figure 14.9 • L'effet d'une augmentation de l'offre de monnaie américaine sur le taux de change dollar contre euro.

Une augmentation de l'offre de monnaie américaine entraîne une appréciation de l'euro par rapport au dollar, en diminuant la rentabilité en euros des dépôts en dollars (diminution représentée par un déplacement vers la gauche de la courbe de rentabilité anticipée en dollars). L'équilibre du marché des changes se déplace du point 1' vers le point 2', mais l'équilibre du marché monétaire européen demeure au point 1.

6 Monnaie, niveau général des prix et taux de change à long terme

Notre brève analyse du lien qui existe entre les marchés monétaires et le marché des changes reposait jusque-là sur l'hypothèse simplificatrice selon laquelle le niveau général des prix et les anticipations concernant les taux de change sont fixes. Si nous voulons élargir notre compréhension de la manière dont l'offre et la demande de monnaie jouent sur les taux de change, nous devons analyser comment les facteurs monétaires influent sur le niveau général des prix à long terme.

L'équilibre à long terme d'une économie correspond à la position vers laquelle cette économie converge si aucun nouveau choc ne vient perturber l'ajustement vers le plein emploi des facteurs de production. En d'autres termes, il s'agit de l'équilibre qui prévaut une fois que les salaires et les prix ont eu le temps de s'ajuster à un niveau qui leur permet de stabiliser leur marché respectif. On peut dire encore que cet équilibre est celui qui se maintient si les prix sont parfaitement flexibles et s'ajustent immédiatement pour préserver le plein emploi.

En étudiant les manifestations des variations monétaires à long terme, nous allons pouvoir examiner comment elles modifient l'équilibre à long terme de l'économie. Notre outil principal sera, une fois encore, la théorie de la demande de monnaie.

6.1 Monnaie et prix monétaires

Si le niveau général des prix et le produit intérieur sont fixes à court terme, la condition (14.4) d'équilibre du marché monétaire :

$$M^s / P = L(R,Y)$$

permet de déterminer le taux d'intérêt intérieur, R. La condition d'équilibre exposée ci-dessus peut également être réécrite comme suit :

$$P = M^s / L(R,Y) \qquad (14.5)$$

afin de faire apparaître le niveau général des prix comme une fonction du taux d'intérêt, du produit réel et de l'offre de monnaie intérieurs.

Le niveau général des prix d'équilibre à long terme correspond à la valeur de P pour laquelle la condition (14.5) est satisfaite, lorsque le taux d'intérêt et le produit intérieur ont atteint leur niveau de long terme – c'est-à-dire des niveaux compatibles avec le plein emploi. Lorsque le marché monétaire a atteint l'équilibre et que le plein emploi de tous les facteurs de production est assuré, le niveau général des prix reste stable si l'offre de monnaie, la fonction de demande de monnaie et les valeurs de long terme de R et de Y sont constantes.

L'équation précédente implique en particulier que, *toutes choses égales par ailleurs, une augmentation de l'offre de monnaie d'un pays entraîne une hausse proportionnelle du niveau général de ses prix.* Si, par exemple, l'offre de monnaie double (pour atteindre $2M^o$), mais que le niveau du produit intérieur et le taux d'intérêt restent constants, alors le niveau général des prix doit lui aussi doubler (pour atteindre $2P$) afin de maintenir l'équilibre sur le marché monétaire.

La raison économique sous-jacente à cette prédiction très précise tient au fait que la demande de monnaie consiste en une demande d'encaisses réelles : la demande réelle de monnaie n'est pas modifiée par une hausse de M qui laisse R et Y – et donc la demande réelle de monnaie $L(R,Y)$ – inchangés. Si elle ne varie pas, le marché monétaire ne peut rester à l'équilibre qu'à la condition que l'offre de monnaie reste elle aussi constante. Pour que cette dernière, M/P, reste constante, il est nécessaire que P augmente de façon proportionnelle à M.

6.2 Effets à long terme des variations de l'offre de monnaie

Nous venons d'étudier comment l'offre de monnaie joue sur le niveau général des prix, pour un taux d'intérêt et un produit intérieur fixés. Cependant, il ne s'agit pas encore d'une théorie sur la façon dont les variations de l'offre de monnaie influent sur le niveau général des prix à long terme. Afin de développer une telle théorie, nous devons également déterminer les effets à long terme d'une variation de l'offre de monnaie sur le taux d'intérêt et le produit intérieur. La tâche est plus aisée qu'il n'y paraît : comme nous nous allons le montrer, une variation de l'offre de monnaie n'a aucun effet sur les valeurs de long terme du taux d'intérêt et du produit intérieur[1].

La meilleure façon de comprendre les effets à long terme de l'offre de monnaie sur le taux d'intérêt et le produit intérieur consiste à imaginer une réforme monétaire qui aurait pour objet de redéfinir l'unité monétaire d'un pays.

Par exemple, les autorités turques ont réformé leur monnaie le 1er janvier 2005, en émettant simplement de nouvelles livres turques, équivalant chacune à 1 million d'anciennes livres. Cette réforme a pour effet de diminuer le nombre d'unités monétaires en circulation et de ramener la valeur totale des nouvelles livres à 1/1 000 000 de la valeur totale des anciennes livres. Mais la redéfinition de la monnaie nationale n'a pas d'effet sur le produit réel, le taux d'intérêt ou le prix relatif des biens. C'est comme si on décidait de mesurer les distances en demi-kilomètres plutôt qu'en kilomètres ; le trajet pour aller d'un point à un autre serait le même. La seule conséquence de la réforme monétaire en Turquie a été de modifier, une fois pour toutes, toutes les valeurs exprimées en livres[2].

L'augmentation de l'offre de monnaie d'un pays n'a pas plus de conséquences à long terme qu'une réforme monétaire. Un doublement de l'offre de monnaie a le même effet à long terme qu'une réforme dans laquelle chaque unité monétaire est remplacée par deux nouvelles unités monétaires. Si l'économie est initialement dans une situation de plein emploi des facteurs de production, chaque prix monétaire va finalement doubler, mais le PIB réel, le taux d'intérêt et tous les prix relatifs retrouveront leurs niveaux de long terme – autrement dit leur niveau de plein emploi.

Pourquoi une variation de l'offre de monnaie n'a-t-elle pas plus de répercussions sur l'équilibre à long terme de l'économie qu'une réforme monétaire ? Pour répondre à cette question, il faut se rappeler que le produit de plein emploi est déterminé par les dotations en main-d'œuvre et en capital dans l'économie. Ainsi, à long terme, le produit réel

---

1. Cette affirmation fait uniquement référence aux variations du *niveau* de l'offre nominale de monnaie et non, par exemple, aux variations du taux de croissance de l'offre monétaire. Cette hypothèse selon laquelle une variation ponctuelle de l'offre de monnaie n'a pas d'effet sur les valeurs de long terme des variables économiques réelles est souvent qualifiée d'hypothèse de *neutralité de la monnaie à long terme*. En revanche, les variations du taux de croissance de l'offre de monnaie ne se révèlent pas nécessairement neutres à long terme. Au minimum, une variation persistante du taux de croissance de l'offre de monnaie va finalement avoir un effet sur le niveau d'équilibre de la demande réelle de monnaie, en augmentant le taux d'intérêt monétaire (voir chapitre 15).
2. On pourrait prendre aussi pour exemple la création du « nouveau franc » en 1960, au taux de 1 pour 100 « anciens francs », qui a réduit les prix en francs au centième de leur valeur nominale avant la réforme, mais qui n'a pas eu d'effet sur le produit réel, le taux d'intérêt ou les prix relatifs. On peut également citer le cas d'Israël qui a choisi de passer de la livre au shekel, de l'Argentine qui est passée du peso à l'austral, puis de nouveau au peso, ou du Brésil qui est passé du cruzeiro au cruzado, du cruzado au cruzeiro, du cruzeiro au cruzeiro real et du cruzeiro real au real, la dernière monnaie en date, introduite en 1994.

ne dépend pas de l'offre de monnaie. Il en va de même pour le taux d'intérêt. Si l'offre de monnaie et tous les prix de l'économie doublent de façon permanente, il n'y a aucune raison pour que les individus, qui souhaitaient auparavant échanger 1 € aujourd'hui contre 1,10 € dans un an, ne souhaitent pas désormais échanger 2 € aujourd'hui contre 2,20 € dans un an. Le taux d'intérêt ne varie donc pas et demeure à un niveau de 10 % par an. Les prix relatifs vont aussi rester constants puisqu'ils représentent des rapports entre des prix monétaires. Ainsi, il est aisé de voir que les variations de l'offre de monnaie ne modifient pas l'allocation des ressources de l'économie.[1]

Lorsque nous étudions l'effet d'une augmentation de l'offre de monnaie à long terme, nous pouvons légitimement faire l'hypothèse que les valeurs de long terme de R et de Y ne sont pas influencées. L'équation (14.5) nous permet donc de tirer la conclusion suivante : *une augmentation permanente de l'offre de monnaie provoque une augmentation proportionnelle de la valeur de long terme du niveau général des prix. En particulier, si l'économie est initialement dans une situation de plein emploi des facteurs de production, une hausse permanente de l'offre de monnaie sera finalement suivie par une hausse proportionnelle du niveau général des prix.*

6.3 Résultats empiriques sur l'offre de monnaie et le niveau général des prix

Si nous étudions les données relatives à la monnaie et aux prix, nous ne devons pas nous attendre à trouver une relation exactement proportionnelle entre les deux à long terme. Cela s'explique en partie par le fait que le produit intérieur, le taux d'intérêt et la demande réelle de monnaie peuvent varier pour des raisons qui sont totalement indépendantes de l'évolution de l'offre de monnaie. Par exemple, le produit intérieur peut changer à la suite de l'accumulation du capital, de progrès technologiques et d'ordinateurs plus puissants. La demande de monnaie peut, quant à elle, évoluer en fonction des tendances démographiques ou des innovations financières comme les distributeurs bancaires électroniques. De plus, nos économies modernes se trouvent très rarement dans une situation d'équilibre à long terme. Nous pouvons cependant espérer que les données empiriques expriment une relation nettement positive entre l'offre de monnaie et le niveau général des prix. Si, en pratique, les données ne fournissaient pas une preuve suffisante de l'évolution conjointe de l'offre de monnaie et du niveau général des prix, l'intérêt de la théorie de la demande de monnaie se verrait sérieusement mis en doute.

Les fortes fluctuations des taux d'inflation en Amérique latine durant ces dernières années rendent cette région parfaitement adaptée à l'étude du lien qui existe entre l'offre de monnaie et le niveau général des prix. En effet, elle a subi pendant près de dix ans des niveaux d'inflation élevés et très volatils – nous aborderons cette question au chapitre 22 €, avant que les réformes macroéconomiques commencent à porter leurs fruits et que l'inflation se mette enfin à baisser au milieu des années 1990.

---

1. Pour mieux comprendre pourquoi une variation ponctuelle de l'offre de monnaie n'a pas de conséquence sur le niveau de long terme du taux d'intérêt, il peut être utile d'envisager les taux d'intérêt, exprimés en termes monétaires, comme les prix relatifs des unités monétaires disponibles à différentes échéances. Supposons que le taux d'intérêt de l'euro soit de R% annuel. Renoncer à 1 € aujourd'hui permet d'obtenir $(1 + R)$ euros l'année prochaine. Ainsi, $1/(1 + R)$ représente le prix relatif des futurs euros, exprimé en euros actuels. Ce prix relatif ne va évidemment pas changer si la valeur réelle de l'unité monétaire est modifiée, à la hausse ou à la baisse, d'un même facteur et pour toutes les échéances.

Les théories que nous avons développées précédemment nous incitent à penser que les brusques variations des taux d'inflation ont dû être accompagnées de variations dans les taux de croissance de l'offre de monnaie. Cette prédiction est confirmée à la figure 14.10, qui représente les taux de croissance annuels moyens de l'offre de monnaie en fonction des taux d'inflation. En moyenne, les années où la croissance de la monnaie a été la plus forte ont tendance à être aussi celles où les taux d'inflation étaient les plus forts. De plus, le nuage de points est très proche de la diagonale à 45 degrés, qui détermine une relation strictement proportionnelle entre l'offre de monnaie et le niveau général des prix.

Le principal enseignement que nous pouvons tirer de la figure 14.10 est le suivant : les données empiriques confirment qu'il existe un lien fort à long terme entre l'offre de monnaie et le niveau général des prix, tel que le prédit la théorie économique.

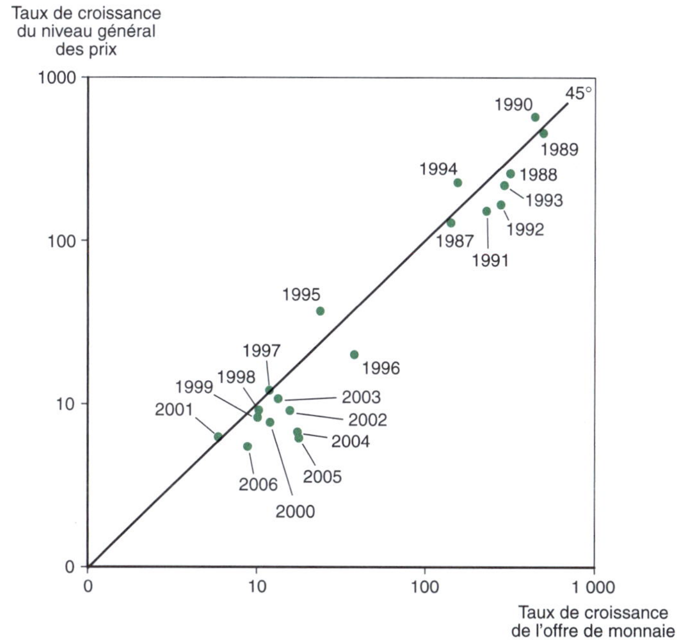

Figure 14.10 • La croissance monétaire et l'inflation, en moyenne annuelle, en Amérique latine entre 1987 et 2006.

Les données, année après année, suggèrent une forte relation positive entre la croissance moyenne de l'offre de monnaie des pays d'Amérique latine et leur taux d'inflation (les deux axes du graphique utilisent une échelle logarithmique).

Source : FMI, *Perspectives économiques mondiales*. Les données régionales agrégées sont pondérées en fonction de la part du PIB, exprimé en dollars, dans le PIB régional total, exprimé aussi en dollars.

6.4 Monnaie et taux de change à long terme

Le prix en monnaie domestique d'une monnaie étrangère fait partie des nombreux prix de l'économie qui augmentent à long terme après une hausse permanente de l'offre de monnaie.

Si nous repensons aux effets d'une réforme monétaire, nous pouvons comprendre facilement comment le taux de change se modifie à long terme. Supposons, par exemple, que les autorités américaines remplacent deux anciens dollars par un nouveau dollar. Si le taux de change se situait à 1,20 ancien dollar pour un euro avant la réforme, il vaut 0,60 nouveau dollar pour un euro immédiatement après. De la même façon, une diminution de moitié de l'offre de monnaie américaine entraîne finalement une appréciation du dollar, qui se traduira par un taux de change de 1,20 dollar par euro passant à 0,60 dollar par euro. Comme les prix en dollars de tous les biens et de tous les services vont aussi diminuer de moitié, cette appréciation de 50 % du dollar laisse les prix relatifs de tous les biens et services américains et étrangers inchangés.

Nous pouvons donc conclure que, *toutes choses égales par ailleurs, une augmentation permanente de l'offre de monnaie entraîne, à long terme, une dépréciation proportionnelle de la monnaie par rapport aux monnaies étrangères.*

7 Inflation et dynamique des taux de change

Dans cette section, nous allons réunir les résultats concernant les effets des variations monétaires que nous avons obtenus à court terme et à long terme. Nous allons pour cela examiner le processus par lequel le niveau général des prix s'ajuste jusqu'à atteindre sa position de long terme. On parle d'inflation lorsque le niveau général des prix augmente et de déflation lorsqu'il diminue. Notre analyse de l'inflation nous permettra de mieux comprendre la façon dont le taux de change s'ajuste aux perturbations monétaires de l'économie.

7.1 Rigidité des prix à court terme, flexibilité des prix à long terme

Notre analyse des effets des variations monétaires à court terme faisait l'hypothèse que le niveau général des prix ne pouvait pas varier brusquement par saut, et ce à la différence du taux de change. Cette hypothèse n'est pas tout à fait correcte puisque de nombreuses matières premières, comme les produits agricoles, sont échangées sur des marchés où les prix s'ajustent quotidiennement et brusquement lorsque les conditions de l'offre et de la demande se modifient. De plus, les variations des taux de change peuvent elles-mêmes influer sur le prix de certains biens et services qui composent le panier de biens utilisé pour déterminer le niveau général des prix. Cependant, de nombreux prix dans l'économie font l'objet de contrats à long terme et ne peuvent donc pas changer immédiatement lorsqu'une variation de l'offre de monnaie se produit. Cela concerne notamment les salaires, qui ne sont négociés que périodiquement dans bon nombre d'industries. Ils n'entrent pas directement dans les indices du niveau général des prix, mais ils représentent une large part des coûts de production des biens et des services. Puisque les prix des biens dépendent fortement des coûts de production, l'évolution du niveau général des prix à court terme est contrainte par la rigidité des changements relatifs aux salaires.

La rigidité à court terme du niveau général des prix est illustrée à la figure 14.11. Celle-ci compare les données des variations en pourcentage du taux de change dollar contre yen, JPY/USD, avec les données mensuelles des variations en pourcentage du rapport du niveau général des prix monétaires des États-Unis et du Japon, $P_{\$}/P_{¥}$. Le taux de change est beaucoup plus volatil que le rapport du niveau général des prix. Cette situation est cohérente avec l'idée que les niveaux de prix sont relativement rigides à court terme. Les fluctuations qui apparaissent sur cette figure peuvent s'appliquer aux principaux pays industriels au cours des dernières décennies. Ceci justifie l'hypothèse que le niveau général des prix est fixe à court terme et ne présente pas de fluctuations significatives en réponse à des changements de politiques économiques.

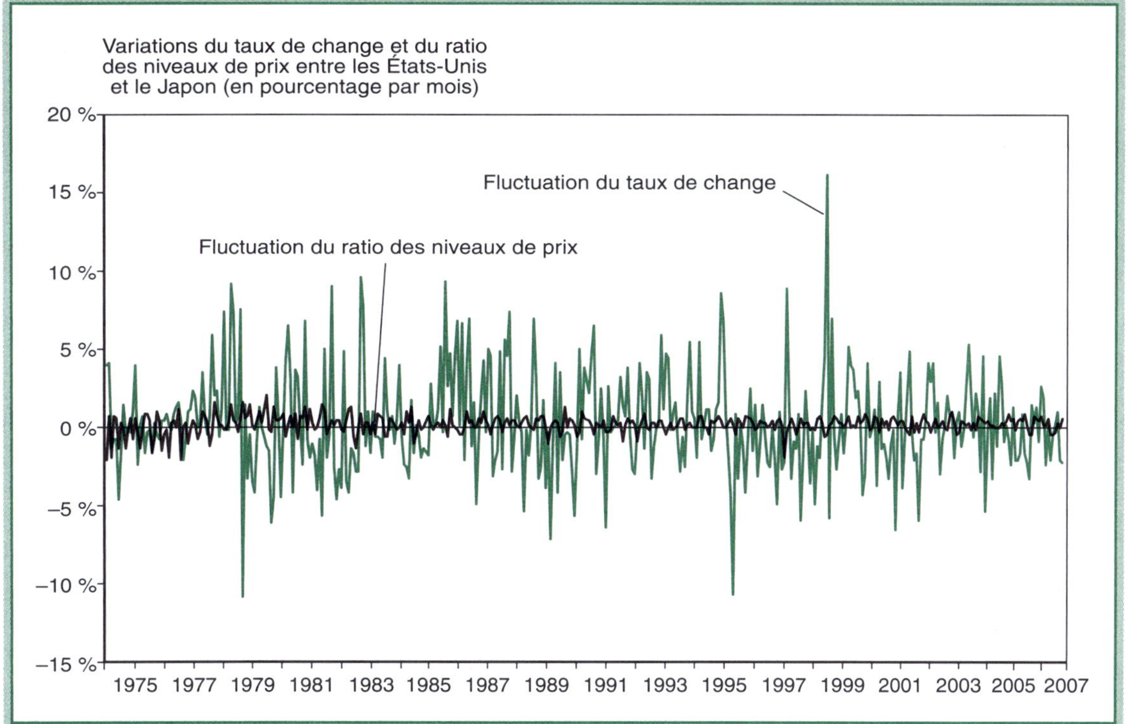

Figure 14.11 • Les fluctuations du taux de change dollar contre yen et du ratio des niveaux de prix américain et japonais entre 1974 et 2007.

La variabilité du taux de change est beaucoup plus forte que celle du rapport des niveaux de prix, ce qui suggère que ces derniers sont plus rigides à court terme que le taux de change.

Source : Fonds monétaire international, *Statistiques financières internationales*.

Il ne serait pas raisonnable cependant de généraliser cette hypothèse à tous les pays et à toutes les situations. Dans des conditions inflationnistes extrêmes – comme certains pays d'Amérique latine en ont connues au cours des années 1980 –, les contrats à long terme, spécifiant les règlements en monnaie domestique, peuvent se trouver invalidés. L'indexation automatique des salaires sur le niveau général des prix peut aussi s'appliquer systématiquement dans des conditions de très forte inflation. De telles mesures rendent le niveau général des prix bien moins rigide qu'il ne l'est en présence d'une inflation modérée, et de grandes fluctuations du niveau général des prix deviennent alors possibles. Cependant, une certaine rigidité des prix peut demeurer, même en situation d'inflation élevée (selon les critères des pays industrialisés). Ainsi, le taux d'inflation de 30 % que la Turquie a connu en 2002 peut paraître élevé, jusqu'à ce qu'il soit comparé à la dépréciation de 114 % qu'a subie la livre turque par rapport au dollar la même année.

Encadré 14.1

La croissance de l'offre de monnaie et l'hyperinflation en Bolivie

En 1984 et 1985, la Bolivie a connu une période d'*hyperinflation*. Ce phénomène se définit comme une inflation explosive et apparemment incontrôlable qui fait perdre sa valeur à la monnaie jusqu'à, parfois, la rendre inutilisable.* En période d'hyperinflation, l'ampleur des fluctuations monétaires atteint un degré tel que les effets à long terme de la monnaie sur le niveau général des prix peuvent se produire très rapidement. Cette situation présente donc des conditions idéales pour tester les théories de long terme concernant les effets de l'offre monétaire sur le niveau général des prix.

Le tableau suivant présente les données de l'offre de monnaie et du niveau général des prix en Bolivie durant les périodes d'hyperinflation. Le taux de change officiel entre le peso bolivien et le dollar américain se trouvait sous le contrôle des autorités boliviennes au cours de cette période. Pour cette raison, nous préférons retenir à la place les valeurs d'un taux de change qui reflète mieux les forces du marché, c'est-à-dire le prix du dollar exprimé en pesos sur le marché noir de La Paz.

Les données montrent clairement que l'offre de monnaie, le niveau général des prix et le taux de change ont tendance à évoluer en parallèle, comme le prédit la théorie. De plus, les évolutions du niveau général des prix et du taux de change présentent des fluctuations du même ordre de grandeur : le niveau général des prix a augmenté de 22 908 % entre avril 1984 et juillet 1985, et le prix du dollar en pesos, de 24 662 % sur la même période. Ces fluctuations, exprimées en pourcentage, sont d'un ordre de grandeur bien supérieur au taux de croissance en pourcentage de l'offre de monnaie (qui n'a atteint « que » 17 433 %). Mais cette différence était prévisible. En effet, une inflation explosive entraîne une chute de la demande réelle de monnaie au cours du temps. Cette variation monétaire supplémentaire a pour conséquence une hausse des prix monétaires encore plus rapide que la croissance de l'offre de monnaie elle-même.

Nous avons retenu l'été 1985 comme date finale de la comparaison, parce qu'à la fin du mois d'août 1985, les autorités boliviennes ont mis en place un plan drastique de stabilisation monétaire. On peut constater comment l'offre de monnaie, et de façon plus frappante encore, le niveau général des prix et le taux de change ont commencé à se stabiliser dans les deux mois qui ont suivi la mise en œuvre du plan.

☞

* Dans un article classique, l'économiste Philip Cagan a défini la frontière entre l'inflation et l'hyperinflation en la situant à un taux de 50 % par mois (ce qui conduit, par un calcul de taux composé, à un taux annuel de 12 875 %). Voir Philip Cagan, « The Monetary Dynamics of Hyperinflation », dans Milton Friedman, ed. (1956), *Studies in the Quantity Theory of Money*, Chicago, University of Chicago Press, p. 25-117.

Encadré 14.1 *(suite)*

Données macroéconomiques pour la Bolivie

Mois	Offre de monnaie (milliards de pesos)	Niveau général des prix (base en 1982 = 1)	Taux de change (pesos par dollar)
1984			
Avril	270	21,1	3 576
Mai	330	31,1	3 512
Juin	440	32,3	3 342
Juillet	599	34,0	3 570
Août	718	39,1	7 038
Septembre	889	53,7	13 685
Octobre	1 194	85,5	15 205
Novembre	1 495	112,4	18 469
Décembre	3 296	180,9	24 515
1985			
Janvier	4 630	305,3	73 016
Février	6 455	863,3	141 101
Mars	9 089	1 078,6	128 137
Avril	12 885	1 205,7	167 428
Mai	21 309	1 635,7	272 375
Juin	27 778	2 919,1	481 756
Juillet	47 341	4 854,6	885 476
Août	74 306	8 081,0	1 182 300
Septembre	103 272	12 647,6	1 087 440
Octobre	132 550	12 411,8	1 120 210

Source : Juan-Antonio Morales, « Inflation Stabilization in Bolivia », dans Michael Bruno *et al.*, éds. (1988), *Inflation Stabilization : The Experience of Israel, Argentina, Brazil, Bolivia, and Mexico*. Cambridge, MIT Press, Tableau 7A-1. L'offre de monnaie correspond à M1.

Notre analyse, fondée sur l'hypothèse d'une rigidité des prix à court terme, est applicable à des pays qui ont connu une relative stabilité du niveau général des prix, comme c'est le cas pour les principaux pays industrialisés. Mais même dans le cas de pays à faible inflation, les chercheurs réfléchissent à la possibilité que les prix et les salaires soient en réalité assez flexibles, malgré une rigidité apparente.[1]

Bien que le niveau général des prix semble présenter une certaine rigidité dans de nombreux pays, une variation de l'offre de monnaie crée une pression immédiate sur la demande et sur les coûts qui vont finalement provoquer des hausses futures du niveau général des prix. Ces pressions peuvent être de trois ordres :

1. *Une demande excédentaire pour la production et la main-d'œuvre.* Une hausse de l'offre de monnaie produit un effet expansionniste sur l'économie, en augmentant la demande totale de biens et de services. Pour répondre à cette demande, les producteurs de biens et de services vont devoir employer leur main-d'œuvre en heures supplémentaires et engager de nouveaux salariés. Même si les salaires sont fixes à court terme, la demande supplémentaire de main-d'œuvre permet aux salariés d'exiger des hausses de rémunérations lors de prochaines négociations salariales. Les producteurs, pour leur part, acceptent de payer des salaires plus élevés parce qu'ils savent que, dans une économie en croissance, ils pourront aisément répercuter ces coûts salariaux sur les consommateurs en augmentant le prix des biens et des services.
2. *Les anticipations inflationnistes.* Si chaque individu anticipe une augmentation du niveau général des prix dans le futur, ces prévisions vont accroître dès aujourd'hui le rythme de l'inflation. Les travailleurs vont exiger des rémunérations plus élevées lors des négociations salariales, afin de contrebalancer l'effet de la hausse générale anticipée des prix sur les salaires réels. Les producteurs vont de nouveau céder à ces revendications s'ils anticipent une hausse du prix des biens produits capable de couvrir les coûts salariaux additionnels.
3. *Le prix des matières premières.* De nombreuses matières premières, intervenant dans la production de biens de consommation – comme les produits pétroliers et les métaux – sont négociées sur des marchés où les prix connaissent des ajustements brusques et rapides, et ce même à court terme. Une augmentation de l'offre de monnaie va entraîner un bond du prix de ces matières premières qui sont plus sensibles à l'inflation anticipée. Par conséquent, elle va accroître les coûts de production des industries qui les mettent en œuvre. Au final, les producteurs concernés augmentent le prix de leurs biens afin de compenser ces coûts supplémentaires.

7.2 Changements permanents de l'offre de monnaie et taux de change

Nous allons maintenant appliquer notre analyse de l'inflation à l'étude de l'ajustement du taux de change dollar contre euro faisant suite à une hausse permanente de l'offre de monnaie dans la zone euro. La figure 14.12 illustre à la fois les effets à court terme (voir figure 14.12a) et à long terme (voir figure 14.12b) de cette perturbation. Nous

1. Voir Robert E. Hall et John B. Taylor, *Macroeconomics: Theory, Performance and Policy*, 5e édition. New York, Norton, 1997. Les chapitres 15 et 16 proposent une analyse détaillée de la rigidité des prix à court terme et de leur ajustement à long terme dans les économies fermées. Pour une synthèse empirique, voir Mark A. Wynne, « Sticky Prices : What Is the Evidence ? » *Federal Reserve Bank of Dallas Economic Review*, 1995, p. 1-12, et Mark J. Bils et Peter Klenow, « Some Evidence of the Importance of Sticky Prices », *Journal of Political Economy*, 2004, vol. 112, p. 947-985.

faisons l'hypothèse que l'économie part d'une situation initiale dans laquelle toutes les variables se situent à leur niveau de long terme, et que le niveau de la production reste constant pendant que l'économie s'ajuste à la variation de l'offre de monnaie.

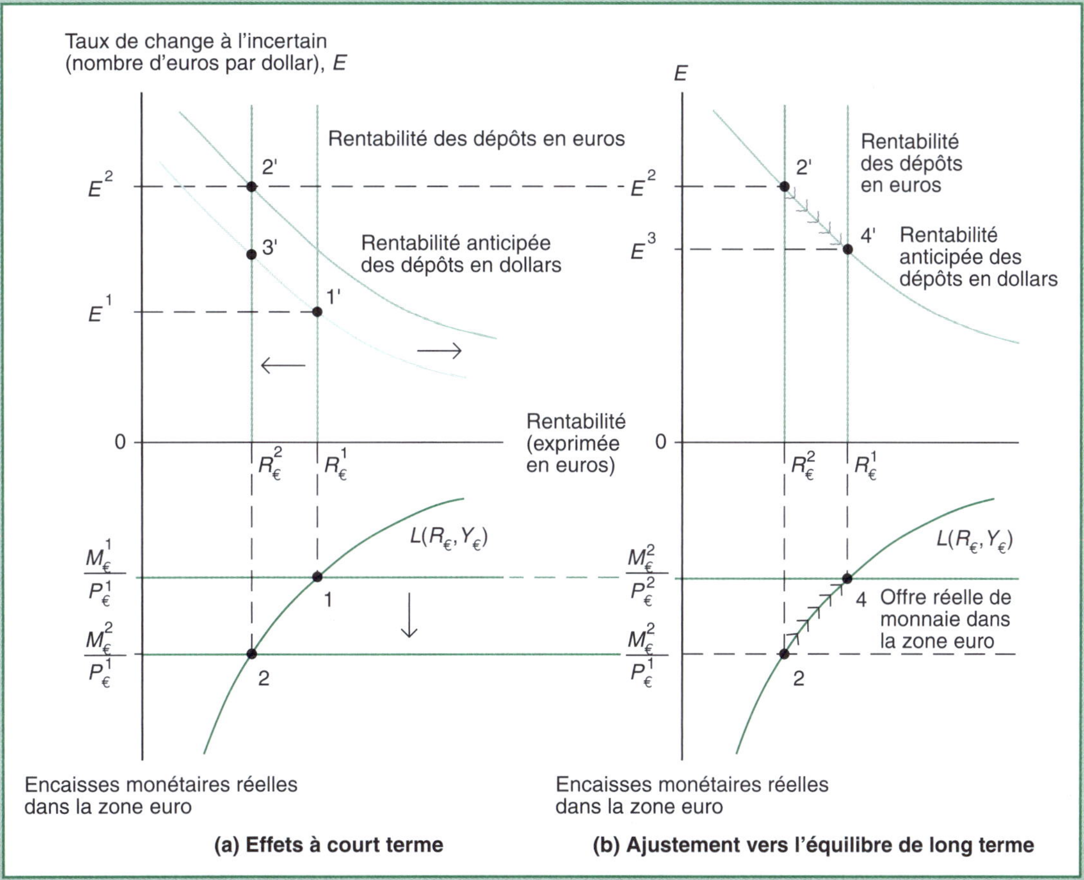

Figure 14.12 • Les effets à court terme et à long terme d'un accroissement de l'offre de monnaie dans la zone euro (pour un produit intérieur, *Y*, donné).

(a) L'ajustement du marché des actifs à court terme. **(b)** L'évolution du taux d'intérêt, du niveau général des prix et du taux de change au cours du temps, pendant que l'économie converge vers son équilibre à long terme.

La figure 14.12a suppose que le niveau général des prix dans la zone euro se situe initialement au niveau $P^1_€$. Une hausse de l'offre nominale de monnaie de $M^1_€$ à $M^2_€$ entraîne donc une hausse de l'offre réelle de monnaie de $M^1_€/P^1_€$ à $M^2_€/P^1_€$, à court terme, et va donc faire baisser le taux d'intérêt de $R^1_€$ (point 1) à $R^2_€$ (point 2). Jusque-là, notre analyse est identique à ce que nous avons vu précédemment dans ce chapitre.

Introduisons une première modification dans notre raisonnement, en nous demandant comment l'offre de monnaie de la zone euro – représentée dans la partie inférieure de la figure (a) – peut influer sur le marché des changes – représenté dans la partie supérieure. Comme précédemment, une baisse du taux d'intérêt dans la zone euro se concrétise par un déplacement vers la gauche de la fonction verticale qui donne la rentabilité en euros des dépôts bancaires en euros. Mais l'effet d'une hausse de l'offre monétaire ne s'arrête pas là, puisque les anticipations sur les taux de change sont aussi affectées. Étant donné que la croissance de l'offre de monnaie de la zone euro est permanente, tout le monde s'attend à une augmentation à long terme de tous les prix en euros, y compris du taux de change, qui correspond au prix en euros des dollars (cotation, comme toujours, à l'incertain). Une augmentation du taux de change futur anticipé – c'est-à-dire une dépréciation future de l'euro – entraîne une hausse de la rentabilité en euros des dépôts bancaires en dollars (voir chapitre 13). Cela va donc se traduire par un déplacement vers la droite de la fonction décroissante située dans la partie supérieure de la figure 14.12a. L'euro se déprécie par rapport au dollar, le taux de change passant de E^1 (point 1′) à E^2 (point 2′). Une remarque importante s'impose ici : la dépréciation de l'euro est supérieure à ce qu'elle serait si le taux de change futur anticipé restait constant. Ce serait le cas si la hausse de l'offre de monnaie était temporaire au lieu d'être permanente. Si le taux anticipé E^e est constant, le nouvel équilibre à court terme se situe au point 3′, plutôt qu'au point 2′.

La figure 14.12b illustre de quelle façon le taux d'intérêt et le taux de change évoluent tandis que le niveau général des prix augmente durant l'ajustement de l'économie vers son niveau d'équilibre à long terme. Le niveau général des prix commence à croître de sa valeur initiale $P^1_€$, jusqu'à atteindre finalement $P^2{}_€$. Comme l'augmentation du niveau général des prix à long terme doit être proportionnelle à la hausse de l'offre de monnaie, l'offre réelle finale de monnaie, $M^2_€ / P^2_€$, atteint une valeur égale à sa valeur initiale, $M^1_€ / P^1_€$. Le niveau de production étant fixé et l'offre réelle de monnaie ayant retrouvé son niveau initial, le taux d'intérêt de long terme doit donc, lui aussi, converger à long terme vers sa valeur initiale, $R^1_€$ (point 4). Nous pouvons donc en déduire que le taux d'intérêt augmente, passant de $R^2_{€_2}$ (point 2) à $R^1_€$ (point 4), pendant que le niveau général des prix croît de $P^1_€$ à $P^2_€$.

La croissance du taux d'intérêt dans la zone euro influe aussi sur le taux de change. Cet effet apparaît à la figure 14.12b : l'euro s'apprécie par rapport au dollar pendant le processus d'ajustement. Si les anticipations, concernant le taux de change, ne varient plus durant le processus d'ajustement, le marché des changes convergera vers son équilibre à long terme, en se déplaçant le long de la courbe décroissante donnant la rentabilité en euros des dépôts en dollars. La trajectoire du marché correspond au déplacement vers la droite de la fonction verticale donnant le taux d'intérêt en euros, déplacement qui répond à la hausse graduelle du niveau général des prix. Le taux de change d'équilibre à long terme (point 4′), E^3, est supérieur à celui qui correspond à l'équilibre initial (point 1′). De la même manière que pour l'évolution du niveau général des prix, la croissance du taux de change s'est révélée proportionnelle à celle de l'offre de monnaie.

La figure 14.13 illustre le cheminement temporel, après une augmentation permanente de l'offre de monnaie dans la zone euro, du taux d'intérêt des dépôts en euros, du niveau général des prix et du taux de change. La figure est construite de façon que l'augmentation à long terme du niveau général des prix (voir figure 14.13c) et celle du taux de change (voir figure 14.13d) soient proportionnelles à l'augmentation de l'offre de monnaie (voir figure 14.13a).

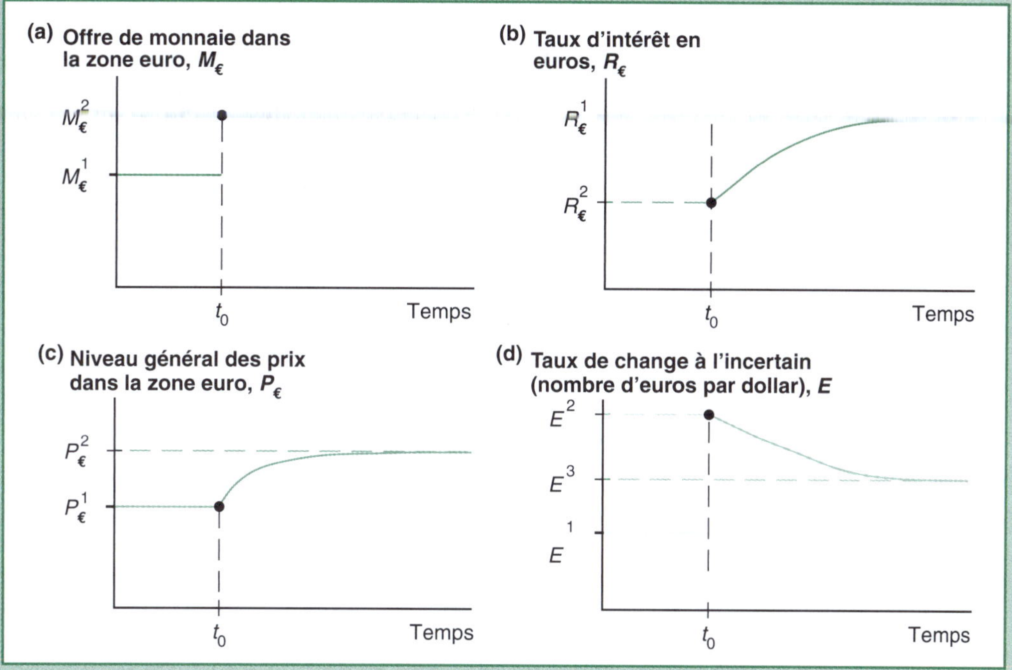

Figure 14.13 • Les trajectoires, au cours du temps, des variables macroéconomiques après une augmentation permanente de l'offre de monnaie dans la zone euro.

Après l'augmentation de l'offre de monnaie en t_0 (voir figure (a)), le taux d'intérêt (voir figure (b)), le niveau général des prix (voir figure (c)) et le taux de change (voir figure (d)) s'ajustent au cours du temps jusqu'à atteindre leur niveau de long terme. Comme le montre la figure (d), le taux de change surréagit dans un premier temps par un saut instantané de son niveau initial E^1 jusqu'à E^2, avant de converger progressivement vers sa valeur de long terme, E^3.

7.3 Surréaction du taux de change

La dépréciation initiale de l'euro, qui fait immédiatement suite à l'augmentation de l'offre de monnaie, correspond à une hausse discontinue du taux de change, qui passe instantanément de E^1 à E^2. Cette première dépréciation est supérieure à la dépréciation de long terme, qui correspond au passage du taux de change de sa valeur initiale E^1 à celle de long terme E^3 (voir figure 14.13d). Nous dirons que le taux de change surréagit lorsque sa réponse immédiate à une perturbation est de plus grande ampleur que sa réponse à long terme. Ce phénomène de **surréaction** (*overshooting*) des taux de change est important parce qu'il permet d'expliquer pourquoi les taux de change présentent une si forte volatilité d'un jour à l'autre[1].

L'explication économique de la surréaction du taux de change se trouve dans la condition de parité des taux d'intérêt. Pour mieux comprendre le phénomène, faisons

1. Voir notamment Rudiger Dornbusch, « Expectations and Exchange Rate Dynamics », *Journal of Political Economy*, 84, décembre 1976, p. 1161-1176, et Richard M. Levich, « Overshooting in the Foreign Exchange Market », *Occasional Paper*, 5, New York, Group of Thirty, 1981.

l'hypothèse simplificatrice suivante : supposons qu'aucune variation du taux de change dollar contre euro ne soit anticipée, avant que la hausse de l'offre de monnaie ne se produise. Par conséquent, le taux d'intérêt en euros, $R_{€}^{1}$, est égal au taux d'intérêt en dollars, $R_{\$}$. Une augmentation permanente de l'offre de monnaie de la zone euro n'a pas de répercussion sur $R_{\$}$. Cela entraîne donc une baisse du taux d'intérêt en euros $R_{€}^{1}$ sous le niveau $R_{\$}$. Le taux $R_{€}$ va rester inférieur au taux $R_{\$}$ (voir figure 14.13b), jusqu'à ce que le niveau général des prix dans la zone euro s'ajuste à son niveau de long terme pour atteindre $P_{€}^{2}$ (voir figure 14.13c). Pendant ce processus d'ajustement, le marché des changes ne peut rester à l'équilibre qu'à la condition que la différence d'intérêt en faveur des dépôts en dollars soit compensée par l'anticipation d'une appréciation de l'euro par rapport au dollar, c'est-à-dire par l'anticipation d'une baisse de E. Pour que les acteurs du marché des changes anticipent une appréciation de l'euro par rapport au dollar, il faut nécessairement qu'au départ le taux de change dollar contre euro dépasse le niveau E^3.

La surréaction du taux de change est une conséquence directe de la rigidité des prix à court terme. Dans un monde hypothétique, où les prix pourraient s'ajuster immédiatement à leur valeur de long terme après une hausse de l'offre de monnaie, le taux d'intérêt en euros ne diminuerait pas. En effet, les prix s'ajusteraient immédiatement et empêcheraient la hausse de l'offre réelle de monnaie. Ainsi, la surréaction du taux de change ne serait pas nécessaire au maintien de l'équilibre sur le marché des changes. Le taux de change préserverait l'équilibre du marché en atteignant directement son nouveau niveau de long terme.[1]

Encadré 14.2

Une hausse de l'inflation peut-elle conduire à une appréciation de la monnaie ? Les implications du ciblage d'inflation

Dans le modèle de surréaction du taux de change que nous venons d'examiner, une augmentation de l'offre de monnaie conduit à davantage d'inflation ce qui provoque une dépréciation de la monnaie. Aussi peut-on être surpris de lire dans la presse des titres tels que celui-ci, paru le 24 mai 2007 dans le *Financial Times* : « L'inflation pousse le dollar canadien à la hausse. » Comment concilier cette affirmation avec le modèle que nous avons présenté au fil de ce chapitre ?

Pour comprendre, il faut se plonger dans l'article du *Financial Times* :

« Aux dires des analystes, le principal moteur de la récente appréciation du dollar canadien est la publication des chiffres de l'inflation en avril, qui sont plus élevés que prévu et qui ont conduit à une hausse des taux d'intérêt canadiens, sur le marché obligataire, de 25 points de base. »

Si les banques centrales augmentent leur taux directeur en cas de pression inflationniste, alors, dans la mesure où la hausse des taux d'intérêt provoque une appréciation

☞

1. Voir aussi Jacob A. Frenkel et Michaël L. Mussa, « The Efficiency of Foreign Exchange Markets and Measures of Turbulence », *American Economic Review* 70, mai 1980, p. 374-381. Cet article met en évidence les différences de comportement du niveau général des prix, des taux d'intérêt et du prix d'autres actifs.

de la monnaie, il est tout à fait possible de résoudre l'apparente contradiction avec notre modèle. Mais pour être complet, nous devons examiner la manière dont les banques centrales formulent et implémentent la politique monétaire*.

*1. L'instrument** principal de la politique monétaire est le taux d'intérêt et non pas l'offre de monnaie.* De nos jours, la plupart des banques centrales n'agissent pas directement sur l'offre de monnaie pour contrôler l'inflation, mais plutôt sur les taux d'intérêt à court terme *via* les taux directeurs***. Comment notre étude de l'équilibre sur le marché monétaire nous aide-t-elle à comprendre ce processus ? Considérons la figure 14.3 et supposons que la banque centrale vise un taux d'intérêt R^1. Elle peut le faire simplement en acceptant toute transaction à ce taux. Si l'offre de monnaie se situe initialement au niveau Q^2, par exemple, il y aura un excès de demande de monnaie au taux d'intérêt R^1. Les agents vont donc vendre des obligations à la banque centrale contre de la monnaie (dans les faits, cela s'apparente à un emprunt) jusqu'à ce que l'offre de monnaie atteigne le niveau Q^1 et que le déséquilibre disparaisse. Les banques centrales préfèrent intervenir sur le taux d'intérêt plutôt que sur l'offre de monnaie parce que celle-ci est assez instable. Si la banque centrale fixe l'offre de monnaie, il peut en résulter une forte variabilité des taux d'intérêt. Il est donc préférable de fixer le taux d'intérêt et de laisser l'offre de monnaie s'ajuster.

L'analyse précédente de la relation positive entre l'offre de monnaie et le niveau général des prix permet toutefois de mettre en lumière un des problèmes posés par le taux d'intérêt comme instrument de politique monétaire. Si l'offre de monnaie est complètement libre de fluctuer pour s'ajuster aux excès d'offre ou de demande sur le marché, comment le niveau général des prix et l'inflation peuvent-ils être sous contrôle ? Supposons que les opérateurs doutent de la capacité de la banque centrale à lutter contre l'inflation. Il est probable alors que le niveau général des prix augmentera brutalement en raison des anticipations d'inflation future. Et les agents emprunteront davantage auprès de la banque centrale provoquant une augmentation de l'offre de monnaie et donc de l'inflation. Cela nous amène à examiner le second pilier de la théorie moderne de la politique monétaire.

2. La plupart des banques centrales ajustent leurs taux d'intérêt spécifiquement en fonction de l'inflation. Une banque centrale maintient l'inflation en augmentant les taux d'intérêt dès qu'elle redoute des tensions inflationnistes et elle les diminue dès qu'elle anticipe une baisse de l'inflation. Comme nous le verrons plus en détail au chapitre 16, une augmentation des taux d'intérêt, qui conduit à une appréciation de la monnaie, réduit la demande globale pour les biens et les services domestiques en les rendant plus chers comparés aux biens et services étrangers. Cette diminution de la demande provoque en retour une baisse des prix intérieurs. À l'inverse, une baisse des taux d'intérêt exerce une pression à la hausse sur les prix intérieurs.

☞

* Pour davantage de détails à ce sujet, voir Bordes C., *La Politique monétaire*, Éditions La Découverte, Paris, 2007.

** Les instruments sont parfois qualifiés d'« objectifs opérationnels » de la banque centrale.

*** Les taux directeurs de la BCE sont le taux de rémunération des dépôts, le taux de refinancement et le taux du prêt marginal.

Encadré 14.2 (suite)

Une hausse de l'inflation peut-elle conduire à une appréciation de la monnaie ? Les implications du ciblage d'inflation (suite)

De nos jours, la plupart des banques centrales suivent une politique de ciblage d'inflation (*inflation targeting*). Autrement dit, elles fixent une cible pour le taux d'inflation et ajustent les taux d'intérêt de manière à converger vers cette cible. En général, l'indicateur suivi par les banques centrales n'est pas l'indice des prix à la consommation, mais plutôt ce qu'on appelle l'« inflation sous-jacente » (*core inflation*) qui exclut certains prix, comme ceux de l'énergie, qui sont très volatils.

C'est la Nouvelle-Zélande qui a commencé cette pratique de ciblage d'inflation en 1989, suivie depuis par de nombreux pays industrialisés ou en développement, tels que l'Afrique du Sud, le Canada, le Chili, le Mexique, la Thaïlande, le Royaume-Uni ou la zone euro (même si cela n'a rien d'officiel dans le dernier cas). À noter que les États-Unis et le Japon ont, jusqu'à présent, toujours refusé d'annoncer une cible d'inflation. L'actuel gouverneur de la Réserve fédérale américaine, Ben Bernanke, est toutefois un partisan de cette politique, et la position des États-Unis est donc peut-être amenée à évoluer.

Nous pouvons désormais expliquer le paradoxe précédent : pourquoi une inflation plus élevée que prévu provoque-t-elle une appréciation de la monnaie, et non une dépréciation ? Supposons que les agents, parce qu'ils doutent peut-être de la détermination de la banque centrale à maintenir un faible niveau d'inflation, exercent des pressions inflationnistes et empruntent davantage, ce qui conduit à une augmentation de l'offre de monnaie. Quand le niveau général des prix, supérieur au niveau anticipé, est effectivement annoncé, les opérateurs peuvent être surpris. Si le marché s'attend à ce que la banque centrale augmente ses taux d'intérêt pour ramener les prix et l'offre de monnaie à leur niveau initial, il n'y a aucune raison d'anticiper une variation du taux de change. Mais, l'augmentation des taux d'intérêt s'accompagne, en raison de la parité des taux d'intérêt, de celle du taux de dépréciation anticipé. Dans la mesure où le taux de change à long terme n'est pas censé varier, pour que le taux de dépréciation anticipé augmente, il est nécessaire que la monnaie domestique s'apprécie immédiatement. Graphiquement, on est dans le cas inverse à celui de la figure 14.13 qui illustre l'ajustement de l'offre de monnaie, du taux d'intérêt, du niveau général des prix et du taux de change à une augmentation permanente de l'offre de monnaie dans la zone euro. Ici, on fait face à une contraction imprévue de l'offre de monnaie avec l'hypothèse supplémentaire que la banque centrale augmente progressivement ses taux d'intérêt pour ramener l'économie à sa situation initiale.

Richard Clarida et Daniel Waldman présentent des résultats empiriques qui corroborent l'explication précédente[****]. À partir d'un échantillon de dix pays ou

☞

**** Clarida R. et Waldman D., « Is Bad News About Inflation Good News for the Exchange Rate? And If So, Can that Tell Us Anything about the Conduct of Monetary Policy? » dans John Y. Campbell (éd.), *Asset Prices and Monetary Policy*, Chicago, University of Chicago Press, 2008. À noter que Michael W. Klein et Linda S. Goldberg, « Establishing Credibility: Evolving Perceptions of the ECB », *NBER Working Papers* 11792, 2005, adoptent une méthode assez proche de celle utilisée dans l'article précédent, mais cette fois pour examiner la façon dont les investisseurs perçoivent l'attitude de la BCE envers l'inflation depuis sa création en 1999.

Encadré 14.2 *(suite)*

zone monétaire (Australie, Canada, États-Unis, Grande-Bretagne, Japon, Norvège, Nouvelle-Zélande, Suède, Suisse et zone euro), les auteurs examinent les variations du taux de change sur un intervalle de temps symétrique de dix minutes autour de l'annonce officielle des nouveaux chiffres d'inflation. Ils s'intéressent en particulier à l'impact de l'inflation non anticipée définie comme la différence entre le taux d'inflation annoncé (il s'agit, en fait, d'une prévision d'inflation qui sera affinée par la suite) et la prévision médiane des analystes (ce que l'on appelle le « consensus de marché »). Quatre résultats importants se dégagent :

1. En moyenne, pour les dix monnaies étudiées, une hausse non anticipée de l'inflation conduit effectivement à une appréciation de la monnaie, et non à une dépréciation.
2. L'effet est plus fort pour l'inflation sous-jacente que pour une augmentation de même ampleur de l'indice des prix à la consommation.
3. L'effet est nettement plus fort pour les pays qui pratiquent le ciblage d'inflation, comparativement aux États-Unis ou au Japon. Dans le cas du Canada, par exemple, l'annonce surprise d'une hausse de l'inflation sous-jacente d'un point de pourcent provoque une appréciation de 3 % du dollar canadien par rapport au dollar américain. L'effet d'une annonce similaire sur la parité euro/dollar est quatre fois moins important.
4. Dans le cas des pays pour lesquels on dispose d'une série historique de données suffisamment longue, ces effets apparaissent uniquement à partir du moment où les autorités monétaires décident de pratiquer le ciblage d'inflation.

Bien sûr, les faits ne permettent jamais de prouver définitivement la validité de telle ou telle théorie économique (alors qu'une théorie peut très bien être invalidée par les faits). Quoi qu'il en soit, la théorie selon laquelle le ciblage d'inflation fait qu'une mauvaise nouvelle en termes d'inflation est une bonne nouvelle pour la monnaie semble convaincante.

Résumé

La monnaie est détenue parce qu'elle est liquide. Sa demande, considérée en termes réels, ne correspond pas au besoin d'un certain nombre d'unités monétaires, mais plutôt à celui d'un certain pouvoir d'achat. La *demande réelle de monnaie* dépend négativement du coût d'opportunité de la détention de monnaie – ce coût est mesuré par le taux d'intérêt –, et elle dépend positivement du volume de transactions dans l'économie – ce volume est mesuré par le PIB réel.

Le marché monétaire est à l'équilibre lorsque l'*offre réelle de monnaie* est égale à la demande réelle de monnaie. Si le niveau général des prix et le niveau du produit intérieur sont donnés, une augmentation de l'offre de monnaie entraîne une baisse du taux d'intérêt. Inversement, une diminution de l'offre de monnaie entraîne une hausse du taux d'intérêt. Si le niveau général des prix est donné, une augmentation du produit réel provoque une hausse du taux d'intérêt. Une chute du produit réel provoque l'effet inverse.

Une augmentation de l'offre de monnaie provoque également une dépréciation de la monnaie sur le marché des changes (même lorsque les anticipations sur les taux de change futurs ne changent pas). De même, une baisse de l'offre de monnaie entraîne une appréciation de cette monnaie par rapport aux monnaies étrangères.

L'hypothèse selon laquelle le niveau général des prix est fixe *à court terme* correspond à une bonne approximation de la réalité pour les pays connaissant une inflation modérée. Cette hypothèse n'est cependant pas vérifiée à long terme. Une variation permanente de l'offre de monnaie provoque une variation proportionnelle et de même sens du niveau d'*équilibre à long terme* des prix. En revanche, elle n'a pas d'effet sur les valeurs de long terme du produit intérieur, du taux d'intérêt ou des prix relatifs. Le taux de change – c'est-à-dire le prix en monnaie domestique de la monnaie étrangère – fait partie des prix monétaires dont le niveau de long terme croît proportionnellement à une augmentation permanente de l'offre de monnaie.

Une augmentation de l'offre de monnaie peut provoquer une *surréaction* à court terme du taux de change, qui va alors dépasser son niveau de long terme. Si le produit intérieur est donné, une hausse permanente de l'offre de monnaie, par exemple, entraîne une dépréciation plus que proportionnelle de la monnaie à court terme. Cette dépréciation est suivie par une appréciation de la monnaie jusqu'à son niveau de long terme. La surréaction du taux de change, qui intensifie la volatilité des taux de change, est une conséquence directe de la lenteur de l'ajustement du niveau général des prix à court terme et de la condition de parité des taux d'intérêt.

Activités

1. Supposons que la demande réelle de monnaie diminue. Représentez graphiquement les effets à court terme et à long terme de cette variation sur le taux de change, le taux d'intérêt et le niveau général des prix.
2. Quel peut être l'effet d'une baisse de population d'un pays sur la fonction de demande de monnaie ? Le fait que cette baisse démographique soit due à une diminution du nombre de ménages ou de la taille des ménages a-t-il une importance ?
3. La vitesse de circulation de la monnaie, V, est définie comme le ratio du PIB réel sur la détention réelle de monnaie, $V = Y/(M/P)$, en reprenant les notations de ce chapitre. Utilisez l'équation (14.4) pour déterminer une expression de la vitesse de circulation de la monnaie. Expliquez comment cette vitesse de circulation se modifie si R et Y connaissent des variations. On remarquera que l'effet d'une variation du produit intérieur sur V dépend de l'élasticité de la demande de monnaie par rapport au produit réel – élasticité que les économistes considèrent comme inférieure à l'unité. Quelle relation existe-t-il entre la vitesse de circulation et le taux d'intérêt ?
4. Quel est l'effet, à court terme, d'une augmentation du PIB réel sur le taux de change si les anticipations sur les taux de change futurs sont données ?
5. Nous avons souligné, dans ce chapitre, l'utilité de la monnaie comme moyen d'échange et comme unité de compte. En vous fondant sur cette analyse, expliquez pourquoi certaines monnaies deviennent des monnaies internationales.
6. Si une réforme monétaire comme celle qui a été menée par les autorités turques pour réduire la valeur nominale de la monnaie n'a pas d'effet sur les variables réelles de l'économie, pourquoi les gouvernements associent-ils des réformes monétaires à des programmes de lutte contre l'inflation ?
7. Supposons qu'une économie, avec un taux de chômage élevé, double son offre de monnaie. À long terme, le plein emploi est rétabli et la production retrouve son niveau de plein emploi. Sous l'hypothèse – certes improbable – que le taux d'intérêt se situe, avant l'augmentation de l'offre de monnaie, à son niveau de long terme, la hausse à long terme du niveau général des prix sera-t-elle plus ou moins proportionnelle à la variation de l'offre de monnaie ? Qu'en est-il si le taux d'intérêt se situe initialement au-dessous de son niveau de long terme – cette hypothèse étant plus probable que la précédente ?
8. Entre 1984 et 1985, l'offre de monnaie aux États-Unis a augmenté de 570 à 641 milliards de dollars, tandis que celle du Brésil passait de 24 à 106 milliards de cruzados. Durant la même période, l'indice américain des prix à la consommation a augmenté de 96,6 à 100, tandis que l'indice brésilien passait de 31 à 100. Calculez le taux de croissance de l'offre de monnaie et de l'inflation au cours de la période 1984-1985 pour les États-Unis et le Brésil. Si nous faisons l'hypothèse que les autres facteurs qui influent sur les marchés monétaires n'ont pas connu de variations trop importantes, comment ces valeurs concordent-elles avec les prédictions du modèle présenté dans

ce chapitre ? Comment expliquer les réactions apparemment différentes des prix aux États-Unis et au Brésil ?

9. Poursuivez l'exercice précédent en notant que la valeur monétaire de la production en 1985 atteignait 4 010 milliards de dollars aux États-Unis et 1 418 milliards de cruzados au Brésil. Reportez-vous à la question 3 et calculez la vitesse de circulation de la monnaie pour les deux pays en 1985. Pourquoi la vitesse de circulation de la monnaie est-elle beaucoup plus élevée au Brésil ?

10. Dans notre analyse de la surréaction du taux de change à court terme, nous avons fait l'hypothèse que le produit réel était donné. Supposons maintenant qu'une augmentation de l'offre de monnaie entraîne une hausse du produit réel à court terme – hypothèse que nous justifierons au chapitre 16. Comment cela influe-t-il sur l'ampleur de la surréaction du taux de change ? Est-il envisageable d'obtenir une sous-réaction du taux de change ? Notez qu'à la figure 14.12a une augmentation du produit réel va entraîner un déplacement de la courbe de demande réelle de la monnaie.

11. La figure 13.3 montre que les taux d'intérêt à court terme au Japon ont connu des périodes pendant lesquelles ils étaient proches de zéro, voire nuls. Le fait que les taux d'intérêt japonais ne soient jamais devenus négatifs est-il une coïncidence ?

12. Comment un taux d'intérêt nul peut-il compliquer le fonctionnement de la politique monétaire ?

13. Plutôt que de fixer intentionnellement le niveau de l'offre de monnaie, les banques centrales déterminent un niveau cible pour le taux d'intérêt à court terme, en proposant de prêter ou d'emprunter à ce taux sans limite.

a. Décrivez les problèmes qui peuvent apparaître si une banque centrale conduit sa politique monétaire en maintenant le taux d'intérêt du marché à un niveau constant. Considérez en premier lieu le cas où les prix sont flexibles ; peut-on trouver un niveau de prix d'équilibre unique lorsque la banque centrale donne aux individus la quantité de monnaie qu'ils souhaitent détenir au taux d'intérêt fixe ? Considérez ensuite le cas où les prix sont rigides.

b. Est-ce que la situation est différente si la banque centrale augmente le taux d'intérêt lorsque les prix sont élevés, selon la formule suivante : $R - R_0 = a\,(P - P_0)$, où a est une constante positive et P_0 un niveau de prix cible ?

c. Supposons que la règle suivie par la banque centrale s'écrive : $R - R_0 = a\,(P - P_0) + u$, où u est un mouvement aléatoire de la politique de taux d'intérêt. On peut interpréter une diminution de u comme un abaissement du taux d'intérêt par la banque centrale, et donc comme une mesure monétaire expansionniste. En vous plaçant dans le contexte du modèle de surréaction du taux de change de la figure 14.12, expliquez comment et pourquoi l'économie s'ajuste à une baisse unique, permanente et non anticipée du facteur aléatoire u. Comparez avec la figure 14.13.

Chapitre 15

Niveau général des prix et taux de change à long terme

Objectifs pédagogiques :

- **Expliquer la théorie de la parité du pouvoir d'achat et les relations théoriques avec l'intégration internationale des marchés des biens et des services.**
- **Décrire comment les facteurs monétaires, tels qu'une inflation continue du niveau général des prix, jouent sur les taux de change à long terme.**
- **Discuter du concept de taux de change réel.**
- **Comprendre les facteurs qui influent sur les taux de change réels et les prix relatifs à long terme.**
- **Expliquer la relation entre les différentiels de taux d'intérêt réels entre deux pays et les changements des taux de change réels anticipés.**

Alors qu'un dollar américain valait 358 yens japonais en 1970, il ne valait plus que 203 yens dix ans plus tard. En dépit d'un redressement temporaire dans les années 1980, le prix du dollar en yens s'est effondré et est inférieur à 100 yens fin 2008. Un certain nombre d'investisseurs n'ont pas réussi à anticiper ces changements de prix et, par conséquent, des fortunes ont été perdues – et gagnées – sur les marchés des changes. Quelles sont les forces économiques sous-jacentes à de pareils mouvements à long terme des taux de change ?

Nous avons vu que les taux de change sont déterminés à la fois par les taux d'intérêt et par les anticipations, qui subissent, quant à eux, l'influence des marchés monétaires domestiques. Pour bien comprendre les mouvements à long terme des taux de change, nous devons cependant étendre notre modèle dans deux directions. Tout d'abord, nous devons compléter notre analyse des liens entre la politique monétaire, l'inflation, les taux d'intérêt et les taux de change. Ensuite, il nous faut examiner des facteurs autres que l'offre et la demande de monnaie – par exemple, les modifications de la demande sur le marché des biens et des services – qui peuvent avoir des effets durables sur les taux de change.

Dans ce chapitre, nous développons un modèle décrivant le comportement à long terme des taux de change. Ce modèle est celui que les intervenants sur le marché des actifs utilisent pour prévoir les taux de change futurs. En outre, puisque les anticipations des agents ont un effet immédiat sur le taux de change, les prévisions de taux de change *à long terme* sont importantes, même *à court terme*. Nous utiliserons donc largement les conclusions de ce chapitre lorsque nous examinerons au chapitre 16 les interactions à court terme du taux de change et de la production.

À long terme, le niveau général des prix joue un rôle-clé dans la détermination des taux d'intérêt et des taux de change. Nous étudions d'abord la théorie de la **parité de pouvoir d'achat** (PPA) qui lie les mouvements du taux de change entre deux monnaies aux évolutions du pouvoir d'achat de celles-ci, autrement dit aux changements du niveau général des prix. Nous examinons ensuite les raisons pour lesquelles la PPA ne permet pas de prévoir précisément les mouvements à long terme et nous montrons comment la modifier pour tenir compte des variations de l'offre et de la demande sur les marchés des biens et services domestiques. Nous expliquons enfin dans quelle mesure cette version élargie de la théorie de la PPA nous permet de comprendre la façon dont les modifications sur les marchés de la monnaie et des biens et services influent sur les taux de change et les taux d'intérêt.

1 Loi du prix unique

Pour comprendre les forces de marché qui sous-tendent la théorie de la parité de pouvoir d'achat, nous allons d'abord discuter d'une relation connexe, mais distincte, connue sous le nom de **loi du prix unique**. Cette loi stipule que sur des marchés compétitifs, sans coûts de transport et sans barrières officielles aux échanges (comme des droits de douane), des biens identiques commercialisés dans des pays différents doivent être vendus au même prix lorsque celui-ci est exprimé dans une même monnaie. Par exemple, pour un taux de change de 1,1 dollar américain pour 1 euro, un pull vendu 50 € à Paris doit être vendu 55 $ à New York. Le prix en euros du pull vendu à New York est alors de 50 € (55/1,1) par pull, c'est-à-dire le même prix qu'à Paris.

Continuons avec cet exemple pour voir pourquoi la loi du prix unique doit être vérifiée lorsque les échanges sont libres et qu'il n'y a pas de coûts de transport ou de barrières aux échanges. Si le taux de change avait été de 1,15 dollar pour 1 euro, nous aurions pu acquérir le pull à New York en achetant 55 $ sur le marché des changes au prix de 47,83 € (55/1,15) et le pull n'aurait coûté que 47,83 €. Or, si le même pull était vendu pour 50 € à Paris, les importateurs français et les exportateurs américains auraient intérêt à acheter les pulls à New York et à les expédier jusqu'à Paris. Cela provoquerait ainsi une hausse du prix à New York et une baisse du prix à Paris, jusqu'à ce qu'ils soient égaux dans les deux pays. De même, pour un taux de change de 1,05 dollar pour 1 euro, le prix du pull en euros serait de 52,38 € (55/1,05), soit 2,38 € plus cher qu'à Paris. Les pulls seraient alors exportés de France vers les États-Unis, jusqu'à ce que les deux marchés vendent ce bien au même prix.

La loi du prix unique est une reformulation, en termes monétaires, du principe qui a prédominé dans la première partie de ce livre consacrée au commerce international : lorsque les échanges sont libres et sans coûts, des biens identiques doivent être vendus aux mêmes prix relatifs, quel que soit l'endroit où ils sont commercialisés. Il est important de rappeler ce principe, car il illustre le lien existant entre les prix domestiques des biens et les taux de change.

Nous pouvons exprimer formellement la loi du prix unique de la façon suivante. Soit $P^i_€$, le prix en euros du bien i lorsqu'il est vendu dans la zone euro, et $P^i_\$$, le prix correspondant en dollars lorsque le bien est vendu aux États-Unis. La loi du prix unique implique alors que le prix en euros du bien i est le même, quel que soit l'endroit où il est vendu :

$$P_{€}^{i} = E \times P_{\$}^{i} \Leftrightarrow E = P_{€}^{i} / P_{\$}^{i}$$

où E est le rapport des prix du bien i dans la zone euro et aux États-Unis, soit le prix d'un dollar en euros, soit encore le taux de change dollar contre euro coté à l'incertain (dans la zone euro).

2 Parité de pouvoir d'achat

La théorie de la parité de pouvoir d'achat spécifie que le taux de change entre deux monnaies doit être égal au rapport du niveau général des prix dans les deux pays. Nous avons vu que le pouvoir d'achat de la monnaie est inversement proportionnel au niveau général des prix, c'est-à-dire au prix d'un panier de biens et de services de référence (voir chapitre 14). La théorie de la PPA prévoit donc qu'une baisse du pouvoir d'achat de la monnaie domestique, qui se traduit par une hausse du niveau général des prix intérieur, sera associée à une dépréciation proportionnelle de la monnaie sur le marché des changes. De façon symétrique, la PPA prévoit qu'une augmentation du pouvoir d'achat de la monnaie domestique sera associée à une appréciation proportionnelle de la monnaie.

L'idée principale de la PPA a été développée au XIXe siècle par des économistes britanniques, parmi lesquels David Ricardo (qui fut aussi à l'origine de la théorie des avantages comparatifs). Gustav Cassel, un économiste suédois du début du XXe siècle, a popularisé la théorie de la PPA en la présentant comme la pièce maîtresse de la théorie des changes[1]. Bien que la validité de la PPA suscite de nombreuses controverses, cette théorie met en lumière des facteurs importants qui expliquent les mouvements des taux de change.

Pour exprimer la PPA de façon formelle, posons $P_{€}$, le prix en euros d'un panier de biens de référence vendu dans la zone euro, et $P_{\$}$, le prix en dollars de ce même panier de biens vendu aux États-Unis (supposons pour le moment qu'un unique panier mesure exactement le pouvoir d'achat de la monnaie de chacun des deux pays). La PPA prédit que le taux de change à l'incertain (nombre d'euros par dollar) s'écrit :

$$E = P_{€}/P_{\$} \tag{15.1}$$

Si, par exemple, le panier de biens de référence coûte 200 \$ aux États-Unis et 160 € dans la zone euro, la PPA prédit que le taux de change sera égal à 0,8 euro pour 1 dollar (160 € par panier/200 \$ par panier). Si le niveau général des prix dans la zone euro était deux fois plus élevé (à 320 € par panier), alors d'après la PPA le taux de change serait de 1,6 euro par dollar (320 € par panier/200 \$ par panier).

En reprenant l'équation (15.1), on obtient :

$$P_{€} = P_{\$} \times E$$

Le membre de gauche de cette équation représente le prix en euros d'un panier de biens européen ; le membre de droite représente le prix en euros du même panier de biens

1. Gustav Cassel, *Post-War Monetary Stabilization*, New York, Columbia University Press, 1928.

lorsqu'il est acheté aux États-Unis (c'est-à-dire le prix du panier en dollars multiplié par le prix en euros d'un dollar). Ces deux prix sont donc les mêmes si la PPA est vérifiée. *La PPA énonce que le niveau général des prix dans le pays domestique et à l'étranger est égal quand ces derniers sont mesurés dans la même monnaie.*

De façon équivalente, le membre de droite de la dernière équation mesure le pouvoir d'achat d'un euro lorsqu'il est échangé contre des dollars puis dépensé aux États-Unis. Par conséquent, pour un taux de change donné, la PPA est vérifiée lorsque le pouvoir d'achat exprimé en monnaie domestique est toujours identique à celui exprimé en monnaie étrangère.

2.1 Relation entre la PPA et la loi du prix unique

L'expression de la PPA donnée par l'équation (15.1) paraît, *a priori*, identique à la loi du prix unique. Il y a cependant une différence entre les deux : la loi du prix unique est appliquée sur des biens particuliers (tels que le bien *i*), tandis que la PPA s'applique au niveau général des prix, qui est un prix composite de tous les biens et services entrant dans le panier de référence.

Si la loi du prix unique est vérifiée pour tous les biens, alors la PPA est automatiquement confirmée, à partir du moment où un même panier sert de référence pour estimer le niveau général des prix de chaque pays. Les partisans de la PPA considèrent cependant que sa validité (en particulier en tant que théorie à long terme) n'exige pas que la loi du prix unique soit exactement vérifiée.

Même si la loi du prix unique n'est pas vérifiée pour chaque bien, l'argument reste valide, les prix et les taux de change ne devraient pas trop s'éloigner de ce que prédit la PPA. Lorsque les biens et les services sont temporairement plus coûteux dans un pays que dans un autre, la demande pour la monnaie et la production de ce pays diminuent, ce qui doit ramener le taux de change et les prix domestiques à des niveaux en accord avec la PPA. La situation opposée, dans laquelle les biens domestiques sont relativement bon marché, conduit à une appréciation de la monnaie et à des prix plus élevés dans le pays. La PPA affirme donc que, même si la loi du prix unique n'est pas exactement vérifiée, les forces économiques sous-jacentes conduisent finalement à égaliser le pouvoir d'achat de la monnaie de chaque pays.

2.2 PPA absolue et PPA relative

En exprimant le taux de change comme le rapport du niveau général des prix [voir équation (15.1)], nous faisons référence à la **PPA absolue**, par opposition à la **PPA relative**. Cette dernière stipule que la variation en pourcentage du taux de change entre les monnaies de deux pays sur une période est égale à la différence des variations en pourcentage du niveau général des prix dans ces deux pays. Nous passons donc d'un énoncé sur le *niveau général des prix* et le taux de change à un énoncé sur les *variations du niveau général des prix* et le taux de change. Si la PPA relative est vérifiée, ce sont les variations de prix et de taux de change qui permettent de préserver le rapport entre le pouvoir d'achat de la monnaie domestique et le pouvoir d'achat de la monnaie étrangère.

Par exemple, supposons que le niveau général des prix aux États-Unis augmente de 10 % sur l'année tandis que le niveau général des prix dans la zone euro croît seulement de 5 %.

Alors, la PPA relative prédit une dépréciation de 5 % du dollar par rapport à l'euro. Cette dépréciation de 5 % élimine la différence de 5 % qui existait entre l'inflation aux États-Unis et dans la zone euro, tout en laissant le pouvoir d'achat relatif de chaque monnaie inchangé.

Formellement, la PPA relative entre la zone euro et les États-Unis peut être écrite de la manière suivante :

$$(E_t - E_{t-1}) / E_{t-1} = (\pi_{€,t} - \pi_{\$,t}) \tag{15.2}$$

où π_t est le taux d'inflation – tel que $\pi_t = (P_t - P_{t-1}) / P_{t-1}$, la variation en pourcentage du niveau général des prix entre la date t et la date t–1[1]. À la différence de la PPA absolue, la PPA relative ne peut être définie que sur un intervalle de temps pendant lequel le niveau général des prix et le taux de change vont varier.

En pratique, les instituts statistiques nationaux ne calculent pas leurs indices de prix à partir d'un panier de biens standardisé au niveau international. Or, la PPA absolue n'a de sens que si les deux paniers de biens qui servent à la comparaison sont identiques ; il n'y a pas de raison pour que des paniers de biens *différents* soient vendus au même prix ! La notion de PPA se révèle donc très commode lorsqu'on doit utiliser des statistiques nationales du niveau général des prix. Il est effectivement concevable de comparer les variations en pourcentage du taux de change avec des différentiels d'inflation, même si les pays utilisent des paniers de biens différents pour calculer le *niveau général des prix*.

La PPA relative est, par ailleurs, importante car elle pourrait être vérifiée même lorsque la PPA absolue ne l'est pas. Sous réserve que les facteurs provoquant des déviations par rapport à la PPA absolue soient suffisamment stables dans le temps, les *variations* en pourcentage du rapport entre le niveau général des prix intérieur et étranger sont proches des *variations* en pourcentage des taux de change.

3 Modèle à long terme des taux de change fondé sur la PPA

Si nous combinons la théorie de la PPA avec l'analyse de l'offre et de la demande de monnaie développée au chapitre 14, nous pouvons examiner comment les taux de change et les facteurs monétaires interagissent à long terme. Puisque seuls les facteurs qui influent sur l'offre ou la demande de monnaie jouent un rôle explicite dans cette théorie, elle est qualifiée d'**approche monétaire du taux de change**. L'approche monétaire constitue une première étape dans ce chapitre dans le développement d'une théorie générale des taux de change à long terme.

---

1. Pour être plus précis, l'équation (15.1) est une bonne approximation de l'équation (15.2) lorsque les taux ne sont pas trop élevés. La relation *exacte* est :

$$E_t / E_{t-1} = (P_{€,t} / P_{€,t-1}) / (P_{\$,t} / P_{\$,t-1})$$

Après avoir soustrait 1 des deux côtés, on peut écrire l'équation exacte comme suit :

$$\begin{aligned}(E_t - E_{t-1})/E_{t-1} &= (\pi_{€,t} + 1)(P_{\$,t-1} / P_{\$,t}) - (P_{\$,t}/P_{\$,t}) \\ &= (\pi_{€,t} - \pi_{\$,t})/(1 + \pi_{\$,t}) \\ &= (\pi_{€,t} - \pi_{\$,t}) - \pi_{\$,t}(\pi_{€,t} - \pi_{\$,t})/(1 + \pi_{\$,t})\end{aligned}$$

Mais si $\pi_{€,t}$ et $\pi_{\$,t}$ sont petits, le dernier terme $- \pi_{\$,t}(\pi_{€,t} - \pi_{\$,t}) / (1 + \pi_{\$,t})$ est négligeable.

Lorsque nous parlons d'une approche monétaire, nous nous référons à une théorie à long terme et non à court terme. À long terme, la théorie ne tient pas compte des rigidités des prix qui sont, en revanche, importantes pour expliquer les fluctuations macroéconomiques à court terme, en particulier les écarts par rapport au plein emploi. L'approche monétaire considère que les prix s'ajustent immédiatement pour maintenir le plein emploi et la PPA. Ici, comme au chapitre précédent, lorsque nous parlons de la valeur à long terme d'une variable, nous faisons référence à la valeur d'équilibre dans un monde hypothétique où les prix des facteurs de production et des biens et services sont parfaitement flexibles.

D'importantes controverses sur les sources apparentes de la rigidité des prix opposent en fait les macroéconomistes. Certains considèrent que les prix et les salaires paraissent rigides, mais qu'en réalité, ils s'ajustent immédiatement pour équilibrer le marché. Pour ces derniers, le modèle présenté dans ce chapitre décrit le comportement à court terme d'une économie.

3.1 L'équation fondamentale de l'approche monétaire

Supposons qu'à long terme le marché des changes fixe le taux de change de telle façon que la PPA soit vérifiée [voir équation (15.1)] : $E = P_{€}/P_{\$}$. En d'autres termes, nous supposons qu'il n'y a pas de rigidités sur les marchés qui empêchent le taux de change et les autres prix de s'ajuster immédiatement à des niveaux compatibles avec le plein emploi.

Au chapitre précédent, l'équation (14.1) liait le niveau général des prix à l'offre et à la demande de monnaie. Dans la zone euro, nous avons :

$$P_{€} = M^{S}_{€} / L(R_{€}, Y_{€}) \tag{15.3}$$

tandis qu'aux États-Unis, nous avons :

$$P_{\$} = M^{S}_{\$} / L(R_{\$}, Y_{\$}) \tag{15.4}$$

avec M^{o} l'offre de monnaie et $L(R,Y)$ la demande réelle de monnaie agrégée, qui est une fonction décroissante des taux d'intérêt et une fonction croissante du produit réel[1].

Les équations (15.3) et (15.4) justifient les termes d'approche monétaire. D'après la définition de la PPA dans l'équation (15.1), le prix d'un dollar en euros est simplement le prix en euros du produit intérieur de la zone euro divisée par le prix en dollars du produit intérieur américain. Le niveau général des prix est complètement déterminé par l'offre et la demande de monnaie : le niveau général des prix dans la zone euro est égal à l'offre de monnaie européenne divisée par la demande réelle de monnaie européenne [voir équation (15.3)], et de façon analogue, le niveau général des prix aux États-Unis est égal à l'offre de monnaie américaine divisée par la demande réelle de monnaie américaine [voir équation (15.4)]. Par conséquent, l'approche monétaire prédit que *le taux de change, qui est le prix relatif entre deux monnaies, est complètement déterminé à long terme par les offres relatives de ces monnaies et par leurs demandes réelles relatives.*

1. Pour simplifier les notations, nous supposons que la fonction de demande de monnaie est identique dans la zone euro et aux États-Unis.

Dans l'approche monétaire, les taux d'intérêt et le produit agissent sur le taux de change uniquement à travers la demande de monnaie. L'approche monétaire s'accompagne, en outre, d'un certain nombre de résultats concernant les effets à long terme sur le taux de change des variations de l'offre de monnaie, du taux d'intérêt et du produit intérieur :

1. *L'offre de monnaie.* Toutes choses égales par ailleurs, une augmentation permanente de l'offre de monnaie dans la zone euro $M^S_€$ implique une hausse proportionnelle du niveau général des prix à long terme $P_€$, comme le montre l'équation (15.3). La PPA stipule cependant que $E = P_€/P_\$$. À long terme, E augmente en proportion de la hausse de l'offre de monnaie européenne (par exemple, si $M^S_€$ augmente de 10 %, $P_€$ et E augmentent de 10 %). Ainsi, une hausse de l'offre de monnaie européenne implique une *dépréciation* proportionnelle à long terme de l'euro. Inversement, l'équation (15.4) montre qu'une hausse permanente de l'offre de monnaie américaine implique une augmentation proportionnelle du niveau général des prix à long terme américains. Sous la PPA, cette hausse du niveau général des prix implique une *appréciation* à long terme proportionnelle de l'euro contre le dollar (qui est identique à une dépréciation proportionnelle du dollar par rapport à l'euro).
2. *Les taux d'intérêt.* Une augmentation du taux d'intérêt $R_€$ sur les actifs en euros diminue la demande réelle de monnaie la zone euro $L(R_€, Y_€)$. Compte tenu de l'équation (15.3), le niveau général des prix à long terme dans la zone euro doit augmenter, et d'après la PPA, l'euro doit se déprécier, proportionnellement à la hausse du niveau général des prix dans la zone euro. Une augmentation du taux d'intérêt américain sur les actifs en dollars, $R_\$$, a l'effet inverse sur le taux de change à long terme. Puisque la demande réelle de monnaie américaine $L(R_\$, Y_\$)$ diminue, d'après l'équation (15.4), le niveau général des prix américains doit augmenter. Sous la PPA, l'euro doit s'apprécier par rapport au dollar proportionnellement à la hausse du niveau général des prix aux États-Unis.
3. *Le produit intérieur.* Une hausse du produit intérieur dans la zone euro augmente la demande réelle de monnaie $L(R_€, Y_€)$, ce qui, d'après l'équation (15.3), conduit à une diminution du niveau général des prix à long terme et, d'après la PPA, à une appréciation de l'euro. Symétriquement, une hausse du produit intérieur américain augmente $L(R_\$, Y_\$)$ et, d'après l'équation (15.4), cela provoque une baisse du niveau général des prix à long terme aux États-Unis. D'après la PPA, cette évolution se traduit par une dépréciation de l'euro par rapport au dollar.

Rappelons que l'approche monétaire, comme toute théorie à long terme, suppose que le niveau général des prix s'ajuste aussi rapidement que les taux de change, c'est-à-dire immédiatement. Par exemple, une hausse du produit réel dans la zone euro implique une augmentation de la demande de transactions pour les encaisses monétaires réelles européennes. Selon l'approche monétaire, le niveau général des prix dans la zone euro diminue *immédiatement* afin de provoquer une hausse de l'offre d'encaisses monétaires réelles nécessaire pour rétablir l'équilibre. La PPA implique que cette déflation instantanée des prix dans la zone euro soit accompagnée d'une appréciation instantanée de l'euro par rapport aux monnaies étrangères.

L'approche monétaire conduit à un résultat déjà évoqué au chapitre 14, à savoir que la valeur à long terme du taux de change d'une monnaie varie proportionnellement à l'offre de cette monnaie (prédiction précédente n° 1). La théorie soulève aussi un point qui semble être paradoxal (prédiction n° 2). Dans nos exemples précédents, nous avons toujours trouvé que la monnaie d'un pays s'*apprécie* lorsque le taux d'intérêt de ce pays augmente relativement au taux d'intérêt étranger. Comment expliquer que nous arrivions maintenant à la conclusion exactement inverse – à savoir qu'une hausse du taux d'intérêt d'un pays provoque une *dépréciation* de sa monnaie en réduisant la demande réelle pour celle-ci ?

À la fin du chapitre 13, nous avons souligné qu'il est impossible de comprendre comment les taux d'intérêt jouent sur le taux de change, si nous ne connaissons pas exactement les facteurs qui font varier les taux d'intérêt. Ce point explique la contradiction apparente de nos résultats concernant les taux d'intérêt et les taux de change. Pour lever cette contradiction, nous devons d'abord examiner plus précisément la façon dont les politiques monétaires et les taux d'intérêt interagissent à long terme.

3.2 Inflation continue, parité des taux d'intérêt et PPA

Au chapitre précédent, nous avons vu qu'une hausse permanente du *niveau* de l'offre de monnaie d'un pays a pour résultat d'augmenter proportionnellement le niveau général des prix, mais n'a pas d'effet sur les valeurs à long terme du taux d'intérêt ou du produit réel. Cette hypothèse de variation « en escalier » du niveau de l'offre de monnaie est commode pour réfléchir sur les effets à long terme, mais elle n'est pas réaliste. Plus souvent, les autorités monétaires fixent un certain *taux de croissance* de l'offre de monnaie, par exemple 5 %, 10 % ou 15 % par an. Quels sont les effets à long terme d'une politique monétaire permettant à l'offre de monnaie de croître lentement à des taux toujours positifs ?

Le raisonnement suivi au chapitre 14 suggère qu'une croissance continue de l'offre de monnaie exige une hausse, elle-même continue, du niveau général des prix – soit une inflation continue. Étant donné que les entreprises et les travailleurs savent que l'offre de monnaie va croître de façon régulière à un taux, disons, de 10 % par an, ils procéderont à un ajustement en augmentant les prix et les salaires à un même taux de 10 % par an, afin de garder leur revenu réel constant. Le produit de plein emploi dépend de l'offre de facteurs de production, mais il est raisonnable de penser que l'offre de facteurs et donc le produit ne sont pas sensibles à long terme au choix d'un certain taux de croissance constant de l'offre de la monnaie. *Toutes choses égales par ailleurs, une croissance à un taux constant de l'offre de monnaie conduit à une inflation continue du niveau général des prix à un taux identique, mais des variations de ce taux d'inflation à long terme n'affectent pas le produit de plein emploi ou les prix relatifs à long terme des biens et des services.*

Le taux d'intérêt n'est toutefois pas indépendant du taux de croissance de l'offre de monnaie à long terme. Le taux d'intérêt à long terme ne dépend pas du *niveau* absolu de l'offre de monnaie mais est influencé par une *croissance* continue de l'offre de la monnaie. Il est facile de comprendre l'action qu'une hausse permanente de l'inflation a sur le taux d'intérêt à long terme. Pour cela, il suffit de combiner la PPA avec la condition de parité des taux d'intérêt sur laquelle nous avons fondé notre analyse précédente de la détermination du taux de change.

Rappelons que la condition de parité des taux d'intérêt entre les actifs en euros et en dollars s'écrit [voir équation (13.2)] :

$$R_{€} = R_{\$} + (E^e - E)/E$$

Nous allons maintenant tenter de comprendre comment cette condition de parité des taux d'intérêt, qui doit être vérifiée aussi bien à long terme qu'à court terme, s'accorde avec l'autre condition de parité que nous venons d'étudier dans le modèle à long terme, à savoir la parité de pouvoir d'achat. Selon la PPA relative, la variation en pourcentage sur l'année à venir du taux de change dollar contre euro à l'incertain (nombre d'euros par dollar) sera égale à la différence entre le taux d'inflation de la zone euro et le taux d'inflation aux États-Unis sur cette même période [voir équation (15.2)]. La condition de parité des taux d'intérêt présentée précédemment nous dit donc que *si les agents anticipent la vérification de la PPA relative, alors la différence entre le taux d'intérêt sur les dépôts en euros et ceux en dollars sera égale à la différence entre les taux d'inflation anticipés, sur l'horizon correspondant, dans la zone euro et aux États-Unis.*

Certaines notations supplémentaires sont utiles pour présenter plus formellement le résultat. Si P^e est le niveau général des prix anticipé dans un an, le taux d'inflation anticipé, π^e, est l'accroissement anticipé en pourcentage du niveau général des prix sur l'année à venir, soit :

$$\pi^e = (P^e - P)/P$$

Si les agents anticipent la vérification de la PPA relative, nous pouvons remplacer les taux effectifs de dépréciation et d'inflation de l'équation (15.2) par les valeurs que le marché anticipe, ce qui se traduit par :

$$(E^e - E)/E = \pi^e_{€} - \pi^e_{\$}$$

En combinant cette version « anticipée » de la PPA relative avec la condition de parité des taux d'intérêt, nous obtenons une formule qui exprime la différence des taux d'intérêt internationaux comme la différence des taux d'inflation domestiques anticipés :

$$R_{€} - R_{\$} = \pi^e_{€} - \pi^e_{\$} \qquad (15.5)$$

Si, comme la PPA le prédit, une dépréciation de la monnaie est anticipée pour compenser la différence entre les taux d'inflation domestiques (c'est-à-dire que le taux de dépréciation anticipé de l'euro est $\pi^e_{€} - \pi^e_{\$}$), alors le différentiel de taux d'intérêt doit être égal au différentiel d'inflation anticipé.

3.3 Effet Fisher

L'équation (15.5) exprime une relation à long terme entre l'inflation continue et les taux d'intérêt. Cette équation nous permet d'expliquer de quelle manière les taux d'intérêt influent sur les taux de change, selon l'approche monétaire. D'après cette équation, *toutes choses égales par ailleurs, une hausse du taux d'inflation anticipé dans un pays provoque finalement une augmentation équivalente du taux d'intérêt sur les dépôts libellés dans la monnaie de ce pays. De la même façon, une baisse du taux d'inflation anticipé provoque une baisse du taux d'intérêt.*

Cette relation à long terme entre l'inflation et les taux d'intérêt est appelée **effet Fisher**[1]. Cet effet implique, par exemple, que si l'inflation dans la zone euro augmente de façon permanente d'un niveau constant de 5 % par an à un niveau constant de 10 % par an, le taux d'intérêt annuel en euros doit croître de 5 points de façon à laisser le taux d'intérêt réel des titres en euros – mesuré en termes de biens et services européens – inchangé. L'effet Fisher est un autre exemple illustrant l'idée générale selon laquelle, à long terme, les modifications purement monétaires n'ont pas d'effet sur les prix relatifs.

L'effet Fisher permet d'expliquer le résultat apparemment paradoxal de l'approche monétaire qui affirme que la monnaie se déprécie sur le marché des changes lorsque le taux d'intérêt intérieur augmente par rapport au taux d'intérêt étranger. À l'équilibre à long terme, sur lequel l'approche monétaire se focalise, une hausse du différentiel de taux d'intérêt ne se réalise que si le taux d'inflation domestique anticipé augmente par rapport au taux d'inflation étranger anticipé. Ce n'est certainement pas le cas à court terme, lorsque les prix domestiques sont rigides. À court terme, le taux d'intérêt peut augmenter quand l'offre de monnaie domestique diminue parce que la rigidité du niveau général des prix domestiques conduit à un excès de demande d'encaisses réelles au taux d'intérêt initial (voir chapitre 14). Cependant, dans l'approche monétaire à prix flexibles, le niveau général des prix diminue immédiatement, laissant l'offre monétaire réelle inchangée ; une variation du taux d'intérêt n'est alors plus nécessaire.

L'exemple suivant explique pourquoi l'approche monétaire associe une hausse durable des taux d'intérêt avec une dépréciation, aussi bien courante que future, de la monnaie. Supposons qu'à la date t_0 la Banque centrale européenne augmente de façon non anticipée le taux de croissance de l'offre de monnaie de π à un niveau plus élevé $\pi + \Delta\pi$. La figure 15.1 illustre la manière dont ce changement modifie le taux de change E ainsi que d'autres variables, compte tenu des hypothèses posées dans le cadre de l'approche monétaire. Nous supposons pour simplifier que le taux d'inflation aux États-Unis est constant et nul.

La figure 15.1a montre la brusque accélération du taux de croissance de l'offre de monnaie dans la zone euro à la date t_0 (sur l'axe des ordonnées, l'échelle est telle qu'une pente constante représente un taux de croissance constant). Une modification de la politique monétaire implique que les agents anticipent une dépréciation plus rapide de la monnaie à l'avenir. Sous la PPA, l'euro se déprécie maintenant au taux $\pi + \Delta\pi$ plutôt qu'au taux π. Par conséquent, comme l'illustre la figure 15.1b, la parité des taux d'intérêt requiert une hausse du taux d'intérêt en euros qui passe de $R^1_€$ à $R^2_€ = R^1_€ + \Delta\pi$, le nouveau taux reflétant la dépréciation anticipée de l'euro [voir équation (15.5)]. Notons que cet ajustement laisse le taux d'intérêt américain inchangé. Puisque l'offre de monnaie et le produit intérieur aux États-Unis n'ont pas été modifiées, le marché monétaire américain est toujours à l'équilibre.

Nous pouvons voir à la figure 15.1a que le niveau de l'offre de monnaie ne fait pas un saut vers le haut à la date t_0 – seul le taux de croissance futur change. Étant donné qu'il n'y a pas une augmentation immédiate de l'offre de monnaie mais une hausse du taux d'intérêt réduisant la demande de monnaie, il devrait y avoir un excédent de l'offre d'encaisses

1. Du nom d'Irving Fisher, l'un des plus grands économistes du début du XXe siècle, qui parle de cet effet dans son ouvrage paru en 1930, *The Theory of Interest*, New York, MacMillan. C'est également dans cet ouvrage que Fisher fournit une première formulation de la condition de parité des taux d'intérêt sur laquelle notre théorie d'équilibre du marché des changes se fonde.

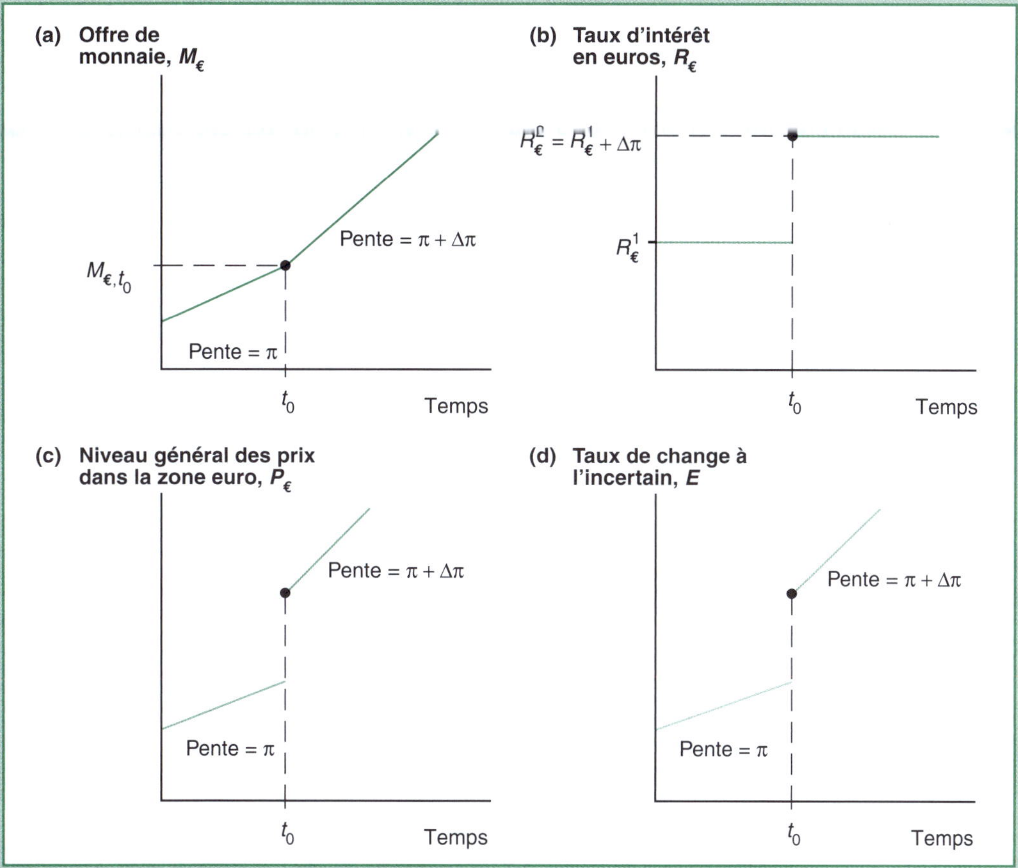

Figure 15.1 • Trajectoire à long terme des variables macroéconomiques, à la suite d'une hausse permanente du taux de croissance de l'offre de monnaie.

À la suite de la hausse du taux de croissance de l'offre de monnaie en t_0 [voir schéma (a)], le taux d'intérêt [voir schéma (b)], le niveau général des prix [voir schéma (c)] et le taux de change [voir schéma (c)] vont retrouver leur trajectoire à long terme. Notons que nous utilisons le logarithme de l'offre de monnaie, du niveau général des prix et du taux de change, ce qui signifie que les variations à taux constant apparaissent sous forme de droite. La pente des droites est égale au taux de croissance des variables.

réelles dans la zone euro, au niveau général des prix qui prévalait juste avant t_0. Face à cet excès d'offre d'encaisses réelles, le niveau général des prix dans la zone euro réalise un saut à la date t_0 (voir figure 15.1c). Cela a pour conséquence de réduire l'offre d'encaisses réelles de façon que, de nouveau, l'offre soit égale à la demande d'encaisses réelles [voir équation (15.3)]. En même temps que le saut de $P_€$ en t_0, on peut observer à la figure 15.1d un saut de même ampleur de E lorsque la PPA est vérifiée.

Comment pouvons-nous visualiser la réaction du marché des changes à la date t_0 ? Le taux d'intérêt européen n'augmente pas à cause d'une variation du niveau courant de l'offre ou de la demande de monnaie, mais uniquement parce que les agents anticipent une croissance future plus rapide de l'offre de monnaie et une dépréciation de l'euro.

Dans la mesure où la réponse des investisseurs consiste à privilégier les dépôts étrangers offrant momentanément un rendement anticipé plus élevé, l'euro se déprécie fortement sur le marché des changes, atteignant une nouvelle trajectoire de croissance le long de laquelle la dépréciation est plus rapide que ce qu'elle était avant la date t_0[1].

Il est important de remarquer à quel point des hypothèses différentes sur la vitesse d'ajustement du niveau général des prix conduisent à des prédictions contrastées quant à la manière dont les taux d'intérêt et les taux de change interagissent. En cas de baisse de l'offre de la monnaie, lorsque les prix sont rigides, une hausse du taux d'intérêt est nécessaire pour préserver l'équilibre sur le marché de la monnaie, étant donné que le niveau général des prix ne peut pas varier pour éliminer immédiatement l'effet de cette réduction de l'offre de monnaie. Une hausse du taux d'intérêt est alors associée à une plus faible inflation anticipée et à une appréciation à long terme de la monnaie, qui provoque l'appréciation instantanée de celle-ci. En revanche, dans le cadre de l'approche monétaire, un accroissement de l'offre de monnaie provoque une hausse du taux d'intérêt, elle-même associée à une plus forte inflation anticipée et à une dépréciation de la monnaie à long terme ; il en résulte une dépréciation immédiate de la monnaie[2].

Ces résultats contradictoires sur les modifications des taux d'intérêt confortent notre avertissement initial, à savoir qu'une étude des taux de change fondée sur les taux d'intérêt doit considérer avec précaution les facteurs provoquant des modifications des taux d'intérêt. Ces facteurs peuvent aussi avoir une action sur les taux de change futurs anticipés et par conséquent avoir un impact décisif sur la réponse du marché des changes à la variation du taux d'intérêt. L'annexe de ce chapitre montre en détail comment les anticipations se modifient dans le cas que nous avons analysé.

4 Résultats empiriques sur la PPA et sur la loi du prix unique

La PPA explique-t-elle correctement l'évolution effective des taux de change et des niveaux de prix ? Énoncées brièvement, *les diverses versions de la théorie de la PPA ne réussissent guère à expliquer les faits*. En particulier, les changements dans le niveau général des prix nous en apprennent souvent assez peu sur les mouvements des taux de change.

Cependant, nous ne devons pas en conclure que les efforts réalisés pour comprendre la PPA sont inutiles. Comme nous le verrons dans la suite de ce chapitre, la PPA est un concept-clé dans la construction de modèles de taux de change plus réalistes que celui que propose l'approche monétaire.

Pour tester la PPA *absolue*, les économistes comparent les prix internationaux d'un panier de biens de référence, en procédant éventuellement à quelques ajustements lorsque des

1. Dans le cas général où le taux d'inflation américain $\pi_\$$ n'est pas nul, l'euro ne se déprécie pas par rapport au dollar à un taux π avant t_0 et à un taux $\pi + \Delta\pi$ après, mais se déprécie à un taux $\pi - \pi_\$$ jusqu'en t_0 et à un taux $\pi + \Delta\pi - \pi_\$$ ensuite.
2. L'offre de monnaie présente typiquement une tendance à la hausse dans le temps (voir figure 15.1a). Une telle tendance se transmet dans l'évolution du niveau général des prix. Si le niveau général des prix dans chaque pays croît régulièrement à des taux différents, d'après la PPA, cela se traduit également par une tendance dans le taux de change entre les monnaies de ces deux pays. Jusqu'à présent, lorsque nous faisions référence à une variation de l'offre de monnaie, du niveau général des prix ou du taux de change, nous considérions une modification dans le niveau de cette variable *relativement à sa tendance anticipée précédemment*, c'est-à-dire un déplacement parallèle dans la trajectoire tendancielle. Lorsque nous considérerons plutôt les changements dans les pentes des tendances elles-mêmes, nous l'indiquerons explicitement.

différences de qualité entre des biens censés être identiques apparaissent. Ces comparaisons arrivent généralement à la conclusion que la PPA est loin d'être vérifiée : les prix de paniers de biens identiques, lorsqu'ils sont convertis dans une même monnaie, diffèrent considérablement d'un pays à l'autre. Même la loi du prix unique n'a pas été concluante dans les études récentes de données de prix, réparties par type de biens. Les biens manufacturés, qui paraissent assez semblables, sont vendus à des prix très différents selon les marchés. Puisque l'argument à la base de la PPA absolue est construit sur la loi du prix unique, il n'est pas surprenant que la PPA ne soit pas capable de répliquer correctement les faits[1].

Dans le cas de la PPA *relative*, les résultats ne sont guère plus satisfaisants. La figure 15.2 illustre cette faiblesse de la PPA relative en comparant le taux de change USD/JPY, c'est-à-dire le prix d'un dollar en yens, et le rapport du niveau général des prix au Japon et aux États-Unis, $P_{¥}/P_{\$}$.[2]

La PPA relative prévoit une évolution proportionnelle du taux de change USD/JPY et du rapport des prix $P_{¥}/P_{\$}$. Mais cette prédiction ne s'observe pas dans les faits. Au début des années 1980, le dollar s'apprécie fortement par rapport au yen. Or, le niveau général des prix au Japon diminue relativement à celui des États-Unis et la PPA relative suggère que le dollar devrait plutôt se déprécier. Les mêmes tendances d'inflation perdurent après le milieu des années 1980, mais le yen s'apprécie alors plus fortement que ce que la PPA ne le prévoit. La PPA relative a été approximativement satisfaisante, mais uniquement lorsque nous la considérons sur une période de vingt ans !

De nombreuses autres études confirment que la PPA relative n'est pas vérifiée empiriquement.[3] Lorsque les taux de change sont fixes, comme cela a été le cas entre la fin de la Seconde Guerre mondiale et le début des années 1970 (voir chapitre 18), la PPA donne des résultats assez satisfaisants. Mais lorsque les taux de change sont déterminés par le marché, comme pendant la première moitié des années 1920 et depuis les années 1970, on constate d'importantes déviations par rapport à la PPA relative[4].

---

1. Certains des résultats négatifs concernant la PPA absolue sont commentés dans l'encadré qui suit. Sur la loi du prix unique, voir Peter Isard, « How Far Can We Push the Law of Price ? », *American Economics Review*, 67, décembre 1977, p. 942-948 ; Irving B. Kravis et Robert E. Lipsey, « Price Behavior in the Light of Balance of Payments Theories », *Journal of International Economics*, 8, mai 1978, p. 193-246 ; Pinelopi Koujianou Goldberg et Michael M. Knetter, « Goods Prices and Exchange Rates : What Have We Learned ? », *Journal of Economic Literature*, 35, septembre 1997, p. 1243-1272.
2. Les mesures du niveau général des prix à la figure 15.2 sont, en fait, sous forme d'indices. Par exemple, l'indice américain des prix à la consommation était de 100 en 2000 et seulement de 50 en 1980. Ainsi, le prix en dollars d'un panier de biens de référence américain a doublé entre 1980 et 2000. L'année de base pour les indices de prix japonais et américains a été choisie de telle sorte que leur ratio en 1980 soit égal au taux de change en 1980, mais cette égalité ne signifie *pas* que la PPA absolue était vérifiée en 1980. La figure 15.2 utilise les IPC, mais l'emploi d'autres indices de prix conduit à des résultats similaires.
3. Voir, par exemple, Kenneth Rogoff, « The Purchasing Power Parity Puzzle », *Journal of Economic Literature*, 34, juin 1996, p. 647-668 ; Alan M. Taylor et Mark P. Taylor, « The Purchasing Power Parity Debate », *Journal of Economic Perspectives*, 18, 2004, p. 135-158.
4. Voir Paul R. Krugman, « Purchasing Power Parity and Exchanges Rates : Another Look at the Evidence », *Journal of International Economics*, 8, 1978, p. 397-407 ; Paul de Grauwe, Marc Janssens et Hilde Leliaert, « Real-Exchange-Rate Variability from 1920 to 1926 and 1973 to 1982 », *Princeton Studies in International Finance*, 56, 1985 ; et Hans Genberg, « Purchasing Power Parity Under Fixed Exchange Rates », *Journal of International Economics*, 8, 1978, p. 247-276.

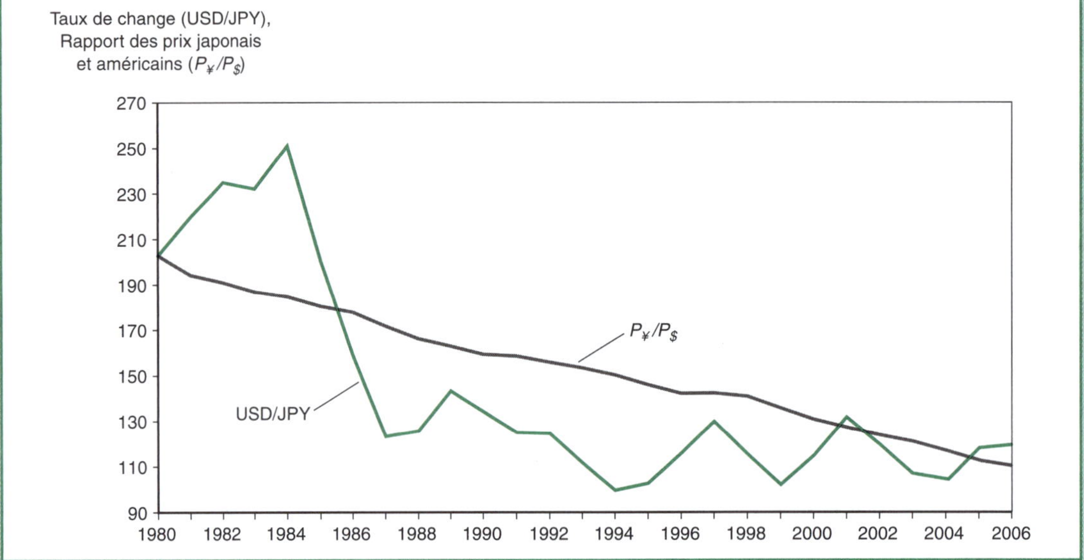

Figure 15.2 • Taux de change et rapport du niveau général des prix entre le Japon et les États-Unis, 1980-2006.

La figure montre que la PPA relative a été incapable d'expliquer le taux de change yen contre dollar après 1980.

Source : FMI, *Statistiques financières internationales*. Les valeurs sont celles de fin d'année.

5 Les problèmes liés à la PPA

Quels sont les éléments susceptibles d'expliquer les mauvais résultats empiriques décrits dans la section précédente ? Plusieurs problèmes découlent directement de la logique même de la théorie de la PPA fondée sur la loi du prix unique :

1. Contrairement à ce que suppose la loi du prix unique, l'existence de coûts de transport et de restrictions au commerce limite les échanges de certains biens et services.
2. Les pratiques monopolistiques et oligopolistiques sur les marchés des biens, par leur interaction sur les coûts de transport et les barrières aux échanges, peuvent encore affaiblir le lien entre les prix de biens identiques vendus entre différents pays.
3. Les statistiques d'inflation publiées dans chaque pays sont fondées sur des paniers de biens différents. Dans ce cas la PPA ne peut être vérifiée, même s'il n'y a pas de barrières à l'échange et que tous les produits sont échangeables.

5.1 Barrières à l'entrée et biens non échangeables

Les coûts de transport et les barrières aux échanges rendent les mouvements de biens entre pays plus chers, et par conséquent, affaiblissent le mécanisme de la loi du prix unique à la base de la PPA[1]. Reprenons l'exemple considéré au début de ce chapitre, dans

1. Sur la nature et les conséquences des coûts de transaction, voir James E. Anderson et Éric Van Wincoop, « Trade Costs », *Journal of Economic Literature*, 42, septembre 2004, p. 691-751.

lequel un même pull est vendu 50 € à Paris et 55 $ à New York. Mais supposons maintenant qu'il en coûte 3 € pour envoyer le pull d'un pays à un autre. Au taux de change de 1,15 dollar par euro, le prix en euros d'un pull vendu aux États-Unis est de 47,83 € (55/1,15), mais l'importateur européen devra débourser 47,83 € + 3 € = 50,83 € pour acheter le pull à New York et le vendre à Paris. Par conséquent, à un taux de change de 1,15 dollar par euro, il n'est pas rentable de payer pour envoyer le pull de New York à Paris, bien que le prix en euros soit plus élevé à Paris. De la même façon, à un taux de change de 1,05 dollar par euro, un exportateur européen perdrait de l'argent s'il expédiait ses pulls de Paris à New York, même si le prix à Paris (50 €) est alors inférieur au prix en euros du pull vendu à New York (52,38 €).

Comme on peut le voir dans cet exemple, les coûts de transport peuvent rompre le lien étroit entre les taux de change et le prix des biens dans le cadre de la loi du prix unique. Plus les coûts de transport sont élevés, plus l'intervalle sur lequel le taux de change peut varier est grand. Les restrictions officielles imposées aux échanges, telles que les droits de douane, ont des effets semblables dans la mesure où le droit d'entrée versé aux agents des douanes entame le profit de l'importateur de la même façon que les coûts de transport. Toutes les entraves aux échanges, quelles qu'elles soient, affaiblissent les bases de la PPA en permettant au pouvoir d'achat d'une monnaie donnée d'être différent d'un pays à un autre.

Encadré 15.1

Le taux de change Big Mac : une illustration de la loi du prix unique

En 1986, le magazine *The Economist* a mené une étude approfondie sur le prix des hamburgers « Big Mac » dans plusieurs McDonald's à travers le monde. Cette étude peut sembler saugrenue, mais elle permet d'illustrer astucieusement les écarts entre les taux de change observés et ceux prédits par la PPA. La recette des Big Mac étant la même dans tous les pays, la comparaison des prix devrait permettre d'évaluer dans quelle mesure les monnaies sont échangées au bon taux de change. Depuis 1986, *The Economist* met périodiquement ses relevés à jour.

Il se trouve que les prix du Big Mac sont très différents d'un pays à l'autre. En 1986, le prix en dollars américains du Big Mac à New York est 50 % plus élevé qu'en Australie et 64 % plus élevé qu'à Hong Kong. À l'inverse, la même année, le prix en dollars américains du Big Mac à New York est 50 % moins élevé qu'à Tokyo et 54 % moins élevé qu'à Paris. Seules la Grande-Bretagne et l'Irlande affichent alors un prix en dollars proche du prix pratiqué à New York.

Comment expliquer cette violation de la loi du prix unique ? Les coûts de transport et les différences de législation sont une des explications possibles. La différenciation des produits est probablement un facteur supplémentaire important. Étant donné qu'il existe peu de substituts proches du Big Mac dans certains pays, différencier les produits offre à McDonald's la possibilité de fixer le prix selon le marché local. Enfin, rappelons que le prix du Big Mac ne couvre pas uniquement le coût de la viande et du pain mais aussi celui des salaires, du loyer, de l'électricité, etc. Les prix de ces différents services peuvent varier selon les pays.

☞

Encadré 15.1 (suite)

Le taux de change Big Mac : une illustration de la loi du prix unique (suite)

Nous avons reproduit les résultats de *The Economist* de janvier 2007. Le tableau suivant présente les prix du Big Mac en dollars, pour un ensemble de pays. Cet échantillon de prix va de 7,44 $ en Islande à 1,41 $ en Chine. Le faible coût du travail, associé à une sous-évaluation du yuan par rapport au dollar, explique que les prix des biens et des services soient faibles en Chine.

	Prix d'un Big Mac		PPA implicite[a] du dollar	Taux de change au 31/01/2007	Sous(–)/Sur(+) évaluation contre le dollar en %
	En monnaie locale	En dollars US			
États-Unis[b]	3,22 USD	3,22			
Argentine (peso)	8,25 ARS	2,65	2,56	3,11	–18
Australie (dollar)	3,45 AUD	2,67	1,07	1,29	–17
Brésil (real)	6,40 BRL	3,01	1,99	2,13	–6
Grande-Bretagne (livre sterling)	1,99 GBP	3,90	1,62[c]	1,96[c]	+21
Canada (dollar)	3,63 CAD	3,08	1,13	1,18	–4
Chili (peso)	1,67 CLP	3,07	519	544	–5
Chine (yuan)	11,00 CNY	1,41	3,42	7,77	–56
Colombie (peso)	6,90 COP	3,06	2,143	2,254	–5
Costa Rica (colon)	1,13 CRC	2,18	351	519	–32
République tchèque (couronne)	52,10 CZK	2,41	16,2	21,6	–25
Danemark (couronne)	27,75 DKK	4,84	8,62	5,74	+50
Égypte (livre)	9,09 EGP	1,60	2,82	5,70	–50
Estonie (couronne)	30,00 EEK	2,49	9,32	12,0	–23
Zone euro[d] (euro)	2,94 EUR	3,82	1,10[e]	1,30[e]	+19
Hong Kong (dollar)	12,00 HKD	1,54	3,73	7,81	–52
Hongrie (forint)	590,00 HUF	3,00	183	197	–7
Islande (couronne)	509,00 ISK	7,44	158	68,4	+131
Indonésie (rupiah)	15 900 IDR	1,75	4 938	9 100	–46
Japon (yen)	280 JPY	2,31	87,0	121	–28
Lettonie (lats)	1,35 LVL	2,52	0,42	0,54	–22
Lituanie (litas)	6,50 LTL	2,45	2,02	2,66	–24
Malaisie (ringgit)	5,50 MYR	1,57	1,71	3,50	–51
Mexique (peso)	29,00 MXN	2,66	9,01	10,9	–17
Nouvelle-Zélande (dollar)	4,60 NZD	3,16	1,43	1,45	–2
Norvège (couronne)	41,50 NOK	6,63	12,9	6,26	+106

☞

Encadré 15,1 . (suite)

	Prix d'un Big Mac		PPA implicite[a]) du dollar	Taux de change au 31/01/2007	Sous(–)/Sur(+) évaluation contre le dollar en %
	En monnaie locale	En dollars US			
Pakistan (roupie)	140 PKR	2,31	43,5	60,7	–28
Paraguay (guarani)	10 000 PYG	1,90	3 106	5 250	–41
Pérou (nouveau sol)	9,50 PEN	2,97	2,95	3,20	-8
Philippines (peso)	85,00 PHP	1,74	26,4	48,9	–46
Pologne (zloty)	6,90 PLN	2,29	2,14	3,01	–29
Russie (rouble)	49,00 RUB	1,85	15,2	26,5	–43
Arabie Saoudite (riyal)	9,00 SAR	2,40	2,80	3,75	–25
Singapour (dollar)	3,60 SGD	2,34	1,12	1,54	–27
Slovaquie (couronne)	57,98 SKK	2,13	18,0	27,2	–34
Afrique du Sud (rand)	15,50 ZAR	2,14	4,81	7,25	–34
Corée du Sud (won)	2 900 KRW	3,08	901	942	–4
Sri Lanka (roupie)	190 LKR	1,75	59,0	109	–46
Suède (couronne)	32,00 SEK	4,59	9,94	6,97	–+43
Suisse (franc)	6,30 CHF	5,05	1,96	1,25	+57
Taiwan (dollar)	75,00 TWD	2,28	23,3	32,9	–29
Thaïlande (bath)	62,00 THB	1,78	19,3	34,7	–45
Turquie (nouvelle livre)	4,55 TRY	3,22	1,41	1,41	0
Émirats Arabes Unis (dirham)	10,00 AED	2,72	3,11	3,67	–15
Ukraine (hryvnia)	9,00 UAH	1,71	2,80	5,27	–47
Uruguay (peso)	55,00 UYI	2,17	17,1	25,3	–33
Venezuela (bolivar fuerte)	6 800 VEF	1,58	2 112	4 307	–51

Sources : *The Economist*, février 2007 (taux de change en monnaie locale, sauf mention contraire).

Notes : a) Parité de pouvoir d'achat : prix domestiques divisés par prix américains ; b) Moyenne des prix à New York, Atlanta, Chicago et San Francisco ; c) Dollars par livre sterling ; d) Moyenne pondérée des prix dans la zone euro ; e) Dollars par euro.

Pour chaque pays, nous pouvons calculer un taux de change « PPA Big Mac », c'est-à-dire le niveau du taux de change qui égaliserait le prix en dollars du Big Mac vendu dans un pays avec le prix du hamburger vendu aux États-Unis (3,22 $).

☞

Encadré 15.1 (suite)

***Le taux de change Big Mac : une illustration de la loi du prix unique* (suite)**

Par exemple, en janvier 2007, une couronne islandaise coûte environ 0,0146 $ sur le marché des changes. Cependant, le taux de change qui devrait égaliser les prix du Big Mac en Islande et aux États-Unis est de :

(0,0146 dollar par couronne islandaise) × (3,22 dollars par Big Mac / 7,44 dollars par Big Mac) = 0,632 cent par couronne islandaise

Une monnaie est surévaluée lorsque son taux de change est tel que les biens domestiques sont plus chers que les mêmes biens vendus à l'étranger. La monnaie est sous-évaluée dans le cas inverse. Par exemple, pour la monnaie islandaise, le taux de surévaluation est mesuré par l'excédent en pourcentage du prix en dollars d'une couronne par rapport au taux de change « PPA Big Mac », soit :

$$100 \times (0{,}0146 - 0{,}00632) / 0{,}00632 = +131\ \%$$

De même, en janvier 2007, le prix en dollars du yuan était inférieur de 56 % au prix nécessaire pour vérifier la parité du prix du Big Mac : la monnaie de ce pays était sous-évaluée de 58 %, selon le critère Big Mac. La monnaie chinoise devrait donc s'apprécier fortement pour rétablir la PPA, tandis que la monnaie islandaise devrait se déprécier. L'évolution de ces deux monnaies depuis janvier 2007 est en ligne avec ces tendances.

En général, le « taux de change de la PPA » est défini comme celui qui égalise les prix internationaux d'un panier de biens et de services et pas seulement les prix des hamburgers. Et, nous l'avons vu, il y a des raisons de penser que la PPA ne sera pas vérifiée exactement, même à long terme. Il est ainsi toujours délicat d'affirmer que telle ou telle monnaie est sur ou sous-évaluée, et il convient donc d'être prudent avant de soutenir que le niveau du taux de change nécessite une modification de la politique économique.

Nous avons vu au chapitre 3 que les coûts de transport de certains biens et services peuvent être tellement élevés par rapport aux coûts de production que ces derniers ne sont jamais échangés au niveau international. Ils sont qualifiés de *biens non échangeables*. L'exemple typique du bien non échangeable est la coupe de cheveux. Un Français qui désire se faire couper les cheveux par un coiffeur américain devra se déplacer aux États-Unis ou faire venir le coiffeur américain en France. Dans tous les cas, les coûts de transport sont tellement importants relativement au prix du service que, à l'exception des touristes, les résidents français se font couper les cheveux en France et que les coiffeurs américains travaillent essentiellement pour des clients américains.

Dans tous les pays, il existe des biens et des services non échangeables, dont les prix ne sont pas liés internationalement, ce qui conduit à des déviations systématiques par rapport à la PPA relative. Étant donné que les prix des biens non échangeables sont entièrement déterminés par les courbes d'offre et de demande *domestiques*, le déplacement de ces courbes peut provoquer le changement du prix domestique d'un panier de biens, relativement au prix étranger du même panier. Toutes choses égales par ailleurs, la hausse des prix des biens domestiques non échangeables augmente le niveau général des prix intérieur par rapport au niveau général des prix à l'étranger (en mesurant les prix de tous les pays dans une même monnaie). En d'autres termes, le pouvoir d'achat d'une monnaie diminue dans les pays où les prix des biens non échangeables augmentent.

Le niveau général des prix dans chaque pays prend en compte une grande variété de biens non échangeables – outre la coupe de cheveux –, tels que les traitements médicaux, les leçons de danse, le logement, etc. Les biens échangeables peuvent être identifiés grossièrement comme les biens manufacturés, les matières premières et les produits agricoles. Les biens non échangeables appartiennent aux secteurs des services et de la construction. Il y a naturellement des exceptions à cette règle. Par exemple, les services financiers produits par les banques ou les autres institutions financières sont souvent échangés au niveau international (Internet a notamment étendu la gamme des produits échangeables). Par ailleurs, des restrictions à l'échange, lorsqu'elles sont suffisamment sévères, peuvent transformer des biens échangeables en biens non échangeables.

Pour avoir une idée de l'importance des biens non échangeables dans l'économie, on peut examiner la contribution des services et de la construction dans le PIB. Dans la plupart des pays industrialisés, cette part représente entre 45 et 65 % du PIB. Toutefois, ces chiffres sous-estiment l'effet des biens non échangeables dans le calcul du niveau général des prix. En effet, les prix des produits échangeables intègrent généralement les coûts de distribution et les services de marketing qui ne peuvent être échangés (voir l'encadré « Le taux de change Big Mac : une illustration de la loi du prix unique »). Les produits non échangeables nous aident à expliquer les fortes déviations de la PPA relative illustrées à la figure 15.2.

5.2 Entorses à la concurrence parfaite

Lorsque les barrières aux échanges et les structures de marché imparfaitement compétitives apparaissent conjointement, les liens entre le niveau général des prix dans différents pays sont encore plus affaiblis. Un cas extrême serait celui d'une entreprise unique vendant un même produit à différents prix sur différents marchés (voir l'analyse du dumping au chapitre 6).

Lorsqu'une entreprise vend le même produit à un prix différent sur différents marchés, on dit qu'elle pratique une **segmentation tarifaire des marchés** (comportement de *pricing to market*). La segmentation tarifaire des marchés reflète les différences des caractéristiques de la demande selon les pays. Par exemple, les pays où l'élasticité-prix de la demande est moindre tendent à subir des taux de marge plus élevés de la part des vendeurs en situation de monopole. Les études empiriques sur les données d'exportation au niveau des entreprises ont apporté la preuve de la segmentation tarifaire sur les marchés des biens manufacturés[1].

En janvier 2003, par exemple, le prix de la Passat de Volkswagen était 39 % plus élevé en Allemagne qu'en Grèce, bien que ces pays partagent la même monnaie et en dépit

1. Pour une approche théorique du phénomène de *pricing to market*, voir Rudiger Dornbusch, « Exchanges Rates and Prices », *Americain Economic Review*, 77, 1987, p. 93-106 ; Paul Krugman, « Princing to Market when the Exchange Rate Changes », dans Sven W. Arndt et J. David Richardson, éds., *Real Financial Linkage among Open Economies*, Cambridge, MA, MIT Press, 1987.

des efforts de l'Union européenne ces dernières années pour supprimer les barrières aux échanges intraeuropéens (voir chapitre 20). De telles discriminations sur les prix perdureraient difficilement si les consommateurs pouvaient aller acheter une voiture en Grèce et la faire venir jusqu'en Allemagne à moindres coûts ou si les consommateurs allemands considéraient les voitures bon marché disponibles en Allemagne comme de bons substituts à la Passat[1]. Ainsi, la combinaison de la différenciation des produits et de la segmentation des marchés conduit à de fortes violations de la loi du prix unique et de la PPA absolue.

5.3 Différences dans les modes de consommation et dans la mesure du niveau général des prix

Les mesures officielles du niveau général des prix diffèrent d'un pays à un autre. Cette différence peut s'expliquer, entre autres, par le fait que les agents économiques résidant dans différents pays dépensent leur revenu de manières différentes. En général, les individus consomment une proportion relativement plus élevée de biens produits dans leur propre pays – y compris des biens échangeables – comparativement aux biens produits à l'étranger. Ainsi, le Norvégien moyen consomme plus de viande de renne, le Japonais moyen consomme plus de sushis. Par conséquent, lorsqu'on compose le panier de biens de référence qui sert à mesurer le pouvoir d'achat, il est logique d'accorder un poids plus important à la viande de renne en Norvège et aux sushis au Japon. De telles différences apparaissent même pour des pays très proches : les Belges consomment, par exemple, relativement plus de bière et les Français, relativement plus de vin.

Étant donné que la PPA relative s'applique sur les *variations* de prix et non sur les *niveaux*, elle reste valable, quel que soit le panier utilisé pour définir le niveau général des prix dans chaque pays. Si tous les prix dans la zone euro s'accroissent de 10 % et que l'euro se déprécie par rapport aux monnaies étrangères de 10 %, la PPA relative sera satisfaite (à condition qu'il n'y ait pas de changement à l'étranger) quels que soient les indices de prix retenus.

Cependant, si les prix relatifs des biens qui composent le panier de référence varient, les tests menés à partir des indices de prix officiels peuvent conduire à rejeter la PPA relative. Par exemple, une hausse du prix relatif du poisson peut augmenter le prix en dollars du panier de biens japonais par rapport au panier de biens américain, simplement parce que le poisson occupe une part plus importante dans le panier japonais. Les variations de prix relatifs peuvent ainsi s'accompagner de violations de la PPA (voir figure 15.2), même si les échanges sont libres et sans coûts.

5.4 PPA à court terme et à long terme

Nous venons d'examiner les facteurs qui peuvent expliquer les mauvaises performances de la théorie de la PPA. Ces facteurs peuvent induire des divergences dans le niveau général

---

1. Voir le rapport de la Commission européenne, « Car Prices : Despites Price Convergence, Buyong Abroad Often Remains a Good Deal », *Press Release IP/04/285*, 3 février 2004. Depuis le 1er octobre 2005, les vendeurs de voitures à l'intérieur de l'Union européenne (UE) ont le droit d'installer des points de vente dans d'autres pays de l'UE. Étant donné que les coûts d'acheminement des voitures sont plus faibles pour les professionnels que pour les particuliers, les possibilités d'arbitrage sont accrues.

des prix par rapport à ceux prédits par la PPA, même à long terme, c'est-à-dire après que les prix ont eu le temps de s'ajuster pour équilibrer les marchés. Cependant, certains prix sont rigides et ne s'ajustent pas immédiatement (voir chapitre 14). Par conséquent, les déviations de la PPA peuvent être plus fortes à court terme qu'à long terme.

Par exemple, une brusque dépréciation de l'euro rend les équipements agricoles européens moins chers relativement à des équipements identiques produits à l'étranger. Ainsi, tous les agriculteurs dans le monde dirigent leurs demandes de tracteurs et de moissonneuses vers les producteurs européens, et le prix des équipements agricoles européens tend à monter afin de réduire les écarts par rapport à la loi du prix unique provoqués par la dépréciation de l'euro. Cependant, il faut du temps pour que ce processus de hausse des prix soit complet. Les prix pour les équipements européens et étrangers peuvent donc différer significativement, jusqu'à ce que les marchés s'ajustent aux variations des taux de change.

Nous pouvons présumer que la rigidité à court terme des prix et la volatilité des taux de change aident à expliquer le phénomène que nous avons remarqué en commentant la figure 15.2 : les violations de la PPA relative ont été plus flagrantes pendant les périodes où les taux de change étaient flottants. Les recherches empiriques soutiennent cette interprétation. La figure 14.11, que nous avons utilisée pour illustrer la rigidité des prix des biens par rapport aux taux de change, est typique d'une période de changes flottants. Dans une étude portant sur plusieurs pays et périodes, Michaël Mussa a comparé l'ampleur des déviations à court terme par rapport à la PPA en changes flottants et en changes fixes. Il montre que les changes flottants conduisent systématiquement à des déviations à court terme plus importantes et plus fréquentes par rapport à la PPA relative[1]. L'encadré sur les prix des ferrys scandinaves proposé par la suite illustre très nettement la façon dont la rigidité des prix peut conduire à une violation de la loi du prix unique, même lorsque les biens sont absolument identiques.

Des recherches récentes suggèrent que les déviations à court terme par rapport à la PPA, comme celles qui sont dues à des taux de change volatils, s'estompent assez rapidement. En effet, seulement la moitié des déviations temporaires par rapport à la PPA est encore visible quatre ans après le choc[2]. Cependant, même lorsqu'on corrige les données de ces déviations temporaires, il apparaît que l'effet cumulatif de certaines tendances à long terme provoque des déviations prévisibles par rapport à la PPA. L'encadré intitulé « Pourquoi le niveau général des prix est-il plus bas dans les pays les plus pauvres ? » examine un des mécanismes majeurs qui sous-tendent ces tendances.

---

1. Michaël Mussa, « Nominal Exchange Rate Regimes and the Behavior of Real Exchange Rates : Evidence and Implications », dans Karl Brunner et Allan H. Leltzer, éds., *Real Business Cyles, Real Exchange Rates and Actual Policies*, Carnegie-Rochester Conference Serie on Public Policy 25, Amsterdam, North-Holland, 1986, p. 117-214. Charles Engel montre qu'en changes flottants la différence entre les prix dans différents pays pour un *même* bien peut être plus variable que le prix relatif de *différents* biens dans un même pays. Voir C. Engel, « Real Exchanges Rates and Relatives Prices : An Empirical Investigation », *Journal of Monetary Economics*, 32, août 1993, p. 35-50.
2. Voir, par exemple, Jeffrey A. Frankel et Andrew K. Rose, « A Panel Project on Purchasing Power Parity : Mean Reversion Within and Between Countries », *Journal of International Economics*, 40, février 1996, p. 209-224. La validité statistique de ces résultats est débattue par Paul G. J. O'Connel dans « The Overvaluation of Purchasing Power Parity », *Journal of International Economics*, 44, février 1998, p. 1-19.

Encadré 15.2

Pourquoi le niveau général des prix est-il plus bas dans les pays les plus pauvres ?

Les études qui examinent les différences de niveau général des prix au niveau international font apparaître une régularité empirique frappante : lorsqu'on considère plusieurs pays et que toutes les variables sont exprimées dans une même monnaie, le niveau général des prix est corrélé positivement avec le niveau de revenu réel par tête. En d'autres termes, un dollar, lorsqu'il est converti en monnaie étrangère sur le marché des changes, permet d'acheter plus de biens dans un pays pauvre que dans un pays riche.

La figure 15.3 illustre cette relation entre le niveau général des prix et le revenu, pour un échantillon de pays.

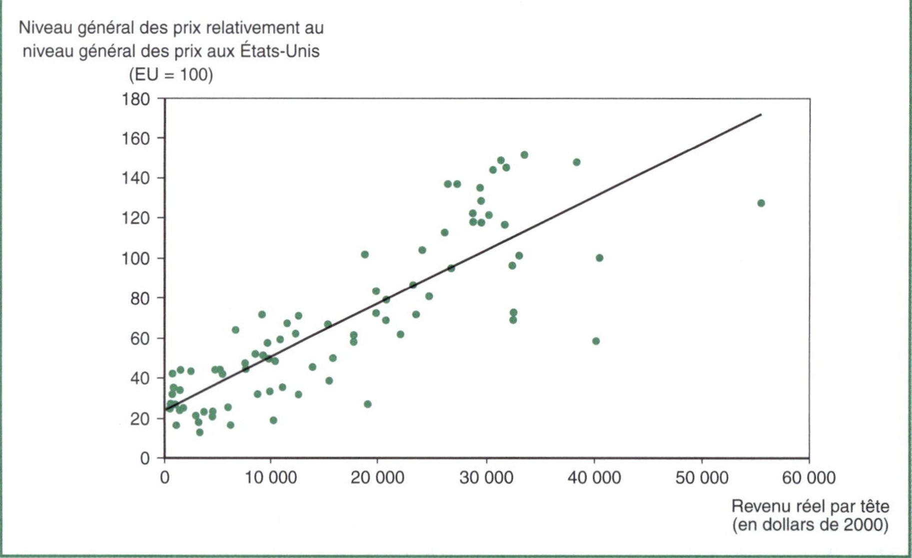

Figure 15.3 • Niveau général des prix et revenus réels, 2004.

Le niveau général des prix est d'autant plus élevé que le revenu réel est important. Chaque pays est représenté par un point. La droite indique la meilleure prédiction statistique du niveau général des prix d'un pays, relativement aux États-Unis, en se fondant sur son revenu réel par tête.

Source : Table Penn World, Mark 6.2.

La section précédente nous a permis d'étudier le rôle des biens non échangeables dans la détermination du niveau général des prix. Les variations internationales du prix des biens non échangeables peuvent contribuer aux écarts de prix entre les pays pauvres et les pays riches. Les données disponibles montrent, en effet, que les biens non échangeables tendent à être plus chers (relativement aux biens échangeables) dans les pays riches. ☞

Encadré 15.2 *(suite)*

Bela Balassa et Paul Samuelson ont expliqué la faiblesse des prix des biens non échangeables dans les pays pauvres*. Ils supposent que la main-d'œuvre est moins productive dans les pays pauvres que dans les pays riches dans le secteur des biens échangeables. Les différences internationales de productivité dans le secteur des biens non échangeables sont par ailleurs considérées comme négligeables. Même si les prix des biens échangeables sont quasi identiques dans tous les pays, en raison de la plus faible productivité du travail dans le secteur des biens échangeables des pays pauvres, les salaires y sont plus faibles que dans le reste du monde. Les coûts de production des biens non échangeables sont donc plus faibles et leur prix, moins élevé. Dans les pays riches, où la productivité du travail dans le secteur des biens échangeables est plus forte, les prix des biens non échangeables sont plus élevés et se répercutent sur le niveau général des prix, lui aussi plus élevé. Les statistiques sur la productivité des pays confortent l'hypothèse de Balassa-Samuelson sur les différences internationales de productivité : il est plausible en effet que les différences de productivité soient plus importantes dans le secteur des biens échangeables plutôt que dans celui des biens non échangeables. Que l'on soit dans un pays pauvre ou riche, le coiffeur réalise le même nombre de coupes de cheveux par semaine. En revanche, il peut y avoir des différences considérables de productivité entre pays concernant les biens échangeables, tels que les ordinateurs.

Une autre théorie, avancée par Jagdish Bhagwati, Irving Kravis et Robert Lipsey, permet également d'expliquer pourquoi le niveau général des prix est moins élevé dans les pays pauvres**. Cette théorie, qui prédit aussi que le prix relatif des biens non échangeables s'accroît lorsque le revenu réel par tête augmente, repose sur les différences de dotation en capital et en travail plutôt que sur les différences de productivité. Le ratio capital/travail dans les pays riches ainsi que la productivité marginale du travail et le niveau de salaire sont plus élevés que dans les pays pauvres***. Les biens non échangeables, qui sont largement composés de services, requièrent plus de travail que les biens échangeables. Étant donné que le travail est meilleur marché dans les pays pauvres et sert intensivement pour la production des biens non échangeables, ces derniers tendent à être moins chers que dans les pays riches où le taux de salaire est plus important. Une fois de plus, la différence internationale dans le prix relatif des biens non échangeables suggère que le niveau général des prix, lorsque tout est mesuré dans une même monnaie, doit être plus élevé dans les pays riches que dans les pays pauvres.

* Voir Bela Balassa, « The purchasing Power Parity Doctrine : a Reappraisal », *Journal of Political Economy*, 72, décembre 1964, p. 584-596, et Paul Samuelson, « Theoritical Notes on Trade Problems », *Review of Economics and Statistics*, 46, mai 1964, p. 145-154. La théorie de Balassa-Samuelson fut pressentie par certaines des observations de Ricardo.

** Voir Irving Kravis et Robert Lipsey, *Toward on Explanation of National Price Level*, Princeton Studies in International Finance, 52, 1983 ; Jagdish Bhagwati, « Why Are Service Cheaper in the Poor Countries ? », *Economic Journal*, 94, 1984, p. 279-286.

*** Cet argument suppose que les différences de dotation de facteurs entre les pays riches et les pays pauvres sont suffisamment importantes pour que l'égalisation des prix des facteurs ne soit pas vérifiée.

6 Au-delà de la PPA : un modèle général de taux de change à long terme

Pourquoi avoir discuté si longuement de la théorie de la parité de pouvoir d'achat alors qu'elle compte de nombreuses exceptions et qu'elle est contredite par les faits ? L'explication tient au fait que l'idée de base, qui veut que les taux de change et le niveau général des prix soient liés à long terme, est un point de départ très utile. L'approche monétaire présentée précédemment, qui suppose la vérification de la PPA, est trop simple pour fournir des prédictions justes sur le fonctionnement de l'économie. Mais nous pouvons la généraliser en tenant compte de certaines des raisons pour lesquelles la PPA échoue dans ses prévisions. C'est justement ce que nous proposons dans cette section. Nous confirmons néanmoins d'ignorer les complications à court terme causées par la rigidité des prix. Comprendre la façon dont les taux de change se comportent à long terme est, comme nous l'avons mentionné, un préalable nécessaire pour l'analyse à court terme que nous développerons au chapitre suivant.

6.1 Taux de change réel

Pour étendre la théorie de la PPA, nous devons tout d'abord définir le concept de **taux de change réel**. Le taux de change réel entre les monnaies de deux pays est une mesure synthétique des prix des biens et des services d'un pays par rapport à un autre pays. Le taux de change réel est le prix relatif de deux paniers de biens. Il se distingue du **taux de change nominal** qui est le prix relatif de deux monnaies (lorsqu'il n'y a aucun risque de confusion, nous continuerons à utiliser le terme de *taux de change* pour parler des taux de change nominaux). D'après la théorie de la PPA, les taux de change réels ne varient jamais, du moins de façon permanente. En pratique, toutefois, il peut y avoir des variations importantes et permanentes des taux de change réels.

Le taux de change réel est défini en fonction du taux de change nominal et des niveaux de prix. Avant de donner plus de précisions sur la définition du taux de change réel, nous avons besoin de clarifier quelle mesure de niveau général des prix nous allons utiliser. Soit toujours $P_€$, le niveau général des prix dans la zone euro, et $P_\$$, le niveau général des prix aux États-Unis. Puisque nous levons l'hypothèse que la PPA absolue est vérifiée (contrairement à ce que nous avons fait dans notre discussion sur l'approche monétaire), nous pouvons également relâcher l'hypothèse selon laquelle le niveau général des prix doit être mesuré sur le même panier de biens dans la zone euro et aux États-Unis. Étant donné que nous allons chercher à lier notre analyse à des facteurs monétaires, nous avons plutôt besoin que l'indice de prix de chaque pays soit représentatif des achats des résidents.

$P_€$ est ainsi défini comme le prix en euros d'un panier de biens dont la composition ne varie pas sur toute la période étudiée (ce qui est une hypothèse assez forte) et qui contient les achats représentatifs, disons sur une semaine, des ménages et des entreprises dans la zone euro. De la même façon, $P_\$$ est le prix d'un panier de biens dont la composition est inchangée et qui reflète les achats, sur une semaine, des ménages et des entreprises aux États-Unis. Le point important à retenir est que *l'indice général des prix dans la zone euro accorde une place relativement plus importante aux biens produits et consommés dans la zone euro, tandis que l'indice des prix américain attribue un poids relativement plus fort aux biens produits et consommés aux États-Unis.*[1]

Le *taux de change réel dollar contre euro*, noté q, correspond au prix en euros d'un panier américain par rapport au panier européen ; il est défini ici à l'incertain. Nous pouvons exprimer le taux de change réel comme la valeur en euros du niveau général des prix américains, divisé par le niveau général des prix dans la zone euro, soit de façon formelle :

$$q = (E \times P_{\$})/P_{€} \tag{15.6}$$

Un exemple numérique va nous aider à clarifier ce concept de taux de change réel. Imaginons que le panier de biens de référence aux États-Unis coûte 200 $ (c'est-à-dire $P_{\$} = 200$ par panier) et que le panier de biens dans la zone euro coûte 160 € (c'est-à-dire que $P_{€} = 160$ par panier). Supposons que le taux de change nominal au certain soit de 1,25 dollar par euro, autrement dit que $E = 1/1{,}25 = 0{,}8$ (on raisonne toujours sur la base du taux de change à l'incertain, c'est-à-dire le nombre d'euros par dollar). Le taux de change réel entre l'euro et le dollar est alors de :

$$q = (0{,}8\text{ € par \$}) \times (200\text{ \$ par panier américain})/(160\text{ € par panier européen})$$
$$q = (160\text{ € par panier américain})/(160\text{ € par panier européen})$$
$$q = 1\text{ panier européen par panier américain}$$

Nous pouvons interpréter une hausse du taux de change réel euro contre dollar q – soit une **dépréciation réelle** de l'euro par rapport au dollar – de différentes manières. L'équation (15.6) montre, de façon évidente, que ce changement représente une baisse du pouvoir d'achat de l'euro aux États-Unis par rapport au pouvoir d'achat obtenu dans la zone euro. Cette variation du pouvoir d'achat relatif se produit simplement parce que les prix en euros pour les biens américains $(E \times P_{\$})$ augmentent par rapport aux prix des biens européens $(P_{€})$.

En reprenant notre exemple numérique, nous pouvons voir qu'une dépréciation nominale de 10 % de l'euro, telle que E passe de 0,8 à 0,88 euro pour un dollar, induit une hausse de q qui passe à 1,1 panier européen par panier américain. Cette hausse correspond à une dépréciation *réelle* de 10 % de l'euro par rapport au dollar. Une hausse de 10 % de $P_{\$}$ ou une baisse de 10 % de $P_{€}$ aurait le même effet sur q, soit une dépréciation réelle de l'euro de 10 %. La dépréciation réelle se traduit par une baisse de 10 % du pouvoir d'achat de l'euro sur les biens et les services aux États-Unis par rapport à son pouvoir d'achat sur les biens et les services dans la zone euro.

Même si un certain nombre de produits qui entrent dans le niveau général des prix sont non échangeables, nous pouvons considérer le taux de change réel q comme le prix relatif des produits américains en termes de produits européens. Le taux de change réel est donc le prix auquel un panier de biens européen est échangé aux États-Unis, si les échanges aux prix domestiques sont possibles. L'euro se *déprécie* en termes réels par rapport au dollar lorsque q augmente, car le pouvoir d'achat hypothétique des produits de la zone euro diminue par rapport aux produits américains. Les biens et services européens deviennent moins chers par rapport aux biens et services américains.

---

1. Le même argument a été utilisé dans notre discussion liée au problème des transferts au chapitre 5. Comme nous l'avions observé alors, les biens non échangeables sont d'importants facteurs expliquant la préférence pour les produits nationaux.

Une **appréciation réelle** de l'euro par rapport au dollar se traduit par une baisse de q. Cette diminution indique une baisse du prix relatif des produits achetés aux États-Unis ou une hausse du pouvoir d'achat de l'euro aux États-Unis par rapport à son pouvoir d'achat dans la zone euro.

Comme dans le cas des taux de change nominaux, notons qu'une dépréciation réelle de l'euro par rapport au dollar est synonyme d'une appréciation réelle du dollar par rapport à l'euro. L'équation (15.6) montre, par ailleurs, qu'à prix de production *inchangé*, une dépréciation (appréciation) nominale implique une dépréciation (appréciation) réelle. Notre discussion sur les variations de taux de change réels inclut donc, comme cas spécial, une observation que nous avions faite au chapitre 13 : si les prix en monnaie domestique des biens restent constants, une dépréciation nominale de l'euro rend les biens européens moins chers comparés aux biens étrangers, tandis qu'une appréciation nominale de l'euro les rend plus chers.

L'équation (15.6) permet de comprendre plus facilement pourquoi le taux de change réel ne varie pas lorsque la PPA relative est vérifiée. Si la PPA relative est vérifiée, une hausse de E est toujours exactement compensée par une baisse du ratio du niveau général des prix aux États-Unis et dans la zone euro, $P_{\$}/P_{€}$, laissant q inchangé.

6.2 Demande, offre et taux de change réel à long terme

Comme la PPA n'est pas vérifiée, il n'est pas surprenant que les valeurs à long terme des taux de change réels, tout comme les autres prix relatifs équilibrant le marché, dépendent des conditions de l'offre et de la demande. Cependant, étant donné que le taux de change réel reflète les variations du prix relatif des paniers de biens de deux pays, ce sont les conditions dans chaque pays qui sont importantes. Les changements sur le marché des biens et des services dans un pays sont toujours complexes à analyser et nous ne souhaitons pas en fournir un catalogue exhaustif. Nous nous focaliserons plutôt sur deux cas spécifiques qui sont assez simples à comprendre et qui sont importants en pratique pour expliquer pourquoi les valeurs à long terme des taux de change réels peuvent varier.

1. *Changement de la demande relative mondiale pour les biens de la zone euro.* Supposons que les dépenses mondiales pour les biens et les services de la zone euro augmentent relativement aux dépenses mondiales pour les biens et les services américains. Un tel changement peut se produire à la suite de différents événements, comme une réorientation de la demande des ménages et des entreprises européennes des biens américains vers des biens produits dans la zone euro, un retournement similaire de la demande privée étrangère vers ces mêmes biens, ou une hausse provisoire des dépenses publiques dans la zone euro. Une hausse de la demande relative mondiale pour les biens européens induit une demande excédentaire pour ceux-ci au taux de change réel en vigueur. Afin de restaurer l'équilibre, le prix relatif du produit intérieur de la zone euro par rapport au produit intérieur des États-Unis doit augmenter : il y aura une hausse des prix relatifs des biens non échangeables dans la zone euro, et les prix des biens échangeables produits et consommés intensivement dans la zone euro connaîtront une augmentation par rapport aux prix des biens échangeables produits aux États-Unis. Ces variations induiront une baisse de q, le prix relatif du panier de biens de référence américain en termes de panier de biens européen. En conclusion, *une hausse de la demande mondiale relative pour les biens et les services produits dans la zone euro implique une appréciation réelle à long terme de l'euro par rapport au dollar (baisse de* q*). De la même manière, une baisse de la demande*

mondiale relative pour les biens et les services produits dans la zone euro induit une dépréciation réelle à long terme de l'euro par rapport au dollar (hausse de q*).*

2. *Changement de l'offre relative de biens et de services.* Supposons que l'efficacité productive du travail et du capital dans la zone euro augmente. Puisque les agents dépensent une partie de leur revenu supplémentaire en achetant des biens étrangers, l'offre de tous les types de biens et de services produits dans la zone euro augmente relativement à la demande. Cela implique un excès d'offre relatif au taux de change réel initial. Une baisse du prix relatif des biens et des services produits dans la zone euro – à la fois les biens échangeables et non échangeables – orientera la demande vers eux, ce qui éliminera l'excès d'offre. Ce changement de prix représente une dépréciation réelle de l'euro par rapport au dollar, c'est-à-dire une hausse de q. *Une expansion relative du produit européen implique une dépréciation réelle à long terme de l'euro par rapport au dollar (*q *augmente). Une expansion relative du produit intérieur américain implique une appréciation réelle à long terme de l'euro par rapport au dollar (*q *baisse)*[1].

Utilisons la figure 15.4 afin de résumer notre discussion sur la demande, l'offre et le taux de change réel à long terme. À la figure 15.5, le rapport de l'offre de biens et de services dans la zone euro et aux États-Unis, $Y_€ / Y_\$$, est représenté le long de l'axe des abscisses, tandis que le taux de change réel dollar contre euro à l'incertain, q, se trouve sur l'axe des ordonnées.

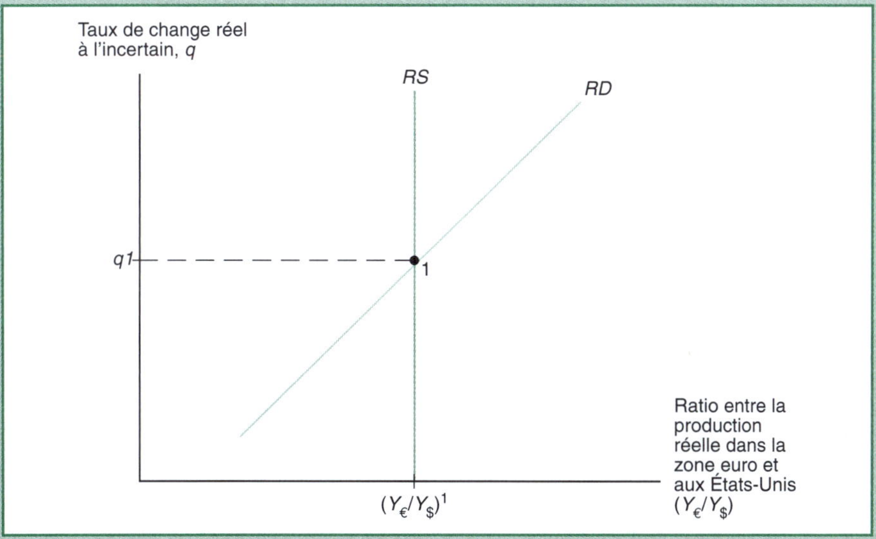

Figure 15.4 • Détermination du taux de change réel à long terme.
Le taux de change réel à long terme égalise la demande relative mondiale au niveau de plein emploi de la production relative.

1. Après notre discussion sur l'effet Balassa-Samuelson dans l'encadré, on pourrait s'attendre à ce qu'une hausse de la productivité concentrée sur le secteur des biens échangeables de la zone euro provoque une appréciation de l'euro en termes réels par rapport au dollar plutôt qu'une dépréciation. Ici cependant, nous traitons du cas d'une hausse équilibrée de la productivité, qui profite en proportion égale aux biens échangeables et non échangeables. Cela implique une dépréciation réelle de l'euro, en provoquant une baisse des prix des biens non échangeables et des biens échangeables.

Le taux de change réel d'équilibre est déterminé par l'intersection des deux droites. La droite croissante *RD* montre que la demande de biens européens augmente relativement à la demande de biens américains lorsque q augmente, c'est-à-dire à mesure que les biens européens deviennent relativement moins chers. Cette courbe de demande relative pour les biens européens par rapport aux biens américains a une pente croissante car nous illustrons une *baisse* du prix relatif des biens européens par un mouvement *vers le haut* le long de l'axe vertical. Qu'en est-il de l'offre relative ? À long terme, les niveaux relatifs de la production domestique sont déterminés par l'offre des facteurs de production et par la productivité, avec un effet assez faible du taux de change réel (lorsqu'il existe). Par conséquent, la courbe d'offre relative, *RS*, est verticale à long terme (c'est-à-dire à l'équilibre de plein emploi) au niveau du rapport des produits ($Y_€ / Y_\$$). L'équilibre à long terme du taux de change réel est celui qui ajuste la demande relative à l'offre relative à long terme (point 1)[1].

La figure illustre donc comment les changements sur les marchés mondiaux agissent sur le taux de change réel. Supposons que les biens produits dans la zone euro soient plus attractifs. Cela provoque une augmentation de la demande relative mondiale pour les biens européens et un déplacement de *RD* vers la droite, conduisant à une baisse de q (une appréciation réelle de l'euro par rapport au dollar). Supposons maintenant qu'il y ait un développement de la formation professionnelle en Europe dans le but d'améliorer la productivité du travail : la droite *RS* se déplace vers la droite, impliquant une hausse de q (une dépréciation réelle de l'euro par rapport au dollar).

6.3 Taux de change réel et nominal à l'équilibre à long terme

Nous allons maintenant utiliser ce que nous avons appris dans ce chapitre et le précédent, afin d'expliquer la façon dont les taux de change nominaux sont déterminés à long terme. Notre principale conclusion est que les variations de l'offre et de la demande de monnaie donnent lieu à des mouvements à long terme proportionnels aux taux de change nominaux et au rapport du niveau général des prix, comme le prédit la théorie de la PPA. Les variations de l'offre et de la demande sur le marché des biens et des services domestiques entraînent cependant des mouvements du taux de change nominal qui ne sont pas conformes avec la PPA.

Rappelons la définition du taux de change réel dollar contre euro à l'incertain [voir équation (15.6)] :

$$q = (E \times P_\$)/P_€$$

D'après cette équation, le taux de change nominal à l'incertain (le nombre d'euros par dollar) s'exprime comme le taux de change réel multiplié par le rapport du niveau général des prix dans la zone euro et aux États-Unis :

$$E = q \times (P_€ / P_\$) \qquad (15.7)$$

1. Notons que ces droites *RD* et *RS* diffèrent de celles que nous avons vues au chapitre 5. Ces dernières faisaient référence à la demande et à l'offre relative mondiale de deux biens qui pouvaient être produits dans l'un des pays. Au contraire, les courbes *RD* et *RS* de ce chapitre font référence à la demande et à l'offre relative mondiale du produit intérieur d'un pays (son PIB), relativement à celle d'un autre pays.

Encadré 15.3

Rigidité des prix et loi du prix unique : l'exemple des ferrys scandinaves

La rigidité des prix et des salaires nominaux est centrale dans la théorie macroéconomique. Mais qu'est-ce qui empêche les prix de s'ajuster d'un jour à l'autre en fonction des conditions du marché ? Une des raisons tient aux « coûts de catalogue » (*menu cost*). Par « coûts de catalogue » les économistes n'entendent pas seulement les coûts à supporter pour l'impression d'un nouveau catalogue de prix. Ce concept recouvre, au contraire, une grande variété de coûts. Il est notamment toujours délicat pour une entreprise d'augmenter ses prix, et ce même si tous ses concurrents font de même, car elle prend le risque de perdre certains clients. En effet, les hausses de prix incitent les acheteurs à s'orienter vers d'autres produits. Même s'ils s'aperçoivent *ex post* que toutes les entreprises ont augmenté leur prix, certains vont quand même trouver qu'il est plus commode de s'adresser à quelqu'un d'autre.

En raison des coûts de catalogue, les vendeurs ont tendance à laisser leurs prix inchangés après une variation des conditions sur le marché. Ils ne modifient leurs prix que lorsqu'ils considèrent que les variations sont suffisamment importantes pour prendre le risque de supporter les coûts liés à ce changement. Ce n'est que lorsque les conditions économiques sont très volatiles que les prix semblent être plus flexibles.

S'il n'y a vraiment pas d'obstacles aux échanges, il n'y a pas de raison pour que les prix ne changent pas à la suite d'une variation de taux de change : si les prix en monnaie domestique restent les mêmes, tous les acheteurs devraient affluer là où le bien est le moins cher. En revanche, s'il existe des entraves aux échanges, des déviations par rapport à la loi du prix unique n'impliquent pas nécessairement des opportunités d'arbitrage et il est possible pour les vendeurs de laisser leur prix constant malgré les variations du taux de change.

Les barrières aux échanges ne se limitent pas aux coûts de transport et sont en réalité très nombreuses et parfois assez subtiles. Même lorsque la distance physique entre deux marchés est nulle, il n'est pas toujours possible de profiter des opportunités d'arbitrage qui semblent s'offrir à nous. C'est ce que montrent notamment Marcus Asplund et Richard Friberg. Ces deux économistes ont étudié le comportement de fixation des prix dans les magasins hors taxes de deux lignes de ferrys scandinaves*.

Le prix de chaque bien y est affiché dans différentes monnaies, afin d'en faciliter la lecture. Par exemple, sur le ferry *Birka Line* reliant la Suède et la Finlande, les prix étaient indiqués à la fois en marks finlandais et en couronnes suédoises entre 1975 et 1998. Étant donné qu'il est coûteux d'imprimer les catalogues, les magasins les rééditent de temps en temps avec des prix révisés. Cependant, entre-temps, les variations de taux de change provoquent des changements de prix. Ainsi, une dépréciation relative du mark finlandais rend les cigarettes ou la vodka moins chères si on les paye en marks finlandais plutôt qu'en couronnes suédoises.

☞

* « The Law of One Price in Scandinavian Duty-Free Shop », *Americain Economic Review*, 91, septembre 2001, p. 1072-1083.

Encadré 15.3 (suite)

Rigidité des prix et loi du prix unique : l'exemple des ferrys scandinaves (suite)

Les passagers du *Birka Line* ne profitaient pourtant pas de ces écarts de prix. Les Suédois avaient tendance à acheter les biens aux prix fixés en couronnes suédoises, tandis que les clients finlandais achetaient les biens en payant avec des marks finlandais.

La *Birka Line* profitait souvent de la publication d'un nouveau catalogue pour réduire les écarts de prix. Les déviations moyennes par rapport à la loi du prix unique étaient de 7,21 % le mois précédant ces ajustements, contre 2,22 % le mois suivant. Bien que la distance physique entre les deux « marchés » fût nulle, il existait une entrave importante à cette opportunité d'arbitrage : le coût d'échange de la monnaie sur le ferry, qui était approximativement de 7,5 %. Les coûts de transaction agissaient ainsi comme des barrières aux échanges, étant donné les préférences des passagers en termes de monnaie au moment de l'embarquement.

Les clients pouvaient certes payer en utilisant leurs cartes de crédit, pour lesquelles les coûts de conversion étaient plus faibles, mais dans ce dernier cas, la conversion se faisait au taux de change qui prévalait quelques jours après l'achat du bien. Les deux auteurs suggèrent que pour de petits achats, l'incertitude et les coûts liés au calcul du prix relatif, en plus du coût de transaction pour l'achat par carte de crédit, étaient suffisamment dissuasifs.

De façon surprenante, la *Birka Line* n'éliminait pas complètement les déviations par rapport à la loi du prix unique quand elle changeait son catalogue de prix. Elle pratiquait plutôt une sorte de segmentation tarifaire sur le marché afin de discriminer les clients suédois et finlandais. Généralement, les exportateurs profitent de l'éloignement géographique des marchés pour fixer des prix différents. La *Birka Line* profitait, elle, des préférences monétaires de ses clients qui étaient tous localisés sur le même ferry.

Formellement, la seule différence entre l'équation (15.1), sur laquelle s'appuie notre présentation de l'approche monétaire des taux de change, et l'équation (15.7) est que cette dernière justifie les déviations possibles par rapport à la PPA en ajoutant le taux de change *réel* comme déterminant supplémentaire du taux de change nominal. *Cette équation implique que, pour un taux de change réel dollar contre euro donné, les variations de la demande et de l'offre de monnaie aux États-Unis et dans la zone euro agissent sur le taux de change nominal à long terme dollar contre euro de la même façon que dans l'approche monétaire. Cependant, les variations du taux de change réel à long terme agissent aussi le taux de change nominal à long terme.* La théorie à long terme de la détermination du taux de change qui découle de l'équation (15.7) inclut donc des éléments valides de l'approche monétaire, mais elle corrige celle-ci en tenant compte des facteurs non monétaires impliquant des déviations durables de la parité de pouvoir d'achat.

En supposant que toutes les variables sont initialement à leur niveau à long terme, nous pouvons maintenant comprendre quels sont les déterminants les plus importants des mouvements à long terme des taux de change nominaux :

1. *Variation du niveau relatif de l'offre de monnaie.* Imaginons que la Banque centrale européenne souhaite stimuler l'économie de la zone euro et augmente l'offre de monnaie.

Une hausse permanente, réalisée en une fois, de l'offre de monnaie n'a d'effet à long terme ni sur le produit intérieur, ni sur le taux d'intérêt, ni sur aucun prix relatif – y compris le taux de change réel – (voir chapitre 14). L'équation (15.3) implique, rappelons-le, que $P_€$ augmente proportionnellement à $M_€$. L'équation (15.7) montre, ainsi, que le niveau général des prix dans la zone euro est l'unique variable qui change à long terme, en même temps que le taux de change nominal E. Étant donné que le taux de change réel, q, reste le même, la variation du taux de change nominal est compatible avec la PPA relative : le seul effet à long terme d'une hausse de l'offre de monnaie européenne est un accroissement de tous les prix en euros, et notamment celui du dollar, proportionnellement à la hausse de l'offre de monnaie. Il serait surprenant que ce résultat ne soit pas identique à celui qui est proposé par l'approche monétaire, puisque cette dernière est censée expliquer les effets à long terme des variations monétaires.

2. *Variation du taux de croissance relatif de l'offre de monnaie.* Supposons que la Banque centrale européenne craigne une baisse du niveau général des prix dans la zone euro dans les années à venir autrement dit, une déflation. Une hausse permanente du *taux de croissance* de l'offre de monnaie en euros augmente le taux d'inflation de la zone euro à long terme. À travers l'effet Fisher, cela induit une hausse du taux d'intérêt en euros relativement au taux d'intérêt en dollars. Par conséquent, étant donné que la demande relative de monnaie réelle européenne diminue, l'équation (15.3) implique une augmentation du prix $P_€$ (voir figure 15.1). Cependant, le choc étant purement monétaire, il n'a pas d'effet à long terme ; en particulier, le taux de change *réel* à long terme n'est pas modifié. Ainsi, d'après l'équation (15.7), E augmente proportionnellement à la hausse de $P_€$ (dépréciation de l'euro par rapport au dollar). Une fois encore, une variation purement monétaire implique un déplacement du taux de change nominal à long terme en conformité avec la PPA relative, comme l'avait prédit l'approche monétaire.

3. *Variation de la demande relative de biens et services.* Ces variations ne sont *pas* considérées par l'approche monétaire, mais elles sont essentielles dans le cadre plus général que nous souhaitons élaborer. Comme une modification de la demande relative de biens et services n'agit pas sur le niveau général des prix à long terme – qui dépend uniquement des facteurs qui apparaissent dans les équations (15.3) et (15.4) –, le taux de change nominal à long terme dans l'équation (15.7) varie seulement lorsque le taux de change réel se modifie. Considérons une hausse de la demande relative mondiale pour les biens et les services de la zone euro. Nous avons vu précédemment qu'une hausse de la demande pour les biens et les services de la zone euro entraîne une appréciation réelle à long terme de l'euro par rapport au dollar (baisse de q) : ce changement traduit simplement une hausse du prix relatif du produit intérieur de la zone euro. Pour des niveaux de prix inchangés, l'équation (15.7) nous dit aussi qu'une appréciation *nominale* à long terme de l'euro contre le dollar doit se produire (baisse de E). Cela met en lumière que, bien que les taux de change soient des prix nominaux, ils répondent aussi bien à des événements monétaires que non monétaires, même à long terme.

4. *Variation de l'offre relative de biens et de services.* Comme nous l'avons vu précédemment, une augmentation de l'offre de biens et de services produits dans la zone euro relativement aux États-Unis entraîne une dépréciation de l'euro en termes réels par rapport au dollar, réduisant le prix relatif du produit intérieur de la zone euro.

Cette hausse de q n'est cependant pas le seul changement dans l'équation (15.7) induit par la hausse relative du produit intérieur de la zone euro. En effet, la hausse du produit intérieur de la zone euro augmente la demande d'encaisses réelles pour motif de transactions, accroissant ainsi la demande réelle de monnaie dans la zone euro. D'après l'équation (15.3), ceci implique une baisse du niveau général des prix dans la zone euro à long terme. En nous référant à l'équation (15.7), nous pouvons voir que les effets d'une variation de l'offre sur le marché des biens et des services et sur celui de la monnaie jouent de façon opposée (en raison à la fois de l'accroissement de q et de la baisse de $P_€$), de telle sorte que l'effet sur E est *ambigu*. Notre analyse d'une variation de l'offre de biens et services illustre le fait que l'effet sur le taux de change d'une perturbation qui se produirait sur un seul marché (le marché des biens et services dans notre cas) peut dépendre du canal par lequel cet effet va se diffuser sur les autres marchés.

En conclusion, *lorsque les perturbations sont de nature monétaire, les taux de change obéissent à la PPA relative à long terme. À long terme, une perturbation monétaire joue seulement sur le pouvoir d'achat de la monnaie, ce qui modifie de façon identique la valeur de la monnaie en termes de biens domestiques et en termes de biens étrangers. Lorsque les perturbations concernent le marché des biens et des services, l'évolution du taux de change ne vérifie pas la PPA relative, même à long terme.* Le tableau 15.1 synthétise ces conclusions en indiquant les effets sur les taux de change nominaux à long terme d'une modification sur le marché de la monnaie ou sur le marché des biens et des services.

Tableau 15.1 : Effets sur le taux de change nominal d'une variation sur le marché monétaire et sur celui des biens et des services

Variation	Effet sur le taux de change nominal à long terme à l'incertain (nombre d'euros par dollar), *E*
Marché monétaire	
Augmentation de l'offre de monnaie de la zone euro	Augmentation proportionnelle de *E* (dépréciation nominale de l'euro)
Augmentation de l'offre de monnaie aux États-Unis	Diminution proportionnelle de *E* (dépréciation nominale du dollar)
Augmentation du taux de croissance de la masse monétaire de la zone euro	Augmentation de *E* (dépréciation nominale de l'euro)
Augmentation du taux de croissance de la masse monétaire aux États-Unis	Diminution de *E* (dépréciation nominale du dollar)
Marché des biens et des services	
Augmentation de la demande de biens et de services produits dans la zone euro	Diminution de *E* (appréciation nominale de l'euro)
Augmentation de la demande de biens et de services produits aux États-Unis	Augmentation de *E* (appréciation nominale du dollar)
Augmentation de l'offre de biens et de services produits dans la zone euro	Ambigu
Augmentation de l'offre de biens et de services produits aux États-Unis	Ambigu

Dans les chapitres qui suivent, nous ferons appel à cette section générale traitant du modèle de taux de change à long terme, même lorsque nous discuterons des événements macroéconomiques à court terme. Les facteurs qui jouent à long terme sont importants, même à court terme, en raison du rôle central que tiennent les anticipations dans la détermination au jour le jour des taux de change. Le modèle de taux de change à long terme de cette section fournira un ancrage pour les anticipations de marché.

7 Différences internationales de taux d'intérêt et taux de change réel

Nous avons vu dans ce chapitre que la PPA relative, lorsqu'elle est combinée avec la parité des taux d'intérêt, implique que le différentiel de taux d'intérêt est égal au différentiel d'inflation anticipé. Cependant, comme la PPA relative n'est pas vérifiée en général, cette relation entre les taux d'intérêt et les taux d'inflation est en réalité plus complexe que ne le suggère la simple formule proposée.

Dans cette section, nous allons étendre notre discussion précédente sur l'effet Fisher, en y incluant les mouvements de taux de change réels. Nous allons montrer qu'en général les différences de taux d'intérêt entre pays ne dépendent pas seulement du différentiel d'inflation anticipé, comme l'approche monétaire le suggère, mais aussi des variations anticipées du taux de change réel.

Tout d'abord, rappelons qu'une variation de q, le taux de change réel dollar contre euro à l'incertain, correspond à une *déviation* par rapport à la PPA relative : une variation de q représente la variation en pourcentage du taux de change nominal dollar contre euro moins le différentiel de taux d'inflation entre la zone euro et les États-Unis. Nous obtenons donc une relation entre la variation *anticipée* du taux de change réel, la variation *anticipée* du taux de change nominal et l'inflation *anticipée :*

$$(q^e - q)/q = [(E^e - E)/E] - (\pi^e_€ - \pi^e_\$) \qquad (15.8)$$

où q^e est le taux de change réel anticipé dans un an sur la base de l'information détenue aujourd'hui.

Considérons maintenant la condition de parité des taux d'intérêt entre les dépôts européens et américains : $R_€ - R_\$ = (E^e - E)/E$. En réarrangeant l'équation (15.8), nous pouvons voir que le taux de variation anticipé du taux de change *nominal* est simplement le taux de variation anticipé du taux de change *réel plus* le différentiel d'inflation anticipé entre la zone euro et les États-Unis. En combinant l'équation (15.8) avec la condition de parité des taux d'intérêt, nous obtenons la décomposition suivante de l'écart entre les taux d'intérêt :

$$R_€ - R_\$ = (q^e - q)/q + (\pi^e_€ - \pi^e_\$) \qquad (15.9)$$

Lorsque le marché s'attend à ce que la PPA relative prévale, nous avons $q^e = q$ et le premier terme du membre de droite de l'équation disparaît. Dans ce cas spécial, l'équation (15.9) se réduit à l'équation (15.5) qui a été obtenue lorsque nous supposions que la PPA relative était vérifiée.

En général, cependant, la différence de taux d'intérêt entre la zone euro et les États-Unis est la somme de *deux* composantes : (1) le taux de dépréciation réel anticipé de l'euro par rapport au dollar et (2) le différentiel d'inflation anticipé entre la zone euro et les États-Unis. Par exemple, si l'inflation dans la zone euro est de 5 % par an à long terme et si l'inflation américaine est nulle, la différence d'intérêt à long terme entre les dépôts en euros et en dollars ne sera pas nécessairement à 5 %, comme la PPA, combinée avec la parité des taux d'intérêt, le suggère. En effet, si les agents anticipent que la demande et l'offre de biens et de services auront tendance à faire décliner l'euro par rapport au dollar en termes réels à un taux de 1 % par an, l'écart de taux d'intérêt sera de 6 %.

8 La parité des taux d'intérêt réels

Il existe une distinction importante entre les **taux d'intérêt nominaux**, mesurés en termes monétaires, et les **taux d'intérêt réels**, mesurés en termes *réels*, c'est-à-dire en termes de production domestique. Comme les taux réels sont en général incertains, nous faisons plus souvent référence aux taux d'intérêt réels *anticipés*. Les taux d'intérêt évoqués lors de notre discussion sur la condition de parité des taux d'intérêt et sur les déterminants de la demande de monnaie étaient les taux nominaux, par exemple la rentabilité en euros des dépôts en euros. Mais nous pouvons aussi avoir besoin de considérer des taux réels. Aucun individu ne décide d'investir s'il a pour seule information que le taux d'intérêt nominal est de 15 %. En effet, ce placement est plutôt attractif si le taux d'inflation est nul, mais il est catastrophique si le taux d'inflation est de 100 % par an ![1]

En conclusion de ce chapitre, nous allons montrer que lorsque la condition de parité des taux d'intérêt *nominaux* égalise les différences de taux d'intérêt nominaux et les variations anticipées des taux de change *nominaux*, alors la condition de parité des taux d'intérêt *réels* égalise les différences de taux d'intérêt réels anticipés et les variations anticipées des taux de change *réels*. Les taux d'intérêt réels anticipés sont identiques dans chaque pays uniquement si les agents anticipent une vérification de la PPA relative, autrement dit si aucun changement du taux de change réel n'est prévu.

Le taux d'intérêt réel anticipé, noté r^e, est défini comme le taux d'intérêt nominal, R, moins le taux d'inflation anticipé, π^e :

$$r^e = R - \pi^e$$

La définition du taux d'intérêt réel clarifie les forces qui influent sur l'effet Fisher : tout accroissement du taux d'inflation anticipé qui n'altère pas le taux d'intérêt réel anticipé doit se refléter parfaitement dans le taux d'intérêt nominal.

La définition précédente permet d'obtenir une formule exprimant la différence des taux d'intérêt réels anticipés entre deux zones monétaires telles que la zone euro et les États-Unis :

$$r^e_{€} - r^e_{\$} = (R_{€} - \pi^e_{€}) - (R_{\$} - \pi^e_{\$})$$

1. Nous aurions pu omettre l'examen des *différences* de rendements nominaux sur le marché des changes, car elles sont égales aux différences de rendements réels percus par tous les investisseurs (voir chapitre 13). Sur le marché monétaire, le taux d'intérêt *nominal* est le taux de rendement *réel* que l'on sacrifie en détenant des encaisses non porteuses d'intérêts.

Si nous réarrangeons l'équation (15.9) et si nous la combinons avec l'équation précédente, nous obtenons la *condition de parité des taux d'intérêt réels* :

$$r^e_{€} - r^e_{\$} = (q^e - q)/q \qquad (15.10)$$

L'équation (15.10) ressemble à la parité des taux d'intérêt nominaux, dont elle est dérivée. Cependant, elle explique les différences de taux d'intérêt *réels* anticipés entre la zone euro et les États-Unis par les mouvements *anticipés* du taux de change réel.

Les taux d'intérêt réels anticipés sont les mêmes dans différents pays lorsque les agents anticipent la vérification de la PPA. Dans ce cas, l'équation (15.10) implique que $r^e = r^e_{\$}$. De manière plus générale, cependant, les taux d'intérêt réels anticipés dans différents pays ne doivent pas être nécessairement égaux, même à long terme, si des variations continues sur les marchés des biens et des services sont anticipées[1]. Supposons, par exemple, que les agents anticipent une hausse de la productivité sud-coréenne dans le secteur des biens échangeables durant les deux prochaines décennies, tandis que la productivité dans le secteur des biens non échangeables stagne, tout comme dans les industries européennes. Si l'hypothèse de Balassa-Samuelson est vérifiée, les agents devraient prévoir une dépréciation de l'euro en termes réels contre la monnaie sud-coréenne, le won, en raison de la tendance à la hausse des prix des biens non échangeables sud-coréens. L'équation (15.10) implique donc que le taux d'intérêt réel anticipé devrait être plus élevé dans la zone euro qu'en Corée du Sud.

De telles différences de taux d'intérêt réels offrent-elles des opportunités d'arbitrage aux investisseurs internationaux ? Pas nécessairement. Une différence de taux d'intérêt réels implique que les résidents des deux pays reçoivent des rendements réels différents. La parité des taux d'intérêt nominaux nous dit pourtant que les investisseurs anticipent le même taux de rendement réel sur les actifs monétaires domestiques et étrangers. Deux investisseurs qui résident dans des pays différents ne calculent pas le taux de rendement réel de la même manière si la PPA relative ne relie pas les prix de leur panier de consommation. Cependant, il n'y a pas moyen pour eux de profiter de leur désaccord en déplaçant des fonds d'une monnaie à l'autre.

Résumé

La *théorie de la parité de pouvoir d'achat (PPA)*, dans sa forme *absolue*, affirme que le taux de change est égal au rapport du niveau général des prix intérieur et étranger. Le niveau général des prix est mesuré par le prix d'un panier de biens de référence. Une autre manière d'exprimer la PPA consiste à dire que le pouvoir d'achat d'une monnaie est identique dans tous les pays. Une forme moins stricte de la PPA est la *PPA relative* qui prédit que les variations en pourcentage des taux de change sont égales aux différentiels d'inflation.

Un élément de base de la théorie de la PPA est la *loi du prix unique*. Ce concept veut que, dans une situation de concurrence parfaite et en l'absence d'entraves aux échanges, un bien

1. L'analyse sur deux périodes des prêts et des emprunts internationaux au chapitre 7 est réalisée de façon à ce que tous les pays soient confrontés à un seul taux d'intérêt réel mondial. Cependant, la PPA relative doit être vérifiée dans cette analyse, car il n'y a qu'un seul bien de consommation pour chaque période.

puisse être vendu au même prix, quel que soit l'endroit où il est commercialisé. La validité de la PPA ne requiert pas que les prix de tous les biens vérifient la loi du prix unique.

L'approche monétaire des taux de change utilise la PPA pour expliquer le comportement à long terme du taux de change exclusivement en termes d'offre et de demande de monnaie. Dans cette théorie, les différentiels d'intérêts internationaux à long terme résultent de taux d'inflation domestiques différents, comme le prédit *l'effet Fisher*. Les différences internationales durables des taux de croissance monétaires sont, à leur tour, à la base des différents taux d'inflation à long terme. L'approche monétaire montre donc qu'une hausse du taux d'intérêt est associée à une dépréciation de la monnaie domestique. La PPA relative implique que le différentiel de taux d'intérêt, qui est égal à la variation anticipée en pourcentage du taux de change, est aussi égal au différentiel d'inflation anticipé.

Les analyses empiriques ne valident pas la théorie de la PPA et la loi du prix unique. La première raison tient à l'existence de barrières aux échanges et d'entorses à la libre concurrence. Ces facteurs peuvent résulter d'une stratégie de *segmentation tarifaire des marchés* (*pricing to market*) mise en place par les exportateurs. Par ailleurs, des définitions différentes du niveau général des prix dans les pays rendent difficile toute tentative de tester la PPA en utilisant un indice de prix officiel. Pour certains produits, notamment certains services, les coûts de transport sont si élevés qu'ils peuvent être considérés comme étant non échangeables.

Les déviations par rapport à la PPA relative peuvent être vues comme des variations *du taux de change réel*, c'est-à-dire des variations du prix d'un panier de biens étrangers de référence en termes de panier de biens domestiques de référence. Toutes choses égales par ailleurs, la monnaie subit une *appréciation réelle* (soit une diminution du taux de change réel coté à l'incertain) à long terme lorsque la demande relative mondiale pour le produit intérieur augmente. La monnaie subit une *dépréciation réelle* (soit une augmentation du taux de change réel coté à l'incertain) à long terme lorsque le produit intérieur s'accroît par rapport au produit intérieur étranger.

La détermination à long terme des *taux de change nominaux* peut être analysée en combinant deux théories : celle du taux de change *réel* à long terme et celle analysant la manière dont les facteurs monétaires domestiques déterminent le niveau général des prix à long terme. Une augmentation « en escalier » du stock de monnaie conduit à une hausse proportionnelle du niveau général des prix et à une dépréciation proportionnelle de la monnaie sur le marché des changes, tout comme le prédit la PPA. Une variation du taux de croissance de la masse monétaire a également des effets à long terme compatibles avec la PPA. En revanche, les variations de l'offre et de la demande sur le marché des biens et des services provoquent des mouvements du taux de change qui ne sont pas conformes avec la PPA.

La condition de parité des taux d'intérêt égalise les différences internationales des *taux d'intérêt nominaux* et la variation en pourcentage anticipée du taux de change nominal. Si la parité des taux d'intérêt est vérifiée, la condition de parité des taux d'intérêt réels égalise les différences internationales des *taux d'intérêt réels* anticipés et les variations anticipées du taux de change réel. La parité des taux d'intérêt réels implique aussi que les différences internationales entre les taux d'intérêt nominaux sont égales au différentiel d'inflation anticipé auquel on ajoute la variation en pourcentage anticipée du taux de change réel.

Activités

1. Supposons que les taux d'inflation annuels en Russie et en Suisse soient respectivement de 100 % et de 5 %. Selon la PPA relative, comment doit évoluer le taux de change du franc suisse par rapport au rouble russe ?
2. Pourquoi les exportateurs font-ils face à des difficultés lorsque la monnaie domestique s'apprécie en termes réels et pourquoi prospèrent-ils lorsque la monnaie se déprécie en termes réels ?
3. Toutes choses égales par ailleurs, comment le taux de change réel évolue si :
   a. Le niveau de dépenses totales ne varie pas, mais que les résidents dépensent une proportion plus grande de leur revenu en biens non échangeables au détriment des biens échangeables.
   b. La demande des non-résidents s'oriente plutôt vers les biens importés au détriment des biens domestiques.
4. Une guerre entraîne habituellement une suspension des échanges internationaux et des relations financières entre les belligérants. Les taux de change perdent alors une grande part de leur signification. Une fois la guerre terminée, à quel niveau fixer les taux de change ? La théorie de la PPA a souvent été appliquée pour régler le problème du réalignement du taux de change après un conflit.[1] Supposons que vous soyez le Chancelier de l'Échiquier en Grande-Bretagne au lendemain de la Première Guerre mondiale. Expliquez comment vous allez déterminer un taux de change entre le dollar et la livre sterling qui soit compatible avec la PPA ? Pourquoi le recours à la théorie de la PPA peut être une mauvaise idée ?
5. Avec le deuxième choc pétrolier en 1979, la Grande-Bretagne, qui avait développé la production de pétrole en mer du Nord, s'est soudainement enrichie. Mais au début des années 1980, le prix du pétrole a diminué et la demande mondiale de pétrole a fléchi.

   Le tableau ci-dessous, nous présentons les indices de taux de change réels moyens de la livre sterling par rapport à un ensemble de monnaies étrangères (l'indice moyen est appelé taux de change réel *effectif*). Une hausse de cet indice indique une *appréciation* réelle de la livre sterling, c'est-à-dire une hausse du niveau général des prix en Grande-Bretagne par rapport au niveau général des prix à l'étranger (en moyenne) mesuré en livres sterling. Une baisse correspond à une dépréciation réelle.

Taux de change réel effectif de la livre sterling, 1976-1984 (1980 = 100)

1976	1977	1978	1979	1980	1981	1982	1983	1984
68,3	66,5	72,2	81,4	100,0	102,8	100,0	92,5	89,4

Source : FMI, *International Financial Statistics*. Les mesures de taux de change réels sont fondées sur les indices de prix de la production nette, appelés déflateurs de la valeur ajoutée.

1. Voir Lloyd A. Metzler, « Exchange Rates and the International Monetary Fund », dans *International Monetary Policies,* Postwar Economic Studies 7, Washington D.C., Board of Governors of the Federal Reserve System, 1947, p. 1-45.

Expliquez la hausse et la baisse du taux de change réel effectif de la livre sterling entre 1978 et 1984. Quel est le rôle des biens non échangeables ?

6. Chaque semaine, la Réserve fédérale américaine publie le taux de croissance de l'offre de monnaie pour la semaine qui s'est achevée dix jours auparavant (ce délai est nécessaire afin de rassembler les données sur les dépôts bancaires). Il apparaît que lorsque la hausse de l'offre de monnaie est supérieure à celle qui était anticipée, les taux d'intérêt nominaux *augmentent* juste après l'annonce. En revanche, ils *diminuent* lorsque le marché apprend que l'offre de monnaie croît plus lentement que ce qui avait été anticipé.[1] Il existe deux explications à ce phénomène : (1) une forte croissance de la monnaie non anticipée augmente l'inflation anticipée et ainsi les taux d'intérêt nominaux *via* l'effet Fisher ; (2) une forte croissance de la monnaie non anticipée conduit le marché à prévoir une action future de la Fed afin de réduire l'offre de monnaie, provoquant une baisse du volume des dépôts offert par les banques aux agents, mais sans que l'inflation anticipée n'augmente. Comment peut-on trancher entre ces deux hypothèses en utilisant les données du marché des changes ?

7. Expliquez comment des changements permanents de la demande réelle de monnaie jouent sur les taux de change réels et nominaux à long terme.

8. Au chapitre 5, nous avons discuté des transferts entre pays, tels que les indemnités imposées à l'Allemagne après la Première Guerre mondiale par exemple. Utilisez la théorie développée dans ce chapitre pour discuter des mécanismes à travers lesquels un transfert permanent de la Pologne vers la République tchèque agirait sur le taux de change réel et le taux de change nominal du zloty polonais contre la couronne tchèque à long terme.

9. Un pays impose des droits de douane sur les importations. Comment cette initiative modifie-t-elle le taux de change réel et le taux de change nominal à long terme ?

10. Supposons que deux pays identiques diminuent leurs importations d'un même montant, mais que l'un choisisse d'utiliser des droits de douane tandis que l'autre opte pour des quotas. Les deux pays connaissent ensuite une hausse des dépenses intérieures. Toutes choses égales par ailleurs, dans quel pays l'expansion de la demande provoque-t-elle la plus forte appréciation réelle de la monnaie ?

11. Expliquez comment le taux de change dollar contre euro se modifie, toutes choses égales par ailleurs, suite à des variations permanentes du taux de dépréciation réel anticipé de l'euro par rapport au dollar.

12. Quel événement pourrait provoquer une hausse du taux d'intérêt nominal et simultanément une appréciation de la monnaie, dans un monde où les prix sont parfaitement flexibles ?

13. Supposons que le taux d'intérêt réel anticipé soit de 9 % par an aux États-Unis et de 3 % par an dans la zone euro. Comment doit varier le taux de change réel euro contre dollar pour l'année à venir ?

---

1. Charles Engel et Jeffrey Frankel, « Why Money Announcements Move Interest Rates : An Answer from the Foreign Exchange Market », dans *Sixth West Coast Academic/Federal Reserve Economic Research Seminar*, San Francisco, Federal Reserve Bank of San Francisco, 1983, p. 1-26.

14. Dans un modèle à court terme, avec des prix rigides, une baisse de l'offre de monnaie augmente le taux d'intérêt nominal et provoque une appréciation de la monnaie (voir chapitre 14). Quel est l'effet sur le taux d'intérêt réel anticipé ? Expliquez pourquoi la trajectoire à venir du taux de change réel permet de satisfaire la condition de parité des taux d'intérêt réels.

15. Commentez la déclaration suivante : « Lorsqu'une variation du taux d'intérêt nominal est provoquée par une hausse du taux d'intérêt réel anticipé, la monnaie domestique s'apprécie. Lorsque cette variation est provoquée par une hausse de l'inflation anticipée, la monnaie se déprécie. »

16. Les taux d'intérêt nominaux sont disponibles pour des emprunts de différentes maturités. Généralement, les taux d'intérêt à long terme sont supérieurs aux taux à court terme. Ainsi, fin 2008, l'État français pouvait emprunter à 5 ans au taux de 3 %, alors que le taux à 6 mois était de 2 % (en base annuelle) – un taux d'intérêt de 2 % sur des titres à 6 mois signifie que, si on emprunte 100 €, on doit rembourser $100 \times (1 + 0{,}02 \times 6/12) = 101$ €. Si nous considérons l'effet Fisher, qu'est-ce que cette représentation nous apprend à propos de l'inflation anticipée et/ou du taux d'intérêt réel futur anticipé ?

17. En continuant avec le problème précédent, nous pouvons définir les taux d'intérêt *réels* à court terme et à long terme (pour faciliter les comparaisons, les taux sont tous annualisés, c'est-à-dire qu'ils sont exprimés en pourcentage annuel). Le taux d'intérêt pertinent est en effet le taux d'intérêt nominal annualisé sur la maturité en question, moins le taux d'inflation annualisé anticipé sur la même période. Rappelons par ailleurs que la PPA relative semble être plus facilement vérifiée à long terme qu'à court terme. Peut-on en déduire que les écarts de taux d'intérêt réel entre les pays sont plus élevés pour les maturités courtes que pour les maturités longues ?

18. Comment se fait-il que la PPA relative soit plus facilement vérifiée à long terme qu'à court terme (pensez à la façon dont les entreprises qui commercent avec l'étranger doivent réagir à des différences transfrontalières importantes et persistantes des prix sur les biens échangeables) ?

19. Quelles forces permettraient une vérification de la PPA à long terme sur les biens *non échangeables ?* Il est plus facile de répondre à cette question si l'on a bien compris la discussion du chapitre 4 portant sur l'égalisation du prix des facteurs.

Annexe du chapitre 15

L'effet Fisher, le taux d'intérêt et le taux de change sous l'approche monétaire à prix flexibles

L'approche monétaire des taux de change suppose que les prix des biens soient parfaitement flexibles, ce qui implique une dépréciation de la monnaie lorsque le taux d'intérêt augmente, du fait d'une inflation anticipée plus forte. Cette annexe offre une analyse détaillée de ce résultat important.

Considérons à nouveau le taux de change dollar contre euro et supposons que la Banque centrale européenne augmente le taux de croissance futur de l'offre de monnaie d'un montant $\Delta\pi$. La figure 15A.1 propose un diagramme qui nous permettra de comprendre pas à pas de quelle manière les marchés vont répondre à ce changement.

Le cadran de la figure en bas à droite est notre représentation usuelle de l'équilibre sur le marché monétaire de la zone euro. Avant la hausse du taux de croissance de l'offre de monnaie européenne, nous pouvons voir que le taux d'intérêt nominal en euros est égal à $R_€^1$ (point 1). L'effet Fisher nous dit que, à la suite de la hausse de $\Delta\pi$ du taux de croissance de l'offre de monnaie européenne, toutes choses égales par ailleurs, le taux d'intérêt nominal en euros augmente pour être égal à $R_€^2 = R_€^1 + \Delta\pi$ (point 2).

Comme le diagramme l'illustre, la hausse du taux d'intérêt nominal en euros réduit la demande de monnaie et, ainsi, requiert une baisse de l'offre réelle de monnaie afin d'équilibrer le marché. Néanmoins, le stock nominal de monnaie reste inchangé à court terme, car c'est seulement le taux de croissance *futur* de l'offre de monnaie européenne qui augmente. Que se passe-t-il ? Sachant que l'offre nominale de monnaie, $M_€^1$, est inchangée, c'est un saut vers le haut du niveau général des prix dans la zone euro, de $P_€^1$ à $P_€^2$, qui permet une réduction de la demande réelle de monnaie européenne. L'hypothèse de flexibilité des prix permet la réalisation de ce saut, même à court terme.

Pour analyser la réponse du taux de change, nous nous tournons maintenant vers le cadran en bas à gauche. L'approche monétaire suppose que la PPA est vérifiée. Ainsi, la hausse de $P_€$ (alors que, par hypothèse, le niveau général des prix américains reste constant) provoque une dépréciation de l'euro, soit une augmentation du taux de change à l'incertain, E. Le cadran en bas à gauche de la figure 15A.1 illustre la relation qui en découle entre la détention réelle de monnaie dans la zone euro, $M_€/P_€$, et le taux de change nominal, E, sachant que l'offre de monnaie *nominale* dans la zone euro et le niveau général des prix américains sont inchangés. En utilisant la PPA, nous pouvons écrire l'équation relative à la figure (qui est une *hyperbole* décroissante) :

$$E = P_€ / P_\$ = (M_€ / P_\$) / (M_€ / P_€) \qquad (15A.1)$$

Cette équation montre qu'une baisse de l'offre réelle de monnaie de la zone euro, allant du niveau $M_€^1 / P_€^1$ au niveau $M_€^1 / P_€^2$, est associée à une dépréciation de l'euro de

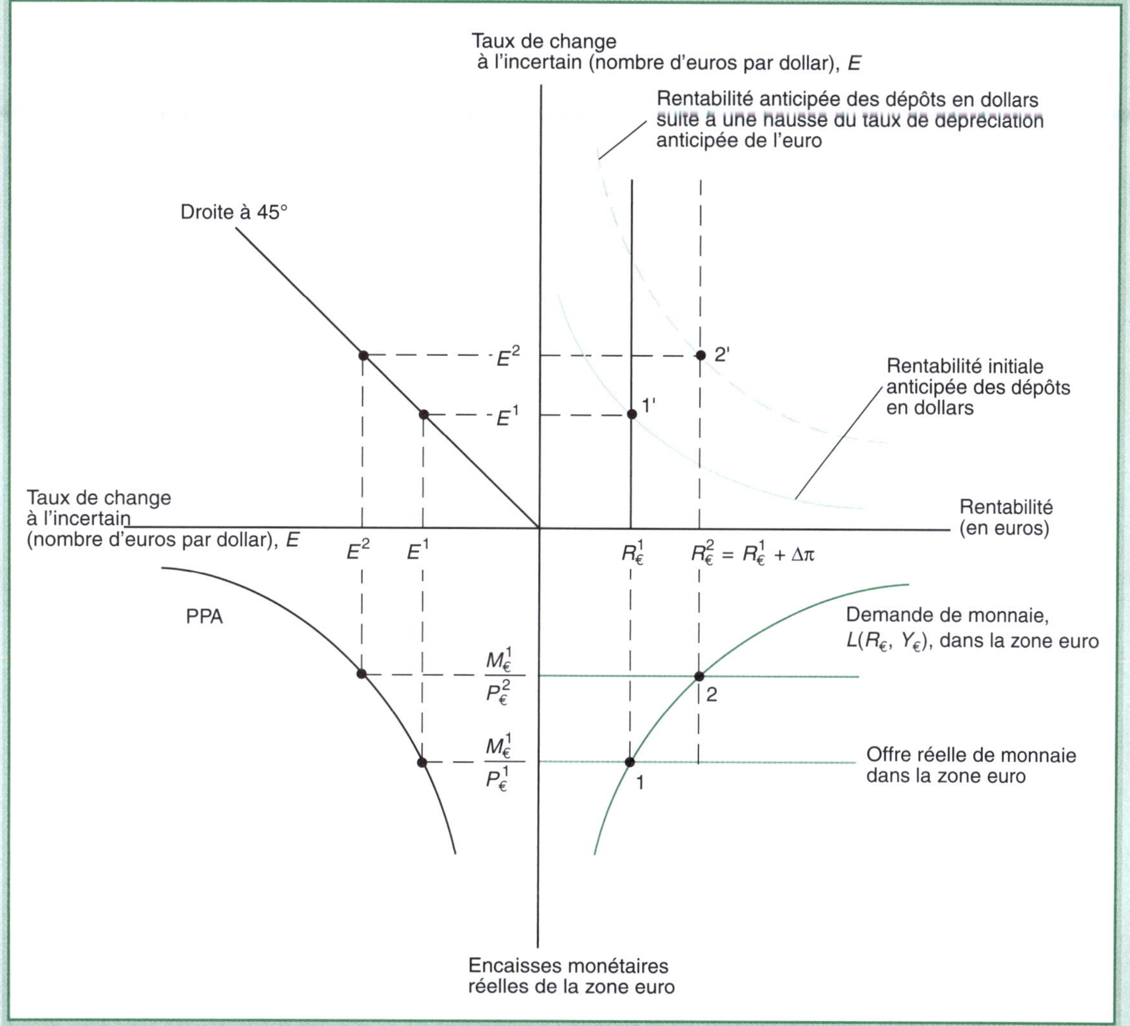

Figure 15A.1 • Comment une hausse du taux de croissance de la monnaie européenne agit sur les taux d'intérêt en euros et sur le taux de change contre dollar, lorsque les prix sont flexibles.

Lorsque les prix des biens sont parfaitement flexibles, le diagramme de l'équilibre du marché monétaire (cadran sud-est) montre les deux effets d'une hausse, $\Delta\pi$, du taux de croissance futur de l'offre de monnaie de la zone euro. Cette variation va (i) augmenter le taux d'intérêt en euros de $R^1_€$ à $R^2{}_€ = R^1_€ + \Delta\pi$, comme le prédit l'effet Fisher, et (ii) induire un saut vers le haut du niveau général des prix dans la zone euro, de $P^1_€$ à $P^2_€$. Par conséquent, l'équilibre sur le marché de la monnaie passe du point 1 au point 2. (Comme $M^1_€$ ne change pas immédiatement, l'offre d'encaisses réelles européennes baisse jusqu'à $M^1_€ / P^2$, rendant l'offre réelle de monnaie compatible avec la demande de monnaie plus faible.) La relation de la PPA dans le cadran sud-ouest montre que le saut du niveau général des prix, de $P^1_€$ à $P^2_€$, demande une dépréciation réelle de l'euro par rapport au dollar (le taux de change passe de E^1 à E^2). Sur le diagramme du marché des changes (cadran nord-est), cette dépréciation de l'euro est présentée comme un mouvement du point 1' vers le point 2'. L'euro se déprécie, malgré la hausse de $R_€$, car les anticipations sur une dépréciation future de l'euro par rapport au dollar provoquent un déplacement vers la droite de la relation représentant le rendement anticipé en dollars des dépôts en euros.

façon que le taux de change nominal passe de E^1 à E^2 (mouvement vers la gauche le long de l'axe des abscisses).

La droite à 45 degrés du cadran en bas à gauche de la figure 15A.1 nous permet de translater le taux de change du cadran sud-ouest à l'axe vertical du cadran en haut à droite. Ce dernier contient une interprétation de l'équilibre sur le marché des changes.

Nous pouvons voir que la dépréciation de l'euro par rapport au dollar est associée à un mouvement de l'équilibre du marché des changes du point 1′ vers le point 2′. La figure montre pourquoi l'euro se déprécie, malgré la hausse de $R_€$. Cela s'explique par un déplacement vers la droite de la courbe décroissante illustrant la rentabilité anticipée en euros des dépôts américains. Pourquoi la courbe se déplace-t-elle vers l'extérieur ? Un taux de croissance futur anticipé plus élevé de l'offre de monnaie implique une dépréciation future anticipée plus rapide de l'euro par rapport au dollar et, par conséquent, une hausse de l'attractivité des dépôts en dollars. Ce sont les changements d'anticipations qui conduisent simultanément à une hausse du taux d'intérêt nominal en euros et à une dépréciation de l'euro sur le marché des changes.

Pour résumer, il est impossible de prévoir comment une hausse des taux d'intérêt en euros influe sur le taux de change en euros si nous ne connaissons pas la *raison* pour laquelle le taux d'intérêt nominal augmente. Dans un modèle de prix flexibles, dans lequel le taux d'intérêt nominal augmente à la suite de la hausse du taux de croissance futur anticipé de l'offre de monnaie, la monnaie domestique ne s'appréciera pas, mais se dépréciera, en raison des anticipations qui portent sur une dépréciation plus rapide dans le futur.

Chapitre 16

Produit intérieur et taux de change à court terme

Objectifs pédagogiques :

- **Étudier le rôle du taux de change réel dans la détermination de la demande globale.**
- **Analyser l'équilibre de court terme d'une économie ouverte comme l'intersection entre l'équilibre sur les marchés d'actifs (*AA*) et l'équilibre sur le marché des biens et des services (*DD*).**
- **Comprendre comment les politiques monétaires et budgétaires agissent sur le taux de change et le produit intérieur à court terme.**
- **Identifier les effets à long terme de changements macroéconomiques permanents.**
- **Étudier les relations entre les politiques macroéconomiques, l'équilibre de la balance courante et le taux de change.**

En 2004, les taux de croissance des États-Unis et de la Nouvelle-Zélande ont été les plus élevés des pays industrialisés. Mais alors que le dollar américain se dépréciait en termes réels, le dollar néo-zélandais s'appréciait. Comment pouvons-nous expliquer ces évolutions opposées ? Ce chapitre a pour objectif de présenter les déterminants de la croissance, du taux de change et de l'inflation en complétant le modèle macroéconomique développé aux trois précédents chapitres.

Les chapitres 14 et 15 portent sur les liens entre le taux de change, le taux d'intérêt et le niveau général des prix, en supposant que le produit intérieur est donné (exogène). Ces chapitres permettent donc de comprendre seulement de manière partielle les conséquences des changements macroéconomiques en économie ouverte : en effet, les évolutions du taux de change, du taux d'intérêt et du niveau général des prix peuvent également agir sur le produit intérieur. Nous complétons donc notre analyse en examinant ici comment le produit intérieur et le taux de change sont déterminés à court terme.

Ce chapitre fait appel aux éléments présentés précédemment concernant les marchés d'actifs (c'est-à-dire le marché des changes et le marché monétaire) et le comportement à long terme des taux de change. Considérer les effets à long terme nous a permis de supposer un ajustement complet des prix aux différents chocs économiques. Mais, on l'a vu, des facteurs institutionnels peuvent induire une certaine rigidité des prix sur le marché des biens et des services (voir chapitre 14).

Dans ce chapitre, nous construisons un modèle permettant d'expliquer le comportement à court terme des variables les plus importantes en macroéconomie ouverte. Pour cela, nous combinons un modèle à court terme du marché des biens et des services à prix rigides avec le modèle de taux de change à long terme considéré au chapitre précédent.

Ce dernier nous est nécessaire car il nous offre le cadre d'analyse que les intervenants sur les marchés financiers utilisent pour former leurs anticipations de taux de change futur. Dans la dernière partie, nous utiliserons notre modèle afin, d'une part, d'examiner la portée des outils de politique macroéconomique sur le produit intérieur et sur la balance courante en économie ouverte et, d'autre part, de voir comment ils peuvent être utilisés pour maintenir le plein emploi.

1 Déterminants de la demande globale en économie ouverte

Afin d'analyser la façon dont le produit intérieur est déterminé à court terme lorsque les prix ne sont pas parfaitement flexibles, nous introduisons le concept de **demande globale** adressée à un pays. La demande globale est la quantité de biens et de services produits dans un pays et demandée par l'ensemble des ménages et des entreprises à travers le monde. Le niveau à court terme du produit intérieur dépend de la demande globale. L'économie est, par définition, en situation de plein emploi à long terme lorsque les salaires et le niveau général des prix finissent par s'ajuster pour assurer ce plein emploi. À long terme, le produit intérieur dépend donc seulement de l'offre disponible des facteurs de production (travail et capital). Comme nous le verrons cependant, ceux-ci peuvent être sous ou surutilisés à court terme, notamment lorsque les effets à long terme sur les prix d'une variation de la demande globale ne se sont pas encore produits.

Au chapitre 12, nous avons montré que le produit intérieur pouvait être ventilé selon quatre postes : la consommation, l'investissement, les dépenses publiques et la balance courante. La demande globale en économie ouverte est par conséquent la somme de la demande de consommation (C), de la demande d'investissement (I), de la demande publique (G) et d'une demande d'exportation nette, soit le solde du compte courant (CC). Les trois premiers termes composent la demande intérieure et le dernier représente la demande extérieure. Chacune de ces dépend de divers facteurs. Dans cette section, nous examinons ceux qui déterminent la demande de consommation et la balance courante. Nous discuterons des dépenses publiques lorsque nous examinerons les effets de la politique budgétaire ; pour le moment, nous supposons que G est exogène. Par ailleurs, afin de ne pas compliquer le modèle, nous présumons aussi que la demande d'investissement est donnée.

1.1 Les déterminants de la demande de consommation

Dans ce chapitre, nous considérons que le niveau de consommation souhaité par les résidents, C, dépend du revenu disponible, Y^d, c'est-à-dire le revenu national moins les impôts, $Y - T$, où C, Y et T sont mesurés en unités de biens domestiques[1]. Cette hypothèse nous permet d'écrire le niveau de consommation désiré comme une fonction du revenu disponible :

$$C = C(Y^d)$$

1. Un modèle plus complet permettrait à d'autres facteurs, tels que la richesse réelle et le taux d'intérêt réel, d'influer sur la consommation. L'annexe A relie la formulation présentée dans cette section à la théorie microéconomique du consommateur (voir aussi l'annexe du chapitre 7).

Les consommateurs demandent plus de biens et de services à mesure que leur revenu réel augmente. On peut donc s'attendre à une relation positive entre consommation globale et revenu disponible. Lorsque celui-ci augmente, la demande de consommation s'accroît cependant dans une proportion plus faible puisqu'une partie du revenu supplémentaire est épargnée (autrement dit, la propension marginale à consommer est inférieure à un).

1.2 Les déterminants de la balance courante

Le solde de la balance courante (la différence entre les exportations et les importations) est principalement déterminé par deux facteurs : le taux de change réel et le revenu disponible. En réalité, la balance courante d'un pays dépend de nombreux autres éléments, tels que le niveau de dépenses étrangères, mais ici, nous considérons que ces autres facteurs sont fixes[1].

Nous exprimons le solde de la balance courante comme une fonction du taux de change réel coté à l'incertain, c'est-à-dire le prix d'un panier représentatif de biens étrangers en termes de panier de biens domestiques, $q = EP^*/P$, et du revenu disponible, Y^d :

$$CC = CC(EP^*/P, Y^d)$$

Les prix en monnaie domestique des paniers représentatifs de biens étrangers et de biens domestiques sont respectivement EP^* et P, avec E le taux de change nominal à l'incertain, c'est-à-dire le prix de la monnaie étrangère en termes de monnaie domestique, P^* le niveau général des prix à l'étranger, et P le niveau général des prix intérieur. Le taux de change *réel*, q (prix du panier étranger en termes de panier domestique), est donc bien égal à EP^*/P (voir chapitre 15). Supposons, par exemple, que le panier représentatif de biens et de services aux États-Unis coûte 70 \$ (P^*), que celui de la zone euro coûte 60 € (P) et que le taux de change soit de 0,9 euro par dollar (E). Le prix du panier aux États-Unis en termes de panier de la zone euro est alors égal à :

$$q = EP^*/P = (0{,}9\text{ € par \$}) \times (70\text{ \$ par panier américain}) / (60\text{ € par panier européen})$$
$$= 1{,}05\text{ panier européen par panier américain}$$

Les taux de change réels sont déterminants pour l'équilibre de la balance courante dans la mesure où ils reflètent les modifications des prix des biens et services domestiques relativement aux prix des biens et services étrangers. Quant au revenu disponible, il agit sur la balance courante *via* les dépenses totales des consommateurs résidents. Afin de comprendre le fonctionnement des effets du taux de change réel et du revenu disponible, il est plus simple de considérer séparément la demande d'exportations qui émane des non-résidents (EX) et la demande d'importation des résidents (IM). La balance courante est reliée aux exportations et aux importations :

$$CC = EX - IM$$

où CC, EX et IM sont mesurés en unités de biens domestiques.

1. Au chapitre 19, nous étudions un modèle à deux pays permettant d'analyser les effets sur le produit intérieur étranger d'un choc dans l'économie domestique et l'incidence de cette modification du produit intérieur étranger sur l'économie domestique. Le modèle ignore, pour simplifier le raisonnement, certains facteurs comme la richesse et les taux d'intérêt qui jouent sur la consommation et sur le revenu disponible. Une partie des variations de la consommation influant sur les importations, ces simplifications aident également à déterminer la balance courante. Suivant la convention établie au chapitre 12, nous ignorons par ailleurs les transferts unilatéraux.

1.3 Incidence du taux de change réel sur la balance courante

Rappelons que le panier représentatif des dépenses intérieures inclut des produits importés mais accorde un poids relativement plus élevé aux biens et services produits dans le pays. De façon symétrique, le panier étranger représentatif contient principalement des biens et des services produits à l'étranger. Ainsi, une augmentation du prix du panier étranger en termes de panier domestique sera associée à une hausse du prix relatif de la production étrangère relativement à la production domestique.[1]

Afin de déterminer l'effet, toutes choses égales par ailleurs, d'une modification des prix relatifs des biens et services domestiques sur la balance courante, nous devons évaluer comment ce changement influe sur les exportations et les importations. Si, par exemple, EP^*/P augmente, les biens et services étrangers deviennent plus coûteux par rapport aux biens et services domestiques : chaque unité de production domestique permet d'acheter moins d'unités de production étrangère. Les consommateurs non résidents vont répondre à ce changement de prix en augmentant leur demande pour les produits exportés. Il y a donc une hausse des exportations, ce qui conduit à une amélioration de la balance courante.

L'effet sur les importations de la même augmentation du taux de change réel est plus complexe. Les consommateurs répondent à la modification des prix en achetant moins d'unités de produits étrangers. Cependant, cette réponse n'implique pas que les importations diminuent, puisque l'on considère la valeur des importations *mesurée en unités de biens domestiques* et non le volume des biens importés. Ainsi, une augmentation de EP^*/P conduit à accroître la valeur de chaque unité de bien importé en termes d'unité de biens domestiques. La valeur des importations mesurée en unités de biens domestiques peut donc augmenter, même si les importations diminuent lorsqu'on les mesure en unités de biens étrangers. Il est donc difficile de prédire la réaction des importations à une hausse de EP^*/P. L'effet d'une modification du taux de change réel sur la balance courante est donc ambigu.

L'amélioration ou la détérioration de la balance courante dépend donc de l'effet qui domine entre *l'effet volume*, associé aux modifications des quantités importées et exportées, et *l'effet valeur*, associé à la modification de la valeur en termes de biens domestiques d'un volume donné de biens étrangers importés. Nous supposons pour le moment que l'effet volume d'une modification du taux de change réel l'emporte toujours sur l'effet valeur. Ainsi, une dépréciation réelle de la monnaie améliore la balance courante, et une appréciation réelle la détériore[2].

---

1. Le taux de change réel est utilisé ici essentiellement comme une mesure synthétique des prix relatifs entre les produits domestiques et les produits étrangers. Une analyse plus exacte (mais plus compliquée) consisterait à prendre explicitement en compte des fonctions d'offres et de demandes pour les biens échangeables et non échangeables dans chaque pays. Cette analyse conduirait à des conclusions très proches de celle qui est obtenue ci-dessus.
2. Cette hypothèse nécessite que les demandes d'importation et d'exportation soient très élastiques au taux de change réel. L'annexe B de ce chapitre décrit précisément la condition appelée condition de Marshall-Lerner et sous laquelle l'hypothèse faite dans la présentation ci-dessus est valide. L'annexe examine également pour quels horizons temporels cette condition est vérifiée empiriquement.

Nous avons jusque-là discuté uniquement de la réponse des *consommateurs* aux variations du taux de change réel et nous avons ignoré la réaction des *producteurs*. Les deux sont, en fait, très proches. Quand la monnaie d'un pays se déprécie en termes réels, les entreprises étrangères considèrent que l'offre de produits intermédiaires des entreprises domestiques est meilleur marché. On note d'ailleurs une tendance croissante des entreprises multinationales à localiser les différentes étapes de leur processus de production dans différents pays. Par exemple, le constructeur automobile allemand BMW peut déplacer sa production d'Allemagne vers son usine aux États-Unis, si une dépréciation du dollar diminue les coûts de production relatifs sur le territoire américain. Le déplacement de production traduit alors une augmentation de la demande mondiale de travail et de produits des États-Unis.

1.4 Incidence d'une variation du revenu disponible sur la balance courante

Le second facteur qui influe sur la balance courante est le revenu disponible. Une augmentation de Y^d conduit les consommateurs à accroître leurs dépenses pour *l'ensemble* des biens, y compris les biens étrangers. Une augmentation du revenu disponible détériore par conséquent la balance courante, toutes choses égales par ailleurs. D'autre part, nous supposons qu'une augmentation de Y^d n'a aucun effet sur la demande d'exportations. Autrement dit, nous considérons que le revenu étranger est exogène.

Le tableau 16.1 indique comment une modification du taux de change réel et du revenu disponible agit sur le solde du compte courant, *CC*.

Tableau 16.1 : Les déterminants du solde de la balance courante

Variation	Effet sur le solde de la balance courante, CC
Taux de change réel à l'incertain, EP^*/P ↑	CC ↑
Taux de change réel à l'incertain, EP^*/P ↓	CC ↓
Revenu disponible, Y^d ↑	CC ↓
Revenu disponible, Y^d ↓	CC ↑

2 L'équation de demande globale

Nous allons maintenant combiner les quatre composantes de la demande globale afin d'obtenir une expression de la demande globale totale, notée D :

$$D = C(Y - T) + I + G + CC(EP^*/P, Y - T)$$

Cette équation montre que la demande globale d'un pays peut être écrite comme une fonction du taux de change réel, du revenu disponible, de la demande d'investissement et des dépenses publiques :

$$D = D(EP^*/P, Y - T, I, G)$$

Nous souhaitons maintenant analyser comment la demande globale dépend du taux de change réel et du PIB pour des niveaux donnés de T, I et G.

2.1 Taux de change réel et demande globale

Une augmentation de EP^*/P rend les biens et les services domestiques meilleur marché relativement aux biens et services étrangers. En outre, elle détourne les dépenses domestiques et étrangères des biens étrangers vers les biens domestiques. Le solde du compte courant *CC* augmente donc, comme nous l'avons démontré dans la section précédente, et la demande globale *D* s'accroît. *Toutes choses égales par ailleurs, une dépréciation réelle de la monnaie augmente la demande globale pour la production domestique, et une appréciation réelle la diminue.*

2.2 Revenu réel et demande globale

L'effet du revenu réel intérieur sur la demande globale est légèrement plus compliqué. Si les impôts sont fixes, une augmentation de *Y* aboutit à une hausse équivalente du revenu disponible Y^d. Bien que l'augmentation de Y^d conduise à l'accroissement de la consommation, elle entraîne également une détérioration de la balance courante en relevant le niveau des importations. Le premier de ces effets conduit à un accroissement de la demande globale alors que le second la réduit. Cependant, le premier effet (celui du revenu disponible sur la consommation totale) est plus important que le second (celui du revenu disponible sur les dépenses d'importations prises séparément). *Toutes choses égales par ailleurs, une augmentation du revenu réel intérieur conduit à un accroissement de la demande globale pour la production domestique, tandis qu'une baisse entraîne une diminution de cette demande.*

La figure 16.1 illustre la relation entre demande globale et revenu réel *Y* lorsque le taux de change réel, les impôts, la demande d'investissement et les dépenses publiques sont fixes.

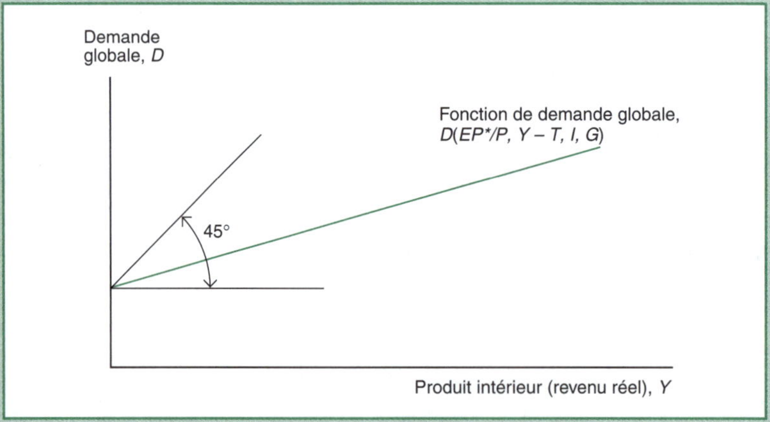

Figure 16.1 • La demande globale comme fonction du produit intérieur.

La demande globale est une fonction du taux de change réel (EP^*/P), du revenu disponible ($Y - T$), de la demande d'investissement (I) et des dépenses publiques (G). Si tous les autres facteurs restent inchangés, une augmentation du produit intérieur Y (le revenu réel) conduit à un accroissement de la demande globale. Cette augmentation étant plus faible que la hausse du produit, la pente de la fonction de demande globale est inférieure à 1 (ce qui se traduit graphiquement par une pente inférieure à 45°).

À la suite de l'augmentation de Y, la consommation s'accroît dans une certaine proportion de la hausse du revenu. De plus, une part de cette augmentation de la consommation est réalisée sous forme de dépenses d'importations. L'effet d'une hausse de Y sur la demande globale est donc inférieur à l'accroissement de la consommation qui l'accompagne, qui à son tour est inférieur à la hausse de Y. Ce résultat est illustré à la figure 16.1 par la droite de demande globale qui a une pente inférieure à 1 (la droite coupe l'axe vertical au-dessus de l'ordonnée à l'origine, puisque l'investissement, les dépenses publiques et les exportations rendent la demande globale supérieure à zéro, même sous l'hypothèse d'un produit intérieur nul).

3 La détermination du produit intérieur à court terme

Nous pouvons désormais analyser comment le produit intérieur est déterminé à court terme. Le marché des biens et des services est à l'équilibre lorsque le produit réel Y est égal à la demande globale s'adressant à la production domestique :

$$Y = D(EP^*/P, Y - T, I, G) \tag{16.1}$$

L'égalisation de l'offre et de la demande globale définit donc le niveau du produit intérieur à l'équilibre de court terme[1].

Notre analyse de la détermination du produit réel s'applique à court terme puisque nous supposons que les prix des biens et des services sont *temporairement fixes*. Comme nous le verrons dans ce chapitre, les modifications du produit réel à court terme dans ce contexte conduisent finalement à un changement du niveau général des prix, ce qui permet de ramener l'économie à son équilibre de long terme. À l'équilibre de long terme, les facteurs de production sont pleinement utilisés, le niveau du produit réel est entièrement déterminé par l'offre de facteurs, et le taux de change réel s'est ajusté pour égaliser, à long terme, le produit réel à la demande globale[2].

La détermination du produit intérieur à court terme est représentée à la figure 16.2 : la demande globale est fonction du produit intérieur pour des niveaux fixés du taux de change réel, des impôts, de la demande d'investissement et des dépenses publiques. L'intersection (au point 1) de la droite de demande globale avec la droite à 45° partant

1. L'équation (16.1), qui pourrait également s'écrire $Y = C(Y^d) + I + G + CC(EP^*/P, Y^d)$, est proche de la décomposition du PIB présentée au chapitre 12, $Y = C + I + G + CC$. Ces équations sont toutefois de nature différente, puisque l'équation (16.1) est une condition d'équilibre et non une identité comptable. De plus, le montant de l'investissement I apparaissant dans la décomposition du PIB prend en compte l'accumulation *involontaire ou non désirée* de stocks par les entreprises, de sorte que la décomposition du PIB soit par définition continuellement vérifiée (voir chapitre 12). La demande d'investissement apparaissant dans l'équation (16.1) correspond, quant à elle, à l'investissement *désiré ou planifié*. Ainsi, la décomposition du PIB est toujours vérifiée alors que l'équation (16.1) est respectée seulement si les entreprises ne modifient pas leurs stocks involontairement.
2. Ainsi, l'équation (16.1) est vérifiée à l'équilibre à long terme, mais elle détermine le taux de change réel à long terme quand Y prend sa valeur à long terme (voir chapitre 15), en supposant que les conditions de l'économie étrangère sont constantes.

de l'ordonnée à l'origine ($D = Y$) fournit l'unique niveau du produit intérieur Y^1 pour lequel la demande globale est égale au produit intérieur.

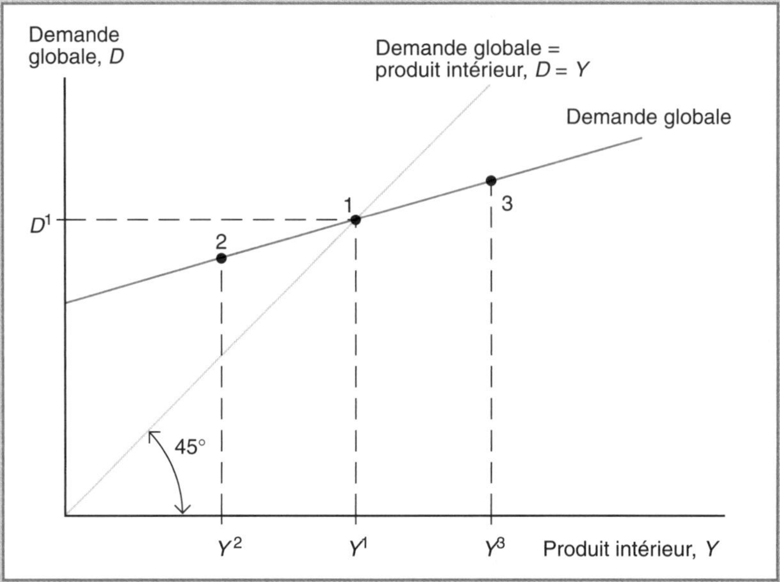

Figure 16.2 • La détermination du produit intérieur à court terme.
À court terme, le produit intérieur se fixe à Y^1 (point 1) : la demande globale D^1 est égale au produit Y^1.

Utilisons la figure 16.2 pour comprendre pourquoi le produit intérieur tend à s'établir à Y^1 à court terme. Au niveau Y^2, la demande globale (point 2) est supérieure au produit intérieur. Les entreprises augmentent donc leur production pour satisfaire cet excès de demande. Si elles ne le font pas, elles devront répondre à l'excès de demande en utilisant leurs stocks, réduisant l'investissement en dessous de son niveau désiré I. Ainsi, le produit intérieur s'accroît jusqu'à atteindre Y^1.

Inversement, au point 3, il y a un excès d'offre de production et les entreprises se retrouvent à accumuler des stocks malgré elles (augmentant involontairement leurs dépenses d'investissement au-dessus du niveau désiré). La constitution de stocks permet aux entreprises de réduire leur production, et ces dernières seront satisfaites de leur niveau de production uniquement lorsqu'elle aura diminué jusqu'au niveau Y^1. Une fois encore, le produit intérieur revient au point 1, pour lequel elle est égale à la demande globale. À cet équilibre de court terme, les consommateurs, les entreprises, l'État et les acheteurs non résidents de biens domestiques peuvent tous atteindre le niveau désiré de dépenses, et ceci sans production excédentaire.

4 Équilibre de court terme du marché des biens et des services : la courbe DD

Maintenant que nous avons vu de quelle façon le produit intérieur est déterminé pour un taux de change réel EP^*/P donné, nous pouvons analyser comment le taux de change et le produit intérieur sont déterminés simultanément à court terme. Pour cela, nous avons besoin de deux éléments. Le premier, développé dans cette section, est la relation entre produit intérieur et taux de change (la courbe *DD*), qui doit être vérifiée quand le marché des biens et des services est à l'équilibre. Le second élément, détaillé dans la section suivante, est la relation entre produit intérieur et taux de change, qui doit être vérifiée quand le marché monétaire domestique et le marché des changes (les marchés d'actifs) sont à l'équilibre. Ces deux éléments sont nécessaires puisque l'économie est à l'équilibre seulement lorsque le marché des biens et des services et les marchés d'actifs sont à l'équilibre simultanément.

4.1 Produit intérieur, taux de change et équilibre du marché des biens et des services

La figure 16.3 montre la relation entre taux de change et produit intérieur, issue de l'équilibre du marché des biens et des services. Cette figure illustre notamment l'effet d'une dépréciation de la monnaie (c'est-à-dire une augmentation du taux de change à l'incertain, de E^1 à E^2) pour des valeurs fixes du niveau général des prix intérieur et étranger, P et P^*. Avec des niveaux de prix fixes, la hausse du taux de change nominal rend les biens et les services étrangers plus coûteux relativement aux biens et services domestiques. Cette modification du prix relatif conduit à un déplacement vers le haut de la droite de demande globale.

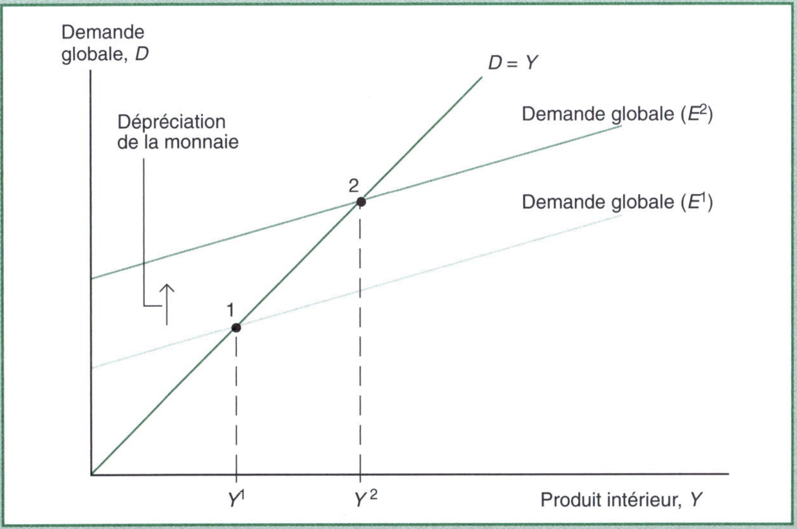

Figure 16.3 • Effet sur le produit intérieur d'une dépréciation de la monnaie quand les prix sont fixes.
Une hausse du taux de change à l'incertain de E^1 à E^2 (une dépréciation de la monnaie domestique) conduit à un déplacement vers le haut de la courbe de demande globale et à une augmentation du produit intérieur de Y^1 à Y^2, toutes choses égales par ailleurs.

La baisse du prix relatif du produit intérieur provoque un déplacement de la droite de demande globale vers le haut puisque, pour chaque niveau de produit intérieur, la demande de produits domestiques est désormais plus élevée. Par exemple, les acheteurs d'automobiles qui vivent dans la zone euro orienteront leur demande vers des modèles européens si l'euro se déprécie. Le produit intérieur s'accroît donc de Y^1 à Y^2, puisque les entreprises font face à un excès de demande par rapport au niveau initial.

Nous avons considéré les effets d'une modification de E pour P et P^* fixes, mais nous pouvons également analyser de façon identique les effets sur le produit intérieur de modifications de P et P^*. *Toutes choses égales par ailleurs, une hausse du taux de change réel à l'incertain (qu'elle soit due à une hausse de* E, *de* P*, *ou à une baisse de* P*) conduira à un déplacement vers le haut de la fonction de demande globale et à un accroissement du produit intérieur. De la même façon, une baisse de* EP^*/P*, quelle que soit son origine (une baisse de* E, *de* P*, *ou une hausse de* P*), conduira à une contraction du produit intérieur.*

4.2 La courbe DD

En supposant que P et P^* soient fixes à court terme, une dépréciation de la monnaie (une augmentation du taux de change à l'incertain E) se traduit par un accroissement du produit intérieur Y, alors qu'une appréciation de la monnaie (une baisse du taux de change à l'incertain E) provoque une contraction de Y. Cette association nous donne une des deux relations entre Y et E nécessaire pour décrire le comportement macroéconomique à court terme d'une économie ouverte. Cette relation est résumée par **la courbe *DD*** correspondant à toutes les combinaisons du produit intérieur et de taux de change assurant l'équilibre de court terme sur le marché des biens et des services (demande globale = produit intérieur).

La figure 16.4 représente la courbe *DD*, qui relie E et Y quand P et P^* sont fixes. La partie supérieure de la figure reprend la figure 16.3 (une dépréciation de la monnaie déplace la fonction de demande globale vers le haut, conduisant à une hausse du produit intérieur). La courbe *DD*, dans la partie inférieure de la figure, illustre la relation entre le taux de change et le produit intérieur (pour P et P^* constants). Le point 1 sur la courbe *DD* permet d'atteindre le niveau Y^1 pour lequel la demande globale est égale à l'offre globale quand le taux de change vaut E^1. Une dépréciation de la monnaie en E^2 conduit à un niveau plus élevé Y^2, compte tenu de la partie supérieure de la figure. Ce résultat nous permet donc de placer le point 2 sur *DD*.

4.3 Facteurs qui influent sur la courbe DD

Divers facteurs peuvent faire bouger la courbe *DD* : une modification des dépenses publiques, du taux d'imposition, du niveau d'investissement, du niveau général des prix, du comportement des consommateurs, sans oublier la demande des non-résidents pour les produits domestiques. Nous étudions dans cette section comment la courbe *DD* se déplace lorsqu'un de ces facteurs varie, toutes choses égales par ailleurs.

1. *Une variation de G.* La figure 16.5 illustre l'effet sur *DD* d'une hausse des dépenses publiques de G^1 à G^2, pour un taux de change E^0 constant. Comme on le voit dans la partie supérieure de la figure, le taux de change E^0 coïncide avec un niveau d'équilibre du produit intérieur Y^1 pour un niveau initial de dépenses publiques. Le point 1 se trouve donc sur la courbe *DD*. Une augmentation de G provoque un déplacement

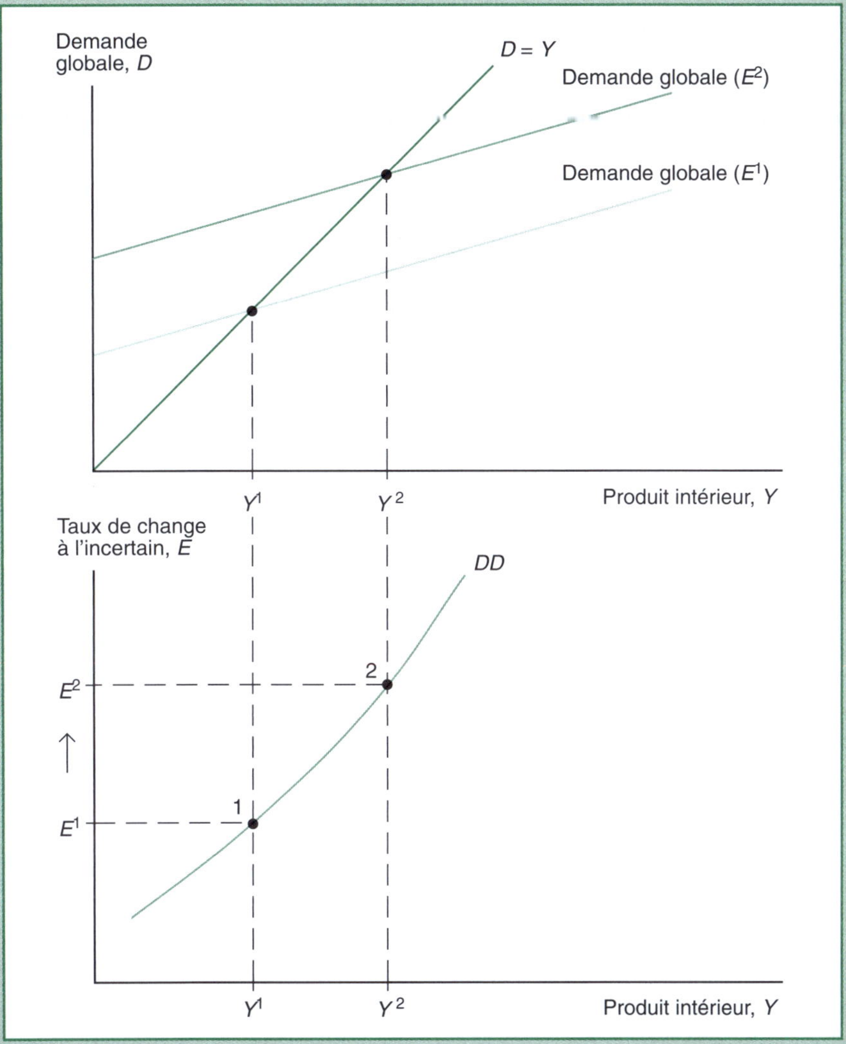

Figure 16.4 • Détermination de la courbe *DD*.

La courbe *DD* (partie inférieure de la figure) a une pente positive puisqu'une hausse du taux de change à l'incertain de E^1 à E^2, toutes choses égales par ailleurs, provoque une augmentation du produit intérieur de Y^1 à Y^2.

vers le haut de la courbe de demande globale (partie supérieure de la figure). Toutes choses égales par ailleurs, le produit intérieur augmente de Y^1 à Y^2. Le point 2 (partie inférieure de la figure) correspond au niveau le plus élevé du produit intérieur pour lequel la demande et l'offre globales sont désormais égales, *pour un taux de change E^0 inchangé*. Le point 2 se trouve donc sur une nouvelle courbe DD^2. Pour un taux de change donné, le niveau du produit intérieur égalisant la demande et l'offre globales est plus élevé en raison de la hausse de *G*. *Une augmentation de* G *implique donc un* *déplacement vers la droite de* DD *(voir figure 16.5). Inversement, une diminution de* G *provoque un déplacement vers la gauche de* DD.

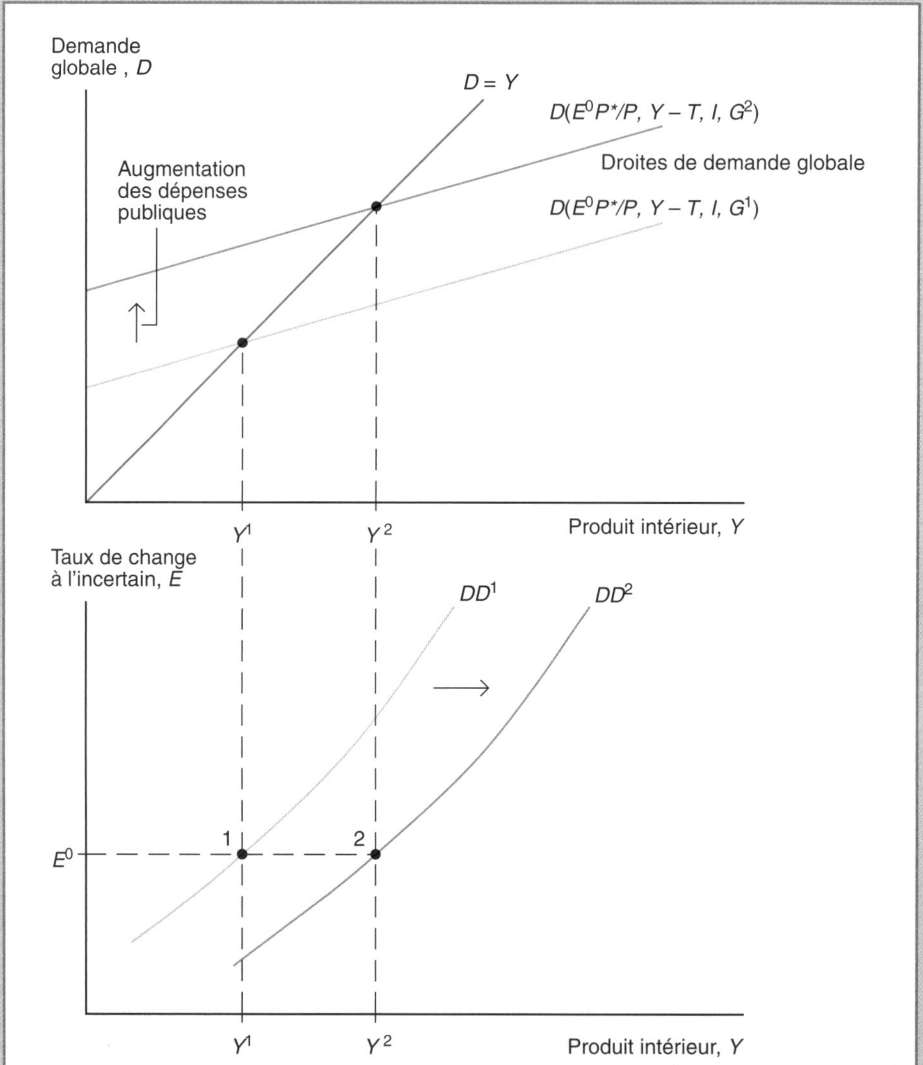

Figure 16.5 • Les dépenses publiques et la position de la courbe *DD*.

Une hausse des dépenses publiques de G^1 à G^2 provoque une augmentation du produit intérieur pour chaque niveau de taux de change. Cette modification déplace donc *DD* vers la droite.

Le raisonnement que nous venons de suivre pour étudier les effets d'une hausse de *G* sur la courbe *DD* peut être appliqué aux autres variables. Nous résumons donc seulement les résultats.

2. *Une variation de T.* Les impôts T jouent sur la demande globale en modifiant le revenu disponible et donc la consommation pour chaque niveau de Y. Ainsi, une hausse des impôts provoque un déplacement *vers le bas* de la fonction de demande globale, pour un taux de change E donné. Dans la mesure où cet effet est opposé à celui d'une augmentation de G, un accroissement de T doit conduire à un déplacement vers la gauche de la courbe *DD*. Inversement, une diminution de T conduit à un déplacement vers la droite de *DD*.

3. *Une variation de I.* Une augmentation de la demande d'investissement a le même effet qu'une hausse de G : la demande globale se déplace vers le haut et *DD* se déplace vers la droite. Une diminution de la demande d'investissement déplace *DD* vers la gauche.

4. *Une variation de P.* Pour E et P^* constants, une hausse de P rend la production domestique plus coûteuse par rapport à la production étrangère et réduit donc la demande d'exportation nette. La courbe *DD* se déplace donc vers la gauche puisque la demande globale diminue. Une baisse de P rend les biens domestiques meilleur marché et provoque un déplacement vers la droite de *DD*.

5. *Une variation de P^*.* Pour E et P constants, une hausse de P^* rend les biens et les services étrangers plus coûteux. La demande globale s'accroît donc et *DD* se déplace vers la droite. De façon similaire, une baisse de P^* conduit à un déplacement vers la gauche de *DD*.

6. *Une modification de la fonction de consommation.* Supposons que les résidents décident soudainement de consommer plus et donc d'épargner moins, pour chaque niveau de revenu disponible. Cela pourrait se produire par exemple si les prix de l'immobilier augmentent et si les propriétaires empruntent en fonction de leur richesse additionnelle. Si l'augmentation des dépenses de consommation ne concerne pas uniquement les biens importés, la demande globale augmente, et la droite de demande globale se déplace vers le haut pour un taux de change E donné. Ceci implique un déplacement vers la droite de la courbe *DD*. Une diminution de la consommation (si elle n'est pas entièrement expliquée par une baisse de la demande d'importation) déplace *DD* vers la gauche.

7. *Une modification de la demande entre biens étrangers et biens domestiques.* Supposons qu'il n'y ait pas de modification de la fonction de consommation des résidents, mais que tous les consommateurs, y compris à l'étranger, décident soudainement de consacrer une plus grande part de leurs dépenses aux biens et services produits par l'économie domestique. Si le revenu disponible et le taux de change réel restent constants, cette modification de la demande améliore la balance courante en augmentant les exportations et en diminuant les importations. La courbe de demande globale se déplace vers le haut et *DD* donc vers la droite. Un raisonnement identique montre qu'un redéploiement de la demande mondiale des produits domestiques vers des produits étrangers provoque un déplacement vers la gauche de *DD*.

Une règle simple nous permet donc de prédire l'effet de n'importe quel choc sur *DD* : *toute modification conduisant à une augmentation de la demande globale déplace la courbe* DD *vers la droite, alors que tout changement diminuant cette demande déplace* DD *vers la gauche.*

5 Équilibre de court terme des marchés d'actifs : la courbe AA

La relation entre le taux de change et le produit intérieur assurant l'égalité entre la demande globale et l'offre globale est donc synthétisée par la courbe *DD*. Celle-ci indique toutes les combinaisons de niveaux de taux de change et de produit intérieur pour lesquels le marché des biens et des services est à l'équilibre de court terme. Cependant, comme nous l'avons noté au début de la section précédente, l'équilibre de l'économie requiert l'équilibre simultané sur les marchés d'actifs et sur le marché des biens et des services. Il n'y a aucune raison particulière pour que les points sur la courbe *DD* représentent également l'équilibre sur les marchés d'actifs. Afin de compléter l'analyse de l'équilibre de court terme, nous introduisons donc un second élément pour nous assurer que les combinaisons de taux de change et de produit intérieur qui assurent l'équilibre sur le marché des biens et des services garantissent également l'équilibre sur les marchés d'actifs. Les combinaisons du taux de change et du produit intérieur assurant l'équilibre sur le marché monétaire domestique et le marché des changes forment la **courbe *AA***.

5.1 Produit intérieur, taux de change et équilibre des marchés d'actifs

Au chapitre 13, nous avons étudié la condition de parité des taux d'intérêt : le marché des changes est à l'équilibre uniquement lorsque les taux de rendement anticipés sur les dépôts en monnaie domestique et en monnaie étrangère sont égaux. Au chapitre 14, nous avons vu comment les taux d'intérêt utilisés dans la relation de parité des taux d'intérêt sont déterminés par l'égalité entre l'offre et la demande d'encaisses réelles sur les marchés monétaires domestiques. Nous combinons ici ces conditions d'équilibre sur les marchés d'actifs afin d'analyser la façon dont le taux de change et le produit intérieur sont liés quand tous les marchés d'actifs sont simultanément à l'équilibre. Nous allons nous concentrer sur l'économie domestique, le taux d'intérêt étranger est donc considéré comme étant constant. Pour un taux de change futur anticipé donné, E^e, la condition de parité des taux d'intérêt décrivant l'équilibre du marché des changes est représentée par l'équation (13.2) :

$$R = R^* + (E^e - E)/E$$

avec R le taux d'intérêt sur les dépôts en monnaie domestique, et R^* le taux d'intérêt sur les dépôts en monnaie étrangère. Les taux d'intérêt doivent également égaliser, dans chaque pays, l'offre d'encaisses réelles (M^s/P) et la demande globale d'encaisses réelles [voir chapitre 14 et équation (14.4)] :

$$M^s/P = L(R, Y)$$

N'oublions pas que la demande de monnaie $L(R, Y)$ s'accroît quand le taux d'intérêt diminue, puisqu'une baisse de R rend la détention d'actifs non monétaires portant intérêts moins attractive. Inversement, une hausse du taux d'intérêt réduit la demande d'encaisses réelles. Par ailleurs, un accroissement du produit réel Y provoque une hausse de la demande d'encaisses réelles en augmentant le volume de transactions monétaires que les agents doivent effectuer. Symétriquement, une baisse du produit réel réduit cette demande en diminuant le volume de transactions à effectuer.

Nous utilisons maintenant l'analyse graphique développée au chapitre 14 afin d'analyser les variations du taux de change devant accompagner des modifications du produit intérieur pour que les marchés d'actifs restent à l'équilibre. La figure 16.6 illustre le taux d'intérêt et le taux de change d'équilibre associés au niveau Y^1 pour des valeurs données de l'offre de monnaie nominale M^s, du niveau général des prix domestiques P, du taux d'intérêt étranger R^* et du taux de change futur anticipé E^e. Nous observons sur la partie inférieure de la figure qu'avec un produit réel Y^1 et une offre d'encaisses réelles M^s/P, le taux d'intérêt R^1 équilibre le marché monétaire domestique (point 1), tandis que le taux de change E^1 équilibre le marché des changes (point 1′). Le taux de change E^1 équilibre le marché des changes puisqu'il égalise la rentabilité anticipée sur les dépôts étrangers, mesuré en termes de monnaie domestique, à R^1.

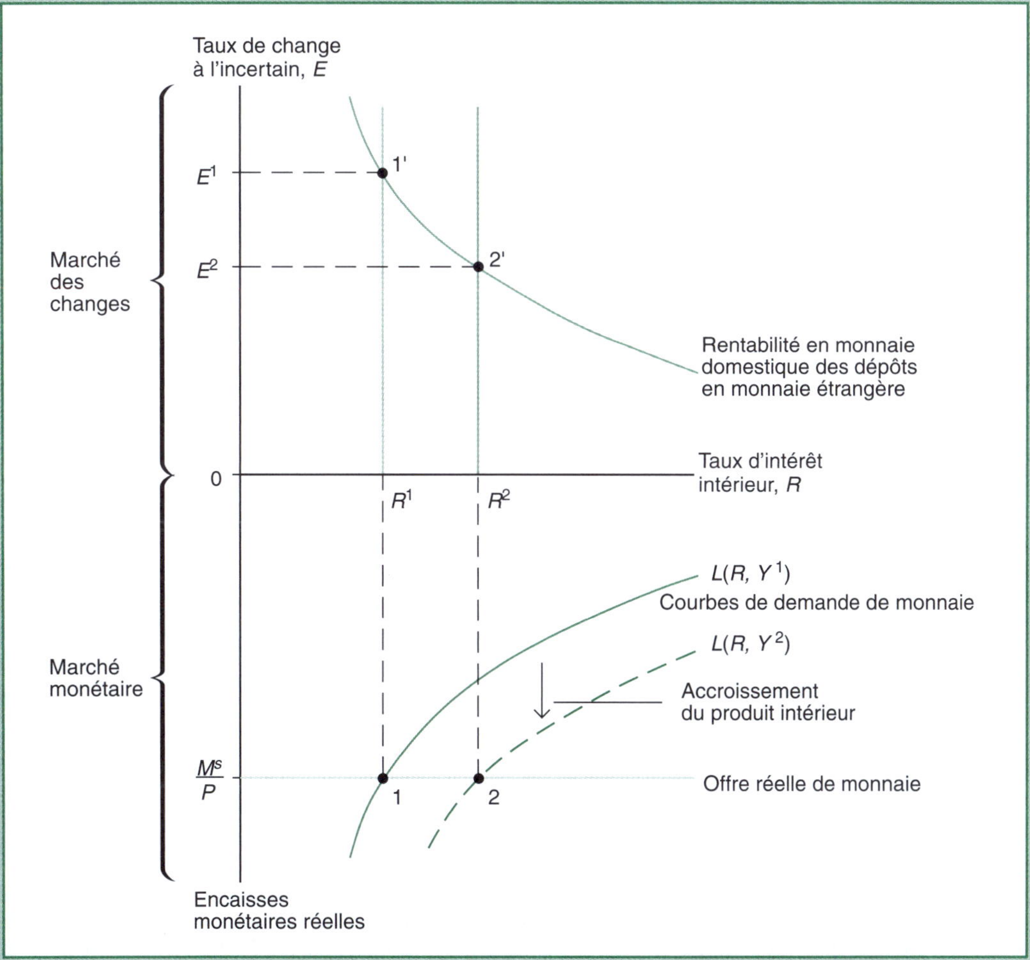

Figure 16.6 • Produit intérieur et taux de change à l'équilibre des marchés d'actifs.

Pour que les marchés d'actifs (marchés des changes et de la monnaie) restent à l'équilibre, un accroissement du produit intérieur doit être accompagné d'une appréciation de la monnaie, toutes choses égales par ailleurs.

Une augmentation du produit intérieur de Y^1 à Y^2 provoque une hausse de la demande globale d'encaisses réelles de $L(R, Y^1)$ à $L(R, Y^2)$, déplaçant la courbe de demande de monnaie dans la partie inférieure de la figure 16.6. Ce déplacement, à son tour, augmente le taux d'intérêt intérieur d'équilibre jusqu'à R^2 (point 2). Pour E^e et R^* constants, la monnaie domestique doit s'apprécier de E^1 à E^2 afin de ramener le marché des changes à l'équilibre au point 2′. La monnaie domestique s'apprécie juste assez pour que la hausse du taux de dépréciation anticipé $[(E^2 - E)/E]$ compense l'augmentation du taux d'intérêt sur les dépôts en monnaie domestique. *Toutes choses égales par ailleurs, pour que les marchés d'actifs restent à l'équilibre, un accroissement du produit intérieur doit être accompagné d'une appréciation de la monnaie, et une diminution du produit intérieur doit être accompagnée d'une dépréciation.*

5.2 La courbe AA

Tandis que la courbe *DD* représente les combinaisons de taux de change et du produit intérieur pour lesquelles le marché des biens et des services est à l'équilibre, la courbe *AA* représente les taux de change et les niveaux de production assurant l'équilibre sur les marchés des changes et de la monnaie. La figure 16.7 reproduit la courbe *AA*. À partir de la figure 16.6, nous observons que pour chaque niveau de produit intérieur *Y*, il y a un taux de change *E* unique satisfaisant la condition de parité des taux d'intérêt, pour des niveaux donnés de l'offre d'encaisses réelles, du taux d'intérêt étranger et du taux de change futur anticipé. Le raisonnement précédent nous permet de conclure que, toutes choses égales par ailleurs, un accroissement de Y^1 à Y^2 se traduit par une appréciation de la monnaie, c'est-à-dire une baisse du taux de change de E^1 à E^2. La courbe *AA* a donc une pente négative.

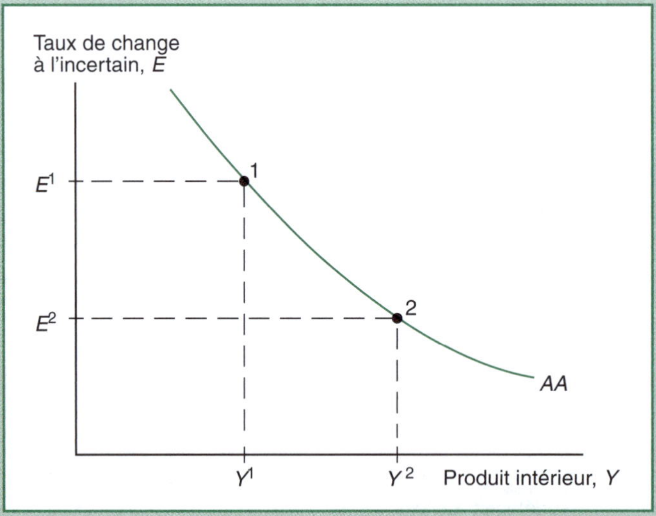

Figure 16.7 • La courbe *AA*.

La courbe *AA* assurant l'équilibre sur les marchés d'actifs a une pente négative dans la mesure où un accroissement du produit intérieur de Y^1 à Y^2, toutes choses égales par ailleurs, conduit à une hausse du taux d'intérêt intérieur et à une appréciation de la monnaie domestique de E^1 à E^2.

5.3 Les facteurs influant sur la courbe AA

Cinq facteurs peuvent provoquer un déplacement de la courbe *AA* : une variation de l'offre de monnaie domestique M^s, une variation du niveau général des prix intérieur *P*, une variation du taux de change futur anticipé E^e, une variation du taux d'intérêt étranger et une modification de la demande d'encaisses réelles.

1. *Une variation de M^s.* Pour un produit intérieur donné, une augmentation de M^s provoque une dépréciation de la monnaie sur le marché des changes (le taux de change à l'incertain *E* augmente), toutes choses égales par ailleurs. Étant donné que pour chaque niveau de produit intérieur le taux de change à l'incertain *E* est plus élevé après la hausse de M^s, cette dernière conduit à un déplacement *vers le haut* de *AA*. De façon similaire, une baisse de M^s entraîne un déplacement *vers le bas* de *AA*.

2. *Une variation de P.* Un accroissement de *P* réduit l'offre d'encaisses réelles et provoque une hausse du taux d'intérêt. Toutes choses égales par ailleurs (y compris *Y*), l'augmentation du taux d'intérêt provoque une baisse de *E*. Un accroissement de *P* correspond donc à un déplacement vers le bas de *AA* ; une diminution de *P* conduit à un déplacement vers le haut de *AA*.

3. *Une variation de E^e.* Supposons que les intervenants sur le marché des changes révisent soudainement leurs anticipations concernant la valeur future du taux de change (E^e augmente). Une telle révision déplace la courbe vers la droite sur la partie supérieure de la figure 16.6 (mesurant le rendement anticipé en monnaie domestique des dépôts en monnaie étrangère). Toutes choses égales par ailleurs, la hausse de E^e génère donc une dépréciation de la monnaie domestique. La courbe *AA* se déplace donc vers le haut. Le déplacement de la courbe *AA* se fait au contraire vers le bas lorsque le taux de change futur anticipé diminue.

4. *Une variation de R^*.* Une hausse de R^* augmente le rendement anticipé des dépôts en monnaie étrangère et déplace vers la droite la courbe de pente négative sur la partie supérieure de la figure 16.6. Pour un produit intérieur donné, la monnaie domestique doit se déprécier afin de restaurer la parité des taux d'intérêt. Une hausse de R^* a donc le même effet sur *AA* qu'une hausse de E^e, c'est-à-dire un déplacement vers le haut de *AA*. Une diminution de R^* provoque un déplacement vers le bas de *AA*.

5. *Une variation de la demande d'encaisses réelles.* Supposons que les résidents préfèrent désormais détenir moins d'encaisses réelles, toutes choses égales par ailleurs. Une telle modification correspond à une *réduction de la demande de monnaie* et implique un déplacement vers l'intérieur de la fonction de demande globale d'encaisses réelles $L(R,Y)$ pour un niveau donné du produit intérieur. Il en résulte ainsi une baisse du taux d'intérêt et une hausse de *E*. Une réduction de la demande de monnaie a donc le même effet qu'une hausse de l'offre de monnaie et déplace *AA* vers le haut. Une augmentation de la demande de monnaie déplace *AA* vers le bas.

6 Équilibre de court terme en économie ouverte : les courbes AA et DD

En supposant que les prix des biens et des services sont temporairement fixes, nous avons obtenu deux relations différentes entre les niveaux de taux de change et de produit intérieur : la courbe *DD*, pour laquelle le marché des biens et des services est équilibré, et la courbe *AA*, pour laquelle les marchés d'actifs sont équilibrés. *L'équilibre de court terme est atteint lorsque les relations* AA *et* DD *sont toutes les deux vérifiées* (équilibre simultané sur le marché des biens et des services et sur les marchés d'actifs). Nous pouvons donc trouver l'équilibre de court terme de l'économie au point d'intersection des courbes *AA* et *DD* (voir figures 16.8 et 16.9). Une fois encore, c'est l'hypothèse selon laquelle les prix intérieurs sont temporairement fixes qui fait de cette intersection un équilibre de *court terme*. On continuera donc de supposer que le taux d'intérêt étranger R^*, le niveau général des prix à l'étranger P^* et le taux de change futur anticipé E^e sont fixes.

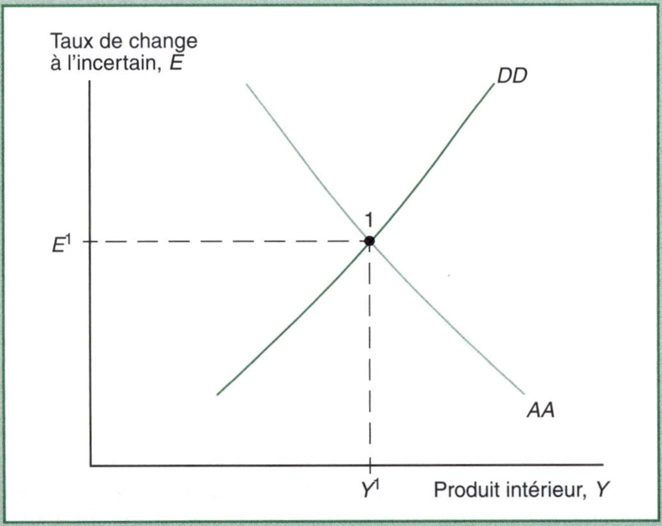

Figure 16.8 • L'équilibre de court terme : l'intersection de *AA* et *DD*.

L'équilibre à court terme de l'économie est atteint au point 1 : le marché des biens et des services (dont les points d'équilibre sont symbolisés par la courbe *DD*) et les marchés d'actifs (dont les points d'équilibre sont représentés par la courbe *AA*) sont simultanément à l'équilibre.

La figure 16.8 combine les courbes *AA* et *DD* afin d'obtenir l'équilibre de court terme. L'intersection de *AA* et *DD* au point 1 est la seule combinaison de taux de change et de produit intérieur assurant l'égalité entre la demande globale et l'offre globale *ainsi que* l'équilibre sur les marchés d'actifs. Les niveaux d'équilibre de court terme du taux de change et du produit intérieur sont donc E^1 et Y^1.

Imaginons que l'économie se situe initialement au point 2 (voir figure 16.9), c'est-à-dire ailleurs qu'à son point d'équilibre. Au point 2, situé au-dessus de *AA* et *DD*, le marché des biens et des services et les marchés d'actifs sont tous les deux en déséquilibre.

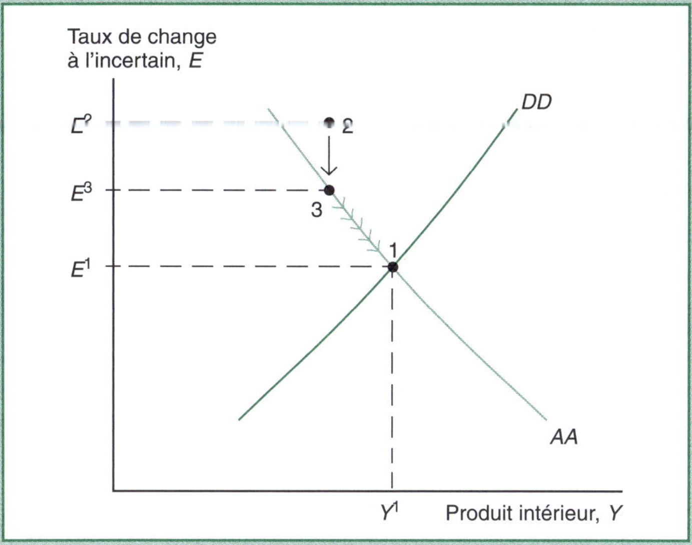

Figure 16.9 • La convergence de l'économie vers son équilibre de court terme.
Les marchés d'actifs s'ajustant très rapidement, le taux de change saute immédiatement du point 2 au point 3 sur *AA*. L'économie se déplace ensuite le long de *AA* vers le point 1 jusqu'à ce que le produit intérieur augmente pour égaliser la demande globale.

Étant donné que *E* se trouve au-dessus de *AA*, une baisse de *E* est anticipée de façon à restaurer la parité des taux d'intérêt. L'appréciation future anticipée de la monnaie domestique implique que le rendement en monnaie domestique prévu sur les dépôts étrangers est en dessous de celui anticipé pour les dépôts domestiques. Il y a donc un excès de demande de monnaie domestique sur le marché des changes. Le niveau élevé de *E* au point 2 rend les biens domestiques bon marché pour les acheteurs non résidents (pour des prix en monnaie domestique fixe), provoquant également en ce point un excès de demande pour le produit intérieur.

L'excès de demande pour la monnaie domestique conduit à une baisse immédiate du taux de change à l'incertain de E^2 à E^3. Cette appréciation égalise le rendement anticipé sur les dépôts domestiques et étrangers et place l'économie au point 3 sur la courbe d'équilibre *AA* des marchés d'actifs. Mais, dans la mesure où le point 3 est au-dessus de la courbe *DD*, il y a toujours un excès de demande pour le produit intérieur. Les entreprises augmentant la production pour éviter de réduire leurs stocks, l'économie se déplace le long de *AA* jusqu'au point 1, où la demande globale et l'offre globale sont égales. Puisque les prix des actifs peuvent s'ajuster immédiatement, alors que les changements dans les plans de production prennent du temps, les marchés d'actifs restent continuellement en équilibre même lorsque la production se modifie.

Le taux de change à l'incertain diminue à mesure que l'économie s'approche du point 1 le long de *AA*, puisqu'une production nationale croissante provoque une hausse de la demande de monnaie, poussant le taux d'intérêt progressivement vers le haut. L'appréciation de la monnaie doit être graduelle afin de diminuer le taux d'appréciation anticipé et de maintenir la parité des taux d'intérêt. Une fois que l'économie a atteint le point 1 sur *DD*, la demande globale est égale au produit intérieur, et les producteurs ne sont plus confrontés à une réduction involontaire de leurs stocks. L'économie est donc à l'équilibre au point 1, le seul point où le marché des biens et des services et les marchés d'actifs sont simultanément à l'équilibre.

7 Les effets d'une modification temporaire de la politique monétaire ou budgétaire

Maintenant que nous avons montré comment l'équilibre de court terme est déterminé, nous pouvons analyser les conséquences d'une modification de la politique macroéconomique sur le produit intérieur et le taux de change. L'intérêt des politiques macroéconomiques provient de leur capacité à compenser les perturbations économiques susceptibles de faire fluctuer le produit intérieur, l'emploi et l'inflation. Dans cette section et la suivante, nous étudions donc de quelle façon une politique macroéconomique peut être utilisée pour maintenir le plein emploi dans une économie ouverte.

Nous nous concentrons sur deux types de politiques, **la politique monétaire**, agissant à travers des modifications de l'offre de monnaie, et **la politique budgétaire**, consistant en une modification des dépenses publiques ou des impôts[1]. Afin de simplifier la discussion, nous ne nous intéresserons pas au cas dans lequel l'offre de monnaie croît dans le temps. Le seul type de politique monétaire que nous étudierons explicitement correspondra aux situations de variation ponctuelle de l'offre de monnaie[2].

Dans cette section, nous analysons les effets d'une modification *temporaire* de la politique économique, c'est-à-dire un changement que les agents estiment de courte durée. Le taux de change futur anticipé, E^e, est supposé désormais égal au taux de change à long terme (voir chapitre 15), autrement dit celui qui prévaut une fois que le plein emploi est atteint et que les prix intérieurs se sont complètement ajustés aux perturbations sur le marché des biens et des services et celui des actifs. Compte tenu de cette définition, une modification temporaire de la politique économique n'influe *pas* sur le taux de change anticipé à long terme, E^e.

Nous supposons également que les événements que nous étudions n'influent pas sur le taux d'intérêt étranger, R^*, sur le niveau général des prix à l'étranger, P^*, et que le niveau général des prix intérieur, P, est fixe à court terme.

7.1 Politique monétaire

La figure 16.10 illustre l'effet à court terme d'une augmentation temporaire de l'offre de monnaie domestique. Un accroissement de l'offre de monnaie déplace AA^1 vers le haut en AA^2 mais ne modifie pas la position de la courbe *DD*. Le décalage vers le haut de la courbe *AA* se traduit par un déplacement de l'économie du point 1 – caractérisé

1. D'autres politiques, comme les politiques commerciales (sur les droits de douane, les quotas…), ont des effets macroéconomiques. Cependant, de telles politiques ne sont pas régulièrement utilisées dans des buts de stabilisation macroéconomique. Nous ne discutons donc pas de ces politiques dans ce chapitre.
2. Il est possible de généraliser les résultats à une situation avec inflation en considérant les modifications des niveaux des prix et du taux de change comme des écarts par rapport aux tendances de E et P.

par un taux de change E^1 et un produit intérieur Y^1 – au point 2 – caractérisé par un taux de change E^2 et un produit intérieur Y^2. Une augmentation de l'offre de monnaie provoque une dépréciation de la monnaie, une expansion du produit intérieur et donc une augmentation de l'emploi.

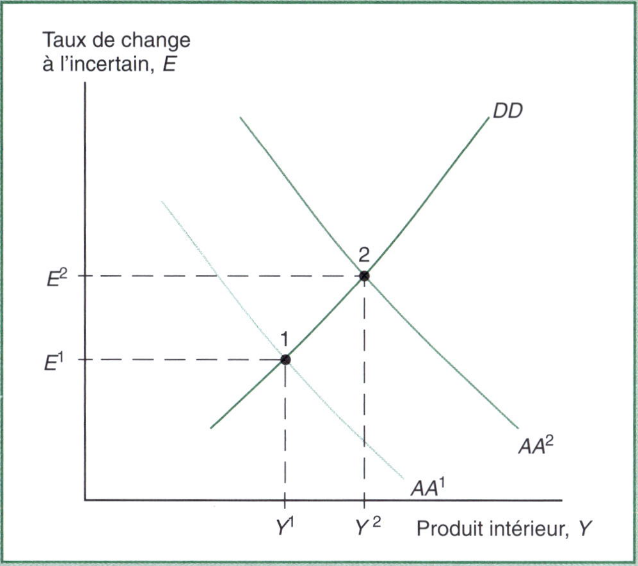

Figure 16.10 • Effets d'un accroissement temporaire de l'offre de monnaie.
En déplaçant AA^1 vers le haut, une augmentation temporaire de l'offre de monnaie provoque une dépréciation de la monnaie et un accroissement du produit intérieur.

Comment cela peut-il s'expliquer ? Au niveau de production initial Y^1 et pour un niveau de prix fixé, un accroissement de l'offre de monnaie doit faire baisser le taux d'intérêt intérieur R. Nous avons supposé que la modification de l'offre de monnaie était temporaire et n'avait pas d'effet sur le taux de change futur anticipé E^e. Pour maintenir la parité des taux d'intérêt à la suite d'une baisse de R (étant donné que le taux d'intérêt étranger R^* est constant), la monnaie doit se déprécier tout de suite pour susciter des anticipations d'appréciation de la monnaie domestique dans le futur à un taux plus élevé que celui qui était prévu avant la baisse de R. La dépréciation immédiate de la monnaie domestique rend les produits domestiques meilleur marché par rapport aux produits étrangers. Il y a donc un accroissement de la demande globale qui doit être comblé par une augmentation du produit intérieur.

7.2 Politique budgétaire

Comme nous l'avons vu précédemment, une politique budgétaire expansionniste peut prendre la forme d'une augmentation des dépenses publiques, d'une baisse des impôts, ou d'une combinaison des deux. Une politique budgétaire expansionniste temporaire (n'ayant pas d'effet sur le taux de change futur anticipé) déplace donc la courbe *DD* vers la droite mais ne fait pas bouger la courbe *AA*.

La figure 16.11 illustre comment une politique budgétaire expansionniste agit sur l'économie à court terme. L'économie se situe initialement au point 1, caractérisé par un taux de change E^1 et un produit intérieur Y^1. Supposons que l'État décide d'investir 10 milliards d'euros dans le développement d'une navette spatiale. Cette augmentation ponctuelle des dépenses publiques déplace l'économie au point 2, conduisant la monnaie à s'apprécier en E^2 et le produit intérieur à s'accroître en Y^2. L'économie répondrait de façon identique à une baisse des impôts.

Quelles forces économiques provoquent le déplacement du point 1 au point 2 ? L'augmentation du produit intérieur provoquée par la hausse des dépenses publiques accroît la demande d'encaisses réelles pour un motif de transaction. Pour un niveau de prix donné, l'augmentation de la demande de monnaie conduit à une hausse du taux d'intérêt *R*. Le taux de change futur anticipé E^e et le taux d'intérêt étranger R^* étant inchangés, la monnaie domestique doit s'apprécier afin de susciter une dépréciation future anticipée suffisamment importante pour compenser le différentiel plus élevé de taux d'intérêt (en faveur des dépôts en monnaie domestique).

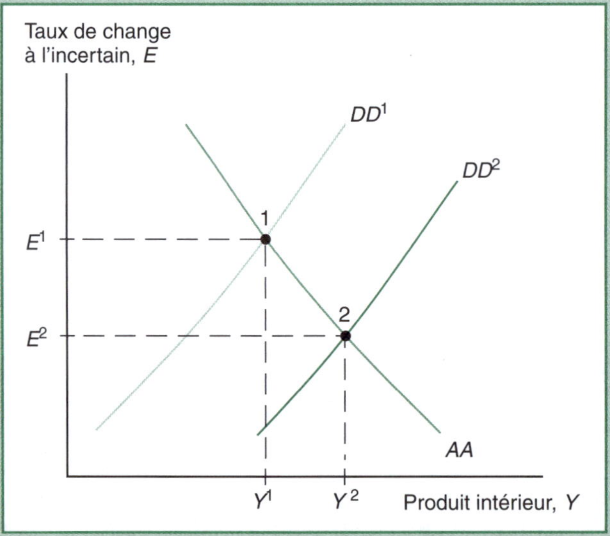

Figure 16.11 • Effets d'une politique budgétaire expansionniste temporaire.
En déplaçant DD^1 vers la droite, une politique budgétaire expansionniste temporaire provoque une appréciation de la monnaie domestique et une augmentation du produit intérieur.

7.3 Quelles politiques macroéconomiques appliquer pour atteindre le plein emploi ?

L'analyse précédente peut être utilisée pour atteindre le plein emploi en économie ouverte. Puisqu'une expansion monétaire et une expansion budgétaire temporaires augmentent toutes les deux le produit intérieur et l'emploi, elles peuvent permettre de contrecarrer les effets de perturbations temporaires conduisant à une récession. De façon similaire, des perturbations conduisant à un suremploi peuvent être compensées par la conduite de politiques macroéconomiques restrictives.

La figure 16.12 illustre cette utilisation de la politique macroéconomique. Supposons que l'équilibre initial de l'économie se situe au point 1 : le produit intérieur est à son niveau de plein emploi, noté Y^f. Imaginons que, soudainement, les goûts des consommateurs évoluent et qu'ils se détournent temporairement de la production domestique. Ce changement se traduit par une diminution de la demande globale pour les produits domestiques et provoque un déplacement de la courbe DD^1 vers DD^2. Au point 2, le nouvel équilibre de court terme, la monnaie s'est dépréciée en E^2 et le produit intérieur, Y^2, est en dessous de son niveau de plein emploi : l'économie se trouve donc en récession. La modification des préférences étant supposée temporaire, elle n'a pas d'effet pas E^e. La courbe *AA* ne change donc pas de position.

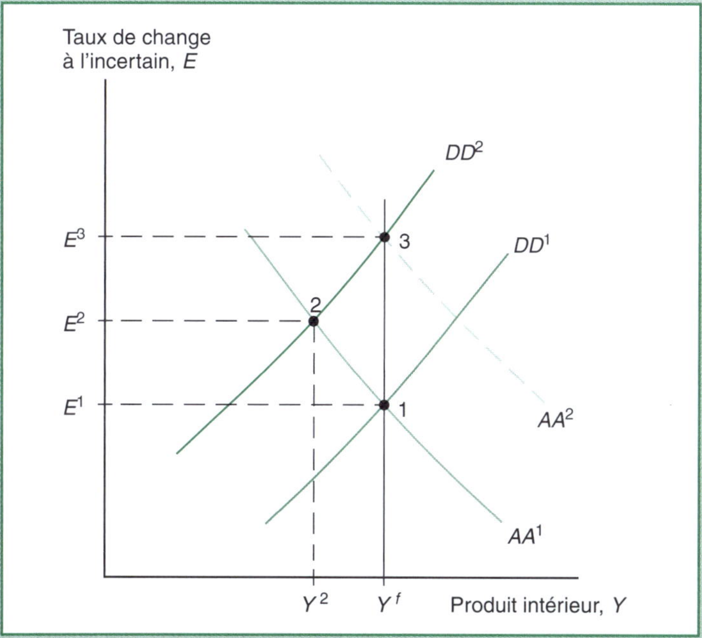

Figure 16.12 • Maintenir le plein emploi après une baisse temporaire de la demande mondiale pour les produits domestiques.

Une baisse temporaire de la demande mondiale déplace DD^1 en DD^2, réduisant le produit intérieur de Y^1 en Y^2 et produisant une dépréciation de la monnaie de E^1 en E^2 (point 2). Une politique budgétaire expansionniste temporaire peut restaurer le plein emploi (point 1) en déplaçant la courbe *DD* vers sa position initiale. Une expansion monétaire temporaire peut restaurer le plein emploi (point 3) en déplaçant AA^1 en AA^2. Les deux politiques diffèrent sur leur effet sur le taux de change : la politique budgétaire rétablit la valeur initiale de la monnaie (E^1) ; la politique monétaire conduit la monnaie à se déprécier davantage (E^3).

Afin de restaurer le plein emploi, les autorités peuvent utiliser la politique monétaire ou budgétaire, ou une combinaison des deux. Une politique budgétaire expansionniste temporaire renvoie DD^2 à sa position initiale, rétablissant le plein emploi et ramenant le taux de change en E^1. Une augmentation temporaire de l'offre de monnaie déplace la courbe d'équilibre des marchés d'actifs en AA^2 et projette l'économie au point 3. Ce déplacement restaure le plein emploi mais provoque une dépréciation plus importante de la monnaie domestique.

Une autre cause possible de récession est un accroissement temporaire de la demande de monnaie (voir figure 16.13). Cette demande accrue pousse le taux d'intérêt intérieur vers le haut et provoque une appréciation de la monnaie, ce qui rend les produits domestiques plus coûteux et réduit le produit intérieur. La figure 16.13 illustre cette perturbation sur les marchés d'actifs par un décalage vers le bas de AA^1 en AA^2, déplaçant l'économie de son équilibre de plein emploi initial (point 1) au point 2.

Des politiques macroéconomiques peuvent restaurer le plein emploi. Une augmentation temporaire de l'offre de monnaie renvoie la courbe AA en AA^1 et rétablit l'économie à sa position initiale au point 1. Cet accroissement compense complètement la hausse de la demande de monnaie en fournissant aux résidents les encaisses additionnelles qu'ils désirent détenir. Une politique budgétaire expansionniste temporaire déplace DD^1 en DD^2 et restaure le plein emploi au point 3. Mais le déplacement vers le point 3 implique une plus grande appréciation de la monnaie.

Figure 16.13 • Politiques pour maintenir le plein emploi après une augmentation de la demande de monnaie.

À la suite d'une hausse temporaire de la demande de monnaie (illustrée par le déplacement de AA^1 à AA^2), un accroissement de l'offre de monnaie ou une politique budgétaire expansionniste temporaire peuvent être utilisés pour maintenir le plein emploi. Les deux politiques ont des effets différents sur le taux de change : la politique monétaire restaure le taux de change initial E^1 alors que la politique budgétaire conduit à une appréciation plus importante (E^3).

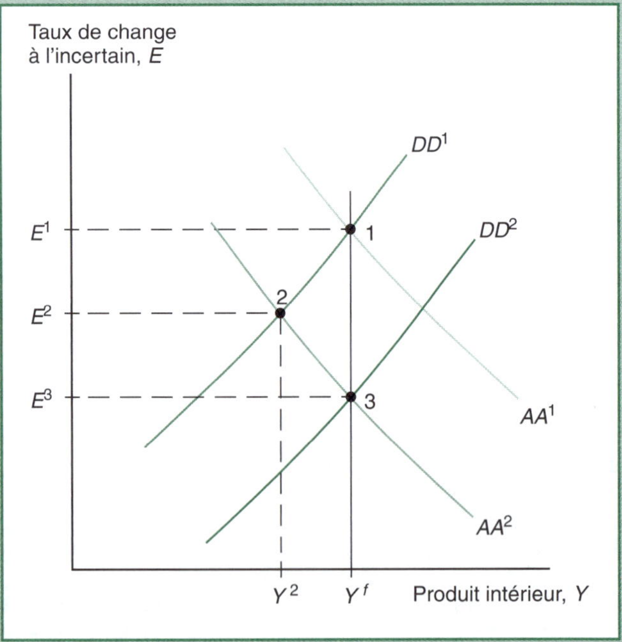

8 Biais inflationniste et autres problèmes de politiques économiques

L'apparente facilité avec laquelle le plein emploi est maintenu dans notre modèle est trompeuse, et notre discussion sur les politiques macroéconomiques n'a pas pour objectif de mener à l'idée qu'il est facile de stabiliser l'économie. Ici, nous notons juste quelques problèmes potentiels :

1. La rigidité des prix nominaux ne donne pas uniquement la capacité aux autorités publiques d'accroître le produit intérieur quand il est anormalement faible. Un gouvernement peut également être tenté de provoquer une expansion économique dans un but purement politique, par exemple juste avant une élection. Lorsque ce comportement est anticipé, un certain nombre de problèmes peuvent survenir dans la mesure où il peut conduire à une augmentation des revendications salariales et des prix. Le gouvernement se retrouve alors dans une situation où il doit mettre en œuvre une politique expansionniste uniquement pour prévenir la récession que des prix intérieurs plus élevés provoquent. La politique économique induit dans ce cas un **biais inflationniste**, conduisant à une inflation élevée associée à un gain moyen de production nul. Une telle augmentation de l'inflation s'est notamment produite aux États-Unis et en Europe durant les années 1970. Le problème de biais inflationniste a entraîné des modifications institutionnelles, par exemple l'indépendance des banques centrales par rapport aux gouvernements. Ces modifications ont pour but de convaincre les marchés que la politique économique ne sera pas utilisée pour des objectifs à court terme au détriment de la stabilité des prix à long terme. Et comme nous l'avons mentionné dans le chapitre 14, de nombreuses banques centrales à travers le monde adoptent désormais une politique de ciblage d'inflation (voir aussi les chapitres 20 et 22)[1].
2. En pratique, il est parfois difficile de déterminer si les perturbations économiques trouvent leur origine sur le marché des biens et des services ou sur les marchés d'actifs. Or, les responsables politiques, préoccupés par l'évolution du taux de change, ont besoin d'avoir cette information avant de choisir entre politique monétaire et politique budgétaire.
3. Souvent, le choix de telle ou telle politique économique est influencé davantage par des contraintes bureaucratiques que par une réflexion sur le caractère réel ou monétaire des chocs subis par l'économie. Une modification de la politique budgétaire est soumise à de longs débats parlementaires, tandis que la politique monétaire peut être rapidement mise en œuvre par la banque centrale. Afin d'éviter les délais de procédure, les gouvernements peuvent répondre à des perturbations en modifiant la politique monétaire, même si un changement de la politique budgétaire aurait été plus approprié.

---

1. Notons que le problème de biais inflationniste peut se présenter même quand les politiques économiques ne sont pas motivées par des raisons politiques. C'est le cas par exemple lorsque l'existence d'un salaire minimum maintient le produit intérieur à un faible niveau en diminuant l'emploi. Une expansion monétaire augmentant l'emploi pourrait alors déplacer l'économie vers une utilisation plus efficace de ses ressources totales. Les responsables politiques pourraient souhaiter atteindre une meilleure allocation des ressources qui serait potentiellement bénéfique à tous. Mais les anticipations par le secteur privé d'une telle politique provoqueront toujours de l'inflation. Pour une discussion générale sur les contraintes qui pèsent sur les politiques macroéconomiques, voir Olivier Blanchard et Daniel Cohen, *Macroéconomie*, 4e édition, Pearson Education France, 2007.

4. Un autre problème soulevé par la politique budgétaire concerne l'effet sur les finances publiques. Une réduction des impôts ou une augmentation des dépenses peuvent conduire à un déficit budgétaire qui devra, un jour ou l'autre, être comblé par l'augmentation des impôts. Malheureusement, il n'y a aucune garantie que les gouvernants aient la volonté politique de synchroniser leurs actions avec la conjoncture économique, le cycle électoral pouvant être privilégié…
5. Les politiques paraissent agir rapidement dans notre modèle simplifié, mais en réalité elles opèrent avec des délais plus ou moins longs. De plus, il est toujours difficile d'évaluer l'ampleur et la persistance d'un choc donné. Pourtant, cela conditionne l'intensité avec laquelle il convient de mener les politiques économiques. Ces incertitudes contraignent les autorités à fonder leurs actions sur des prévisions et des intuitions qui peuvent évidemment se révéler fausses par la suite.

9 Les effets d'une modification permanente de la politique monétaire ou budgétaire

Les effets d'une modification permanente de la politique économique diffèrent de ceux provoqués par une modification temporaire. Une modification permanente a, en effet, une incidence sur le taux de change à long terme et donc sur les anticipations de taux de change, ce qui entraîne des variations du taux de change à court terme. Dans cette section, nous analysons les effets de changements permanents de la politique monétaire et budgétaire, à la fois à court et long termes.[1] Pour simplifier, nous supposons que l'économie est initialement à l'équilibre de long terme, autrement dit que le produit intérieur est à son niveau de plein emploi, le taux de change, à son niveau de long terme, qu'il n'y a pas d'anticipation de variations du taux de change, et que le taux d'intérêt intérieur est égal au taux d'intérêt étranger, R^*.

9.1 Accroissement permanent de l'offre de monnaie

La figure 16.14 montre les effets à court terme d'une augmentation permanente de l'offre de monnaie dans une économie initialement à son niveau de plein emploi, Y^f (point 1). Une hausse temporaire de M^s provoque un déplacement vers le haut, de AA^1 à AA^2, de la courbe représentant l'équilibre sur les marchés d'actifs. Mais ici l'accroissement de M^s est permanent et doit conduire à terme à une hausse proportionnelle de E. Cela provoque alors une augmentation proportionnelle de E^e, le taux de change futur anticipé (voir chapitre 14).

Étant donné qu'une hausse de E^e accompagne une augmentation *permanente* de l'offre de monnaie, le déplacement vers le haut de AA^1 en AA^2 est plus important que celui provoqué par une augmentation équivalente, mais transitoire, de l'offre de monnaie. Au point 2, le nouvel équilibre de court terme de l'économie, Y et E sont tous les deux plus élevés que si la modification de l'offre de monnaie était temporaire (le point 3 illustre l'équilibre qui pourrait résulter d'une augmentation temporaire de M^s).

---

1. Comment un changement permanent de la politique budgétaire est-il possible ? Considérons que le budget public est initialement équilibré. Une expansion budgétaire ne conduit-elle pas à un déficit et n'impose-t-elle pas une contraction budgétaire ? Le problème 3 à la fin de ce chapitre propose une réponse à cette question.

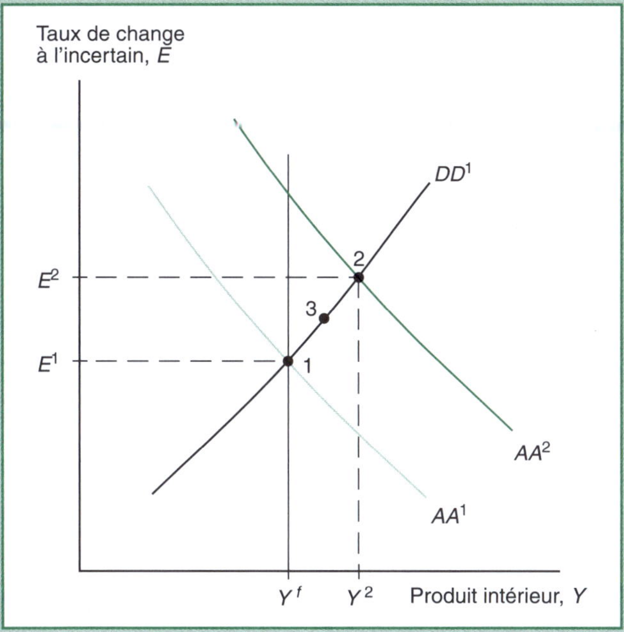

Figure 16.14 • Effets à court terme d'une augmentation permanente de l'offre de monnaie.
Une augmentation permanente de l'offre de monnaie, déplaçant AA^1 en AA^2 et projetant l'économie du point 1 au point 2, a un effet plus important sur la production et sur le taux de change qu'une augmentation équivalente temporaire qui projette seulement l'économie au point 3.

9.2 Ajustements à un accroissement permanent de l'offre de monnaie

L'accroissement de l'offre de monnaie illustré à la figure 16.14 n'est pas compensé par une intervention de la banque centrale. Il est donc naturel de se demander quels en sont les effets sur l'économie. À l'équilibre de court terme caractérisé par le point 2, le produit intérieur est au-dessus de son niveau de plein emploi, le travail et les machines sont donc surutilisés. Des pressions à la hausse sur le niveau général des prix se développent dans la mesure où les travailleurs demandent des salaires plus élevés et les producteurs augmentent leurs prix pour couvrir leurs coûts de production croissants. Le chapitre 14 montrait qu'une augmentation de l'offre de monnaie devait finalement générer une hausse proportionnelle des prix et ne devait pas avoir d'effets durables sur le produit intérieur, les prix relatifs ou les taux d'intérêt. Au fil du temps, les pressions inflationnistes suivant une expansion permanente de l'offre de monnaie poussent le niveau général des prix vers sa nouvelle valeur à long terme et ramènent l'économie vers le plein emploi.

La figure 16.15 permet de comprendre comment s'effectue l'ajustement vers le plein emploi. Chaque fois que le produit intérieur est au-dessus de son niveau de plein emploi Y^f, les facteurs de production sont surutilisés et le niveau général des prix P augmente afin de suivre la hausse des coûts de production. Bien que les courbes AA et DD soient obtenues pour un niveau de prix constant, nous avons vu de quelle manière

Figure 16.15 • Ajustement à long terme à un accroissement permanent de l'offre de monnaie.

Après une augmentation constante de l'offre de monnaie, un accroissement régulier du niveau général des prix déplace les courbes *AA* et *DD* vers la gauche jusqu'à ce que le nouvel équilibre à long terme (point 3) soit atteint.

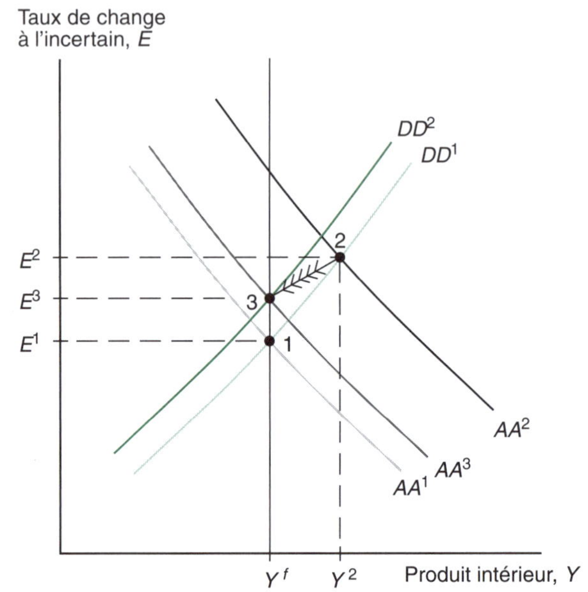

une hausse de P agissait sur elles. Une hausse de P rend les biens domestiques plus coûteux relativement aux biens étrangers, décourageant les exportations et encourageant les importations. Une augmentation continue des prix intérieurs provoque donc un déplacement dans le temps de DD^1 vers la gauche. Puisqu'un niveau de prix croissant réduit de façon régulière l'offre d'encaisses réelles, AA^2 se déplace aussi vers la gauche à mesure que les prix augmentent.

Les courbes *DD* et *AA* ne se déplacent plus lorsqu'elles se coupent au niveau du produit intérieur de plein emploi Y^f. Aussi longtemps que le produit intérieur différera de Y^f, le niveau général des prix changera et les deux courbes continueront à se déplacer. La position finale des courbes est donc DD^2 et AA^3. À leur intersection (point 3), le taux de change E et le niveau général des prix P ont augmenté en proportion de l'accroissement de l'offre de monnaie, compte tenu de la neutralité à long terme de la monnaie. AA^2 ne se déplace pas jusqu'à sa position initiale parce que E^e a augmenté de façon permanente à la suite de l'accroissement continu de l'offre de monnaie. De plus, nous remarquons que E^e a augmenté dans les mêmes proportions que M^s.

Le long de la trajectoire d'ajustement entre l'équilibre de court terme initial (point 2) et l'équilibre de long terme (point 3), la monnaie domestique s'apprécie (de E^2 à E^3) après sa forte dépréciation initiale (de E^1 à E^2). Ce comportement du taux de change est un exemple de phénomène de *surajustement* (voir chapitre 14), dans lequel la réponse initiale du taux de change à un choc est supérieure à sa réponse à long terme[1].

1. Le taux de change subit initialement un surajustement dans ce cas (voir figure 16.15), mais ce n'est pas systématique.

Les conclusions obtenues nous permettent de décrire la politique adéquate pour répondre à une perturbation monétaire permanente. Une augmentation constante de la demande de monnaie, par exemple, peut être compensée par une hausse équivalente de l'offre de monnaie. Une telle politique maintient le plein emploi et n'a pas d'effet sur l'inflation puisque le niveau général des prix aurait diminué en l'absence de politique économique. Ainsi, l'expansion monétaire permet de projeter l'économie directement à son équilibre de plein emploi à long terme. Cependant, il est difficile en pratique d'identifier l'origine et la persistance d'un choc particulier.

9.3 Politique budgétaire expansionniste permanente

Une politique budgétaire expansionniste permanente n'a pas uniquement des conséquences immédiates sur le marché des biens et des services. Elle touche également les marchés d'actifs à travers la modification des anticipations de taux de change à long terme. La figure 16.16 illustre les effets à court terme d'une expansion budgétaire continue, par exemple la décision de l'État de dépenser 10 milliards d'euros supplémentaires par an pour soutenir son programme de navettes spatiales. Comme c'était le cas précédemment, l'effet direct d'une hausse de G sur la demande globale se traduit par un déplacement de DD^1 vers la droite en DD^2. Étant donné que l'augmentation de la demande publique pour des biens et des services domestiques est permanente dans ce cas, elle provoque aussi une appréciation à long terme de la monnaie (voir chapitre 15). La baisse de E^e qui en résulte pousse l'équilibre des marchés d'actifs AA^1 vers le bas en AA^2. Le point 2, où les nouvelles droites DD^2 et AA^2 se coupent, représente l'équilibre de court terme de l'économie. À ce point, la monnaie s'est appréciée en E^2 par rapport à son niveau initial, tandis que le produit intérieur est inchangé en Y^f.

Lorsque l'expansion budgétaire est permanente, l'appréciation additionnelle de la monnaie provoquée par la modification des anticipations de taux de change réduit l'effet expansionniste de la politique sur le produit intérieur. Sans cet effet additionnel des anticipations résultant du caractère permanent du changement budgétaire, l'équilibre aurait été au point 3, avec un produit intérieur supérieur et une appréciation plus faible. Plus le déplacement vers le bas de la courbe d'équilibre sur les marchés d'actifs est important, plus l'appréciation de la monnaie est élevée. Cette appréciation « évince » la demande globale pour les produits domestiques en les rendant plus coûteux relativement aux produits étrangers.

La figure 16.16 illustre une situation dans laquelle une politique budgétaire expansionniste, contrairement à ce que nous aurions pu supposer, n'a *aucun* effet net sur le produit intérieur. Cependant, cette situation n'est pas un cas particulier. En fait, elle est inévitable sous les hypothèses que nous avons posées. On peut expliquer ce raisonnement en cinq étapes :

1. D'abord, il faut accepter l'idée (voir chapitre 14) que, puisqu'une expansion budgétaire ne modifie ni l'offre de monnaie M^s, ni les valeurs à long terme du taux d'intérêt intérieur (qui est égal au taux d'intérêt étranger), ni le produit intérieur de plein emploi (Y^f), elle ne peut avoir aucune conséquence sur le niveau général des prix à long terme.
2. Ensuite, nous avons supposé que l'économie, initialement, se situe à son niveau d'équilibre de long terme avec le taux d'intérêt intérieur R égal au taux d'intérêt

Figure 16.16 • Effets d'une politique budgétaire expansionniste permanente.

Une expansion budgétaire continue modifie les anticipations de taux de change. Elle conduit donc à un déplacement de AA^1 vers la gauche et à un déplacement de DD^1 vers la droite. L'effet sur le produit intérieur (point 2) est nul si l'économie se trouve initialement à l'équilibre à long terme. *A contrario*, une expansion budgétaire temporaire comparable aurait laissé l'économie au point 3.

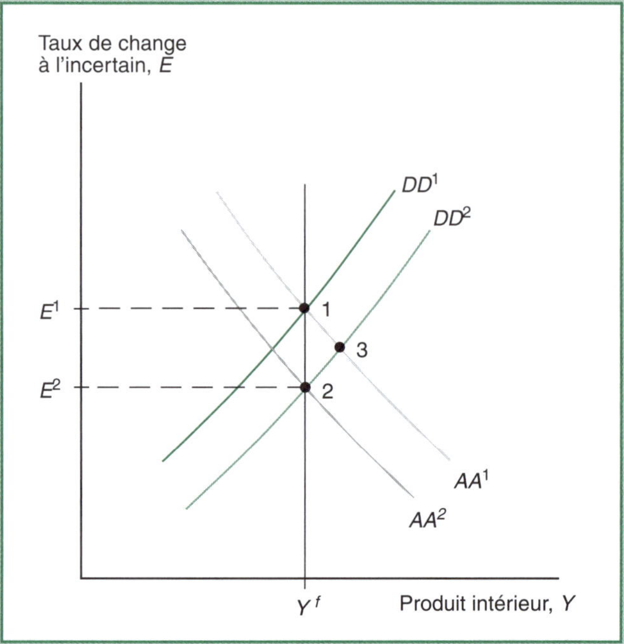

étranger et le produit intérieur égal à Y^f. Notons également que la politique budgétaire ne modifie pas à court terme l'offre d'encaisses réelles M^s/P.

3. Maintenant, imaginons, contrairement à ce qui est illustré à la figure 16.16, que le produit intérieur augmente au-dessus de Y^f. Étant donné que M^s/P ne change pas à court terme (étape 2), le taux d'intérêt intérieur devrait croître au-dessus de R^* afin de maintenir l'équilibre sur le marché de la monnaie. Cependant, le taux d'intérêt étranger restant à R^*, une hausse de Y à un niveau supérieur à Y^f implique une *dépréciation* anticipée de la monnaie domestique (compte tenu de la parité des taux d'intérêt).

4. Il y a quelque chose de faux dans cette conclusion : nous savons déjà (grâce à l'étape 1) que le niveau à long terme des prix n'est pas influencé par la politique budgétaire. Les agents peuvent donc anticiper une dépréciation nominale de la monnaie domestique juste après la modification de la politique budgétaire, seulement si la monnaie se déprécie en termes *réels* quand l'économie retourne à l'équilibre de long terme. Une telle dépréciation réelle, en rendant les produits domestiques meilleur marché, aggraverait seulement la situation initiale de suremploi que nous avons imaginée, et ainsi éviterait tout retour du produit intérieur vers Y^f.

5. Finalement, l'apparente contradiction est résolue si et seulement si le produit intérieur n'augmente *pas* du tout après une modification de la politique budgétaire. La seule possibilité logique est que la monnaie s'apprécie pour prendre immédiatement sa nouvelle valeur à long terme. Cette appréciation évince la demande d'exportation nette juste assez pour laisser le produit intérieur à son niveau de plein emploi, malgré le niveau plus élevé de G.

Cette modification du taux de change permettant au marché des biens et des services de s'équilibrer au plein emploi laisse également les marchés d'actifs à l'équilibre. Étant donné que le taux de change est passé à sa nouvelle valeur à long terme, R reste égal à R^*. Cependant, avec un produit intérieur égal à Y^f, la condition d'équilibre à long terme du marché monétaire $M^s/P = L(R^*, Y^f)$ est toujours respectée, comme c'était le cas avant la politique budgétaire expansionniste. Ainsi notre histoire est cohérente : l'appréciation de la monnaie provoquée par une politique budgétaire expansionniste permanente conduit immédiatement les marchés d'actifs et le marché des biens et des services à leur position à long terme.

En conclusion, si l'économie se situe initialement à son équilibre de long terme, une modification continue de la politique budgétaire n'a pas d'effet sur le produit intérieur. Elle provoque à la place un saut immédiat et permanent du taux de change qui compense exactement l'effet direct de la politique budgétaire sur la demande globale.

10 Politiques macroéconomiques et balance courante

Les responsables politiques portent souvent un grand intérêt au solde de la balance courante. Un déséquilibre excessif de la balance courante – un surplus aussi bien qu'un déficit – peut avoir des effets à long terme indésirables sur le bien-être (voir chapitre 18). Des déséquilibres extérieurs importants pourraient également provoquer des pressions politiques en faveur de contraintes réglementaires aux échanges. Il est donc important de savoir comment les politiques monétaire et budgétaire attachées à des objectifs intérieurs modifient la balance courante.

La figure 16.17 illustre l'adaptation du modèle *AA-DD* afin d'intégrer les effets des politiques macroéconomiques à la balance courante. En plus des courbes *AA* et *DD*, la figure représente une nouvelle courbe, *XX*, montrant les combinaisons de taux de change et de produit intérieur pour lesquelles le solde de la balance courante serait égal à un certain niveau, mettons $CC(EP^*/P, Y - P) = X$. La pente de cette courbe est positive puisque, toutes choses égales par ailleurs, une augmentation du produit intérieur favorise les dépenses d'importation et dégrade la balance courante si elle n'est pas accompagnée par une dépréciation de la monnaie. Étant donné que le niveau actuel de la balance courante peut différer de X, l'équilibre de court terme ne doit *pas nécessairement* se trouver sur la courbe *XX*.

Il est important de remarquer à la figure 16.17 que la courbe *XX* est *plus plate* que *DD*. Pour bien comprendre ce point essentiel, il faut se demander comment la balance courante se modifie à mesure que l'on se déplace le long de la courbe *DD* à partir du point 1, où les trois courbes se coupent (de sorte que, initialement, $CC = X$). Lorsque Y augmente, en montant le long de *DD*, la demande *intérieure* pour les produits domestiques croît dans une proportion moindre que le produit intérieur (puisqu'une partie du revenu est épargnée et qu'une partie des dépenses porte sur des produits importés). Cependant, le long de *DD*, la demande globale totale doit être égale à l'offre. Afin d'éviter un excès d'offre de produits domestiques, E doit augmenter suffisamment le long de *DD* pour que la demande d'exportations croisse plus rapidement que celle des importations. En d'autres termes, la demande étrangère nette – le solde de la balance courante – doit augmenter suffisamment le long de *DD* au fur et à mesure de la hausse du

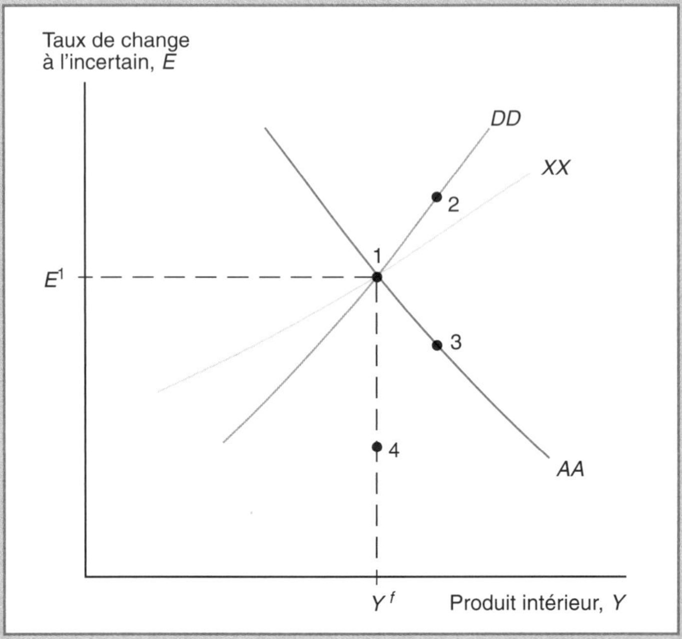

Figure 16.17 • Effets des politiques macroéconomiques sur la balance courante.
Le long de la courbe *XX*, le solde de la balance courante est stable au niveau *CC* = *X*. Une expansion monétaire déplace l'économie vers le point 2 et ainsi accroît le solde de la balance courante. Une politique budgétaire expansionniste temporaire déplace l'économie au point 3, alors qu'une politique budgétaire expansionniste permanente la déplace au point 4. Dans les deux cas, le solde de la balance courante se détériore.

produit intérieur, pour compenser l'épargne intérieure. Ainsi, à droite du point 1, *DD* est au-dessus de la courbe *XX* ($CC > X$). Un raisonnement analogue montre qu'à gauche du point 1 *DD* se situe en dessous de la courbe *XX* ($CC < X$).

Les effets des politiques macroéconomiques sur la balance courante peuvent maintenant être analysés. Comme nous l'avons montré précédemment, un accroissement de l'offre de monnaie, par exemple, déplace l'économie vers une situation (comme le point 2) où le produit intérieur augmente et la monnaie se déprécie. Étant donné que le point 2 est au-dessus de *XX*, la balance courante s'améliore. *Une expansion monétaire conduit donc à une amélioration de la balance courante à court terme.*

Considérons maintenant une politique budgétaire expansionniste temporaire. Cette politique déplace *DD* vers la droite et projette l'économie au point 3. Étant donné que la monnaie s'apprécie et que le revenu augmente, la balance courante se détériore. Une expansion budgétaire permanente a un effet additionnel en déplaçant *AA* vers la gauche, conduisant à un équilibre au point 4. Comme le point 3, le point 4 est en dessous de *XX*. Le déficit de la balance courante s'aggrave encore. *Une politique budgétaire expansionniste détériore donc le solde de la balance courante.*

11 Ajustement graduel des flux commerciaux et dynamiques de la balance courante

Une hypothèse importante du modèle *AA-DD* est que, toutes choses égales par ailleurs, une dépréciation réelle de la monnaie améliore immédiatement la balance courante, tandis qu'une appréciation réelle la détériore instantanément. En réalité, le comportement qui sous-tend les flux commerciaux est plus complexe, avec un ajustement graduel de la balance courante à une variation du taux de change. Dans cette section, nous discutons de certains facteurs dynamiques qui peuvent expliquer l'ajustement de la balance courante et les modifications qu'ils entraînent sur notre modèle.

11.1 La courbe en J

On observe parfois que la balance courante se *détériore* juste après une dépréciation réelle de la monnaie et s'améliore seulement quelques mois plus tard. Cette évolution est contraire à l'hypothèse sous-jacente à la courbe *DD*. Comme la balance courante se détériore dans un premier temps après une dépréciation, cela se traduit à la figure 16.18 par une trajectoire au départ convexe, qui explique pourquoi on parle de **courbe en *J***.

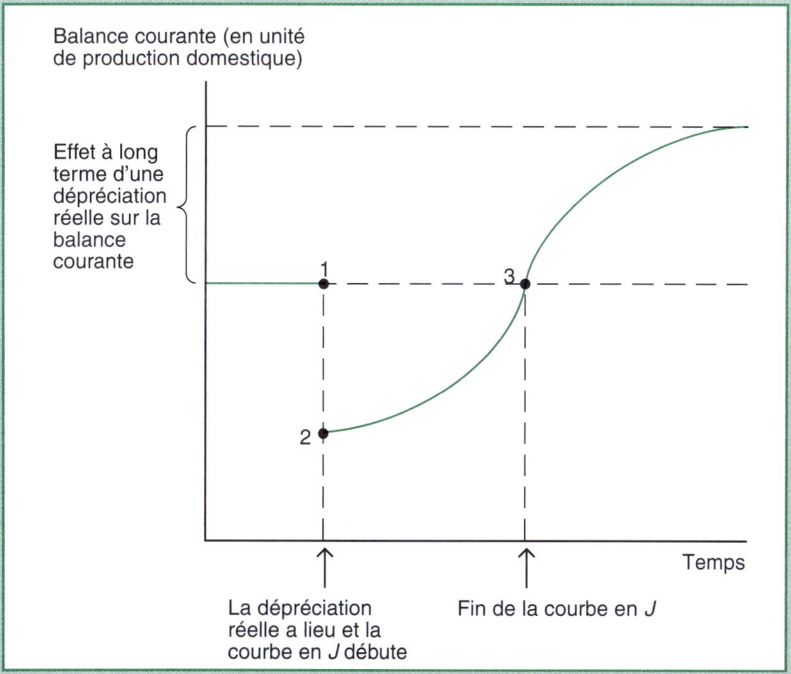

Figure 16.18 • La courbe en *J*.

La courbe en *J* décrit le décalage temporel avec lequel une dépréciation réelle de la monnaie améliore la balance courante.

La balance courante, mesurée en termes de production domestique, peut se détériorer significativement juste après une dépréciation réelle de la monnaie (du point 1 au point 2), dans la mesure où la plupart des ordres d'importation et d'exportation sont donnés plusieurs mois avant. Pendant les premiers mois qui suivent la dépréciation, les volumes d'importations et d'exportations pourraient donc refléter des décisions d'achat qui ont été prises sur la base de l'ancien taux de change réel : le premier effet de la dépréciation est donc d'augmenter la valeur en termes de production domestique du niveau précédant la contraction des importations. Étant donné que les exportations mesurées en termes de production domestique ne changent pas alors que les importations mesurées en termes de production domestique augmentent, la balance courante se détériore dans un premier temps.

Même après que les anciens contrats d'importation et d'exportation ont été exécutés, un certain temps est nécessaire avant que les nouveaux échanges ne s'ajustent complètement au changement des prix relatifs. D'une part, les exportateurs pourraient être amenés à installer de nouvelles unités de production et à embaucher de nouveaux salariés. D'autre part, les importations se composent en partie de biens intermédiaires utilisés par les industries domestiques. L'ajustement des importations se produira donc graduellement, à mesure que les importateurs adopteront de nouvelles techniques de production économisant ces biens intermédiaires. Des retards se manifestent également au niveau de la consommation. Pour que les exportations augmentent significativement il est, par exemple, indispensable de développer un nouveau réseau de distribution à l'étranger, ce qui nécessite du temps.

Ces délais d'ajustement se traduisent par une amélioration graduelle de la balance courante (voir figure 16.18 : déplacement du point 2 au point 3). Finalement, l'amélioration de la balance courante se ralentit lorsque l'ajustement à la dépréciation réelle s'achève.

Les études empiriques montrent que, dans la plupart des pays industrialisés, la courbe en *J* s'étend sur une période de six mois à un an. Ainsi, le point 3 est généralement atteint dans l'année suivant la dépréciation réelle et la balance courante continue à s'améliorer par la suite[1].

L'existence d'un effet significatif de la courbe en *J* nous conduit à modifier certaines de nos conclusions précédentes, tout du moins pour les périodes inférieures à un an. Une expansion monétaire, par exemple, peut conduire initialement à une contraction du produit intérieur en dépréciant la monnaie domestique. Dans ce cas, un certain délai est nécessaire avant que l'augmentation de l'offre de monnaie provoque une amélioration de la balance courante et donc une hausse de la demande globale.

Si une politique monétaire expansionniste contracte le produit intérieur à court terme, le taux d'intérêt intérieur devrait baisser plus fortement que ce qui aurait été normalement essentiel pour équilibrer le marché de la monnaie domestique. En conséquence, le surajustement du taux de change sera plus important afin de permettre une plus grande appréciation anticipée de la monnaie domestique, nécessaire pour équilibrer le marché des changes. En introduisant une nouvelle source de surajustement, les effets de la courbe en *J* amplifient la volatilité des taux de change.

1. Voir tableau 16B.1 de l'annexe B.

Encadré 16.1

Les taux de change et la balance courante

Notre modèle théorique a montré qu'une politique budgétaire expansionniste permanente conduit à la fois à une appréciation de la monnaie et à un déficit de la balance courante. Nous nous sommes concentrés jusque-là sur le rôle du mouvement du niveau général des prix pour amener l'économie de sa position à court terme vers celle à long terme, à la suite d'une modification permanente de la politique économique. Mais l'évolution du solde de la balance courante permet également d'étudier une autre dynamique : celle de la richesse extérieure nette. Pour une économie qui accumule des déficits, celle-ci se réduit dans le temps.

Bien que nous n'ayons pas incorporé explicitement les effets de richesse dans notre modèle, nous pouvons anticiper la réduction de la consommation des agents à mesure que leur richesse diminue. Étant donné qu'un pays dont la balance courante est déficitaire transfère de la richesse aux non-résidents, la consommation des résidents devrait diminuer au cours du temps tandis que celle des non-résidents augmente. Quels sont les effets sur le taux de change de cette redistribution internationale de la demande de consommation en faveur des non-résidents ? Les agents ont en général une préférence pour les biens et les services qu'ils produisent, et par conséquent, la demande mondiale relative pour les produits domestiques devrait diminuer. La monnaie domestique aura tendance à se déprécier en termes réels.

Cette perspective à long terme conduit à une représentation plus compliquée de l'évolution du taux de change réel consécutive à une modification permanente de la politique budgétaire. Dans un premier temps, la monnaie nationale s'apprécie puisque la balance courante se détériore significativement. Mais, par la suite, la monnaie commence à se déprécier car les anticipations sur les marchés se concentrent de plus en plus sur l'effet de la balance courante plutôt que sur les niveaux de richesse relatifs entre les résidents et les non-résidents.

Les données pour les États-Unis confirment cette analyse. La figure 16.19 représente les évolutions, depuis 1976, de la balance courante américaine et du taux de change réel du dollar au certain (à la figure, une hausse du taux de change correspond à une appréciation réelle du dollar). Au cours de la période 1976-2004, nous pouvons noter deux épisodes de brusque augmentation du déficit de la balance courante, tous deux associés à une politique budgétaire expansionniste.

Le premier épisode s'est produit quand le président Reagan a réduit les impôts et augmenté les dépenses militaires peu de temps après son élection en 1981. Le dollar a initialement connu une appréciation réelle importante. Cependant, après 1985, le dollar a commencé à se déprécier bien que le déficit de la balance courante n'ait pas encore commencé à se réduire. La baisse de la richesse relative des États-Unis devait en effet provoquer un retour vers l'équilibre de la balance courante. Cela impliquait une diminution des prix relatifs des produits américains dans le but de réduire les importations et d'encourager les exportations. L'anticipation de cette évolution par le marché a rapidement exercé une pression à la baisse sur le dollar. Compte tenu des effets de la courbe en *J* et des effets graduels de la richesse sur les niveaux de dépenses, la balance courante n'est pas retournée à l'équilibre avant le début des années 1990.

☞

Encadré 16.1 (suite)

La seconde augmentation brutale du déficit courant montre des évolutions similaires. À la fin des années 1990, l'investissement aux États-Unis a fortement augmenté en raison du boom dans les nouvelles technologies de l'information et des communications. Après la crise des années 2000-2001, le président George W. Bush a mis en place un programme ambitieux de réduction des impôts après son élection de 2001. Les attaques terroristes de cette année-là, suivies par les guerres en Afghanistan et en Irak, ont augmenté les dépenses publiques.

Comme l'illustre la figure 16.19, une fois encore, le dollar s'est apprécié à mesure que la balance courante se détériorait. Mais, en 2003, les anticipations sur le marché s'étant concentrées sur l'ampleur sans précédent du déficit et la nécessité d'une dépréciation *à long terme* du dollar, celui-ci a commencé à se déprécier fortement*.

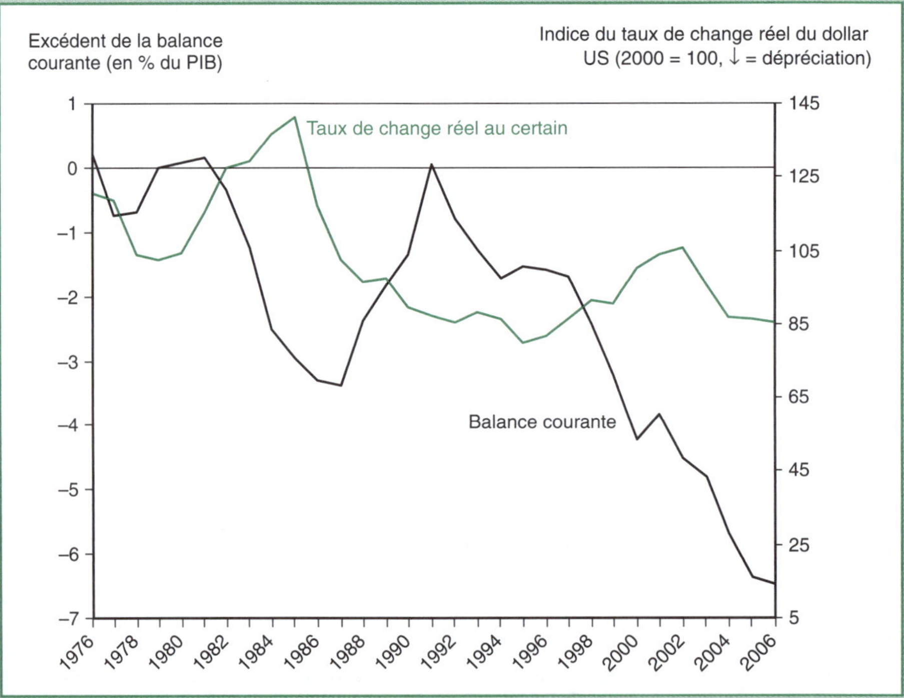

Figure 16.19 • La balance courante des États-Unis et le taux de change réel du dollar, 1976-2006. Le dollar s'apprécie quand un important déficit de la balance courante apparaît, mais il se déprécie par la suite.

Source : Fonds monétaire international, *International Financial Statistics*.

* Pour une analyse des ajustements de la balance courante dans les années 1980, s'intéressant également aux cas de l'Allemagne et du Japon, voir Paul R. Krugman, « Has the Adjustment Process Worked ? », *Policy Analyses in International Economics*, 34, Washington D.C., Institute for International Economics, 1991. Un modèle essentiel pour l'analyse des taux de change et de la balance courante a été développé par Rudiger Dornbusch et Stanley Fischer, « Exchange Rates and current account », *American Economic Review*, 70, décembre 1980, p. 960-971.

11.2 Degré de report du taux de change et inflation

Dans notre discussion sur la détermination du compte courant dans le modèle *AA-DD*, nous avons supposé que les changements du taux de change nominal provoquaient des modifications proportionnelles du taux de change réel à court terme. Étant donné que le modèle *AA-DD* admet que les prix nominaux à la production P et P^* ne peuvent pas s'ajuster rapidement, les variations du taux de change réel, $q = EP^*/P$, correspondent parfaitement à court terme aux variations du taux de change nominal, E. Mais, en réalité, les évolutions à court terme des taux de change nominal et réel, bien que relativement proches, ne sont pas parfaitement corrélées. Afin de comprendre comment les variations du taux de change *nominal* jouent sur la balance courante à court terme, nous avons besoin d'étudier plus précisément la relation entre le taux de change nominal et les prix des exportations et des importations.

Le prix en monnaie domestique des biens étrangers correspond au taux de change que multiplie le prix en monnaie étrangère, EP^*. Nous avons supposé jusqu'à présent que, lorsque E augmentait, P^* restait fixe de sorte que le prix en monnaie domestique des biens importés augmentait en proportion. La variation en pourcentage du prix des importations pour une dépréciation de 1 % de la monnaie domestique s'appelle **le degré de report** (*pass-through*) du taux de change sur le prix des importations. Dans le modèle *AA-DD*, le degré de report est supposé être égal à 1. Toute modification du taux de change se reporte complètement sur le prix des importations.

En pratique, le degré de report du taux de change est inférieur à 1. Une des raisons est la segmentation tarifaire du marché international, qui permet aux entreprises en situation de concurrence imparfaite d'imposer différents prix pour le même produit commercialisé dans différents pays (voir chapitre 15). Une entreprise étrangère qui vend des automobiles aux États-Unis peut craindre à ce point de perdre des parts de marché qu'elle n'augmentera pas instantanément ses prix de 10 %, même si l'euro se déprécie de 10 %. Cela doit se traduire par une baisse du revenu, mesuré dans leur monnaie de référence. De même, ces entreprises peuvent hésiter à baisser leurs prix en euros après une appréciation de l'euro : cela leur permet de dégager des profits plus élevés ! Dans les deux cas, les entreprises peuvent attendre de voir si les variations du taux de change suivent une tendance avant d'entreprendre des ajustements de prix coûteux. En pratique, dans l'année qui suit une dépréciation, les prix des importations aux États-Unis augmentent seulement d'environ la moitié de la valeur de cette dépréciation. Le degré de report est alors égal à ½.

Tandis qu'une modification permanente du taux de change nominal peut se refléter pleinement à long terme dans le prix des importations, nous avons vu que le degré de report est nettement inférieur à 1 à court terme. Un report incomplet a des effets complexes sur la vitesse d'ajustement de la balance courante. D'un côté, l'effet à court terme de la courbe en *J* après une variation du taux de change nominal est réduit par une faible élasticité des prix des imports au taux de change. D'un autre côté, un report incomplet implique que les variations du taux de change ont un effet moins que proportionnel sur les prix relatifs déterminant les volumes des échanges. L'incapacité des prix relatifs à s'ajuster rapidement sera en retour accompagnée d'un ajustement lent du volume des échanges.

La relation entre les taux de change nominal et réel peut également être affaiblie par les réponses des prix *intérieurs*. Dans une économie fortement inflationniste par exemple, il est difficile de modifier le taux de change réel EP^*/P simplement en changeant le taux de change nominal E, dans la mesure où la hausse de la demande qui en résulte provoque rapidement une inflation intérieure et donc une hausse de P. Puisque les prix des exportations d'un pays augmentent lorsque sa monnaie se déprécie, tout effet favorable sur sa compétitivité sur les marchés internationaux sera réduit. Ainsi, de telles hausses de prix, comme un degré de report partiel, peuvent affaiblir les effets de la courbe en *J*.

Résumé

La *demande globale* pour la production d'une économie ouverte est la somme des quatre composantes du PIB : la demande de consommation, la demande d'investissement, la demande publique et le solde de la balance courante (la demande d'exportation nette). Un déterminant important de la balance courante est le taux de change réel, c'est-à-dire le rapport entre le niveau général des prix à l'étranger mesuré en monnaie domestique et le niveau général des prix intérieur.

Le produit intérieur est déterminé à court terme par l'égalité entre la demande et l'offre globales. Lorsque la demande globale est supérieure au produit intérieur, les entreprises augmentent leur production afin d'éviter une réduction non souhaitée de leurs stocks. Lorsqu'elle est inférieure au produit intérieur, les entreprises réduisent leur production afin d'éviter l'accumulation de stocks.

L'équilibre de court terme de l'économie se réalise au taux de change et au niveau du produit intérieur où (pour un niveau de prix, un taux de change futur anticipé et des conditions économiques étrangères donnés) la demande globale est égale à l'offre globale et où les marchés d'actifs sont à l'équilibre. Sur une figure représentant le taux de change et le produit réel, l'équilibre de court terme est le point d'intersection entre la courbe *DD* (à pente positive), le long de laquelle le marché des biens et services est équilibré, et la courbe *AA* (à pente négative), le long de laquelle les marchés d'actifs sont équilibrés.

Une hausse temporaire de l'offre de monnaie, qui ne modifie pas le taux de change anticipé à long terme, provoque une dépréciation de celle-ci ainsi qu'une augmentation du produit intérieur. Une politique budgétaire expansionniste temporaire conduit également à une augmentation du produit intérieur, mais elle entraîne aussi une appréciation de la monnaie. Les *politiques monétaire* et *budgétaire* peuvent être utilisées pour compenser les effets d'un choc sur le produit intérieur et l'emploi.

Une modification permanente de l'offre de monnaie, qui change le taux de change anticipé à long terme, provoque une variation plus forte du taux de change – et a donc des effets à court terme plus importants sur le produit intérieur – qu'une modification transitoire. Si l'économie est au plein emploi, une augmentation permanente de l'offre de monnaie conduit à une hausse du niveau général des prix qui, finalement, renverse l'effet sur le taux de change réel de la dépréciation initiale du taux de change nominal. À long terme, le produit intérieur retourne à son niveau initial et les prix augmentent en proportion de l'accroissement de l'offre de monnaie.

Une politique budgétaire expansionniste permanente modifie le taux de change anticipé à long terme. Elle provoque donc une plus forte appréciation de la monnaie qu'une expansion temporaire d'une ampleur équivalente. Si l'économie est initialement à son équilibre de long terme, l'appréciation additionnelle rend les biens et les services domestiques si coûteux que l'effet d'éviction sur la demande d'exportation nette annule l'effet de la politique budgétaire sur le produit intérieur et l'emploi. Dans ce cas, la politique budgétaire expansionniste permanente n'a aucune portée.

En pratique, il est important de s'assurer que les responsables politiques n'utilisent pas leur capacité à stimuler l'économie dans un but purement électoraliste, ce qui créerait *un biais inflationniste*. D'autres problèmes tiennent à la difficulté d'identifier l'origine et la durée des chocs exogènes. De plus, la mise en place de politiques économiques peut prendre du temps.

Si les exportations et les importations s'ajustent graduellement à des modifications du taux de change réel, l'évolution du solde de la balance courante peut prendre la forme d'une *courbe en J* à la suite d'une dépréciation réelle de la monnaie. Autrement dit, la balance courante se détériore dans un premier temps avant de s'améliorer. Dans ce cas, une dépréciation de la monnaie peut avoir un effet initial récessif sur le produit intérieur, et le surajustement du taux de change est amplifié. Un *degré de report* limité du taux de change, le long duquel les prix intérieurs augmentent, peut réduire l'effet d'une variation nominale du taux de change sur le taux de change réel.

Activités

1. Comment la courbe *DD* se déplace-t-elle après une diminution de la demande d'investissement ?
2. Supposons que l'État impose des droits de douane sur toutes les importations. Utilisez le modèle *AA-DD* pour analyser les effets de cette mesure sur l'économie. Examinez à la fois les effets de la mise en place de droits de douane temporaires et permanents.
3. Imaginons que l'État soit contraint de maintenir son budget équilibré à chaque période, autrement dit si l'État souhaite modifier ses dépenses, il doit changer les impôts d'un montant équivalent ($\Delta G = \Delta T$ doit toujours être vérifié). Ceci implique-t-il que l'État ne puisse plus désormais utiliser la politique budgétaire pour influer sur l'emploi et le produit intérieur ? Analysez les effets de l'accroissement d'un « budget équilibré », c'est-à-dire d'une augmentation des dépenses publiques accompagnée d'une hausse équivalente des impôts.
4. Supposons qu'il y ait une diminution permanente de la demande globale privée pour la production d'un pays (un déplacement vers le bas de la relation de demande globale). Quel est l'effet sur le produit intérieur ? Quelle politique économique pouvez-vous recommander ?
5. Pourquoi une augmentation temporaire des dépenses publiques provoque-t-elle une plus faible détérioration de la balance courante qu'une hausse permanente des dépenses publiques ?
6. Si un gouvernement a initialement un budget équilibré mais qu'il décide par la suite de réduire les impôts, cela crée un déficit qui devra être financé d'une manière ou d'une autre. Supposons que les agents pensent que le gouvernement financera ce déficit en augmentant l'offre de monnaie. Pensez-vous que la réduction des impôts provoquera une appréciation de la monnaie ?
7. On observe que la monnaie d'un pays et sa balance courante se déprécient. De quelles données avons-nous besoin pour savoir s'il s'agit effectivement d'un effet de la courbe en *J* ? Quelle autre modification macroéconomique pourrait expliquer ces deux évolutions ?
8. À peine élu, un gouvernement annonce qu'il va augmenter l'offre de monnaie. Utilisez le modèle *AA-DD* afin d'examiner la réaction de l'économie à cette annonce.
9. Comment peut-on représenter les courbes *AA-DD* quand la réaction de la balance courante à une variation du taux de change suit une courbe en *J* ? Utilisez cette représentation pour examiner les effets de modifications temporaires et permanentes des politiques monétaire et budgétaire.
10. À quoi ressemble la condition de Marshall-Lerner (développée à l'annexe B sous l'hypothèse standard d'une balance courante initialement équilibrée) dans un pays où la variation du taux de change réel se produit lorsque la balance courante est *déséquilibrée* ?

11. Notre modèle considère que le niveau général des prix est fixe à court terme, mais en réalité une appréciation de la monnaie provoquée par une politique budgétaire expansionniste permanente pourrait entraîner une légère baisse de P en diminuant le prix de certaines importations. On suppose que l'économie est initialement à l'équilibre. Si P peut baisser légèrement, est il toujours vrai que cette politique n'a pas d'effet sur le produit intérieur ?

12. Supposons que la parité des taux d'intérêt ne soit pas exactement respectée, mais que la véritable relation soit $R = R^* + (E^e - E)/E + \rho$, avec ρ un terme mesurant le différentiel de risque entre les dépôts domestiques et les dépôts étrangers. Admettons qu'une augmentation permanente des dépenses publiques, en provoquant des déficits budgétaires futurs, entraîne également une augmentation de ρ, c'est-à-dire que les dépôts en monnaie domestique deviennent plus risqués. Évaluez les effets de cette politique sur le produit intérieur.

13. Si une économie ne se trouve *pas* initialement au plein emploi, est-il vrai qu'une modification permanente de la politique budgétaire n'a pas d'effet à court terme sur le produit intérieur ?

14. L'encadré sur le taux de change et le compte courant suggère que même lorsqu'une politique budgétaire expansionniste est permanente, les agents pourraient anticiper que, compte tenu de la détérioration de la balance courante, une partie de l'appréciation initiale de la monnaie sera temporaire. Si cela est vrai, quel est l'effet à court terme d'une politique budgétaire expansionniste permanente ?

15. Pouvez-vous reconstituer les cinq étapes du raisonnement montrant qu'une politique budgétaire expansionniste permanente ne peut pas provoquer une *contraction* du produit intérieur ?

16. La discussion sur le biais inflationniste suggère qu'il peut être difficile de concevoir une politique budgétaire expansionniste *permanente*. Qu'en pensez-vous ? Quels sont les effets sur le produit intérieur et le taux de change d'une politique budgétaire ? Pouvez-vous faire un rapprochement avec la discussion sur les répercussions à long terme des déséquilibres de la balance courante ?

17. Si vous comparez des économies à faible inflation avec celles dans lesquelles l'inflation est plus élevée et très volatile, pensez-vous que le degré de report du taux de change sera différent ? Pourquoi ?

Annexes du chapitre 16

Annexe A : commerce intertemporel et demande de consommation

Nous avons supposé dans ce chapitre que la demande de consommation privée est une fonction du revenu disponible, $C = C(Y^d)$. Lorsque Y^d augmente, la consommation croît, mais dans une moindre proportion (de sorte que l'épargne, $Y^d - C(Y^d)$, augmente aussi). Cette annexe considère cette hypothèse dans le contexte du modèle intertemporel du comportement de consommation développé en annexe au chapitre 7. Nous supposions en effet que le bien-être des consommateurs dépendait de la demande de consommation présente D_p et de la demande de consommation future D_f. Si le revenu présent est noté Q_p et le revenu futur, Q_f, les consommateurs peuvent emprunter ou épargner pour allouer leur consommation dans le temps sous la *contrainte budgétaire intertemporelle :*

$$D_p + D_f/(1 + r) = Q_p + Q_f/(1 + r)$$

avec r le taux d'intérêt réel. La figure 16A.1 rappelle la façon dont la consommation et l'épargne sont déterminées au chapitre 7. Si les productions présente et future sont initialement décrites par le point 1, les consommateurs, en souhaitant atteindre la courbe d'utilité la plus haute compatible avec leur contrainte budgétaire, se placent également au point 1.

Pour simplifier, supposons qu'au point 1 l'agent n'épargne pas. Imaginons que le revenu courant augmente alors que le revenu futur reste fixe, ce qui déplace la dotation en revenu au point 2′ se situant à l'horizontale du point 1. Le consommateur souhaite alors répartir son supplément de consommation sur les deux périodes. Il peut le faire en épargnant une partie de l'augmentation de son revenu, $Q_p^2 - Q_p^1$, et en se déplaçant vers le haut le long de sa contrainte budgétaire, du point de dotation 2′ au point 2.

Si nous réinterprétons maintenant la notation de façon que la production présente, Q_p, corresponde au revenu disponible, Y^d, et que la demande de consommation présente corresponde à $C(Y^d)$, alors nous observons que la consommation peut dépendre d'autres facteurs que le revenu disponible courant – notamment le revenu futur et le taux d'intérêt réel. Ce type de comportement implique qu'une hausse du revenu se produisant sur la période présente conduira à un accroissement de la consommation présente mais dans une proportion moindre. Étant donné que les variations de production que nous avons considérées dans ce chapitre sont toutes temporaires, résultant de la rigidité à court terme des prix intérieurs, le comportement de consommation que nous avons décrit prend en compte la particularité du comportement de consommation intertemporel essentiel au modèle *AA-DD*.

Nous pouvons également utiliser la figure 16A.1 pour analyser les effets sur la consommation du taux d'intérêt réel. Si l'économie est initialement au point 1, une baisse du taux d'intérêt réel r provoque une rotation de la contrainte budgétaire dans le sens inverse des aiguilles d'une montre autour du point 1, entraînant une augmentation de la consommation présente. Cependant, si initialement l'économie avait une épargne positive, comme au point 2, cet effet sera ambigu, reflétant les influences contraires des effets de substitution et de revenu (voir chapitre 5). Dans ce cas, le point de dotation est 2′, une baisse du taux d'intérêt réel provoque une rotation dans le sens inverse des aiguilles d'une montre de la contrainte budgétaire autour du point 2′. Les études empiriques indiquent que les effets positifs de la baisse du taux d'intérêt réel sur la consommation sont probablement faibles.

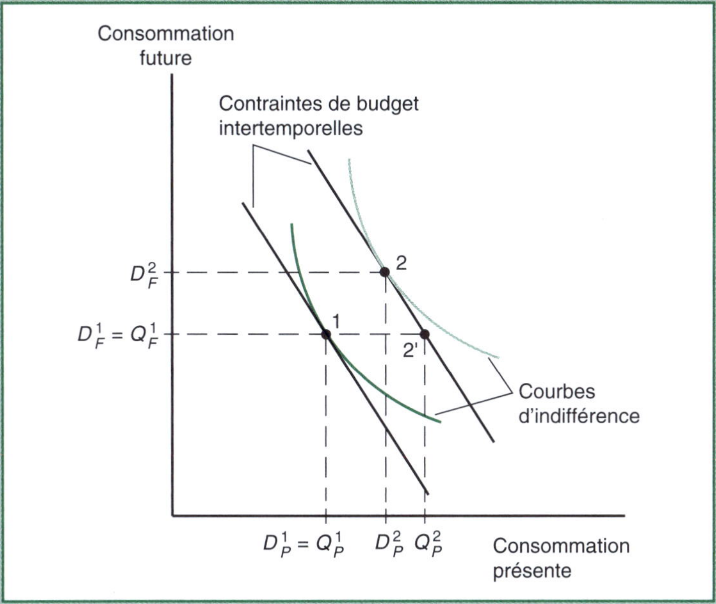

Figure 16A.1 • Variation de la production et de l'épargne.
Une hausse de la production sur une période augmente l'épargne.

Annexe B : la condition de Marshall-Lerner et l'estimation empirique des élasticités

Dans ce chapitre, nous avons supposé qu'une dépréciation réelle de la monnaie améliore la balance courante. Cependant, comme nous l'avons noté, la validité de cette hypothèse dépend de la réaction des volumes exportés et importés à une variation du taux de change. Dans cette annexe, nous établissons une condition pour que l'hypothèse retenue dans ce chapitre soit valide. Cette condition, appelée la *condition de Marshall-Lerner* (du nom d'Alfred Marshall et d'Abba Lerner), stipule que, toutes choses égales par ailleurs, une dépréciation réelle améliore la balance courante si les volumes importés et exportés sont suffisamment élastiques au taux de change réel. Après avoir établi la condition de Marshall-Lerner, nous présenterons les travaux estimant les élasticités empiriques des échanges.

Pour commencer, écrivons la balance courante, calculée en unités de production domestique, comme la différence entre les exportations et les importations de biens et de services :

$$CC(EP^*/P, Y^d) = EX(EP^*/P) - IM(EP^*/P, Y^d)$$

Ci-dessus, la demande d'exportation est écrite comme une fonction dépendant uniquement de EP^*/P, puisque le revenu étranger est supposé constant. Soit q le taux de change réel à l'incertain EP^*/P, et EX^* les importations domestiques mesurées en termes de production *étrangère* plutôt qu'en termes de production domestique. Nous utilisons la notation EX^* parce que les importations domestiques, calculées en production étrangère, sont égales au volume des exportations étrangères vers l'économie domestique. Comme q est le prix des produits étrangers en termes de produits domestiques, alors IM et EX^* sont reliés par la relation suivante :

$$IM = q \times EX^*$$

Soit, importations mesurées en termes de production domestique = (unités de production domestique/unité de production étrangère) × (importations mesurées en unités de production étrangère)[1] .

La balance courante peut donc s'écrire de la façon suivante :

$$CC(q, Y^d) = EX(q) - q \times EX^*(q, Y^d)$$

Maintenant, posons les variables EX_q et EX_q^* afin de représenter l'effet d'une augmentation de q (une dépréciation réelle) respectivement sur la demande d'exportation et sur le volume d'importations. Ainsi,

$$EX_q = \Delta EX \,/\, \Delta q, \; EX_q^* = \Delta EX^* \,/\, \Delta q$$

Nous l'avons vu dans ce chapitre, EX_q est positif (une dépréciation réelle rend les produits domestiques relativement bon marché et stimule les exportations) alors que EX_q^* est négatif (des produits relativement meilleur marché réduisent la demande d'importation des résidents). Nous pouvons donc nous demander comment une hausse de q agit sur la balance courante, toutes choses égales par ailleurs. Nous utilisons l'exposant 1 pour indiquer la valeur initiale d'une variable et l'exposant 2 pour indiquer sa valeur une fois que q a varié de $\Delta q = q^2 - q^1$. La variation du solde de la balance courante provoquée par une modification du taux de change réel Δq est :

$$\begin{aligned}\Delta CC = CC^2 - CC^1 &= (EX^2 - q^2 \times EX^{*2}) - (EX^1 - q^1 \times EX^{*1}) \\ &= \Delta EX - (q^2 \times \Delta EX^*) - (\Delta q \times EX^{*1})\end{aligned}$$

---

1. L'identification du taux de change réel comme un prix de production relatif n'est pas complètement exacte dans la mesure où, tel que nous l'avons défini, le taux de change réel est le prix relatif de paniers représentatifs. Cependant, dans la majorité des cas, cette erreur n'est pas qualitativement importante. Un problème plus sérieux est qu'une partie des produits domestiques est non échangeable et que le taux de change réel prend en compte ces prix aussi bien que ceux des produits échangeables. Afin d'éviter la complexité liée à un traitement plus fin de la composition des produits domestiques, nous supposons en dérivant la condition de Marshall-Lerner que le taux de change réel peut être approximativement identifié au prix relatif des importations en termes d'exportations.

En divisant cette expression par Δq, nous obtenons la réponse de la balance courante à une variation de q :

$$\Delta CC/\Delta q = EX_q - (q^2 \times EX^*_q) - EX^{*1}$$

Cette équation résume les deux effets sur la balance courante d'une dépréciation réelle examinés dans ce chapitre, l'effet *volume* et l'effet *valeur :*

- EX_q et $-(q^2 \times EX^*_q)$ représentent l'effet volume, celui d'une variation de q sur le nombre d'unités de produits importés et exportés. Ces termes sont toujours positifs car $EX_q > 0$ et $EX^*_q < 0$.
- EX^{*1} représente l'effet valeur et se trouve précédé d'un signe négatif. Ce dernier terme nous dit qu'une hausse de q détériore la balance courante dans la mesure où elle augmente la valeur en termes de production domestique du volume initial d'importations.

Le membre de droite de l'équation présentée ci-dessus est-il positif, c'est-à-dire une dépréciation réelle provoque-t-elle une amélioration de la balance courante ? Pour répondre, nous définissons dans un premier temps *l'élasticité de la demande d'exportation* par rapport à q

$$\eta = (q^1/EX^1)EX_q$$

et l'élasticité de la demande d'importation par rapport à q

$$\eta^* = -(q^1/EX^{*1})EX^*_q$$

Un signe négatif apparaît parce que $EX^*_q < 0$ et que nous définissons les élasticités des échanges par des nombres positifs.

Nous multiplions le membre de droite de l'équation $\Delta CC / \Delta q$ par (q^1/EX^1) afin de l'exprimer en termes d'élasticités des échanges. Si la balance courante est initialement équilibrée ($EX^1 = q^1 \times EX^{*1}$), alors cette dernière étape montre que $\Delta CC / \Delta q$ est positif quand :

$$\eta + (q^2/q^1)\,\eta^* - 1 > 0$$

Si l'on suppose que la variation de q est faible, c'est-à-dire $q^2 \approx q^1$, la condition pour qu'une augmentation de q améliore la balance courante est :

$$\eta + \eta^* > 1$$

C'est la condition de Marshall-Lerner. Celle-ci stipule que si la balance courante est initialement équilibrée, une dépréciation réelle de la monnaie provoque un surplus de la balance courante si la somme des élasticités des prix relatifs des demandes d'exportation et d'importation est supérieure à 1. Si la balance courante n'est pas équilibrée initialement, la condition devient considérablement plus compliquée. Lorsqu'on applique la condition de Marshall-Lerner, il est important de garder à l'esprit que pour l'obtenir nous avons supposé que le revenu disponible reste constant quand q varie.

Maintenant que nous avons établi la condition de Marshall-Lerner, nous pouvons nous demander si les valeurs empiriques des élasticités sont compatibles avec l'hypothèse de ce chapitre stipulant qu'une dépréciation réelle du taux de change améliore la balance courante.

Le tableau 16B.1 présente les élasticités estimées par le Fonds monétaire international pour le commerce de biens industriels[1]. Le tableau détaille les élasticités-prix des importations et des exportations mesurées sur trois horizons de temps, permettant ainsi aux importations et aux exportations de s'ajuster progressivement à des modifications des prix relatifs, comme nous l'avons développé dans notre discussion sur l'effet de la courbe en *J*. Les élasticités à court terme mesurent la réponse des flux des échanges à une variation des prix relatifs sur les six mois suivant cette variation. Les élasticités à moyen terme sont appliquées sur une période d'ajustement d'un an. Les élasticités à long terme mesurent la réponse des flux commerciaux aux variations des prix sur une période d'ajustement supposée infinie.

Pour la plupart des pays, les élasticités à court terme sont si faibles que la somme de ces élasticités pour les importations et les exportations est inférieure à 1. La condition de Marshall-Lerner n'est donc pas remplie pour ces élasticités. Ces résultats sont en faveur de l'existence d'un effet de courbe en *J* provoquant une détérioration de la balance courante immédiatement après une dépréciation réelle.

La condition de Marshall-Lerner est toutefois vérifiée à moyen et long termes pour la plupart des pays. Exception faite des périodes très courtes, une dépréciation réelle améliore donc la balance courante alors qu'une appréciation réelle la détériore.

Tableau 16B.1 : Élasticités-prix estimées du commerce international de biens industriels

	η			η^*		
Pays	**Court terme**	**Moyen terme**	**Long terme**	**Court terme**	**Moyen terme**	**Long terme**
Allemagne	–	–	1,41	0,57	0,77	0,77
Autriche	0,39	0,71	1,37	0,03	0,36	0,80
Belgique	0,18	0,95	1,55	–	–	0,70
Canada	0,08	0,40	0,71	0,72	0,72	0,72
Danemark	0,82	1,13	1,13	0,55	0,93	1,14
États-Unis	0,18	0,48	1,67	–	1,06	1,06
France	0,20	0,48	1,25	–	0,49	0,60
Italie	–	0,56	0,64	0,94	0,94	0,94
Japon	0,59	1,01	1,61	0,16	0,72	0,97
Norvège	0,40	0,74	1,49	–	0,01	0,71
Pays-Bas	0,24	0,49	0,89	0,71	1,22	1,22
Royaume-Uni	–	–	0,31	0,60	0,75	0,75
Suède	0,27	0,73	1,59	–	–	0,94
Suisse	0,28	0,42	0,73	0,25	0,25	0,25

Source : Jacques R. Artus et Malcolm D. Knight, « Issues in the Assessment of the Exchange Rates of Industrial Countries », *Occasional Paper*, 29. Washington D.C., International Monetary Fund, tableau 4, juillet 1984. Les estimations non disponibles sont indiquées par un tiret.

1. Voir aussi le rapport du CAE n° 62, par Patrick Artus et Lionel Fontagné, 2006, *Évolution récente du commerce extérieur français*, La Documentation Française.

Chapitre 17

Taux de change fixes et interventions sur le marché des changes

Objectifs pédagogiques :

- **Évaluer la manière dont la banque centrale procède pour stabiliser la valeur de sa monnaie sur le marché des changes.**
- **Étudier les relations entre les réserves des banques centrales, leurs achats et ventes sur le marché des changes ainsi que l'offre de monnaie.**
- **Définir le principe des interventions de change stérilisées.**
- **Analyser les effets des politiques budgétaires et monétaires en changes fixes.**
- **Identifier les causes et les conséquences des crises de balance des paiements.**
- **Étudier les systèmes multilatéraux de changes fixes ou semi-flexibles.**

Dans les chapitres précédents, nous avons présenté un modèle qui permet de comprendre comment le taux de change et le revenu national sont déterminés par l'interaction entre les marchés d'actifs et celui des biens et des services. Nous avons aussi vu comment les politiques monétaires et budgétaires peuvent être employées pour assurer le niveau de plein emploi et la stabilité des prix.

Afin de préserver la simplicité de l'exposé, nous avons supposé que les taux de change étaient parfaitement flexibles, c'est-à-dire que les autorités monétaires n'intervenaient pas sur le marché des changes. Cette hypothèse est cependant peu réaliste. La plupart des pays industrialisés ont un système hybride, dit de **changes flottants administrés**, où les banques centrales cherchent à contrôler les fluctuations de leur monnaie sans toutefois maintenir de parités fixes. Nombre de pays en développement conservent, par ailleurs, des parités plus ou moins fixes.

Dans ce chapitre, nous étudions comment les banques centrales peuvent fixer leur taux de change et en quoi cela contraint les politiques macroéconomiques nationales. Cela nous permettra de comprendre l'effet des interventions des banques centrales dans un régime de changes flottants administrés.

1 Pourquoi étudier les taux de change fixes ?

Une discussion sur les taux de change fixes peut sembler aujourd'hui dépassée, tant les médias se font régulièrement l'écho de la forte volatilité des changes. Quatre raisons motivent pourtant un tel exposé :

- *Le flottement administré.* Le système monétaire actuel est, en réalité, un système hybride. Les banques centrales interviennent souvent sur les marchés de capitaux afin d'influer sur les taux de change. On parle alors de flottement « impur », par opposition au flottement « pur »[1]. L'analyse des taux de change fixes permet ainsi de mieux comprendre les effets de ces interventions sur les marchés des changes, même en changes flottants.
- *Les accords monétaires régionaux.* Ces accords peuvent prendre plusieurs formes. Citons notamment les unions de change, dans lesquelles les membres s'engagent mutuellement à maintenir leurs parités fixes, tout en laissant fluctuer leur monnaie par rapport à celles des pays non membres. C'est le cas, par exemple, du Danemark qui ancre sa monnaie à l'euro dans le cadre du mécanisme de change européen.
- *Le cas des pays en développement et des pays en transition.* Si les pays industrialisés laissent généralement flotter leur monnaie par rapport au dollar, ils ne représentent guère plus d'un sixième des pays du monde. Beaucoup de pays en développement et en transition ancrent leur monnaie à un panier de monnaies (c'est le cas du Maroc par exemple) ou à une monnaie de référence (la Barbade ancre sa monnaie au dollar américain, les pays de la zone franc à l'euro, etc.)[2].
- *Les leçons à tirer du passé.* Avant la Première Guerre mondiale, de 1920 à 1931, puis à nouveau de 1945 à 1973, les taux de change fixes représentent la norme. Certains économistes et responsables politiques insatisfaits de l'expérience des taux de change flottants proposent aujourd'hui de nouveaux accords internationaux qui réhabiliteraient, sous une forme ou sous une autre, un système de changes fixes. De telles mesures serait-elles bénéfiques à l'économie mondiale ? Afin de comparer les mérites des deux systèmes (voir chapitre 19), il nous faut comprendre le fonctionnement des changes fixes.

---

1. Supposer que les autorités monétaires n'interviennent jamais sur le marché des changes est une hypothèse pratique (c'est la raison pour laquelle nous l'avons retenue jusque-là), mais on peut se demander si un tel système a jamais existé. Même si les autorités n'ont pas de politique de change avouée, elles n'ignorent pas pour autant les conséquences de leurs politiques économiques sur le taux de change.
2. Le FMI publie régulièrement une liste des régimes de change des pays membres. En 2006, 25 pays (dont la plupart des économies industrielles, à l'exception des pays de la zone euro) ont des monnaies indépendamment flottantes ; 51 pays sont engagés dans un flottement administré sans bande de fluctuation prédéterminée du taux de change ; 6 (dont le Danemark et la Slovénie) laissent fluctuer leur monnaie à l'intérieure d'une bande ; 5 utilisent des systèmes de change à crémaillère (*crawling pegs*), dans lesquels le taux de change doit suivre un chemin stable et prédéterminé ; 52 ont des taux de change fixes ; 41 (dont les pays de la zone euro) partagent leur monnaie ou utilisent la monnaie d'un partenaire commercial et 7 ont recours à des caisses d'émission (*currency board*), qui peuvent être assimilées à des systèmes de change fixes (voir chapitre 22).

Encadré 17.1

*La zone franc**

La zone franc regroupe la France, les Comores et 14 pays d'Afrique subsaharienne (en Afrique de l'Ouest : le Bénin, le Burkina-Faso, la Côte d'Ivoire, la Guinée-Bissau, le Mali, le Niger, le Sénégal et le Togo ; en Afrique centrale : le Cameroun, la République centrafricaine, le Congo, le Gabon, la Guinée-Équatoriale et le Tchad).

Les banques centrales des pays d'Afrique de l'Ouest, d'Afrique centrale et des Comores (c'est-à-dire la Banque centrale des États d'Afrique de l'Ouest, la Banque des États d'Afrique centrale et la Banque centrale des Comores) disposent d'un compte dit « d'opérations », ouvert sur les livres du Trésor français, qui garantit la convertibilité de leur monnaie. Jusqu'au 1er janvier 1999, les francs CFA et comoriens étaient ancrés au franc français. Dès l'adoption de l'euro, la monnaie européenne a remplacé le franc comme ancre monétaire des francs CFA et comoriens, sans que les mécanismes de coopération monétaire ne soient affectés.

La coopération monétaire entre la France et les pays africains de la zone franc est régie par quatre principes fondamentaux : garantie de convertibilité illimitée du Trésor français, fixité des parités, libre transférabilité et centralisation des réserves de change – en contrepartie de cette garantie, les banques centrales sont tenues de déposer une partie de leurs réserves de change auprès du Trésor français sur leur compte d'opérations.

Le fonctionnement des comptes d'opérations a été formalisé par des conventions entre les autorités françaises et les représentants des banques centrales de la zone franc. Ils fonctionnent comme des comptes à vue ouverts auprès du Trésor français. Ils sont rémunérés et peuvent, dans des circonstances exceptionnelles, devenir débiteurs. Toutefois, afin d'éviter que ces comptes ne présentent durablement un découvert, des mesures préventives sont prévues.

La coopération entre la France et les pays de la zone franc se traduit notamment par la tenue, deux fois par an, de réunions des ministres des Finances des pays de la zone franc.

* Voir la note d'information de la Banque de France n° 127 relative à la zone franc.

2 Comment la banque centrale agit-elle sur l'offre de monnaie ?

Au chapitre 14, nous avons défini l'offre de monnaie comme le total des espèces et des dépôts à vue détenus par les résidents. Nous avons aussi supposé que la banque centrale détermine la quantité de monnaie en circulation. Examinons maintenant les effets des interventions de la banque centrale sur l'offre de monnaie[1].

1. D'autres organisations gouvernementales peuvent intervenir sur le marché des changes mais, à la différence des banques centrales, ces interventions n'ont pas d'effet significatif sur l'offre de monnaie. Nous considérons ici, pour simplifier, uniquement les interventions des banques centrales.

2.1 Bilan de la banque centrale et offre de monnaie

Le **bilan de la banque centrale** recense les avoirs détenus par la banque centrale à l'actif, ainsi que ses engagements au passif.[1] Considérons un pays imaginaire.

Actif		Passif	
Avoirs étrangers	1 000 €	Dépôts des banques	500 €
Avoirs nationaux	1 500 €	Monnaie fiduciaire	2 000 €

À l'actif du bilan de la banque centrale (qui respecte bien sûr le principe de comptabilité en partie double), on trouve des *avoirs nationaux* (obligations d'État ou prêts aux banques résidentes) et des *avoirs étrangers* (principalement des obligations en devises ou de l'or). Ces derniers sont des moyens de paiement universels et internationaux. Ils constituent les réserves officielles de la banque centrale et lui permettent d'intervenir sur le marché des changes. Au passif, on trouve des dépôts effectués par les banques résidentes – dites de second rang – et la monnaie fiduciaire (l'ensemble des pièces et des billets mis en circulation par la banque centrale).

L'actif et le passif sont, par définition, égaux. Par conséquent, toute variation des avoirs de la banque centrale induit automatiquement une variation de ses engagements. L'achat d'un actif par la banque centrale implique une augmentation, soit de la quantité de monnaie en circulation, soit de ses engagements auprès des banques de second rang. De même, la vente d'un actif entraîne, soit un retrait de la monnaie en circulation, soit une diminution des avoirs des banques de second rang sur la banque centrale. Les achats ou les ventes d'actifs par la banque centrale dans le cadre de la politique monétaire sont qualifiés d'opérations d'*open market*. En fait, il faut bien comprendre que les interventions officielles des banques centrales sur le marché international des capitaux ont les mêmes effets sur l'offre de monnaie que sur les opérations d'open market. Rappelons, en outre, que l'achat d'actifs conduit à une augmentation *plus que proportionnelle* de l'offre de monnaie : c'est l'effet du *multiplicateur monétaire.*

On retiendra le principe suivant : *tout achat d'actifs par la banque centrale provoque automatiquement un accroissement de l'offre de monnaie et, réciproquement, toute vente provoque une diminution de l'offre de monnaie.*

2.2 Interventions sur le marché des changes et offre de monnaie

Supposons que la banque centrale intervienne sur le marché des changes en vendant pour 100 € d'obligations étrangères. Cette vente réduit les avoirs étrangers détenus par la banque centrale de 1 000 € à 900 €. Le paiement qu'elle reçoit réduit automatiquement ses engagements d'un montant de 100 € : si, par exemple, elle est payée en espèces, 100 € sont retirés de la circulation (le cas d'un paiement par chèque est traité à la question 15 à la fin du chapitre). L'actif et le passif de la banque centrale sont toujours égaux, mais les deux ont diminué de 100 €, tout comme l'offre de monnaie.

1. Pour une présentation détaillée du mécanisme de création monétaire, voir Frederic S. Mishkin, Christian Bordes, Pierre-Cyrille Hautcœur et Dominique Lacoue-Labarthe, *Monnaie banque et marchés financiers*, 8e édition, Pearson Education France, 2007.

Actif		Passif	
Actifs étrangers	900 €	Dépôts des banques privées	500 €
Actifs domestiques	1 500 €	Monnaie en circulation	1 900 €

À l'inverse, l'achat pour 100 € d'actifs étrangers par la banque centrale implique une hausse de ses engagements pour un montant de 100 €. Si cet achat est réglé en espèces, la monnaie en circulation augmente de 100 €. Si le paiement s'effectue par chèque, les dépôts des banques de second rang auprès de la banque centrale augmentent de 100 €. Dans chaque cas, il y a un accroissement de l'offre de monnaie.

2.3 Stérilisation

Les banques centrales peuvent annuler les effets de leurs interventions sur l'offre de monnaie en effectuant des opérations opposées sur les marchés d'actifs nationaux et étrangers. On parle dans ce cas d'**intervention stérilisée**. Reprenons l'exemple précédent, dans lequel la banque centrale vend pour 100 € d'obligations étrangères. Si elle achète, dans le même temps, pour 100 € d'actifs domestiques, elle accroît ses actifs *et* ses engagements domestiques de 100 €, compensant ainsi l'effet sur l'offre de monnaie. Le passif total reste identique, de sorte qu'une intervention stérilisée sur le marché des changes est sans effet sur l'offre de monnaie.

Actif		Passif	
Actifs étrangers	900 €	Dépôts des banques privées	500 €
Actifs domestiques	1 600 €	Monnaie en circulation	2 000 €

Le tableau ci-dessous résume et compare les effets des interventions stérilisées et non stérilisées sur le marché des changes.

Action de la banque centrale sur le marché des changes	Effet sur l'offre de monnaie domestique	Effet sur les actifs domestiques de la banque centrale	Effet sur les actifs étrangers de la banque centrale
Achat non stérilisé	+100 €	0	+100 €
Achat stérilisé	0	–100 €	+100 €
Vente non stérilisée	–100 €	0	–100 €
Vente stérilisée	0	+100 €	–100 €

2.4 Balance des paiements et offre de monnaie

Au chapitre 12, nous avons défini la balance globale (ou balance des règlements officiels) comme la somme du compte courant, du compte de capital, du compte financier hors avoirs de réserve et de l'erreur statistique. Elle correspond aux achats nets d'actifs étrangers par la banque centrale, moins les achats nets d'actifs domestiques par les banques centrales étrangères. Autrement dit, il s'agit du solde des paiements internationaux financés par les réserves des banques centrales. Un déficit de la balance globale, par exemple, correspond à une diminution des avoirs de réserve : les ventes nettes d'actifs étrangers par la banque centrale couvrent, soit la part du déficit courant qui n'est pas compensée par un flux financier net entrant, soit un surplus du compte courant insuffisant pour combler les sorties nettes de capitaux.

Notons qu'il est difficile de connaître les effets des déséquilibres de la balance globale sur l'offre de monnaie domestique et étrangère. Comme nous l'avons vu, les banques centrales peuvent stériliser leurs interventions afin de neutraliser les effets des variations de leurs réserves de change sur l'offre de monnaie. En outre, les ajustements se répartissent entre les banques centrales et cette répartition dépend de nombreux facteurs macroéconomiques et institutionnels.

3 Comment la banque centrale fixe-t-elle le taux de change ?

Afin de maintenir le taux de change constant, la banque centrale doit pouvoir intervenir à tout moment sur le marché des changes. Pour fixer, par exemple, le taux dollar contre yen à 120 ¥ par dollar, la banque du Japon doit utiliser ses réserves en dollars afin d'acheter des yens au taux de 120 ¥ par dollar, quel que soit le montant souhaité par le marché. Elle doit aussi acheter à ce taux de change les actifs en dollars que le marché souhaite échanger contre des yens. Si la banque du Japon n'élimine pas ces offres et ces demandes excédentaires de yens en intervenant sur le marché, le taux de change devra s'adapter pour restaurer l'équilibre.

En plus d'intervenir sur le marché des changes, la banque centrale doit également intervenir pour équilibrer le marché des taux d'intérêt, si elle souhaite maintenir son taux de change fixe. Comme nous l'avons vu dans les chapitres précédents, il existe effectivement des liens forts entre le marché des changes et celui de la monnaie.

3.1 Équilibre du marché des changes en changes fixes

Le marché des changes est à l'équilibre lorsque la condition de parité des taux d'intérêt (PTI) est vérifiée : le taux d'intérêt intérieur, R, est égal au taux d'intérêt étranger, R^*, augmenté du taux de dépréciation anticipé de la monnaie domestique par rapport à la monnaie étrangère $(E^e - E)/E$. Lorsque le taux de change est fixé à E^0, et qu'il n'y a pas d'anticipation de variation de ce taux, le taux de dépréciation est nul. E^0 est alors le taux de change d'équilibre si et seulement si $R = R^*$. Autrement dit, lorsque le taux de change est fixé de manière permanente à E^0, la banque centrale doit assurer l'égalité entre R et R^* afin de maintenir la fixité de ce taux.

3.2 Équilibre du marché monétaire en changes fixes

Afin de maintenir le taux d'intérêt intérieur au niveau R^*, la banque centrale doit ajuster l'offre de monnaie, de telle sorte que R^* égalise la demande et l'offre réelle de monnaie domestique : $M^S/P = L(R^*, Y)$.

Supposons que la banque centrale ait fixé E à E^0 et que le marché des actifs soit initialement à l'équilibre. Le produit intérieur Y augmente alors soudainement. Cette hausse accroît la demande de monnaie, ce qui fait augmenter le taux d'intérêt intérieur. Afin d'éviter que la monnaie domestique ne s'apprécie, la banque centrale doit intervenir sur le marché des changes en achetant des actifs étrangers. Pour payer ces actifs, elle crée de la monnaie et élimine ainsi la demande excédentaire. De cette manière, elle accroît automatiquement l'offre de monnaie jusqu'à ce que le marché des actifs soit de nouveau à l'équilibre, avec $E = E^0$ et $R = R^*$.

Imaginons que la banque centrale n'achète pas d'actifs étrangers. Dans ce cas, elle ne satisfait pas l'excès de demande de monnaie. Afin d'équilibrer le marché monétaire, le taux d'intérêt intérieur devra augmenter. Ce dernier étant alors supérieur au taux d'intérêt étranger R^*, les investisseurs privilégieront les placements domestiques, ce qui aura pour effet de faire baisser le taux de change (à l'incertain) E^0.

Le mécanisme de fixation du taux de change que nous venons de décrire peut être représenté graphiquement. La figure 17.1 illustre l'équilibre simultané du marché des changes et de la monnaie dans le cas d'un taux de change invariablement fixé à E^0.

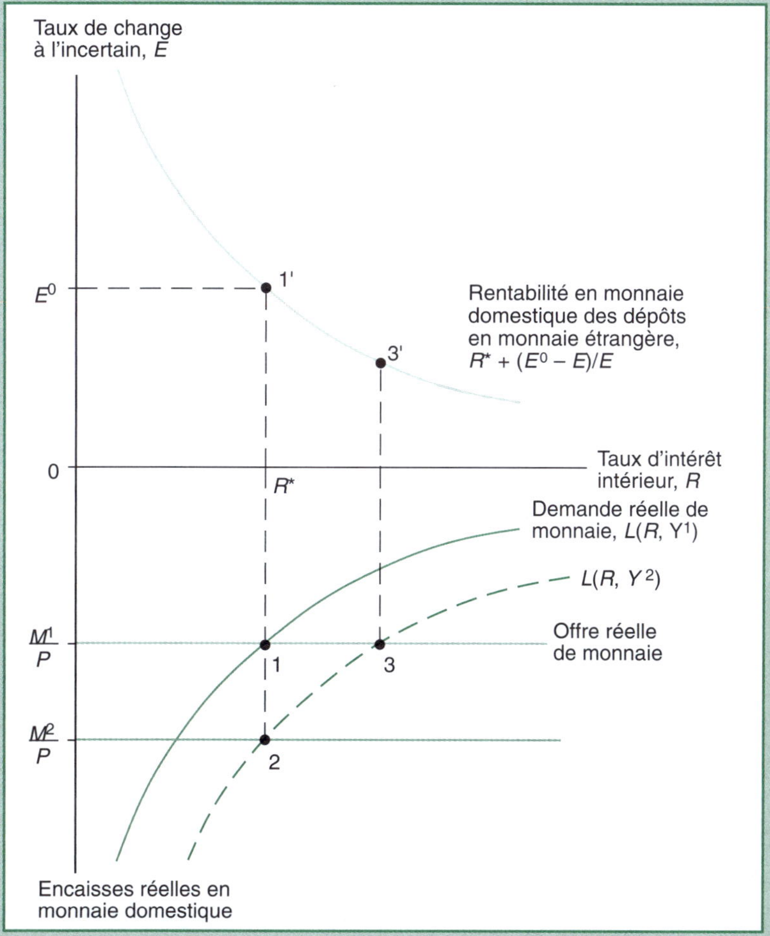

Figure 17.1 • Équilibre du marché des actifs avec un taux de change fixe E^0.
Pour maintenir le taux de change au niveau E^0 lorsque le produit intérieur augmente de Y^1 à Y^2, la banque centrale doit acheter des actifs étrangers et par conséquent augmenter l'offre de monnaie de M^1 à M^2.

L'équilibre initial sur le marché monétaire est représenté par le point 1 dans la partie inférieure de la figure. Pour un niveau de prix P et un produit intérieur Y^1 donnés, l'offre de monnaie doit être égale à M^1, lorsque les taux d'intérêt intérieur et étranger sont égaux à R^*. La partie supérieure de la figure montre en 1′ le point d'équilibre du marché des changes. La parité des taux d'intérêt est vérifiée dans ce cas pour $R = R^*$ et un taux de change fixe E^0.

Une hausse du revenu de Y^1 à Y^2 accroît la demande réelle de monnaie quel que soit le niveau des taux d'intérêt : la demande de monnaie agrégée se déplace donc vers le bas. Comme nous l'avons vu, une condition nécessaire au maintien du taux de change fixe est de restaurer l'équilibre *courant* du marché des actifs au niveau E^0, qui doit rester le taux de change futur anticipé par les opérateurs. Nous pouvons donc supposer que la courbe de la partie supérieure de la figure ne se déplace pas.

Si la banque centrale n'intervenait pas, le nouvel équilibre du marché monétaire se situerait au point 3. Puisque le taux d'intérêt intérieur est en ce point supérieur à R^*, la monnaie domestique devrait s'apprécier pour restaurer l'équilibre du marché des changes au point 3′. Cependant, la banque centrale ne peut pas laisser sa monnaie s'apprécier en changes fixes. Elle devra donc acheter des actifs étrangers jusqu'à ce que l'offre de monnaie domestique atteigne le niveau d'équilibre M^2. L'équilibre est alors atteint aux points 2 et 1′, où le taux d'intérêt intérieur h, R, est égal à R^* et le taux de change à E^0.

4 Politiques de stabilisation en changes fixes

Les politiques macroéconomiques de stabilisation (voir chapitre 16) ont des effets différents selon que la banque centrale fixe ou non le taux de change. Dans cette section, nous verrons qu'en fixant le taux de change, elle abandonne la possibilité de recourir à la politique monétaire pour réguler l'économie. La politique budgétaire gagne cependant en efficacité[1]. Nous étudierons également l'effet des politiques de dévaluation et de réévaluation du taux de change.

À l'instar du chapitre 16, nous utilisons le modèle *AA-DD* pour décrire l'équilibre de l'économie à court terme. Rappelons que la courbe *DD* représente les combinaisons possibles de taux de change et de produit intérieur pour lesquelles le marché des biens et des services est à l'équilibre, et la courbe *AA* celles qui équilibrent les marchés d'actifs. L'intersection des courbes *AA* et *DD* correspond à l'équilibre de court terme de l'économie. Pour appliquer ce modèle à une économie où le taux de change est fixé de manière permanente, nous supposons que le taux de change futur anticipé E^e correspond au taux E^0.

4.1 Politique monétaire

Lorsque la banque centrale fixe le taux de change au niveau E^0, l'équilibre de court terme de l'économie se situe au point 1 (voir figure 17.2). Le produit intérieur est alors égal à Y^1 et les taux d'intérêt intérieur et étranger sont égaux. Supposons maintenant que, pour relancer l'activité, la banque centrale décide d'accroître l'offre de monnaie en achetant des actifs domestiques.

1. Voir aussi Robert A. Mundell, « Capital Mobility and Stabilization Policy under Fixed and Flexible Exchange Rates », *Canadian Journal of Economics and Political Science*, 29, 1963, p. 475-485.

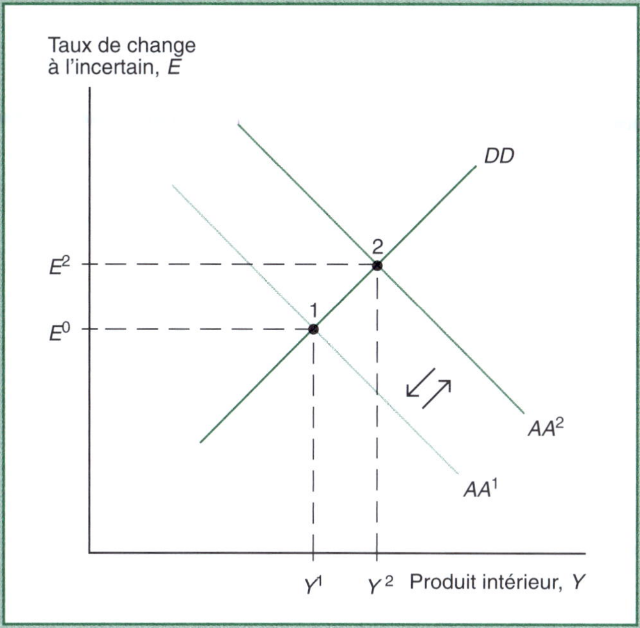

Figure 17.2 • L'inefficacité d'une expansion monétaire en changes fixes.

L'équilibre initial se situe au point *1*, où les marchés s'équilibrent au taux de change fixe E^0 et au niveau de produit intérieur Y^1. Pour accroître le produit intérieur au niveau Y^2, la banque centrale augmente l'offre de monnaie en achetant des actifs domestiques. Le résultat est un déplacement de la courbe AA^1 vers AA^2. Comme la banque centrale doit maintenir le taux de change au niveau E^0, elle vend aussi des actifs étrangers, ce qui diminue l'offre de monnaie et ramène ainsi AA^2 à AA^1. L'équilibre reste au point *1*, avec un produit intérieur inchangé Y^1.

La hausse des actifs domestiques détenus par la banque centrale provoque un déplacement de la courbe *AA* vers la droite, de AA^1 vers AA^2, ce qui conduit la monnaie à se déprécier et génère un nouvel équilibre au point 2. Afin de compenser cette dépréciation et maintenir le taux de change au niveau E^0, la banque centrale doit vendre des avoirs étrangers. À mesure que l'offre de monnaie diminue, la courbe d'équilibre du marché des actifs revient vers sa position initiale, AA^1. Une fois l'offre de monnaie revenue à son niveau initial, le taux de change ne subit plus de pression à la baisse. Toute tentative d'augmentation de l'offre de monnaie en changes fixes est donc vaine.

Ce résultat est très différent de celui obtenu au chapitre 16. En changes flottants, la banque centrale qui achète des actifs domestiques provoque une offre excédentaire de monnaie, qui implique une pression à la baisse sur le taux d'intérêt et une dépréciation de la monnaie domestique. En changes fixes, l'accroissement des actifs domestiques de la banque centrale est compensé par une *diminution* de ses réserves officielles internationales. Réciproquement, toute diminution de l'offre de monnaie par la vente d'actifs domestiques cause une *augmentation* égale des réserves, et l'offre de monnaie est finalement inchangée. Autrement dit, en changes fixes, la politique monétaire n'influe que sur le niveau des réserves internationales, et rien d'autre. *En changes fixes, la politique monétaire est inefficace. Elle n'a d'impact ni sur l'offre de monnaie, ni sur le revenu national.*

4.2 Politique budgétaire

La figure 17.3 illustre les effets d'une politique budgétaire expansionniste lorsque l'économie part du point d'équilibre *1*. Une expansion budgétaire a pour effet de déplacer la courbe d'équilibre du marché des biens et des services vers la droite (voir chapitre 16).

Graphiquement, DD^1 se déplace donc vers DD^2. Sans intervention de la banque centrale sur le marché des changes, le produit intérieur augmenterait jusqu'à Y^2 et le taux de change tomberait en E^2 (ce qui correspond à une appréciation de la monnaie), à la suite de l'augmentation du taux d'intérêt intérieur (en supposant les anticipations inchangées).

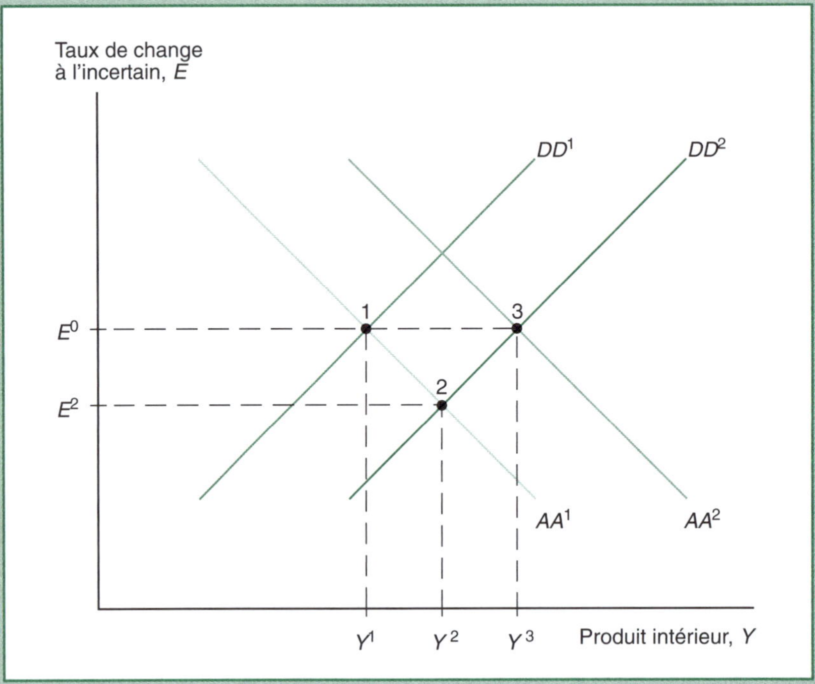

Figure 17.3 • L'effet d'une expansion budgétaire en changes fixes.
Une expansion budgétaire a pour effet de déplacer DD^1 vers DD^2 ; l'intervention de la banque centrale déplace AA^1 vers AA^2, ce qui fait passer l'équilibre du point *1* au point *3*.

En changes fixes, afin d'éviter que l'excès de demande de monnaie causé par l'augmentation de l'activité n'implique une hausse du taux d'intérêt et une appréciation de la monnaie, la banque centrale doit acheter des actifs étrangers. Cette intervention maintient le taux de change à E^0, en déplaçant AA^1 vers AA^2. Au nouveau point d'équilibre *3*, le produit intérieur est plus élevé, le taux de change reste inchangé et les réserves officielles internationales (et l'offre de monnaie) sont plus importantes.

Contrairement à la politique monétaire, la politique budgétaire peut donc être utilisée pour atteindre le plein emploi en changes fixes et son effet est même plus important qu'en changes flottants. En effet, en changes flottants, l'expansion budgétaire s'accompagne d'une appréciation de la monnaie, qui provoque une diminution la demande étrangère de biens et de services intérieurs. Cela tend ainsi à atténuer les effets positifs sur la demande globale. En changes fixes, pour contrer cette appréciation, la banque centrale doit accroître l'offre de monnaie par l'achat d'actifs en monnaies étrangères. Cet effet additionnel explique pourquoi la politique budgétaire est plus efficace.

4.3 Politiques de dévaluation et de réévaluation

Les pays en changes fixes décident parfois de modifier brusquement et unilatéralement leur parité de change. C'est le cas, par exemple, lorsque les réserves de change s'épuisent du fait d'un déficit de la balance courante qui excède les entrées de capitaux privés.

Lorsque le prix des monnaies étrangères en monnaie domestique augmente (c'est-à-dire quand le taux de change coté à l'incertain augmente), on parle de **dévaluation**. À l'inverse, lorsque ce prix diminue, on parle de **réévaluation**. Remarquons la distinction subtile avec les termes *dépréciation* et *appréciation*. On parle de dévaluation ou de réévaluation dans un régime de changes fixes, et de dépréciation ou d'appréciation dans un régime de changes flottants. Les termes *dévaluation* et *réévaluation* correspondent à des changements du taux de change, décidés de manière délibérée par les autorités monétaires. Les termes *dépréciation* et *appréciation* font, quant à eux, référence à des variations subies des taux de change flottants sur les marchés. Tout ce que la banque centrale doit faire pour dévaluer ou réévaluer est d'annoncer sa volonté d'échanger la monnaie domestique contre des monnaies étrangères, quel que soit le montant, au nouveau taux de change.

La figure 17.4 montre les conséquences d'une dévaluation sur l'économie. Une augmentation du taux de change de E^0 à E^1 rend les biens et les services intérieurs relativement moins chers que ceux de l'étranger (pour P et P^* fixés à court terme). Le produit intérieur augmente donc jusqu'au niveau Y^2, qui correspond au point 2 sur le segment *DD*. Cependant, ce point ne se trouve pas sur le segment d'équilibre du marché des actifs AA^1. Au point 2, il existe initialement une demande excédentaire de monnaie, qui résulte de l'augmentation des transactions qui accompagne la hausse du produit intérieur. Cet excès de demande conduirait le taux d'intérêt intérieur à dépasser le taux d'intérêt mondial, si la banque centrale n'intervenait pas sur le marché des changes.

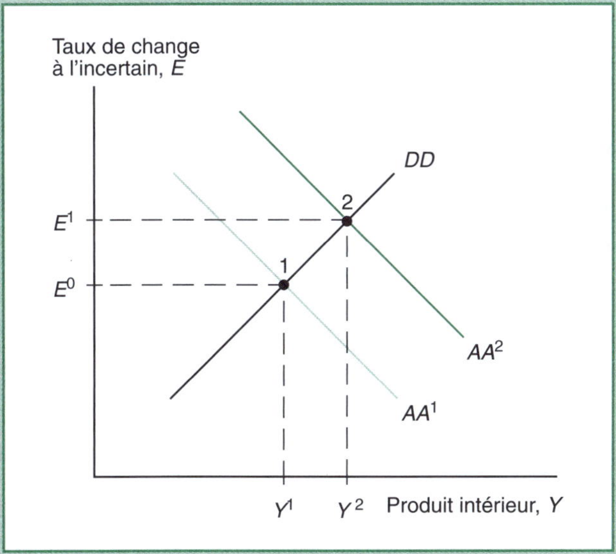

Figure 17.4 • Effet d'une dévaluation.

Lorsque la monnaie est dévaluée de E^0 à E^1, l'équilibre passe du point *1* au point *2* à mesure que le produit intérieur et l'offre de monnaie augmentent.

Afin de maintenir le taux de change à son nouveau taux E^1, elle doit acheter des actifs étrangers et augmenter ainsi l'offre de monnaie, jusqu'à ce que la courbe du marché des actifs atteigne AA^2 et passe par le point d'équilibre 2. Une dévaluation provoque donc une hausse du produit intérieur et des réserves officielles, ainsi qu'une expansion de l'offre de monnaie[1].

Tout cela permet de comprendre les raisons principales qui peuvent inciter les autorités monétaires à dévaluer. Une dévaluation peut d'abord être vue comme un moyen de lutter contre le chômage en dépit de l'inefficacité de la politique monétaire. Si les déficits publics sont impopulaires, si le processus parlementaire est trop lent, un gouvernement peut opter pour une dévaluation, afin de relancer la demande globale. Une dévaluation permet, ensuite, d'améliorer le solde de la balance courante. Elle permet également, le cas échéant, de reconstituer les réserves officielles de la banque centrale.

4.4 Ajustement à la politique budgétaire et aux modifications des taux de change

Si l'économie se trouve initialement dans une situation de plein emploi, l'expansion budgétaire a pour effet d'accroître le produit intérieur au-dessus de ce niveau et exerce une pression à la hausse sur le niveau général des prix, P. La demande globale diminue alors progressivement, ramenant le produit intérieur à son niveau initial de plein emploi. Une fois ce niveau atteint, la hausse des prix s'interrompt. Il n'y a donc pas d'appréciation réelle de la monnaie à court terme, comme c'est le cas en changes flottants. En revanche, dans les deux cas, le taux de change s'apprécie à long terme[2]. En changes fixes, l'appréciation réelle (la baisse de EP^*/P) prend plutôt la forme d'une hausse de P que d'une baisse de E.

À première vue, l'accroissement du niveau des prix, qui résulte à long terme d'une politique budgétaire expansionniste en changes fixes, paraît incompatible avec les conclusions du chapitre 14 où nous avons vu que pour un produit intérieur et un taux d'intérêt donnés, les prix et l'offre de monnaie augmentent proportionnellement à long terme. Cette incompatibilité est cependant illusoire, dans la mesure où la politique budgétaire expansionniste force la banque centrale à intervenir sur le marché des changes et provoque ainsi une hausse de l'offre de monnaie proportionnelle à l'accroissement à long terme de P.

Dans le cas d'une dévaluation, l'ajustement est similaire. En fait, comme cette dernière ne modifie pas l'offre et la demande sur le marché des biens et des services à long terme, la hausse des prix qu'elle engendre est proportionnelle à celle du taux de change. Une dévaluation en changes fixes a donc les mêmes effets à long terme qu'une augmentation proportionnelle de l'offre de monnaie en changes flottants. Elle est neutre à long terme. Elle a seulement pour effet d'entraîner une hausse proportionnelle des prix nominaux et de l'offre de monnaie domestique.

---

1. Après une dévaluation, les opérateurs s'attendent à ce que le nouveau taux de change prévale à l'avenir. Ce changement des anticipations provoque à lui seul le déplacement de la courbe AA^1 vers la droite. Ce mouvement est toutefois insuffisant pour assurer le passage de AA^1 à AA^2. L'intervention de la banque centrale est alors nécessaire. Au point *2*, comme au point *1*, $R = R^*$ si le marché des changes est à l'équilibre. Mais en raison de la hausse du produit intérieur, la demande réelle de monnaie augmente. Lorsque P est fixé, une expansion de l'offre de monnaie est donc nécessaire pour que le point *2* devienne le point d'équilibre sur le marché monétaire. La banque centrale doit donc acheter des actifs étrangers, afin que l'économie trouve son nouveau point d'équilibre en changes fixes.
2. En effet, l'équilibre de long terme du taux de change, EP^*/P, doit à chaque fois satisfaire la même équation, $Y^f = D(EP^*/P, Y^f - T, I, G)$, où Y^f est le niveau du produit intérieur qui assure le plein emploi (voir chapitre 16).

5 Crises de balance des paiements et fuites de capitaux

Nous avons supposé jusqu'ici que les agents anticipent un maintien définitif du taux de change à son niveau courant. La banque centrale peut cependant décider de réévaluer ou de dévaluer, soit pour des raisons de politiques internes (fort taux de chômage, par exemple), soit lorsque les réserves s'épuisent, comme c'est le cas pour de nombreux pays en développement dans les années 1990. En pratique, l'éventualité d'une brusque variation des taux de change est bien sûr prise en compte par les opérateurs. Lorsque le marché anticipe une modification imminente du taux de change, il en résulte une **crise de balance des paiements**, qui prend la forme d'un brusque changement du niveau des réserves extérieures officielles.[1]

La figure 17.5 illustre l'équilibre du marché monétaire (point 1) et du marché des changes (point 1′), dans le cas d'un taux de change fixe E^0. M^1 est l'offre de monnaie compatible avec cet équilibre. Supposons, par exemple, qu'une soudaine détérioration de la balance courante conduise le marché des changes à anticiper une dévaluation afin d'adopter un nouveau taux de change fixe, E^1, supérieur au taux de change courant, E^0.

Dans la partie supérieure de la figure, le changement des anticipations prend la forme d'un déplacement vers la droite de la courbe, qui représente le rendement attendu en monnaie domestique des dépôts étrangers. Comme le taux de change courant est toujours E^0, l'équilibre sur le marché des changes (point 2′) requiert une hausse du taux d'intérêt au niveau $R^* + (E^1 - E^0)/E^0$, qui correspond au rendements attendu, en monnaie domestique, des actifs étrangers. Comme le taux attendu est supérieur à R^*, cela provoque un excès de demande d'actifs étrangers sur le marché des changes. Afin de maintenir le taux de change à E^0, la banque centrale doit vendre ses avoirs de réserve, ce qui a pour effet de réduire l'offre de monnaie. Cette intervention prend fin lorsque l'offre de monnaie est égale à M^2 (point 2).

L'anticipation d'une dévaluation provoque une crise de balance des paiements, marquée par une brusque chute du niveau des réserves et une augmentation du taux d'intérêt intérieur au-dessus du taux mondial. À l'inverse, l'anticipation d'une réévaluation entraîne une brusque hausse du niveau des réserves et une baisse du taux d'intérêt intérieur en dessous du taux mondial.

La perte de réserves qui accompagne la crainte d'une dévaluation est souvent qualifiée de **fuite de capitaux**, car le creusement du déficit de la balance globale est essentiellement dû à une sortie de capitaux privés. Les résidents vendent la monnaie domestique et achètent des devises à la banque centrale, qu'ils placent ensuite à l'étranger. Cette fuite de capitaux est préoccupante dans la mesure où elle peut entraîner une dévaluation plus importante et plus précoce, en précipitant la baisse du niveau des réserves de la banque centrale. En outre, si la demande globale dépend du taux d'intérêt (à l'instar du modèle *IS-LM*), la fuite de capitaux réduit le produit intérieur, en raison de la baisse de l'offre de monnaie et de l'augmentation du taux d'intérêt réel.

---

1. Voir notamment Olivier Jeanne, « Currency Crises : A Perspective on Recent Theoretical Developments », *Princeton Special Papers in International Economics*, 20, mars 2000.

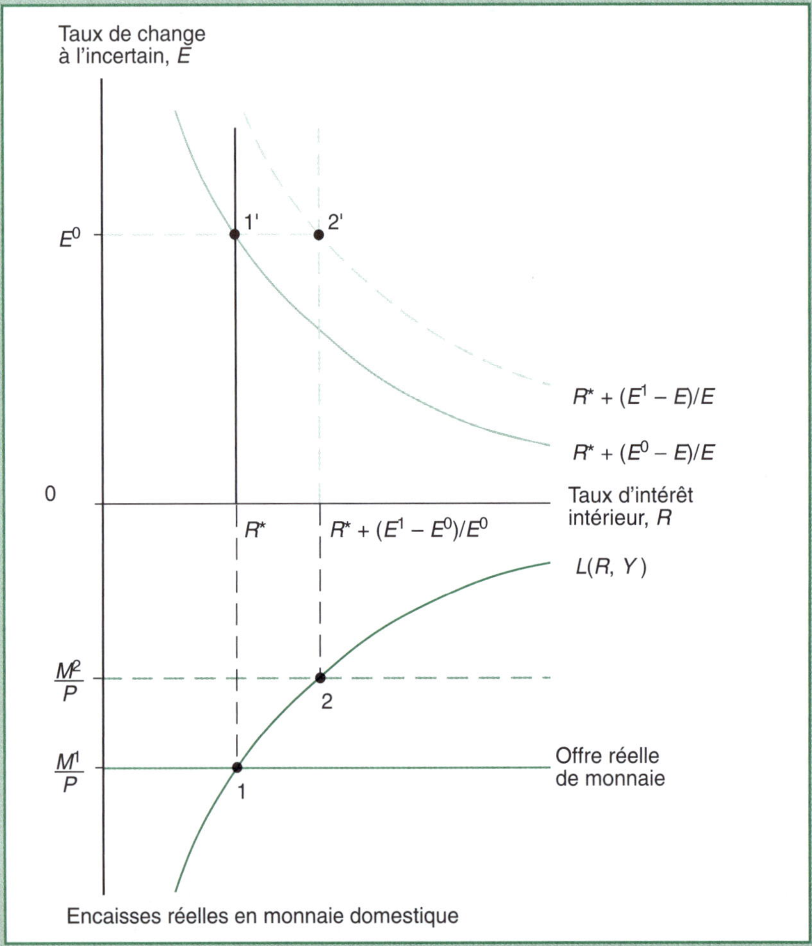

Figure 17.5 • Fuite de capitaux, offre de monnaie et taux d'intérêt.

Lorsque le marché anticipe une dévaluation en E^1, la banque centrale, qui doit maintenir le taux de change fixe E^0, doit utiliser ses réserves pour financer la sortie de capitaux. Cela réduit l'offre de monnaie et augmente le taux d'intérêt intérieur.

Les crises de change sont dues, la plupart du temps, à des politiques économiques incompatibles avec le maintien, à long terme, d'un régime de changes fixes. C'est le cas, par exemple, lorsque le gouvernement accumule les déficits budgétaires qu'il finance en émettant des obligations qui sont massivement achetées par la banque centrale, ce qui provoque une diminution de ses réserves de change. L'épuisement des réserves et l'abandon du taux de change fixe sont alors inéluctables. Les sorties de capitaux qui accompagnent les crises de change ne font qu'accélérer la chute[1].

1. L'annexe B de ce chapitre détaille un modèle de ce type, qui montre que l'abandon d'un taux de change fixe peut être provoqué par une forte *attaque spéculative*, où les opérateurs sur le marché des changes s'emparent des réserves de la banque centrale.

Les crises de change concernent parfois des pays où l'abandon des changes fixes ne paraît pas inévitable (ce qui ne signifie pas pour autant que les autorités sont exemptes de toute responsabilité). On parle alors de **crises de change autoréalisatrices**. Considérons, par exemple, une économie où le passif des banques commerciales est composé essentiellement de dépôts à court terme et où une part importante des créances bancaires sont douteuses. Si les spéculateurs suspectent une dévaluation, les taux d'intérêt augmenteront, ce qui aura pour triple effet d'alourdir le coût des emprunts, de plonger l'économie dans la récession et de diminuer la valeur des actifs bancaires. Afin de prévenir la faillite du système financier, la banque centrale peut alors fournir des liquidités aux banques, réduisant par là même ses réserves, ce qui met en danger sa capacité future à maintenir le taux de change fixe. Dans ce cas, c'est la prise en compte par les opérateurs d'un risque de dévaluation qui précipite l'économie dans la crise et oblige la banque centrale à modifier le taux de change.

Dans le reste de ce chapitre, nous continuons à supposer que le marché n'anticipe pas de variation du taux de change lorsque la banque centrale s'engage à le maintenir fixe. En revanche, dans les chapitres suivants, lorsque nous parlerons de crises de change, nous ferons évidemment référence à la présente section.

6 Flottement administré et stérilisation

Dans un régime de changes flottants administrés, la politique monétaire est influencée par les variations du taux de change, sans être totalement subordonnée au maintien d'un taux fixe. La banque centrale doit, dans ce cas, arbitrer entre des objectifs internes, comme l'emploi ou l'inflation, et des objectifs externes, comme la stabilité du taux de change. Supposons, par exemple, qu'une banque centrale augmente l'offre de monnaie pour lutter contre le chômage et qu'elle décide, dans le même temps, de vendre des actifs étrangers afin de ralentir la dépréciation de la monnaie domestique qui résulte de sa politique monétaire expansionniste. L'intervention sur le marché des changes aura tendance à *réduire* l'offre de monnaie, ce qui aura pour effet d'entraver, sans nécessairement l'annuler, l'initiative de la banque centrale pour réduire le chômage.

Les discussions, dans les débats politiques ou la presse, relatives aux interventions des banques centrales sur le marché des changes semblent souvent ignorer le lien entre ces interventions et l'offre de monnaie, vu précédemment. Cela revient, implicitement, à supposer que les interventions sur le marché des changes sont stérilisées et qu'elles n'ont donc pas d'impact sur l'offre de monnaie. Les études empiriques confirment cette hypothèse. Elles montrent en effet que les banques centrales stérilisent leurs interventions, aussi bien en changes fixes qu'en changes flottants.

6.1 Parfaite substituabilité des actifs et inefficacité des interventions stérilisées

Lorsqu'une banque centrale stérilise ses interventions sur le marché des changes, l'offre de monnaie domestique reste inchangée. Or, selon le modèle de détermination des taux de change développé précédemment, à moins qu'elles ne s'accompagnent d'un changement dans l'offre de monnaie, ces interventions n'ont d'incidences ni sur le taux d'intérêt intérieur, ni sur le taux de change. Nous avons également montré qu'en changes fixes, les tentatives de stérilisation sont vaines.[1] Quel est donc l'intérêt des interventions stérilisées ?

La caractéristique-clé de notre modèle est l'hypothèse selon laquelle le marché des changes n'est à l'équilibre que lorsque les rendements attendus sur les obligations en monnaie domestique et en monnaies étrangères sont identiques.[2] Autrement dit, nous supposons une **parfaite substituabilité des actifs**. Deux actifs sont des substituts parfaits lorsque les investisseurs sont indifférents à détenir l'un ou l'autre, dès lors qu'ils offrent les mêmes rendements attendus. Selon cette hypothèse, les opérateurs du marché des changes ne s'intéressent qu'aux taux de rendement attendus. Le taux de change est donc déterminé de manière à satisfaire la condition de parité des taux d'intérêt. Il n'y a rien qu'une banque centrale ne puisse faire en intervenant sur le marché des changes qu'elle ne pourrait faire par des opérations d'*open market*.

À l'inverse, en cas **d'imparfaite substituabilité des actifs**, les rendements attendus peuvent être différents à l'équilibre. La principale raison expliquant ces différences est le *risque* (voir chapitre 13). En cas d'imparfaite substituabilité des actifs, *à la fois* le risque *et* le rendement comptent aux yeux des investisseurs. Si des obligations libellées en différentes monnaies ont des degrés de risque différents, les investisseurs accepteront des rendements inférieurs pour les obligations les moins risquées et inversement. Les interventions des banques centrales qui influent sur le risque associé aux actifs domestiques peuvent également avoir un effet sur le taux de change, sans que l'offre de monnaie ne soit modifiée. Nous devons donc modifier notre modèle d'équilibre du marché des changes afin de comprendre comment les interventions stérilisées peuvent agir sur les risques associés aux actifs domestiques.

6.2 Équilibre du marché des changes avec imparfaite substituabilité des actifs

Lorsque les obligations en monnaie domestique et étrangère sont parfaitement substituables, le marché des changes est à l'équilibre si la condition de parité des taux d'intérêt est satisfaite : $R = R^* + (E^e - E)/E$. Mais dans le cas contraire, cette condition ne tient plus. L'équilibre sur le marché des changes nécessite, en général, que l'on *ajoute* une **prime de risque** ρ : $R = R^* + (E^e - E)/E + \rho$.

À l'annexe A, nous montrons que cette prime de risque sur les actifs domestiques est fonction positive de l'encours des obligations d'État domestiques B et fonction négative des actifs domestiques détenus par la banque centrale A, soit : $\rho = \rho\,(B - A)$.

Le raisonnement est simple : plus l'encours des obligations publiques domestiques détenues par les investisseurs privés est important, plus ces derniers sont vulnérables aux variations inattendues du taux de change. Ils refuseront d'en détenir davantage, à moins que ces titres

1. Rappelons que pour maintenir le taux de change constant lorsque, par exemple, les dépenses budgétaires augmentent, la banque centrale doit acheter des actifs libellés en devises et accroître l'offre de monnaie. Cette politique a pour effet d'augmenter le revenu national mais provoque une augmentation de l'inflation. La banque centrale peut chercher à éviter cette inflation en vendant des actifs domestiques pour réduire l'offre de monnaie, mais sitôt qu'elle vend des actifs domestiques elle doit acheter des actifs étrangers pour garder le taux de change fixe.

2. Nous supposons que tous les actifs (non monétaires) libellés dans *la même* monnaie, qu'il s'agisse de dépôts à terme non liquides ou d'obligations d'État, sont parfaitement substituables. Nous utilisons alors le terme général d'« obligations » pour désigner ces actifs.

n'offrent une rentabilité plus élevée. Une augmentation de la dette publique domestique provoque ainsi une hausse du différentiel de rentabilité attendu entre les obligations en monnaie domestique et étrangère. De même, lorsque la banque centrale achète des actifs domestiques, le marché n'a plus besoin d'en détenir. La vulnérabilité du secteur privé au risque de change est moindre et la prime de risque sur les actifs domestiques diminue.

6.3 Effets d'une intervention stérilisée avec imparfaite substituabilité des actifs

La figure 17.6 illustre la manière dont les interventions stérilisées peuvent agir sur le taux de change, lorsque les actifs sont imparfaitement substituables. La partie inférieure de la

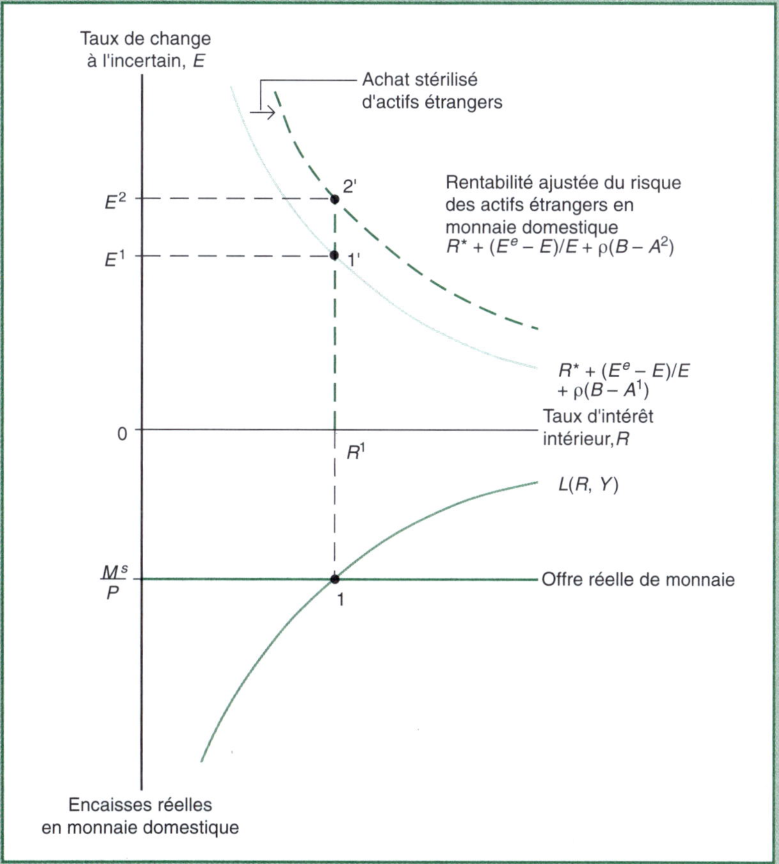

Figure 17.6 • Effet d'un achat stérilisé d'actifs étrangers par la banque centrale en cas d'imparfaite substituabilité des actifs.

figure, qui situe l'équilibre du marché monétaire au point 1, ne change pas par rapport aux figures précédentes. La partie supérieure est aussi très semblable, à ceci près que la courbe illustre comment la *somme* de la rentabilité attendue en monnaie domestique des actifs étrangers et de la prime de risque dépend du taux de change (cette courbe est décroissante si la prime ne dépend pas du taux de change). L'équilibre du marché des changes se situe au point 1′, qui correspond à une dette publique domestique égale à B et à une détention d'actifs domestiques par la banque centrale égale à A^1. En ce point, le taux d'intérêt intérieur correspond à la rentabilité, en monnaie domestique, des dépôts étrangers ajusté du risque (comme dans l'équation 17.2).

Analysons maintenant les effets d'un achat stérilisé d'actifs étrangers par la banque centrale. En compensant cet achat par la vente d'actifs domestiques, elle maintient l'offre de monnaie au niveau M^S, évitant ainsi toute modification dans la partie inférieure de la figure. En raison de cette vente, les actifs domestiques détenus par la banque centrale diminuent (atteignant A^2), tandis que le stock d'actifs domestiques que doit détenir le marché, $B - A^2$, est plus élevé que le niveau initial, $B - A^1$. Cet accroissement provoque la hausse de la prime de risque ρ et le déplacement vers la droite de la courbe de la partie supérieure de la figure. L'équilibre du marché des changes s'établit alors au point 2′ et la monnaie domestique se déprécie jusqu'à E^2.

Ainsi, en cas d'imparfaite substituabilité des actifs, les achats de devises, bien que stérilisés, provoquent une dépréciation de la monnaie domestique. À l'inverse, les ventes stérilisées de devises provoquent une appréciation de la monnaie domestique. Une légère modification de notre analyse montre que la banque centrale peut aussi pratiquer une intervention stérilisée, afin de maintenir le taux de change fixe lorsqu'elle fait varier l'offre de monnaie en vue d'atteindre des objectifs intérieurs, comme le plein emploi. En effet, le taux de change et la politique monétaire peuvent être utilisés indépendamment à court terme, lorsque la stérilisation est efficace.

6.4 Éléments empiriques sur les effets des interventions stérilisées

Peu d'éléments empiriques confortent l'idée que les interventions stérilisées exercent, indépendamment des politiques monétaires et budgétaires, une influence majeure sur les taux de change[1]. Certains économistes en concluent que lorsque les primes de risque sont importantes, elles ne dépendent pas des transactions de la banque centrale, contrairement à ce que nous supposions dans le modèle précédent. D'autres contestent les tests utilisés pour mesurer l'effet des interventions stérilisées. Quoi qu'il en soit, il y a de quoi rester sceptique.

Nous avons supposé jusque là que les interventions stérilisées ne modifient pas les anticipations concernant le taux de change. S'il subsiste des doutes sur les orientations *futures* en matière de politique macroéconomique, les interventions stérilisées peuvent néanmoins indiquer les variations du taux de change que la banque centrale attend ou espère. Cet **effet de signal** des interventions peut modifier les anticipations des investisseurs sur les politiques budgétaires et monétaires et donc provoquer un changement immédiat du taux de change, même si les obligations libellées en différentes monnaies sont parfaitement substituables.

L'effet de signal est particulièrement important quand le gouvernement n'est pas satisfait du taux de change et déclare publiquement qu'il va modifier la politique budgétaire ou monétaire afin de provoquer un changement. En intervenant simultanément sous une

1. Pour plus de détails, voir Lucio Sarno et Mark P. Taylor, « Official Intervention in the Foreign Exchange Market : Is it Effective and, if so, How Does it Work ? », *Journal of Economic Literature*, 39, septembre 2001, ainsi que le numéro de décembre 2000 du *Journal of International Financial Markets, Institutions and Money*.

forme stérilisée, la banque centrale crédibilise son annonce. Un achat stérilisé d'actifs étrangers peut, par exemple, convaincre le marché qu'elle a l'intention de provoquer une dépréciation de sa monnaie. Dans le cas contraire, si la monnaie venait à s'apprécier, elle connaîtrait des pertes. Or, même une banque centrale se soucie de son compte de résultat !

Notons toutefois que les autorités peuvent être tentées d'exploiter cet effet de signal afin d'en tirer un bénéfice temporaire, même si elles n'ont pas l'intention de modifier leur politique à long terme. Mais si elles ne donnent pas suite aux signaux qu'elles envoient aux marchés par des mesures concrètes, elle perd en crédibilité et les signaux qu'elle tente d'envoyer deviennent vite inefficaces : « *crier au loup* », sur le marché des changes comme ailleurs, n'est pas une bonne stratégie à long terme ![1]

7 Régimes de changes fixes et le système monétaire international

Nous avons jusqu'à présent étudié le cas d'un pays isolé, qui fixe son taux de change par rapport à une monnaie étrangère, supposée unique, en échangeant des actifs domestiques contre des actifs étrangers lorsque c'est nécessaire. La réalité est évidemment plus complexe. Il est, par exemple, possible de fixer le taux de change par rapport à certaines monnaies et le laisser flotter par rapport à d'autres. Mais surtout, certains mécanismes permettent de fixer *tous* les taux de change entre eux, pour peu que chaque pays intervienne pour défendre la parité de sa monnaie par rapport à *un* étalon international. Il en existe deux principaux : le régime **d'étalon-or** (dont l'apogée se situe entre 1870 et 1914) et le régime avec **monnaie de réserve** (en vigueur entre la fin de la Seconde Guerre mondiale et 1973). Ces deux mécanismes ont toutefois des conséquences très différentes en ce qui concerne la charge du financement des balances des paiements et le contrôle de l'offre de monnaie.

7.1 L'étalon-or

Sous le régime d'étalon-or, les réserves sont composées d'or et les banques centrales ancrent leur monnaie à l'or. Parce qu'il existe N monnaies, et par conséquent N prix de l'or, il suffit que chaque pays défende sa parité pour que tous les taux de change soient fixes. Si, par exemple, le prix du dollar en or est fixé par les autorités monétaires américaines à 35 $ l'once, tandis que celui de la livre est fixé par les autorités britanniques à 14,58 £ l'once, le taux de change dollar/livre est : (35 $ l'once)/(14,58 £ l'once) = 2,40 $ par livre[2].

Avec l'or comme étalon, aucun pays n'occupe de place privilégiée et n'est dégagé du devoir d'intervention. Supposons, par exemple, que la Banque d'Angleterre augmente son offre de

1. Pour approfondir l'analyse du rôle joué par l'effet de signal, voir Maurice Obstfeld, « The Effectiveness of Foreign-Exchange Intervention : Recent Experience, 1985-1988 », dans W.H. Branson, J.A. Frenkel et M. Goldstein (éds.), *International Policy Coordination and Exchange Rate Fluctuations*, University of Chicago Press, Chicago, 1990, p. 197-237 ; Kathryn M. Dominguez et Jeffrey A. Frankel, « Does Foreign Exchange Intervention Work ? », *Institute for International Economics*, Washington DC, 1993 ; et Richard T. Baillie, Owen F. Humpage et William P. Osterberg, « Intervention from an Information Perspective », *Journal of International Financial Markets, Institutions, and Money*, 10, décembre 2000, p. 407-421.
2. Le système d'étalon-or requiert que chaque pays ne pose aucune limite à l'importation et à l'exportation d'or. Notons, qu'en pratique, les coûts de transport et d'assurance conduisent à définir des « points d'or », qui fixent les limites entre lesquelles les taux de change peuvent fluctuer.

monnaie. Elle achète pour cela des actifs domestiques, ce qui exerce une pression à la baisse sur les taux d'intérêt britanniques. Les actifs en monnaie étrangère deviennent par conséquent plus attrayants. En changes flottants, la livre sterling se déprécierait jusqu'à ce que la parité des taux d'intérêt soit rétablie. Sous l'étalon-or, les banques centrales sont obligées d'échanger leur monnaie contre de l'or à des taux fixes. Ceux qui détiennent des actifs britanniques les vendent à la Banque d'Angleterre contre de l'or, afin d'acheter auprès des autres banques centrales des actifs en monnaie étrangère qui rapportent un taux plus élevé que ceux en livre. Comme les réserves officielles étrangères déclinent en Grande-Bretagne, l'offre de monnaie diminue, ce qui exerce une pression à la hausse sur les taux d'intérêt britanniques. À l'inverse, l'offre de monnaie augmente dans tous les pays étrangers, ce qui pousse à la baisse les taux d'intérêt. Une fois l'égalité des taux d'intérêt entre les pays rétablie, les marchés d'actifs sont de nouveau à l'équilibre[1].

Dans cet exemple, la Grande-Bretagne fait l'expérience d'une sortie de capitaux privés, tandis que les autres banques centrales accumulent des réserves. Autrement dit, chacun est responsable de la fixation du prix de sa monnaie en or. Les pays se partagent ainsi équitablement la charge de l'ajustement de la balance des paiements. Comme nous le verrons plus en détail ci-après, cette symétrie des ajustements monétaires est d'ailleurs le principal mérite de l'étalon-or, par rapport aux systèmes fondés sur une monnaie de réserve internationale.

Les partisans de l'étalon-or avancent, en outre, que ce régime contraint les banques centrales à limiter la croissance de leur offre de monnaie. En effet, si les autorités mènent une politique monétaire trop laxiste, cela provoque une augmentation des prix de tous les biens et services, y compris de l'or. Afin de maintenir la parité fixe, les autorités doivent ainsi contraindre la politique monétaire, ce qui a pour effet de stabiliser la valeur réelle de la monnaie.

Malgré ces avantages, l'étalon-or présente quelques inconvénients :

- L'étalon-or contraint la politique monétaire. En cas de récession mondiale, tous les pays peuvent trouver avantage à augmenter conjointement leur offre de monnaie, même si cela devait aboutir à une hausse généralisée du prix de l'or.
- L'ancrage des monnaies à l'or assure la stabilité générale des prix, uniquement si le prix relatif de l'or et des autres biens et services est lui-même stable. Supposons, par exemple, que le prix de l'once d'or soit fixé à 35 \$ et celui du panier d'un bien standard à 105 \$, soit 3 onces d'or. Le prix relatif de l'once d'or en termes de bien est donc égal à 1/3. Supposons maintenant que de nouveaux gisements d'or soient découverts. Le prix relatif de l'once d'or en termes de bien tombe alors à 1/4. Si le prix de l'or en dollars reste inchangé, à 35 \$ dollars l'once, le prix du panier de biens devrait augmenter de 105 \$ à 140 \$.
- Lorsque le système international de paiement est fondé sur l'or, il faut sans cesse de nouvelles découvertes d'or pour que les banques centrales puissent continuellement accompagner la croissance économique. Une récession mondiale pourrait naître de la concurrence que se livrent les autorités monétaires afin de s'approprier des réserves en vendant des actifs intérieurs. Cela aurait pour conséquences de réduire l'offre de monnaie.

---

1. Initialement, les pièces d'or forment une part substantielle de la monnaie. Les pertes d'or d'un pays en faveur de l'étranger ne prennent donc pas nécessairement la forme d'une baisse des avoirs en or de la banque centrale : les particuliers peuvent fondre les pièces d'or en lingots et les envoyer à l'étranger, où ils sont à nouveau frappés ou cédés, contre des billets, à la banque centrale.

- L'étalon-or offre aux principaux pays producteurs d'or, comme la Russie ou l'Afrique du Sud, un avantage considérable, dans la mesure où ils peuvent influer sur les conditions macroéconomiques mondiales par des ventes d'or massives.

En raison de ces inconvénients, peu d'économistes sont aujourd'hui en faveur d'un retour à l'étalon-or. Dès 1923, l'économiste britannique John Maynard Keynes qualifie l'or de « relique barbare » du système monétaire international[1]. La plupart des banques centrales continuent à détenir une part de leurs réserves internationales en or, mais le prix de l'or ne joue plus de rôle particulier dans la mise en œuvre des politiques monétaires.

7.2 L'étalon bimétallique

Au XIXe siècle, de nombreux pays ont recours à un **étalon bimétallique**, où la valeur de la monnaie est fixée par rapport à l'or et l'argent. C'est notamment le cas de la France et des États-Unis. L'avantage du bimétallisme est qu'il permet de réduire l'instabilité du niveau général des prix. Par exemple, si l'or devient rare et cher, il sera moins utilisé sous sa forme monétaire au profit de l'argent, relativement plus abondant et moins onéreux. Ce dernier devient la monnaie dominante. Cela permet d'atténuer la déflation par rapport à un régime d'étalon-or pur. L'inconvénient majeur du bimétallisme résulte des éventuelles distorsions de prix sur le marché libre entre les deux métaux pris pour référence par rapport à leur cours légal[2]. Au début du XXe siècle, quasiment plus aucun pays n'a recours au bimétallisme.

7.3 Le dollar comme monnaie de réserve internationale

Une solution alternative pour fixer les parités de change consiste à choisir une **monnaie de réserve internationale.** Le principe est proche de celui présenté précédemment : chaque banque centrale s'engage à intervenir pour soutenir son taux de change par rapport à la monnaie de réserve.

Le rôle joué par le dollar américain dans le système monétaire international après la Seconde Guerre mondiale illustre bien ce mécanisme : chaque banque centrale fixe son taux de change par rapport au dollar et s'engage à acheter ou à vendre sur le marché des changes des actifs domestiques contre des actifs en dollars. Afin de résorber, le cas échéant, une offre excédentaire de monnaie, les banques doivent détenir des réserves importantes en dollars. Les avoirs de réserve sont surtout composés de bons du Trésor américain et de dépôts à court terme en dollars.

Chaque banque centrale n'intervient que pour maintenir sa parité vis-à-vis du dollar et n'a pas à se soucier de son taux de change par rapport aux autres monnaies. En effet, le taux de change entre deux monnaies (autres que le dollar) est automatiquement fixé, tout comme avec l'étalon-or. Pour bien comprendre, considérons un exemple fondé sur le franc français (FF) et le deutsche mark (DM), avant l'introduction de l'euro. Supposons que la valeur du franc soit fixée à 5 FF par dollar et celle du mark à 4 DM par dollar. Le taux de change entre

---

1. Pour une vue divergente sur l'étalon-or, voir Robert A. Mundell, « International monetary reform : the optimal mix in big countries », dans James Tobin (éd.), *Macroeconomics, Prices and Quantities*, Brookings Institution, Washington DC, 1983, p. 285-293.
2. Voir aussi Milton Friedman, « Bimetallism revisited », *Journal of Economic Perspectives*, 4, 1990, p. 85-104.

le franc et le mark (appelé « taux de change croisé ») est de 0,80 DM par franc, soit 4 DM par dollar divisé par 5 FF par dollar, même si aucune banque centrale n'échange directement des francs contre des marks en vue de maintenir le taux de change. Au taux de change de 0,85 DM par franc, par exemple, il est possible de réaliser un arbitrage en vendant 100 $ à la Banque de France contre 500 FF, qui sont ensuite revendus, sur le marché des changes, contre des marks pour obtenir 425 DM (500 × 0,85). En revendant ces 425 DM à la Bundesbank, on obtient alors 106,25 $ (425/4), soit un profit sans risque de 6,25 $. Cependant, l'exploitation de cette possibilité d'arbitrage, la vente de francs contre des marks, conduit le mark à s'apprécier vis-à-vis du franc, jusqu'à ce que le change DM/FF atteigne 0,80 et que par conséquent il n'y ait plus d'arbitrage possible[1].

Le pays dont la monnaie joue le rôle de monnaie de réserve occupe une position privilégiée, dans la mesure où il n'est jamais contraint d'intervenir sur le marché des changes. S'il y a *N* pays, *N* monnaies, il y a seulement *N-1* taux de change par rapport à la monnaie de réserve. Par conséquent, si les *N-1* pays dont la monnaie n'est pas la monnaie de réserve interviennent en vue de maintenir leur taux de change, le pays émetteur de la monnaie de réserve n'a, quant à lui, jamais besoin d'intervenir. Il profite des changes fixes sans avoir à défendre sa monnaie. Il ne supporte donc pas la charge du financement de sa balance des paiements et peut utiliser la politique monétaire à des fins de stabilisation macroéconomique.

Que se passe-t-il lorsque la banque centrale du pays émetteur de la monnaie de réserve achète des actifs domestiques ? L'expansion monétaire qui en résulte a pour effet de baisser le taux d'intérêt intérieur en dessous du niveau du taux d'intérêt étranger, ce qui provoque un excès de demande de devises sur le marché des changes. Les banques centrales des autres pays doivent donc acheter des actifs de réserve, afin d'empêcher l'appréciation de leur monnaie. Ces achats ont pour conséquence d'augmenter l'offre de monnaie et de diminuer le taux d'intérêt au niveau choisi par le pays émetteur.

Le pays émetteur de la monnaie de réserve a ainsi le pouvoir d'agir sur sa propre économie, ainsi que sur les économies étrangères, en utilisant la politique monétaire. Les autres banques centrales doivent non seulement renoncer à leur politique monétaire, mais aussi « subir » celle du pays émetteur. Cette asymétrie peut conduire, à terme, à des conflits entre les pays. Ces problèmes ont contribué à provoquer, en 1973, l'effondrement de l' « étalon-dollar » (voir chapitre 18).

7.4 L'étalon de change-or

À mi-chemin entre l'étalon-or et un système avec monnaie de réserve, on trouve **l'étalon de change-or.** Dans le cadre d'un régime fondé sur un étalon de change-or, les réserves des banques centrales sont composées d'or et de monnaies ancrées à l'or. Chaque banque centrale ancre sa monnaie à une monnaie, dont la valeur est elle-même fixée par rapport à l'or. Un étalon de change-or peut opérer comme un étalon-or, en limitant l'excès de croissance monétaire dans le monde, tout en offrant plus de flexibilité à la croissance des réserves internationales, qui peuvent comprendre d'autres actifs que l'or. Ce système est néanmoins soumis aux limites de l'étalon-or présentées précédemment.

---

1. Les règles du système monétaire d'après guerre permettaient aux taux de change contre dollar de fluctuer de +/– 1% par rapport à leur « valeur officielle ». Cela signifie que les taux croisés pouvaient avoir des écarts de 4% au maximum.

Le système de monnaie de réserve basé sur le dollar, établi après la Seconde Guerre mondiale, est organisé initialement comme un système de change-or. Alors que les banques centrales étrangères doivent maintenir fixes leur taux de change, la Réserve fédérale américaine doit maintenir le prix de l'or à 35 $ l'once.

Au milieu des années 1960, le système opère en pratique plus comme un système pur de monnaie de réserve que comme un étalon-or. En août 1971, le président Nixon décide unilatéralement de supprimer l'ancrage du dollar à l'or, peu de temps avant que le système des taux de change fixés par rapport au dollar ne soit abandonné (voir chapitre 18).

Encadré 17.2

La demande de réserves officielles

Au long de ce chapitre, nous avons vu que les banques centrales détenaient à leur actif des titres domestiques et étrangers. Ces derniers sont qualifiés de « réserves officielles ». Traditionnellement, et c'est encore le cas de nos jours, les réserves officielles sont prisées par les banques centrales car elles peuvent être échangées contre des biens et des services, même dans des circonstances dramatiques, telles que les crises financières ou les guerres, lorsque la valeur des actifs domestiques est sujette à caution. L'or a joué le rôle d'actif de réserve par excellence sous le régime étalon-or. Le dollar américain joue-t-il ce rôle aujourd'hui ? Et si oui, combien de temps ce privilège peut-il durer ? Les économistes en débattent. Dans la mesure où les banques centrales et les États peuvent être amenés à altérer leurs politiques économiques de façon à maintenir un certain niveau de réserves officielles, il est important d'étudier les facteurs qui influencent la demande des banques centrales pour les titres étrangers.

Un bon point de départ pour réfléchir à ces questions consiste à supposer, comme dans le modèle proposé ici, que les actifs domestiques et étrangers sont des substituts parfaits, que les taux de change sont fixes et que la confiance dans la fixité des changes est absolue. Sous ces hypothèses, nous avons montré que la politique monétaire est inefficace. Et dans ce modèle, une banque centrale peut sans peine acquérir toutes les réserves officielles qu'elle souhaite ! Il suffit pour cela qu'elle vende des actifs domestiques (opérations d'*open market*), ce qui provoque immédiatement un flux entrant de capitaux étrangers mais aucune modification du taux d'intérêt intérieur ou de l'environnement économique. En pratique, toutefois, les choses ne sont pas si simples car les circonstances conduisant les pays à devoir augmenter leurs réserves officielles sont celles où l'hypothèse de confiance absolue des investisseurs dans la solvabilité de l'État et dans la fixité des taux d'intérêt a le plus de risques d'être violée. En conséquence, les banques centrales gèrent leurs réserves avec précaution en détenant, à titre préventif, un stock d'actifs étrangers qu'elles espèrent suffisant en cas de crise.

Le niveau des réserves officielles désiré est le résultat d'un compromis entre les coûts et les bénéfices liés à l'achat et la détention de titres étrangers. L'évaluation de ces coûts et de ces bénéfices diffère selon les banques centrales, ainsi que le niveau des réserves. Certaines banques centrales, comme celle de Hong Kong,

☞

Encadré 17.2 (suite)

La demande de réserves officielles (suite)

valorisent tellement les réserves qu'elles détiennent à leur actif uniquement des titres étrangers. Dans la plupart des cas néanmoins, le niveau optimal des réserves requiert que les banques centrales aient à la fois des titres domestiques et des titres étrangers. Alors quels sont les termes de cet arbitrage ?

Les avantages. Dès les années 1960, les économistes ont cherché à évaluer les déterminants de la demande de réserves officielles. À cette époque, où les capitaux circulaient moins facilement et moins vite qu'aujourd'hui (voir chapitre 21), la principale crainte était celle d'une baisse soudaine des exportations. Le niveau des réserves était alors fixé de manière à pouvoir satisfaire les besoins en importations du pays pendant un certain temps. Par conséquent, le niveau optimal des réserves dépendait positivement de la variabilité des exportations et des importations, ainsi que des flux financiers internationaux. Il dépendait également des coûts d'ajustement que l'on pouvait redouter s'il fallait, par exemple, augmenter les taux d'intérêt pour attirer des capitaux. Une plus grande ouverture économique peut faciliter ces ajustements et donc réduire la demande de réserves. Mais, en même temps, elle rend l'économie vulnérable aux chocs internationaux, et donc augmente la demande de réserves*.

Les coûts. Le coût principal de la détention des réserves est lié aux taux d'intérêt. Une banque centrale qui échange des actifs domestiques contre des actifs étrangers renonce au taux domestique mais gagne le taux étranger. Si les agents redoutent une réévaluation de la monnaie, alors les titres domestiques offrent une rentabilité plus élevée que les actifs étrangers, ce qui entraîne une perte pour la banque centrale en cas d'échange des premiers contre les seconds. Ajoutons qu'il est probable que les titres étrangers paient un taux d'intérêt inférieur simplement parce qu'ils sont plus liquides.

On pensait, dans les années 1960, qu'il était plus facile pour les pays en changes flexibles de s'ajuster à une baisse des réserves officielles, dans la mesure où ils pouvaient laisser leur monnaie se déprécier afin de soutenir les exportations. On s'attendait donc à ce que le niveau global des réserves officielles diminue avec l'abandon du système de Bretton Woods. Mais, comme le montre la figure 17.7, ce ne fut pas le cas. Pour les pays industrialisés, le taux de croissance des réserves officielles n'a diminué que très marginalement depuis les années 1960. Ces réserves ont, en fait, augmenté au même taux que le produit intérieur. Pour les pays en développement, le taux de croissance a aussi augmenté (l'accélération sur la période récente est due essentiellement à l'accumulation des réserves officielles de la Chine).

☞

* L'article pionnier sur ces questions est celui de Heller H. R., « Optimal International Reserves », *Economic Journal*, 76, juin 1966, p. 296-311. Citons également, Frenkel J. A. et Jovanovic B., « Optimal International Reserves: A Stochastic Framework », *Economic Journal*, 91, juin 1981, p. 507-514 ; et plus récemment Flood R. et Marion N., « Holding International Reserves in an Era of High Capital Mobility », *Brookings Trade Forum 2001*, p. 1-47 ; Aizenman J. et Lee J., « International Reserves: Precautionary versus Mercantilist Views: Theory and Evidence », *NBER Working Papers* 11366, mai 2005.

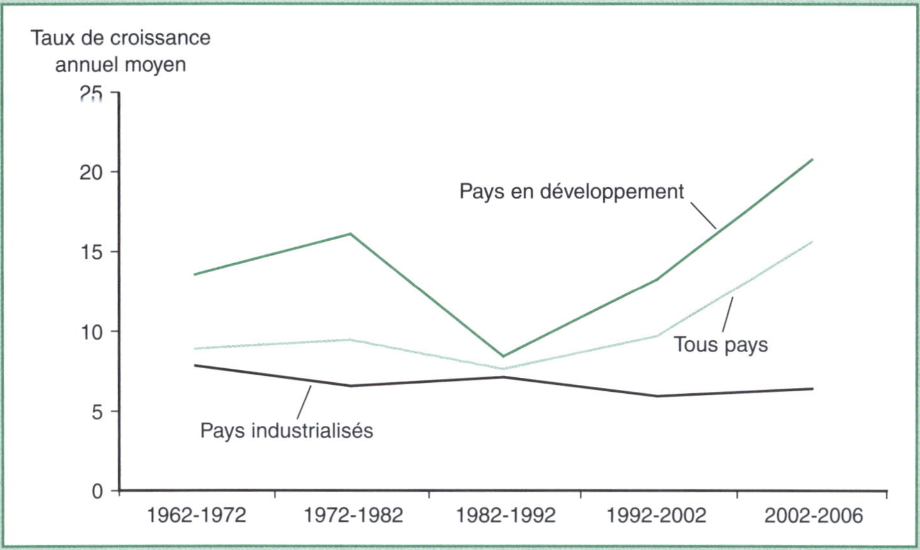

Figure 17.7 • Taux de croissance des réserves officielles.

Le taux de croissance des réserves officielles n'a pas diminué brusquement à partir des années 1970 quand les pays ont adopté des changes flexibles. Récemment même, les réserves des pays émergents ont fortement augmenté.

Source : Rapport économique au président (États-Unis, 2007).

Note : Les réserves sont mesurées en droits de tirage spéciaux (DTS). Ces DTS sont des instruments de réserve artificiels créés par le FMI en 1969 pour pallier, éventuellement, la pénurie d'actifs de réserves autres que les actifs en dollars. Sur l'histoire et le rôle des DTS, voir **www.imf.org/external/np/exr/facts/sdrf.htm**.

Cet essor des réserves officielles, sur lequel nous reviendrons en détail aux chapitres suivants, s'explique, au moins en partie, par le développement des marchés de capitaux qui a augmenté la variabilité potentielle des flux financiers internationaux, en particulier en cas de crises. Ainsi, la baisse des réserves officielles des pays en développement sur la période 1982-1992 reflète-t-elle la crise de la dette (voir chapitre 22). Au cours de cette crise, les prêts étrangers vers les pays en développement se sont taris et ces derniers ont dû puiser dans leurs réserves. Cet épisode illustre bien pourquoi les pays en développement ont intérêt à conserver des réserves à titre préventif. Même en changes flexibles, ils peuvent avoir à rembourser leurs prêts en devises pour éviter une crise de change.

L'évolution des réserves officielles depuis une quarantaine d'années n'invalide donc pas les théories précédentes. La demande les concernant dépend toujours de la variabilité de la balance des paiements. Seulement, la mondialisation des marchés financiers est à l'origine d'une forte augmentation de la variabilité potentielle ainsi que des risques que celle-ci fait peser sur les économies.

Résumé

Il existe un lien direct entre les interventions des banques centrales sur le marché des changes et l'offre de monnaie. Lorsque la banque centrale achète des actifs étrangers, l'offre de monnaie domestique augmente automatiquement. De même, la vente par une banque centrale d'actifs étrangers fait automatiquement diminuer l'offre de monnaie. Le *bilan d'une banque centrale* montre comment ses interventions sur le marché des changes influent sur l'offre de monnaie, dans la mesure où les engagements de la banque centrale, qui augmentent ou diminuent en fonction des variations de son actif, sont à la base du processus d'offre de monnaie. Elle peut cependant annuler l'effet de ses interventions sur l'offre de monnaie par la *stérilisation*. En l'absence de stérilisation, il y a un lien entre la balance des paiements et l'offre de monnaie, qui dépend de la façon dont les banques centrales se partagent la charge du financement des déséquilibres.

Une banque centrale peut fixer le taux de change de sa monnaie par rapport à une monnaie étrangère, si elle est prête à échanger à ce taux des montants illimités de sa propre monnaie contre des actifs étrangers. Elle doit donc être prête à intervenir sur le marché des changes chaque fois que c'est nécessaire, afin d'éviter que n'émerge une demande, ou une offre, excédentaire d'avoirs monétaires domestiques. En effet, la banque centrale ajuste ses actifs étrangers – et ainsi l'offre de monnaie – pour s'assurer que les marchés d'actifs sont toujours à l'équilibre au taux de change fixé.

Lorsque la banque centrale a l'obligation de maintenir son taux de change fixe, la politique monétaire ne peut servir à des fins de stabilisation. L'achat d'actifs domestiques par la banque centrale induit une diminution équivalente de ses réserves officielles internationales, laissant l'offre de monnaie et le produit intérieur inchangés. De même, la vente d'actifs domestiques par la banque centrale provoque une augmentation équivalente des réserves étrangères, mais n'a pas d'autres effets.

La politique budgétaire exerce, contrairement à la politique monétaire, un effet plus puissant sur le produit intérieur en changes fixes qu'en changes flottants. En changes fixes, l'expansion budgétaire ne provoque pas, à court terme, une appréciation réelle de la monnaie qui *découle* de la demande globale. Elle impose au contraire des achats par la banque centrale d'actifs étrangers et une expansion de l'offre de monnaie. La *dévaluation* augmente aussi la demande globale et l'offre de monnaie à court terme ; la *réévaluation* a des effets inverses. À long terme, l'expansion budgétaire provoque une appréciation réelle de la monnaie, ainsi qu'une hausse de l'offre de monnaie et du niveau général des prix. La dévaluation, quant à elle, entraîne une augmentation à long terme de l'offre de monnaie et du niveau général des prix proportionnellement à la variation du niveau du taux de change.

Les *crises de balance des paiements* se produisent lorsque les opérateurs sur le marché s'attendent à ce que la banque centrale modifie le taux de change par rapport à son niveau actuel. Si le marché juge par exemple qu'une dévaluation est probable, le taux d'intérêt intérieur augmente au-dessus du niveau mondial et les réserves extérieures diminuent fortement suite aux sorties de capitaux privés.

Le *flottement administré* permet à une banque centrale de conserver un certain contrôle sur l'offre de monnaie domestique, mais au prix d'une plus grande instabilité du taux de change. Si les obligations domestiques et étrangères sont des *substituts imparfaits*, la banque centrale peut contrôler à la fois l'offre de monnaie et le taux de change, grâce à des interventions stérilisées sur le marché des changes. Cependant, l'expérience empirique ne conforte pas l'idée qu'une intervention stérilisée ait un effet direct significatif sur le taux de change. Les autorités monétaires peuvent également agir sur les taux de change de manière indirecte par un *effet de signal*, qui modifie les anticipations du marché quant aux politiques à venir.

Sous le régime *étalon-or*, tous les pays fixent les valeurs des monnaies en or. Une variante, l'*étalon bimétallique*, consiste à fixer la valeur de la monnaie à la fois sur l'or et l'argent. L'étalon-or impose des limites à la croissance de l'offre de monnaie de tous les pays, mais il est également source d'externalités négatives qui le rendent incompatibles avec le système monétaire international actuel. Même l'*étalon de change-or*, fondé sur le dollar et mis en place après la Seconde Guerre mondiale, s'est révélé au final impraticable.

Un système mondial de taux de change fixes, dans lequel les pays ancrent leur monnaie à une *monnaie de réserve*, est fondamentalement asymétrique. Le pays dont la monnaie sert de monnaie de réserve n'est pas contraint de défendre sa parité. Il peut donc utiliser sa politique monétaire pour réguler son économie. Non seulement les autres pays sont contraints dans leur politique monétaire, mais en plus ils subissent celle du pays émetteur, qui n'a pas la charge du financement de sa balance des paiements.

Activités

1. Montrez comment une augmentation du volume des actifs domestiques détenus par la banque centrale influe sur son bilan en changes fixes. Comment les opérations de la banque centrale sur le marché des changes sont-elles comptabilisées dans la balance des paiements ?
2. Même question pour une augmentation des dépenses publiques.
3. Décrivez les effets d'une dévaluation inopinée sur le bilan de la banque centrale. En quoi améliore-t-elle la balance courante ?
4. Quels sont les effets d'une expansion budgétaire sur la balance courante en changes fixes ?
5. Dans les années 1970, puis entre 1987 et 1995, les banques centrales sont intervenues fréquemment et massivement sur le marché des changes dans l'espoir de « corriger » les taux de change et/ou de limiter leur volatilité. Depuis, mise à part la Banque du Japon, ces interventions sont plutôt rares. Pourquoi les interventions de change sont-elles tombées en désuétude ? Dans quelles conditions les interventions de change pourraient-elles être efficaces ? Par quels autres canaux les banquiers centraux peuvent-ils influer sur la tendance et la volatilité du change ?
6. Quelles sont les raisons pour lesquelles un gouvernement accepterait de limiter sa capacité à utiliser la politique monétaire pour stabiliser son taux de change ?
7. Quel est l'effet d'une expansion budgétaire sur la balance courante en charges fixes ?
8. Expliquez pourquoi des expansions budgétaires permanentes et temporaires ont les mêmes effets en changes fixes, alors que ce n'est pas le cas en changes flottants.
9. Quels sont les effets d'une dévaluation sur l'épargne intérieure et l'investissement intérieur, sachant que le solde de la balance courante est égal à l'épargne, moins l'investissement intérieur (voir chapitre 12) ?
10. En utilisant le modèle *AA-DD,* analysez les effets d'un droit de douane en changes fixes sur le produit intérieur et la balance des paiements. Que se passerait-il si tous les pays imposaient des droits de douane ?
11. Quand une banque centrale dévalue à la suite d'une crise de balance des paiements, elle gagne en général des réserves. Cette entrée de capitaux peut-elle être expliquée dans notre modèle ? Que se passerait-il si le marché anticipait une *nouvelle* dévaluation à court terme ?
12. Supposons que dans le système monétaire d'après-guerre fondé sur le dollar, les banques centrales aient gardé leurs réserves sous forme de billets verts cachés dans leurs caves, plutôt que de bons du Trésor américains. Le mécanisme d'ajustement monétaire international aurait-il joué de manière symétrique ou asymétrique ? Pensez par exemple à ce qu'il advient de l'offre de monnaie aux États-Unis et au Japon, lorsque la Banque du Japon vend des yens contre des dollars, qu'elle conserve ensuite.

13. « Lorsque les obligations domestiques et étrangères sont des substituts parfaits, une banque centrale peut indifféremment utiliser des actifs domestiques ou étrangers pour mettre en œuvre sa politique monétaire ». Discutez cette proposition.

14. Les interventions sur le marché des changes sont parfois réalisées aux États-Unis par le Fonds de stabilisation des changes (une branche du Département du Trésor), qui gère à cet effet un portefeuille d'obligations américaines et étrangères. Une intervention du Fonds pour soutenir le yen par exemple l'amènerait à vendre des actifs en dollars afin d'acquérir des actifs en yen. Montrez que ces interventions sont automatiquement stérilisées et qu'elles n'ont aucun effet sur l'offre de monnaie. Comment les opérations influent-elles sur la prime de risque sur le marché des changes ?

15. Expliquez graphiquement comment une banque centrale peut modifier le taux d'intérêt intérieur, tout en conservant un taux de change fixe, dans une situation d'imparfaite substituabilité des actifs.

16. Nous avons vu au début de ce chapitre comment la vente d'actifs étrangers pour une valeur de 100 € influe sur le bilan de la banque centrale. Dans cet exemple, nous avons supposé que l'acheteur payait au comptant. Imaginons maintenant qu'il paye avec un chèque sur un compte ouvert auprès d'une banque privée domestique. Quel est l'effet de la transaction sur le bilan de la banque centrale et l'offre de monnaie ?

17. En pratique, dans les régimes de changes fixes, les taux de change ne sont jamais absolument fixes mais peuvent fluctuer à l'intérieur d'une bande. Par exemple, sous le régime d'étalon-or, les bandes étaient de l'ordre de plus ou moins 1 % de la parité de change « centrale ». Dans quelle mesure de telles bandes de fluctuation permettaient au taux d'intérêt intérieur de fluctuer indépendamment du taux prévalent à l'étranger ? Montrez que la réponse dépend de la maturité ou du *terme* du taux d'intérêt. Considérez, alternativement, des taux à 3 mois, 6 mois, 1 an et 10 ans.

18. Dans un monde à trois pays, une banque centrale fixe l'un de ses taux de change, mais laisse l'autre flotter. Peut-elle utiliser la politique monétaire pour agir sur le produit intérieur ? Peut-elle fixer les deux taux de change ?

19. Lorsque les réserves officielles sont composées de titres, tels que des bons du Trésor par exemple, les banques centrales peuvent-elles toutes augmenter simultanément leurs réserves sans que cela pèse sur la croissance économique mondiale ? Qu'en est-il sous le régime étalon-or ? Comparez.

20. Si un pays décide de réévaluer ou de dévaluer sa monnaie, la valeur des réserves officielles mesurée en monnaie domestique varie. Dans quel cas cela se traduit-il par un gain pour la banque centrale ? Par une perte ? Comment cela affecte-t-il le coût de détention des réserves officielles ? N'oubliez pas de tenir compte dans votre réponse de la parité des taux d'intérêt.

Annexes du chapitre 17

Annexe A : Équilibre sur le marché des changes avec substituabilité imparfaite des actifs

Cette annexe développe un modèle d'équilibre sur le marché des changes où, compte tenu du différentiel de risque, les actifs libellés en monnaie domestique et étrangère sont imparfaitement substituables.

Demande

La grande majorité des individus manifestent de l'aversion pour le risque. Dans le choix de leurs placements, ils sont autant attentifs au risque qu'à la rentabilité attendue. Il est, par ailleurs, plus risqué d'investir dans un seul actif que de diversifier ses placements[1]. Par conséquent, les individus n'acceptent d'investir davantage dans des actifs domestiques que s'ils espèrent obtenir une rentabilité supérieure, qui viendrait compenser une moindre diversification de leur portefeuille. Nous pouvons traduire cette idée en écrivant que la demande de l'individu i pour des obligations en monnaie domestique, B_i^d, est fonction croissante du différentiel de rentabilité des obligations domestiques et étrangères :

$$B_i^d = B_i^d \left[R - R^* - (E^e - E)/E\right]$$

De toute évidence, B_i^d dépend aussi d'autres facteurs spécifiques à l'individu i, comme son niveau de richesse ou de revenu. La demande d'obligations en monnaie domestique peut être négative ou positive. Dans le premier cas, l'individu i est emprunteur net en monnaie domestique, c'est-à-dire qu'il est offreur d'obligations domestiques.

Pour obtenir la demande privée nette globale d'obligations en monnaie domestique, il suffit d'additionner les demandes individuelles B_i^d de tous les individus i :

$$\text{Demande} = B^{\text{d}} \left[R - R^* - (E^e - E)/E\right] = \sum_i B_i^d \left[R - R^* - (E^e - E)/E\right]$$

Offre

Puisque B^{d} constitue la demande privée nette d'obligations en monnaie domestique, pour déterminer l'équilibre, il faut considérer l'offre nette d'obligations en monnaie domestique, c'est-à-dire les obligations qui ne figurent pas au passif des individus.

1. Voir l'annexe du chapitre 21 pour un modèle microéconomique de demande d'actifs risqués.

Il s'agit, en fait, des obligations d'État en monnaie domestique détenues par le secteur privé B, diminué des actifs en monnaie domestique détenus par la banque centrale A :

$$\text{Offre} = B - A$$

Il faut soustraire A de B afin d'obtenir l'offre nette d'obligations, parce que les achats d'obligations par la banque centrale réduisent l'offre disponible pour les investisseurs privés. Plus généralement, il faut également soustraire de B les actifs en monnaie domestique détenus par les banques centrales étrangères.

Équilibre

La prime de risque ρ est déterminée par l'interaction entre l'offre et la demande. Elle se définit comme le différentiel de rentabilité attendu entre les obligations domestiques et étrangères :

$$\rho = R - R^{*} - (E^{e} - E)/E$$

À la figure 17A.1, la demande privée nette d'obligations en monnaie domestique, qui est fonction croissante de ρ, est illustrée par une droite de pente positive. L'offre d'obligations est verticale au point $B - A^1$, dans la mesure où l'offre nette d'obligations sur le marché est déterminée par les autorités, indépendamment de la prime de risque.

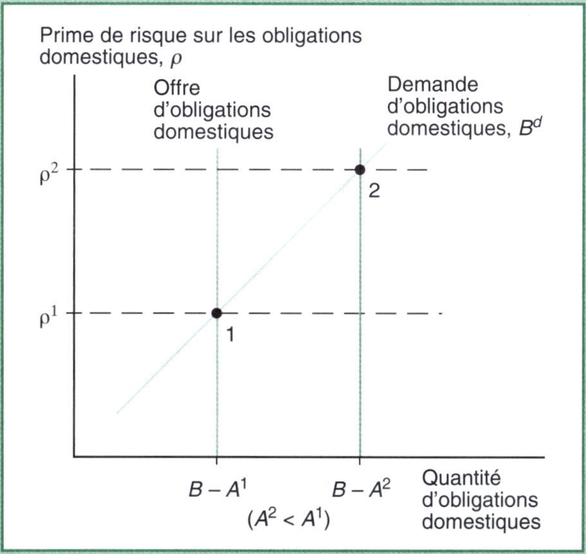

Figure 17A.1 • L'offre d'obligations domestiques et la prime de risque en cas d'imparfaite substituabilité des actifs.

Une augmentation de l'offre d'obligations domestiques destinée au secteur privé augmente la prime de risque sur les actifs en monnaie domestique.

L'équilibre se situe au point 1 (avec une prime de risque ρ^1), où la demande privée nette d'obligations en monnaie domestique est égale à l'offre nette. Remarquons que pour des valeurs données de R, R^* et E^e, cet équilibre peut aussi être considéré comme un déterminant du taux de change, puisque $E = E^e/(1 + R - R^* - \rho)$.

La figure 17A.1 montre l'effet de la vente d'actifs domestiques par une banque centrale ($A^2 < A^1$). Cette vente augmente l'offre nette d'obligations en monnaie domestique jusqu'au niveau $B - A^2$ et déplace la fonction d'offre vers la droite. Le nouvel équilibre se situe au point 2, avec une prime de risque $\rho^2 > \rho^1$. De même, un accroissement de la dette publique en monnaie domestique, B, augmenterait la prime de risque. Selon ce modèle, la prime de risque est donc une fonction croissante de $B - A$.

Ce modèle de détermination de la prime de risque est simplifié à bien des égards. Nous avons notamment supposé que le pays domestique est suffisamment petit pour que les variables étrangères puissent être considérées comme exogènes. On peut généraliser en écrivant la prime de risque également en fonction du stock net d'obligations libellées en monnaie étrangère et destinées au secteur privé $B^* - A^*$:

$$\rho = \rho\,(B - A, B^* - A^*)$$

Dans ce cas, une augmentation de $B - A$ conduirait ρ à augmenter, tandis qu'une hausse de $B^* - A^*$ conduirait ρ à baisser, en rendant les obligations étrangères relativement moins risquées.

Annexe B : Le déroulement des crises de balance des paiements

Dans ce chapitre, nous avons modélisé une crise de balance des paiements comme une perte soudaine de confiance vis-à-vis de la banque centrale qui s'est engagée à maintenir le taux de change fixe. Elle ne résulte que rarement de changements arbitraires des anticipations des investisseurs, bien que les décideurs politiques s'en plaignent en situation de crise. En réalité, les crises de change sont souvent dues à des politiques économiques incompatibles avec le maintien durable du taux de change fixe. Le moment même de la crise correspond à un choix rationnel des investisseurs.

Dans cette annexe, nous analysons le déroulement d'une crise de change, en utilisant l'approche monétaire de la balance des paiements et du taux de change (voir chapitre 15)[1]. Pour simplifier, nous supposerons que les prix des biens et des services sont parfaitement flexibles et que le produit intérieur est maintenu à son niveau de plein emploi. Nous supposerons aussi que les opérateurs du marché font des anticipations parfaites, ce qui exclut tout changement arbitraire de leurs anticipations.

---

1. Des modèles alternatifs de crises de balances des paiements sont développés par Paul Krugman, « A Model of Balance-of Payments Crises », *Journal of Money, Credit and Banking*, 11, août 1979, p. 311-325 ; Robert P. Flood et Peter M. Garber, « Collapsing Exchange Rate Regimes : Some Linear Examples », *Journal of International Economics*, 17, août 1984, p. 1-14 ; Maurice Obstfeld, « Rational and Self-Fulfilling Balance-of Payments Crises », *American Economic Review*, 76, mars 1986, p. 72-81 ; Maurice Obstfeld, « Models of Currency Crises with Self-Fulfilling Features », *European Economic Review*, 40, avril 1996, p. 1037-1048.

Le déroulement précis d'une crise ne peut être déterminé sans référence aux politiques économiques. En particulier, nous devons décrire la manière dont le gouvernement se comporte, mais aussi comment il envisage de réagir aux événements à venir. Nous retenons deux hypothèses : d'abord, la banque centrale permet à l'encours de crédit intérieur A de s'accroître significativement et indéfiniment ; ensuite, elle fixe le taux de change courant au niveau E^0, mais elle laissera flotter ce taux lorsque ses réserves F^* seront épuisées. En outre, les autorités défendront le niveau de change E^0 en vendant des réserves à ce prix jusqu'à leur épuisement total.

La politique de la banque centrale pose problème, car elle est incompatible avec la volonté de maintenir indéfiniment le taux de change fixe. L'approche monétaire suggère que les réserves étrangères s'épuiseront régulièrement à mesure que les actifs domestiques augmenteront et le taux de change E^0 devra finalement être abandonné. En fait, les spéculateurs forceront cette issue par des attaques spéculatives, en achetant les actifs détenus par la banque centrale jusqu'à ce que ses réserves soient épuisées.

Le taux de change flottant *implicite*, noté E_t^S (S pour *shadow*, que nous traduisons ici par implicite), est le taux de change qui prévaudrait à l'instant t si la banque centrale ne détenait pas d'avoirs de réserve, laissait flotter sa monnaie et continuait à autoriser indéfiniment l'expansion du crédit intérieur. Selon l'approche monétaire, cela entraîne une *inflation continue*, où E_t^S augmente proportionnellement au crédit intérieur. La figure 17B.1 illustre ce mécanisme. La date T correspond à la date où le taux de change implicite est égal à E^0.

La partie inférieure de la figure montre l'évolution des réserves lorsque le crédit intérieur croît régulièrement (une augmentation des réserves se traduit par un déplacement vers le bas). L'évolution des réserves est représentée par une courbe qui décline régulièrement jusqu'à la date T, à partir de laquelle le niveau des réserves est nul. Cette perte des réserves (de taille F_T^*) est due à une attaque spéculative, qui force la banque centrale à abandonner les changes fixes. Le but de ce modèle est de montrer que cette attaque doit se produire précisément à la date T sous l'hypothèse que les marchés d'actifs s'équilibrent à tout moment. Pour cela, raisonnons par l'absurde.

Nous supposons que le niveau du produit intérieur Y est donné de sorte que les réserves s'épuiseront à la même vitesse que l'expansion du crédit intérieur tant que le taux d'intérêt R (et donc la demande de monnaie domestique) demeure inchangé. Que savons-nous du comportement du taux d'intérêt ? Lorsque que le taux de change est fixe, R est égal au taux d'intérêt étranger R^*, car aucune dépréciation n'est attendue. Les réserves s'épuiseront graduellement dans le temps aussi longtemps que le taux de change restera fixé à E^0.

Imaginons maintenant que les réserves tombent à zéro à la date T', *postérieure* à T. Le taux de change implicite E^S est défini comme le taux de change flottant d'équilibre qui prévaut lorsque le niveau des réserves étrangères est nul. Ainsi, si les réserves tombent à zéro à la date T', les autorités abandonneront le taux E^0 et le taux de change s'élèvera immédiatement au niveau E_t^S. Cet « équilibre » pose cependant une difficulté : chaque opérateur du marché sait que la monnaie domestique se dépréciera très rapidement à la date T' et essaiera d'en tirer un profit en achetant des réserves étrangères au taux de change avantageux E^0, juste avant T'. La banque centrale perd donc l'ensemble de ses réserves avant la date T', contrairement à ce que nous avons supposé. La situation précédente n'est donc pas véritablement un équilibre.

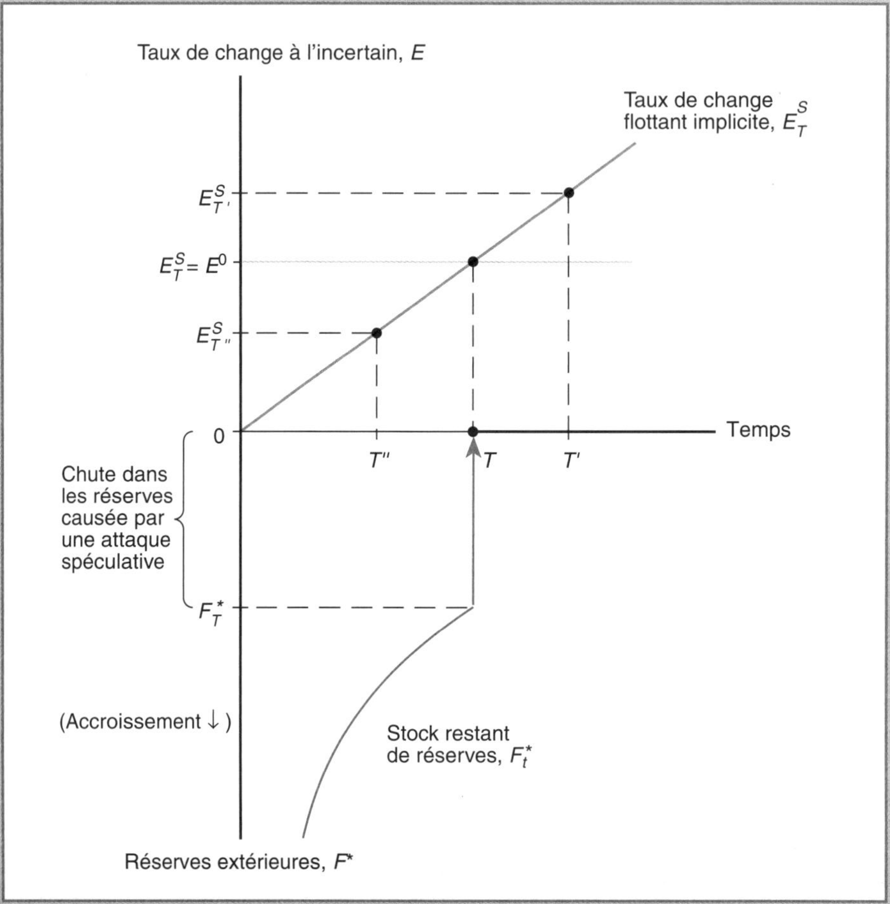

Figure 17B.1 • Le déroulement d'une crise de balance des paiements.
Le marché se lance dans une attaque spéculative et achète le stock restant de réserves monétaires F_t^* à une date T lorsque le taux de change flottant implicite E_T^S est juste égal au taux de change fixe E^0 avant l'effondrement.

Obtenons-nous un équilibre en supposant que les spéculateurs achètent les réserves officielles à la date T'', *antérieure* à T ? De nouveau, la réponse est négative. Les investisseurs savent que si les réserves de la banque centrale atteignent zéro à la date T'', la monnaie domestique s'appréciera en passant de E^0 à E_t^S . Ils n'ont donc aucun intérêt à se joindre à une attaque spéculative qui viderait le stock de réserves à la date T''. Ils préféreront vendre autant de devises que possible à la banque centrale avant T'', afin de les racheter ensuite au prix plus avantageux que le marché proposera après la crise. Comme chaque opérateur trouve le même intérêt dans ce comportement, une attaque spéculative ne peut se produire vraisemblablement avant la date T. En effet, aucun d'eux n'achèterait de réserves de la banque centrale à un prix E^0, en sachant qu'il va subir une perte certaine en capital.

Le marché des actifs est donc à l'équilibre uniquement si les réserves extérieures tombent à zéro précisément à la date T : $E_T^S = E^0$. Le taux de change reste au niveau auquel il est fixé jusqu'à la date T, et c'est seulement après que la monnaie se met à flotter pour s'apprécier.

L'absence de « sauts » dans l'évolution du taux de change, à la hausse ou à la baisse, élimine les opportunités d'arbitrage qui empêchent les attaques spéculatives aux dates T' et T''. En outre, le marché des actifs reste à l'équilibre à la date T, même si le taux de change ne varie pas, car les deux facteurs se compensent exactement l'un l'autre. Comme les réserves s'épuisent, l'offre de monnaie diminue. Nous savons aussi qu'au moment où la fixité du taux de change est abandonnée, les agents s'attendront à ce que la monnaie commence à se déprécier. Le taux d'intérêt intérieur R augmentera donc afin de maintenir la parité des taux d'intérêt, ce qui provoquera une réduction de la demande réelle de monnaie parallèlement à la baisse de l'offre réelle.

Nous avons donc déterminé le moment précis où une crise de balance des paiements force les autorités monétaires à abandonner la fixité du taux de change. Notons que, dans notre exemple, la crise doit se produire à un *certain* moment, dans la mesure où les politiques monétaires la rendent incontournable. Le fait qu'une crise puisse se produire alors que la banque centrale possède encore des réserves peut laisser croire aux observateurs non avertis que ce sont des sentiments sans fondement qui conduisent à une panique prématurée. Ce n'est cependant pas le cas ici. L'attaque spéculative que nous avons analysée est la seule situation qui ne confronte pas les opérateurs à des opportunités d'arbitrage[1].

---

1. Dans ce qui précède, où nous supposons que le marché prévoit parfaitement le cours futur des événements et que les échanges se font de manière continue, une seule attaque spéculative réduit les réserves à zéro. Si à l'inverse nous introduisons une certaine incertitude – concernant le taux de croissance du crédit intérieur par exemple – le taux d'intérêt intérieur augmente avec la probabilité d'occurrence de la crise, ce qui provoque une série d'attaques spéculatives avant l'épuisement final des réserves. Chacune de ces attaques est semblable à celle décrite dans ce chapitre.

Partie IV

Politique macroéconomique internationale

Chapitre 18

Le système monétaire international de 1870 à 1973

Objectifs pédagogiques :

- **Définir les objectifs d'équilibre interne et externe qui motivent les politiques économiques.**
- **Étudier les mécanismes de l'étalon-or en vigueur avant la Première Guerre mondiale.**
- **Analyser le rôle de la grande dépression de 1929 dans l'échec des tentatives de restauration de l'étalon-or.**
- **Décrire le système de changes fixes de Bretton Woods.**
- **Étudier les politiques permettant d'atteindre les équilibres externe et interne dans le système de Bretton Woods.**
- **Expliquer les facteurs responsables de l'abandon du système de Bretton Woods en 1973 et de l'émergence du système actuel de changes flottants.**

Dans les deux chapitres précédents, nous avons examiné la manière dont un pays pouvait utiliser la politique budgétaire, la politique monétaire ou la politique de change, afin de modifier les niveaux de production et d'emploi. Nous avons implicitement supposé que ces politiques n'affectaient pas le reste du monde. En règle générale, cette hypothèse n'est pas vérifiée : toute modification du taux de change réel dans un pays entraîne immédiatement une variation symétrique des taux étrangers. De même, toute variation de la demande de biens domestiques a un effet sur celle des produits étrangers. À moins que le pays pèse peu sur le plan international, sa conjoncture macroéconomique influera sur celle des autres pays et compliquera donc la tâche de leurs dirigeants.

En raison de l'interdépendance des économies ouvertes, il leur est plus difficile d'atteindre les objectifs habituels de stabilité des prix et de plein emploi. Cette interdépendance repose sur un ensemble d'arrangements institutionnels, comme le choix des régimes monétaires et des régimes de change adoptés par les pays, regroupés sous le terme de *système monétaire international* (SMI). Ce chapitre étudie les effets du SMI sur la conduite et les performances des politiques macroéconomiques au cours de trois périodes : l'étalon-or (1870-1914), l'entre-deux-guerres (1918-1939) et la période de changes fixes issue des accords de Bretton Woods (1946-1973).

Quelles politiques les pays ont-ils adoptées, entre 1870 et 1973, pour atteindre l'équilibre interne et externe ? Les autorités de chaque pays se sont-elles préoccupées des répercussions de leurs décisions, ou se sont-elles contentées de mesures purement nationales aux dépens de l'économie internationale ? Les réponses à ces questions dépendent des configurations du système monétaire international à chaque période.

1 Objectifs de la politique macroéconomique en économie ouverte

Examinons d'abord les objectifs de la politique économique. En économie ouverte, on distingue **l'équilibre interne** et **l'équilibre externe**. Le premier fait référence au plein emploi des ressources et à la stabilité du niveau général des prix. Quant au second, il est atteint lorsque le compte courant n'affiche ni un déficit tel que le pays se retrouverait dans l'incapacité de rembourser ses dettes envers l'étranger, ni un excédent excessif qui exposerait les pays étrangers à la même éventualité.

La distinction entre équilibre interne et externe est certes artificielle et ne rend pas bien compte du large éventail des objectifs de la politique économique. Qu'en est-il, par exemple, des politiques de redistribution du revenu national ? Comment prendre en compte le souci des responsables politiques de réagir à des variations de certains postes de la balance des paiements enregistrés hors compte courant ? Cette distinction est malgré tout commode, notamment pour examiner l'articulation des objectifs macroéconomiques.

1.1 Équilibre interne : le plein emploi et la stabilité du niveau général des prix

L'équilibre interne est atteint lorsque les facteurs de production sont pleinement employés *et* que le niveau général des prix est stable.

Le sous-emploi se traduit, en particulier, par un fort taux de chômage. On comprend aisément qu'il soit au premier rang des préoccupations de la politique macroéconomique. Le suremploi peut être responsable d'une « surchauffe » de l'économie, qui n'est pas non plus souhaitable, même si les conséquences sont moins douloureuses. Par ailleurs, le sous-emploi et le suremploi exercent tous deux des pressions sur les prix et les salaires.

L'inflation, comme la déflation, est préjudiciable à l'économie. L'instabilité du niveau général des prix ôte à la monnaie ses qualités d'unité de compte et de réserve de valeur et complique les plans des agents en augmentant l'incertitude (voir chapitre 14). Elle influe sur la valeur réelle des contrats de dette et entraîne une redistribution des richesses entre les créanciers et les débiteurs[1].

Tout l'art de la politique macroéconomique consiste donc à maintenir l'économie à son niveau de plein emploi et à s'assurer que la croissance de l'offre de monnaie n'est ni trop rapide, ni trop lente.

---

1. La situation est quelque peu différente lorsque l'État est lui-même très endetté. Dans ce cas, un taux d'inflation supérieur à celui initialement annoncé réduit la valeur réelle de la dette publique et peut représenter un moyen d'imposition commode. Ce procédé a été utilisé par de nombreux pays en développement (voir chapitre 22), et par les pays industrialisés mais seulement dans des cas extrêmes (par exemple, en temps de guerre). Une politique d'inflation surprise sape la crédibilité du gouvernement et dégrade les conditions futures d'endettement de l'État.

1.2 Équilibre externe : le niveau optimal du compte courant

L'équilibre externe est plus difficile à définir, faute de repères tels que le plein emploi ou la stabilité des prix. L'objectif à atteindre dépend de nombreux facteurs, comme les caractéristiques de l'économie, l'environnement économique, politique et institutionnel international, etc.

On assimile souvent l'équilibre externe d'un pays à celui du compte courant. Pourtant, un compte courant déficitaire n'est pas nécessairement néfaste. Comme nous l'avons vu, ce déficit implique que le pays emprunte des ressources au reste du monde. Mais cela ne pose aucun problème si les opportunités d'investissement dans ce pays sont plus intéressantes que celles offertes à l'étranger, car les rendements seront alors suffisants pour couvrir à la fois le capital et les intérêts versés aux autres pays. De même, un excédent du compte courant n'est pas synonyme de difficultés, si l'épargne intérieure est investie de façon plus profitable à l'étranger. On en revient, en fait, à la notion de commerce intertemporel. Tout comme à un instant donné, les pays dotés de structures de production différentes gagnent à se spécialiser dans les secteurs où ils sont les plus productifs puis à commercer, les pays qui offrent de faibles opportunités d'investissement ont intérêt à diriger leur épargne vers des investissements plus productifs à l'étranger, et réciproquement. Si tous les pays étaient contraints d'équilibrer leur compte courant, cela ne laisserait aucune place pour ce type de gains.

Il convient donc d'être très prudent lorsqu'on définit l'objectif externe, dans la mesure où le solde du compte courant qui maximise les gains des échanges intertemporels est très difficile, voire impossible à déterminer. Ce niveau optimal peut, en outre, varier de façon imprévisible. Le plus souvent, les autorités cherchent donc simplement à cibler un « certain » niveau et à éviter les excédents ou les déficits excessifs, à moins qu'elles n'aient de sérieuses raisons pour cela. On peut citer, à ce propos, l'exemple des pays baltes qui ont rejoint l'Union européenne en mai 2004 et pour lesquels les déficits courants se justifient, au moins en partie, par une forte attractivité aux yeux des investisseurs étrangers.

1.3 Les problèmes liés aux déficits excessifs du compte courant

Pourquoi les autorités publiques préfèrent-elles éviter les déficits excessifs du compte courant ? Un déficit ne pose pas de problème si les fonds empruntés à l'étranger sont dirigés vers des investissements suffisamment productifs. Si ce n'est pas le cas, il peut être dû à une consommation trop élevée, elle-même due à des politiques économiques mal adaptées ou des dysfonctionnements de l'économie. Il se peut également que les projets d'investissement financés par des capitaux étrangers aient été mal évalués et que les décisions aient été prises sur la base d'anticipations trop optimistes. Il est dans ce cas raisonnable de tenter de rétablir l'équilibre externe en réduisant le déficit.

Il arrive également que l'objectif externe soit imposé de l'étranger. Lorsque des pays ont des difficultés à rembourser leur dette extérieure, les prêteurs étrangers deviennent réticents à accorder de nouveaux fonds et peuvent même exiger le remboursement immédiat des lignes de crédit antérieures. Les autorités peuvent alors prendre des mesures sévères, afin de réduire le besoin de financement du pays envers l'étranger. Un déficit courant élevé peut en effet saper la confiance des investisseurs et contribuer à une crise de la dette.

1.4 Les problèmes liés aux excédents excessifs du compte courant

Un excédent du compte courant signifie que le pays accumule des actifs localisés à l'étranger. Pourquoi la croissance des créances sur l'extérieur serait-elle un problème ?

Une première raison tient au fait que, pour un niveau donné d'épargne intérieure, un excédent important peut refléter un faible niveau d'investissement intérieur. Cette conclusion découle de l'égalité du revenu national, $S = I + CC$, qui répartit l'épargne intérieure, S, entre l'investissement intérieur, I, et l'accumulation d'actifs étrangers, CC. Plusieurs facteurs peuvent inciter les dirigeants politiques à préférer que l'épargne intérieure serve à financer des investissements intérieurs plutôt qu'à l'étranger : il est plus facile d'imposer les revenus des actifs domestiques que ceux des actifs étrangers. Une augmentation du capital domestique a des conséquences plus importantes sur le produit intérieur qu'une hausse des actifs étrangers et elle contribue davantage à réduire le chômage.

Si un fort excédent du compte courant reflète un endettement excessif des pays étrangers, le pays peut se retrouver dans l'incapacité de récupérer l'argent qui lui est dû. Autrement dit, le pays peut perdre une partie de sa richesse externe si les emprunteurs font défaut. Le problème est différent si ce sont les résidents qui font défaut, car cela entraîne certes une redistribution de la richesse entre résidents, mais laisse inchangé le niveau de richesse intérieure.

Les excédents trop importants peuvent aussi se révéler inconfortables pour des raisons politiques. Les pays affichant de forts excédents peuvent devenir la cible de mesures protectionnistes discriminatoires de la part des pays qui supportent des déficits externes. Le Japon s'est parfois retrouvé dans cette situation.

En résumé, l'objectif d'équilibre externe correspond au niveau de compte courant qui maximise les avantages des échanges commerciaux, en évitant les problèmes décrits précédemment. Comme les autorités ne connaissent pas exactement le niveau optimal du compte courant, elles essaient, sauf cas exceptionnel, de limiter les excédents ou les déficits.

2 Régime d'étalon-or (1870-1914)

L'or est utilisé comme moyen d'échange, unité de compte et réserve de valeur depuis l'Antiquité, mais l'étalon-or n'est instauré officiellement qu'en 1819, lorsque le Parlement britannique abroge des restrictions de longue date sur les sorties d'espèces (*specie*) et de lingots (*bullion*) d'or. Au XIXe siècle, la plupart des pays adoptent à leur tour l'étalon-or, copiant d'une certaine manière les institutions de la première puissance économique mondiale : la Grande-Bretagne.

L'étalon-or connaît son apogée entre 1870 et 1914. Ce régime de changes fixes s'appuie sur une conception de la macroéconomie internationale très différente de celle qui sera à la base des accords monétaires internationaux de la seconde moitié du XXe siècle. Ce système mérite, néanmoins, que l'on s'y attarde, car toutes les tentatives ultérieures de réforme du système monétaire international s'en inspirent plus ou moins.

2.1 Mécanisme de flux prix-espèces[1]

L'étalon-or recèle de puissants mécanismes d'ajustement automatique, qui contribuent à l'équilibrage simultané de la balance des paiements de tous les pays, comme le **mécanisme de flux prix-espèces.** Le raisonnement est le suivant[2].

Supposons que la balance globale de la Grande-Bretagne soit excédentaire : la somme du solde courant et du compte de capital excède le déficit du compte financier hors réserves (voir chapitre 12). Ce déséquilibre doit être compensé par une entrée d'or, ce qui augmente automatiquement l'offre de monnaie domestique et réduit celle du reste du monde. Cela crée une pression à la hausse sur les prix britanniques et à la baisse sur les prix étrangers. Cela entraîne également une appréciation réelle de la livre sterling, le taux de change étant fixe. La demande de biens et de services britanniques s'en trouve réduite, tandis que la demande britannique de biens et services étrangers augmente. Ces modifications concourent simultanément à réduire l'excédent courant britannique et le déficit courant du reste du monde, jusqu'à ce que les balances des paiements soient à l'équilibre. Le processus fonctionne également en sens inverse.

2.2 Les « règles du jeu » de l'étalon-or : mythe et réalité

Le mécanisme de flux prix-espèces est, en théorie, automatique : tout excédent ou déficit se résorbe de lui-même. Les autorités monétaires peuvent, toutefois, le renforcer et contribuer à restaurer l'équilibre de la balance des paiements. Les banques centrales qui perdent de l'or risquent de se retrouver dans l'incapacité de faire face à leur obligation de conversion des billets. Dans ce cas, elles sont incitées à vendre des actifs domestiques, ce qui exerce une pression à la hausse sur les taux d'intérêt intérieurs et attire les capitaux étrangers. À l'inverse, celles qui accumulent des réserves en or sont incitées à les vendre contre des actifs domestiques, bien plus rémunérateurs.

Ces interventions des banques centrales en vue d'accélérer le processus d'ajustement des balances des paiements constituent les « règles du jeu » de l'étalon-or, selon l'expression attribuée à Keynes. En fait, ces prétendues « règles du jeu » sont, tout au long du XIXe siècle, fréquemment transgressées. Les banques centrales qui accumulent de l'or sont, en effet, beaucoup moins incitées à intervenir que celles qui subissent une diminution de leur stock d'or. En pratique, ce sont donc les pays déficitaires qui portent *tout* le fardeau du rééquilibrage des balances des paiements. En outre, ces pays se retrouvent en concurrence pour un stock d'or limité et doivent donc adopter des politiques monétaires parfois trop restrictives. Notons également que les pays enfreignent souvent ces « règles du jeu » en *stérilisant* les flux d'or, c'est-à-dire en vendant (ou en achetant) des actifs domestiques en cas d'augmentation (ou de diminution) des réserves.

---

1. L'expression anglaise consacrée est « *price-specie flow mechanism* ».
2. Depuis le XVIIe siècle, les mercantilistes (au premier rang desquels Thomas Mun) considéraient que l'argent et l'or étaient les piliers de la richesse nationale. Ils préconisaient donc des restrictions drastiques sur le commerce et les paiements internationaux, car l'objectif principal de la politique économique était d'accumuler les excédents commerciaux, c'est-à-dire les entrées de métaux précieux. En 1752, le philosophe écossais David Hume a été le premier à s'opposer aux mercantilistes, en montrant que les excédents commerciaux ne pouvaient perdurer indéfiniment. Voir Barry Eichengreen et Marc Flandreau (éds.), *The Gold Standard in Theory and History*, Routledge, Londres, 1997.

Enfin, l'ingérence des États dans les exportations privées d'or porte souvent préjudice au système. L'image idyllique d'un ajustement automatique et paisible des balances des paiements avant la Première Guerre mondiale n'est donc pas vraiment conforme à la réalité.

2.3 Équilibre externe sous le régime d'étalon-or

Sous le régime d'étalon-or, la banque centrale a pour obligation première de maintenir la parité officielle entre sa monnaie et l'or. Les réserves de change sont composées d'or et les excédents ou les déficits de la balance des paiements doivent être ajustés par des transferts d'or entre les banques centrales.[1] Les États ne conçoivent pas l'équilibre externe en termes de niveau de compte courant, mais plutôt comme une situation dans laquelle la banque centrale ne thésaurise ni ne perd (ce qui est plus important) des réserves d'or.

Si l'on se réfère à la terminologie moderne (voir chapitre 12), on peut dire que les banques centrales essaient d'éviter des fluctuations excessives de la *balance globale* (ou balance des règlements officiels). Celle-ci se définit comme la somme du compte courant, du compte de capital et du compte financier hors réserves. Il s'agit donc d'aligner l'excédent (ou le déficit) du compte financier hors réserves avec le déficit (ou l'excédent) du compte courant et du compte de capital. Ainsi, de nombreux pays adoptent une attitude de *laisser-faire* à l'égard du compte courant. Le solde courant en Grande-Bretagne atteint, par exemple, 5,2 % du revenu national en moyenne au cours de la période 1870-1914, un chiffre très élevé par rapport à la période postérieure à 1945.

2.4 Équilibre interne sous le régime d'étalon-or

L'un des objectifs de l'étalon-or consiste à imposer des limites à la croissance de l'offre de monnaie, afin d'assurer la stabilité du niveau général des prix. Si, dans les pays soumis à ce régime, ce niveau n'augmente pas entre 1870 et 1914 dans les mêmes proportions qu'après la Seconde Guerre mondiale, il varie à très court terme de façon imprévisible et les périodes d'inflation et de déflation se succèdent. Le bilan mitigé de l'étalon-or en matière de stabilité des prix est lié à un autre problème : celui du changement des prix relatifs de l'or et des autres biens (voir chapitre 17).

Il semble, en outre, que l'étalon-or ne contribue pas vraiment au maintien du plein emploi. Entre 1890 et 1913, le taux de chômage américain, par exemple, est en moyenne de 6,8 %, contre 5,6 % entre 1946 et 2003. Une cause fondamentale de l'instabilité interne à court terme durant la période de l'étalon-or renvoie à la subordination de la politique économique aux objectifs externes. Avant la Première Guerre mondiale, les États n'ont pas à endosser la responsabilité du maintien de l'équilibre interne. Les objectifs internes de politique économique ne gagnent en importance qu'après la Seconde Guerre mondiale.

---

1. En réalité, les banques centrales commencent à détenir des monnaies étrangères dans leurs réserves avant 1914. La livre sterling est alors la monnaie de réserve dominante.

3 L'entre-deux-guerres (1918-1939)

Tous les pays suspendent le fonctionnement de l'étalon-or durant la Première Guerre mondiale et financent une partie de leur effort de guerre en imprimant des billets. La main-d'œuvre et les capacités de production sont sérieusement réduites, en raison du conflit. Le niveau général des prix est partout plus élevé en 1918 qu'en 1914. Après la guerre, de nombreux pays continuent d'augmenter l'offre de monnaie afin de financer la reconstruction, ce qui entraîne une inflation galopante.

3.1 Le retour provisoire à l'or

Après la Première Guerre mondiale, la plupart des pays tentent de revenir à l'étalon-or, comme les États-Unis en 1919. À la conférence de Gênes de 1922, la Grande-Bretagne, la France[1], l'Italie et le Japon conviennent d'un agenda comportant un retour à l'étalon-or et la coopération entre banques centrales. Comme la quantité d'or disponible risque de ne pas suffire à satisfaire les besoins des banques centrales en réserves internationales, les participants mettent au point un système d'*étalon de change-or* : les petits pays peuvent ainsi détenir comme réserves les monnaies de plusieurs grands pays, dont les réserves sont toujours entièrement constituées d'or.

La Grande-Bretagne revient à l'étalon-or en 1925, avec la parité d'avant guerre. Winston Churchill, alors Chancelier de l'Échiquier (c'est-à-dire ministre des Finances), est un partisan du retour à cette parité. Il soutient que tout écart par rapport au prix d'avant guerre saperait la confiance mondiale dans la stabilité des institutions financières britanniques, ces dernières ayant joué un rôle dominant durant la période de l'étalon-or. Bien que le niveau des prix britannique ait baissé depuis la fin de la guerre, il est toujours en 1925 plus élevé que durant la période de l'étalon-or. Afin de ramener le prix de la livre en or à son niveau d'avant guerre, la Banque d'Angleterre est donc contrainte de mener une politique monétaire restrictive, qui a pour effet d'élever le taux de chômage.

Le même débat a lieu en France, entre ceux qui prônent un retour au franc d'avant guerre et ceux qui jugent ce retour dangereux pour l'économie. Contrairement à ce qui se passe en Grande-Bretagne, les seconds l'emportent : en 1928, Raymond Poincaré dévalue le franc de 80 %, ce qui met fin au franc germinal en vigueur depuis plus d'un siècle (voir encadré).

L'affaiblissement économique de la Grande-Bretagne dans les années 1920 contribue au déclin de la place financière de Londres et devient problématique pour la stabilité de l'étalon-or. À la suite de la conférence de Gênes, de nombreux de pays détiennent des réserves internationales sous forme de dépôts à Londres. Mais les réserves d'or britanniques sont limitées et la stagnation persistante entraîne la défiance sur la capacité du pays à honorer ses engagements internationaux. La grande dépression de 1929 finit par avoir raison de l'étalon-or.

---

1. Voir notamment Pierre-Cyrille Hautcœur et Michael D. Bordo, « Why Didn't France Follow the British Stabilization after World War One ? », *NBER Working Paper*, n° 9860, 2003.

Encadré 18.1

Une brève histoire du franc

La naissance du franc en tant que monnaie nationale remonte à 1795. La loi du 18 germinal an III fait du franc l'unité monétaire de la France, et celle du 28 thermidor an III définit les caractéristiques des nouvelles pièces. On est alors en pleine vague de rationalisation des unités de mesure et l'adoption du franc participe à la généralisation du système décimal : le franc se divise en 100 centimes.*

En 1803, par la loi du 7-17 germinal an XI, Napoléon Bonaparte crée la nouvelle pièce de un franc, dite « franc germinal », d'une valeur de « 5 grammes d'argent au titre de 9/10 de fin ». Cette loi institue également le bimétallisme, avec une valeur de l'or 15,5 fois supérieure à celle de l'argent. Ce rapport restera fixe jusqu'en 1878. Le système monétaire mis en place en 1803 fera d'ailleurs preuve, pendant plus d'un siècle, d'une remarquable stabilité, d'autant plus notable que la période se caractérise par une forte instabilité politique. Les profils qui ornent les pièces changent évidemment au gré des régimes politiques, mais le système ne pâtit en rien des soubresauts politiques.

Durant la première moitié du XIXe siècle, cette stabilité est telle que plusieurs pays européens (Belgique, Italie, Espagne, Grèce, Suisse, etc.) alignent leur monnaie sur le franc français. L'inconvénient principal du bimétallisme vient toutefois d'un éventuel écart entre le taux de change (fixe) légal et le rapport des prix des deux métaux qui résulte de la libre confrontation de l'offre et de la demande sur le marché (voir chapitre 17). Ce problème ne manque pas de se poser pour le franc germinal. La découverte de mines d'or en Californie (1849) et en Australie (1851) entraîne ainsi une dépréciation relative de l'or. Une dizaine d'années plus tard, la situation s'inverse avec l'exploitation industrielle des gisements d'argent du Nevada (1873).

En réponse aux difficultés de l'étalon bimétallique, la Belgique, la France, l'Italie et la Suisse créent, en 1865, l'Union latine, une des premières formes d'union monétaire entre pays européens. Au total, plus d'une vingtaine de pays y participent, tels que l'Espagne, la Finlande ou l'Argentine (même si cette dernière n'y adhère pas formellement), mais ni la Grande-Bretagne ni l'Allemagne ne se joignent au groupe. Au début, l'Union latine fonctionne plutôt bien, signe de la forte intégration monétaire et commerciale de l'Europe à la fin du XIXe siècle, mais elle sombre en 1878. L'étalon-or s'établit ainsi par défaut, de la même manière qu'aux États-Unis, c'est-à-dire par l'éviction de l'argent dont la production est surabondante.

Au lendemain de la Première Guerre mondiale, la France se retrouve lourdement endettée vis-à-vis de la Grande-Bretagne et des États-Unis, qui ne tardent pas à réclamer leurs créances. Les autorités françaises caressent un temps l'espoir que « l'Allemagne paiera ». Mais cet espoir est vite déçu. Le franc subit alors plusieurs attaques spéculatives (« le mur d'argent »), en particulier pendant la période du Cartel des gauches (1924-1926). L'arrivée au ministère des Finances de l'ancien président du Conseil, Raymond Poincaré, permet de stabiliser le franc, au prix toutefois d'une importante dévaluation. Le 25 juin 1928, le franc Poincaré est défini à 65,5 mg d'or au titre de 9/10 de fin, soit le cinquième de la valeur or du franc germinal : on parle alors de « franc à quatre sous ».

☞

Encadré 18.1 (suite)

Malgré la Grande dépression, et tandis que la livre sterling, puis le franc belge et le dollar abandonnent la référence à l'or et se déprécient, la France refuse la dévaluation, au nom de la stabilité monétaire. Par conséquent, le franc se trouve surévalué, ce qui retarde la reprise économique. La dévaluation ne sera acceptée qu'en 1936, avec l'avènement du Front populaire : entre 1936 et 1940, le franc perd près des 2/3 de sa valeur.

Au lendemain de la Seconde Guerre mondiale, on assiste à une hausse de l'inflation et le franc continue de se déprécier. Il reste inconvertible jusqu'au 27 décembre 1958, date à laquelle le Général de Gaulle impose une réforme monétaire : elle crée notamment le « nouveau franc », dont la valeur est égale à 100 anciens francs (le qualificatif « nouveau » disparaîtra en 1963). Cette réforme s'inscrit dans un vaste programme d'assainissement budgétaire et de lutte contre l'inflation, proposé par l'économiste Jacques Rueff.

La construction monétaire européenne entamée à cette époque met fin à l'épopée du franc. Au terme d'un processus long de trente ans, il cède sa place en 1999 à la monnaie européenne : il n'est plus qu'une subdivision nationale de l'euro, avec un taux de conversion irrévocable de 6,55957 francs pour un euro. Le franc disparaît définitivement le 31 décembre 2001 : pièces et billets en francs sont retirés de la circulation dans les semaines qui suivent. À compter du 17 février 2002, plus aucun paiement en francs n'est autorisé.

* Aussi pratique soit-il, le système décimal ne s'est pas imposé partout facilement. Il faut par exemple attendre 2001 pour qu'aux États-Unis, la décimalisation s'applique aux cours boursiers, qui s'exprimaient jusque-là en 1/8 ou en 1/16 de dollars (rappelons, pour l'anecdote, la discussion dans le film *Pulp Fiction* sur le *Quarter Pounder with Cheese* et son équivalent en France, le *Royal Cheese*).

3.2 Les conséquences internationales de la Grande dépression de 1929

L'une des caractéristiques les plus frappantes de la Grande dépression de 1929 tient à sa dimension mondiale. La crise ne reste pas circonscrite aux États-Unis, mais se propage rapidement à tous les pays. L'étalon-or est non seulement l'un des éléments déclencheurs, mais aussi un important facteur d'aggravation et de contagion de la plus grave crise économique du XXe siècle.

En 1929, la plupart des pays adhèrent au régime d'étalon-or. Tandis que les États-Unis et la France font face à de larges entrées de capitaux et accumulent de l'or (en 1932, ils possèdent 70 % du stock mondial), les autres pays n'ont d'autre choix que de vendre des actifs domestiques et d'augmenter leur taux d'intérêt afin de conserver leurs réserves. Cela a pour effet une contraction monétaire mondiale qui, conjuguée aux violentes retombées du krach d'octobre 1929, plonge le monde dans une profonde récession.

Les faillites bancaires causées par le krach boursier se propagent à travers le monde et amplifient la spirale dépressive mondiale. L'étalon-or apparaît de nouveau au premier rang des coupables. La plupart des pays qui souhaitent conserver le régime d'étalon-or refusent d'apporter des liquidités aux banques en difficulté, afin de préserver leurs réserves d'or. Pourtant, cela pourrait permettre à nombre d'entre elles d'éviter la faillite.

De nombreux pays réagissent à la crise économique en renonçant à l'étalon-or et en laissant flotter leur monnaie. C'est notamment le cas de la Grande-Bretagne en 1931, ou des États-Unis qui abandonnent la convertibilité or entre 1933 et 1934 et augmentent le prix officiel de l'or de 20,67 à 35 $ l'once. En abandonnant, même provisoirement, les changes fixes, ces pays retrouvent la liberté de mener des politiques monétaires expansionnistes, qui limitent (ou empêchent) la déflation et la récession. Ce n'est pas le cas de ceux qui s'accrochent obstinément à l'étalon-or sans dévaluer, comme la France, la Suisse, la Belgique, les Pays-Bas et la Pologne (qui restent attachés à ce système jusqu'en 1936). Ces derniers souffrent d'ailleurs plus que les autres de la crise.

Pour faire face à la crise, nombre de pays prennent des mesures visant à restreindre le commerce et les paiements internationaux. Ces politiques protectionnistes sont motivées par la volonté de soutenir le produit intérieur, en limitant les importations, et de contrôler les sorties de capitaux. Mais ces mesures sont dommageables pour les autres pays qui n'ont souvent d'autre choix que de les appliquer en retour[1]. Les barrières commerciales, conjuguées à la déflation dans les économies industrialisées, amènent de nombreux pays, notamment les pays d'Amérique latine dont les débouchés à l'export ne sont plus assurés, à répudier les dettes étrangères.

Au début des années 1930, l'économie mondiale se désintègre en unités nationales autarciques. Cette vague protectionniste est très coûteuse pour l'économie mondiale et empêche une reprise économique rapide, qui reste d'ailleurs inachevée dans beaucoup de pays en 1939. Ces derniers se trouveraient dans une meilleure situation si le commerce international avait été plus libre et si une coopération internationale avait aidé chacun d'eux à préserver son équilibre extérieur et sa stabilité financière sans sacrifier ses objectifs internes. C'est cette dernière idée qui inspire le système monétaire international de l'après-guerre, fruit des **accords de Bretton Woods.**

4 Le système de Bretton Woods et le Fonds monétaire international

En 1944, les représentants de 44 pays réunis à Bretton Woods, dans le New Hampshire, aux États-Unis, signent les accords qui donnent naissance au **Fonds monétaire international (FMI)** et rédigent ses statuts. Les dirigeants des pays alliés gardent à l'esprit les désastres économiques de l'entre-deux-guerres. Ils espèrent mettre en place un système monétaire international (SMI), capable de promouvoir le plein emploi et la stabilité des prix, tout en permettant aux pays d'atteindre individuellement l'équilibre externe sans restreindre le commerce international[2].

Les accords de Bretton Woods créent un régime de changes fixes, avec pour référence le dollar américain. Ce dernier est à son tour ancré à l'or, au prix officiel de 35 $ l'once. Les États

1. Une mesure qui accroît le bien-être d'un pays, mais qui détériore la situation économique des autres, est qualifiée de « politique de pillage du voisin » (*beggar-thy-neighbor policy*, voir chapitre 11).
2. Cette même conférence donne naissance à la Banque mondiale, dont l'objectif est d'aider les pays ayant participé à la guerre à reconstruire leur économie, et les anciennes colonies à se développer. Le GATT (*General Agreement on Tariffs and Trade*) est mis en place en 1947, afin d'organiser la réduction multilatérale des barrières au commerce international. Cet accord se veut un prélude à la création de l'Organisation internationale du commerce (OIC), qui aurait le même rôle pour le commerce que le FMI pour la finance. L'Organisation mondiale du commerce (OMC), née de la transformation du GATT, ne voit le jour que bien plus tard, dans les années 1990.

membres détiennent une large part de leurs réserves officielles internationales sous forme d'or ou de dollars, qu'ils peuvent ensuite échanger contre de l'or au prix officiel auprès de la Réserve fédérale américaine (la Fed). Il s'agit donc d'un régime de changes fixes basé sur l'or, avec comme principale monnaie de réserve le dollar. En reprenant la terminologie du chapitre 17, le dollar est la *$N^{ième}$ monnaie*, à partir de laquelle sont définis les $N - 1$ autres taux de change du système. Les États-Unis interviennent rarement sur les marchés des changes étrangers. En général, les $N - 1$ banques centrales étrangères interviennent lorsque c'est nécessaire, afin de rectifier les $N - 1$ taux de change du système. Les États-Unis sont en théorie responsables du prix de l'or en dollars.

4.1 Objectifs et structure du FMI

Le FMI est créé afin d'éviter que les années difficiles de l'entre-deux-guerres ne se reproduisent, en proposant un système mêlant discipline et souplesse. Du point de vue de la politique monétaire, le principal élément de discipline est le taux de change fixe entre les monnaies étrangères et le dollar, ce dernier étant lié à l'or. Si une banque centrale, autre que la Fed, poursuit une politique trop expansionniste, elle finira par perdre ses réserves internationales et sera incapable de maintenir le taux de change fixe. La Fed est également contrainte de surveiller sa politique monétaire, car elle a l'obligation d'échanger les dollars contre de l'or, lorsque les banques centrales étrangères le lui demandent. Elle ne peut donc pas se permettre d'en imprimer à l'excès. Le prix officiel de 35 $ l'once d'or constitue un second frein à la politique monétaire américaine, car si trop de dollars sont créés, ce prix finira par augmenter.

Les taux de change fixes sont perçus comme une fin en soi, et non comme un simple procédé, pour imposer une discipline monétaire aux pays. À tort ou à raison, les architectes du FMI sont convaincus que durant l'entre-deux-guerres, les taux de change flottants ont été l'une des causes de la spéculation déstabilisante, et sont donc nuisibles au commerce international.

La période d'entre-deux-guerres démontre également que les autorités ne sont pas prêtes à maintenir à la fois le commerce international et des taux de change fixes au prix d'un chômage à long terme. Depuis la Grande dépression, les États sont en général tenus responsables du maintien du plein emploi. Le FMI tente donc d'offrir aux pays une flexibilité suffisante pour atteindre l'équilibre externe de façon raisonnée, et sans sacrifier ni leurs objectifs internes, ni les taux de change fixes.

Deux caractéristiques essentielles des accords de Bretton Woods permettent de mettre en place cette flexibilité externe. D'abord, les membres du FMI constituent un *pool* de ressources financières, en mettant en commun leur monnaie et leur or, qui peuvent être prêtés aux pays qui en ont besoin. Ensuite, bien que les taux de change avec le dollar soient fixes, ils peuvent être ajustés en cas de besoin, avec l'accord du FMI. De telles dévaluations et réévaluations doivent être peu fréquentes et avoir lieu seulement si l'économie se trouve en *déséquilibre fondamental*. Bien que cette notion ne soit définie nulle part dans les accords du FMI, elle désigne les pays qui, ayant subi une baisse permanente de la demande, devraient faire face à une longue période de chômage et de déficit extérieur s'ils n'avaient pas recours à une dévaluation. Toutefois, le dollar américain, « *$N^{ième}$ monnaie* » du système de Bretton Woods, ne bénéficie pas de cette possibilité d'ajuster son taux de change.

4.2 Convertibilité et augmentation des flux de capitaux privés

Afin d'accroître l'efficacité du commerce international, les statuts du FMI encouragent ses membres à rendre leur monnaie convertible le plus rapidement possible. Une **monnaie convertible** est une monnaie qui peut être employée librement dans les transactions internationales. Le dollar américain et le dollar canadien deviennent convertibles en 1945. En pratique, cela signifie qu'un Canadien qui détient des dollars américains peut les utiliser pour effectuer des achats aux États-Unis ou les vendre sur le marché des changes contre des dollars canadiens. Il peut également les vendre à la Banque du Canada, qui à son tour les revend à la Fed contre de l'or au taux fixe en vigueur. Une absence générale de convertibilité rend les échanges internationaux très difficiles. La seule solution est alors le troc, c'est-à-dire l'échange de biens. La plupart des pays d'Europe, dont la France, ne restaurent la convertibilité de leur monnaie qu'en 1958, et le Japon en 1964.

De par sa convertibilité précoce et sa position singulière dans le système de Bretton Woods, le dollar américain devient la monnaie mondiale de référence dans l'après-guerre. Nombre de transactions internationales sont facturées en dollars, et les importateurs et exportateurs tiennent leurs comptes en dollars. Il devient de fait une monnaie internationale – un moyen d'échange universel, une unité de compte et une réserve de valeur. Pour les banques centrales, il est avantageux de détenir leurs réserves internationales sous forme d'actifs rapportant des intérêts en dollars.

Le retour à la convertibilité des monnaies européennes en 1958 change progressivement la nature des contraintes extérieures des dirigeants. À mesure que se développe le commerce avec des pays étrangers, les marchés financiers sont de plus en plus étroitement intégrés – ce qui constitue une étape importante dans la formation du marché international des changes. Comme les mouvements de fonds transfrontaliers sont plus libres, les taux d'intérêt de chaque pays deviennent plus étroitement liés les uns aux autres. À partir de 1958, et au cours des quinze années qui suivent, les banques centrales doivent se montrer attentives aux conditions financières étrangères, au risque de perdre brutalement leurs réserves de change et de devoir abandonner leur taux de change fixe. Les banques centrales confrontées à une augmentation soudaine des taux d'intérêt étrangers sont de plus en plus dans l'obligation de vendre des actifs domestiques et d'augmenter leur taux d'intérêt, afin de conserver leurs réserves internationales.

Ce retour à la convertibilité n'entraîne pas une intégration financière internationale complète et immédiate, comme le suppose le modèle de changes fixes (voir chapitre 17). Au contraire, la plupart des pays maintiennent des restrictions sur les transactions financières, ce qu'autorise le FMI. Les possibilités de masquer les flux financiers se développent alors de façon spectaculaire. Lorsque les importateurs accélèrent les paiements à leurs fournisseurs étrangers par rapport aux livraisons effectives de biens, cela revient pour les importateurs à acheter des actifs étrangers. À l'inverse, le fait de retarder les paiements revient à emprunter auprès des fournisseurs étrangers. Ces pratiques commerciales, appelées respectivement avances et retards de paiements (*leads and lags*), sont l'un des nombreux moyens d'esquiver les obstacles officiels aux mouvements de capitaux privés. Bien que les conditions d'égalité des taux d'intérêt internationaux (voir chapitre 17) ne soient pas été remplies dans les faits, les liens entre les taux des différents pays se resserrent à mesure que le système de Bretton Woods se consolide.

4.3 Flux de capitaux spéculatifs et crises

Avec l'augmentation de la mobilité des flux de capitaux privés, les déficits et les excédents courants prennent de l'importance. Selon les statuts du FMI, un pays souffrant d'un déficit courant important et continu peut être sujet à un *déséquilibre fondamental*, et donc être candidat à une dévaluation de sa monnaie. Une telle possibilité peut à son tour provoquer une crise de balance des paiements (voir chapitre 17).

Tous ceux, par exemple, qui possèdent des dépôts en livres au moment d'une dévaluation de la livre enregistrent d'une perte, car la valeur en monnaie étrangère des actifs en livre diminue alors brutalement du montant de la dévaluation. Dès que la Grande-Bretagne a un déficit courant jugé excessif, ceux qui détiennent des livres cherchent à convertir leurs avoirs. Pour maintenir fixe son taux de change par rapport au dollar, la Banque d'Angleterre doit acheter des livres et fournir les actifs en monnaies étrangères que les agents souhaitent acquérir. Si la perte d'actifs étrangers par la Banque d'Angleterre est est trop importante, elle peut conduire à une dévaluation en privant la banque centrale des ressources nécessaires pour soutenir le taux de change.

De même, les pays qui ont d'importants excédents courants peuvent être considérés comme candidats à la réévaluation de leur monnaie. En cas d'excédents à répétition, la banque centrale doit vendre sa propre monnaie afin d'éviter une réévaluation, ce qui peut provoquer une augmentation du niveau des prix et rompre l'équilibre interne.

Les crises de balance des paiements sont de plus en plus violentes et fréquentes dans les années 1960 et 1970. Le déficit record du commerce extérieur britannique en 1964 marque le début d'une période de spéculation contre la livre, ce qui complique la tâche de la politique économique jusqu'à sa dévaluation en novembre 1967. Le franc doit être dévalué et le deutsche mark réévalué en 1969, suite à des attaques spéculatives similaires. Au début des années 1970, ces crises deviennent si importantes qu'elles causent finalement l'abandon du système de changes fixes.

Du fait des possibilités accrues de crises de balance des paiements, les autorités accordent toujours plus d'importance à l'objectif externe. Même des déséquilibres de balance des paiements justifiés par des opportunités d'investissement internationales divergentes ou causés par des facteurs purement temporaires peuvent alimenter les rumeurs d'un changement des taux de change. Dans un tel environnement, les dirigeants sont donc encore plus incités à éviter toute variation brutale de leurs comptes courants.

5 Analyse des options de politique économique dans le cadre du système de Bretton Woods

Afin de décrire les problèmes rencontrés par un pays (autre que les États-Unis) dans sa recherche de l'équilibre interne et externe sous le régime de changes fixes de Bretton Woods, reprenons le modèle utilisé au chapitre 17. On suppose que les taux d'intérêt intérieur (R) et étranger (R^*) sont toujours égaux, soit $R = R^*$. Comme nous l'avons vu précédemment, cela n'est pas le cas dans les faits, spécialement après 1958. Cela permet néanmoins de se faire une idée assez juste des contraintes économiques externes auxquelles les dirigeants sont confrontés. Cette section montre dans quelle mesure les objectifs internes et externes d'un pays dépendent de sa politique budgétaire et du taux de change fixe, E (qui correspond au prix du dollar en monnaie domestique). Cette analyse s'applique à court terme, car les niveaux des prix sur les marchés intérieur et étranger (P et P^*) sont supposés fixes[1].

5.1 Le maintien de l'équilibre interne

Considérons d'abord le cas de l'équilibre interne. Si P^* et E sont fixes, l'inflation dépend principalement de la pression de la demande intérieure, et non des anticipations concernant l'inflation future. Le plein emploi suffit à caractériser l'équilibre : la demande globale doit être égale au niveau de plein emploi du produit intérieur, Y^f.[2]

La demande intérieure globale est égale à la somme de la consommation, C, de l'investissement, I, des dépenses publiques, G, et du solde du compte courant, CC. La consommation est fonction croissante du revenu net $Y - T$, où T représente les impôts. L'excédent du compte courant est fonction décroissante du revenu net et fonction croissante du taux de change réel, EP^*/P (voir chapitre 16). Enfin, on suppose l'investissement constant. L'équilibre interne est donc atteint si :

$$Y^f = C\,(Y^f - T) + I + G + CC\,(EP^*/P, Y^f - T) \qquad (18.1)$$

Une politique budgétaire expansionniste (hausse de G ou diminution de T) stimule la demande globale et provoque une augmentation du produit intérieur. De même, une dévaluation de la monnaie (hausse de E) rend les biens et les services moins chers que ceux de l'étranger et permet donc d'accroître la demande et le produit intérieur.

Rappelons que la politique monétaire n'a pas d'effet sur le produit intérieur en changes fixes (voir chapitre 17). Si une banque centrale tente de modifier l'offre de monnaie en achetant ou en vendant des actifs domestiques, cela entraînera une variation compensatrice des réserves de change, sans modifier l'offre de monnaie domestique. Les transactions sur les actifs domestiques effectuées par la banque centrale peuvent servir à influer sur le niveau des réserves de change, mais non l'emploi ou le produit intérieur.

À la figure 18.1, la courbe II représente les combinaisons de taux de change et de politique budgétaire qui maintiennent le produit intérieur constant au niveau de plein emploi Y^f et permettent donc de préserver l'équilibre interne. La pente de la courbe est négative, car une dévaluation de la monnaie (hausse de E) et une expansion budgétaire (hausse de G ou baisse de T) tendent toutes deux à augmenter le produit intérieur. Pour que cette dernière soit constante, il faut donc à la fois réévaluer la monnaie (ce qui diminue la demande globale) et pratiquer une politique budgétaire expansionniste (ce qui augmente la demande globale). La courbe II montre précisément comment la politique budgétaire doit évoluer lorsque le taux de change E varie, afin de maintenir le plein emploi. À droite de II, cette politique est plus expansionniste que nécessaire pour atteindre le plein emploi. Les facteurs de production sont donc suremployés. À gauche de II, elle est trop restrictive, ce qui crée du chômage.

---

1. On suppose qu'il n'y a pas de crise de balance des paiements et donc que l'on ne prévoit pas de variation du taux de change. Cela permet de comprendre les choix difficiles auxquels sont confrontés les dirigeants, même en période favorable.
2. Si P^* est instable en raison par exemple de l'inflation étrangère, le plein emploi ne pourra à lui seul garantir la stabilité des prix en changes fixes. Ce problème complexe est étudié à la fin de ce chapitre lorsqu'on considère l'inflation mondiale en changes fixes.

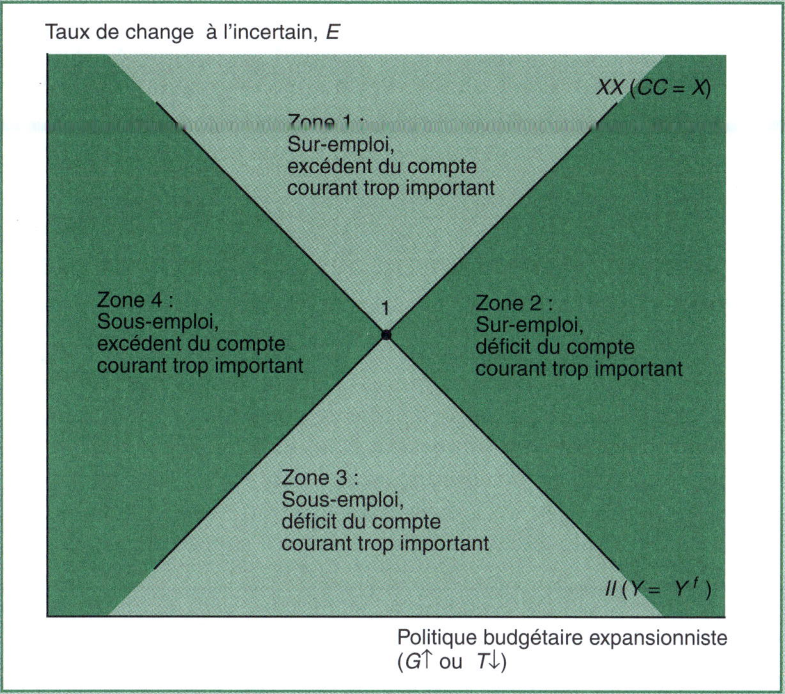

Figure 18.1 • Équilibre interne (II), équilibre externe (XX) et les « quatre zones d'inconfort économique ».

Les effets des variations de taux de change et des politiques budgétaires sur l'emploi et le compte courant. Le long de *II*, le produit intérieur est à son niveau optimal Y^f. Le long de *XX*, le compte courant est au niveau souhaité *X*.

5.2 Le maintien de l'équilibre externe

Nous avons évoqué la façon dont la politique budgétaire ou les taux de change peuvent influer sur le produit intérieur, et donc aider les autorités à atteindre le plein emploi. Quels effets ces instruments ont-ils sur l'équilibre externe ? Afin de répondre à cette question, supposons que les autorités aient pour objectif un excédent *X* du compte courant. Pour cela, elles doivent gérer la politique budgétaire et les taux de change de façon à satisfaire l'équation suivante :

$$CC\,(EP^*/P, Y - T) = X \qquad (18.2)$$

Étant donné *P* et P^*, une augmentation de *E* améliore la compétitivité-prix des biens domestiques et le compte courant. L'expansion budgétaire a cependant l'effet inverse. Une diminution de *T* augmente le produit intérieur *Y*. La hausse subséquente des revenus des ménages accroît leur consommation de biens étrangers, ce qui a un impact négatif sur le solde du compte courant. De même, une augmentation de *G* entraîne une baisse de *CA*, *via* l'accroissement de *Y*.

Afin de maintenir le compte courant au niveau *X* tout en dévaluant la monnaie (donc en augmentant *E*), les autorités doivent, soit accroître les dépenses publiques, soit diminuer les impôts. À la figure 18.1, la courbe *XX*, le long de laquelle l'équilibre extérieur est réalisé est croissante. Elle montre quel niveau d'expansion budgétaire est nécessaire pour maintenir le niveau *X* de l'excédent du compte courant, lorsque la monnaie est dévaluée d'un certain taux. Puisqu'une augmentation de *E* accroît les exportations nettes, le compte courant est excédentaire par rapport à son objectif *X* au-dessus de *XX*. À l'inverse, en dessous de *XX*, le compte courant est déficitaire par rapport à son objectif *X*.[1]

5.3 Les politiques de changement des dépenses et de substitution des dépenses

Les courbes *II* et *XX* divisent le diagramme en quatre régions, que l'on appelle parfois « les quatre zones d'inconfort économique ». Chacune représente les effets des différentes politiques économiques. La zone 1 présente une situation de suremploi, avec un excédent du compte courant trop important. Dans la zone 2, le niveau de l'emploi est trop élevé et le déficit du compte courant excessif. La zone 3 est caractérisée par une situation de sous-emploi, avec un déficit excessif. Enfin, dans la zone 4, le niveau de l'emploi est trop faible et l'excédent du compte courant supérieur à ce qui est souhaité. L'utilisation conjointe d'une politique budgétaire et d'un contrôle sur les taux de change peut permettre de placer l'économie à l'intersection des courbes *II* et *XX* (point 1). Il s'agit du point d'équilibre à la fois interne et externe.

Si l'économie est au départ éloignée du point 1, des ajustements de la politique budgétaire et du taux de change sont nécessaires pour atteindre l'équilibre. La modification de la politique budgétaire est qualifiée de **politique de changement des dépenses,** car elle modifie le *niveau* de demande globale de biens et services. L'ajustement des taux de change correspond à une **politique de substitution des dépenses**, car il agit sur l'*orientation* de la demande, en modifiant la répartition entre production domestique et importations. En général, ces deux politiques sont nécessaires pour atteindre simultanément les équilibres externe et interne.

Sous le régime de Bretton Woods, les modifications du taux de change doivent être exceptionnelles. La politique budgétaire est donc l'outil principal utilisé pour atteindre les équilibres interne et externe. Toutefois, cet outil est souvent insuffisant car il ne permet que de se déplacer horizontalement (voir figure 18.1). De plus, il s'agit d'un outil peu commode, qui ne peut être utilisé en général qu'après approbation du Parlement.

1. Puisque la banque centrale n'influe pas sur l'économie lorsqu'elle accroît ses réserves internationales par la vente d'actifs domestiques, on ne fait pas apparaître de contrainte sur les réserves à la figure 18.1. En fait, la banque centrale peut emprunter gratuitement des réserves à l'étranger, en vendant des actifs domestiques au public (si les investisseurs craignent une dévaluation, cette stratégie ne fonctionne pas, car personne ne souhaite vendre d'actifs étrangers à la banque centrale en échange de monnaie domestique). On suppose ici que les actifs domestiques et étrangers sont parfaitement substituables (voir chapitre 17). Si tel n'était pas le cas, les ventes d'actifs domestiques par la banque centrale pour attirer des réserves feraient augmenter le taux d'intérêt intérieur par rapport aux taux étrangers. Mais même si cette situation offre à la banque centrale un nouvel outil de politique économique (la politique monétaire), elle la rend également responsable d'un nouvel objectif (le taux d'intérêt intérieur). Les banques centrales exploitent cette situation dans le régime de Bretton Woods, mais cela ne leur permet pas de lever les dilemmes abordés dans le texte.

Autre point négatif, les politiques budgétaires expansionnistes à répétition conduisent à des déficits publics chroniques qui, par ailleurs, nuisent à leur efficacité.

En changes fixes, les responsables politiques sont donc souvent confrontés à un dilemme. Par exemple, au point 2 (voir figure 18.2), l'économie est dans une situation de sous-emploi et le compte courant est déficitaire. Seule une dévaluation combinée à une politique budgétaire expansionniste permet d'atteindre simultanément l'équilibre interne et externe (point 1). Ce type de politique budgétaire permet d'éliminer le chômage en faisant passer l'économie au point 3, mais au prix d'un déficit extérieur plus élevé. Une politique budgétaire plus restrictive permettra, quant à elle, d'atteindre l'équilibre externe (point 4), mais dans ce cas, le produit intérieur diminuera à mesure que l'économie s'éloignera du point d'équilibre interne.

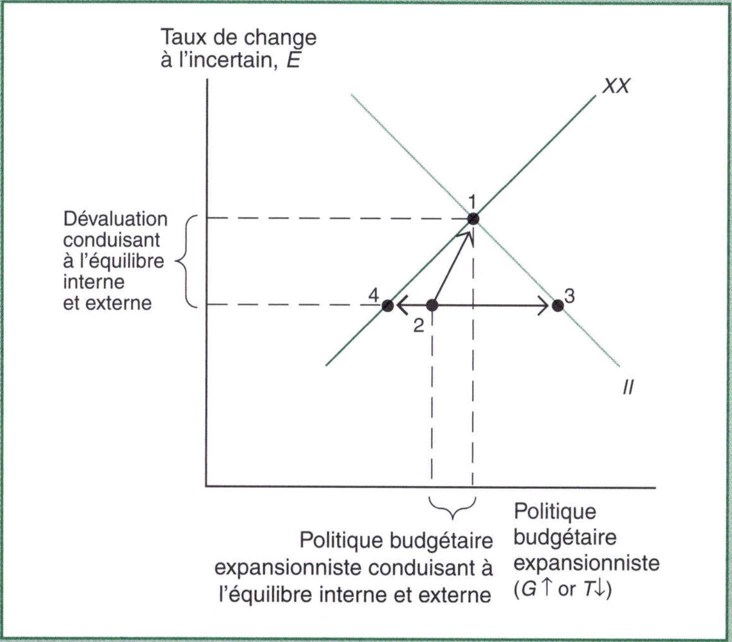

Figure 18.2 • Politiques économiques conduisant à l'équilibre interne et externe.

L'économie se situe initialement au point 2. L'équilibre interne et externe (point 1) ne peut être atteint que si la monnaie est dévaluée ou si la politique budgétaire est expansionniste. La politique budgétaire utilisée seule permet d'atteindre soit l'équilibre interne (point 3), soit l'équilibre externe (point 4).

Il n'est pas surprenant que de tels dilemmes aient fait naître des craintes de dévaluation. Celle-ci améliore à la fois le compte courant et la demande globale en accroissant le taux de change réel EP^*/P. La seule alternative est une longue période de chômage, politiquement impopulaire, qui permet d'augmenter le taux de change réel par une diminution de P.

Dans les faits, il est arrivé que des pays utilisent des modifications de leur taux de change pour se rapprocher du point d'équilibre interne et externe. Cependant, ces modifications s'accompagnent en général de crises de balance des paiements. Nombre de pays resserrent également les contrôles sur les transactions financières, afin de briser les liens entre taux d'intérêt intérieur et étranger, et ainsi rendre leur politique budgétaire plus efficace. Toutefois, ces mesures ne sont pas d'une grande efficacité et elles ne permettent pas de sauver le système.

6 Le problème du déficit commercial des États-Unis

Le problème du déficit commercial se pose différemment pour les États-Unis et les autres pays du système de Bretton Woods. En tant qu'émetteurs de la monnaie de référence du système, les États-Unis ne sont pas responsables du maintien des parités vis-à-vis du dollar. Leur responsabilité principale consiste à maintenir le prix de l'or à 35 $ l'once et, en particulier, à garantir aux banques centrales étrangères la convertibilité de leurs réserves de dollars en or à ce prix. Les États-Unis doivent donc conserver des réserves d'or suffisantes.

Le fait que les États-Unis doivent échanger de l'or contre des dollars avec les banques centrales étrangères fait peser une contrainte externe sur la politique économique américaine. Cependant, les banques centrales étrangères sont tacitement d'accord pour conserver leurs réserves en dollars, dans la mesure où ces dernières rapportent des intérêts et où le dollar est la monnaie internationale par excellence. De plus, la logique de l'étalon-or veut que ces banques centrales continuent d'amasser des dollars. Comme les réserves mondiales d'or n'augmentent pas aussi vite que la croissance mondiale, la seule manière pour les banques centrales de maintenir des réserves internationales suffisantes (en dehors de la déflation) est d'accumuler des actifs en dollars. Des demandes de conversions en or ont parfois lieu, ce qui réduit le stock d'or américain et pose problème. Mais tant que les banques centrales se contentent d'ajouter des dollars à leurs réserves et ne souhaitent pas échanger ces dollars contre de l'or, la contrainte externe subie par les États-Unis est plus lâche que celle des autres pays du système.

Dans un ouvrage influant paru en 1960, l'économiste Robert Triffin attire l'attention sur un problème fondamental pour le système de Bretton Woods à long terme : le **problème de la confiance**[1]. Selon lui, puisque les réserves des banques centrales augmentent régulièrement, elles finiront nécessairement par être supérieures au stock d'or de la banque centrale américaine. Cette dernière ayant promis d'honorer un taux de 35 $ l'once d'or, elle ne peut y parvenir que si tous les détenteurs de dollars tentent de convertir en même temps leurs dollars en or. Il en résulterait une crise de confiance : les banques centrales, sachant que leurs dollars ne vaudraient plus « leur poids en or » (« *as good as gold* »), pourraient être réticentes à accumuler toujours plus de dollars, voire mettre un terme au système en essayant d'échanger les dollars qu'elles possèdent déjà.

Une solution proposée à l'époque recommande d'augmenter le prix officiel de l'or en dollar et dans les autres monnaies. Mais une telle hausse aurait des effets inflationnistes et, sur le plan politique, elle aurait comme indésirable conséquence d'enrichir les pays producteurs d'or (l'URSS communiste, l'Afrique du Sud de l'*apartheid*). En outre, cela risquerait d'alimenter des anticipations baissières quant à la valeur des réserves en dollars des banques centrales, ce qui pourrait aggraver la crise plutôt que la résoudre !

---

1. Robert Triffin, *Gold and the Dollar Crisis*, Yale University Press, New Heaven, 1960 ; traduction française : *L'Or et la crise du dollar*, Presses universitaires de France, 1962.

À la fin des années 1960, le système de Bretton Woods commence à montrer des signes de faiblesse, liés notamment à la position spéciale des États-Unis, et qui vont rapidement mener à son effondrement.

7 Déclin et chute du système de Bretton Woods

Sous le régime de Bretton Woods, il est difficile d'atteindre simultanément l'équilibre externe et interne sans ajuster de manière discrétionnaire les taux de change. Mais comme les transferts de capitaux internationaux deviennent de plus en plus faciles, la simple possibilité d'une modification des taux de change risque d'entraîner des mouvements de capitaux spéculatifs, qui rendent la tâche des dirigeants encore plus ardue. La chute du système de Bretton Woods se confond avec les échecs répétés des pays qui tentent de concilier équilibre interne et externe.

La politique économique des États-Unis entre 1965 et 1968 contribue aussi largement à l'abandon du système de changes fixes. À partir de 1965, la politique budgétaire américaine est fortement expansionniste (en particulier, en raison de sa présence militaire au Vietnam). Cela entraîne une hausse des prix et une dégradation brutale de son excédent commercial. La politique monétaire est d'abord restrictive, mais l'effet négatif des taux d'intérêt élevés amène la banque centrale à pratiquer une politique monétaire plus souple, dès 1967. Cette pression additionnelle sur les prix conduit à un taux d'inflation de 6 % à la fin de la décennie.

Les premiers signes inquiétants viennent du marché de l'or londonien. À la fin de 1967 et au début de 1968, des spéculateurs commencent à acheter de l'or, anticipant une augmentation de son prix en dollar. Après ces ventes massives, la Fed et les banques centrales européennes annoncent la création d'un *double marché de l'or* : l'un officiel où le cours reste fixé à 35 $ l'once, l'autre privé où le cours fluctue. La création de ce marché à deux niveaux est un tournant important dans l'histoire du système de Bretton Woods. L'objectif principal est d'éviter l'inflation en contrôlant le prix de l'or en dollar. En coupant le lien entre l'offre de dollar et le prix fixe de l'or sur le marché, les banques centrales mettent en péril le garde-fou contre l'inflation. Ce nouvel arrangement ne lève pas non plus la contrainte extérieure qui pèse sur les États-Unis, puisque les banques centrales étrangères conservent le droit d'échanger leurs dollars contre de l'or auprès de la Fed. Le prix officiel de l'or devient donc un simple instrument fictif de régulation des comptes entre banques centrales. Il n'agit plus comme un frein automatique à la croissance monétaire internationale.

En 1970, l'économie américaine entre en récession. L'augmentation du chômage finit de convaincre les marchés de l'imminence d'une dévaluation du dollar par rapport aux principales monnaies européennes[1]. Cela conduit à une vente massive de dollars sur les marchés étrangers. Dévaluer n'est cependant pas chose facile pour les États-Unis. Tout autre pays peut modifier son taux de change avec les autres monnaies simplement en

1. Pour restaurer le plein emploi et l'équilibre du compte courant, les États-Unis doivent déprécier leur monnaie. La seule autre possibilité consiste à accepter une hausse du chômage, qui exercerait une pression à la baisse sur les prix américains, couplée à une augmentation des prix étrangers en réponse à leurs achats continus de dollars. Mais cette solution est douloureuse. Une diminution de la valeur nominale du dollar en monnaies étrangères est alors inévitable.

changeant le taux de change par rapport au dollar. Mais en tant que $N^{ième}$ monnaie, ce dernier ne peut être dévalué que si tous les pays acceptent simultanément de revaloriser leur monnaie par rapport au dollar. La dévaluation du dollar suppose donc des négociations multilatérales. Et certains pays ne sont pas pressés de revaloriser leur monnaie, car leurs biens deviendront plus chers par rapport aux biens américains, pénalisant ainsi leurs industries soumises à la concurrence des États-Unis.

Le 15 août 1971, le président Nixon annonce donc que les États-Unis ne vendront plus automatiquement de l'or contre des dollars aux banques centrales étrangères, afin de stopper les pertes d'or. Cette décision finit de couper le lien entre l'or et le dollar. Il met ensuite en place une taxe de 10 % sur les importations, qui ne sera supprimée que lorsque les partenaires commerciaux des États-Unis accepteront de réévaluer leur monnaie par rapport au dollar.

En décembre 1971, un accord international sur la modification des taux de change est négocié au Smithsonian Institute, à Washington. Le dollar est dévalué de 8 % en moyenne par rapport aux autres monnaies et la taxe sur les importations est supprimée. Le prix officiel de l'or est fixé à 38 $ l'once, mais les États-Unis refusent de reprendre la vente d'or aux banques centrales étrangères. L'accord du Smithsonian est clair : l'abandon de l'étalon-or est définitif.

Cette réévaluation est mise en pièces moins de quinze mois plus tard. Au début de février 1973, une autre attaque spéculative massive contre le dollar débute, entraînant une fermeture du marché des changes, le temps que les États-Unis et leurs partenaires commerciaux négocient des mesures de soutien au dollar. Une nouvelle dévaluation de 10 % est annoncée le 12 février, mais la spéculation reprend dès la réouverture du marché des changes. Après l'achat de 3,6 milliards de dollars par les banques centrales européennes le 1er mars afin d'empêcher l'appréciation de leur monnaie, le marché des changes est à nouveau fermé. Quand il ouvre le 19 mars, le yen et la plupart des monnaies européennes flottent par rapport au dollar[1]. À l'époque, ce flottement n'est perçu que comme une réponse temporaire à des mouvements spéculatifs incontrôlables. Mais cet arrangement perdure et marque à la fois la fin des changes fixes et le début d'une nouvelle période de turbulences dans les relations monétaires internationales.

8 L'inflation mondiale et la transition vers un régime de changes flottants

L'accélération de l'inflation qui touche les États-Unis est un phénomène mondial. En Allemagne de l'Ouest, en Grande-Bretagne, en France ou en Italie, elle dépasse les 5 % après 1970 (voir tableau 18.1). L'une des interprétations de la chute du système de Bretton Woods est que les pays étrangers sont forcés d'importer l'inflation américaine[2]. Afin de stabiliser le niveau des prix et retrouver un équilibre interne, ils doivent

1. De nombreux pays en développement continuent à prendre le dollar pour référence.
2. Selon la théorie développée au chapitre 17, lorsque le pays qui émet la monnaie de réserve accélère sa croissance monétaire, comme les États-Unis dans la seconde moitié des années 1960, l'offre de monnaie et l'inflation augmentent automatiquement à l'étranger, car les banques centrales étrangères achètent la monnaie de réserve pour maintenir leur taux de change.

abandonner le taux de change fixe, et permettre à leur monnaie de flotter. Quelle est la part de responsabilité des politiques économiques américaines dans la faillite du système ?

Tableau 18.1 : Taux d'inflation dans les pays européens, 1966-1972 (en pourcentage annuel)

Pays	1966	1967	1968	1969	1970	1971	1972
Allemagne	3,4	1,4	2,9	1,9	3,4	5,3	5,5
France	2,8	2,8	4,4	6,5	5,3	5,5	6,2
Grande-Bretagne	3,6	2,6	4,6	5,2	6,5	9,7	6,9
Italie	2,1	2,1	1,2	2,8	5,1	5,2	5,3

Source : OCDE, *Principaux indicateurs économiques : statistiques historiques, 1964-1983*, OCDE, 1984. Les chiffres indiquent l'accroissement moyen annuel de l'indice des prix à la consommation par rapport à l'année précédente.

Pour comprendre comment l'inflation peut être importée, à moins que le taux de change s'ajuste, reprenons la figure 18.1. Précédemment, le niveau des prix étrangers, P^*, était supposé constant. Considérons maintenant qu'il augmente à cause de l'inflation étrangère. La figure 18.3 montre les effets sur l'économie domestique.

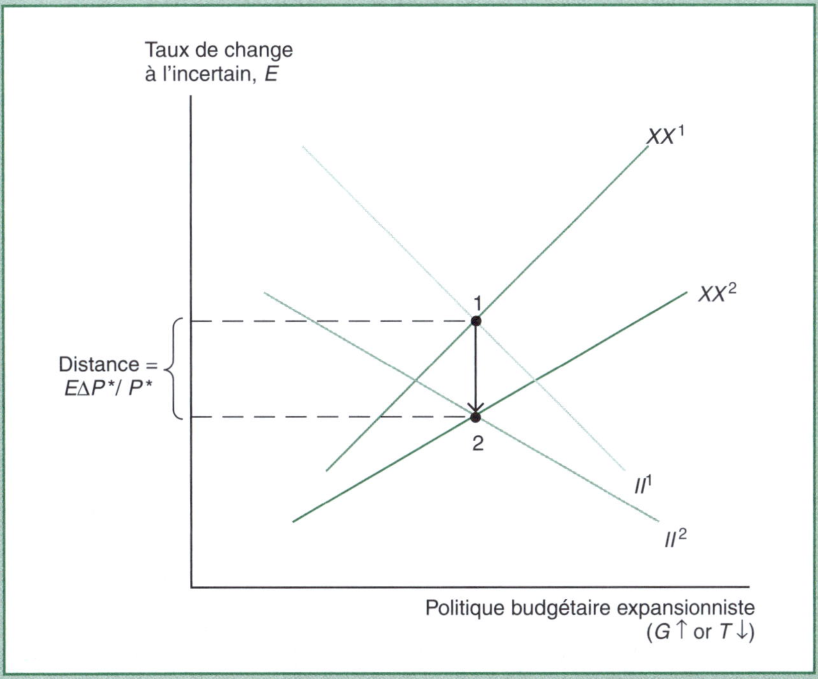

Figure 18.3 • Effet d'une augmentation des prix étrangers P^* sur l'équilibre interne et externe. Après l'augmentation de P^*, le point 1 se retrouve en zone 1 (sur-emploi, excédent courant trop élevé). Une réévaluation (diminution de E) permet un retour à l'équilibre immédiat en faisant passer le point d'équilibre au point 2.

On peut étudier la manière dont les deux courbes se déplacent en se demandant ce qui arriverait si le taux de change nominal diminuait proportionnellement à l'augmentation de P^*. Dans ce cas, le taux de change réel EP^*/P serait identique (P étant constant), et l'économie resterait en équilibre externe ou interne, selon son état de départ. La figure 18.3 montre donc que pour un taux de change fixe au départ, une hausse de P^* entraîne une modification égale de II^1 et de XX^1 à la baisse (égale à l'augmentation proportionnelle de P^* multipliée par le taux de change initial). L'intersection des nouvelles courbes II^2 et XX^2 (point 2) se trouve sous l'intersection d'origine (point 1).

Si l'économie part du point 1, avec un taux de change fixe et un niveau des prix intérieurs donnés, alors une augmentation de P^* mène l'économie en zone 1, caractérisée par du suremploi et un excédent courant indésirable. Ce résultat provient de la dépréciation de la valeur réelle de la monnaie domestique, qui transfère la demande mondiale vers le pays domestique (EP^*/P augmente car P s'accroît).

Si les autorités ne font rien, la surchauffe du marché de l'emploi entraîne une élévation des prix, ce qui ramène progressivement les courbes vers leur point d'origine. Elles cessent de bouger lorsque P augmente dans les mêmes proportions que P^*. À ce stade, le taux de change réel, l'emploi et les comptes courants sont revenus à leur niveau initial. Le point 1 est à nouveau le point d'équilibre des comptes externe et interne.

Afin d'éviter l'inflation importée, il faut réévaluer la monnaie (donc baisser E) et passer au point 2. Ce processus restaure immédiatement les équilibres interne et externe, sans inflation intérieure, en utilisant le taux de change nominal pour contrecarrer l'effet de la hausse de P^* sur le taux de change réel. Il suffit d'une politique de substitution des dépenses pour répondre à une augmentation des prix étrangers.

Lorsque qu'aucune réévaluation n'a lieu, la hausse des prix intérieurs requiert une augmentation de l'offre de monnaie domestique, puisque ces deux éléments varient proportionnellement à long terme. Cette augmentation est causée par l'intervention de la banque centrale sur le marché des changes. Comme le produit intérieur et les prix augmentent après la hausse de P^*, l'offre de monnaie réelle diminue et la demande d'encaisses réelles s'accroît. Afin d'éviter que la pression à la hausse sur les taux d'intérêt intérieurs ne conduise à une appréciation, la banque centrale doit acheter des actifs en monnaies étrangères et accroître l'offre de monnaie domestique. De cette manière, les politiques inflationnistes suivies par la banque centrale du pays émetteur de la monnaie de réserve se propagent à l'offre de monnaie des pays étrangers.

Le parallèle entre l'inflation américaine et étrangère suggère qu'une partie de l'inflation européenne dans les années 1960-1970 est importée des Etats-Unis. Mais le fait que l'inflation apparaisse dans chaque pays à des périodes précises souligne que des facteurs propres à chaque économie jouent alors également un rôle.

- En France, les manifestations de mai 1968 entraînent une large revalorisation des salaires, ainsi qu'une crise de change entre les monnaies allemande et française, qui conduit à une dévaluation du franc en 1969. L'inflation en France passe de 2,8 % en 1967 à 4,4 % en 1968, et 6,5 % en 1969.
- En Grande-Bretagne, l'inflation s'accélère nettement en 1968, l'année qui suit la dévaluation de la livre. Comme la dévaluation est neutre à long terme (voir chapitre 17), le niveau général des prix s'élève proportionnellement.

- En Allemagne de l'Ouest, l'inflation dans les années 1970 tient plus à de l'inflation importée qu'à des causes nationales. Le souvenir douloureux de l'hyperinflation de l'entre-deux-guerres incite les responsables politiques à se montrer moins tolérants vis-à-vis de l'inflation que dans les autres pays. Le tableau 18.2 montre l'évolution des réserves internationales et de l'offre de monnaie en Allemagne de l'Ouest de 1968 à 1972 : on voit combien la croissance monétaire s'accélère après 1969, parallèlement à la hausse des réserves de la Bundesbank. En 1970, les réserves officielles augmentent de plus de 200 % et l'offre de monnaie de près de 10 %. Mais, même dans ce cas, on ne peut pas totalement expliquer l'accélération de la croissance monétaire allemande comme le résultat direct de la politique monétaire expansionniste américaine. Après 1969, cette croissance s'accélère beaucoup plus vite que celle des États-Unis. Une grande part de la hausse des réserves internationales de l'Allemagne provient donc probablement d'une spéculation sur une dévaluation possible du dollar et du report des investisseurs des actifs en dollars vers les actifs en marks.

Tableau 18.2 : L'offre de monnaie et les réserves internationales en Allemagne de l'Ouest, 1968-1972 (en pourcentage annuel)

Taux de croissance	1968	1969	1970	1971	1972
Offre de monnaie	6,4	–6,3	8,9	12,3	14,7
Réserves officielles internationales	37,8	–43,6	215,7	36,1	35,8

Source : OCDE, *Principaux indicateurs économiques : statistiques historiques, 1964-1983*. Les chiffres représentent l'accroissement moyen annuel de l'offre de monnaie et des réserves internationales par rapport à l'année précédente. Les réserves officielles sont calculées en réserves d'or nettes.

La politique monétaire des États-Unis dans les années 1960-1970 contribue donc à l'inflation dans les pays étrangers par son effet direct sur les prix et l'offre de monnaie. Elle contribue aussi à l'abandon du régime de changes fixes, en contraignant les autorités étrangères à choisir entre taux fixes et inflation importée. Toutefois, la politique budgétaire américaine – qui, par ailleurs provoque la dévaluation du dollar – participe également à l'accélération de l'inflation dans les pays étrangers en encourageant les capitaux spéculatifs à fuir le dollar. Cela peut être considérée comme une cause supplémentaire de la chute du système de Bretton Woods.

L'effondrement du système de Bretton Woods est donc dû en partie à la puissance économique excessive des États-Unis. Il est également lié au fait que l'instrument clé de substitution des dépenses nécessaire pour atteindre l'équilibre interne et externe – à savoir, un ajustement des taux de change – a donné lieu à des attaques spéculatives qui ont rendu ces équilibres de plus en plus difficiles à atteindre. Les architectes du système de Bretton Woods espéraient que les pays membres les plus puissants seraient capables d'adopter des politiques économiques tournées non seulement vers des objectifs internes, mais aussi tenant compte de la situation internationale. Lorsque les États-Unis se sont montrés réticents à prendre cette responsabilité après le milieu des années 1960, le système s'est écroulé.

Résumé

En économie ouverte, les responsables politiques tentent de maintenir l'*équilibre interne* (plein emploi et stabilité des prix) et l'*équilibre externe* (un niveau de compte courant ni trop déficitaire, afin que le pays puisse honorer ses dettes, ni trop excédentaire, ce qui exposerait les économies étrangères à faire défaut). La définition de l'équilibre externe dépend de plusieurs facteurs, notamment le régime de changes et les conditions économiques globales. Comme les politiques économiques de chaque pays ont des répercussions sur le reste du monde, la possibilité pour un pays d'atteindre l'équilibre interne et externe dépend en partie des politiques menées par les autres pays.

L'étalon-or constitue un puissant mécanisme d'ajustement automatique qui contribue à l'équilibrage simultané de la balance des paiements pour tous les pays, le *mécanisme de flux prix-espèces*. Les flux d'or qui accompagnent les déficits et les excédents provoquent des mouvements de prix qui réduisent les déséquilibres du compte courant et tendent à rétablir l'équilibre externe. En ce qui concerne le maintien de l'équilibre interne, le bilan de ce système est cependant plus mitigé. L'étalon-or est suspendu en 1914 quand la Première Guerre mondiale éclate.

Les tentatives de restauration de l'étalon-or après 1918 ont peu de succès. Après 1929, l'économie mondiale entre en récession, le régime d'étalon-or s'effondre et l'intégration économique internationale s'affaiblit. Face à la grande dépression, les États privilégient l'équilibre interne, et tentent d'éviter les problèmes posés par l'équilibre externe en fermant partiellement leurs économies au reste du monde. Tous les pays auraient cependant été dans une meilleure situation s'ils avaient coopéré.

Les architectes du *Fonds monétaire international* (FMI) espèrent créer un système de changes fixes qui stimule la croissance du commerce international, tout en veillant à ce que les contraintes liées à l'équilibre externe soient suffisamment flexibles pour que celui-ci n'amène pas à sacrifier l'équilibre intérieur. La charte du FMI offre aux pays en difficulté des facilités de financement et permet d'ajuster les taux de change en cas de *déséquilibre fondamental*. Après la Seconde Guerre mondiale, tous les pays lient leur monnaie au dollar. Les États-Unis prennent l'or comme référence, et acceptent de l'échanger contre des dollars aux banques centrales étrangères au prix de 35 $ l'once.

Après le retour à la convertibilité des monnaies en Europe en 1958, les marchés financiers deviennent plus intégrés, les politiques monétaires moins efficaces (sauf pour les États-Unis), et les réserves internationales plus volatiles. Ces changements révèlent une faiblesse fondamentale du système. Afin d'atteindre simultanément l'équilibre interne et externe, des *politiques de changement des dépenses* et des *politiques de substitution des dépenses* sont nécessaires. Mais les secondes (variation des taux de change) peuvent donner naissance à des mouvements de capitaux spéculatifs, qui affaiblissent les taux de change fixes. Les États-Unis, pays émetteur de la monnaie de réserve, se trouvent confrontés à un seul problème d'équilibre externe : le *problème de confiance*. Ce dernier se pose inévitablement à mesure que les réserves de dollars détenues par les banques centrales étrangères augmentent par rapport aux réserves d'or américaines.

Les politiques économiques des États-Unis à la fin des années 1960 provoquent en partie la chute du système de Bretton Woods. Une politique budgétaire trop expansionniste entraîne une dévaluation du dollar au début des années 1970. Les craintes causées par cette situation provoquent un flux de capitaux spéculatifs contre le dollar, qui fait gonfler l'offre de monnaie dans les autres pays. La croissance de l'offre de monnaie américaine alimente l'inflation interne et étrangère. Les autorités étrangères deviennent de plus en plus réticentes à importer l'inflation américaine par le biais des taux de change fixes. Une série de crises internationales amène progressivement à un abandon total en mars 1973 du lien entre le dollar et l'or et des parités fixes entre le dollar et les monnaies des pays industrialisés.

Activités

1. Si vous étiez chargé de la politique économique d'un petit pays en économie ouverte, quel effet aurait chacun des événements suivants sur votre objectif d'équilibre externe ?
   - **a.** D'importantes réserves d'uranium sont découvertes dans votre pays.
   - **b.** Le cours mondial de votre principal bien exporté, le cuivre, augmente continuellement.
   - **c.** Le cours mondial du cuivre augmente de manière temporaire.
   - **d.** Le prix du pétrole augmente temporairement.
2. Sous le régime d'étalon-or, décrivez comment l'équilibre de la balance des paiements entre deux pays, A et B, est restauré après un transfert de revenus de B à A.
3. Malgré les défauts de l'étalon-or avant 1914, les variations des taux de change sont rares parmi les pays centraux (les États-Unis et les principaux pays européens). En revanche, ces variations deviennent fréquentes pendant l'entre-deux-guerres. Pour quelles raisons ?
4. Sous le régime d'étalon-or, les pays peuvent être tentés d'adopter des politiques monétaires très restrictives, chaque pays étant en concurrence pour des réserves limitées d'or au niveau mondial. Un tel problème peut-il se poser dans un régime où les réserves sont constituées de monnaies interchangeables ?
5. Une banque centrale qui adopte un taux de change fixe peut sacrifier son autonomie dans la conduite de sa politique monétaire. Dans ce cas, on dit parfois qu'elle abandonne aussi la possibilité d'utiliser la politique monétaire pour combattre la spirale prix-salaires. L'argument est le suivant : « Supposons que les travailleurs demandent de meilleurs salaires, et que les employeurs les accordent, mais augmentent ensuite les prix de production pour couvrir les coûts engendrés. Le niveau général des prix est plus élevé et les équilibres réels sont plus bas. Aussi, afin d'éviter une hausse des taux d'intérêt qui renchérirait la monnaie, la banque centrale doit acheter des actifs en monnaies étrangères et augmenter l'offre de monnaie. Cette action permet d'accommoder la hausse initiale des salaires grâce à une offre supplémentaire de monnaie, ce qui fait passer l'ensemble de l'économie à un niveau supérieur de prix et de salaires. Avec un taux de change fixe, il est donc impossible de garder des salaires et des prix bas. » Qu'y a-t-il de spécieux dans cet argument ?
6. La croissance des réserves de dollars sous le régime de Bretton Woods est-elle déterminée par la demande (le désir des banques centrales d'augmenter leurs réserves internationales) ou bien par l'offre (la vitesse de croissance monétaire américaine) ? Quelles sont les conséquences de la relation entre croissance des stocks mondiaux de réserves internationales et inflation mondiale ?
7. Supposons que la banque centrale d'un petit pays soit confrontée à une croissance des taux d'intérêt mondiaux R^*. Quel est l'impact sur ses réserves internationales ?

Sur son offre de monnaie ? Peut-elle contrecarrer ces effets par des opérations d'*open market ?*

8. Comment les restrictions sur les transactions financières privées peuvent-elles modifier le dilemme de la réalisation et du maintien des équilibres interne et externe en changes fixes ? Quels peuvent être les coûts de telles restrictions ?

9. « Les gouvernements dont les économies sont déficitaires subissent en général des pressions plus fortes pour restaurer leur équilibre externe que les pays en excédent. Le problème de l'équilibre externe d'un pays déficitaire est donc plus aigu que celui d'un pays excédentaire. » Êtes-vous d'accord ?

10. En 1961, l'Allemagne est confrontée au dilemme d'un excédent extérieur et d'une économie en pleine expansion. Des flux de capitaux spéculatifs entrent dans le pays, qui se sent obligé de réévaluer sa monnaie plutôt que de la dévaluer. Décrivez comment se déroule une telle crise, lorsqu'un État, comme dans le cas de l'Allemagne, craint par-dessus tout une dévaluation. Le raisonnement est différent de celui du chapitre 17, car les taux d'intérêt sont tirés vers le bas par les spéculateurs et il n'y a aucun danger d'épuiser les réserves internationales (de telles crises n'ont pas totalement disparu : la Hongrie en a subi une en janvier 2003).

11. Comment déduire de la droite *XX* figure 16.17, la droite *XX* figure 18.1 Pour vous aider, utilisez cette dernière afin d'analyser les effets d'une expansion budgétaire.

12. Reprenez la figure 18.2 et montrez qu'une diminution de *P*, toutes choses égales par ailleurs, fait baisser *II* et *XX*, en déplaçant le point 1 verticalement vers le bas.

13. Vous venez d'être nommé conseiller économique du gouvernement chinois. Le pays a un fort excédent de son compte courant (près de 10 % du PIB) et subit des pressions inflationnistes.

a. Situez la Chine sur la figure 18.1.

b. Que conseillez-vous au gouvernement concernant le niveau du yuan ?

c. Quelle politique budgétaire préconisez-vous ?

Chapitre 19

Politique macroéconomique et coordination en changes flottants

Objectifs pédagogiques :

- **Comprendre pourquoi de nombreux économistes sont favorables aux changes flottants et les termes du débat qui les opposent aux partisans des régimes de changes fixes.**
- **Décrire les perturbations sur le marché des matières premières et étudier comment elles ont favorisé l'inflation et le chômage durant les premières années de changes flottants (1973-1980).**
- **Analyser les répercussions des politiques monétaires et budgétaires des grands pays industrialisés au niveau international.**
- **Définir le rôle de la coordination des politiques économiques au niveau international.**
- **Tirer les leçons de l'expérience des changes flottants depuis 1973 dans le cadre d'une éventuelle réforme du système monétaire international.**

Dès la fin des années 1960, alors que le système de Bretton Woods montre des signes de faiblesse, de nombreux économistes recommandent de laisser les monnaies fluctuer librement sur le marché des changes. Si plusieurs pays adoptent des taux de change flottants en 1973, ce n'est cependant pas, en tout cas consciemment, pour se conformer à ces recommandations. Ils voient surtout dans cette démarche une mesure temporaire pour faire face à une situation critique. Mais plus de trente ans après, les taux de change des pays industrialisés – hormis bien sûr entre les pays de la zone euro (voir chapitre 20) – continuent de flotter librement.

Les partisans des changes flottants voyaient dans ce régime un moyen de sortir des conflits entre équilibres interne et externe auxquels le régime de changes fixes de Bretton Woods avait souvent donné naissance. Au milieu des années 1980, les responsables politiques et les économistes deviennent cependant plus sceptiques quant aux bénéfices d'un système monétaire international fondé sur les changes flottants. Les critiques les plus sévères qualifient les arrangements monétaires postérieurs à 1973 de « non-système » monétaire international et dénoncent une situation anarchique où les politiques macroéconomiques nationales entrent souvent en contradiction. Certains considèrent donc que le système de taux de change actuel doit être réformé tandis que d'autres estiment que les changes flottants sont un succès.

Pourquoi les régimes de changes flottants sont-ils si controversés ? Dans ce chapitre, nous reprenons les modèles de changes fixes et de changes flottants étudiés dans les précédents chapitres afin de discuter des performances récentes du flottement des monnaies et de comparer les problèmes de politique macroéconomique sous les différents régimes de changes.

1 Les arguments en faveur des changes flottants

À la fin des années 1960, alors que les crises monétaires internationales deviennent de plus en plus fréquentes et de plus en plus graves, beaucoup d'économistes se font les avocats d'une plus grande flexibilité des taux de change. Nombre d'entre eux avancent qu'un système de changes flottants, dans lequel les banques centrales n'interviennent pas pour maintenir le taux de change, assure non seulement aux taux de change la flexibilité nécessaire, mais aussi des gains pour l'économie mondiale[1]. Les arguments en faveur des changes flottants reposent alors sur trois points :

- *L'autonomie de la politique monétaire.* Si les banques centrales ne sont plus contraintes d'intervenir sur le marché des changes pour défendre les parités fixes, la politique monétaire peut de nouveau être utilisée pour tenter d'atteindre les objectifs internes et externes. Plus aucun pays n'est alors obligé d'importer de l'inflation (ou de la déflation).
- *La symétrie.* En changes flottants, les asymétries inhérentes au système de Bretton Woods disparaissent et les États-Unis cessent de définir les conditions monétaires mondiales. Dans le même temps, les États-Unis ont, comme les autres pays, la possibilité d'influer sur leur taux de change.
- *Les taux de change comme stabilisateurs automatiques.* Même en l'absence d'une politique monétaire active, l'ajustement rapide des taux de change aide les pays à maintenir leurs équilibres intérieur et extérieur en cas de variations de la demande globale. Les longues périodes de spéculation qui précédaient les réalignements monétaires dans le système de Bretton Woods ne sont pas censées se reproduire en changes flottants.

1.1 L'autonomie de la politique monétaire

Dans le cadre du régime de changes fixes de Bretton Woods, les pays, à l'exception des États-Unis, n'ont guère de marge de manœuvre dans la conduite de la politique monétaire. Ils ne peuvent maintenir leur taux de change fixe vis-à-vis du dollar que s'ils conservent un taux d'intérêt aligné sur celui des États-Unis. Au cours des dernières années pendant lesquelles le système était encore en vigueur, les banques centrales ont imposé des restrictions de plus en plus de sévères sur les paiements internationaux afin de garder le contrôle de leur taux d'intérêt et de leur offre de monnaie. Ces restrictions n'ont réussi que partiellement à renforcer la politique monétaire, et ont eu comme effet secondaire de provoquer des distorsions du commerce international.

Les partisans des changes flottants soulignent qu'en éliminant l'obligation de maintenir fixe la valeur de la monnaie, on rend aux banques centrales le contrôle de l'offre de monnaie. Si, une banque centrale tente, pour juguler le chômage par exemple, d'augmenter cette offre, il en résulte une dépréciation de la monnaie qu'aucune barrière officielle ne vient limiter. À l'inverse, la banque centrale d'une économie en surchauffe pourrait calmer l'activité économique en réduisant l'offre de monnaie, sans craindre que des entrées non désirées de réserves ne minent son effort de stabilisation. L'autonomie renforcée de la politique monétaire permettrait alors aux pays de supprimer les barrières qui provoquent des distorsions des paiements internationaux.

---

1. Voir, notamment, Milton Friedman, « The Case for Flexible Exchange Rates », dans *Essays in Positive Economics*, Chicago, University of Chicago Press, 1953, p. 157-203 ; et Harry G. Johnson, « The Case for Flexible Exchange Rates, 1969 », *Federal Reserve Bank of St. Louis Review*, 51, juin 1969, p. 12-24.

Les avocats des changes flottants prétendent également que cela permet à chaque pays de choisir le niveau d'inflation à long terme qu'il désire, plutôt que d'importer passivement l'inflation prévalant à l'étranger. Un pays confronté à une hausse des prix à l'étranger finit toujours par importer cette inflation s'il reste en changes fixes (voir chapitre 18). À la fin des années 1960, nombre de pays ont ainsi eu le sentiment d'importer l'inflation des États-Unis. En réévaluant sa monnaie – c'est-à-dire en diminuant les prix des monnaies étrangères en termes de monnaie domestique – un pays pourrait s'isoler totalement des tendances inflationnistes de l'étranger. Un des arguments majeurs en faveur des changes flottants est leur capacité, en théorie, à réaliser automatiquement les ajustements de taux de change qui protègent les économies des effets d'une inflation étrangère continue.

Le mécanisme qui assure cette protection contre l'inflation importée est celui de la parité des pouvoirs d'achat (voir chapitre 15). Rappelons que si tous les changements dans l'économie mondiale sont monétaires, la PPA se vérifie à long terme : les taux de change se modifient jusqu'à compenser exactement le différentiel d'inflation entre les pays. Si la croissance monétaire américaine conduit à long terme à un doublement du niveau des prix tandis qu'il reste stable dans la zone euro, la PPA prédit qu'à long terme le prix de l'euro en dollar doublera. Cette modification nominale du taux de change laisse cependant le taux de change réel inchangé et maintient par conséquent l'équilibre intérieur et extérieur. Autrement dit, la modification à long terme du taux de change prédite par la PPA est précisément celle qui protège la zone euro de l'inflation américaine.

Les pays qui opéraient selon les règles de Bretton Woods étaient forcés de choisir entre s'aligner sur l'inflation américaine pour maintenir la fixité du taux de change et réévaluer délibérément leur monnaie en proportion de la hausse des prix aux États-Unis. En revanche, en changes flottants, le marché des changes réalise automatiquement les ajustements de taux qui protégent les pays de l'inflation américaine. Ce sont les spéculateurs, anticipant une appréciation des monnaies étrangères à long terme en accord avec la PPA, qui contribuent par leurs actions à l'ajustement des taux de change flottants. Puisque ce résultat ne requiert pas de décisions politiques explicites de la part des États, le processus permet d'éviter les crises de réévaluation qui se produisaient en changes fixes[1].

1.2 La symétrie

Le deuxième argument mis en avant par les défenseurs du flottement des monnaies est que l'abandon du système de Bretton Woods élimine les asymétries, sources de nombreux désaccords internationaux dans les années 1960 et au début des années 1970. Le rôle central du dollar dans le système monétaire international issu des accords de Bretton Woods créé deux types d'asymétrie. D'une part, comme les banques centrales ancrent leurs monnaies au dollar et accumulent des dollars comme réserves internationales, la Réserve fédérale américaine joue un rôle moteur dans la détermination de l'offre mondiale de monnaie ; les autres banques centrales n'ont que peu de latitude pour déterminer leur propre offre de monnaie. D'autre part, tous les pays – autres que les États-Unis – peuvent dévaluer leur monnaie par rapport au dollar s'ils se trouvent dans des conditions de « déséquilibre fondamental », mais le système n'offre pas aux États-Unis la possibilité de dévaluer le dollar par rapport aux

1. L'analyse ci-dessus fonctionne aussi dans le cas d'une baisse du niveau des prix étrangers : en changes flottants, les pays peuvent éviter d'importer malgré eux de la *déflation*.

monnaies étrangères. Ainsi, c'est seulement à l'issue d'une longue période de négociations multilatérales, marquée par de nombreuses perturbations économiques, que le dollar est finalement dévalué en août 1971.

En changes flottants, il n'y a pas de telles asymétries. Comme les pays n'ont plus ni à maintenir leur taux de change fixe vis-à-vis du dollar, ni à détenir des réserves en dollars, chacun est en mesure de déterminer ses propres conditions monétaires. Pour la même raison, aucun obstacle particulier n'empêche plus les États-Unis d'influer sur leur taux de change. Autrement dit, les taux de change de tous les pays sont déterminés de manière symétrique sur le marché des changes[1].

1.3 Les taux de change comme stabilisateurs automatiques

Le troisième argument en faveur des changes flottants concerne leur capacité, en théorie, à assurer un ajustement rapide et relativement facile à des chocs économiques. Nous avons considéré plus haut le cas de l'inflation étrangère. La figure 19.1, qui reprend le modèle *DD-AA*, examine le cas d'une baisse temporaire de la demande étrangère pour les exportations[2]. Elle compare également l'effet sur l'équilibre économique lorsque les taux de change sont flottants ou fixes.

Une diminution de la demande pour les exportations du pays provoque une réduction de la demande globale pour tout niveau donné du taux de change, E (défini à l'incertain). Elle déplace par conséquent la courbe *DD* vers la gauche, de DD^1 à DD^2. La figure 19.1a montre de quelle façon ce déplacement influe sur l'équilibre économique lorsque les taux de change sont flottants. Puisque le déplacement de la demande est supposé temporaire, il n'a pas d'effet sur le taux de change anticipé à long terme et, par conséquent, cela ne modifie pas la courbe d'équilibre AA^1 des marchés d'actifs L'équilibre à court terme de l'économie passe donc du point 1 au point 2 : la monnaie se déprécie (E augmente) et le produit intérieur diminue. Pourquoi le taux de change passe-t-il de E^1 à E^2 ? La baisse de la demande et du produit intérieur réduit la demande de monnaie pour motif de transaction, et le taux d'intérêt diminue afin de préserver l'équilibre du marché monétaire. Cette diminution provoque alors une dépréciation de la monnaie sur le marché des changes, c'est-à-dire que le taux de change s'accroît de E^1 à E^2.

L'effet de la même perturbation de la demande d'exportation en changes fixes est illustré à la figure 19.1b. Puisque la banque centrale doit éviter la dépréciation de sa monnaie qui se produit en changes flottants, elle en achète en vendant ses réserves officielles de change. Cela a pour effet de diminuer l'offre de monnaie provoquant ainsi un déplacement vers la gauche de AA^1 vers AA^2. Le nouvel équilibre à court terme de l'économie en changes fixes se trouve alors au point 3 où le produit intérieur est égal à Y^3.

---

1. L'argument de la symétrie n'est pas un argument contre les systèmes de changes fixes en général mais contre le système spécifique de taux de change qui s'effondra au début des années 1970. Un système de changes fixes fondé sur un étalon-or peut être symétrique, mais un tel système pose d'autres problèmes (voir chapitre 17).
2. Rappelons que la courbe *DD* désigne l'ensemble des couples taux de change/produit intérieur pour lesquels la demande globale est égale au produit intérieur et que la courbe *AA* désigne l'ensemble des couples taux de change/produit intérieur pour lesquels le marché des changes et le marché monétaire domestique sont à l'équilibre.

La figure 19.1 montre que le produit intérieur diminue davantage en changes fixes qu'en changes flottants, jusqu'en Y^3 au lieu de Y^2. En d'autres termes, la variation du taux de change a un effet stabilisateur et absorbe une partie du choc.

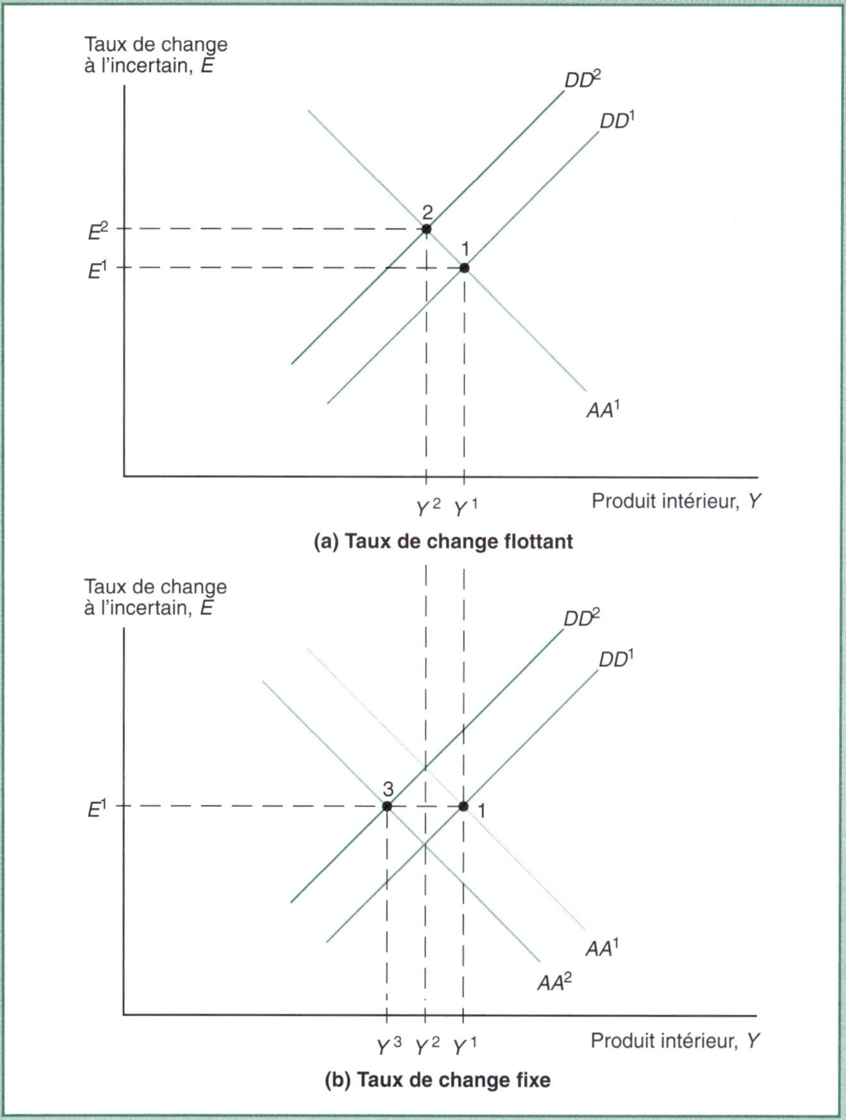

Figure 19.1 • Effets d'une baisse de la demande d'exportation.

La réaction à une baisse de la demande d'exportation (représentée par le déplacement de DD^1 vers DD^2) diffère selon les régimes de changes, fixes ou flottants : (a) en changes flottants, le produit intérieur baisse seulement jusqu'au niveau Y^2 car la dépréciation de la monnaie (de E^1 à E^2) oriente la demande vers les biens du pays domestique ; (b) si le taux de change est fixé en E^1, le produit intérieur baisse jusqu'au niveau Y^3 consécutivement à la réduction de l'offre de monnaie par la banque centrale (illustrée par le déplacement de AA^1 vers AA^2).

La dépréciation de la monnaie en changes flottants rend les biens et services meilleur marché lorsque la demande diminue, compensant ainsi partiellement la diminution initiale de la demande. La dépréciation réduit, en outre, le déficit du compte courant qui se produit en change fixes en améliorant la compétitivité-prix des produits sur les marchés internationaux.

Nous avons considéré l'exemple d'une baisse temporaire de la demande d'exportation, mais les conclusions sont encore plus fortes lorsque la baisse est permanente. Dans ce cas, le taux de change anticipé, E^e, augmente aussi et *AA* se déplace en conséquence vers le haut. Le choc permanent provoque une dépréciation de la monnaie plus importante que le choc temporaire. Ce mouvement dans le taux de change soutient plus fermement le produit intérieur.

Dans le système de Bretton Woods, une baisse permanente de la demande d'exportation aurait conduit à une situation de « déséquilibre fondamental » appelant soit une dévaluation de la monnaie, soit une longue période de chômage en attendant que les prix baissent. L'incertitude quant aux intentions des responsables politiques aurait encouragé des sorties spéculatives de capitaux, détériorant encore plus la situation par l'épuisement des réserves de la banque centrale et la contraction de l'offre de monnaie. Les partisans des changes flottants soulignent que le marché des changes est en mesure de réaliser automatiquement la dépréciation réelle de la monnaie par un changement du taux de change nominal. Cette modification du taux de change réduit, voire élimine, la nécessité de faire baisser le niveau des prix par le chômage. Comme cela se produit instantanément, le risque de perturbation spéculative est très faible, contrairement à la situation en changes fixes.

2 Les arguments contre les changes flottants

Au début des années 1970, certains sont sceptiques quant aux avantages des changes flottants et prédisent au contraire qu'ils sont nuisibles à l'économie mondiale[1]. Ils font notamment valoir contre eux cinq éléments principaux.

- *Le manque de discipline*. Les banques centrales, libérées de l'obligation de maintenir leurs taux de change fixes, pourraient s'engager dans des politiques inflationnistes. En d'autres termes, la « discipline » qu'imposent les taux de change fixes disparaît.
- *La spéculation déstabilisante et les perturbations sur le marché de la monnaie*. La spéculation peut contribuer à l'instabilité du marché des changes qui, à son tour, peut avoir des incidences néfastes sur l'équilibre intérieur et extérieur des pays. Par ailleurs, les troubles provoqués sur le marché monétaire pourraient avoir des effets plus perturbateurs en changes flottants qu'en changes fixes.
- *Les préjudices pour le commerce et les investissements internationaux*. Les taux de change flottants rendent les prix relatifs internationaux difficiles à prévoir, ce qui peut nuire au commerce et aux investissements internationaux.
- *Les politiques économiques non coordonnées*. L'abandon des règles de Bretton Woods concernant l'ajustement des taux de change ouvre la porte à des pratiques compétitives

1. Voir, par exemple, Charles P. Kindleberger, « The Case for Fixed Exchange Rates, 1969 », *The International Adjustment Mechanism, Conference Series 2*, Boston, Federal Reserve Bank of Boston, 1970, p. 93-108.

en matière monétaire qui sont nuisibles à l'économie mondiale. Comme cela a été le cas pendant l'entre-deux-guerres, les pays peuvent adopter des politiques en ignorant les dommages qu'elles causent chez leurs partenaires (l'expression anglaise consacrée à ce type de politique est *beggar-thy-neighbor policies* ou « politique de pillage du voisin », voir chapitres 11 et 18). Le manque de coordination nuit à tous les pays.

- *L'illusion d'une plus grande autonomie*. Les taux de change flottants n'offrent pas véritablement aux pays une plus grande autonomie en matière de politique macroéconomique. Les modifications des taux de change ont de tels effets que les banques centrales sont obligées d'intervenir sur les marchés des changes, même sans engagement formel de maintien d'un taux de change fixe.

2.1 Le manque de discipline

Certains opposants aux changes flottants considèrent que, libérés de la nécessité de se préoccuper de la perte des réserves officielles de change, les responsables politiques peuvent céder à la tentation de s'engager dans des politiques budgétaires ou monétaires excessivement expansionnistes. C'est le problème du biais inflationniste abordé au chapitre 16. Différents facteurs, de la poursuite d'objectifs politiques (comme stimuler l'économie au moment approprié pour gagner les élections) à la simple incompétence, peuvent effectivement déclencher une spirale inflationniste.

Les défenseurs des changes flottants refusent cette critique. Pour eux, la discipline ne doit pas être imposée par le régime de changes, mais par les électeurs ; c'est à eux de faire pression sur les responsables politiques pour éviter qu'ils ne s'engagent dans des politiques inflationnistes. En outre, les accords de Bretton Woods n'imposent pas une vraie discipline aux États-Unis, le dollar étant utilisé comme étalon international. C'est d'ailleurs la politique monétaire américaine qui a contribué à l'inflation mondiale à la fin des années 1960[1].

2.2 La spéculation déstabilisante et les perturbations sur le marché monétaire

Une autre préoccupation est liée au caractère éventuellement déstabilisant de la spéculation. Certains redoutent qu'elle ne provoque des fluctuations considérables des taux de change. L'argument est le suivant : les opérateurs sur le marché des changes peuvent être amenés à vendre une monnaie s'ils espèrent – ou s'ils craignent – une dépréciation à court terme, indépendamment des perspectives à long terme. Les comportements mimétiques et le caractère autoréalisateur des anticipations (plus les opérateurs anticipent une dépréciation de la monnaie, plus ils en vendent et plus celle-ci risque effectivement de se déprécier) renforcent la possibilité que la spéculation soit déstabilisante. Cette **spéculation déstabilisante** n'est pas en soi responsable des fluctuations du taux de change autour de sa valeur à long terme. Cependant, la spéculation tend à accentuer ces fluctuations qui se produisent en réaction aux chocs économiques. En outre, les

1. Une solution pour imposer, en changes fixes, à tous les pays de limiter leur taux d'inflation consiste à retenir un étalon marchandise, comme l'étalon-or. Mais un tel étalon pose d'autres problèmes (voir chapitre 18).

ventes déstabilisantes d'une monnaie faible peuvent alimenter les anticipations d'inflation et déclencher une spirale prix-salaires dans le pays qui renforce encore la dépréciation. Les pays peuvent ainsi se laisser prendre dans un « cercle vicieux » de dépréciation et d'inflation auquel il est difficile d'échapper.

Les défenseurs des changes flottants mettent en doute le fait que la spéculation puisse être vraiment déstabilisante. Tous ceux qui persistent à vendre une monnaie alors que celle-ci s'est dépréciée plus qu'elle n'aurait dû perdent nécessairement de l'argent à long terme. Il en est de même pour ceux qui continuent d'acheter une monnaie qui s'est trop appréciée. Selon les partisans des changes flottants, les agents qui, par leurs actions, contribuent à déstabiliser le taux de change finissent naturellement par être évincés du marché – car leur comportement les conduit à la ruine. Ne subsistent que ceux qui ont correctement estimé la valeur à long terme du taux de change et à qui l'on doit d'avoir accélérer le processus d'ajustement du taux de change vers cette valeur (mais pas au-delà).

Par ailleurs, les partisans du flottement des monnaies avancent l'idée qu'en changes fixes, les flux de capitaux peuvent être déstabilisants. Une perte inattendue de réserves officielles de change par une banque centrale peut susciter des anticipations de dévaluation qui incitent les spéculateurs à se débarrasser de leurs actifs en monnaie domestique. Cela peut alors provoquer une hémorragie des réserves officielles de change. Pareille fuite de capitaux peut forcer les autorités monétaires à une dévaluation, alors même que les conditions économiques ne le justifient pas (ce dernier point suscite toujours d'interminables débats).

Un autre argument de poids contre les changes flottants est qu'ils tendent à rendre l'économie plus vulnérable aux chocs provenant du marché monétaire domestique. La figure 19.2 reprend le modèle *DD-AA* et illustre l'effet d'un accroissement de la demande réelle de monnaie (c'est-à-dire une augmentation des encaisses réelles que les gens désirent détenir pour tout niveau de taux d'intérêt et de revenu) en changes flottants. Dans ce cas, pour E donné, il faut un niveau de revenu plus bas afin que les gens se satisfassent de l'offre réelle de monnaie disponible. AA^1 se déplace par conséquent vers AA^2 et le produit intérieur tombe de Y^1 à Y^2 à mesure que la monnaie se déprécie de E^1 à E^2. L'accroissement de la demande de monnaie opère ainsi exactement comme une baisse de l'offre de monnaie. Lorsqu'elle est permanente, elle conduit en fin de compte à une baisse du niveau des prix dans le pays. *A contrario*, en changes fixes, le changement de demande de monnaie n'affecte en rien l'économie. Pour éviter que sa monnaie ne s'apprécie, la banque centrale achète des actifs étrangers en émettant de la monnaie jusqu'à ce que l'offre réelle de monnaie compense le surplus de demande réelle de monnaie. Cette intervention a pour effet de laisser AA^1 à sa position initiale, évitant ainsi tout changement du produit intérieur ou du niveau des prix.

Un taux de change fixe empêche donc automatiquement l'instabilité du marché monétaire domestique d'avoir un effet sur l'économie. Il s'agit là d'un argument puissant en faveur des changes fixes *si* la plupart des chocs qui secouent l'économie trouvent leur origine dans les perturbations du marché monétaire (c'est-à-dire s'ils résultent d'un mouvement de *AA*). Cependant, comme nous l'avons vu à la section précédente, la fixation des taux de change aggrave de manière générale les performances macroéconomiques si les chocs issus du marché des biens et services (c'est-à-dire entraînant un déplacement de *DD*) prédominent.

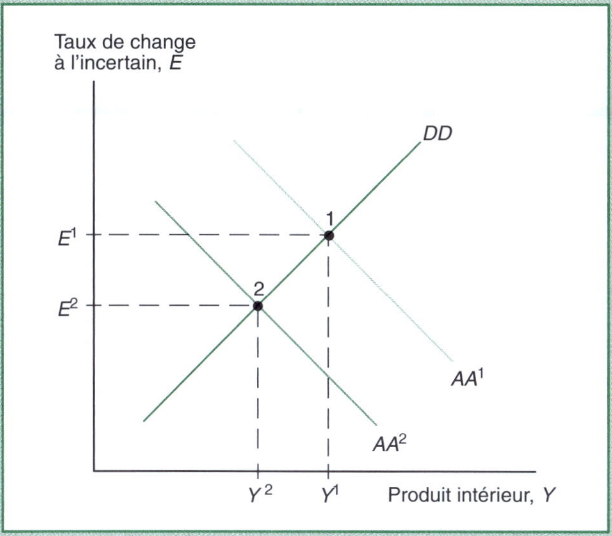

Figure 19.2 • Effet d'une augmentation de la demande de monnaie en changes flottants.

Une augmentation de la demande de monnaie (déplacement de AA^1 vers AA^2) agit exactement comme une baisse de l'offre de monnaie : elle provoque une appréciation de la monnaie en E^2 et une diminution du produit intérieur en Y^2. Avec un taux de change fixe, la banque centrale empêcherait AA^1 de se déplacer en achetant des actifs étrangers et en augmentant de la sorte l'offre de monnaie pour répondre à l'accroissement de la demande.

2.3 Les préjudices au commerce et aux investissements internationaux

Une autre critique adressée au flottement des monnaies est que la variabilité inhérente aux changes flottants porte préjudice au commerce et aux investissements internationaux. La fluctuation des monnaies renforce l'incertitude des importateurs en ce qui concerne les prix qu'ils auront à payer pour les biens et celle des exportateurs quant aux montants qu'ils recevront en paiement. Certains prétendent que cette incertitude élève le coût du commerce international et provoque une diminution des volumes d'échange, et donc une diminution des gains qui y sont associés. De même, une plus grande incertitude concernant la rentabilité des investissements peut gêner les flux d'investissements productifs internationaux.

Les partisans des changes flottants opposent à cela que les opérateurs internationaux peuvent se prémunir des risques de change grâce aux contrats à terme et autres produits dérivés (voir chapitre 13). Reste que utilisation de ces derniers est coûteuse.

À un niveau plus général, les opposants aux changes flottants craignent que la variabilité des taux ne porte atteinte au rôle de la monnaie comme base rationnelle de calcul et de prévision. L'utilité de la monnaie comme unité de compte est moindre, en effet, si son pouvoir d'achat sur les importations est moins prévisible.

2.4 Les politiques économiques non coordonnées

Certains défenseurs du système de Bretton Woods ont le sentiment que ce système a contribué à l'époque à promouvoir le commerce international de façon ordonnée, en mettant hors la loi les dévaluations compétitives qui se sont produites après la crise de 1929. Mais, une fois les pays à nouveau libres de modifier leurs taux de change, l'histoire pourrait se répéter. On peut craindre en particulier que les pays ne s'engagent dans des politiques macroéconomiques qui servent leurs intérêts mais qui nuisent aux autres pays, de sorte, qu'au final, tous les pays soient perdants.

Les défenseurs du flottement des monnaies répondent à cela que les règles du système de Bretton Woods pour l'ajustement des taux de change sont lourdes. En outre, elles sont selon eux inéquitables car, en pratique, c'est sur les pays en déficit que portait l'obligation d'adopter des politiques restrictives ou de dévaluer. Le système de changes fixes n'a « résolu » le problème de la coopération internationale en matière de politique monétaire qu'en concédant une position privilégiée aux États-Unis, position dont ils ont fini par abuser.

2.5 L'illusion d'une plus grande autonomie

Ceux qui soutiennent le système de Bretton Woods et la fixité des changes affirment, enfin, que l'autonomie promise par les changes flottants était en partie illusoire. Certes, en théorie, les taux de change flottants protègent les pays de l'inflation étrangère à long terme et permettent aux banques centrales de fixer l'offre de monnaie au niveau qu'elles souhaitent. Mais, disait-on, le taux de change est une variable macroéconomique si importante que les responsables politiques ne peuvent se décider à prendre des mesures de politique monétaire sans en considérer les effets sur le taux de change.

L'influence du taux de change sur l'inflation est particulièrement importante dans cette optique. Une dépréciation de la monnaie contribue à l'inflation, directement et indirectement (voir figure 19.3). Elle a pour effet de renchérir les prix, en monnaie domestique, des importations.

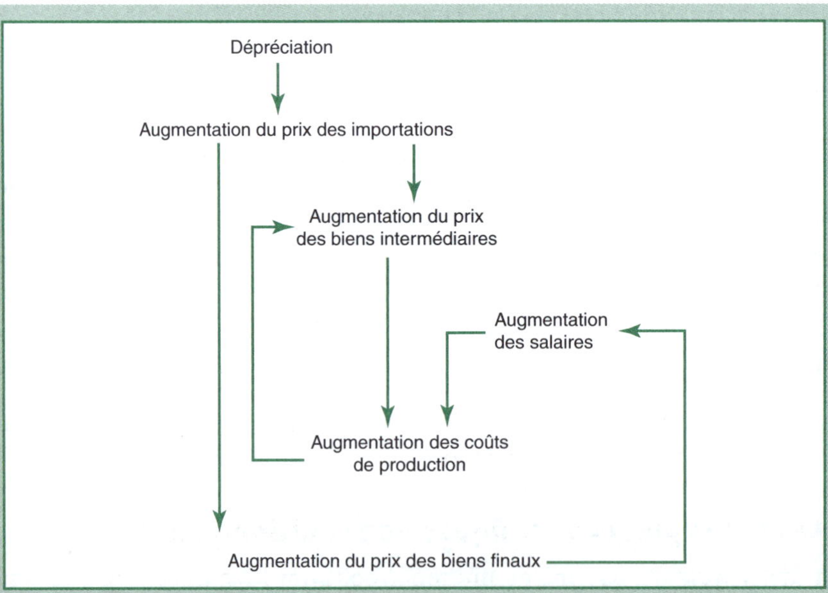

Figure 19.3 • Effets d'une dépréciation sur l'inflation.

Une dépréciation contribue directement à l'inflation, mais aussi indirectement *via* l'augmentation des coûts de production due à la hausse du prix des biens intermédiaires et des salaires.

Une part des biens et services importés est consommée directement par les ménages, l'autre part sert aux entreprises pour produire des biens et services qui seront finalement consommés par les ménages. En outre, la dépréciation peut pousser les travailleurs à revendiquer des salaires plus importants afin de maintenir leur niveau de vie. L'augmentation des salaires se diffuse ensuite aux prix des biens finaux, alimentant l'inflation et conduisant à de nouvelles revendications syndicales. Notons que la réaction des prix aux variations du taux de change est particulièrement rapide dans les pays pour lesquels la part des importations dans le PIB est importante : dans ces États, les modifications de taux de change ont des effets significatifs sur le pouvoir d'achat des salariés.

On peut ainsi s'attendre à ce que les changes flottants accélèrent le rythme auquel le niveau des prix répond à l'augmentation de l'offre de monnaie. Certes, les changes flottants permettent un plus grand contrôle par la banque centrale de l'offre *nominale* de monnaie, M^S. Toutefois, ils n'impliquent pas un plus grand contrôle de l'offre *réelle* de monnaie, M^S/P. Or, c'est bien cette dernière qui sert d'instrument de politique économique.

Les plus sceptiques maintiennent aussi que la capacité des changes flottants à « isoler » chaque économie est, en fait, très limitée. Même lorsque les prix sont rigides, les pays subissent l'offre de monnaie étrangère qui agit sur les taux d'intérêt et les taux de change réels à court terme. En outre, il n'y a pas de raison, même en théorie, pour que les politiques budgétaires d'un pays n'aient pas de répercussions sur les autres pays.

Les deux encadrés proposés dans ce chapitre éprouvent les différents arguments en faveur et en défaveur des changes flottants. Notons d'emblée que, dans ce type d'exercice, il est toujours difficile d'obtenir des conclusions parfaitement tranchées. En effet, bien que les faits aient donné raison à plusieurs des critiques formulées à l'encontre des changes flottants, rien ne dit pour autant que les changes fixes auraient mieux réagis aux perturbations de l'économie mondiale après 1973.

Encadré 19.1

Les taux de change entre les chocs pétroliers, 1973-1980

Le premier choc pétrolier et ses effets, 1973-1975

En octobre 1973, la guerre éclate entre Israël et les pays arabes (guerre du Kippour). En représailles au soutien américain et néerlandais à Israël, les membres arabes de l'Organisation des pays exportateurs de pétrole (OPEP) imposent un embargo sur les livraisons de pétrole à ces deux pays. Par crainte d'un embargo plus général, les acheteurs constituent des stocks de précaution exerçant ainsi une pression sur les prix. Les pays de l'OPEP en profitent aussi pour relever leurs prix.

En octobre 1973, la guerre éclate entre Israël et les pays arabes (guerre du Kippour). En représailles au soutien américain et néerlandais à Israël, les membres arabes de l'*Organisation des pays exportateurs de pétrole* (OPEP) imposent un embargo sur les livraisons de pétrole à ces deux pays. Par crainte d'un embargo plus général, les acheteurs constituent des stocks de précaution exerçant ainsi une pression sur les prix. Les pays de l'OPEP en profitent aussi pour relever leurs prix. En mars 1974, le prix du pétrole est quatre fois plus élevé qu'avant guerre, en passant de 3 $ à 12 $ le baril. Ce prix peut paraître faible par rapport à la situation actuelle

☞

Encadré 19.1 (suite)

Les taux de change entre les chocs pétroliers, 1973-1980 (suite)

où le prix du pétrole peut atteindre 140 $ le baril, mais la valeur du dollar est beaucoup moins élevée aujourd'hui (entre 1974 et 2006, l'indice des prix à la consommation aux États-Unis a été multiplié par 4) et les agents ne sont alors pas habitués à de tels prix. L'augmentation du prix du pétrole entraîne un accroissement du coût de l'énergie ; cette augmentation se répercute aussi sur les prix des produits pétroliers non énergétiques, comme les plastiques. Au total, cela provoque un ralentissement de la consommation et de l'investissement plongeant l'économie mondiale dans une profonde récession. Les balances courantes des pays importateurs de pétrole se détériorent. Le modèle développé aux chapitres 13 à 17 prédit que l'inflation tend à s'accroître dans les phases d'expansion et à diminuer dans les phases de récession. Mais, alors qu'en 1974 le monde entre dans une profonde récession et que le chômage augmente, l'inflation s'accélère. Le tableau 19.1 présente un certain nombre de données macroéconomiques pour les principales régions industrialisées entre 1963 et 2006 et montre l'ampleur de cette inflation pour les États-Unis, l'Europe et le Japon entre 1973 et 1982.

Tableau 19.1 : Données macroéconomiques pour les principales régions industrialisées, 1963-2006

Période	1963-1972	1973-1982	1983-1992	1993-2006	2004	2005	2006
Inflation (en % annuel)							
États-Unis	3,3	8,7	4,0	2,6	2,7	3,4	3,2
Europe	4,4	10,7	5,1	2,4	2,3	2,3	2,3
Japon	5,6	8,6	1,8	0,2	0,0	−0,3	−0,2
Chômage (en % de la population active)							
États-Unis	4,7	7,0	6,8	5,4	5,5	5,1	4,6
Europe	1,9	5,5	9,4	9,5	9,0	8,7	7,9
Japon	1,2	1,9	2,5	4,0	4,7	4,4	4,1
Croissance réelle du PIB par tête (en % annuel)							
États-Unis	2,8	0,9	2,4	2,1	3,9	3,2	3,3
Europe	3,9	2,0	3,0	2,0	1,8	1,0	2,3
Japon	8,5	2,9	3,4	0,8	2,7	1,9	2,2

Source : Fonds monétaire international. Certaines données sont des prévisions.

Que s'est-il passé ? Un facteur important de la crise est le choc pétrolier lui-même : en augmentant directement le prix des produits pétroliers et le coût de l'énergie, la hausse du prix du pétrole fait augmenter fortement l'inflation. En outre, afin de s'adapter aux pressions inflationnistes mondiales qui s'exercent depuis la fin des années 1960, la plupart des pays mettent en place des mécanismes

☞

Encadré 19.1 (suite)

d'indexation des salaires sur les prix qui alimentent automatiquement l'inflation. Les anticipations inflationnistes exercent aussi des pressions à la hausse sur les prix des produits de base, les spéculateurs accumulant des stocks en prévision d'une augmentation des prix. Enfin, les banques centrales sont alors encore peu disposées à combattre les pressions inflationnistes au prix d'une forte élévation du chômage.

Pour décrire les conditions macroéconomiques inhabituelles des années 1974-1975, les économistes parlent de la **stagflation** qui combine la stagnation de la production et l'inflation des prix. La stagflation des années 1970 résulte de deux facteurs :

- L'accroissement du prix des matières premières qui augmente directement les taux d'inflation tout en déprimant les niveaux d'offre et de demande.
- Les anticipations inflationnistes qui nourrissent une spirale prix-salaires en dépit de la récession et d'un chômage croissant.

Les perturbations sur le marché des matières premières éloignent encore plus les pays importateurs de pétrole de l'équilibre intérieur et extérieur par rapport à la situation qui est la leur avant le flottement des monnaies en 1973. Ces pays ne sont alors pas en position d'abandonner l'avantage de substitution des dépenses que les changes flottants leur procurent, pas plus qu'ils ne peuvent limiter leur politique monétaire pour défendre un taux de change fixe. Un engagement à l'égard des taux de change fixes n'aurait, de toute façon, pas été crédible dans une période où les pays connaissaient des taux d'inflation aussi différents et subissaient des chocs qui altéraient de manière permanente les coûts de production. Les attaques spéculatives qui ont conduit à l'abandon du système de changes fixes auraient eu rapidement raison de toute tentative de fixation de nouvelles parités.

Quelles politiques économiques les pays ont-ils mises en œuvre pour retrouver les équilibres intérieur et extérieur ? Lorsque la récession s'aggrave en 1974 et au début de 1975, la plupart des pays passent à des politiques monétaires et budgétaires expansionnistes. Dans les sept pays industrialisés les plus importants, le taux de croissance de la masse monétaire augmente entre 1974 à 1975 en réaction à la hausse du chômage. En conséquence, une forte reprise est en cours durant la seconde moitié de 1975. Malheureusement, les taux de chômage ne retrouvent pas pour autant leur niveau d'avant la récession, et ce malgré le reprise du niveau de la production.

Le déficit courant des pays industrialisés en 1974 se transforme en surplus, suite à la baisse de leurs dépenses, pour s'approcher de zéro en 1976. Les pays de l'OPEP, qui ne peuvent accroître leurs dépenses aussi vite que leurs revenus, accumulent des surplus courants substantiels en 1975 et 1976.

Ces surplus sont compensés par le déficit des *pays en développement* (PED) importateurs de pétrole. Comme ces PED ne diminuent pas leurs dépenses aussi fortement que les pays industrialisés et n'enregistrent pas de taux de croissance négatifs en 1975, ils financent partiellement leurs déficits pétroliers en empruntant des fonds. Les pays de l'OPEP, quant à eux, placent leurs excédents sur les places financières des pays industrialisés (c'est l'essor des pétrodollars, voir chapitre 21).

☞

Encadré 19.1 *(suite)*

Les taux de change entre les chocs pétroliers, 1973-1980 (suite)

Libéré de la nécessité de défendre un taux de change fixe, chaque pays a pu choisir la politique monétaire et budgétaire qui correspondait le mieux à ses objectifs. Les États-Unis et l'Allemagne relâchent même les contrôles sur les mouvements de capitaux mis en place avant 1974. Ce relâchement facilite l'ajustement des PED qui peuvent ainsi emprunter plus aisément auprès des principaux centres financiers afin de maintenir leur propre niveau de dépenses et de croissance économique. À son tour, l'intensité relativement forte de la demande en provenance des PED contribue à alléger la récession de 1974-1975.

Les taux de change flottants semblent avoir plutôt bien traversé le choc provoqué par la première crise pétrolière. Les pays industrialisés manifestent donc, à partir de 1975, leur intention de conserver un tel régime de changes. Lors d'une réunion à Rambouillet, la première d'une série de sommets économiques annuels qui prendront le nom de réunion du G7, les principaux pays industrialisés appellent à une révision du système monétaire international. Au cours d'une deuxième réunion, organisée par le FMI à Kingston en Jamaïque en janvier 1976, les États participants approuvent une révision des accords du FMI reconnaissant implicitement les taux de change flottants en permettant à chaque pays de choisir son régime de changes.

La période du dollar faible, 1976-1979

La reprise consécutive à la récession de 1974-1975 est de courte durée et le niveau de chômage reste élevé. Les États-Unis pressent alors l'Allemagne et le Japon d'adopter, en commun, des politiques expansionnistes pour sortir l'économie mondiale du marasme. C'est seulement au sommet économique de Bonn en juillet 1978 que ces derniers acceptent de se joindre aux États-Unis pour servir de « locomotive » à la croissance économique mondiale. Jusqu'alors, ceux-ci ont opéré seuls, réussissant à baisser fortement le chômage américain (de 8,3 % en 1975, au plus haut de la récession, à 6 % en 1978), mais provoquant aussi la reprise de l'inflation et le creusement du déficit de la balance courante. Au contraire, l'inflation est relativement faible au Japon et en Allemagne en 1978.

Ce déséquilibre des politiques – vigoureuse expansion aux États-Unis sans équivalent ailleurs – entraîne à partir de 1976 une forte dépréciation du dollar. Cette dépréciation apparaît nettement à la figure 19.4 qui donne les **indices du taux de change effectif nominal et réel** du dollar. Ces indices mesurent respectivement le prix d'un dollar en termes de panier de monnaies étrangères et le prix de la production américaine en termes de panier de productions étrangères.

Ainsi une hausse des ces indices traduit une appréciation du dollar – nominale ou réelle – tandis qu'une baisse exprime une dépréciation (taux de change au certain). Les investisseurs internationaux ont, à cette époque, peu confiance en l'avenir du dollar en raison de l'écart croissant des taux d'inflation entre les États-Unis et le reste du monde. En outre, l'affaiblissement du dollar contribue à nourrir l'inflation américaine en augmentant les prix des importations et les anticipations d'inflation (voir figure 19.3).

☞

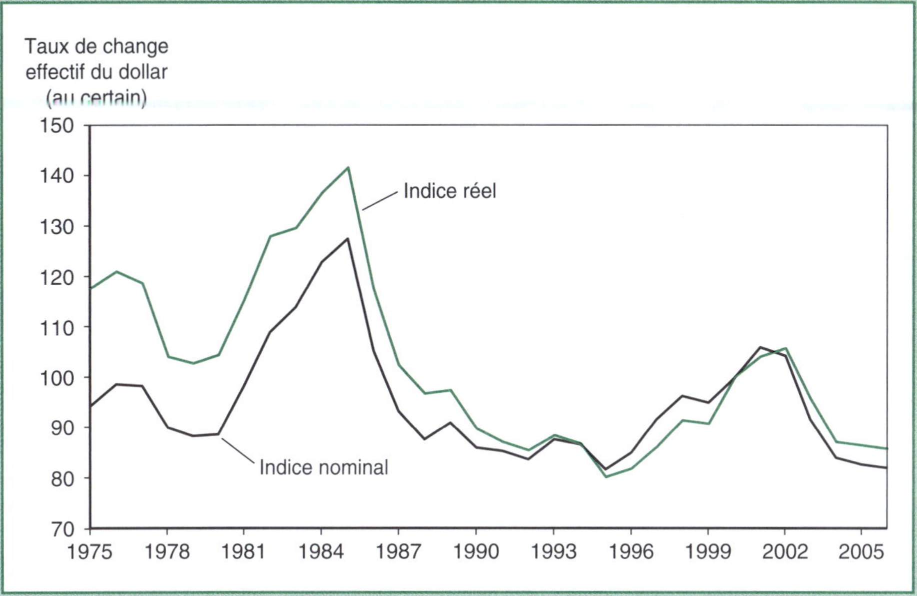

Figure 19.4 • Indices nominal et réel du taux de change effectif du dollar, 1975-2006.
Les indices mesurent la valeur nominale et réelle du dollar pour un panier de 15 monnaies de pays industrialisés. Leur accroissement constitue une appréciation du dollar et leur diminution, une appréciation. Les deux indices sont en base 100 en 2000.

Source : Fonds monétaire international, *Statistiques financières internationales*.

Pour restaurer la confiance dans le dollar, Paul A. Volcker est nommé à la tête de la Réserve fédérale. Le dollar reste faible jusqu'en octobre 1979, date à laquelle Volcker annonce un resserrement de la politique monétaire américaine ainsi que des procédures rigoureuses de contrôle de l'offre de monnaie.

Le revirement monétaire des États-Unis en 1979 illustre une des critiques faites à l'égard des changes flottants. Les responsables politiques ne peuvent être indifférents aux évolutions des taux de change et doivent inévitablement abandonner un peu d'autonomie afin d'éviter que les variations de changes ne soient trop nuisibles à l'économie.

Le deuxième choc pétrolier, 1979-1980

La chute du Shah d'Iran en 1979 provoque une deuxième vague de hausse des prix pétroliers. Ceux-ci augmentent alors de 13 $ à près de 32 $ le baril entre 1978 et 1980. Les pays importateurs de pétrole font de nouveau l'expérience de la stagflation (forte inflation associée à une faible croissance).

En 1975, les pays industrialisés ont répondu au premier choc pétrolier par des politiques monétaires et budgétaires expansionnistes. Leur réponse est très différente lors du deuxième choc.

☞

Encadré 19.1 (suite)

Les taux de change entre les chocs pétroliers, 1973-1980 **(suite)**

En 1979 et 1980, les principaux pays industrialisés *restreignent* l'offre de monnaie afin d'éviter que l'accroissement du prix du pétrole ne se mue en inflation généralisée. Après avoir lutté pour réduire la forte inflation du début des années 1970, les banques centrales s'inquiètent de ne pouvoir ultérieurement contenir l'inflation si celle-ci alimente les anticipations inflationnistes.

La lutte contre l'inflation a un coût élevé en termes d'emplois, et les politiques macroéconomiques restrictives empêchent une nette reprise de la production. En fait, la reprise économique a à peine le temps de se manifester que le monde plonge, en 1981, dans la plus forte récession depuis la grande dépression des années 1930.

3 Interdépendance macroéconomique en changes flottants

Dans les modèles que nous avons présentés jusqu'à présent, nous avons supposé que les politiques monétaires et budgétaires n'avaient pas d'impact sur le produit intérieur, le niveau des prix et le taux d'intérêt à l'étranger. Cette hypothèse est recevable dans le cas de petits pays mais ne s'applique évidemment pas au cas des États-Unis ou de la zone euro. Pour discuter des interactions entre les grands pays et le reste du monde, imaginons donc que l'économie mondiale soit formée de deux grands pays, le pays domestique et le pays étranger. La principale complication vient de ce que l'on ne peut plus imaginer que le taux d'intérêt étranger ou la demande étrangère d'exportation est exogène. Nous présenterons ici une discussion plus qu'un modèle formel, et nous nous limiterons à une analyse à court terme. Cela nous permettra de supposer que les prix nominaux de production sont fixes. Par ailleurs, pour simplifier, nous étudierons seulement le cas de changements *permanents* des politiques monétaire et budgétaire.

Considérons tout d'abord une expansion monétaire permanente dans le pays domestique. Nous savons que dans le cas d'un petit pays (voir chapitre 16) la monnaie domestique se déprécie et le produit intérieur augmente. La même chose se produit dans le cas d'un grand pays à la différence que, cette fois, le reste du monde est également affecté. Puisque le pays domestique fait l'expérience d'une dépréciation monétaire réelle, le pays étranger doit subir une appréciation monétaire réelle qui rend ses produits relativement plus coûteux, ce qui induit un effet négatif sur son produit intérieur. L'accroissement de la production du pays domestique agit cependant dans la direction opposée dans la mesure où ce pays va dépenser une partie de son revenu supplémentaire pour importer des produits étrangers. Cela a alors pour effet d'augmenter la demande globale adressée au pays étranger. L'expansion monétaire du pays domestique exerce donc deux effets opposés sur la production étrangère, le résultat net dépendant de l'effet qui l'emporte, de sorte que la production du pays étranger peut augmenter ou baisser[1].

---

1. La condition d'équilibre du marché monétaire étranger est $M^{*}/P^{*} = L(R^{*}, Y^{*})$. Parce que M^{*} ne change pas et que P^{*} est rigide, la production étrangère ne peut augmenter (respectivement diminuer) que si le taux d'intérêt nominal étranger augmente (diminue).

Discutons maintenant du cas d'une expansion budgétaire permanente dans le pays domestique. Dans le cas d'un petit pays (voir chapitre 16), cette expansion budgétaire permanente provoque une appréciation réelle de la monnaie et une détérioration de la balance courante qui annule tout effet positif sur la demande globale. En effet, l'impact expansionniste du relâchement budgétaire domestique se dissipe entièrement à l'étranger. Dans le cas d'un grand pays, la production étrangère augmente puisque ses exportations deviennent relativement moins chères lorsque la monnaie s'apprécie. En outre, une partie de l'accroissement des dépenses à l'étranger stimule les exportations domestiques, de sorte que la production du pays domestique suit en fait le mouvement de la production du pays étranger[1].

Cette discussion sur l'interdépendance macroéconomique entre deux grands pays se résume ainsi :

- *Effet d'une expansion monétaire permanente.* La production augmente, la monnaie se déprécie et la production étrangère augmente ou diminue selon les cas.
- *Effet d'une expansion budgétaire permanente.* La production augmente, la monnaie s'apprécie et la production étrangère augmente.

Encadré 19.2

Désinflation, crises et déséquilibres mondiaux, 1980-2008

Depuis 1980, des changements importants ont marqué l'économie mondiale. Parmi les aspects positifs, on peut citer la baisse de l'inflation dans les pays industrialisés à leur plus bas niveau depuis la fin du système de Bretton Woods (voir tableau 19.1). Cependant, cette transition vers des taux d'inflation faibles a été inégale, et les fortes variations des taux de change ont causé des frictions entre les pays.

La désinflation et la récession de 1981-1983

Fin 1979, le président de la Réserve fédérale américaine (Fed), Paul A. Volcker, annonce un changement brutal de la politique monétaire en vue de combattre l'inflation et de stopper la chute du dollar. Le ralentissement monétaire qui suit persuade le marché des changes que le président de la Fed tiendra ses engagements. Avec l'élection en novembre 1980 du président Ronald Reagan, qui a appuyé sa campagne sur la lutte contre l'inflation, le dollar s'apprécie rapidement (voir figure 19.4). En outre, les taux d'intérêt américains atteignent en 1981 presque le double de leur niveau de 1978. Au total, l'appréciation du dollar renchérit les biens et services américains, réduisant la production américaine.

Cette appréciation du dollar n'est pas accueillie favorablement à l'étranger, même si elle peut être perçue, théoriquement, comme un stimulant en cette période de faible croissance. La raison est qu'un dollar fort handicape les pays étrangers dans leur propre lutte contre l'inflation. La politique monétaire restrictive des États-Unis se fait ainsi au détriment de ses voisins, en ce sens qu'elle diminue l'inflation américaine en partie en l'exportant vers les autres pays. Les banques centrales étrangères réagissent en intervenant sur le marché des changes pour

☞

1. En considérant la condition d'équilibre du marché monétaire domestique (par analogie avec la note précédente), les taux d'intérêt nominaux domestique et étranger doivent augmenter.

Encadré 19.2 *(suite)*

Désinflation, crises et déséquilibres mondiaux, 1980-2008 **(suite)**

ralentir la hausse du dollar. En vendant des dollars contre leurs monnaies, certaines d'entre elles réduisent les taux de croissance de l'offre de monnaie en 1980 et 1981, portant ainsi les taux d'intérêt à la hausse.

La synchronisation de la contraction monétaire aux États-Unis et à l'étranger, à la suite du deuxième choc pétrolier, plonge l'économie mondiale dans la plus profonde récession depuis la grande dépression des années 1930. En 1982 et 1983, le chômage atteint des niveaux sans précédent depuis la Seconde Guerre mondiale. Tandis que le chômage américain retourne rapidement au niveau qu'il avait avant la récession, le chômage reste élevé au Japon et surtout en Europe (voir tableau 19.1). La contraction monétaire et la récession qui suivent provoquent cependant une forte chute des taux d'inflation dans les pays industrialisés.

Les politiques budgétaires, la balance courante et le retour du protectionnisme

Durant sa campagne, Ronald Reagan promet de diminuer les impôts et d'équilibrer le budget fédéral. Il tient la première de ses promesses en 1981, mais dans le même temps augmente les dépenses militaires. Le résultat net est un gonflement du déficit budgétaire américain et une forte stimulation budgétaire de l'économie.

L'analyse des mesures budgétaires américaines est compliquée car la politique budgétaire décidée en 1981 n'est réellement mise en œuvre qu'en 1982 et n'a un impact expansionniste qu'en 1983. C'est simplement l'*anticipation* en 1981 d'une expansion budgétaire future qui conduit à l'appréciation du dollar, aggravant la récession américaine de 1981-1983.

C'est seulement fin 1982-début 1983 que nous pouvons conclure que l'expansion budgétaire des États-Unis stimule la production américaine et étrangère.

Quoi qu'il en soit, tout au long de cette période, la position budgétaire des États-Unis favorise une appréciation continue du dollar (voir figure 19.4), tout comme les politiques de restriction budgétaire adoptées au même moment en Allemagne et au Japon. Ce n'est toutefois pas le cas en France, où après la présidentielle de 1981 remportée par François Mitterrand, le gouvernement Mauroy prône une politique de relance : augmentation du salaire minimum, diminution de la durée légale du travail de 40 à 39 h, cinquième semaine de congés payés, etc. En février 1985, l'appréciation cumulée du dollar depuis la fin 1979 est de près de 50 % par rapport au deutsche mark et de plus de 60 % par rapport au franc français. La récession américaine atteint son point le plus bas en décembre 1982. La production commence à se redresser aux États-Unis ainsi que dans les autres pays industrialisés qui profitent de la stimulation budgétaire américaine transmise *via* l'appréciation continue du dollar. Cette reprise bénéficie également de la politique monétaire plus souple adoptée par la Fed.

Alors que l'expansion budgétaire contribue à la reprise, la hausse du déficit public suscite de sérieuses inquiétudes concernant la stabilité de l'économie mondiale. Les déficits publics croissants ne sont pas compensés par une augmentation de

☞

l'épargne privée ou par une diminution de l'investissement, de sorte que la balance courante des États-Unis se détériore fortement. À partir de 1987, les États-Unis deviennent débiteurs nets à l'égard du reste du monde. Le déficit de la balance courante atteint 3,6 % du PIB, un record pour la période d'après guerre. Certains analystes craignent alors que les créanciers étrangers ne perdent confiance dans la valeur future des actifs en dollars et ne se mettent à vendre ceux qu'ils détiennent, précipitant ainsi une dépréciation du dollar.

L'appréciation du dollar, en réduisant l'inflation américaine et le prix en dollar des importations, profite aux consommateurs. Mais les entreprises américaines exposées à la concurrence des biens étrangers souffrent, quant à elles, de cette appréciation. De même, celles d'entre elles qui exportent se considèrent lésées. Avec le ralentissement de la croissance aux États-Unis en 1984, elles accentuent la pression sur l'administration américaine afin qu'elle mette en place des mesures visant à protéger les secteurs en difficulté.

L'administration Reagan adopte, depuis le début, une politique de « douce insouciance » (*benign neglect*) à l'égard du marché des changes, refusant d'y intervenir sauf dans des circonstances extraordinaires (par exemple, suite à la tentative d'assassinat du président Reagan). En 1985, il est cependant impossible d'ignorer les conséquences du dollar fort en termes de politique intérieure.

Les accords du Plaza et les accords du Louvre

En 1985, la croissance monétaire aux États-Unis provoque une dépréciation du dollar, mais celle-ci n'est pas suffisante pour calmer les pressions qui s'exercent en faveur de restrictions sur les importations. Craignant une crise du système commercial international, les pays du G5 (Allemagne, États-Unis, France, Grande-Bretagne et Japon) annoncent le 22 septembre 1985, à l'hôtel Plaza de New York, leur décision d'intervenir de manière conjointe sur le marché des changes pour provoquer une dépréciation du dollar. Ce dernier baisse fortement dès le lendemain et continue à décliner en 1986 et au début 1987 alors que les États-Unis maintiennent une politique monétaire laxiste et diminuent leurs taux d'intérêt relativement aux taux étrangers (voir figure 19.4).

Les accords du Plaza représentent un tournant pour l'administration Reagan qui revient sur son opposition à toute intervention sur le marché des changes. Ils sont également le signe d'une insatisfaction croissante à l'égard des changes flottants et marquent le début d'une période de coopération entre les pays, États-Unis compris, pour intervenir massivement sur les marchés des changes.

Fin 1986, le taux de change du dollar redevient un objet de désaccord entre les pays. La dépréciation qui a suivi les accords du Plaza a été brutale. En outre, le Japon et les pays européens estiment que l'appréciation de leur monnaie est allée trop loin. Le 22 février 1987, lors des accords du Louvre, les pays du G5 et le Canada s'engagent à stabiliser les taux de change nominaux à leur niveau courant. Les pays industrialisés réussissent à stabiliser leurs parités pendant quelques mois, mais le krach boursier d'octobre 1987 a raison de ces efforts. Aux États-Unis, le nouveau président de la Réserve fédérale, Alan Greenspan, s'annonce prêt à

☞

Encadré 19.2 *(suite)*

Désinflation, crises et déséquilibres mondiaux, 1980-2008 **(suite)**

fournir les liquidités nécessaires. Les banques centrales des autres pays réagissent de la même manière, ce qui a certainement évité une crise généralisée. Mais le dollar continue de se déprécier, à un rythme moindre toutefois.

Une nouvelle récession globale, une reprise, des crises et des déficits

Vers la fin des années 1980, des pressions inflationnistes réapparaissent dans les principaux pays industrialisés. L'inflation est alors davantage provoquée par des chocs intérieurs que par un choc global : elle n'apparaît pas partout au même moment et avec la même ampleur.

Aux États-Unis, la croissance rapide de l'offre de monnaie en 1985-1986 provoque une augmentation de l'inflation de 1987 à 1988. La Réserve fédérale réagit en menant une politique monétaire exceptionnellement restrictive qui plonge l'économie américaine dans une récession économique dès l'été 1990. En 1992, le rebond de l'économie américaine se révèle être le point de départ d'une période caractérisée par une forte croissance, une faible inflation, un emballement de la Bourse et un faible taux de chômage sans précédent depuis le début des années 1970.

La réunification allemande déclenche des pressions inflationnistes en Allemagne, mais également dans les autres pays européens qui ont ancré leurs monnaies au deutsche mark dans le cadre du *système monétaire européen* (SME). L'Allemagne réagit à ces pressions inflationnistes internes par une politique monétaire restrictive qui pèse sur les taux de croissance de ses partenaires européens. La situation ne semble pas tenable aux yeux de certains investisseurs qui lancent des attaques spéculatives massives sur les parités fixes du système (voir chapitre 20).

L'inflation japonaise augmente en 1989, en partie à cause de la politique monétaire relativement accommodante de 1986 à 1988. Les deux symptômes les plus visibles de ces pressions inflationnistes sont la flambée du prix de l'immobilier et la hausse du prix des actions. La stratégie de la Banque du Japon consiste alors à resserrer la politique monétaire en augmentant les taux d'intérêt ; cette démarche conduit à une forte baisse de l'indice boursier à Tokyo, le Nikkei, qui perd plus de la moitié de sa valeur entre 1990 et 1992. Mais, la brusque chute du prix des actions plonge le système bancaire japonais dans une crise, et l'économie nippone entre en récession au début 1992. En 2005, cette crise bancaire n'est toujours pas complètement résolue.

La croissance japonaise se redresse en 1996, mais le gouvernement, préoccupé par l'accroissement de la dette publique, augmente les impôts. L'économie ralentit en 1997, la fragilité du secteur bancaire devient plus apparente encore. Le yen s'effondre, tombant de 80 ¥ par dollar au début de 1995 à environ 145 ¥ par dollar à l'été 1998, pour se redresser quelque peu avant la fin de cette même année. En 1998, l'économie japonaise semble en chute libre avec un PIB en recul, des prix en baisse et un taux de chômage record.

Les problèmes de l'économie japonaise se répercutent sur les pays en développement du Sud-Est asiatique, avec lesquels le Japon entretient d'importants échanges commerciaux. Ces économies asiatiques ont connu des taux de croissance spectaculaires

☞

Encadré 19.2 *(suite)*

jusqu'en 1997 (voir chapitre 22). Beaucoup d'entre elles maintiennent, par ailleurs, des taux de change fixes ou quasi fixes par rapport au dollar. Aussi, les monnaies asiatiques s'apprécient vis-à-vis du yen qui baisse quant à lui par rapport au dollar. Les économies du Sud-Est asiatique doivent donc faire face, d'une part, à une diminution de leurs exportations vers le Japon du fait de son ralentissement et, d'autre part, à une diminution de la compétitivité-prix de leurs exportations sur le marché mondial du fait de l'appréciation de leur monnaie.

Cela conduit à une série d'attaques spéculatives sur les monnaies asiatiques, en commençant par le baht thaïlandais au printemps 1997 et se poursuivant en Malaisie, en Indonésie et en Corée du Sud. Ces économies sont alors victimes d'une profonde récession (voir chapitre 22). Celle-ci est en partie due à la récession japonaise, mais elle y participe également, les différents pays étant engagés dans un cercle vicieux. D'autres économies de la région enregistrent un ralentissement économique en 1998, y compris Hong Kong, Singapour et la Chine, ralentissement qui s'étend jusqu'en Amérique latine.

La Russie fait défaut sur ses dettes extérieures et intérieures, déclenchant une panique générale auprès des investisseurs. La crainte d'une dépression mondiale amène la Réserve fédérale à baisser plusieurs fois ses taux d'intérêt fin 1998. Les onze pays européens qui se préparent à adopter l'euro diminuent également les leurs de manière coordonnée.

Ces mesures contribuent à éviter un fléchissement économique global. Fin 1999, la menace d'une crise financière semble écartée. Mais au printemps 2001, la bulle Internet se dégonfle et l'économie américaine entre dans une période de légère récession, après une décennie ininterrompue de croissance. Le ralentissement s'intensifie avec les attaques terroristes du 11 septembre 2001. La récession est toutefois de courte durée du fait de la baisse rapide des taux d'intérêt aux États-Unis. Mais, la politique de diminution des impôts de l'administration Bush alourdit les déficits publics, comme cela a été le cas sous Reagan deux décennies auparavant. Une fois encore, le déficit courant des États-Unis, déjà élevé en 2000, gonfle. Un autre facteur a contribué à réduire le taux d'épargne américain : l'augmentation du prix de l'immobilier. Cette appréciation permet, en effet, aux ménages d'emprunter davantage car ces emprunts sont gagés sur la valeur des biens immobiliers. Aussi, le taux d'épargne net des ménages est-il alors négatif. Tout cela conduit à un déficit sans précédent qui atteint 6,5 % du PIB au milieu de la décennie, et le dollar se déprécie fortement (voir figure 19.4), particulièrement vis-à-vis de l'euro*.

Avec des prévisions de croissance incertaines en Europe et au Japon, le déficit extérieur américain pose un dilemme à la politique américaine. Des mesures visant à réduire la consommation et l'épargne, comme une contraction budgétaire, provoqueraient un ralentissement de l'économie américaine, principal moteur de la croissance économique mondiale. Mais, le reste du monde n'est pas disposé à financer éternellement le déficit américain, particulièrement s'il craint une dépréciation du dollar. D'autant que le déficit américain est en grande partie financé par les banques centrales asiatiques qui ont ancré leurs monnaies au dollar (voir chapitre 22).

☞

Encadré 19.2 (suite)

Désinflation, crises et déséquilibres mondiaux, 1980-2008 (suite)

Les États-Unis se trouvent ainsi eux-mêmes dans une situation qui, pour beaucoup d'observateurs, apparaît de plus en plus instable.

Cette instabilité latente s'est finalement matérialisée au cours de l'été 2007, quand a commencé la crise financière mondiale. Cette crise trouve son origine dans les dysfonctionnements du marché des crédits hypothécaires aux États-Unis, les fameux crédits *subprimes* (voir chapitre 21). Contrairement aux crises précédentes qui ont émaillé les années 1980 et 1990, la crise ne concerne donc pas directement les pays en développement. Nous discuterons en détail de cette crise, de sa nature systématique et des mesures à apporter dans le chapitre 21.

Un des éléments clés à l'origine de la crise est le niveau anormalement bas des taux d'intérêt réels à long terme, qui a alimenté la hausse des prix immobiliers aux États-Unis, comme dans de nombreux autres pays. Aux États-Unis, cette hausse des prix s'est accompagnée d'un plus grand laxisme dans l'octroi de prêts et de pratiques de plus en plus risquées (ainsi, par exemple, beaucoup de prêts ont été accordés à taux variable ; d'autres prévoyaient que l'essentiel du capital soit remboursé au cours des toutes dernières périodes)*.

La figure 19.5 montre l'évolution du taux d'intérêt réel à long terme américain depuis 1997. Les taux sont particulièrement bas entre 2003 et 2006, avant de croître brusquement. De nombreux emprunteurs se retrouvent alors dans l'impossibilité d'honorer leurs engagements. On assiste à une augmentation des défaillances sur les prêts immobiliers qui conduit évidemment à des pertes importantes pour les banques.

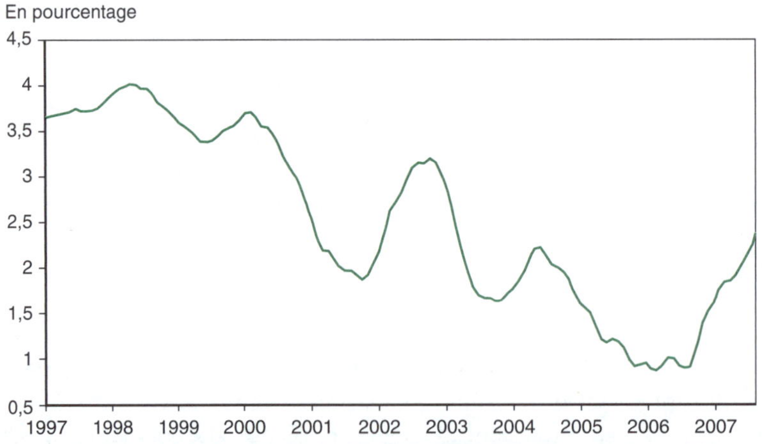

Figure 19.5 • Le taux d'intérêt réel américain entre 1997 et 2007.

Les taux d'intérêt réels aux États-Unis ont diminué jusqu'à atteindre un niveau particulièrement bas en 2005, avant de croître rapidement.

Source : Global Financial Data. Le taux d'intérêt réel est calculé comme la moyenne mobile sur 12 mois, de la différence entre le taux des obligations d'État à 10 ans et le taux d'inflation en glissement sur l'année précédente.

☞

Pour comprendre la dynamique des taux d'intérêt réels américains depuis 2000, il faut examiner comment le déficit courant des États-Unis a été financé au cours de cette période par les déséquilibres extérieurs des pays émergents.

Les déséquilibres macroéconomiques mondiaux et les taux d'intérêt réels dans les années 2000

Après 1999, les déséquilibres macroéconomiques mondiaux se sont fortement aggravés, ce qu'illustre la figure 19.6. Rappelons qu'un solde courant négatif se traduit par une demande nette de capitaux, tandis qu'un solde positif est synonyme d'un excès d'épargne, ce qui signifie que l'épargne intérieure est supérieure à la demande d'investissements intérieure (mais, bien sûr, au niveau mondial, la demande et l'offre de capitaux s'égalisent).

Du côté de la demande, le point essentiel est la forte augmentation du déficit courant aux États-Unis : la demande d'investissements excède très largement la capacité d'épargne des Américains (ménages, entreprises et État). Comme nous l'avons mentionné précédemment, les allégements fiscaux, au début des années 2000, ont contribué à cette hausse du déficit américain. Mais, de façon assez surprenante, alors que l'augmentation du déficit courant se traduit par une *augmentation* de la demande nette de capitaux, les taux d'intérêt réels ont *diminué* – ce qui a, rappelons-le, participé à l'augmentation des prix de l'immobilier en diminuant le coût des prêts pour les ménages. Il aurait pourtant été plus naturel que les taux d'intérêt réels *augmentent* afin de réduire l'investissement et encourager l'épargne intérieure. Comment se fait-il donc que les taux aient diminué ? La raison tient en fait à des changements dans les comportements d'épargne et d'investissement des autres pays***.

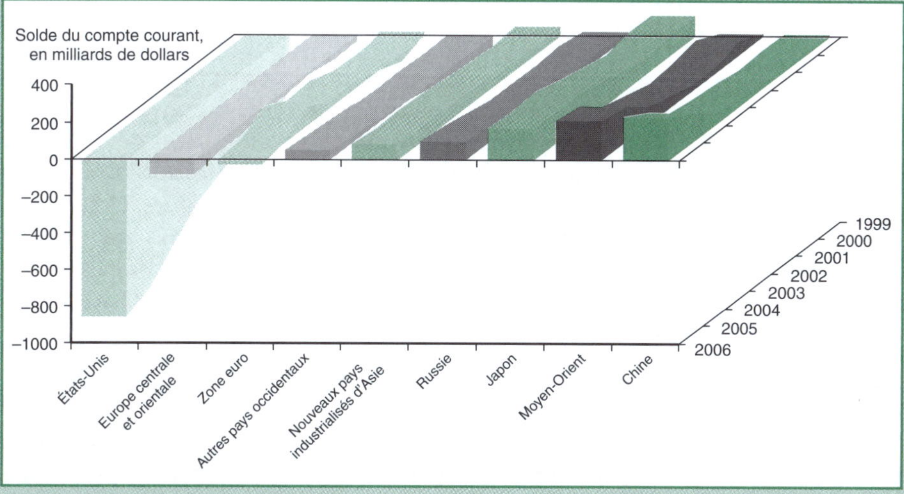

Figure 19.6 • Les déséquilibres macroéconomiques mondiaux, 1999-2006.

Au cours des années 2000, la forte augmentation du déficit courant américain a été financée par une augmentation des excédents courants des pays d'Asie (en particulier la Chine), d'Amérique latine et du Moyen-Orient.

Source : Fonds monétaire international, *Perspectives économiques mondiales*, avril 2007.

☞

Encadré 19.2 *(suite)*

Désinflation, crises et déséquilibres mondiaux, 1980-2008 **(suite)**

La figure 19.6 montre que, depuis 2000, les excédents courants en Russie, au Moyen-Orient, dans les nouveaux pays industrialisés (NPI) et surtout en Chine ont fortement progressé. Même l'Afrique dégage alors un surplus, quoique dans une moindre mesure. Les raisons sont âprement discutées. Mais tout le monde s'accorde à mettre l'accent sur la montée en puissance de la Chine. La croissance économique y est incroyablement forte depuis au moins une dizaine d'années, ce qui n'est pas sans poser de problèmes de cohésion sociale. Dans ce contexte, les autorités chinoises optent pour la prudence ; d'une certaine manière, ces excédents peuvent s'interpréter comme une forme d'épargne de précaution. En même temps, la croissance aux États-Unis est, jusque début 2007, assez forte. On observe aussi de graves tensions sur le marché des matières premières et agricoles, au premier rang desquelles le pétrole (le baril atteint un niveau historique de 140 $ mi-2008). Les pays exportateurs (comme le Brésil avec le soja, la Malaisie avec l'huile de palme, la Russie avec le gaz naturel, le Venezuela, le Congo et l'Arabie Saoudite avec le pétrole, etc.) voient donc leurs revenus monter en flèche.Un second facteur tient à l'augmentation de l'épargne mondiale, en dehors des États-Unis. Échaudés par les crises à répétition de la fin des années 1990 et du début des années 2000, les pays émergents hésitent à se lancer dans des investissements trop coûteux. En outre, au Japon, en raison de l'incertitude qui pèse sur la reprise économique, les investissements y sont aussi moins élevés. Il en résulte une accumulation de réserves officielles par les pays émergents, dont une grande part est en dollars.

En résumé, l'augmentation de l'offre d'épargne couplée avec une baisse généralisée de la demande d'investissement en dehors États-Unis fait plus que compenser la hausse du déficit américain, ce qui conduit à une baisse des taux d'intérêt.

Un niveau aussi faible des taux d'intérêt réels ne pouvait durer éternellement. Finalement, les pays exportateurs de matières premières ou agricoles ont vu leur consommation croître, tout comme la demande mondiale d'investissements. Quand les taux d'intérêt commencent à augmenter après 2005, il devient clair que de nombreux emprunteurs *subprimes* sont, en fait, dans l'incapacité d'honorer leurs engagements. À partir de mi-2007, les prêteurs eux-mêmes, c'est-à-dire les banques, éprouvent des difficultés à se refinancer. Les autorités américaines décident alors d'adopter une politique monétaire expansionniste pour limiter la récession : le taux des *Fed funds* passe ainsi de 5,25 % en juillet 2007 à un taux proche de zéro fin 2008.

La Banque centrale européenne, quant à elle, maintient son principal taux directeur inchangé à 4 % jusqu'en juillet 2008, date à laquelle elle l'augmente de 25 points de base afin de lutter contre les tensions inflationnistes. Ces politiques monétaires contrastées ont pour conséquence une forte appréciation de l'euro par rapport au dollar. En juillet 2008, l'euro s'échange à un taux record de 1,6 $.

☞

Encadré 19.2 (suite)

Depuis, la BCE a baissé son taux jusqu'à 2 % début 2009 et le taux de change EUR/USD est redescendu jusqu'à environ 1,30.

De nombreux observateurs voient dans la dépréciation de la monnaie américaine une des solutions en vue de la résorption des déséquilibres mondiaux. Mais, surtout, le salut pourrait venir d'une appréciation de la monnaie chinoise. Toutefois, comme nous le verrons au chapitre 22, la Chine maintient un contrôle très strict de son taux de change. Victime, elle aussi, de la crise financière mondiale, la Chine a d'ailleurs dévalué sa monnaie fin 2008 pour relancer ses exportations. Ce manque de coopération a évidemment suscité de sévères critiques de la part des pays industrialisés.

* Voir aussi Lawrence H. Summers, « The United States and the Global Adjustment Process », *Lecture at the Institute for International Economics*, Washington, D.C., 23 mars 2004, www.iie.com/publications/papers/summers0304.htm.

** Voir P. Artus, J.-P. Betbèze, Ch. de Boissieu et G. Capelle-Blancard, « La crise des *subprimes* », Rapport du Conseil d'analyse économique n° 78, La Documentation française, 2008.

*** Voir B. Bernanke, « The Global Saving Glut and the US Current Account Deficit », *Sandridge Lecture*, 10 mars 2005.

4 Qu'avons-nous appris depuis 1973 ?

Les deux premières sections de ce chapitre ont présenté les principaux arguments pour ou contre les changes flottants. Nous allons maintenant confronter ces arguments à l'expérience des changes flottants depuis 1973. Nous examinerons aussi dans quelle mesure l'histoire récente permet d'éclairer le débat sur une éventuelle réforme du système de changes en vigueur[1].

4.1 L'autonomie de la politique monétaire

Le flottement des monnaies a, sans aucun doute, donné aux banques centrales la capacité de contrôler l'offre de monnaie et de choisir le taux d'inflation qu'elles souhaitaient. Cela s'est d'ailleurs traduit par de fortes divergences internationales dans les taux d'inflation. Les variations des taux de change ont-elles compensé les différentiels d'inflation entre les pays pendant la période de flottement des monnaies ? La figure 19.7 compare la dépréciation des monnaies vis-à-vis du dollar avec les différences de taux d'inflation par rapport aux États-Unis pour les six plus grands pays industrialisés, hors États-Unis. La théorie de la PPA prédit que les points devraient s'aligner sur une droite à 45°, indiquant une relation proportionnelle entre la variation du taux de change et celle du niveau des prix, mais ce n'est pas exactement le cas. La figure 19.7 confirme

1. Voir Maurice Obstfeld, « International Currency Experience : New Lessons and Lessons Relearned », *Brookings Papers on Economic Activity*, 1, 1995, p. 119-220. Voir aussi Dominique Plihon, *Les taux de change*, Repères, La Découverte, 2006, 5e édition. Outre les problèmes liés à l'organisation du système monétaire international, cet ouvrage aborde de manière claire et concise nombre de sujets relatifs au marché des changes.

que la PPA n'est pas strictement vérifiée (voir chapitre 15). Elle montre néanmoins que les pays à forte inflation ont généralement des monnaies plus faibles que ceux à faible

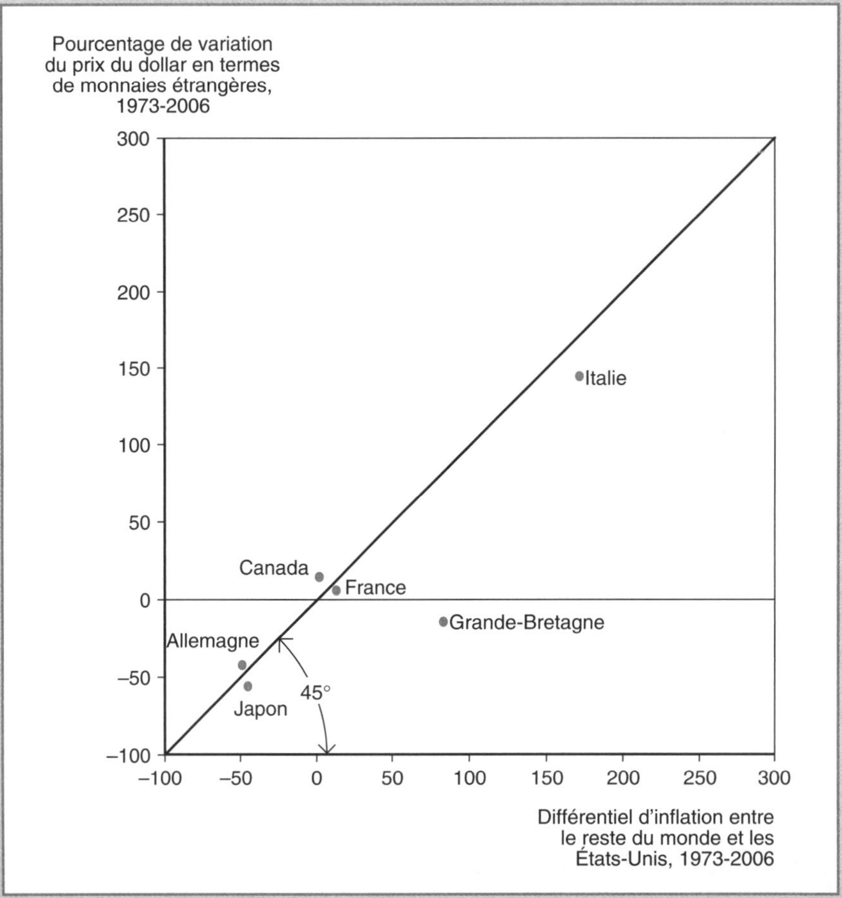

Figure 19.7 • Évolutions des taux de change et différentiels d'inflation, 1973-2006.

Sur l'ensemble de la période des changes flottants, une forte inflation a été associée à une forte dépréciation de la monnaie. La relation prédite par la *PPA* n'est cependant pas exactement vérifiée pour la plupart des pays.

Source : Fonds monétaire international et données financières globales. Le différentiel d'inflation sur l'axe horizontal se calcule comme suit $(\pi - \pi_{US})/(1 - \pi_{US})/100$, ce qui représente exactement la relation de PPA relative présentée en note de bas de page n°2 au chapitre 15.

inflation. En outre, l'essentiel de la différence des taux de dépréciation est imputable aux différentiels de taux d'inflation, faisant de la PPA un déterminant majeur de la variabilité à long terme des taux de change nominaux.

En changes flottants, il est relativement raisonnable de considérer, qu'à *long terme*, l'autonomie de la politique monétaire permet de s'isoler de l'inflation étrangère.

Mais l'analyse économique comme l'expérience montrent, qu'à *court terme*, les évolutions monétaires et budgétaires se transmettent par-delà les frontières. L'exemple du modèle macroéconomique à deux pays que nous avons développé précédemment prouve que la politique monétaire influe, à court terme, sur le produit intérieur dans le pays domestique et dans le pays étranger dans la mesure où elle agit sur le taux de change réel. Les opposants aux changes flottants ont donc eu raison d'avancer que ceux-ci n'isolent pas totalement les pays des chocs extérieurs.

L'expérience a aussi fortement conforté ceux qui doutaient qu'une banque centrale puisse être vraiment indifférente à la valeur de sa monnaie sur le marché des changes. Depuis 1973, les banques centrales sont fréquemment intervenues, et même l'administration Reagan a abandonné sa politique de laisser-faire sur le marché des changes lors des accords du Plaza en septembre 1985. Le flottement des taux de change après 1973 est d'ailleurs souvent qualifié de « flottement impur », par opposition au « flottement pur », car les banques centrales interviennent de manière discrétionnaire et continuent à détenir des réserves officielles de change (voir chapitre 17).

Pourquoi les banques centrales ont-elles continué à intervenir alors qu'elles n'étaient pas tenues de le faire ? Elles ont souvent considéré que le marché monétaire était la source des variations de taux de change et, comme nous l'avons vu dans l'exemple d'un changement de la demande de monnaie domestique, l'intervention de la banque centrale avait pour objectif de stabiliser le produit intérieur et le niveau des prix. Mais, même lorsque les perturbations trouvaient leur origine sur le marché des biens et services, les banques centrales ont essayé de ralentir les variations des taux de change afin d'éviter de brusques changements de la compétitivité-prix dans le secteur des biens échangeables. L'objectif était d'empêcher que la situation ne dégénère en un chômage excessif et n'alimente les pressions en faveur de mesures protectionnistes. Finalement, les banques centrales craignaient que même des changements temporaires du taux de change puissent avoir des effets inflationnistes à moyen terme qu'il deviendrait difficile alors de combattre.

Même en admettant que les changes flottants permettent aux banques centrales de contrôler l'offre nominale de monnaie, certains se montrent sceptiques quant à la capacité des autorités monétaires à influencer le produit intérieur : l'argument est que cette capacité est de toute façon limitée par la propension du niveau des prix à réagir plus rapidement à des changements monétaires en changes flottants. L'expérience a partiellement confirmé cet argument. Il était clair que les changements monétaires ont eu, à court terme, plus d'effet sur le taux de change *réel* en changes flottants qu'en changes fixes, augmentant ainsi dans certains pays l'influence immédiate de la monnaie sur le produit intérieur. Dans de nombreux cas cependant, cette incidence a été de courte durée. La réaction rapide du taux de change aux modifications monétaires a pour effet de renchérir les importations et de susciter des revendications salariales, abrégeant la période sur laquelle la monnaie peut altérer l'activité économique réelle sans changer le niveau nominal des prix. L'expérience américaine de 1976-1979 et l'inflation rapide qui a suivi les diverses tentatives de relance par expansion monétaire en France, en Grande-Bretagne et en Italie illustre le lien entre la dépréciation de la monnaie et l'inflation. La désinflation américaine après 1979 montre qu'un taux de change flottant peut aussi accélérer le passage d'une contraction monétaire à une réduction de l'inflation.

4.2 La symétrie

Comme les banques centrales ont continué, après 1973, à détenir des réserves en dollars et à intervenir sur le marché des changes, on ne peut pas vraiment dire que le système monétaire international ait fonctionné de manière symétrique. Depuis le début des années 1970, le yen ainsi que le deutsche mark, puis l'euro ont, certes, gagné en importance comme monnaies de réserve internationales, notamment aux dépens de la livre sterling. Mais le dollar reste la composante principale des réserves officielles de change. En 2008, le dollar constitue 40 % des réserves de change, contre 16 % pour l'euro 3 % pour la livre sterling et 2 % par le yen (la part des réserves non allouées s'élève à plus de 35 %).

Pour Ronald McKinnon, le régime actuel de changes flottants n'est pas sans rappeler le système asymétrique de monnaie de réserve à la base des accords de Bretton Woods[1]. Il suggère que les changements dans l'offre mondiale de monnaie auraient été atténués si le mécanisme d'ajustement monétaire avait été plus symétrique. Par exemple, les interventions des autorités monétaires, autres que les autorités américaines, visant à freiner la hausse du dollar après 1979 ont conduit à une contraction monétaire à l'extérieure des États-Unis, mais sans être accompagnées par une augmentation symétrique de l'offre de monnaie américaine. Les problèmes monétaires mondiaux qui ont suivi ont ainsi été plus durs du fait de cette asymétrie qui contribua à renforcer la récession.

4.3 Les taux de change comme stabilisateurs automatiques

L'économie mondiale a subi des changements structurels majeurs depuis 1973, et on a peine à imaginer un quelconque régime de changes fixes qui aurait pu se maintenir sans modifications importantes des parités. Les économies industrialisées n'auraient certainement pas pu surmonter les deux chocs pétroliers comme elles l'on fait, tout en défendant leurs taux de change. En l'absence de contrôle sur les mouvements de capitaux, des attaques spéculatives comme celles qui ont sonné le glas du système de Bretton Woods se seraient inévitablement produites, comme en témoigne d'ailleurs l'expérience récente. Avec un régime de changes flottants, beaucoup de pays ont pu, au contraire, relâcher les contrôles sur les capitaux qu'ils avaient mis précédemment en place. Ce relâchement progressif a accéléré la globalisation du secteur financier et permis aux pays de tirer un plus grand parti des gains liés au commerce.

Les effets de l'expansion budgétaire américaine après 1981 illustrent les propriétés stabilisantes des changes flottants. À mesure que le dollar s'est apprécié, l'inflation américaine s'est réduite, les consommateurs américains ont bénéficié d'une amélioration des termes de l'échange, et la reprise économique s'est propagée à l'étranger.

Notons que, même si l'effet stabilisateur des changes flottants est globalement positif, certains secteurs de l'économie peuvent toutefois souffrir des changements de parités. L'appréciation du dollar dans les années 1980 a, par exemple, aggravé la situation du secteur agricole qui ne bénéficiait pas directement de la politique budgétaire expansionniste. Les variations du taux de change réel peuvent ainsi provoquer des problèmes d'ajustement dans certains secteurs, suscitant au final le recours à des mesures protectionnistes.

1. Ronald I. McKinnon, « An International Standard for Monetary Stabilization », *Policy Analyses in International Economics*, 8, Washington, D.C., Institute for International Economics, 1984.

Quoi qu'il en soit, les changements permanents sur le marché des biens et services exigent finalement un ajustement des taux de change réels. Or, celui-ci peut être accéléré grâce aux changes flottants. Une intervention sur le marché des changes pour fixer les taux de change nominaux ne peut éviter cet ajustement car la monnaie, neutre à long terme, est impuissante pour modifier les prix relatifs de façon permanente. À la rigueur, s'il est coûteux de déplacer les facteurs de production d'un secteur à l'autre, la fixité des changes peut se justifier en cas de chocs temporaires sur le marché des biens et services. Malheureusement, il est toujours difficile de distinguer un choc temporaire d'un choc permanent.

Le flottement des monnaies est parfois critiqué eu égard à la faible croissance économique des pays industrialisés pendant les années 1970 et 1980 par rapport à celle des années 1950-1960. L'augmentation du taux de chômage, le déclin des taux de croissance de la productivité et du produit réel ont suivi l'abandon des changes fixes. Mais cette coïncidence ne suffit cependant pas à prouver que le flottement des monnaies en est la cause. Les années 1970 furent une décennie de transition marquée par de nombreuses turbulences. Les performances économiques ont été très différentes selon les régions industrielles (voir tableau 19.1) bien que l'ensemble de ces économies ait adopté les changes flottants. Les économistes ne parviennent pas encore à expliquer totalement le ralentissement de la croissance et l'augmentation du chômage des années 1970. Toutefois, on peut vraisemblablement les imputer à des problèmes structurels sans rapport avec le flottement des monnaies. Il est possible de citer notamment les chocs pétroliers, les rigidités sur le marché du travail, l'essor de certains pays en développement...

4.4 La discipline

Les pays ont-ils abusé de l'autonomie offerte par le flottement des monnaies ? Les taux d'inflation ont augmenté après 1973 et sont restés élevés pendant le deuxième choc pétrolier. Cependant, la désinflation concertée des pays industrialisés après 1979 a prouvé que les banques centrales pouvaient contrôler l'inflation en changes flottants. À plusieurs reprises, les électeurs des pays industrialisés ont montré qu'ils voyaient dans la faiblesse de la monnaie un signe de mauvaise gestion économique. Pour cette raison, la dépréciation de la monnaie a parfois conduit les autorités à modifier leurs politiques monétaires, comme aux États-Unis en 1979.

De toute évidence, les changes flottants ne mettent guère de frein au déséquilibre des politiques budgétaires, tels que le fort déficit public américain au début des années 1980 et 2000. Mais les arguments qui consistent à affirmer que les taux de change fixes auraient imposé plus de rigueur en la matière ne sont pas convaincants. À la fin des années 1960, les taux de change fixes n'ont pas réussi à restreindre l'expansion budgétaire de l'administration Johnson qui contribua finalement à l'effondrement du système de Bretton Woods.

4.5 La spéculation déstabilisante

Les taux de change flottants se sont révélés beaucoup plus volatiles qu'on ne le prévoyait dans les années 1970. Mais les taux de change sont des prix d'actifs et on doit donc s'attendre à ce qu'ils le soient (voir chapitre 13). Cette caractéristique des taux de change n'était pas bien comprise avant les années 1970.

Il est toujours difficile, même rétrospectivement, de relier les mouvements à court terme des taux de change aux événements économiques qui jouent sur la valeur des monnaies. La difficulté vient, partiellement, de ce que les autorités publiques cherchent souvent à influer sur les taux de change en déclarant leur intention de procéder à des changements de politiques macroéconomiques, favorisant ainsi la volatilité des anticipations concernant ces politiques futures. Quant à savoir si la volatilité des taux de change a été « excessive », c'est là une question particulièrement controversée (voir chapitre 21).

À long terme, néanmoins, les taux de change reflètent généralement les changements de politiques monétaires et budgétaires. En outre, la spéculation ne semble pas être la cause principale des amples variations des taux de change. Le déclin du dollar de la fin des années 1970 (voir figure 19.4) coïncide avec les politiques monétaires laxistes des États-Unis. À l'opposée, l'appréciation du dollar entre 1980 et 1985 correspond à la politique désinflationniste américaine et dans une expansion budgétaire sans précédent en temps de paix. Alors que la plupart des économistes admettent que les taux de change se sont modifiés dans la direction appropriée, l'ampleur des changements fait encore l'objet de nombreux débats. Ainsi, certains estiment que le marché des changes a eu tendance à surréagir et que des interventions plus systématiques sur le marché des changes auraient été bénéfiques.

L'expérience des changes flottants n'a pas non plus confirmé l'argument selon lequel des mouvements arbitraires de changes pourraient conduire à des « cercles vicieux » d'inflation et de dépréciation. Le Royaume-Uni, l'Italie et, dans une moindre mesure, la France ont fait l'expérience de spirales inflationnistes analogues à celles prédites par la théorie du « cercle vicieux ». Mais la dépréciation monétaire qui les a accompagnées n'était pas le résultat arbitraire d'une spéculation déstabilisante. Les pays industrialisés qui ont souffert d'inflation en changes flottants affichaient généralement des taux de croissance de la masse monétaire relativement élevés.

4.6 Le commerce et les investissements internationaux

Parmi les critiques émises à l'encontre du flottement des monnaies, on trouvait l'argument selon lequel le commerce et l'investissement au niveau international en souffriraient en raison du surcroît d'incertitude. Cette prédiction était certainement fausse en ce qui concerne l'investissement, car grâce à la suppression des obstacles aux mouvements de capitaux ces derniers se sont fortement développés après 1973 (voir chapitre 21).

Les effets du flottement des changes sur le commerce international sont controversés. Le recours aux marchés à terme et autres produits dérivés s'est fortement accru, comme l'avaient prévu les partisans des changes flottants. De plus, de nouveaux instruments financiers ont permis de se prémunir contre le risque de change. Cependant, pour certains économistes, les coûts liés à ces couvertures ont eu des effets similaires aux coûts de transport international et ont ainsi réduit les gains à l'échange. En conséquence, le commerce international aurait augmenté plus lentement qu'en changes fixes.

La moyenne des importations et exportations d'un pays divisée par son produit intérieur est une mesure grossière mais directe de l'ampleur du commerce international. Pour la plupart des pays, cette tendance est croissante sur toute la période d'après guerre, sans rupture après l'abandon du régime de Bretton Woods. Notons que la comparaison du commerce mondial avant et après le début des années 1970 est biaisée en défaveur des changes flottants dans la mesure où les années 1950 et 1960 ont été une période de forte libéralisation des échanges, tandis que les années 1970 et 1980 ont été marquées par une forte résurgence des barrières non tarifaires au commerce[1].

L'évaluation des effets du flottement des monnaies sur le commerce international est, de plus, compliquée par l'essor des firmes multinationales depuis 1973. Face à un environnement économique de plus en plus mouvementé, ces entreprises ont réparti leurs activités dans plusieurs pays afin de s'affranchir des politiques macroéconomiques nationales. Comme les mouvements commerciaux et de capitaux peuvent se substituer les uns aux autres, le remplacement du commerce par la production des firmes multinationales à l'étranger n'implique pas nécessairement une diminution des gains à l'échange.

4.7 La coordination des politiques macroéconomiques

Les taux de change flottants n'ont pas, en eux-mêmes, favorisé la coordination des politiques internationales. D'ailleurs, à diverses occasions, par exemple la période désinflationniste du début des années 1980, les pays industrialisés auraient eu intérêt à se coordonner pour atteindre plus efficacement leurs objectifs macroéconomiques. L'annexe à ce chapitre présente un modèle qui illustre comment tous les pays peuvent gagner à coordonner leurs politiques.

Mais, encore une fois, rien ne dit que ces problèmes de coordination n'auraient pas eu lieu sous un autre régime de changes. En changes fixes, les pays peuvent en particulier dévaluer unilatéralement leur monnaie pour atteindre des objectifs purement nationaux, aux dépens des autres pays. Il est alors difficile de concevoir des sanctions à imposer aux États souverains. Il semble ainsi contestable qu'un régime de taux de change puisse à lui seul empêcher un gouvernement de s'engager dans des politiques macroéconomiques qui peuvent nuire à ses partenaires.

5 Les taux de change fixes sont-ils une option ?

L'histoire depuis 1973 suggère une autre hypothèse : il n'est simplement pas toujours *possible* de mettre en place durablement des taux de change fixes. Dans un monde intégré où les capitaux se déplacent instantanément d'un marché à l'autre, un régime de changes fixes ne peut être maintenu de manière crédible à long terme, à moins que les pays n'acceptent de conserver des contrôles sur les mouvements de capitaux (comme en Chine) ou, à l'autre extrême, n'adoptent une monnaie unique (comme en Europe)[2].

---

1. Il existe une importante littérature économétrique qui examine comment la volatilité des taux de change influe sur le développement du commerce international. Certains de ses auteurs aboutissent à des conclusions différentes de celles exposées dans le paragraphe précédent. Malheureusement, les recherches diffèrent sur la façon de mesurer le volume des échanges, la définition de la volatilité et la période d'étude. Il est par conséquent difficile d'en tirer des conclusions exemptes de toute ambiguïté. Cela fera l'objet de discussions plus détaillées dans le chapitre suivant.
2. Voir Maurice Obstfeld, « Floating Exchange Rates : Experience and Prospects », *Brookings Papers on Economic Activity*, 2, 1985, p. 369-450. Pour une discussion plus récente, voir Barry Eichengreen, *International Monetary Arrangements for the 21st Century*, Washington, D.C., Brookings Institution, 1994 ; Lars E. O. Svensson, « Fixed Exchange Rates as a Means to Price Stability : What Have We Learned ? », *European Economic Review*, 38, mai 1994, p. 447-468 ; ainsi que Maurice Obstfeld et Kenneth Rogoff, « The Mirage of Fixed Exchange Rates », *Journal of Economic Perspectives*, 9, 1995, p. 73-96.

Ce point de vue pessimiste sur les taux de change fixes est fondé sur la théorie selon laquelle les crises monétaires spéculatives peuvent avoir un caractère autoréalisateur (voir chapitre 17). Selon cette optique, même un pays poursuivant des politiques monétaires et budgétaires prudentes n'est pas à l'abri d'attaques spéculatives sur son taux de change. Dès qu'un pays se heurte à un revers économique, comme cela peut toujours arriver, les spéculateurs ont intérêt à forcer les autorités monétaires à augmenter les taux d'intérêt, infligeant de tels dommages économiques que celles-ci n'auront d'autre choix que d'abandonner leur taux de change fixe.

Au tournant du XXIe siècle, les attaques spéculatives sur les régimes de changes fixes – en Europe, en Asie du Sud-Est et ailleurs – ont été de plus en plus fréquentes. La multiplication et l'ampleur de ces crises rendent de plus en plus vraisemblable l'argument selon lequel il est impossible de maintenir des parités de change fixes à long terme, tout en laissant les capitaux circuler librement et en conservant une certaine souveraineté en termes de politiques macroéconomiques.

6 Quelques voies de réformes

L'expérience du flottement des monnaies depuis 1973 montre que, dans le débat, aucune des deux parties n'a eu tout à fait raison. Le flottement des monnaies a connu un certains nombre de problèmes, mais cela ne s'est pas non plus traduit par un fiasco.

Une leçon importante est qu'il n'y a pas de régime de changes optimal lorsque les pays veulent faire « cavalier seul » et agissent sur la base d'intérêts individuels. Le système de Bretton Woods a plutôt bien fonctionné jusqu'au moment où les États-Unis ont adopté, de manière unilatérale, des politiques particulièrement expansionnistes. De même, le flottement des monnaies a connu ses pires difficultés lorsque les pays se sont refusés à résoudre des problèmes macroéconomiques communs par des politiques coordonnées. Globalement, un système monétaire international ne peut fonctionner correctement que si les politiques macroéconomiques sont stables et équilibrées.

Les propositions actuelles de réformes du système monétaire international sont nombreuses : depuis un système élaboré de zones-cibles pour le dollar à l'introduction d'une monnaie unique mondiale, en passant par une reprise des taux de changes fixes ou la taxation des opérations de change (taxe Tobin). Comme les pays ne paraissent pas prêts à abandonner l'autonomie que le flottement du dollar leur a donnée, ces mesures semblent toutefois peu probables[1].

Avec une plus grande coopération entre les principaux partenaires, il n'y a pas de raison que les changes flottants ne fonctionnent pas correctement à l'avenir. La coopération internationale n'est pas sans précédent, comme le montrent les négociations tarifaires du GATT, la création du FMI, de la Banque mondiale et de l'Organisation mondiale du commerce. Les événements des dernières années suggèrent cependant que

1. Les zones-cibles sont décrites dans John Williamson et Marcus H. Miller, « Targets and Indicators : A Blueprint for the International Coordination of Macroeconomic Policies », policy analyses in *International Economics*, 22, Washington, D.C., Institute for International Economics, 1987. McKinnon, *op. cit.*, présente un programme de rétablissement de changes fixes pour les pays industrialisés. Le cas d'une monnaie unique partagée par les pays industrialisés est examiné par Richard N. Cooper, « A Monetary System for the Future », *Foreign Affairs*, 63, 1984, p. 166-184.

cette coopération doit être recherchée comme une fin en soi et non comme le résultat indirect d'accords qui finissent par être discrédités par des violations et amendements répétés.

Encadré 19.3

La taxe Tobin

La taxe Tobin, qui vise à réduire les mouvements de capitaux, est l'une des solutions les plus connues pour limiter l'instabilité financière, quoique de nombreux économistes doutent de son efficacité. La proposition initiale date de 1972 ; elle est due à l'économiste américain James Tobin (Prix Nobel en 1982).* L'objectif d'une telle taxe est « d'introduire du sable dans les rouages trop bien huilés de la finance internationale » afin de redonner une certaine autonomie à la politique monétaire.

Le projet de taxation des mouvements de capitaux a connu une éclipse durant les années 1980, avant de réapparaître à partir de 1997, porté par ATTAC (Association pour la taxation des transactions financières et l'appui aux citoyens). La proposition de Tobin a été revue, le contexte économique ayant changé : les taux de change sont flexibles ; l'heure n'est plus à l'autonomie de la politique monétaire mais à la régulation du système monétaire international. James Tobin se démarque d'ailleurs profondément de la taxe Tobin reformulée par ATTAC.

Le raisonnement d'ATTAC est simple : une taxe, même fixée à un taux très faible (de l'ordre de 0,01 % des montants échangés) permettrait :

- De limiter les mouvements de capitaux, en particulier, les capitaux dits spéculatifs, déstabilisateurs pour les économies les plus fragiles. Sont visés les mouvements de capitaux de court terme (c'est-à-dire les allers-retours d'une durée inférieure à une semaine).
- De rendre les crises de change moins fréquentes. Pour cela, et puisque le coût de la taxe est inversement proportionnel à la durée de détention de la monnaie considérée, les opérations de long terme devraient être privilégiées.
- De dégager des ressources pour aider les pays en développement ou financer des projets d'infrastructures.

Le succès populaire d'ATTAC ne se dément pas depuis 1997. De nombreux débats sur ce thème ont lieu régulièrement, parfois même au sein des parlements (au Canada, en France et devant le Parlement européen, notamment). La taxe Tobin est aujourd'hui une des mesures phares des mouvements altermondialistes.

Malgré la popularité dont jouit la taxe Tobin, de nombreuses critiques ont été formulées à son encontre. Il en existe deux catégories : sur la faisabilité politique d'une telle taxe et sur son efficacité économique.

Une critique souvent avancée contre la taxe Tobin repose sur l'idée que, pour être efficace, elle doit être mise en place en même temps par un grand nombre de pays, voire l'intégralité des quelque 180 pays participant au système monétaire international, pour éviter les comportements de passager clandestin que pourraient adopter certains États, en particulier les paradis fiscaux.

☞

Encadré 19.3 (suite)

***La taxe Tobin* (suite)**

Ce consensus étant, à l'heure actuelle, totalement inenvisageable, la taxe Tobin semble compromise. Pourtant, le problème de la faisabilité politique n'est pas aussi insoluble qu'il n'y parait. Le marché des changes est en effet concentré sur quelques places financières (voir chapitre 13) et il suffirait que les pays de l'OCDE s'accordent sur le principe d'une telle taxe pour que son impact soit significatif. Le problème politique le plus délicat consiste, en fait, à choisir l'instance chargée de fixer le taux de la taxe, les modalités de recouvrement et l'affectation de son produit. Les États refusent, dans leur majorité, la création d'une fiscalité supranationale. Ils souhaitent rester maîtres de la perception de la taxe et surtout de l'utilisation de son produit.

Du point de vue économique, le principal problème est celui du risque d'évasion fiscale. Il sera toujours possible d'éviter la taxe en réalisant des transactions à partir de places financières *offshores*. En outre, il faut s'attendre à ce que l'innovation financière mette à disposition des opérateurs du marché des changes de nouveaux produits ou de nouvelles techniques qui permettront d'échapper à la taxe Tobin. Enfin, une question fondamentale et très discutée concerne l'efficacité même de cette taxe : en admettant que tous les problèmes évoqués précédemment soient résolus, serait-elle utile pour lutter contre l'instabilité constatée sur le marché des changes ? Même si elle réussit à diminuer le volume total des capitaux échangés, rien ne dit que la volatilité sera plus faible. En effet, le lien entre volatilité et volume des transactions n'est pas clair : lorsque la liquidité d'un marché diminue, on constate en général une augmentation et non une diminution de la volatilité. Par ailleurs, l'augmentation des coûts de transaction consécutive à l'adoption d'une taxe réduirait l'intérêt financier de certains arbitrages. Pourtant les arbitragistes œuvrent à l'efficience des marchés en résorbant les écarts de prix. En outre, les coûts de transaction limiteraient les gains tirés de la diversification internationale des portefeuilles (voir chapitre 21). Enfin, toutes les opérations de court terme ne sont pas de nature spéculative.

* James Tobin propose cette taxe la première fois en 1972, mais l'article de référence date de 1978 : James Tobin, « A Proposal fo International Monetary Reform », *Eastern Economic Journal*, 3(3-4), 1978, p. 153-159. Pour une discussion, voir Yves Jégourel, *La taxe Tobin*, Repères, La Découverte, mars 2002 ou Henri Bourguinat, *Finance internationale*, Thémis, PUF, 4e édition, 1999.

Résumé

À la fin des années 1960, les faiblesses du système de Bretton Woods conduisent beaucoup d'économistes à se faire les avocats des changes flottants. Trois principaux arguments sont alors avancés : i) les changes flottants offrent plus d'autonomie aux politiques macroéconomiques ; ii) les changes flottants suppriment les asymétries inhérentes au système de Bretton Woods ; iii) les changes flottants éliminent rapidement les « déséquilibres fondamentaux » qui peuvent conduire à des changements de parités et à des attaques spéculatives.

Les critiques adressées à l'encontre des changes flottants sont les suivants : i) les changes flottants encouragent les excès budgétaires et monétaires ainsi que toutes sortes de politiques économiques non coordonnées, qui s'appliquent aux détriments des voisins ; ii) les changes flottants sont en proie à la *spéculation déstabilisante,* et l'incertitude sur les parités nuit au commerce et à l'investissement international ; iii) en pratique, l'argument de l'autonomie n'est pas recevable dans la mesure où les pays ne peuvent faire abstraction des taux de change dans la détermination de leurs politiques monétaires et budgétaires.

Entre 1973 et 1980, le régime de changes flottants fonctionne plutôt bien. Il est de toute façon peu vraisemblable que les pays industrialisés auraient été en mesure de maintenir des changes fixes pendant cette période de *stagflation* causée par les deux chocs pétroliers. Le dollar se déprécie fortement après 1976, lorsque les États-Unis adoptent des politiques macroéconomiques plus expansionnistes que les autres pays.

Le resserrement de la politique monétaire aux États-Unis, associé à un déficit budgétaire croissant, contribue à une appréciation massive du dollar entre 1980 et 1985. Les autres pays industrialisés poursuivent alors une politique de désinflation. Le ralentissement monétaire mondial qui en résulte conduit à la plus profonde dépression connue depuis les années 1930. Malgré une timide reprise, qui ne dure que jusque fin 1984, la balance courante des États-Unis enregistre un déficit record qui ravive des pressions politiques en faveur de restrictions commerciales. Cette orientation protectionniste s'atténue seulement en septembre 1985 par une décision des pays membres du G5 de poursuivre une action concertée pour faire baisser le dollar. La stabilité des taux de change n'est plus considérée comme un objectif macroéconomique prioritaire dans les années 1990 et 2000. Les États visent plutôt une faible inflation, tout en essayant de soutenir la croissance économique. À partir de 2000, les déséquilibres macroéconomiques mondiaux augmentent dramatiquement.

L'expérience du flottement des monnaies ne confirme pleinement ni les arguments de ses partisans, ni ceux de ses détracteurs. On peut toutefois tirer une leçon de cette expérience : il n'existe pas de système de change qui ne requière pas, pour son bon fonctionnement, la coopération économique internationale. Les mesures cherchant à fixer les taux de change n'ont que peu de chance de réapparaître dans un avenir proche. Une meilleure coopération des politiques économiques, au moins dans les pays industrialisés, contribuerait sans doute à améliorer la situation.

Activités

1. En utilisant le modèle *DD-AA*, étudiez les effets d'une augmentation brutale du niveau des prix étrangers, P^*. Si le taux de change anticipé, E^e, augmente aussitôt dans la même proportion que P^* (en accord avec la PPA), montrez que le taux de change courant s'appréciera immédiatement en proportion de cette hausse en P^*. Si l'économie est initialement à l'équilibre (intérieur et extérieur), sa position sera-t-elle perturbée par cette hausse de P^* ?
2. Analysez l'effet d'une augmentation transitoire du taux d'intérêt étranger, R^*. Sous quel type de régime de changes – fixes ou flottants – cet effet a-il le moins d'incidence sur le produit intérieur ?
3. Supposez maintenant que R^* augmente de manière permanente. Quel est l'effet sur l'économie ? Est-il différent selon que l'augmentation de R^* est due à une hausse du taux d'intérêt réel étranger ou à une hausse des anticipations inflationnistes à l'étranger (effet Fisher, voir chapitre 15) ?
4. Si le taux d'inflation étranger augmente de manière permanente, est-ce que le fait que les taux de change soient flottants isole l'économie à court terme ? Qu'arrive-t-il à long terme (veillez à prendre en compte la relation à long terme entre les taux d'intérêt nominaux intérieurs et étrangers) ?
5. Supposons que les obligations domestique et étrangère soient des substituts imparfaits et que les investisseurs déplacent soudainement leur demande vers les obligations étrangères, augmentant la prime de risque sur les actifs domestiques (voir chapitre 17). Quel régime de changes – fixes ou flottants – minimise l'effet sur le produit intérieur ?
6. Comment analyser l'usage de la politique monétaire et budgétaire pour maintenir l'équilibre intérieur et extérieur en changes flottants ?
7. Ce chapitre décrit comment les États-Unis ont essayé, après 1985, de réduire le déficit de leur compte courant en accélérant la croissance monétaire et en dépréciant le dollar. Supposons que l'équilibre externe des États-Unis soit assuré, mais que l'équilibre interne nécessite une politique de contraction des dépenses (une diminution du déficit public) ainsi qu'une substitution des dépenses provoquées par la dépréciation monétaire. Comment l'expansion monétaire peut-elle influer sur l'économie américaine à court et à long terme ?
8. Après 1985, les États-Unis ont notamment demandé à l'Allemagne et au Japon d'adopter des politiques monétaires et budgétaires expansionnistes afin d'augmenter la demande étrangère de produits américains et de réduire son déficit du compte courant. Cette expansion a-t-elle atteint son but ? Que peut-on dire au sujet de l'expansion monétaire ? Qu'en est-il si les politiques allemandes et japonaises facilitent les politiques américaines ?
9. Quelles informations permettent de savoir que la plupart des interventions japonaises sur le marché des changes sont stérilisées ? Essayez de trouver les donnés pertinentes concernant le Japon dans les Statistiques financières internationales du FMI.

10. Supposons que les gouvernements américain et japonais veuillent tous deux déprécier leur monnaie pour promouvoir la compétitivité-prix de leurs industries, mais craignent qu'il en résulte de l'inflation. Les deux pays peuvent : i) adopter une politique monétaire expansionniste ; ii) ne pas changer leur politique monétaire. En vous appuyant sur l'annexe suivante, examinez les conséquences de ces différentes politiques. Le Japon et les États-Unis ont-ils intérêt à coopérer ? Expliquez.

11. Le second encadré discute des déséquilibres macroéconomiques mondiaux dans les années 2000. Nous avons alors raisonné en considérant que le taux d'intérêt réel mondial était déterminé par la confrontation de l'offre et de la demande mondiales d'épargne. Cela revient donc, en fait, à transposer au niveau mondial l'analyse du taux d'intérêt en économie fermée. Un premier pas dans la formalisation de cette idée consiste à supposer qu'il n'y a pas d'écarts entre les taux d'intérêt réels au niveau international qui seraient dus à un changement dans les anticipations de taux de change réels. Autrement dit, on se place implicitement dans une perspective de long terme. Supposons également que la hausse des taux d'intérêt réels ait pour effet la réduction de l'investissement et l'augmentation de l'épargne désirés.

Représentez graphiquement l'équilibre du marché international des capitaux avec, en abscisses, les quantités (l'épargne et l'investissement) et, en ordonnées, le taux d'intérêt réel. Quel est, dans ce cadre, l'effet d'une augmentation de l'épargne mondiale ? Liez votre discussion avec ce qui figure dans l'encadré et l'article de Ben Bernanke mentionné en référence.

12. Dans ce chapitre nous avons considéré que la baisse des taux d'intérêt réels est, au moins en partie, due à l'appréciation du prix des matières premières, en particulier du pétrole. Ceci a pour effet d'accroître le revenu des pays exportateurs. Mais, dans ces pays, la consommation et l'investissement n'augmentent pas en proportion, ce qui se traduit par une hausse du taux d'épargne.

Récupérez les données concernant le taux d'intérêt réel américain entre 1970 et 1976, période qui inclut le premier choc pétrolier. Commentez l'évolution de ce taux d'intérêt.

13. Supposons que le taux de change soit fixe. En s'aidant de la figure 19.2, décrivez l'effet d'une augmentation de la demande de monnaie sur l'offre de prêts des banques domestiques. Si le financement des entreprises domestiques est uniquement assuré par les banques domestiques et si l'investissement des entreprises croît avec l'offre de prêts, comment le déplacement de la courbe *AA* affecte-t-il le produit intérieur ?

14. Nous avons vu dans ce chapitre que les banques centrales étrangères, en particulier en Asie, avaient accumulé, à partir de 2000, d'importantes réserves en dollars. C'est une source d'inquiétudes récurrente pour de nombreux économistes. Ces derniers redoutent, en effet, que les banques centrales, craignant une dépréciation du dollar, ne se mettent à substituer brutalement leurs réserves en dollars par des réserves en euros. Montrez que cela équivaudrait à une gigantesque vente stérilisée de dollars sur le marché des changes. Quels en seraient les effets, en supposant que les actifs sont de parfaits substituts ? Et en supposant qu'ils sont imparfaitement substituables ?

Annexe du chapitre 19

Les échecs de la coordination internationale des politiques économiques

Cette annexe illustre à quel point la coordination des politiques macroéconomiques est importante en montrant comment les pays peuvent souffrir de décisions prises individuellement. Pour cela, nous allons de nouveau (voir chapitre 9) avoir recours à la théorie des jeux et au « dilemme du prisonnier ».

Dans cette annexe consacrée au besoin de coordination des politiques macroéconomiques, nous examinons la désinflation du début des années 1980. Rappelons que les politiques monétaires restrictives des pays industrialisés ont contribué à précipiter l'économie mondiale dans une profonde récession en 1981. Les États espéraient réduire l'inflation en ralentissant la croissance monétaire. Le problème est qu'un pays qui adopte une politique monétaire moins restrictive que ses voisins doit faire face à une dépréciation de sa monnaie, ce qui contrarie partiellement ses efforts de désinflation.

Beaucoup d'observateurs estiment que les efforts individuels pour résister à la dépréciation ont conduit les pays industrialisés a adopté des politiques monétaires excessivement restrictives. La situation aurait été meilleure dans tous les pays si chacun avait appliqué des politiques monétaires moins restrictives. Mais, étant donné les politiques mises en place par chacun, nul n'avait intérêt, individuellement, à le faire.

Le raisonnement précédent peut être représenté sous la forme d'un modèle simple. Considérons deux pays, le pays domestique et le pays étranger. Chaque pays a deux options : une politique monétaire fortement restrictive ou une politique monétaire modérément restrictive. La figure 19A.1, similaire au diagramme utilisé pour analyser les politiques commerciales, montre le résultat des différents choix de politiques macroéconomiques des deux pays. Chaque ligne correspond à une politique monétaire particulière du pays domestique et chaque colonne à une décision du pays étranger. Les cases indiquent les changements de taux d'inflation annuel domestique et étranger ($\Delta\pi$ et $\Delta\pi^*$) ainsi que les taux de chômage (ΔU et ΔU^*). Dans chaque case, le coin inférieur gauche représente le résultat pour le pays domestique et le coin supérieur droit le résultat pour le pays étranger.

Les chiffres indiqués à la figure 19A.1 sont conformes au modèle à deux pays exposé dans ce chapitre. Avec, par exemple, une politique monétaire modérément restrictive, le taux d'inflation baisse de 1 % et le taux de chômage augmente de 1 % dans les deux pays. Si le pays domestique passe subitement à une politique monétaire très restrictive tandis que le pays étranger maintient une politique monétaire modérément restrictive, la monnaie domestique s'apprécie, le taux d'inflation diminue mais le chômage augmente. La contraction monétaire domestique à cependant deux effets sur l'étranger. Le taux de chômage étranger diminue car l'appréciation de la monnaie domestique correspond à une dépréciation de la monnaie étrangère. En outre, l'inflation à l'étranger revient à son niveau initial. À l'étranger, les effets déflationnistes d'un chômage plus important sont compensés par l'impact inflationniste que la dépréciation de la monnaie exerce sur les prix à l'importation et les revendications salariales. La restriction monétaire domestique, plus conséquente qu'à l'étranger, se fait donc au détriment du pays étranger qui se trouve contraint d'« importer » de l'inflation.

Étranger / Domestique	Politique monétaire modérément restrictive	Politique monétaire très restrictive
Politique monétaire modérément restrictive	$\Delta\pi^* = -1$ % ; $\Delta U^* = 1$ % / $\Delta\pi = -1$ % ; $\Delta U = 1$ %	$\Delta\pi^* = -2$ % ; $\Delta U^* = 1{,}75$ % / $\Delta\pi = 0$ % ; $\Delta U = 0{,}5$ %
Politique monétaire très restrictive	$\Delta\pi^* = 0$ % ; $\Delta U^* = 0{,}5$ % / $\Delta\pi = -2$ % ; $\Delta U = 1{,}75$ %	$\Delta\pi^* = -1{,}25$ % ; $\Delta U^* = 1{,}5$ % / $\Delta\pi = -1{,}25$ % ; $\Delta U = 1{,}5$ %

Figure 19A.1 • Effets hypothétiques de diverses combinaisons de politiques monétaires sur l'inflation et le chômage.

Les choix de politiques monétaires dans un pays influent sur les résultats des choix de politique monétaire à l'étranger.

Pour traduire ces résultats dans la matrice de gains de la figure 19A.1, nous supposons que chaque pays souhaite obtenir la réduction la plus forte de l'inflation pour une augmentation la plus faible possible du chômage. Chaque gouvernement cherche ainsi à maximiser $-\Delta\pi/\Delta U$. Les chiffres de la figure 19A.1 conduisent à la matrice des gains de la figure 19A.2.

Comment le pays domestique et le pays étranger vont-ils se comporter s'ils sont confrontés à cette matrice de gains ? Supposons que chaque pays agisse isolément et choisisse la politique monétaire qui maximise ses gains, indépendamment du choix fait par l'autre pays. Si le pays étranger choisit une politique modérément restrictive, la situation est meilleure pour le pays domestique avec une politique fortement restrictive (gain = 8/7) qu'avec une politique modérément restrictive (gain = 1). Si le pays étranger opte pour une politique fortement restrictive, le pays domestique se trouve là encore dans une meilleure situation avec une politique très restrictive (gain 5/6) qu'avec une politique modérément restrictive (gain = 0). Ainsi, quelle que soit l'attitude du pays étranger, le pays domestique a toujours intérêt à choisir une politique fortement restrictive.

Le pays étranger se trouve lui-même dans une situation symétrique. Il est, en effet, dans une meilleure position avec une politique monétaire très restrictive, quelle que soit la stratégie du pays domestique. Il en résulte que les deux pays choisiront des politiques monétaires fortement restrictives, avec pour chacun un gain de 5/6.

Étranger / Domestique	Politique monétaire modérément restrictive	Politique monétaire très restrictive
Politique monétaire modérément restrictive	1 ; 1	8/7 ; 0
Politique monétaire très restrictive	0 ; 8/7	5/6 ; 5/6

Figure 19A.2 • Matrice des gains pour diverses initiatives de politique monétaire.

Chaque valeur indique la réduction d'inflation par unité de hausse du taux de chômage ($-\Delta\pi/\Delta U$). Si chacun des pays « se décide par lui-même », il choisit des politiques très restrictives. Mais ces États s'accordaient pour choisir des politiques modérément restrictives, ils obtiendraient chacun un meilleur résultat.

Notons cependant que *les deux pays* sont dans une meilleure posture avec des politiques monétaires modérément restrictives. Le résultat pour chacun est 1, ce qui est plus élevé que 5/6. Dans cette dernière configuration, l'inflation baisse moins dans les deux pays, mais l'augmentation du chômage y est bien moindre qu'avec des politiques fortement restrictives.

Puisque les deux pays sont dans une meilleure situation avec des politiques monétaires modérément restrictives, pourquoi ne choisissent-ils donc pas celles-ci ? La réponse tient à un problème de coordination des politiques macroéconomiques. Nous avons supposé que chaque pays agissait isolément pour maximiser son propre gain. Avec cette hypothèse, une situation où un pays adopterait seul une politique modérément restrictive ne serait pas stable : chaque pays essayerait de réduire encore sa croissance monétaire et d'utiliser son taux de change pour renforcer sa désinflation au détriment de son voisin.

Pour obtenir le meilleur résultat du coin supérieur gauche de la matrice des gains, les deux pays doivent conclure un accord explicite, c'est-à-dire *coordonner* leurs choix politiques. Les deux pays doivent être d'accord pour renoncer aux gains qu'offrent des politiques très restrictives. Chacun doit s'en tenir à cet accord malgré l'avantage qu'il a à dévier. Si les pays domestique et étranger réussissent à coopérer, ils arrivent alors tous deux à une meilleure combinaison d'inflation et de chômage.

La réalité des coordinations politiques est plus complexe que dans cet exemple parce que les choix et les gains sont plus nombreux et moins certains. C'est ce qui explique que les responsables politiques soient moins enclins à s'engager dans des accords coopératifs.

Chapitre 20

L'euro et la théorie des zones monétaires optimales

Objectifs pédagogiques :

- **Étudier les raisons pour lesquelles les pays européens ont cherché à stabiliser leurs taux de change bilatéraux, tout en laissant flotter leur monnaie vis-à-vis du dollar.**
- **Analyser en quoi le traité de Maastricht (1991) a marqué le début du processus conduisant à l'adoption de l'euro.**
- **Décrire la structure du Système européen de banques centrales et les contraintes imposées aux politiques budgétaires nationales par l'Union européenne.**
- **Étudier les principaux enseignements de la théorie des zones monétaires optimales.**
- **Évaluer la situation des pays membres de la zone euro depuis l'introduction de l'euro.**

Le 1er janvier 1999, onze États pays membres de l'Union européenne (UE) ont adopté l'euro, rejoints depuis par cinq autres (voir figure 20.1). Alors qu'à peine quelques années plus tôt, la création de l'Union économique et monétaire (UEM) était considérée par certains comme improbable et utopique, l'introduction de l'euro a permis la création d'une monnaie utilisée par 330 millions de consommateurs (10 % de plus qu'aux États-Unis, par exemple). Si tous les pays de l'Union européenne décidaient d'adopter l'euro, la zone monétaire qui en résulterait comprendrait 27 États et s'étendrait de l'océan Arctique à la Méditerranée, et de l'océan Atlantique à la mer Noire.

L'adoption de l'euro se traduit par une fixité des taux de change entre les pays membres de l'UEM. En choisissant de se regrouper au sein d'une union monétaire, ces pays renoncent à leur souveraineté monétaire. Ils abandonnent leur monnaie nationale et délèguent au Système européen de banques centrales (SEBC) la charge de définir et de conduire la politique monétaire. En ce sens, l'abandon de souveraineté est plus important que dans le cas d'un régime de changes fixes standard.

Pour quelles raisons ces pays ont-ils adopté une monnaie unique ? Quelles ont été les étapes pour y parvenir ? L'euro sera-t-il bénéfique aux pays membres ? Quel sera l'impact de l'euro au niveau international ? Quelles leçons les autres zones monétaires potentielles (par exemple, le Mercosur en Amérique du Sud) peuvent-elles tirer de l'expérience européenne ?

Ce chapitre s'appuie sur l'exemple européen afin d'illustrer les coûts et les bénéfices des accords de changes fixes et des systèmes d'intégration monétaire. Comme le montre l'expérience européenne, les conséquences qui découlent de la participation à un régime de changes fixes sont complexes et dépendent à la fois de facteurs microéconomiques et macroéconomiques.

Figure 20.1 • Les pays membres de la zone euro (au 1er janvier 2009).

1 Le processus d'unification monétaire

Le système de Bretton Woods fixe le taux de change de chaque pays membre par rapport au dollar et, par conséquent, les taux de change bilatéraux de toutes les autres monnaies. Après son abandon en 1973, les pays européens cherchent à stabiliser les fluctuations de leurs taux de change bilatéraux, tout en laissant flotter leur monnaie vis-à-vis du dollar. Ces efforts les conduisent progressivement à l'adoption de l'euro, effective depuis le 1er janvier 1999.

1.1 Les raisons de la coopération monétaire européenne

La principale raison de l'intégration économique et monétaire est politique. À la fin de la Seconde Guerre mondiale, la plupart des dirigeants européens sont convaincus que la meilleure façon d'éviter de nouveaux conflits consiste à renforcer la coopération et l'intégration économique. Ces pays décident donc de céder progressivement une partie de leurs prérogatives nationales en termes de politique économique à des institutions supranationales.

Outre les motifs politiques, la coordination des politiques monétaires et la stabilisation des taux de change des pays européens répondent à un double objectif :

- *Renforcer le rôle de l'Europe au sein du Système monétaire international.* L'effondrement du système de Bretton Woods sème le doute sur la détermination des États-Unis à assumer leurs responsabilités internationales en tant qu'émetteurs de la monnaie de référence. Ces derniers sont soupçonnés de privilégier leurs propres intérêts au détriment du bon fonctionnement du système monétaire international (voir chapitre 18). En parlant d'une seule voix sur les questions monétaires, les Européens espèrent défendre plus efficacement leurs intérêts, face à des États-Unis de plus en plus tournés vers eux-mêmes.
- *Renforcer l'unification du marché européen.* Depuis le traité de Rome de 1957, les pays européens cherchent sans cesse à éliminer les entraves aux mouvements des biens et des facteurs de production, de façon à transformer l'Europe en un grand marché unifié. L'incertitude liée aux taux de change intra-européens constitue un obstacle majeur à cet objectif. Ils craignent également que les variations de change ne créent de graves distorsions de prix relatifs au sein de la Communauté économique européenne (CEE), attisant ainsi les arguments politiques hostiles au libre-échange[1].

Les premières initiatives de réforme monétaire en Europe remontent à décembre 1969, lorsque le Conseil européen de La Haye confie au Premier ministre luxembourgeois, Pierre Werner, la présidence d'un comité, dont la tâche est de déterminer les étapes visant à supprimer les mouvements des taux de change bilatéraux des pays membres de la CEE et de centraliser les décisions de politique monétaire. Le rapport Werner est adopté en 1971 et donne naissance au « serpent monétaire », qui organise un premier système de gestion coordonnée des parités européennes. Le serpent sert de base au Système monétaire européen.

1.2 Le Système monétaire européen

Le Système monétaire européen (SME) constitue le premier pas significatif vers l'unification monétaire européenne. En mars 1979, les huit pays de la CEE (Allemagne, Belgique, Danemark, France, Irlande, Italie, Luxembourg et Pays-Bas) décident d'un système de taux de change fixes. Un ensemble complexe d'interventions réciproques est prévu pour les banques centrales, afin de contenir les taux de change des monnaies participantes à l'intérieur de marges de fluctuations préétablies[2].

En 1979, les perspectives de succès d'une zone de changes fixes en Europe sont incertaines. Les taux d'inflation annuels vont de moins de 3 % en Allemagne de l'Ouest à 12 % en Italie. Grâce à une forte coopération politique et économique et des réalignements périodiques, le mécanisme de changes fixes du SME perdure et s'étend même à l'Espagne en 1989, au Royaume-Uni en 1990 et au Portugal en 1992.

---

1. Une troisième raison peut être avancée, d'ordre administratif et liée à la mise en œuvre de la Politique agricole commune (PAC). Avant la mise en place de l'euro, les prix des produits agricoles subventionnés étaient exprimés en ECU (*European Currency Unit*), unité de compte qui reposait sur un panier des monnaies de l'UE. Les modifications de parité provoquaient donc de brusques changements de la valeur des prix agricoles exprimée en monnaie nationale, entraînant des protestations des agriculteurs.
2. Techniquement, tous les membres de l'UE sont membres du SME, mais seuls les membres du SME qui maintiennent volontairement leur monnaie au sein des marges de fluctuation appartiennent au *mécanisme de taux de change* du SME.

La gestion du SME est facilitée par plusieurs soupapes de sécurité, qui visent à réduire les risques de crises. La plupart des taux de change « fixés » dans le cadre de ce système jusqu'en août 1993 peuvent fluctuer de ± 2,25 % autour d'une parité centrale fixe. Certains membres ont cependant négocié des marges de plus ou moins 6 %, se ménageant ainsi une marge de manœuvre plus grande pour définir leurs politiques monétaires. Le SME s'appuie également sur un mécanisme de soutien des membres à monnaie forte vis-à-vis de ceux à monnaie faible par lequel les premiers peuvent octroyer des crédits aux seconds. Si, par exemple, le franc français se déprécie trop par rapport au deutsche mark, la Bundesbank doit prêter à la Banque de France des deutsche marks, qui peuvent ensuite être vendus contre des francs afin de soutenir le franc sur le marché des changes.

Pendant les premières années de fonctionnement du système, plusieurs membres (en particulier, la France et l'Italie) cherchent à réduire les risques d'attaques spéculatives, en maintenant des mécanismes de contrôle des changes destinés à limiter les ventes de monnaie nationale contre des monnaies étrangères par les résidents.

Le SME connaît plusieurs périodes de réalignement des parités. En tout, onze réalignements ont lieu entre mars 1979 et janvier 1987. Les contrôles des changes permettent de protéger les réserves de change des pays membres au cours de ces périodes. À partir de 1987, cependant, la levée programmée de ces contrôles accroît la possibilité d'attaques spéculatives, réduisant par là même les possibilités de dévaluation ou de réévaluation. L'indépendance monétaire de chaque pays s'en trouve réduite, mais la liberté des mouvements de capitaux en Europe est une pièce maîtresse dans la constitution d'un grand marché unifié.

Après janvier 1987, et pendant plus de cinq ans, rien ne vient déstabiliser le système. Cette période de calme s'achève fin 1992, principalement en raison des chocs économiques consécutifs à la réunification allemande (1990). Celle-ci entraîne en Allemagne un boom économique accompagné d'un surcroît d'inflation, que la Bundesbank combat par des hausses vigoureuses des taux d'intérêt. Les autres pays du SME, comme la France, l'Italie et le Royaume-Uni, ne connaissent pas à ce moment-là une croissance aussi forte. En s'alignant sur le niveau élevé des taux d'intérêt allemands afin de maintenir leurs parités fixes avec l'Allemagne, ils plongent leur économie dans une profonde récession. Le conflit politique entre l'Allemagne et ses partenaires conduit à une série d'attaques spéculatives violentes à partir de septembre 1992. Le Royaume-Uni et l'Italie quittent alors le mécanisme de change. En août 1993, les autres membres sont contraints d'adopter des marges de fluctuation très larges (± 15 %), qui seront maintenues jusqu'à l'introduction de l'euro en 1999.

1.3 La domination monétaire allemande et la théorie de la crédibilité du SME

Nous avons évoqué précédemment les deux raisons principales qui expliquent la volonté des pays européens de stabiliser leurs taux de change : une meilleure défense des intérêts économiques de l'Europe sur la scène internationale et un désir d'unification économique.

Une autre raison ayant motivé la mise en place du SME tient à l'inflation élevée que connaissent les pays européens dans les années 1970. En fixant leurs taux de change par rapport au deutsche mark, les pays du SME (autres que l'Allemagne) importent, de fait, la crédibilité de la Bundesbank en matière d'inflation et découragent le développement de pressions inflationnistes dans leur pays[1]. Cette **théorie de la crédibilité du SME** est une variante de l'argument « disciplinaire » invoqué contre les changes flottants (voir chapitre 19) : le coût politique du non-respect d'un accord international de change réprime l'envie de déprécier la monnaie (la dépréciation peut avoir un effet positif à court terme, mais la hausse du taux d'inflation qui en résulte est dommageable à long terme).

Les pays inflationnistes du SME, tels que l'Italie, gagnent en crédibilité en confiant leurs décisions de politique monétaire à la banque centrale allemande, très attentive à la lutte contre l'inflation. Les dévaluations restent possibles, mais uniquement dans les limites strictes posées par le SME. La décision de lier leur monnaie au deutsche mark réduit à la fois la volonté et la possibilité pour ces pays d'adopter une attitude permissive face à l'inflation[2].

L'évolution des taux d'inflation des pays membres du SME par rapport à celui de l'Allemagne plaide en faveur de la théorie de la crédibilité. Ces taux convergent progressivement vers le niveau allemand[3] (voir la figure 20.2[4]). La France réussit même à porter son taux d'inflation en deçà du taux allemand au début des années 1990, ce que personne n'imaginait dix ans plus tôt.

---

1. L'hyperinflation des années 1920 a profondément marqué les Allemands. Au lendemain de la Seconde Guerre mondiale, la politique anti-inflationniste est inscrite dans la loi et tout est mis en œuvre pour que la Bundesbank soit indépendante. C'est ainsi qu'elle a acquis sa réputation. Sur l'indépendance des banques centrales, voir Alberto Alesina et Lawrence H. Summers, « Central Bank Independence and Macroeconomic Performance », *Journal of Money, Credit and Banking*, 25, mai 1993, p. 253-274.
2. La théorie selon laquelle les pays inflationnistes gagnent à déléguer leur politique monétaire à une banque centrale « conservatrice » est présentée dans un article majeur de Kenneth Rogoff : « The Optimal Degree of Commitment to an Intermediate Monetary Target », *Quarterly Journal of Economics*, 100, novembre 1985, p. 1169-1189. Pour une application au cas du SME, voir Francesco Giavazzi et Marco Pagano, « The Advantage of Tying One's Hands : EMS Discipline and Central Bank Credibility », *European Economic Review*, 32, juin 1988, p. 1055-1082.
3. Certains économistes, sceptiques à l'égard du rôle joué par le SME dans la convergence des taux d'inflation, ne manquent pas de souligner que l'inflation a également diminué aux États-Unis, au Royaume-Uni et au Japon dans les années 1980, sans que ces pays n'adoptent un régime de changes fixes. De plus, on constate une nouvelle augmentation des écarts de taux d'inflation entre les pays ayant adopté l'euro après 1999.
4. Le Luxembourg n'est pas représenté à la figure 20.2, car avant 1999, ce pays faisait partie d'une union monétaire avec la Belgique et affichait un taux d'inflation très proche de cette dernière.

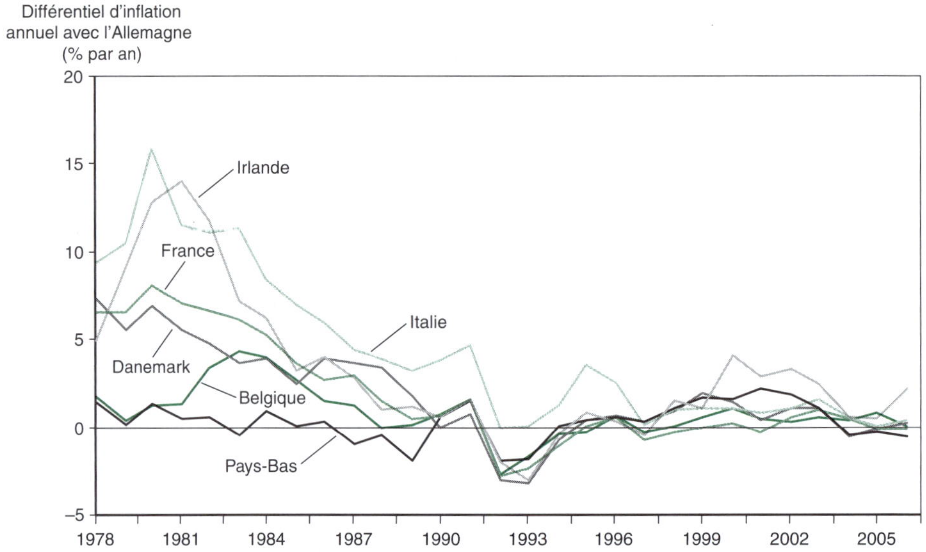

Figure 20.2 • Convergence des taux d'inflation des six pays fondateurs du SME, 1978-2006.

Source : taux de croissance annuel de l'indice des prix à la consommation, Fonds monétaire international, *Statistiques financières internationales*.

1.4 L'initiative 1992

Les pays membres de la CEE cherchent à renforcer l'intégration de leurs marchés en fixant leurs taux de change, mais également en instaurant des mesures directes qui visent à encourager la libre circulation des biens, des services et des facteurs de production. Nous verrons plus loin dans ce chapitre que le degré d'intégration des marchés des biens et des facteurs de production dans la zone euro est un déterminant fondamental de la stabilité macroéconomique en changes fixes. Les efforts des pays européens pour améliorer l'efficacité *microéconomique* au moyen de la libéralisation des marchés renforcent également leur préférence pour un régime de changes fixes au niveau *macroéconomique*. Le plan dit « initiative 1992 » (car tous ses objectifs doivent être atteints au 1er janvier 1993) constitue un élément important à prendre en compte dans notre analyse de la politique de change européenne, dans la mesure où il contribue à l'émergence d'un marché européen intégré (voir chapitre 9).

Le processus d'unification du marché intérieur, qui débute avec l'union douanière de 1957, reste inachevé trente ans plus tard. Dans de nombreux secteurs, tels que l'automobile ou les télécommunications, le commerce entre les pays européens est entravé. Les législations et les pratiques en termes de marchés publics ou d'octroi de licences attribuent à certains producteurs nationaux une position de monopole. Les différences de fiscalité constituent également un frein aux échanges commerciaux : les pays à fort taux de TVA doivent renforcer les contrôles aux frontières afin d'empêcher leurs citoyens d'aller faire leurs achats dans les pays voisins, où les taxes sont moins élevées. Les barrières à la libre circulation des facteurs de production restent également importantes.

Dans l'Acte unique européen de 1986, qui amende le traité de Rome, les pays membres franchissent une étape cruciale : la suppression des barrières internes au commerce, aux mouvements de capitaux et à la mobilité des travailleurs. Plus important encore, ils suppriment le droit de veto pour les décisions concernant la construction du marché intérieur. Ainsi, un pays ne peut plus, à lui seul, bloquer les mesures de libéralisation commerciale.

La plupart des dispositions de « l'initiative 1992 » sont mises en place. Les barrières économiques intra-européennes sont aujourd'hui moins élevées qu'au milieu des années 1980. En ce qui concerne les flux financiers, l'objectif est largement atteint : les capitaux circulent librement à l'intérieur de l'Europe, ainsi qu'entre cette dernière et le reste du monde.

1.5 L'Union économique et monétaire (UEM)

Des pays peuvent lier leur monnaie de différentes façons. Certaines exigent peu de sacrifices en matière de souveraineté monétaire, tandis que d'autres imposent l'abandon total de celle-ci.

Le premier SME, caractérisé par des réalignements fréquents et un contrôle des mouvements de capitaux, laisse une marge de manœuvre importante aux politiques monétaires nationales. En 1989, un groupe de réflexion présidé par Jacques Delors, alors président de la Commission européenne, propose une transition en trois étapes vers l'abandon total de la souveraineté monétaire nationale, à savoir l'**Union économique et monétaire (UEM)** : les monnaies nationales seraient remplacées par une monnaie commune, gérée par une banque centrale unique pour le compte des pays membres.

Le 10 décembre 1991, les dirigeants européens se rencontrent dans la ville hollandaise de Maastricht afin de convenir d'amendements d'envergure au traité de Rome. Le **traité de Maastricht** comprend des dispositions prévoyant l'introduction d'une monnaie unique et la création d'une Banque centrale européenne au 1er janvier 1999. Le traité prévoit notamment des critères macroéconomiques de convergence qui portent sur l'inflation, le change, le budget et la dette publique.

En 1993, les douze pays de la CEE ratifient le traité de Maastricht, certains sous condition[1] : c'est la création de l'**Union européenne (UE)**. L'Autriche, la Finlande et la Suède acceptent le traité lors de leur adhésion en 1995. En mai 2004, l'UE s'élargit avec l'arrivée de dix nouveaux membres : Chypre, la République tchèque, l'Estonie, la Hongrie, la Lettonie, la Lituanie, Malte, la Pologne, la Slovaquie et la Slovénie.

Pourquoi les pays de l'UE délaissnt-ils le SME et se fixent-ils pour objectif plus ambitieux de parvenir à l'unification monétaire ? Il existe quatre raisons principales à cela :

- La monnaie unique européenne doit approfondir l'intégration du marché européen, en éliminant la menace permanente des réalignements de parité au sein du SME et les coûts liés aux opérations de change. Elle est perçue comme un complément nécessaire à l'intégration des marchés de l'UE.
- Certains dirigeants de l'UE considèrent que la gestion de la politique monétaire du SME par l'Allemagne assujettissait tous les pays européens aux intérêts allemands. La banque centrale unique, créée lors du passage à la monnaie unique, doit être plus

1. Le Danemark et le Royaume-Uni ont ratifié le traité de Maastricht avec des exceptions en matière monétaire : les fameuses clauses d'exemption (*opting out*). Ces dernières leur permettent notamment de conserver leur monnaie nationale.

attentive aux problèmes des autres pays, car ces derniers font désormais jeu égal avec l'Allemagne dans un système de souveraineté partagée en matière de politique monétaire.

- En raison de la libéralisation totale des mouvements de capitaux à l'intérieur de l'UE, il est préférable que les parités soient irrévocablement liées dans le cadre d'une monnaie unique. Il y a en effet peu à gagner, et beaucoup à perdre, à conserver des monnaies nationales liées entre elles par des parités fixes, mais ajustables. Un système de changes fixes prête le flanc à des attaques spéculatives violentes, à l'image de celles de 1992-1993. Si on souhaite combiner changes fixes et liberté des mouvements de capitaux, la monnaie unique est la meilleure solution.
- Comme nous l'avons évoqué précédemment, les dirigeants de l'UE espèrent que le traité de Maastricht garantisse la *stabilité politique* de l'Europe. Au-delà de ses fonctions purement économiques, la monnaie unique est destinée à devenir un symbole puissant de la volonté des pays européens de placer la coopération au-dessus des rivalités nationales. Dans cette optique, la nouvelle monnaie a pour effet d'aligner leurs intérêts, créant un terreau politique favorable à la paix sur le continent.

Les opposants au traité de Maastricht récusent ces effets positifs. Ils s'opposent surtout aux dispositions qui accordent davantage de pouvoir exécutif à l'UE. L'UEM est, à leurs yeux, révélatrice de la tendance des instances dirigeantes européennes à ignorer les problèmes nationaux, à s'ingérer dans les affaires locales et à œuvrer à la suppression des symboles de l'identité nationale (au premier rang desquels, la monnaie).

2 Euro et politique économique de la zone euro

De quelle façon les membres de l'UEM ont-ils été sélectionnés ? Comment les nouveaux membres sont-ils admis ? Comment les institutions financières et politiques qui dirigent la politique économique de la zone euro sont-elles structurées ? Telles sont les questions que nous allons aborder dans cette section[1].

2.1 Les critères de convergence de Maastricht

Le traité de Maastricht impose aux pays membres de l'UE de respecter plusieurs critères de convergence macroéconomique avant leur adhésion à l'UEM. Les critères les plus importants, pour chaque pays candidat, sont les suivants :

- Le taux d'inflation annuel ne doit pas être supérieur de plus de 1,5 point au taux d'inflation moyen des trois pays candidats affichant l'inflation la plus faible.
- Le taux de change doit avoir été maintenu à l'intérieur du mécanisme de change du SME sans dévaluation, pendant une période d'au moins deux ans précédant l'adhésion à l'UEM.
- Le déficit public ne doit pas dépasser 3 % du PIB, sauf circonstances exceptionnelles et temporaires.
- La dette publique doit se situer en dessous de 60 % du PIB ou se rapprocher de ce niveau.

Par ailleurs, selon le traité, les critères 3 et 4 doivent être surveillés par la Commission européenne après l'admission du pays dans l'UEM. Celle-ci peut notamment prendre des sanctions envers les pays qui ne respectent pas les règles budgétaires ou ne mettent pas en

1. Voir Kathryn M.E. Dominguez, « The European Central Bank, the Euro and Global Financial Markets », *Journal of Economic Perspectives*, 20, 2006, p. 67-88.

place les politiques nécessaires à leur respect. Tant la surveillance que les menaces de sanctions limitent le pouvoir des États en termes de politique budgétaire. Par exemple, un pays de l'UEM qui fait face à une récession, mais qui est lourdement endetté, peut se voir contraint de renoncer à une politique budgétaire expansionniste. Cette perte d'autonomie politique peut se révéler coûteuse, puisque les pays se privent déjà de leur politique monétaire nationale.

2.2 Le pacte de stabilité et de croissance

En 1997, les dirigeants européens négocient un **Pacte de stabilité et de croissance (PSC)**, qui resserre encore le corset budgétaire. Il impose aux États de la zone euro « d'avoir à moyen termes des budgets proches de l'équilibre ou excédentaires ». Il précise également le calendrier des sanctions financières imposées à ceux qui ne corrigeraient pas suffisamment vite les situations de déficits et de dettes « excessifs ». Le PSC n'a cependant jamais vraiment été appliqué de façon stricte.

Pourquoi définir des règles aussi contraignantes ? Avant de signer le traité de Maastricht, les pays à faible taux d'inflation (notamment, l'Allemagne) exigent certaines garanties, afin d'éviter que leurs partenaires de l'UEM ne soient tentés d'appliquer des politiques inflationnistes qui risqueraient d'affaiblir la future monnaie unique. Les architectes du traité craignent, en particulier, que des déficits et des dettes publics trop importants n'exposent la Banque centrale européenne à des pressions politiques pour qu'elle achète des titres de dette, ce qui impliquerait une hausse de l'offre de monnaie et donc l'inflation[1].

Il faut noter qu'en 1997, l'opinion publique allemande est encore très attachée au deutsche mark et majoritairement opposée à l'euro. L'Allemagne impose donc le PSC à ses partenaires, afin de convaincre les électeurs allemands que l'euro sera une monnaie aussi forte que le deutsche mark, c'est-à-dire légèrement inflationniste. Ironie de l'Histoire, l'Allemagne est l'un des premiers pays, avec la France, à violer les règles budgétaires du traité de Maastricht, ce qui abouti à l'assouplissement du PSC en mars 2005 (possibilité renforcée d'évoquer des « facteurs pertinents » pour décider si une procédure de déficit excessif doit être ouverte contre un pays, délais rallongés accordés aux pays fortement déficitaire pour revenir sous la barre des 3 % et ainsi éviter des sanctions, etc.)[2]. Quoiqu'il en soit, en 2008, les plans de sauvetage des banques, combinés aux plans de relance ont, partout en Europe, alourdi les déficits et eu raison du PSC.

2.3 La naissance de l'euro

En mai 1998, onze pays de l'UE satisfont aux critères de convergence et fondent l'UEM : l'Allemagne, l'Autriche, la Belgique, l'Espagne, la Finlande, la France, l'Irlande, l'Italie, le Luxembourg, les Pays-Bas et le Portugal. La Grande-Bretagne et le Danemark décident de ne pas adopter la monnaie unique. La Suède ne respecte pas le critère de stabilité du taux de change et n'a jamais été membre du SME. La Grèce ne remplit aucun critère en 1998. Son adhésion est donc retardée et devient effective le 1er janvier 2001.

1. Pour une analyse des efforts consentis par les pays européens afin de respecter les critères de convergence juste avant la naissance de l'euro, voir Maurice Obstfeld, « Europe's Gamble », *Brookings Papers on Economic Activity*, 2, 1997, p. 241-317.
2. Un rapport du Conseil d'analyse économique réunit de nombreuses contributions sur les questions soulevées par le PSC. Voir « Réformer le Pacte de stabilité et de croissance ? », *Rapport du CAE*, n° 52, La Documentation française, 2004 (disponible gratuitement sur Internet).

Encadré 20.1

Quelle identité pour la monnaie européenne ?

Trouver une identité à la monnaie européenne n'a pas été simple. Quel nom lui donner ? Quels symboles faire figurer sur les pièces et les billets ?

Certains dirigeants européens souhaitaient conserver un symbole national sur les billets imprimés par leur banque centrale, bien que ces derniers soient destinés à être utilisés dans toute l'Europe. Le compromis final abandonne cette idée pour les billets, mais la conserve pour les pièces. Ces dernières ont donc sur une face un symbole national, et sur l'autre un symbole européen. Les billets symbolisent, quant à eux, l'héritage culturel européen. Les motifs retenus ont été annoncés en 1996 au Conseil européen de Dublin : « Au recto de chaque billet, fenêtres et portails symbolisent l'esprit d'ouverture et de coopération qui règne au sein de l'Union européenne. Les douze étoiles du drapeau européen symbolisent le dynamisme et l'harmonie de l'Europe. Au verso est représenté un pont, symbole de la coopération et de la communication étroites entre les peuples européens, ainsi qu'entre l'Europe et le reste du monde. » Aucun des monuments qui figurent sur ces billets n'existent réellement.

Le nom de la nouvelle monnaie n'a pas non plus été plus facile à trouver. Le traité de Maastricht fait référence à l'ECU (*European Currency Unit*, unité monétaire européenne), le panier de monnaie qui a servi jusqu'en 1998 d'unité de compte et qui a été créé en 1979, en même temps que le Système monétaire européen. Conserver ce nom ne semble toutefois pas judicieux. D'abord, parce qu'il s'agit d'une nouvelle monnaie, et pour marquer la rupture avec l'ancien système, mieux vaut utiliser un nouveau nom. Ensuite, l'ECU s'est déprécié fortement face au deutsche mark, ce qui n'est pas très encourageant du point de vue allemand. Le chancelier allemand Helmut Kohl aurait, en outre, fait remarquer que « *ein ECU* » ressemble trop à « *eine Kuh* », qui désigne une vache en allemand. Enfin, l'ECU évoque une ancienne monnaie française, l'écu, frappée sous Saint Louis.

De nombreuses propositions circulent donc pour le nom de la monnaie commune, comme le *franken*, le *shilling*, le *ducat* ou le *taler*. Il est même question de baptiser la monnaie unique *money*, ce qui n'aurait pas déplu aux Britanniques, ni aux Français (en référence à Jean Monnet). La monnaie unique est finalement baptisée « euro » en décembre 1995. Mais ce choix ne fait pas l'unanimité. Les Grecs souligne notamment la proximité phonétique avec le mot grec signifiant « urine » (*Le Figaro*, 30 avril 1998).

Un nouveau problème se pose en mai 2004, avec l'entrée de dix nouveaux membres dans l'UE. Il avait été préalablement décidé que l'orthographe serait le même dans tous les pays, sauf en Grèce (qui n'utilise pas l'alphabet romain, et où *euro* s'écrit ευρω). Cependant, dans cinq des pays entrés dans l'UE en 2004, d'autres termes existent déjà pour désigner l'euro : par exemple, *euras* en Lituanie (*euro* ayant une autre signification). Les diplomates européens décident donc que si la lettre *o* n'est pas nécessaire, tous les noms utilisés pour désigner la monnaie unique doivent commencer par *eur-*. Mais ce compromis ne résout pas vraiment le problème des Lettons, car la diphtongue « eu » n'existe pas dans la langue lettone. Des problèmes plus urgents se posent avec l'élargissement, et il a été convenu que la Lettonie règle ce problème elle-même.

Depuis, la Slovénie (le 1er janvier 2007), Chypre et Malte (le 1er janvier 2008) et la Slovénie (le 1er javier 2009) ont aussi rejoint l'UEM.

Les trois premières années, entre le 1er janvier 1999 et le 1er janvier 2002, constituent une période transitoire, où les pièces et les billets de chaque pays circulent encore. L'euro n'est alors utilisé que sous forme scripturale, le temps de laisser les agents se faire à la nouvelle monnaie. Le tableau 20.1 donne les taux de conversion irrévocables des monnaies nationales par rapport à l'euro. Ces dernières sont progressivement retirées de la circulation durant le 1er semestre 2002, laissant place aux pièces et aux billets en euros (voir encadré).

Tableau 20.1 : Taux de conversion irrévocables des monnaies nationales par rapport à l'euro

Ancienne monnaie nationale	Date d'entrée	Valeur d'un euro (€)
Mark allemand	1999	1,95583
Schilling autrichien	1999	13,7603
Franc belge	1999	40,3399
Livre chypriote	2008	0,585274
Peseta espagnole	1999	166,386
Mark finlandais	1999	5,94573
Franc français	1999	6,55957
Drachme grecque	2001	340,750
Livre irlandaise	1999	0,787564
Lire italienne	1999	1 936,27
Franc luxembourgeois	1999	40,3399
Livre maltaise	2008	0,4293
Florin néerlandais	1999	2,20371
Escudo portugais	1999	200,482
Couronne slovaque	2009	30,126
Tolar slovène	2007	239,64

2.4 Le système européen de banques centrales (SEBC)

Le Système européen de banques centrales (SEBC) gère la politique monétaire de la zone euro. Il est constitué de la Banque centrale européenne (BCE), dont le siège est à Francfort, et des douze banques centrales nationales (BCN). Les décisions de politique monétaire sont prises par le Conseil des gouverneurs, qui réunit les gouverneurs des banques centrales nationales et les membres du directoire. Ce dernier est composé du président de la BCE, d'un vice-président et de quatre autres membres, désignés d'un commun accord par les chefs d'État ou de gouvernement des pays membres de la zone euro[1]. Le Conseil des gouverneurs se réunit habituellement deux fois par mois.

Les auteurs du traité de Maastricht avaient pour ambition de créer une banque centrale indépendante, libérée des influences politiques pouvant mener à une politique inflationniste. L'objectif principal du SEBC consiste à maintenir la stabilité des prix[2].

1. Les membres du directoire bénéficient d'un mandat de huit ans non renouvelable. Depuis le 1er novembre 2003, le président de la BCE est Jean-Claude Trichet, qui a succédé à Wim Duisenberg.
2. Les performances de la Banque centrale européenne depuis sa création jusqu'en 2002 sont examinées par Patrick Artus et Charles Wyplosz, « La Banque centrale européenne », *Rapport du CAE*, n° 38, La Documentation française, 2002 (disponible gratuitement sur Internet).

Le traité de Maastricht prévoit de nombreuses précautions afin de protéger la politique monétaire des influences politiques. De plus, cas unique au monde, le SEBC opère au niveau supranational, ce qui empêche les États membres de la zone d'euro d'exercer des pressions (voir encadré).

Aux États-Unis par exemple, le Congrès pourrait facilement voter des lois réduisant l'indépendance de la Fed. Le SEBC est, certes, tenu d'informer régulièrement le Parlement européen de ses activités, mais ce dernier ne peut changer ses statuts. Cela nécessiterait un amendement au traité de Maastricht, approuvé par l'ensemble des Parlements des pays membres. D'ailleurs, on reproche souvent au traité d'être allé trop loin : la volonté de garantir l'indépendance du SEBC l'aurait soustrait au contrôle démocratique. Cette position singulière, qui fait que le SEBC n'a pas à rendre compte aux citoyens de ces décisions, pourrait à terme le rendre particulièrement impopulaire.

Encadré 20.2

L'Eurosystème

Base juridique

Le terme « Eurosystème » désigne, au sein du SEBC, l'ensemble composé par la BCE et les BCN des États membres ayant adopté l'euro. Il est dirigé par le Conseil des gouverneurs et le directoire de la BCE.

Les BCN des États membres ne participant pas à la zone euro font, quant à elles, partie du SEBC, tout en disposant d'un statut particulier. Elles sont habilitées à conduire une politique monétaire nationale et ne participent pas à la prise des décisions concernant la politique monétaire unique de la zone euro, ni à leur mise en œuvre.

Conformément à l'article 107 du traité, le SEBC est dirigé par le Conseil général de la BCE, troisième organe dirigeant aussi longtemps que certains États membres de l'UE n'ont pas encore adopté l'euro.

La BCE est instituée le 1er juin 1998, conformément à l'article 8 du traité instituant la Communauté européenne. Elle est dotée de la personnalité juridique.

Objectifs et missions

L'objectif principal de l'Eurosystème, conformément à l'article 105, paragraphe 1 du traité – qui mentionne le SEBC plutôt que l'Eurosystème, puisqu'à terme, tous les États membres du SEBC sont censés adopter l'euro – est de maintenir la stabilité des prix. L'Eurosystème apporte son soutien aux politiques économiques générales dans la Communauté et agit conformément aux principes d'une économie de marché ouverte.

Les missions fondamentales relevant du SEBC/Eurosystème sont énumérées à l'article 105, paragraphe 2 du traité et à l'article 3.1 des statuts :

- définir et mettre en œuvre la politique monétaire de la Communauté ;
- conduire les opérations de change ;
- détenir et gérer les réserves officielles de change des États membres ;
- et promouvoir le bon fonctionnement des systèmes de paiement.

☞

Encadré 20.2 (suite)

De plus, le SEBC contribue à la bonne conduite des politiques menées par les autorités compétentes en ce qui concerne le contrôle prudentiel des établissements de crédit et la stabilité du système financier.

Il remplit également une fonction consultative auprès de la Communauté et des autorités nationales dans les domaines relevant de sa compétence, en particulier pour les projets de loi, directives et règlements relatifs aux domaines financiers.

Enfin, en vue d'assurer les missions du SEBC, la BCE, assistée par les BCN, collecte les informations statistiques nécessaires, soit auprès des autorités nationales compétentes, soit directement auprès des agents économiques.

Par ailleurs, elle dispose d'instruments juridiques spécifiques qui lui permettent d'assurer ses missions et de garantir pleinement son indépendance.

Le principe d'indépendance

Les membres des organes de décision n'agissent pas en qualité de représentants nationaux, mais en toute indépendance.

Dans l'exercice des pouvoirs et l'accomplissement des missions qui leur ont été transférées, ni la BCE, ni une BCN, ni un membre quelconque de leurs organes de décision ne peuvent solliciter ni accepter d'instructions d'un organe extérieur. Les institutions et organes communautaires, ainsi que les gouvernements des États membres s'engagent à ne pas chercher à influencer les membres des organes de décision de la BCE ou des BCN dans l'accomplissement de leurs missions.

Les statuts prévoient les mesures suivantes pour garantir la stabilité de la fonction des gouverneurs des BCN et des membres du directoire :

- un mandat d'une durée au moins égale à cinq ans pour les gouverneurs ;
- un mandat non renouvelable d'une durée de huit ans pour les membres du directoire (il convient de noter que les mandats ont été échelonnés pour les membres du premier directoire autres que le président, afin d'assurer la continuité de cet organe) ;
- un gouverneur ne peut être relevé de ses fonctions que s'il ne remplit plus les conditions nécessaires à l'exercice de ses fonctions ou s'il a commis une faute grave.

La Cour de justice des communautés européennes est compétente pour traiter les litiges dans ce domaine.

Source : Banque de France (extraits).

2.5 Le mécanisme de taux de change MTC 2

Pour les pays de l'UE qui ne sont pas encore membres de l'UEM, un mécanisme de change – baptisé officiellement MTC 2[1], mais on parle couramment du SME bis – définit des marges de fluctuation du taux de change assez larges par rapport à l'euro (± 15 %). Il précise également les accords d'interventions réciproques des banques centrales, le cas

1. On trouve aussi, dans certaines publications officielles, l'acronyme MCE 2, pour « mécanisme de change européen ».

échéant, pour respecter ces objectifs de change. Le Danemark (et la Grèce par exemple jusqu'en 2002) participe au SME bis.

Le SME bis est perçu comme une nécessité pour empêcher les membres de l'UE hors zone euro de se livrer à des dévaluations compétitives contre l'euro. Il permet également aux pays qui souhaitent rejoindre l'UEM de satisfaire aux critères de convergence du traité de Maastricht. Avec ce mécanisme, la Banque centrale européenne ou la banque centrale d'un pays de l'UE hors zone euro peut décider de suspendre les opérations de stabilisation du taux de change vis-à-vis de l'euro, si celles-ci menacent la stabilité des prix domestiques. Le SME bis est donc un mécanisme asymétrique : les pays périphériques se rattachent à l'euro et s'ajustent passivement aux décisions de la BCE sur les taux d'intérêt.

3 La théorie des zones monétaires optimales

L'intégration monétaire européenne a sans conteste permis de faire avancer les idéaux *politiques* des « pères fondateurs », en donnant à l'UE une place plus importante sur la scène internationale. La survie et le développement futur de l'expérience monétaire européenne dépendent, toutefois, de sa capacité à aider les pays membres à atteindre leurs objectifs *économiques*. Il est plus difficile sur ce point de tirer des conclusions très claires, car les changes fixes s'accompagnent, pour chaque pays, d'avantages et d'inconvénients.

Un pays peut amortir certains chocs économiques en laissant son taux de change s'ajuster (voir chapitre 19). Mais la flexibilité des changes peut avoir des conséquences négatives, comme une plus grande incertitude sur les prix relatifs futurs ou une hausse de l'inflation. Afin de peser le pour et le contre, il est nécessaire de disposer d'un modèle qui permette de comparer les sacrifices consentis en termes de capacité stabilisatrice et les gains en termes d'efficacité et de crédibilité.

Dans cette section, nous montrons que les bénéfices et les coûts liés à l'adhésion à une zone de changes fixes dépendent du niveau d'intégration économique des différents partenaires potentiels. Selon la théorie des **zones monétaires optimales**, les zones de changes fixes fonctionnent mieux lorsque les régions sont fortement intégrées, avec des liens commerciaux forts et une grande mobilité des facteurs de production[1].

3.1 Bénéfices d'une zone de changes fixes : la courbe GG

Prenons le cas de la Norvège – qui, rappelons-le, n'adhère pas à la zone euro. Nous allons examiner les raisons qui pourraient la conduire à adhérer à une zone de changes fixes, en nous aidant d'un graphique.

Construisons d'abord la courbe *GG*, qui traduit la relation entre les bénéfices que la Norvège tire de l'ancrage de sa monnaie (la couronne) à la monnaie unique européenne et l'intensité de ses rapports commerciaux avec cette zone.

En premier lieu, les régimes de changes fixes simplifient les calculs économiques et rendent les transactions internationales moins risquées que lorsque les taux de change sont flottants. Lorsqu'un pays rejoint un régime de changes fixes, le **gain d'efficacité monétaire** équivaut aux économies liées à la suppression de l'incertitude et des coûts de transaction

1. Voir l'article pionnier de Robert A. Mundell, « The Theory of Optimum Currency Area », *American Economic Review*, 51, septembre 1961, p. 717-725.

que l'on supporte inévitablement lorsque les parités sont flottantes. En pratique, il est difficile de chiffrer ce gain, mais plus la Norvège commerce avec la zone euro, plus il est élevé. Par exemple, si ses échanges avec cette zone représentent 50 % de son PIB, contre seulement 5 % avec les États-Unis, un taux de change fixe couronne/euro offre aux Norvégiens des gains d'efficacité plus élevés qu'un taux couronne/dollar. Ces gains sont d'autant plus élevés que les facteurs de production peuvent se déplacer librement entre la Norvège et la zone euro. Les Norvégiens qui investissent dans cette zone peuvent mieux prévoir la rentabilité de leurs investissements. De même, ceux qui travaillent dans les pays de la zone euro gagnent à ce que la stabilité de leurs revenus soit garantie par un taux de change fixe.

On peut donc conclure qu'*un haut degré d'intégration économique entre un pays et une zone de changes fixes augmente le gain d'efficacité monétaire de ce pays lorsqu'il fixe son taux de change par rapport aux monnaies de cette zone.* Plus les échanges transfrontaliers sont importants et plus les facteurs de production sont mobiles, plus le bénéfice à tirer d'un régime de changes fixes est élevé.

À la figure 20.3, la courbe *GG* illustre la relation entre le degré d'intégration d'un pays à une zone de changes fixes et les gains d'efficacité monétaires en cas d'adhésion à cette zone. L'axe des abscisses mesure l'intégration économique du pays à la zone de changes fixes et l'axe des ordonnées, les gains d'efficacité en cas d'adhésion. Cette courbe est croissante, ce qui signifie que les gains sont liés positivement au degré d'intégration économique.

Dans cet exemple, nous supposons que le niveau des prix dans la zone euro est stable et prévisible. Si ce n'est pas le cas, tous les bénéfices tirés de l'adhésion de la Norvège à cette zone seraient annulés par une plus grande variabilité des prix norvégiens après son adhésion. Un autre problème peut également se poser si les agents économiques doutent de la crédibilité de la Norvège à respecter le taux de change fixe. Dans ce cas, l'incertitude sur le taux de change demeurerait la même, et le gain d'efficacité monétaire serait donc plus faible. Mais si les prix dans la zone euro sont stables et que l'engagement de la Norvège est ferme, alors en rattachant sa monnaie à l'euro, elle bénéficiera de la stabilité du taux de change. Ces bénéfices seront d'autant plus élevés que ses liens commerciaux avec la zone seront forts.

Nous avons vu qu'un pays peut également vouloir rejoindre une zone monétaire afin de tirer parti de la politique anti-inflationniste de cette dernière. Si son économie est déjà bien intégrée à celle de la zone à inflation basse, il peut encore mieux contrôler son inflation domestique. Une forte intégration économique mène, en effet, à une convergence des prix au niveau international, ce qui diminue les variations de prix au sein du pays qui souhaite adhérer. Il s'agit d'un bénéfice supplémentaire de l'intégration économique à une zone de changes fixes.

3.2 Coûts d'une zone de changes fixes : la courbe LL

L'appartenance à une zone de changes fixes peut présenter certains inconvénients, même dans le cas d'une zone à faible inflation. Rappelons que ces coûts résultent du renoncement à toute possibilité d'utiliser son taux de change et sa politique monétaire en vue de stabiliser son produit intérieur et son niveau d'emploi. Cette **perte de stabilité économique**, comme le gain d'efficacité monétaire, est liée à l'intégration économique du pays au sein de la zone. Nous pouvons construire une seconde courbe, *LL*, pour représenter ce lien.

Lorsque nous avons présenté les mérites respectifs des régimes de changes fixes et de changes flottants (voir chapitre 19), nous avons conclu qu'un taux de change flottant est plus avantageux qu'un taux de change fixe en cas de perturbations sur le marché des biens et des services (mouvement de *DD*). Précisons que les perturbations économiques auxquelles nous nous intéressons ici sont celles qui agissent davantage sur le pays domestique que sur ses partenaires (les chocs qui concernent de la même manière tous les pays ont les mêmes effets que l'on soit en changes flottants ou en changes fixes). Ces perturbations qui n'ont pas le même impact pour tous les pays sont qualifiées de « chocs asymétriques ».

Le taux de change flottant permet d'amortir automatiquement les effets des chocs asymétriques sur le produit intérieur et le marché du travail, en modifiant les prix relatifs des biens domestiques et étrangers. De plus, lorsque le taux de change est fixe, les efforts de stabilisation volontaires sont plus difficiles, car la politique monétaire n'a pas le pouvoir d'influer sur le produit intérieur (voir chapitre 17). Il paraît donc logique que les mouvements de la courbe *DD* aient des effets plus importants sur une économie où le taux de change est fixe. La perte de stabilité économique correspond à l'instabilité *supplémentaire* causée par le taux de change fixe[1].

Afin de construire la courbe *LL* (voir figure 20.3), il faut comprendre comment le niveau d'intégration de la Norvège à la zone euro détermine la perte de stabilité économique. Imaginons que la Norvège rattache sa monnaie à l'euro et qu'il y ait une baisse de la demande globale pour les produits norvégiens – donc un déplacement de la courbe *DD* vers la gauche. Si les courbes *DD* des autres pays de la zone euro se déplacent simultanément vers la gauche, l'euro se dépréciera par rapport aux autres monnaies, en raison du mécanisme de stabilisation automatique. Insistons une nouvelle fois sur le fait que le problème se posera pour la Norvège uniquement en cas de choc asymétrique, c'est-à-dire si elle est plus sévèrement touchée par la baisse de la demande globale. C'est le cas, par exemple, si la demande mondiale de pétrole, un des principaux produits d'exportation de la Norvège, diminue (sachant que la plupart des autres pays européens ne sont pas producteurs de pétrole).

Comment la Norvège s'ajuste-t-elle à un choc de ce type ? Puisque l'euro ne souffre d'aucune pression à la baisse, la couronne rattachée à l'euro reste stable par rapport aux autres monnaies étrangères. Le plein emploi ne peut être restauré en Norvège qu'après une période de récession, durant laquelle le prix des biens norvégiens et les salaires diminuent.

---

1. Lorsque la Norvège fixe de manière unilatérale son taux de change par rapport à l'euro mais laisse la couronne flotter par rapport aux autres monnaies, on pourrait penser qu'elle conserve au moins une part de son indépendance monétaire. Cette intuition est toutefois erronée. En effet, toute décision de changer l'offre de monnaie aurait une incidence sur les taux de change entre la couronne et les autres monnaies, et donc sur le taux de change fixe entre la couronne et l'euro. En rattachant la couronne à une seule monnaie étrangère, la Norvège renonce totalement à une politique monétaire indépendante. Ce résultat a cependant un aspect positif pour la Norvège : après le rattachement de la couronne à l'euro, une perturbation sur le marché monétaire domestique (mouvement de la courbe *AA*) n'aura pas d'impact sur le produit intérieur et ce, malgré le taux de change flottant vis-à-vis des monnaies autres que l'euro. Pourquoi ? Comme le taux d'intérêt norvégien doit être égal à celui de la zone euro, tout mouvement de la courbe *AA* provoque immédiatement une entrée ou une sortie des réserves, qui laisse le taux d'intérêt inchangé (voir chapitre 19). Un simple rattachement de la couronne à l'euro suffit donc à fournir une stabilité automatique contre tout choc monétaire affectant la courbe *AA*. C'est aussi pourquoi nous nous concentrons sur les mouvements de la courbe *DD*.

Quelle est la relation entre la gravité de cette crise et le niveau d'intégration économique entre la Norvège et la zone euro ? En fait, plus cette intégration est profonde et plus la récession est facile à supporter, et ce pour deux raisons. D'abord, si la Norvège a des liens commerciaux forts avec la zone euro, une baisse du prix de ses biens entraînera une hausse de la demande des pays de la zone euro pour les produits norvégiens (variation relativement conséquente au vu de la taille modeste de ce pays). Le retour au plein emploi sera donc rapide. Ensuite, si les marchés du travail et des capitaux norvégiens sont bien intégrés à ceux de la zone euro, les demandeurs d'emploi pourront facilement traverser la frontière pour trouver du travail ailleurs et les capitaux norvégiens pourront être investis plus profitablement dans d'autres pays. La libre circulation des facteurs de production permet donc de réduire la gravité de la récession, l'augmentation du taux de chômage et la diminution des revenus pour les investisseurs[1].

Cette conclusion prévaut également si la Norvège subit une augmentation de la demande pour ses produits (déplacement de *DD* vers la droite) : si elle est intégrée à la zone euro, une légère augmentation des prix des biens norvégiens, associée à des mouvements de capitaux et de travailleurs étrangers dans ce pays, élimine rapidement la demande excédentaire pour les produits norvégiens.

Si la Norvège entretient des liens commerciaux forts avec des pays n'appartenant pas à la zone euro, elle pourrait également supporter facilement des mouvements spécifiques de la courbe *DD*. Cependant, une intégration plus poussée avec ces pays est à double tranchant : elle présente autant d'avantages que d'inconvénients pour la stabilité macroéconomique du pays. En effet, lorsque la couronne est rattachée à l'euro, les perturbations de la zone euro qui modifient le taux de change de l'euro auront d'autant plus de répercussions sur l'économie norvégienne que ses liens commerciaux avec des pays extérieurs à la zone seront importants. Ces répercussions seront analogues à une augmentation des variations de la courbe *DD* norvégienne, ce qui accroîtra la perte de stabilité économique du pays. Quoi qu'il en soit, ces arguments ne modifient pas notre conclusion : plus la Norvège est économiquement intégrée à la zone euro, plus la perte de stabilité liée au rattachement de la couronne à l'euro diminue.

Une considération supplémentaire renforce l'argument développé précédemment : si les importations en provenance de la zone euro représentent une large part de la consommation des travailleurs norvégiens, toute variation du taux de change de la couronne vis-à-vis de l'euro sera rapidement répercutée sur les salaires nominaux norvégiens, ce qui annulera les effets sur l'emploi. Ainsi, une dépréciation de la couronne par rapport à l'euro

---

1. Les usines et les équipements lourds sont difficiles à exporter vers d'autres pays. Les propriétaires norvégiens de ce type de facteurs de production immobiles souffriront donc d'une baisse de rentabilité si la demande pour les produits norvégiens baisse. Si le marché des capitaux norvégiens est suffisamment intégré à celui de ses voisins de la zone euro, les norvégiens investiront une partie de leurs richesses à l'étranger, pendant que des étrangers achèteront une partie des actifs norvégiens. Grâce à ce processus de diversification internationale des placements (voir chapitre 21), les variations non anticipées des profits tirés d'investissement en Norvège seront supportées par des investisseurs de différentes pays. Donc si l'économie norvégienne est ouverte aux capitaux étrangers, mêmes les propriétaires de capitaux immobiles pourront éviter de supporter seuls la perte de stabilité économique causée par l'adoption d'un taux de change fixe. Toutefois, lorsque la mobilité internationale du marché du travail est faible ou inexistante, une hausse de la mobilité des capitaux ne permet pas nécessairement de réduire la perte de stabilité économique (voir l'encadré en fin de chapitre).

provoquera une chute du niveau de vie norvégien. Les employés norvégiens demanderont certainement une augmentation de leurs salaires. Dans cette situation, la stabilité macroéconomique additionnelle que la Norvège gagnerait en régime de changes flottants est négligeable. Ce pays a donc peu à perdre à ancrer sa monnaie à l'euro.

En conclusion, *un haut degré d'intégration économique entre un pays et une zone de changes fixes réduit la perte de stabilité économique qui résulte des perturbations du marché des biens et des services.* Cela se traduit par la pente négative de la courbe *LL*.

3.3 La décision de rejoindre une zone monétaire : les courbes GG et LL

La figure 20.3 combine les courbes *GG* et *LL*, afin d'illustrer les circonstances dans lesquelles la Norvège a intérêt à rejoindre la zone euro. Elle indique que ce pays devrait fixer sa monnaie à l'euro lorsque le niveau d'intégration économique entre le marché norvégien et celui de la zone euro est au moins égal à θ_1, abscisse du point d'intersection *1* de *GG* et *LL*.

Figure 20.3 • Quand rejoindre une zone de changes fixes ?

La courbe *GG*, croissante, montre que les gains d'efficacité monétaire d'un pays adhérant à une zone de changes fixes augmentent avec son degré d'intégration économique à la zone.

La courbe *LL*, décroissante, montre que la perte de stabilité économique d'un pays adhérant à une zone de changes fixes diminue avec son degré d'intégration économique à la zone.

L'intersection de *GG* et *LL* au point 1 détermine le point d'intégration économique critique, θ_1, entre la zone de changes fixes et un pays qui songe à rejoindre cette zone. Pour tout niveau d'intégration supérieur à θ_1, l'adhésion amène un gain économique net pour le pays.

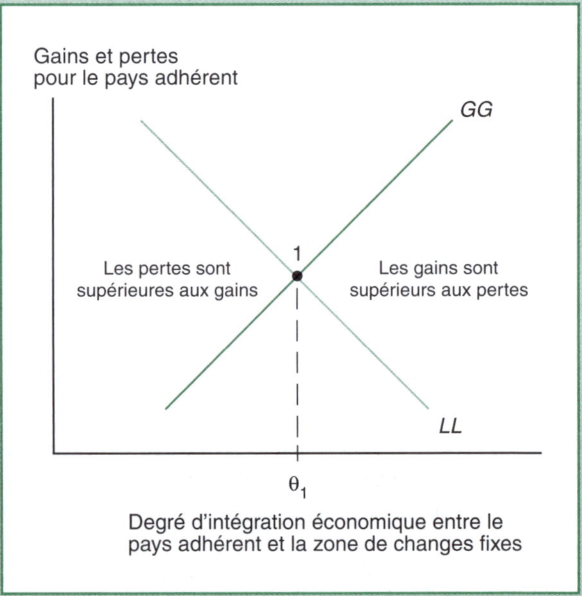

Lorsque le degré d'intégration économique est inférieur à θ_1, la courbe *GG* se trouve en dessous de *LL* : les pertes dues à l'instabilité de la production et de l'emploi sont supérieures aux gains d'efficacité monétaire. Dans ce cas, la Norvège a tout intérêt à rester hors de la zone. À l'inverse, lorsque le degré d'intégration dépasse le niveau θ_1, les gains d'efficacité monétaire mesurés par *GG* sont supérieurs aux pertes de stabilité mesurées par *LL*. En rattachant sa monnaie à l'euro, la Norvège réalise donc un bénéfice net.

Le modèle *GG-LL* permet également d'examiner comment les modifications de l'environnement économique influent sur l'intérêt qu'un pays porte au rattachement de sa monnaie à une zone monétaire. Considérons, par exemple, un accroissement de l'ampleur et de la fréquence des fluctuations de la demande pour les exportations du pays : il fera passer *LL* du niveau LL^1 au niveau LL^2 (voir figure 20.4). Donc, quel que soit le niveau d'intégration économique, l'instabilité supplémentaire du taux de chômage et du produit intérieur liée à l'adhésion à la zone est plus élevée. Par conséquent, le niveau d'intégration économique qui détermine l'entrée dans la zone monétaire augmente, passant à θ_2. Toutes choses égales par ailleurs, en cas de hausse de l'instabilité du marché des biens et des services, les pays sont moins enclins à rejoindre une zone de changes fixes. Cela explique pourquoi, après le choc pétrolier de 1973, les pays membres ne souhaitaient guère rétablir le système de changes fixes de Bretton Woods (voir chapitre 19).

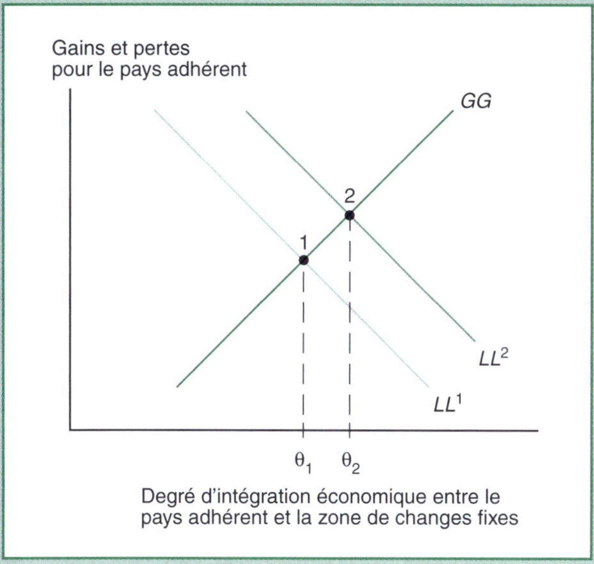

Figure 20.4 • Une augmentation des fluctuations du marché des biens et services.

Une augmentation de la fréquence et de l'ampleur des perturbations du marché des biens et services propres au pays adhérent déplace la droite *LL* de LL^1 à LL^2. Pour un niveau donné d'intégration économique avec la zone de changes fixes, la perte de stabilité économique consécutive à la fixation du change s'accroît. Le déplacement de *LL* fait augmenter le niveau d'intégration économique à partir duquel le pays décide de rejoindre la zone de changes fixes, en faisant passer ce niveau à θ_2.

3.4 L'Europe est-elle une zone monétaire optimale ?

Le modèle *GG-LL* permet de construire la théorie des zones monétaires optimales. Les zones monétaires optimales sont des ensembles régionaux intégrés, où les échanges commerciaux sont intenses et la mobilité des facteurs de production forte. Comme nous venons de le voir, lorsque ces conditions sont réunies, les pays ont tout intérêt à partager des changes fixes.

Ainsi, il est logique que les parités entre les États-Unis, le Japon et l'Europe soient flexibles. Ces régions ont certes des liens commerciaux, mais ceux-ci sont modestes au regard de leur PIB. En 2006, par exemple, le commerce de biens entre les États-Unis et l'UE (moyenne des importations et des exportations) est égal à 2 % seulement du PIB américain. Les échanges commerciaux avec le Japon sont encore plus faibles. De plus, la mobilité des travailleurs entre ces pays reste très faible.

En revanche, la question peut légitimement se poser pour les pays européens : l'Europe constitue-t-elle une zone monétaire optimale ? Pour y répondre, nous allons examiner successivement l'intensité du commerce intra-européen, le degré de mobilité des facteurs de production, la similarité des structures économiques et le fédéralisme fiscal.

L'intensité du commerce intra-européen. En janvier 1999, lors du lancement de l'euro, les pays de l'UE exportent entre 10 et 20 % de leur production vers d'autres pays membres. Ces chiffres sont très supérieurs à ceux du commerce entre les États-Unis et l'Europe, mais inférieurs à ceux des échanges entre États américains. Il est, certes, impossible de retenir un seuil critique, mais le niveau du commerce intra-européen en 1999 semble insuffisant pour conclure que l'UE constitue alors une zone monétaire optimale.

Toutefois, l'intégration économique européenne n'est pas encore parvenue à son terme. Le commerce intra-européen a pendant longtemps été limité par des contraintes réglementaires, dont la plupart ont été levées en 1992. Ces réformes ont mis du temps à produire leurs effets. Pour certains biens de consommation, comme l'électroménager, la convergence des prix en Europe a été rapide, mais d'autres produits, comme les voitures, se vendent encore à des prix très différents selon les pays. Une explication possible, avancée par les tenants de l'euro, est que ces différences de prix étaient dues à des problèmes de change qui disparaîtraient avec la monnaie unique. Charles Engel et John Rogers ont montré que les prix en Europe ont bien convergé dans les années 1990, mais l'introduction de l'euro n'a pas accéléré cette convergence[1].

La dynamique du commerce intra-européen invite à l'optimiste (voir figure 20.5). Le niveau des échanges fluctue beaucoup depuis le milieu des années 1980, mais la tendance est à la hausse, en particulier après le passage à la monnaie unique, ce qui suggère que cette dernière a encouragé le commerce entre pays membres de l'UE, les rapprochant d'une zone monétaire optimale[2].

Figure 20.5 • Commerce intra-zone euro en pourcentage du PIB.

Le commerce entre pays membres de l'UE a augmenté depuis la mise en place de l'euro en 1999. Le commerce d'un pays membre de l'UE avec d'autres pays membres est défini comme la moyenne de ses importations et exportations avec ces pays. Le résultat obtenu est calculé en divisant l'ensemble du commerce intra-européen par le PIB européen.

Sources : Base Chelem, CEPII.

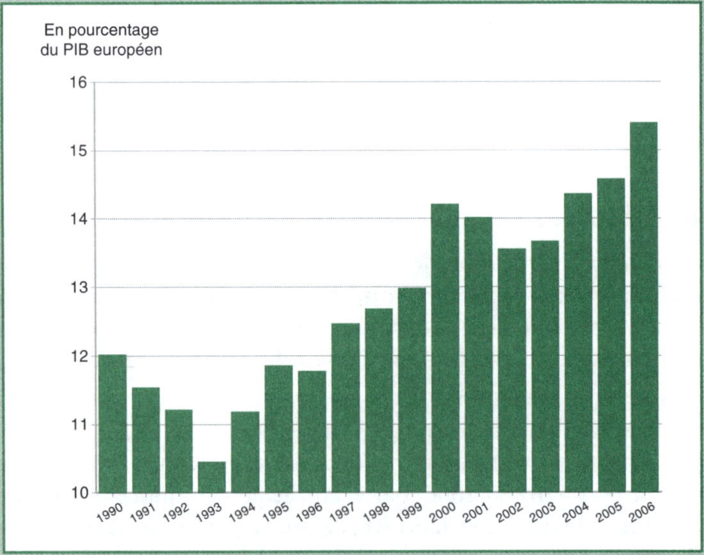

1. Charles Engel et John Rogers, « European Product Market Integration after the Euro », *Economic Policy*, 39, juillet 2004, p. 347-381.
2. Cette hypothèse est soutenue par certaines études économétriques, par exemple Alejandro Micco, Ernesto Stein et Guillermo Ordonez, « The Currency Union Effect on Trade : Early Evidence from EMU », *Economic Policy*, 37, octobre 2003, p. 315-356.

Certains travaux suggèrent, enfin, que la monnaie unique pourrait avoir un effet important sur le développement des échanges commerciaux (voir encadré).

Les travailleurs européens sont-ils suffisamment mobiles ? Les principaux obstacles à la mobilité des travailleurs en Europe ne sont pas les contrôles frontaliers, mais les différences linguistiques et culturelles entre pays membres. Dans une étude économétrique, Barry Eichengreen a démontré que les différentiels de taux de chômage entre les états américains étaient moins importants et duraient moins longtemps qu'entre les pays de l'UE[1].

En Europe, la mobilité des travailleurs est limitée, parfois en raison des réglementations en vigueur. Ainsi, dans certains pays, ils ne peuvent recevoir d'indemnités chômage qu'après un certain délai de résidence, ce qui n'incite pas les chômeurs à chercher du travail dans d'autres régions. Le tableau 20.2 présente la fréquence des déménagements dans trois grands pays européens, ainsi qu'aux États-Unis. Il convient d'interpréter ces chiffres avec précaution, car la définition d'une « région » n'est pas la même aux États-Unis et en Europe. Ils suggèrent néanmoins que les Américains se déplacent plus facilement que leurs homologues européens[2].

Tableau 20.2 : Travailleurs déménageant d'une région à une autre dans les années 1990 (en pourcentage de la population totale)

Allemagne	États-Unis	Grande-Bretagne	Italie
1,1	3,1	1,7	0,5

Source : Peter Huber, « Inter-regional Mobility in Europe : A Note on the Cross-Country Evidence », *Applied Economics Letters*, 11, août 2004, p. 619-624 ; « Geographical Mobility, 2003-2004 », ministère du Commerce américain, mars 2004. Les données sont de 1996 pour la Grande-Bretagne, 1990 pour l'Allemagne, 1999 pour l'Italie et les États-Unis.

Autres éléments à prendre en considération. Bien que le modèle *GG-LL* soit utile pour étudier les zones monétaires optimales, il ne permet pas d'appréhender la réalité dans son ensemble. Deux autres éléments peuvent influer sur notre évaluation des performances passées et à venir de la zone euro.

La similarité des structures économiques. D'après le modèle *GG-LL*, un pays de la zone monétaire qui commerce intensément avec les autres pays membres réagit mieux aux chocs asymétriques. Mais ce modèle ne nous apprend rien sur la possibilité de réduire la fréquence et l'ampleur de ces chocs.

L'un des éléments clés permettant de minimiser les chocs asymétriques est la similarité des structures économiques entre les pays. Comme le montre l'importance du commerce intrabranche (commerce croisé de biens similaires) en Europe (voir chapitre 6),

1. Eichengreen, « One Money for Europe ? Lessons of the US Currency Union », *Economic Policy*, 10, avril 1990, p. 118-166. D'autres études ont montré que le chômage régional aux États-Unis était résorbé grâce aux migrations de travailleurs et que les salaires régionaux ne s'ajustaient pas. Cette structure du marché du travail n'est guère envisageable en Europe, du moins dans un futur proche. Voir Olivier J. Blanchard et Lawrence F. Katz, « Regional Evolutions », *Brookings Papers on Economic Activity*, 1, 1992, p. 1-75. Voir aussi, Olivier Blanchard, « Peut-on éliminer le chômage en Europe ? », http://econ-www.mit.edu/faculty/download_pdf.php?id=851.
2. Voir Maurice Obstfeld et Giovanni Peri, « Regional non-ajustment and fiscal policy, » *Economic Policy*, 26, avril 1998, p. 205-259.

Encadré 20.3

L'effet des unions monétaires sur le commerce

Les études économétriques visant à mesurer les effets de la volatilité des taux de change sur le commerce ne fournissent pas, en général, de conclusions robustes. L'UEM est cependant bien plus qu'un système de changes fixes : il s'agit d'une véritable union monétaire, dans laquelle les pays membres partagent une monnaie unique émise par une banque centrale unique. L'UEM n'a donc pas pour seul effet de réduire la volatilité des taux de change. Les possibilités de dévaluation, de réévaluation et de contrôle des changes ont été totalement supprimées. Les coûts de transaction entre les monnaies ont disparu. Il existe un système de paiement unique pour l'ensemble des pays membres de l'UE, dont le coût est très faible. L'échelle des prix dans les différents pays est transparente. L'UEM devrait donc, en principe, avoir des répercussions positives importantes sur le commerce intra-européen, même si les effets de la stabilisation des taux de change sont relativement faibles.

Andrew Rose a voulu mettre cette hypothèse à l'épreuve des faits, en comparant des données sur 186 pays, territoires et colonies entre 1970 et 1990*. L'une des originalités de son approche est de comparer les effets des unions monétaires non seulement dans le temps, mais aussi dans l'espace. Il corrige, par ailleurs, ses estimations à l'aide d'autres facteurs pouvant avoir une influence sur le commerce, comme les salaires, la distance entre partenaires commerciaux, l'appartenance à des zones de libre-échange, etc.

Ses résultats corroborent de manière étonnante l'hypothèse que les unions monétaires encouragent le commerce. Rose a trouvé qu'en moyenne, deux pays appartenant à la même union monétaire ont des échanges commerciaux trois fois plus importants que ceux qui ne partagent pas la même monnaie. Il montre également que sans union monétaire, une réduction de la volatilité des taux de change encourage le commerce, mais de manière moins prononcée.

Ces résultats ont été vivement discutés. Par exemple, on peut inverser le sens de causalité et prétendre que des pays ayant déjà d'importants échanges commerciaux ont davantage tendance à former des unions monétaires. En outre, dans les exemples choisis par Rose, figurent très peu d'unions monétaires (moins de 1 % des pays observés), et il s'agit fréquemment de petits pays. On ne peut donc pas déduire avec certitude les effets que l'UEM aura sur le commerce des pays membres, pour la plupart assez grands. Un exemple *a contrario* intéressant est celui de la dissolution en 1979 du lien entre les monnaies britannique et irlandaise (liées depuis plus de cinquante ans), lorsque l'Irlande a rejoint le SME et a décroché sa monnaie de la livre sterling (la Grande-Bretagne n'a rejoint le SME qu'au début des années 1990, pour une période très courte). Le commerce entre la Grande-Bretagne et l'Irlande n'a guère souffert**.

* Andrew K. Rose, « One money, one market : the effects of common currencies on trade », *Economic Policy*, 30, avril 2000, p. 8-45. Rose utilise le « modèle de gravité » de commerce (voir chapitre 2).

** Voir Rodney Thom et Brendan Walsh, « The Effect of a Common Currency on Trade : Ireland before and after the Sterling Link », *European Economic Review*, 46, juin 2002, p. 1111-1123.

☞

Encadré 20.3 (suite)

L'effet des unions monétaires sur le commerce (suite)

Rose a pris en compte certaines de ces remarques et dans une nouvelle étude menée avec Eric Van Wincoop, ils obtiennent que l'effet de l'euro sur le commerce intra-européen soit plutôt de l'ordre de 50 %***. Dans une étude plus récente encore, Richard Baldwin estime que l'introduction de l'euro s'est traduite par une augmentation de seulement 9 %, l'essentiel de cette hausse étant réalisé la première année. Et, surtout, ces deux études montrent que le Danemark, la Grande-Bretagne et la Suède – qui, rappelons-le, ont conservé leur monnaie – ont vu leurs flux commerciaux avec la zone euro augmenter d'environ 7 %****. Autrement dit, ces pays auraient gagné bien peu à abandonner leur monnaie.

*** Rose et Van Wincoop, « National Money as a Barrier to International Trade: The Real Case for Currency Union », *American Economic Review*, 91, mai 2001, p. 386-390.

**** R. Baldwin, « In or Out: Does It Matter? An Evidence Based Analysis of the Euros Trade Effects », *CEPR*, 2006.

les pays de la zone euro ont des structures industrielles proches. Mais d'importantes différences subsistent. Les pays d'Europe du Nord sont plus riches en capital et en main-d'œuvre qualifiée. Les biens produits par des industries intensives en travail peu qualifié viennent principalement du Portugal, de la Grèce, de l'Espagne ou du sud de l'Italie. On ne peut pas encore dire si l'achèvement du marché unique réduira ces différences en redistribuant capital et main-d'œuvre à travers l'Europe, ou bien s'il les augmentera en encourageant une spécialisation par régions, afin de créer des économies d'échelle dans la production. Pour le moment, les analyses du commerce intra-européen conduisent à des conclusions ambiguës. D'un côté, elles montrent que la mise en place du marché unique s'est traduite par un accroissement rapide du commerce intrabranche. Mais d'un autre côté, cette uniformisation apparente des tissus industriels masque une progression de la spécialisation verticale : les pays les plus riches de l'Union se spécialisent dans les produits haut de gamme, laissant les autres produire des biens de moindre qualité.

Dans les premières années qui ont suivi l'introduction de l'euro, les pays membres de l'UEM ont connu des croissances très différentes et la politique monétaire de la Banque centrale européenne n'était probablement pas adaptée à tous. Le taux d'inflation a varié fortement selon les pays. La figure 20.6 compare les taux d'inflation annuels de l'Irlande et des Pays-Bas à la moyenne des taux des trois pays à l'inflation la plus basse de l'UE sur la même période. L'Irlande et les Pays-Bas n'ont pas respecté le critère de convergence de l'inflation, qui leur avait permis en 1999 d'adhérer à l'UEM.

Le fédéralisme budgétaire. Un autre point important permettant d'évaluer la pertinence de la zone euro est la capacité de l'UE à opérer des transferts entre ses membres les plus riches et ceuxdont l'économie est moins dynamique. Aux États-Unis, par exemple, certains États reçoivent un soutien fédéral automatique sous forme de transferts financés par les états dont la croissance est vigoureuse. Ce fédéralisme budgétaire permet de compenser la perte de stabilité économique due aux changes fixes. Malheureusement, l'UE dispose de pouvoirs budgétaires très limités et ses marges de manœuvre sont donc réduites.

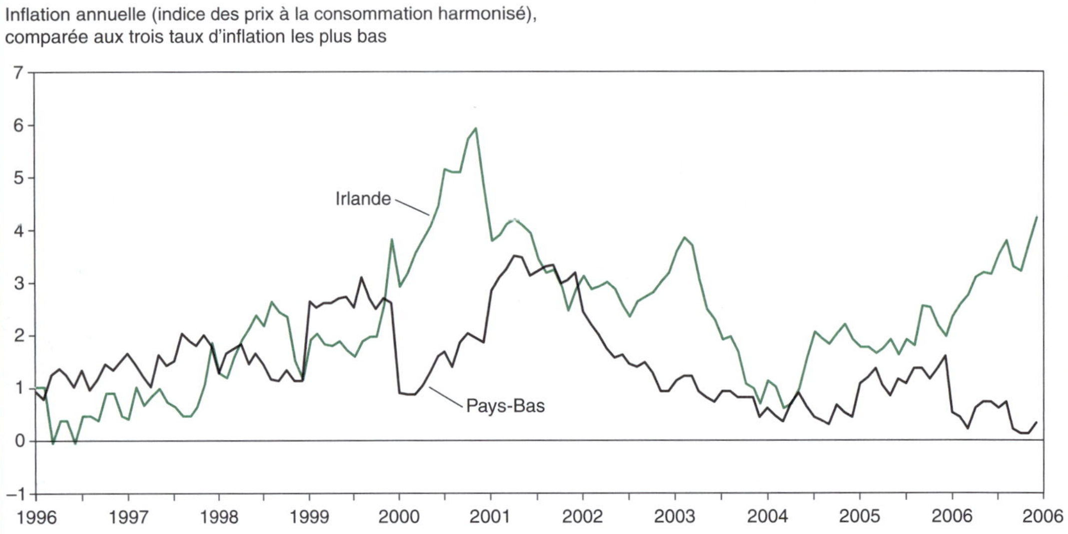

Figure 20.6 • Les différentiels d'inflation entre pays de la zone euro.
En 1997, l'Irlande et les Pays-Bas avaient un taux d'inflation qui dépassait de moins de 1,5 point la moyenne des trois pays à l'inflation la plus basse, qui est l'un des critères du traité de Maastricht qui conditionne l'entrée dans la zone euro. Ces deux pays n'ont pas respecté cette règle les années suivantes.

Le budget de l'UE s'élève à 133,8 milliards d'euros pour 2009, dont 40 % pour l'agriculture. Mais cela ne représente qu'environ 1 % du PIB des États membres. Même si les dépenses consacrées à la politique de cohésion régionale s'élèvent à un tiers du budget total (voir encadré), la somme allouée reste faible.

Encadré 20.4

Les fonds structurels et le FEDER

Les fonds structurels européens ont pour objectif de réduire les disparités socio-économiques entre les régions de l'Union. Ces disparités sont en effet importantes : par exemple, le PIB par habitant du Luxembourg est deux fois plus élevé que celui de la Grèce. Hambourg, qui est la région la plus riche d'Europe, a un revenu par habitant quatre fois supérieur à celui de l'Alentejo. Or, ces disparités sont préjudiciables à la cohésion européenne.

Quatre types de fonds structurels ont été mis en place au fur et à mesure de la construction européenne : le Fonds européen de développement régional (FEDER) contribue essentiellement à aider les régions les plus défavorisées, celles en reconversion économique et en difficultés structurelles ; le Fonds social européen (FSE) intervient dans le cadre de la stratégie européenne pour l'emploi ; le Fonds

☞

Encadré 20.4 *(suite)*

européen d'orientation et de garantie agricole (FEOGA-orientation) contribue surtout au développement et à l'ajustement structurel des zones rurales ; l'Instrument financier d'orientation de la pêche (IFOP) soutient les évolutions structurelles du secteur de la pêche. Ces fonds financent trois objectifs dans le cadre des programmes d'initiative nationale : le développement et l'ajustement structurel des régions en retard de développement (objectif 1), la reconversion économique et sociale des zones en difficulté structurelle (objectif 2), et la modernisation des politiques et des systèmes d'éducation, de formation professionnelle et d'emploi (objectif 3).

Avec plus d'un tiers du budget communautaire, la politique régionale, ou politique de cohésion européenne, constitue le deuxième poste de dépenses de l'Union, après la Politique agricole commune. Au cours de la période 2000-2006, l'enveloppe globale s'élève à 213 milliards d'euros, dont 16 milliards pour la France.

L'efficacité des fonds structurels européens est souvent mise en doute. Plusieurs études empiriques soulignent l'absence de lien entre ces fonds et le processus de convergence ou le pouvoir d'attraction des territoires*.

* Voir, par exemple, Matthieu Crozet, Thierry Mayer et Jean-Louis Mucchielli, « How Do Firms Agglomerate ? A Study of FDI in France », *Regional Science and Urban Economics*, vol. 34 (1), janvier 2004, p. 27-54.

Pour résumer. Les marchés des biens et du travail européens ne sont pas encore suffisamment intégrés pour devenir une véritable zone monétaire optimale. L'arrivée de l'euro a permis aux marchés financiers de poursuivre leur intégration et a stimulé le commerce intra-européen. Mais, si les capitaux se déplacent facilement, il n'en va pas de même pour la main-d'œuvre, ce qui ne facilite pas les ajustements aux chocs.

Les revenus du travail représentent près des deux tiers du PIB de l'UE. Le chômage pèse sur l'économie européenne, et la faible mobilité des travailleurs au sein de la zone est dommageable. Les forts taux de chômage observés dans certains pays membres (voir tableau 19.1) sont aussi symptomatiques du coût élevé de l'intégration monétaire.

L'importante mobilité des capitaux, combinée à la faible mobilité des travailleurs pourrait entraîner une hausse du coût de l'ajustement aux chocs. Par exemple, si les Pays-Bas constatent une diminution de la demande de leurs produits, les capitaux néerlandais peuvent migrer à l'étranger, ce qui entraîne une hausse du chômage dans ce pays, plus importante encore que si les capitaux étaient immobiles. C'est d'autant plus grave pour la cohésion des pays européens, que les premiers travailleurs à migrer seraient certainement les mieux formés et les plus entreprenants. Ainsi, étant donné la faible mobilité de la main-d'œuvre en Europe, la libéralisation des flux de capitaux dans l'UE a probablement eu un effet pervers sur la stabilité économique. Il s'agit d'un autre exemple de la théorie de l'optimum de second rang (voir chapitre 9), selon laquelle la libéralisation d'un marché (celui des capitaux) peut réduire l'efficacité des économies européennes si un autre marché (celui de l'emploi) continue de mal fonctionner.

Encadré 20.5

Ajustement aux chocs asymétriques : le cas du Canada dans les années 2000

Au milieu des années 2000, les prix des matières premières et agricoles grimpent en flèche (revoir à ce sujet le chapitre 19), tout comme le dollar canadien. Alors que les exportateurs canadiens de matières premières, pour la plupart localisés à l'ouest du pays, prospèrent, les entreprises manufacturières, souvent établies à l'est, souffrent de l'appréciation de la monnaie nationale. Dit autrement, le pays subit un choc asymétrique.

Robert Mundell (lui-même canadien) est l'un des premiers économistes à examiner l'effet de tels chocs sur les économies dans son article sur les zones monétaires optimales publié en 1961*. À cette époque, le dollar canadien flotte librement par rapport au dollar américain. Pour Mundell, dans la mesure où la partie occidentale du continent nord-américain extrait et commercialise essentiellement des matières premières, tandis que la partie orientale est davantage spécialisée dans la production des biens manufacturiers, un système de change flexible, qui divise le continent selon un axe horizontal, ne permet pas de faire face à des chocs asymétriques. Au contraire, la politique économique gagnerait en efficacité s'il existait une monnaie pour la partie est du continent et une autre pour la partie ouest !

Quarante-cinq plus tard, avec l'envolée du prix des matières premières, le débat au Canada sur les zones monétaires optimales est relancé. En adoptant une politique monétaire plus expansionniste, la Banque centrale canadienne pourrait juguler l'appréciation de sa monnaie, ce qui bénéficierait aux industries exportatrices de biens manufacturiers situées à l'est. Mais, dans le même temps, cet assouplissement de la politique monétaire aggraverait la situation dans l'ouest du pays, où les tensions inflationnistes sont déjà fortes. En Alberta, par exemple, où se situent d'importants gisements pétroliers, on observe, au milieu des années 2000, une pénurie de main-d'œuvre et une hausse des prix de l'immobilier ; le produit intérieur de la province a ainsi augmenté de 40 % entre 2002 et 2005. Aussi, le *Financial Times* n'hésite-t-il pas à comparer la situation du Canada à celle d'un patient qui aurait la tête dans le réfrigérateur et les pieds dans le four.

Le problème est-il insoluble ? Le Canada est-il condamné à sacrifier certaines de ses provinces ? Pour Mundell, pas forcément : tout dépend du degré de mobilité des facteurs de production. Si ceux-ci sont suffisamment mobiles, alors on peut espérer des ajustements entre provinces. Depuis les années 1960, la mobilité des facteurs de production a fortement augmenté : elle est aujourd'hui très élevée.

☞

* Robert A. Mundell, « The Theory of Optimum Currency Area », *American Economic Review*, 51, sept. 1961, p. 717-725.

Entre 2003 et 2006, en moyenne, chaque année, 35 000 nouveaux arrivants s'installent en Alberta. Les investissements y sont aussi plus importants qu'ailleurs. Dans le même temps, les provinces de Québec et d'Ontario perdent des emplois**.

La forte mobilité de la main-d'œuvre et du capital favorise indéniablement les ajustements, mais des pressions demeurent. Pas simple, en effet, d'accueillir tant de migrants. En outre, l'afflux de travailleurs canadiens étant insuffisant, les autorités ont dû mettre en place des mesures facilitant l'immigration étrangère. D'autant qu'on s'attend à un nouveau choc de demande en 2010 en raison de l'organisation des XXIe Jeux olympiques d'hiver à Vancouver.

** Voir R. Macdonald, « Not Dutch Disease, It?s China Syndrome », *Microeconomic Analysis Division*, Statistics Canada, août 2007.

Encadré 20.5 *(suite)*

4 L'avenir de l'UEM

L'adoption de la monnaie unique est un pari pour le moins audacieux. La réussite de l'UEM doit entraîner l'intégration politique et économique des pays européens, y compris ceux d'Europe de l'Est, voire de la Turquie. À l'inverse, si la monnaie unique échoue, l'intégration politique de l'Europe – l'objectif ultime – subira un sérieux revers.

Quels problèmes l'UEM risque-t-elle de rencontrer dans les années qui viennent ? On peut en dénombrer plusieurs :

- L'Europe n'est pas une zone monétaire optimale. Tant que les monnaies nationales coexistaient, les chocs asymétriques pouvaient se résoudre par des politiques monétaires nationales distinctes. Avec la monnaie unique, ces chocs sont plus difficiles à gérer. Dans la mesure où les États étaient habitués à exercer jusqu'en 1999 une pleine souveraineté sur leurs politiques monétaires respectives, il est possible qu'en cas de graves perturbations, la BCE subisse de fortes pressions politiques sur la politique à adopter, bien plus importantes que celles que pourrait subir dans pareil cas la Réserve fédérale aux États-Unis.
- Le fait que l'union économique soit plus avancée que l'union politique en Europe pose également problème. Si l'unification économique peut être rattachée à un pouvoir central (la BCE) et à une forme tangible, l'euro, les contreparties politiques sont bien plus modestes. Nombre d'Européens espèrent que l'union économique les rapprochera d'une union politique, mais il se peut également que les querelles économiques remettent en cause cette union politique. De plus, l'absence d'un pouvoir politique fort au sein de l'UE ne facilite pas la légitimité politique de la BCE. Le risque est que les électeurs la considèrent comme une institution distante et technocratique, insensible aux attentes des citoyens. Son statut indépendant renforce ce sentiment.
- Dans la plupart des grands pays de l'UE, les marchés du travail sont fortement encadrés. Les syndicats sont puissants, les cotisations sociales élevées et les réglementations nombreuses. Ces éléments pèsent sur la mobilité des travailleurs, à la fois entre industries et entre pays. Il en résulte un niveau de chômage élevé. À moins que les

marchés du travail ne deviennent plus flexibles, les pays de la zone euro auront du mal à s'ajuster aux chocs économiques asymétriques. Les partisans de l'euro soutiennent que la monnaie unique, en empêchant les réalignements de taux de change entre pays de la zone, aura un effet bénéfique sur le fonctionnement du marché du travail. Mais il se peut également que les travailleurs européens fassent pression afin d'obtenir une harmonisation des salaires, et ainsi réduire les incitations à la mobilité des capitaux vers les pays à bas salaires.

- Les contraintes imposées aux politiques budgétaires par le Pacte de stabilité et de croissance pourraient être douloureuses en l'absence d'un fédéralisme budgétaire européen. Reste à savoir si l'UE est en mesure de développer un cadre institutionnel plus élaboré, au sein duquel les transferts fiscaux entre les pays membres pourraient avoir lieu. Dans la course à l'euro, avant 1998, les États européens ont fait d'énormes sacrifices pour maintenir leurs déficits dans la zone des 3 % du PIB, exigée par le traité de Maastricht. Toutefois, certains n'ont respecté cette limite qu'en mettant en place des mesures ponctuelles ou en se livrant à une comptabilité « créative ». Ces pays doivent donc réaliser des efforts budgétaires supplémentaires afin d'éviter des déficits plus importants à l'avenir. Il est impossible de savoir s'ils le feront, ni à quel moment. Jusqu'à présent, l'UE n'a pas eu de réels moyens de faire respecter le PSC, notamment auprès des grands pays. Et les choses sont encore plus complexes depuis 2008, car de nombreux États ont dû emprunter massivement pour faire face à la crise financière. Début 2009, certains observateurs se demandent même si la Grèce, et dans une moindre mesure, l'Irlande, voire l'Italie, ne risquent pas de faire défaut sur leur dette. Outre les conséquences désastreuses sur les économies, ces pays devraient abandonner l'euro[1].
- Depuis 2004, l'UE s'est lancée dans un vaste processus d'intégration des pays d'Europe centrale et orientale (PECO). Cet élargissement soulève de nouveaux défis pour l'UE, comme pour l'UEM. Par exemple, le Conseil des gouverneurs du SEBC, au sein duquel chaque pays membre dispose d'un représentant muni d'un droit de vote, peut-il fonctionner de la même manière avec deux fois plus de gouverneurs ? Différentes solutions peuvent être envisagées, comme une représentation tournante, mais il est par exemple difficile d'imaginer l'Allemagne cédant son siège, même temporairement, à des petits pays comme la Lituanie ou Chypre. Par ailleurs, à mesure que les pays de la zone euro seront plus nombreux, la probabilité de chocs économiques asymétriques augmentera, et les pays seront d'autant moins enclins à déléguer leurs voix. Reste également à régler le cas de l'intégration du Royaume-Uni…

L'UEM sera inévitablement confrontée à des défis importants dans les années à venir. L'exemple des États-Unis montre qu'une vaste union monétaire constituée de régions très diverses peut fonctionner. Mais pour que l'UEM soit un succès sur le plan économique, elle devra réaliser des efforts en vue d'améliorer la flexibilité du marché du travail et l'uniformisation du système fiscal, sans parler des progrès en termes d'union politique. L'UEM et la BCE ne seront plus seulement jugées sur leur capacité à garantir la stabilité des prix, mais aussi sur leur faculté à assurer la prospérité en Europe[2].

---

1. Voir à ce sujet l'article de Barry Eichengreen du 22 janvier 2009, sur le site www.telos-eu.com
2. Sur les performances de la politique économique européenne, voir Philippe Aghion, Élie Cohen et Jean Pisani-Ferry, « Politique économique et croissance en Europe », *Rapport du CAE*, n° 59, La Documentation française, 2006 (disponible gratuitement sur Internet).

Résumé

Les pays de l'Union européenne (UE) ont œuvré à la mise en place d'un régime de changes fixes pour deux raisons : ils pensaient que cette coopération monétaire leur donnerait davantage de poids dans les négociations économiques internationales et qu'elle serait un complément nécessaire à la construction d'un marché européen commun.

Le Système monétaire européen (SME) est lancé en mars 1979. Il inclut initialement l'Allemagne, la Belgique, le Danemark, la France, la Suisse, l'Italie, le Luxembourg et les Pays-Bas. L'Autriche, la Grande-Bretagne, l'Espagne et le Portugal rejoignent le SME quelques années plus tard. Le contrôle des capitaux et les réalignements fréquents jouent un rôle fondamental dans le maintien du système jusqu'au milieu des années 1980. Ces contrôles sont abolis dans le programme d'unification du marché commun de 1992. Lors de la crise de change de septembre 1992, la Grande-Bretagne et l'Italie doivent laisser flotter leur monnaie. En août 1993, confrontés à des attaques spéculatives à répétition, les pays membres sont contraints d'élargir les marges de fluctuation des taux de change à ± 15 %.

Dans la pratique, les monnaies sont rattachées au deutsche mark et l'Allemagne décide *de facto* des politiques monétaires des autres pays du SME, tout comme les États-Unis dans le système de Bretton Woods. Selon la théorie de la crédibilité du SME, les pays participants profitent de la réputation anti-inflationniste de la Bundesbank. Dans la pratique, les taux d'inflation des pays du SME convergent vers le taux allemand.

Le 1er janvier 1999, onze pays européens créent l'Union économique et monétaire (UEM) et adoptent une monnaie unique, l'euro, émise par le Système européen de banques centrales (SEBC). Ils sont rejoints par la Grèce en 2001, par la Slovénie en 2007, par Chypre et Malte en 2008 et par la Slovaquie en 2009. Le SEBC se compose des banques centrales des pays membres et de la Banque centrale européenne (BCE), dont le siège se situe à Francfort. Le Conseil des gouverneurs décide de la politique monétaire européenne. La transition du SME à l'UEM est planifiée par le traité de Maastricht, signé par les dirigeants européens en décembre 1991.

Le traité de Maastricht prévoit un ensemble de critères de convergence macroéconomique, auxquels les pays de l'UE doivent satisfaire afin d'être qualifiés pour l'UEM. Ces critères ont notamment pour objectif de rassurer les électeurs des pays à faible inflation, comme l'Allemagne. Le Pacte de stabilité et de croissance (PSC) signé par les dirigeants européens en 1997, sur demande de l'Allemagne, restreint la capacité des membres de l'UEM à exercer librement leur politique budgétaire. Ensemble, l'UEM et le PSC pourraient priver les pays de la zone euro d'une politique monétaire aussi bien que budgétaire. Le PSC n'a jamais été mis en œuvre et se trouve considérablement affaibli dès 2005, en raison des déficits publics persistants de l'Allemagne et de la France. Et en 2008, ce sont quasiment tous les pays en Europe qui doivent emprunter massivement pour lutter contre la crise financière.

Selon la théorie des zones monétaires optimales, les pays ont intérêt à adhérer à une zone de changes fixes lorsque celle-ci est étroitement liée à leur économie par des relations commerciales fortes et lorsque les facteurs de production sont très mobiles. La décision d'une telle adhésion est le résultat d'un arbitrage entre le gain d'efficacité monétaire et la perte de stabilité économique résultant de l'adhésion à la zone. Le modèle *GG-LL* relie ces deux facteurs au degré d'intégration économique entre le pays candidat et la zone de changes fixes. L'adhésion n'est profitable qu'au-delà d'un certain seuil critique d'intégration économique.

L'UE ne satisfait pas à tous les critères d'une zone monétaire optimale. Bien que de nombreux freins à l'intégration des marchés au sein de l'UE aient été supprimés en 1992 et que l'euro ait encouragé le commerce intra-européen, son niveau n'est pas très élevé. En outre, la mobilité de la main-d'œuvre en Europe et même au sein des pays européens est beaucoup plus réduite que dans d'autres zones monétaires, comme les États-Unis. Enfin, le niveau de fédéralisme budgétaire dans l'UE est trop faible pour protéger les pays membres de chocs économiques négatifs.

Activités

1. Dans quelle mesure les dispositions du SME concernant l'octroi de crédits par les banques centrales de pays à monnaie forte à des pays à monnaie faible peuvent-elles accroître la stabilité du SME ?
2. Avant septembre 1992, le taux de change deutsche mark/lire italienne ne pouvait pas fluctuer de plus de 2,25 % au sein du SME, à la hausse comme à la baisse. Supposons que la parité deutsche mark/lire ait été fixée de manière irrévocable. Quelle aurait été la différence maximale possible entre les taux d'intérêt des dépôts à un an en lire et en deutsche mark ? Et pour des dépôts à six mois ? À trois mois ? Ces résultats sont-ils surprenants ? Expliquez.
3. Reprenons les hypothèses précédentes et imaginons que les intérêts offerts par des titres d'État à cinq ans aient été de 11 % par an en Italie et de 8 % par an en Allemagne. Quelles seraient les conséquences sur la crédibilité de la parité deutsche mark/lire ?
4. Les réponses aux questions précédentes nécessitent-elles de supposer que les taux d'intérêt et les taux de change anticipés soient liés par la parité des taux d'intérêt ? Pourquoi ?
5. Supposons que la Norvège ancre sa monnaie à l'euro et que, peu après, l'UEM bénéficie d'une augmentation de la demande mondiale pour les exportations des pays membres, autres que la Norvège. Qu'arrive-t-il au taux de change de la couronne norvégienne par rapport aux monnaies autres que l'euro ? Quels sont les effets sur la Norvège ? Dans quelle mesure dépendent-ils du volume des échanges entre la Norvège et les économies de la zone euro ?
6. Utilisez le modèle *GG-LL* afin d'illustrer la relation entre l'augmentation de l'ampleur et de la fréquence des variations non anticipées de la fonction de demande de monnaie d'un pays et le degré d'intégration économique avec la zone monétaire qu'il souhaite rejoindre.
7. Pendant la crise du SME, peu avant que la Grande-Bretagne ne décide de laisser la livre flotter en septembre 1992, on pouvait lire dans *The Economist* l'article suivant :

   Ceux qui s'opposent au gouvernement britannique veulent des taux d'intérêt plus bas et pensent que ce serait possible si le pays dévaluait la livre, en abandonnant le SME si nécessaire. Ils ont tort. Quitter le SME conduirait vite à des taux d'intérêt plus élevés, et non à des taux plus bas, dans la mesure où la politique économique britannique perdrait la crédibilité qu'elle a acquise en appartenant au SME. Il y a deux ans, les emprunts d'État britanniques rapportaient trois points de plus que les emprunts d'État allemands. Aujourd'hui, la différence n'est que d'un demi-point, ce qui montre que les investisseurs sont convaincus que l'inflation britannique est en baisse – de façon permanente. (« Crisis ? What crisis ? », *The Economist*, 29 août 1992, p. 51.)

   a. Pourquoi les opposants au gouvernement britannique pensaient-ils qu'il serait possible de diminuer le taux d'intérêt en sortant la livre sterling du SME (la Grande-Bretagne traverse alors une récession importante) ?

b. Pourquoi *The Economist* pense-t-il le contraire ?

c. De quelle manière l'appartenance au SME a-t-elle renforcé la crédibilité de la politique monétaire britannique ? (La Grande-Bretagne est entrée dans le SME en octobre 1990).

d. Pourquoi le fait que le taux d'intérêt britannique nominal soit supérieur au taux allemand suggère des anticipations inflationnistes plus élevées en Grande-Bretagne ? Quelles autres explications peut-on avancer ?

e. Évoquez deux raisons pour lesquelles les taux d'intérêt britanniques pouvaient être plus élevés que les taux allemand alors que l'inflation britannique était « en baisse – de façon permanente » ?

8. Imaginons que l'UEM soit devenue une union monétaire, mais qu'il n'y ait pas de Banque centrale européenne pour gérer la monnaie unique. Cette tâche incombe donc aux banques centrales nationales, qui sont libres d'émettre de la monnaie et de conduire des opérations d'open market. Quels problèmes résulteraient de cet arrangement ?

9. En quoi l'impossibilité de mettre en place un marché du travail unifié en Europe pourrait-il être nuisible au bon fonctionnement de l'UEM ?

10. La Grande-Bretagne appartient à l'UE, mais elle n'a pas adopté l'euro.

a. Trouvez des données macroéconomiques sur les performances économiques de la Grande-Bretagne depuis 1998 (inflation, chômage, croissance réelle du PIB) et comparez-les aux données concernant la zone monétaire unique.

b. Quels sont les taux d'intérêt nominaux en Grande-Bretagne et dans la zone euro après 1998 ? Quelles seraient les performances de la Grande-Bretagne si la BCE avait fixé le taux d'intérêt nominal du pays au même niveau que celui de la zone euro, et que la livre sterling ait eu un taux de change fixe avec l'euro ?

11. Les variations de l'euro par rapport aux monnaies étrangères peuvent être considérées comme des chocs affectant le marché des biens, avec des effets asymétriques sur les différents membres de la zone euro. Lorsque l'euro s'apprécie par rapport au yuan (la monnaie chinoise), quel pays souffre le plus : l'Allemagne, dont les produits à l'export ne sont pas en concurrence directe avec les produits chinois, ou la Grèce, qui exporte des biens semblables à la Chine ? Que ce serait-il passé si la Grèce avait conservé la drachme, son ancienne monnaie ?

12. Aux États-Unis, personne ne se soucie jamais vraiment de savoir si tel ou tel État, parmi les cinquante, connaît un déficit de la balance courante. La Louisiane a connu, par exemple, un énorme déficit de sa balance courante après avoir été dévastée par l'ouragan Katrina en 2005. Pour autant, cela n'a semblé inquiéter personne. La situation est, en revanche, très différente dans la zone euro. En 2006, la Grèce et le Portugal connaissent un déficit courant de près de 10 % du PIB ; celui de l'Espagne atteint pratiquement 9 %. Faut-il s'en inquiéter ? Y a-t-il un lien avec le PSC ? Quelle est, au fond, la visée du PSC ?

Chapitre 21

Le marché international des capitaux

Objectifs pédagogiques :

- **Comprendre l'intérêt de la diversification internationale de portefeuille.**
- **Identifier les facteurs qui ont conduit à l'explosion des échanges sur le marché international des capitaux.**
- **Expliquer les problèmes liés à la réglementation et à la supervision internationale des banques et des institutions financières non bancaires.**
- **Étudier les méthodes utilisées pour mesurer le degré d'intégration financière internationale.**
- **Évaluer l'efficience du marché international des capitaux.**

Au début des années 1960, les systèmes financiers des pays industrialisés présentaient trois caractéristiques majeures : une très forte participation des banques domestiques, un degré de concurrence faible et un encadrement strict de la part des autorités. Depuis, les choses ont radicalement changé. Dans les pays anglo-saxons, à partir des années 1970, puis un peu plus tard dans les autres pays, on a assisté à un large décloisonnement des activités en lien avec un profond processus de déréglementation/re-réglementation. Le décloisonnement s'entend d'abord au niveau domestique, avec l'imbrication croissante des activités bancaires et financières ou le développement de la bancassurance. Il s'entend aussi au niveau international : les banques réalisent désormais la majeure partie de leurs profits à l'étranger, avec des filiales implantées sur tous les continents, les agents empruntent et investissent de plus en plus au-delà de leurs frontières, etc.

Les intermédiaires financiers, les grandes entreprises, les banques centrales, certaines institutions publiques nationales et internationales se retrouvent sur le marché international des capitaux pour y échanger des monnaies et toutes sortes d'actifs financiers (dépôts bancaires, actions, obligations, produits dérivés, etc.). Tout comme le marché des changes (voir chapitre 13), le marché international des capitaux n'est pas localisé géographiquement et a pleinement profité de l'essor des nouvelles technologies de l'information et des communications (NTIC).

Dans le cadre de cet ouvrage d'économie internationale, nous délaisserons les problématiques relatives à la mutation financière en général[1] pour nous concentrer sur trois grandes questions liées à l'internationalisation du marché des capitaux : dans quelle mesure l'essor des marchés de

1. Le lecteur pourra trouver une telle présentation dans Christian de Boissieu (dir.), *Les Systèmes financiers : mutations, crises et régulation*, 3e édition, Economica, 2009.

capitaux profite-t-il aux pays ? Quelles sont les raisons de sa forte croissance ? Comment les États peuvent-ils endiguer les problèmes que ce développement soulève, sans pour autant en réduire les bienfaits ?

1 Le marché international des capitaux et les gains à l'échange

Nous avons longuement étudié, aux chapitres précédents, les avantages que l'on pouvait attendre des échanges internationaux de biens et services. Nous avons vu notamment que les gains pour chaque pays sont d'autant plus élevés que les coûts de transaction sont faibles. Les banques jouent à ce titre un rôle primordial dans la mesure où l'état du système de paiement – dont elles assurent la gestion – est un déterminant majeur des coûts de transaction. La participation des banques ne s'arrête toutefois pas là. Une part importante des transactions internationales porte sur des actifs qui sont échangés entre résidents et non-résidents, le plus souvent par l'intermédiaire des banques. Bien que ces échanges aient parfois mauvaise presse (on parle souvent de spéculation non productive), nous allons voir dans quelle mesure ils profitent aux consommateurs.

1.1 Les trois types de gains à l'échange

Les transactions entre pays peuvent être classées en trois catégories : échange de biens et services contre biens et services, échange de biens et services contre actifs, et échange d'actifs contre actifs. Jusqu'à présent, nous avons évoqué les deux premières catégories. Aux chapitres 3 à 6, nous avons montré qu'il pouvait être mutuellement avantageux pour les pays de se spécialiser dans les produits pour lesquels ils sont relativement plus efficaces. Aux chapitres 7 et 18, nous avons considéré les échanges *intertemporels*, c'est-à-dire les échanges de biens et services contre des actifs, qui peuvent s'interpréter comme des avoirs sur des biens et services futurs.

1.2 L'aversion au risque

Lorsque les individus choisissent de détenir tel ou tel actif, ils prennent leur décision non seulement en fonction de la rentabilité espérée, mais également en fonction du risque qu'ils encourent. Or, la grande majorité des individus préfère, toutes choses étant égales par ailleurs, les actifs les moins risqués. Les économistes parlent à ce propos d'**aversion au risque**. Pour bien comprendre ce concept, imaginons un jeu tel que l'on a une chance sur deux de gagner 1 000 euros et une chance sur deux de perdre 1 000 euros. Si vous éprouvez de l'aversion au risque, la possibilité de perdre 1 000 euros vous est particulièrement désagréable et l'emporte sur la tentation de gagner éventuellement 1 000 euros. Formellement, l'espérance de gain est nulle ($\frac{1}{2} \times 1\,000 + \frac{1}{2} \times (-1\,000) = 0$), mais vous ne prenez pas part à ce jeu.

Quelques individus sont certes des joueurs invétérés (*risk lovers*), et la popularité des jeux de hasard traduit chez chacun de nous un certain goût pour le risque, mais, en définitive, c'est l'aversion au risque qui domine largement. Preuve en est, d'ailleurs, le succès des assurances.

Parce qu'ils manifestent de l'aversion au risque, les agents sont prêts à détenir des titres dans plusieurs monnaies différentes (même si les taux d'intérêt offerts ne sont pas liés par la condition de parité des taux d'intérêt) si ce portefeuille d'actifs offre un meilleur couple rentabilité/risque. Toutes choses égales par ailleurs, ils préfèrent donc un portefeuille dont la rentabilité varie peu. Ceci est essentiel pour comprendre pourquoi les investisseurs tiennent à détenir des actifs étrangers.

1.3 La diversification de portefeuille à l'origine de l'échange international d'actifs

Pour diminuer le risque de son portefeuille, il est préférable de diversifier ses placements plutôt que d'investir toute sa richesse dans un seul actif. Ce principe de diversification – que l'on doit notamment à Harry Markovitz et James Tobin[1] – peut se traduire par l'adage selon lequel « il ne faut pas mettre tous ses œufs dans le même panier ». Lorsqu'un pays s'ouvre aux échanges internationaux de capitaux, les possibilités de diversification sont plus nombreuses, ce qui permet aux investisseurs de réduire le risque global de leur portefeuille. C'est la principale raison pour laquelle les pays ont mutuellement intérêt à échanger des actifs.

Imaginons deux pays, A et B, qui produisent des kiwis. Les résidents de chaque pays détiennent chacun un seul actif, à savoir un droit de propriété sur la récolte annuelle de kiwis. La récolte est, dans les deux pays, incertaine : une fois sur deux, celle du pays A est de 100 tonnes, alors que celle du pays B est de 50 tonnes. Une fois sur deux, c'est l'inverse qui se produit. La production totale est en moyenne de 75 tonnes, mais dans chaque pays on ignore toujours si la prochaine récolte apportera l'opulence ou la famine. Supposons que les habitants des deux pays s'entendent pour échanger 50 % des titres de propriété. Ils sont alors certains de recevoir 75 tonnes (la moitié de la récolte nationale plus la moitié de la récolte étrangère) à chaque période, quelle que soit la réalisation de l'état de la nature.

Cet exemple est évidemment simplifié, car les investisseurs ne peuvent jamais complètement éliminer le risque, même en ayant recours à des échanges d'actifs au niveau mondial. Il permet néanmoins de voir que les investisseurs peuvent réduire le risque de leur portefeuille en diversifiant leurs placements et que le marché international des capitaux offre d'importantes opportunités de diversification[2].

1.4 L'éventail des actifs internationaux : dette *versus* fonds propres

Dans l'exemple précédent, on ne considère qu'un seul type d'actif : les droits de propriété sur la terre. Rappelons toutefois que de nombreux actifs peuvent être échangés

1. Harry M. Markovitz, « Portfolio Selection », *Journal of Finance*, 7 (1), 1952, p. 77-91, et James Tobin, « Liquidity Preference as Behavior toward Risk », *Review of Economic Studies*, 25, 1958, p. 65-86. Pour un aperçu historique de la théorie financière moderne, voir Peter Bernstein, *Des idées capitales*, Quadrige, PUF, 2000.
2. Un modèle formel de diversification internationale de portefeuille est proposé en annexe. Dans l'exemple précédent, les pays auraient été en mesure de réduire le risque autrement que par l'échange d'actifs. Par exemple, le pays qui réalise une bonne récolte peut exporter vers celui qui subit une mauvaise récolte. Il réalise ainsi un excédent courant qui lui permet de prêter à son partenaire et qui réduit l'instabilité de la consommation à chaque période. Il s'agit ici d'un échange intertemporel qui se substitue au pur échange d'actifs. De manière générale, ces deux types d'échange ne sont pas parfaitement substituables.

sur le marché international des capitaux. On distingue notamment les **titres de dette** et les **titres de propriété**[1].

Les titres de dette, tels que les bons du Trésor, les obligations et les dépôts bancaires, précisent les conditions dans lesquelles l'émetteur doit rembourser le capital emprunté (le principal) et payer les intérêts (sous forme de coupons dans le cas des obligations).

Les titres de propriété, c'est-à-dire les actions et les parts de sociétés, constituent les *fonds propres* des entreprises. À la différence des créanciers qui détiennent des titres de dettes, les actionnaires (qui sont copropriétaires de l'entreprise) bénéficient du droit de vote en assemblée générale et d'une part sur les profits, versés sous forme d'un dividende variant en fonction des performances de l'entreprise.

La distinction entre les titres de dette et les titres de propriété est certes commode, mais en pratique la frontière est assez floue. D'une part, il existe de nombreux titres hybrides qui mêlent certaines caractéristiques des deux types de titres[2]. D'autre part, la rentabilité des titres de dette est parfois très incertaine. Même lorsque la rentabilité *nominale* est connue avec certitude, la rentabilité *réelle* des titres de dette dépend toujours du niveau général des prix (et du taux de change lorsqu'il s'agit d'actifs libellés en monnaie étrangère). Les émetteurs peuvent, en outre, faire défaut, c'est-à-dire se retrouver dans l'incapacité de payer les intérêts ou de rembourser la totalité du capital. Dans ce cas, la détention des titres de dette peut devenir aussi risquée que la détention d'actions. Notons que les entreprises ne sont pas les seules à faire défaut ; c'est également le cas de certains États, comme nous le verrons au chapitre suivant.

2 Les activités bancaires internationales et le marché international des capitaux

2.1 Les acteurs du marché international des capitaux

Les principaux acteurs du marché international des capitaux sont les banques, les institutions financières non bancaires, les banques centrales, les grandes entreprises et les administrations publiques.

- *Les banques.* Les banques commerciales sont au cœur du marché international des capitaux, non seulement parce qu'elles sont en charge du système des paiements, mais aussi parce qu'elles servent très souvent d'intermédiaires. L'activité première des banques commerciales concerne la *transformation d'échéances.* Le passif des banques est surtout composé de dépôts collectés auprès des *agents à capacité de financement* (les ménages), tandis que leur actif comprend essentiellement des prêts accordés aux *agents à besoin de financement* (les entreprises, les administrations publiques), ainsi que des titres émis par ces derniers et des dépôts auprès d'autres banques (dépôts

---

1. Les titres de dette et ceux de propriété sont les deux grandes catégories d'instruments de financement. Mais on trouve aussi sur le marché international des capitaux de nombreux instruments de gestion des risques. Il s'agit des *produits dérivés* tels que les *contrats à terme* ou les *options*. On parle de produits dérivés, car leur prix évolue en fonction d'un actif sous-jacent : une action, une matière première, une monnaie, un taux d'intérêt...
2. C'est le cas par exemple des actions privilégiées qui offrent une priorité dans le versement des dividendes par rapport aux actions dites ordinaires, mais qui en contrepartie suppriment le droit de vote.

interbancaires). Les banques rapprochent ainsi des agents dont les exigences sont opposées : des placements liquides et à court terme face à des besoins de financement qui s'inscrivent dans la durée. Les banques sont impliquées par ailleurs dans de nombreuses autres activités. Elles servent par exemple d'intermédiaires lors des introductions en Bourse pour en garantir le succès, en contrepartie bien sûr du versement d'une commission. Elles développent également une activité lucrative de gestion d'actifs pour le compte des individus et des institutions financières non bancaires.

- *Les institutions financières non bancaires.* Les sociétés d'assurance, les fonds de pension, les fonds de placement collectifs[1] et les *hedge funds* sont devenus en l'espace de quelques années des acteurs majeurs du marché international des capitaux. Ces institutions financières octroient peu de crédits et ne collectent que très peu de dépôts à vue. Leur activité principale consiste à investir sur le marché des capitaux en achetant des titres. Ces institutions ont pleinement bénéficié du décloisonnement des marchés nationaux qui leur permet de mieux diversifier leurs actifs.
- *Les firmes*, surtout les grands groupes multinationaux tels que Coca-Cola, IBM, Danone, financent régulièrement leurs investissements en faisant appel à des capitaux étrangers. De plus en plus, ces sociétés accèdent directement au marché international des capitaux.
- *Les banques centrales* sont également présentes sur les marchés financiers internationaux ; elles détiennent toutes des avoirs en monnaies étrangères et interviennent parfois sur le marché des changes pour soutenir ou infléchir le cours de leur monnaie.
- *Les États, les collectivités territoriales et les administrations publiques* se financent aussi sur les marchés internationaux. C'est en particulier le cas pour les pays en développement, qui empruntent fréquemment auprès d'investisseurs étrangers.

2.2 La croissance du marché international des capitaux

Depuis le début des années 1970, le volume des transactions sur le marché international des capitaux a augmenté beaucoup plus rapidement que le PIB mondial. Avant la libéralisation et l'ouverture des marchés, ce sont les différences de réglementation au niveau international qui ont stimulé les marchés internationaux de capitaux. En effet, de nombreuses banques réalisaient à l'étranger, où les règles étaient plus souples, des activités qu'elles ne pouvaient pas entreprendre dans leur pays d'origine.

Ces comportements de contournement s'expliquent très bien par la dialectique de la réglementation mise en avant par Edward Kane, à la suite notamment des travaux de William Silber[2]. Dans cette optique, les institutions financières innovent pour contourner les contraintes qui pèsent sur elles. Au premier rang de ces contraintes, on trouve la réglementation, qui suscite un certain nombre d'innovations, mais est vite rendue caduque par ces

---

1. Il s'agit des *Mutuals Funds* aux États-Unis, des *Unit Trusts* au Royaume-Uni, des OPCVM – organismes de placement en valeurs mobilières (SICAV – *sociétés d'investissement à capital variable*, FCP – *fonds communs de placement*) – en France. Au sein de l'Union européenne, les différentes entreprises d'investissement portent un nom générique : UCITS – *Undertakings Collective Investment in Transferable Securities.*
2. Voir William Silber, « The Process of Financial Innovation », *American Economic Review*, 73, mai 1983, p. 89-93, et Edward J. Kane, « Interaction of Financial and Regulatory Innovation », *American Economic Review*, 78, mai 1988, p. 328-334.

mêmes innovations. Les autorités n'ont alors d'autre choix que de supprimer les règles devenues inadaptées, avant d'en proposer éventuellement de nouvelles.

L'abandon du système de changes fixes, au début des années 1970, a par ailleurs rendu possible l'essor des marchés internationaux de capitaux. Rappelons qu'un pays qui fixe son taux de change, tout en autorisant les mouvements de capitaux internationaux, perd le contrôle de sa politique monétaire. Ce « sacrifice » illustre l'impossibilité de combiner les trois éléments suivants :

- régime de changes fixes ;
- politique monétaire orientée vers des objectifs internes ;
- liberté des mouvements de capitaux internationaux.

Il en résulte un « trilemme » : au mieux, deux éléments parmi les trois précédents peuvent être conciliés. On représente souvent ce problème, mis en évidence par Robert Mundell et Tommaso Padoa-Schioppa, sous la forme d'un « triangle d'incompatibilité ». Seules trois options de politique économique sont envisageables, et chacune de ces options correspond à un côté du triangle (*A*, *B* ou *C*) à la figure 21.1.

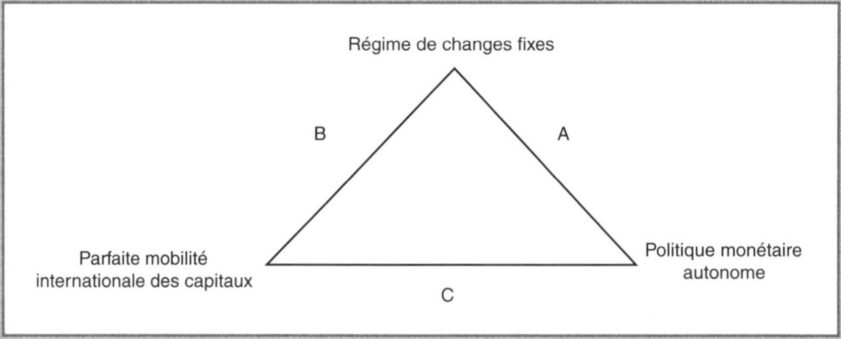

Figure 21.1 • Le triangle d'incompatibilité.

Par exemple, dans le cadre du régime étalon-or (voir chapitre 18), les pays devaient abandonner l'indépendance de leur politique monétaire au profit d'un taux de change fixe et de la libre circulation des capitaux (côté *B*). Lorsque les pays industrialisés ont abandonné le régime de Bretton Woods au début des années 1970, ils ont adopté un système qui leur permettait de combiner la liberté de mouvements internationaux de capitaux avec des politiques monétaires orientées vers des objectifs internes (côté *C*). Les pays européens engagés dans la construction monétaire ont adopté une stratégie différente en optant pour un système de changes fixes, en contrepartie de quoi ils ont abandonné leur politique monétaire interne (côté *A*). La Banque centrale européenne est néanmoins en mesure d'orienter sa politique monétaire en fonction d'objectifs macroéconomiques internes (à la zone euro), dans la mesure où l'euro flotte à l'égard des autres monnaies.

Les activités financières hors frontières. Le terme d'**activité bancaire hors frontières** (*offshore* en anglais ; en français, les activités financières *offshore* désignent plutôt celles enregistrées dans des paradis fiscaux) est utilisé pour décrire les opérations bancaires réalisées en dehors du pays d'origine. L'implantation à l'étranger peut prendre trois formes principales :

- L'ouverture d'une *agence* à l'étranger (un bureau de représentation) qui réalise des prêts et des transferts de fonds, mais n'accepte généralement pas les dépôts.
- L'ouverture d'une *succursale* à l'étranger, soumise *a priori* aux règles du pays d'origine de la maison mère, mais qui doit composer, de fait, avec les règles du pays d'accueil et qui tente souvent de tirer avantage des différences entre les deux.
- La création d'une *filiale bancaire* à l'étranger, soumise aux mêmes règles que les banques locales, mais pas à celles du pays d'origine.

En Europe, le contrôle par le pays d'origine des succursales d'établissements financiers étrangers et celui des filiales par le pays d'accueil jouent un rôle très important dans la structuration du marché unique des services financiers. Les banques choisissent majoritairement de racheter des banques à l'étranger et de les transformer en filiales, plutôt qu'implanter directement des réseaux de succursales. Cette séparation du contrôle ne va pas sans difficulté et son principe même est fréquemment contesté[1]. En cas de défaillance d'une succursale ou d'une filiale, les solutions de redressement seront différentes, entraînant soit la dilution des responsabilités des autorités de contrôle, soit l'exigence d'une coordination très étroite, mais difficile à mettre en œuvre.

Un dépôt hors-frontières est un dépôt bancaire libellé dans une monnaie différente de la monnaie du pays où la banque réside : par exemple, un dépôt en yens dans une banque à Londres, ou encore un dépôt en dollars dans une banque à Paris. Ces dépôts se sont développés parallèlement à l'activité bancaire hors frontières. Le terme **d'eurodevises** ou d'euromonnaies est souvent employé pour désigner ces dépôts, et l'on parle encore couramment d'eurodollars lorsqu'il s'agit de dépôts en dollars en dehors des États-Unis. La raison est simple : initialement, ces dépôts étaient enregistrés dans des banques localisées en Europe et qualifiées d'eurobanques. Aujourd'hui, cette terminologie prête à confusion puisqu'on trouve des dépôts en monnaies étrangères partout dans le monde ; l'avènement de l'euro n'a fait qu'ajouter à la confusion terminologique !

Le développement du commerce mondial et des sociétés multinationales a fortement contribué au développement de l'activité financière hors frontières. Les banques ont naturellement accompagné leurs clients dans leur développement à l'étranger. Les banques locales disposent certes d'une meilleure connaissance du marché et des règles en vigueur dans le pays d'accueil, mais le suivi que les banques étrangères offrent à leurs clients est un atout indéniable. Les entreprises importatrices ont aussi souvent besoin de conserver des dépôts en monnaies étrangères pour régler leurs achats.

L'essor du commerce mondial ne permet toutefois pas, à lui seul, d'expliquer la croissance de l'activité bancaire internationale depuis les années 1960. Cette forte croissance s'explique aussi par le désir des banques d'échapper aux réglementations nationales. Des facteurs politiques ont également contribué au développement des eurodevises.

---

1. Voir Frederic S. Mishkin, Christian Bordes, Pierre-Cyrille Hautcœur et Dominique Lacoue-Labarthe, *Monnaie, banques et marchés financiers*, Pearson Education France, 2004 ; notamment chapitre 12, « L'industrie bancaire en France et dans l'Union européenne : structure et régulation », p. 341-382.

2.3 L'essor du marché des eurodevises

Les eurodollars apparaissent à la fin des années 1950, en réponse aux besoins générés par le volume croissant du commerce international. Les firmes européennes qui souhaitent avoir des comptes en dollars ou emprunter en dollars sont alors nombreuses. Les banques aux États-Unis sont tout à fait en mesure de satisfaire ces demandes, mais les entreprises européennes considèrent alors plus commode et meilleur marché de traiter avec leur propre banque. Ce développement des eurodollars se poursuit à mesure que les monnaies européennes deviennent convertibles.

En 1957, au plus haut de la crise de la balance des paiements, le gouvernement britannique interdit aux banques locales de prêter des livres sterling pour financer du commerce non britannique. En réaction, les banques britanniques ont commencé à collecter des dépôts et à octroyer des prêts en dollars. Compte tenu de règles nationales très restrictives sur les transactions en monnaies étrangères, le marché des capitaux local n'a pas été affecté et le gouvernement a laissé faire. C'est ainsi que Londres est devenue – et reste encore aujourd'hui – la plaque tournante du marché des eurodevises.

Parmi les raisons politiques qui ont contribué au développement des eurodevises, on retrouve la guerre froide entre les États-Unis et l'Union soviétique. À cette époque, les Soviétiques craignent que la dégradation des relations entre les deux puissances ne conduise les États-Unis à saisir leurs fonds placés dans des banques américaines. Ils décident alors de replacer ces fonds en dollars dans des banques européennes, c'est-à-dire en dehors de la juridiction américaine.

Les eurodollars connaissent un nouvel essor dans les années 1960, avec les nouvelles restrictions sur les sorties de capitaux aux États-Unis et la nouvelle réglementation bancaire. Alors que la balance des paiements américaine s'affaiblit dans les années 1960, les administrations Johnson et Kennedy imposent des mesures visant à décourager les prêts américains à l'étranger. Ces mesures conduisent à un accroissement de la demande de prêts en eurodollars.

La réglementation *Q* imposée par la Réserve fédérale (Fed) aux banques américaines a aussi encouragé le développement des eurodollars dans les années 1960. Cette réglementation (abolie en 1986) fixe un plafond sur la rémunération des dépôts à terme dans les banques américaines. Au moment où la politique monétaire américaine se resserre à la fin des années 1960 pour lutter contre les pressions inflationnistes (voir chapitre 18), le taux d'intérêt du marché dépasse ce plafond : les banques américaines n'attirent donc plus de dépôts à terme et il devient plus difficile de prêter. Les banques décident alors de contourner la réglementation en empruntant auprès de leurs filiales européennes. En effet, ces dernières ne font face à aucune restriction quant à la rémunération des dépôts à terme en eurodollars, et elles attirent de ce fait des investisseurs qui auraient placé leurs fonds dans des banques américaines en l'absence de réglementation.

Au début des années 1970, avec le passage aux changes flottants, la plupart des pays commencent à supprimer les restrictions sur les mouvements de capitaux transfrontaliers, diminuant dans le même temps l'intérêt des eurodevises. Les contraintes réglementaires laissent alors davantage place à des considérations géopolitiques. Au moment des deux chocs pétroliers de 1973-1974 et 1979-1980, les pays membres de l'OPEP accumulent d'importants excédents commerciaux en dollars qui sont aussitôt placés dans des banques européennes (on parle alors de pétrodollars). Les pays du

Moyen-Orient répugnent, en effet, à placer leurs avoirs dans des banques américaines, par crainte de les voir saisis[1].

2.4 Retour sur les différences de réglementation

De nombreux facteurs expliquent l'essor des eurodevises, mais le facteur le plus important repose sans doute sur les différences de réglementation. De manière générale, les dépôts en monnaie domestique sont plus réglementés, car c'est un moyen de contrôler l'offre de monnaie. À l'inverse, les banques sont beaucoup plus libres dès qu'il s'agit de dépôts en monnaies étrangères qui n'ont pas d'impact sur la politique monétaire nationale.

La réglementation des *réserves obligatoires* est un bon exemple. Chaque fois qu'une banque aux États-Unis accepte un dépôt, elle doit en placer une fraction sur un compte non rémunéré auprès de la Fed (ou sous forme d'espèces conservées dans un coffre), au titre des réserves obligatoires. Le gouvernement britannique impose également des réserves obligatoires sur les dépôts en livres sterling, mais pas sur les dépôts en monnaies étrangères. De fait, une eurobanque à Londres a un avantage comparatif sur une banque installée aux États-Unis, puisqu'elle n'a pas l'obligation de constituer de réserves.

De telles différences de réglementation permettent facilement de comprendre pourquoi certaines places financières, celles où les contraintes réglementaires sont les plus souples, sont devenues si importantes. C'est le cas de Londres, mais aussi du Luxembourg, du Bahreïn, de Hong Kong entre autres, qui sont en concurrence pour attirer les banques étrangères.

3 La régulation de l'activité bancaire internationale

De nombreux observateurs estiment que le manque de réglementations contribue à la fragilité du système bancaire international. Cette menace est-elle réelle ? Et dans ce cas, comment les États doivent-ils intervenir pour y faire face ?

3.1 Les risques de faillite bancaire

Une banque fait faillite lorsqu'elle est incapable de remplir ses obligations envers ses déposants. Rappelons que l'activité principale des banques consiste à collecter des dépôts dans le but d'octroyer des crédits ou d'acheter des titres. Ce faisant, elles opèrent une transformation d'échéances qui les expose à un risque de liquidité. L'incapacité de certains emprunteurs à rembourser leurs prêts ou la forte baisse de la valeur des actifs détenus par les banques peut, en effet, les conduire à une situation où il devient impossible de restituer leurs fonds aux déposants.

La relation qui lie les clients à leur banque est tout à fait singulière dans la mesure où elle repose sur la *confiance*. Or, les activités de placement et de financement sont sujettes à de nombreuses asymétries d'information[2]. Si les déposants estiment que la valeur des actifs détenus par leur banque a baissé, ils auront une forte incitation à retirer leurs fonds pour les placer ailleurs. Une banque peut alors être contrainte à la faillite, bien

1. En 1979, les actifs iraniens placés dans des banques américaines et leurs filiales européennes sont saisis en réponse à la prise d'otages de l'ambassade américaine à Téhéran. L'État américain a procédé de même en gelant les avoirs irakiens en 1991 et à la suite des attaques terroristes du 11 septembre 2001.
2. Pour plus de détails, voir Laurence Scialom, *L'Économie bancaire*, 3e édition, Repères, La Découverte, 2007.

que parfaitement solvable. Une part importante des actifs des banques n'étant pas liquide (c'est-à-dire qu'ils ne peuvent être vendus rapidement), une banque tout à fait saine peut très bien se retrouver dans l'incapacité de répondre à des demandes de retraits massifs de la part de ses déposants[1]. Le problème est donc que les faillites bancaires ne se limitent pas aux institutions caractérisées par une mauvaise gestion ; même si la banque est solvable, il est dans l'intérêt de chaque déposant de retirer ses dépôts s'il prévoit que les autres déposants vont faire de même. Ajoutons qu'une rumeur peut parfois suffire à déclencher une faillite. L'histoire monétaire est jalonnée de ces épisodes de *ruées aux guichets* et de *paniques bancaires*.

Les différents établissements bancaires et financiers nouent des relations étroites les uns avec les autres. La fragilité d'un seul suffit à provoquer une véritable réaction en chaîne et une perte de confiance généralisée parmi les déposants peut complètement ruiner le système de paiement (il s'agit là de ce qu'on appelle un problème d'*externalités négatives*). Les banques prennent évidemment soin de ne pas faire faillite, mais elles ne sont pas spontanément incitées à prendre en charge le coût social d'une faillite du système bancaire, qui est bien supérieur aux coûts supportés par les banques.

Le filet de sécurité financière. Pour limiter le risque de propagation – que l'on qualifie de **risque systémique** –, de nombreuses réglementations ont été mises en place, notamment inspirées par l'expérience de la Grande Dépression. Les principales mesures de prévention et de sauvegarde du système, qui composent ce qu'on appelle le **filet de sécurité financière**, sont les suivantes :

- Les *réserves obligatoires*. Elles sont surtout considérées comme des instruments de politique monétaire (de moins en moins utilisés toutefois). Mais ces réserves ont été mises en place, initialement, pour protéger les déposants en contraignant les banques à détenir une partie de leurs actifs sous forme de liquidités, afin qu'elles soient en mesure de répondre à des retraits massifs.
- La *réglementation prudentielle*. Le passif des banques n'est pas uniquement composé de dépôts, mais également de fonds propres. Ces fonds propres représentent le capital de la banque et sont détenus par les actionnaires ; ils ne sont pas dus aux déposants et offrent une marge de sécurité supplémentaire en cas de dépréciation des actifs. Dans la plupart des pays, pour prévenir les faillites bancaires, les autorités exigent des banques un montant minimum de capital. C'est le cas notamment en Europe avec le ratio de solvabilité européen. Outre ces exigences en termes de fonds propres, d'autres règles prudentielles interdisent aux banques de détenir des actifs considérés trop risqués ou les contraignent à diversifier leurs engagements.
- La *supervision bancaire*. Les autorités de supervision (selon les pays soit la banque centrale, soit une ou plusieurs autorités indépendantes) surveillent de près l'activité des banques. Elles en contrôlent régulièrement les documents comptables pour s'assurer notamment du respect de certains ratios de solvabilité, de liquidité, d'exposition aux risques de marché, etc. Le contrôleur peut aussi contraindre les banques à vendre des actifs jugés trop risqués ou encore supprimer dans ses lignes de crédit des prêts qui ne seront vraisemblablement jamais remboursés.

1. Cette distinction (ici implicite) entre banques *illiquides* et banques *insolvables* est au cœur de la théorie du prêteur en dernier ressort développée dans la suite du chapitre.

- L'*assurance dépôt*. Elle a essentiellement pour objectif de dissuader les ruées aux guichets[1]. Les déposants, sachant leurs fonds assurés, ne sont plus incités à retirer leurs dépôts à la moindre alerte, juste parce que d'autres le font, ce qui élimine tout risque de panique bancaire. Aux États-Unis, la *Federal Deposit Insurance Corporation* (FDIC) assure les déposants contre une perte pouvant aller jusqu'à 100 000 dollars (cette assurance existe depuis 1933). Ce sont les banques elles-mêmes qui participent au financement de cette assurance. Dans l'Union européenne, la directive de la Commission 94/19/CEE de 1994, relative la garantie des dépôts, rend obligatoire pour les États membres la mise en œuvre d'un régime d'assurance dépôt minimum. Par exemple, la France s'est pliée (tardivement) à cette exigence en créant, en 1999, un Fonds de garantie des dépôts dont la taille permettrait de traiter simultanément la défaillance de deux petites banques et celle d'un établissement de taille moyenne.
- Le *prêteur en dernier ressort*. Dans le cas où il n'existe pas d'assurance de dépôts ou en complément de celle-ci, les autorités monétaires peuvent apporter leur soutien à une banque en difficulté sous forme de prêts exceptionnels. Le plus souvent, c'est la banque centrale, dotée du pouvoir de créer la monnaie, qui endosse ce rôle de prêteur en dernier ressort (PDR). L'intervention du PDR est d'abord curative dans la mesure où elle permet d'éviter qu'une faillite isolée ne débouche, par un simple effet domino, sur une crise systémique. Mais, comme l'assurance de dépôts, elle joue un rôle préventif. Lorsque les déposants savent que la banque centrale est susceptible d'agir en tant que PDR, leur confiance dans la capacité du système à faire face aux crises se trouve accrue, ce qui rend peu probable les phénomènes de contagion et de panique.

Durant les Trente Glorieuses, le filet de sécurité a pleinement rempli son rôle de protection des déposants. Aucune faillite d'envergure n'a en effet été à déplorer dans les pays industrialisés jusqu'au début des années 1980, alors qu'elles étaient légion avant la Grande Dépression[2].

Risque systémique et risque moral. L'assurance dépôt, tout comme l'intervention du PDR, porte en elle le germe d'un *risque moral*. Elle incite en effet les banques à prendre davantage de risques. Par ailleurs, les déposants n'ont plus de raisons de s'inquiéter de la santé financière de leur banque et ne sont pas enclins à exercer un quelconque contrôle. La crise des caisses d'épargne (*Saving & Loans*) américaines illustre parfaitement ces deux problèmes. Au début des années 1980, les caisses d'épargne ont profité du mouvement de libéralisation des activités financières pour redéployer leur activité vers des investissements plus risqués. Les autorités de supervision n'avaient alors ni les ressources, ni l'expertise nécessaires pour surveiller leur activité. Enfin, les déposants se sachant assurés ne se sont pas méfiés. Cette situation a rapidement conduit à des faillites en chaîne, laissant le contribuable régler la facture liée au remboursement des dépôts.

Ce problème de risque moral concerne tout autant l'assurance dépôt que l'intervention du PDR. L'idéal serait que le PDR conditionne son intervention à l'existence d'une bonne gestion des actifs au sein de la banque (c'est d'ailleurs la raison pour laquelle le

1. Voir Douglas Diamond et Philip Dybvig, « Bank Run, Deposit Insurance and Liquidity », *Journal of Political Economy*, 91(3), 1983, p. 401-419.
2. On recense moins de 15 faillites bancaires par an aux États-Unis entre 1934 et 1981, contre 600 dans les années 1920 et plus de 2 000 entre 1930 et 1933.

PDR, à savoir la banque centrale, doit être impliqué dans le processus d'évaluation des banques). Thornton (1802) et Bagehot (1873), qui sont les instigateurs de la théorie du PDR au XIXe siècle, préconisent ainsi d'intervenir uniquement dans le cas de banques illiquides et de laisser les banques insolvables faire faillite.

En pratique, cette règle se heurte toutefois à deux problèmes. Il est d'abord particulièrement difficile de distinguer entre des banques illiquides et insolvables. Ensuite, plus problématique encore, les autorités ne peuvent se résoudre à laisser une grande banque faire faillite, le coût pour le système bancaire serait trop élevé : c'est le principe *too-big-to-fail* (« trop gros pour faire faillite »). Lorsque par exemple, en 1984, la Continental Illinois National Bank, l'une des principales banques américaines, est devenue insolvable, la FDIC a décidé d'assurer tous les dépôts, y compris ceux d'un montant supérieur à 100 000 dollars. De même, en France, au début des années 1990, l'État n'a pas eu d'autres possibilités que de renflouer le Crédit Lyonnais, d'autant qu'il s'agissait d'une banque publique. En fait, dans les années 1980-1990, quasiment aucun pays n'a été épargné par les crises bancaires (les plus graves ont concerné le Japon et les pays scandinaves). La plupart des États ont cherché à améliorer leur système de normes prudentielles. Mais, force est de reconnaître que ces efforts n'ont pas permis d'éviter la crise financière qui débute en 2007 et qui est, sans conteste, la crise la plus grave depuis la crise de 1929.

3.2 Les difficultés liées à la régulation de l'activité bancaire internationale

Les réglementations nationales sont souvent inefficaces, car inadaptées à la globalisation des activités bancaires et financières.

- Il n'existe pas d'assurance dépôt au niveau international. Les systèmes d'assurance dépôt protègent les déposants nationaux et étrangers, mais ces assurances ne sont pas en mesure d'assurer des dépôts de la taille de ceux requis dans le cadre des transactions bancaires internationales. En particulier, les dépôts interbancaires ne sont pas protégés.
- Certains pays profitent des différences de réglementations pour attirer les banques internationales. Nous avons vu, notamment, que les différences de réserves obligatoires entre les pays avaient favorisé les eurodevises. Aucun pays ne peut seul résoudre ce problème, et une coordination internationale est nécessaire. Les tentatives d'accord sur la base d'un socle commun de règles internationales sont toutefois bloquées. Certains gouvernements rechignent en effet à imposer des règles plus sévères, de crainte que les institutions financières étrangères décident de quitter leur pays.
- La supervision des banques se complique avec l'internationalisation des marchés. Les autorités contrôlent généralement les banques nationales ainsi que les succursales étrangères sur la base de comptes consolidés. Mais les autorités sont toujours moins regardantes sur les comptes des filiales étrangères. Cela incite parfois les banques à transmettre les opérations les plus risquées à leurs filiales étrangères, implantées dans des pays où la législation est plus souple. De même, se pose le problème de savoir si les filiales doivent être contrôlées par le pays où est implantée la banque mère ou bien par le pays d'accueil.
- Il y a toujours une incertitude quant à la banque centrale qui doit intervenir en tant que PDR pour apporter des liquidités à une eurobanque en difficultés : s'agit-il de la banque centrale du pays d'accueil, celle du pays où la banque mère est implantée, ou

bien la Fed si les dépôts sont en dollars ? Il s'agit d'un problème important puisque la banque centrale qui intervient est contrainte par ses objectifs macroéconomiques internes. Les banques centrales sont donc plutôt réticentes à assurer cette responsabilité.

3.3 La coopération réglementaire internationale

L'internationalisation de l'activité bancaire réduit l'efficacité de la supervision et des réglementations nationales, et elle rend absolument nécessaire la mise en place de nouvelles mesures de sauvegarde. Du fait que 80 % des dépôts en eurodevises sont des dépôts interbancaires, un problème affectant une banque peut très vite se répercuter au niveau mondial.

Pour répondre à cette menace, les banques centrales de onze pays industrialisés ont mis en place, en 1974, le **Comité de Bâle sur le contrôle bancaire**, qui se réunit sous l'égide de la Banque des règlements internationaux et dont le rôle est d'obtenir « une meilleure coordination de la surveillance exercée par les autorités nationales sur le système bancaire international ». Le premier accord, connu sous le nom de Concordat et conclu en 1975 (révisé en 1983), prône un partage des responsabilités et des tâches entre le pays d'origine et le pays d'accueil, et appelle à des échanges d'informations relatives aux banques. En 1988, le Comité de Bâle propose que toutes les banques respectent un ratio minimum de capital (ou ratio de solvabilité). Ce ratio, le ratio Cooke, prévoit que les banques détiennent sous forme de fonds propres et de quasi-fonds propres un montant équivalent à 8 % de leurs engagements pondérés selon la nature de l'emprunteur[1]. Le ratio Cooke représente une avancée majeure en matière de réglementation prudentielle internationale. Le système de pondération initial a toutefois fait l'objet de nombreuses critiques : il ne portait, par exemple, que sur le risque de crédit. Une nouvelle réforme a donc été engagée (accord de Bâle II du 26 juin 2004). À partir de la fin 2006, le ratio Cooke a été remplacé progressivement par un dispositif plus élaboré de couverture du risque crédit, du risque de marché et du risque opérationnel[2].

Un autre chantier important pour le Comité de Bâle concerne les économies émergentes. Ces pays (Brésil, Mexique, Indonésie, Thaïlande…) ont rapidement libéralisé leur secteur financier et reçu des flux d'investissement très importants à partir des années 1990. Ils se sont toutefois révélés fragiles (voir chapitre 22), car ils manquent d'expérience en termes de réglementation bancaire et de développement des normes comptables. En 1997, le Comité de Bâle a édicté, en coordination avec les représentants de nombreux pays en développement, vingt-cinq règles essentielles concernant l'agrément des banques, les méthodes de supervision, les obligations de rapportage qui doivent être imposées aux banques, ainsi que l'activité bancaire transfrontière. Les règles ont été révisées en 2006.

---

1. Les règles prescrites par le Comité de Bâle n'ont aucune portée réglementaire et doivent être explicitement adoptées par les États qui le désirent. L'Union européenne a adapté le ratio Cooke en promulguant en 1989 la directive 89/299/CEE, relative au minimum de fonds propres, et la directive 89/647/CEE, relative au ratio de solvabilité des banques.
2. Le ratio Cooke devrait ainsi être remplacé par le ratio McDonough. Par ailleurs, une nouveauté importante consiste à autoriser les banques à utiliser leurs systèmes de notations internes (soumis préalablement à l'aval du régulateur) pour fixer les pondérations.

Le développement des institutions financières non bancaires, l'essor de la **titrisation** (opération qui consiste à transformer des actifs bancaires initialement non négociables – le plus souvent des crédits – en titres librement échangeables sur un marché), des marchés dérivés constituent enfin de nouveaux défis pour les autorités monétaires. Il devient toujours plus difficile de suivre les flux financiers internationaux, de collecter des données sur les porteurs ultimes de risque, etc. La quasi-faillite du fonds spéculatif *Long Term Capital Management* (LTCM) en 1998, tout comme la crise financière qui a débuté durant l'été 2007 illustre bien ces difficultés.

Encadré 21.1

La quasi-faillite de LTCM

Fondé en 1994, LTCM est un fonds de placement spécialisé dans l'arbitrage. Cette activité, qui consiste à tirer parti de faibles différences de prix entre des actifs similaires, est en théorie peu risquée. Sauf que les gains sur chaque opération sont faibles et les volumes de transactions doivent, par compensation, être très importants. Compte tenu de sa réputation, LTCM n'a pas de difficultés à lever des capitaux. Ce fonds a en effet pignon sur rue, ce qui n'est guère étonnant puisqu'il compte parmi ses fondateurs deux Prix Nobel d'économie (Robert C. Merton et Myron Scholes) et un ancien vice-président de la Fed. Début 1998, le capital de LTCM représente 4,8 milliards de dollars, et le fonds est engagé à hauteur de 1 300 milliards de dollars (soit 15 % du revenu national américain – de telles sommes sont fréquentes pour les plus grandes institutions financières).

En août et septembre 1998, la Russie fait défaut sur sa dette (voir chapitre 22). La valeur des actifs de LTCM chute alors, tandis que ses dettes s'envolent. Après le choc, le capital de LTCM tombe à 600 millions de dollars et la Réserve fédérale de New York sollicite quatorze institutions financières américaines et européennes (dont trois françaises) pour un plan de sauvetage exceptionnel. Ces institutions prêtent 3,6 milliards de dollars à LTCM. Elles reçoivent en contrepartie 90 % du fonds et obtiennent la création d'un comité de surveillance.

L'intervention de la Fed s'explique par le fait qu'elle redoute une panique financière à grande échelle au moment même où les économies asiatiques et latino-américaines sont dans une phase de ralentissement. La plupart des institutions qui participent au sauvetage auraient d'ailleurs subi des pertes importantes en cas de faillite. La Fed estime qu'elle n'a pas agi en tant que prêteur en dernier ressort dans l'affaire LTCM, puisqu'elle n'a pas investi de fonds publics dans ce sauvetage. Elle a au contraire incité les créanciers à prendre part au capital de LTCM (organisation d'une solidarité de place). La Fed estime également que les détenteurs du capital de LTCM ayant perdu une grande part de leur pouvoir de contrôle sur le fonds à la suite du sauvetage, son intervention ne constituerait donc pas une incitation à la prise de risque. Néanmoins, de nombreux économistes ont appelé à opérer à l'avenir un contrôle plus poussé sur les fonds comparables à LTCM.

Encadré 21.2

La crise des subprimes et la faillite de Lehman Brothers

En septembre 2008, Lehman Brothers, l'une des plus prestigieuses banques d'investissement au monde, se déclare en faillite. Son cours de Bourse est alors de 13 cents, contre plus de 80 dollars un an et demi plus tôt. Cette chute vertigineuse tient évidemment à la crise des prêts *subprimes**.

Les prêts *subprimes* désignent aux États-Unis les prêts hypothécaires accordés aux emprunteurs les plus risqués. Durant la première moitié des années 2000, la Réserve fédérale américaine mène une politique monétaire très accommodante (voir chapitre 19). Les taux d'intérêt aux États-Unis sont très bas, les ménages s'endettent massivement pour devenir propriétaires de leur logement et, progressivement, une bulle se forme sur le marché immobilier. De nombreux investisseurs acquièrent des biens immobiliers dans l'unique but de les revendre un peu plus tard et d'enregistrer une plus-value. Par ailleurs, les banques proposent aux emprunteurs, mêmes les plus modestes, des modalités de financement très attractives : il est ainsi possible de fixer un taux d'intérêt très faible en début de période (de l'ordre de 2 % par exemple les deux premières années), sachant que ce taux augmentera par la suite ; certains emprunts prévoient également la possibilité de rembourser le capital en toute fin de période (prêts « ballons »). À partir de 2004, l'inflation menace et la Réserve fédérale augmente progressivement ses taux directeurs. De plus en plus de ménages font alors défaut et, en 2007, le marché de l'immobilier se retourne.

Le marché des prêts *subprimes* aux États-Unis est relativement restreint. Mais il s'avère que les banques qui ont accordé ces prêts les ont titrisés puis revendus à d'autres banques ou à des *hedge funds*, aux États-Unis, en Europe ou ailleurs. Aussi, quand le marché se retourne, est-il très difficile de connaître l'exposition au risque de chacun.

La crise éclate durant l'été 2007. Plusieurs fonds exposés aux prêts *subprimes* sont contraints de fermer. Début août, les banques centrales interviennent sur le marché interbancaire en injectant massivement des liquidités. Les banques se refusent, en effet, à se prêter les unes aux autres. Les interventions des autorités monétaires permettent d'éviter une crise systémique, mais ne réussissent pas à rétablir la confiance. Le marché interbancaire est comme sous perfusion.

La première banque victime de la crise est Northern Rock, en Grande-Bretagne. La Banque d'Angleterre a d'abord été réticente à intervenir sur le marché interbancaire, comparée à la BCE et à la Réserve fédérale, invoquant le problème de l'aléa moral. Par ailleurs, le système d'assurance dépôts était alors plus limité outre Manche. Quand les déposants britanniques ont eu vent de rumeurs concernant la solvabilité de Northern Rock, ils se sont donc (rationnellement) précipités aux guichets de leur banque pour retirer leur fonds. C'était la première fois, depuis 1866, qu'on assistait à une ruée aux guichets en Grande-Bretagne. Après quelques hésitations, le gouvernement britannique n'a eu d'autre choix que d'étendre l'assurance dépôts pour endiguer la panique. Début 2008, Northern Rock a même été nationalisée.

☞

Encadré 21.2 *(suite)*

***La crise des subprimes et la faillite de Lehman Brothers* (suite)**

Contre toute attente, et malgré les interventions continues des banques centrales partout dans le monde, la crise ne cesse d'empirer au cours de l'année 2008. La crise des *subprimes* se mue en crise financière généralisée. Au mois de janvier, la Société Générale annonce une perte de 5 milliards d'euros en raison de prises de positions spéculatives de l'un de ses *traders*. En mars, la banque d'investissement Bear Stearns, au bord de la faillite, est rachetée par JP Morgan Chase, avec l'aide de la Réserve fédérale. Début septembre, Fanny Mae et Freddy Mac, les deux principaux organismes de refinancement hypothécaire sont placés sous la tutelle du Trésor américain. Naturellement, le débat s'installe : faut-il ou non sauver tous ces établissements ? En fait, à chaque fois, les autorités doivent arbitrer entre la stabilité du système à court terme et l'aléa moral à long terme.

Le 15 septembre 2008, les autorités américaines laissent Lehman Brothers aller à la faillite. Bank of America s'était pourtant proposée au rachat, mais renonce finalement car elle n'obtient pas le soutien des autorités fédérales américaines ; ces dernières refusent d'alimenter une nouvelle fois l'aléa moral. *A posteriori*, cette décision s'avère calamiteuse, car elle déclenche un véritable krach boursier mondial à l'automne 2008. La crise atteint alors son paroxysme. Manifestement, Lehman Brothers était *too-big-to-fail*.

Les plans de sauvetage du secteur bancaire vont se succéder pendant plusieurs mois : pour enrayer la crise systémique, tous les gouvernements annoncent des programmes de recapitalisation, voire de nationalisation, et de garanties des prêts interbancaires ; il est aussi question de mettre en place des structures de défaisances dotées de plusieurs centaines de milliards de dollars pour délester les banques de leurs actifs « toxiques ».

Au total, en 2008, les marchés boursiers ont perdu la moitié de leur valeur. Fin 2008, la crise économique s'installe dans tous les pays occidentaux. Celle-ci est, sans conteste, la plus grave depuis la crise de 1929 qui avait engendré la Grande Dépression des années 1930.

* Pour un exposé détaillé, voir P. Artus, J.-P. Bétbèze, Ch. de Boissieu et G. Capelle-Blancard, *La Crise des subprimes*, Rapport du CAE n° 78, La Documentation française.

4 Les performances du marché international des capitaux en question

Dans la section précédente, nous avons insisté sur l'importance de la supervision et de la réglementation du marché international de capitaux, ainsi que sur un certain nombre de difficultés. En même temps, ces difficultés sont la preuve du dynamisme des institutions financières. En s'attachant à contourner les règles qui leur sont imposées, les institutions financières font continuellement des efforts pour innover, ce qui doit profiter, *a priori*, aux consommateurs. Comme nous l'avons vu au début de ce chapitre, le marché international des capitaux permet à des résidents de différents pays d'échanger des actifs risqués, et ainsi de diversifier leurs portefeuilles. De plus, le marché international des capitaux permet d'allouer l'épargne mondiale vers les projets les plus productifs. La question est dès lors de savoir dans quelle mesure le marché international des capitaux remplit efficacement ces objectifs[1].

4.1 L'ampleur de la diversification internationale de portefeuille

Il est difficile de mesurer l'ampleur de la diversification internationale de portefeuille. Le cas des États-Unis nous permet toutefois d'avoir une idée de l'évolution de la diversification ces dernières années. En 1970, la valeur des actifs étrangers détenus par des résidents américains était égale à 6,2 % du stock de capital américain. Dans le même temps, les actifs américains détenus par des étrangers représentaient 4 % du stock de capital du pays. En 2006, ces mêmes indicateurs s'élevaient respectivement à 44 % et à 56 %.

Ces quelques chiffres montrent que les investisseurs diversifient davantage leur portefeuille aujourd'hui : les pays ont supprimé un certain nombre de barrières restreignant les transactions réalisées par des étrangers, les marchés boursiers du monde entier développent davantage de liens, les grandes entreprises émettent davantage de titres sur les marchés étrangers, etc. Il reste toutefois des obstacles aux mouvements internationaux de capitaux. En effet, si les portefeuilles des investisseurs étaient parfaitement diversifiés, ils seraient en mesure de refléter le poids de chaque pays : les États-Unis devraient, par exemple, investir à hauteur de 80 % dans des actifs étrangers, et les actifs américains devraient être détenus à 80 % par des non-résidents. Ce manque de diversification est d'autant plus étonnant que la plupart des économistes insistent sur les gains potentiels qui en résultent. Une étude très influente, réalisée par Bruno Solnik en 1974, montre qu'un investisseur américain qui ne détient que des actions américaines pourrait réduire son risque de moitié en investissant dans des actions européennes[2].

Le tableau 21.1 montre, pour quelques pays industrialisés, l'évolution des avoirs et engagements bruts à l'égard de l'étranger en pourcentage de leur PIB sur deux décennies (dont on peut légitimement supposer qu'ils sont fortement corrélés avec la diversification internationale). À la fin de 2006, aux États-Unis, les avoirs américains concernant l'étranger représentaient 104 % du PIB, et les avoirs étrangers concernant les résidents américains, 124 % du PIB (voir figure 12.3). La Grande-Bretagne est, traditionnellement, une place financière importante : en 1983, les avoirs (et respectivement les engagements) britanniques à l'égard de l'étranger représentaient déjà 152 % (respectivement 136 %) du PIB, et la progression a quasiment été la même que pour les États-Unis, puisqu'ils s'élèvent, fin 2006, à 356 % (369 %) du PIB. Notons que les pays de la zone euro ont connu une phase intense de diversification à partir de 1993.

1. Pour un état des lieux sur les fonctions du marché international des capitaux et ses implications sur la souveraineté nationale, voir Maurice Obstfeld, « The Global Capital Market : Benefactor or Menace ? », *Journal of Economic Perspectives*, 12, fin 1998, p. 9-30. Pour un examen critique de la globalisation financière et son impact sur la globalisation commerciale, voir Philippe Martin, « La globalisation financière », dans *L'Université de tous les savoirs*, Odile Jacob, 2000. On pourra également consulter les rapports 14 et 50 du Conseil d'analyse économique (disponibles sur Internet), qui réunissent de nombreuses contributions relatives à l'instabilité financière internationale.
2. Bruno Solnik, « Why not Diversify Internationally rather than Domestically ? », *Financial Analysts Journal*, juillet-août 1974, p. 48-54.

En France, fin 2007, les non-résidents détenaient près de la moitié de la dette publique négociable, contre 20 % en 1997, et près de 40 % du capital des entreprises du CAC 40.

Tableau 21.1 : Valeur des avoirs et des engagements bruts à l'égard du reste du monde pour une sélection de pays industrialisés (en pourcentage du PIB).

		1983	1993	2004
Australie				
	Avoirs	133	33	77
	Engagements	52	89	137
Canada				
	Avoirs	34	49	101
	Engagements	70	90	114
France				
	Avoirs	40	69	210
	Engagements	45	78	205
Allemagne				
	Avoirs	38	66	167
	Engagements	31	55	159
Italie				
	Avoirs	23	43	103
	Engagements	27	54	120
Pays-Bas				
	Avoirs	94	150	383
	Engagements	73	134	389
Royaume-Uni				
	Avoirs	152	208	356
	Engagements	136	203	369
Etats-Unis				
	Avoirs	29	45	87
	Engagements	25	49	107

Source : Ph. R. Lane et G. M. Milesi-Ferretti, « The External Wealth of Nations, Mark II: Revised and Extended Estimates of Foreign Assets and Liabilities, 1970-2004 », *Journal of International Economics*, vol. 73, novembre 2007, p. 223-250.

4.2 L'ampleur des échanges intertemporels

Une manière alternative d'évaluer le marché international des capitaux consiste à étudier sa capacité à allouer les investissements aux projets les plus rentables, indépen-damment de leur localisation géographique. Martin Feldstein et Charles Horioka proposent, à cette fin, le test suivant : si le marché international des capitaux fonctionne correctement, alors les taux d'investissement et d'épargne nationaux doivent diverger[1].

1. Voir Martin Feldstein et Charles Horioka, « Domestic Savings and International Capital Flows », *Economic Journal*, 90, juin 1980, p. 314-329.

Or, comme on peut le constater à la figure 21.2, le taux d'investissement et le taux d'épargne sont très proches pour de nombreux pays. Cette corrélation positive semble indiquer que la mobilité internationale du capital est faible. Le marché international des capitaux ne permettrait donc pas aux pays d'accéder aux gains liés aux échanges intertemporels de capitaux avec l'étranger.

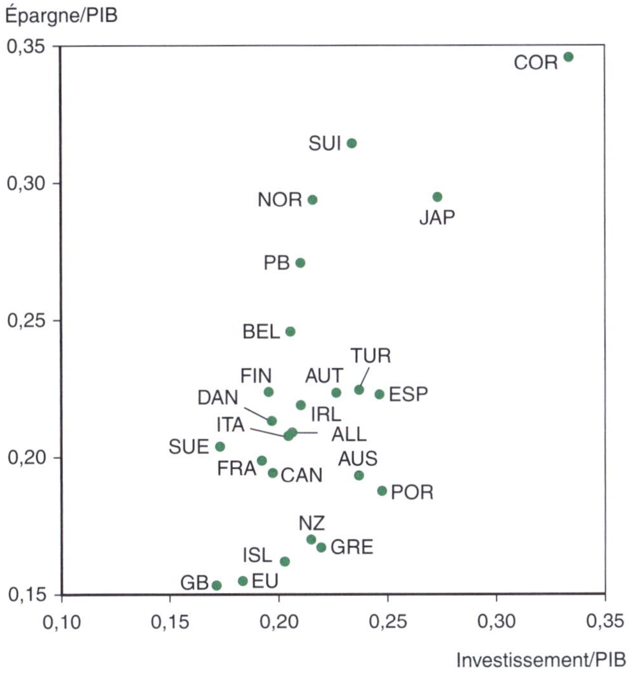

Figure 21.2 • Taux d'épargne et d'investissement moyens pour 24 pays entre 1990 et 2005. Les taux d'épargne et d'investissement sont positivement corrélés.

Source : Banque mondiale, *World development Indicators*.

Le résultat précédent est néanmoins à nuancer. On peut d'abord avancer que les tests menés jusque-là reflètent mal la situation actuelle, marquée par de forts déséquilibres externes observés aux États-Unis, au Japon et dans certains pays de la zone euro. Ensuite, le principal problème lié à l'argument de Feldstein et Horioka est qu'il est impossible de déterminer l'ampleur des gains à l'échange non encore exploités. On peut, en outre, objecter que des facteurs communs (la croissance économique par exemple) influent sur l'épargne et l'investissement, ce qui expliquerait la forte corrélation observée entre les deux. Dernière critique : les gouvernements peuvent orienter la politique macroéconomique de manière à éviter les déficits trop importants du compte courant, ce qui se traduit par une corrélation positive entre le taux d'épargne et le taux d'investissement.

4.3 Les différentiels de taux d'intérêt intérieur et hors frontières

Un autre baromètre du bon fonctionnement du marché international des capitaux consiste à examiner la relation entre le taux d'intérêt intérieur et le taux d'intérêt hors frontières, pour des actifs identiques évalués dans la même monnaie. Si le marché international des capitaux véhicule correctement les informations relatives aux opportunités d'investissement dans le monde, ces taux d'intérêt devraient être proches.

La figure 21.3 décrit l'évolution, depuis 1989, des différences entre deux taux d'intérêt à trois mois sur des dépôts bancaires, en franc et en euro (à partir de 1999), à Paris et à Londres. Ces données montrent que les gains à l'échange d'actifs semblent exploités. Le constat est identique pour la plupart des pays industrialisés.

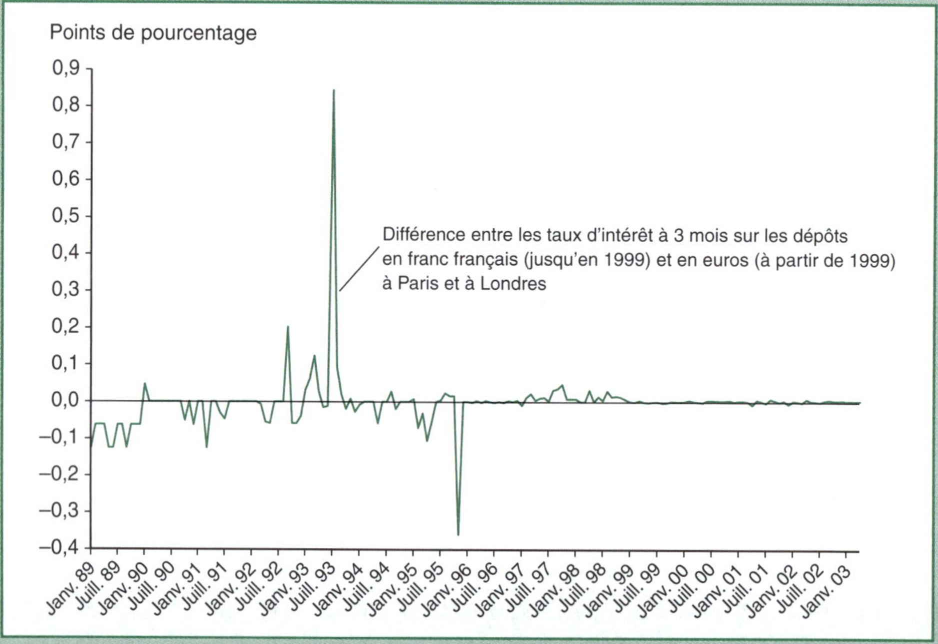

Figure 21.3 • Comparaison entre les taux d'intérêt intérieur et hors frontières pour la France.
La différence entre les taux d'intérêt sur les dépôts en franc et en euro (à partir de 1999), à Paris et à Londres, est aujourd'hui proche de zéro, car la mobilité internationale des capitaux est beaucoup plus forte.

Source : Datastream, *Données mensuelles.*

4.4 L'efficience du marché des changes

Le marché des changes est un élément central du marché international des capitaux. C'est sur ce marché que se fixent les taux de change. Si l'évolution des taux de change ne reflète pas toute l'information disponible, il peut en résulter une mauvaise allocation des ressources. Il est possible d'évaluer dans quelle mesure les signaux véhiculés par les marchés reflètent toute l'information disponible au travers de trois tests fondés : 1) sur la parité des taux d'intérêt ; 2) sur la modélisation de la prime de risque ; 3) sur la volatilité excessive des marchés financiers[1]. Dans les trois cas, on teste l'*efficience informationnelle* du marché (par opposition à l'*efficience allocative*, plutôt considérée dans la section précédente).

La parité des taux d'intérêt. La parité des taux d'intérêt (PTI), étudiée au chapitre 13, nous permet de déterminer dans quelle mesure l'évolution du taux de change reflète l'ensemble des informations disponibles. Cette relation de parité est vérifiée lorsque la différence entre deux taux d'intérêt sur des dépôts, dans deux monnaies différentes, permet de déterminer quelle sera la variation de taux de change sur la période. Formellement, si on note R_t le taux d'intérêt sur les dépôts en monnaie domestique, R^*_t le taux d'intérêt sur les dépôts en monnaie étrangère, E_t le taux de change à l'incertain, et E^e_{t+1} l'anticipation de taux de change, la condition de PTI s'écrit :

$$R_t - R^*_t = (E^e_{t+1} - E_t) / E_t \qquad (21.1)$$

Puisque le différentiel de taux d'intérêt représente notre anticipation de variation du taux de change, la comparaison de cette prévision avec la variation réellement observée doit nous renseigner sur la capacité du marché à utiliser l'information disponible[2]. Dans l'ensemble, les études montrent que le différentiel de taux d'intérêt est un mauvais prédicteur des variations du taux de change. Non seulement il ne permet pas de prévoir *l'ampleur* des variations de taux de change à venir mais, pire encore, il échoue à prévoir *le sens* de ces variations.

La PTI nous fournit également un second test nous permettant de déterminer si le marché des changes utilise toute l'information disponible. Notons E_{t+1} la réalisation future du taux de change que les individus cherchent à anticiper ; l'erreur de prévision u_{t+1} correspond donc à l'écart entre la variation de taux de change réalisée et sa prévision :

$$u_{t+1} = (E_{t+1} - E_t) / E_t - (E^e_{t+1} - E_t) / E_t \qquad (21.2)$$

ce qui peut être réécrit de la manière suivante :

$$u_{t+1} = (E_{t+1} - E_t) / E_t - (R_t - R^*_t) \qquad (21.3)$$

Si le marché utilise toute l'information disponible, l'erreur de prévision ne devrait pas être corrélée avec les informations disponibles au moment où la prévision est effectuée (autrement, le marché pourrait utiliser ces informations pour réduire l'erreur de prévision). La plupart des études économétriques indiquent que l'erreur de prévision est en fait prévisible ; en particulier, les erreurs de prévision passées permettent de prévoir les erreurs de prévision futures[3].

1. Pour une discussion claire et non technique sur l'efficience du marché des changes, voir Kenneth A. Froot et Richard H. Thaler. « Anomalies : Foreign Exchange », *Journal of Economic Perspectives*, 4, 1990, p. 179-192.
2. La plupart des études utilisent en fait le prix des contrats à terme (voir l'annexe du chapitre 13). Comme nous l'avons noté au chapitre 13, il y a de fortes chances pour que la parité couverte des taux d'intérêt soit vérifiée si les taux d'intérêt utilisés sont cotés sur une même place financière, par exemple des taux sur des dépôts en eurodevises à Londres.
3. Voir Robert E. Cumby et Maurice Obstfeld, « International Interest Rate and Price Level Linkages under Flexible Exchange Rates : A Review of Recent Evidence », dans J.F.O. Bilson et R.C. Marston, dir., *Exchange Rate Theory and Practice*, Chicago, University of Chicago Press, 1984, p. 121-151. Voir aussi Lars Peter Hansen et Robert J. Hodrick, « Forward Exchange Rates as Optimal Predictors of Future Spot Rates : An Econometric Analysis », *Journal of Political Economy*, 88, octobre 1980, p. 829-853.

Le rôle des primes de risque. Sur la base des résultats précédents, on serait tenté de penser que les marchés de capitaux ignorent un certain nombre d'informations publiques. Cette conclusion doit toutefois être nuancée dans la mesure où l'on ne tient pas compte des primes de risque. Si les agents manifestent de l'aversion au risque, deux actifs identiques mais émis dans des monnaies différentes sont des substituts imparfaits. Le différentiel de taux d'intérêt doit alors refléter l'anticipation de variation du taux de change, augmentée de la prime de risque :

$$R_t - R_t^* = (E^e_{t+1} - E_t) / E_t + \rho_t \tag{21.4}$$

Certaines études économétriques ont tenté d'intégrer cette prime de risque à la PTI, mais les résultats ne sont pas probants[1]. Il est donc difficile de savoir si les marchés ignorent un certain nombre d'informations ou si la prime de risque est mal modélisée. La seconde hypothèse semble la plus probable, tant les agents sont incités à profiter des informations disponibles.

La volatilité excessive. Les modèles de prévision du taux de change qui utilisent des variables « fondamentales », comme l'offre de monnaie, les déficits publics ou le PIB, conduisent à des prévisions erronées – et ce même lorsque les vraies valeurs futures de ces fondamentaux sont utilisées, c'est-à-dire lorsqu'on suppose que les agents anticipent parfaitement l'évolution de ces agrégats. Richard A. Meese et Kenneth Rogoff, par exemple, montrent qu'une simple *marche aléatoire*, qui utilise le taux de change d'aujourd'hui pour prévoir celui de la période à venir, permet d'obtenir de meilleurs résultats. Ceci tend à montrer que l'évolution du taux de change est indépendante de celle des fondamentaux macroéconomiques[2].

D'autres études ont cherché à connaître les raisons de la trop forte volatilité des taux de change en se fondant sur un possible phénomène de surréaction. L'idée est que les taux de change réagissent de manière excessive à des modifications de l'offre de monnaie, de la production. Autrement dit, le marché des changes transmettrait des informations confuses aux investisseurs. Le problème posé par ce type de test est de savoir à partir de quel niveau la volatilité des taux de change devient excessive. Il est, par ailleurs, difficile de prendre en compte toutes les variables susceptibles d'influencer la situation économique future.

---

1. Pour une synthèse récente, voir Charles Engel, « The Forward Discount Anomaly and the Risk Premium », *Journal of Empirical Finance*, 3, 1996, p. 123-192, et Karen Lewis, « Puzzles in International Finance », dans Gene M. Grossman et Kenneth Rogoff, *Handbook of International Economics*, vol. 3, North-Holland, 1996.
2. Voir Richard A. Meese et Kenneth Rogoff, « Empirical Exchange Rate Models of the Seventies : Do They Fit out of Sample ?», *Journal of International Economics*, 14, février 1983, p. 3-24. Ce résultat est relativement robuste à court terme, mais il semble que le pouvoir explicatif des modèles avec marche aléatoire soit plus faible pour un horizon supérieur à un an. Voir Menzie Chinn et Richard Meese, « Banking on Currency Forecasts : How Predictable is Change in Money ? », *Journal of International Economics*, 38, février 1995, p. 161-178, et Nelson C. Mark, « Exchange Rates and Fundamentals : Evidence on Long-Horizon Predictibility », *American Economic Review*, 85, mars 1995, p. 201-218.

Par exemple, faut-il envisager les tentatives d'attaques terroristes, les assassinats politiques, les faillites bancaires ? Au final, les études qui ont tenté de faire le lien entre la volatilité du taux de change et celle de ses fondamentaux ne sont pas encore vraiment concluantes[1].

Quel constat ? Il n'est donc pas simple de conclure quant au bon fonctionnement du marché international des capitaux. Les résultats contradictoires que nous avons évoqués, tout comme les difficultés que les études empiriques soulèvent, militent pour une attitude prudente. D'autant que les enjeux sont importants. Si on considère le marché efficient, rien ne s'oppose à adopter une attitude de laisser-faire. Au contraire, on sera plus enclin à intervenir, voire à revenir sur la libéralisation des mouvements de capitaux, si l'on considère le marché inefficient. En l'état des connaissances, aucune conclusion définitive ne peut être établie.

Résumé

Lorsque les individus manifestent de l'aversion au risque, ils gagnent à échanger leurs actifs. Cette *diversification de portefeuille* peut être atteinte par l'échange d'*instruments de dette* ou *de fonds propres.*

Le marché international des capitaux est un marché sur lequel les résidents de chaque pays échangent des actifs ; il comprend notamment le marché des changes. Les banques sont au cœur de ce marché et nombre d'entre elles ont des agences hors frontières, c'est-à-dire en dehors du territoire économique où est implantée la maison mère.

Des facteurs politiques et réglementaires ont encouragé l'activité bancaire hors frontières et les eurodevises, c'est-à-dire les dépôts dans des monnaies différentes de celle employée dans la zone géographique où la banque est installée. L'échange d'eurodevises a notamment été stimulé par les différences réglementaires concernant les réserves obligatoires.

Les eurodevises ne sont pas une menace pour les banques centrales dans la conduite de la politique monétaire, et les craintes que des eurodollars reviennent un jour se placer massivement aux États-Unis ne sont pas fondées. En revanche, les banques hors frontières ne sont pas soumises aux mêmes règles que les banques nationales, ce qui réduit l'efficacité du contrôle bancaire et peut déstabiliser le système financier international.

Le filet de sécurité imposé par les autorités monétaires s'organise autours des réserves obligatoires, de la réglementation prudentielle, de la supervision, de l'assurance dépôt et du prêteur en dernier ressort.

La banque centrale garde un rôle ambigu en tant que prêteur en dernier ressort, compte tenu des problèmes de risque moral. Paradoxalement, en garantissant la protection des déposants, on incite les institutions financières à prendre davantage de risques.

Depuis 1974, le Comité de Bâle qui réunit les organismes de supervision bancaire des pays industrialisés, tente d'améliorer la coopération à l'échelle internationale. En 1975, le Concordat organise le partage des responsabilités entre les autorités nationales et étrangères, et les incite à échanger davantage d'informations. Le Comité de Bâle a

1. Voir par exemple Richard A. Meese, « Testing for Bubbles in Exchange Markets : A Case of Sparkling Rates ? », *Journal of Political Economy*, 94, avril 1986, p. 345-373.

également joué un rôle important dans la mise en application des ratios de solvabilité (ratios Cooke et McDonough). En tout cas, force est de reconnaître que ces efforts n'ont pas permis d'éviter la crise financière qui débute en 2007 et qui est, sans conteste, la crise la plus grave depuis celle de 1929. Aujourd'hui, les défis majeurs pour la réglementation du marché international des capitaux concernent l'implication des pays émergents et la prise en compte des institutions financières non bancaires (en particulier, les *hedge fonds*).

Le marché international des capitaux a permis une plus grande diversification des portefeuilles depuis les années 1970, mais celle-ci semble insuffisante au regard de la théorie. De même, il semble que l'échange intertemporel d'actifs, mesuré par le compte courant, soit trop faible. Il est toutefois difficile de conclure sur ce point compte tenu du manque de données. À l'inverse, le fait que les taux d'intérêt intérieurs et les taux hors frontières indique un bon fonctionnement des marchés soient très proches.

La question de l'efficience informationnelle du marché des changes, autrement dit sa capacité à transmettre les informations, n'offre pas non plus de résultats très concluants. Les études sur la relation de parité des taux d'intérêt indiquent que le marché ne prend pas en compte toute l'information disponible, à moins que la modélisation de la prime de risque soit mauvaise. De même, les tests sur la volatilité excessive des changes ne sont pas complètement probants.

Activités

1. Soit deux portefeuilles d'actifs : le premier comprend une action d'une entreprise de fournitures dentaires et une action d'une entreprise qui fabrique des sucreries ; le second comprend une action de la même entreprise de fournitures dentaires et une action d'une entreprise de produits laitiers. Lequel de ces deux portefeuilles est le mieux diversifié ?
2. Imaginons un monde avec deux pays où les fluctuations du prix des actions ne peuvent être causées que par des modifications inattendues de la politique monétaire. Sous quel régime de change, fixe ou flottant, les gains liés à l'échange international d'actifs sont-ils les plus importants ?
3. La parité des taux d'intérêt couverte est vérifiée pour des dépôts dans des monnaies différentes, mais émis sur une même place financière. Pourquoi cette relation peut-elle ne pas se vérifier si l'on compare des dépôts placés sur des places financières différentes ?
4. Lorsqu'une banque américaine accepte un dépôt d'une de ses filiales étrangères, ce dépôt est soumis aux réserves obligatoires établies par la Fed. De même, tout prêt par une filiale étrangère de la banque à un résident américain ou tout achat d'actif de la filiale à sa maison mère aux États-Unis imposent des réserves obligatoires. Ces règles sont-elles cohérentes ?
5. Alexander Swoboda[1] estime que le développement initial du marché des eurodevises était lié au désir des banques situées en dehors des États-Unis de s'approprier une partie des revenus que les États-Unis collectaient en tant qu'émetteur de la principale monnaie de réserve. Que pensez-vous de cette analyse ?
6. Après le début de la crise de la dette en 1982 (voir le chapitre suivant), les autorités américaines ont imposé des restrictions plus strictes sur les prêts réalisés par les banques résidentes et leurs filiales. Au cours des années 1980, la part des banques américaines dans l'activité bancaire londonienne a diminué. Comment expliquez-vous ce phénomène ?
7. Pourquoi l'essor de la titrisation rend-il la supervision du système financier plus difficile ?
8. Reprenons l'exemple des deux pays producteurs de kiwis. Supposons que ces deux pays produisent également des framboises qui ne peuvent pas être échangées. Comment le ratio actifs échangés /PIB va-t-il être affecté ?
9. On dit parfois que l'égalité internationale des taux d'intérêt réels est le meilleur baromètre de l'intégration financière internationale. Qu'en pensez-vous ?
10. Le tableau 21.1 montre qu'entre 1993 et 2004 le Canada a fortement réduit sa dette étrangère nette. On pourrait penser que cette évolution est due à des surplus importants du compte courant sur la période. Vérifiez cette hypothèse. Si ce n'est pas le cas, que s'est-il passé ? Pensez au taux de change du dollar canadien à l'égard des autres monnaies, ainsi qu'aux performances du marché boursier canadien sur la période.
11. Supposons qu'un Français investisse dans un fonds américain et que ce fonds achète des actifs français, comment évoluent les avoirs et engagements étrangers des deux pays ? Peut-on parler de diversification ?

---

1. Alexander Swoboda, « The Euro-dollar Market : An Interpretation », *Princeton Essays in International Finance*, 64, Princeton University, février 1968.

Annexe du chapitre 21

Aversion au risque et diversification internationale de portefeuille

Cette annexe développe un modèle de diversification internationale de portefeuille avec des investisseurs averses au risque. Le modèle montre que les investisseurs examinent avec autant de soin la rentabilité et le risque de leurs portefeuilles. En particulier, les individus peuvent détenir des portefeuilles d'actifs dont la rentabilité anticipée est plus faible si cela permet de réduire le risque associé à leur revenu.

Dans ce modèle, un investisseur représentatif peut choisir de répartir sa richesse W entre un actif domestique et un actif étranger. Dans le futur, deux états de la nature sont réalisables, mais il est impossible de déterminer lequel. Le premier intervient avec une probabilité q et donne lieu à une rentabilité H_1 pour l'actif domestique, et F_1 pour l'actif étranger, calculés en termes d'unités de production. Le deuxième état de la nature intervient avec une probabilité $1–q$ et donne lieu à des rentabilités H_2 et F_2 pour les actifs domestique et étranger respectivement.

Soit á la part de la richesse investie dans l'actif domestique et $1 - \alpha$ la part de la richesse investie dans l'actif étranger. Si le premier état de la nature est réalisé, l'investisseur pourra consommer un montant équivalent à la moyenne pondérée de la valeur de ses deux actifs,

$$C_1 = [\alpha H_1 + (1 - \alpha)F_1] \times W \qquad (21A.1)$$

De même, dans le second état de la nature, la valeur de sa consommation est

$$C_2 = [\alpha H_2 + (1 - \alpha)F_2] \times W \qquad (21A.2)$$

Quel que soit l'état de la nature, l'investisseur obtient une utilité $U(C)$ dépendant de son niveau de consommation C. Puisque l'investisseur ne connaît pas par avance quel état de la nature va se réaliser, il construit son portefeuille en maximisant *l'utilité espérée* de sa consommation future.

$$qU(C_1) + (1 - q)U(C_2)$$

Dérivation analytique du portefeuille optimal

Les niveaux de consommation dans chaque état de la nature 21A.1 et 21A.2 peuvent être introduits dans la fonction d'espérance d'utilité que nous venons de présenter. Le problème de l'investisseur peut être décrit de la manière suivante : choisir α de manière à maximiser son espérance d'utilité

$$qU\{[\alpha H_1 + (1-\alpha)F_1] \times W\} + (1-q)U\{[\alpha H_2 + (1-\alpha)F_2] \times W\}$$

Pour résoudre le problème, il faut dériver l'utilité espérée puis égaliser le résultat à zéro. Soit *U'(C)* la dérivée de la fonction *U(C)* en fonction en *C* ; *U'(C)* est donc l'*utilité marginale* de la consommation. α maximise l'espérance d'utilité si

$$\frac{H_1 - F_1}{H_2 - F_2} = -\frac{(1-q)U'\{[\alpha H_2 + (1-\alpha)F_2] \times W\}}{qU'\{[\alpha H_1 + (1-\alpha)F_1] \times W\}} \qquad (21A.3)$$

Cette équation nous permet d'obtenir α, la répartition optimale du portefeuille.

Pour un investisseur averse au risque, l'utilité marginale *U'(C)* est une fonction décroissante de la consommation. L'utilité marginale décroissante permet d'expliquer pourquoi un individu averse au risque ne parie pas si la rentabilité espérée est nulle, le surcroît de consommation lorsque le pari est gagnant ne compensant pas la perte d'utilité lorsque le pari est perdant. Si l'utilité marginale est constante quelles que soient les valeurs de *C*, alors l'investisseur est dit neutre au risque. Un investisseur neutre au risque est prêt à s'engager dans des paris dès que la rentabilité espérée est positive.

Si l'investisseur est neutre au risque, *U'*(*C*) est constante quelle que soit *C*, et l'équation (21A.3) devient :

$$qH_1 + (1-q)H_2 = qF_1 + (1-q)F_2$$

Cette identité implique que *les rentabilités espérées sur les actifs domestiques et étrangers sont égaux*. Au chapitre 13, nous avons vu que tous les actifs doivent offrir la même rentabilité espérée si on ne tient pas compte du risque (ni de la liquidité). La condition de parité des taux d'intérêts vue au chapitre 13 est donc vérifiée si les investisseurs sont neutres au risque, mais pas dans le cas, plus général, où ils sont averses au risque.

Pour que l'analyse ci-dessus ait un sens, il faut qu'aucun des deux actifs n'offre une rentabilité plus élevée que l'autre dans tous les états de la nature. Si un actif dominait l'autre, le membre de gauche de l'équation (21A.3) serait positif et le membre de droite, négatif (car l'utilité marginale de la consommation est supposée être positive). Cette équation n'aurait donc pas de solution. On comprend bien que personne ne souhaite détenir un actif si un autre actif offre dans tous les cas une rentabilité plus élevée et, dans une telle situation, les investisseurs peuvent réaliser une opération d'arbitrage sans risque en échangeant leurs actifs à bas rendement contre des actifs à haut rendement.

Nous supposons donc que $H_1 > F_1$ et $H_2 < F_2$; l'actif domestique est donc plus rentable dans l'état de la nature 1, mais moins rentable dans l'état de la nature 2.

Analyse graphique du modèle de choix de portefeuille

La figure 21A.1 présente plusieurs courbes d'indifférence de la fonction d'utilité espérée donnée par $qU(C_1) + (1-q)U(C_2)$. Chaque point à la figure représente une combinaison du niveau de consommation atteint dans chaque état de la nature. Les préférences représentées à la figure s'appliquent à ces combinaisons de consommation souhaitées dans chaque état de la nature, plutôt qu'à la consommation de deux biens dans un seul état de la nature. Comme d'habitude, les points d'une même courbe d'indifférence représentent tous un même niveau de satisfaction.

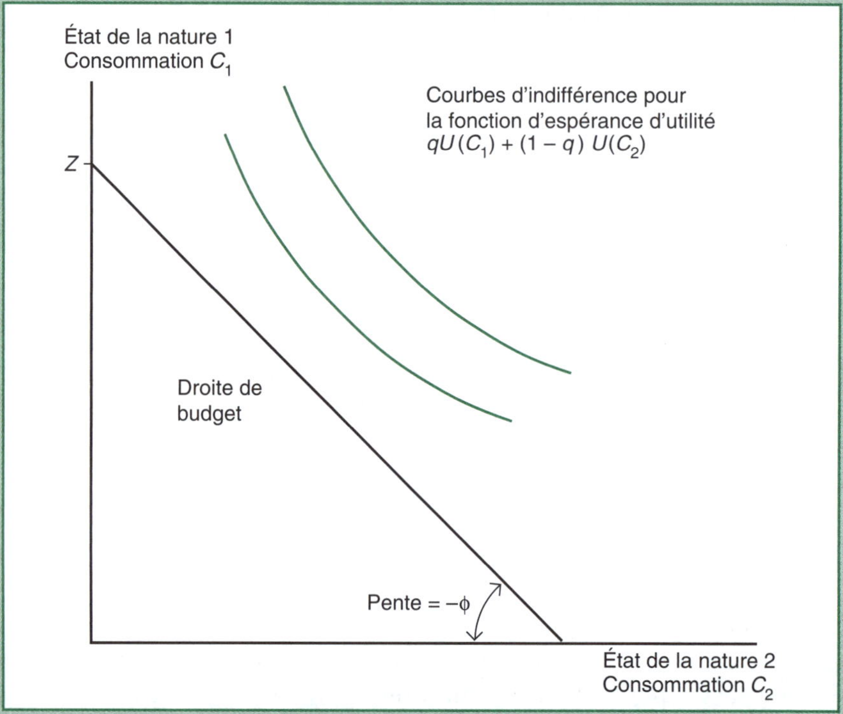

Figure 21A.1 • Les courbes d'indifférence représentent les combinaisons de consommation qui correspondent à un niveau de satisfaction constant de l'individu. La droite de budget représente la consommation qu'il est possible d'obtenir dans le second état de la nature si on sacrifie une unité de consommation dans le premier état de la nature.

La perte de consommation dans le premier état de la nature doit être compensée par un gain de consommation dans le second état de la nature. C'est la raison pour laquelle la pente des courbes d'indifférence est décroissante. Cependant, les courbes sont de plus en plus plates à mesure que C_1 et C_2 augmentent. Cette propriété reflète une caractéristique fondamentale de $U(C)$: l'utilité marginale de la consommation baisse quand C augmente. Ainsi, si C_1 baisse, l'investisseur ne peut rester sur sa courbe d'indifférence qu'en obtenant une plus grande consommation C_2. Mais plus on diminue C_1, moins la consommation C_2 devient souhaitable ; donc, plus on sacrifie de la consommation dans le premier état de la nature, plus ce sacrifice est pénible, il faudra donc toujours davantage de consommation dans le second état de la nature pour compenser la perte d'une unité de C_1.

Les équations (21A.1) et (21A.2) impliquent qu'en choisissant son portefeuille en fonction de α, l'investisseur choisit également des niveaux de consommation dans les deux états de la nature. Ainsi, le problème du choix du portefeuille optimal est équivalent au choix des niveaux de consommation C_1 et C_2. Les courbes d'indifférence de la figure 21A.1 peuvent donc être utilisées pour déterminer le portefeuille optimal de l'investisseur. Cette approche nécessite aussi l'utilisation d'une droite de budget qui représente les conditions de substitution entre les consommations C_1 et C_2 permises par le marché. L'arbitrage entre C_1 et C_2 se déduit des équations (21A.1) et (21A.2). La résolution du système nous fournit α :

$$\alpha = \frac{F_2W - C_2}{F_2W - H_2W}$$

Après substitution de cette expression de α dans (21A.1), l'équation devient :

$$C_1 + \phi C_2 = Z \qquad (21A.4)$$

avec $\phi = (H_1 - F_1)/(F_2 - H_2)$ et $Z = W \times (H_1F_2 - H_2F_1)/(F_2 - H_2)$. Puisque $H_1 > F_1$ et $H_2 < F_2$, alors ϕ et Z sont positifs. L'équation (21A.4) est de la même forme que les contraintes de budget qui apparaissent dans les problèmes du choix des consommateurs, avec ϕ qui joue le rôle du prix relatif et Z celui du revenu mesuré en unités de consommation du premier état de la nature (C_1). Cette droite de budget apparaît à la figure 21A.1 comme une droite de pente – ϕ qui coupe l'axe des ordonnées en Z.

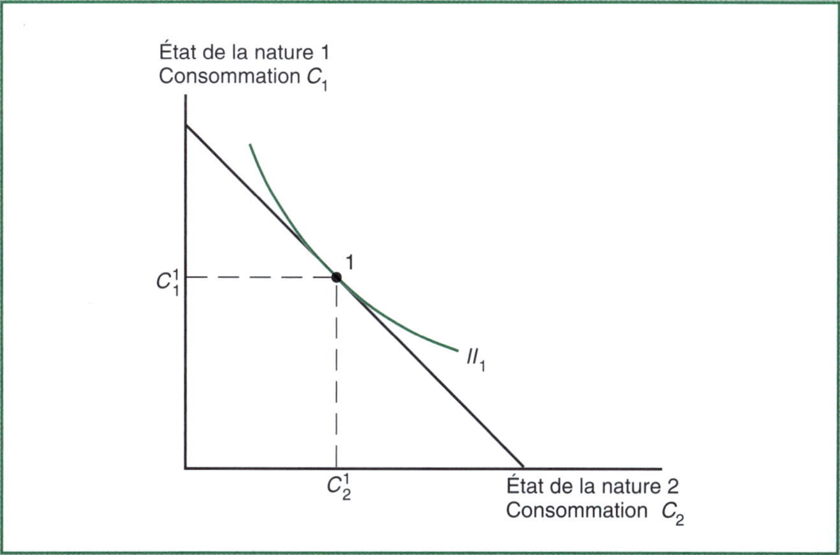

Figure 21A.2 • Pour maximiser son espérance d'utilité, l'investisseur choisit la combinaison de niveaux de consommation représentée par le point 1, où la droite de budget est tangente à la courbe d'indifférence II_1. La part optimale α peut être calculée comme égale à $(F_2W - C_2^1) / (F_2W - H_2W)$.

Pour bien comprendre, supposons que l'investisseur décide d'échanger une unité de richesse détenue en actif domestique contre des actifs étrangers. Puisque l'actif domestique a la rentabilité le plus élevée dans l'état de la nature 1, la perte nette de l'investisseur en termes de consommation dans cet état de la nature est $H_1 - F_1$; dans l'état de la nature 2, son gain de consommation est $F_2 - H_2$. Donc, pour obtenir un surcroît de consommation dans l'état de la nature 2, $F_2 - H_2$, l'investisseur doit sacrifier $H_1 - F_1$ dans l'état 1. Le prix d'une unité de C_2 en termes de C_1 est donc donné par le ratio $H_1 - F_1$ divisé par $F_2 - H_2$, c'est-à-dire ϕ, la pente (en valeur absolue) de la droite de budget (21A.4).

La figure 21A.2 indique comment sont déterminés C_1 et C_2 – et par conséquent la répartition optimale du portefeuille α. Le point 1 correspond au point où la courbe d'indifférence II_2 la plus haute est tangente à la droite de budget. Étant donné les choix de consommation optimaux dans chaque état de la nature, il est possible de calculer α en utilisant les équations (21A.1) ou (21A.2).

Lorsqu'on descend le long de la droite de budget, la part des actifs domestiques dans le portefeuille diminue. Pour certaines valeurs de C_1 et C_2, α peut être négatif ou plus grand que 1. Un α négatif indique que l'investisseur a une « position courte » en actif domestique, c'est-à-dire qu'il a émis des créances qui offrent à leur détenteur H_1 unités de production dans l'état 1 et H_2 unités dans l'état 2. Cet emprunt est utilisé pour accroître la part des actifs étrangers dans le portefeuille, $1-\alpha$, au-dessus de 1.

La figure 21A.3 montre les points sur la contrainte de budget de l'investisseur correspondant à $\alpha = 1$ ($C_1 = H_1W$ et $C_2 = H_2W$) et à $\alpha = 0$ ($C_1 = F_1W$ et $C_2 = F_2W$). À partir du point $\alpha = 1$, l'investisseur peut remonter sur la droite de budget en prenant une position courte

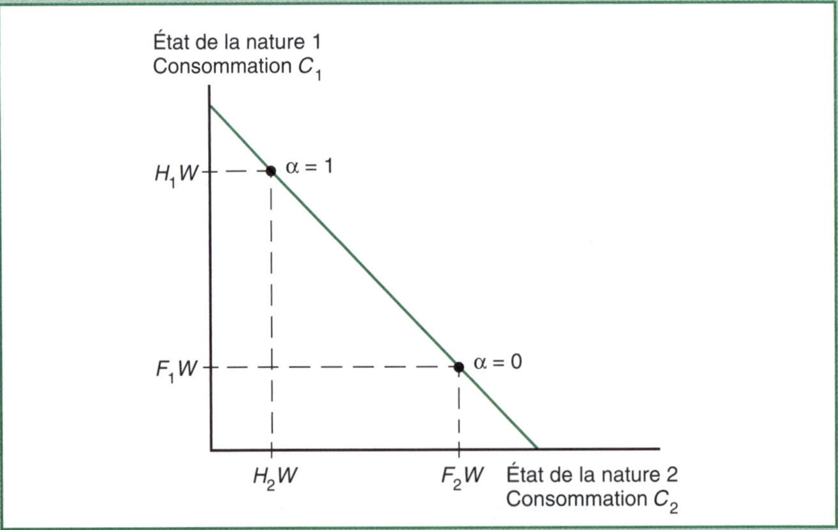

Figure 21A.3 • Portefeuilles non diversifiés.

Lorsque $\alpha = 1$, l'investisseur détient toute sa richesse en actifs domestiques. Lorsque $\alpha = 0$, il détient toute sa richesse en actifs étrangers. S'il remonte au-dessus du point $\alpha = 1$ sur sa contrainte de budget, il devient court en actifs étrangers. S'il descend au-dessous du point $\alpha = 0$, il devient court en actif domestique.

en actifs étrangers ($\alpha > 1$ et $1 - \alpha < 0$). À partir du point $\alpha = 0$, l'investisseur peut descendre le long de la droite de budget en prenant une position courte en actif domestique.

Effets d'un changement de la rentabilité

La figure que nous avons construite peut servir à illustrer l'effet d'une modification de la rentabilité en cas d'aversion au risque. Supposons par exemple que la rentabilité de l'actif domestique dans l'état de la nature 1 augmente. La hausse de H_1 augmente ϕ, le prix relatif de la consommation dans l'état de la nature 2, ce qui accroît la pente de la droite de budget qui apparaît à la figure 21A.3.

Il nous faut davantage d'informations pour connaître l'impact de la modification de H_1 sur la position de la droite de budget. Considérons l'allocation de portefeuille caractérisée par $\alpha = 0$ à la figure 21A.3 : dans ce cas, toute la richesse est investie en actifs étrangers. La combinaison de consommations qui résulte de cette stratégie de placement, $C_1 = F_1W$ et $C_2 = F_2W$, n'est pas modifiée par une hausse de H_1, car le portefeuille ne contient pas d'actif domestique. Le point de coordonnées $C_1 = F_1W$ et $C_2 = F_2W$ reste sur la nouvelle contrainte de budget, et une hausse de H_1 fait pivoter la droite de budget dans le sens des aiguilles d'une montre autour du point $\alpha = 0$.

La figure 21A.4 montre l'impact d'une hausse de H_1 sur un investisseur qui détient une quantité positive d'actifs domestiques (le cas où $\alpha < 0$ est laissé à titre d'exercice). Deux effets, un effet substitution et un effet revenu, influent sur le déplacement du point de consommation de l'investisseur du point 1 vers le point 2.

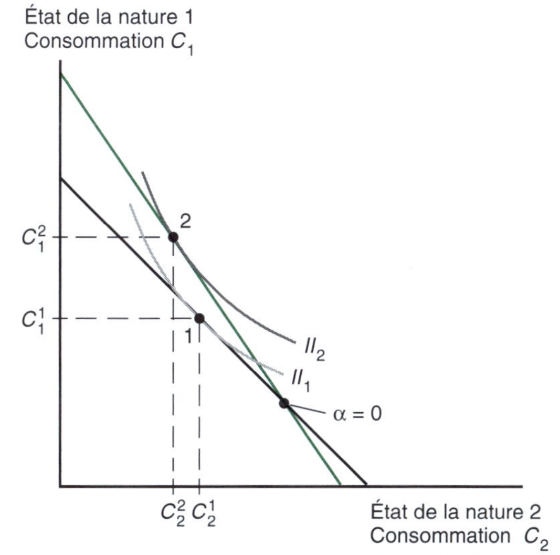

Figure 21A.4 • *Effet d'une hausse de H_1 sur la consommation.*

Une hausse de H_1 fait pivoter la droite de budget dans le sens des aiguilles d'une montre autour de $\alpha = 0$, et le point de consommation optimum de l'investisseur se déplace au point 2. Si l'état de la nature 1 est réalisé, la consommation augmente, la consommation diminuant dans l'état 2.

L'effet substitution correspond à une plus forte demande de C_1, dont le prix a baissé relativement à C_2. L'effet revenu correspond au déplacement de la droite de budget vers la droite et tend à accroître la consommation dans les deux états de la nature (tant que $\alpha > 0$). Comme l'investisseur est plus riche dans l'état 1, il peut se permettre de faire glisser une partie de ses avoirs vers les actifs étrangers dont la rentabilité est plus élevé dans l'état 2. L'aversion au risque explique que l'investisseur souhaite éviter que sa consommation fluctue trop entre les divers états de la nature. La figure 21A.4 suggère que C_1 augmente de manière certaine, alors que C_2 peut soit diminuer, soit augmenter (ici, l'effet substitution domine l'effet revenu et C_2 diminue).

La hausse de H_1 a également un effet ambigu sur α, la répartition du portefeuille. La figure 21A.5 illustre deux possibilités. Si l'investisseur ne change pas α lorsque H_1 augmente, alors son choix de consommation est donné par le point 1′, situé sur la nouvelle contrainte de budget à la verticale du point de consommation 1. L'équation (21A.2) indique en effet que $C_2^1 = [\alpha H_2 + (1 - \alpha)F_2] \times W$ ne change pas si α ne change pas lui-même. Le nouveau point de consommation correspond donc à l'équilibre situé à la verticale de C_2^1. À la figure 21A.5, la pente de la droite OR reliant l'origine au point 1′ indique le ratio C_1/C_2 issu de la composition initial du portefeuille, consécutif à la hausse de H_1.

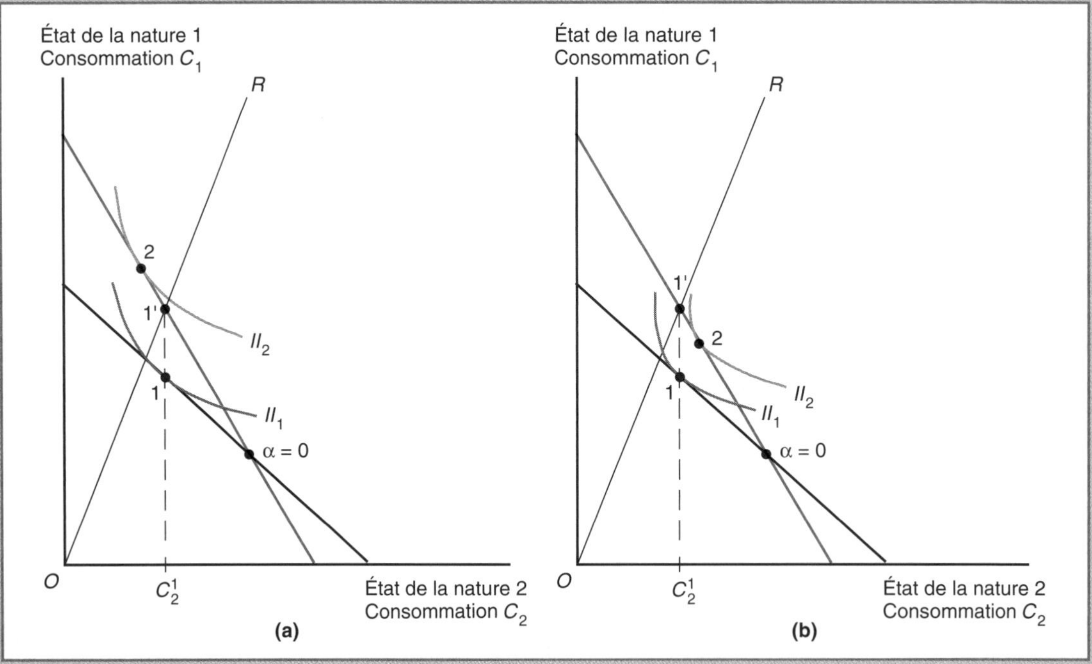

Figure 21A.5 • *Effets d'une hausse de H_1 sur la composition du portefeuille.*

Figure (a) : si l'investisseur n'est pas trop réfractaire au risque, il choisit d'accroître la part de l'actif domestique dans son portefeuille ; le ratio C_1/C_2 est donc plus important que celui associé à la droite OR.

Figure (b) : un investisseur très réfractaire au risque peut accroître sa consommation dans l'état de la nature 2 en augmentant la part de l'actif étranger dans son portefeuille.

Il est clair que s'il désire diminuer C_2, l'investisseur doit choisir une valeur plus élevée de α, c'est-à-dire accroître la part de l'actif domestique dans son portefeuille. Au contraire, pour consommer davantage dans le deuxième état de la nature, il doit acquérir davantage d'actifs étrangers, c'est-à-dire réduire α. La figure 21A.5a montre de nouveau le cas où l'effet substitution l'emporte sur l'effet revenu : C_2 diminue car l'investisseur accroît, dans son portefeuille, la part de l'actif domestique dont la rentabilité relative dans l'état de la nature 1 a augmenté.

La figure 21A.5b illustre le cas contraire : C_2 augmente et α diminue. Ce deuxième résultat provient d'une courbure plus forte des courbes d'indifférence associée à une plus forte aversion au risque. Un investisseur plus averse au risque considère les consommations dans les deux états de la nature comme moins substituables et demande donc une plus forte hausse de la consommation dans le premier état de la nature pour compenser une baisse de la consommation dans le second (et inversement). Mais il faut noter que le cas particulier illustré à la figure 21A.5b, dans lequel une hausse de la rentabilité d'un actif peut conduire un investisseur à en demander moins, est peu probable en réalité. Par exemple, toutes choses étant égales par ailleurs, une hausse du taux d'intérêt sur une monnaie augmente la rentabilité espérée sur cette monnaie, quel que soit l'état de la nature. L'effet de substitution en faveur de la monnaie dans la composition du portefeuille est donc bien plus fort.

Ces résultats sont bien différents lorsqu'on considère un individu neutre au risque : un individu neutre au risque investirait toute sa richesse dans l'actif qui offre la rentabilité espéréz la plus importante, sans prendre en compte le risque associé à cette nouvelle composition.

Chapitre 22

Les pays en développement : croissance, crises et réformes

Objectifs pédagogiques :

- **Analyser la distribution inégale de la richesse mondiale et ses causes.**
- **Identifier les principales caractéristiques économiques des pays en développement.**
- **Expliquer la place qu'occupent les pays en développement sur le marché international des capitaux et les problèmes de défaut sur la dette qu'ils rencontrent.**
- **Comprendre les crises de change et les crises financières des pays en développement.**
- **Développer les mesures qui pourraient éventuellement accroître les gains que les pays en développement tirent de leur participation au marché international des capitaux.**

Jusqu'à présent, nous avons étudié les relations économiques entre les pays industrialisés, comme les États-Unis, les pays d'Europe de l'Ouest ou le Japon. Ces pays sont politiquement stables, richement dotés en capital et en travail qualifié, et génèrent des niveaux élevés de PIB par tête. Leurs marchés, par rapport à ceux des pays pauvres, sont depuis longtemps dégagés du contrôle direct de l'État.

Les *pays en développement* (PED) connaissent, depuis le début des années 1980, des problèmes récurrents d'instabilité macroéconomique qui sont passés au premier rang des préoccupations concernant le système monétaire international. Le commerce entre les pays industrialisés et les PED s'est par ailleurs considérablement développé depuis la Seconde Guerre mondiale, de même que les mouvements de capitaux. Il en résulte une forte interdépendance : les événements qui affectent les pays du Nord ont de plus en plus d'impact sur les pays du Sud, et réciproquement. Certains pays du Sud ont profité de la mondialisation pour accroître le niveau de vie de leurs habitants. Malheureusement, ce rattrapage ne s'observe pas pour tous les pays. Les expériences de développement économique des PED sont très contrastées, et il est possible d'en tirer de nombreuses leçons en termes de politique économique.

Ce chapitre s'intéresse aux problèmes macroéconomiques des PED, ainsi qu'à leurs répercussions sur l'économie mondiale. Les principes que nous avons étudiés jusque-là s'appliquent aux PED, et les chapitres précédents sont nécessaires pour comprendre les gains que ces pays peuvent retirer des échanges internationaux de biens, de services et de capitaux. Mais les crises qu'ils ont subies, qui peuvent avoir d'importantes conséquences en termes de stabilité économique et politique, méritent une analyse spécifique.

1 Revenu, richesse et croissance

Par rapport aux pays industrialisés, les PED sont faiblement dotés en capital et en main-d'œuvre qualifiée. La rareté relative de ces facteurs de production contribue à un faible niveau de revenu par tête, empêchant ces pays de tirer partie des économies d'échelle dont bénéficient les pays riches. Et souvent cette insufffisance des facteurs de production n'est qu'un symptome et cache des maux plus profonds. L'instabilité politique, la faible protection des droits de propriété et les politiques économiques inadaptées découragent l'investissement en capital et en connaissances, ce qui réduit l'efficacité du système économique.

1.1 L'écart entre pays riches et pays pauvres

Sur la base du niveau de PIB par habitant, il est possible de répartir les économies en quatre catégories : celles à revenu faible (l'Inde, le Pakistan et la plupart de leurs pays frontaliers, ainsi que les pays d'Afrique subsaharienne) ; celles à revenu intermédiaire-faible (la Chine, les pays du Moyen-Orient, la plupart des petits pays d'Amérique latine et des Caraïbes, de nombreuses ex-républiques soviétiques et la majeure partie des pays d'Afrique) ; celles à revenu intermédiaire-élevé (les grands pays d'Amérique latine, l'Arabie Saoudite, la Malaisie, l'Afrique du Sud, la Pologne, le Hongrie, et les républiques tchèque et slovaque) ; et celles à revenu élevé (les pays industrialisés à économie de marché ainsi qu'Israël, le Koweït, la Corée du Sud et Singapour). Le tableau 22.1 indique les niveaux de PIB par tête annuels (en dollars de 2000) pour ces quatre catégories, ainsi que l'espérance de vie moyenne à la naissance en 2005.

Tableau 22.1 : Indicateurs économiques pour quatre groupes de pays en 2005.

Niveau de revenu	PIB par habitant (en dollars de 2000)	Espérance de vie (en années) *
Revenu faible	481	60
Revenu intermédiaire-faible	1 614	73
Revenu intermédiaire-élevé	4 480	74
Revenu élevé	28 242	82

* Moyenne simple entre l'espérance de vie des hommes et celle des femmes

Source : Banque mondiale.

Le tableau 22.1 illustre les grandes disparités de revenus par tête qui existent au niveau international. Le PIB moyen par habitant dans les pays les plus riches est environ 60 fois plus élevé que celui observé dans les pays pauvres ! Même les pays de la catégorie revenu intermédiaire-élevé n'atteignent qu'un cinquième du PIB par habitant des pays industrialisés, et les différences internationales d'espérance de vie reflètent bien cette distribution inégale des revenus[1].

1. Nous avons vu que les comparaisons réalisées sur la base des taux de change nominaux, comme c'est le cas ici, déforment la réalité (voir chapitre 15). Le fait d'ajuster le revenu national pour tenir compte des déviations par rapport à la parité de pouvoir d'achat (PPA) réduit de manière importante, sans pour autant les éliminer, les différences de revenu par habitant reportées dans le tableau 22.1. Ajusté pour la PPA, le revenu par tête des pays les plus riches est « seulement » treize fois plus important que celui des pays les plus pauvres.

1.2 La distribution inégale des revenus s'est-elle réduite au cours du temps ?

Expliquer les différences de revenus entre les pays est l'un des premiers objectifs que se sont fixés les économistes. Ce n'est pas un hasard si Adam Smith, en 1776, a intitulé son ouvrage *La Richesse des nations* ! La question est non seulement de savoir pourquoi les pays ont des revenus par tête différents, mais aussi pourquoi certains prospèrent pendant que d'autres stagnent. Les recherches sur ce sujet ont bien sûr conduit à des débats intenses concernant les politiques à adopter afin de promouvoir la croissance économique, comme nous le verrons dans ce chapitre.

Le tableau 22.2 indique les taux de croissance du produit par tête, pour plusieurs groupes de pays, entre 1960 et 2000 (les données sont corrigées pour tenir compte des disparités de pouvoir d'achat). Sur cette période, les pays industrialisés les plus riches (les États-Unis, la France, le Royaume-Uni, etc.) connaissent un taux de croissance d'environ 2,5 %, ce qui, pour de nombreux économistes, correspond au taux maximal à long terme pour une économie à maturité. Les pays qui faisaient partie du groupe des pays industrialisés, mais figuraient parmi les moins riches en 1960, connaissent des rythmes de croissance plus soutenus sur la période, ce qui leur a permis d'opérer un rattrapage en termes de PIB par habitant. C'est le cas par exemple du Japon, qui avait un revenu par habitant 64 % plus faible que celui des États-Unis en 1960, mais qui a réduit cet écart à 30 % en 2000. De même, l'Espagne, qui avait en 1960 un revenu par tête inférieur de 40 % à celui de la France, avec un taux de croissance de 3,5 % en moyenne par an, a comblé cet écart de moitié puisque la différence n'est plus que de 20 % en 2000.

Tableau 22.2 : Produit intérieur par habitant, pour une sélection de pays, sur la période 1960-2000 (en dollars de 2000).

Produit intérieur par habitant			
Pays	**1960**	**2000**	**Taux de croissance annuel moyen sur la période**
Pays industrialisés en 1960			
Canada	10 577	26 821	2,4 %
Espagne	4 965	19 536	3,5 %
France	8 605	25 045	2,7 %
Irlande	5 380	24 948	3,9 %
Italie	7 103	22 487	2,9 %
Japon	4 632	23 971	4,2 %
Suède	10 955	25 232	2,1 %
Royaume-Uni	10 353	24 666	2,2 %
États-Unis	13 030	34 365	2,5 %
Afrique			
Kenya	1 159	1 268	0,2 %
Nigeria	1 096	1 079	–0,1 %
Sénégal	1 797	1 571	–0,3 %
Zimbabwe	2 277	3 256	0,9 %

Tableau 22.2 : Produit intérieur par habitant, pour une sélection de pays, sur la période 1960-2000 (en dollars de 2000). ***(suite)***

Produit intérieur par habitant			
Pays	**1960**	**2000**	**Taux de croissance annuel moyen sur la période**
Amérique latine			
Argentine	7 859	11 332	0,9 %
Brésil	2 670	7 194	2,5 %
Chili	5 022	11 430	2,1 %
Colombie	2 806	6 080	2,0 %
Mexique	3 695	8 082	2,0 %
Paraguay	2 521	4 965	1,7 %
Pérou	3 048	4 205	0,8 %
Venezuela	5 968	7 323	0,5 %
Pays asiatiques en cours d'industrialisation			
Chine	445	4 022	5,6 %
Corée du Sud	1 544	15 702	6,0 %
Hong Kong	3 264	27 236	5,4 %
Malaisie	1 829	11 406	4,7 %
Singapour	4 211	29 434	5,0 %
Taïwan	1 491	19 184	6,6 %
Thaïlande	1 086	6 474	4,6 %

Note : Les comparaisons s'établissent sur la base de la PPA.
Source : *Penn World Tables*, version 6.2, Center for International Comparisons, University of Pennsylvania, septembre 2006.

Le rattrapage opéré par le Japon ou l'Espagne depuis les années 1960 illustre la tendance des pays industrialisés à **converger** en termes de PIB par habitant durant la seconde moitié du XXe siècle. Ce phénomène s'explique *a priori* simplement : si les biens et les services s'échangent librement, si les capitaux peuvent circuler et être investis là où ils génèrent les gains les plus élevés, et si les idées elles-mêmes circulent sans entraves, il n'y a alors pas de raison pour que les différences de revenu par habitant persistent à long terme entre les pays. En pratique, il existe bien des différences entre les pays industrialisés, car chacun mène des politiques distinctes, mais les forces de convergence sont suffisamment fortes pour maintenir ces pays dans un même ensemble.

L'idée d'une convergence naturelle entre les pays est certes séduisante, mais elle s'applique mal aux PED. Le tableau 22.2 montre qu'il n'y a pas de tendance globale à la convergence dans le monde. La disparité des taux de croissance à long terme des différents groupes de pays est grande, mais, dans l'ensemble, les pays les plus pauvres ne croissent pas plus vite. Certains pays d'Afrique ont même des taux de croissance beaucoup plus faibles que les pays industrialisés[1]. Il en est de même en Amérique latine, où seuls quelques pays ont atteint le rythme de croissance des pays industrialisés, malgré des niveaux de revenus initiaux beaucoup plus faibles.

Les économies du Sud-Est asiatique ont en revanche eu tendance à croître à un rythme supérieur à celui des autres pays, vérifiant ainsi la théorie de la convergence. Par exemple, la Corée du Sud, qui avait un niveau de revenu par habitant plus faible que le Sénégal en 1960, a atteint un rythme de croissance annuelle de 6 % sur la période 1960-2000 et se retrouve classée par la Banque mondiale dans la catégorie des PED à niveau de revenu élevé depuis 1997. Le scénario est identique pour Singapour. À titre d'illustration, un pays dont le taux de croissance est de 3 % double son revenu par tête à chaque génération. Les taux de croissance qu'ont connus les pays d'Asie du Sud-Est, tels que Hong Kong, Singapour, la Corée du Sud ou Taïwan, leur ont permis de multiplier par cinq le revenu réel par habitant en une génération !

Qu'est-ce qui explique les divergences de performances des PED (pas seulement en termes de croissance, mais aussi d'inflation, de chômage et de stabilité financière) ? La raison tient essentiellement à leurs caractéristiques politiques et économiques, ainsi qu'à la manière dont ils ont réagi face aux différents chocs, nationaux ou internationaux.

2 Caractéristiques structurelles des PED

Il est difficile d'identifier des caractéristiques communes aux PED tant leurs économies diffèrent. Au début des années 1960, leurs politiques commerciales et macroéconomiques sont relativement proches les unes des autres, beaucoup plus que par la suite en tout cas. Dès les années 1960, les pays asiatiques abandonnent la politique d'industrialisation par substitution aux importations (voir chapitre 10) et s'orientent vers la promotion des exportations, stratégie qui se révèle fructueuse. Ce succès inspire alors d'autres pays, notamment en Amérique latine, qui à leur tour s'engagent à réduire les barrières commerciales, à limiter les interventions de l'État dans l'économie, à lutter contre l'inflation et à s'ouvrir aux capitaux étrangers. Mais en dépit de ces efforts, le résultat est globalement mitigé.

Beaucoup de PED ont réorganisé leurs économies pour se rapprocher des structures mises en place dans les pays industrialisés. Mais ce processus est inachevé et les PED réunissent toujours certaines des caractéristiques suivantes :

- Les autorités publiques exercent traditionnellement un contrôle direct et étendu sur l'économie, avec des restrictions sur le commerce international, un contrôle direct des grandes industries et des transactions financières, un niveau élevé de dépenses publiques par rapport au PIB, etc. Ce contrôle est globalement moins strict que par le passé, même si le degré de libéralisation diverge aujourd'hui largement selon les pays.
- La plupart de ces pays ont connu des périodes de forte inflation. Dans de nombreuses économies en développement, les impôts ne permettent de couvrir ni les importantes dépenses publiques, ni les pertes des entreprises publiques. Compte tenu des problèmes

1. Il existe toutefois des exceptions. Le Botswana a, par exemple, connu un taux de croissance annuel moyen de 5 % entre 1960 et 1990, et est désormais classé par la Banque mondiale dans la catégorie des pays à revenu intermédiaire-élevé. Pour une étude sur les causes du sous-développement et de l'instabilité en Afrique, voir Paul Collier et Jan Willem Gunning, « Explaining African Economic Performance », *Journal of Economic Literature*, 37, mars 1999, p. 69-111.

d'évasion fiscale et de la place importante occupée par le secteur informel (c'est-à-dire le travail « au noir »), il est souvent plus simple pour les autorités de faire « fonctionner la planche à billets ». Les économistes qualifient cette pratique de **seigneuriage**[1]. L'offre excessive de monnaie peut engendrer des épisodes de forte inflation, voire d'hyperinflation. Le seigneuriage revient, en fait, à taxer les agents (on parle parfois de « taxe inflationniste »), car les encaisses monétaires détenues par les agents privés perdent de leur valeur suite à l'augmentation de l'offre de monnaie (voir chapitre 14).

- Dans les pays où les marchés financiers ont été libéralisés, les institutions financières sont fragiles. Les projets risqués financés par emprunt sont nombreux et les prêts sont parfois accordés davantage en fonction des relations personnelles de l'emprunteur que sur la base de la rentabilité attendue. Vouloir contenir la fragilité bancaire est peu efficace (voir chapitre 21), compte tenu du manque de moyen, de l'inexpérience et des problèmes de fraude. L'essor des marchés boursiers et obligataires dans les économies émergentes ne s'est pas accompagné d'un développement comparable de l'information communiquée aux actionnaires et aux créanciers. Le respect des droits de propriété est moins bien assuré. La manière dont les entreprises sont gérées est opaque, et il est plus difficile d'exercer un contrôle sur les dirigeants. Le cadre réglementaire est plutôt déficient et le problème du règlement des créances est difficile à résoudre en cas de faillite. D'une manière générale, les systèmes financiers des PED redirigent l'épargne vers les projets de manière moins efficace que dans les pays industrialisés. Les économies s'en trouvent donc fragilisées.
- Les PED tendent à adopter des régimes de changes fixes ou largement administrés. Les autorités monétaires espèrent ainsi limiter l'inflation et la volatilité du taux de change. Les PED ont une longue expérience du *contrôle des changes,* et certains maintiennent toujours des contrôles stricts, ce qui permet notamment de réduire les mouvements de capitaux. La plupart des économies émergentes se sont toutefois ouvertes aux capitaux étrangers ces dernières années.
- Les ressources naturelles et les produits agricoles représentent une part importante des exportations des pays émergents : le pétrole en Russie, le bois en Malaisie, l'or en Afrique du Sud ou le café en Colombie.
- Les tentatives pour contourner les règles et les taxes mises en place par les autorités ont favorisé le développement de la corruption dans la plupart des PED. Le développement des activités économiques informelles a parfois contribué à accroître l'efficacité économique en introduisant une dimension marchande dans l'allocation des ressources, mais les études empiriques montrent que, globalement, corruption et pauvreté vont de pair.

La figure 22.1 illustre, pour un échantillon de PED et de pays industrialisés, la forte corrélation positive entre le PIB par habitant et un indice inverse de la corruption, publié par l'organisation *Transparency International*[2]. Plusieurs facteurs permettent d'expliquer cette

1. Le terme vient de ce que le privilège de battre monnaie était initialement réservé aux seigneurs.
2. D'après l'indice *Transparency International* (sur une échelle de 1 à 10), en 2008, les pays où la corruption est la plus faible sont le Danemark, la Nouvelle-Zélande, la Suède (9,3) suivie par Singapour (9,2) ; le pays le plus corrompu est la Somalie (1). Le Royaume-Uni obtient la note de 7,7, l'Allemagne 7,9, la Belgique 7,3, les États-Unis 7,3, la France 6,9 et l'Italie 4,8. Pour plus de détails, voir Vito Tanzi, « Corruption Around the World », *IMF Staff Papers*, 45, décembre 1998, p. 559-594. Voir également le site de la section française : www.transparence-France.org.

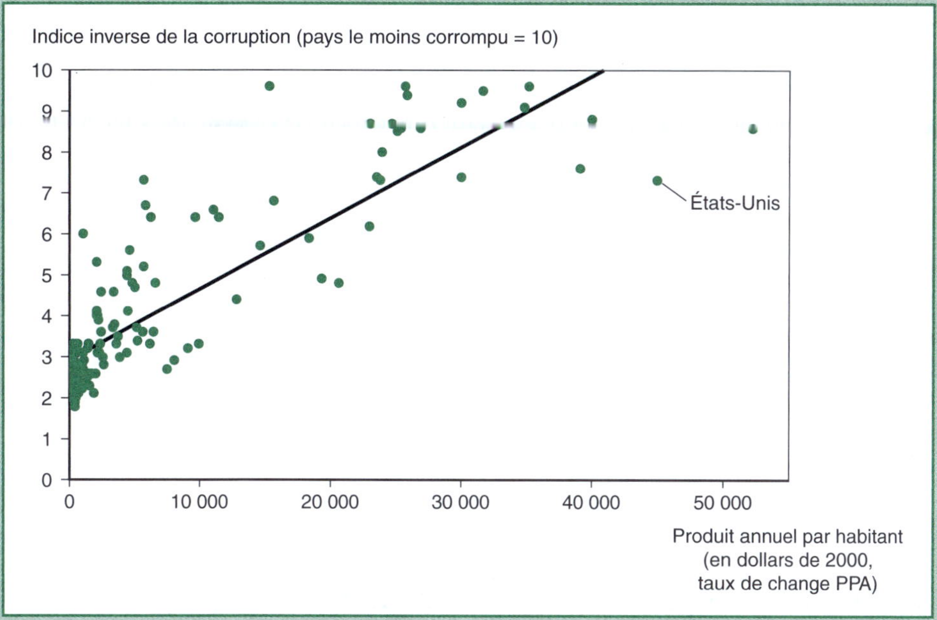

Figure 22.1 • Corruption et revenu par habitant.
La corruption tend à diminuer lorsque le revenu par habitant augmente.

Sources : « Transparency International », *Global Corruption Report* ; Banque mondiale, *World Development Indicators*.

corrélation positive : la corruption elle-même a un effet négatif sur l'efficacité économique et la croissance ; des réglementations excessivement contraignantes favorisent les comportements de contournements et réduisent la prospérité économique ; les pays pauvres manquent de ressources pour lutter contre la corruption de manière efficace ; enfin, la pauvreté elle-même constitue une forte incitation à transgresser les règles.

Un grand nombre des caractéristiques qui marquent, encore aujourd'hui, les PED ont pour origine la grande dépression des années 1930 (voir chapitre 18). Face à la crise, la plupart des pays ont choisi d'exercer un contrôle direct sur le commerce et les paiements internationaux pour tenter de conserver leurs réserves de change et de préserver l'emploi. L'État a alors pris une place croissante dans la sphère économique (réorganisation du marché du travail, contrôle des prix, nationalisations, etc.). Ce renforcement du poids de l'État s'est observé dans les pays industrialisés comme dans les PED. En revanche, pour ces derniers, la tendance a été beaucoup plus forte et persistante. On peut également observer que les institutions politiques ont permis, dans les PED, aux quelques personnes qui profitaient du système, de le perpétuer.

Privés de leurs fournisseurs traditionnels de biens manufacturiers durant la Seconde Guerre mondiale, les PED ont favorisé le développement de leur propre industrie. On qualifie ces politiques *d'industrialisation par substitution aux importations*. Les anciennes colonies, au moment de leur indépendance, ont également souhaité développer leurs industries nationales en s'appuyant sur le soutien de l'État. Les responsables politiques des PED croyaient en outre que le fait de rester spécialisé dans la production de matières premières ne leur permettrait pas de réduire le niveau de pauvreté. Cette approche a pour origine les travaux d'économistes influents dans les années 1950, qui estimaient que les PED allaient pâtir d'un déclin de leurs termes de l'échange, à moins qu'ils ne mobilisent leurs ressources vers le secteur industriel. Ces prévisions se sont finalement révélées fausses, mais elles ont fortement influé sur leurs politiques économiques.

3 Emprunt et dette des pays en développement

Une dernière caractéristique des PED, essentielle pour comprendre leurs problèmes macroéconomiques, tient à l'utilisation massive de capitaux étrangers pour le financement des investissements. Avant la Première Guerre mondiale et au cours des années qui ont précédé la Grande Dépression, les pays émergents (y compris les États-Unis au XIXe siècle) ont reçu d'importants flux de capitaux en provenance de l'étranger. De même, après la Seconde Guerre mondiale, les PED ont attiré l'épargne des pays industrialisés et contracté ainsi une dette à l'égard du reste du monde. Cette dette, qui atteint 3 500 milliards de dollars en 2007, est à l'origine de plusieurs crises financières internationales qui ont éclaté depuis le début des années 1980.

3.1 Flux de capitaux vers les économies en développement

De nombreux PED est reçu des montants très élevés de capitaux étrangers, conduisant à l'accumulation d'une dette colossale envers le reste du monde. Le tableau 22.3 reproduit la tendance à l'endettement extérieur des PED. Ces sommes sont considérables au regard de la taille de ces économies. Qu'est-ce qui explique ces flux de capitaux ?

Tableau 22.3 : Solde de la balance courante pour les pays exportateurs de pétrole, les autres PED et les pays industrialisés, en milliards de dollars, 1973-2007.

	Principaux pays exportateurs de pétrole	Autres PED	Pays industrialisés
1973-1981	363,8	–410,0	7,3
1982-1989	–135,3	–159,2	–361,1
1990-1998	–106,1	–684,2	51,1
1999-2007	1 656,3	1 968,8	–2 923,7

Source : Fonds monétaire international, *World Economic Outlook*. En théorie, si l'on fait la somme de la balance courante de tous les pays, on devrait avoir un résultat nul. En pratique, ce n'est pas le cas du fait des problèmes d'erreurs et d'omissions (voir chapitre 12).

Au chapitre 12, nous avons vu l'identité suivante entre le solde du compte courant et l'écart entre épargne et investissement intérieurs : $CC = S - I$. Compte tenu de la pauvreté et de la fragilité des institutions financières, l'épargne dans les PED est souvent faible. Toutefois, même si le pays est pauvre en capital – voire, justement, parce qu'il est pauvre en capital –, les opportunités d'investissements profitables sont nombreuses et justifient des montants importants. Un pays avec un faible niveau d'épargne peut donc faire appel à l'épargne étrangère pour financer ses projets économiques. Il en résulte alors un déficit courant. Cette situation permet aux PED d'importer aujourd'hui davantage qu'ils n'exportent. Ils devront, en contrepartie, soit payer les intérêts et rembourser les prêts qui leur ont été accordés, soit verser des dividendes aux actionnaires non résidents à qui ils ont vendu des parts.

L'utilisation de l'épargne étrangère par les PED correspond donc à un *commerce intertemporel* (voir chapitre 7). Les pays à bas revenu ne génèrent pas suffisamment d'épargne pour profiter eux-mêmes de leurs opportunités d'investissement, ce qui les conduit à emprunter auprès du reste du monde. Au contraire, les pays riches ont exploité la plupart de leurs opportunités d'investissement et disposent d'une épargne importante ; ils gagnent ainsi à investir dans des projets plus rentables dans les PED.

Notons que lorsque les PED utilisent l'épargne étrangère pour financer l'investissement local, cela est mutuellement profitable : les emprunteurs mobilisent une épargne qui n'était pas disponible au niveau domestique, alors que les prêteurs financent des projets plus rentables.

Les remarques précédentes justifient donc le niveau élevé du déficit et de la dette des PED. Il ne faut pas en conclure pour autant que les prêts des pays industrialisés aux PED sont toujours justifiés. Ceux destinés à financer des investissements non productifs (la construction, par exemple, de grands centres commerciaux désespérément vides) ou l'achat de biens de consommation importés peuvent conduire à une accumulation excessive de dettes à l'égard du reste du monde que l'emprunteur ne sera pas en mesure de rembourser. De même, des politiques économiques qui découragent l'épargne peuvent amener à une situation de surendettement. Les cycles que l'on peut observer dans le tableau 22.3 sont en partie liés aux difficultés des PED à rembourser leurs emprunts.

Un peu à la surprise générale, au début des années 2000, les PED ont commencé à dégager d'importants excédents commerciaux. Ces derniers sont, bien sûr, la contrepartie des déficits des pays industrialisés, principalement des États-Unis. Ces déséquilibres macroéconomiques mondiaux sont détaillés au chapitre 19. Ces surplus sont aussi motivés par le désir d'accumuler des réserves officielles (voir à ce propos l'encadré 22.1).

3.2 Risque de défaut

Les gains potentiels liés aux échanges intertemporels de capitaux ne se réalisent que si les prêteurs sont confiants quant aux possibilités de remboursement. On parle de **défaut** lorsque l'emprunteur est dans l'incapacité d'honorer les termes du contrat établi avec le prêteur, soit qu'il ne peut payer les intérêts, soit qu'il ne peut rembourser le principal du prêt. L'instabilité économique et politique des PED ainsi que la fragilité de leur système bancaire et financier font qu'il est plus risqué d'y investir que dans les pays industrialisés. L'histoire des flux de capitaux internationaux est d'ailleurs ponctuée d'épisodes de défaut et de crises financières.

- Au début du XIXe siècle, plusieurs États américains font défaut sur des prêts qu'ils avaient contractés auprès d'investisseurs européens pour la construction de canaux.
- Au XIXe siècle, les pays d'Amérique latine connaissent des problèmes de remboursement de leur dette. C'est le cas notamment de l'Argentine en 1890 (crise de la Baring).
- En 1917, le régime communiste de l'ancienne URSS répudie la dette étrangère émise par le pouvoir en place avant la révolution. Les communistes isolent l'économie soviétique

du reste du monde et s'engagent dans un vaste programme de planification, mené avec force et rigueur.

- Au moment de la grande dépression des années 1930, les PED subissent les mesures protectionnistes adoptées par les pays industrialisés (voir chapitre 18). La quasi-totalité d'entre eux font alors défaut et se retrouvent exclus du marché international des capitaux pour environ quarante ans. Notons que certains pays industrialisés font également défaut, l'Allemagne par exemple.
- Ces dernières années, de nombreux PED n'ont pu faire face à leur dette. En 2005, par exemple, les créanciers privés de l'Argentine se sont mis d'accord pour que le remboursement ne représente qu'un tiers environ de la valeur contractuelle de leurs avoirs.

En cas de crise, le pays perd soudainement accès aux sources de financement étranger, ce qui conduit à une forte contraction du produit intérieur, de l'emploi et du solde courant. Pour bien comprendre, reprenons l'identité comptable $CC = S - I$. Imaginons qu'un pays ait initialement un déficit courant (et soit donc emprunteur net à l'égard du reste du monde) à hauteur de 5 % de son PIB. Si les prêteurs redoutent un défaut et décident de ne plus octroyer de nouveaux prêts, cela se traduit nécessairement par un solde du comptant courant au minimum nul. La différence entre l'épargne et l'investissement doit alors au moins augmenter de cinq points de PIB. La conséquence est alors une forte baisse de la demande intérieure et de la production. Même dans le cas (extrême) où le défaut était à l'origine peu probable (on peut imaginer un mouvement de panique irrationnel des prêteurs), l'arrêt des prêts par les non-résidents suffit à provoquer la crise.

En pratique, les prêteurs vont non seulement refuser d'accorder de nouveaux prêts, mais vont aussi demander le remboursement des anciens, et rapatrier rapidement leurs placements les plus liquides, en particulier les dépôts bancaires. Le remboursement des prêts correspond à une augmentation de la richesse étrangère nette (une sortie de capitaux), qui est enregistrée avec un signe négatif dans la balance des paiements. La crise est encore plus grave que dans le cas envisagé précédemment : le pays, en effet, n'est pas seulement contraint d'avoir un solde de balance courante nul, car aucun nouveau prêt ne peut plus être contracté. Il va également devoir dégager, d'une manière ou d'une autre, un solde excédentaire, et donc accroître ses exportations nettes afin de permettre le remboursement des prêts contractés précédemment. En conséquence, plus le pays détient une part importante de sa dette sous forme de prêts à court terme, plus il va devoir réduire son investissement et accroître son épargne ($CC > 0 \Leftrightarrow S > I$), donc réduire sa demande interne, pour éviter le défaut. L'économiste Guillermo A. Calvo qualifie ces événements de *sudden stop*, ce qui signifie un arrêt brutal des flux de capitaux entrants[1].

Les *sudden stop* mettent en jeu des mécanismes autoréalisateurs identiques à ceux présents dans les crises de balance des paiements (voir chapitre 17) et de course aux dépôts (voir chapitre 21). La logique sous-jacente est bien la même. Il est d'ailleurs probable qu'une crise de la dette soit accompagnée d'une crise de la balance des paiements (lorsque la parité du change est fixe) *et* d'une course aux dépôts (crise bancaire). La crise de la balance des paiements survient si le pays utilise ses réserves de change pour rembourser les prêts à court terme. Ceci lui permet, en effet, de diminuer le

1. Voir aussi G. L. Kaminsky, C. M. Reinhart et C. A. Vegh, « The Unholy Trinity of Financial Contagion », *Journal of Economic Perspectives*, vol. 17, hiver 2003, p. 51-74.

niveau d'excédent courant nécessaire au remboursement des prêts (voir chapitre 12). Mais la perte des réserves de change l'empêche de pouvoir maintenir la parité fixe de sa monnaie. Dans le même temps, les banques peuvent être fragilisées si les agents qui détiennent des avoirs en monnaie domestique décident de les convertir en monnaie étrangère, par crainte d'une dépréciation. Ces retraits à grande échelle sont alors susceptibles de provoquer une crise bancaire, d'autant que le système bancaire et financier des PED est souvent fragile.

Ces trois types de crise sont intimement liés, et il est probable qu'ils se renforcent mutuellement (effet « boule de neige »). Ceci explique aussi pourquoi les crises dans les PED peuvent être aussi profondes. À l'origine, la crise peut être une crise de la dette, une crise de change ou une crise bancaire.

Lorsqu'un État fait défaut, on parle de *crise de la dette souveraine*. La situation est conceptuellement différente lorsque ce sont les agents privés qui sont dans l'incapacité d'honorer leurs engagements. Toutefois, en pratique, les deux types de défaut vont de pair. L'État peut garantir la dette contractée par le secteur privé afin d'éviter une crise trop profonde. Il peut aussi avoir une part de responsabilité dans la crise lorsqu'il limite l'accès aux réserves de change des résidents, les empêchant de rembourser leur dette en monnaie étrangère. Dans tous les cas, les autorités publiques sont impliquées dans les négociations avec les créanciers étrangers.

Les crises de la dette ont été rares entre la Seconde Guerre mondiale et les années 1970. Les émissions de titres de dette des PED étaient limitées et les prêteurs étaient en majorité des États ou des organisations internationales, telles que le FMI et la Banque mondiale. La libéralisation progressive des mouvements de capitaux au début des années 1970 a cependant contribué à la répétition des crises financières et, comme nous allons le voir, à accroître l'instabilité du marché international des capitaux.

3.3 Les différentes formes d'entrées de capitaux

Lorsqu'un PED a un déficit courant, il vend des actifs à des non-résidents afin de financer la différence entre ses revenus et ses dépenses. Nous avons essentiellement évoqué les dettes, mais les entrées de capitaux peuvent prendre diverses formes, conduisant à différents types d'engagements à l'égard des investisseurs. Il est aussi important d'analyser les cinq canaux par lesquels les PED peuvent financer leur déficit extérieur :

- *Les obligations.* La vente d'obligations par les PED à des agents privés non résidents était la forme dominante de financement des déficits avant 1914 et dans la période de l'entre-deux-guerres. Ces financements sont redevenus très courants après 1990, au moment où de nombreux PED ont libéralisé et modernisé leurs marchés financiers.
- *Les prêts bancaires.* Entre les années 1970 et 1980, les PED ont beaucoup emprunté auprès des banques commerciales des pays industrialisés. En 1970, environ le quart de leur financement extérieur est assuré par les banques. En 1981, le financement bancaire est à peu près égal au déficit courant agrégé des PED non exportateurs de pétrole. Les banques prêtent encore aujourd'hui aux PED, mais ce mode de financement a fortement diminué depuis le début des années 1990.
- *Les prêts officiels.* Les PED empruntent parfois auprès d'organismes officiels internationaux comme la Banque mondiale, la Banque interaméricaine de développement,

ou la Banque européenne pour la reconstruction et le développement[1]. Ces prêts sont réalisés sur une base « conditionnelle », c'est-à-dire à des taux d'intérêt inférieurs à ceux du marché, mais avec, en contrepartie, l'engagement de l'emprunteur de procéder à un certain nombre de réformes. La part de ces financements a fortement diminué depuis la fin de la Seconde Guerre mondiale, mais reste prédominante pour quelques pays, en particulier ceux d'Afrique subsaharienne.

- *Les investissements directs étrangers (IDE).* L'IDE correspond à la création ou à l'acquisition, par une entreprise non résidente d'une entreprise localisée sur le territoire national (voir chapitre 7). Par exemple, un prêt d'une entreprise française à sa filiale roumaine peut être considéré comme un IDE (et se traduit par un flux financier sortant dans la balance des paiements de la zone euro). Depuis la Seconde Guerre mondiale, il s'agit d'une source de financement importante pour les PED.
- *Les investissements de portefeuille.* Depuis le début des années 1990, les investisseurs dans les pays industrialisés ont fortement accru leur demande pour les actions, et plus généralement les titres de propriété émis par les entreprises localisées dans les PED. Cette tendance a été renforcée par les politiques de **privatisation**. De nombreux fonds d'investissement sont même spécialisés sur les marchés émergents.

Les cinq types de financements que nous venons de décrire peuvent être classés en deux catégories : les financements par *emprunts* ou ceux en *fonds propres* (voir chapitre 21). Les obligations, les emprunts bancaires et les financements par les organismes officiels internationaux sont des financements par emprunt. Les investissements directs étrangers et les investissements de portefeuille sont au contraire des financements en fonds propres. Cette distinction est particulièrement importante dans la mesure où les risques ne sont pas répartis de la même manière.

Quand les financements sont sous forme de titres de dette, l'emprunteur est tenu de rembourser son prêt et de payer des intérêts, quelles que soient les circonstances économiques. Lors de chocs imprévus, l'emprunteur peut assez facilement être amené à faire défaut. En revanche, les choses sont d'une certaine manière plus simples quand le financement est sous forme de fonds propres. En cas de difficultés économiques, les dividendes versés sont plus faibles, voir nuls, sans pour autant que le droit des actionnaires ne soit violé. Les marges de manœuvre pour les PED sont donc plus grandes dans ce dernier cas. L'inconvénient est qu'en vendant des titres de propriété, on dilue le pouvoir de décision dans l'entreprise[2].

3.4 Le « péché originel »

Lorsqu'un PED contracte des dettes auprès de non-résidents, ces dettes sont généralement libellées dans l'une des principales monnaies utilisées dans le monde pour les paiements internationaux : le dollar américain, l'euro ou le yen. En général, les emprunteurs étrangers, échaudés par les dévaluations et les épisodes de forte inflation qui sont survenus dans le passé, insistent pour choisir la monnaie dans laquelle l'emprunt est contracté.

---

1. La BERD a été créée en 1991 pour soutenir financièrement la transition des pays d'Europe centrale et orientale ainsi que de ceux de l'ex-URSS vers un système à économie de marché.
2. Sur l'effet de la libéralisation des marchés financiers dans les pays émergents, voir M. Obstfeld, « International Finance and Growth in Developing Countries: What Have we Learned », *NBER Working Paper* n° 14691, 2008.

Les pays industrialisés peuvent, au contraire, emprunter dans leur propre monnaie, alors même qu'ils détiennent des actifs en monnaie étrangère, ce qui représente un avantage considérable. Prenons l'exemple des États-Unis : supposons qu'une forte baisse de la demande étrangère pour les biens produits aux États-Unis conduise à une dépréciation du dollar. Une dépréciation permet d'amortir le ralentissement du produit intérieur et ses conséquences négatives sur l'emploi (voir chapitre 19). Au moment de la dépréciation, les actifs détenus par les Américains en monnaie étrangère offrent une rentabilité en dollars supérieure, alors que la valeur des dettes américaines – qui sont majoritairement libellées en dollars (environ 95 %) – augmente très peu. Une réduction de la demande étrangère pour les produits américains conduit donc à un transfert de richesse du reste du monde vers les États-Unis, ce qui constitue une sorte d'assurance. Dans les PED, une diminution des exportations a un effet contraire. Puisque la dette doit être payée en monnaie étrangère, la dépréciation a pour conséquence une hausse du montant des remboursements en monnaie domestique.

Barry Eichengreen et Ricardo Hausmann qualifient de **péché originel** l'incapacité des PED à emprunter dans leur propre monnaie[1]. Certains estiment que ce « péché » n'a rien d'« originel », mais qu'il résulte plutôt d'une longue série de mauvais conseils en termes de politique économique. Le débat sur les motifs du péché originel est loin d'être clos, mais une chose est sûre : emprunter sur les marchés internationaux est bien plus problématique pour les PED que pour les pays industrialisés.

4 L'Amérique latine : des crises à répétition

Malgré d'énormes ressources naturelles, une large partie de la population en Amérique latine est engluée dans la pauvreté. Certains, comme l'Argentine, figuraient pourtant parmi les pays les plus riches à la fin du XIXe siècle. Globalement, ces pays se sont appauvris relativement à ceux d'Amérique du Nord, de l'Europe et de l'Asie de l'Est. Ils atteignent certes des taux de croissance plutôt élevés dans les années 1950 et 1960, mais pas si élevés que cela compte tenu du contexte économique favorable. Dans les années 1970, l'abandon du système de Bretton Woods, les chocs pétroliers et le ralentissement de l'économie mondiale mettent à mal ces pays et révèlent leur fragilité. Ils connaissent alors une longue période inflationniste et sont l'objet d'une crise de la dette dans les années 1980. Malgré de sérieuses réformes dans les années 1990, plusieurs pays d'Amérique latine sont à nouveau victime de crises à la fin de la décennie.

4.1 Crise de la dette des années 1980

Entre 1981 et 1983, l'économie mondiale subit une forte récession. Comme au moment de la grande dépression des années 1930, les PED ont beaucoup de difficultés à rembourser leurs emprunts, ce qui entraîne de nombreux défauts et une crise de la dette.

La Réserve fédérale américaine adopte, en 1979, une politique de lutte contre l'inflation qui entraîne une hausse des taux d'intérêt sur le dollar et contribue à la récession

---

1. Barry Eichengreen et Ricardo Hausmann, « Exchange Rates and Financial Fragility », dans *New Challenges for Monetary Policy*, Kansas City, MO, Federal Bank of Kansas City, 1999, p. 329-368. Barry Eichengreen et Ricardo Hausmann, dir., *Other People's Money : Debt Denomination and Financial Instability in Emerging Market Economies*, Chicago, University of Chicago Press, 2005.

mondiale à partir de 1981 (voir chapitre 19). La baisse de la demande dans les pays industrialisés a bien sûr des conséquences négatives directes sur les PED, mais trois autres mécanismes entrent également en jeu. Comme la plupart de leurs emprunts sont libellés en dollars (c'est le problème du péché originel), le service de la dette des PED vis-à-vis des pays industrialisés s'accroît fortement. La forte appréciation du dollar participe également à la hausse du montant de la dette exprimé dans la monnaie de l'emprunteur. Enfin, la forte baisse du prix des matières premières détériore fortement les termes de l'échange pour les PED.

La crise commence en 1982, au moment où le Mexique annonce que la banque centrale ne dispose plus de réserves de change et que le pays ne peut plus assurer le remboursement de sa dette étrangère. Les banques des pays industrialisés anticipent des défauts similaires en Argentine, au Brésil ou au Chili et décident de ne pas renouveler leurs crédits, demandant le remboursement des anciens prêts, afin de réduire leurs risques.

Les pays d'Amérique latine sont les plus touchés, de même que certains pays de l'ex-bloc soviétique, comme la Pologne, qui ont emprunté auprès de banques européennes. Les pays africains, qui pour la plupart avaient contracté des dettes auprès d'organismes officiels internationaux, comme le FMI ou la Banque mondiale, connaissent des problèmes similaires. Les pays d'Asie du Sud-Est réussissent à maintenir une croissance économique forte et ne rééchelonnent pas leur dette, c'est-à-dire qu'ils ne proposent pas de rembourser plus tard à un taux d'intérêt plus élevé. Fin 1986, plus de quarante pays sont dans une situation de défaut, avec une croissance très faible (voire même négative) dans la plupart des PED. Le tableau 22.3 indique dans quelle mesure l'emprunt par les PED diminue dans les années 1980. Ce sont alors les pays industrialisés, en particulier les États-Unis, qui absorbent une grande partie de l'excès d'épargne mondiale.

Les pays industrialisés, avec l'appui du FMI, tentent d'abord de persuader les grandes banques de continuer à prêter aux PED, arguant qu'une reprise coordonnée des prêts assurerait le remboursement des anciennes dettes. Les responsables politiques craignent notamment que celles qui ont beaucoup prêté aux pays d'Amérique latine, ne fassent elles-mêmes faillite en cas de défaut généralisé, ce qui conduirait à une crise majeure du système financier mondial. Ce n'est qu'en 1989 qu'une première issue à la crise est trouvée, lorsque les États-Unis, qui redoutent une trop forte instabilité politique dans les pays du Sud, insistent pour que les banques américaines accordent un allègement de dettes aux PED. En 1990, la dette du Mexique est réduite de 12 % ; la même année, des allègements de dettes sont également accordés aux Philippines, au Costa Rica, au Venezuela, à l'Uruguay et au Niger. On peut dire que la crise de la dette est résolue en 1992, quand l'Argentine et le Brésil signent des accords avec leurs créanciers.

4.2 Réformes, entrées de capitaux et retour de la crise

Les flux de capitaux vers les PED reprennent au début des années 1990, même pour les pays d'Amérique latine très endettés, comme le montre le tableau 22.3. Ce mouvement est probablement lié au faible niveau des taux d'intérêt américains au début de la décennie. Mais, surtout, les pays bénéficiaires de ces entrées de capitaux font des efforts pour stabiliser leur inflation, limiter les interventions publiques, lutter contre l'évasion fiscale, réduire les barrières commerciales, libéraliser les marchés (y compris le marché du travail) et accroître l'efficacité des marchés financiers. Les privatisations permettent en particulier d'améliorer la gouvernance des entreprises, de renforcer la concurrence et de réduire les dépenses publiques.

La crise de la dette des années 1980, qualifiée parfois de « décennie perdue » pour les pays d'Amérique latine, est en partie à l'origine des réformes entreprises par la suite dans ces pays. De nombreux responsables politiques qui arrivent au pouvoir à cette époque, de jeunes économistes formés dans les universités américaines, estiment que la crise est essentiellement due à des politiques économiques inadaptées et à une mauvaise gestion des institutions. L'exemple des pays d'Asie du Sud-Est, qui sont sortis indemnes de la crise des années 1980, vient d'ailleurs renforcer ce sentiment. Alors que ces pays étaient plus pauvres que les pays d'Amérique latine en 1960, la situation s'est inversée.

Les réformes économiques engagées en Amérique latine ont pris différentes formes, dont on peut comparer les mérites en étudiant le cas de quatre grands pays.

L'Argentine. Après une décennie marquée par une forte instabilité financière et des périodes d'hyperinflation, l'Argentine entreprend dans les années 1990 des réformes institutionnelles radicales. Les droits de douane sur les biens importés sont réduits, l'État diminue ses dépenses, de nombreuses entreprises publiques sont privatisées, et une réforme fiscale permet d'accroître les recettes budgétaires.

L'élément central de la réforme économique concerne la loi de convertibilité d'avril 1991, qui fixe la convertibilité du peso argentin à un taux d'un peso pour un dollar américain. La loi de convertibilité impose également que la base monétaire s'appuie entièrement sur les réserves d'or et de devises, interdisant donc un financement du déficit budgétaire par la création monétaire. Il s'agit là d'une version extrême de politique de réduction de l'inflation par le change. Cette approche avait été tentée à plusieurs reprises, mais s'était toujours soldée par une crise.

La politique argentine fonctionne pendant une dizaine d'années. Les réformes permettent de réduire fortement l'inflation, qui passe de 800 % en 1990 à moins de 5 % en 1995. Toutefois, le niveau élevé de l'inflation au début des années 1990, malgré la fixité du taux de change, a pour conséquence une appréciation réelle du peso de 30 % entre 1990 et 1995, qui induit un fort taux de chômage et un déficit croissant du compte courant.

L'appréciation réelle se termine au milieu des années 1990, mais le chômage reste élevé compte tenu des rigidités sur le marché de l'emploi. En 1997, le pays connaît une croissance rapide, mais elle se réduit par la suite et le déficit public augmente rapidement. Au moment de la récession mondiale en 2001, les prêts étrangers se tarissent et, en décembre 2001, le pays fait à nouveau défaut sur sa dette. Puis, en janvier 2002, il abandonne la parité peso-dollar. Le peso se déprécie alors rapidement tandis que l'inflation remonte.

Le Brésil. Tout comme l'Argentine, le Brésil des années 1980 fait face à une inflation galopante que les nombreuses tentatives de stabilisation et les réformes monétaires ne parviennent pas à juguler. Le Brésil mettra plus de temps que l'Argentine à contrôler son inflation[1].

En 1994, le pays introduit une nouvelle monnaie, le real, avec une parité fixe à l'égard du dollar américain. En 1995, le Brésil réussit à défendre la nouvelle parité de sa monnaie au prix de nombreuses faillites bancaires, puis adopte un régime de *crawling peg* qui

1. Voir Rudiger Dornbusch, « Brazil's Incomplete Stabilization and Reform », *Brookings Papers on Economic Activity*, 1, 1997, p. 367-404.

autorise le real à s'apprécier modérément en termes nominaux. Parce que cette appréciation est inférieure au différentiel d'inflation entre les deux pays, la monnaie brésilienne s'apprécie en termes réels, ce qui contribue à l'affaiblissement de la compétitivité du pays sur les marchés internationaux. Cette politique (qui s'accompagne de taux d'intérêt élevés et d'une augmentation du chômage) permet de réduire fortement l'inflation, qui passe d'un rythme annuel de plus de 2 500 % en 1994 à moins de 10 % en 1997.

La croissance économique reste faible cependant : les réformes sont beaucoup plus lentes qu'en Argentine, malgré la réduction des droits de douane, les privatisations et la réforme fiscale. Le déficit public se maintient à un niveau dangereusement élevé. Un des problèmes vient du très fort taux d'intérêt que l'État paye sur sa dette, ce qui reflète le scepticisme du marché quant à la capacité de la banque centrale à maintenir l'appréciation nominale constante du real à l'égard du dollar.

Considérant qu'une crise au Brésil déstabiliserait les pays voisins, le FMI lui accorde une aide de 40 milliards de dollars. Malgré cela, les marchés restent pessimistes et le plan échoue. Le real est finalement dévalué de 8 % en janvier 1999 et le Brésil adopte un régime de changes flottants. Très rapidement, le real perd 40 % de sa valeur face au dollar. Les autorités monétaires tentent d'éviter une trop forte dépréciation de la monnaie, et le pays entre dans une phase de récession. Mais cette récession ne dure pas et l'inflation reste faible (les institutions financières brésiliennes avaient évité d'emprunter trop en dollars) ; l'effondrement du secteur financier est évité. En octobre 2002, Ignacio « Lula » da Silva, du parti des travailleurs, est élu président. Le Brésil réussit à maintenir son accès au marché du crédit grâce à des politiques économiques qui restent (un peu à la surprise générale) assez favorables au marché. La situation économique s'améliore et Lula est réélu en octobre 2006.

Le Chili. Le Chili, qui a dû faire face à un chômage élevé et à un effondrement financier au début des années 1980, réalise des réformes profondes à la fin de la décennie. Le cadre réglementaire des institutions financières, notamment, est fortement renforcé et la garantie implicite de l'État, qui avait contribué à approfondir la crise de la dette, est supprimée. Le Chili adopte également un régime de *crawling peg*, qui permet de réduire l'inflation de manière graduelle, mais l'utilise de manière suffisamment flexible pour empêcher une appréciation réelle. La banque centrale du Chili est déclarée indépendante en 1990 (l'année même où le régime militaire du Général Pinochet est remplacé par un gouvernement démocratique), ce qui empêche toute monétisation du déficit public[1].

Le Chili met également en place une politique de contrôle des flux de capitaux entrants, qui impose à tout nouvel investissement (autre que des investissements en fonds propres) un dépôt d'un an non rémunéré et d'un montant égal à 30 % de la valeur de la transaction. Compte tenu de la durée limitée du dépôt obligatoire, cette mesure pénalise les flux de capitaux de court terme, autrement dit ceux qui sont susceptibles d'être retirés rapidement en cas de crise. Cette mesure vise également à limiter l'appréciation réelle de la monnaie. Cette politique a suscité de nombreux débats parmi les économistes[2].

---

1. Pour une description des réformes économiques au Chili, voir Barry P. Bosworth, Rudiger Dornbusch et Raul Laban, dir., *The Chilean Economy : Policy Lessons and Challenges*, Washington D.C., Brookings Institution, 1994.
2. Voir Peter B. Kenen. *The International Financial Architecture : What's New ? What's Missing ?*, chapitre 5, Washington, D.C., Institute for International Economics, 2001.

La politique menée par le Chili a plutôt porté ses fruits. Entre 1991 et 1997, la croissance du PIB est en moyenne de plus de 8 % par an et l'inflation passe de 26 % en 1990 à 6 % en 1997. Le Chili est non seulement considéré comme étant le pays le moins corrompu d'Amérique latine, mais il se classe en 2003 juste derrière les États-Unis et devant le Japon ou la France.

Le Mexique. Le Mexique met en place en 1987 un large programme de stabilisation et de réformes, combinant une forte réduction du déficit et de la dette publics, une politique de ciblage du taux de change et des accords sur les salaires négociés entre industriels et syndicats[1]. La même année, le pays s'engage concrètement sur la voie de la libéralisation commerciale en adhérant au GATT. Le Mexique rejoint ensuite l'OCDE et signe, en 1994, *l'accord de libre échange nord-américain* (ALENA).

Le Mexique fixe son taux de change à l'égard du dollar en 1987, adopte un régime de *crawling peg* en 1989, puis un régime de *crawling peg* avec bande de fluctuation en 1991. Dès lors, le Mexique annonce chaque année un niveau maximal d'appréciation, tout en diminuant progressivement le niveau maximal de dépréciation du peso par rapport au dollar, ce qui permet d'accroître les fluctuations possibles du peso au cours du temps.

En dépit de cette flexibilité, les autorités mexicaines conservent un niveau de taux de change proche de son seuil maximal d'appréciation. La devise s'apprécie en termes réels ce qui conduit à un fort déficit courant. En 1994, les réserves de change de la banque centrale s'épuisent, compte tenu des troubles politiques et des anticipations de dévaluation. Cet épuisement vient également des aides publiques attribuées aux banques qui enregistrent des pertes sur les prêts qu'elles ont concédés. Le Mexique a en effet rapidement privatisé ses banques sans établir de normes prudentielles suffisantes : les banques sont à peu près certaines qu'elles recevront des aides publiques en cas de risque de faillite ; il s'agit là d'un cas classique d'aléa moral (voir encadré).

En décembre 1994, le peso mexicain est dévalué de 15 %, au-delà de sa limite de dépréciation maximale, et le déficit courant atteint 8 % du PIB. La monnaie mexicaine est alors attaquée par les spéculateurs et les autorités décident de laisser le peso flotter. La panique des investisseurs étrangers accroît la dépréciation et le Mexique ne peut plus désormais emprunter, sauf à des taux d'intérêt très élevés. Le défaut est alors évité grâce à une aide sous forme de prêts d'urgence de 50 milliards de dollars, orchestrée par le Trésor américain et le FMI.

La forte dépréciation du peso a pour conséquence un retour de l'inflation, qui était pourtant passée de 159 % en 1987 à seulement 7 % en 1994. La crise se traduit aussi par un doublement du taux de chômage, une réduction très importante des dépenses publiques, des taux d'intérêt extraordinairement élevés et une crise bancaire généralisée. Mais la contraction ne dure qu'un an : à partir de 1996, l'inflation diminue à nouveau et l'économie amorce une phase de rattrapage. Le Mexique retrouve également accès au marché international des capitaux et rembourse même le Trésor américain avant la date prévue.

1. Voir Pedro Aspe Armella, *Economic Transformation the Mexican Way,* Cambridge, MA, MIT Press, 1993. L'auteur est un économiste, formé au MIT, et fut ministre des Finances du Mexique entre 1988 et 1994. Voir aussi Nora Lustig, *Mexico : The Remaking of an Economy,* Washington D.C., Brookings Institution, 1992.

Encadré 22.1

Pourquoi les pays émergents accumulent-ils autant de réserves officielles ?

Les pays émergents en proie à des crises de change se retrouvent toujours à cours de réserves officielles. Un pays qui a pourtant décidé de fixer son taux de change n'a, en effet, d'autre choix que de laisser sa monnaie se déprécier lorsque ses réserves officielles viennent à s'épuiser. Ces réserves officielles sont indispensables pour honorer les prêts internationaux.

Tout comme les paniques bancaires, les craintes quant à la solvabilité de tel ou tel pays sont autoréalisatrices. Il suffit que la défiance s'installe pour que les réserves officielles s'épuisent rapidement et que les investisseurs étrangers refusent d'accorder de nouveaux prêts. Cela conduit alors à une crise de liquidité, qui finit souvent par déboucher sur une crise d'insolvabilité. Ce fut le cas, notamment, pour la crise asiatique en 1997-1998. Suite à cette crise, qui a touché de nombreux pays partout dans le monde, plusieurs économistes ont suggéré que les pays émergents prennent définitivement les choses en main : puisque les financements étrangers ont tendance à manquer précisément quand les pays émergents en ont le plus besoin, ces derniers ont intérêt à accumuler des actifs étrangers en vue de se constituer un véritable trésor de guerre.

Tant que la mobilité internationale des capitaux était faible (autrement dit dans les années 1950 et 1960), le montant optimal des réserves officielles était essentiellement fixé en référence aux imports et aux exports. Mais aujourd'hui, avec la mondialisation des marchés, le problème se pose en des termes bien différents. Pour Martin Feldstein, professeur à Harvard, les gouvernements ne doivent pas juger du caractère adéquat des réserves officielles en se basant sur la valeur des importations*. L'objectif habituel, qui consiste à détenir sous forme de réserves officielles l'équivalent de six mois d'importations, ignore complètement le fait que les crises ont à voir avec les flux de capitaux, et non les flux commerciaux. Ce qui compte dans la définition du montant optimal des réserves, c'est le montant des actifs domestiques que pourraient potentiellement vendre les spéculateurs, alors même que la situation économique du pays ne justifie pas une détérioration de la situation monétaire.

Nous avons vu au chapitre 17 que, depuis l'abandon du système de Bretton Woods, les réserves officielles avaient augmenté dans tous les pays, en particulier dans les pays émergents depuis la crise de la dette des années 1980. Et cette croissance s'est même accélérée à la fin des années 1990. L'accumulation de réserves par les pays émergents a ainsi largement financé le déficit du compte courant américain (voir aussi la discussion sur les déséquilibres macroéconomiques mondiaux au chapitre 19).

La figure 22.2 représente le montant des réserves officielles en pourcentage du produit intérieur pour l'ensemble des pays développés et quelques pays émergents. Dans tous les cas, ce ratio a au moins doublé entre 1999 et 2007 ; il a triplé dans le cas de la Chine et a été multiplié par sept pour la Russie.

Dans de nombreux pays émergents, le niveau des réserves est tel qu'il dépasse le montant total des prêts en devises à court terme accordés par les non-résidents.

☞

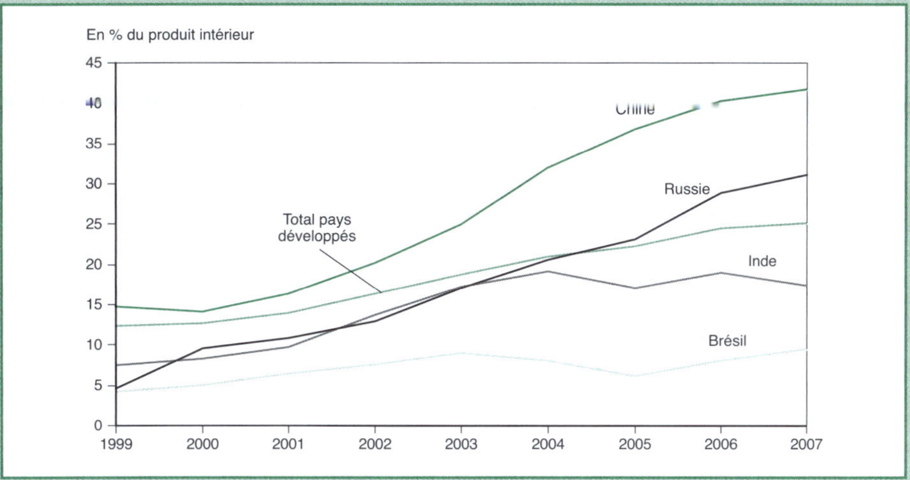

Figure 22.2 • L'évolution des réserves officielles des pays émergents.

Depuis 1999, les pays émergents ont considérablement augmenté le niveau de leurs réserves officielles. Ces dernières sont essentiellement détenues sous la forme de bons du Trésor américains.

Source : Fonds monétaire international, *Perspectives économiques mondiales*.

L'accumulation de ces réserves offre, dans ce cas, une protection efficace en cas d'arrêt soudain des entrées de capitaux. Ces réserves ont d'ailleurs permis aux pays émergents de surmonter le resserrement du crédit (*credit crunch*) consécutif à la crise des *subprimes* (voir chapitre 21). Relativement aux pays industrialisés, les pays émergents ont, en effet, été plutôt épargnés par la crise financière (à ce qu'on peut en juger début 2009). Si la crise avait eu lieu quelques années plus tôt, il y a fort à parier que la contagion aurait été beaucoup plus forte.

Le motif de précaution ne suffit toutefois pas, à lui seul, à expliquer la forte augmentation des réserves officielles par les pays émergents. Pour certains pays, l'accumulation des réserves peut être considérée comme un effet secondaire d'une politique de change visant à limiter délibérément l'appréciation de sa monnaie. C'est le cas, en particulier, de la Chine. En effet, la stratégie de développement de la Chine repose essentiellement sur la croissance des exportations de biens manufacturés intensifs en main-d'œuvre. Or l'appréciation du renminbi aurait pour effet de renchérir le coût du travail des ouvriers chinois pour les pays importateurs. La Chine a donc fortement limité l'appréciation de sa monnaie en achetant massivement des actifs en dollars. Le gouvernement chinois a progressivement assoupli son contrôle sur les flux de capitaux en espérant ainsi réduire le montant des réserves officielles en proportion des achats d'actifs étrangers par les résidents. Cela n'a toutefois pas vraiment suffi. Fin 2007, les réserves de change de la Chine s'élèvent à 40 % du produit intérieur. Nous discutons plus en détail de la politique économique de la Chine dans l'encadré 22.4 à la fin de ce chapitre.

* M. Feldstein, 1999, « A Self-Help Guide for Emerging Markets », *Foreign Affairs*, vol. 78, mars-avril, p. 93-109. Plus récemment, voir aussi O. Jeanne, 2007, « International Reserves in Emerging Market Countries: Too Much of a Good Thing? », *Brookings Papers on Economic Activity*, vol. 1, p. 1-79.

5 L'Asie du Sud-Est : succès et crise

Jusqu'en 1997, les pays d'Asie du Sud-Est font figure d'exemples. Ils connaissent une forte croissance qui leur permet de rattraper le niveau de développement économique des pays industrialisés. Mais, en 1997, ils sont victimes d'une crise financière désastreuse. La vitesse à laquelle ces pays sont passés de la prospérité au chaos économique a surpris la plupart des observateurs. Cette crise financière a été particulièrement forte, mais elle a aussi été de courte durée. Elle a toutefois largement contribué au déclenchement des crises en Russie et au Brésil. Dans cette partie, nous revenons sur l'expérience des pays du Sud-Est asiatique et sur ses répercussions.

5.1 Le miracle économique asiatique

Comme nous pouvons le voir dans le tableau 22.2, la Corée du Sud est un pays très pauvre en 1960, avec une industrie très peu développée et de faibles perspectives économiques. En 1963, le pays lance une série de réformes qui consistent à passer d'une stratégie d'industrialisation par substitution aux importations à une stratégie de promotion des exportations. Le pays entame alors une grande période de croissance et, en l'espace de quarante ans, multiplie son PIB par habitant par dix, soit un taux plus élevé que celui observé, par exemple, pour les États-Unis sur le siècle passé !

La forte croissance économique en Corée du Sud s'observe également dans les autres économies d'Asie du Sud-Est. On peut distinguer un premier groupe de pays, avec Hong Kong, Taïwan et Singapour, qui commence à croître rapidement au début des années 1960. Le cercle s'élargit ensuite au cours des années 1970 et 1980 à la Malaisie, la Thaïlande, l'Indonésie et aussi la Chine. C'est la première fois, depuis l'émergence du Japon en tant que puissance industrielle à la fin du XIXe siècle, que des pays entrent dans une phase de transition qui leur permet de sortir du sous-développement. Comment expliquer un tel succès ?

Comme nous l'avons vu au chapitre 10, il existe un vif débat quant aux raisons de ce « miracle » économique. Au début des années 1990, la plupart des observateurs considèrent les pays asiatiques comme un ensemble homogène et attribuent la croissance en Asie à la politique industrielle et à la coopération étroite entre l'État et les entreprises. Il est en réalité difficile d'identifier une « recette » commune : en Corée du Sud, l'État a par exemple joué un rôle très important dans l'allocation du capital entre industries, alors que Hong Kong ou Taïwan n'ont pas mené une politique industrielle aussi volontariste. Autre exemple, Taïwan et Singapour ont largement bénéficié de l'implantation de firmes multinationales, alors que la Corée du Sud et Hong Kong se sont largement reposés sur les entrepreneurs nationaux.

Les économies asiatiques à forte croissance ont toutefois en commun un taux d'épargne élevé (il atteint 34 % du PIB en 1990, deux fois plus élevé qu'en Amérique latine) et un fort taux d'investissement. L'éducation a également joué un rôle essentiel dans tous les pays asiatiques. Le taux de scolarisation est déjà très élevé en 1965 : même un pays très pauvre comme l'Indonésie a un taux de scolarisation de 70 %. Enfin, deux autres éléments ont contribué à la réussite des économies d'Asie du Sud-Est : d'une part, un environnement macroéconomique stable avec une faible inflation et une croissance régulière ; d'autre part, un degré d'ouverture élevé. Le contraste avec l'Amérique latine est saisissant : le taux d'inflation est inférieur à 15 % par an en moyenne sur la période 1961-1991 pour les pays du Sud-Est asiatique (12 % en Corée du Sud, 6 % à Taïwan, 3,6 % à Singapour), contre près de 200 % pour les pays d'Amérique latine. Le ratio exportations/PIB est de 347 % en Malaise, 282 % à Hong Kong, 66 % en Corée du Sud, contre 23 % pour les pays d'Amérique latine. C'est d'ailleurs ce contraste qui est à l'origine d'une volonté de réformes chez certains responsables politiques en Amérique latine, à la fois en termes d'ouverture et de stabilité.

De manière un peu surprenante, jusqu'à la fin des années 1980, ces économies ont financé une grande part de leurs investissements en s'appuyant sur l'épargne nationale. Ce n'est que dans les années 1990 que la popularité grandissante des « économies émergentes » convainc les investisseurs internationaux d'investir dans les pays d'Asie du Sud-Est. Le tableau 22.4 montre que ces entrées de capitaux se sont accompagnées de déficits courants très importants. Quelques économistes s'inquiètent alors des possibilités de crise comme celle qui a touché le Mexique en 1994. Mais beaucoup considèrent que les entrées massives de capitaux sont justifiées par la stabilité macroéconomique des pays du Sud-Est asiatique, ainsi que par l'ampleur des opportunités d'investissements profitables.

Tableau 22.4 : Solde du compte courant/PIB pour les économies d'Asie du Sud-Est (moyennes annuelles, en pourcentage).

Pays	1990-1997	1998-2000	2001-2004
Chine	1,5	2,4	2,5
Corée du Sud	–1,6	6,5	1,9
Hong Kong	0,6	4,1	8,7
Indonésie	–2,5	4,6	3,9
Malaisie	–5,6	12,8	10,3
Taïwan	4,0	2,3	8,1
Thaïlande	–6,3	10,2	5,1

Sources : Fonds monétaire international, Banque centrale de Chine, Deutsche Bank.

5.2 Les faiblesses asiatiques

La crise qui touche durement l'Asie du Sud-Est en 1997 a mis en lumière un certain nombre de faiblesses structurelles. En particulier, avec le bénéfice du recul, trois grands problèmes peuvent être soulevés.

La productivité. Certaines études soulignent que la croissance des pays d'Asie du Sud-Est s'explique davantage par une augmentation des facteurs de production (capital et travail) que par des gains de productivité. Le rattrapage économique de la Corée du Sud, par exemple, est dû principalement à un déplacement de la main-d'œuvre du secteur agricole vers le secteur industriel, à une forte hausse du niveau d'éducation et à une augmentation du ratio capital/travail dans le secteur non agricole. De manière surprenante, l'écart technologique avec les pays industrialisés ne semble pas s'être réduit. Ainsi, pour certains, les entrées massives de capitaux dans le pays asiatique n'étaient en fait pas vraiment justifiées.

La fragilité du système bancaire. De manière plus évidente, les pays d'Asie du Sud-Est souffrent, avant la crise, d'une réglementation du secteur bancaire trop laxiste. Les déposants, résidents et non résidents, considèrent alors que les banques locales sont sûres, en particulier parce qu'ils sont persuadés que l'État jouera le rôle de prêteur en dernier ressort en cas de difficultés. Mais aucun contrôle ne vient limiter les risques pris par les banques : on retrouve là le problème d'aléa moral. De surcroît, les réformes du système financier au début des années 1990 facilitent les emprunts en monnaie étrangère : c'est le problème du péché originel. Dans plusieurs pays asiatiques, les liens étroits entre le milieu des affaires et l'État, renforcent le problème d'aléa moral.

Encadré 22.2

L'aléa moral : un calcul simple

L'aléa moral, qui résulte à la fois des garanties implicites de l'État et d'une insuffisance de la supervision bancaire, a largement contribué aux investissements spéculatifs dans de nombreux pays. Prenons l'exemple d'un investissement immobilier de 70 millions de dollars : il a une chance sur trois de rapporter 100 millions de dollars et deux chances sur trois de rapporter seulement 25 millions de dollars. Le rendement espéré est donc de (1/3 × 100 millions) + (2/3 × 25 millions) = 50 millions de dollars, ce qui est loin de couvrir le coût de cet investissement, qui ne devrait donc pas être réalisé.

Mais les garanties de l'État peuvent modifier le rendement espéré du projet. Supposons par exemple qu'un promoteur immobilier réussisse à emprunter les 70 millions nécessaires à la réalisation de l'investissement, en convainquant le prêteur que l'État apporte une garantie implicite de refinancement si le projet échoue. L'investisseur a donc toujours une chance sur trois de faire un bénéfice de 30 millions de dollars (100 millions – 70 millions), mais, compte tenu de la garantie, il a désormais deux chances sur trois de se retirer sans perte. L'espérance de rendement est désormais positive : pile, c'est l'investisseur qui gagne ; face, c'est le contribuable qui perd !

L'exemple est un peu extrême, mais ce problème d'aléa moral a alimenté de graves crises financières dans de nombreux pays (faillites des caisses d'épargne aux États-Unis dans les années 1980, crises bancaires dans les années 1990 en Suède et au Japon, faillite du Crédit Lyonnais en France, etc.). C'est néanmoins dans les PED que ces crises ont eu les conséquences les plus graves.

En Thaïlande, les dirigeants des « compagnies financières » ont des relations privilégiées avec les responsables politiques et accordent facilement des prêts pour des projets d'investissement hautement spéculatifs dans l'immobilier. En Indonésie, les prêteurs sont moins regardants lorsque les projets à financer ont la faveur de la famille présidentielle. Ceci permet d'expliquer en partie pourquoi, en dépit d'un fort taux d'épargne, les incitations à l'investissement sont si fortes en Asie du Sud-Est, au point que les pays ont accumulé des déficits courants avant la crise. Pour certains analystes, le volume excessif des prêts contribue aussi, avant la crise, à la formation d'une bulle dans le secteur de l'immobilier. L'éclatement de cette bulle s'est inévitablement traduit par une spirale déflationniste et des faillites bancaires. Quoi qu'il en soit, le problème de l'aléa moral a sans conteste joué un rôle dans le déclenchement de la crise, mais son importance reste sujette à débats.

Le cadre législatif. Avec la crise, la faiblesse du cadre législatif sur les faillites devient évidente. Aux États-Unis par exemple, la loi sur les faillites (procédure *chapter 11*) permet de régler le problème du paiement des dettes des entreprises en difficulté : les tribunaux peuvent prendre possession de l'entreprise sur demande des créanciers, afin de satisfaire au mieux leurs droits sur les dettes impayées. Souvent, la procédure permet de maintenir l'activité de l'entreprise en convertissant ses dettes en droits de propriété. En Asie, les lois sur les faillites ne sont pas suffisamment développées en 1997, notamment parce que les faillites ont été peu nombreuses durant la période antérieure caractérisée par une forte croissance. En l'absence de procédures claires de traitement des faillites, ces dernières peuvent conduire à une impasse : les entreprises en difficultés ne paient plus leurs dettes, elles ne peuvent plus emprunter, mais les créanciers n'ont aucun moyen de récupérer leurs fonds, ni de saisir les entreprises.

Chaque économie a, certes, ses faiblesses, mais la fragilité des pays d'Asie du Sud-Est est largement passée inaperçue du fait des performances économiques impressionnantes affichées au début des années 1990. Même ceux qui étaient conscients de ces problèmes n'anticipaient pas la catastrophe qui est intervenue en 1997.

5.3 La crise financière asiatique

On considère généralement que la crise asiatique commence le 2 juillet 1997, avec la dévaluation du baht thaïlandais. Depuis 1996, le pays a montré des signes d'instabilité financière. Il devient notamment évident que de trop nombreuses tours de bureaux ont été construites alors que le marché immobilier puis le marché boursier entrent dans une période de déclin. Les spéculations sur une possible dévaluation du baht entraînent un épuisement des réserves de change, et, le 2 juillet, le pays tente une dévaluation contrôlée de 15 %. Comme au Mexique en 1994, cette tentative de dévaluation modérée est un échec. Une vague de spéculation massive provoque alors une dépréciation du baht bien plus importante.

La spéculation s'étend dans un premier temps aux monnaies des pays voisins de la Thaïlande, la Malaisie et l'Indonésie, puis la Corée du Sud, qui est pourtant de taille beaucoup plus importante que la Thaïlande. Les spéculateurs estiment que toutes ces économies partagent les mêmes faiblesses. Tous ces pays sont en outre frappés, en cette année 1997, par la récession du voisin japonais, avec qui ils entretiennent d'importantes relations commerciales.

Dans chaque pays, les autorités doivent faire face à un dilemme. D'une part, une forte dépréciation peut avoir des conséquences très négatives sur l'économie, la hausse du prix des importations étant susceptible d'accroître les coûts de production et de favoriser l'inflation. L'augmentation de la valeur en monnaie nationale des dettes libellées en dollars peut ainsi fragiliser les banques et les entreprises. D'autre part, la défense de la parité nécessite une très forte hausse des taux d'intérêt afin de persuader les investisseurs de ne pas retirer leurs fonds. Or, cette politique peut, elle aussi, avoir des conséquences négatives sur l'activité économique et provoquer des faillites bancaires.

Tous les pays touchés par la crise, sauf la Malaisie, demandent l'assistance du FMI. Ils obtiennent des prêts et s'engagent à appliquer un plan visant à limiter l'ampleur de la crise : taux d'intérêt élevés pour soutenir la monnaie, réduction du déficit budgétaire et réformes structurelles. Malgré ce plan de réforme, tous ces pays subissent une contraction sévère de l'activité en 1998, alors que la croissance atteignait 6 % en 1996. En Asie, seule la Chine évite alors la récession.

Le pays le plus durement touché est l'Indonésie, où la crise financière se conjugue à une crise politique, le tout amplifié par la perte de confiance des résidents dans les banques. Au cours de l'été 1998, la roupie indonésienne perd 85 % de sa valeur, et très peu de grandes entreprises restent solvables. La population affronte alors un chômage massif et les violences ethniques se développent en même temps que la pauvreté.

La crise a pour conséquence un renversement très rapide des soldes des comptes courants (voir le tableau 22.4) : alors qu'elle est déficitaire avant la crise, la balance courante devient fortement excédentaire après, principalement en raison d'une baisse des importations consécutive à la baisse de la demande.

Les taux de change se stabilisent et les taux d'intérêt diminuent, mais la crise provoque un ralentissement des économies voisines, notamment à Hong Kong, Singapour et en Nouvelle-Zélande. Les effets de la crise se font même sentir au Japon, dans les pays d'Amérique latine et en Europe. Après la crise, la plupart des pays touchés poursuivent les plans administrés par le FMI, tandis que la Malaisie, qui n'avait pas accepté ses recommandations, impose des contrôles sur les mouvements de capitaux afin d'alléger la contrainte sur les politiques monétaire et budgétaire. Notons que la Chine et Taïwan, qui disposaient de systèmes de contrôle sur les mouvements de capitaux avant la crise, ont été relativement épargnés.

La récession qui suit la crise ne dure pas, et la croissance est de retour dès 1999 grâce à une hausse des exportations qui profitent de taux de change relativement bas. Mais toutes les économies ne se redressent pas de manière identique, et l'expérience malaise de contrôle des capitaux suscite de nombreuses controverses. En général, les taux d'investissement restent plus faibles qu'avant la crise et les comptes courants sont toujours excédentaires.

5.4 Les conséquences de la crise asiatique sur la Russie

En réaction à la crise asiatique, les capitaux fuient les économies émergentes, ce qui exerce une forte pression sur les politiques économiques de pays pourtant éloignés géographiquement. La Russie, en particulier, est rapidement touchée.

Après l'effondrement du bloc soviétique en 1989, les pays à économie planifiée s'engagent dans une phase de transition rapide vers l'économie de marché. Ces réformes ont d'abord pour conséquence une forte inflation, une baisse du produit intérieur ainsi qu'une forte hausse du taux de chômage, phénomène alors inconnu dans les économies planifiées. Le processus de transition implique que les entreprises soient privatisées, mais les marchés financiers et les pratiques bancaires ne sont pas encore suffisamment bien rodés. Il n'existe pas de cadre réglementaire qui encadre les relations économiques, la gouvernance d'entreprise est peu développée et les droits de propriété ne sont pas clairement définis. Les États manquent aussi d'un appareil fiscal efficace et, compte tenu de la prudence des investisseurs internationaux à l'égard des marchés financiers locaux, les dépenses publiques sont financées par création monétaire.

Dans les années 1990, quelques économies d'Europe de l'Est comme la Pologne, la Hongrie et la République tchèque réussissent leur transition vers un système économique de marché[1]. Il faut souligner que ces pays sont proches de l'Union européenne et avaient (avant l'occupation par l'Union soviétique à partir des années 1940) une tradition de capitalisme industriel, incluant un système contractuel et de droits de propriétés bien établis. De nombreux pays qui obtiennent leur indépendance au moment de l'effondrement du bloc soviétique, comme la Russie, connaissent, en revanche, une transition plus difficile. Le tableau 22.5 compare les performances économiques de la Russie et de la Pologne, un des pays qui a le mieux réussi sa transition.

Tableau 22.5 : Croissance du produit réel et inflation : Russie et Pologne, 1991-2003 (pourcentages annuels).

	1991	1922	1993	1994	1995	1996	1997	1998	1999	2000-2003
Croissance du produit réel										
Russie	–9,0	–14,5	–8,7	–12,7	–4,1	–3,4	1,4	–5,3	6,3	6,8
Pologne	–7,0	2,0	4,3	5,2	6,8	6,0	6,8	4,8	4,1	2,6
Taux d'inflation										
Russie	92,7	1 734,7	878,8	307,5	198,0	47,7	14,8	27,7	85,7	18,0
Pologne	70,3	43,0	35,3	32,2	27,9	19,9	14,9	11,8	7,3	4,6

Source : Fonds monétaire international, *World Economic Outlook.*

Au cours des années 1990, les autorités russes sont affaiblies et incapables de collecter les impôts ou d'imposer les règles juridiques élémentaires. Le produit intérieur diminue sensiblement et les autorités monétaires sont incapables de contrôler l'inflation. Pour la plupart des Russes, la qualité du niveau de vie dans ces premières années de transition est moindre que sous le régime soviétique. En 1997, l'État parvient à stabiliser le rouble et à réduire l'inflation grâce à des crédits du FMI, et la Russie enregistre un taux de croissance positif. Les autorités parviennent à réduire l'inflation en substituant l'emprunt au seigneuriage, mais ne réussissent ni à diminuer les dépenses publiques ni à collecter davantage d'impôts, alors que la dette extérieure augmente fortement. Dans le même temps, la crise asiatique contribue à faire baisser le prix des matières premières, notamment du pétrole. Les investisseurs anticipent par conséquent une dévaluation du rouble. Les taux d'intérêt sur la dette russe augmentent alors, ce qui accroît le déficit budgétaire du pays.

En dépit de l'échec des précédents programmes de stabilisation, le FMI signe un nouvel accord avec la Russie pour un prêt de plusieurs milliards de dollars, afin de soutenir le rouble. Le FMI craint en effet qu'un effondrement économique russe ne déstabilise davantage les PED (il craint également que le pays ne décide de vendre son arsenal nucléaire). À la mi-août cependant, la Russie dévalue, fait défaut sur sa dette et gèle ses paiements internationaux. Au même moment, les autorités monétaires décident d'accentuer la création monétaire afin de payer les dettes, et le rouble perd la moitié de sa valeur en un mois. Le tableau 22.5 montre aussi que l'inflation s'envole et que le produit intérieur baisse fortement. Bien que la crise en Russie ait, en pratique, un faible impact sur la richesse des investisseurs internationaux,

1. Ces trois pays font leur entrée au sein de *l'Organisation du traité de l'Atlantique nord* (OTAN) en 1999 et au sein de l'Union européenne en 2004.

elle crée un mouvement de panique et les investisseurs préfèrent se débarrasser de leurs titres sur les marchés émergents[1]. La Réserve fédérale américaine décide alors de baisser ses taux, évitant peut-être (on ne saura jamais vraiment !) une crise financière au niveau mondial. La Russie retrouve une croissance positive après 1999, en partie grâce à des prix du pétrole plus élevés, mais l'inflation reste élevée.

6 Les leçons à tirer des crises dans les pays en développement

Au lendemain de la crise asiatique de 1997, les critiques fusent de toutes parts : certains observateurs occidentaux condamnent le « capitalisme de complaisance », autrement dit les liens étroits, en vigueur dans les pays asiatiques, entre les hommes d'affaires et les politiques. Dans les pays les plus touchés par la crise, les critiques concernent surtout les investisseurs occidentaux (à Hong Kong par exemple, des voix se sont élevées pour dénoncer un complot des spéculateurs visant à réduire la valeur du marché boursier et de la monnaie). Le seul point sur lequel les uns et les autres s'accordent, c'est sur la responsabilité du FMI : mais alors que pour certains, celui-ci ne doit pas essayer de limiter la dépréciation des monnaies asiatiques, pour les autres il aurait dû tout faire pour maintenir les parités !

Au-delà de ces critiques partisanes, il est possible de tirer des enseignements clairs des crises qui sont intervenues dans les économies émergentes, à la fois en Asie, en Amérique latine et en Russie.

Choisir le bon régime de change. Il est dangereux pour un PED de fixer son taux de change, à moins qu'il n'ait vraiment les moyens de le faire. En Asie du Sud-Est par exemple, la confiance dans les régimes de changes fixes a contribué à développer l'emprunt en monnaie étrangère. Cela a conduit à de nombreuses faillites au moment de la dévaluation, du fait de l'alourdissement en monnaie nationale du poids des dettes. Les pays qui ont réussi à maîtriser l'inflation avec succès sont ceux qui ont adopté des régimes de changes plus flexibles ou qui sont passés à des changes flexibles après être parvenus à réduire les anticipations d'inflation. Ceux qui ont conservé des changes fixes ont en revanche subi une appréciation réelle de leur monnaie et une détérioration de leur solde courant, les rendant plus vulnérables aux attaques spéculatives. En Argentine, alors même que les autorités étaient vraiment déterminées à lutter contre l'inflation (les précédents épisodes d'hyperinflation avaient fortement marqué les esprits), le régime de changes fixes s'est révélé intenable à long terme (voir l'encadré). À l'inverse, l'expérience mexicaine, depuis 1995, nous enseigne qu'il est possible pour un grand pays d'adopter avec succès un régime de changes flexibles. Il est même difficile de croire que le pays serait sorti indemne de l'onde de choc provoquée par la crise asiatique en 1998, s'il avait maintenu un taux de change fixe[2].

---

1. Voir la quasi-faillite du fonds LTCM, au chapitre 21.
2. Voir aussi Guillermo A. Calvo et Frederic S. Mishkin, « The Mirage of Exchange Rate Regimes for Emerging Market Countries », *Journal of Economic Perspectives*, 17, 2003, p. 99-118. Les auteurs prétendent que le choix du régime de change est moins important que les différences institutionnelles pour expliquer les performances économiques des PED.

Encadré 22.3

Les caisses d'émission rendent-elles les taux de change fixes crédibles ?

La loi monétaire argentine de 1991, qui exige que la base monétaire soit couverte par des réserves de change à hauteur de 100 %, est un bon exemple de **caisse d'émission** (*currency board* en anglais). La banque centrale ne détient que des actifs étrangers et pas d'actifs domestiques (voir chapitre 17)*. L'avantage principal des caisses d'émission, malgré les contraintes qui pèsent sur la politique budgétaire, est que la banque centrale ne peut se retrouver à court de réserves de change en cas d'attaque spéculative sur sa monnaie. C'est la raison pour laquelle on conseille parfois aux PED d'adopter un tel régime. Dans un régime de caisse d'émission, les autorités responsables de l'émission de la monnaie choisissent un taux de change fixe auquel seront réalisées toutes les transactions monétaires entre résidents et non-résidents. La loi monétaire implique que chaque unité monétaire émise corresponde à une réserve équivalente d'unités monétaires étrangères. La politique monétaire perd toute autonomie et la banque centrale n'est plus qu'un institut d'émission.

Les caisses d'émission ont été utilisées pour la première fois dans les territoires coloniaux des puissances européennes. Ce système permettait au pays colonisateur d'être responsable de la politique monétaire et lui laissait tout le pouvoir de seigneuriage. C'est de là, par exemple, que date le régime de caisse d'émission de Hong Kong (avant que le territoire ne soit rétrocédé à la Chine le 1er juillet 1997), dont le taux de change était d'abord ancré sur la livre sterling, puis sur le dollar après l'abandon du système de Bretton Woods.

Plus récemment, la caisse d'émission est apparue comme un moyen d'importer de la désinflation depuis le pays dont la monnaie sert de référence. L'Argentine a ainsi utilisé ce mécanisme, au moment de la loi de convertibilité de 1991, pour crédibiliser sa politique anti-inflationniste. De la même façon, l'Estonie et la Lettonie ont opté pour un régime de caisse d'émission après leur indépendance, afin d'acquérir rapidement la réputation de pays à faible inflation.

La caisse d'émission empêche la manipulation à des fins politiciennes de l'offre de monnaie, mais, en contrepartie, elle est moins avantageuse qu'un régime de changes fixes traditionnel. Puisque les autorités monétaires ne peuvent émettre de monnaie qu'en contrepartie des réserves de change, elles ne peuvent pas secourir des banques en difficulté en cas de panique financière (c'est le problème qu'a notamment rencontré l'Argentine). L'État peut certes assurer les dépôts, mais la possibilité de jouer le rôle de prêteur en dernier ressort (c'est-à-dire la possibilité d'augmenter l'offre de monnaie si les déposants souhaitent retirer leurs dépôts) est une option dont se privent les autorités qui appliquent un régime de caisse d'émission.

Les changes fixes traditionnels ont également des avantages en termes de politiques de stabilisation. Si le pays est totalement ouvert aux flux de capitaux internationaux, la politique monétaire n'est pas efficace. Mais les PED qui conservent un contrôle sur le compte de capital maintiennent aussi une certaine autonomie monétaire. Pour eux, une politique monétaire peut être efficace en changes fixes, puisque les taux d'intérêt intérieurs ne sont pas étroitement liés aux taux d'intérêt internationaux. De plus, comme nous l'avons vu au chapitre 17, une dévaluation surprise peut contribuer à réduire le chômage, même lorsque les capitaux circulent librement (ce n'est toutefois

☞

* La version argentine du *currency board* est en fait un peu plus souple ; une part limitée de la base monétaire peut avoir pour contrepartie des titres de dette de l'État argentin libellés en dollars.

Encadré 22.3 (suite)

Les caisses d'émission rendent-elles les taux de change fixes crédibles ? (suite)

pas le cas si la dévaluation est anticipée : la possibilité de dévaluation conduit alors à une hausse des taux d'intérêt réels, et par conséquent à un ralentissement de l'économie). Les pays qui adoptent une caisse d'émission abandonnent toute possibilité de dévaluation surprise et espèrent que les gains à long terme, en matière de stabilisation des anticipations, l'emportent.

Lors de la crise mexicaine de 1994-1995, puis lors de la crise asiatique, beaucoup de critiques ont été formulées à l'encontre des politiques des pays touchés. Ces critiques ont notamment suggéré l'adoption de caisses d'émission, en particulier pour l'Indonésie, le Brésil, et même la Russie. La caisse d'émission peut-elle vraiment renforcer la crédibilité des régimes de changes fixes et des politiques de désinflation ?

Puisque, dans un régime de caisse d'émission, la banque centrale ne peut pas acquérir d'actifs domestiques, et notamment des titres de dette publique, ce type de régime de change réduit considérablement les risques d'inflation liés au déficit budgétaire, et donc les risques de dévaluation. De même, le niveau élevé des réserves de change en proportion de la base monétaire accroît la crédibilité du régime de changes fixes. En contrepartie, la fragilité accrue du secteur bancaire accroît la pression exercée sur l'État qui peut décider d'abandonner le régime de caisse d'émission.

De même, si les marchés anticipent une dévaluation, les bénéfices potentiels de la caisse d'émission sont perdus comme le montre l'expérience argentine. C'est d'ailleurs la raison pour laquelle certains responsables politiques argentins étaient plutôt favorables à la dollarisation, qui consiste à abandonner l'usage de la monnaie nationale pour le dollar américain. L'inconvénient majeur vient du transfert du pouvoir de seigneuriage aux États-Unis. En revanche, toute possibilité de dévaluation est écartée, ce qui permet une forte baisse des taux d'intérêt. La dollarisation a été adoptée par l'Équateur en 1999 et le Salvador en 2001.

Pour un pays qui a une tradition de forte inflation, l'adoption de la caisse d'émission ne permet pas de s'immuniser parfaitement contre la spéculation. Hong Kong a par exemple connu une forte récession, combinée à une forte hausse des taux d'intérêt pendant la crise asiatique, malgré sa parité ancienne avec le dollar américain. Le régime de caisse d'émission n'est vraiment crédible qu'à partir du moment où les pays s'engagent à régler les faiblesses de leur économie, qui peuvent donner lieu à des attaques spéculatives, en particulier les trop fortes rigidités sur le marché du travail, un système bancaire fragile ou un déficit public trop important. Sur la base de ces critères, il est certain que l'Indonésie, le Brésil et surtout la Russie n'auraient pas été en mesure de maintenir un système de caisse d'émission. L'Argentine a, de son côté, échoué en raison des trop fortes rigidités sur le marché du travail et des dérives des dépenses publiques. L'adoption d'une caisse d'émission ne permet donc pas d'empêcher les crises, surtout si le pays est initialement très instable. Il peut donc être plus sûr d'adopter une monnaie étrangère. Même dans ce cas, le risque de crise de la dette n'est pas complètement écarté*.

* Pour une discussion sur les avantages et les inconvénients des régimes de caisse d'émission et de la dollarisation, voir le numéro spécial de la *Revue d'économie financière*, 75, 2004. Sur la dollarisation, voir également Gaetano Antinolfi et Todd Keister, « Dollarization as a Monetary Arrangement for Emerging Market Economies », *Federal Reserve Bank of Saint Louis Review*, 83, 6, 29-40, novembre-décembre 2001. Traduit en français sous le titre « Dollarisation : que nous enseigne la théorie ? », *Problèmes économiques*, n° 2748, 2002, p. 13-19.

Le rôle crucial de l'activité bancaire. Si la crise asiatique a été à ce point profonde, c'est que la crise de change s'est accompagnée d'une crise financière et d'une crise bancaire. Les banques centrales ont été confrontées au dilemme qui consistait d'une part à réduire l'offre de monnaie pour soutenir le taux de change, et, d'autre part, à refinancer les banques afin d'éviter une course aux dépôts. La faillite de nombreuses banques a eu pour conséquence un affaiblissement du canal du crédit, réduisant l'activité des entreprises, même les plus profitables. La fragilité bancaire a aussi eu un rôle important au cours des années 1980 dans les crises argentine, chilienne, uruguayenne, ou mexicaine (de 1994-1995), ainsi que suédoise (de 1992), lors des attaques spéculatives sur le SME (voir chapitre 20). Les très bonnes performances en termes de croissance des économies asiatiques au début des années 1990 ont contribué à masquer les faiblesses structurelles de ces économies.

Le calendrier des réformes. Les responsables politiques des PED ont compris que le cadre dans lequel s'effectue la libéralisation économique compte pour beaucoup dans son succès. Le principe du *second best* (voir chapitre 9) nous apprend que, lorsqu'une économie souffre de nombreuses distorsions, en supprimer quelques-unes peut paradoxalement conduire à aggraver la situation. Il est par exemple dangereux de libéraliser les flux financiers avant d'avoir mis en place les mesures nécessaires à la supervision des activités bancaires. Autrement, la possibilité d'emprunter à l'étranger peut inciter les banques à accroître leur volume de prêts non performants. En cas de ralentissement économique et de fuite des capitaux étrangers, les banques ont alors de grandes chances de faire faillite. Les PED ne devraient donc s'ouvrir aux flux internationaux de capitaux qu'à partir du moment où le système bancaire et financier domestique est suffisamment solide. Les économistes estiment également que l'ouverture commerciale devrait précéder l'ouverture financière, car cette dernière peut conduire à accroître la volatilité du taux de change réel, et donc empêcher les mouvements de facteurs du secteur des biens non échangeables vers le secteur des biens échangeables.

Les risques de contagion. Il faut enfin ne pas sous-estimer les risques de **contagion**. Mêmes des économies apparemment saines peuvent subir des attaques spéculatives et faire face à une crise de confiance généralisée provoquée par des événements qui interviennent pourtant à l'autre bout du monde : c'est « l'effet domino ». La crise en Thaïlande s'est ainsi propagée à la Corée du Sud, pays éloigné de plus de 11 000 km et de taille bien plus importante. Plus surprenant encore, la crise russe de 1998 a conduit à des attaques spéculatives sur le real brésilien. Ce problème de contagion, que même des politiques économiques appropriées ne peuvent empêcher, est au cœur des discussions actuelles sur les réformes du système financier international.

7 Réformer l'architecture financière mondiale

Les crises économiques suscitent immanquablement des propositions de réformes. La crise financière qui a touché les pays asiatiques n'a pas échappé à la règle. L'ampleur de la crise, le fait qu'elle touche des pays dont on a largement vanté les mérites, ainsi que ses répercussions ont convaincu beaucoup de monde quant à la nécessité d'une transformation du système monétaire international, au moins pour ce qui est des PED. Les nombreuses propositions qui ont été formulées visent, de manière générale, à mettre en place une nouvelle « architecture » financière[1].

1. Sur la réforme du système monétaire international, le lecteur peut aussi consulter les rapports du CAE n° 14, n° 18 et n° 43, La Documentation française. Disponibles gratuitement sur Internet.

Les PED ont connu à plusieurs reprises des crises depuis les années 1980, mais la raison pour laquelle c'est la crise asiatique qui a déclenché cette volonté de réformes tient au poids relativement important des économies d'Asie du Sud-Est sur le marché international des capitaux. Cette crise a aussi montré qu'une économie, saine en apparence, peut cacher des faiblesses. Les économies asiatiques n'avaient ni un déficit budgétaire insoutenable, ni un taux d'expansion monétaire trop élevé, ni un niveau d'inflation excessif, ni un quelconque problème susceptible de signaler qu'une économie est vulnérable. Seule la fragilité du système bancaire aurait pu alerter les investisseurs, mais on n'a découvert cette fragilité qu'au moment des crises de change.

Une seconde raison qui a conduit à repenser l'architecture financière internationale est liée au problème de contagion. En effet, la rapidité et l'intensité avec lesquelles les crises se sont transmises entre des pays pourtant éloignés suggèrent que les mesures de prévention prises par chaque pays individuellement ne suffisent pas. Les préoccupations liées à l'interdépendance des économies avaient déjà inspiré les accords de Bretton Woods en 1944. Plus d'un demi-siècle plus tard, la réforme du système financier international est de nouveau évoquée par les dirigeants des grandes puissances économiques. Nous allons, dans cette section, nous concentrer sur les grandes questions que soulève ce débat.

7.1 Mobilité des capitaux et trilemme du régime de change

La crise asiatique a dissipé bon nombre d'illusions sur l'existence de solutions faciles aux problèmes de macroéconomie et de finance internationale. Cette crise a également rappelé les contraintes qui pèsent sur les économies ouvertes.

Au chapitre 21, nous avions exposé le *trilemme* des politiques macroéconomiques en économie ouverte. Ce trilemme peut être présenté, comme à la figure 21.1, sous la forme d'un *triangle d'incompatibilité* : les trois objectifs que sont l'autonomie de la politique monétaire, la stabilité du taux de change et la liberté des mouvements de capitaux ne peuvent pas être remplis simultanément. Les sommets du triangle représentent chacun de ces objectifs, mais seuls deux d'entre eux peuvent être atteints simultanément : il n'est donc possible de choisir qu'une seule des trois faces du triangle, chacune d'elle correspondant à un type de politique économique et à la réalisation de deux objectifs.

Notons que la stabilité du taux de change est plus importante pour les PED que pour les pays industrialisés : les premiers n'ont pas les moyens d'influer sur les termes de l'échange et la stabilité du change peut être un bon moyen pour réduire l'inflation.

Dans les années 1970, la plupart des PED maintiennent des contrôles de change et des restrictions sur les mouvements de capitaux (des pays comme la Chine ou l'Inde maintiennent toujours ce type de contrôles). Bien qu'il soit toujours possible de contourner ces contrôles, les pays peuvent maintenir des taux de change stables, tout en gardant une certaine autonomie de la politique monétaire. Le problème est que ces mesures sont coûteuses, réduisent l'efficacité du système et favorisent la corruption. Cette politique de changes fixes correspond à la face *B* du triangle.

Dans les années 1980 et 1990, les capitaux sont plus mobiles, grâce au relâchement des contrôles et au développement des nouvelles technologies de communication. Les régimes de changes fixes ajustables sont alors plus vulnérables, car les investisseurs peuvent rapatrier leurs capitaux au moindre signe de dévaluation (c'est aussi ce qui s'est passé pour les pays industrialisés dans les années 1960, voir chapitre 18). Dans ces conditions, les PED ont été amenés à choisir l'un des deux autres côtés du triangle : soit un régime de changes fixes avec une forte dépendance de la politique monétaire (caisse d'émission, voire dollarisation, face *A*), soit un régime de changes flexibles éventuellement administrés (face *C*), avec une autonomie plus importante de la politique monétaire.

En dépit des risques que font peser les positions intermédiaires, les PED ont été peu enclins à choisir des positions extrêmes. Alors qu'une grande économie, comme les États-Unis ou la zone euro, peut supporter d'importantes fluctuations du change, ce n'est pas le cas des petits PED, d'une part parce que ces pays ont un degré d'ouverture plus important, et d'autre part parce qu'ils souffrent souvent du problème du péché originel. De nombreux pays ont adopté par conséquent des régimes de changes « pseudo-flottants » afin de limiter les fluctuations de leur monnaie sur une longue période[1]. Dans le même temps, nous avons vu qu'un régime de caisse d'émission peut priver un pays de la flexibilité dont il pourrait avoir besoin, notamment en cas de crise financière, afin d'agir en tant que prêteur en dernier ressort.

Les économistes Jagdish Bhagwati et Dani Rodrick sont favorables à ce que les PED exercent des restrictions sur la mobilité des flux de capitaux, afin de pouvoir bénéficier d'un minimum d'autonomie dans la conduite de la politique monétaire et d'un taux de change stable[2]. Au moment de la crise asiatique, certains pays (la Chine ou l'Inde par exemple) qui avaient libéralisé leur compte financier ont bien envisagé de réintégrer des contrôles de capitaux (comme la Malaisie a pu le faire), mais la plupart des responsables politiques, des pays industrialisés comme des PED, continuent de penser que les contrôles de capitaux sont difficiles à appliquer et néfastes aux relations commerciales (en plus d'être une source importante de corruption).

Les discussions sur l'architecture financière internationale ne portent, au final, pas vraiment sur des réformes visant à améliorer le système, mais plutôt sur les moyens de faire en sorte que les choix soient les moins douloureux possibles.

7.2 Les mesures préventives

Le risque de crise financière est l'élément qui, de fait, conditionne le choix du régime de change. Nous présentons donc plusieurs propositions de réformes du système monétaire international qui visent à renforcer les mesures préventives.

Plus de transparence. Une partie du problème, au moment de la crise asiatique, vient du fait que les investisseurs étrangers ont accordé des prêts sans bien évaluer les risques de défaut, et ont aussi aveuglément rapatrié leurs capitaux quand il est apparu que les risques étaient beaucoup plus importants qu'ils ne l'imaginaient. Depuis, de nombreuses propositions ont donc été faites afin d'améliorer la transparence, en garantissant notamment une meilleure information financière sur les entreprises et les banques, *via* la diffusion de rapports publics, comme le font les sociétés dans les pays industrialisés. L'objectif est double : modérer les entrées massives de capitaux au moment où le pays

1. Voir Guillermo A. Calvo et Carmen M. Reinhart, « Fear of Floting », *Quarterly Journal of Economics*, 117, mai 2002, p. 379-408. Voir aussi Stanley Fischer, « Exchange Rate Regimes : Is the Bipolar View Correct ? », *Journal of Economic Perspectives*, 15, 2001, p. 3-24.
2. Voir Jagdish N. Bhagwati, « The Capital Myth », *Foreign Affairs*, 77, mai-juin 1998. Voir aussi Dani Rodrik, « Who Needs Capital-Account Convertibility ? », dans Stanley Fischer *et al.*, *Should the IMF Pursue Capital-Account Convertibility ?*, Princeton Essays in International Finance, 207, mai 1998.

connaît une forte expansion et éviter des sorties tout aussi massives de capitaux quand les investisseurs réévaluent leur risque à la hausse.

Un renforcement de la supervision bancaire. Comme nous l'avons vu, la crise de change en Asie s'est conjuguée à une crise bancaire et à une course aux dépôts, ce qui ne serait probablement pas arrivé si le secteur bancaire avait été moins fragile. De nombreuses propositions sont donc allées dans le sens d'une plus grande réglementation des institutions financières et d'un respect de normes minimales en termes de fonds propres.

Une augmentation des lignes de crédit. Certains réformateurs souhaitent également établir des lignes de crédit spéciales que les pays puissent utiliser en cas de crise financière, en complément des réserves de change. L'idée est que l'existence même de ces lignes de crédit les rend en fait inutiles : tant que les spéculateurs estiment que le pays a des réserves suffisantes pour faire face à des sorties massives de capitaux, ils n'ont aucune raison d'espérer ou de craindre que leur action provoque une dévaluation. De telles lignes de crédit pourraient être proposées par des banques privées ou par le FMI.

Des fonds propres plutôt que des dettes. Si les flux de capitaux étrangers vers les PED prennent plus la forme d'investissements de portefeuille ou d'investissements directs étrangers et moins celle de titres de dette, alors la probabilité de défaut serait plus faible. Les paiements seraient davantage liés à l'évolution de la situation économique. Leur valeur diminuerait en cas de ralentissement économique.

L'efficacité de ces mesures est sujette à de vifs débats. Les plus cyniques insistent sur le fait que des signaux négatifs sur la situation économique des pays d'Asie du Sud-Est étaient disponibles avant la crise, mais que les investisseurs n'ont simplement pas souhaité en tenir compte. Les sorties de capitaux au moment de la crise ont par ailleurs été si importantes que toute mesure visant à instaurer un ratio minimal de fonds propres pour les banques ou toute possibilité d'utilisation d'une ligne de crédit auraient été inutiles, comme on a pu le voir lors de la crise argentine en 2001-2002. Quoi qu'il en soit, des efforts ont tout de même été entrepris afin de mettre une partie de ces mesures en application.

7.3 La gestion des crises

Même si les mesures précédentes étaient toutes appliquées, le risque zéro n'existe pas et une crise est toujours possible. Des propositions ont donc également été faites afin de réduire la gravité des crises en modifiant la façon dont les investisseurs réagissent lorsqu'elles surviennent.

La plupart de ces propositions font référence au rôle et aux politiques du FMI. Certains souhaitent que le ce dernier soit supprimé, car le simple fait qu'il puisse intervenir en cas de crise encouragerait les prêts irresponsables, compte tenu du problème d'aléa moral. D'autres estiment que le FMI est nécessaire, mais qu'il n'est pas dans son rôle d'imposer des réformes structurelles, et qu'il devrait plutôt s'en tenir aux seules questions financières. Pour d'autres, enfin, la capitalisation du FMI serait insuffisante, eu égard à la forte mobilité internationale des capitaux. Le FMI devrait être capable de prêter des sommes bien plus importantes et dans des délais plus brefs.

Certains observateurs estiment par ailleurs que lorsqu'un pays n'a tout simplement plus les moyens de s'acquitter de sa dette, les contrats internationaux de prêts devraient être restructurés afin d'accélérer et de diminuer le coût de la renégociation entre créanciers et emprunteurs. Mais de telles mesures pourraient se révéler contre-productives en incitant les pays à emprunter dans de trop grandes proportions, sachant que leur dette peut être aisément renégociée. Encore une fois, nous sommes confrontés à un problème d'aléa moral.

7.4 Un avenir plutôt incertain

Cette discussion ne nous permet pas d'avoir une vision très claire de l'architecture financière internationale en devenir. Ce qui est sûr, c'est que si les grands pays riches peuvent s'accommoder d'un régime de changes flottants accompagné d'une forte mobilité des capitaux, aucune solution alternative satisfaisante n'a pu être proposée aux PED. On peut aussi s'attendre, dans les prochaines années, à ce que ceux-ci expérimentent plusieurs systèmes : régime de changes flexibles (Mexique et Brésil), contrôles de capitaux (Chine et Malaisie), caisse d'émission (Hong Kong), et sans doute des expériences de dollarisation ou d'euroisation. Quant à la question de savoir si ces différentes tentatives aboutiront finalement à un système cohérent, et si oui quand, personne n'a de réponse.

Encadré 22.4

La sous-évaluation de la monnaie chinoise

Depuis le début des années 2000, la Chine enregistre chaque année un surplus important de son compte courant et accumule les excédents commerciaux vis-à-vis des États-Unis. En 2006, l'excédent du compte courant a atteint 239 milliards de dollars, soit 9,1 % du produit intérieur chinois, tandis que l'excédent commercial vis-à-vis des États-Unis s'élevait à 233 milliards de dollars. Une grande part des exportations chinoises est constituée de biens manufacturés. La Chine importe de nombreux composants en provenance d'autres pays asiatiques, les assemble et les exporte. Depuis plusieurs années, la part des petits pays d'Asie dans les importations américaines diminue donc, au profit de la Chine. En même temps, les contentieux d'ordre économique entre ces deux grandes puissances sont récurrents : en particulier, les États-Unis reprochent à la Chine son refus de réévaluer substantiellement le renminbi, alors même que les excédents chinois battent des records.

La figure 22.3 montre que le taux de change du renminbi est resté fixe à 8,28 yuans par dollar entre 1998 et 2005. En juillet 2005, la Chine a réévalué sa monnaie de 2,1 %, le Congrès américain menaçant, sinon, de voter des sanctions commerciales. Cette réévaluation s'est poursuivie ensuite à un rythme, certes faible, mais régulier pendant trois ans. En juillet 2008, un dollar valait 6,84 yuans, soit une réévaluation totale de 20 %. La crise financière qui a débuté un an plus tôt aux États-Unis commence alors à faire sentir ses effets, même dans les pays émergents jusque-là relativement épargnés. La Chine décide-t-elle aussi de suspendre la réévaluation de sa monnaie. Notons également que sur la période 1998-2008, globalement, l'euro ne s'est guère déprécié par rapport au yuan malgré les déficits commerciaux de l'Europe vis-à-vis de la Chine ; l'appréciation de l'euro face au dollar a, en effet, compensé la réévaluation du renminbi.

☞

Encadré 22.4 (suite)

La sous-évaluation de la monnaie chinoise (suite)

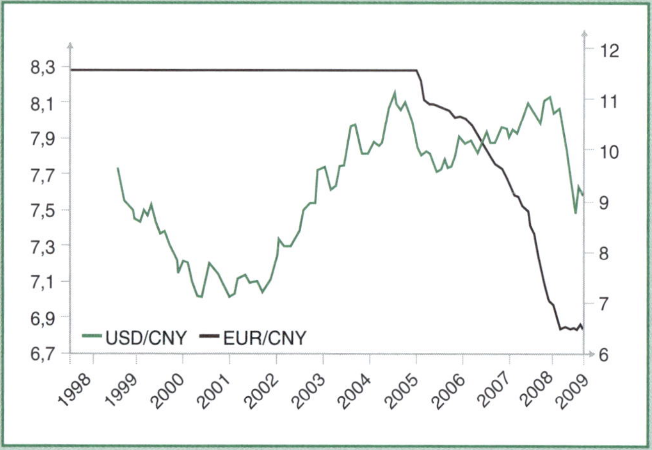

Figure 22.3 • Le yuan face au dollar et à l'euro.

Le taux de change renminbi contre dollar est resté fixe de 1998 à juillet 2005, puis a été réévalué progressivement jusqu'en juillet 2008. Le taux de change renminbi contre euro a subi les mouvements erratiques du taux euro contre dollar, mais est resté stable globalement sur longue période.

Source : Banque de France.

Si les autorités chinoises se refusent autant à réévaluer leur monnaie, c'est par crainte des effets négatifs sur la compétitivité des exports et des conséquences sur l'emploi et la cohésion sociale en Chine. Pour autant, la plupart des économistes considèrent qu'une réévaluation substantielle du renminbi serait une bonne chose, y compris pour la Chine elle-même. L'accumulation des réserves officielles conduit, en effet, à des tensions inflationnistes. En outre, les réserves croissent non seulement du fait des excédents commerciaux, mais aussi en raison des entrées de capitaux spéculatifs qui parient sur l'appréciation de la monnaie chinoise. Le contrôle des capitaux exercé par la Chine est relativement « poreux » et, par conséquent, pour éviter d'attirer encore plus de capitaux, les autorités ne peuvent augmenter autant qu'elles le souhaiteraient les taux d'intérêt afin de stopper l'inflation. L'inflation a pourtant été la source de troubles sociaux par le passé.

La figure 22.4 illustre la position de l'économie chinoise. Cette figure est analogue à la figure 18.1, à l'exception de l'axe des abscisses qui mesure la demande intérieure et non le produit intérieur. La demande intérieure (ou absorption) se calcule comme la somme de la consommation, des dépenses d'investissement et des dépenses publiques ; c'est ce que les résidents consomment en biens et services, d'où qu'ils viennent. Par ailleurs, rappelons qu'une appréciation réelle de la monnaie diminue le prix des biens et services étrangers et conduit à une hausse des importations ; elle conduit aussi à une diminution de la demande de biens chinois par les non-résidents.

La situation économique de la Chine à partir du milieu des années 2000 est représentée par le point 1, caractérisé par de forts excédents commerciaux et des tensions inflationnistes. Les autorités chinoises sont par ailleurs très réticentes à l'idée de laisser augmenter le chômage. Outre les conséquences économiques et sociales, les autorités redoutent les conséquences politiques qui en résulteraient : si les migrants chinois, qui ont quitté les campagnes pour travailler dans les usines qui bordent les villes, venaient à perdre leur emploi, le régime serait gravement menacé. Il serait néanmoins possible d'atteindre à la fois l'équilibre

☞

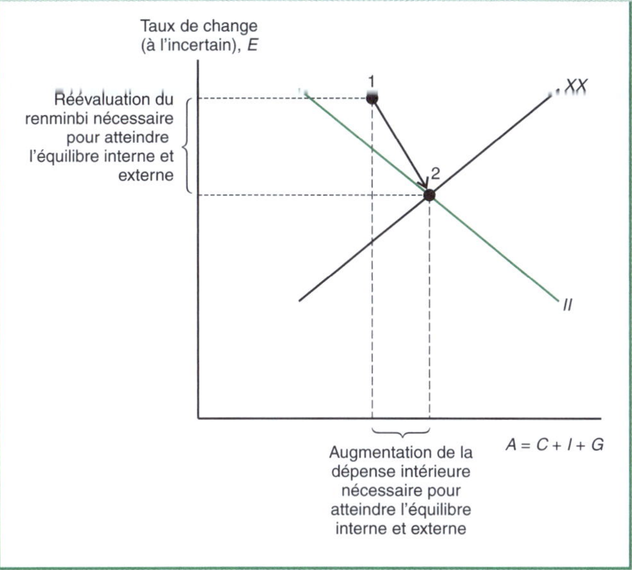

Figure 22.4 • Comment rééquilibrer l'économie chinoise.
La Chine fait face à d'importants excédents commerciaux et à des tensions inflationnistes. L'équilibre interne et externe peut toutefois être atteint simultanément, sans augmentation du chômage, par une réévaluation de la monnaie et une augmentation des dépenses intérieures.

Encadré 22.4 (suite)

interne et l'équilibre externe (le point 2) en réévaluant la monnaie tout en augmentant la demande intérieure. La réévaluation du renminbi augmenterait les importations et limiterait les tensions inflationnistes. Les exportations chinoises perdraient, certes, en compétitivité, mais cette perte serait compensée par la hausse de l'activité liée à la demande intérieure.

Les économistes soulignent également le besoin pour la Chine d'augmenter la consommation, publique et privée. Le taux d'épargne y est, en effet, de 45 % ! Si l'épargne est aujourd'hui si élevée en Chine, c'est en grande partie en raison de la réduction des dépenses dans le secteur des services publics, comme la santé. En cela incite les ménages à réduire leurs propres dépenses pour se constituer une épargne de précaution. Aussi, en augmentant les dépenses publiques, les autorités chinoises pourraient-elles faire d'une pierre deux coups. Ajoutons à cela que la Chine manque encore d'infrastructures et de lourds investissements publics sont aujourd'hui nécessaires pour assurer la protection de l'environnement ou le développement d'énergies propres.

La plupart des responsables politiques chinois sont parfaitement conscients de la nécessité d'augmenter les dépenses intérieures et de réévaluer le renminbi ; certains l'admettent même publiquement. Toutefois, jusque-là, les autorités ont avancé de manière extrêmement prudente. Beaucoup de réformes n'ont été prises que sous la pression internationale, avec à la clé la menace de sanctions commerciales. Ces réformes seront-elles suffisantes pour calmer les injonctions des pays industrialisés qui, début 2009, s'enfoncent dans la récession et sont, du coup, tentés par le protectionnisme ? Seront-elles suffisamment efficaces pour étouffer encore les revendications du peuple chinois ? Seul l'avenir nous le dira.

8 Peut-on parler de déterminisme géographique ?

Comme nous l'avons souligné au début de ce chapitre, il existe une dispersion importante des revenus entre les pays. En outre, en contradiction avec le principe de convergence, il n'y a pas de tendance systématique au rattrapage des pays riches par les pays pauvres[1]. Dans les modèles de croissance traditionnels, le revenu par habitant dépend des stocks de capital physique et de capital humain, dont les rendements marginaux sont plus importants lorsque la proportion est faible en comparaison du stock de travailleurs non qualifiés. Parce qu'une forte rémunération doit favoriser l'accumulation de capital, y compris par des entrées de capitaux en provenance du reste du monde, la théorie standard prédit que les économies les plus pauvres devraient croître plus rapidement que les économies riches. Au bout du compte, si les pays pauvres ont accès aux technologies utilisées dans les pays riches, les premiers devraient devenir riches à leur tour.

Toutefois, en pratique, le rattrapage par les pays pauvres est loin d'être général et fait plutôt figure d'exception. Les flux de capitaux vers les PED sont plutôt faibles, alors que la rareté du capital, et donc un rendement marginal plus élevé, devrait attirer les investissements. Les flux de capitaux se font davantage entre pays riches. Les flux vers les PED ont même diminué récemment car les États-Unis ont « aspiré » la plupart des surplus de compte courant dans le monde.

Les risques liés aux investissements dans de nombreux PED limitent l'attractivité pour les investisseurs, résidents ou non résidents, et sont aussi en partie responsables des mauvaises performances économiques[2]. Par exemple, lorsqu'un État est incapable de faire respecter les droits de propriété, les investisseurs sont réticents à réaliser des investissements en capital physique ou en capital humain, et la croissance reste faible.

Dès lors, pourquoi certains pays connaissent-ils une croissance importante et ont-ils vu leur niveau de vie augmenter alors que d'autres n'attirent que très peu d'investissements étrangers et restent très pauvres ? Deux écoles de pensée se sont penchées alternativement sur le rôle des *caractéristiques géographiques* et des *institutions*.

L'un des instigateurs de la théorie géographique est Jared Diamond.[3] Cette approche s'intéresse notamment aux caractéristiques physiques du pays (comme le climat, le type de sols, les maladies et l'enclavement) comme déterminant de la croissance de long terme. C'est ainsi que les conditions climatiques difficiles, l'absence d'un large contingent d'espèces animales facilement domesticables, la présence de malaria et de fièvre jaune ont handicapé les zones tropicales, alors que le climat tempéré en Europe a permis de développer une agriculture innovante. Selon Diamond, ce sont ces raisons qui expliquent que les habitants d'Europe aient conquis le Nouveau Monde, et non l'inverse.

---

1. Cette remarque est valable au niveau des pays, mais elle l'est moins au niveau individuel. Les populations les plus pauvres dans les années 1960 se situaient en Chine et en Inde, deux pays qui ont connu une croissance rapide ces dernières années. Notons que cette croissance est en grande partie due à des réformes favorables à l'économie de marché. Voir Stanley Fischer, « Globalization and Its Challenges », *American Economic Review*, 93, mai 2003, p. 1-30.
2. Voir Robert E. Lucas, Jr., « Why Doesn't Capital Flow from Rich to Poor Countries ? », *American Economic Review*, 80, mai 1990, p. 92-96. Pour le lien entre productivité du capital et investissement international, voir Pierre-Olivier Gourinchas et Olivier D. Jeanne, « The Elusive Gains from International Financial Integration », *Review of Economic Studies*, 73, juillet 2006, p. 715-741.
3. Voir Jared Diamond, *Guns, Germs and Steel : The Fates of Human Societies*, New York, Norton, 1997.

Cette approche insiste également sur la question de l'accès au commerce international. Ainsi, les pays enclavés et montagneux commercent moins que les pays dotés d'accès faciles aux voies maritimes, de bonnes infrastructures portuaires et d'un réseau routier de qualité.

L'école institutionnelle étudie plutôt dans quelle mesure les États parviennent à faire respecter les droits de propriété et encouragent, par conséquent, la création d'entreprises, l'investissement, l'innovation et, *in fine*, la croissance économique. Un pays qui, par exemple, ne parvient pas à faire respecter les droits de propriété et à limiter la corruption, est un pays où les incitations à accumuler des richesses seront plus faibles[1]. C'est aussi ce qui expliquerait la corrélation entre le degré de corruption et le revenu par habitant (voir figure 22.1). Comme nous le faisions déjà remarquer, cette corrélation ne suffit pas à prouver le lien positif entre la qualité des institutions et le niveau de revenu. Elle peut, par exemple, s'expliquer par le fait que les pays riches ont davantage de ressources pour lutter contre la corruption. Dans ce cas, on peut en outre avancer le raisonnement suivant : la géographie a bien une influence significative sur le niveau de revenu et influe indirectement sur la qualité des institutions. Mais il apparaît alors difficile pour les responsables politiques de réaliser les réformes nécessaires au renforcement de la croissance économique[2].

Comment détermine-t-on le sens de causalité dans la relation que nous venons d'évoquer ? Pour répondre à cette épineuse question, une stratégie consiste à chercher une variable qui agit sur la qualité des institutions, et donc le respect des droits de propriété, mais qui n'est pas directement liée au niveau de revenu par habitant. C'est ce que l'on appelle une *variable instrumentale*, ou plus simplement un *instrument*. Si l'on trouve une telle variable, il est alors possible de déterminer le sens de causalité entre la qualité des institutions et le revenu par tête. Le problème est qu'en général il est difficile de trouver un bon instrument du fait des relations complexes entre les variables économiques.

Daron Acemoglu, Simon Johnson et James Robinson proposent une approche originale en instrumentant la qualité des institutions par le taux de mortalité des premiers colons européens dans les anciennes colonies[3]. Les auteurs utilisent cet instrument pour deux raisons.

Ils considèrent d'abord que le taux de mortalité des colons est déterminant dans la qualité des droits de propriété tels qu'ils ont été définis initialement (il s'agit là d'un exemple dans lequel la géographie influe sur le revenu à travers les institutions).

---

1. Voir par exemple Douglass C. North, *Institutions, Institutional Change, and Economic Performance*, Cambridge, Cambridge University Press, 1990.
2. Dans les pays qui sont d'anciennes colonies européennes, la géographie elle-même a eu des conséquences sur le type d'institutions mises en place par les anciennes puissances coloniales. Ainsi, l'hypothèse institutionnelle ne s'oppose pas à l'idée selon laquelle la géographie a un effet sur le revenu, mais suggère plutôt que la géographie affecte le revenu par le biais des institutions. En Inde et en Amérique latine, le climat et les sols étaient favorables à l'établissement d'une agriculture fondée sur l'esclavage et des technologies à rendements croissants qui permettaient l'exploitation de larges propriétés et conduisaient à une distribution inégale des revenus. Les institutions mises en place par le colonisateur dans ces pays étaient donc plutôt hostiles aux idéaux politiques qui prônent l'égalité ou le respect des droits de propriété. L'inégalité des richesses et, dans la plupart des cas, l'autoperpétuation du pouvoir ont donc eu un impact négatif sur la croissance de long terme. Voir Stanley L. Engerman et Kenneth D. Sokoloff, « Factor Endowments, Institutions, and Differential Paths of Growth among New World Economies : A View from Economic Historians of the United States », dans Stephen Haber, dir., *How Latin America Fell Behind*, Stanford, CA, Stanford University Press, 1997.
3. Voir Daron Acemoglu, Simon Johnson et James Robinson, « The Colonial Origins of Comparative Development : An Empirical Investigation », *American Economic Review*, 91, décembre 2001, p. 1369-1401.

Dans les zones caractérisées par un taux de mortalité important (comme dans l'ancien Congo belge), les Européens ne pouvaient pas s'installer durablement. Leur unique objectif était alors d'accaparer les richesses et de les rapatrier rapidement. Les institutions mises en place dans ces pays n'avaient donc pas pour but de protéger les droits de propriété. Ce sont elles, néanmoins, qui ont été reprises par les nouveaux dirigeants au moment de l'indépendance.

Les régions où le taux de mortalité était faible, comme en Amérique du Nord et en Australie, ont vu au contraire les colons s'installer durablement. Dans ces régions, les Européens ont mis en place des institutions garantissant les droits économiques et politiques, interdisant par exemple des saisies arbitraires. On observe aujourd'hui dans ces pays un niveau de revenu par habitant plus important.

Pour qu'un instrument soit valide, il ne doit pas jouer directement sur le niveau actuel de revenu. Selon Acemoglu, Johnson et Robinson, cette seconde condition est vérifiée : « La grande majorité des décès d'Européens dans les colonies était due à la malaria et à la fièvre jaune. Bien que ces infections fussent fatales aux Européens, elles avaient un impact limité sur la population adulte indigène qui était immunisée. Il est donc peu probable que ces maladies soient la raison pour laquelle de nombreux pays d'Afrique et d'Asie sont pauvres aujourd'hui [...]. Cette hypothèse est vérifiée par des taux de mortalité plus faibles de la population locale sur la période. »

Acemoglu, Johnson et Robinson montrent empiriquement que la qualité des institutions, mesurée par le taux de mortalité des premiers colons, a un impact important sur le revenu par habitant actuel. Ils estiment également qu'une fois cet effet pris en compte, les variables géographiques comme la distance à l'équateur et les taux d'infection dus à la malaria n'ont pas véritablement d'influence sur le niveau de revenu actuel. Leurs conclusions sont donc plutôt en faveur de l'approche institutionnelle aux dépens de l'approche géographique, mais le débat reste ouvert.

Pour certains, les mesures de qualité institutionnelle utilisées par Acemoglu, Johnson et Robinson sont inadéquates, d'autres suggérant que les mesures de mortalité des colons ne sont pas de bons instruments ou sont liées à la productivité observée aujourd'hui. Edward L. Glaeser, Rafael La Porta, Florencio Lopez-de-Silanes et Andrei Shleifer montrent, quant à eux, que la qualité des institutions est principalement fonction du capital humain, c'est-à-dire de l'accumulation de compétences et de connaissances. Ces auteurs prennent l'exemple de la Corée du Sud, qui, jusqu'au milieu des années 1980, était un régime autoritaire, puis a progressivement amorcé sa démocratisation à mesure que la population était de plus en plus éduquée. Selon eux, les colons européens n'ont peut-être pas, après tout, transplanté des institutions, mais du capital humain, favorisant ainsi la croissance[1]. D'ailleurs, comme nous l'avons montré plus

1. Voir Edward L. Glaeser, Rafael La Porta, Florencio Lopez-de-Silanes et Andrei Shleifer, « Do Institutions Cause Growth ? », *Document de travail*, n° 10568, National Bureau of Economic Research, juin 2004. Pour une vision institutionnelle plutôt que géographique, voir Dani Rodrik, Arvind Subramanian et Francesco Trebbi, « Institutions Rule : The Primacy of Institutions over Geography and Integration in Economic Development », *Document de travail*, n° 9305, National Bureau of Economic Research, octobre 2002. Pour une vision opposée, voir Jeffrey D. Sachs, « Institutions Don't Rule : Direct Effects of Geography on Per Capita Income », *Document de travail*, n° 9490, National Bureau of Economic Research, février 2003. Le rôle du commerce international dans la croissance est également un sujet de recherche récent. Pour Dani Rodrik et ses coauteurs, l'ouverture au commerce n'est pas un déterminant direct du revenu par tête ; l'ouverture au commerce international contribue plutôt à l'établissement de meilleures institutions, et donc seulement indirectement à un niveau plus élevé de revenu par habitant.

tôt, l'une des sources de la forte croissance asiatique a été un investissement élevé dans l'éducation, alors même que ces pays étaient gouvernés de manière autoritaire.

Contrairement aux chercheurs en physique, les économistes ne peuvent pas réaliser d'expériences contrôlées (c'est la raison pour laquelle il est souvent difficile d'obtenir des conclusions tranchées en sciences sociales). À ce titre, les événements récents en Chine sont particulièrement utiles pour déterminer l'effet des institutions sur la croissance économique. Le fait que ce pays encourage le développement des entreprises privées à partir de la fin des années 1970 a grandement contribué à l'accélération de la croissance (voir chapitre 10). En décembre 2003, les dirigeants du parti communiste chinois sont allés encore plus loin en proposant un amendement à la Constitution garantissant le droit à la propriété privée pour les citoyens chinois. Cet amendement a été approuvé en mars 2004 par le Congrès national du peuple. Même si le pays disposait déjà d'un appareil législatif protégeant la propriété, son inscription dans la Constitution représente un changement radical pour un régime fondé en 1949 sur le principe de propriété collective des moyens de production.

Un État autoritaire comme la Chine peut facilement passer outre les lois. Malgré tout, si les Chinois perçoivent que les droits de propriété sont véritablement garantis par la Constitution et si l'existence de bonnes institutions favorise effectivement la croissance, alors les Chinois devraient voir leur niveau de vie augmenter.

Résumé

Il existe des écarts très importants de niveau de revenu par tête entre les pays. Il n'y a, en outre, pas de tendance uniforme à la convergence vers le niveau de revenu par habitant des pays industrialisés. Certaines économies, comme celles des pays du Sud-Est asiatique, ont connu une hausse considérable de leur niveau de vie depuis les années 1960. Expliquer pourquoi certains restent dramatiquement pauvres et identifier quelles sont les politiques susceptibles de promouvoir la croissance demeurent un des défis majeurs posés à la science économique.

Les pays en développement (PED) forment un groupe très hétérogène, d'autant qu'ils ont opté ces dernières années pour des politiques économiques très différentes. La plupart conservent toutefois des caractéristiques communes : un État très impliqué dans l'économie, avec notamment une proportion importante de dépenses publiques dans le PIB ; un niveau élevé d'inflation, dû souvent au *seigneuriage* ; des institutions financières fragiles et un marché des capitaux peu développé ; un régime de changes fixes et des contrôles sur les échanges de capitaux internationaux ; une économie très dépendante des exportations de matières premières. L'ampleur de la corruption augmente, par ailleurs, avec le niveau de pauvreté du pays. La plupart de ces caractéristiques trouvent leurs origines dans la grande dépression des années 1930, avec les mesures protectionnistes mises en œuvre dans les pays industrialisés.

Puisque les PED offrent de nombreuses opportunités d'investissement, il est naturel qu'ils dégagent un déficit du compte courant et empruntent auprès des pays industrialisés. En principe, les flux de capitaux transfrontaliers sont mutuellement avantageux pour les prêteurs et les emprunteurs. Cependant, en pratique, les emprunts internationaux se sont souvent soldés par des défauts, combinés à des crises de change et des crises bancaires. Tout comme ces dernières, les crises de la dette ont une dimension autoréalisatrice. Elles commencent souvent par un arrêt brutal des entrées de capitaux (*sudden stop*).

Dans les années 1970, au moment de l'effondrement du système de Bretton Woods, les pays d'Amérique latine entrent dans une période de mauvaises performances macroéconomiques, à la fois en termes d'inflation et de croissance. L'emprunt extérieur excessif se traduit, au début des années 1980, par une crise généralisée de la dette des PED, qui touche particulièrement les pays d'Amérique du Sud et d'Afrique. Les économies latino-américaines, à commencer par le Chili, entament alors des réformes économiques profondes pour juguler l'inflation, limiter les dépenses publiques, privatiser les grandes entreprises, déréglementer les marchés, réformer les politiques commerciales. L'Argentine adopte un régime de change sous forme de caisse d'émission (*currency board*) en 1991. Mais toutes les économies d'Amérique latine ne réussissent pas à renforcer leurs banques et nombre d'entre elles font faillites. La caisse d'émission argentine tient dix ans avant que le pays ne soit obligé de dévaluer.

En dépit de leurs bonnes performances macroéconomiques, avec une faible inflation, un déficit budgétaire contrôlé et surtout un rythme de croissance élevé, les économies du Sud-Est asiatique ont été touchées par une crise profonde en 1997. Rétrospectivement, il apparaît que leur système bancaire était fragile, soumis au problème d'aléa moral et au « péché originel » (les dettes étaient libellées en monnaie étrangère). L'extension de la crise à des économies aussi lointaines que la Russie et le Brésil illustre l'importance du phénomène de *contagion* dans les crises financières récentes. Ce dernier aspect, ainsi que le fait que les économies asiatiques étaient en apparence saines, a relancé le débat sur la construction d'une nouvelle « architecture » financière internationale.

Les propositions avancées afin de réformer l'architecture financière internationale peuvent être classées en mesures préventives (*ex ante*) et mesures curatives (*ex post*). Les dernières servent à limiter l'ampleur de la crise lorsque les premières échouent. La prévention des crises passe par une plus grande transparence, un renforcement de la réglementation et de la supervision bancaire, des lignes de crédit étendues et financées à la fois par des fonds privés et par le FMI. Les mesures curatives incluent une extension des prêts du FMI. Certains proposent d'étendre les contrôles de capitaux, à la fois pour prévenir et pour gérer les crises, mais peu de pays ont adopté de telles mesures, même s'ils devraient être de plus en plus nombreux dans les années à venir. Il est aussi probable que certains pays soit abandonnent l'usage de leur monnaie nationale pour le dollar américain (*dollarisation*) ou l'euro (*euroisation*), soit adoptent des taux de change flottants. Pour le moment, il est impossible de savoir à quoi ressemblera le système financier international dans les prochaines années.

Les travaux récents sur les déterminants de la croissance économique des PED se sont penchés sur les caractéristiques géographiques (l'enclavement, l'importance des maladies infectieuses), les caractéristiques institutionnelles (la protection des droits de propriété) et les dotations en capital humain. Les flux de capitaux des pays industrialisés vers ces pays sont également fonction de ces facteurs. Les économistes s'accordent pour dire que tous ces éléments sont importants, mais il est difficile de déterminer un ordre de priorité dans les réformes. Si, par exemple, l'accumulation du capital humain dépend de la protection des droits de propriété et de la sécurité des individus, il faut accorder la priorité aux réformes institutionnelles. Dans le même temps, il semble difficile de créer un environnement institutionnel favorable si le niveau de capital humain est faible. Dans ces conditions, l'éducation devrait être la priorité. Au final, il paraît raisonnable d'agir sur tous les fronts de manière équilibrée, d'autant que les études empiriques (qui sont confrontées à de nombreux obstacles méthodologiques) ne permettent pas vraiment d'aboutir à des résultats tranchés.

Activités

1. Suffit-il de laisser l'offre de monnaie croître plus rapidement pour bénéficier toujours plus du seigneuriage ? Détaillez votre réponse.

2. Supposons que le taux d'inflation annuel soit de 100 % en 1990 et en 2000, mais que ce taux d'inflation diminuait dans le premier cas et augmentait dans le second. Nous faisons également l'hypothèse que les détenteurs d'actifs anticipent parfaitement les variations d'inflation. Toutes choses étant égales par ailleurs, quelle année le revenu du seigneuriage est-il le plus important ?

3. Au début des années 1980, l'État brésilien, avec une inflation annuelle moyenne de 147 %, obtient du seigneuriage à peine l'équivalent de 1 % du PIB. L'État de Sierra Leone a obtenu la même année une recette de seigneuriage équivalente à 2,4 % du PIB avec un taux d'inflation trois fois plus faible. Dans quelle mesure les différences de structure financière peuvent-elles expliquer ce contraste ? Remarque : en Sierra Leone, le ratio masse monétaire sur PIB était en moyenne de 7,7 %, contre seulement 1,4 % pour le Brésil.

4. Imaginons une économie ouverte aux flux de capitaux internationaux qui adopte un régime de *crawling peg* avec un taux dépréciation constant de 10 % par an. Comment le taux d'intérêt nominal domestique est-il lié au taux d'intérêt nominal étranger ? Que se passe-t-il si le régime de *crawling peg* n'est pas complètement crédible ?

5. L'accumulation de la dette extérieure dans certains PED au cours des années 1970, y compris en Argentine, est en partie due à des sorties de capitaux (légales ou non) liées aux anticipations de dévaluation. Les États et les banques centrales empruntaient en monnaie étrangère pour soutenir leur taux de change, mais ces fonds se retrouvaient entre les mains d'agents privés et placés sur des comptes bancaires à l'étranger. Puisque les fuites de capitaux laissent l'État très endetté, mais créent en même temps un mouvement de compensation au moment où les citoyens acquièrent des actifs étrangers, alors la dette consolidée du pays ne change pas. Cela signifie-t-il que les pays dont la dette publique extérieure est largement liée aux sorties de capitaux n'ont pas de problèmes de dettes ?

6. Une part importante des emprunts des PED au cours des années 1970 était réalisée par les entreprises publiques. Depuis, bon nombre de ces entreprises ont été privatisées. Les PED auraient-ils pu emprunter davantage si les entreprises avaient été privatisées plus tôt ?

7. Dans quelle mesure les restrictions au commerce, comme les droits de douane, influent-ils sur la capacité des PED à emprunter sur le marché international des capitaux ?

8. Pour un niveau de produit intérieur donné, un pays peut améliorer le solde de son compte courant en réduisant soit l'investissement, soit la consommation (privée ou publique). À la suite de la crise de la dette des années 1980, de nombreux PED ont amélioré le solde de leur compte courant en réduisant l'investissement. Cette stratégie vous semble-t-elle appropriée ?

9. Pourquoi l'Argentine devrait-elle abandonner tout pouvoir de seigneuriage au profit des États-Unis, si le pays adoptait le peso au profit du dollar ? Comment mesurer le sacrifice de l'Argentine en termes de seigneuriage ? Pensez aux étapes que le pays devrait suivre pour dollariser son économie. Vous pouvez supposer que les actifs de la banque centrale d'Argentine sont composés à 100 % de bons du Trésor américains.

10. Les premières études sur la convergence économique se sont intéressées à des groupes de pays qui sont aujourd'hui considérés comme industrialisés. Ces études trouvent que les pays qui étaient plus pauvres il y a cent ans ont connu une croissance plus rapide. Peut-on en conclure que l'hypothèse de convergence est valide ?

11. Certains estiment que l'adoption d'un régime de changes fixes par les PED favorise le développement de l'aléa moral. Êtes-vous d'accord ? Les emprunteurs se comporteraient-ils différemment si le taux de change était flottant ?

12. Dans certaines économies émergentes, les dettes extérieures sont le plus souvent libellées en dollars, mais les dettes entre résidents et contractées au sein du pays le sont tout autant. Ce phénomène est parfois qualifié de *dollarisation des dettes.* Comment cette dollarisation des dettes peut-elle aggraver la crise financière au moment d'une très forte dépréciation de la monnaie domestique par rapport au dollar ?

Index des notions

D

Index des noms propres

F

G

H

I

J

K

L

M

Dépôt légal : mai 2009
IMPRIMÉ EN FRANCE

Achevé d'imprimer le 30 avril 2009
sur les presses de l'imprimerie « La Source d'Or »
63039 Clermont-Ferrand
Imprimeur n° 10437

Dans le cadre de sa politique de développement durable, La Source d'Or a été référencée IMPRIM'VERT®
par son organisme consulaire de tutelle.
Cet ouvrage est imprimé - pour l'intérieur - sur papier offset "Amber Graphic" 90 g
des papeteries Arctic Paper, dont les usines ont obtenu les certifications environnementales
ISO 14001 et OHSAS 18001
et opèrent conformément aux normes E.C.F. et E.M.A.S.
Le papier "Amber Graphic" est certifié FSC et ISO 9706 "papier permanent".